# vinaria
# WEINGUIDE
## DIE 4.000 BESTEN WEINE ÖSTERREICHS

### 2024/25

EDITION LWmedia

# vinaria
# WEINGUIDE
## DIE 4.000 BESTEN WEINE ÖSTERREICHS

## 2024/25

**AUTOREN**

Bernulf Bruckner sen. (bb)
Dietmar Bruckner (db)
Erwin Goldfuss (eg)
Karl Kohl (kk)
Hans Pleininger (hp)
Werner Ringhofer (wr)
Peter Schleimer (psch)
Adi Schmid (as)
Uwe Schögl (us)
Viktor Siegl (vs)
Wolfgang Wachter (ww)
Johann Werfring (jw)
Wilhelm Hirsch (wh)
René Kollegger (rk)
Franz Haslinger (fh)
Katharina Gnigler (kg)

www.vinaria.at

# Wein- Vielfalt zum HOFER PREIS,-

Da bin ich mir sicher

**Ob rot oder weiß, trocken oder prickelnd, steirischer Spitzenwein oder Falstaff-prämierte Spezialitäten:**

Bei **HOFER** finden Weinliebhaber immer genau das Richtige für jeden Anlass. Eine große Auswahl an ausgesuchten und kontrollierten Weinen sowie spritzigen Schaumweinen garantiert Ihnen hochwertigen Weingenuss zum besten Preis-Leistungs-Verhältnis. Schnuppern Sie in das vielfältige **HOFER** Weinsortiment und lassen Sie sich von Aromen aus Österreich und der ganzen Welt verführen.

Technische und optische Änderungen sowie Satz- und Druckfehler vorbehalten.

hofer.at

# VORWORT

Mit der Fertigstellung des Vinaria Weinguides 2024/25 feiern wir ein kleines Jubiläum, stellen wir doch die 25. Ausgabe dieses für Weinfreunde unverzichtbaren Wein-Standardwerks vor. Das Erscheinen des Vinaria Weinguides hat für die Vinaria Redaktion jedes Jahr eine besondere Bedeutung, repräsentiert dieser doch die in Worte gegossene und gedruckte Essenz einer über viele Monate laufenden Periode intensivster Recherchen und Verkostungen dar. Unverzichtbarer Bestandteil unserer Recherchearbeit ist der überwiegend persönliche Austausch mit den Winzern. Dank der ebenso intensiven wie aufwendigen Methode ist der Vinaria Weinguide hinsichtlich Weinkompetenz und Aktualität unübertroffen, weswegen er Weinfreunden wie Weinfachleuten als Referenzwerk dient.

In der vorliegenden Ausgabe des Vinaria Weinguides stellen wir Ihnen knapp 400 Betriebe mit ihrer aktuellen Weinpalette vor – knapp 4.000 Weine werden im Vinaria Weinguide beschrieben und bewertet.

Bei den Weißweinen stand heuer mehrheitlich der durch einen prachtvollen Herbst gekennzeichnete Jahrgang 2023 zur Bewertung an, der sich zugänglich, harmonisch und voller Frucht bei milderer Säurestruktur und kräftigem Alkohol präsentiert, Eine Reihe von Reserve-Weinen in Weiß kamen aus dem etwas wechselhaften Jahr 2022 sowie vereinzelt aus dem Topjahr 2021 bzw. den Jahren davor. Bei den Reserve-Weinen in Rot standen der elegante 2022er sowie der ungemein pikante, mittelkräftige 2021er im Fokus. Dazu gab es wenige Vertreter aus davorliegenden Jahrgängen. Im Prädikatsweinbereich stammen die Weine wie zuletzt aus diversen Jahrgängen: von ganz jung bis vier, fünf Jahre alt.

Aktuelle Berichterstattung, präzise Bewertungen anhand nachvollziehbarer Bewertungskriterien sowie ein übersichtliches Klassifikationssystem suínd Eckpfeiler des Vinaria Weinguide. Für die Klassifizierungen vertrauen wir auf fünfstufige Systeme. Bei den Winzern erfolgt die Bewertung in Form von Kronen, die aktuellen Weine bewerten wir einerseits mit Sternen, andererseits gegebenenfalls mit Attributen für Preis-Leistungs-Verhältnis, Trinkvergnügen sowie hervorragende Qualität (PLV, FUN, TIPP).

Fünf Sterne in Verbindung mit dem Attribut „TOP" ist die höchste Wertung, die wir für Weine vergeben. Nach Nominierung durch den beschreibenden Autor müssen sich diese Weine in einer gedeckten Verkostung dem gesamten Vinaria Team stellen und die Mehrheit der Stimmen für sich gewinnen. 164 neue Top-Weine sind im heurigen Guide vertreten, nur rund 56 % davon sind heuer Weißweine, gut 35 % sind Rotweine, den Rest machen Prädikatsweine (13 Weine = 8 %) sowie ein Sekt aus. Dazu kommen 11 Topweine aus dem vorjährigen Guide, die noch im Verkauf sind.

**Österreichs beste Winzer und Weine**

Viel Spaß beim Wein-Lesen und Degustieren!

**Mag. Peter Schleimer**
Chefredakteur

**Erwin Goldfuss**
Herausgeber

## IMPRESSUM

Medieninhaber
C & E Content & Event GmbH
Ringstraße 44/1, 3500 Krems, Österreich

Verleger
LWmedia GmbH & Co. KG
Ringstraße 44/1, 3500 Krems, Österreich
Tel. +43 2732 82000, Fax -82, office@lwmedia.at

Geschäftsführer, Herausgeber: Erwin Goldfuss
Geschäftsleitung: Mag. (FH) Claudia Altrichter
Chefredaktion: Mag. Peter Schleimer
Produktion & Organisation: Sabine Fischer, Ulrike Stattin
Grafik: Laura Scheidl
Bildmaterial: Shutterstock, ÖWM, HBLA Klosterneuburg, Winzer
Druck: Samson Druck, Sankt Margarethen im Lungau

ISBN 978-3-9504718-8-5. Alle Rechte vorbehalten. Alle Angaben ohne Gewähr.

Sämtliche Bezeichnungen in den Texten des Vinaria Weinguides beziehen sich gleichermaßen auf Frauen und Männer. Um der besseren Lesbarkeit willen wird in der Regel nur die männliche oder weibliche Form oder die Mehrzahlform verwendet. In Einzelfällen kommt das Binnen-I zur Anwendung.

# INHALT

| | |
|---|---:|
| Top-Weine | 8 |
| Zum Buch | 16 |
| Winzer-Ranking | 20 |
| Jahrgangstabelle | 26 |
| Wachau | 28 |
| Kamptal | 102 |
| Kremstal | 150 |
| Traisental | 194 |
| Wagram | 212 |
| Carnuntum | 254 |
| Weinviertel | 278 |
| Thermenregion | 360 |
| Wien | 398 |
| Neusiedlersee | 420 |
| Leithaberg, Rust & Rosalia | 462 |
| Mittelburgenland | 512 |
| Eisenberg | 540 |
| Vulkanland Steiermark | 558 |
| Südsteiermark | 578 |
| Weststeiermark | 634 |
| Bergland | 647 |
| Rebsortenkunde | 652 |
| Glossar | 686 |
| Herkunft | 692 |
| Weingesetz | 694 |
| Index | 695 |

# TOP-WEINE 2024/25

## WEISSWEINE

**Allram, Straß im Straßertale**
2022 Riesling Ried Heiligenstein

**Allram, Straß im Straßertale**
2021 Stellar

**Alphart, Traiskirchen**
2021 Rotgipfler Ried Rosenberg

**Atzberg, Spitz**
2023 Grüner Veltliner
Obere Steilterrassen Smaragd

**Bründlmayer, Langenlois**
2022 Ried Käferberg Grüner Veltliner 1ÖTW

**Bründlmayer, Langenlois**
2022 Zöbinger Ried Heiligenstein
Riesling Alte Reben

**Christ, Wien**
2022 Wiener Gemischter Satz
Ried Wiesthalen 1ÖTW

**Gerhard Deim, Schönberg**
2022 Riesling Ried Irbling

**Tom Dockner, Theyern**
2023 Riesling Ried Pletzengraben 1ÖTW

**Domäne Roland Chan, Wösendorf**
2022 Riesling Smaragd Ried Klaus

**Domäne Wachau, Dürnstein**
2023 Riesling Smaragd Ried Kellerberg

**Johann Donabaum, Laaben**
2023 Riesling Ried Setzberg Smaragd

**Johann Donabaum, Laaben**
2023 Riesling Limitierte Edition Smaragd

**Eder Wachau, Mauternbach**
2019 Grüner Veltliner Smaragd Leopold

**Edlinger, Palt**
2023 Grüner Veltliner Optimas

**Edlmoser, Wien**
2022 Ried Sätzen Wiener
Gemischter Satz 1ÖTW

**Josef Ehmoser, Tiefenthal**
2022 Grüner Veltliner Ried Georgenberg 1ÖTW

**Josef Ehmoser, Tiefenthal**
2021 Weißer Burgunder
Parzelle Schottergrube Reserve

**Eichinger, Straß**
2022 Grüner Veltliner
Ried Kammerner Lamm 1ÖTW

**Eichinger, Straß**
2022 Riesling Ried Zöbinger Gaisberg 1ÖTW

**Eichinger, Straß**
2022 Riesling Ried Zöbinger
Heiligenstein 1ÖTW

**Frauwallner Straden, Karbach**
2019 Sauvignon Blanc Straden Privat

**Josef Fritz, Zaußenberg**
2021 Roter Veltliner „Josef vs Johannes"

**Josef Fritz, Zaußenberg**
2022 Ried Steinberg Privat
Roter Veltliner 1ÖTW

**Philipp Grassl, Göttlesbrunn**
2022 Alte Reben Weiß

**FJ Gritsch, Spitz**
2023 Grüner Veltliner Ried Singerriedel

**FJ Gritsch, Spitz**
2019 Grüner Veltliner Blaue Mauritius I II III

**FJ Gritsch, Spitz**
2023 Riesling Ried Dürnsteiner
Burg Reserve

**Roman Gritsch, Radlbach**
2023 Riesling Ried Setzberg Smaragd

**Gschweicher, Röschitz**
2021 Grüner Veltliner
Ried Himmelreich Charlotte

**Hagen, Krems**
2023 Grüner Veltliner
Ried Holzgasse Alte Reben Reserve

**Hiedler, Langenlois**
2022 Riesling Ried Heiligenstein 1ÖTW

**Hiedler, Langenlois**
2021 Riesling Maximum

**Franz Hirtzberger, Spitz**
2023 Grüner Veltliner Honivogl Smaragd

**Franz Hirtzberger, Spitz**
2023 Chardonnay Smaragd

**Franz Hirtzberger, Spitz**
2023 Riesling Spitzer Ried Setzberg Smaragd

**Franz Hirtzberger, Spitz**
2023 Riesling Ried Singerriedel Smaragd

**Weinhofmeisterei Mathias Hirtzberger, Wösendorf**
2023 Grüner Veltliner Spitaler Smaragd

**Weinhofmeisterei Mathias Hirtzberger, Wösendorf**
2023 Riesling Ried Kollmitz Smaragd

**Hofbauer-Schmidt, Hohenwarth**
2023 Roter Veltliner Alte Reben

**Markus Huber, Reichersdorf**
2023 Grüner Veltliner Ried Berg 1ÖTW

**Markus Huber, Reichersdorf**
2023 Riesling Ried Berg 1ÖTW

**Josef Jamek, Joching**
2023 Riesling Weißenkirchen Ried Klaus

**Emmerich Knoll, Unterloiben**
2022 Riesling Vinothekfüllung Smaragd

**Kodolitsch, Leibnitz**
2021 Sauvignon Blanc T.M.S.
Ried Rosengarten Monopol

**Kollwentz, Großhöflein**
2022 Chardonnay Neusatz

**Kollwentz, Großhöflein**
2022 Chardonnay Katterstein

**Kroiss, Wien**
2023 Wiener Gemischter Satz Ried Hackenberg

**Kroiss, Wien**
2022 Riesling Ried Hackenberg Julia

**Wolfgang Maitz, Ratsch**
2021 1STK Ried Krois Gewürz Traminer

**Mayer am Pfarrplatz, Wien**
2023 Nussberg Weißer Marmor Riesling

**fm MAYER.Vitikultur, Wien**
2023 schönin 1683

**Muster.Gamlitz, Grubthal**
2020 Sauvignon Blanc Ried Grubthal

**Ludwig Neumayer, Inzersdorf**
2023 Riesling Der Wein vom Stein

**Nigl, Senftenberg**
2021 Riesling Privat Ried Hochäcker 1ÖTW

**Anita & Hans Nittnaus, Gols**
2022 Furmint Ried Tannenberg Jois

**OberGuess, Schlossberg**
2021 Sauvignon Blanc Ried Am Walts

**OberGuess, Schlossberg**
2022 Sauvignon Blanc Ried Am Walts

**Oberschil, Hagenbrunn**
2021 Grüner Veltliner Weinviertel DAC
Große Reserve Ried Irgsten Gruben

**Bernhard Ott, Feuersbrunn**
2021 Ried Spiegel 1ÖTW
Grüner Veltliner Feuersbrunn

**Bernhard Ott, Feuersbrunn**
2021 Ried Rosenberg 1ÖTW
Feuersbrunn Grüner Veltliner

**Bernhard Ott, Feuersbrunn**
2023 Ried Brenner Feuersbrunn
Grüner Veltliner

**Pichler-Krutzler, Oberloiben**
2023 Grüner Veltliner Ried Kellerberg

**Potzinger, Gabersdorf**
2022 Sauvignon Blanc „Joseph" Ried Sulz

**Prager, Weißenkirchen**
2023 Grüner Veltliner Ried Zwerithaler
Kammergut Smaragd

**Prager, Weißenkirchen**
2023 Riesling Ried Klaus Smaragd

**Wine by S. Pratsch, Hohenruppersdorf**
2023 Riesling Ried Heiligenberg

**Polz, Strass in der Steiermark**
2021 Ried Hochgrassnitzberg GSTK
Sauvignon Blanc

**Familie Proidl, Senftenberg**
2023 Grüner Veltliner
Ried Ehrenfels 1ÖTW Reserve

**Familie Proidl, Senftenberg**
2023 Riesling Ried Ehrenfels 1ÖTW Reserve

**Familie Proidl, Senftenberg**
2022 Grüner Veltliner Generation X

**Riegelnegg Olwitschhof, Steinbach**
2021 Sauvignon Blanc
Ried Sernauberg „Exzellenz"

**Erwin Sabathi, Leutschach**
2021 GSTK Ried Pössnitzberg
Alte Reben Chardonnay

**Erwin Sabathi, Leutschach**
2021 GSTK Ried Pössnitzberger
Kapelle Chardonnay

**Franz Sauerstingl, Fels**
2023 Grüner Veltliner Löss 4 Ried Brunnthal

**Schlager, Sooß**
2022 Chardonnay Reserve Ried Mitterschossen

**Schloss Gobelsburg, Gobelsburg**
2022 Ried Kammerner Lamm
Grüner Veltliner 1ÖTW

**Schmelz, Joching**
2023 Grüner Veltliner Ried
Kollmitz Joching Smaragd

**Schmelz, Joching**
2023 Grüner Veltliner Best Of Smaragd

**Schwertführer 47er, Sooß**
2021 No Limit Rotgipfler Ried Die Saxerln

**Setzer, Hohenwarth**
2022 Grüner Veltliner „8000"
Große Reserve Ried Laa

**Sigl, Rossatz**
2023 Riesling Smaragd Ried Kirnberg

**Skoff Original, Eckberg**
2021 Sauvignon Blanc Ried Obegg

**Steininger, Langenlois**
2022 Riesling Ried Heiligenstein
1ÖTW Reserve

**Bernd Stelzl, Schlossberg**
2021 Weißer Burgunder Ried Hirritschberg

**Bernd Stelzl, Schlossberg**
2021 Chardonnay Ried Hiritsch Hube

**Stift, Röschitz**
2021 Grüner Veltliner
Reserve Ried Galgenberg

**Strawanzer Donabaum, Spitz**
2023 Grüner Veltliner Kirchnsteig Smaragd

**Topf, Straß**
2022 Riesling Ried Strasser
Wechselberg Spiegel 1ÖTW

**Topf, Straß**
2022 Riesling Ried Zöbinger
Heiligenstein – Steinwand 1ÖTW „M"

**®Walzer, Krems/Gneixendorf**
2023 Grüner Veltliner Ried Kremser Gebling

**Michael Wenzel, Rust**
2022 Furmint Stockkultur

**Wieninger, Wien**
2022 Chardonnay Grand Select

**Wieninger, Wien**
2023 Wiener Gemischter Satz
DAC Ried Rosengartel

**Niki Windisch, Großengersdorf**
2023 Grüner Veltliner
Reserve Ried Sonnleithen

**Wohlmuth, Fresing**
2022 Sauvignon Blanc Ried Hochsteinriegl

**Wohlmuth, Fresing**
2022 Ried Edelschuh Riesling

## SEKT

**Loimer, Langenlois**
2014 Sekt Austria g.U. Langenlois Große Reserve Blanc de Blancs Brut Nature

## ROTWEINE

**Werner Achs, Gols**
2022 XUR

**Werner Achs, Gols**
2021 WERNER ACHS Magnum

**Familie Auer, Tattendorf**
2021 Pinot Noir Tattendorf Ried Holzspur Reserve

**Leo Aumann, Tribuswinkel**
2019 Harterberg Merlot

**Bayer In Signo Leonis, Neckenmarkt**
2019 Heribert Bayer Einmalig

**Esterházy, Trausdorf**
2021 Blaufränkisch Ried Schildten/St. Georgen

**Esterházy, Trausdorf**
2021 Tesoro

**Feiler-Artinger, Rust**
2021 Blaufränkisch Ried Ruster Oberer Wald

**Grenzhof Fiedler, Mörbisch**
2020 Cabernet Sauvignon

**Gager, Deutschkreutz**
2021 BFG

**Gager, Deutschkreutz**
2021 Tycoon

**Gesellmann, Deutschkreutz**
2021 Blaufränkisch hochberc

**Gesellmann, Deutschkreutz**
2020 G

**Giefing, Rust**
2019 Cardinal

**Philipp Grassl, Göttlesbrunn**
2022 Ried Bärnreiser 1ÖTW

**Philipp Grassl, Göttlesbrunn**
2021 Bärnreiser Reserve

**Silvia Heinrich, Deutschkreutz**
2019 Cupido

**Silvia Heinrich, Deutschkreutz**
2019 Elegy

**Rotweingut Iby, Horitschon**
2012 Blaufränkisch Reserve Ried Dürrau

**Markus Iro, Gols**
2022 meisterwerk

**Leo Jahner, Wildungsmauer**
2022 Ried Aubühl Blaufränkisch

**Jalits, Badersdorf**
2021 Blaufränkisch Ried Szapary Reserve

**Jordan, Groß Reipersdorf**
2019 Zweigelt 42 Große Reserve

**Kirchknopf, Eisenstadt**
2021 Blaufränkisch Ried Reisbühl

**Kollwentz, Großhöflein**
2021 Blaufänkisch Setz

**Krutzler, Deutsch-Schützen**
2022 Alter Weingarten

**Krutzler, Deutsch-Schützen**
2022 Merlot

**Krutzler, Deutsch-Schützen**
2022 Perwolff

**Rotweine Lang, Neckenmarkt**
2019 Große Liebe Mr. Lover Lover

**MAD, Oggau**
2019 Blaufränkisch M56 Marienthal

**MAD, Oggau**
2019 Furioso

**Gerhard Markowitsch, Göttlesbrunn**
2022 Ried Kirchweingarten 1ÖTW Zweigelt

**Gerhard Markowitsch, Göttlesbrunn**
2022 Ried Rosenberg 1ÖTW

**Gerhard Markowitsch, Göttlesbrunn**
2021 Ried Bärnreiser Blaufränkisch 1ÖTW

**Gerhard Markowitsch, Göttlesbrunn**
2021 M1

**Andreas Muhr, Stixneusiedl**
2022 Ried Stixbergen Zweigelt

**Andreas Muhr, Stixneusiedl**
2022 Ried Gaisberg Blaufränkisch

**Anita & Hans Nittnaus, Gols**
2020 Comondor

**Anita & Hans Nittnaus, Gols**
2021 Blaufränkisch Ried Gritschenberg Jois

**Oppelmayer, Göttlesbrunn**
2021 Cabernet Sauvignon Der Bär

**Gerhard Pimpel, Göttlesbrunn**
2021 Göttlesbrunn rot

**Prieler, Schützen am Gebirge**
2021 Blaufränkisch Ried Marienthal

**Prieler, Schützen am Gebirge**
2016 Blaufränkisch Ried Goldberg

**Martin Reinfeld, Schützen am Gebirge**
2020 Blaufränkisch Reserve Ried Ungerberg

**Martin Reinfeld, Schützen am Gebirge**
2020 Blaufränkisch Divine

**J. u. M. Reumann, Deutschkreutz**
2021 vinum sine nomine

**schiefer.pur, Welgersdorf**
2021 Blaufränkisch Alter
Weingarten Ried Königsberg

**schiefer.pur, Welgersdorf**
2021 Blaufränkisch Ried Reihburg

**Franz Schindler, Mörbisch**
2021 Blaufränkisch Ried Lehmgrube

**Harald Schindler, Mörbisch**
2021 Excelso

**Taferner, Göttlesbrunn**
2021 Ried Bärnreiser Zweigelt

**Taferner, Göttlesbrunn**
2021 TRIBUN Cabernet Sauvignon

**Josef Tesch, Neckenmarkt**
2019 Blaufränkisch Patriot

**Ernst Triebaumer, Rust**
2021 Blaufränkisch Ried Mariental

**Ernst Triebaumer, Rust**
2021 Cabernet Merlot

**G+R Triebaumer, Rust**
2021 Blaufränkisch Ried Plachen

**Thom Wachter, Eisenberg**
2021 Blaufränkisch Ried Saybritz Alter Garten

**Thom Wachter, Eisenberg**
2021 Blaufränkisch Ried Königsberg

**Weber, Deutsch-Schützen**
2021 Cuvée Vinea

**Niki Windisch, Großengersdorf**
2022 Merlot Sandwühler

**Niki Windisch, Großengersdorf**
2022 Blaufränkisch Ried Leiten

# PRÄDIKATSWEINE

**Christoph Bauer, Jetzelsdorf**
Vintage 18

**Alexander Egermann, Illmitz**
2021 Trockenbeerenauslese Mosaik

**Feiler-Artinger, Rust**
2020 Ruster Ausbruch Gelber Muskateller

**Frauwallner Straden, Karbach**
2017 Sauvignon Blanc TBA
Essenz Ried Stradener Rosenberg

**Lenz Moser, Rohrendorf**
2019 Beerenauslese Lenz Moser Prestige

**Lenz Moser, Rohrendorf**
2020 Trockenbeerenauslese
Lenz Moser Prestige

**Nebenführ, Mitterretzbach**
2021/22 Merlot Strohwein

**Nigl, Senftenberg**
2021 Eiswein Grüner Veltliner

**Familie Proidl, Senftenberg**
2021 Riesling Proidl spricht Deutsch

**Heidi Schröck & Söhne, Rust**
2023 Ruster Ausbruch Ried Turner

**Seiler, Rust**
2021 Ruster Ausbruch

**G + R Triebaumer, Rust**
2021 Ruster Ausbruch

**Hans Tschida – Angerhof, Illmitz**
2021 Welschriesling Ried Domkapitel TBA Reserve Seewinkel

**Hans Tschida – Angerhof, Illmitz**
2021 Gelber Muskateller TBA

**Hans Tschida – Angerhof, Illmitz**
2021 Sämling 88 Ried Domkapitel TBA

**Hans Tschida – Angerhof, Illmitz**
2021 Muskat Ottonel Schilfwein

WEINGÜTER & VERANSTALTUNGEN
oetw.at

GEGENWART BRAUCHT *Herkunft* DAMIT SIE *Zukunft* GESTALTEN KANN.

ÖSTERREICHISCHE TRADITIONSWEINGÜTER

KAMPTAL · KREMSTAL · TRAISENTAL
WAGRAM · WEINVIERTEL
CARNUNTUM · WIEN · THERMENREGION

# ZUM BUCH

Mit seiner insgesamt 25. Auflage feiert der Vinaria Weinguide mit der Ausgabe 2024/25 ein Vierteljahrhundert kompetente wie aktuelle Weinberichterstattung. Somit dient der Vinaria Weinguide nun schon seit 25 Jahren als Referenzwerk, das sich den besten Winzern Österreichs sowie deren empfehlenswertesten Weinen aus dem jeweils aktuellen Sortiment widmet. Der Weinguide ist vollgepackt mit vinophilen Informationen: von Winzern, Weinen und Rankings über Gebiete und Sorten bis hin zu Weingesetz und Fachbegriffen. Zusätzlich gibt es eine Fülle von Empfehlungen zu Vinotheken, Gastronomie und Hotels.

Die in diesem Buch porträtierten Weingüter repräsentieren die Jahr für Jahr wachsende Zahl an Spitzenproduzenten im Weinland Österreich. Das bedeutet für Sie als Leser, aber auch für uns Redakteure nicht nur ein größeres Spektrum und mehr Auswahl an Betrieben, sondern auch eine stetig wachsende Anzahl von empfehlenswerten Weinen – knapp 4.000 sind es heuer geworden.

Hinsichtlich Recherche und Bewertung unterscheidet sich der Weinguide deutlich von allen anderen Weinführern im Lande. Der persönliche Kontakt zu den Winzern steht für die Redakteure von Vinaria im Mittelpunkt und stellt für die aktuelle Beschreibung der Weingüter und die präzise Beurteilung der Weine eine unverzichtbare Basis für die redaktionelle Arbeit dar.

## Winzer-Ranking

Für die Aufnahme in den Weinguide gelten ebenso strenge wie transparente Regeln. Dazu gehören unter anderem die regelmäßige Teilnahme an unseren Blindverkostungen über mehrere Jahre mit kontinuierlich sehr gut bewerteten Weinen sowie die hohe Qualität des aktuellen Jahrgangs. Jedes Jahr stellen wir eine Auswertung aller Verkostungen der vergangenen Jahre zusammen und lassen auch jüngste bzw. aktuelle Tendenzen in die Bewertung einfließen. Ganz wesentlich ist für Vinaria ebenso die Betrachtung jedes Weinguts aus historischer Sicht – wie also die Performance über einen längeren Zeitraum aussah. Die endgültigen Klassifizierungen werden im Redaktionskreis diskutiert und festgelegt. Die Auswahl an Betrieben, die in den diesjährigen Vinaria Weinguide Aufnahme fand, umfasst renommierte Weingüter

**Der Vinaria Weinguide 2024/25 präsentiert Österreichs beste 400 Winzer mit ihren empfehlenswertesten 4.000 Weinen.**

mit langer Tradition und Betriebe, die seit Jahren sehr gute bis ausgezeichnete Qualität produzieren, wie auch aufstrebende, qualitativ hochwertig arbeitende Winzer. Insgesamt werden knapp 400 Weingüter im Vinaria Weinguide 2024/25 ausführlich beschrieben und bewertet.

Kronen dienen als Symbol für unser Winzerbewertungssystem. Die Einstiegswertung liegt bei einer Krone. Weingüter, die eine Krone erhalten, erzeugen regelmäßig eine Palette an sorten- und gebietstypischen Weinen von mehrheitlich guter Qualität, einzelne Weine können aus dieser Palette herausragen. Zwei Kronen vergeben wir für sehr gute Betriebe, die regelmäßig gute bis sehr gute, immer wieder auch ausgezeichnete Weine erzeugen. Drei Kronen gibt es für ausgezeichnete Betriebe, die der erweiterten Spitzengruppe angehören und von denen auch regelmäßig Weine kommen, die zu den besten Österreichs zählen.

Die absoluten Spitzenbetriebe bewerten wir mit vier beziehungsweise fünf Kronen, wobei Letztere aufgrund ihrer exzellenten Qualität über viele Jahre und ihrer Fülle an Top-Weinen herausragen.

## Aktuelle Jahrgänge

Der vor allem für die klassischen Weißweinsorten Grüner Veltliner und Riesling, aber auch Welschriesling und viele andere Sorten vielfach bereits jetzt oder in absehbarer Zeit aktuelle Jahrgang 2023 war in vielen Gegenden herausfordernd. Vielerorts ergaben sich durch das wechselhafte, immer wieder feuchte und zugleich warme Wetter Probleme, der prachtvolle Herbst sorgte dann schlussendlich für ein Happy End. Der Jahrgang wurde von den Winzern neuerlich größtenteils gut gemeistert.

Auch 2023 war die Klimaerwärmung Dauerthema: Es gab Temperaturrekorde zuhauf – Jänner, Juni, Juli, September und Oktober waren jeweils in den Top Ten seit Beginn der Aufzeichnungen, und das Jahr duellierte sich in Sachen höchster Temperaturschnitt aller Zeiten mit 2018. Niederschlagsmäßig sah es hingegen anders aus: Das Jahr war überdurchschnittlich feucht. Insgesamt fiel 2023 im Bundesgebiet – je nach Region teils mehr, teils weniger – um 16 Prozent mehr Niederschlag als in einem durchschnittlichen Jahr.

Für den Weinbau stachen dabei die Monate April und August heraus: Während man sich über die Regengüsse und kühlen Temperaturen im April noch freute, die sich im Mai etwas gemäßigter fortsetzten, sorgten wärmere Temperaturen in der Folge aus Sicht der Pilze für beste Bedingungen, was intensive Pflege und viel Arbeit im Weingarten bedeutete. In einer gegen Ende Juni beginnenden und über den Juli bestehenden ersten Hitzeperiode trocknete zumindest in Niederösterreich und im nördlichen Burgenland fast alles auf, mancherorts herrschte Dürre. Im August kehrten die Niederschläge wieder zurück – reichlich und begleitet von hohen Temperaturen, was große Herausforderungen mit sich brachte. Neben dem massiven Infektionsdruck durch pilzliche Krankheitserreger wie Peronospora und Oidium war auch das vegetative Wachstum der Reben kaum zu bremsen. Erst im trockenen, sonnigen, heißen September entspannte sich die Situation, und so konnte die Hauptlese unter recht guten Bedingungen ablaufen, feuchter wurde es erst im Laufe des Oktobers. Dennoch wurde auch 2023 vielfach lieber früher als später geerntet bzw. die Lese möglichst rasch durchgezogen.

Insgesamt präsentieren sich die Weine zugänglich, von recht hoher Zuckerreife und damit mittelkräftigem Alkohol, runder Frucht und milder Säure. Mit einer Erntemenge von 2,33 Millionen Hektoliter liegt 2023 etwas unter dem langjährigen Durchschnitt (2,4 Mio. hl).

Viele weiße Reserven und zahlreiche Rotweine aus den aktuellen Weinpaletten stammen noch aus dem mit heiß-trockenem Sommer und teils sehr feuchtem Herbst versehenen Jahr 2022. Es sind aber auch zahlreiche Weiß- und Rotweine aus dem exzellenten Jahrgang 2021 noch am Markt, ebenso Weine aus dem etwas schlankeren Jahr 2020. Beim Süßwein gibt es den üblichen Jahrgangsmix.

## Wein-Wertungssystem

Unser Bewertungssystem steht auf drei Säulen und bietet dem Leser einen Mehrwert an Information und Entscheidungshilfen. Wie in den vergangenen Jahren bildet die schriftliche Beschreibung der meisten Weine die Grundlage unserer Weinbeurteilung. Weine, die aufgrund besonderer Eigenschaften herausragen, werden darüber hinaus mit genau definierten Attributen versehen. So kennzeichnen wir Weine mit hervorragendem Preis-Leistungs-Verhältnis mit „PLV". Weine, die ihrer Balance und Vollendung wegen besonders großes Trinkvergnügen bereiten, erhalten das Attribut „FUN" – unabhängig von ihrer absoluten Wertung. Bei jenen Weinen, die mit „TIPP" bedacht werden, handelt es sich um Weine, die exemplarisch für ihre jeweilige Kategorie anzusehen sind.

Mit dem Attribut „TOP" und der damit verbundenen Höchstwertung von fünf Sternen werden die allerbesten Weine Österreichs bedacht – diese Wertung vergeben wir allerdings erst, nachdem sich diese vom jeweiligen Autor nominierten Weine einer gedeckten Endverkostung der gesamten Vinaria Redaktion gestellt und dabei die Mehrheit an Stimmen erreicht haben.

Alle Weine werden darüber hinaus mittels einer Sterne-Klassifikation, die – analog zum Kronensystem bei den Winzerbewertungen – fünfstufig ist, bewertet. Grundsätzlich handelt es sich bei jedem einzelnen Wein, der im Weinguide angeführt wird, um eine Empfehlung der Vinaria Redaktion.

## Top-Weine

Für die Vinaria Top-Wein-Verkostung wurden heuer 292 Weine nominiert, deutlich mehr als je zuvor und um fast 50 mehr als vergangenes Jahr (243). In der Top-Wein-Verkostung wurden 164 Weine (gut 56 %) durch Stimmenmehrheit bestätigt. 92 trockene Weißweine, 58 Rotweine und 13 Süßweine sowie ein Sekt wurden schließlich mit dem Attribut „TOP" sowie der Höchstwertung von fünf Sternen geadelt. Außerdem wurden elf noch im Verkauf befindliche Top-Weine aus dem vorjährigen Guide hinzugenommen.

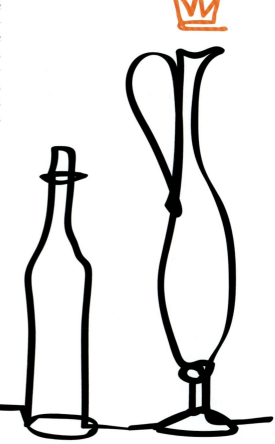

# VINARIA WINZER-RANKING

## ♛ ♛ ♛ ♛ ♛

**Alzinger,** Unterloiben
**Bründlmayer,** Langenlois
**Buchegger,** Droß
**Edlmoser,** Wien
**Josef Fritz,** Zaußenberg
**Gesellmann,** Deutschkreutz
**Philipp Grassl,** Göttlesbrunn
**FJ Gritsch,** Spitz
**Gernot & Heike Heinrich,** Gols
**Silvia Heinrich,** Deutschkreutz
**Franz Hirtzberger,** Spitz
**Markus Huber,** Reichersdorf
**Emmerich Knoll,** Unterloiben
**Kollwentz,** Großhöflein
**Krutzler,** Deutsch-Schützen
**Gerhard Markowitsch,** Göttlesbrunn

**Muster.Gamlitz,** Gamlitz-Grubtal
**Ludwig Neumayer,** Inzersdorf ob der Traisen
**Nigl,** Senftenberg
**Anita & Hans Nittnaus,** Gols
**Bernhard Ott,** Neufang
**Rudi Pichler,** Wösendorf
**Pöckl,** Mönchhof
**Prager,** Weißenkirchen
**Prieler,** Schützen am Gebirge
**Familie Proidl,** Senftenberg
**Familie Reinisch,** Tattendorf
**Erwin Sabathi,** Pössnitz
**schiefer.pur,** Welgersdorf
**Schloss Gobelsburg,** Gobelsburg
**Ernst Triebaumer,** Rust
**Hans Tschida – Angerhof,** Illmitz
**Wohlmuth,** Kitzeck-Fresing

---

## ♛ ♛ ♛ ♛

**Paul Achs,** Gols
**Allram,** Straß im Straßertale
**Alphart,** Traiskirchen
**Arndorfer,** Straß im Straßertale
**Atzberg,** Spitz
**Leo Aumann,** Tribuswinkel
**Heribert Bayer,** Neckenmarkt
**Braunstein,** Purbach am Neusiedlersee
**Christ,** Wien
**Tom Dockner,** Theyern
**Domäne Wachau,** Dürnstein
**Johann Donabaum,** Spitz
**Sighardt Donabaum,** Spitz
**Ebner-Ebenauer,** Poysdorf
**Josef Ehmoser,** Tiefenthal

**Eichinger,** Straß im Straßertale
**Feiler-Artinger,** Rust
**Frauwallner Straden,** Karbach
**Gager,** Deutschkreutz
**Johannes Gebeshuber,** Gumpoldskirchen
**Giefing,** Rust
**Johann Gisperg,** Teesdorf
**Gschweicher,** Röschitz
**Hiedler,** Langenlois
**Mathias Hirtzberger,** Wösendorf
**Högl,** Spitz-Vießling
**Iby Rotweingut,** Horitschon
**Hans Igler,** Deutschkreutz
**Josef Jamek,** Joching
**Juris,** Gols

**Jurtschitsch,** Langenlois
**Kerschbaum,** Horitschon
**K + K Kirnbauer,** Deutschkreutz
**Kodolitsch,** Leibnitz
**Krispel,** Neusetz
**Kroiss,** Wien
**Rotweine Lang,** Neckenmarkt
**Leth,** Fels am Wagram
**Loimer,** Langenlois
**Christian Madl,** Schrattenberg
**Wolfgang Maitz,** Ratsch
**Mayer am Pfarrplatz,** Wien
**Vorspannhof Mayr,** Droß
**Hermann Moser,** Rohrendorf
**Franz & Christine Netzl,** Göttlesbrunn
**Nikolaihof Wachau,** Mautern an der Donau
**OberGuess,** Leutschach
**Pichler-Krutzler,** Oberloiben
**Polz,** Am Grassnitzberg
**Potzinger,** Gabersdorf

**Franz Schindler,** Mörbisch am See
**Schmelz,** Joching
**Heidi Schröck & Söhne,** Rust
**Familie Schuster,** Großriedenthal
**Setzer,** Hohenwarth
**Skoff Original – Walter Skoff,** Eckberg
**Peter Skoff,** Gamlitz-Kranachberg
**Stadlmann,** Traiskirchen
**Steininger,** Langenlois
**Bernd Stelzl,** Leutschach-Schlossberg
**Strehn,** Deutschkreutz
**Tegernseerhof,** Unterloiben
**Weingut Topf,** Straß im Straßertale
**G + R Triebaumer,** Rust
**Umathum,** Frauenkirchen
**®Walzer,** Krems/Gneixendorf
**Wenzel,** Rust
**Weszeli,** Langenlois
**Wieninger,** Wien
**Niki Windisch,** Großengersdorf

---

♕ ♕ ♕

**Werner Achs,** Gols
**Adam-Lieleg,** Kranach
**Aichinger,** Schönberg am Kamp
**Aigner,** Krems an der Donau
**Am Berg,** Langenlois
**Kurt Angerer,** Lengenfeld
**Artner,** Höflein
**Familie Auer,** Tattendorf
**Michael & Carina Auer,** Höflein
**Christoph Bauer,** Jetzelsdorf
**Familie Bauer,** Großriedenthal
**Florian Bauer,** Feuersbrunn
**Stefan Bauer,** Königsbrunn
**Bäuerl-Loiben,** Oberloiben
**Erich Bayer,** St. Michael
**Berger,** Gedersdorf
**Brandl,** Zöbing
**Domäne Roland Chan,** Wösendorf
**Cobenzl,** Wien
**Gerhard Deim,** Schönberg am Kamp
**Deutsch,** Hagenbrunn
**Dreisiebner Stammhaus,** Sulztal
**Ecker – Eckhof,** Mitterstockstall

**Eder Wachau,** Mauternbach
**Edlinger,** Palt
**Harald Ernst,** Großwiesendorf
**Bernhard Ernst,** Deutschkreutz
**Esterházy,** Trausdorf an der Wulka
**Felberjörgl,** Kitzeck im Sausal
**Rudolf Fidesser,** Platt
**Josef Fischer,** Rossatz
**Christian Fischer,** Sooß
**Forstreiter,** Krems-Hollenburg
**Förthof,** Krems an der Donau
**Frank,** Herrnbaumgarten
**Friedrich,** St. Stefan ob Stainz-Langegg
**Frühwirth,** Klöch
**Fuhrgassl-Huber,** Wien
**Gilg,** Hagenbrunn
**Glatzer,** Göttlesbrunn
**Gollenz,** Tieschen
**Graben-Gritsch,** Vießling
**Graf Hardegg,** Großkadolz
**Groszer Wein,** Burg
**Hagen,** Krems an der Donau
**Haider,** Illmitz

♛ ♛ ♛

**Hajszan Neumann,** Wien
**Toni Hartl,** Reisenberg
**Leo Hillinger,** Jois
**Hindler,** Schrattenthal
**Hirschmugl – Domaene am Seggauberg,** Leibnitz
**Hofbauer-Schmidt,** Hohenwarth
**Hofstätter,** Spitz
**Iby-Lehrner,** Horitschon
**Josef Igler,** Deutschkreutz
**Markus Iro,** Gols
**Leo Jahner,** Wildungsmauer
**Jalits,** Badersdorf
**Jassek,** Ragelsdorf
**Jordan,** Pulkau
**Kemetner,** Etsdorf
**Keringer,** Mönchhof
**Domaines Kilger,** Gamlitz
**Kirchknopf,** Eisenstadt
**Julius Klein,** Pernersdorf
**Kolkmann,** Fels am Wagram
**Kollerhof am Eichberg,** Leutschach
**Krug,** Gumpoldskirchen
**Lagler,** Spitz
**Langmann Lex,** St. Stefan ob Stainz-Langegg
**Leberl,** Großhöflein
**Leindl,** Zöbing
**Leitner,** Gols
**Hofkellerei des Fürsten von Liechtenstein,** Wilfersdorf
**Matthias List,** Siebing
**Erich Macherndl,** Wösendorf
**MAD,** Oggau
**Lukas Markowitsch,** Göttlesbrunn
**Meinrad Markowitsch,** Göttlesbrunn
**Mehofer – Neudeggerhof,** Neudegg
**Roland Minkowitsch,** Mannersdorf
**Andreas Muhr,** Stixneusiedl
**Müller,** Krustetten
**Müller Klöch,** Klöch
**Johannes Münzenrieder,** Apetlon
**PMC Münzenrieder,** Apetlon
**Niegl,** Brunn am Gebirge
**Nimmervoll,** Engelmannsbrunn
**Nothnagl,** Spitz
**Barbara Öhlzelt,** Zöbing

**PAX,** Wösendorf
**Pfneisl,** Deutschkreutz
**Franz Pichler,** Wösendorf
**Gerhard Pimpel,** Göttlesbrunn
**Pitnauer,** Göttlesbrunn
**Platzer,** Tieschen
**Pollerhof,** Röschitz
**Pongratz,** Gamlitz-Kranachberg
**Wine by S. Pratsch,** Hohenruppersdorf
**Prechtl,** Zellerndorf
**Preiß,** Theyern
**Primus,** Am Graßnitzberg
**Rabl,** Langenlois
**Reinberger,** Grafenwörth
**Reinfeld,** Schützen am Gebirge
**J. u. M. Reumann,** Deutschkreutz
**Riegelnegg Olwitschhof,** Gamlitz
**Rixinger,** Spitz-Gut am Steg
**Rotes Haus,** Wien
**Josef Salomon,** Falkenstein
**Salzl Seewinkelhof,** Illmitz
**Erich Sattler,** Tadten
**Franz Sauerstingl,** Fels am Wagram
**Schindler,** Mörbisch am See
**Schmölzer,** St. Andrä-Höch
**Georg Schneider,** Tattendorf
**Schreiner,** Rust
**Familie Schwarz,** Schrattenberg
**Michael Schwarz,** Andau
**Schwarzböck,** Hagenbrunn
**Schwertführer 47er,** Sooß
**Sigl,** Rossatz
**Silberberg,** Leibnitz
**Sommer,** Donnerskirchen
**Paul Stierschneider,** Oberloiben
**Stift,** Röschitz
**Stift Klosterneuburg,** Klosterneuburg
**Studeny,** Obermarkersdorf
**Sutter,** Hohenwarth
**Taferner,** Göttlesbrunn
**Taubenschuss,** Poysdorf
**Tesch,** Neckenmarkt
**Freigut Thallern,** Gumpoldskirchen
**Tschermonegg,** Leutschach
**Trabos,** Gamlitz
**Petra Unger,** Furth bei Göttweig

**Thom Wachter,** Eisenberg
**Wagentristl,** Großhöflein
**Waldschütz,** Elsarn
**Wandraschek,** Krems an der Donau
**Weber,** Deutsch-Schützen
**Weinwurm,** Dobermannsdorf
**Wess,** Krems an der Donau
**Wimmer-Czerny,** Fels am Wagram
**Winzer Krems –Sandgrube 13,** Krems an der Donau
**Zull,** Schrattenthal
**Zuschmann – Schöfmann,** Martinsdorf

---

♛ ♛

**AmSee Pirker-Preisinger,** Gols
**Barbach,** Perchtoldsdorf
**Michael Bauer,** Mitterstockstall
**Norbert Bauer,** Jetzelsdorf
**Benedikt,** Kirchberg am Wagram-Mallon
**Bernreiter,** Wien
**Joe Beyer,** Roseldorf
**Blaha,** Röschitz
**Blauensteiner,** Gösing am Wagram
**Breitenfelder,** Kleinriedenthal
**Chesa Druschauna,** Göfis
**Hannes Dachauer,** Tattendorf
**Zur Dankbarkeit,** Podersdorf am See
**Alfred Markus Deim,** Schönberg am Kamp
**Dietrich vlg. Tischler,** Gamlitz-Sernau
**Christoph Donabaum,** Spitz
**Drexler-Leeb,** Perchtoldsdorf
**Dürnberg,** Falkenstein
**Ecker,** Grafenberg
**Eder,** Gedersdorf
**Alexander Egermann,** Illmitz
**Ehn,** Engelmannsbrunn
**Eichberger,** Eibesbrunn
**Eichenwald Weine,** Horitschon
**Willi Eminger,** Niedersulz
**Engelbrecht,** Etsdorf am Kamp
**Erber,** Oberwölbling
**Erzherzog Johann Weine,** Ehrenhausen
**Etl Wine & Spirits,** Halbturn
**Ettl,** Podersdorf am See
**Fein,** Hagenbrunn
**Fiedler – Grenzhof,** Mörbisch am See
**Hermann Fink,** Großhöflein
**Fink & Kotzian,** Eggenburg-Gauderndorf
**Rudolf Fritz,** Thallern
**Frotzler,** Schrattenthal
**Gallhofer,** Rührsdorf
**Gattinger,** Unterloiben
**Oberer Germuth,** Leutschach
**Gottschuly-Grassl,** Höflein
**Greil,** Unterstockstall
**Grill,** Fels am Wagram
**Roman Gritsch,** Spitz
**Wolfgang & Sylvia Groll,** Schiltern-Reith
**Gruber,** Röschitz
**Gutjahr,** Kitzeck im Sausal-Neurath
**Hagn,** Mailberg
**Haiden,** Oggau
**Haiderer,** Unterbergern
**Haimerl,** Gobelsburg
**Dieter & Yvonne Hareter,** Weiden am See
**Heggenberger,** Tattendorf
**Hirtl,** Poysdorf
**HuM Hofer,** Auersthal
**Johannes Holzer,** Engabrunn
**Honsig,** Platt
**Hutter,** Mautern an der Donau
**Jatschka,** Stetten
**Jauk-Wieser,** Deutschlandsberg
**Winzerschlössl Kaiser,** Eisenstadt
**Klosterkeller Siegendorf,** Siegendorf
**Kratzer,** Heimschuh
**Lahrnsteig,** Mitterarnsdorf
**Liegenfeld,** Donnerskirchen
**Gerhard J. Lobner,** Mannersdorf

♛ ♛

**Machalek,** Pernersdorf
**Maglock-Nagel,** Straß im Straßertale
**Souveräner Malteser**
**Ritter-Orden,** Mailberg
**Arkadenhof Mandl-Brunner,** Rechnitz
**Mang Hermenegild,** Weißenkirchen
**fm MAYER.Vitikultur,** Wien
**M. Mayer,** Königsbrunn am Wagram
**Hans Moser,** Eisenstadt
**Lenz Moser,** Rohrendorf
**Alex Nebenführ,** Mitterretzbach
**Neunteufl,** Viendorf
**Neustifter,** Poysdorf
**Oberschil,** Hagenbrunn
**Oppelmayer,** Göttlesbrunn
**Andreas Ott,** Hagenbrunn
**Parzer,** Oberfucha
**Martin Pasler,** Jois
**Pferschy-Seper,** Mödling
**Pichler-Schober,** St. Nikolai im Sausal
**Pleil,** Wolkersdorf im Weinviertel
**Helmut Preisinger,** Gols
**Pröll,** Radlbrunn
**Christian Rainprecht,** Oggau
**Redl,** Wien
**Christian Reiterer,** Wies
**Ritter,** St. Paul
**Josef Rosenberger,** Rohrendorf

**Schaller vom See,** Podersdorf am See
**Familie Schlager,** Sooß
**Schloss Dürnstein,** Dürnstein
**Schloss Seggau,** Leibnitz-Seggauberg
**Andreas Schmid,** Gobelsburg
**Johann Schneeberger,** Heimschuh
**Schüller,** Pillersdorf
**Werner Schwarz,** Kitzeck
**Schwertführer „35",** Sooß
**Die Schwertführerinnen,** Sooß
**Seiler,** Rust
**Seyfried Wein.Atelier,** Gleisdorf
**Siedler Alex,** Reichersdorf
**Soellner,** Gösing am Wagram
**spitzyPeitler,** Leutschach-Schlossberg
**Steiner,** Langenlois
**Steinschaden,** Schiltern
**Strawanzer Donabaum,** Spitz
**Tanzer,** Thallern
**Peter Uhler,** Wien
**Ulzer,** Seebarn am Wagram
**Urbanihof – Paschinger,** Fels am Wagram
**Waberer,** Mistelbach
**Waltner,** Engelmannsbrunn
**Rudi Woditschka,** Herrnbaumgarten
**Leo & Dagmar Wunderer,** Oberfellabrunn
**Paul Zimmermann,** Radlbrunn
**Ziß,** Röschitz

**Domäne Baumgartner,** Untermarkersdorf
**Dombi-Weiss,** Podersdorf am See
**Gaitzenauer,** Wöllersdorf
**Haimel | PIWIDA,** Traismauer
**Hugl-Wimmer,** Poysdorf
**Knötzl,** Tattendorf
**Kölbl,** Röschitz
**Koller – Kitzeck,** Kitzeck

**Kramer,** Falkenstein
**Maier,** Krems-Angern
**Mayer,** Spitz-Gut am Steg
**Polzblitz,** Am Grassnitzberg
**Pomaßl,** Weißenkirchen
**Leo Rögner,** Großengersdorf
**Jonny Wegleitner,** Apetlon
**Zederbauer,** Palt
**Zeger,** Aggsbach Dorf

# Genuss on Tour – Wachau exklusiv

Die neuen kulinarischen Touren »**Wachau-Triple**« und »**Donau-Ride**« führen experimentierfreudige Genussliebhaber:innen durch die einzigartige Wachau – je nach Vorliebe zu Fuß oder mit einer Zille auf der Donau. **Lass dich überraschen!**

**Wachau surprise!**
ÜBERRASCHEND GENUSSVOLL

**BUCHUNG UND INFORMATION:**
Donau Niederösterreich Tourismus GmbH
E-Mail urlaub@donau.com | Tel 02713/30060-60

WACHAU.AT/GENUSS-ON-TOUR
BESTOF-WACHAU.AT

NIEDERÖSTERREICH
Einfach erfrischend.

# WEIN-JAHRGANGSTABELLE

| Jahr | Wachau | Kamptal | Kremstal | Traisental | Wagram | Carnuntum rot | Weinviertel weiß | Thermenregion weiß | Thermenregion rot |
|------|--------|---------|----------|------------|--------|---------------|------------------|--------------------|-------------------|
| 2023 | ★★★ | ★★★★ | ★★★ | ★★★ | ★★★ | | ★★★ | ★★★ | |
| 2022 | ★★★ | ★★★ | ★★★ | ★★★ | ★★★ | ★★★ | ★★★ | ★★★ | ★★★ |
| 2021 | ★★★★★ | ★★★★★ | ★★★★★ | ★★★★★ | ★★★★★ | ★★★★ | ★★★★★ | ★★★★★ | ★★★★ |
| 2020 | ★★★ | ★★★ | ★★★ | ★★★ | ★★★ | ★★★ | ★★★ | ★★★★ | ★★★ |
| 2019 | ★★★★★ | ★★★★★ | ★★★★★ | ★★★★★ | ★★★★★ | ★★★★ | ★★★★★ | ★★★★★ | ★★★★ |
| 2018 | ★★★ | ★★★ | ★★★ | ★★★ | ★★★ | ★★★★ | ★★★ | ★★★ | ★★★ |
| 2017 | ★★★★ | ★★★★ | ★★★★ | ★★★★ | ★★★★ | ★★★★★ | ★★★★ | ★★★★ | ★★★★★ |
| 2016 | ★★★ | ★★★ | ★★★★ | ★★★★ | ★★★ | ★★★ | ★★★★ | ★★★★ | ★★★★ |
| 2015 | ★★★★ | ★★★★ | ★★★★ | ★★★★ | ★★★★ | ★★★★★ | ★★★★ | ★★★★ | ★★★★ |
| 2014 | ★★ | ★★ | ★★ | ★★ | ★★ | ★ | ★★ | ★★ | ★ |
| 2013 | ★★★★★ | ★★★★★ | ★★★★★ | ★★★★★ | ★★★★★ | ★★★ | ★★★★★ | ★★★★★ | ★★★ |
| 2012 | ★★★★ | ★★★★ | ★★★★ | ★★★★ | ★★★★ | ★★★★ | ★★★★ | ★★★★ | ★★★★ |
| 2011 | ★★★ | ★★★ | ★★★ | ★★★★ | ★★★ | ★★★★★ | ★★★ | ★★★★ | ★★★★ |
| 2010 | ★★★ | ★★★ | ★★★ | ★★★ | ★★★ | ★★ | ★★★ | ★★★★ | ★★ |
| 2009 | ★★★★★ | ★★★★ | ★★★★ | ★★★★ | ★★★★ | ★★★ | ★★★ | ★★★★ | ★★★ |
| 2008 | ★★★ | ★★★ | ★★★ | ★★★ | ★★★ | ★★★ | ★★★ | ★★★ | ★★★ |
| 2007 | ★★★★ | ★★★★ | ★★★★ | ★★★★ | ★★★★ | ★★★★ | ★★★★ | ★★★★★ | ★★★★ |
| 2006 | ★★★★ | ★★★★ | ★★★★ | ★★★★ | ★★★★ | ★★★★ | ★★★★ | ★★★★ | ★★★★ |
| 2005 | ★★★ | ★★★ | ★★★ | ★★★ | ★★★ | ★★ | ★★★ | ★★★ | ★★ |
| 2004 | ★★ | ★★ | ★★ | ★★ | ★★ | ★★★★ | ★★ | ★★★★ | ★★★★ |
| 2003 | ★★★ | ★★★ | ★★★ | ★★★ | ★★★ | ★★★★ | ★★★★ | ★★★★ | ★★★★ |
| 2002 | ★★★★ | ★★★★ | ★★★★ | ★★★★ | ★★★★ | ★★★★ | ★★★ | ★★★★ | ★★★★ |
| 2001 | ★★★★★ | ★★★★★ | ★★★★★ | ★★★★★ | ★★★★★ | ★★★ | ★★★★★ | ★★★★ | ★★★★ |
| 2000 | ★★★★ | ★★★★ | ★★★★ | ★★★ | ★★★ | ★★★★★ | ★★★ | ★★★★ | ★★★★★ |
| 1999 | ★★★★★ | ★★★★★ | ★★★★★ | ★★★★ | ★★★★ | ★★★★ | ★★★★ | ★★★★ | ★★★★ |
| 1998 | ★★★ | ★★ | ★★ | ★★ | ★★ | ★★ | ★★ | ★★★ | ★★ |
| 1997 | ★★★★★ | ★★★★★ | ★★★★★ | ★★★★★ | ★★★★★ | ★★★★ | ★★★★ | ★★★★ | ★★★★★ |
| 1996 | ★ | ★ | ★ | ★ | ★ | ★ | ★ | ★★ | ★ |

★★★★★ ausgezeichneter und großer Jahrgang  ★★★★ sehr guter Jahrgang  ★★★ guter Jahrgang

## Jahrgangstabelle

| Jahr | Wien | Nordburgenland weiß | Nordburgenland rot | Nordburgenland süß | Mittelburgenland | Südburgenland | Vulkanland | Südsteiermark | Weststeiermark |
|---|---|---|---|---|---|---|---|---|---|
| 2023 | ★★★★ | ★★★★ | | | | | ★★★★ | ★★★★ | ★★★ |
| 2022 | ★★★ | ★★★★ | ★★★ | ★★★ | ★★★ | ★★★ | ★★★★ | ★★★★ | ★★★ |
| 2021 | ★★★★★ | ★★★★★ | ★★★★ | ★★★★ | ★★★★ | ★★★★ | ★★★★ | ★★★★ | ★★★★ |
| 2020 | ★★★ | ★★★ | ★★★★ | ★★★★ | ★★★★ | ★★★★ | ★★★ | ★★★ | ★★★ |
| 2019 | ★★★★★ | ★★★★ | ★★★★★ | ★★★★ | ★★★★ | ★★★★ | ★★★★★ | ★★★★★ | ★★★★★ |
| 2018 | ★★★ | ★★★★ | ★★★★ | ★★★ | ★★★★ | ★★★★ | ★★★★ | ★★★★ | ★★★★ |
| 2017 | ★★★★ | ★★★★ | ★★★★★ | ★★★★ | ★★★★★ | ★★★★ | ★★★★ | ★★★★ | ★★★★ |
| 2016 | ★★★★★ | ★★★ | ★★★★ | ★★★ | ★★★★ | ★★★★ | ★★★★ | ★★★★ | ★★★ |
| 2015 | ★★★★ | ★★★★ | ★★★★★ | ★★★★★ | ★★★★ | ★★★★ | ★★★★ | ★★★★ | ★★★★ |
| 2014 | ★★ | ★★ | ★ | ★★★ | ★ | ★★ | ★★ | ★★ | ★★ |
| 2013 | ★★★★ | ★★★★ | ★★★ | ★★★★ | ★★★ | ★★★ | ★★★ | ★★★★ | ★★★ |
| 2012 | ★★★★ | ★★★★ | ★★★★ | ★★ | ★★★★ | ★★★★ | ★★★★ | ★★★★ | ★★★★ |
| 2011 | ★★★ | ★★★ | ★★★★★ | ★★★★ | ★★★★★ | ★★★★★ | ★★★★ | ★★★★★ | ★★★★ |
| 2010 | ★★★ | ★★ | ★★ | ★★★★★ | ★★ | ★★ | ★★ | ★★ | ★★ |
| 2009 | ★★★★ | ★★★★ | ★★★★ | ★★★★ | ★★★★★ | ★★★★ | ★★★★ | ★★★★ | ★★★★ |
| 2008 | ★★★ | ★★★ | ★★★ | ★★★ | ★★★★ | ★★★★ | ★★★ | ★★★★ | ★★★ |
| 2007 | ★★★★★ | ★★★★ | ★★★ | ★★★★★ | ★★ | ★★★★ | ★★★★★ | ★★★★★ | ★★★★ |
| 2006 | ★★★★ | ★★★★ | ★★★★ | ★★★★★ | ★★★★ | ★★★★ | ★★★★ | ★★★★ | ★★★★ |
| 2005 | ★★★ | ★★★ | ★★ | ★★★★★ | ★★★★ | ★★ | ★★★ | ★★★ | ★★★ |
| 2004 | ★★★ | ★★★ | ★★★★★ | ★★★★ | ★★★★★ | ★★★★ | ★★ | ★★ | ★ |
| 2003 | ★★★ | ★★★ | ★★★★ | ★ | ★★★★★ | ★★★★★ | ★★★★ | ★★★★ | ★★★★ |
| 2002 | ★★★★ | ★★★ | ★★★★ | ★★★★ | ★★★★ | ★★★★ | ★★★★★ | ★★★★★ | ★★★★★ |
| 2001 | ★★★★ | ★★★★ | ★★★ | ★★★★★ | ★★★ | ★★★★ | ★★★★ | ★★★★ | ★★★ |
| 2000 | ★★★★ | ★★★★ | ★★★★★ | ★★ | ★★★★★ | ★★★★★ | ★★★★ | ★★★★ | ★★★★ |
| 1999 | ★★★★ | ★★★★ | ★★★★★ | ★★★★★ | ★★★★ | ★★★★★ | ★★★★ | ★★★★ | ★★★★ |
| 1998 | ★★★ | ★★ | ★★★ | ★★★★ | ★★★★ | ★★★ | ★★ | ★★ | ★★ |
| 1997 | ★★★★ | ★★★★ | ★★★★ | ★★★★ | ★★★★ | ★★★★ | ★★★★★ | ★★★★★ | ★★★★★ |
| 1996 | ★ | ★ | ★ | ★★★★ | ★ | ★ | ★ | ★★ | ★ |

★★ annehmbarer Jahrgang  
★ schwacher bis mäßiger Jahrgang

# WACHAU

Als Wachau bezeichnet wird heute der 33 Kilometer lange Abschnitt des Donautals zwischen Melk und Krems, Weinbau betrieben wird aber vor allem am linken Ufer von Schwallenbach bis Unterloiben. Zum Teil sehr steile Steinterrassen prägen das Landschaftsbild. Bei Spitz an der Donau zweigt das größte Seitental, der sogenannte Spitzer Graben, ab, der über Gut am Steg bis nach Vießling führt. Die wichtigsten Weinbauorte am linken Ufer sind, der Reihe nach, Spitz an der Donau, St. Michael, Wösendorf, Joching, Weißenkirchen, Dürnstein und schließlich Loiben; Enklaven am rechten Ufer befinden sich in Arnsdorf, Rossatz, Mauternbach und Mautern.

Die überwiegende Mehrheit der Wachauer Weinbaubetriebe sind auch Mitglieder des 1983 gegründeten Schutzverbandes „Vinea Wachau Nobilis Districtus", wodurch sie verpflichtet sind, ausschließlich Wachauer Wein zu führen und zu vermarkten. Die Weine der Vinea Wachau werden in drei „Gewichtsklassen" eingeteilt, sie sind ausnahmslos trocken und dürfen nicht aufgebessert werden:

„Steinfeder" steht für leichte, schlanke Weine mit maximal 11,5% Alkohol, „Federspiel" für elegante mittelgewichtige Weine zwischen 11,5% und 12,5%, die „Smaragd"-Kategorie umfasst kräftige, trockene Spätlesen ab 12,5% Alkohol.

Die Wachau weist verschiedenste Bodentypen auf, wobei in den Terrassenlagen meist verwitterte Urgesteinsböden aus Granit, Gneis und Glimmerschiefer anzutreffen sind, im unteren Teil der Hänge findet man öfters Lössauflagen, in der Ebene Löss und Schwemmsand. Klimatisch gesehen liegt die Wachau an der Schnittstelle zwischen dem atlantischen und dem pannonischen Bereich, wobei der Einfluss des letzteren von Ost nach West abnimmt. Aus den zahlreichen Gräben, also den bewaldeten Seitentälern vom Waldviertel im Norden und vom Dunkelsteinerwald im Süden, strömen regelmäßig kühlere und feuchtere Luftmassen in die Weinberge ein, wodurch es zu relativ großen Temperaturschwankungen zwischen Tag und Nacht und einer kräftigen Luftzirkulation kommt, zu der auch der Donaustrom beiträgt. Neben den Leitsorten Grüner Veltliner und Riesling findet man diverse weiße Komplementärsorten wie Gelben Muskateller und Sauvignon Blanc sowie Weißburgunder, Chardonnay und Neuburger. Die Wachau verfügt über mehr als 100 Einzellagen mit einer bunten Vielfalt an Geologie und Boden, Klima und Topographie. Die Herkunft, das vielzitierte Terroir, steht im Fokus dieses Anbaugebietes.

Am 5. Mai 2020 wurde die Wachau per Verordnung Österreichs 15. DAC-Weinbaugebiet. Es wurde eine Herkunftspyramide eingeführt: Gebietswein, Ortswein und Riedenwein. Die Winzer verpflichten sich grundsätzlich zur Handlese. Steinfeder, Federspiel und Smaragd bleiben erhalten. Auf der Ebene der Gebietsweine ändert sich an der traditionellen Sortenvielfalt nichts, Gemischter Satz und Cuvées sind möglich. Darüber angesiedelt sind die Ortsweine. Die Spitze der Herkunftspyramide ist den Riedenweinen der Rebsorten Grüner Veltliner und Riesling aus 157 definierten Lagen vorbehalten. Sie dürfen nicht angereichert werden und – ebenso wie Ortsweine – keinen oder einen kaum merkbaren Holzton aufweisen.

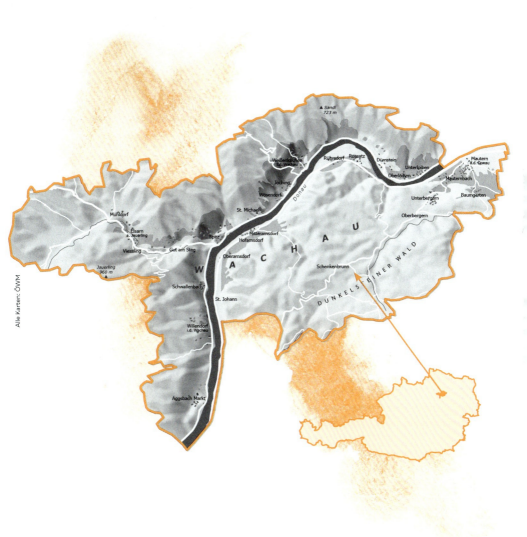

1.296 Hektar Weinanbaufläche
Die wichtigsten Rebsorten:
Grüner Veltliner, Riesling

# Weingut
# Alzinger

**Leo und Katharina Alzinger**
3601 Dürnstein, Unterloiben 11
Tel. +43 2732 77900
weingut@alzinger.at, www.alzinger.at
11 Hektar, W/R 100/0

„Ganz einfach war das Weinjahr 2023 nicht. Austrieb und Blüte waren spät, ab Mitte Mai bis Juni war es kalt, und der Kälteeinbruch im August ließ eine sehr späte Lese erwarten. Dann hatte das Wetter aber doch Einsehen mit uns, der Frühherbst war sehr warm. So konnten wir die Ernte in der dritten Septemberwoche starten und zügig zu Ende bringen. Das Lesegut war sehr sauber, null Botrytis, volle physiologische Reife und viel Weinsäure, selbst bei den Smaragden war das so." Die von Leo Alzinger geschilderten Bedingungen kamen seiner Handschrift sehr entgegen: filigran, fein, blitzsauber und terroirbetont.

Das Weingut Alzinger gehört zu den Leitbetrieben in der Wachau. Den Grundstein legte Leo Alzinger sen. bereits im Jahr 1983, als er sich entschloss, die Trauben des von seinen Eltern übernommenen Weinguts selbst zu vermarkten. Von Anfang an hatte er klare Vorstellungen, wie sein Wein beschaffen sein muss: „Präzision, Klarheit, Geradlinigkeit, Filigranität und Lebendigkeit." Auch die schmeckbare Herkunft ist wichtig. Die Stilistik seines Sohnes Leo Alzinger jun. ist neben dem Vorbild des Vaters sichtlich von seinen Wanderjahren geprägt, die ihn unter anderem an einen der Hotspots deutscher Rieslinge führte, nämlich zu Müller-Catoir in der Pfalz.

Die Familie verfügt über renommierte Lagen im östlichen Teil der Wachau, die zum Teil signifikante Unterschiede in der Zusammensetzung der Böden und bezüglich Mikroklima aufweisen. So zum Beispiel ist der obere Teil der Ried Mühlpoint von verwittertem Gneis geprägt, der untere Teil von tiefgründigem Lehm. Ganz andere Weine ergibt die Ried Liebenberg mit ihrem kühlen Umfeld und einem Boden aus Amphiboliten und Glimmerschiefer; der Grüne Veltliner wächst auf den höchsten Parzellen. Den mikroklimatischen Kontrapunkt stellt der Loibenberg dar, eine der wärmsten Rieden der Wachau. Je nach Parzelle gibt es aber beträchtliche Unterschiede, sowohl hinsichtlich Wind und Sonneneinstrahlung als auch bei der Geologie. Der Grüne Veltliner der Familie Alzinger wurzelt in Löss, der Riesling in kargen und seichten Böden. Eine weitere, sowohl für Riesling als auch Veltliner prädestinierte Lage ist das Steinertal. Der Riesling stammt von den höchsten und kargsten Parzellen, der Grüne Veltliner von den tiefer gelegenen Terrassen mit tiefgründigem Boden. Die Ried Höhereck gilt als kleiner Bruder der Lage Steinertal, ist aber etwas wärmer und extrem karg. Am Fuße des berühmten Kellerbergs liegt die Ried Hollerin mit viel Gneis, Sand und ein wenig Lehm. Im Riesling Dürnstein Federspiel sind viele kleine Parzellen vereint, deren getrennter Ausbau sich nicht rentieren würde.

Die heuer vorgestellte Serie ist feingliedrig, die Smaragde sind kraftvoll, die vergleichsweise hohe Weinsäure erfüllt sie mit Leben, die Lagencharakteristika kommen durch. *ww*

## WACHAU DAC

**★★ S €€ GV**
**2023 Grüner Veltliner Dürnstein Federspiel** + Fein gehalten, frische Äpfel, ganz zarte Würze; saftig und frisch, fruchtbetont, zugänglich, trinkanimierend.

**★★★ S €€€ GV**
**2023 Grüner Veltliner Ried Hochstrasser Federspiel** + Leise Bodentöne, Prise weißer Pfeffer, zarte Frucht; geradlinig, Präzision und gewisse Straffheit, Boden zeigt sich auf dem Gaumen noch deutlicher als im Bukett, mittlere Substanz.

**★★★ S €€€ GV**
**2023 Grüner Veltliner Ried Mühlpoint Federspiel** + Markante Würze gibt den Ton an, unterlegt mit grünen Äpfeln, Fichtennadeln angedeutet; schließt nahtlos an, die Frucht ist prägnanter als im Bukett, hinten und im Nachhall auch gerade reif gewordene Marillen. Sympathischer Wein.

**★★★ S €€€ GV** `PLV`
**2023 Grüner Veltliner Ried Mühlpoint Smaragd** + Präsentiert sich elegant und feingliedrig mit einer hauchzarten Würze, erinnert an Anis, Frucht eingebettet; auf dem Gaumen markante Bodentöne, kompakt, sehnig, eine Prise Gerbstoffe gibt neben dem Säurerückgrat Struktur, fruchtig im Abgang und im Nachhall, Prise Zitrus.

**★★★★ K €€€€ GV**
**2023 Grüner Veltliner Ried Liebenberg Smaragd** + Kühler Touch, Schieferboden zu erkennen, elegante Würze, Anklänge von Grapefruits und Äpfeln; feingliedrig, sehnig, lebhaft, pikant im Abgang und im Nachhall, da ist nichts Grobes, gute Länge.

**★★★★ K €€€€ GV**
**2023 Grüner Veltliner Ried Loibenberg Smaragd** + Sanfter Druck, Prise Lebkuchengewürze, zarte Frucht unterlegt, ausgewogen; aromatisches Dacapo, angenehme Säure, Substanz ohne Üppigkeit, hinten und im Nachhall kommt der Boden durch, eine Prise Gerbstoff stützt.

**★★★★ K €€€€€ GV** `TIPP`
**2023 Grüner Veltliner Ried Steinertal Smaragd** + Druckvoll, sortentypisch, dunkle Kräuternoten, Pfeffer; viel Kraft auch auf dem Gaumen, Fruchtschmelz, vergleichsweise sanfte Säure, feine Pikanz, im langen Nachhall Würze und Bodentöne.

**★★★ S €€€ RI**
**2023 Riesling Dürnstein Federspiel** + Dezent, zarte Frucht; quicklebendig, Säurespiel, Frucht präsent, beschwingt, bereitet Spaß fernab der Oberflächlichkeit.

**★★★★ K €€€€ RI**
**2023 Riesling Ried Hollerin Smaragd** + Sanfter Druck, fruchtbetont, Marillen, Pfirsiche, Hauch Quitten; saftige Frucht, animierend, zugänglich, Körper, angenehme Säure, Schmelz, als Sorte geradezu selbsterklärend.

**★★★★ K €€€€ RI** `TIPP`
**2023 Riesling Ried Höhereck Smaragd** + Einnehmend, charmante Frucht, steinige Bodentöne kommen durch, ein Hauch Kumquats; schließt nahtlos an, Finesse, klare Struktur, in keiner Phase schwer, lang, im Nachhall steinig mit einem Hauch Gerbstoff, bemerkenswerter Trinkfluss.

**★★★★ K €€€€ RI** `TIPP`
**2023 Riesling Ried Loibenberg Smaragd** + Interessantes und eigenständiges Bukett, Anklänge von hellem Steinobst und Blüten, winzige Prise Gewürze, leise Bodentöne à la Feuerstein, alles fein angelegt; aromatisches Dacapo, präzise Struktur, frisch, Finesse und Tiefgang, viel kühle Frucht im langen Nachhall.

**★★★★ K €€€€€ RI** `TIPP`
**2023 Riesling Ried Steinertal Smaragd** + Lagentypisch kühler Hauch aus dem Waldviertel, fast filigrane und eng verwobene Aromatik, elegante Steinobstnoten; bringt diese Charakteristik und diese Aromen auch auf dem Gaumen, null Fett, bemerkenswerte Finesse, sehr langer Nachhall, in gewisser Weise Understatement.

♛ ♛ ♛ ♛

# Weingut
# Atzberg

**Paul Kiefer**
3620 Spitz, Mieslingtal 3
Tel. +43 650 7203663
office@atzberg.at, www.atzberg.at
2,2 Hektar, W/R 100/0

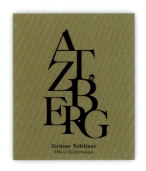

Von Jahr zu Jahr dreht sich die Qualitätsspirale der Grünen Veltliner vom Atzberg ein gutes Stück schneller, wird dem Anspruch dieser Top-Lage mehr und mehr gerecht. Kein Wunder, ist es doch schon ein Dutzend Jahre her, seit der erste „Atzberg" das Licht der Welt erblickte, nachdem die Lage rund 60 Jahre brach gelegen hatte und mit großem Aufwand rekultiviert wurde. Johann Donabaum, der für die Vinifizierung dieser Ausnahmeweine verantwortlich ist, stellt den aktuellen Jahrgang eindeutig über den Vorgänger. „Wir haben heuer bei den Steilterrassen ganze sieben Lesedurchgänge gemacht, die Ernte spannte sich also über zwei Monate bis in die zweite Novemberwoche hinein." Mit dieser aufwendigen Leseart will man die einzelnen Reifezeitpunkte einfangen und dem Wein sowohl Frische als auch Substanz verleihen.

Begonnen hatte alles mit der Idee des unvergessenen Weinpfarrers Hans Denk, der bei einem Gespräch mit Franz-Josef Gritsch vom Mauritiushof den Anstoß dazu gab, diese Lage zu rekultivieren. Letzterer übergab die Unternehmensleitung an seinen Geschäftspartner Hans Schmid, Besitzer der Weingüter Mayer am Pfarrplatz und Rotes Haus, dessen zentraler Verkaufschef, Paul Kiefer, nun auch hier die Geschäftsführung innehat.

Bereits aus dem Jahr 1328 stammt die älteste Aufzeichnung über die nun wieder neu auferstandene Riede im Donaustädtchen Spitz; in diesem Dokument ist sie bereits mit dem Namen „Ärzberg" belegt. Sie liegt unmittelbar neben der ebenfalls zu den Top-Rieden der Wachau zählenden Singerriedel, mit der sie in früheren Tagen eine geologische Einheit gebildet hatte, ehe der aus dem Waldviertel in die Donau fließende Mieslingbach die beiden Lagen voneinander trennte. Der Boden – wie der ursprüngliche Name erahnen lässt – ist erzhaltig (rotes Gestein mit Gneis und Schieferstruktur und geringer Erdauflage) und zählt zu den kargsten in der Wachau. Auf den mit einer Hangneigung von 75 % und bis zu einer Seehöhe von 420 Metern hinaufreichenden Parzellen benötigen die Trauben eine längere Reifezeit, das bedeutet auch spätere Ernte, was nicht so sehr der Zucker-, dafür aber der physiologischen Reife zugutekommt. Hier bekommen die Trauben sowohl die Kühle des Spitzer Grabens zu spüren als auch die milderen Luftmassen des Donautals – eine klimatische Idealkombination. *bb*

## WACHAU DAC

★★★★ S €€€€ GV
**2023 Steilterrassen Smaragd** + Gesteinsmehlig kühle Nase, dann die volle Frucht nach weißen Ribiseln, Orangenzesten, Grapefruits, nach und nach bringt sich auch die typische Veltlinerwürze ins Geschehen ein, etwas Fenchel, Getreide, Tabak und rosa Pfeffer, alles umrankt von zart salzig-mineralischen Noten; punktet mit toller Säurepikanz und zeigt sich trotz kraftvoller Statur fein gewebt mit glasklarer Struktur und beachtlicher Länge.

★★★★★ K €€€€€€ GV  **TOP**
**2023 Obere Steilterrassen Smaragd** + Hier findet sich alles noch ein bisschen dichter, substanzieller, saftiger; zerstoßene Steine, Orangen-Confit, Aranzini, saftige grüne und gelbe Äpfel, Melisse, Havanna-Deckblatt, Mangos; großzügig angelegter Veltliner mit macht- und prachtvollem Fundament, zugleich unglaublich vielschichtig, finessenreich und perfekt ausbalanciert; kristallklarer Kern, stets präsente kühle Mineralität; überzeugt mit enormem Tiefgang, macht auch gehörig Druck und überstrahlt zuletzt doch alles mit Noblesse und Eleganz; zweifellos einer der großen Veltliner des Jahrgangs.

♛ ♛ ♛

# Weingut
# Bäuerl-Loiben

**Martina Bäuerl**
3601 Dürnstein, Oberloiben 28
Tel. +43 664 4440620
wein@baeuerl.at, www.baeuerl.at
3,5 Hektar, W/R 100/0, 20.000 Flaschen/Jahr

Wolfgang Bäuerl und seine Frau Martina arbeiten mit der Natur. Die Gesundheit der Reben steht im Fokus. Das bedingt, die Nährstoffe im Boden zu erhalten und zu fördern, Nützlingen das Leben leicht zu machen und sich auf unterschiedlichste Witterungsbedingungen bestmöglich einzustellen. Folgerichtig wurde auf biologische Wirtschaftsweise umgestellt. „Wir sind mit dem Weinstock auf Du und Du", so Wolfgang Bäuerl. „Wir werden kleiner, weil diese Art des Weinmachens ziemlich viel Arbeit macht." Deshalb wurde das Angebot gestrafft. Der positive Nebeneffekt: Er und seine Frau seien nun wieder öfter selbst in den Weingärten anzutreffen. Er wolle wieder dorthin, wo schon sein Vater war. Das bedeutet Vinifikation wie früher, also nach Möglichkeit auch Verzicht auf Enzyme und Reinzuchthefen. Sein Vater war der Überzeugung, dass Weintrinken Freude bereiten soll. Bekömmlichkeit und Zeit für die Entwicklung sind somit wichtige Eckpunkte der Weinbereitung. Die Philosophie von Wolfgang Bäuerl ist einleuchtend und fast poetisch: Ein ganzes Vegetationsjahr ist in der Beere gespeichert und wird zu Wein. Im Keller werden die so gesammelten Informationen schonend herausgepresst. Neu ist der Grüne Veltliner Balance, der auf eine Eigenschaft hinweist, auf die der Winzer großen Wert legt.
Die Weine des Jahrganges 2023 zeigen die Handschrift des Winzers. Üppigkeit und Blendwerk sind ihnen fremd. Insbesondere die beiden Smaragde von der Ried Kellerberg erzählen vom Boden, auf dem die Trauben gereift sind.
Im gemütlichen Heurigen an den Gestaden der Donau lassen sich die Weine des Hauses völlig ungezwungen verkosten, und Appartements laden zum längeren Verweilen ein.   *ww*

### WACHAU DAC

★★ S €€ GV
**2023 Balance Grüner Veltliner Federspiel** + Braucht ein wenig Luft, zeigt dann markante Kräuterwürze, Anklänge von Föhrennadeln und tief im Glas frische Äpfel; auf dem Gaumen gibt die Frucht den Ton an, angenehme Säure, sanfte Würze, trinkanimierend bei mittlerem Gewicht.

★★★ S €€€ GV
**2023 Grüner Veltliner Federspiel Ried Kreutles** + Zarte Melange aus gelben Äpfeln und Kräutern, ein Hauch weißer Pfeffer und bodenständige Aromen; bringt diese Aromatik auch auf dem Gaumen, wobei die Frucht im Vordergrund steht, zugängliches Säurespiel, Trinkfluss, mittlere Länge.

★★★ S €€€ RI
**2023 Riesling Federspiel vom Urgestein** + Knackige Pfirsiche, leise Bodentöne, helle Aromatik, beschwingt; viel Sorte auch im Geschmack, angenehme Säure, bemerkenswerter Trinkfluss, im Nachhall frische Pfirsiche, selbsterklärend.

★★★★ K €€€€€ GV    **TIPP**
**2023 Grüner Veltliner Smaragd Ried Kellerberg** + Druckvoll, markante Bodentöne, Würze und satte Frucht, Äpfel, subtil nach Orangen, tief im Glas helle Blüten; aromatisches Dacapo, Säurerückgrat, Kraft ohne Üppigkeit, gute Struktur, lang, Reserven.

★★★★ K €€€€€ RI    **TIPP**
**2023 Riesling Smaragd Ried Kellerberg** + Gediegener Auftritt, reife Weingartenpfirsiche, ruhig, helle Bodentöne, tief im Glas Zitronenblüten; zeigt diese vielschichtige und elegante Aromatik auch im Geschmack, lebhaftes Säurespiel ohne jegliche Aggressivität, balanciert, in sich stimmig, im langen Nachhall kommt neben Pfirsichen der Boden wieder durch.

★★ S €€ GM
**2023 Gelber Muskateller Federspiel vom Urgestein** + Dezentes und angenehm unaufdringliches Sortenbukett, Zitronen- und Limettenzesten, Blüten, Prise Kräuter; aromatisch und hinsichtlich Charakter auch auf dem Gaumen so, trinkanimierend, fernab der Oberflächlichkeit.

## Weingut
# Erich Bayer

Erich Bayer
3610 Weißenkirchen, St. Michael 4
Tel. +43 2713 2364
office@weingut-bayer.com, www.weingut-bayer.com
6,5 Hektar, W/R 95/5

Zwischen Wösendorf und Spitz liegt ein kleines Juwel, das Dorf St. Michael in der Wachau – und mitten drinnen das Weingut Erich Bayer. Der Winzer ist für seinen feinen Heurigen bekannt, den er viermal im Jahr für zwei Wochen öffnet. Mit seinen Grünen Veltlinern und Rieslingen strahlt er aber weit über St. Michael hinaus.
Nährboden sind die Weinberge, die hinter dem Haus beginnen und sich runter bis Weißenkirchen ziehen. Rieden, die noch keinen großen Bekanntheitsgrad haben, aber Potenzial – wie das Bayer mit seiner Harzenleithen in St. Michael und seiner Ralais in Wösendorf, einer Subriede vom Hochrain, zeigt. Von der Harzenleithen kommt diesmal ein kräftiges, gerade nicht mehr Federspiel, jedenfalls ein gehaltvoller, vielseitiger Veltliner, und auch sein trinkvergnüglicher Fun-Riesling. Der puristische Smaragd-Riesling stammt aus der unterschätzten Ried Ralais. Die Smaragd-Veltliner zieht Bayer aus der Weißenkirchner Lage Vorderseiber, wobei für die „Sophie", benannt nach seiner Tochter, eine Parzelle mit mehr als 50 Jahre alten Rebstöcken den Veltliner-Stoff liefert. Und das alles serviert Bayer mit einem feinen Preis-Leistungs-Verhältnis. *hp*

### WACHAU DAC

★★ S €€ GV
**2023 Grüner Veltliner Ried Donauboden St. Michael Steinfeder** + Dezent würzig, weißer Pfeffer, grüner Apfel, sehr klassisch; viel Zitrusfrische, weiße Birnen, Spargelnoten, zart würzige, knackige Steinfeder.

★★ S €€ GS
**2023 Gemischter Satz Federspiel** + Rauchig-würziger Wein mit zart nussigen Anklängen, bisschen Kräuter, aromatisch; am Gaumen von Zitrusfrucht geprägt, Limetten, moderate Säure, betont trocken, Gerbstoffbitterl im Finish.

★★ S €€ GV
**2023 Grüner Veltliner Ried Hochrain Wösendorf Federspiel** + Ziemlich rauchig und gewürzig, Tabakblätter, weiche Frucht, Strudeläpfel; Äpfel und Birnen gleichermaßen, bisschen Mineralität bei milder Säure, einfach trinkig.

★★★ S €€ GV — PLV
**2023 Grüner Veltliner Ried Harzenleithen St. Michael** + Helle Würze, bereits gute Dichte, kühler und straffer als der Hochrain Grüne Veltliner, lebhafte Mineralität; saftige Kernobstfrucht, rote Birnen, vollmundiger Wein mit guter Spannung.

★★★ S €€€ GV
**2023 Grüner Veltliner Ried Vorderseiber Weißenkirchen Smaragd** + Angenehme Fülle, helle Würze, seidige Frucht, gelbe und rote Äpfel; reichhaltiger Fruchtmix, Quitten, reife Birnen, grüne Ananas und Grapefruits, milde Säure, mittellang bis lang.

★★★★ S €€€ GV
**2022 Grüner Veltliner Sophie Smaragd** + Leicht würzig, mehr gewürzig, dezent rotbeerig, brotige Noten, wirkt füllig; rauchige Textur, Bratapfel, reife Birnen, würzige Ananas, viel schwarzer Pfeffer, feine Länge.

★★★ S €€ PB
**2023 Weißburgunder Wösendorf Smaragd** + Zeigt Facetten eines üppigen Burgunders, grüne Oliven, wirkt etwas breit; einerseits wuchtig mit Säurebiss, reife Südfrüchte, Grapefruits und Mandarinen, jugendliche Schärfe. Zeit geben.

★★★ S €€ RI — FUN
**2023 Riesling Ried Harzenleithen St. Michael Federspiel** + Zart blumige Aromen, Teeblätter, mit Belüftung Weingartenpfirsich und Nektarinen; schöne Rieslingfrucht mit feiner Säurestütze, Pfirsich und Limetten, Trinkanimo.

★★★★ S €€€ RI — TIPP
**2023 Riesling Ried Ralais Wösendorf Smaragd** + Filigrane, zart aromatische Frucht, Grapefruits und auch Stachelbeeren; am Gaumen sehr sortentypisch und tiefgründig, Pfirsich mit kerniger Mineralität, Zeit geben zum Entwickeln.

★★★ S €€ GM
**2023 Gelber Muskateller Wösendorf Smaragd** + Gute Fruchtfülle, Stachelbeeren, klassisch gewürzig-muskatig; kräftiger Muskateller mit süßen Früchten, Orangen, Kiwis, Cassis, mittlere Textur, integrierte Säure, gerundet und ansprechend.

### NIEDERÖSTERREICH

★★★ S €€€ FV
**2023 Frühroter Veltliner** + Wirkt ziemlich füllig, reife Quitten, dezente Weißschokonoten, Cerealien; mineralisch unterlegte Fülle, kräftiger Frühroter mit Biss, Bratapfel, bisschen Blutorangen, herzhafte Mitte, super Heurigenwein zur deftigen Kost.

## Domäne
# Roland Chan

**Roland Müksch**
3610 Wösendorf, Kellergasse 102
Tel. +65 8468 7850, office@domaene-rolandchan.at
www.domaene-rolandchan.at
2,5 Hektar, W/R 100/0, 9.000 Flaschen/Jahr

Roland Müksch hat das Weingut im Jahr 2017 gegründet. Anfangs auf 0,5 Hektar Steilterrassen in den Rieden Höll und Bach, im Jahr 2021 kamen dann die Rieden Achleiten und Klaus dazu. Die Vinifizierung erfolgt im Keller von Winzer Christoph Donabaum nach den Vorgaben von Roland Müksch. In die Flasche kommt nur das reinste, reifste Traubenmaterial, das lange auf der Feinhefe gelagert und ungefiltert in Flaschen abgefüllt wird. Sie kommen erst zwei Jahre nach der Ernte in den Verkauf. Aktuell kamen die Weine aus dem schwierigen Jahrgang 2022 in das Glas. Und siehe da, wiederum großartig. Vielleicht nicht so homogen wie 2021, trotzdem sind es begeisternde Weine.
Beginnend mit dem 2022 Grüner Veltliner Smaragd Ried Bach, ein Wein von großer Intensität und kraftvoller Eleganz, Potenzial für viele Jahre. Aus derselben Lage kommt dann ein 2022 Riesling Smaragd, der sich zum Langstreckenläufer entwickeln wird. Wird durch Flaschenreife enorm profitieren. Er wird es einem danken. Etwas ambivalent präsentiert sich der 2022 Grüner Veltliner Smaragd Ried Höll, der sehr gut ist, doch sich etwas barock darstellt. Gönnen wir ihm Flaschenreife, von welcher er sicher profitieren wird. Ganz anders der 2022 Riesling Smaragd aus selbiger Lage – ein überragender Riesling mit enormer Tiefe und Substanz. Ein langes Leben ist vorprogrammiert. In einer eigenen Liga spielen die beiden 2022 Rieslinge Smaragd aus den Rieden Achleiten und Klaus. Die Eleganz der Achleiten ist sprichwörtlich. Die Kraft und Ausdrucksstärke der Klaus ist wohl unerreichbar.
Außergewöhnliche Weine, die auch international für Furore sorgen.                                    *as*

### WACHAU DAC

★★★ K €€€€€ GV
**2022 Grüner Veltliner Smaragd Ried Bach** + (Alte Reben) Wiesenkräuter, Kamille, reifer Apfel, ein intensiver Grüner Veltliner von reifen Trauben, gelbe Früchte, Exotik, Ananas, Marzipan, Mango, kraftvolle Eleganz, verschlankt sich, zeigt Ausdruck, Tiefgang, hat Potenzial für viele Jahre. Der geht seinen Weg.

★★★★ K €€€€€ RI
**2022 Riesling Smaragd Ried Bach** + (Holzfassausbau) Kraftvolle Struktur, zögerlich setzen sich Marillen durch, auf einmal geht der Wein aus sich heraus, entwickelt sich zu einem außergewöhnlichen. Ein Riesling wie ein Krimi – voller Rasse, voller Spannung. Der ist kaum zu durchschauen. Der Wein kann etwas. Da steckt viel drinnen. Das wird etwas – eine reine Zeitfrage. Ziemliche Struktur.

★★★★ K €€€€€ RI                                **TIPP**
**2022 Riesling Smaragd Ried Achleiten** + Hier hat man großen Wein im Glas, sofort erkennbar, ein noch reduziertes Aroma, doch entfalten sich Marillen, gewisse Exotik, gelbfruchtig, es entwickelt sich ein grandioser Riesling, ungemein mineralisch, voller Spannkraft, tiefgründig, hochelegant, das ist absolut toller Stoff. Es kommt ein großer Riesling auf uns zu.

★★★★★ K €€€€€€ RI                           **TOP**
**2022 Riesling Smaragd Ried Klaus** + Reife Marillen, Marzipan, enorme Mineralität und Struktur, kraftvoll, dabei immer mit tiefgreifender Eleganz, einer inneren Größe, einem fast galaktischen Ausdruck, einer Salzigkeit, einer unaussprechlichen Spannung. Das ist großer Wein.

★★★ K €€€€€ GV
**2022 Grüner Veltliner Smaragd Ried Höll** + Marillenröster, barocke Stilistik, klerikale Anmutung, Pilznoten, Ananas, Mango, saftig-trocken, kompakt, kräftiger Ausdruck, ein dezent cremiger Grüner Veltliner mit Würze, passender Säure, gemahlenem Pfeffer, einer etwas überreifen Frucht, trotzdem mit Charakter und Klasse.

★★★★ K €€€€€€ RI
**2022 Riesling Smaragd Ried Höll** + Marille, ungemein kompakt, stellt etwas dar, Kräuter, hintergründig angelegt, wunderbar trocken mit passender Säure, geht ganz langsam auf, entwickelt sich am Gaumen, toller Druck nach hinten, ein kraftvoller, tiefgründiger Riesling, der Eindruck hinterlässt und sich hochelegant präsentiert. Enorme Substanz.

## Weingut
# Domäne Wachau

**Roman Horvath MW**
3601 Dürnstein 107
Tel. +43 2711 371, Fax -13
office@domaene-wachau.at, www.domaene-wachau.at
400 Hektar, W/R/Süß 95/4/1, 2.500.000 Flaschen/Jahr

Das einstige „Weingut der Herrschaften von Dürnstein und Thal Wachau" wurde bereits 1137 urkundlich erwähnt. Schon lange ist die heutige Domäne Wachau eine Genossenschaft, die sich unter der Ägide von Weingutsleiter Roman Horvath MW und Kellermeister Heinz Frischengruber national wie international einen hervorragenden Ruf erarbeitet hat. Sie zählt zu den führenden Weingütern des Landes. Die beiden Regisseure haben mit großer Konsequenz, aber auch mit Weitblick und Kreativität die Weichen für den Erfolg gestellt. „Was wir gar nicht wollen: langweilige Weine", erklärt der Kellermeister seine Sichtweise. Wenn es um einen durch die Stilistik unbeeinflussten Vergleich der Lagencharakteristika dieses klimatisch begünstigten Flusstales geht, ist man hier an der ersten Adresse. Kein anderer Betrieb verfügt nämlich über ein derart großes Portfolio an renommierten Rieden wie die Domäne Wachau. Mit über 150 Hektar Bio-Weingärten ist sie das bedeutendste Weingut Österreichs mit biologisch bewirtschafteten Rieden. Auf Herbizide und Insektizide wird verzichtet.

„2023 war ein Jahr der Extreme mit spätem Austrieb, ausreichend Regen im Frühjahr, drei Hagelschlägen und trockenem Herbst", beschreibt Heinz Frischengruber den Jahrgang. „Es ist uns gelungen, Frucht und Spannung in die Weine zu bringen."

Die heuer vorgestellten Federspiele sind durch die Bank trinkanimierend und balanciert. Ungemein charmant sind der Gelbe Muskateller und der betont fruchtige Sauvignon Blanc ausgefallen. Die Smaragde waren bereits im Frühjahr ungewöhnlich attraktiv und versprechen Trinkvergnügen auf hohem Niveau. Uneingeschränkt zu empfehlen ist der Gemischte Satz Smaragd Uralt-Reben; die Weinstöcke sind rund 100 Jahre alt. Der elegante Pinot Noir Reserve passt perfekt zum Stil des Hauses. *ww*

### WACHAU DAC

★★ S €€€ GV
**2023 Grüner Veltliner Federspiel Ried Kollmitz** + Betont würzig, zarte Apfelfrucht; saftig, Frucht gibt den Ton an, sanfte Säure, gute Länge.

★★ S €€€ GV
**2023 Grüner Veltliner Federspiel Ried Kollmütz** + Feines, vom kristallinen Boden geprägtes Bukett, gelbe Äpfel, Anklänge von gelben Pflaumen, zarteste Würze; schließt aromatisch und charakterlich an, Würze präsenter als im Duft.

★★★ S €€€ GV    **PLV**
**2023 Grüner Veltliner Federspiel Ried Loibenberg** + Sanfter Druck, fein würzig, Anklänge von exotischer Frucht; angenehme Säure, Fruchtschmelz, gute Länge, elegante Würze im Nachhall.

★★★ S €€€ GV
**2023 Grüner Veltliner Federspiel Ried Kaiserberg** + Würzig, präzise, feingliedrig, ätherische Noten, zarte Gelbfrucht; vielschichtige Aromatik, freundlich, ausgewogen, unaufdringliches Säurespiel, Trinkfluss.

★★★ S €€€ GV
**2023 Grüner Veltliner Federspiel Ried Kreuzberg** + Feingliedriges Sortenbukett, zarte Frucht, Bodentöne und pfeffrige Würze verwoben; zart strukturiert, balanciert, die Aromen vom Bukett finden sich wieder, feines Säurerückgrat, gute Länge, trinkanimierend.

★★★ S €€€ RI    **FUN**
**2023 Riesling Federspiel Ried Bruck** + Kühl, würzig, florale Akzente und knackige Pfirsiche; saftiges Steinobst, ausgesprochen lebhaft, Biss, akzentuierte Säure, fruchtiger Nachhall.

★★★ S €€€ RI
**2023 Riesling Federspiel Ried 1000-Eimer-Berg** + Kristalliner Boden kommt durch, feingliedrig, Anklänge von weißen Pfirsichen, Blüten; auf dem Gaumen dominiert die Frucht, feines Säurenetz, ausgewogen, gute Länge, Sorten- und Lagencharakter.

★★★★ S €€€ RI    **PLV**
**2023 Riesling Federspiel Ried Steinriegl** + Steinig, kalkige Strähnen, kühle Pfirsichnote, Nektarinen; animierend, viel Frucht, charmant, Trinkfluss.

★★★ S €€€ RI
**2023 Riesling Federspiel Ried Loibenberg** + Sanfter Druck, Pfirsiche und Orangenzesten, zarteste Anklänge von Lebkuchengewürz; vielschichtig auch im Geschmack, Substanz, dabei fein gehalten, animierendes Säurespiel.

★★★ S €€€ RI
**2023 Riesling Federspiel Ried Trenning** + Kühl, präzise, vom kristallinen Untergrund und dem kühlen Mikroklima geprägt, knackige Pfirsiche; aromatisches Dacapo, Säurerückgrat, Zug, gute Länge, Paragneis im Finish zu erkennen.

★★★ K €€€€ GV
**2023 Grüner Veltliner Smaragd Ried Kirnberg** + Äpfel, anfangs erdige Würze, mit Luft kristalliner Boden und dezente Exotik; würzig, einige Substanz, fruchtig, gute Säure, Hauch Grapefruits, Prise Gerbstoff gibt Struktur, elegant, Bodentöne klingen nach.

★★★ K €€€€ GV
**2023 Grüner Veltliner Smaragd Ried Axpoint** + Präzise, eigenständig, grünblättrig, Tabak, grünfruchtig, fein; Säurerückgrat, frisch, leicht kalkig, gute Länge.

★★★★ K €€€€ GV
**2023 Grüner Veltliner Smaragd Ried Achleiten** + Gneisboden kommt durch, rauchig, weißer Pfeffer, Äpfel, präzise, kühle Eleganz; aromatisches Dacapo, komplex, Frucht und Würze ausgewogen, mineralisch, super Trinkfluss, gute Länge, Säure eingebunden, lebendig, klassisch Achleiten.

★★★★ K €€€€ GV
**2023 Grüner Veltliner Smaragd Ried Schön** + Kühl, feingliedrig, zarte Würze, Äpfel, Anklänge von Zitrus à la Grapefruits und Limetten; aromatisches Dacapo, quicklebendig, hat Spiel und Zug, gute Länge, null Fett, kristalliner Boden im Nachhall.

★★★★ K €€€€ GV  **TIPP**
**2023 Grüner Veltliner Smaragd Ried Kellerberg** + Druckvoll, Bodentöne, Tabak, Gewürze, Kräuter, vielschichtige Frucht, von Quitten über Jonagold-Äpfel bis Grapefruits; bemerkenswerte Substanz ohne Üppigkeit, Prise Gerbstoff gibt Halt, Untergrund kommt im langen Nachhall, große Reserven.

★★★ K €€€ GV
**2023 Grüner Veltliner Steinwerk BIO** + Druckvoll, gelbfruchtige Anklänge, reife Äpfel, pfeffrig, Kräuter, steinig, fast monolithisch; schließt aromatisch und charakterlich nahtlos an, sanfter Schmelz, erdig, Anklänge von gut gemachtem Naturalwein, reife Gerbstoffe, Ecken und Kanten in positivem Sinn, Säurespiel, lang und eigenständig.

★★★ K €€€€ RI  **TIPP**
**2023 Riesling Smaragd Ried Brandstatt** + Charmantes Sortenbild, weiße Pfirsiche, Marillen, gelbe Pflaumen, Maracuja, leise Bodentöne; aromatisches Dacapo, Säurerückgrat, Spiel, hinten auch Zitrus, kühl, trinkanimierend bei guter Länge.

★★★★ K €€€€ RI
**2023 Riesling Smaragd Ried Singerriedel** + Elegante Frucht, Marillen, Prise weißer Pfeffer, Schieferboden, Feuerstein; saftig, feines Säurenetz, Finesse vor Wucht, kühl, bringt die Lage zum Ausdruck, im Abgang wieder kristalliner Boden, Terroir.

★★★★ K €€€€ RI  **TIPP**
**2023 Riesling Smaragd Ried Achleiten** + Subtile Frucht, Äpfel, Weingartenpfirsiche, Würzehauch, leise Bodentöne; schließt mit diesen Aromen an, kühle Frucht, steinig, bodenständige Würze und Grapefruits im Abgang und im langen Nachhall.

★★★★ K €€€€ RI  **TIPP**
**2023 Riesling Smaragd Ried Loibenberg** + Sanfter Druck, kühl, Anklänge von reifen Weingartenpfirsichen und deren Blüten, feine Bodentöne, Gewürze tief im Glas; aromatisches Dacapo, hinten auch etwas Orangenzesten, dunkelwürzig, ausgewogen, kraftvoll, straff strukturiert, Frucht klingt nach.

★★★★★ K €€€€€ RI  **TOP**
**2023 Riesling Smaragd Ried Kellerberg** + Kündigt Kraft an, vielschichtig, Pfirsiche ebenso wie Kräuter und Limettenzesten, alles innig verwoben; aromatisches Dacapo, perfekte Balance, engmaschiges Säurenetz, Zug, vom kristallinen Boden geprägt, fruchtbetonter langer Nachhall, Zukunft.

★★ S €€ SB
**2023 Sauvignon Blanc Federspiel Terrassen** + Freundlich, reife Stachelbeeren, Ribiselgelee, tief im Glas rote Beeren und grünblättrige Würze; aromatisches Dacapo, sanft, Fruchtschmelz, Stachelbeeren und Gartenerdbeeren klingen lange nach.

★★★★ K €€€€ TR
**2023 Roter Traminer Reserve** + (halbtrocken) Sorte unverkennbar, Anklänge von Litschi und Rosen, Pfirsiche angedeutet; schließt nahtlos an, Frucht dominiert, freundlich, belebende Säure, ausgewogen, Restzucker sensorisch unauffällig, gute Substanz.

★★★ K €€€€ GS  **TIPP**
**2023 Gemischter Satz Smaragd Uralt-Reben** + Vielschichtige Frucht, Äpfel, Kräuter, Quitten, etwas gelbe Pflaumen; großer Aromenbogen auch auf dem Gaumen, feine Säure, Tiefgang, Prise Gerbstoff unterstützt die Struktur, im langen Nachhall auch getrocknete Mandeln.

★★★ K €€€€ CH
**2022 Chardonnay Reserve** + Gediegen, sanfte Sortenaromatik, Birnen, Hauch Kletzen, zart Gewürze, Limetten und Quitten angedeutet; schließt nahtlos an, elegante Struktur, feines Säurenetz, salzig, ruhig, null Fett, im Nachhall auch ein wenig Zitrus.

★★★ K €€€€ PN
**2022 Pinot Noir Reserve** + Eleganter Sortenausdruck, rotfruchtig, Kirschen, Preiselbeeren, Himbeeren, Unterholz; bringt diese Aromen auch im Geschmack, zartes Säurespiel, null Fett, feines Gerbstoffnetz, gute Länge, sortentypische Aromen auch im langen Nachhall, eleganter Cool-Climate-Pinot.

## WEINLAND

★★★ K €€€€ RI
**2022 Riesling Amphora** + Charaktervoll, Honigtöne, getrocknete Marillen, Orangenmarmelade, einladend; Grip, Säurespiel, markante Gerbstoffe, knochentrocken, verabschiedet sich mit unverkennbaren Naturalwein-Aromen.

vinaria präsentiert:

# wachau GOURMETfestival
## 3. bis 17. April 2025

www.wachau-gourmet-festival.at

# Weingut
# Christoph Donabaum

**Christoph Donabaum**
3620 Spitz, Laaben 16
Tel. +43 660 1909911
office@weindonabaum.at, www.weindonabaum.at
4,5 Hektar, W/R 95/5

Donabaum ist im Spitzer Graben ein bekannter Name. Etwas weniger bekannt bis jetzt ist vermutlich jener von Christoph Donabaum. Wir gehen davon aus, dass wir von der jungen Winzerfamilie noch mehr hören werden. Christoph Donabaum hat erst 2020 das elterliche Weingut übernommen und führt es seitdem unter seinem Namen weiter. Die Eltern Herta und Josef legten den Fokus schon auf Weinbau, der Betrieb ist seit dem 19. Jahrhundert in Familienbesitz. Gemeinsam mit seiner Frau Maria bewirtschaftet Christoph mittlerweile 4,5 Hektar Wein, die seit dem Jahrgang 2022 auch nachhaltig zertifiziert sind. Ein Heuriger gehört ebenfalls zum Weingut.
Der Fokus liegt auf Grüner Veltliner und Riesling, wobei auch andere Rebsorten vertreten sind. Ein besonderes Highlight sind sicher die Neuburger des Weinguts. Der Neuburger Spitzer Graben Smaragd 2023, der von der Lage Offenberg kommt, überzeugt mit Sortentypizität und Länge. Ein besonderer Vertreter unter den Veltlinern ist der Grüne Veltliner Alte Kultur Smaragd, ein Wein von der Lage Zornberg, der von den ältesten Veltliner-Stöcken des Weinguts von über 50 Jahre alten Reben kommt. *kg*

### WACHAU DAC

**★★ S €€ GV**
**2023 Grüner Veltliner Steinfeder** + Gelbfruchtige Nase, grüner Apfel, saftig, frisch und würzig am Gaumen, mittlerer Abgang.

**★★ S €€ ZW** FUN
**2023 Zweigelt Rosé** + Zartes Lachsrosa, frisch, animierend, schönes Frucht-Säure-Spiel, Sommerrosé mit Tiefe und seriösem Abgang.

**★★ S €€ GV**
**2023 Grüner Veltliner Wachauer Terrassen Federspiel** + Klassischer Sortenvertreter, gelber Apfel, Würze, leicht dropsig, Grip am Gaumen, mittellanger Abgang.

**★★★ K €€€ GV**
**2023 Grüner Veltliner Zornberg Smaragd** + Vollreife Williamsbirne und gelber Apfel, Quitte, saftig, angenehmer Trinkfluss, großes Holzfass, langer Abgang.

**★★★ K €€€€ GV**
**2023 Riesling Alte Kultur Smaragd** + Am Anfang leicht reduktiv, gelbfruchtig nach Apfel und Nashi-Birne, fruchtsüß, Power, Balance und super lang im Abgang, ein Wein mit viel Potenzial.

**★★ S €€ RI**
**2023 Riesling Spitzer Graben Federspiel** + Kristallklarer Wein, der mit leichter Papaya-Exotik trotzdem nicht überfordert, mittlere Säure, noch leichtes Bitterl im Abgang, das sich bestimmt noch besser einbauen wird.

**★★★ K €€€€ RI**
**2023 Riesling Offenberg Smaragd** + Klar und straff, animierender Trinkspaß, Alkohol gut eingebaut, harmonisches Frucht-Säure-Spiel, mittlerer Abgang.

**★★★ K €€€€ RI**
**2023 Riesling 1000-Eimerberg Smaragd** + Ausladende Frucht nach Marille und Weingartenpfirsich, wärmere Aromatik als Offenberg, leicht dropsig, eingebundene saftige Säure.

**★★★ S €€€ NB** PLV
**2023 Neuburger Spitzer Graben** + Nussige Aromatik mit leichtem Zuckerspitzerl, milde Säure, der dem Wein trotzdem ein gutes Gerüst gibt. Viel Wein für gutes Geld.

**★★★★ K €€€€ NB** TIPP
**2023 Neuburger Spitzer Graben Smaragd** + Tolle animierende Exotik, weiße Blüten, geröstete Haselnuss, Säure gibt gutes Gerüst, rebsortentypisch, aber nicht im Vordergrund, langer Abgang.

**★★ S €€€ WB**
**2023 Weißburgunder Spitzer Graben Smaragd** + Verhalten in Nase und Gaumen, Holz noch etwas uneingebunden, Luft schadet dem Wein nicht.

**★★ S €€ GM**
**2023 Muskateller Spitzer Graben** + Schöne Muskatellerwürze, ohne kitschig oder aufdringlich zu sein, frisch, knackig, seriöser Sommerwein.

## Weingut
# Johann Donabaum

**Johann Donabaum**
3620 Spitz, Laaben 15
Tel. +43 650 5396030, info@weingut-donabaum.at
www.weingut-donabaum.at
10 Hektar, W/R 100/0, 100.000 Flaschen/Jahr

„Limitierte Edition" – der Name ist schlicht und das Programm einfach: Die reifsten Veltliner- und Riesling-Trauben des Jahrgangs aus den besten Lagen sind diesen beiden limitierten Weinen von Johann Donabaum vorbehalten. Und der Winzer gönnt diesen beiden Weinen im Keller mehr Freiheiten, geht dabei einen eigenen Weg, wo nicht der Lagencharakter im Vordergrund steht, sondern der Stil des Weines, wobei Wachau bei diesen elegant-opulenten Weinen spürbar bleibt.

Beim Riesling Limitierte Edition, Jahrgang 2023, reift die Lagencuvée aus den drei Spitzer-Graben-Rieden Offenberg, Vogelleithen und Setzberg im Keramikbehältnis. Der Veltliner Limitierte Edition nährt sich heuer fast ausschließlich aus Donabaums Premiumlage Spitzer Point – und der Winzer lässt diesen „Extrem-Veltliner" zu einem Drittel im gebrauchten Holz atmen; der große Rest ist im Stahltank. „Ich mag Holz im Wein", sagt Donabaum – wenn's passt. Dem limitierten Veltliner steht der burgundische Einschlag gut.

Nur Holz umgibt den jungen Chardonnay aus dem Jahr 2023, ein Mix aus gebrauchten Fässern und neuem Holz. Die Trauben kommen von einem Weingarten am Setzberg, der Wein schmeckt aber nicht mehr Wachau-typisch, sondern hat ein internationales Format und könnte in jeder Burgunder-Verkostung gute Figur machen. Auch dieser Wein hat seine Limitierung, denn es gibt nicht viel von diesem guten Stoff – eine Eigenschaft, die der Chardonnay mit dem Neuburger teilt, den Donabaum nach wie vor hochhält, aber auch nur in Minimengen.

Das „klassische" Standardprogramm von Donabaum kann sich jedoch auch schmecken lassen, heuer mit Bevorzugung der Rieslinge, wo der Setzberg Smaragd eine Leuchtturmposition einnimmt. Aber auch das Riesling-Federspiel ist in seiner fruchtigen Leichtigkeit ein trinkvergnüglicher Volltreffer. Beim Veltliner ist die Spitzer Point das Maß der Dinge mit ihren alten Rebstöcken – als Kraftgeber der Limitierten Edition, aber besonders als kühl-würziger Graben-typischer Premium-Wachauer. *hp*

### WACHAU DAC

**★★★ S €€€ GM**
**2023 Muskateller Wösendorfer Federspiel** + Kühl aromatisch mit viel holundersüßer Frucht, dezent würzig, traubig-muskatig, zitrusfrisch, etwas Gerbstoff, runde Säure, klare Sortenprägnanz.

**★★ S €€ GV**
**2023 Grüner Veltliner Wachauer Federspiel** + Gewürzig, rosa Pfeffer, Wacholder, getrocknete Kräuter, spritzige Apfelfrucht; rund, kühle Aromatik, Birnen und Limetten, einfach trinkig.

**★★★ S €€€ GV**
**2022 Grüner Veltliner Peunt Federspiel** + Viel Kernobst, Quitten und Williamsbirnen, würzig-rauchiger Veltliner; viel Apfelfrische und Weißpfefferwürze, guter Säurebiss, lebhafter Trinkfluss.

**★★★ S €€€€ GV**
**2023 Grüner Veltliner Ried Zornberg Smaragd** + Rauchig-würzig, Tabakblätter, viel Kräuter, Birnen; dunkle Würze, fester Gerbstoffgrip, Limetten und Maracuja, mittellanger Schmeichler.

**★★★ S €€€€ GV**
**2023 Grüner Veltliner Ried Wösendorfer Kirchweg Smaragd** + Viel Lösswürze, schwarzer Pfeffer, Birnennoten; am Gaumen samtiger, relativ weiche Kernobstfrucht, moderate Säure, charmant.

**★★★★ S €€€€ GV**
**2023 Grüner Veltliner Ried Spitzer Point Smaragd** + Kühl und straff, tropische Fruchtfülle, Maracuja, auch Bratapfel, Kräuterwürze; saftige Birnen, Oliven, Wein mit Biss, dunkler Pfefferwürze und Länge.

**★★★★ K €€€€€€ GV**
**2023 Grüner Veltliner Limitierte Edition Smaragd** + Rauchig, bisschen Biskuit, cremiger Schleier mit Burgunderfülle, dezent würzig, rauchig, torfige Textur; viel Frische und mineralische Würze, Williamsbirnen und Zitrus, dunkle Schoko, Wein mit Volumen und Biss.

**★★★ S €€€ RI** `PLV`
**2023 Riesling Spitzer Federspiel** + Feines Fruchtbukett, Marillen und Mango, dezente Würze; am Gaumen mehr Pfirsich mit aparter Säure, trinkvergnüglich, betont trocken, hochwertiges Federspiel aus dem Graben.

**★★★ S €€€€ RI**
**2023 Riesling Ried Offenberg Smaragd** + Füllige Frucht, Marille, dezente Würze; fleischige Rieslingfrucht mit feiner Mineralität und guter Säure. Charmant zugänglich, rund.

**★★★★ S €€€€ RI**
**2023 Riesling Ried Vogelleithen Smaragd** + Wirkt straffer und kühl, steinig, viel Pfirsich; sehr frisch, Kräuterwürze, Zitrusnoten und knackiger Weingartenpfirsich, kühle Aromatik, mittellang.

**★★★★★ S €€€€ RI** `TOP`
**2023 Riesling Ried Setzberg Smaragd** + Sehr mineralisch, salzig mit würzig-exotischer Fruchtfülle, Kiwi, Litschi; toller, salziger Setzberg-Charakter, leichtfüßig-lebhaft, eleganter Stoff mit Spannung und Länge.

**★★★★★ S €€€€€ RI**
**2023 Riesling Limitierte Edition Smaragd** + Leichte Reduktion, gute Spannung, viel Fruchtexotik, Maracuja, Limetten, reifer Pfirsich; extraktreich, saftig, Marillen, kühle Graben-Aromatik, mineralisch, straffer Grip, tolle Länge.

**★★★ S €€€€€€ NB**
**2023 Neuburger Spitzer Graben Smaragd** + Geschmeidig, feine Pilznoten und helles Nougat; Burgunderanklänge, nussiger Schmelz, lebhaft mit kühl-rauchiger Aromatik, etwas Mineralität und Gerbstoffwürze, jugendlich, Flaschenreife abwarten.

**★★★★ K €€€€€€ CH** `TIPP`
**2023 Chardonnay Spitzer Graben** + Feine Cremenoten, nussig und kräuterwürzig, wenig Wachau-Typizität, mehr internationale Burgunderstilistik; schokoladig, Marzipan, weiches Toasting, Tabak, einiger Tanninbiss, Bratapfel, Mango. Zeit und Luft geben.

♛ ♛ ♛ ♛

# Weingut
# Sighardt Donabaum

3620 Spitz, Zornberg 4
Tel. +43 2713 2297
sighardt@donabaum.com
www.donabaum.com

Ein historischer Hof aus dem 12. Jahrhundert am Zornberg dient als Herberge für das Weingut von Sighardt Donabaum. Der Spitzer feierte bereits in den 1990er-Jahren mit seinen Weinen beachtliche Erfolge und stieß innerhalb kurzer Zeit in die Wachauer Elite vor. Der innovative Winzer verfügt über ein ansehnliches Spektrum an klassischen Lagen, das sich über die ganze Länge des vitikulturell nutzbaren Teils des Spitzer Grabens zieht: Dieses reicht von der donaunahen, bei der Burgruine Spitz gelegenen Ried Auleithen mit kristallinen Marmoreinschlüssen über Almenreith und Biern bis hin zu den steilen und kargen Rieden Bruck und Brandstatt in Vießling bzw. Elsarn.

Die Sortenpalette umfasst neben den Klassikern Grüner Veltliner und Riesling auch Aromasorten wie Muskateller, Gewürztraminer und Sauvignon Blanc sowie Neuburger, Grauburgunder und Rotweine, u. a. aus Pinot Noir. Seit vielen Jahren sind den einzelnen Weinen bestimmte einheimische Tiere zugeordnet, die die Etiketten zieren und jeweils als Symbol für eine spezifische Eigenschaft des jeweiligen Weins dienen. Trugen die Etiketten in den vergangenen Jahren die generische Herkunft Österreich, so werden sie ab dem neuen Jahrgang die noch junge Herkunftsbezeichnung Wachau DAC tragen. Damit einhergehend werden die in der Vergangenheit überwiegend lagenrein gefüllten Weine wieder mit Riedennamen versehen.

Die aktuelle Serie präsentiert sich von hoher Qualität. Nicht zu beurteilen, wenn auch vielversprechend, war der Riesling Brandstatt Hirsch, der noch nicht durchgegoren war.                    *psch*

## WACHAU DAC

★★ S €€ GV
**2023 Grüner Veltliner Der Fuchs** + Zu Beginn reduktiv im Duft, röstig, recht würzig, bisschen Zwieback, Zitrus, kühl, pikant; schlanke Substanz, zwieback, dezent saftig, direkte Art, zartes Finish.

★★★ S €€€€ GV
**2023 Grüner Veltliner Ried Zornberg Der Bär** + Dichte Nase, ziemlich pfeffrig, Grapefruits, auch Quitten, geröstete Noten, Maisbrot; saftiger Biss, Grapefruitfrucht auch am Gaumen, lebhaft, unerwartet straff und pikant, fest, recht lang.

★★★★ S €€€€€€ GV
**2023 Grüner Veltliner Ried Almenreith Der goldene Bär Reserve** + Rauchig, satte Fülle, ausgeprägte Schwarzbrotnoten, Zwieback, Blüten, bisschen harzig, schotig, röstig, Spargel, Butterbrösel; vollmundig, satte Substanz, viel Gelbfrucht mit Vanilletouch, zart laktisch, geschmeidig, dezente Gerbstoffstütze, strukturiert, wuchtig, lang.

★★★ S €€€ RI
**2023 Riesling Der Rehbock** + Charmant duftig, zart brotig mit kühler Würze, fast kalkig, viel Pfirsich, etwas Holunderblüten; schlank, knackiger Biss, bisschen brotig untermalte Frucht, viel Zitrus, zartherb, filigranes Finish.

★★★★ S €€€€€€ RI                            **TIPP**
**2023 Riesling Ried 1000Eimerberg Der Goldene Hirsch** + Anfangs zurückhaltend, rauchig, dann duftig, Litschis, viele Blüten, Weingartenpfirsiche, Kokoshauch; herrlich saftige Fruchttextur, feinherbe Stütze, knackig, sehr vital, fruchtsüß, erfrischend, schmelzig, lang.

★★★ S €€€€ NB                                **FUN**
**2023 Neuburger Der Dachs** + Zart röstig, kühle Frucht, leicht exotisch, Keks, Wiesenblüten, geriebene Nüsse; saftig, kernig, jede Menge Frucht, Orangengelee, toller Biss, lebhaft, kompakt, pikante Länge.

★★ S €€€€ SB
**2023 Sauvignon Blanc Der Gamsbock** + Hefig, schotig, etwas Spargel, zurückhaltend, röstig, bisschen Zitrus; knackig, saftig, fest, mittelgewichtig, einiges an Zitrus, aber eher dezent, etwas geradlinig, herb.

★★★★ S €€€€ GM
**2023 Gelber Muskateller Der Luchs** + Luftbedürftig, Holunderblüten, Orangenschalen, pikant-gewürzig, Weißbrot, sehr traubig, auch dunkle Noten; verlockend saftige Frucht, mittlerer Körper, anregendes Fruchtsüße-Säure-Spiel, Lokum, knackig, straff, pikant, Biss.

★★★★ S €€€€€ TR                              **TIPP**
**2023 Orange Gewürztraminer Die bronzene Eule** + Opulent, reife Fülle, Pfirsichbowle, offene Stilistik, aromatisch, Birne; Riesensubstanz, Wacholder, Trockenfrüchte, supersaftig, ausgereift, Power, tolle Länge.

★★ S €€ PN
**2022 Pinot Noir Frischling** + Ansprechende Fruchtfülle, zugänglich, Lebkuchen, Vanille; eher schlank, charmante Frucht, trocken, mittelgewichtig, dezent nach roten Beeren, recht saftig.

## Weingut
# Eder Wachau

**Andreas Eder**
3512 Mautern, Mauternbach 98
Tel. +43 664 2109715
office@eder-wachau.at, www.eder-wachau.at
8 Hektar

Ich verkoste mit großer Freude die Weine von Andreas Eder. Es sind so einnehmende Gewächse, wo alles passt. Es beginnt schon mit der feingliedrigen 2023 Veltliner Steinfeder und dem Rosé. Ernst wird es mit den beiden 2023 Federspielen vom Grünen Veltliner und Riesling. Dann kommen wir zu den Lagen: 2023 Grüner Veltliner Federspiel Ried Süssenberg – hervorragend. Gesteigert von dem 2022 Grüner Veltliner Federspiel Ried Süssenberg – ist jetzt so schön zu trinken, ein Erlebnis dieser Wein. Das vinarische Intermezzo bildet ein wunderschönes 2022 Muskat Ottonel Federspiel, ein unglaublich betörender Wein, mein Herzenswein.
Die Smaragdweine: beginnend mit dem 2022 Weißburgunder Mautern, der perfekte Wein zur Meditation. Ein Langstreckenläufer ist der 2022 Riesling Smaragd Ried Silberbichl. Sensationell präsentiert sich der 2021 Grüne Veltliner Smaragd Ried Süssenberg. Knapp dahinter rangiert der 2021 Grüne Veltliner Smaragd aus der Ried Raubern.
Dann kommen die beiden Leopold-Weine Grüner Veltliner und Riesling Smaragd aus dem großen Jahrgang 2019, eine Hommage an den verstorbenen Vater von Andreas. Hier kann man nur seinen unsichtbaren Hut ziehen.

*as*

### WACHAU DAC

★★ S €€ GV
**2023 Grüner Veltliner Federspiel** + Grüner Apfel, Zitrus, zart pfeffrig, kühl, ein Hauch von Ananas, voller Frische, pikante Säure, feingliedrig, Trinkvergnügen pur. Macht einen Riesenspaß!

★★ S €€ RI
**2023 Riesling Federspiel** + Reife Marille, Orangenschalen, Rhabarber, Zitruszesten, saftig, rassig, voller Pikanz, leicht, frisch, tänzelt am Gaumen.

★★ S €€ GV
**2023 Grüner Veltliner Federspiel Ried Süssenberg** + Pfefferhauch, Apfelnoten, reife Birne, fruchtige Frische, zart würzig, immer elegant und stilvoll, gute Balance, angenehme Säure, niveauvoll.

★★★ S €€ MO
**2022 Muskat Ottonel Federspiel** + Gelbe Farbe, erinnert an aufblühende Rosen, Ananas, Pfirsich, Litschi, ungemein fruchtig, milde Säure, ruhig und besonnen, Mango, Bananen, Trockenfrüchte, ein Wein wie ein Chamäleon.

★★★ S €€€ GV
**2022 Grüner Veltliner Federspiel Ried Süssenberg** + Erste Reife, dunkel getönt, Pfefferwürze, Kräuter, reifer Apfel, gelbe Früchte, Mandarinen, saftig, ausgewogen, kernige Struktur mit Frische, das anfangs Dunkle weicht einem lebendigen Ausdruck.

★★★ S €€€ PB
**2022 Weißburgunder Smaragd Mautern** + Goldgelb, Holzfassausbau, Vanille, gelber Apfel, Nüsse, Hülsenfrüchte, am Gaumen vollmundig, ruhig strömend, gehaltvoll, angenehm, weinig, in sich gefestigt.

★★★ S €€€ RI
**2022 Riesling Smaragd Ried Silberbichl** + Steinobst mit Apfel, Marille, Ananas, ein Hauch Nougat, voller Rasse, Dichte, fordernd, griffig, feste Struktur, einiger Tiefgang. Ein Langstreckenläufer.

★★★★ S €€€ GV    **TIPP**
**2021 Grüner Veltliner Smaragd Ried Süssenberg** + Ätherisches Bukett nach Pfeffer, Kräutern, Gewürzen, Kernobst, Honigmelone, straffe Säure, mit einer ungemeinen Pikanz, immer kühl.

★★★ S €€€ GV
**2021 Grüner Veltliner Ried Raubern** + Ein reifer Wein mit klerikalen Noten, Pfefferwürze, mürber Apfel, fruchtig, würzig, ungemein saftig, in sich harmonisch, gelbfruchtig, einiger Druck am Gaumen bei passender Säure.

★★★★★ S €€€€ GV    **TOP**
**2019 Grüner Veltliner Smaragd Leopold** + Das ist subtiles Aroma, dezent nach Pfeffer, viele gelbe Früchte, Marillen, Mango, Apfel, Honignoten, ein Grüner Veltliner voller Tiefgang und Ausdruck, perfekter Säure, voller Saft und Kraft, mit einer Präzision, einer ultimativen Größe.

★★★★ S €€€€ RI    **TIPP**
**2019 Riesling Smaragd Leopold** + Ein ungemein vielschichtiges Bukett, Marille, Pfirsich, ein Riesling der Superlative, enorm konzentriert, tiefgründig, rassig, nervend-fordernd, ein Monument von Riesling, dicht strukturiert, ein vibrierender Riesling von unbändiger Größe.

★★★★ S €€€€ GV    **TIPP**
**2017 Grüner Veltliner Smaragd Ried Süssenberg** + Kräuter, Marille, Pfirsich, Ananas, Pilznoten, fruchtig, füllig am Gaumen, perfekte Harmonie, Gewürznoten, ein Wein, der vom Glanz des großen Jahrgangs zeugt, hat Klasse.

# Weingut
# Josef Fischer

Josef Fischer
3602 Rossatz 58
Tel. +43 650 4962244
office@joseffischer.at, www.josef-fischer.at
11,5 Hektar, W/R 100/0

Josef Fischer macht unglaublich spannende, nervige, engmaschige Weine, welche enorme Mineralität ausstrahlen. Immer straff, immer geprägt von der Kühle des Dunkelsteinerwaldes. Die Donau sorgt für den ausgleichenden Moment. Die Weine werden spontan vergoren, kommen immer unfiltriert in die Flasche. Man stellt auf bio-dynamische Bewirtschaftung um. Die wichtigste Rebsorte des Hauses ist mit einem 70%igen Anteil der Grüne Veltliner. Dahinter rangiert der Riesling mit etwa 25 %. Diese stehen auf kargen Urgesteinsböden.

Wo soll ich anfangen, wo soll ich aufhören. Schon die Grüner Veltliner Steinfeder zeigt ihre Klasse. Viel mehr als nur ein Leichtwein. Die Grünen Veltliner Federspiele sind ungemein attraktive Ortsweine aus Rührsdorf und Rossatz – da bleibt kein Wunsch offen. Das Riesling Federspiel spielt alle Stückeln, der nervt und fordert einen so richtig. Sehr schön präsentiert sich der Grüner Veltliner Smaragd von den Frauenweingärten. Ein hervorragender Grüner Veltliner Ried Mugler, da spielt die Musik. Bei den Weinen aus der Ried Kreuzberg geht die Post ab. Die sind so spannend wie ein Krimi. Ob Grüner Veltliner oder Riesling, beide sind von besonderem Ausdruck. Dann gibt es noch den 2022 Riesling Smaragd privat, der jetzt, aber auch in Zukunft, herrlich zu trinken ist. Insgesamt ist zu sagen, dass die Weine von Josef Fischer keine Blender sind, sich langsam öffnen, eben zu reifen verstehen.              *as*

## WACHAU DAC

**★★ S €€ GV**  **FUN**
**2023 Grüner Veltliner Steinfeder** + Zart-würziges Bukett, grüner Apfel, Birnen, griffig, ein Hauch Pfeffer, Honigmelone, rassig, frisch, feste Struktur, eine tolle Steinfeder mit Biss.

**★★ S €€€ GV**
**2023 Grüner Veltliner Federspiel** + Dunkel getönt, Pfeffer, Kräuterwürze, Honigmelone, Tabak, dezente Exotik, straff, rassig, einiger Tiefgang, Mineralität aufweisend, gute Länge. Ein hervorragender, leichter, doch konzentrierter Grüner Veltliner.

**★★ S €€€ GV**
**2023 Grüner Veltliner Federspiel Rührsdorf** + Feine Würze, Pfirsich, reifer Apfel, etwas Mango, Wiesenblumen, saftige Frucht, elegant, fein abgestimmt, voller Pikanz, überaus stimmig. Ein gediegenes, attraktives Federspiel.

**★★ S €€€ GV**
**2023 Grüner Veltliner Federspiel Rossatz** + Zitrus, Pomelo, reife Marillen und Pfirsiche, fruchtige Note, kernige Struktur, frisch am Gaumen mit angenehmer Säure, ausgewogen, dezente Würze. Ein kerniger Wein, der sich blendend darstellt.

**★★ S €€€ RI**
**2023 Riesling Federspiel Rossatz** + Reife Marille, Zitrus, fest strukturiert, rassig, geht in die Tiefe, da geht es zur Sache. Ein präsenter, straffer Riesling, der seinem Namen alle Ehre macht.

**★★★ K €€€€ GV**
**2023 Grüner Veltliner Smaragd Ried Frauenweingärten** + Feines, gediegenes Bukett, Pfirsich, Marille, Nougat, Pfefferwürze, gelber Apfel, angenehme Säure, fruchtig-füllige Würze, balanciert, guter Druck nach hinten. Sehr schön zu trinken.

**★★★ K €€€€ GV**
**2023 Grüner Veltliner Smaragd Ried Mugler** + Dezent hefig, Limette, Melone, Steinobst, Schokonoten, wunderbar fruchtig, leichter Schmelz, gelbe Früchte, immer elegant, immer charmant, feine Säure, der zeigt noble Größe. Ein Traum!

**★★★ K €€€€ GV**
**2023 Grüner Veltliner Smaragd Ried Kreuzberg** + Kühl, Marillen, gelber Apfel, tolle Würze, saftig, salzig, intensiv, straffe Säure, griffig, tiefgründig, zeigt Klasse, das ist besonderer Wein. Ein komplexer Grüner Veltliner von Präsenz.

**★★★★ K €€€€ RI**  **TIPP**
**2023 Riesling Smaragd Ried Kreuzberg** + Riesling pur, straff, immer elegant, feingliedrig, salzig, viel Mineral, rassige Säure, Steinobst, fordernd, voller Spannkraft. Ein sensationeller Riesling mit enormer Zukunft.

**★★★★ K €€€€ RI**
**2023 Riesling Smaragd Ried Kirnberg** + Ungemein filigran, Steinobst, Pfirsich, saftig, frische Säure, ein feiner Riesling mit Tiefgang, mit eleganter Note, mit einer feinen Frucht. Der hat Stil.

**★★★★ K €€€€ RI**
**2022 Grüner Veltliner Smaragd PRIVAT** + Ein ungemein spannender Grüner Veltliner, hochreife Trauben, gelbfruchtig, etwas Pfeffer, Marille, Blütenhonig, Apfelnoten, Nougat, extrasüß, engmaschig, dichte Struktur, salzig, langatmig. Ein kompakter Wein, der in die Zukunft marschiert.

# Weingut
# Gallhofer

**Familie Gallhofer**
3602 Rossatz, Rührsdorf 8
Tel. +43 664 9982813
rmg@gmx.at, www.weinbau-gallhofer.com
5 Hektar, W/R 95/5

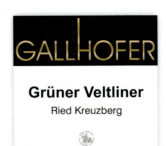

Es gibt sie noch, auch und gerade in der Wachau: die unentdeckten, durchaus als „Geheimtipp" zu bezeichnenden Winzer, die auf einigen wenigen Hektar Weingartenfläche ausgesprochen feine Weine erzeugen, die noch dazu über ein hervorragendes Preis-Leistungs-Verhältnis verfügen. Markus Gallhofer, Klosterneuburg-Absolvent und ganze 25 Jahre jung, zählt sicher zu ihnen. Er leitet zusammen mit Stefan, seinem Bruder, sowie den Eltern Matthias und Renate den Betrieb am rechten Donauufer, gegenüber von Weißenkirchen. Beliebt und bekannt ist die Familie auch ob ihres viermal im Jahr geöffneten Heurigen.

Seit 1950 existiert der Betrieb, der seinerzeit vom Großvater – Rudolf Frischengruber – gegründet wurde und sich damals als Mischbetrieb (Ackerbau, Viehzucht, Obst- und Weinbau) im Weinörtchen Rührsdorf etablierte. Heute liegt der Fokus nur noch auf dem Obst- und vor allem Weinbau. Die Weingärten werden seit 2019 nach Bio-Richtlinien bewirtschaftet; wenig später wurde die Zertifizierung „Nachhaltig Austria" umgesetzt.

Im Portfolio des Weinguts befinden sich einige besondere Lagen, von denen wir zwei herausgreifen wollen, die lössig tiefgründige Ried Zanzl mit verwittertem Gestein im Untergrund sowie die Ried Kreuzberg mit Urgesteinsböden und spärlicher Oberbodenauflage. Was die Rebsorten angeht, liegt der Fokus eindeutig auf dem Grünen Veltliner, von dem sich gleich fünf Varianten in der Preisliste finden, aber auch der Riesling kommt nicht zu kurz. *bb*

### WACHAU DAC

★★ S €€ GV
**2023 Grüner Veltliner Ried Pointen Steinfeder** + Leichtfüßiger Einstieg, viel Zitrus, etwas Kernobst, Rhabarber und im Hintergrund eine feine Kräuterwürze; klares Gefüge, straff und schlank tailliert, homogen; unkomplizierter, amikaler Süffelwein.

★★ S €€ GV
**2023 Grüner Veltliner Ried Zanzl Federspiel** + Dezenter Duft, zart hefige Anklänge, setzt dann auch saftige Akzente, Limonen, grüne Äpfel, Pfefferkörner, Teeblätter; mittelgewichtig, einiger Stoff, behält seinen Facettenreichtum auch am Gaumen bei; schöner Trinkfluss, sehr solide.

★★ S €€ GV
**2023 Grüner Veltliner Privatfüllung Federspiel** + Vielschichtige Nase, Gartenkräuter, Melisse, gelbe Äpfel, Orangenabrieb, auch etwas Mineralität kommt zum Vorschein; völlig klar konturiert, kompakt, fließt mit vielen Nuancen ruhig strömend über den Gaumen, ausgiebig, einnehmend, zum Beißen.

★★★ S €€ GV
**2023 Grüner Veltliner Ried Kreuzberg Federspiel** + Überzeugt bereits in der Nase mit kühler, schwarzpfeffriger Aromatik, dahinter frische Birnen, Zitronenäpfel, grüne Mangos, Mineralien; alles fokussiert, stoffig bei mittelkräftigem Körper, glasklar und ausgewogen; Terroir wunderschön eingefangen.

★★★★ S €€ GV **TIPP**
**2022 Grüner Veltliner Ried Kreuzberg Smaragd** + Weit geöffneter Frucht- und Würzefächer, rote Äpfel, Orangenzesten, Baumrinde, unterlegt mit Anklängen von Havannas, Waldhonig, Pfeffer und zart salzig-gesteinsmehligen Motiven; mächtiges Fundament, extraktreich, tiefgründig, aber auch kristallklar strukturiert und voller Finesse; macht zunehmend Druck und verabschiedet sich mit Schmelz ohne Ende; Sorte und Lage sind präzise abgebildet.

★★ S €€ RI
**2023 Riesling Ried Zanzl Federspiel** + Schüchterne Nase, etwas herb-fruchtige Noten, legt an der Luft zu mit viel Zitrus, Lemongras, auch Melonen, grüne Ananas; rassiger Säureschliff, mittlere Maschen, knusprig, beschwingt, verspielt.

★★★ S €€ RI
**2021 Riesling Ried Zanzl Smaragd** + Prononcierte Stachelbeernase, gelbes Steinobst, Zitronat; deutlich von der lebhaften Säure geprägt, die dem Wein im Wettstreit mit der delikaten Frucht Spannung verleiht; substanzielle Mitte, hat seine erste Trinkreife erreicht und zeigt sich von seiner schönsten Seite.

★★ S €€ MO **FUN**
**2023 Muskat Ottonel** + Traubige Nase, dann etwas Muskatnüsse, ein Hauch Sandelholz, eine Prise Macis – alles total unangestrengt, fein gewebt und grazil, Rebsorte ist dennoch deutlich erkennbar; trinkanimierender, in Pastellfarben gemalter Muskateller, fernab jeder Aufdringlichkeit.

## Weingut
# Simon Gattinger

**Simon Gattinger**
3601 Dürnstein, Unterloiben 134
Tel. +43 660 4926640
info@weingutgattinger.at, www.weingutgattinger.at
W/R 100/0

Es gibt sie doch noch – die Rising Stars in der Wachau. Und Simon Gattinger ist sicher einer von ihnen. Der charismatische Jungwinzer begrüßt uns am 2023 in der Loibner Kellergasse neu gebauten Weingut, und sofort wird klar – die Wachau ist sein Leben. Mit Blick auf den Loibenberg verkosten wir den aktuellen Jahrgang. Das Weingut gibt es mittlerweile in vierter Generation. Simon hat sich dazu entschieden, die Trauben wieder selbst zu verarbeiten bzw. vinifizieren.

Die Weine überraschen durch die Bank mit Präzision und Vibration, ausschließlich Grüner Veltliner und Riesling – nothing else, dafür ohne Kompromisse. Bei den Grünen Veltlinern ist der Nomis der Wein, der das Weingut am besten widerspiegelt. Bei den Rieslingen sollte man sich den Riesling Höhereck Smaragd nicht entgehen lassen.

*kg*

### WACHAU DAC

★★★ S €€ GV
**2023 Grüner Veltliner Loiben Federspiel** + Frische Zitrusschalen, grüner Apfel, Quitte, saftiger Trinkfluss, mittlere, gut eingebundene Säure, filigrane Kräuterwürze, gutes Finish.

★★★ S €€€ GV
**2023 Grüner Veltliner Ried Klostersatz Federspiel** + Strahlende und vielschichtige Würze, weiße Blüten, leichte Mandelaromatik, kristallin und klar, balanciertes Frucht-Säure-Spiel, angenehm belebende Mineralität.

★★★ S €€€ RI    **FUN**
**2023 Riesling Ried Burgstall Federspiel** + Feine Weingartenpfirsich- und Marillenfrucht, Extraktsüße, die von straffer Säure umrahmt wird, Feuerstein, lang anhaltendes Trinkvergnügen.

★★★★ K €€€ GV    **TIPP**
**2023 Grüner Veltliner Nomis Smaragd** + Das Beste aus allen Veltliner-Rieden, wirkt am Anfang noch etwas verhalten, braucht Luft, sehr komplexer, vielschichtiger Wein, viel Kräuterwürze, reifer gelber Apfel, Quitte, weiße Blüten, kandierte Amalfi-Zitronen, feine Exotik nach Zuckermelone, lang im Abgang, Langstreckenläufer.

★★★ K €€€ GV
**2023 Grüner Veltliner Ried Kreutles Smaragd** + Würze pur, leichtes Pfefferl, getrocknete Kräuter, frische als auch kandierte Zitrusaromatik, Granny Smith, wirkt etwas wärmer als Nomis, wobei der Trinkfluss trotzdem wieder gegeben ist.

★★★★ K €€€ RI    **TIPP**
**2023 Riesling Ried Höhereck Smaragd** + Kurze Maischestandzeit gibt dem Wein eine unglaubliche Tiefe, schöne Extraktsüße, intensive Exotik und belebende Säurestruktur, langer Abgang.

★★★★ K €€€€ RI
**2023 Riesling Ried Loibenberg Smaragd** + Warme Rieslingfrucht gepaart mit kühler, straffer Mineralität und Säure, reife kandierte Zitrusaromen, messerscharf, für die Jugendlichkeit sehr zugänglich, langer Abgang.

## Weingut
# Graben-Gritsch

3620 Spitz, Vießling 21
Tel. +43 676 5494366
weingut@grabengritsch.at, www.grabengritsch.at
6 Hektar, W/R 100/0, 30.000 Flaschen/Jahr

Im heurigen Portfolio von Josef Gritsch ist der Grüne Veltliner aus der Paradelage Schön in den Varietäten Federspiel und Smaragd tonangebend. Der Traditionswinzer bewirtschaftet gleich drei Weingärten in dieser extrem steilen Riede von terrassierten Schräghanglagen. Je nach West-, Süd- oder Ostausrichtung und nach Alter der Reben wird hier besonders in der Smaragd-Kategorie in ziselierter Feinarbeit an den jeweiligen unterschiedlichen Charakteristika getüftelt. Die Grünen Veltliner begeistern Jahr für Jahr aufgrund ihrer Extraktdichte und perfekten Säure-Frucht-Balance mit viel pikanter Mineralik. Für die Reifung auf der jeweiligen Feinhefe wird in letzterer Zeit, ergänzend zum Ausbau im großen Holzfass, auch ein aliquoter Anteil im Edelstahltank belassen, was sich in einer etwas stringenteren Fruchtaromatik bemerkbar macht. Smaragd Ried Schön zeigt sich stets mit viel Dichte und Frische, die von den variierenden Paragneisböden samt Humusauflage stammen. Josef Gritsch legt auf eine bodenintensive Bewirtschaftung großen Wert, die sich durch Vitalität und Stressresistenz seiner Trauben in klimatisch exzessiven Jahren (Hitzetage) besonders positiv bemerkbar macht und eine späte Lese mit viel Extrakt ermöglicht. Ried Schön Smaragd wurde in der aktuellen Ernte sehr spät mit strenger Traubenselektion ohne Botrytis am 18. November eingefahren. Für die Variante „Alte Reben" werden besonders alte Rebstöcke herangezogen und durch eine längere Reife zwei Jahre nach der Ernte in den Verkauf gebracht.
Der Grüne Veltliner von der Ried Schaffenfeld, deren schwerere Böden sich in Form fülliger Textur widerspiegeln wird heuer als Spende zugunsten der Kindernothilfe Österreich in den Verkauf gebracht. Der überragende Riesling Bruck 2023 wird erst nächstes Jahr nach längerer Reifephase auf den Markt kommen. *us*

### WACHAU DAC

★★ S €€ GV
**2023 Grüner Veltliner Spitzer Graben Federspiel** + Dezentes Würzespiel in der Nase, Steinobst, grüne Nüsse, strukturiert, stringent, kühle Würze, mineralisch.

★★★ S €€ GV
**2023 Grüner Veltliner Ried Schön Federspiel** + Feine, helle Tabakwürze in der Nase, saftig mit mineralischer Prägung, Trockenaromatik-Reminiszenzen, feines Säurespiel, Melange von Darjeelingtee und Graphit, vital, gute Länge.

★★★ S €€ RI                                    FUN
**2023 Riesling Ried Bruck Federspiel** + Saftige Steinobstnase, Grapefruit, knackig, viel Fruchtpräsenz, Weingartenpfirsich, Zitruszesten, vibrierender Spannungsbogen, viel Säurebiss, druckvoll bis ins lange Finale, modellhaft.

★★★ K €€€ GV
**2023 Grüner Veltliner Young for Younger Ried Schaffenfeld Smaragd** + Feines wie ausgewogenes Spiel von Kräuterwürze und gelber Saftigkeit, dunkelfruchtiger Charakter, gehaltvoll, reifer Apfel, etwas Exotik, viel Säurebiss, gehaltvoll mit fülliger Tendenz, ausdrucksstark, lang.

★★★★ K €€€ GV                                 TIPP
**2023 Grüner Veltliner Ried Schön Smaragd** + Einladendes Bukett nach reifen Äpfeln, viel Fruchtpräsenz in eleganter Anmutung, Exotik à la Litschi, Maracuja, vielschichtige Komponenten, nuancenreich mit fast tänzelnder Finesse, Tabak, feiner salziger Touch im langen Finale, Potenzial, großartig.

★★★★ K €€€€ GV                                TIPP
**2022 Grüner Veltliner Ried Schön Alte Reben** + Vollreifes Fruchtspiel, Steinobst, feine Tabaknoten, Bergamotte, druckvoll, tolle Säure-Frucht-Balance in perfekter Struktur, mächtig, dabei immer straff mit betörender Extraktdichte, vital, viel Potenzial, ewig langes Finish.

♛ ♛ ♛ ♛ ♛

## Weingut
# FJ Gritsch

**Franz-Josef Gritsch**
3620 Spitz, Kirchenplatz 13
Tel. +43 2713 2450
office@gritsch.at, www.gritsch.at
15 Hektar

Franz-Josef Gritsch strahlt über beide Ohren, wenn er von seinen Weinen aus dem aktuellen Jahrgang spricht. Und diese präsentieren sich in der Tat bereits zum frühen Kostzeitpunkt von ihrer schönsten Seite. Interessant ist die Information des engagierten Weinmachers, dass er in seinen Spitzer Rieden eine bessere Ertragssituation hatte und im Durchschnitt sogar höhere Gradationen erzielt wurden, als das in den weiter östlich liegenden Weingärten, also in Dürnstein und Loiben, der Fall war, wo auch die Erntemengen geringer ausfielen. Insgesamt lassen sich Qualität und Ausprägung der Weine seiner Meinung nach am ehesten mit dem ausgezeichneten Jahrgang 2019 vergleichen.

Die größte Neuigkeit heuer ist wohl der Ausstieg des Mauritiushofs aus der „Vinea Wachau". Franz-Josef Gritsch begründet das damit, dass er – seit es die neue Wachau DAC-Verordnung gibt – keinen Vorteil im weiteren Verbleib bei der Markengemeinschaft sieht und führt auch sehr detailliert eine Reihe von Gründen an, auf die wir hier aus Platzgründen nicht eingehen können. Dazu kommt, dass – O-Ton – „ich die Doppelgleisigkeit von zwei Systemen meinen Kunden nicht zumuten möchte". Die Bezeichnungen Steinfeder, Federspiel und Smaragd sind im Haus somit ab sofort Geschichte und weichen den Begriffen der DAC-Qualitätspyramide: Gebietsweine, Ortsweine und Riedenweine.

Neuheiten gibt es freilich auch, was die Weine selbst betrifft, und das sind gar nicht so wenige. So finden wir beispielsweise bei den Rieslingen mit dem „Steinterrassen" einen neuen Einstiegswein und mit dem „Pluris" einen neuen Lagenwein im Portfolio. Ersterer bezirzt mit Frische und Knackigkeit, Letzterer zeigt sich als fruchtstrotzender Wachauer, der sowohl Lage als auch Sorte ernst nimmt. Den 1000-Eimerberg gibt es künftig nur noch im höherwertigen Bereich, also dem der seinerzeitigen Smaragd-Kategorie. Bei den Veltlinern nimmt heuer – neben den arrivierten Top-Weinen – ein weiterer Ausnahmewein Platz. Der als „Blaue Mauritius I II III" bezeichnete Wein aus dem Jahrgang 2019 erhebt mit seiner grandiosen Performance Anspruch auf Kultwein-Status.

*bb*

### WACHAU DAC

★★ S €€ RO
**2023 Kalmuck pink** + Rassige Säure, grüne Erdbeeren, Zitronengras; die knusprige Säure sorgt für Verve und Esprit; mittelgewichtig, lebhafter Sommertrunk.

★★ S €€ GV
**2023 Kalmücke Wachau** + Zart reduktive Nase, Bananensplit, Äpfel und Melisse; juveniler „Zwitscherwein" für die Sommerterrasse.

★★★ S €€ GV  FUN
**2023 Grüner Veltliner Kalmuck** + Spargel, Erbsenschoten, Gartenkräuter, Zitruszesten, fruchttragende Säure; saftiger Trinkfluss, wirkt leichtfüßiger, als er es ist.

★★ S €€€ GV
**2023 Grüner Veltliner Ried Kirchpoint** + Duftet nach Heuschober und weißen Blüten; kühlwürzige, mineralische Anklänge, etwas Minze und Rhabarber, schöne Substanz mit feiner Rundung.

★★★ S €€€ GV
**2023 Grüner Veltliner Ried Axpoint** + Delikate Würze, Tee- und Tabakblätter, Pfefferstreuer, Melonen, Unterholz; kompakt, völlig klar strukturiert, delikate Fruchtsüße; fließt geschmeidig über den Gaumen und bleibt gut haften.

★★★ K €€€€ GV
**2023 Grüner Veltliner Ried Steinporz** + Rauchig-mineralische Akzente, feinkörniger Gerbstoff, dann Sommerwiese, Honigblüten, schwarzer Pfeffer; saftig, aber straff geführt; gegen Ende zu freizügiger, als es die karge Nase vermuten lässt.

★★★ K €€€€ GV
**2023 Grüner Veltliner Ried Hochrain** + Dunkelmineralische, herbe Würze, Bergamotte, getrocknete Kräuter, feiner Fruchtschmelz, gelbe Äpfel, rosa Pfeffer, ein Hauch Propolis; mundfüllend, offenherzig.

★★★ K €€€€ GV  **TIPP**
**2023 Grüner Veltliner Ried Klaus** + Elegantes Würzemosaik, die dunkle Mineralität vom Amphibolit paart sich mit hinreißenden Motiven von Granny Smith, Wacholderbeeren, Orangenschalen und Wildkräutern; glockenklar, toller Stoff, tolle Länge.

★★★ K €€€€ GV
**2023 Grüner Veltliner Ried Loibenberg** + Zart phenolische Nase, reife Tannine, gelbes Kernobst, Orange-Bitter, Walnüsse; kraftvoller, herb-würziger Unterbau, klare Struktur, jugendlich; braucht nur eines noch: Zeit.

★★★ K €€€€€ GV  **TOP**
**2023 Grüner Veltliner Ried Singerriedel** + Verführerische, hochfeine, extraktsüß unterlegte Würzemelange aus Waldhonig, feuchtem Unterholz, weißem Pfeffer, Mandarinen, dann die „Spitzer Kühle" mit Havanna-Deckblatt, Minze und Koriander, auch gesteinsmehlige Motive; feinstrahlig, tiefschürfend, sexy – einer der besten Singerriedel der letzten zwei Jahrzehnte.

★★★★ K €€€€€ GV  **TOP**
**2019 Grüner Veltliner Blaue Mauritius I II III** + Als charismatischer Wein, in drei gebrauchten Barriques vinifiziert und wunderschön gereift, präsentiert sich dieser Ausnahme-Veltliner mit herrlichen Aromengeflecht aus „süßem" Pfeffer, Honigblüten, Waldmeister, Brioche und edlem Würztabak; erstrahlt im schönsten Glanz und hat eindeutig Kultwein-Status.

★★ S €€€ RI  **FUN**
**2023 Riesling Steinterrassen** + Melisse, Kriecherln, Stachelbeeren; rescher Säurebiss, schlank und rank, lebhafter, unbekümmerter Stil; Riesling, der fordert.

★★★ K €€€ RI
**2023 Riesling Pluris** + Sehr delikate, zart röstige Nase, dann ein Maul voll Steinobst, reife Pfirsiche, Marillen; ausdrucksstark, Sorte und Lage messerscharf definiert, feine Länge.

★★★★ K €€€€€ RI
**2023 Riesling Ried Loibenberg** + Herb-fruchtige Nase, rosa Grapefruits, Orangenabrieb, Papaya, Earl Grey; fleischige, kompakte Mitte, kraftvoll, komplex und großzügig bei vorbildlichem Sortencharakter, geht schön in die Tiefe.

★★★★ K €€€€€ RI  **TIPP**
**2023 Riesling Ried 1000-Eimerberg** + Duftet nach reifem Steinobst, Maracuja, Orangen und mineralischen Komponenten, herrliche Extraktsüße, konzentriert und finessenreich; mit Tiefgang und urlangem Ausklang; Charmeur von Format und ein veritabler Vorzeigeriesling.

★★★★ K €€€€€ RI  **TIPP**
**2023 Riesling Ried Kalkofen** + Weit gesteckter Aromenfächer, grüne Pfirsiche, Ananas, Ringlotten und die lagentypische salzige Mineralität; kristalline Struktur, fast ein bisschen asketisch; hat Weite und Tiefe und verströmt Noblesse pur bis ins lange Finish; Traumriesling am Anfang seiner Karriere.

★★★★★ K €€€€€€ RI  **TOP**
**2023 Riesling Ried Dürnsteiner Burg Reserve** + Die Monopollage von Franz-Josef Gritsch sorgt Jahr für Jahr für eine umwerfende Fruchtfülle, Komplexität und Finesse; Blutorangen, Marillen-Confit, Zuckermelonen und ein raffiniertes Wechselspiel aus Extraktsüße, Mineralität und Säure machen diesen Riesling zu etwas ganz Besonderem.

★★ S €€€ SB
**2023 Sauvignon Blanc „Spitz"** + Vorlaute Nase, Brennnessel, Hollerpesto, grüne Schoten; kecke Gangart, ganz der Sorte verpflichtet, temperamentvoll; nimmt sich kein Blatt vor den Mund.

★★★ K €€€€ GM  **FUN**
**2023 Muskateller „Spitz"** + Dezenter Fliederduft, Macis, eine Prise Zimt; im weiteren Verlauf Litschi und nochmals Holunder; relativ milde Säure, ansprechend, ausdrucksstark mit feiner Gangart.

★★★ K €€€€ CH
**2022 Chardonnay Reserve** + Zartes Holzflair, Bourbon, Nusscreme, Bienenwachs, etwas Joghurt, subtile Abstimmung zwischen Holz und Frucht, Säurespitzerl am Ende.

## Weingut
# Roman Gritsch

Roman Gritsch
3620 Spitz, Radlbach 11
Tel. +43 2713 2208
wein@romangritsch.at, www.romangritsch.at
7 Hektar

Am östlichsten Ausläufer der Ried Setzberg befindet sich auf einer Anhöhe das sympathische Familienweingut Roman Gritsch. Ein beliebter Heurigenbetrieb samt Gästezimmer ergänzen das Anwesen, von dem sich ein überwältigender Ausblick auf die Spitzer Weingärten bis zur Ruine Hinterhaus eröffnet.

Die Ried Setzberg ist quasi der Hausberg der Familie Gritsch für die Sorten Grüner Veltliner, die Riesling-Varietäten und für den Neuburger und Weißburgunder. Die beiden traditionellen Burgundersorten werden jeweils in der Kategorie Smaragd ausgebaut und strahlen im aktuellen Jahrgang förmlich mit viel Dichte und Fruchtcharme.

Die beiden Grüner-Veltliner-Federspiele zeichnen sich durch viel Harmonie samt der so typischen kühlen Frische aus, wobei die schiefrigen Komponenten der Ried Gasslreith ein Mehr an Mineralität und Nerv in das Gewächs einbringen, die Grünen Veltliner vom schottrigen, mit Löss durchzogenen Teil des Setzbergs sich hingegen klarer strukturiert zeigen. Der vollmundige Veltliner Smaragd ist eine Lagen-Cuvée aus den Terrassen Gasslreith, Steinporz und Setzberg. Mit extraktreicher Gelbfrucht in feiner mineralischer Prägung glänzt der Grüne Veltliner aus der Ried Steinporz, die im Weingut über keine Bewässerung verfügt. Der Primus inter Pares aus der Veltliner-Serie kommt aus einer Altanlage der Ried Setzberg und wird erst im Spätherbst gefüllt.

Von den beiden Riesling Smaragden Ried Tausendeimerberg und Setzberg besitzt Letzterer zurzeit ein Quäntchen mehr an strukturiertem Fruchtspiel und Dichte, was ihn für einen Vin de Garde prädestiniert. Der heuer etwas fülligere Muskateller ist im Hause Gritsch von Jahr zu Jahr eine sichere Bank für ein herrliches Trinkvergnügen. *us*

### WACHAU DAC

★★★ S €€ GV  FUN
2023 Grüner Veltliner Ried Gasslreith Federspiel + Präsentes wie feinwürziges Bukett, gelber Apfel, harmonisch, vollmundig, feine Würzekomponenten mit angenehmer Trockenreminiszenz, mineralisch unterlegt, nervige Mitte, gute Länge.

★★★ S €€ GV
2023 Grüner Veltliner Ried Setzberg Federspiel + Klare Fruchtnase, Apfel, Quitte, würzig unterlegt, ausgereift und offenherzig, viel Biss, gehaltvoll mit viel Harmonie.

★★★ S €€€ GV
2023 Grüner Veltliner Terrassen Smaragd + Gelbfruchtige Nase, Apfel, Mirabelle, Ringlotte, feine Kräuterabstimmung, saftig, viel Körper, gute Länge, animierend.

★★★ S €€€ GV
2023 Grüner Veltliner Ried Steinporz Smaragd + Glockenklare Fruchtnase, würzig mit nussigen Anklängen, mineralische Verve, balanciert, druckvoll, aus einem Guss, saftig im Finish, Potenzial, gute Länge.

★★★ S €€ RI
2023 Riesling Ried Setzberg Federspiel + Bukett von Marille unterlegt mit Pfirsich, hellfruchtige Aromatik, viel Grip, Finesse, überzeugende Balance, pikant im langen Nachhall.

★★★★★ S €€€ RI  TOP
2023 Riesling Ried Setzberg Smaragd + Vollreife Steinobstaromatik, Weingartenpfirsich, etwas Exotik, saftig mit viel Extrakt, stringent,, stoffige Textur, Zitronenzesten im Nachhall, lang, Potenzial

★★★★ K €€€ RI
2022 Riesling Ried Tausendeimerberg Smaragd + Vollreifes Pfirsichbukett, blättrige Noten, kühler Hauch, straffe Steinobstfrucht à la Mirabelle, etwas Zitrusanklänge, knackig, dicht, feine Säurekomponenten, strukturierte Mitte, lang.

★★★★ S €€€ PB  TIPP
2023 Weißburgunder Smaragd + Duftet nach Grüntee, saftig mit delikater Walnuss, knackige Aromatik, gelbfruchtig, mineralisch geprägt, klar strukturiert, salzig im Nachhall, tolle Länge.

★★★ S €€€ NB
2023 Neuburger Smaragd + Bukett nach gerösteten Walnüssen, ungemein saftig mit viel Fruchtfülle, gelbfruchtige Komponenten, Mandeln, feine Kräuterwürze, mineralisch, knackige Säure, aus einem Guss, attraktiv, zarter Schmelz im Nachhall, lang im Finish.

★★ S €€ GM
2023 Muskateller + Präsente Holunderblüten, Rosenblätter, saftiges Fruchtspiel mit feiner Pikanz, ausgewogen, feine Säureabstimmung, vital, zarte Rundung, animierender Apéro.

## Winzerhof
# Haiderer

**Anton Haiderer**
3512 Unterbergern 11
Tel. +43 650 7103221
winzerhof.haiderer@a1.net, www.derheurige.at
11 Hektar, W/R 90/10, 50.000 Flaschen/Jahr

Ein großer Jahrgang ist Anton Haiderer da in den Schoß gefallen. Nicht mit Glück, sondern mit harter Arbeit. Glück bekommt man nicht geschenkt. Mühevoll mit etwa 25 % weniger Ertrag, doch die Qualität ist überragend. Der Jahrgang war so reif, dass man keine Steinfeder anbieten kann. Hochreife Trauben ergaben fulminante Weine aus allen Rebsorten, welche mit Sicherheit formidabel reifen können. Schon der „einfachste" Wein des Hauses – Grüner Veltliner Antonius – präsentiert sich mit glockenklarer Stilistik. Wie überhaupt sind die Federspiele durchwegs hochwertige Kreszenzen geworden. Dementsprechend hinreißend sind die Smaragdweine. Vor allem die beiden – Grüner Veltliner und Riesling – von der Ried Süßenberg werden ihren Weg gehen. Ein Ausnahmewein ist der spät gelesene Grüner Veltliner Maximus. Ein Wein, der jede Sammlung adelt und den Keller bereichert. Zudem betreibt die Familie Haiderer auch einen ausgezeichneten Heurigen. *as*

### WACHAU DAC

★★ S €€ SB
**2023 Sauvignon Blanc Federspiel** + Pralle Johannisbeeren, voller Fruchtcharme, ausgereifte Trauben, fein liniert, in sich harmonisch, perfekte Säure, traubige Fülle, ruhig strömend.

★ S €€ GV — FUN
**2023 Grüner Veltliner Federspiel Antonius** + Leicht, duftig und beschwingt, wie eine Frühlingswiese, belebende Kräuter, knackige Frische, glockenklar, tolle Säure, macht so richtig Spaß.

★★ S €€ GV
**2023 Grüner Veltliner Federspiel Ried Pülnhof** + (Gneis) Ein feines Bukett nach exotischen Früchten wie Ananas, Mango & Co., Zitrus, Kräuter, Pfeffer, Birnen, belebende Säure, elegant, wunderbare Frische, gute Länge.

★★ S €€ GV
**2023 Grüner Veltliner Federspiel Ried Süßenberg** + (Schotter) Ein grüner Veltliner der Sonderklasse – gelbfruchtig, Exotik, Pfirsich, Marille, Zitrus, schmelzige Eleganz, weinig-fruchtig, kräftiger Ausdruck, fein, langatmig.

★★ S €€ GV
**2023 Grüner Veltliner Federspiel Ried Donauleiten** + (Glimmerschiefer) Weißer Pfeffer, reifer Apfel, Ananas, Mango, Steinobst, perfekte Balance, feine Würze, toller Stoff, wunderbar trocken. Ungemein elegant.

★★ S €€ RI
**2023 Riesling Federspiel Ried Donauleiten** + Nach schüchternem Auftritt anfangs entwickelt dieser Riesling ein feines Bukett nach Pfirsich, Marille, Ananas, Orangenschalen, immer kühl und rassig.

★★ S €€ RI
**2023 Riesling Federspiel Ried Pülnhof** + Tiefe Aromatik, Marille, Grapefruit, Kaki, Ananas, Orangenschalen, bisschen Rhabarber, liegt straff und eng am Gaumen, tolle Säure, spannend, salzig.

★★★ S €€€ RI — TIPP
**2023 Riesling Smaragd Ried Süßenberg** + (21 KMW) Reifer Apfel, Steinobst, Ananas, gelbfruchtig, feine Fülle, passende Säure, elegante Noten, total reife Trauben, immer mit Frische, die ca. 5 g Restzucker adeln diesen Riesling und machen ihn schmelzig, gediegen.

★★★ S €€€ GV
**2023 Grüner Veltliner Smaragd Ried Donauleiten** + Kühles Aroma, Kern- und Steinobst, weißer Pfeffer, Zitrusfrüchte, insgesamt mit feiner Exotik, frische Kräuter, fruchtige Eleganz, pikante Fülle, mineralische Noten, nuanciert, niemals ausladend.

★★★ S €€€ GV
**2023 Grüner Veltliner Smaragd Ried Pülnhof** + Ein kühler, zitrusfrischer Grüner Veltliner mit einer Fülle von Aromen wie Kernobst, Ringlotten, reifer Apfel, Exotik, feine süße Frucht, sehr elegant, sehr gut.

★★★ S €€€ GV — TIPP
**2023 Grüner Veltliner Smaragd Ried Süßenberg** + Reichhaltiger, mit Aromen gesegneter Grüner Veltliner, reifer Apfel, Steinobst, tolle Exotik wie Ananas, Mango, Honigmelone, voller Würze, kräftiger, breitschultriger Ausdruck, elegante Opulenz, ungemein saftig, die ca. 6 g Restzucker geben ihm den Kick. Ein Wein, welcher im Spätherbst zur Hochform auflaufen wird. Der wird nach einiger Flaschenreife so richtig brillieren.

★★★★ S €€€€ GV — TIPP
**2023 Grüner Veltliner Smaragd Maximus** + Embryonal, doch die Klasse ist sofort erkennbar. Honigwaben, Kräuter und Gewürze, Steinobstanklänge, Tannennadeln, Kamille, Anis, etwas Karamell, ein monumentaler Wein, der nicht auf die Eleganz vergisst. Der „M" von Toni Haiderer.

👑 👑 👑 👑

## Weingut
# Franz Hirtzberger

**Franz Hirtzberger**
3620 Spitz, Kremser Straße 8
Tel. +43 2713 2209
weingut@hirtzberger.com
www.hirtzberger.com

Der Name Hirtzberger steht für große Rieslinge und große Grüne Veltliner – für Wein-Ikonen aus der Wachau, für das Beste, was Österreichs Weinszene zu bieten hat. Und wenn man von Franz Hirtzbergers Edelsteinen spricht, gehören auch die Burgunder-Smaragde dazu. Drei gibt es – den Weißburgunder, den Grauburgunder und den Chardonnay. In diesem Dreigestirn leuchtet der Chardonnay besonders hell – ihn zählt der Autor zu den besten zehn Wachauer Weinen des Jahrgangs 2023. Denn dieser Smaragd-Chardonnay ist ein facettenreicher Wein mit tropischer Fruchtfülle, kühler Kräuteraromatik und lässig-mineralischem Wachau-Charme. Im Schlossweingarten, hinter dem Schloss Spitz, wächst dieser Chardonnay, den Hirtzberger in großen Holzfässern ausbaut, um den Sortencharakter und die Frische zu behalten. Gelesen wurde der Chardonnay daher schon Anfang Oktober, als einer der ersten Weine und damit ein Monat früher als der Riesling vom Singerriedel.

Hirtzberger erntet generell spät, auch seine Steinfeder vom Veltliner, die er in der zweiten Oktoberhälfte gelesen hat. Die Steinfeder ist einmal mehr eine ausgereifte, elegante und pfiffige Ouvertüre in Hirtzbergers Veltliner- und Riesling-Reigen. In der trinkvergnüglichen Mitte befinden sich Hirtzbergers Federspiel-Klassiker als Every-Day-Charmeure: der Veltliner Rotes Tor und der Riesling Steinterrassen. Das Smaragd-Programm ist wie immer ein Konzert starker Solisten. Bei den Veltlinern spielt der Honivogl erneut die erste Geige. Dieser markante Wein, der stets die reifsten Trauben bündelt, glänzt mit Kraft und Eleganz sowie Potenzial; ein Honivogl für viele Jahre. Eine Bank und sicheres Terrain im Veltliner-Hochgenuss ist immer der Urgestein-Smaragd Rotes Tor: immer mineralisch, immer pfeffrig, immer gut. Die Veltliner-Smaragde Spitzer Axpoint und Wösendorfer Kirchweg bilden den fülligeren, schwarzpfeffrigen, lössgeprägten Veltliner-Charakter ab. 2023 ist ein Riesling-Jahr – unverkennbar bei Hirtzbergers vier Riesling-Smaragden. Halleluja, da geht die Post ab. Der Singerriedel, ein Wein zum Verlieben, ein Riesling, der vom ersten bis zum letzten Schluck als großer Wein beeindruckt. Der Setzberg, der Hidden Champion mit viel Terroir-Charakter, ein Leuchtturm am Beginn des Spitzer Grabens. Der Setzberg ist immer der erfrischendste Riesling und mit seiner kühlen Aromatik und salzigen Mineralität unverkennbar. Der Steinporz wirkt immer als der lebhafteste, ein Jüngling vom Urgestein (Paragneis) mit straffer Mineralik. Der Spitzer Hochrain, er hat durch seinen tiefgründigeren Boden immer das wärmste und fülligste Riesling-Timbre – und dadurch auch seine besonderen Fans. *hp*

## WACHAU DAC

★★★ K €€€ GV
**2023 Grüner Veltliner Spitz Steinfeder** + Feine Schwarzpfefferwürze und Mineralität, viel Kernobst, Quitten und Apfel, gute Sortentypizität; weißer Pfeffer, knackige Frische, grüner Apfel, hochwertige Steinfeder mit super Schliff und Trinkanimo.

★★★ K €€€€ GV  **FUN**
**2023 Grüner Veltliner Rotes Tor Federspiel** + Reichlich schwarzer Pfeffer mit einiger Mineralität, viel Birnen; Südfrüchte, würzige grüne Ananas, mit lässigem Säurekick, lebhaft, verlässliches Federspiel mit viel Wachau-Charakter.

★★★ K €€€€€ GV
**2023 Grüner Veltliner Wösendorfer Ried Kirchweg Smaragd** + Tabakige Nase, viel Losswürze, dunkler Pfeffer, weiche Frucht, Kletzen; füllig-samtiger Smaragd-Veltliner mit Fruchtexotik, Mango, reife Limetten, schwarzer Pfeffer, trinkvergnüglich.

★★★ K €€€€€ GV
**2023 Grüner Veltliner Rotes Tor Smaragd** + Rauchige Würze, einladende warme Frucht, roter Apfel; saftig und würzig bei relativ milder Säure, feine Mineralik, angenehmer Fruchtschmelz, Ananas, rosa Grapefruits, balanciert, mag man viel trinken.

★★★ K €€€€€ GV
**2023 Grüner Veltliner Spitzer Ried Axpoint Smaragd** + Sehr dunkelwürzig, schwarzer Pfeffer, dezente Mineralität, viel Fruchttiefe, Ananas, Mango; reife Zitrusnoten, auch reife rote Äpfel, einiger Fruchtschmelz, Lösswürze, milde Säure, rund und süffig.

★★★★ K €€€€€ GV  **TOP**
**2023 Grüner Veltliner Honivogl Smaragd** + Rauchig-würzig, Wacholder, Weihrauch, elegante Fülle, Bratapfel, gute Tiefe; wuchtige Eleganz mit saftigem Fruchtschmelz und feinem Extrakt, würzige Ananas, bestens integrierte Säure, kraftvoll, finessenreich, lang!

★★★ K €€€€€ PB
**2023 Weißburgunder Smaragd** + Zart cremig mit leicht mineralischem Unterton, exotische Fruchtfülle, Litschi, Bananen, wirkt saftig; am Gaumen frisch und straff, Limetten und Maracuja, betont trocken, lebhafter Gerbstoffbiss, Wachau-typisch.

★★★ K €€€€€ PG
**2023 Grauburgunder Smaragd** + Viel Schmelz und Fülle, Schokobanane, reife Grapefruits; fleischige runde Frucht, mit mineralischen Noten, Blutorangen, Grapefruits auch am Gaumen, zartes Gerbstoffbitterl im Finish.

★★★★ K €€€€€ CH  **TOP**
**2023 Chardonnay Smaragd** + Tropische Fruchtfülle, würzige Orangen und Feigen, ätherisch, lebhaft mineralisch, saftig und straff, kühle Kräuteraromatik, verspielte Frucht, Maracuja, Grapefruits, druckvoll und elegant, facettenreich, großer Burgunder mit viel Wachau-Schliff, super lang.

★★★ K €€€€ RI
**2023 Riesling Steinterrassen Federspiel** + Aromatische Steinobstfrucht, saftige Marillen, bisschen blumig, Lorbeer; am Gaumen mehr nach Pfirsichen, ansprechende Säure, mineralischer Riesling mit Charme und salzigem Nachhall.

★★★★ K €€€€€ RI  **TOP**
**2023 Riesling Spitzer Ried Setzberg Smaragd** + Tolle Mineralität und Salzigkeit, exotische Frucht, Litschi, Limetten, knackiger Pfirsich; straffe, kühle Aromatik, sehr mineralisch, viel Frucht, Stachelbeere, gelbe Pfirsiche, feine Säurepikanz, super Stoff und Länge.

★★★★ K €€€€€ RI
**2023 Riesling Spitzer Ried Hochrain Smaragd** + Tiefe gebündelte Nase, viel Fülle, reife Marillen, dezent würzig; zugänglich, hat viel gehaltvolle Frische, weiche, saftige Pfirsichnoten, lebhafte Säure und Würze, gute Länge.

★★★★ K €€€€€ RI  **TIPP**
**2023 Riesling Spitzer Ried Steinporz Smaragd** + Zart reduktiv, füllige Fruchtnoten, super Tiefe, kräuterwürzige, mineralische Unterlegung; sortentypisch, engmaschig, viel Pfirsich, straffe Mineralität, betont trocken, kantiger Wein mit Potenzial.

★★★★ K €€€€€ RI  **TOP**
**2023 Riesling Ried Singerriedel Smaragd** + Leicht reduktiv, viel Frische, feine Pfirsichfrucht, straffe, kühle Mineralität; hochelegant, säurebetonter Pfirsich, tropische Fruchtnoten, salzig. Puristischer Singerriedel, betont trocken, großer Wein mit eindeutiger Herkunft.

## Weinhofmeisterei
# Mathias Hirtzberger

Mathias Hirtzberger
3610 Wösendorf, Hauptstraße 142
Tel. +43 2715 22955, buero@weinhofmeisterei.at
www.weinhofmeisterei.at
10 Hektar, W/R 100/0

Dieses noch junge Weingut feierte mit dem Jahrgang 2014 seinen Einstand. Als Stammhaus diente anfangs die ehemalige „Weingartenhofmeisterei" des Stifts St. Florian in Oberösterreich, die seit damals von Hartmuth Rameder und Erwin Windhaber als Restaurant Hofmeisterei Hirtzberger geführt wird. 2019 wurde nur wenige hundert Meter entfernt ein ganz neues Weingut eröffnet.

Mathias und Hanna Hirtzberger haben mit ihrem elften Jahrgang 2023 die Erfolgsserie der letzten Dekade anscheinend mühelos fortgesetzt und bieten eine hervorragende Palette an Weinen, die Reichhaltigkeit mit Eleganz vereinen. Dabei hatte der Jahrgang 2023 seine Herausforderungen. Es war ein Jahr mit etwas verzögerter Entwicklung – anfangs feucht und kühl, Hagelschlag, im Juni und Juli dann große Trockenheit –, all das erforderte einen extrem hohen Arbeitseinsatz und viel Flexibilität im Weingarten. Der große Aufwand zahlte sich aus und wurde letztendlich durch einen traumhaften Herbst belohnt; mit der Lese startete man erst am 5. Oktober.

Viel Charme vermittelt die lebhafte Grüner Veltliner Steinfeder namens Stab aus Weingärten in den Lagen Postaller und Donaubreiten. Die Trauben für das Federspiel Treu stammen mehrheitlich aus höheren Weingärten von Postaller, Gaisberg und Kollmütz, ergänzt mit Trauben aus der Ebene und dazwischen. Als Einstieg in die 2023er-Smaragde gibt es den elegant-saftigen Greif, der mehrheitlich aus einem hoch gelegenen Weingarten in der Ried Gaisberg stammt. Von den beiden weingartenreinen Smaragden verfügt der am Hangfuß der Ried Kollmitz situierte Spitaler über ockerfarbenen Lössboden; der 2023er zeigt bei aller Kraft auch Struktur, Tiefe und beachtliche Länge. Noch Zeit benötigt der Grüne Veltliner von der Ried Kollmütz, in der wenig brauner Löss auf sandigem Boden mit vielen Steinen liegt, hier stößt man relativ schnell auf Urgestein (Gneis). Den Einstieg zu den Rieslingen bietet das anmutige Federspiel Zier, das aus verschiedenen Weißenkirchner Weingärten stammt. Beim Riesling gibt es zwei Lagen-Smaragde: Die Ried Bach ist sehr steil und liegt in einem Kessel, daher sehr warm – sie gibt sich 2023 betont gelbfruchtig. Aus der höher gelegenen Ried Kollmitz, wo auch ein kleinbeeriger und dickschaliger Klon auf relativ kargem Boden steht, stammt ein fulminanter Jahrgangsvertreter mit tollem Mix aus kristalliner Frucht und mineralischer Würze.

An Sorten werden fast ausschließlich Grüner Veltliner (ca. 70 %) und Riesling (30 %) kultiviert, 2023 gibt es auch eine kleine Menge Gelber Muskateller.

*psch*

## WACHAU DAC

**★★ K €€€ GV**
**2023 Grüner Veltliner Steinfeder Stab** + Elegante Frische, dezente Würze, pikant, frische grüne Birnen und Anis; geschmeidige Frucht, Orangen, ein Hauch von Kernobst, filigranes Finish.

**★★★ K €€€ GV**
**2023 Grüner Veltliner Treu Federspiel** + Helle frische Würze, Grapefruitzesten, Kräuter à la Estragon; mittelgewichtig, pikant, schöne Fruchtfülle in der Mitte, lebhaft mit Biss, schön trocken.

**★★★★ K €€€€ GV** `FUN`
**2023 Grüner Veltliner Greif Smaragd** + Weihrauch und frische Linsen, archetypische Würze, geröstetes Maisbrot; saftige Textur, elegante Kernobstfrucht mit Zitrus, grüne Melonen, kernig, recht elegant, Grip, sehr hübsch.

**★★★★★ K €€€€€ GV** `TOP`
**2023 Grüner Veltliner Spitaler Smaragd** + Kühle Frucht, zart pfeffrig, Gewürzbrot, leicht rauchig, türkischer Honig, Backapfel, Paraffin, elegant; ungemein saftige Frucht, auch Orangen, dabei kernig, kraftvoll mit Biss, strukturiert, lang, beachtlich.

**★★★★ K €€€€€€ GV** `TIPP`
**2023 Grüner Veltliner Ried Kollmütz Smaragd** + Duftig, Biskuit und Quitten, auch Zitronenmelisse, sehr feine Aromatik, ziseliert; Quittengelee und Ringlotten, pikanter Biss, saftig und kühl, elegant, subtile Länge, Potenzial.

**★★★★ K €€€€ RI** `FUN`
**2023 Riesling Federspiel Zier** + Anfangs dezent, dann ganz klassische Frucht, Pfirsich, etwas Laub, ungemein verlockend, einige Tiefe; elegant saftig, erfrischend, glockenklare, ziselierte Frucht, feiner Säurebiss, knackig, Zitronenzesten, feine Länge, knapp am 4. Stern.

**★★★★ K €€€€€ RI**
**2023 Riesling Ried Bach Smaragd** + Recht samtig, gelbe Pfirsiche, Kriecherln, viel Wiesenkräuter, etwas Birne, samtig; knackig, ungemein saftig, rosa Grapefruits und Pomelos, Biss, burschikos, recht fest, mittellang.

**★★★★★ K €€€€€€ RI** `TOP`
**2023 Riesling Ried Kollmitz Smaragd** + Expressive Nase aus Nektarinen und gelbem Fruchtgelee, Hauch von Mandelblüten, glockenklar und samtig; herrlich saftige Frucht, pointiert, knackig, hohe Eleganz, feine Linien, lang, kristallin, klirrend frisch, zieht nach hinten.

# Weingut
# Hofstätter

**Wolfgang Hofstätter**
3620 Spitz, Quitten 2
Tel. +43 664 5260674, office@weingut-hofstaetter.at
www.weingut-hofstaetter.at
8,5 Hektar, W/R 95/5, 55.000 Flaschen/Jahr

Das traditionelle Familienweingut Hofstätter hoch über Spitz, an der östlichen Flanke des Setzberges gelegen, zählt zu den renommierten Weingütern der Wachau. In dritter Generation zeichnen Wolfgang und seine Frau Petra für den Betrieb und die Stilistik der Weine verantwortlich, die sich in perfekter Balance von traditionell-handwerklichem Weinbau und moderner Kellertechnik zeigen.

Das Sortiment ist übersichtlich und auf die Leitsorten Grüner Veltliner und Riesling fokussiert, jeweils in den Kategorien Federspiel und Smaragd. Von den besten Parzellen und in Ausnahmejahren wie 2021 und 2023 (noch im Fass) werden jeweils eine Lagenselektion vom Riesling und Grünen Veltliner unter der Bezeichnung Best of Quitten 2 (= Wohnadresse) gefüllt. Mit besonderer Pflege widmet sich der Winzer den Komplementärsorten Weißburgunder, Chardonnay und Neuburger, die hier gleich zu Beginn als besonderes Kleinod vorgestellt werden.

Mit etwas Flaschenreife präsentiert sich der Neuburger Smaragd des Jahrgangs 2022 aus über 25-jährigen Weinstöcken einfach idealtypisch mit harmonischer Dichte, Struktur und Fruchtstilistik: Zwei Drittel der Ernte entfallen auf den Hartberg, einer hinter der Ried Steinporz liegende Süd-Ost-Höhenlage, der Rest wird vom 1000-Eimerberg beigesteuert. Um nichts nachstehend begeistert der Weißburgunder Smaragd 2023 in gelbfruchtiger Charakteristik mit viel Extraktdichte und Fruchtschmelz. Die vielfältigen Varietäten von der Federspiel- bis zur Smaragd-Kategorie vom Grünen Veltliner wie vom Riesling 2023 überzeugen mit knackig-kühler Frische in transparenter Charakteristik und Tieffruchtigkeit. *us*

### WACHAU DAC

★★ S €€ GV
**2023 Grüner Veltliner Steinfeder** + Feine Würzenase, kühle Frische, kompakt, vollreife Aromatik, Apfel, stringent, viel Biss, sehr animierend.

★★ S €€ GV
**2023 Grüner Veltliner Hofi Federspiel** + Präsente Fruchtaromatik, Granny Smith, saftig, knackig, feine Würzekomponenten, präzise Fruchtführung, glockenklar.

★★ S €€ GV
**2023 Grüner Veltliner Ried Burgberg Federspiel** + Apfel-Quitten-Bukett, geradlinige Fruchtführung, viel Gelbfrucht, klar strukturiert, rauchig umspielt, tiefgründig, gute Länge.

★★★ S €€ GV                                     FUN
**2023 Spitzer Grüner Veltliner Ried Steinporz Federspiel** + Saftiges Fruchtspiel, Apfel, druckvoll, viel mineralische Verve, feine Würze mit Trockenaromatik, geradlinig, lang.

★★★ S €€€ GV
**2023 Grüner Veltliner Ried Harzenleiten Smaragd** + Kühle Frische, viel saftige Apfelfrucht, knackig, druckvoll, feine Säure, lang im Nachhall.

★★★★ K €€€€ GV
**2022 Grüner Veltliner Ried 1000-Eimerberg Smaragd** + Transparente Fruchtnase nach gelbem Apfel, Biskuit, präsente wie pfeffrig umspielte Würze, glockenklar, vielschichtig, knackig wie vital, tragende Säurekomponenten, druckvoll, lang im Nachhall.

★★ S €€ RI
**2023 Riesling Hofi Federspiel** + Feine Pfirsichnase, Zitrus, glockenklare Fruchtpräsenz, saftige Charakteristik, geradlinig, feines Säurespiel, gute Länge.

★★★★ S €€€ RI                                   TIPP
**2023 Riesling Ried 1000-Eimerberg Smaragd** + Steinobstnase, etwas Darjeelingtee, viel Saftigkeit, Pfirsich, Limettenzeste, straff, druckvoll, engmaschig, mineralische Finesse, ausgewogen, tolle Länge, Potenzial.

★★★★ K €€€€ RI                                  TIPP
**2022 Riesling Ried Singerriedel Smaragd** + Exotisches, vollreifes Fruchtspiel, Passionsfrucht, viel Pfirsichfrische, straff, enge Maschen, mineralisch geprägt, perfekte Balance, noch sehr verschlossen, viel Potenzial, lang im Finish.

★★★ S €€€ PB
**2023 Spitzer Weißburgunder Smaragd** + Nussblättrige Anklänge mit dezenter Würze in der Nase, lebendige Frische, feinmaschiges Fruchtspiel, grüne Nüsse, Apfel, saftig mit kühler Anmutung, druckvoll, tiefgründig und lang im Abgang.

★★★ S €€€ CH
**2023 Spitzer Chardonnay Smaragd** + Verführerische Gelbfrucht mit feiner Exotik à la Ananas, fruchtbetont, saftig, perfekt strukturiert, ausgewogen, knackiges Finish.

★★★★ S €€€€ NB                                  TIPP
**2022 Spitzer Neuburger Smaragd** + Nussblättriges Entree, Grüntee, straffe Fruchtführung mit komplementärem Schmelz, Waldlaub, vielschichtig, balanciert, nussig im Nachhall mit viel Länge, tolle Sorteninterpretation, großartig.

## Weingut
# Högl

**Josef & Georg Högl**
3620 Spitz, Vießling 31
Tel. +43 2713 8458
office@weingut-hoegl.at, www.weingut-hoegl.at
10 Hektar, W/R 100/0, 60.000 Flaschen/Jahr

Im nordwestlichen Zipfel des Weinbaugebiets Wachau befindet sich eine geologische Besonderheit: der Spitzer Graben – ein in Richtung Waldviertel führendes Seitental der Donau. Bis nahezu 500 m Seehöhe reichen hier die Weingärten und wachsen die Reben in einer Cool-Climate-Zone auf kargen Glimmerschiefer- und Gneisböden. Wir befinden uns an der Anbaugrenze für Wein, wo die Trauben etwas mehr Zeit bis zu ihrer physiologischen Reife benötigen. Das Ergebnis sind freilich Jahr für Jahr ganz besondere Tropfen, die mit Tiefgang und einer unnachahmlichen Eleganz zu überzeugen wissen.

Josef und Georg Högl machen hier in ihrem mittlerweile biologisch zertifizierten Betrieb Weine von Weltgeltung, die sich mit jedem Grünen Veltliner oder Riesling messen können, und wenn sie das tun, oft sogar die Nase vorn haben. Mit dem aktuellen Jahrgang 2023 hat das erfolgreiche Vater-Sohn-Gespann einmal mehr großartige Gewächse einkellern dürfen. Besonders hervorzuheben sind, neben den „üblichen Verdächtigen" aus den Top-Lagen Schön und Bruck, heuer auch zwei weitere Veltliner-Prachtstücke, jeweils einer aus den Rieden 1000-Eimerberg und Kaiserberg. Und auch bei den Rieslingen gesellt sich dieses Mal ein Wein zur Oberliga, der fleischige, saftstrotzende Sortenvertreter namens „Vision". Nicht vergessen sollte man aber auch auf den formidablen, nach Langem wieder im Smaragd-Bereich angesiedelten Gelben Muskateller. *bb*

### WACHAU DAC

**★★★ S €€€ GV**
**2023 Grüner Veltliner Ried Schön Federspiel** + Reduktive Nase, Bananen, Melonen, Wiesenkräuter; Bergamotte, etwas Pfeffer; stoffig, milde Säure, hochfeiner Trinkfluss.

**★★★ K €€€€€ GV**
**2023 Grüner Veltliner Ried Brandstatt Smaragd** + Legt los mit kühlwürziger, dunkelmineralischer Nase, herbe Äpfel, rosa Grapefruits, Orangenabrieb; etwas strukturgebender Gerbstoff, geschmeidig, cremig, schöne Länge.

**★★★★ K €€€€€ GV** — TIPP
**2023 Grüner Veltliner 1000-Eimerberg Smaragd** + Komplexe Nase, Thymian, Nadelwald, Kumquats, Boskop-Äpfel; fest gebaut, die reiche Fruchtfülle wird von viel Finesse eingefangen; saftig, klar gegliedert, Veltliner-Prachtstück.

**★★★★ K €€€€€ GV**
**2023 Grüner Veltliner Ried Kaiserberg Smaragd** + Zartherbe Nase, Birnen, steinobstige Einschlüsse, Kräuterbeet; dicht, voluminös, viel Fleisch, dennoch feinstrahlig, tolle Länge.

**★★★★ K €€€€€ GV** — TIPP
**2023 Grüner Veltliner Ried Schön Smaragd** + Umwerfende Aromatik, grüne Früchte, Zigarrenkistl, Kiefern, Orangenzesten; engmaschig, voll kühler Mineralität; nobler, komplexer, eher filigran wirkender Terroir-Veltliner mit unerwartet druckvoller Länge.

**★★★★ K €€€€€ GV** — TIPP
**2023 Grüner Veltliner Ried Schön „Alte Parzellen" Smaragd** + Weiße Brötchen, Hefezopf, Heliotrop, gelbes Kernobst, „süßer" Pfeffer, Wildkräuter, mineralische Ader; baut sich kraftvoll auf, Kiwi, Mango, Panettone, cremig, hauchfeines Tanninnetz, seidig texturiert, ausgewogen; vereint Terroir mit Fruchtbrillanz und edlem Schmelz, grandios!

**★★★ S €€€ RI** — FUN
**2023 Riesling Ried Bruck** + Heuer kein Federspiel, weil er mit 13 %vol. die vorgegebene Grenze überschreitet, aber was für ein Wein! Pfirsiche, Marillen, herrlich saftiges Frucht-Säure-Spiel, Sorte messerscharf definiert; mehr als nur ein köstlicher Süffelwein.

**★★★★ K €€€€€ RI**
**2023 Riesling Vision Smaragd** + Florale Nase, gelbe Pfirsiche, Mirabellen, Apfelmus; Fruchtpower mit Maß und Ziel, schmatzig, schmelzig, offenherzig und voller Charme; ein Barockengerl, freilich fein gemeißelt.

**★★★★ K €€€€€ RI**
**2023 Riesling Ried Bruck Smaragd** + Tolle Bandbreite, Steinobstanklänge, weiße Ribisel, Limonen; saftig-frischer Säurebogen, mineralisch, kühl, glockenklar; hat von allem alles: Druck, Tiefgang und Finesse.

**★★★★ K €€€€€ RI** — TIPP
**2023 Riesling Ried Bruck „Alte Parzellen" Smaragd** + Weiße Blüten, Marillen, Orangen, rauchig-mineralische Konturen; kraftvoll, konzentriert, generös, aber mit präzisem Fruchtfokus und von einer herrlich knuspriges Säure unterlegt; Riesling-Ästhet mit geradezu sinnlicher Ausstrahlung; Riesenpotenzial.

**★★★ K €€€€ GM**
**2023 Gelber Muskateller Smaragd** + Hollerduft, Muskattrauben, Zitronenverbene, Ingwer; saftig, ausgiebig, bleibt auch am Gaumen ganz der Sorte verpflichtet; balanciert, lang.

# Weingut
## Hutter – Silberbichlerhof

**Fritz Hutter IV**
3512 Mautern, St. Pöltner Straße 385
Tel. +43 664 73625932, +43 664 73543143, Fax +43 2732 830044
info@hutter-wachau.at, www.hutter-wachau.at
14 Hektar, W/R 96/4

Die Familie Hutter bewirtschaftet Weingärten auf beiden Seiten der Donau in Loiben und Mautern. Mit etwas Wehmut erfuhr ich bei meinem Besuch, dass man die Ried Hollerin nach 11-jähriger Pacht an den Verpächter zurückgeben musste. Doch die hohe Qualität der anderen Weine ließ mich das verschmerzen. Der Jahrgang 2023 fiel – nicht nur bei den Hutters – ziemlich kräftig aus. Es sind ausdrucksstarke Gewächse – vor allem die Smaragde –, doch auch die Federspiele zeigen Format und Tiefgang. Es sind durchwegs keine Leichtgewichte. Es sind Weine, die ihren Weg gehen, die zu reifen verstehen und erst im Alter all ihre Vorzüge zur Schau stellen werden. Als Beispiel ließ man mich den 2002 Riesling Smaragd von der Ried Loibenberg aus der Magnumflasche probieren. Ein sensationell gereifter Riesling, dem es an nichts fehlt, unglaublich präsent und voller Frische.

Mein Herz schlägt aktuell für die beiden Weine aus der Ried Silberbichl – Grüner Veltliner und Riesling Federspiel und Smaragd, absolut überzeugende Kreszenzen. Der größte des Jahrgangs ist sicher der Riesling Smaragd von der Ried Loibenberg. Auch der Grüne Veltliner Smaragd von der Ried Rothenhof wird sich nach einiger Flaschenreife in diese Phalanx einreihen. *as*

### WACHAU DAC

★★ S €€ GV
**2023 Grüner Veltliner Federspiel Ried Alte Point** + (Löss) Kräuterwürze, Kernobst, auch Steinobst, dezente Exotik, gelbfruchtig, kernige Struktur, guter Körper, zeigt Tiefgang und Länge.

★★ S €€ GV
**2023 Grüner Veltliner Federspiel Ried Süssenberg** + (Schotter) Frische Kräuter, Apfelnoten, auch Birnentouch, frisch und lebendig, leichtgewichtige Statur, Säurebiss, knackige Intension, toller Trinkfluss, Ananas, etwas weißer Pfeffer, transparente Noten.

★★ S €€ GV
**2023 Grüner Veltliner Federspiel Ried Silberbichl** + (Kalkmergel) Apfelnoten, Marille und Pfirsich, ungemein feingliedrig, distinguierte Fülle, feinfruchtig, extraktreich, elegant, fast verspielt, Mineralität ausspielend.

★★ S €€ RI
**2023 Riesling Federspiel** + (Loiben & Mautern) Ein noch sehr verschlossener Riesling, der sich nur langsam öffnet, Marille, etwas Rhabarber, reifer Apfel, rassig, griffig, strukturiert, hellfruchtig, Grapefruittöne, ein Riesling für den Herbst.

★★★ S €€ RI
**2023 Riesling Smaragd Ried Silberbichl** + (20 KMW) Feine Steinobstaromen, Marzipan, geht langsam auf, druckvoll, tiefgründig, immer Eleganz und Noblesse zeigend, Apricot, Ananas, tolles Säurespiel, saftige Frucht.

★★★★ S €€€€ RI **TIPP**
**2023 Riesling Smaragd Ried Loibenberg** + Ein Loibenberg wie gemalt, reife Marillen, Honigtöne, Ananas, Orangen, hochwertig, elegant, kompakt, sämige Intension, weinige Struktur, tiefgründig, gehaltvoll, tolle Säure, feines Fruchtspiel. Klasse-Riesling mit Potenzial für viele Jahre.

★★★ S €€€ GV
**2023 Grüner Veltliner Smaragd Ried Alte Point** + Kräuter, gelbe Früchte, Kernobst, Ananas, Mango & Co., Kräuterwürze, auch Pfirsich, füllig, weinige Opulenz, säuregestützt, schmelzig. Überaus typisch, durchaus jung zu trinken.

★★★ S €€€€ GV
**2023 Grüner Veltliner Smaragd Ried Süssenberg** + Anfangs verhalten, würzig, Kernobst, Birnentouch, Orangenschalen, Zitrus, filigrane Noten, sehr elegant, extraktreich, einiger Alkohol, welcher sich noch einbinden wird, Geduld.

★★★ S €€€€ GV
**2023 Grüner Veltliner Smaragd Ried Silberbichl** + (Kalkmergel) Ungemein pikant, weinige Eleganz, Kern- und Steinobst, Ringlotten, Marzipan, druckvoll, salzig, dezent pfeffrig, langatmig, viele Kräuter, enormes Potenzial.

★★★ S €€€ GV
**2023 Grüner Veltliner Smaragd Ried Rothenhof** + (sandiger Boden – ein Teil des Loibenbergs) Gelbe Früchte, exotisch – Ananas, Mango, Orangenzesten, Zitrus, Pfefferschleier, dezentes Cassis, Steinobst, kraftvoll, zeigt Charme, weinige Struktur, saftige Frucht, konzentriert, langatmig, Wahnsinnssubstanz.

★★★ S €€€ PG
**2023 Grauburgunder Smaragd** + (Silberbichl) Ein mächtiger, dunkel getönter Wein mit großzügigem Alkohol, vollmundig, üppig, würzig, voluminös, ein wahrer Bulldozer, Substanz für viele Jahre.

# Weingut
## Josef Jamek

**Dr. Herwig Jamek**
3610 Joching, Josef-Jamek-Straße 45
Tel. +43 2715 2235
info@weingut-jamek.at, www.jamekwein.at
25 Hektar, W/R 95/5

Das nach dem Weinbaupionier benannte Traditionsweingut Josef Jamek ist weltweit das Aushängeschild für den Wachauer Weinbau. Ebenso Kultstatus genießt das an das Weingut angeschlossene Restaurant, das von der Familie Altmann verantwortet wird. Den Weinbau betreibt die Familie Herwig & Julia Jamek. Beide sind ausgebildete Ärzte, die in den letzten Jahren mit behutsamer Eloquenz an der Perfektionierung ihres breiten Weinsortiments arbeiten – entsprechend der Familientradition, die seit Josef Jamek die Conditio sine qua non eines großen Weines darstellen.

In diesem Sinne präsentiert sich das heurige Portfolio eindrucksvoll, für die Federspiel-Kategorie geschätzten Grüner Veltliner-Varietäten ebenso wie auch die Rieslinge mit dem alles überstrahlenden Ried Klaus Federspiel. Die Smaragd-Juwelen des Hauses Jamek glänzen unisono im gesamten Sortenspektrum, wobei besonders der oftmals unterschätzte Weißburgunder Smaragd von über 60 Jahre alten Anlagen sehr zu empfehlen ist. Die Riesling-Solitäre strahlen in ihrer jeweiligen Stilistik: der Dürnsteiner Freiheit vom Schwemmlandboden aus Loiben, meist aufgrund von etwas Botrytis, mit fülliger Feinheit und das berühmte Smaragd-Pendant aus der Ried Klaus in Weißenkirchen mit tiefgründiger Mineralität und Größe. *us*

### WACHAU

**★★★ S €€€ GV** — FUN
2023 Grüner Veltliner Stein am Rain Federspiel + Elegante Gelbfrucht, etwas Birne, würzig, Trockengräser, feine Säurestruktur, druckvoll.

**★★★ S €€€€ GV**
2023 Grüner Veltliner Ried Jochinger Steinwand Federspiel + Saftig, viel Fruchtdichte, gelber Apfel, vollmundig, feine Würze, zarter Schmelz im Finish.

**★★★ S €€€€ GV** — TIPP
2023 Grüner Veltliner Weißenkirchen Ried Achleiten + Teeblättriges Entree, nussig-mineralisches Fruchtspiel, etwas Trockenaromatik, saftige Dichte, druckvoll und lang.

**★★★★ K €€€€€€ GV** — TIPP
2022 Grüner Veltliner Ried Liebenberg Smaragd + Exotisches Bukett à la Maracuja, betörende gelbfruchtige Aromatik, pure Saftigkeit, viel Präsenz, dicht, harmonische Mitte, würzig, druckvoll bis ins lange Finale.

**★★★★ K €€€€€€ GV**
2022 Grüner Veltliner Ried Achleiten Smaragd + Vielschichtige Fruchtnase, Nektarine, vollreif, glockenklare Apfelfrucht, etwas Biskuit, ziselierte Eleganz, perfekte Säurestruktur, engmaschig, ewig lang, gediegenes Terroirgewächs in Vollendung.

**★★★ S €€€ CH** — FUN
2023 Chardonnay Federspiel + Dezente Fruchtnase, etwas Steinobst, saftig-kernige Frucht, glockenklar, zeigt Biss, fein strukturiert, reifer Apfel, animierend, feiner Schmelz im Abgang.

**★★★ S €€€ RI**
2023 Jochinger Riesling Federspiel + Duftige Steinobstnase, Pfirsich, betörende Gelbfrucht, knackig, vital, engmaschig, Zitrus, stringente Fruchtführung, alles in perfekter Balance, ziseliertes Säurespiel, überzeugend schön.

**★★★ S €€€ RI** — FUN
2023 Riesling Jochinger Ried Pichl + Knackiges wie vitales Fruchtspiel, Pfirsich, Steinobst, engmaschig, harmonische Mitte, ausgewogen bis ins Finale.

**★★★★★ K €€€€€€ RI** — TOP
2023 Riesling Weißenkirchen Ried Klaus + Betörend ziselierte Fruchtnase, Weingartenpfirsich, Zitronenmelisse, tiefe Mineralität, vielschichtig, klar strukturiert, tolle Säurestütze, strahlt in hochfeiner Eleganz, alles in perfekter Balance und bekömmlich bis ins lange Finale, ganz groß!

**★★★★ K €€€€€€ RI** — TIPP
2022 Riesling Dürnsteiner Freiheit + Bukett nach Grüntee, Weingartenpfirsich, umspielt von Zitruszesten, sattes Fruchtspiel, ausgereift, druckvoll, bei aller Dichte pointiert, saftig mit wärmender Komponente, sehr lang, viel Potenzial.

**★★★★ K €€€€€€ RI** — TIPP
2022 Riesling Ried Klaus Smaragd + Blütenduftig wie würzig unterlegte Nase, ausgeprägte Steinobstaromatik, enorme Mineralität, druckvoll, reichhaltig mit Riesendichte, toller Spannungsbogen, kraftvolle Mitte, ewig lang, enormes Potenzial, Modellcharakter!

**★★★★ K €€€€€€ K PB**
2022 Wösendorfer Weißburgunder Smaragd + Frisches Walnussbukett, feine Gelbfrucht, nussige Charakteristik, etwas Ananas, saftig und geschmeidig, feiner Säurehintergrund, juvenil, beste Perspektiven.

## Weingut
# Emmerich Knoll

**Emmerich Knoll**
3601 Dürnstein, Unterloiben 132
Tel. +43 2732 79355
weingut@knoll.at, www.knoll.at
19,5 Hektar, W/R 99/1

Die Degustation der leichteren Weine des Federspiel-Bereichs brachte insofern eine freudige Überraschung, als sich diese sehr sorten- und herkunftstypisch sowie als komplett und ausgewogen erwiesen. Waren die beiden Emmerichs im Herbst nach der Lese noch ein wenig skeptisch, was Säuregehalt und Frische der Grünen Veltliner des neuen Jahrgangs betraf, so hat sich das Bild nunmehr grundlegend gewandelt und einer verständlichen Zufriedenheit mit den 2023ern Platz gemacht. Die nächste Überraschung bereitete die knusprige und kompakte Veltliner-Steinfeder, die als standfestes Musterbeispiel dieser Kategorie gelten kann und auch als Federspiel gute Figur abgeben würde. Von den Lagenweinen sticht wieder einmal die Ried Trum hervor, dieses Mal aber so klar wie noch nie. Die anregende Beerenfrucht mit schotigem Touch, welche sogleich an die benachbarte Ried Schütt erinnert, verleiht diesem raffinierten Grünen eine Sonderstellung. Die beiden Federspiel-Rieslinge gefallen mit zartgliedriger Struktur und ungewöhnlich hellfruchtigem Aromenreigen.

Bei den Smaragden stand erst der Jahrgang 2022 auf dem Prüfstand, der sich sehr zufriedenstellend entwickelt hat. Unter anderem unterstreichen dies der animierende Schütt-Veltliner und die extraktsüße wie komplexe Vinothekfüllung, die heuer bei aller Fülle beinahe leichtfüßig über den Gaumen gleitet. Als äußerst ausgeglichen erweist sich das Feld der Smaragd-Rieslinge; hier entscheiden wohl die persönlichen Präferenzen und die Tagesform. Nach heutiger Einschätzung würde vermutlich die Ried Schütt als Primus inter Pares fungieren, zumal sie derzeit die meiste Spannkraft und Vielschichtigkeit ins Glas zaubert. Damit haben wir aber noch nicht den Höhepunkt dieser Serie erreicht, welcher der hauptsächlich vom Loibenberg stammenden Vinothekfüllung vorbehalten bleibt, die mit ihrer Dichte und dem delikaten Schmelz sofort beeindruckt. Als gleichwertig erweist sich die zum angrenzenden Kremstal ressortierende Pfaffenberg Selection, die nach einiger Luftzufuhr die ihr innewohnende rotbeerige Fruchtbrillanz immer souveräner ausspielt. Apropos souverän: So lässt sich auch die Performance des Gelben Traminers umschreiben, der sich ganz vornehm statt vorlaut gibt und auch punkto Fülle nicht zur Übertreibung neigt. Abschließend sei erwähnt, dass es aus dem großen Jahrgang 2021 noch eine erhebliche Anzahl wunderbar konturierter Süßweine aus nahezu allen Prädikatsstufen gibt, welche die dem Weinjahr anhaftende, ungewöhnlich rassige Säure sozusagen ein Alleinstellungsmerkmal verleihen. *vs*

## WACHAU

**★★ K €€€ GM**
**2023 Gelber Muskateller Federspiel** + Floraler Auftakt, Zimt und Holunderblüten, dezent und entgegenkommend, etwas Litschi, rund und offenherzig, recht weich im Abgang.

**★★★ K €€ GV**  **FUN**
**2023 Grüner Veltliner Steinfeder** + Nach Schwarzbrot und hellem Tabak, ernsthaft und fest geknüpft, sehr robust, kernig und schnörkellos, schon sehr präsent.

**★★ K €€€ GV**
**2023 Grüner Veltliner Loibner Federspiel** + Burschikos und pfeffrig, brotige Würzenote, Kläräpfel und Rhabarber, straff und ausgewogen, herbe Aromatik.

**★★★ K €€€ GV**
**2023 Grüner Veltliner Ried Kreutles Federspiel** + Zarte Birnenfrucht, auch Fenchelsamen und Gartenkräuter, rauchige Untertöne, verspielt und nuanciert, saftig bei milder Säure, frühe Harmonie.

**★★★★ K €€€ GV**  **TIPP**
**2023 Grüner Veltliner Ried Trum Federspiel** + Stachelbeeren und weiße Ribiseln, sehr anregend und pikant, schneidig und fordernd, fruchtbetont und klar strukturiert, ein überaus pointierter Grüner, wie er so nur aus der Wachau stammen kann.

**★★★ K €€€€ GV.**
**2022 Grüner Veltliner Ried Kreutles Smaragd** + Liebstöckel und Sesam, markanter Lagencharakter, auch schüchterne gelbfruchtige Momente, streng, doch zartgliedrig, Pfefferl vor dem Finale.

**★★★★ K €€€€€ GV**  **TIPP**
**2022 Grüner Veltliner Ried Schütt Smaragd** + Rotbeeriges Entree, Dirndlbeeren und Ribiseln, blumig und akzentuiert, frisch und animierend, der Schotenton bleibt diesmal im Hintergrund, offenbart viele Schichten und ist schon sehr präsent.

**★★★ K €€€€ GV**
**2022 Grüner Veltliner Ried Loibenberg Smaragd** + Helle Fruchtfächer, Blütenhonig und Kamille, sanft strömend, mittlere Maschen, weißer Pfirsich, ausgewogen und ziemlich weich im Abgang.

**★★★★ K €€€€€ GV**  **TIPP**
**2022 Grüner Veltliner Vinothekfüllung Smaragd** + Fest verwoben und reichhaltig, Zuckermelone und Mango, extraktsüß und komplex, satter gelbfruchtiger Schmelz, viele Details, wirkt bei aller Kraft nahezu leichtfüßig, ausdauernd, große Reserven.

**★★★ K €€€ RI**
**2023 Riesling Loibner Federspiel** + Glasklar und zartgliedrig, Wiesenkräuter und Weingartenpfirsich, sehr frisch und apart, schlanke Mitte, angedeutete Zitrusnote, rund und geradlinig, unkompliziert auf gutem Niveau.

**★★★ K €€€ RI**
**2023 Riesling Ried Loibenberg Federspiel** + Gelbfruchtiger Auftakt, Ringlotten und Kräutermix, fein liniert und saftig, Marille und Mirabelle am Gaumen, elegant und fein abgestimmt, alles im Lot.

**★★★★ K €€€€€ RI**
**2022 Riesling Ried Loibenberg Smaragd** + Charmant und einladend, gelber Pfirsich und Grapefruit, pfeffrige Würze, ein Wein der leisen Zwischentöne, sehr elegant und geschliffen bei mittlerem Volumen, verspielt und geschmeidig, eigenständig wie stilvoll.

**★★★★ K €€€€€ RI**
**2022 Riesling Ried Kellerberg Smaragd** + Harzige Würze, etwas Minze, subtil und glockenklar, schwebende Eleganz, Limette und Pfirsichbowle, recht dicht und engmaschig, feinkörnig und geschliffen, bildhübsch und verlockend.

**★★★★ K €€€€€€ RI**  **TIPP**
**2022 Riesling Ried Schütt Smaragd** + Ein exotisch anmutender Obstkorb, aus dem Passionsfrucht und rote Ribiseln noch hervorragen, offenbart viele Schichten und bleibt stets spannungsgeladen, viel Tiefgang, kühle Untertöne, beweist Finesse wie Temperament, vielversprechende Schütt-Version, die noch ein bisschen Flaschenreife verlangt.

**★★★★★ K €€€€€€€ RI**  **TOP**
**2022 Riesling Vinothekfüllung Smaragd** + Ausgereift und reichhaltig, Ananas und Zuckermelone, harzige Untertöne, kraftvoll, dicht und fleischig, Wacholder und puristische Pfirsichfrucht, satter Schmelz und viel Spannkraft, feine Struktur, wirkt nie übermächtig, beeindruckende Vinothekfüllung mit großen Ressourcen.

**★★★ K €€€€ CH**
**2022 Chardonnay Loibner Smaragd** + Noch etwas schüchtern und ruhig strömend, Biskuit und Zuckermais, fein gesponnen und unterkühlt, schlanke Textur, einige Pikanz, diesmal recht zartgliedrig veranlagt.

**★★★★ K €€€€ TR**
**2022 Gelber Traminer Loibner Smaragd** + Vornehme Nase, die zahlreiche Assoziationen erlaubt, Menthol und Rosenblüten, auch Teeblätter, markant, doch ziseliert, viele Nuancen, dicht verwoben wie fruchtsüß, rund und einladend, rauchige Herznote, alles in bester Eintracht, sehr feine Traminer-Interpretation.

## KREMSTAL

**★★★★ K €€€€€ RI**  **TIPP**
**2022 Riesling Pfaffenberg Selection** + Ein rotbeeriger Fruchtreigen, der mit Luftzufuhr immer intensiver wird, Cassis und dunkle Stachelbeeren im Bukett, feinkörnig und hochelegant, präzise definiert, erbringt immer neue Facetten, komplex und balanciert, prickelnde Fruchtsüße und perfekte Balance – ein großer Pfaffenberg im Werden.

## Weingut
# Lagler

**Karl Lagler**
3620 Spitz, Am Hinterweg 17
Tel. +43 2713 2939
info@weingut-lagler.at, www.weingut-lagler.at
13,5 Hektar, W/R 95/5, 80.000 Flaschen/Jahr

Bei den Laglers gibt es feine Grüne Veltliner und Rieslinge mit viel Lagentypizität. Aber Lagler geht auch abseits der zwei Wachauer Top-Sorten spannende Wege. Da ist der Neuburger, der vor Jahrzehnten eine große Nummer in der Wachau war und jetzt nur noch von wenigen als Spezialität gemacht wird. Bei den Laglers ist der Neuburger ein Smaragd, zieht seine Kraft aus 50 Jahre alten Rebstöcken der Lagen Steinporz und Gasselreith. Wer Weine süß-fruchtig mag, der findet in Laglers „EXSÜ", steht für „extrasüß", großes Trinkvergnügen. Der Mix aus Müller-Thurgau, Muskateller und Riesling erinnert an deutsche Kabinett-Weine; sehr gelungen mit appetitlicher Säure.

Dann gibt es noch drei Schmankerln, die unter der Herkunft Österreich im Weinregal stehen: Die Edition Traditionell, ein teilweise auf der Maische spontanvergorener Veltliner, quasi als „natürliches" Gegenstück zum Grünen Veltliner Elisabeth Selection. Eine Besonderheit ist Laglers Herzdame – ein Zweigelt der etwas anderen Art: ein Likörwein aus 2011 im 0,5-Liter-Flascherl. Ungewöhnlich, aber außergewöhnlich gut.

Erstmals hat Karl Lagler junior einen Sekt gemacht, eine Große Reserve vom Veltliner. Sehr eigenständig, null Dosage. Nur 600 Flaschen gibt es. Genauso wenig wie vom Riesling, der demnächst kommt. Also schnell sein. *hp*

### WACHAU DAC

★★ S €€€ GV  **PLV**
**2023 Grüner Veltliner Spitzer Graben Smaragd** + Wirkt kühl, rauchig-tabakig, rosa Pfeffer; gelbfruchtig, saftige Ananas, feine Mineralität, ausgewogener Veltliner vom Urgestein.

★★ K €€€ GV
**2023 Grüner Veltliner Ried Spitzer Axpoint Smaragd** + Viel Schwarzpfeffer, man riecht den Lössboden, dunkelfruchtig; gewürzige Birnen, Biskuitnoten, im Finale trocken und gerbstoffig.

★★★ S/K €€€€ GV
**2023 Grüner Veltliner Ried Spitzer Steinporz Smaragd** + Straffe Frucht, Williamsbirnen, Grapefruits; von Mineralität und tropischen Früchten eingenommen, Maracuja, Orangen, feingliedrig, gute Länge.

★★★ K €€€ GV
**2022 Grüner Veltliner Elisabeth Selection** + Süße Würze, Strudeläpfel, reife Ananas, Tabakblätter; charmante Fruchtsüße, Mango, Maracuja, zarter Gerbstoff und Mineralität, süffiger Apfelstrudelwein.

★★★★ K/S €€€€€ RI  **TIPP**
**2023 Riesling Spitzer Ried Steinporz Smaragd** + Reichhaltig, Feuerstein, würzig, Pfirsich; Litschi; saftige Marillen, reife Mango, rassige Mineralität, balanciert, extraktreich, lang.

★★★ K/S €€€€€ RI
**2023 Riesling Spitzer Ried 1000Eimerberg Smaragd** + Würzige Frucht, dezent Pfirsich; molliges Steinobst, wirkt durch kernigen Gerbstoff trockener, mittlere Länge.

★★★ K €€€€ NB  **TIPP**
**2023 Neuburger Smaragd** + Mollig, nussig, rauchig-kühl, Oliven; mineralisch, würziger Bratapfel, reife Birnen, viel Sortencharakter, Spannung und Fülle, saftiger Neuburger mit Biss.

★★★ S €€€ GM  **FUN**
**2023 Spitzer Gelber Muskateller** + Kühle Holunderfrucht, traubig, viel Sorte; tropische Früchte, Kiwi und Litschi, saftig mit Mineralität und super Süße-Säure-Spiel, attraktiv.

★★ S €€€ GM
**2023 Gelber Muskateller Selection** + (halbtrocken) Gelbfleischig, süßfruchtig, getrocknete tropische Früchte; sehr muskatig, Zuckerwatte, einige Säure, durchaus gefällig, Nachspeisenwein.

★★★ S €€€ CW
**2023 EXSÜ** + (extrasüß, MT/GM/RI) Gewürzige Aromatik, rauchige Noten, gelbfleischig; wirkt mit lebhafter Säure relativ trocken (trotz 35 g/l Restzucker), balanciert, angelehnte deutsche Kabinett-Stilistik. Geheimtipp!

### ÖSTERREICH

★★★ K €€€€€€ GV
**2017 Grüner Veltliner Sekt Austria Große Reserve** + (degorgiert Herbst 2023, Zero Dosage) Bratapfel, Karamell, dunkle Schokolade, feine Hefe; reichhaltig, Südfrüchte, angenehme Perlage, eigenständiger Sekt mit Würze und Mineralität.

★★★ K €€€€ GV
**2022 Grüner Veltliner Edition Traditionell** + Cremig, Honigmelone, Karamell, grüne Oliven; ätherische Noten, Zirbe, flüssige Milchschoko, nicht Veltliner-typisch, außergewöhnlich anders, mehr burgundisch.

★★★ K €€€€ ZW
**2011 Zweigelt Herzdame** + (Likörwein) Saftig, eingelegte Kirschen und Zwetschken, röstig, leicht oxidativ; gewürziges Toasting, Lakritze, Pflaumenkompott, rauchig, herzhafter Gerbstoffbiss.

# Weingut
# Lahrnsteig

**Walter Lahrnsteig**
3621 Mitterarnsdorf 82
Tel. +43 676 9715034
weingut@lahrnsteig.at, www.lahrnsteig.at
9 Hektar, W/R 93/7, 70.000 Flaschen/Jahr

Vom Großvater in den 60er-Jahren des vorigen Jahrhunderts gegründet, verwaltet nun der 28 Jahre junge Walter Lahrnsteig, gemeinsam mit seinen Eltern, das neun Hektar Rebfläche umfassende Weingut im Weinörtchen Hofarnsdorf auf der Südseite der Donau, gegenüber von Spitz. Das Vater-Sohn-Gespann widmet sich hauptsächlich den Weingärten und dem Keller, der Junior kümmert sich überdies um den Verkauf, während Martina, die Frau Mama, überall dort aushilft, wo Not am Mann bzw. an der Frau ist. Der Zugang zur Weinerzeugung ist pragmatisch und erfrischend einfach. Moderne Technik, schonende Verarbeitung und ein hoher Qualitätsanspruch zeichnen die Arbeit der Winzerfamilie aus. „Überkandidelten Schnickschnack sucht man hier vergeblich. Auf Trends und leere Begrifflichkeiten der Weinbranche, die sich gut verkaufen, aber nichts zur Qualität beitragen, verzichten wir bewusst", liest man auf der Website des Betriebes.

Und so ist es auch: Was wir vorfinden, sind großartige Rieden mit zum Teil völlig unterschiedlichen Bodenformationen, einen supermodernen Keller sowie das kompromisslose Streben aller Familienmitglieder nach höchstmöglicher Qualität, die sich in ebenso großartigen Weinen widerspiegelt. Protagonist bei den Rebsorten ist der Grüne Veltliner, gefolgt vom Riesling und ergänzt um Weißburgunder, Chardonnay und ein bisschen Zweigelt.

Wer übrigens in der Wachau einen Heurigen mit lauschigem Gastgarten mitten in den Weingärten sucht, möge sich hier einfinden. Für uns zählt der Buschenschank der Familie Lahrnsteig zu den schönsten in der Wachau. *bb*

## WACHAU DAC

★★ S € GV
**2023 Grüner Veltliner Federspiel Rupertiwein** + Grüne und gelbe Äpfel, Rhabarber, Wiesenkräuter; mittlere Maschen, knusprige Säure, betont trocken; hellfruchtige Mitte, zitrusorientiert und trinkanimierend; solider Wachauer.

★★ S € GV
**2023 Grüner Veltliner Federspiel Ried Hoferthal** + Gleich zu Beginn etwas Orange-Bitter, gepaart mit dunkler Würze, etwas Zitronat und Orange-Pekoe-Teeblättern; straffe Säure, klar liniert, saftig und einnehmend; schöner Trinkfluss.

★★★ S € GV
**2023 Grüner Veltliner Federspiel Ried Poigen** + Zerbrochene Steine, weiße Birnen, Melonen, ergänzt um pfeffrige Einsprengsel; bleibt auch am Gaumen reich nuanciert, geschmeidig und sehr homogen; kompakter, feiner Veltliner, der sowohl Sorte als auch Lage abbildet; Trinkfreude pur!

★★★★ S €€ GV                                    TIPP
**2022 Grüner Veltliner Smaragd Ried Poigen** + Nobles Bukett, Havannas, Nadelwald, Orangenzesten, Wildkräuter; dicht, stoffig, wunderschöne Equilibre zwischen Fruchtsüße, feingliedriger, reifer Säure und der deutlich mineralischen Ader, Kraft und Fülle werden von geradezu verführerischer Eleganz gebändigt; zeigt Weite und enorme Tiefe; Prachtstück mit aussichtsreicher Zukunft.

★★★ S €€ RI
**2021 Riesling Smaragd Ried Trauntal** + Duftet nach frisch gepflückten Marillen, etwas Bienenwachs, Grapefruits, Maracuja und Mineralien; komplex, mundfüllend, baut sich auf mit reichlich Schmelz, geht aber nie in die Breite, sondern bleibt klar liniert, mit präzisem Fruchtfokus und langem, druckvollem Finish.

★★★★ S €€€ RI                                   TIPP
**2021 Riesling Privat Steinterrassen** + Farbiger Aromenfächer, Nektarinen, Limonen, Ananas, Renetten, hochreife Zitrusfrüchte, eskortiert von einem ganz feinen Säurespiel; extraktsüßer, substanzieller Fond, balanciert und kraftvoll wie finessebetont, mit saftigem Trinkfluss; legt im Glas unentwegt zu und entpuppt sich als veritables Riesling-Prachtexemplar.

★★ S €€ PB
**2023 Weißburgunder Smaragd** + Nussbrot, grüne Nüsse, Tamarinde, zart-phenolische Anklänge, etwas Biskuit und Brötchen; mittelkräftige Statur, gut integrierte Säure, ein Hauch Fleur de Sel; sortentypisch, mittlere Länge.

★★ S €€€ PN
**2022 Pinot Noir** + Einladender Duft nach Schlehen, Herzkirschen, Waldhimbeeren und Kräuterwürze; auch am Gaumen ein attraktiver Beerenmix, unterlegt von erfrischend rustikaler Fruchtsäure; seidiger Grip, mittlere Länge; schnörkelloser Pinot.

## Weingut
# Erich Machherndl

Erich Machherndl
3610 Wösendorf, Hauptstraße 1
Tel. +43 664 4500162
office@machherndl.com
www.machherndl.com

Die Weine von Erich Machherndl passen in keine der gängigen Schubladen. Er leistet sich seinen eigenen Stil, und der ist abseits des Gewohnten. Er ist ein Querdenker in positivem Sinn, auf der Suche nach den Wurzeln, wie er selbst sagt. Überbordende Frucht liebt er weniger. Seine Weine brauchen viel Zeit. Oft sind sie im Frühjahr, wenn die Verkostungen für den Guide anstehen, noch in der Gärung.

Neben den in der Wachau üblichen Federspielen und Smaragden, je nach Witterung auch Steinfedern, wartet er mit einer Serie von Weinen auf, für die er die Bezeichnung „Pulp Fiction" schützen ließ. Dahinter verbergen sich hochgradig individuelle Gewächse. Doch auch die unter der Flagge der Vinea Wachau segelnden Weine sind abseits des Üblichen. Die Lagencharakteristika arbeitet Erich Machherndl klar erkennbar heraus.

Das Weingut ist organisch-biologisch zertifiziert. Der Winzer verwendet aber auch Demeter-Präparate der biodynamischen Bewirtschaftung.

Die heuer vorgestellte Veltliner-Serie ist ausgesprochen abwechslungsreich, auf den Punkt vinifiziert und abseits des Mainstreams. Zwei Rieslinge stellten sich der Verkostung, sie präsentieren sich charmant und sortentypisch. Der Pulp Fiction Bubbles, ein Pet Nat, ist eigenständig und ernsthaft. *ww*

★★★ S €€ GV
**2023 Grüner Veltliner Federspiel Ried Kollmütz** + Zart, feine Kräuterwürze, Blüten, Äpfel; schließt aromatisch an, feines Säurespiel, quicklebendig, mittleres Gewicht, apfelfruchtig-würzig im Abgang.

★★★ S €€ GV
**2023 Grüner Veltliner Federspiel Ried Bachsatz** + Einladend, ruhig, Apfelblüten, Äpfel; schließt mit dieser Aromatik an, quicklebendig ohne Aggressivität, ausgewogen, Trinkfluss, dezent salzig, mittleres Gewicht.

★★★ S €€€ GV
**2022 Grüner Veltliner Smaragd Ried Hochrain** + Betont würzig, kündigt Druck an, dunkel getönt; auf dem Gaumen ist die Frucht merklich präsenter, Äpfel, knackige Pfirsiche, kraftvoll ohne Üppigkeit, Schmelz, gute Länge.

★★★★ S €€€ GV      TIPP
**2022 Grüner Veltliner Smaragd Ried Kollmitz** + Leise Bodentöne, fein, Lössanteil merkbar, Frucht und Würze eng verwoben; schließt aromatisch und charakterlich nahtlos an, feingliedrig, Spiel, beschwingt, zugängliche Säure, balanciert bei guter Länge.

★★★ S €€€ RI
**2022 Riesling Federspiel Mitz & Mütz** + Ruhiges, gediegenes Sortenbukett, Weingartenpfirsiche, leise Bodentöne, präzise; fruchtbetont, Säurespiel, ausgesprochen lebhaft, mittlerer Körper.

★★★★ S €€€€ RI      TIPP
**2023 Riesling Smaragd Kollmütz** + Zunächst bodenstämmige Aromen, dann präzise mit charmanter Frucht, Würze unterlegt; schließt nahtlos an, glockenklar strukturiert, kühle Frucht, salzig, charmant ohne jegliche Anbiederung.

★★★ S €€€ RI      PLV
**2022 Pulp Fiction Green No. XX** + (GV/RI/CH) Einladend, ausgewogen, Äpfel, Steinobst, zarteste Würze, tief im Glas Haselnüsse und Mandarinen; auch im Geschmack breiter Aromenbogen, angenehme Säure, balanciert, super Trinkfluss.

### WEINLAND

★★★ K €€€€ SY
**2022 Pulp Fiction Red No. XIX** + (SY) Glockenklare und tiefe Frucht, Kirschen, reintönig, Preiselbeeren, elegante Würze; transparent, kühl, Tanningrip, Säurespiel, elegant, nur Saftabzug.

### ÖSTERREICH

★★★ K €€€ CW
**2022 Pulp Fiction Bubbles** + (PetNat, GV/PG/PB) Interessant, eigenständig, frisch, Kräuterwürze ebenso wie Grapefruits und Äpfel, dunkle Hefenote; knochentrocken, Aromen vom Bukett kommen wieder, kompakt und ernsthaft.

---

### WACHAU DAC

★★ S €€ GV
**2023 Grüner Veltliner Federspiel Ried Hochrain** + Markant, deutet Druck an, Äpfel, bisschen Zitrus, Würze; kräftig, kompakt, Würze und Frucht, gute Länge.

# Weingut
# Mang Hermenegild

**Alexander & Astrid Mang**
3610 Weißenkirchen, Landstraße 38
Tel. +43 650 2440833, astrid.mang@gmx.at
www.weingut-hermenegild-mang.at
10 Hektar, W/R 90/10, 40.000 Flaschen/Jahr

Sie repräsentieren eine der traditionsreichsten Weinbaufamilien in der Wachau, sind aber – was die Weinbereitung angeht – ganz der Moderne verpflichtet, freilich dabei stets auch eine nachhaltige Bewirtschaftung nicht aus den Augen verlierend. Die Rede ist vom Brüderpaar Alexander und Hermenegild (dem 18.) Mang. Ersterer ist zuständig für das Weingut bzw. die Weingärten, Letzterer kümmert sich, gemeinsam mit dem Bruderherz, um den Keller, vor allem aber auch um den vor wenigen Jahren neu adaptierten Heurigen, der seit dem Jahr 1949 existiert und selbst ein Stück Wachauer Weingeschichte verkörpert. Bereits 30 Jahre früher erwarb die Familie das Weingut, einen ehemaligen Lesehof der Bürgerspitalstiftung Enns. Und wenn wir schon bei den Zahlen sind: Seit 1287 ist der Name Mang, urkundlich festgehalten, in Weißenkirchen mit dem Weinbau verbunden.

Wer die Wachau besucht, sollte einmal auch hier gewesen sein – im weitläufigen, wunderschönen Gastgarten nahe der Donau. Die Weine schmecken am Ort ihrer Herkunft besonders gut – kein Wunder, verfügt man doch über einige der besten Lagen des Gebiets, wie Klaus, Steinriegl, Kaiserberg oder Liechtensteinerin. Heuer hat übrigens der mächtige Grüne Veltliner vom Kaiserberg mit seinem vielschichtigen Würzemix und seiner Finesse die Nase vorn, sogar noch vor dem ebenfalls hochfeinen Klaus. Und auch der attraktive Riesling Liechtensteinerin muss diesem Veltliner-Monument den Vortritt lassen. Nicht übersehen sollte man auch den köstlichen, sortentypischen Muskat Ottonel, der – im Federspiel-Bereich angesiedelt – mit viel Charme und unerwarteter Ausdruckskraft begeistert.   *bb*

### WACHAU DAC

★★ S €€ GV
**2023 Grüner Veltliner Ried Vorderseiber Federspiel** + Duftet nach Waldboden, Grapefruits, frischen Kräutern; zart pfeffrige Noten, ein bisschen Müsli und Birnen; kompakt, resch, frisch und trinkvergnüglich.

★★★ S €€€ GV   **TIPP**
**2023 Grüner Veltliner Ried Klaus Smaragd** + Noble, an zerstoßene Steine erinnernde Aromatik, gelbe Äpfel, edler Würztabak, Kiefern; fester Unterbau mit erfrischender Säurepikanz, wirkt total trocken und punktet mit glockenklarer Machart und feiner Balance.

★★★★ S €€€ GV
**2023 Grüner Veltliner Ried Kaiserberg Smaragd** + Faszinierender Würzefächer nach Waldhonig, Pfefferstreuer, Haselnüssen, Wacholder, im weiteren Verlauf werden auch mineralische Schichten wahrnehmbar; punktet zunächst mit stattlichem Körperbau und großzügiger Substanz, die er freilich geschickt hinter seiner Finesse und Strahlkraft zu verbergen; tolle Zukunftsprognose!

★★★ S €€€ RI   **TIPP**
**2023 Riesling Ried Liechtensteinerin Smaragd** + Attraktive Nase, Maisflocken, Honigblüten, baut sich im Glas langsam auf, weiße Pfirsiche, Kriecherln, grüne Ananas, auch kreidige Zwischentöne blitzen auf; lebhafte Säure, kraftvoll, stoffig, komplex und finessebetont; hat Potenzial für Jahre.

★★ S €€ SB
**2023 Sauvignon Blanc Federspiel** + Leicht reduktive Nase, ein Hauch Bananen, dann die sortentypischen Ansätze von grünen Paprika, Ribiseln, Physalis und Limoncello; erfrischende Säure, juvenil, saftig, im Ausklang nochmals grüne Schoten; leichtfüßig und trinkanimierend.

★★★ S €€€ MO
**2023 Muskat Ottonel Federspiel** + Immer wieder eine Überraschung, der auch heuer bestens gelungene Vertreter der Muskat-Familie; bezirzt von Beginn an mit seiner floralen Nase nach roten Rosen, Flieder, Holunderblüten; ebenso fein der muskattraubige Antrunk, leicht und dennoch ausdrucksstark mit herrlicher Extraktsüße und guter Länge; die Sorte ist messerscharf definiert.

★★ S €€€ CH
**2023 Chardonnay Smaragd** + Gelbe und grüne Früchte, Nussbrot, etwas Baumblüten und Süßmais; am Gaumen zupackender Säureschliff, Zitronat, Limetten; zum frühen Kostzeitpunkt noch pubertär, aber alles da für die Zukunft.

# Weingut
# Mayer

**Franz Mayer**
3620 Spitz, Gut am Steg 11
Tel. +43 664 3902379
office@mayerwein.at, www.mayerwein.at
9,5 Hektar, W/R 90/10

Man muss in den unglaublich beeindruckenden Spitzer Graben fahren, um zum Weingut Mayer in Gut am Steg zu gelangen. Am Ortsende angekommen, bevor es dann links hoch auf den Jauerling geht, die höchste Erhebung der Wachau, begrüßen mich die Eltern von Franz im dazugehörigen Heurigen. Hier spürt man sofort, alle packen mit an, ein Familienbetrieb wie im Bilderbuch. Franz führt mit seiner Frau Barbara das Weingut in dritter Generation in Umstellung auf biologische Bewirtschaftung. Das elterliche Weingut seiner Frau Barbara, das auf der Südseite der Wachau in Rührsdorf liegt, wird ab nächstem Jahr zum Weingut Mayer aufgenommen werden. Somit vinifizieren Franz und Barbara dann Weine aus beiden „Welten" der Wachau.
Der Neuburger ist hier am Weingut ein sortentypischer Vertreter für die alte Wachauer Rebsorte, äußerst balanciert mit Aromen von Walnüssen und reifer Quittenaromatik. Doch auch der Riesling Smaragd der Lage Setzberg ist einer meiner Favoriten der probierten Weine, der mit Straffheit und langem Abgang überzeugt.          *kg*

## WACHAU DAC

★★ S €€ GV
**2023 Grüner Veltliner Spitzer Graben** + Gelbfruchtige Aromatik, leichte Zitrusanklänge, Grapefruit, saftige Säure und animierender Gerbstoff, im Nachhall leichtes Zuckerspitzerl, mittlere Länge im Abgang.

★★ S €€ RI
**2023 Riesling Spitzer Graben Federspiel** + Weingartenpfirsich, Marille, frische Exotik nach Papaya, animierende Säure, leichtes Bitterl im Nachhall, das mit Luft verschwindet, Abgang mittellang.

★★★ K €€€ NB                                   TIPP
**2023 Neuburger Spitzer Graben** + Balancierter Wein, leichte Haselnussaromatik, schmeichelnde Säure, Holz ist spürbar, aber nicht dominant im Vordergrund, Gerbstoff gibt Halt und Länge, ein Wein mit Kraft, ohne breit zu sein.

★★ K €€€ GV
**2023 Grüner Veltliner Mühlgraben Smaragd** + Reife Zitrusaromatik, roter Apfel, Quitte, Kräuter, grüner Tee, braucht noch etwas Zeit und Luft, der Wein muss sich noch etwas finden, hat jedoch Druck und Länge.

★★ K €€€ PB
**2023 Weißburgunder Mühlgraben Smaragd** + Leichte Nussaromatik nach Bittermandeln, wieder leichtes Zuckerspitzerl, reife Frucht nach Melone, mittellanger Abgang.

★★★ K €€€ RI                                   FUN
**2023 Riesling Setzberg Smaragd** + Straffer, karger Riesling, der die Lage Setzberg gut widerspiegelt, die exotischen Aromen zeigen sich sehr klar und konzentriert, langer Abgang.

★★★ K €€€ RI
**2023 Riesling Schön Smaragd** + Messerscharf klarer Riesling, der mit viel frischen Zitrusaromen einen gelungenen Trinkfluss erzeugt, karger, tiefgründiger Wein mit gutem Gerbstoff, jedoch wird der Wein mit etwas Reife sein Potenzial noch mehr zeigen.

## Demeter-Weingut
# Nikolaihof Wachau

**Nikolaus Saahs**
3512 Mautern, Nikolaigasse 3
Tel. +43 2732 82901
wein@nikolaihof.at, www.nikolaihof.at
21 Hektar, W/R 100/0

Der Nikolaihof der Familie Saahs in Mautern in der Wachau besitzt Kultstatus – gut nachvollziehbar, denn einerseits ist dieses Weingut Vorreiter und Urgestein in Sachen Biodynamie, andererseits hat man sich hier schon frühzeitig Stilrichtungen verschrieben, von denen mittlerweile etliche zu Trends geworden sind. So setzt man hier schon seit Jahrzehnten auf ausgedehnte bis teils jahrelange Fass- und/oder Flaschenreife beim Ausbau. Die Bekömmlichkeit der Weine steht im Mittelpunkt, folglich wird besonders auf eleganten Körperbau und moderaten Alkoholgehalt geachtet. Unbestritten ist die Langlebigkeit der hiesigen Kreszenzen. Seit mittlerweile fünf Dekaden kommen hier ausschließlich biologische Mittel zum Einsatz, dazu eigens angesetzte Präparate, Auszüge und Tees. Gründüngung und schonende Bodenbearbeitung sind selbstverständlich, ausgewählte Weingärten werden ausschließlich mit dem Pferd bearbeitet. Immer schon einer adäquaten Maturation der Weine verpflichtet, bringt Nikolaus Saahs jun. ab sofort auch die Leichtweine mit Verzögerung auf den Markt. Diese stammen mehrheitlich aus der vorletzten Ernte. Die Smaragdweine haben alle eine mehrjährige Reifung hinter sich, dazu gibt es regelmäßig gereifte Raritäten. Gemeinsam mit seiner höchst kompetenten Partnerin Katharina Salzgeber wurde auch die Semicolon-Serie mit schwefelfreien, teils maischevergorenen Weinen kreiert. In der empfehlenswerten Weinstube kann man sich an schmackhafter biologischer Kost und Säften sowie allen Nikolaihof-Weinen delektieren. Seit Kurzem steht mit dem Salon 77 ein schmucker Verkostungs- und Verkaufsbereich zur Verfügung. *psch*

### WACHAU DAC

★★★ S €€€ GM
**2021 Gelber Muskateller Aus den Gärten** + Leicht röstige Nase, gute Präsenz, Zitrus, traubig, Muskatnuss, hellwürzig, pikant; fruchtmäßig schön dezent, erfrischend, straff, viel Punch, toller Säurebiss, lebhaft.

★★ S €€€ GV
**2022 Grüner Veltliner Hefeabzug** + Nach Wiesenkräutern und grünem Pfeffer, Zitruszesten, elegant und ausgewogen; Zitrusnoten, recht mild, dezent saftige Textur, nach hinten auch etwas kernig.

★★★ S €€€ GV
**2022 Grüner Veltliner Zwickl naturtrüb** + Pikant, weißer Pfeffer, charmante Frucht nach Grapefruits, Birnen und Quitten, frisch; saftiger Beginn, Quitte setzt sich fort, lebhaft, zartherb, angenehmer Biss.

★★★★ K €€€€€ GV
**2019 Grüner Veltliner Ried Im Weingebirge Smaragd** + Samtige Nase, phenolisch, Marzipan, bisschen harzig, Wacholder, gelber Apfel und Kriecherln, Kuchen; saftige Fülle, Frucht und Würze, guter Grip, recht lang.

★★ S €€€€ RI
**2022 Riesling Ried Vom Stein Federspiel** + Kühle Frucht, Melonen und weißfleischige Mirabellen, auch Birnen, charmant; Zitrus, dezent saftig, betont trocken, sehr straff, asketisch, mittleres Finish.

★★★★ S €€€€ RI  FUN
**2016 Riesling Federspiel Late Bottled** + Samtig-reife Nase nach dunklen Blüten und dunklem Fruchtgelee, Nelken und Wacholder, reichhaltig, kandierte Pfirsiche, reif; köstlich saftig, dabei kernig, nach Steinobst und Orangen, recht griffig, mittellang, Genuss.

★★★★ K €€€€€ RI  TIPP
**2019 Riesling Ried Vom Stein Smaragd** + Recht samtig, geht über vor süßen Marillen, auch kandierte Nektarinen, Zuckerguss, Lokum, gewürzig; saftiger Biss, feinherb strukturiert, viel Frucht, Pomelos und Grapefruits, lebhaft, kernig, gute Länge.

### NIEDERÖSTERREICH

★★★★ K €€€€€ RI
**2016 Riesling Klause** + Ziemlich füllig und dicht, offenherzige, reichhaltige Nase, recht viel Orangengelee und Marillen, süß, Marillenkompott, auch etwas Mango; saftig, mittelgewichtig, schöne Frucht, Steinobst und rosa Grapefruits, zart laktisch, ordentliche Fülle, lang.

### ÖSTERREICH

★★★★ K €€€€€ RI  TIPP
**2020 Semicolon Riesling (L2020)** + Rauchig, cremige Fülle, Marillenröster, auch eingekochte Orangen, reif und samtig; saftig, harzig, schöne Gerbstoffe, Grapefruits, guter Biss, fest, recht lang, lebhafte Frucht.

★★★ K €€€€€ TR  FUN
**NV Gewürztraminer (2021)** + Ziemlich reiche Nase nach Wacholder und Gewürzbrot, Orangen, Zimtsterne, elegant und recht voll, bisschen Grüntee und Mate; saftige Fülle, viel Frucht und Extrakt, kernig, Grapefruits, guter Biss, straff, sehr anregend, Potenzial für 4 Sterne.

# Anton Nothnagl

Anton Nothnagl
3620 Spitz, Radlbach 7
Tel. +43 2713 2612
weingut@nothnagl.at, www.nothnagl.at
11 Hektar, W/R 100/0

Anton Nothnagl aus Spitz an der Donau ist ein Künstler. Denn der Winzer beherrscht die Kunst, einen guten Wein zu ebenso guten Preisen seinen Kunden ins Glas einzuschenken. Das ist sein Weinverständnis, das sich auch auf Sohn Christian Nothnagl übertragen hat. Der Junior steht dem Vater seit einigen Jahren zur Seite.
Aktuell hat Nothnagl elf Hektar, auf denen hauptsächlich Grüner Veltliner und Riesling wachsen. Dazu duftet es am Spitzer Hartberg noch nach Gelber Muskateller und Sauvignon Blanc. In der Lage Pluris steht der Chardonnay.
Die Musik spielt aber bei den Veltlinern, die mit 60 % die erste Geige spielen. Drei unterschiedliche Federspiele bilden die trinkvergnügliche Basis; im Smaragdbereich gibt es mit dem Burgberg und dem Setzberg ein Duett, wobei der markante Setzberg immer die Prise mehr Pfeffer ins Glas bringt.
Die Rieslinge strahlen im Weinjahr 2023 etwas greller als die Veltliner. Das zeigen schon die beiden schmucken Federspiele vom Steinporz und vom Kalkofen. Bei den Smaragden leuchtet der Setzberg, und der 1000-Eimerberg überstrahlt heuer alles – großes Trinkvergnügen mit viel Terroir-Typizität. *hp*

### WACHAU DAC

★★★ S €€ GV
**2023 Grüner Veltliner Ried Steinporz Spitz Federspiel** + Sehr klassisch, schöne Mineralität, grüner Apfel, viel Sortentypizität, steinig; gelbfruchtig, Birnencharakter, straffes Zitrus, Limetten, mittlerer Säurebiss.

★★ S €€ GV
**2023 Grüner Veltliner Burgberg Spitz Federspiel** + Kühl-aromatisch, roter Apfel, mehr Pfefferwürze und mildere Säure als Steinporz; Mandarinen, Orangen, straffes Kernobst, grüne Birnen, beschwingtes, kühles Federspiel.

★★★ S €€ GV
**2023 Grüner Veltliner Ried Axpoint Spitz Federspiel** + Klassisch dunkle Pfefferwürze, knackiges Kernobst, Birne und Quitte, Grapefruits; prägnanter schwarzer Pfeffer, grüne Ananas, süffiger Wein, den viele mögen.

★★★ S €€€ GV
**2023 Grüner Veltliner Ried Burgberg Spitz Smaragd** + Milde Kernobstfrucht, runde und kühl-würzige Aromatik; feine Mineralität, saftig, harmonisch, Blutorange und rote Äpfel, angenehme Säure, balanciert, ein Burgberg für jedermann und jederfrau.

★★★★ S €€€ GV — TIPP
**2023 Grüner Veltliner Ried Setzberg Spitz Smaragd** + Salzige Mineralität, feine Würze, straff, viel Zitrus; lagentypische Salzigkeit, relativ milde Säure, angenehm trinkig, zarte Fruchtsüße mit feinem Fruchtschmelz, reife Ananas, schwarzer Pfeffer, gute Länge.

★★★ S €€€ CH
**2023 Chardonnay Spitz Smaragd** + Rauchig-gewürziger Chardonnay, Pilz- und Kräuternoten, wirkt frisch; ziemlich saftig, Südfrüchte, Honigmelone, guter Fruchtschmelz, mineralischer Unterbau, harmonisch.

★★★ S €€ RI
**2023 Riesling Steinporz Spitz Federspiel** + Grüne Marillen, Weingartenpfirsich, wirkt saftig und zeigt Mineralität; Mittelgewichts-Klassiker, grüne Pfirsiche, trocken und straff, balanciertes Säure-Frucht-Spiel, trinkig.

★★★ S €€ RI — FUN
**2023 Riesling Ried Kalkofen Spitz Federspiel** + Dunkelfruchtig, kühle Würze und Mineralität, Marillen; kühle Aromatik des Spitzer Grabens spürbar, exotische Fruchtfülle, Maracuja, grüner Pfirsich, lebhaftes, hochwertiges Federspiel.

★★★★ S €€€ RI
**2023 Riesling Setzberg Spitz Smaragd** + Enorm salzige Setzberg-Stilistik, reifer Pfirsich, schöne Mineralität; saftiger Riesling mit charmanter Fruchtsüße, Marillen, balancierter Wein mit salziger Typizität, feine Länge.

★★★★ S €€€ RI — TIPP
**2023 Riesling Ried 1000-Eimerberg Smaragd** + Kühl mineralisch, typisch Riesling und Wachau; elegante Fruchtfülle, rote Pfirsiche, Fruchtexotik, Kiwi und Maracuja, straff, feine Mineralität und Säurebiss, balancierter Wein mit Zug und Länge.

★★ S €€ GM
**2023 Gelber Muskateller** + Typische Muskatellernase, Holunderblüten, etwas Cassis, hineinziehend; relativ milde Säure, sanfte Frucht, Orangengelee, schmeichelnde Fruchtsüße, mittellang.

★★★ S €€ SB
**2023 Sauvignon Blanc Spitz Federspiel** + Zart Stachelbeeren und viel Cassis, feine sortentypische Nase; saftiges Cassis setzt sich fort mit Kräuternoten, balanciert, straffer, mineralischer Säurezug.

👑 👑 👑

# Weingut
# PAX

**Verena Pichler-Axmann & Franz Stefan Pichler**
3610 Wösendorf, Florianigasse 137
wein@weingut-pax.at
www.weingut-pax.at
7 Hektar

Derjenige, welcher hier vordergründige Weine sucht, ist fehl am Platz. Hier sind Geduld und Zeit die wichtigsten Faktoren. Die Weine reifen so lange wie möglich auf der Voll- oder Feinhefe und werden in Holzfässern ausgebaut, um den Weinen zusätzliche Struktur zu verleihen. Die Weine sind niemals laut, sind immer authentisch, haben Potenzial für eine lange Lagerung. Flaschenreife ist das Wichtigste.

„PAX seit 2020" steht auf jeder Flasche. Ein noch junges Weingut, doch brennt das Feuer von Franz und Verena Pichler lichterloh. Man bewirtschaftet Weingärten mit bis zu 60 Jahre alten Reben, von Dürnstein über Joching nach Wösendorf bis hinein in den Spitzer Graben zur Ried Birn, und hat sich übrigens um einen Hektar vergrößert. Die Weine haben immer Struktur, Tiefgang und Länge. Meine Herzensweine sind: 2023 Grüner Veltliner Federspiel Weißenkirchen – ein Ortswein Federspiel mit herrlicher Aromatiefe und ein grandioser Wachauer. 2023 Riesling Smaragd Ried Spitzer Birn, der mit Luft ein so richtiger Klassewein wird. 2022 Grüner Veltliner Smaragd Ried Jochinger Kollmitz – der war schon im Vorjahr dabei, dieser ist die Septemberfüllung. Das heißt, noch einen Tick komplexer, tiefgründiger, kompakter. 2022 Grüner Veltliner Smaragd Ried Hochrain – das ist überragender Wein. Halleluja! Der 2022 Grüner Veltliner Smaragd Dolium ist ein Konglomerat aus den besten Rieden. Ebenfalls Halleluja! Der 2022 Weißburgunder Reserve Smaragd ist ein phantastischer, hocheleganter Vertreter seiner Sorte von überragender Klasse. Er kommt von der Ried Hochrain. Dann gibt es noch einen 2023 Rosé aus 50 Jahre alten Zweigelt-Reben. Das ist Rosé von ziemlicher Ernsthaftigkeit und einiger Zukunft. *as*

## WACHAU DAC

**★★ S €€€ GV**
**2023 Grüner Veltliner Federspiel Weißenkirchen** + Duftig, Wiesenkräuter, Apfelnoten, feine Exotik, Mango, Honigmelone, Blütenhonig, knackige Frische, so richtig pikant, aromatief, dezent würzig-schmelzig, tolle Säure, stimmig.

**★★ S €€€ RI**
**2023 Riesling Federspiel Wösendorf** + Seidiges, transparentes Bukett, Ananas, Zitrus, Pfirsich, Rhabarber, saftige Eleganz, filigran, frische Säure, entwickelt unbändigen Zug.

**★★★ K €€€€€ RI**
**2023 Riesling Smaragd Ried Höll** + Frische Marille, saftig, elegante Fülle, Mandarinen, feste Struktur, einiger Tiefgang, charaktervoll, baut Frucht auf, ist engmaschig, langatmig.

**★★★ K €€€€€ RI**
**2023 Riesling Smaragd Ried Spitzer Birn** + Marille, Pfirsich, fruchtig, Kräuter, angenehme Säure, elegant, da steckt einiges drinnen. Wird mit Luft feingliedrig, zeigt Klasse.

**★★★ K €€€€ GV**
**2022 Grüner Veltliner Smaragd Ried Jochinger Kollmitz** + Dezenter, strukturgebender Holzfassausbau, Vanille, Kräuterwürze, Pfeffer, Ananas, gediegen, füllig-elegant, geschmeidig, schmelzig, ruhig strömend, samtige Struktur, Mango, geht auf, kandierte Früchte, vielschichtig, kompakt.

**★★★★ K €€€€ GV**
**2022 Grüner Veltliner Smaragd Ried Hochrain** + Kühl, Pfeffer, Marille, Mango, Apfel, ungemein strukturiert, tiefgründig, dezente Holztöne, straff, dicht, lang und länger abgehend, Mineralität schimmert durch, saftiger Wein mit eleganter Opulenz.

**★★★★ K €€€€ GV** *TIPP*
**2022 Grüner Veltliner Smaragd Dolium** + Kräuterwürze, Fichtennadeln, strukturiert, voluminös, fruchtig, ziemlich weinig, ruhig strömend, weiche Frucht, immer elegant, dezente Exotik, Honignoten, reichhaltig. Enorme Zukunft.

**★★★★ K €€€€€ PB** *TIPP*
**2022 Weißburgunder Reserve** + Gelbfruchtig, salzig, Mandelnoten, reifer Apfel, ziemliche Mineralität, dichte Struktur, reife Trauben, ungemein saftig, kandierte Früchte, einiges Volumen. Subtil eingesetztes, strukturgebendes Holzfass, tiefgründig, vorbildlich.

## NIEDERÖSTERREICH

**★★★ S €€€ ZW**
**2023 Rosé Reserve** + (50 Jahre alte Reben) Kirschen, Erdbeeren, Flieder, geht ganz langsam auf, ungemein strukturiert, tiefgründig, salzig, total eng, straff, dicht, das ist toller Stoff, eine Ahnung von Vanille, erdige Noten, langatmig. Absolut ernsthaft.

# NOTIZEN

## Weingut
# Franz Pichler

**Franz Pichler**
3610 Wösendorf, Hauptstraße 68
Tel. +43 2715 2307
weingut.pichler@aon.at, www.f-pichler.at

Klein, aber fein – das ist das Wösendorfer Weingut Franz Pichler. Fünf Hektar werden auf den Weinbergen von St. Michael über Wösendorf bis Joching bearbeitet. Alles in emsiger Handarbeit, logisch. Der Fokus liegt auf Riesling und Grüner Veltliner. Im Weinmenü von Winzer Franz Pichler stehen dann trinkvergnügliche Federspiele und Smaragde.

Die Schaffenskraft des ruhigen, sympathischen Wösendorfers hält bereits seit mehr als 40 Jahren an. Den jungen, aktuellen Jahrgang 2023 bezeichnet Pichler als „schönes Weinjahr", mit einer kühlen Periode bis April. Der Sommer sei trocken gewesen, wo bewässern unverzichtbar gewesen war. „Und dann haben wir einen schönen Herbst gehabt." Gelesen wird so spät wie möglich. Das Ergebnis sind appetitliche Weine mit Frische und runder Frucht. Die Säure wirkt in den 2023er-Weinen ein bisschen milder, da Pichler aber vor allem Terrassenlagen bewirtschaftet, sorgt immer wieder eine unterstützende Mineralität in den Weinen für Vitalität und Trinkfluss.

Schwungvoll beginnt es bei Franz Pichler mit dem Bachsatz Federspiel vom Veltliner, einer feinen, kleinen Lage unterhalb des Gaisbergs. Richtig knackig und von einnehmender Wachauer Sortentypizität geprägt ist das Riesling Federspiel von den Terrassen, ein feiner Trinkspaß. Hell strahlt auch der Riesling Smaragd von der oft unterschätzten oder übersehenen Ried Harzenleiten in St. Michael, einer bis zum Waldrand auf 300 Meter raufgehenden kargen Südostlage, wo sich die Reben in verwitterten Paragneis hineingebohrt haben. Auch beim Smaragd Veltliner von Franz Pichler, der am Jochinger Kollmitz steht, geht es hoch hinaus. Seine Weingärten reichen von der Mitte des Berges bis hinauf unters Plateau. Die Kraft des Weines holt Pichler aus mittlerweile bis zu 60 Jahre alten Veltliner-Stöcken. Die Riesling-Reben in der Harzenleiten sind etwa halb so alt. Apropos alt: Wer gereifte Smaragde mag – bei Franz Pichler findet sich noch die eine oder andere Perle. Erst kürzlich hat der Autor dieser Zeilen am Weingut einen 2013-er gekostet. Zehn Jahre alt, aber noch immer jung. Und das zeigt auch: Franz Pichlers Weine halten.

*hp*

### WACHAU DAC

★★★ S €€€ GV
**2023 Grüner Veltliner Bachgarten Federspiel** + Gute Frische mit feiner Weißpfeffer-Würze, viel Veltliner-Typizität, Feuerstein-Charakter; knackige Frische am Gaumen, viel Apfelfrucht, auch einiges Zitrus, vor allem Limette, Pfefferwürze, guter Zug und Länge, trinkvergnüglich und Wachau-typisch.

★★★ K €€€€ GV
**2023 Grüner Veltliner Ried Kollmitz Joching Smaragd** + Saftige Frucht, roter Apfel umspült von feiner Würze, viel Sortentypizität, einladend; rauchig-tabakig, dunkle Würze, schwarzer Pfeffer, milde Säure, zart-mineralisch, einige Fruchtexotik, Ananas, rosa Grapefruit, passable Länge.

★★★ S €€€ RI                                    FUN
**2023 Riesling Terrassen Federspiel** + Schöne Rieslingnase, duftet nach frischen Marillen und ist von herzhafter Mineralität geprägt; am Gaumen grüner Pfirsich, auch Südfrüchte, vor allem Maracuja, betont trocken, feine Säurestruktur, balanciertes mittelgewichtiges Federspiel, trinkvergnüglich.

★★★★ S €€€€ RI                                   TIPP
**2023 Riesling Ried Harzenleiten St. Michael Smaragd** + Dezente Würze, sanfte Steinobstfrucht, gute Frische, viel Zitrus, Grapefruits; am Gaumen pfirsichgeprägte saftige Frucht, mineralische Frische und Salzigkeit, Limetten, feine Säurestruktur, harmonisch, knackig, charmant mit feiner Tiefe.

# Weingut
# Rudi Pichler

**Rudi Pichler**
3610 Wösendorf, Marienfeldweg 122
Tel. +43 664 3445742
weingut@rudipichler.at, www.rudipichler.at
15 Hektar, W/R 100/0, 70.000 Flaschen/Jahr

Mit dem neuen Jahrgang 2023 ist Rudi Pichler in gewohnter Manier ein großer Wurf gelungen: Kompromisslosigkeit im Weingarten wie im Keller bestimmen die Stilistik seiner Weine. Der Fokus im Weingut liegt bei den Traditionssorten Grüner Veltliner und Riesling in den jeweiligen Terroir-Interpretationen, die hinsichtlich Eleganz und Vielschichtigkeit zu den besten der Wachau zählen und von Jahr zu Jahr international höchste Auszeichnungen erhalten. Nicht zu vergessen sind hier die Komplementärsorten – der Weißburgunder, der zu den besten Vertretern hierzulande zählt, und der Rote Veltliner aus Mautern, der nur in homöopathischen Mengen verfügbar ist. Rudi Pichler ist Perfektionist, und so präsentieren sich die aktuellen Jahrgangsserien vom Grünen Veltliner und vom Riesling in feinstrahliger Leichtigkeit und Finesse, untermalt von viel mineralischer Verve, wobei sich der typische Ausbaustil gerbstoffprägender Unterstützung im Hause Pichler heuer durch besonders ziselierte Raffinesse abhebt.

Die Kategorie Federspiel bleibt im heurigen Sortiment ausschließlich dem Grünen Veltliner vorbehalten, der in graziler Feinheit und Würze überzeugt. Riesling ist aufgrund von Hagelschäden nicht verfügbar. Die Smaragd-Varietäten vom Grünen Veltliner und Riesling kommen jeweils aus den Wösendorfer Top-Lagen, auch jene Lagen-Cuvées, die notwendig sind, da entweder nur Minimengen aus den verstreuten Parzellen verfügbar sind oder von noch jungen Rebanlagen stammen. Bei den Lagen-Veltlinern ist es eine Frage der geschmacklichen Priorität, ob dem würzebetonten Ried Kollmütz, der oftmals als „burgundisch" tituliert wird, oder dem mit hellem Fruchtcharme strahlenden Ried Hochrain der Vorzug gegeben wird. Eine Klasse für sich ist der Grüne Veltliner aus der Ried Achleithen, der mit viel mineralischer Tiefe einfach als modellhaft zu bezeichnen ist.

Die Serie vom Riesling Smaragd ist heuer in ihrer Gesamtheit mit distinguierter Eleganz, Tiefe und Klarheit als unübertrefflich zu bezeichnen. Riesling Ried Hochrain besticht durch eine vibrierende Engmaschigkeit, die Ried Achleithen mit der lagenspezifischen rauchig-würzigen Note zeigt bereits im juvenilen Stadium ansatzweise die Vorzüge dieser Lage eindrucksvoll auf, die sie zur Quelle für Langstreckenläufer prädestiniert. Eine der unterschätztesten Lagen in Wösendorf ist die Ried Kirchweg, die im Weingut Rudi Pichler in der Smaragd-Kategorie seit vielen Jahren zu den besten Lagen-Interpretationen zählt – worauf bereits in den letzten Guide-Ausgaben hingewiesen wurde. Die topografisch kaum hervortretende Ried Kirchweg ist ein flacher Schwemmfächer, der entlang der alten Straßenverbindung zwischen St. Michael und Wösendorf verläuft und aus dem Geschiebegestein Paragneis besteht. Der Riesling Ried Kirchweg Smaragd strahlt mit hellfruchtigen Pfirsichnoten in stilistisch offenherziger Klarheit und heuer besonders mit einer unübertrefflichen feingliedrigen Struktur und Transparenz. *us*

## WACHAU DAC

**★★★ K €€€ GV**
**2023 Grüner Veltliner Federspiel** + Feine Würzenase, dezente Apfelfrucht, Schwarztee, superfeine Balance, kompakt, perfekt strukturiert, ein Understatement von Eleganz, toll.

**★★★ K €€€ GV**
**2023 Grüner Veltliner Terrassen Smaragd** + Feine Fruchtnase, heller Tabak, Kräuterreminiszenz, präzise wie fein ziseliert, viel präsente Frucht in glockenklarer Struktur mit feinherber Gerbstoffstilistik, mineralisch geprägt, druckvoll, alles in Balance, lang im Finish.

**★★★★ K €€€€ GV** TIPP
**2023 Grüner Veltliner Ried Kollmütz Smaragd** + Intensives wie vielfältiges Kräuter-Frucht-Bukett, Garrigue-Reminiszenz, Bergamotte, Petricor (Geruch von Regen auf trockenem Stein), vollreifer Aromenreigen von gelben Früchten, Birne, Lederapfel, Orangenschale, atemberaubende Balance, vielschichtig, präzise Fruchtführung, feiner Gerbstoffhintergrund, Finesse im ewig langen Finale, ganz groß!

**★★★★ K €€€€€ GV**
**2023 Grüner Veltliner Ried Hochrain Smaragd** + Glockenklares Bukett, setzt sich im feinem Fruchtspiel fort, Steinobst, Quitte, Amalfi-Zitrone, großzügige, hellfruchtige Struktur, mineralische Prägung, druckvoll und konzentriert, kompakte Mitte, präsente, harmonische Trockenaromatik, geradlinig, zarter Fruchtschmelz im langen Abgang, groß.

**★★★★ K €€€€€ GV**
**2023 Grüner Veltliner Ried Achleithen Smaragd** + Teeblättriges Sencha-Bukett mit dezenter Untermalung von Kräuterwürze, vollmundiger Auftritt am Gaumen, viel Würze, engmaschiges Fruchtspiel mit viel Mineralität, rauchige Komponenten, druckvoll, feine Teearomatik setzt sich fort, alles in Balance mit enormem Potenzial, Terroir-Interpretation par excellence, Chapeau!

**★★★★ K €€€ RI** TIPP
**2023 Riesling Terrassen Smaragd** + Noch sehr juvenil-verhaltene Nase, pointiertes Aromenspiel, Weingartenpfirsich, betörende Zitrusnoten, glockenklare Fruchtführung, mineralisch, feingliedrig mit präzisem Säureschliff, Balance pur, Marille im Finish, hochkarätig, groß.

**★★★★ K €€€€ RI** TIPP
**2023 Riesling Ried Kirchweg Smaragd** + Hellfruchtig-animierendes Bukett, salzig unterlegter Zitrusduft, öffnet sich mit purer Fruchtklarheit, Steinobst, Weingartenpfirsich, nochmals Zitrus, pointierte Zartheit, viel Fruchttiefe, mineralisch, alles in schwereloser Eleganz, beeindruckende Terroir-Interpretation.

**★★★★ K €€€€ RI** TIPP
**2023 Riesling Ried Hochrain Smaragd** + Saftige und dichte Steinobstaromatik, viel Limette, großzügige Struktur, kompakt, engmaschig, markante Säure mit feinstem Schliff, dicht, perfekte Balance, druckvoll bis ins lange Finale.

**★★★★ K €€€€€ RI** TIPP
**2023 Riesling Ried Achleithen Smaragd** + Duftet nach Weingartenpfirsich, Baumharz, intensive, helle Fruchtpräsenz, Steinobst, Limettenzeste, unglaubliche Fruchttiefe in transparenter Klarheit und Finesse, viel rauchig-mineralischer Unterbau, toller Säurebiss, filigrane Konzentration, juvenil, beste Perspektiven, modellhaft!

**★★★★ K €€€ PB** TIPP
**2023 Weißburgunder Smaragd** + Hellfruchtiges Entree mit viel Fruchtfrische, saftige Gelbfrucht, feinste Zitruszesten, vielschichtig, druckvoll, ausgewogenes Säurespiel, mineralisch, feine Balance, zarter Fruchtschmelz mit viel Trinkfluss, immer mit vitaler Verve, pointiert bis ins lange Finale.

## NIEDERÖSTERREICH

**★★★★ K €€€€€ RV**
**2023 Roter Veltliner** + Dezentes wie feinduftiges Bukett nach Mirabelle, Melone, kühle Anmutung, viel gelbfruchtige Präsenz, engmaschig, glockenklar, tiefe Frucht in nobelster Textur, präsente Säure, strömt in gelassener Größe, feine Honignoten, harmonisch im langen Finish.

# Weingut
# Pichler-Krutzler

3601 Dürnstein, Oberloiben 16
Tel. +43 2732 71806
office@pichler-krutzler.at
www.pichler-krutzler.at

Trotz seiner noch relativ jungen Geschichte war das Weingut Pichler-Krutzler in Loiben von Anfang an Leitbetrieb und Vorreiter. Mögen die Voraussetzungen aufgrund ihrer jeweiligen Abstammung aus legendären Winzerfamilien – Elisabeth entstammt dem Wachauer Weingut F.X. Pichler, Erich ist Spross des Weinguts Krutzler im Südburgenland – bereits vorweg bestens gewesen sein, so wurde die Erfolgsstory dieses Betriebs alleine von Elisabeth und Erich Pichler-Krutzler geschrieben, die sich mithilfe ihres Know-hows, ihrer Erfahrung und ihres Talents sowie ihres großen Einsatzes innerhalb kurzer Zeit einen Platz in der Wachauer Elite sicherten.

Das hier praktizierte Rezept zur Erzeugung hochklassiger Weine erscheint denkbar einfach: Weine aus besten Trauben von einzigartigen Lagen möglichst pur auf die Flasche zu bringen – und das gelingt hier hervorragend. Bei der Bewirtschaftung steht der respektvolle Umgang mit der Natur seit Langem im Mittelpunkt, logische Konsequenz war die Umstellung auf biologische Bewirtschaftung. Im Keller setzt man auf Spontangärung, verzichtet dabei auf Schönungen und Zusätze. Bei den Lagenweinen kommen je nach Lage und Sorte teils Stahl, teils Holzfässer zum Einsatz.

Als Sortenklassiker stehen in der Wachau und im Kremstal Grüner Veltliner und Riesling sowie etwas Pinot Blanc zur Verfügung. Das Fundament des Weinsortiments bilden sortenreine Ortsweine aus Dürnstein (Grüner Veltliner) und Loiben (Riesling und Pinot Blanc). Den Großteil des Sortiments machen Riedenweine aus klassischen Lagen aus, die mehrheitlich mit alten bis uralten Reben bestockt sind. In der Oberklasse stehen beim Veltliner Sortenvertreter aus den Rieden Klostersatz, Supperin und Rothenhof, beim Riesling aus der Ried Pfaffenberg zur Verfügung, dazu mit der alten Bezeichnung „In der Wand", die aus drei Parzellen westlich von Dürnstein stammen. Bei beiden Sorten steht ein Trio aus Riedenweinen an der Spitze – diese kommen aus den berühmten Lagen Loibenberg und Kellerberg sowie dem anschließenden Pfaffenberg mit der Herkunft Kremstal. Die Wachauer Riedenweine stammen aus dem jüngsten Jahrgang 2023, der Pfaffenberg jeweils aus dem Jahr 2022. Als separate Kategorie und quasi oenophile Spielwiese von Erich Krutzler zu betrachten sind jene Kreszenzen mit Holzfassausbau, die erst zwei Jahre nach der Ernte gefüllt werden, um im darauffolgenden Frühjahr – aktuell 2024 – auf den Markt gebracht zu werden. Bei diesen folglich aus dem Jahrgang 2021 stammenden Kreszenzen handelt es sich ausschließlich um Grüne Veltliner, von denen wir zwei herausragende Vertreter vorstellen: den grandiosen Veltliner Supergraf mit seiner reichhaltigen Exotik bei gleichzeitiger Vitalität sowie den Ried Kellerberg „S", der bei aller Fülle auch die kühle Aromatik und Struktur der großen Lage mitbringt. Beide besitzen großes Potenzial und den Drang zum fünften Stern.

Großes bahnt sich auch in baulicher Hinsicht an, wird doch in absehbarer Zeit das neue Weingut, das durch völligen Umbau und Adaptierung eines historischen Lesehofs in Rothenhof, Unterloiben, geschaffen wird, fertiggestellt. ***psch***

## WACHAU DAC

**★★ S €€€ PB**
**2023 Pinot Blanc Loiben** + Superfruchtiges Bukett, expressiv mit kühlem Unterton, ein Hauch Bananen, sehr traubig, süßer Fenchel; saftig, elegant, mittelgewichtig, fruchtbetont, lebhaft, süffig.

**★★★ S €€€ GV**
**2023 Grüner Veltliner Dürnstein** + Glockenklar, duftig, pikant, Anflüge von Pfefferoni und Grapefruits, pfiffig; ungemein erfrischend, knackig, feine Zitrusnoten, leicht spritzig, eleganter Biss, anregend.

**★★★ S €€€ GV** `FUN`
**2023 Grüner Veltliner Ried Klostersatz** + Kühler Hauch, duftig, hübscher Mix aus frischem Kernobst und Frühlingsblüten, mit Würze unterlegt; kräftig, Lederapfel, Hirschbirnen, ungemein saftig, zartherb, robust, mittellang.

**★★★ K €€€€ GV**
**2023 Grüner Veltliner Ried Supperin** + Charaktervolle Nase mit schöner Würze, ungemein voll, Hauch Kriecherln, roter Apfel, reif; griffig, mehr Würze als Frucht, etwas Zitrus, mittelkräftig, straff, kraftvoll, robust, hinten zarter.

**★★★ K €€€€ GV**
**2023 Grüner Veltliner Ried Rothenhof Alte Reben** + Reichhaltiges Bukett, samtige Fülle, ausgereift, Renetten und James Grieve; kernig, kraftvoll, Kernobst, dabei würzig, Schwarzbrot, saftig, wuchtig, burschikos, lang.

**★★★★ K €€€€€ GV**
**2023 Grüner Veltliner Loibenberg** + Würzig, nussig, viel Pfefferoni, weißer und schwarzer Pfeffer, Tomatensugo, samtig, tief und gediegen, Wachs, Plunder; satter Schmelz, mundfüllend, ungemein saftig, Power, reif, lang, etwas feurig, beachtlich, Geduld.

**★★★★★ K €€€€€ GV** `TOP`
**2023 Grüner Veltliner Ried Kellerberg**+ (burgundisches Fass dabei – Chassin hell getoastet) Würzig, sehr elegant, frische Wiesenblüten, feine Kräuternoten, anmutige Aromatik, grüner Pfeffer; pointiert, fein und saftig, wunderschöne Frucht, lebhaft, wunderbare Eleganz, feine Linien, nach hinten etwas Ringlotten, fest.

**★★★★ K €€€€€ GV**
**2021 Grüner Veltliner Supergraf** + Noten von Paraffin und Mangomus, cremig, fast etwas mollig, frisch gemähtes Gras, Mandelkrokant; supersaftig, tolle Frucht, am Gaumen auch viel Grapefruits, ausgereift, ungemein lebhaft, knackig, feiner Biss.

**★★★★ K €€€€€€ GV** `TIPP`
**2021 Grüner Veltliner Ried Kellerberg „S"** + Kühl, würzig, ausgereift, samtig, viel Biskuit, feiner Schliff, etwas Bananenchips, reichhaltig, auch traubig, frische Kräuter; vollmundig, toller Tiefgang, kraftvoll, super Struktur, sehr lang, tolles Potenzial.

**★★ K €€€ RI**
**2023 Riesling Loiben** + Pikant, frisch, kühle Frucht, etwas frische Pfirsiche, auch viel Zitrus; dezent saftig, charmante Frucht, knackig, vital, zartherb, sanftes Finale.

**★★★★ K €€€€ RI** `FUN`
**2023 Riesling In der Wand** + Pfiffig, sehr traubige Noten, grüne Pfirsiche, etwas Holunderblüten, duftig, sehr verlockend, fast kalkige Noten; supersaftig am Gaumen, geht über vor Frucht, ausgereift, ganz feines Tannin, viel Biss, knackig, einige Länge.

**★★★★ K €€€€ RI**
**2023 Riesling Ried Loibenberg** + Samtig-cremige Gelbfrucht, Bowle aus gelben Pfirsichen, großzügig, einige Würze, verführerisch; eleganter und zugleich ausgereifter Fruchtschmelz, schön geschmeidig, dabei lebhaft, mittellang.

**★★★★ K €€€€€ RI** `TIPP`
**2023 Riesling Ried Kellerberg** + Kühle Frucht, duftig, sehr traubig, Traubengelee, Limetten und grüne Pfirsiche; mittelkräftig, ungemein kernig, viel Frucht, schöne saftige Mitte, strukturiert, ziemlich lang.

## KREMSTAL DAC

**★★★★ K €€€€€€ GV**
**2022 Grüner Veltliner Ried Pfaffenberg Alte Reben** + Anfangs Marzipan, zarte Frucht, Blütennoten, bisschen schotige Würze, leicht rauchig, samtig, kandierte Ananas, gediegen; elegante Frucht, etwas Orangennoten, mittelkräftig, fest nach hinten, recht ziseliert, angenehmer Biss, nobel, feine Länge.

**★★★ K €€€€ RI**
**2023 Riesling Ried Pfaffenberg** + Glockenklare Frucht, weiße Mirabellen und kandierte Zitronenzesten, geht in die Tiefe, mineralische Würze; sehr pikant und saftig, viel Zitrus, rassig, knochentrocken, asketisch, straff, zartherb, mittellang.

**★★★★ K €€€€€ RI** `TIPP`
**2022 Riesling Ried Pfaffenberg Alte Reben** + Würzig, rauchig, großzügige, samtige Frucht, Orangenzesten, Nektarinenkompott, feine Kräuternoten, Mandarinen; kraftvoll, viel Biss, straff, Orangen, sehr konturiert, gediegene Reife, lang.

**NOTIZEN**

# Weingut
# Pomaßl

**Lois und Lissy Pomaßl**
3610 Weißenkirchen, In der Schild 175
Tel. +43 664 5636161
office@pomassl.at, www.herbstzauber.at
6 Hektar, W/R 95/5

Ein besonderer Ort ist der, wo Lissy und Lois ihr Weingut und ihre Heimat haben. Wenn man die schmale Straße bergauf durch den malerischen Wald fährt, glaubt man, die Wachau schon verlassen zu haben. Am Ende der Straße angekommen ist das Weingut Pomaßl. Schon 1937 begann dort der Großvater von Lois mit dem Weinbau. Seit 1983 gibt es dort auch einen Heurigen zum Weingut, der immer noch aktiv ist und, wenn geöffnet, auch schon um 11:00 Uhr Besucher empfängt.
Von den bewirtschafteten 6 Hektar wachsen 5 Hektar auf Steilhängen. Besonders zu empfehlen ist es, das Weingut zu Fuß von der Gemeinde Weißenkirchen im „Tal" aus zu erreichen. Der eindrucksvolle Weg führt über die Rieden Klaus und Achleiten auf das mit 340 m ü. M. für die Wachau doch „hochgelegene" Weingut.
Die Leitsorten Grüner Veltliner und Riesling stehen natürlich auch hier im Fokus. Wobei der Neuburger von guter Qualität zeugt – mit Leichtigkeit und Trinkfreudigkeit, ohne an Komplexität einzubüßen. Die neueren PiWi-Sorten Souvignier Gris und Muscaris, die man in der Wachau noch eher selten findet, werden hier am Weingut ebenfalls vinifiziert. *kg*

★★ S €€ GV
**2023 Grüner Veltliner Buschenberg Federspiel** + Frischer grüner Apfel, Exotik, Zitrusaromatik, strahlend klar, feine Noten nach weißem Pfeffer, spritzig-animierende Säure.

★★★ S €€ GV  **PLV**
**2023 Grüner Veltliner Frauengärten Federspiel** + Rauchig, stoffig, kandiertes Zitrus, leicht getrocknete Ananas, Pfirsich, frische Quitte, Ringlotte, warme Aromatik, Säure gut eingebunden, viel Wein mit gutem Druck.

★★ S €€ GV
**2023 Grüner Veltliner Herbstzauber Wachauer Terrassen** + Nase anfänglich sehr verhalten, braucht etwas Zeit und Luft, weißer Pfeffer, feine rauchige Würze, reifer gelber Apfel und Quitte, Säure mittellang, Abgang etwas kurz.

★★★ S €€€ GV
**2022 Grüner Veltliner Kaiserberg Smaragd** + Nashi-Birne, frische Quitte, heuig-würzig, Rettich, saftige Säure, Gerbstoff gut integriert, animierend, Alkohol da, aber gut eingebaut, Abgang lang.

★★★ S €€ NB  **FUN**
**2023 Neuburger Dürnsteiner Terrassen Federspiel** + Frisches Apfelkompott, weiße Blüten, frische Zitrusaromatik, nussig nach Walnuss, stoffig, balanciert, animierend, Abgang mittelkurz.

★★★ S €€ RI
**2023 Riesling Buschenberg** + Am Anfang etwas verhaltene Rieslingfrucht, filigran, etwas leise, aber dennoch balanciert, Zitrus, Limettensaft, mit Luft gewinnt der Wein an Komplexität, mittlerer Abgang.

★★★ S €€€ RI  **TIPP**
**2022 Riesling Kaiserberg Smaragd** + Angenehme Rieslingfrucht nach reifem Weingartenpfirsich, Marille, Exotik nach Papaya, Säure noch etwas ungestüm, ansonsten gute Balance, langer Abgang.

★★ S €€ CW
**2023 Cuvée Muscaris, Souvignier Gris** + Leichte Muskataromatik, Würze, weißer Pfeffer, Kräuter, Blüten, Nussig, etwas Birne, spritzige Zitrusfrüchte, leichte Schwarzteenoten, Säure dominant, Abgang mittellang.

★★★ S €€€ CH
**2022 Chardonnay Dürnsteiner Terrassen Smaragd** + Saftig, leichte Brioche- und Hefenoten, Bienenwachs, Ringlotte, Exotik, etwas Ananas, mittlere Säure, Alkohol gut integriert, voller Körper, Abgang mittellang.

## WACHAU DAC

★★ S €€ ZW
**2023 Zweigelt Rosé Federspiel** + Lachsrosa im Auge, spritzig, frisch, Erdbeeraromatik, Exotik, Ananas, angenehmes Zuckerspitzerl, balanciert, mittlerer Abgang.

# Weingut
# Prager

**Robert Bodenstein MSc**
3610 Weißenkirchen, Wachaustraße 48
Tel. +43 2715 2248
info@weingutprager.at, www.weingutprager.at
18 Hektar, W/R 100/0

Der Jahrgang 2023 war im Thal Wachau wahrlich nicht einfach zu meistern, folgten doch auf die sommerliche Trockenperiode kurz vor der Lese starke Regenfälle und gerade in den Weißenkirchner Lagen auch schwerer Hagelschlag, der zu beträchtlichen Schäden und damit einhergehenden Mengeneinbußen führte. Zwar sind die beschädigten Beeren aufgrund des schönen Herbstwetters zum Glück eingetrocknet, doch war der Leseaufwand bei geringen Erträgen enorm. Durch die reiche Erfahrung von Toni Bodenstein und die ihm eigene naturwissenschaftliche Akribie wurden jene Schritte gesetzt, die erforderlich waren, um das Beste aus dieser schwierigen Situation herauszuholen. Gegen die bedeutenden Mengenverluste und das zeitaufwendige Herauspicken der unversehrten Trauben und Beeren war zwar kein Kraut gewachsen, doch waren andere Maßnahmen zweckmäßig, um den eher alkoholreichen und säurearmen Jahrgangsweinen behutsam unter die Arme zu greifen. So wurde ausschließlich auf Ganztraubenpressung gesetzt, um durch die Maischestandzeit keine Säure zu verlieren, und die Gärung wurde bei höheren Temperaturen als üblich absolviert, um den Alkoholgehalt etwas einzudämmen.

Diese Maßnahmen haben zweifellos dazu beigetragen, möglichst anregende und balancierte Gewächse zu erhalten, wie schon der straffe, betont trockene Riesling von der Ried Steinriegl beweist, die vom Hagel besonders betroffen war. Noch etwas verhalten, ja nahezu asketisch präsentiert sich der fein gestrickte, doch noch recht unzugängliche Smaragd-Riesling von der Ried Achleiten, während das Wachstum Bodenstein den lagentypischen, herb-erfrischenden Charakter auch 2023 ins Glas zaubert. Zweifellos an der Spitze der aktuellen Riesling-Serie steht wieder einmal der hochelegante Klaus-Smaragd, der die Finesse dieser Top-Lage bereits in jeder Phase widerspiegelt. Von den Veltliner-Smaragden realisiert jener von der Ried Achleiten gewissermaßen vornehmes Understatement; sein Facettenreichtum und die elegante Struktur lassen ihn diesmal sogar auf Augenhöhe mit dem noch mächtigeren, nahezu opulenten Stockkultur-Smaragd aus der gleichen Riede erscheinen. Wer glaubt, dass es aus diesem reifen Jahrgang keinen zartgliedrigen, rassigen Veltliner-Smaragd geben kann, wird vom glockenklaren und animierenden Wachstum Bodenstein eines Besseren belehrt. Als fulminantes Veltliner-Konzentrat der Extraklasse erweist sich schließlich das Zwerithaler Kammergut, welches burgundisches Feeling mit enormer Dichte und beispielhafter Komplexität zu vereinen versteht und überdies Reifepotenzial wohl für Jahrzehnte besitzt.

Im Zuge der diesjährigen Verkostung hat Toni Bodenstein auch über ein an Geosphere Austria vergebenes Forschungsprojekt informiert, das bereits in seiner Anfangsphase einige überraschende Erkenntnisse geliefert hat. So etwa, dass in der Wachau die Sockel von gleich drei Kontinenten aneinandergrenzen oder dass beispielsweise das in vielen Abschnitten des Gebietes aufzufindende Amphibolit-Gestein in dessen Westen eine völlig andere Struktur aufweist als im Osten. Auf die weiteren Ergebnisse darf man somit gespannt sein.

*vs*

## WACHAU

**★★ S €€€ GV**
**2023 Grüner Veltliner Ried Hinter der Burg** + Eher verhaltenes Bukett, etwas Birne und Rhabarber, kompakt und ausgewogen, fleischig, mehr Würze als Frucht, Gerbstofftöne vor dem Abgang.

**★★★★ K €€€€€ GV** `TIPP`
**2023 Grüner Veltliner Ried Achleiten Smaragd** + Beginnt mit noblem Understatement, fein gesponnen, Schwarztee und Lagerapfel in der Nase, extraktsüß und kraftvoll, betont jedoch vor allem die Eleganz, hellfruchtige Herznote und zahlreiche Facetten, der lagentypische, rauchige Charakter tritt immer stärker hervor, aus einem Guss.

**★★★★ K €€€€€€ GV**
**2023 Grüner Veltliner Ried Achleiten Stockkultur Smaragd** + Ausgereift und nahezu mächtig, zunächst ein bisschen verschlossen, dann aber exotisches Fruchtspiel entfaltend, Ananas und Steinobst, vor allem Ringlotten, recht opulent angelegt, delikater Schmelz und ungewöhnliche Extraktfülle, sehr konzentriert und lange nachklingend – Potenzial für viele Jahre.

**★★★★ K €€€€€ GV** `TOP`
**2023 Grüner Veltliner Ried Zwerithaler Kammergut Smaragd** + Entree mit zartem Blütenduft, geht sofort in die Tiefe und offeriert wahrlich viele Schichten, akzentuiert wie hochelegant, eine Spur von Restzucker wird von der pikanten Säure perfekt abgefedert, bei aller Konzentration auch sehr feinkörnig und strukturiert, geht quasi in eine burgundische Richtung und benötigt ein großes Glas, beste Reserven.

**★★★★ K €€€€€ GV** `TIPP`
**2023 Grüner Veltliner Wachstum Bodenstein Smaragd** + Auftakt mit harziger Note, Menthol und Nadelholz im kühlen Bukett, sehr lebhaft und apart, viel Pikanz und Temperament, dicht und doch zartgliedrig, für den reifen Jahrgang erstaunliche Säurestruktur, baldiges Trinkvergnügen garantiert.

**★★★ S €€€ RI**
**2023 Riesling Ried Steinriegl** + Heublumen und Zitronenmelisse im Duft, sehr erfrischend und fein gezeichnet, straff und konturiert bei relativ schlankem Körperbau, noch etwas herber Charme, angedeutete Zitrusfrucht, knochentrocken im Abgang.

**★★★ K €€€€€ RI**
**2023 Riesling Ried Achleiten Smaragd** + Noch verkapselte, rauchig getönte Nase, nur ein Hauch von Melisse und Kamille, fein gestrickt, Melone und rotbeerige Akzente dann am Gaumen, auch etwas Schwarzbrot, einerseits ausgeglichen und ruhig strömend, andererseits noch ein bisschen sperrig, Gerbstoff-Einfluss im Finish.

**★★★★ K €€€€€€ RI** `TOP`
**2023 Riesling Ried Klaus Smaragd** + Stachelbeere und Minze im unmittelbar ansprechenden Duftspiel, einladend und nuanciert, prickelnde Frische, viele Nuancen, vibriert vor Spannung, elegant wie finessenreich, Weingartenpfirsich und ein Hauch von Cassis, der komplexe Lagencharakter kommt bestens zum Ausdruck, feines Säurespiel, ausdauernd und vielversprechend.

**★★★★ K €€€€€€ RI**
**2023 Riesling Wachstum Bodenstein Smaragd** + Verlockender Blüten- und Pfirsichduft prägt das herberfrischende Bukett, auch pfeffrige Würze, glockenklar und anregend, kühle Ader, verspielt und nuancenreich, ganz helle Fruchtaromen, gut abgestimmt und überaus charmant, hat schmeckbar von der Höhenlage profitiert, viel Trinkfluss.

♛ ♛ ♛

## Weingut
# Rixinger

**Friedrich Rixinger**
3620 Spitz, Gut am Steg 8
Tel. +43 2713 2304
weingut@rixinger.at, www.rixinger.at
5,5 Hektar, W/R 100/0

Das Weingut Rixinger ist im Spitzer Graben eine Fixgröße, obwohl es mit sechs Hektar Weingärten nur ein kleines Weingut ist. Fünf Hektar bewirtschaftet Fritz Rixinger im oberen Spitzer Graben. Der Winzer hat auch ein Filetstück unten in Spitz, in der Ried Singerriedel, einen Hektar. Von dort zieht Rixinger seine zwei Premium-Smaragde heraus, einen Grünen Veltliner und einen Riesling. Mit beiden Weinen lässt sich der Winzer im Keller immer mehr Zeit. Sie kommen erst im September in den Verkauf – genauso wie die zwei Graben-Burgunder, der Neuburger und der Weißburgunder, Letzterer wächst in der Ried Tannen und wird im Stahltank ausgebaut, um die typische Graben-Frische zu erhalten.
Die Burgunder sind „Spielereien" von Rixinger. Es gibt nicht viel davon. Genauso wie vom gehätschelten Gewürztraminer. Der Winzer hält an diesen Wachau-Exoten fest, denn er mag diese Sorten, und die Weine haben eine treue Fangemeinde, viele davon sind Hausgäste, die am Weingut auch wohnen. Bei seinen Veltlinern und Rieslingen hat Rixinger nur Ortsweine, Herkunft Spitzer Graben, und Lagenweine, wie den Kalkofen. Dieser Weingarten ist bereits seit 150 Jahren in Familienbesitz und heute dem Riesling Federspiel vorbehalten. 2023 Kalkofen ist ein trinkvergnüglicher Wein mit kühler Graben-Frucht und -Mineralität. Die exponierte Lage, als kühle Ecke der Wachau, macht viele Weine von dort spannungsgeladen. Besonders in wärmeren Jahrgängen, wie 2023 – von dem der Winzer meint: „Der Jahrgang war eine Heidenarbeit, aber ich bin sehr zufrieden." Wir auch, Herr Rixinger. Feine Serie! *hp*

### WACHAU DAC

★★★ S €€ GV
**2023 Grüner Veltliner Spitzer Graben Federspiel** + Straffe Kernobstfrucht, Quitten, gelbe Äpfel, Limettenzesten, Weißpfefferwürze; metallisch und zitrusfrisch, grüne Äpfel, schlank und knackig.

★★★ S €€ GV
**2023 Grüner Veltliner Ried Spitzer Zornberg Federspiel** + Kühle mineralische Noten, schüchterne Frucht; saftige Mitte, gelbe Äpfel, grüne Birnen, Mandarinen, lebhafter Wein mit Säurebiss und Mineralität.

★★★ S €€€ GV
**2023 Grüner Veltliner Spitzer Graben Smaragd** + Pikante Würze, weiche Frucht, Mandarinen, bisschen rotbeerig, gelbe Äpfel, gute Sortenstilistik; cremige Textur, Birnenmus, grüne Ananas, gute Würze, Mineralität und Säure, viel Frische, mittellang.

★★★★ S €€€€ GV
**2023 Grüner Veltliner Ried Spitzer Singerriedel Smaragd** + Ätherische Noten, Tannenzapfen, cremige Fülle, Bratapfel, Honigmelone; rauchig, frische Ananas, gehaltvoll, gewürzige Honignoten, extraktsüß, milde Säure.

★★★ S €€ RI  **PLV**
**2023 Riesling Ried Spitzer Kalkofen Federspiel** + Zarter Pfirsichduft, bisschen Exotik, gewürzig, Wacholder; sehr straff und staubtrocken durch knackige Säure, lebhaft, saftig, Pfirsich, Kiwi, gute Länge.

★★★★ K €€€€ RI  **TIPP**
**2023 Riesling Ried Spitzer Singerriedel Smaragd** + Gewürzige Steinobstfrucht, ätherisch, unbedingt belüften, so entfaltet sich sein zweites Gesicht; saftig, reife Pfirsichfrucht, Maracuja, viel Extrakt bei einiger Säure, ausgewogen, gute Länge.

★★★★ K €€€€ NB  **TIPP**
**2023 Neuburger Spitzer Graben Smaragd** + Gewürzige Noten, rauchig, ätherisch, sanft, Nusscreme; feiner Schmelz, Nussstrudel, exotische Fruchtfülle, Maracuja, Litschi, Blutorange, schmelziger, kräftiger Burgunder mit Biss und Länge.

★★★ S €€€ PB
**2023 Weißburgunder** + Viel Kernobst, eingelegte Birnen und Quitten, dezente Würze, ätherische Noten, Hibiskus und Hagebutten, gute Tiefe; am Gaumen gelbfruchtig, Säurepikanz, straffes Gerbstoffbitter im Finish.

★★★ S €€€ GT
**2023 Gewürztraminer** + Gewürzig und fein aromatisch, Wacholdernoten, Rosenblätter; süß-saures Fruchtspiel, herzhafte Säure, Fruchtexotik, Litschi und Blutorange. Obwohl der Wein kräftig und halbtrocken ist, wirkt der Traminer leicht und beschwingt.

★★★ S €€ GM
**2023 Muskateller** + Holunderfrische und Kräuterwürzigkeit, Stachelbeere, lebhaft, sortentypisch; viel Muskatnoten, straff mit kompakter Säure, reifes Zitrus, Orangen und Limetten, grüner Apfel, kühl-aromatisch auslaufend.

## Weingut
# Schloss Dürnstein

**J. Christian Thiery**
3601 Dürnstein 2
Tel. +43 676 3084750, office@weingut-schloss-duernstein.at, www.weingut-schloss-duernstein..at
0,5 Hektar, W/R 100/0, 4000 Flaschen/Jahr

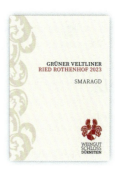

Das halbe Dutzend ist voll: Der sechste Jahrgang vom Weingut Schloss Dürnstein ist in der Flasche. Grüner Veltliner Ried Rothenhof. Zwei Weine gibt es – ein Federspiel und einen Smaragd. Bevor Schlossherr Christian Thiery sein Weinprojekt begonnen hat, war die Lage Rothenhof eher nicht bekannt. Mit dem neuen Wein ist die rund fünf Hektar kleine Riede nicht mehr nur ein Name auf der Landkarte, sondern auch als Lagenwein im Glas präsent.

Das Schloss Dürnstein ist zwar ein junges Weingut, nährt sich aber aus einem alten Weingarten. Die Veltliner-Stöcke stehen auf zwei Bergterrassen, klassische alte Reben, die mehr als 50 Jahre alt sind.

Der erste Blick auf den jungen 2023er-Jahrgang ist vielversprechend – vor allem das Veltliner Federspiel weiß zu überzeugen. Und wie! Schaut man auf die älteren Jahrgänge zurück und vergleicht, so zeigt sich: bestes Federspiel seit Beginn! Es scheint vieles gepasst zu haben und bestens zusammengeflossen zu sein. Die Ried liegt in der „wärmeren" Wachau, der Wein wirkt durch seine Terrassenlage und frühen Ernte enorm frisch und lebhaft, hat auch viel saftigen Fruchtcharme und enorm viel Sortencharakter. In Summe ein hochwertiges Federspiel, das schon nah am Smaragd-Himmel kratzt.

Der Smaragd-Veltliner gibt sich in seiner ersten Jugend noch deutlich schüchterner. Die länger am Stock gereiften Trauben ergeben einen gediegenen Smaragd mit Fruchtschmelz und moderater Säure. Wer auf säurearme und gut ausgereifte Veltliner steht, wird somit beim Rothenhof gut bedient und freut sich über den Wein als vielfach verwendbaren Speisenbegleiter. Wer aber den schnörkellosen Kick sucht, jagt heuer nach dem Federspiel. *hp*

### WACHAU DAC

★★★★ S €€€ GV  PLV
**2023 Grüner Veltliner Loibner Ried Rothenhof Federspiel** + Enorm lebhaft bereits im Duft, viel Frische und Weißpfefferwürze, Hauch von Kräutern, knackige Zitrusnoten, Grapefruits und Zitronengras; ein toller Spannungsbogen zieht sich auch über den Gaumen, frische Zitrusfrucht, grüne Birnen, Granny Smith, mineralisch gezogen. Hochwertig! Das beste Federspiel seit es diesen Wein gibt.

★★★ S €€€€ GV
**2023 Grüner Veltliner Loibner Ried Rothenhof Smaragd** + Gute Sortentypizität, schwarzer Pfeffer, auch rauchige Würze, Tabakblätter, etwas Fruchtexotik, vor allem grüne Ananas; am Gaumen weiche Fülle und Frucht, rote mürbe Äpfel, süße Birnen, von milder Säure begleitet, Hauch von Würze, etwas gefällig, sanftmütiger, unaufdringlicher Wein, zugänglich, rund, mittellang.

## Weingut
# Schmelz

**Thomas Schmelz**
3610 Joching, Weinbergstraße 14
Tel. +43 2715 2435
info@schmelzweine.at, www.schmelzweine.at
W/R 100/0

Das Weingut Schmelz in Joching liegt nicht nur mitten in der Wachau, sondern die Schmelz-Weine sind seit vielen Jahren auch mitten in der Wachauer Weinelite verankert. Thomas Schmelz und seine Frau Bianca führen heute das 150 Jahre alte Familienweingut. Die bearbeiteten Weinberge reichen von Wösendorf bis nach Unterloiben. Das Potpourri an Grünen Veltlinern ist attraktiv – und es handelt sich dabei fast immer um Lagenweine. Es gibt fünf Weine im mittelkräftigen Federspiel-Bereich sowie fünf Smaragde, die in der Wachau als Ausdruck höchster Güte gelten. Die Schmelz-Federspiele des jungen 2023er-Jahrgangs sind allesamt sehr würzig und sortentypisch – und dennoch schmeckbar unterschiedlich: Das Wösendorfer Federspiel „Tom" ist ein lebhafter, kräuterwürziger Sommerwein, das Loibner Federspiel, Schmelz' wärmste Lage, ist das rundeste und somit zugänglichste. Die Jochinger Steinwand ist das straffste und die „Klaus" in Weißenkirchen das eleganteste und hochwertigste Federspiel – eigentlich leuchtet die Klaus schon wie ein Smaragd. Und das Federspiel von der Schmelz-Paradelage Pichl Point ist das kräftigste – hat 13 Vol.-% Alkohol, wodurch es nicht mehr als Federspiel deklariert werden darf. Dieser Wein ist damit heuer quasi das Bindeglied zu Schmelz' Smaragdweinen, wo es natürlich auch einen Pichl Point Smaragd-Veltliner gibt, der wegen seiner unvergleichlichen lössigen Schwarzpfefferwürze von vielen geliebt wird.

Unterschiedlich geprägt sind die beiden Loibner Smaragde: einerseits der füllige, weich strukturierte und dadurch sehr zugängliche Loibenberg; andererseits der markante Steinertal Grüne Veltliner, der durch seine salzige Mineralität immer lebhafter ist. Die Veltliner-Stars des Jahrgangs sind aber der ungemein puristische Kollmitz aus Joching – ein Top-Wachauer-Smaragd durch und durch, sowie der Best of Grüne Veltliner, wo Schmelz die reifsten Trauben aus alten Reben zu einem Top-Wein vinifiziert.

Bei den Rieslingen gibt es mit dem Federspiel Stein am Rain immer einen trinkvergnüglichen Einsteiger und dann zwei Riesling Smaragde – den Steinriegl aus Joching und die Freiheit aus Dürnstein. Vorliebe? Das ist Geschmackssache! Der Steinriegl ist kalkgeprägt, die Freiheit vom Urgestein. Und wer es ganz duftig und aromatisch will, bekommt bei Schmelz immer einen verlässlichen Sauvignon Blanc und einen charmanten Muskateller serviert. *hp*

## WACHAU DAC

**★★ S €€ GV**
**2023 Grüner Veltliner Tom Wösendorf Federspiel** + Ziemlich offenherzig, gelbe Äpfel, etwas Kräuterwürze, Anis; recht straff und lebhaft, viel Zitrus, grün-apfelig, kerniger, schlanker Sommerwein.

**★★★ S €€ GV**
**2023 Grüner Veltliner Loibner Federspiel** + Klassisch, viel Kernobst, Schwarzpfefferwürze, nussig; gute Fruchtfülle, mehlige Äpfel, Limetten und Grapefruits; einige Würze und Säure, harmonisch.

**★★★ S €€ GV**
**2023 Grüner Veltliner Ried Steinwand Joching Federspiel** + Schwarzer Pfeffer pur, viel Würze und Kernobst, reife Birnen, rosa Grapefruits; sehr sortentypisch, knackiges Federspiel mit kühler, straffer Aromatik.

**★★★★ S €€ GV** `PLV`
**2023 Grüner Veltliner Ried Klaus Weißenkirchen Federspiel** + Viel Pfeffer und feine Mineralität, puristisches Federspiel vom Urgestein; straff wie saftig, mineralisch, zitrusfrisch, grüne Äpfel, balancierter Spaßmacher mit viel Wachau-Terroir.

**★★★ S €€ GV**
**2023 Grüner Veltliner Ried Pichl Point** + Sehr füllig, reifes Kernobst, Quitten, rosa Pfeffer; sehr lösswürzig mit viel exotischer Fruchttiefe, Ananas und Litschi, fülliger, trinkcharmanter Veltliner.

**★★★ S €€ GV**
**2023 Grüner Veltliner Ried Pichl Point Joching Smaragd** + Rauchig, selchige Würze, schmelzige, nussige Fülle, Apfelstrudel; am Gaumen frisch, viel Ananas, schwarzer Pfeffer, süffig und harmonisch mit guter Länge.

**★★★★★ S €€€€ GV** `TOP`
**2023 Grüner Veltliner Ried Kollmitz Joching Smaragd** + Feine Weißpfefferwürze mit toller Mineralität, gelbfruchtig, Quitten; kühl-aromatisch, schwarzer Pfeffer, puristischer, straffer Veltliner mit saftiger Frucht, Grapefruits, Ananas, super Länge.

**★★★ S €€€€ GV**
**2023 Grüner Veltliner Ried Loibenberg Loiben Smaragd** + Relativ füllig und weich, getrocknete Apfelspalten, bisschen Weißpfefferwürze; weiche und etwas mollige Frucht, helle Würze, bisschen Feuerstein, gerundet.

**★★★★ S €€€€ GV**
**2023 Grüner Veltliner Ried Steinertal Loiben Smaragd** + Gute Fruchtfülle mit salziger Würze, straff und mineralisch, Limetten; auch am Gaumen reifes Zitrus, Grapefruit, fein-mineralisch, jedoch milde Säure, gute Länge.

**★★★★★ S €€€€ GV** `TOP`
**2023 Grüner Veltliner Best Of Smaragd** + Feine Aromatik mit viel Kräuterwürze, reifes Kernobst, sehr klassisch, dunkelwürzig; enorm viel Extraktfülle, reife, würzige Ananas, super Mineralität, schwarzer Pfeffer, tolle Balance und Tiefe, druckvoll elegant.

**★★★ S €€€ RI**
**2023 Riesling Stein am Rain Federspiel** + Marillennoten mit feiner Mineralik unterlegt, regions- und sortentypisch, helle Würze im Hintergrund; sehr griffig, straffe Pfirsichfrucht, Limettenzesten, sehr kernig und straff.

**★★★★ S €€€€ RI** `TIPP`
**2023 Riesling Ried Steinriegl Weißenkirchen Smaragd** + Feinwürzige Noten, straff, grüner Pfirsich, bisschen Papaya; lebhaft mit salziger Mineralität und Südfrüchte-Aromatik, gute Länge.

**★★★★ S €€€€ RI**
**2023 Riesling Dürnsteiner Freiheit Ried Höhereck Dürnstein Smaragd** + Fülliger als der Steinriegl-Riesling und auch mehr Fruchtsüße; getrocknete Marillen und Pfirsiche, schmelziger Wein mit viel Mineralität.

**★★★ S €€ SB** `FUN`
**2023 Sauvignon Blanc Joching** + Feine Aromatik, Cassis, viel Stachelbeeren, dazu Orangennoten; super Säurepikanz und Würze, grüner Paprika, Limettenschalen, betont trockener Wein mit Kräuterwürze, viel Trinkanimo.

**★★ S €€€ GM**
**2023 Gelber Muskateller Joching** + Klassisch Holunder und Wacholder, wirkt fruchtcharmant, Kräuteranflug, Minze; einige Fruchtsüße, etwas gefällig, für Liebhaber gerundeter, zart-süßer Muskateller.

## Weingut
# Sigl

**Heinz & Adrienne Sigl**
3602 Rossatz 175
Tel. +43 2714 6302
wein@weingut-sigl.at, www.weingut-sigl.at
8 Hektar, W/R 100/0

Ganz exzellent sind sie geworden, die durchwegs spontan vergorenen Weine des Jahrgangs 2023 bei Heinz Sigl in Rossatz. Einer besser als der andere. Das beginnt schon bei der Grünen Veltliner Steinfeder. Zwei hochwertige Federspiel Ortsweine Rossatz vom Grünen Veltliner und Riesling. Die Grünen Veltliner Lagen-Federspiele von der Ried Frauenweingarten und der Ried Kirnberg sind qualitativ hochwertiger, als die Kategorie aussagt. Der Grüne Veltliner Smaragd Ried Himmelreich hat mein Herz im Sturm erobert. Knapp dahinter rangiert der Grüne Veltliner Smaragd Ried Frauenweingärten. Der Grüne Veltliner Smaragd Ried Zanzl ist ein wahrhafter Festtagswein voller Reichtum und Finesse und adeliger Struktur. Der Grüne Veltliner Smaragd Ried Kirnberg kam wie immer ein Jahr später auf den Markt. Der 2022er verfügt über ein überaus vielschichtiges Bukett und liegt noch fast jugendlich am Gaumen. Der 2023 Riesling Smaragd Ried Kirnberg ist schlichtweg perfekt, ein richtiger Langstreckenläufer, spannend wie ein Krimi. Vom Muskateller gibt es 2023 zwei Versionen. Ein frischer, rassiger zum einen, ein gehaltvoller, cremiger, eleganter zum anderen. Ersterer zum Apero, der zweite zu den Petit Fours. Zum Abschluss gibt es den 2022 Pet Nat vom Muskateller.

*as*

### WACHAU DAC

★★ S €€ GV
**2023 Grüner Veltliner Steinfeder** + Apricot, Wiesenkräuter, frisch und rassig, griffig.

★★ S €€ GV
**2023 Grüner Veltliner Federspiel Rossatz** + Reifer Apfel, frisches Steinobst, Quitte, Mandarinen, dezente Exotik, passende Säure, intensiv, feinstrahlig.

★★ S €€ GV
**2023 Grüner Veltliner Federspiel Ried Frauenweingärten** + Reife Trauben und Marillen, Ananas, Orangenschalen, Kamille, Mineralität, rassige Säure, langatmig, herzhaft.

★★ S €€ GV
**2023 Grüner Veltliner Federspiel Ried Kirnberg** + Salzige Mineralität, da geht es gleich zur Sache, pfeffrig, etwas Birne, Marille pur, Kräuterwürze, griffig, tolle Säure, kühl, straff.

★★ S €€ RI
**2023 Riesling Federspiel Rossatz** + Kühler, frischer, rassiger Riesling mit Aromen nach Marillen, Zitrus, etwas Pfirsich, dezente Exotik, kernige Säure, Biss, fordernd, prägnant, voller Pikanz.

★★★★★ S €€€ RI **TOP**
**2023 Riesling Smaragd Ried Kirnberg** + Glockenklar, frische Marillen, Marzipan, Kräuter, ein Hauch von Pilzen, dezent rauchig, gelbe Früchte, perfekt abgestimmter Gerbstoff, rassig, engmaschig, spannend, enorme Mineralität, tief, vielschichtig.

★★★★ S €€€ GV
**2023 Grüner Veltliner Smaragd Ried Himmelreich** + Reife Marillen, Exotik, dezente Honignoten, etwas Tabak, pfeffrig, würzig, sehr saftige Frucht, voller Charme, ungemein weinig, harmonisch, geschmeidig, füllig, elegant und voller Noblesse. Das ist mein Herzenswein.

★★★ S €€€ GV
**2023 Grüner Veltliner Smaragd Ried Frauenweingärten** + Feines Bukett, gelbe Früchte, Kräuter und Gewürze, Mango, Marille, Apfel, etwas Zimt, Zitrus, dezent rauchig, schmelzig, gehaltvoll und charmant, nobel.

★★★ S €€€ GV
**2023 Grüner Veltliner Smaragd Ried Zanzl** + Viele gelbe Früchte, Kamille, Löwenzahn, reifer Apfel, Steinobst, etwas Karamell, Fruchtfülle, geschmeidig, extraktreich, harmonisch, perfekte Säure, hochelegant in seiner molligen Art, eigenständig, prachtvoll.

★★★★ S €€€ GV **TIPP**
**2022 Grüner Veltliner Smaragd Ried Kirnberg** + Ungemein würziges Bukett, Lebkuchen, getrocknete Marillen, Orangenschalen, Anis, Pfefferwürze, Karamell, tolle Exotik, feines Säurespiel, fruchtig, wirkt noch extrem jugendlich, zeigt Frische, gute Länge. Ein Langstreckenläufer.

★★ S €€ GM **FUN**
**2023 Gelber Muskateller** + Bezwingende Frische, Rasse, Holunder, Rosenblüten, Apfel, Zitrusschale, Orangenzesten, Ananas, leichtfüßig trotz gehobenen Alkohols, tolle Säure.

### ÖSTERREICH

★★ KK €€€ GM **FUN**
**2022 Pet Nat Muskateller** + (degorgiert) Feinperlig, Apfel, Kräuter, etwas Holunder, Zimt, griffig, spannend, ungemein frisch, pikante Noten, dezent würzig, macht Spaß, ist unkompliziert und bekömmlich mit Tiefgang.

# Urbanushof
# Paul Stierschneider

**Paul Stierschneider**
3601 Dürnstein, Oberloiben 17
Tel. +43 2732 72750, Fax -28
weingut@urbanushof.cc, www.urbanushof.cc
W/R 100/0

Ich verkoste die Weine von Paul Stierschneider jedes Jahr. Immer höchst erfreulich. Dieser Jahrgang – 2023 – präsentiert sich überragend. Kein Schwachpunkt. Phänomenal! Diese Serie lässt keinen Wunsch offen. Da kann man es auch verschmerzen, dass es in diesem Jahrgang keinen Riesling Loibenberg 351 gibt. Der ist dem Hagel zum Opfer gefallen. Es gibt eine kleine Menge Grüner Veltliner 351 – für ausgesuchte Kunden und sicher höherpreisig. Ansonsten bleibt alles beim Alten. Immer höchste Qualität. Mein Favorit ist der Grüne Veltliner Smaragd Ried Schütt – ein faszinierendes Gewächs. Ebenfalls grandios ist der Riesling Smaragd Ried Loibenberg. Die Federspiele sind süchtigmachend, vor allem der Riesling Loibenberg Terrassen. Sehr gut gefiel mir der Chardonnay Smaragd – Wachau pur! Auch der Sauvignon Blanc Smaragd, der Gelbe Muskateller „Guglzipf", auch der Muskateller Smaragd OVILLUS. Alles in höchster Güte. *as*

★★★★ S €€€€ GV **TIPP**
**2023 Grüner Veltliner Smaragd Ried Dürnsteiner Schütt** + Geht sofort in die Tiefe, von fast unfassbarer Eleganz, herrliche Fruchtfülle, dezentes Pfefferl, Steinobst, Orangenschalen, insgesamt toll exotisch, feingliedrig, ungemein charmant, höchst anspruchsvoll, perfekter – animierender – Gerbstoff. Wirkt fast rieslinghaft.

★★★ S €€€€ GV
**2023 Grüner Veltliner Smaragd Ried Loibenberg** + Ein fest strukturierter, noch etwas gerbstoffbetonter Grüner Veltliner, engmaschig, Zitrusfrüchte, Orangenzesten, Ananas, dezente Pfefferwürze, Birnen, mineralische Aspekte. Ein tiefgründiger Wein, der Zeit braucht, um sich von seiner besten Seite zu zeigen.

★★★★ S €€€€€ GV **TIPP**
**2023 Grüner Veltliner Smaragd Ried Loibenberg 351** + Von diesem Wein gibt es wegen Hagels nur ein kleines Fässchen. Doch was davon übrig blieb, ist sensationell. Voller Pfefferwürze, Marille, Pfirsich, Honigtouch, Exotik, toller Schmelz, mächtige Eleganz, immer kühl, prägnant, der höhere Alkohol ist kein Problem. Absolute Klasse.

★★ S €€€ RI
**2023 Riesling Federspiel Loibenberg Terrassen** + Ein knackiger, lebendiger, auch tiefgründiger Riesling mit einiger Substanz, Marille pur, Limette, bisschen Rhabarber, steinige Intension, tolle Säure, dicht und eng strukturiert, spannend und aufregend.

★★ S €€€ RI
**2023 Riesling Smaragd Ried Rothenberg** + (Lage am östlichen Loibenberg) Expressive Marillen, tolle Exotik, Orangen, Ananas, Zitrus, ungemein elegante Pikanz, super Säure, einiger Tiefgang.

★★★★ S €€€€ RI **TIPP**
**2023 Riesling Smaragd Ried Loibenberg** + Ein herrlich kühles Bukett, Marillen, Mandarinen, feingliedrig, zeigt Finesse, einige Mineralität aufweisend, faszinierender Ausdruck. Der steht am Beginn einer großen Entwicklung.

★★ S €€€ CH
**2023 Chardonnay Smaragd** + Ein fulminanter Chardonnay, Nelken, ein Hauch von Zimt, etwas Vanille (kein Holz), blumige Noten, Wiesenkräuter, buttrige Anklänge, elegant, höchst eigenständig und lebendig, schlanke Festigkeit.

★★ S €€€ SB
**2023 Sauvignon Blanc Smaragd** + Pralle Johannisbeeren, unglaublich delikat, reife Beeren, mundfüllend, in sich harmonisch, weinig, immer elegant, Spaß.

★★★ S €€€ GM
**2023 Gelber Muskateller Smaragd OVILLUS** + (Steinertal) Dunkle Würze, etwas Cassis, anfangs dezente Reduktion, Kräuterwürze, Orangenzesten, Muskatnuss, rauchig, sehr ernsthaft, unbedingt Flaschenreife benötigend, kräftiger Ausdruck, hintergründig, kompakt mit einigem Tiefgang.

---

### WACHAU DAC

★★ S €€ GV
**2023 Grüner Veltliner Federspiel Ried Klostersatz** + Überaus elegant mit feinen Fruchtnoten, einer einnehmenden Eleganz, Kräuterwürze, Orangenzesten, Zitrus, frische Äpfel und Birnen, würzige Noten, einige Mineralität.

★★ S €€€ GV
**2023 Grüner Veltliner Federspiel „produced by Valentin"** + Ein Federspiel mit Körperreichtum, etwas kräftiger statuiert, Grapefruit, Zitrus, Tabaknoten, feine Exotik, Orangenschalen, etwas weißer Pfeffer, reife Birne, kompakt.

★★ S €€€ GV
**2023 Grüner Veltliner Smaragd Alte Reben** + (gepflanzt im Jahr 1936 ) Hellfruchtig, Marille, Pfirsich, Orangenblüten, mineralische Ader, Säurebiss, extraktreich, saftig, fruchtig, fest strukturiert, gute Länge.

## Weingut
# Strawanzer Donabaum

**Martin Donabaum**
3620 Spitz, In der Spitz 3
Tel. +43 2713 2644
weingut@donabaum.at, www.donabaum.at
6 Hektar, W/R 85/15, 35.000 Flaschen/Jahr

Das Weingut Strawanzer ist ein alteingesessener Familienbetrieb mitten „In der Spitz", das mit dem Symbol des Flösserhakens, einem historischen Werkzeug der Donau-Holzflösserei, am Etikett die Traditionsverbundenheit zum Ausdruck bringt. Neben dem Weinbau betreibt die Familie Donabaum im Stammhaus einen traditionellen Heurigen und das Gästehaus „Strawanzer", dem das topchice Boutiquehotel „Weinspitz" angeschlossen ist, von wo sich ein herrlicher Ausblick weit in den Spitzer Graben eröffnet.

Das Sortenspektrum ist breit gefächert und stammt von besten Rieden aus der Wachau, das mit einigen Parzellen aus Willendorf ergänzt wird. Die Weinstilistik zeichnet sich durch Klarheit und Sortenspezifität aus, wobei die Grünen Veltliner Smaragd aus den Top-Lagen 1000-Eimerberg und Kirchnsteig – eine Subriede am Setzberg mit altem Rebbestand und ohne Bewässerung – sich heuer unisono besonders durch saftige Dichte und Tiefe auszeichnen.

Ein Geheimtipp ist der Weißburgunder Smaragd, der mit glockenklarer Struktur und Balance ein Idealbild dieser Komplementärsorte abgibt. Eine Rarität ist der Sauvignon Blanc Smaragd, der mit feiner Würze und mineralischer Tiefe eine Sortenrarität im Spitzer Graben darstellt. Der Ausbau der Smaragde erfolgt im Edelstahltank, gefolgt von langer Lagerung auf der Feinhefe bis zur Füllung. *us*

---
### WACHAU DAC

★★ S €€ GV
**2023 Grüner Veltliner Federspiel** + Sortentypisch, saftig, feines Fruchtspiel mit angenehmer Säure, reifer Apfel, Steinobst im Hintergrund, zart rauchig mit Kräuterwürze, harmonisch in gerundetem Finish, lang.

★★ S €€€ GV
**2023 Grüner Veltliner Ried Setzberg Federspiel** + Tabakwürzige Nase, saftig, dicht, gelber Apfel, Birne, etwas Ananas, gehaltvoll, extraktreich, charmant, einige Tiefe bei guter Länge.

★★★ S €€€€ GV
**2023 Grüner Veltliner Ried Setzberg Smaragd** + Bukett nach Pfeffer mit unterlegter Trockenaromatik, reifer Apfel, frische Birnenfrucht, Orangenzesten, saftig, dicht, extraktreich, feine Säurepikanz, harmonisch, langes Finale.

★★★ S €€€€ GV
**2023 Grüner Veltliner X-TREM** + Duftet nach viel Exotik, heller Tabak, saftiger Fruchtschmelz, Zuckermelone, etwas Ananas, kräftig, weiter Fruchtbogen, zeigt Biss, lang.

★★★★ S €€€€€ GV  `TOP`
**2023 Grüner Veltliner Kirchnsteig Smaragd** + Feinste Ananasnase, Maracuja, druckvoll, hocharomatisch, vielschichtige Exotik, dicht, knackig-frische Mitte, Zitrus, viel Präsenz, vital, tolle Säurestruktur.

★★★★ S €€€€€ GV  `TIPP`
**2023 Grüner Veltliner Ried 1000-Eimerberg Smaragd** + Feinduftiges Steinobst, ungemein saftiges Fruchtspiel, reifer Apfel, glockenklar, kräftig, kristalline Finesse, zarte Würzenoten, Piment, Minze, etwas Lorbeer, viel Extrakt, ausgewogen, feine Säurestruktur, Potenzial, tolle Länge.

★★ S €€€ RI
**2023 Riesling Ried Setzberg Federspiel** + Primärfruchtige Marillennase, weiße Blüten, saftig, knackig, Zitrus, viel Biss, kräuterwürzige Reminiszenzen, juvenil.

★★★ S €€€€ RI
**2023 Riesling Ried Setzberg Smaragd** + Glockenklare Fruchtaromatik, Pfirsich-Mango-Melange, saftig, druckvoll mit viel Biss, beste Struktur, vielschichtig, tiefgründig, gute Länge.

★★★ S €€€€ PB  `TIPP`
**2023 Weißburgunder Spitz Smaragd** + Blütenduftiges Bukett, saftig, vollmundig mit viel Gelbfrucht, Williamsbirne, Nussbrot, glockenklar, ruhende Mitte, harmonisch, ganz toll.

★★ S €€€ CH  `PLV`
**2023 Chardonnay Smaragd** + Saftige Gelbfrucht, Steinobst, etwas Ananas, kraftvoll, rassig, feiner Säurerückhalt, Ausklang mit feiner Würze.

★★★ S €€€€ SB
**2023 Sauvignon Blanc Smaragd** + Duftet nach Stachelbeeren, Kräuterwürze, gelbfruchtige Aromatik, reife Kiwi, aromatisch, dicht mit feinem Säurespiel, kraftvoll, im Nachhall Steinobst.

---
### NIEDERÖSTERREICH

★★ K €€€ GM
**2023 Sparkling Muskateller** + Holunderblüten, saftige Fülle, viel Frische, Stachelbeeren, vital, feine Frucht-Würze-Aromatik, unaufdringliche Eleganz, trinkanimierend, toller Sommerwein.

👑 👑 👑 👑

## Weingut
# Tegernseerhof

**Martin Mittelbach**
3601 Dürnstein, Unterloiben 12
Tel. +43 2732 85362
office@tegernseerhof.at
www.tegernseerhof.at

Nach der Verkostung der Weine vom Tegernseerhof des Jahrganges 2023 kommt unvermittelt der Gedanke auf „ein Höhepunkt jagt den andern". Da geht es mit zwei fulminanten Federspielen los – Riesling Dürnstein und Grüner Veltliner Ried Superin. Beide sind Wachau pur. Es geht weiter mit den Bergdistel Smaragdweinen Grüner Veltliner und Riesling, absolut überzeugend. Grüner Veltliner Smaragd Ried Höhereck – ein fast rieslinghafter Grüner, grandios. Es bleibt spannend. Man hat den Grünen Veltliner Smaragd Ried Schütt im Glas, Begeisterung stellt sich ein, ein unfassbar großartiger Wein. Man stellt das Glas nur ungern ab. Man erlebt die Wachau mit allen Sinnen. In dieser Art geht es weiter mit den beiden Smaragdweinen vom Loibenberg – Grüner Veltliner und Riesling. Fieberhaft hebt man die Gläser. Man probiert, immer wieder – kann es kaum glauben. Es ist wie in einem spannenden Film. Bei den beiden Rieslingen Smaragd von den Rieden Steinertal und Kellerberg ist Glückseligkeit eingetreten. Man befindet sich in anderen Sphären. In einer anderen Dimension.
Es gibt noch eine Menge großer Weine zu verkosten. Die Familie Mittelbach hat noch viele Preziosen in ihrem Keller. Zum Wohl! **as**

### WACHAU DAC

★★ S €€€ RI
**2023 Riesling Federspiel Dürnstein** + Feines, frisches Rieslingbukett, Marille, Ananas, Pfirsich, gelber Apfel, fest strukturiert, stoffig, eng, perfekte Säure, voller Pikanz, Rasse, kernig, statuiert, ein knackiges Federspiel wie es sich gehört.

★★ S €€€ GV
**2023 Grüner Veltliner Federspiel Ried Superin** + Pfefferwürze, Apfelnoten, dezente Exotik, Steinobst, knackige Frische, belebende Säure, geradlinig, so richtig trocken, griffig, super süffig.

★★★ S €€€€ GV
**2023 Grüner Veltliner Smaragd Bergdistel** + Würzig, gelbfruchtig, rauchig, pfeffrig, Tabak, Kräuter, Steinobst, elegant, balanciert, saftig, macht auch jetzt schon Spaß.

★★★ S €€€€ RI
**2023 Riesling Smaragd Bergdistel** + Kühles Bukett, Marillen, Rhabarber, gelber Apfel, elegant und charmant, feine Frucht, strukturiert, perfekte Säure, homogen, in sich gefestigt. Ungemein attraktiv!

★★★ S €€€€ GV
**2023 Grüner Veltliner Smaragd Ried Höhereck** + Ein rieslinghaftes Bukett entströmt dem Glas, Stein- und Kernobst, Tabaknoten, straff, frische Säure, immer kühl, kernige Struktur, dezent würzig, wächst mit Luft, wird homogen, balanciert.

★★★★ S €€€€€ GV  **TIPP**
**2023 Grüner Veltliner Smaragd Ried Schütt** + Großartiger Wachauer Grüner Veltliner, feines Bukett, gediegen, Exotik – Orangenschalen, Mango, Stein- und Kernobst, reife Apfelnoten, ungemein vielfältig, hochelegant, verführerisch, verspielt, stilvoll, erhaben.

★★★★ S €€€€€ GV  **TIPP**
**2023 Grüner Veltliner Smaragd Ried Loibenberg** + Man hat einen großen Wein im Glas, sofort erkennbar, Marillen, Pfirsich, Mango, adelige Frische, ungemein feine Frucht, hochelegant, muskulös, intensiv, doch immer die Contenance wahrend. Das ist männliche Überlegenheit, ohne sie auszuspielen. Substanz für Jahrzehnte.

★★★★ S €€€€€ RI  **TIPP**
**2023 Riesling Smaragd Ried Loibenberg** + Ein Bukett voller Intensität, Tiefe und Spannung, Marille, Orangenschalen, Apfel, engmaschig am Gaumen, tiefgründig, intensiv, klare, straffe Struktur, Wahnsinnssubstanz, Mineralität pur. Strahlt immense Kühle aus, kraftvoll und ausdrucksstark, dabei immer fein liniert. Loibenberg in Perfektion.

★★★★ S €€€€€ RI
**2023 Riesling Smaragd Ried Steinertal** + Hier riecht man förmlich Boden und Rebsorte, Marillen, dezente Exotik, Riesling voller Finesse, Strenge, der vibriert am Gaumen, ungemein tiefgründig, rassig, nervig, fordernd, das ist Riesling.

★★★★ S €€€€€ RI  **TIPP**
**2023 Riesling Smaragd Ried Kellerberg** + Marille, Schoko, rassige Fülle, ein Bukett voller Spannung, vibrierend, tief, nervend, straff, der Gaumen wird gefordert, der gibt nicht auf, da gibt es keine Diskussion, Riesling pur, voller Ausdruck und Tiefgang.

# VINOTHEKEN

## DÜRNSTEIN

**Vinothek Domäne Wachau**
3601 Dürnstein 107
Tel. +43 2711 371
office@domaene-wachau.at
www.domaene-wachau.at

## KREMS AN DER DONAU

**Leopold**
Vinothek, Bar, Shop
3500 Krems an der Donau, Utzstraße 1
Tel. +43 2732 72897
office@vinothek-leopold.at
www.vinothek-leopold.at

**Weinhimmel**
3500 Krems an der Donau, Untere Landstraße 35
Tel. + 43 664 75041992
office@weinhimmel.org
weinhimmel.at

**Weinbar Korb**
Fabian Korb, Weingut Korb
3500 Krems an der Donau, Obere Landstraße 4
Tel. +43 650 5155599
fabian@wein-korb.at, www.wein-korb.at

## MELK

**Wein und Wachau**
Firma Gottwald
3390 Melk, Kirchenplatz 5
Tel. +43 2752 54987
office@weinundwachau.at
www.weinundwachau.at

## SPITZ

**IWB – Hubert Fohringer GmbH**
3620 Spitz, Donaulände 1
Tel. +43 2713 2029
iwb@fohringer.at, www.fohringer.at

# GASTRONOMIE/NÄCHTIGUNG

## AGGSBACH-DORF

### Residenz Wachau
Stella und Mario Pulker
3642 Aggsbach-Dorf 19
Tel. +43 2753 8221
info@residenz-wachau.at
www.residenz-wachau.at

Das Romantikhotel „Residenz Wachau" ist der Hotel-Leitbetrieb am Südufer der Donau. Themenzimmer, große Seminar- und Wellnessbereiche und ein gut sortierter Weinkeller machen den Aufenthalt zum Erlebnis. Familienbetrieb, wunderschöne Terrasse. Im Moment sind die Küchenzeiten eingeschränkt, Reservierung erforderlich!
Für Hotelgäste: großer Garten mit Schwimmteich. Donauradweg und Schiffanlegestelle direkt vor der Haustüre, der Dunkelsteinerwald dahinter. TIPP!

## ARTSTETTEN

### Schlossgasthof Artstetten
Familie Niederleitner
3661 Artstetten, Schlossstraße 2
Tel. +43 7413 8203
office@schlossgasthof.at, www.schlossgasthof.at

Übersichtliche und interessante Speisekarte. Die Weine kommen aus der Wachau, dem Kamptal und dem Wagram, die Speisen aus der Region und teilweise aus der eigenen Landwirtschaft.

## DÜRNSTEIN

### Alter Klosterkeller
Jörg Grasl
3601 Dürnstein, Anzuggasse 237
Tel. +43 2711 292
office@klosterkeller.eu
www.alter-klosterkeller.at

Uriger alter Heuriger mit Baumpresse und riesiger, schattiger Terrasse mit Donaublick. Fast alle Weine vom Tegernseerhof Mittelbach, vieles glasweise. Deftige, aber sehr gute Schmankerlkarte. Nur wenige Minuten von der Schiffsstation Dürnstein entfernt, direkt an der alten Stadtmauer, inmitten der bekannten Riede Superin. TIPP!

### Hotel-Restaurant Sänger Blondel
Familie Schendl
3601 Dürnstein 64
Tel. +43 2711 253
saengerblondel@aon.at, www.saengerblondel.at

Gutbürgerliches Restaurant mit sehr schönem Gastgarten vor dem berühmten blauen Barockturm. Übernachtungsmöglichkeit im angrenzenden komfortablen Hotel.

### Richard Löwenherz
Franziska Thiery
3601 Dürnstein 8
Tel. +43 2711 222
hotel@richardloewenherz.at
www.richardloewenherz.at

Allein der malerische Gastgarten mit Blick auf die Donau lohnt den Besuch. Umso besser, wenn auch die Küche einiges zu bieten hat. Das angeschlossene Romantikhotel ist nicht gerade billig, wird seinem Namen aber durchaus gerecht.

**Schloss Dürnstein**
Christian Thiery &
Maria Katharina Thiery-Schroll
3601 Dürnstein 2
Tel. +43 2711 212
hotel@schloss.at, www.schloss.at

Die umwerfende Schlossterrasse ist der schönste Logenplatz der Wachau. Mit wunderbarem Wintergarten samt versenkbarer Fensterflächen. Grazil fügt sich dieser ins Ensemble ein. Ein Meisterstück. Die Donau zu Füßen, die Blicke schweifen weit hinein ins Land. Dürnsteins exklusivstes und Niederösterreichs einziges Fünf-Sterne-Hotel bietet großteils mit kostbaren Antiquitäten ausgestattete Zimmer mit individuellem Charakter, fast alle klimatisiert. Zimmer haben Blick auf die hoch über Dürnstein thronende Ruine, das pittoresk verträumte Städtchen oder die malerische Donau. Die Hoteliers Maria Katharina Thiery-Schroll und Christian Thiery bemühen sich persönlich um das Wohl der Gäste. Neu ist die volldigitale Speisen- und Getränkekarte, sehr benutzerfreundlich und übersichtlich.

Das Restaurant bietet eine Kombination aus exquisiter Küche mit regionalen, traditionell österreichischen und internationalen Spezialitäten. Die Produkte sind regionaler Herkunft, wo es sinnvoll ist, und international, wo es notwendig ist. Flüssiger Flankenschutz kommt von der ausgezeichneten Weinkarte mit allen Preziosen aus der Region und vielen Schmankerln darüber hinaus, auch gereifte Raritäten und Magnums. Tolle Hausweine, u. a. vom Weingut Schloss Dürnstein. Das beste Marilleneis ever. Eigener Fährbetrieb Dürnstein–Rossatz, Motorzillenverleih (mit Fahrer). Leitbetrieb des wachau GOURMETfestivals, Eventlocation für Feiern aller Art. Must!

TIPP: Die Schloss-Greisslerei, wenige Meter entfernt an der Dürnsteiner Hauptstraße. Mit vielen Schmankerln der Schlossküche und aus der Region zum Mitnehmen und für kleine Imbisse. Original-Berkel-Schinkenmaschine, romantische Terrasse, feine Weine.

**Schloss-Heuriger im Küfferkeller**
Christian Thiery
3601 Dürnstein, Schlossanger 142
Tel. +43 2711 212-777
grill@schloss.at, www.grill.schloss.at

Idyllischer Ableger von Schloss Dürnstein im romantischen Küfferkeller, 100 Meter vom Schloss entfernt. Mit uneinsehbarem Garten samt Terrassen, Schwimmteich und Gewölbekeller; ein Kleinod, eine Oase mit Blick direkt zur Donau. Grill auch für große Stücke vom Fleisch und Fisch, warmes Speiseangebot von Specklinsen bis Roastbeef. Gut sortierte Vinothek. Donnerstag bis Montag ab 17.00 Uhr. Tischgrill für Do-it-yourself-Griller. Auch für geschlossene Veranstaltungen.

**Wachau Living**
Christian Thiery
Tel. +43 2711 212-888
info@wachau-living.at
www.wachau-living.at

Der Schloss Dürnstein-Mastermind betreibt in und um Dürnstein eine Reihe von Ferienwohnungen mit Hotelservice, darunter auch die historische Villa Schönthal. Wer die Privatsphäre einer Ferienwohnung liebt, aber den Hotelservice bis zu „fullboard" nicht missen möchte, ist hier angekommen.

## EMMERSDORF

**Zum schwarzen Bären**
Familie Pritz
3644 Emmersdorf, Marktplatz 7
Tel. +43 2752 71249
hotel@hotelpritz.at, www.hotelpritz.at

Beliebtes Land- und Seminarhotel, in dem das hauseigene Restaurant für seine wachautypische Küche mit saisonalen Schwerpunkten bekannt ist. Tipp für Liebhaber der deftigen Hausmannskost: Wachauer Weinlandschnitzel. Gut sortierte Weinkarte mit zahlreichen Raritäten aus der weiteren Umgebung.

## JOCHING

**Prandtauerhof**
Familie Holzapfel
3610 Joching, Prandtauerplatz 36
Tel. +43 2715 2310
weingut@holzapfel.at, www.holzapfel.at

Behutsam renoviertes, altes Barockanwesen mit einem der schönsten Arkadenhöfe der Region. Gestandene Regionalküche. Feine Weine aus bekannten Lagen und hervorragende Destillate aus eigener Brennerei. Gemütliche Gästezimmer im Haus, eigene Kapelle. Top für Feste, beliebt für Hochzeiten, atypische Öffnungszeiten, 2 Hauben.

**Weingut und Restaurant Jamek**
3610 Joching
Josef-Jamek-Straße 45
Tel. +43 2715 2235
info@weingut-jamek.at, www.jamekwein.at

Die Wachauer Institution ist fast 110 Jahre alt und wird von Jamek-Tochter Jutta Altmann und Sohn Johannes geführt. Geboten wird hervorragende regionale Küche mit saisonalen Schwerpunkten, die über die Jahre hinweg nur marginal Veränderungen unterworfen wurde, aber wohl genau deshalb immer stimmig und perfekt zubereitet auf den Tisch kommt. Bekannt ist das Haus auch für seine Mehlspeisen wie die klassischen Marillenknödel. Traditionelle Gerichte von Oma Jamek (z.B. Topfen-Haluschka, Grammeleierspeis, Hechtnockerln). Dazu gibt es die hochklassigen Weine aus eigenem Anbau, die zu den allerbesten der Wachau zählen. Top-Familienlage: Klaus in Weißenkirchen. Viele Weine auch glasweise. Reservierung während der Saison obligat, traumhafte Terrasse und Wintergarten, etwas atypische Öffnungszeiten, 2 Hauben.

## LOIBEN

### Loibnerhof
Josef Knoll
3601 Dürnstein, Unterloiben 7
Tel. +43 2732 82890
office@loibnerhof.at, www.loibnerhof.at

Ob im Winter im 400 Jahre alten Stammhaus oder im Sommer im wunderschönen, riesigen Garten – der Loibnerhof ist einer der kulinarischen Hotspots der Wachau. Kein Wunder: Die Küche leistet sich selbst bei größter Auslastung kaum einen Ausrutscher. Auf den Teller kommen verfeinerte regionale Gerichte, bei denen vor allem die Saison die Akzente setzt. Klassiker sind z.B. das Butterschnitzerl vom Kalb, die gebratene Gänseleber und das Parfait, die Waldviertler Bio-Ente, die tollen Donaufische (inkl. Waller, Huchen, manchmal Stör), Krebse aus der Traun, Hollerkoch und die unnachahmlich flaumige Cremeschnitte. Schönster Gastgarten der Wachau. Großes Bio-Angebot und immer saisonale Produkte aus der Region, auch vegane Gerichte. Fast die gesamte Weißwein-Palette von Cousin Emmerich Knoll auf der Karte, viele Raritäten, sinnvolle Ergänzung in Rot, multinational. 2 Hauben.

### Loim
3601 Dürnstein, Unterloiben 61
Tel. +43 2732 794 32
restaurant@loim.at
www.loim.at

Junges Restaurant, etwas versteckt im Ortsteil Unterloiben, klassische österreichische Küche, auch für Kinder. Jüngstes Projekt der Betreiber der Kremser Weinbar Veit.

### Wachauerstube Loiben
Gerald Diemt
3601 Dürnstein, Unterloiben 24
Tel. +43 2732 85950
bestellen@wachauerstube.at
www.wachauerstube.at

Kleinod im historischen Ortskern, direkt gegenüber dem „Tegernseerhof" der Familie Mittelbach. Schon ein Klassiker in der Wachau. Gemütlicher Schanigarten. Geboten werden eine sehr feine regionale Küche und tageweise Klassiker, wechselnde Karte, die sich auch saisonal orientiert. Sehr gute Weinauswahl. Gemütliche Terrasse im Ortskern. Ein Stammlokal vieler Wachauer Winzer

### Heuriger Konrad
Elisabeth & Manfred Konrad
3601 Dürnstein, Unterloiben 22
Tel. +43 2732 74443
weinbau.konrad@aon.at, www.konrad-loiben.at

Gemütlich-uriger Heuriger in der alten Kellergasse von Unterloiben mit den wahrscheinlich besten Eigenbauweinen aller Wachauer Heurigen. Sehr engagierter Winzer, der auf Steinfeder verzichtet, dafür tolle Federspiele und Smaragde füllt. Veltliner und Rieslinge, exzellenter Muskateller, alle mit schönem Reifepotenzial. Feine Hauerjause aus besten Produkten, etwa der luftgetrocknete Hirschschinken. Tipp!

## MARIA TAFERL

### Restaurant Smaragd im Hotel Schachner
Familie Schachner
3672 Maria Taferl 24
Tel. +43 7413 6355
www.hotel-schachner.at

Zwei Hauben hat Küchenchef Wolfgang Bauer dem Gourmetrestaurant „Smaragd" längst erkocht, dem Flaggschiff der Hotels Schachner Haus Krone und Haus Kaiserhof, unbestrittene Nummer 1 im Wallfahrtsort Maria Taferl. 2022 wurde ein großzügiger Um und Ausbau eröffnet, beachtliche Mittel wurden nochmals investiert; u. a. in einen riesigen Infinitypool. Das Hotel Schachner ist damit neuer Leitbetrieb der Wachau hinsichtlich Größe, Design, Wellness.
Die Häuser haben spektakulären Donaublick mit Wow-Effekt. Wolfgang Bauer ist ein Protagonist der verfeinerten Regionalküche mit allerlei Einlagen, sei es saisonal oder thematisch. Am besten man lässt sich vom Degustationsmenü überraschen. Top-Weinbegleitung mit ebensolcher Weinkarte, viele Schmankerln, reifere Jahrgänge, junge Winzer; gut sortiert auch bei ausländischen Rotweinen, etwa Bordeaux und Italien. Tolle Skylounge mit Dachterrasse, dazu große Gartenterrassen. Heirats-Hotspot. Leitbetrieb des wachau GOURMETfestivals.

## MAUTERN

### Landhaus Bacher
Thomas & Susanne Dorfer,
Lisl Wagner-Bacher & Klaus Wagner
3512 Mautern, Südtiroler Platz 2
Tel. +43 2732 82937
info@landhaus-bacher.at
www.landhaus-bacher.at

Das Landhaus Bacher präsentiert sich konstant in absoluter Topform, präsentiert sich neuerdings frisch möbliert vom Feinsten, aber mit traditionellem Charme. Thomas Dorfer, bereits 2009 vom Gault&Millau zum „Koch des Jahres" gekürt, mittlerweile mit 4 Hauben geadelt, läuft zu immer neuen Höchstformen auf. Seine Küche zählt zum Allerbesten in Österreich und zu den besten in Europa. Extrem kreativ, ohne jemals überkandidelt zu werden, bodenständig, aber modern – eine herausragende Symbiose aus Klassik und Innovation. Dorfer ist Motor der Jeunes Restaurateurs (JRE), Botschafter der ChefAlps und Gründungsmitglied im koch.campus. Vier Menüs, davon immer eines vegetarisch, auf Wunsch mit Weinbegleitung, bereiten die Qual der Wahl. Tolle Geschmackskreationen mit dem Wow-Effekt. Kaum erwähnenswert, dass hier nur allerbeste Zutaten den Weg in die Küche finden, die dann sehr produktbezogen und geschmacksintensiv auf die Teller kommen. Thomas Dorfer forciert fast ausschließlich regionale Produzenten, hat im Moment Seefische komplett von der Karte verbannt, stellt die Herkunft seiner Zutaten in den Mittelpunkt. Großes Kino.
Erstklassig die von Susanne Dorfer (Tochter von Lisl Wagner-Bacher und Klaus Wagner) feinsinnig betreute Weinkarte. Diese wartet mit zahlreichen Raritäten aus Wachau und Umgebung, Bordeaux, Burgund und Italien auf, auch Großformat- und Halbflaschen, große Champagner-Kompetenz. Johanna Stiefelbauer im Service ist Familie und Legende für sich. Leitbetrieb des wachau GOURMETfestivals. Wenige gemütliche Gästezimmer im Laura-Ashley-Stil, die schon allein wegen des Frühstücks eine Reservierung wert sind. Sonntags durchgehend Küchenbetrieb, ideal für eine Lunch-Dinner-Kombi am Nachmittag.

## Nikolaihof Wachau

Familie Christine & Nikolaus Saahs
3512 Mautern, Nikolaigasse 3
Tel. +43 2732 82901
wein@nikolaihof.at, www.nikolaihof.at

Ältestes Weingut Österreichs, heute Vorzeigebetrieb in Sachen biodynamischer Anbau, seit über 30 Jahren nach Demeter zertifiziert, mit feinen Weinen, die im angeschlossenen Heurigen-Restaurant auch glasweise verkostet werden können. Extrem langlebige Weine, die bis zu 17 Jahre (!) im großen Holzfass reifen. Etwas anders als die anderen Wachauer. Seit 2014 Österreichs erster Winzer mit einem 100-Punkte-Wein nach Robert Parker (Veltliner Vinothek 1995), neuerdings auch zwei Naturweine („semicolon"). Im Heurigen werden herzhafte regionale Schmankerln ausschließlich aus Demeter- und Bio-Produkten geboten. Wild aus eigenem Revier, im Herbst Gansl-Klassiker. Viele vegane Speisen auf der strikten Demeter-Karte bis hin zu fast kalorienlosen Konjak-Nudeln aus der gleichnamigen Wurzel. Bei schönem Wetter sitzt man am besten im stimmungsvollen Innenhof mit Kaiserlinde.

## ad vineas Gästehaus Nikolaihof

Elisabeth & Martin Samek
3512 Mautern, Kainzstraße 14
Tel. +43 676 4331828
wohnen@nikolaihof.at, www.advineas.at

Nur wenige Schritte vom Nikolaihof entfernt, bietet das im Wachauer Stil mit viel Holz erbaute Gästehaus 25 Zimmer, vollklimatisiert mit Blick auf Göttweig, und ein reichhaltiges Frühstücksbuffet – der Hausphilosophie entsprechend aus regionalen biologischen Produkten.

# MELK

## Kalmuck Wein | Bar

René Reinmüller & Mario Sassmann
3390 Melk, Hauptstraße 10
Tel. +43 660 5377388
office@kalmuck.net, www.kalmuck.net

Gekonnt durchgestylte Wein- und Cocktailbar in einem Melker Altstadtgewölbe. Zu kleinen Speisen – italienische Antipasti und regionale Schmankerln – wird eine gute Auswahl von Weinen aus der Region, viele davon glasweise, serviert, alles zu mehr als fair kalkulierten Preisen. Auch Großflaschen im Sortiment.

# MÜHLDORF

## Weißes Rössl

Roman Siebenhandl
3622 Mühldorf, Markt 17
Tel. +43 2713 8257
info@7handl.at, www.7handl.at

Gemütlicher Gasthof mit bodenständiger, gutbürgerlicher Küche, etwas abseits der ausgetrampelten Touristenpfade. Preisgünstige Gästezimmer und Ferienwohnungen im Haus. Interessante Weine aus dem Spitzer Graben. E-Bike Verleih für Ausflüge in die umliegenden Weinberge im Spitzer Graben.

## NÖHAGEN

**Gasthaus Schwarz**
Erwin Schwarz
3521 Nöhagen 13
Tel. +43 2717 8209
office@gasthaus-schwarz.at
www.gasthaus-schwarz.at

Der gemütliche Landgasthof von Erwin Schwarz ist seit Langem beliebtes Ziel für Genießer. Kein Wunder, geboten wird geschmackvolle, regionale Küche auf hohem Niveau plus einer beachtlichen Weinauswahl im glasweisen Ausschank. Große Speisekarte, fast alles aus der Region, legendär die Grammelknödel, die gebackenen Blunzenscheiben, die geschmorten Kalbsbackerln, die Freilandente, der Rostbraten vom Beiried. Unschlagbar der gebratene oder gebackene Karpfen. Ehrfurcht gebietend ist die Weinkarte mit Hunderten Positionen der Winzerelite des In- und Auslands, die nicht ohne Grund den „Best of Award of Excellence" vom „Wine Spectator" bekommen hat. Zahlreiche Raritäten und gereifte Jahrgänge, auch in Großflaschen. Immer interessante (und auch gereifte) Weine glasweise. Unschlagbares Preis-Leistungs-Verhältnis, 3 Hauben.

## ROSSATZ

**Die Flößerei**
Barbara Brandner und Wolfram Mosser-Brandner
3602 Rossatz 186
Tel. +43 2714 20077
schiffahrt@brandner.at
www.brandner.at

Umringt von Weingärten mit dem vielleicht spektakulärsten Blick vom Wachauer Südufer hinüber nach Dürnstein mit Stift, Schloss und Ruine – Ansichtskarte pur! Früher war es ein Heuriger, dann kaufte die Familie Brandner, die in der Wachau auch eine Linienschifffahrt betrieb (nunmehr DDSG), Haus und Weingärten. Schöne Location, bodenständige Speisen, eigene und Wachauer Weine. Parkplätze vorm Haus, große Terrasse Richtung Dürnstein.

**Gasthof Naumann**
Hannes Naumann
3602 Rossatz 21
Tel. +43 2714 6297

Im Herzen von Rossatz, sozusagen bei der Kirche ums Eck, hat die Bundesstraße 33 eine Depression aus zwei Engstellen zu überwinden. Zwischen denen versteckt sich der alte Gasthof Naumann. Ein Wirtshaus wie aus dem Museum. Mit alter Schank und ebensolchen Räumen. Einer großen Küche, wo neben dem Gasherd noch der Holzofen steht. Wirt Hannes Naumann passt perfekt in dieses Ambiente. Extravagant nennen ihn die einen, schräg die anderen. Gelernt hat er sein Handwerk bei Lisl Wagner-Bacher. In der Küche macht ihm daher niemand ein X für ein U vor. Seine Gansln sind die besten der Wachau, für viele auch die aus reinem Topfenteig hergestellten Marillenknödel. Die Wirtshausklassiker bis hin zum Wild gehören zu seinen Referenzen, die örtliche Jagdgenossenschaft hat hier ihren Sitz. Fast reiner Bio-Betrieb, im Gartl daneben gedeihen Obst und Gemüse, darunter viele rare Sorten. Gerne kocht Hannes Naumann auch auf Vorbestellung nach Wünschen der Gäste. Wenn er Lust dazu hat. Kleine Weinkarte, als einziges Lokal der Wachau ist er ein BYO-Betrieb: bring your own – bring' deinen eigenen Wein.

## RÜHRSDORF

### Pulker's Heuriger
Bernd Pulker
3602 Rührsdorf, Rührsdorfer Kellergasse
Tel. +43 664 3935312
heuriger@pulkers.at, www.pulkers-heuriger.at

Im schönen, lauschigen Heurigengarten samt Salettl in Rossatz-Rührsdorf, inmitten der Weingärten, kann man zur ausgezeichneten hausgemachten Heurigenküche die Hausweine, aber auch andere nationale wie internationale Topware genießen. Tipp: der beste Schweinsbraten, wenn möglich mit Krusterl, oder man nimmt gleich den Kümmelbraten! Kreative, regionale Schmankerl, von der Biobäuerin bis zu Thomas Dorfer („Gabelbissen"). Immer wieder wird Bernd Pulkers Heuriger als einer der allerbesten Niederösterreichs ausgezeichnet. Schweinsbraten- und Magnum-Kompetenzzentrum. Nirgends kann man so große und gut gereifte Weine beim Heurigen trinken. Fixe Säule des wachau GOURMETfestival, immer wieder große Wine & Dine-Events, teilweise mit internationalen Gastköchen. Wunderschöner Garten inmitten der Weinhänge.

### Landgasthaus Winzerstüberl
Familie Essl
3602 Rossatz, Rührsdorf 17
Tel. +43 2714 6384
info@landgasthaus-essl.at
www.landgasthaus-essl.at

Das Landgasthaus der Familie Essl liegt am rechten Donauufer in Rührsdorf bei Rossatz. Das typische Ausflugsgasthaus ist nicht nur bei Touristen, sondern auch bei der lokalen Bevölkerung äußerst beliebt, weshalb Reservierung ratsam ist. In der Küche treffen schon seit vielen Jahren mit Sohn Philipp und Vater Franz Essl zwei Generationen aufeinander. Das Ergebnis ist kulinarisch Innovatives mit einem kräftigen Schuss Erfahrung. Christine Essl schupft das Service und ist eine perfekte Gastgeberin. Serviert wird klassische Wachauer und Waldviertler Küche – verfeinert und zeitgemäß interpretiert, mittlerweile auf internationalem Niveau, längst vom Geheimtipp zum Fixpunkt avanciert. Schöner Garten. Weinkarte mit großen Wachauer Weinen, guten deutschen Rieslingen und einigen internationalen Positionen zu moderaten Preisen. Sehr gemütlicher, idyllischer Garten. Top-Wirt-Sieger 2016 und 2023, mittlerweile 3 Hauben, Aufsteiger in der Wachau.

## SCHÖNBÜHEL

### LODGE SZILÁGYI
Oliver Szilágyi
3392 Schönbühel, Melker Straße 1
kontakt@lodgeszilagyi.at, www.lodgeszilagyi.at

Eine der wenigen Gastrolocations in der Wachau, die über einen Campingplatz vor dem Haus verfügt, noch dazu einen direkt an der Donau. Neu übernommen im Frühjahr 2024 (davor: Gasthof Stumpfer), künftig Eventlokal, Bar, Lounge und eben Lodge mit schönen Zimmern.

## SPITZ

### Donauschlössel
Familie Johann Gritsch
3620 Spitz, Donaulände 3
Tel. +43 664 9156901
info@donauschloessel.at
www.donauschloessel.at

Der „Graben-Gritsch" aus Vießling im Spitzer Graben hat sich einen Herzenswunsch erfüllt und das Donauschlössel in Spitz wachgeküsst. Mit Genuss-Heurigen und Zimmern mit prächtigem Donaublick. Im Schlössel finden auch Gourmetveranstaltungen statt, sogar im Rahmen des wachau GOURMETfestival. Am Herd steht neben der Chefin immer öfter auch Schwiegersohn in spe Willy Welser, ein Sous-Chef des großen Thomas Dorfer im 4-Hauben-Landhaus Bacher. Er pimpt die Küche und sorgt für einen gewissen Twist.
Dazu die sehr guten Weine von Josef „Graben" Gritsch, der in Vießling auch einen exzellenten Heurigen mit Panoramablick auf die bekannten Lagen, etwa Ried Bruck und Schön, betreibt. Der „Graben" dient der Unterscheidung der weitverzweigten Gritsch-Community in Spitz, darunter einige Winzer.

### Weinerlebniswelt Mauritiushof
im Weingut Franz-Josef Gritsch
3620 Spitz, Kirchenplatz 3
Tel. +43 2713 2450
office@gritsch.at, www.gritsch.at

Die Wachau und Spitz sind um eine vinophile und weintouristische Attraktion reicher: Die Weinerlebniswelt Mauritiushof im Weingut Franz-Josef Gritsch ist das neue Schmuckstück am Kirchenplatz – ein multifunktionelles Genuss-Kompetenzzentrum ersten Ranges. Mit Degustationsräumlichkeiten, Kost- und Schaukeller, Eventflächen für bis zu 40 Personen, einer flexiblen Küche zur kulinarischen Unterstützung des Weinerlebnisses, Private Tasting & Cooking-Möglichkeiten sowie drei wunderschönen Ferienwohnungen samt Blick zur Ried Singerriedel. Immer wieder Wine & Dine Events sowie ständige Verkostungslocation für den Ab-Hof-Verkauf. Junger Herzeigebetrieb des wachauGOURMETfestivals.

### Altes Schiffermeisterhaus
Martin Prankl
3620 Spitz, Hinterhaus 16
Tel. +43 2713 2323
office@gasthof-prankl.at, www.gasthof-prankl.at

Martin Prankl setzt mit dem denkmalgeschützten Gasthof eine kulinarische Benchmark in der Westwachau. Klassische Wirtshauskost steht ebenso auf dem Programm wie internationale Kreativküche, die von Küchenchef Daniel Petz aus regionalen Grundprodukten kreiert wird. Großer Pluspunkt ist die ausführliche und preislich moderat gestaltete Weinkarte, die auch „alternative" Wachauer Winzer wie Veyder-Malberg, PAX oder Mutenthaler führt. In den nach berühmten Rieden wie Axpoint, Kollmütz oder Bruck benannten Suiten und Appartements kann man ausgezeichnet übernachten. Mit drei Hauben einer der absoluten Aufsteiger in der Wachau und Trendsetter, Wein-Hotspot, schöne – völlig neu gestaltete – Terrasse im Ortsverbund mit Donaublick. Tipp!

**Laglers Weingut – Hotel Weinberghof**
Familie Lagler
3620 Spitz, Am Hinterweg 17
Tel. +43 2713 2939
info@laglers.at, www.laglers.at

Komfortables Hotel in den Weingärten mit Sauna und Solarium. Im angeschlossenen Heurigen gibt es die ausgezeichneten, hauseigenen Weine und feine Schmankerln aus der Region. Top-Adresse und äußerst preiswert. Auch wenn man nicht hier wohnt, ist man zum Frühstück oder Verkosten gerne gesehener Gast. Tipp!

**Das WeinSpitz**
Martin und Alexandra Donabaum
3620 Spitz
In der Spitz 3
Tel. +43 2713 2644
weingut@donabaum.at, www.donabaum.at

Martin und Alexandra Donabaum führen nicht nur das Weingut „In der Spitz" und den Schmankerlheurigen „Zum Strawanzer", sondern seit Kurzem auch ein bemerkenswertes Boutiquehotel, „Das WeinSpitz". Ein modernes, sich sehr gut in die Landschaft einfügendes Haus mit elf exklusiven Suiten, alle mit spektakulärem Weingartenblick. Tolles Frühstück und laufend Weinverkostungen. Am Ende des Ortskerns von Spitz. Tipp!

## ST. OSWALD

**Gasthof zur „Roten Säge"**
Familie Bamberger
3684 St. Oswald, Urthaleramt 2
Tel. +43 7415 7328
bamberger@rotesaege.at, www.rotesaege.at

Ein ansprechendes, verträumt gelegenes Wirtshaus, das die neue Zeit geschickt mit Gemütlichkeit und Tradition verbindet. Das Leitprodukt der Region, das Weiderind, wird hier von Christian Bamberger mit Speisen wie „Carpaccio mit hausgemachtem Pesto" oder „Alt Wiener Backfleisch" zelebriert.

## WEISSENKIRCHEN

**Restaurant Heinzle**
Gerlinde & Gerhard Heinzle
3610 Weißenkirchen, Wachaustraße 280
Tel. +43 2715 2231
restaurant@heinzle.at, www.heinzle.at

Direkt am Donauufer gelegenes Restaurant mit ziemlich einzigartiger Fischauswahl. Schwerpunkte bilden Fische aus der Donau – bis zu Huchen und Stör – und aus dem Waldviertel. Klassische Küchenstilistik, große Portionen, eine Haube. Dazu passend eine Weinkarte mit allen großen Namen und dem Schwerpunkt auf der Wachau, immer wieder auch reifere Weine und Magnums verfügbar. Unschlagbar: die Donauterrasse, die nur vom Treppelweg vom Wasser getrennt wird. Eine Haube mit Potenzial, seit der Juniorchef in der Küche das Kommando übernommen hat.

**Kirchenwirt**
Familie Wildeis
3610 Weißenkirchen, Kremser Straße 17
Tel. +43 2715 2332
hotel@kirchenwirt-wachau.at
www.kirchenwirt-wachau.at

Perfekte Lage für Wachaubesucher: Mitten in Weißenkirchen liegt dieses traditionsreiche Haus als idealer Ausgangspunkt für Wachauer Entdeckungsreisen. Beim stilsicher eingerichteten Kirchenwirt bemerkt man schon seit geraumer Zeit permanente Ausbruchstimmung unterm Kreuzgewölbe, die dem traditionellen Haus neue Dynamik verleiht. Auf dem Teller regionale, frische Wirtshausküche vom Feinsten: unprätentiös, gemütlich, elegant-gutbürgerlich, immer eine sichere Bank. Gut, dass man hier auch ausgezeichnet übernachten kann, schöne Zimmer, Gartenterrasse, Haube.

**Buschenschank Hermenegild Mang**
3610 Weißenkirchen, Landstraße 38
Tel. +43 2715 2276
astrid.mang@gmx.at
www.weingut-hermenegild-mang.at

Direkt an der Donau in Weißenkirchen gelegen, ist das Weingut & Heuriger Hermenegild Mang mehr als nur ein Ausflugstipp; beachtliche Buschenschank mit einem der wohl schönsten Gastgärten der Wachau, direkt gegenüber der Schiffstation. Güdis Frau Elisabeth war davor eine der besten Patisseusen weit & breit, was sich immer wieder in herrlichen Mehlspeisen dokumentiert. Dazu ein traditionelles Weingut, das sich in den vergangenen Jahren einer Qualitätsoffensive verschrieben hat. Kinderspielplatz. Auch für größere Gruppen und Feiern geeignet. Tipp!

**Renaissancehotel „Raffelsberger Hof"**
Claudia Anton-Krupp
3610 Weißenkirchen, Freisingerplatz 54
Tel. +43 2715 2201
office@raffelsbergerhof.at
www.raffelsbergerhof.at

Gediegenes Hotel in einem sehr schönen und behutsam renovierten Renaissancehaus. Mit allerlei Antiquitäten eingerichtete Komfortzimmer, Schmankerl- und Weinbar im uralten Keller.

**Boutique-Hotel Weinquadrat**
Gisela & Anton Schöpf
3610 Weißenkirchen, Landstraße 238
Tel. +43 2715 20008
info@weinquadrat.at, www.weinquadrat.at

Klein und individuell, lässig und komfortabel, von Gisela und Anton Schöpf liebevoll geführt. Nur 12 Zimmer, modernes Design. Mediterrane Atmosphäre, stets – nomen est omen – gute Tropfen verfügbar. Im Ortskern, aber ruhige Lage. Hotel Garni, Weinverkostungen.

**Das Bogerl**
Lorenz Trautsamwieser
3610 Weißenkirchen, Kremser Straße 18
Tel. +43 660 43 88 710
buero@dasbogerl.at, www.dasbogerl.at

Junge Adresse in Weißenkirchen, Weinbar, Heuriger, Schmankerl, Lounge. Neben sehr guter Weinkarte auch exzellentes Bier und vor allem Gin. Treffpunkt auch der Wirte und Winzer. Weinverkostungen aller Art im alten Gewölbe aus dem 13. Jahrhundert; legere Atmosphäre, hohe Weinkompetenz, Trendfaktor, Anlaufstelle auch für zahlreiche Winzer der Region.

## WÖSENDORF

**Hofmeisterei Hirtzberger**
Hartmuth Rameder & Erwin Windhaber
3610 Wösendorf, Hauptstraße 74
Tel. +43 2715 22931
restaurant@hofmeisterei.at
www.hofmeisterei.at

Der alte Lesehof mit beeindruckendem Gewölbe wurde vor einigen Jahren von der Winzerfamilie Hirtzberger aus Spitz erworben und von Grund auf saniert. Patron und Sommelier Hartmuth Rameder führt den Service souverän. Er ist Pächter und Chef im Haus, gemeinsam mit Küchenchef Erwin Windhaber, der sich sehr souverän drei Hauben erkochte. Die Stilistik der Küche ist regional vom Feinsten, intensiv und, wenn nötig, durchaus mit einem Hang zu Geschmacksträgern und zu schrägen Kombinationen mit Wow-Effekt. Besser geht's nicht. Und immer wieder überrascht das Duo mit neuen Ideen, Kreationen und Interpretationen. Gourmet-Picknickkörbe, feiner Käsewagen, eigener Wermut und Eierlikör sowie 3-Hauben-Menü zum Mitnehmen und Fertigkochen daheim.

Die Weinkarte wird zum Fest mit über 2000 Positionen! Breites und viel glasweises Hirtzberger-Angebot bis hin zu sehr gereiften Jahrgängen. Dazu einiges aus der Wachau, vieles aus Bordeaux, Burgund, Italien und der neuen Welt (USA!), sinnvolle Naturweinauswahl. Schöne Magnumkultur. Montags geöffnet, wachau GOURMETfestival-Partner der ersten Stunde. Kleiner Garten, prunkvolle Banketträume, immer wieder hochklassige Weinevents.

Die Hofmeisterei ist Flaggschiff und Flagship-Store der „Wein-Hofmeisterei" von Matthias Hirtzberger, dem jüngeren Sohn der Dynastie. Seit neun Jahren in Betrieb, bereits eines der bemerkenswertesten Weingüter der Wachau.

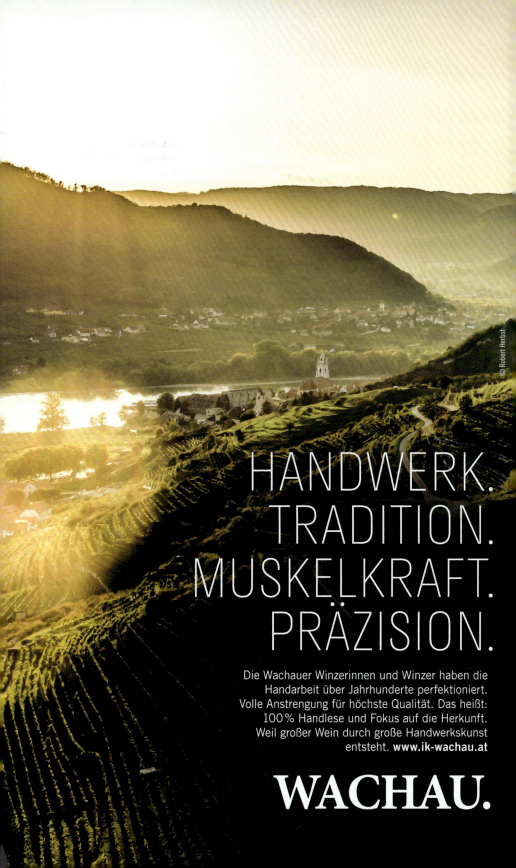

# KAMPTAL

Das Kamptal, das mittlerweile neben der Wachau jenes niederösterreichische Weinbaugebiet ist, das am meisten Prestige besitzt, wurde im Jahr 1985 als Kamptal-Donauland kreiert, den heutigen Namen erhielt es 1993. Früher war dieses Gebiet nach seiner zentralen Hochburg als Langenlois bekannt. Im Wesentlichen erstrecken sich die Weinberge des Kamptals tatsächlich am linken und rechten Ufer des Unterlaufs des Kamps.

Das Wahrzeichen des Kamptals, das nach wie vor ein ausgesprochenes Weißwein-Anbaugebiet darstellt, ist der weithin sichtbare, berühmte Weinberg Heiligenstein. Im Sommer ist hier ausgesprochen heiß. Die Kernlagen des Heiligensteins verfügen über verwitterten Wüstensandstein, der intensive und doch elegante Grüne Veltliner und in der Frucht ungemein brillante, kraftvolle Rieslinge von großem Lagerpotenzial hervorbringt. Ähnliches lässt sich von der benachbarten Lage Gaisberg behaupten, die diesen Sorten ebenfalls Kraft und Mineralität verleiht. Aber auch zahlreiche andere Lagen von Zöbing, Langenlois, Lengenfeld und rund um den bekannten Weinort Straß im Straßertale ergeben ausgesprochen niveauvolle Gewächse. Über die beiden Leitsorten hinaus wissen die Winzer auch mit den Sorten Weißburgunder, Chardonnay und Sauvignon Blanc, zum Teil auch mit Traminer sowie Zweigelt zu überzeugen.

Wer dieser malerischen Weinbaugegend einen Besuch abstattet, sollte unbedingt das „Ursin Haus" in Langenlois aufsuchen, wo ein Informationsbüro und eine Vinothek untergebracht sind. Für ein Erlebnis besonderer Art sorgt das architektonisch bemerkenswerte „Loisium", das von Stararchitekt Steven Holl entworfen wurde und Vinothek, Weinerlebnis und Hotel umfasst.

Die DAC Kamptal wurde für trockene Grüne Veltliner und Rieslinge eingerichtet. Es gibt „Kamptal DAC" mit und ohne Ortsangabe (Einreichung zur Prüfnummer frühestens ab dem 1. Jänner des auf die Ernte folgenden Jahres) sowie mit Ortsangabe und Riedenbezeichnung (Einreichung zur Prüfnummer frühestens ab dem 1. März) und „Kamptal DAC Reserve" (Einreichung zur Prüfnummer frühestens ab dem 1. Juli). Alle Nicht-DAC-Qualitätsweine tragen die Weinbaugebietsbezeichnung Niederösterreich. Die Mindest-Alkoholgehalte liegen zwischen 11,5% und 13%, wobei Riedenbezeichnungen ab 12,5% zulässig sind.

3.583 Hektar Weinanbaufläche
Die wichtigsten Rebsorten:
Grüner Veltliner, Riesling

# Weingärtnerei
# Aichinger

**Maximilian Aichinger**
3562 Schönberg am Kamp, Hauptstraße 15
Tel. +43 2733 8237
kamptal@wein-aichinger.at, www.wein-aichinger.at
12,5 Hektar, W/R 80/20

Seit 2019 führt Maximilian Aichinger den Betrieb in Schönberg am Kamp. Zuvor hat er mit der Vino-HAK in Krems an der Donau und dem Fachhochschulstudium „International Wine Business" in Krems eine solide Ausbildung genossen. Naturnahe Bewirtschaftung ist gelebte Praxis im Betrieb, behutsame Kellerwirtschaft ist Standard.
Eine beachtliche Bandbreite an Sorten profitiert von unterschiedlichen Bodenarten, und zwar vornehmlich Gneis, Sandstein, Kies und Löss. Die erste Geige spielen Grüner Veltliner und Riesling in diversen Spielarten, aber auch auf erlesene Formate aus Weißburgunder und Traminer ist der Winzer spezialisiert. *jw*

## KAMPTAL DAC

★★ S €€ GV
**2023 Grüner Veltliner Kamptal** + Feine gelbfruchtige Nase nach Weingartenpfirsich, am Gaumen apfelige Anklänge, cremig, frisch und saftig, feine mineralische Note, animierendes Säurespiel, balanciert und vergnüglich, ein herrlicher Speisenbegleiter.

★★★ S €€ GV
**2023 Grüner Veltliner Schönberg Löss** + Duftige Nase, Flieder und Apfel, auch Ananas-Einsprengsel kommen hinzu, zart nussig, einige Fülle, haftet gut an, vital und erfrischend, fein und salzig, guter Abgang mit einer schönen Pfirsichnote im Finish.

★★★ S €€€ GV — **PLV**
**2022 Grüner Veltliner Reserve Ried Renner** + Nuancierte Nase nach reifem Apfel, etwas Birne, ein Hauch Waldhonig, im Geschmacksbild nach grünem Apfel und Pfirsich, zart cremig, wunderbare Gaumenfülle, überaus saftig, feingliedrig-elegant, vital und erfrischend, trinkvergnügliche Charakteristik, feiner Abgang mit Anklängen von Marille und Birne.

★★★ S €€ RI
**2023 Riesling Terrassen Schönberg** + Gediegenes Bukett nach Pfirsich, gelbfruchtig, im Geschmacksbild nach Marille, feine Zitrusnote, langer vitaler Säurebogen, beschwingt und erquickend, gute Substanz, einige Gaumenfülle, animierender Nachhall.

★★★★ S €€€ RI — **TIPP**
**2022 Riesling Ried Rosenberg Reserve** + Feine Nase nach Marille, dahinter Blutorange, beachtliche Gaumenfülle, gediegen strömend, herrlich ausgewogen, mineralisch-salzig und gebündelt, getragen von einer herrlichen Sortenstimmigkeit, trinkvergnüglich auf hohem Niveau, Abgang mit guter Länge und einem deutlichen Honigton.

## NIEDERÖSTERREICH

★★ S €€ GS
**2023 Gemischter Satz A2** + Blumig-einladendes Bukett, Rosenblätter und Flieder, im Geschmacksbild auch zart nach Mandarinen, gute Substanz, vitaler Charakter, zart salzig und trinkvergnüglich, ein ausgezeichneter Konversationswein, der Freude bereitet.

★★★ S €€ PB — **PLV**
**2022 Weißburgunder Ried Oberalbing** + Feine sortentypische Nase, Anklänge von jungen Nüssen und reifer Birne, zart nussig, feine Würzenoten, haftet gut an, schöner Körper, straff und fokussiert, zarter Schmelz, saftig und zart cremig, guter Abgang mit grünem Apfel im Finish.

★★★ K €€€ SB
**2021 Sekt Sauvignon Blanc** + Im Bukett nach Stachelbeeren und Wiesenkräutern, würzige und grasige Noten, im Geschmacksbild nach Holunder und Marille, Anklänge von Traubenzucker, frisch und knackig, stimmungserhellender Charakter, angenehmes Mousseux, vital und fokussiert, sehr trocken und maskulin, ein pointiertes Format für Schätzer der Feingliedrigkeit – in diesem Sinne stimmig im Nachhall.

★★★★ S €€€€ RI
**2021 Riesling „X"** + Üppige Marillenfrucht in der Nase, hintennach Waldhonig, am Gaumen reife Fruchttöne, reicher Körper, animierender Säurebogen, der die barocke Statur bestens puffert, feines Gaumenspiel mit guter Anhaftung, balanciert, zeigt Saft und Kraft, stoffig und dicht, charmante Fruchtsüße, mineralisch, vielschichtig und komplex, gediegener Abgang.

★★★★ D €€€€€ TR — **TIPP**
**2021 „T"** + (Roter Traminer) Deutlich nach Trebern und Maische, dahinter eine Symphonie von Aromen, Dille, Orange und Karotte, auch traubige Akzente, hinzu gesellen sich eine passende Hefenote und vergnügliche Bittertöne, alles recht stimmig, erfrischend und wesenhaft vital, feinherb und fruchtig, vielschichtig und saftig, balanciertes Säurespiel, komplex, guter Körper, ein bemerkenswerter Individualist, der erquicklich seinem Finale entgegenströmt.

## Weingut
# Allram

**Lorenz Haas**
3491 Straß im Straßertal, Herrengasse 3
Tel. +43 2735 2232
weingut@allram.at
www.allram.at

Dieses Straßer Familienweingut zählt zu den renommiertesten Betrieben im Kamptal. Der Wechsel von einer gemischten Landwirtschaft zu einem reinen Weinbaubetrieb mit rund 12 Hektar Rebfläche erfolgte bereits in den 1950er-Jahren unter Großvater Walter Allram. Vinophiler Fokus und höchstes Qualitätsstreben zeichneten auch die folgende Generation in Gestalt von Tochter Michaela Haas-Allram und Erich Haas aus, die das Weingut nicht nur national an die Spitze führten und Mitglied der Österreichischen Traditionsweingüter wurden, sondern auch im Ausland rege tätig waren und in der Folge den Exportanteil auf 80 Prozent hochschraubten. Seit Mitte der vorigen Dekade zeichnet Lorenz Haas für die Weine des Weinguts Allram verantwortlich, Schwester Magdalena hat ihre eigene Weinpalette unter dem Namen „Jugend" kreiert.

Dank etlicher Praktika im In- und Ausland – Stationen waren Pfalz, Steiermark, Neuseeland, Südafrika und schließlich Wachau – hatte Lorenz Haas die Möglichkeit, Methoden und Techniken aus Alter und Neuer Welt nicht nur kennenzulernen, sondern formidabel miteinander zu verbinden. So hat er über die letzten Jahre den hohen Qualitätsstandard nicht nur gehalten, sondern weiter gesteigert. Auch stilistisch hat es einen behutsamen Wandel gegeben, die Weine von heute zeigen ein Plus an Finesse bei gleichzeitig straffer und pointierter Struktur sowie ausgeprägter Mineralität.

Der respektvolle Umgang mit der Natur ist schon seit Langem Thema im Weingut Allram. Folglich war die 2016 von Lorenz eingeleitete Umstellung in Richtung biologischer Bewirtschaftung „nicht sehr schwer", da die Eltern bereits wichtige Vorarbeit geleistet haben – so waren Kompostausbringung und Begrünung schon länger Standard. Mit dem Jahrgang 2023 erfolgte nun die Zertifizierung als Bio-Weingut.

Im Weingarten wird auf Handarbeit größter Wert gelegt – vom Rebschnitt über Laubarbeit bis zur ausschließlich händisch durchgeführten Lese. Im Portfolio befinden sich Weingärten in etlichen der renommiertesten Lagen von Straß und Umgebung wie Hasel und Wechselberg, Kammerner Renner, Straßer und Zöbinger Gaisberg sowie Zöbinger Heiligenstein. Zu den wichtigen Lagen zählen aber auch die kalkreiche Ried Gautscher, wo hervorragende Burgunder und Chardonnays herkommen. Jüngster Zuwachs im Lageninventar ist die an der Südostflanke vom Gaisberg situierte, terrassierte Ried Lammberg, wo der Lössboden mit Kalkanteil auf Schieferuntergrund für einen neuen Veltliner höchster Güte verantwortlich zeichnet.

Im durchaus herausfordernden Jahr 2023 mit seinen Regenphasen, Hagelschlägen und herbstlicher Hitze setzte Lorenz Haas ausschließlich auf Ganztraubenpressung, keinen bis wenig Maischekontakt, dafür lange Lagerung auf der Hefe. Beachtenswert ist im Weingut Allram die bereits den Dorfweinen geschenkte Aufmerksamkeit: Stellt schon der Grüne Veltliner Strass ein echtes Trinkvergnügen dar, so ist der mehrheitlich vom Gaisberg stammende Riesling Ortswein ein mehr als ernsthafter Sortenvertreter. Bestens gelungen sind die 1ÖTW-Lagenweine sowie der neue Ried Lammberg aus dem weniger kräftigen Jahr 2022, die durch Transparenz und Eleganz glänzen. Unter den Veltlinern drängt der Neuzugang von jungen Reben am Lammberg ganz klar ins Premiumsegment. Durchwegs hochwertig sind die Rieslinge, von denen sich der Heiligenstein als Primus inter Pares bestätigt. Nicht übersehen sollte man im Hause Allram die Burgundersorten: Bietet bereits der Weißburgunder Papageno gediegenen Trinkspaß, so ist der Grauburgunder reich mit gutem Tiefgang. Ganz anders und tatsächlich etwas an einen Chassagne-Montrachet moderner Machart erinnernd ist der messerscharfe Stellar, der heuer ebenfalls die Höchstwertung abstaubte. In Rot gibt's dann noch den hübschen, sehr jugendlich wirkenden St. Laurent, der aktuell aus 2019 stammt. **psch**

### KAMPTAL DAC

★★★ S €€ GV
**2023 Grüner Veltliner Strass** + Ansprechende Würze und pfeffrige Noten, leicht röstig, elegante Frucht, Hirschbirnen, samtig, etwas Pfefferoni; fest und straff, elegant, lebhaft, ziemlich kernig, guter Grip, anregend.

★★ S €€ GV
**2023 Grüner Veltliner Ried Hasel** + Recht cremige Fülle, etwas Biskuit, Gelbfrucht, strahlt Reife aus, zarte Wachsnote, ruhig und voll; mittelgewichtig, angenehme Frucht, viel Zitrus, knackig, frisch, zartherb, mittleres Finish.

★★★ K €€€ GV
**2022 Ried Renner 1ÖTW Grüner Veltliner** + Cremige Fülle, bisschen Müsli, rauchig, ein Hauch von Roggenbrot, dezente Frucht; mittelkräftig, anregende Frucht, Zitrus, viel Grapefruits, recht straff, zartherb, fest, strukturbetont, Biss, mittleres Finish.

★★★★ K €€€€ GV
**2022 Ried Gaisberg 1ÖTW Grüner Veltliner** + Kühle Frucht, Keksnoten, recht samtig, Hülsenfrüchte, Quittenkäse, bisschen süße Kamille, ein Hauch von Fenchel; dezente Würze; kernig und knackig, auch viel Zitrus, Pomelos und Quitten, gute Struktur und Länge.

★★★★ K €€€€ GV **TIPP**
**2022 Ried Lammberg Grüner Veltliner** + Sanft-samtige Fruchtfülle, Wachs und Biskuit, Zimthauch, süße Würze, türkischer Honig; elegant schmelzig, traubige Komponente, zart gewürzig, bildhübsche Frucht, bisschen Birnen, Schliff, lebhaft, guter Biss, fest, beachtlich.

★★★★ S €€€ RI **TIPP**
**2023 Riesling Strass** + Anfangs leichte Reduktion, flinsig, leicht röstig, pikant, etwas kühle Frucht, kandierte Ananas, Grapefruits, dann auch floral; wunderbar saftig, elegante Frucht, ganz viel Steinobst, auch Ananas, Melone, pikanter Fruchtsalat, knackig, tolle Frische, vibrierend, lang.

★★★★ K €€€€ RI
**2022 Ried Zöbinger Gaisberg 1ÖTW Riesling** + Recht zurückhaltend, dabei samtige Fülle andeutend, Zitronenmelisse, traubig, gelbfleischige Nektarinen, Fruchtgelee, leicht würzig; viel gelbes Steinobst, auch Zitrus, recht saftige Mitte, wirkt rassig und pikant, viel Biss nach hinten.

★★★★★ K €€€€€ RI **TOP**
**2022 Ried Zöbinger Heiligenstein 1ÖTW Riesling** + Kühl und leicht rauchig, anfangs Kräuter und Paraffin, dann tiefgründige Frucht, Melonen, Weihrauch, toll ausgewogen; supersaftig, sehr rassig, köstliche Fruchtfülle, ausgereift, ungemein pointiert, präzise, messerscharf, lang.

### NIEDERÖSTERREICH

★★★ S €€€ PB
**2023 Weißburgunder Papageno** + Eher dezente Nase, hübsche Frucht, helles Zitrus, Weißbrothauch, zart röstig; kernig, erfrischend, angenehmer Biss, saftige Mitte, feine Klinge, hinten kompakt, gewisse Länge.

★★★★ K €€€€ PG
**2022 Grauburgunder Reserve** + Satte wie reiche Fülle, bisschen Butterscotch, recht viel Würze, cremig und dicht; vollmundig am Gaumen, wieder cremig, mit eleganten Orangennoten unterlegt, fest, griffig, lang, viel Luft geben.

★★★★★ S €€€€€ CW **TOP**
**2021 Stellar** + (90 % Chardonnay) Pikant-mineralische Würze, kalkig, Zitronenzesten, sehr viel Grapefruits, helle Frucht, feinste rauchige Note; ungemein pointiert, saftiger Biss, lebhaft, eine Idee Zimt, sehr straff, knackig, viel Spannung, packend, feine ziselierte Länge, toll.

★★★ K €€€ SL
**2019 St. Laurent Ried Gaisberg Reserve** + Recht samtig, gut ausgereift, dichte Frucht nach Weichseln, Hagebutten und Himbeeren, feuchtes Unterholz; saftig, elegant-trinkig, gute Frische, pikant, einiger Biss, feiner Speisenbegleiter.

♛ ♛ ♛

## Weingut
# Am Berg

**Michael Gruber**
3550 Langenlois, Mittelberg 41
Tel. +43 2734 2965, Fax -90
office@weingut-am-berg.at, www.weingut-am-berg.at
15 Hektar, W/R 80/20, 80.000 Flaschen/Jahr

Ich verkoste die Weine dieses Weingutes schon einige Zeit und stelle fest, dass man sich peu à peu an die Spitze der Langenloiser Winzer annähert. Die Weine sind von einer außergewöhnlichen Qualität, aus verschiedensten und besten Lagen. Es sind überaus authentische, charaktervolle, typische Kamptaler Gewächse. Die Reben des Hauses stehen auf unterschiedlichen Böden wie Urgestein, Löss und Lehm. Die Weingärten werden naturnah bewirtschaftet.

Die aktuellen Weine sind ganz hervorragend. Die besten kommen aus besonderen Lagen wie Ried Steinhaus 2022 Grüner Veltliner und Riesling, Ried Käferberg Grüner Veltliner 2022 – das ist der Hammer, 2023 Riesling Stein Terrassen – ein Riesling mit Restzucker von faszinierender Intension. Ein traumhafter Gelber Muskateller 2023 hat mich gefangen genommen. Ebenfalls hat mir die 2022 Burgunder Reserve Ried Rothenbichl gefallen. Überhaupt haben mir alle Weine gefallen. *as*

### KAMPTAL DAC

★★★ S €€ GV
**2023 Grüner Veltliner Mittelberg** + Ein Grüner Veltliner voller Würze, Tabak, Steinobst, Apfeltöne, füllige Eleganz, fruchtig, harmonisch, Exotik kommt ins Spiel. Ein süffiger Grüner Veltliner Ortswein auf hohem Niveau.

★★ S €€ RI
**2023 Riesling Mittelberg** + Marillen, Zitrus, Rhabarber, der zeigt seine Klasse, rassig, Säurebiss, ziemlicher Tiefgang, mineralisch, klirrend, glasklare Strukturen, Riesling pur.

★★★ S €€€ RI
**2023 Riesling Stein Terrassen** + (halbtrocken) Zarte Schwammernoten, Marillen, Pfirsich, salzig, steinig, tiefgründig, feste Struktur, der zarte Restzucker steht ihm bestens und wird ihn in lichte Höhen bringen. Schiefrige Noten, der steht am Beginn einer großen Zukunft.

★★★ S €€ GV
**2023 Grüner Veltliner Ried Kellerberg** + Ein eher zartbesaiteter Grüner Veltliner, zurückhaltend, transparent, etwas Pfeffer, Kernobst, Zitrus, gewisse Eleganz, seidig-feine Frucht, unaufdringlich, dezente Würze. Unaufgeregt gut.

★★★★ S €€€ GV **TIPP**
**2022 Grüner Veltliner Reserve Ried Steinhaus** + (Holzfassausbau) Wirkt anfangs etwas barock, dichte Struktur, fruchtige Fülle, angenehme Säure, Kräuternoten, cremige Textur, homogen, ruhig, in sich gefestigt, voller Harmonie, ein gediegener Grüner Veltliner, der sich am Gaumen schmiegt.

★★★★ S €€€ RI
**2022 Riesling Reserve Ried Steinhaus** + Ein Wein, der in sich ruht, gewisse Frische, angenehme Säure, ganz klar Riesling, Marillen, schmelziges Fruchtspiel, immer elegant, gelbe Früchte, ein hervorragender Riesling von Klasse, der ganz einfach wunderbar zu trinken ist. Kamptal pur.

★★★★ S €€€ GV **TIPP**
**2022 Grüner Veltliner Reserve Ried Käferberg** + (Holzfassausbau) Barocke Intension, dabei immer von Eleganz begleitet, immer feinfruchtig, immer von transparenter, filigraner Struktur, cremige Fülle, Pfeffer, reifer Apfel.

### NIEDERÖSTERREICH

★★ S €€ GM **FUN**
**2023 Gelber Muskateller Mittelberg** + Zitronenmelisse, dezent Holunder, Litschi, Apfelschalen, voller Frische, zarter Restzucker, welcher die Säure auffängt, feine Frucht, elegant, balanciert, ein wunderbarer Muskateller von seidigem Glanz, pikante Noten, einfach lustvoll zu trinken.

★★ S €€ CR
**2021 Rosé Reserve Ried Loiserberg** + (ZW/ME/PN) Rosarote Farbe, Holznoten, Kräuter, Pilze, gehaltvoll, fruchtig, cremig, von männlicher Eleganz, ruhig strömend, gute Länge. Ein gereifter, ernsthafter Rosé.

★★ S €€ PG
**2022 Grauer Burgunder** + Ein feines, ruhiges Aroma, Birnen, dezenter Bratenduft, herrliches Fruchtspiel, schöne Säure, Pilznoten, sehr elegant, gewisse Noblesse ausstrahlend, weinige Struktur, voll in der Balance.

★★★ S €€€ CW
**2021 Burgunder Reserve Ried Rothenbichl** + (Grauer und Weißer Burgunder + Chardonnay) Fein holzunterlegt, etwas Vanille, reifer Apfel, cremig, feine Frucht, herrliche Fruchtsüße, schmelzig, voller Harmonie bei fester Struktur, mit einer noblen Fülle, weinigem Ausdruck.

♛ ♛ ♛

# Weingut
# Kurt Angerer

**Kurt Angerer**
3552 Lengenfeld, Annagasse 101
Tel. +43 676 4306901
kurt.angerer@aon.at, www.kurt-angerer.at
36 Hektar, W/R 60/40

Kurt Angerer ist ein kompromissloser Qualitätsfanatiker, vor allem bei sich selbst. Ich kenne keinen kritischeren Winzer bei seinen Weinen wie eben ihn. Er deklassiert beinhart Weine, die nicht seinen Anforderungen entsprechen. Dass Kurt Angerer konsequent, unangepasst seinen Weg geht, mag polarisieren, doch dient es ausschließlich der Qualität. Er hat einen 80%igen Exportanteil. Ich meine, dass dies ein schlechtes Zeugnis für Österreich ist. Der Prophet zählt wohl nichts im eigenen Land.
Herr Angerers Weine erhalten jedwede Zeit zum Reifen. Davon zeugt der 2011 Grüne Veltliner White Granite, der sich jetzt in Höchstform präsentiert. Ebenfalls der 2018 Rote Veltliner – quasi Late Release, der jetzt in seiner Harmonie unübertroffen ist. Kurt Angerer ist ein weltoffener Winzer, der die Nase im Wind trägt, doch niemals auf seine Wurzeln vergisst. Meine absoluten Favoriten sind Grüner Veltliner Spieß und Ried Schreckenstein sowie 2023 Riesling Ried Pfeiffenberg – alles aus 2023, 2022 Veltliner unfiltriert und 2021 Merlot.
In diesem Weingut gibt es nicht nur Grünen Veltliner, Riesling, Roten Veltliner und Merlot, sondern auch Pinot Blanc, Grauburgunder, Traminer, Semillon, Viognier, Syrah, Cabernet Sauvignon und Franc. Aus all diesen Rebsorten keltert Kurt Angerer überragende, lagerfähige Weine und auch Rotweine von internationaler Klasse. *as*

## KAMPTAL DAC

★★★ S €€€ GV
**2023 Grüner Veltliner Ried Frauenberg** + Wiesenkräuter, Apfelnoten, feine Exotik, dezent Ananas, Mango, Pfefferschleier, saftige Frucht, cremiger Touch, perfekte Säure, elegante Noten, zeigt Ausdruck, besitzt Druck.

★★★★ S €€€ GV
**2023 Grüner Veltliner Spieß** + Kühles, steiniges Bukett, gelbfruchtig, Apfel, Grapefruit, Tabak, feinste Frucht, pfeffrige Würze, mineralisch, subtile Eleganz, charaktervoll.

★★★★ S €€€€€€ GV — TIPP
**2023 Grüner Veltliner Ried Schreckenstein** + Das ist Finesse pur, hohe Eleganz, feingliedrig, vielschichtig, noble Fülle, unwiderstehliche Fruchtsüße, etwas Pfeffer, Ananas, Marille, von subtilem Ausdruck. Ein Grüner Veltliner, der zu den besten des Landes zählt.

★★★★ S €€€€€ RI — TIPP
**2023 Riesling Ried Pfeiffenberg** + Sensationeller Riesling mit fast noch embryonalem Ausdruck, Marille, Pfirsich, Grapefruit, Exotik, tiefgründig, straff, engmaschig, enorm mineralisch, strukturiert, faszinierend, viel Potenzial.

## NIEDERÖSTERREICH

★★★ S €€€€ GV
**2023 Grüner Veltliner Eichenstaude** + Kühles, feines Bukett, frischer Apfel, Birnentouch, etwas Pfeffer, fein linierte Frucht, ungemein elegant, süffig, balanciert, voller Frische.

★★★★ S €€€€ GV
**2023 Grüner Veltliner Loam** + Pfefferwürziges Bukett, dunkel getönt, Kernobst, etwas Pfirsich, ungemein feines Fruchtspiel, der Wein gewinnt mit Luft enorm, das anfangs Dunkle weicht einer fruchtigen Frische, überaus elegant, es kommt Exotik ins Spiel.

★★★★ K €€€€€ GV
**2022 Grüner Veltliner unfiltriert** + Fichtennadeln, ätherisches Bukett, Brotkruste, exotische Töne – Ananas, Mango, zeigt Frische am Gaumen, Marillen, bei aller Opulenz reichhaltig. Tolle Fruchtsüße, Druck nach hinten, voller Harmonie, Volumen und Reichtum. Perfekt unterlegtes Holz.

★★★ K €€€€€€ RV
**2018 Roter Veltliner Reserve** + Sattes Gold, Holzfassausbau, Karamell, Lebkuchen, Honig, in sich harmonisch, ruhig strömend, feine Fülle, geht wunderbar auf, perfekte Balance, kraftvolle Eleganz, nussige Aspekte, seidiges Fruchtspiel, guter Rückhalt, besitzt Druck.

★★★★ K €€€€€ GV — TIPP
**2011 Grüner Veltliner White Granite** + Was für ein Wein, präsentiert sich total jugendlich, hellgelbe Farbe, mineralische Nase, steinig, gelbfruchtig, bisschen Pfeffer, Steinobst, Mango, gereift, doch niemals alt, distinguierte Fülle, mit über 12 Jahre gereifter Wein aus diesem heißen Jahrgang, der sich seine Frische bewahrt hat, seine Frucht, seine Eleganz, seinen geheimnisvollen Ausdruck. Ein Grüner Veltliner von innerer Größe.

★★★★ K €€€€ ME
**2021 Merlot** + Tiefschwarz, Tintenblei, schwarze Beeren, etwas Minze, ungemein fest strukturiert, dicht gestrickt, griffig, enorm ausdrucksstark, ein kraftvoller Rotwein, tiefgründig, intensiv, enormes Potenzial.

## Weingut
# Martin & Anna Arndorfer

Martin Arndorfer, Anna Arndorfer
3491 Straß im Straßertale, Weinbergweg 16
Tel. +43 2735 2254
info@ma-arndorfer.at, www.ma-arndorfer.at
22 Hektar, W/R 80/20

Wie soll ich diese faszinierenden Gewächse beschreiben, ohne in Lobhudelei zu verfallen? Daher lobe ich sie nicht, sondern schaffe Fakten. Fakt ist – sie benötigen viel Luft, sind immer spannungsgeladen, immer mit präsenter Säure, immer leicht, bekömmlich und voller Vitalität, immer mit Frische und überschwänglichem Leben, immer mit Struktur und Tiefgang, immer höchst individuell, immer präsent, immer mit besonderem Ausdruck, immer mit Substanz, immer mit einem Touch Genialität, immer unglaublich trinklustig, immer authentisch, niemals belastend, niemals vordergründig, voller Intensität. Nun denn, man wähle einen dieser Weine aus, probiere ihn und man wird die obigen Attribute wiederfinden – in jedem Wein. Die Weine werden überwiegend nicht filtriert, teilweise maischevergoren, daher immer etwas hefetrüb. Mit Schwefel wird gespart. *as*

### ÖSTERREICH

★★★ S €€ GV  **FUN**
**2023 Grüner Veltliner handcrafted** + (unfined & unfiltered) Hefetrüb, Mandarinenspalten, Zitrus, Ananas, etwas Mango, Pfeffertöne, Kräuter, Kamille, voller Rasse, immer lebendig und frisch, elegant, geradlinig, niemals vordergründig, ungemein vital.

★★★ S €€ CW
**L-vsw23 Vereinter Schatz** + (GV/RI) Hefetrüb, voller Kräuterwürze, Kamille, Löwenzahn, Pfirsich, Marille, Mango, Hefenoten, Teeblätter, unglaublich vielschichtig, faszinierend, frisch-fruchtig am Gaumen, hochelegant, dezente Würze, feines Säurespiel, tänzelt am Gaumen.

★★★ K €€€€ CW  **TIPP**
**L-av23 anina verde** + (GV-Saft / RI maischevergoren) Hefetrüb, Orangenschalen, Zitrus, Pfefferwürze, Mango, frische Kräuter, animierender Gerbstoff, strukturiert, prägnante Säure, frisch und lebendig am Gaumen, voller Pikanz, spannend.

★★★ S €€€ GV
**2022 Grüner Veltliner Strasser Weinberge** + Sattes Gelb, gediegenes Bukett, süße Gewürze, etwas gemahlener Pfeffer, Kräuter, Pfirsich, Ananas, herrliche Säure, straffe Struktur, voller Leben, absolut jugendlich, unheimlich animierend.

★★★ S €€€ RI
**2022 Riesling Strasser Weinberge** + Sattes Gelb, kandierte Früchte, vor allem Marillen, Orangenzesten, eine Ahnung von Rosen, feinstes Aroma, super Säure, ungemein vielschichtig, ein großartiger Riesling voller Verve und Ausdruck.

★★★★ K €€€€€ GS  **TIPP**
**2022 Gemischter Satz Terrassen 1958** + (NB/GV/RI) Enorm vielschichtig, feines Aroma, Pfeffer, Kräuter, feine Exotik, Löwenzahn, Kamille, dezente Marillen, rassig, voller Pikanz, der geht in die Tiefe, ungemein spannungsgeladen, Wahnsinnssubstanz.

★★★★ K €€€€ MT
**2022 Müller Thurgau PER SE** + Sattes Gelb, Hefenoten, Kräuter und Gewürze, Anis, Kurkuma, leicht (10,5 % Vol.), präsente Säure, animierender Gerbstoff, viel Struktur, einiger Tiefgang, die Maischevergärung entlockt dieser Rebsorte einiges an Aromen. Ausdruck pur – leicht kann auch großartig sein.

★★★★ K €€€€ NB
**2022 Herrengasse 4** + (NB) Maischevergorener Neuburger, diese Ausbauart entlockt dieser an sich eher neutralen Sorte viel, Exotik – Mango, Ananas, Zitrus, feingliedrig bei tollem Körperbau, einiger Stringenz, einiger Tiefe, voller Spannung, einer präsenten Säure, das ist Tiefgang.

★★★ K €€€€ CW
**2022 Die Leidenschaft weisz** + (Ried Gaisberg, CH/ NB gemeinsam vergoren + GV/RI) Dunkle Tönung, Walnüsse, Vanille, Mango, Zitrus, reife Birne, rassige Säure, total jung, viel Zukunft.

★★★ K €€€€ CR
**L-rm23 r...maria** + (ZW Rosé-Saft + GV maischevergoren) Dunkelrote Farbe, frische Kirschen, Himbeeren, Zwetschken, Orangenschalen, transparente, doch feste Struktur, dezente Frucht, engmaschig, einiger Tiefgang, rotbeerig, rassig, leicht.

★★★ K €€€€ CR
**L-mr23 martha r....** + Kirschfarben, Zwetschken, Kirschen, elegant und transparent, frische Säure, lebendig, leicht (10,5 % Vol.), einiger Tiefgang, straffe Struktur. Ein überzeugender, leichter Rotwein, der auch Fischgerichte sehr gut begleitet.

★★★ K €€€€ CR
**L2020/sr die Leidenschaft rot** + Tiefschwarz, Kirschen, Lakritz, Pflaumen, schwarze Beeren, dunkle Tönung, gereift, am Gaumen hochinteressant, präsente Säure, einiger Tiefgang, baut Frucht auf, spannend, jetzt sehr schön zu trinken.

# Weingut
# Brandl

**Günther Brandl**
3561 Zöbing, Lauserkellergasse 1
Tel. +43 2734 2635
office@weingut-brandl.at, www.weingut-brandl.at
10 Hektar, W/R 100/0, 50.000 Flaschen/Jahr

Die aktuell verkosteten Weine der Familie Brandl – hier stimmt Familie absolut, da werkt der gesamte Familienverbund – sind von einer seltenen Fulminanz und überragender Typizität. Hier stehen Rebsorte und Boden in Einheit zueinander. Es sind wahrlich begeisternde Weine. Schon der 2023 Gelber Muskateller brilliert durch seine überragende Transparenz. Ein Wein, der die feine Klinge des Winzers schon andeutet. Zöbing – Weingärten mit Urgestein im Untergrund und verwitterte Gesteins- und Sandauflage, ein überzeugender 2023 Grüner Veltliner. Zöbing-Terrassen – Urgesteinsterrassen am Heiligenstein und Kogelberg, beide Weine aus 2023 – Grüner Veltliner und Riesling – sind hochwertige Ortsweine von absoluter Klasse. Ried Kogelberg – verwitterter Gneis und Glimmerschiefer, beide Weine aus 2023 – Grüner Veltliner und Riesling – zeugen von dieser Lage. Diese kann man schlichtweg als genial bezeichnen. Ried Heiligenstein – Wüstensandsteinkonglomerat mit sandigen Böden, mit dem Riesling 2023 wächst Großartiges heran. Die Ried Lamm liegt am Hangfuß des Heiligensteins, mit lehmigem, sandigem Schluff. Der 2022er Grüner Veltliner aus dieser Lage befindet sich gerade im Umbruch zu einem besonderen Wein. Dieser Wein benötigt viel Luft, wie ziemlich alle Weine der Brandls. Zeitgerecht belüften, ja, Karaffieren wäre angebracht. *as*

## KAMPTAL DAC

★★ S €€ GV
**2023 Grüner Veltliner Zöbing** + Pfeffrig, gelbfruchtig, feine Exotik wie Ananas, Orangenschalen, gelber Apfel, Mandelblüten, fruchtig, zart würzig, immer kühl, frisch, macht so richtig Spaß.

★★★ S €€ GV
**2023 Grüner Veltliner Zöbing-Terrassen** + Kühl, pfeffrig, Pfirsich, frische Kräuter, Tabak, frische Äpfel und Birnen, gelbe feine Früchte, elegant, zeigt Finesse. Ein überaus hochwertiger, stimmiger Grüner Veltliner mit mineralischen Aspekten und Druck nach hinten.

★★★ S €€ RI
**2023 Riesling Zöbing-Terrassen** + Marille, Rhabarber, Zitrus, Orangenzesten, frisch, rassig, streng am Gaumen, doch mit Eleganz, mit Verve, voller Pikanz. Klassisch Riesling, immer kühl und hellfruchtig, dicht strukturiert. Ganz einfach wunderbar.

★★★ S €€€ GV
**2023 Grüner Veltliner Reserve Ried Kogelberg 1ÖTW** + Ein Wein, der enorm viel Luft braucht, voller Mineralität, Stein- und Kernobst, Zitrus, elegant, feine Frucht, steinige Aspekte, eng und dicht strukturiert, immer kühl und intensiv, vibriert am Gaumen.

★★★★ S €€€ RI  FUN
**2023 Riesling Reserve Ried Kogelberg 1ÖTW** + Zitrusfrische, Steinobst, filigrane Noten, Mandarinen, ein herrlicher Riesling von subtiler Feinheit und schlanker Eleganz, seidiger Glanz, da ist viel Mineral im Spiel, zarte Frucht, ganz feine Klinge, die Marille setzt sich durch. Ein äußerst feingliedriger Riesling von einer fast unerreichbaren Fulminanz.

★★★★ S €€€€ RI  TIPP
**2023 Riesling Reserve Ried Heiligenstein 1ÖTW** + Das ist tiefgründiger Riesling, Apricot, Mandarinen, engmaschig, feines Säurespiel, dichte Struktur, fordernd, streng, das ist intensiver Riesling mit viel Mineralität. Total eng, straff, dicht, enorm ausdrucksstark. Das ist/wird großer Riesling. Immer mit subtilen Noten und adeligem Ausdruck. Hier regiert die Noblesse.

★★★★ S €€€€ GV  TIPP
**2022 Grüner Veltliner Reserve Ried Kammerner Lamm 1ÖTW** + Dunkel getönt, kühler Nadelwald, getrocknete Kräuter, ungemein würzig, etwas Karamell, rauchige Noten, der Nadelwald bleibt bestehen, tiefgründig, subtil, ein Hauch Vanille, ziemliche Frucht, saftig, wird mit Luft frischer, eleganter, eben ein gereifter Grüner Veltliner. Da steckt einiger Stoff dahinter. Viel Salz.

## NIEDERÖSTERREICH

★★ S €€ GM
**2023 Gelber Muskateller** + Zitronenmelisse, dezente Holunderblüten, weißer Apfel, frisch, zart fruchtig, elegant, seidig und feingliedrig, Mandarinenzesten, transparente Struktur. Ungeheuer attraktiv.

# Weingut
# Bründlmayer

**Wilhelm Bründlmayer**
3550 Langenlois, Zwettler Straße 23
Tel. +43 2734 21720
weingut@bruendlmayer.at, www.bruendlmayer.at
90 Hektar, W/R 70/30, 600.000 Flaschen/Jahr

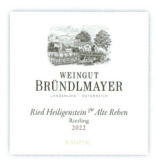

Wie eigentlich nicht anders zu erwarten war, hat die erfahrene wie innovative Bründlmayer-Crew auch die beiden gar nicht so einfachen Weißwein-Jahrgänge 2023 und 2022 mit Bravour gemeistert, was sich in zahlreichen hohen Bewertungen widerspiegelt; und für ausgezeichnete Rotweinjahre wie 2019 und 2021 gilt dies naturgemäß erst recht. Aus der Kamptal-Gebietsserie ist beispielsweise der zartgliedrige Riesling als fruchtige Versuchung voll Schwung und Esprit besonders hervorzuheben. Bei den leichteren Veltlinern gefällt bereits der schlanke, doch pfiffige L & T, der zwar spritzig und lebhaft ist, doch ohne jede Aggressivität über den Gaumen rollt. Eine Klasse für sich stellt der 2023er Berg-Vogelsang dar, der es versteht, kühle Eleganz mit Dichte und Trinkfluss zu verbinden.

Die Veltliner und Rieslinge aus den Ersten Lagen dürfen ja bekanntlich seit einigen Jahren längere Fass- und Flaschenreife genießen, wodurch sich diesmal folgerichtig die 2022er auf dem Prüfstand befanden. Davon haben beispielsweise die ruhig strömenden, vornehmen Langenloiser Alten Reben schmeckbar profitiert. Der wieder sehr fruchtbetonte Grüne Veltliner von der Ried Käferberg ist bei aller Kraft keineswegs zu üppig ausgefallen, und die legendäre Version vom Kammerner Lamm präsentiert sich bereits überraschend offen und aussagekräftig; die Strahlkraft dieses Veltliner-Monuments verspricht jedenfalls bereits Großes für die nahe Zukunft. Ebenfalls in Hochform befand sich der Zöbinger Heiligenstein-Riesling von den Alten Reben, der 2022 mit ungewohnten rotbeerigen Fruchtnuancen punktet und wieder einmal zu einem ebenso denkwürdigen wie langlebigen Riesling heranwachsen sollte.

Auf dem roten Sektor gefällt bereits der ungemein lebhafte und zupackende 2021er Zweigelt des „Einstiegsbereichs" so gut wie noch nie. Die erwartete Steigerung erbringt dann die fulminante 2019er Reserve, die für diese Rebsorte im Hause Bründlmayer neue Maßstäbe setzt. Der überaus aparte und elegante Pinot Noir aus diesem großen Rotwein-Jahrgang wurde ja schon im Vorjahr abgehandelt, weshalb an dieser Stelle nur zu berichten ist, dass er sich immer besser entwickelt. Demnächst neu am Markt sein wird hingegen der zwar noch in den Kinderschuhen steckende, aber seine Komplexität und sein Potenzial bereits auf beeindruckende Weise andeutende 2019er Cabernet Franc, der seinen ohnehin ausgezeichneten Vorgänger aus 2018 noch deutlich übertreffen sollte. Das perlende Segment wurde diesmal durch den ebenso rassigen wie eleganten Blanc de Blancs repräsentiert, der zarte Zitrusfrucht mit dezentem Autolyseton verbindet, doch ebenfalls von etwas Flaschenreife noch profitieren sollte. *vs*

## KAMPTAL DAC

**★★ S €€ GV**
**2023 Grüner Veltliner L & T** + Nach Apfelchips und Zuckermais, frisch und kühl unterlegt, schlanke Textur, pfiffig und blitzsauber, animierender, ausgewogener Sommerwein mit hohem Spaßfaktor.

**★★★ S €€ GV**
**2023 Kamptal Grüner Veltliner Terrassen** + Intensives Kernobstbukett, vor allem Birne, auch feine Kräutermischung, legt mit Luft rasch zu, cremig und rund, dezenter Lösscharakter, rauchige Untertöne, schon erstaunlich harmonisch.

**★★★★ S €€ GV**          TIPP
**2023 Ried Berg Vogelsang Grüner Veltliner** + Leicht hefiger Beginn, bestechend klare Nase nach Mais und grünem Tee, gute Dichte, apart und fein liniert, sehr elegant, feine Birnenfrucht gepaart mit Wermut, schwungvoll und nuanciert, zupackend und ausdauernd, in jeder Hinsicht gelungen.

**★★★ S €€€ GV**
**2023 Ried Loiserberg Grüner Veltliner** + Rauchiger Beginn, etwas Majoran und Schwarzbrot, pfeffrige Würze, rund und ausgewogen, saloppe Apfelfrucht, verspielt und herkunftstypisch, recht fein strukturiert.

**★★★ S €€€ RI**          PLV
**2023 Kamptal Riesling Terrassen** + Hauchfeines Duftspiel nach weißen Blüten, Pfirsich und Litschi, zartgliedrig, vital und glockenklar, feinstrahlig und dicht verwoben, pfeffrige Würze und Mandarinenschale, schöne Balance.

**★★★★★ K €€€€€€ GV**          TOP
**2022 Ried Käferberg Grüner Veltliner 1ÖTW** + Beginnt mit etwas Reduktion und hefigem Einschlag, spielt sich aber rasch frei, Grüntee und Papaya im noch schüchternen Bukett, feinkörnig und fokussiert, am Gaumen schon freigiebiger, engmaschig, kraftvoll und extraktsüß, intensive gelbfruchtige Aromen nach Zuckermelone und Kirschpflaume, satter Schmelz vor dem langen Finale, große Ressourcen.

**★★★★★ K €€€€€€ GV**          TIPP
**2022 Ried Kammerner Lamm Grüner Veltliner 1ÖTW** + Verblüffend aussagekräftiges Bukett nach Mandeln und Pistazien mit einem Hauch von Orangenblüten und Akazienhonig, vom Holz nur dezent umrahmt, sehr subtil, Eleganz und Finesse in Vollendung, das tiefe, leicht exotisch anmutende Fruchtspiel weiß sich im „burgundischen" Kontext stets zu behaupten, enorme Länge und Strahlkraft – ein großer Lamm-Veltliner im Werden.

**★★★★★ K €€€€€€ RI**          TOP
**2022 Zöbinger Ried Heiligenstein Riesling Alte Reben 1ÖTW** + Zunächst ein wenig zugeknöpft, geht jedoch rasch auf und offeriert gelbfruchtige Anklänge von Sanddorn und Mirabelle, sehr dicht verwoben und gebündelt, am Gaumen ungewöhnlich rotbeerige Fruchtakzente und Cassis, konzentriert und finessenreich, sehr individuell und ausdauernd, noch embryonal, doch vielversprechend.

## NIEDERÖSTERREICH

**★★★★ K €€€€€ GV**
**2022 Grüner Veltliner Langenloiser Alte Reben** + Sofort überzeugender Aromenreigen nach alten Apfelsorten und geriebenen Nüssen, auch rotbeerige Akzente, nobel wie balanciert, süße Steinobstfrucht, reichhaltig und sanft strömend, salziger, langer Abgang.

**★★★ K €€€ GM**
**2023 Ried Rosenhügel Gelber Muskateller** + Intensiver Duft nach Rosenblüten und Litschi, traubige Delikatesse bei schlanker Struktur, zimtige Würze und Muskatnuss, einerseits oldschool, andererseits kompromisslos und straff, Säurebiss im Finish.

**★★★ K €€€€€ CH**
**2022 Chardonnay Reserve Ried Steinberg** + Rauchige Nase nach gerösteten Mandeln und Kaffee, gelbfruchtige Komponenten erst im Aufkeimen, recht deutlicher Eicheneinfluss, Salzkaramell und Erdnüsse, noch etwas unentwickelt, mittlere Länge.

**★★ S €€ ZW**
**2022 Rosé Zweigelt** + Blumig und einladend, zarter Erdbeerduft, auch etwas Rhabarber, agil und belebend, schlanke Mitte, rund und saftig, ideal für warme Sommerabende.

**★★★ S €€€ ZW**          FUN
**2021 Zweigelt** + Beginnt mit markanter Kirschfrucht, wobei gelbfruchtige Akzente zusätzliche Frische verleihen, leicht maischige Töne verfliegen rasch, ungekünstelt und kompakt, in jeder Phase präsent und agil, feine Säurespur im Finish, für seine Kategorie beispielhaft.

**★★★★ K €€€€€ ZW**          TIPP
**2019 Zweigelt Reserve** + Wunderbar ausgewogene dunkelbeerige Note, nach Waldboden, Wacholder und Lorbeer, feingliedrig wie komplex, am Gaumen überraschend helle Kirschfrucht, sehr elegant und fruchtsüß, samtige Tannine im langen Nachhall – eine vielleicht zukunftsweisende Interpretation voll Spannkraft und Trinkfluss.

**★★★★ K €€€€€ CF**          TIPP
**2019 Cabernet Franc Reserve** + Bezauberndes Duftspiel nach Kakao, Teeblättern und Olivenpesto, ruhig strömend wie vielschichtig, fester Körperbau, dicht verwoben und finessenreich, schwarze Kirschen und Dirndlbeeren, hochelegant und präzise strukturiert, klingt auf reifen Tanninen lange nach, große Reserven.

**★★★★ K €€€€€ CH**
**Blanc de Blancs Extra Brut Reserve** + (im Juni 2023 nach 84 Monaten Hefelager degorgiert wurde dieser aus dem Jahr 2014 stammende Sekt) Blütenduft gepaart mit Grapefruit, sehr anregend und glockenklar, Getreideflocken und Toastbrot, eher schlanke Statur, elegante Art, straff und von pikanter Säure durchzogen, beintrocken im Abgang, erst am Beginn.

# Weingut
# Alfred Markus Deim

**Alfred Markus Deim**
3562 Schönberg am Kamp, Mollandserstraße 14
Tel. +43 664 3502312, +43 664 5091348
weinbau@deim.info, www.deim.info
20 Hektar, W/R/S 76/23/1

URGESTEINS-RIESLING
Ried Irbling 2023
Kamptal DAC

Ich habe dieses Weingut bis dato nur vom Hörensagen gekannt. Jetzt hatte ich Gelegenheit, die Weine zu verkosten. Ich wurde nicht enttäuscht. Ganz im Gegenteil, es sind erstaunliche Gewächse. Ich möchte keinen einzigen hervorheben, da es eine überaus homogene Serie war. Darunter ein wunderbarer Gelber Muskateller, ein Chardonnay, der so richtig gut schmeckt. Die Serie der Grünen Veltliner und Rieslinge ist überragend. Jeder einzelne brilliert auf seine Art und Weise. Das Weingut hat auch einen Weingarten in Mautern/Wachau – nur als Hinweis. Im Verkauf sind auch noch zwei TBA-Weine vom Riesling – 2018 und 2014 – sie sind eine Atzung für sich.

Die Preisgestaltung dieser Weine ist unübertrefflich günstig. Man sollte die Preise etwas an die hohen Qualitäten anpassen, denn die Weine würden sich einen höheren Mehrwert verdienen.

*as*

## KAMPTAL DAC

★★★ S €€ GV
**2023 Grüner Veltliner Ried Schönberger Bühel Terrassen** + Kräuterwürze, Apfelnoten, frische Frucht, angenehmes Säurespiel, kühle Eleganz, stimmig, das ist Grüner Veltliner mit hochwertiger Trinklust.

★★★ S €€ GV
**2023 Grüner Veltliner Ried Schönberger Klopfhartsberg Goldene Keller Katz** + Frischer Apfel, etwas Zimt, Nelken, Kräuter, feine Exotik, Ananas, Mango, saftig, trinkanimierend, angenehme Säure, perfekte Balance, macht enormen Spaß.

★★★ S € GV  [PLV]
**2023 Grüner Veltliner Ried Schönberger Bernthal „Alte Reben"** + Dezent pfeffrig, Orangenschalen, Mango, Apfelnoten, bisschen Marille, elegant fruchtig, zarte Würze, ein Grüner Veltliner von gediegener, distinguierter Fülle. Ein ausdrucksstarker, mineralischer Wein mit Tiefgang, Finesse und innerer Harmonie.

★★★ S €€ GV
**2023 Grüner Veltliner Ried Schönberger Irbling Chefwein** + Kühles Bukett, Zitrus, frischer Apfel, zart pfeffrig, ein Grüner Veltliner voller Frische, doch immer mit Stil, niemals vordergründig, Mineralität ausspielend, voller Pikanz, hervorragend.

★★★ S €€€ GV
**2022 Grüner Veltliner Reserve Ried Kalvarienberg Gold Edition** + Dunkles Aroma, klerikaler Ausdruck, Exotik mit Äpfeln und Birnen verbindend, Karamellnoten, Pfirsich, Ananas, Mango, Honignoten, am Gaumen mit fruchtiger Frische, ungemein elegant.

★★★ S € RI
**2023 Urgesteins-Riesling Ried Irbling** + Frische Marillen, Orangenschalen, erinnert an Rosen, kühl, ein Hauch Rhabarber, mineralische Anklänge, feingliedrig, ziseliert, zeigt Finesse, ein dezenter Restzucker adelt diesen Wein.

★★★ S €€ RI
**2023 Riesling Ried Schönberger Ogratztal Bergwein** + Pfirsich, Blütenhonig, reifer Apfel, fruchtig, weinig, harmonisch, dezenter Restzucker, immer voller Eleganz und Feinheit.

## WACHAU DAC

★★★ S €€ RI
**2023 Riesling Ried Mauterner Alte Point** + Kühles, feines Bukett, Zitrus, Pfirsich, Apfel, Nüsse, rassige Säure, griffig, geht in die Tiefe, zeigt Finesse, Mineralität, straffe Struktur, klassisch Wachauer Riesling. Einige Zukunft.

## NIEDERÖSTERREICH

★★★ S € GM
**2023 Gelber Muskateller Ried Schönberger Irbling** + Ein gediegenes Bukett, dezent nach Holunderblüten, Zitronenmelisse, am Gaumen anfangs feingliedrig, im Abgang kompakt und langatmig. Schönes Säurespiel, nicht zu aromatisch.

★★★ S € CH
**2023 Chardonnay Markus Ried Kalvarienberg** + Gelber Apfel, reife Birnen, Honigmelone, Nelken, einige Fruchtnoten, ein Hauch von Zimt, elegant, feingliedrig, gediegen, balanciert. Ein Wein mit gewisser Noblesse und von distinguierter Fülle.

★★★★ K €€€€ RI
**2018 Eiswein Riesling Ried Irbling** + Das ist wohl ein Hochamt in Wein, voller gelber Früchte, Pfirsich, Marille, Litschi, Rosen, intensiv, herrliche Süße, wunderbare Frucht, voller Harmonie, mild, reichhaltig, weinig, ruhig strömend.

★★★★ K €€€€ RI
**2014 TBA Riesling** + Herrlicher Wein, voller Anmut, klerikal, Karamell, Honig, das ist perfekte Botrytis, voller Reichtum, enorme Süße und Säure, ewiges Leben, ein Riesenwein.

# Weingut
# Gerhard Deim

**Gerhard Deim**
3562 Schönberg am Kamp, Kalvarienberg 8
Tel. +43 664 9446487
wein@deim.at, www.gerharddeim.at
20 Hektar

Die aktuelle Serie der Weine von Vater und Sohn Gerhard Deim kann sich sehen lassen. Diese sind nicht nur von überragender Qualität, sie interpretieren das Kamptal und Schönberg schlichtweg perfekt. Das ist Herkunft in seiner reinsten Form. Schon der 2023 Grüner Veltliner Weinzapfl ist prachtvoll. Aus diesem Weingarten stammte der erste Wein, den Gerhard Deim sen. dereinst in Eigenregie gekeltert hat. Zwei hervorragende Gebietsweine – Grüner Veltliner und Riesling 2023 – machen enormen Spaß. Übertroffen von den beiden Ortsweinen Schönberg Grüner Veltliner und Riesling 2023. Da bleibt kein Wunsch offen. Bei den Lagenweinen wird es dann dramatisch. 2022 Riesling Ried Irbling – Gneis/Schiefer – ist so spannend wie ein Krimi, voller Spannkraft und Tiefe, zweifellos ein großer Wein. Erstmals gibt es im Hause Gerhard Deim einen Riesling vom Zöbinger Heiligenstein, Jahrgang 2022, ein wunderbarer Riesling. Doch habe ich den Irbling vorne. Zwei Premium Grüne Veltliner findet man hier – 2022 Ried Kalvarienberg, der sich in seiner femininen Art edelst darstellt, und 2022 Ried Bernthal, ein Wein voller Komplexität und Ausdruck. Der höchst charmante Rosé 2023 hat mein Herz im Sturm erobert. Rotwein können sie auch, die Deims, man verkoste nur den 2022 Zweigelt Reserve Alte Reben, und man ist überzeugt. Ein Rotwein mit einigem Lagerpotenzial. *as*

## KAMPTAL DAC

★★ S €€ GV
**2023 Grüner Veltliner Weinzapfl** + Pfeffrig, Apfel und Birne, Zitrus, frische Kräuter, wunderbare Frucht, feine Würze, ungemein süffig, balanciert, elegant.

★★ S €€ GV
**2023 Grüner Veltliner** + Zart pfeffrig, dezent rauchig, Würze, gelber Apfel, ausgewogen, angenehme Säure, absolut typisch. Hohes Niveau. Ein hervorragender Gebietswein.

★★ S €€ RI
**2023 Riesling** + Zitrusnoten, Marille, Rhabarber, ungemein frisch, passende Säure, feingliedrig, elegant, ziseliert, hellfruchtig, macht großen Spaß.

★★★ S €€ GV
**2023 Grüner Veltliner Schönberg** + Rauchig, pfeffrig, gelber Apfel, feine Exotik, spielt Mineralität aus, perfekte Säure, pikante Würze, gute Struktur, einiger Tiefgang. Ein hervorragender Ortswein – die Kühle von Schönberg sehr schön interpretierend.

★★★ S €€ RI
**2023 Riesling Schönberg** + Marille, Rhabarber, straff, druckvoll, eng strukturiert, steinige Aspekte, langatmig, passende Säure, charaktervoll, tiefgründig. Ein ausdrucksstarker Ortswein.

★★★★★ K €€€€ RI    **TOP**
**2022 Riesling Ried Irbling** + Marillen, Orangenschalen, feine Aromatik, feingliedrig, seidige Frucht, so richtig elegant, angenehme Säure, perfekte Balance, noble Struktur. Ein sehr schöner Riesling von distinguierter Fülle. Dieser überragende Riesling dürfte zu den besten des Kamptals zählen.

★★★★ K €€€€ RI
**2022 Riesling Ried Zöbinger Heiligenstein** + Zart fruchtig, feines Bukett, Marille, Kumquat, rauchig-steinig, ruhig strömend, eher milde Säure, ein angenehm zu trinkender Riesling.

★★★★ K €€€€ GV
**2022 Grüner Veltliner Ried Schönberger Kalvarienberg** + Feines Bukett, Kräuter, Pfeffer, Birnen, bestens unterlegtes Holz, strukturiert, Exotik wie Ananas, Mango, komplexe Fülle, fruchtig, sämig, weich, cremig, angenehm, ruhig strömend. Feminine Stilistik.

★★★★ K €€€ GV    **TIPP**
**2022 Grüner Veltliner Ried Schönberger Bernthal** + Ein komplexer, eleganter Grüner Veltliner mit Holzfassausbau, sehr schönes strukturgebendes Holz, Steinobst, wunderbare Exotik, Ananas, Mango, etwas Vanille, feine Frucht. Entwickelt Druck nach hinten. Unglaublich hochwertig. Ein Wein von Klasse.

## NIEDERÖSTERREICH

★★ S €€ CW
**2023 Hauptsache Veltliner** + (GV / etwas SB) Der Sauvignon Blanc dominiert das Bukett, Brennnesseln, Pfeffer, fruchtige Frische, angenehme Säure, saftig, würzig, Apfel, Zitrus, Hollernoten, schmeckt hervorragend.

★★ K €€€ ZW
**2022 Zweigelt Reserve Alte Reben** + Schwarzviolett, Weichselnoten, Brombeeren, auch rote Beeren, straffe Struktur, griffiges Tannin, passender Rückhalt, gutes Lagerpotenzial.

# Weingut
# Eichinger

**Birgit Eichinger**
3491 Straß, Langenloiser Straße 365
Tel. +43 2735 5648, office@weingut-eichinger.at
www.weingut-eichinger.at
16 Hektar, W/R 100/0, 120.000 Flaschen/Jahr

Zwei Ortsweine aus Straß und viele Lagenweine – das ist die Spielwiese der Kamptaler Winzerin Birgit Eichinger, die seit ein paar Jahren durch ihre Tochter Gloria Unterstützung hat und mit ihr ein Erfolgsgespann bildet. Die Hälfte ihrer Rieden sind ausgewiesene „Erste Lagen" der Österreichischen Traditionsweingüter, denen die Eichingers angehören.
Beim Grünen Veltliner, er nimmt 70 % der Eichinger Weingärten ein, steht an der Basis der Ortswein „Strass". Die Lagenweine Hasel und Wechselberg kommen bereits im ersten Jahr nach der Ernte in den Verkauf.
Die drei wertigsten Veltliner-Lagen bekommen noch ein weiteres Jahr im Keller ihren Feinschliff. Die Eichingers bauen den Gaisberg-Veltliner im großen Holz und im Stahltank aus, womit dieser Wein der fruchtigste und zugänglichste ist. Die Ried Grub als jüngsten Veltliner im Haus gibt es erst zum zweiten Mal. Der Wein reift im 2000-Liter-Holzfass und im kleinen gebrauchten Holz. Beim Lamm-Lagenwein baut man auf den Mix aus großem und kleinem Holz mit geringem Anteil Neu-Barriques – und das pfeift.
Bei den Rieslingen öffnet wieder der süffige Ortswein Strass die Tür. Dann gibt es zwei Premium-Rieslinge: den Heiligenstein, der immer kerniger, säurebetonter ist, doch voller Mineralität und straffer Fruchtexotik, der Gaisberg dagegen ist immer der zugänglichere Schmeichler mit saftiger Fruchtaromatik. Der Gaisberg gewinnt damit viele Weinherzen, der Heiligenstein mehr Auszeichnungen. *hp*

## KAMPTAL DAC

★★ S €€ GV
**2023 Grüner Veltliner Strass** + Gute Fülle andeutend, gewürzig, Stachelbeeren, gelbe Äpfel; runde Frucht mit Würze, Birnen und Äpfel, gelungener Ortswein-Einsteiger.

★★★ S €€ GV
**2023 Grüner Veltliner Ried Strasser Hasel** + Sehr lössig und würzig, viel Sortencharakter, Mandarinen, gelbfruchtig, zugänglich; gute Würze und Frische, Zitrus, Orangenzesten, apfelig, einige Tiefe.

★★★ S €€€ GV
**2023 Grüner Veltliner Ried Strasser Wechselberg** + Pikante Würze, reifes Zitrus und Kernobst, Quitten, gelbe Birnen, viel Grüner-Veltliner-Charakter; körperreich, am Gaumen wieder Birnen, grüne Pfirsiche, pfefferwürzig, zarter Gerbstoff, gute Länge.

★★★ K €€€€ GV
**2022 Grüner Veltliner Ried Strasser Gaisberg 1ÖTW** + Weißer Pfeffer, fein-mineralisch, charmanter Fruchtmix; zugänglich, saftiges Zitrus, rosa Grapefruits, rote Äpfel, mittlerer Biss, solide, mittellang.

★★★★ K €€€€ GV
**2022 Grüner Veltliner Ried Zöbinger Grub** + Rosa Pfefferwürze, dezentes Toasting gut integriert, reifes Kernobst; schwarzer Pfeffer, super Säurebiss und Gerbstoff, gelbfruchtig, saftig wie straff, gelungen.

★★★★★ K €€€€ GV — **TOP**
**2022 Grüner Veltliner Ried Kammerner Lamm 1ÖTW** + Gut eingebundenes Holz, weiche Struktur, gewürzig, ätherische Noten, Ananas; stoffige Fruchtexotik mit feinem Schmelz, balanciert, zart mineralisch, feine Würze, authentischer Holz-Veltliner.

★★★ S €€ RI — **PLV**
**2023 Riesling Strass** + Frische Frucht nach Marillen und Pfirsich, präsenter Sortencharakter; schöne Tiefe, tropische Fruchtnoten, besonders Zitrus, mineralisch, knackiger, balancierter Sommerriesling, Trinkanimo.

★★★★★ K €€€€ RI — **TOP**
**2022 Riesling Ried Zöbinger Gaisberg 1ÖTW** + Saftige Fülle und gute Tiefe, reife Marillen, zugänglicher, charmanter Riesling; weich, saftig, Nektarinen, zarte Mineralität, attraktiver Säurebiss, geschmeidige Länge.

★★★★★ K €€€€€ RI — **TOP**
**2022 Riesling Ried Zöbinger Heiligenstein 1ÖTW** + Viel Frucht, pfirsichbetont, wirkt straff mit kühl-salziger Aromatik; Frische und Mineralik auch am Gaumen, tropische Fruchtfülle, reifer Pfirsich, straffe Säure, Heiligenstein-Purist mit Top-Länge.

## NIEDERÖSTERREICH

★★★ S €€€ CH
**2023 Chardonnay Ried Strasser Gaisberg** + Einige Frische, gewürzig, viel Kräuternoten, cremiger Kern, Nussstrudel und Marzipan; saftiger Trinkfluss mit tropischer, weicher Frucht, Ananas, Litschi, Maracuja, rund.

★★★ S €€€ RV
**2023 Roter Veltliner Ried Strasser Stangl** + Gewürzige, metallische Noten, zart Marzipan und weiße Schokonoten; am Gaumen straffer und säurebetont, Südfrüchte, Grapefruits und Maracuja, eigenständig.

## Weingärtnerei
# Engelbrecht

**Wolfgang & Gabriele Engelbrecht**
3492 Etsdorf am Kamp, Obere Marktstraße 1
Tel. & Fax +43 2735 2320
engelbrecht.wein@aon.at, www.engelbrecht-wein.at
23 Hektar, W/R 70/30

„Handgelesen" steht auf dem Rückenetikett jeder Flasche, welche das Haus Engelbrecht verlässt. In Zeiten von 70 % Maschinenlese weltweit ist das aller Ehren wert. Hier ist das Weinbereiten noch ein Handwerk. Das Weingut Engelbrecht befindet sich in einer der schönsten Kellergassen Österreichs. Man bewirtschaftet beste Lagen wie die Ried Stein/Engabrunn, Ried Wohra – diese Lage mit Gföhler Gneis befindet sich an der Grenze zum Wagram. Wenn man die Weine von Herrn Engelbrecht probiert, spürt man förmlich die Leidenschaft, mit der er seine Gewächse erschafft. Es sind 101 % authentische Weine, grunddehrlich, charaktervoll, welche die Lage und den Jahrgang widerspiegeln. Weine, die immer spannend sind und ihre eigene Sprache sprechen.
Meine Favoriten: Riesling Stoakammerl – mein Herzensriesling, Grüner Veltliner Ried Stein/Engabrunn – ein großartiger Wein, überdrüber finde ich den Riesling Graphit Ried Wohra – das ist überragende Klasse, toll – der Weißburgunder Alte Rebe. Und zwei feine Roséweine, zum einen Zweigelt/Pinot Noir, zum anderen einer aus der Rebsorte Cabernet Sauvignon, den ich in mein Herz geschlossen habe. *as*

### KAMPTAL DAC

★★ S € GV
**2023 Grüner Veltliner Kamptaler Terrassen** + Weißer Pfeffer, Äpfel und frische Birnen, zart würzig, dezent rauchig, exotische Töne poppen auf, Mango, Ananas, rassige Säure, ein herzhafter Grüner Veltliner, der zum Trinken einlädt.

★★ S €€ GV
**2023 Grüner Veltliner Ried Galgenberg Etsdorf** + Gemahlener Pfeffer, Apfel und Birne, bisschen Marille, fruchtig-süffig, frisch, zart würzig, lebendig, der geht in die Tiefe, Kräuter, Tabak. Grüner Veltliner aus einem Guss.

★★ S €€ RI
**2023 Riesling Stoakammerl** + Marille und Pfirsich, Rhabarber, Ananas, Mandarinen, Kernobst, wie eine Frühlingswiese, knackige Frische, gewinnt mit Luft ungemein, baut Frucht auf, zeigt Finesse, der zischt so richtig. Das ist mein Herzensriesling.

★★★ S €€ GV
**2023 Grüner Veltliner Ried Stein Engabrunn** + Präsenter Pfeffer mit Mandelnoten, feines Aroma, Apfel, Birne, Ringlotten, Pfirsich, zartgliedrig, elegant, feine Frucht, mineralische Noten, schreit nach Flaschenreife.

★★★★ S €€€ RI **TIPP**
**2023 Riesling Graphit Ried Wohra** + Frischer Pfirsich, Mandarinen, Marille, gelbfruchtig, ein spannender Riesling voller Rasse und Verve, ungemein mineralisch, versprüht Frische, nervig, fordernd, Ananas, Exotik, der geht so richtig auf, spielt alle Stückeln. Das ist Riesling pur. Faszinierend. Der explodiert im Spätherbst. Fulminant!

### NIEDERÖSTERREICH

★★ S €€ CS
**2023 Rosé** + (Cabernet Sauvignon) Helles Rosa, kühl, Erdbeeren, eine Ahnung von gelbem Paprika, ein Hauch von Stachelbeeren, fruchtig, saftig, absolut reife Trauben, keine Grüntöne, sehr stimmig, frisch, reife Säure, elegant, zart würzig.

★★ S € GM
**2023 Gelber Muskateller Drei Weingärten** + Holunderblüten, frischer Apfel, Traubenzucker, Litschi, rassig, leicht (11,5 % Vol.), Zitrusnoten, lebendig, perfekter Aperitif.

★★ S € SB
**2023 Sauvignon Blanc Ried Karl** + Pfirsichnoten, dezente Stachelbeeren, Cassis, geht ganz langsam auf, liegt pikant am Gaumen, zarte Würze, zeigt beste Anlagen.

★★★ S €€ PB
**2023 Weißburgunder Alte Rebe** + Nelken, Mandeln, reifer Pfirsich, gelber Apfel, Kräuter, ganz dezent holzunterlegt, versprüht unendlichen Charme, gelbfruchtig, strukturiert, noble Fülle, distinguiert, elegant, feine Frucht.

★★★ S €€ PB
**2023 Weißburgunder Göttertrunk** + Mandelnoten, mürber Apfel, ein phantasievoller Weißburgunder, elegant, feine Frucht, frisch, passende Säure, bisschen Ananas, weißes Nougat, feinstrahlig.

★★ S €€ CH
**2023 Chardonnay Ried Galgenberg** + Heuige Noten, Birnen, gelbe Früchte, Honigtöne, Kräuter und Gewürze, dezente Frucht, pikant, geradlinig, die Säure passt, klassisch, nussige Komponenten.

★★★ S €€ PG
**2023 Grauburgunder** + Rosafarben, dezenter Bratenduft, etwas Kümmel, am Gaumen frisch, mit kräftigem Ausdruck, gediegen, feine Frucht, würzige Noten, noble Eleganz, ausdrucksstark, einiger Tiefgang. Noch sehr jung, hier ist Flaschenreife angesagt.

# Weingut
# Wolfgang & Sylvia Groll

**Wolfgang & Sylvia Groll**
3553 Schiltern, Reith 59
Tel. +43 2734 8522
info@weingut-groll.at, www.weingut-groll.at
11 Hektar, W/R 80/20, 50.000 Flaschen/Jahr

„2023 brachte perfektes Ausgangsmaterial, vollkommen gesunde Trauben sind die beste Voraussetzung für große Weine", so freut sich Wolfgang Groll über den neuen Jahrgang. Bis zum Jahr 1880 geht der Groll'sche Weinbau im kleinen Ort Reith zurück. Vom Sortiment sind sie ebenso fest im Gebiet verankert. Veltliner, Riesling und Zweigelt stellen die Hauptmenge dar, begleitet von den „Exoten" Chardonnay und Muskateller kommt man auf ein gutes Dutzend Weine. Mit viel Genuss bei moderatem Alkohol erfreut der Löss den Gaumen und darüber hinaus – wie alle Weine – das Geldbörsel. Unkompliziert, dabei keineswegs einfach, gefällt der Ortswein mit seiner Frische und dem animierenden Kernobstmix. Mit tiefem Fruchtausdruck überzeugt der Kogelberg, und wenn es das Jahr hergibt, gibt es den Käferberg aus dem Holz. Aktuell ist noch der 2021er im Verkauf, und der braucht immer noch Zeit, er brillierte schon als Langenlois Champion. Das Urgestein legt sich beim Riesling noch über die Frucht, in seiner beschwingt mundfüllenden Art macht er jetzt schon viel Freude. Ein gemütlicher, eigenständiger Riesling mit kleinem, gut platziertem Restzucker kommt vom Seeberg. Die dezent von Holz untermalte Chardonnay Selektion braucht noch etwas Zeit, gefällt aber schon mit ihrem Fruchtspiel und der pfiffigen Säure. Markant setzt sich der Muskateller solo in Szene, einen weiteren Auftritt hat er im weißen Frizzante. Die Zweigelt Reserve gefällt verlässlich mit Sortentreue und leichtläufigem Charme der Herkunft. *db*

## KAMPTAL

★★ S € GV
**2023 Grüner Veltliner Vom Löss** + Grüne und rote Äpfel, bisschen kühl, behutsam gepfeffert; reife Zitrusnoten, herzhafter Griff, zart aromatisiert, schon recht zugänglich, viel Wein bei moderatem Alkohol.

★★★ S € GV — FUN
**2023 Grüner Veltliner Vom Stein Langenlois** + Würzig, pfeffrig, bisschen röstig, animierende Frische, kühl unterlegt; $CO_2$, Kraft bei guter Balance, gute Länge.

★★★★ S €€ GV — TIPP
**2023 Grüner Veltliner Ried Zöbinger Kogelberg** + Tiefer, leicht steiniger Fruchtausdruck, fein dosierte Kräuter Richtung Lorbeer, Thymian, deutlich gepfeffert, ein Genuss; geht wunderbar auf, trocken, aber frucht- und extraktsüß, herzhafte Säure, Frucht geht druckvoll in die Tiefe, grünwürzige Noten sorgen für Frische, gelbe, grüne Äpfel bleiben lange haften, lässig.

★★★ S €€ RI — FUN
**2023 Riesling Urgestein** + Dezente Rieslingfrucht, Steinstaub liegt drüber, dann Marille, frisch und getrocknet, zartes Parfum, Kräuterhauch; steinig, engmaschig, helle Zesten, lebendige Säure, geschmeidig mit Pepp und vielseitigem Fruchtausdruck, druckvoll bei moderatem Alkohol, gute Spannung.

★★★ S €€ RI
**2022 Riesling Ried Langenloiser Seeberg** + Röstig, trockene Blätter, dunkle Aromatik, Süßholz, saftiges Steinobst; erste Reifenoten, kernige Säure, gute Fülle, RZ (5 g), braucht Zeit, angenehmer, bisschen steiniger Grip im Nachklang.

## NIEDERÖSTERREICH

★★ S €€ CH
**2023 Chardonnay Selektion** + Reife Obstnoten, ein paar Trockenaromen, auch ein leicht röstiger Touch vom Holz; $CO_2$, kleiner Zuckerrest, sehr steinig, Steinobst, Litschis, Orange, bisschen trockenes Laub im Nachklang, feiner Holzgrip.

★★ S € GM
**2023 Gelber Muskateller Selektion** + Markanter, sortentypischer Einstieg, wird an der Luft ruhiger; dreht am Gaumen auf, herzhafte Säure, steinig, fester Tritt, schwarzer Pfeffer im Nachklang, braucht Luft, gediegener Wein, gute Länge.

★★ S € ZW — FUN
**2023 Rosé vom Zweigelt** + Rote Beeren, ganz feiner Rosenduft, hübsche Erdbeernoten, freche Säure, dezentes Zuckerspitzerl (6 g), zarter Gerbstoffrückhalt, unkompliziert mit Pfiff und guter Länge.

★★ S €€ ZW
**2021 Zweigelt Reserve** + Diskretes Holz, geröstete Haselnüsse, elegant, auch ein bisschen verspielt; klassisches Fruchtangebot, dunkelbeerig, erfrischende Säure, gute Länge, Luft.

## ÖSTERREICH

★★ S €€ ZW
**2023 Rosé Frizzante trocken** + (17 g RZ) Rote und ein paar schwarze Ribiseln, aromatische Erdbeeren, balanciert, diskreter Gerbstoffrückhalt, gute Länge, hübsches Fruchtfinish, sehr lässig.

# Weingut
# Haimerl

3550 Gobelsburg, Schlossstraße 60-62
Tel. +43 2734 2124
weingut@haimerl.at, www.haimerl.at
25 Hektar, W/R 85/15

Ein solider Familienbetrieb mit ausgesprochen gutem Preisgefüge ist das seit 1829 bestehende Weingut Haimerl. Nachdem Johannes Haimerl an der Klosterneuburger Weinbauschule eine fundierte Ausbildung genossen und die Matura abgelegt sowie ein Praktikum in Neuseeland absolviert hatte, übernahm er im elterlichen Betrieb die Kellerverantwortlichkeit.

Haimerls Grüne Veltliner gedeihen auf für die Sorte vorteilhaften Lössböden, wobei sich die einzelnen Lagenweine doch recht deutlich unterscheiden. Die nach Nordosten exponierte Ried Kirchgraben ist eine vergleichsweise kühle Lage, wohingegen die Ried Redling ausgesprochen füllige Weine hervorbringt. Die bei Langenlois situierte Ried Spiegel weist eine 40 Meter dicke Lössschicht auf, profitiert von der in den Nächten vom Waldviertel herrührenden Abkühlung und bringt einen recht eigenständigen Grünen-Veltliner-Typ hervor. Der von dieser Lage stammende 2022 Grüne Veltliner darf gemeinsam mit dem Redling als Höhepunkt des Sortiments betrachtet werden. Besonders schöne Formate erzeugt das Weingut regelmäßig auch aus der Sorte Gelber Muskateller. *jw*

### KAMPTAL DAC

★★ S €€ RI
**2023 Riesling Gobelsburg** + Fruchtige Nase nach Marille und Blütenhonig, hintennach auch Pfirsich-Einsprengsel, salzig-mineralisch, knackige Charakteristik, verabschiedet sich mit einer Note nach grünem Apfel im langen Säurebogen.

★★ S €€ GV
**2023 Grüner Veltliner Gobelsburg Edition** + Duftige gelbfruchtige Nase, Kräuteranklänge, im Geschmacksbild nach Apfel und Weingartenpfirsich, feine Würzenoten, verabschiedet sich mit Anklängen von reifer Birne.

★★★ S €€ GV
**2023 Grüner Veltliner Ried Kirchgraben** + Erfrischende, einladende Nase nach Limette und grünem Apfel, passender Hefeton, am Gaumen fein gelbfruchtig, mineralisch-elegant, kompakt und ausgewogen, guter Trinkfluss, geht mit einer Apfelnote und erquicklichem Säurebogen ins vergnügliche Finale.

★★★ S €€€ RI
**2022 Riesling Ried Haid** + Hellfruchtige Nase, Blütenanklänge, Flieder, Marille, hintennach ein Hauch von Honig, einiger Körper, zarte Fruchtsüße, leicht salzig, machtvoller Auftritt, animierender Säurebogen, rotbeerige Akzente à la Himbeere im Abgang.

★★★★ S €€€ GV    TIPP
**2022 Grüner Veltliner Ried Redling** + Einnehmend tiefe Nase, reife Birne, unterlegt mit einem dezenten Blütenhonigton, im Geschmacksbild ausgeprägte Fruchtfülle mit Apfel- und Birnenanklängen, zart nussig, komplex und ausgewogen, dicht und gebündelt, saftig, vitaler Charakter, verabschiedet sich passend mit einer feinen Grapefruitnote im gediegenen Abgang.

★★★★ D €€€ GV
**2022 Grüner Veltliner Ried Spiegel Reserve IÖTW** + Tiefgründige gelbfruchtige Nase, Kräuter-Einsprengsel, feine Hefenote, im Geschmacksbild nach Birne und Ringlotte, dazu Orangenanklänge, zupackend, schöner Körper, reichhaltig und druckvoll, feiner Schmelz, getragen von animierender Säure, anhaltend mit einem Hauch Mandarine im Finish.

### NIEDERÖSTERREICH

★★ S €€ GS
**2023 Gemischter Satz Gobelsburg** + (MT/GM/GV) Helles Strohgelb, frisch-fruchtige Nase, Pfirsich und Stachelbeere, auch Apfelanklänge treten hinzu, ein Hauch Banane, zart nussig, saftig und belebend, einiger Körper, erquicklich im Abgang.

★★★ S €€ GM    FUN
**2023 Gelber Muskateller Gobelsburg** + Blumige Nase nach Maiglöckchen und Rosenblüten, fruchtig, am Gaumen Stachelbeere und Litschi, elegant und mineralisch, fein ziseliert, saftig, ausgezeichneter Trinkfluss, balanciertes Säurespiel, gute Struktur, modellhaft mit euphorisierendem Abgang.

★★★ S €€ CH    PLV
**2022 Chardonnay Ried Redling** + Helles Goldgelb mit zarten Silberreflexen, duftig-blumige Nase, im Geschmacksbild fruchtig nach Ringlotte, Apfel und Birne, dazu ein Hauch Banane, zart nussig, dezente Fruchtsüße, einiger Körper, saftig und süffig, mineralische Ader, kreidig im Abgang.

★★ S €€ ZW
**2021 Zweigelt** + Rubinrot, ausgereifte Kirschfrucht und Brombeere im Bukett, etwas Leder und Lakritze, dezenter Karamellton, abgerundet, verabschiedet sich mit einem zarten Nougattouch.

★★ K €€€ SL
**2021 Sankt Laurent Reserve** + Tiefes Dunkelrot, feines dunkelfruchtiges Bukett, auch Heidelbeer- und Weichselanklänge treten hinzu, etwas Karamell, eine Prise schwarzer Pfeffer, vital und saftig, feinherb und kühlfruchtig, samtiges Tannin, klingt angenehm und reichhaltig aus.

# Weingut
# Hiedler

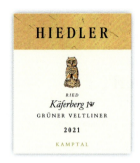

**Dietmar & Ludwig Hiedler**
3550 Langenlois, Am Rosenhügel 13
Tel. +43 2734 2468, Fax -5
office@hiedler.at, www.hiedler.at
30 Hektar

Seit den 1990er-Jahren gehört das Langenloiser Weingut Hiedler zu den besten Betrieben im Kamptal. Als Mitgründer der Traditionsweingüter hat Ludwig Hiedler das Weingut auch österreichweit in die erste Reihe gebracht. Seit einigen Jahren erlebt das Gut einen zweiten Frühling mit viel frischem Wind durch die Söhne Dietmar und Ludwig junior, die das seit 1856 bestehende Familienweingut 2023 offiziell übernommen haben.

Die beachtliche Weinpalette der Hiedlers spannt sich über drei Jahrgänge, wobei die Herkunft und Hiedlers Ausbauphilosophie der Lagenweine bestimmen, wann die Weine in den Verkauf kommen: Die einfachen Gutsweine, die als Gebietsweine fungieren, und die drei Ortsweine, die aus Langenlois sind, öffnen bereits den Blick auf das junge Weinjahr 2023, von dem die Hiedlers sagen, dass es „ein sehr gutes ist und mit der schnellsten Ernte voller gesunder Trauben". Im Weinjahr 2022 war es anders, da brauchte man achteinhalb Wochen, um das Gute vom Stock in den Keller zu bringen. Das Ergebnis schmeckt – das zeigen jetzt Hiedlers Lagenweine aus diesem Jahr. Und dann gibt es noch die Maximum-Weine aus dem Jahrgang 2021. Im Maximum – es gibt einen vom Grünen Veltliner, einen vom Riesling und einen vom Weißburgunder – ziehen die Hiedlers lagenübergreifend die Kraft aus ihren ältesten Rebanlagen und bauen diese langsam im Keller aus. Somit steht bei diesen Weinen keine Riede im Vordergrund, sondern das Maximum an Wein, das man an Komplexität und Eleganz erreichen kann.

Geht es um die Ersten Lagen und deren Ausdruck, so spielt die Ried Heiligenstein auf der Riesling-Seite die erste Geige und die Ried Käferberg bei den Veltlinern. Wobei der Käferberg in der Hiedler-Veltliner-Welt eine besondere Stellung einnimmt: Es ist ihr ältester Weingarten mit bis zu 80-jährigen Veltliner-Stöcken und auch der einzige Hiedler-Wein, der viel Holz atmen darf neben dem Weißburgunder Maximum, wo auch zum Teil kleine Fässer verwendet werden. Die Hiedler-Weinpalette passt, so wie früher. Nur hat man jetzt das Gefühl, dass es noch einmal besser ist. *hp*

## KAMPTAL DAC

**★★ S €€ GV**
**2023 Grüner Veltliner Löss** + Samtige Frische, floral, weiße Blüten, dezent nach Kernobst, Quitten; Weißpfefferwürze mit Zitrusaromatik, Limetten, leichtfüßiger, knackiger Veltliner.

**★★★ S €€ GV**
**2023 Grüner Veltliner Langenloiser Tonmineral** + Deutlich duftiger, apfelige Frucht, gelbe Äpfel, zeigt bereits Tiefe, klares Sortenbild; super Pfefferwürze, lössiger Charakter spürbar, grüne Birnen, Orangenzesten, Oliven, mittellang.

**★★★ S €€€ GV**
**2023 Grüner Veltliner Ried Thal Langenlois** + Weiche Textur, würziger Lebkuchen, weißer Pfirsich; schwarzer Pfeffer pur, viel exotische Fruchtnoten, Limetten, Grapefruits, milde Säure, gerundet, trinkig.

**★★★ D €€€€ GV**
**2022 Grüner Veltliner Ried Kittmannsberg 1ÖTW** + Viel schwarzer Pfeffer, viel roter Apfel, viel Veltliner-Charme; saftig süßfruchtig, würzige Ananas, pfeffrig, kühl-aromatisch mit ätherischen Noten, guter Gerbstoffkitzel.

**★★★★ D €€€€ GV**
**2022 Grüner Veltliner Ried Schenkenbichl 1ÖTW** + Wirkt straffer als Kittmannsberg, weißer Pfeffer, einige Fruchtexotik, Litschi, Grapefruits und Maracuja; frisch und gelbfruchtig, guter Spannungsbogen, passable Länge.

**★★★★ D €€€€€ GV** `TIPP`
**2021 Grüner Veltliner Ried Käferberg 1ÖTW** + Einige Fülle mit süßem Toasting, Nougatanklänge, weich; auch am Gaumen burgundisch geprägt, Hefegebäck, rauchige Würze, zupackende Säure, tropische Frucht, Ananas, Kiwi, salziger Ausklang, Jungspund mit viel Entwicklungspotenzial.

**★★★★ D €€€€€ GV** `TIPP`
**2021 Grüner Veltliner Maximum** + Wirkt frisch mit reifen Zitrusnoten und gewürziger Ader, gute Balance, feine Mineralität, kraftvolle Eleganz, viel Fruchtexotik, Limettengras und Maracuja, dazu reife säurebetonte Äpfel, lebhaft, tolle Länge.

**★★★ S €€€ RI** `FUN`
**2023 Riesling Langenloiser Urgestein** + Zugänglicher Riesling mit feiner Sorten- und Pfirsicharomatik, auch Südfrüchte; beschwingt, leichtfüßig, saftige Marillen, feiner Säurebiss, ausgewogenes Mittelgewicht, viel Lust aufs nächste Glas.

**★★★★ S €€€€ RI**
**2022 Riesling Ried Steinhaus 1ÖTW** + Füllige Fruchttextur, reife, gewürzige Pfirsiche und Nektarinen; am Gaumen straffer, mineralischer und gerbstoffiger Zug, lebhafte Struktur, feiner Trinkfluss.

**★★★ D €€€€ RI**
**2022 Riesling Ried Gaisberg 1ÖTW** + Üppige und füllige Steinobstfrucht, vor allem Marillen, Mango mit dezenter Würze; einnehmende Fülle, weiche Textur, getrocknete Marillen, etwas rotbeerig, Himbeeren, gut integrierte Säure.

**★★★★★ D €€€€€ RI** `TOP`
**2022 Riesling Ried Heiligenstein 1ÖTW** + Sehr straff, rauchige, kühle Textur, sehr steinig und mineralisch, viel Pfirsich; feste, saftige Fruchtexotik, reifes Zitrus, Feuerstein und gewürzige Ader, Weihrauch, super Statur und Länge.

**★★★★★ D €€€€€ RI** `TOP`
**2021 Riesling Maximum** + Würzige Steinobstnoten, Südfrüchte, reife Maracuja, super Fülle und Tiefe; am Gaumen viel Frische, dabei ziemlich vollmundig, reife Marillennoten, saftige Substanz mit viel Säure und Grip, elegant, langes Finish.

## NIEDERÖSTERREICH

**★★★ S €€€ PB**
**2023 Weißburgunder Langenloiser Kalksand** + Viel Frische und geschmeidige Fülle, Mangos, leicht gewürzig; vordergründig saftig, schmeichelnde, runde Fruchtfülle mit schönem Säurebiss, Quitten, auch Banane, harmonisch trinkig.

**★★★★ D €€€€€ PB**
**2021 Weißburgunder Maximum** + Zart rauchig, schwarze Oliven, viel Fruchtfülle und Tiefe; sehr gelbfruchtig, röstiges Holz fein eingebunden, weiche Textur, Karamell- und Schokoladenoten, Tabakblätter, Zigarrenkiste. Belüften!

**NOTIZEN**

# Weingut
# Johannes Holzer

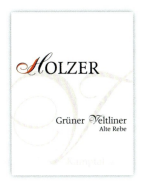

**Johannes Holzer**
3492 Engabrunn, Am Anger 8
Tel. +43 664 3701853
holzerwein@aon.at, www.holzerwein.at
10 Hektar, W/R 90/10, 50.000 Flaschen/Jahr

Beim Verkosten der Weine von Johannes Holzer bekommt man eine Ahnung, welches Gefühl dieser Mann für Wein hat. Diese sind immer ausgewogen in ihrem Verhältnis zwischen Alkohol, Säure und Restzucker. Eben in der Balance. Es sind Weine, welche Finesse zeigen, innere Harmonie, und ein mehr oder weniger höherer Restzucker verleiht diesen Gewächsen Eleganz und Cremigkeit.

Johannes Holzer führt die Geschicke des Weingutes seit 1991. Er bewirtschaftet beste Lagen wie die Ried Karl, Ried Haidsatz, Ried Rietzental, Ried Hasel, Ried Hütweg und vor allem die Ried Stein – die wohl beste Lage in Engabrunn, Seehöhe 300 m, eine terrassierte Südlage mit Urgestein, Schotter, Löss. 50 % der Weingärten des Hauses befinden sich auf dieser Top-Lage. Die erste Erwähnung der Ried Stein stammt aus dem Jahr 1560, nachzulesen in den Chroniken des Stiftes Göttweig.

Ich stecke jetzt etwas in einem Dilemma. Soll ich einen Wein hervorheben? Tue ich nicht. Jeder dieser Weine ist für sich authentisch. Wenn auch die 2021 Grüner Veltliner Reserve „Ganztraube vom Stein" verdammt gut ist.  *as*

## KAMPTAL DAC

★★ S €€ GV
**2023 Grüner Veltliner vom Karl** + Gelbe Birne, Zitrusschale, weißer Pfeffer, Eibischnoten, gelbfruchtig, feine Frucht, typisch, würzig, trocken, geradlinig, statuiert, Kräuterwürze, noch unentwickelt.

★★ S €€ GV
**2023 Grüner Veltliner Alte Rebe** + Kräuter, Zitrus, Pfirsichnoten, einige Mineralität, salzig, engmaschig, trocken, druckvoll, eng, pfeffrig, dezent rauchig, steinig, passende Säure, guter Rückhalt. Stilvoll, mineralisch, einige Zukunft.

★★★ S €€ GV
**2023 Grüner Veltliner Ried Stein** + Gelber Apfel, exotisch nach Ananas, Mango, Orangenschalen, Marille, bisschen Karamell, Blütenhonig, Zitrusschale, Pomelo, auch Pfeffer. Würzig, fruchtig, traubige Fülle, voller Harmonie, ruhig strömend, elegant, der etwas höhere Restzucker verleiht ihm Charme.

★★★ S €€€ RI
**2022 Riesling Alte Rebe Ried Stein** + Trockenfrüchte, getrocknete Marillen, ungemein rassig, fast bissige Säure, ein fordernder, nerviger Riesling, bei dem es zur Sache geht. Straff, dicht, rassig, dem Wahnsinn nahe. Der macht keine Gefangenen. Substanz für Jahre.

★★★ S €€€ GV
**2022 Grüner Veltliner Reserve Ried Stein** + Tolle Exotik, Pfeffer, Ananas, Mandeltöne, Apfel, Zitrus, dicht, rassig, feine Würze, streng, nervig, enorme Mineralik, tiefgründig, druckvoll, da geht es zur Sache. Ein so richtig stimmiger Wein mit viel Ausdruck.

★★★★ S €€€ GV
**2021 Grüner Veltliner Reserve Ganztraube vom Stein** + Reife Marille, fruchtig-rassig, dunkle Mineralität, viel Wein, saftig, große Eleganz, Orangenschalen, weinig, passender Restzucker, das ist besonderer Wein mit viel Zukunft.

★★★ S €€€ RI
**2023 Riesling Reserve Ried Stein** + Reife Marille, fruchtig, saftig, immer Riesling, voller Pikanz, rassige Säure, Pfirsich poppt auf, unglaublich elegant und vielschichtig, mineralisch, ein Riesling von Klasse. Der klebt am Gaumen. Der geht seinen Weg.

## NIEDERÖSTERREICH

★★ S €€ GS
**2023 Gemischter Satz** + Gelbfruchtige Kräuterwürze, Zitrus, Orangenschalen, ein Hauch Pfeffer, Apfelnoten, Ananas, ein von Exotik durchdrungener, attraktiver Wein mit einnehmender Frucht, würzigen Noten, einer tollen Saftigkeit, passende Säure, balanciert. Ein weiniger Wein, durchaus anspruchsvoll.

★★ S €€ GM
**2023 Gelber Muskateller Ried Ritzental** + (halbtrocken) Holunderblüten, Rosenblüten, frischer Apfel, hocharomatisch, Zimt, fruchtige Eleganz, feinste Frucht, frische Säure, knackiger Biss, von verführerischer Textur. Das bisschen Restzucker steht ihm bestens. Der Perfektion nahe.

★★ S €€ SB
**2023 Sauvignon Blanc Ried Stein** + Reife Johannisbeeren, karamellisierte Stachelbeeren, Grapefruitnoten, fruchtig, frisch, passende Säure, mittlerer Druck, gewisse Pikanz, gut, stimmig, in sich harmonisch, doch – momentan – unspektakulär. Allerdings gewinnt dieser Wein mit Luft, entwickelt Feuerstein, baut Würze auf. Ein Wein für den Spätherbst.

★★ S €€ CH
**2023 Chardonnay Ried Stein** + Ungemein nussig, Exotik, reifer Apfel, Ananas, Zitrus, Honignoten, fruchtig, weich, säuregestützt, nicht knochentrocken, weinig, würzig, höchst angenehm. In sich harmonisch, guter Druck, gute Länge. Ein saftiger, fülliger, schmelziger Chardonnay.

## Weingut
# Jurtschitsch

**Stefanie & Alwin Jurtschitsch**
3550 Langenlois, Rudolfstraße 39
Tel. +43 2734 2116
weingut@jurtschitsch.com, www.jurtschitsch.com
60 Hektar

Alwin und Stefanie sind vom biologischen Weinbau überzeugt. Es ist für die beiden nicht nur ein ethisches Prinzip, nachhaltig zu arbeiten, sondern es werden die Weine noch spannender, authentischer, kühler, eleganter, komplexer. Kuhmist wird als Dünger ausgeführt. Bodenbegrünung, Auspflanzung von Pfirsichbäumen und Weingartenknoblauch. Im Keller wird nur minimal interveniert. Die Lagenweine werden spontan vergoren, minimaler Schwefeleinsatz. Für Alwin Jurtschitsch war es Voraussetzung, die Weingärten biologisch zu bewirtschaften, sonst hätte er das Weingut nicht übernommen. Er hatte es aber relativ leicht, da sein Vater und seine beiden Onkel diesbezüglich schon Vorarbeit geleistet haben.
Sehr löblich ist der Umstand, dass die 1ÖTW-Lagenweine Loiserberg, Dechant, Käferberg, Lamm und Heiligenstein erst ein Jahr später auf den Markt kommen. Dass diese Weine von außergewöhnlicher Qualität sind, muss man nicht extra erwähnen. Ebenso ist die Lagerfähigkeit gesichert. Doch sollte man sich nicht nur auf die Lagenweine konzentrieren. Gewächse wie Grüner Veltliner Löss, Grüner Veltliner Urgestein, Riesling Ortswein Langenlois oder Riesling Ried Heiligenstein sind aller Ehren wert. Man produziert auch hervorragende Schaumweine und Projektweine, an denen man nicht achtlos vorbeigehen sollte. Alwin und Stefanie haben einiges mehr im Köcher, als man vordergründig denkt.
Dieses Weingut zählt nicht umsonst zur Spitze des Kamptales, ja Österreichs. *as*

## KAMPTAL DAC

**★★ S €€ GV**
**2023 Grüner Veltliner Löss** + Gelbe Früchte, Pfeffer, lössige Intension, reife Birne, Honigmelone, Zitrus, Exotik, fruchtig, dezenter Schmelz, gediegen, in sich harmonisch. Sehr schön zu trinken.

**★★ S €€€ GV**
**2023 Grüner Veltliner Urgestein** + Kühles Bukett, Zitrus, Apfelnoten, dezente Exotik, frische feine Frucht, etwas Marille, salzige Noten, steinige Aspekte, bietet unbändiges Trinkvergnügen. Da trinkt man gern ein drittes und viertes Glas.

**★★ S €€€ GV**
**2023 Grüner Veltliner Langenlois** + Pfeffer, Williamsbirne, gelber Apfel, elegante Fruchtfülle, saftig, balanciert, gediegen, angenehme Säure, liegt eher auf der weichen Seite. Ein bekömmlicher Wein, absolut typisch, ein Grüner Veltliner mit Herz. Schmeckt einfach gut!

**★★ S €€€ RI**
**2023 Riesling Langenlois** + Rhabarber, Marillen, Zitrus, Pfirsich, saftige Frucht, dezent knackig, herzhaft, Druck aufbauend, gute Länge, lebendig, strukturiert, einiger Tiefgang. Ein Riesling, wie es sich gehört.

**★★★ S €€€€ GV**
**2022 Grüner Veltliner Ried Loiserberg 1ÖTW** + Getrocknete Kräuter, dunkel getönt, Sesam, fruchtig, würzig, gelbe Früchte, ein Hauch Karamell, salzig am Gaumen, präsente Säure, ein hervorragender Grüner Veltliner in seiner ersten Reife. Geht mit Luft auf, wird prägnant, langatmig, wunderbar zu trinken.

**★★★ S €€€€ RI**
**2022 Riesling Ried Loiserberg 1ÖTW** + (Glimmerschiefer) Das ist Riesling von charmantem Tiefgang, elegant, fein und gediegen, vielfältige Aromen, eher reduziert, Marille, reifer Apfel, insgesamt voller gelber Früchte, am Gaumen wird es rassig, griffig, explodiert förmlich. Unbedingt noch Flaschenreife gönnen. Das wird etwas.

**★★★ K €€€€ GV**
**2022 Grüner Veltliner Ried Dechant 1ÖTW** + (70 Jahre alte Reben, Löss) Klerikale Anmutung, Ananas, Mango, gelber Apfel, hochreife Trauben, getrocknete Kräuter, Zitrusnoten, angenehme Säure, ruhig strömend, voller Harmonie, weiche Frucht, eine Ahnung vom Holzfassausbau, strukturiert, benötigt einige Luft, um sich darzustellen.

**★★★★ K €€€€€ GV** TIPP
**2022 Grüner Veltliner Ried Käferberg 1ÖTW** + (alte Reben, Amphibolitgestein) Ungemein würzig, Pfeffer, reife Birnen, auch kühle, elegante Noten, frische Frucht bei gediegenem Auftritt, ein Wein von Klasse, von distinguierter Fülle, einer feinen, fast barocken Ausprägung, gewisse Noblesse ausstrahlend. Ein Herr im Nadelstreif.

**★★★★ K €€€€€ GV** TIPP
**2022 Grüner Veltliner Ried Lamm 1ÖTW** + (kalkreicher Löss mit rötlichem Permgestein) Exotik, Pfeffer, gelbe Früchte, kompakt, tiefgründig, strotzt vor Mineralität, ungemein salzig, Wahnsinnssubstanz, von Genialität durchzogen. Ein grandioser Wein, ein Grüner Veltliner mit fast burgundischer Note. Hier handelt es sich um einen absolut außergewöhnlichen Grünen Veltliner.

**★★★★ K €€€€€ RI**
**2022 Riesling Ried Heiligenstein 1ÖTW** + (Permgestein) Ein höchst anspruchsvoller Wein, Marille, Mango, frische Kräuter, rassig, spannend, ungemein pikant, Riesling pur, dicht verwoben, langatmig, straff, ein Riesling für Kenner. Gewinnt mit Luft enorm.

**★★★★ K €€€€€ RI** TIPP
**2022 Riesling Ried Heiligenstein 1ÖTW Alte Reben** + (60 Jahre alte Reben) Ein Riesling von unaufgeregter Größe, Marille, Mango, Pfirsich, Schokonoten, feine Würze, elegantes Fruchtspiel, gelbe Früchte, perfekte Säurestruktur, einiger Tiefgang, zeigt Größe. Der geht auf die Reise. Einige Magnumflaschen dieses Weines im Keller zu haben, beruhigt ungemein.

## NIEDERÖSTERREICH

**★★★★ K €€€€ GV**
**2018 Sekt Austria Brut Nature Große Reserve** + (GV – g.U. NÖ, degorgiert März 2023, Méthode Traditionelle, handgerüttelt) Kräuterwürze, Apfel und Birne, bisschen Mango, Brotkruste, unbändig trocken, rassige Säure, geradlinig, salzig, gute Länge. Der macht so richtig Appetit.

**★★★★ K €€€€ CW**
**NV Sekt Austria Brut Blanc de Blancs** + (GV/PB/CH – g.U. NÖ, Méthode Traditionelle, handgerüttelt, degorgiert Sep. 2023) Kühle, hefige Noten, Brioche, Äpfel und Birnen, feine Exotik, dezente Autolyse, salzig, wunderbar trocken, fest und glasklar strukturiert, voller Pikanz, feines Finesse, feines Säurespiel, überaus elegant, dabei intensiv und ausdrucksstark, perfekt in der Balance. Ein Sekt von internationaler Klasse.

## Bio-Weingut
# Kemetner

**Simon Kemetner**
3492 Etsdorf, Obere Marktstraße 2
Tel. +43 660 4626818
weingut@kemetner.at, www.kemetner.at
9 Hektar, W/R 85/15

Das Weingut Kemetner wird seit 2019 in der zwölften Generation von Simon Kemetner geführt. Seit 2008 wird biologisch-organisch gearbeitet, reine Handlese. Bei Rebschnitt und Ernte richtet man sich nach den Mondphasen. Es wird vollständig auf chemische Pflanzenschutzmittel und Mineraldünger verzichtet. Kaum Schwefel. Auf Aufbesserung und Mostkonzentration wird ebenso verzichtet. Hier wird auch der sanfte Rebschnitt praktiziert. Die besten Lagen wie Ried Karl, Ried Wohra oder Ried Hölle (Straß) werden bewirtschaftet.

Bei den Weinen wäre zu vermelden, dass Simon Kemetner Jahr für Jahr einen Schritt vorwärts macht. Aktuell sind die Weine besser denn je. Solch tiefgründige, konzentrierte, mineralische Gewächse hat es wohl in der Geschichte des Hauses noch nie gegeben. Schon der Rosé Zweigelt ist zum Verlieben schön. Tolle Grüne Veltliner wie Kamptal oder Ortswein Grafenegg zeigen auf. Bei den Grünen Veltlinern aus der Ried Karl und der Ried Hölle wird es dramatisch. Der Grüne Veltliner Alte Reben Ried Karl hat ein langes Leben vor sich. Ebenfalls für eine lange Lagerung ausgerichtet sind die beiden Rieslinge aus den Rieden Karl und Wohra. Mit dem Gerbstoff spielt Simon bei den Natural Wines. Da hat er ein Händchen dafür. Sauvignon Blanc und Roter Muskateller no filter zeugen davon. Weine, welche auch konservativen Weintrinkern gefallen. *as*

### KAMPTAL DAC

★★ S € GV
**2023 Grüner Veltliner** + Feines Bukett nach weißem Pfeffer, Apfel, Zitrus, Pomelo, Frische und Eleganz ausstrahlend, leichtgewichtig, voller Trinklust, zart würzig, macht ungemeinen Spaß. Immer in der Balance.

★★ S €€ GV
**2023 Grüner Veltliner Grafenegg** + Hellfruchtig, Pfefferschleier, Zitrus, dezente Exotik, Ananas, frischer Apfel, feingliedrig, tänzelt am Gaumen, immer präsent, doch nie vorlaut.

★★★ S €€€ GV
**2023 Grüner Veltliner Ried Hölle** + Limette, Pomelo, fruchtig-saftige Eleganz, ein Wein mit Finesse, einer pikanten Säure, einer immerwährenden Frische, feinstrahlig, hochwertig, ausdrucksstark, hohe Prägnanz.

★★★ S €€€ GV
**2023 Grüner Veltliner Ried Karl** + Dicht, eng, fruchtig, dunkel getönt mit obstigen Aromen wie Äpfel, Birnen, Zitrus, Ananas, Mango und vielerlei, auch Pfefferwürze, am Gaumen voller füllige Eleganz, noch unentwickelt, doch lässt dieser Wein seine Klasse aufblitzen.

★★★★ S €€€ GV **TIPP**
**2023 Grüner Veltliner Alte Reben Ried Karl** + Ein besonderes Glas Wein steht vor einem, noch unentwickelt, fast mächtig, doch ist zu erkennen, was hier schlummert, ein Aromareichtum in vielfältiger Ausprägung, alles ist hier nur zu erahnen, embryonal. Pfeffer, Kernobst, Exotik usw. Geduld!

★★★ S €€€ RI
**2023 Riesling Ried Wohra** + Zum Zeitpunkt der Verkostung noch nicht durchgegoren, doch als großer Riesling erkennbar, Marillen, Orangen, ungemein saftig, immer elegant, noch ein Embryo, doch als außergewöhnlich zu attestieren. Könnte im 4-Sterne-Bereich landen.

★★★ S €€€ RI
**2023 Riesling Ried Karl** + Noch hefige Noten, toller Stoff, weinig, Ananas, Orangenschalen, Steinobst, da kündigt sich ein hervorragender Riesling an. Bitte um Geduld.

### NIEDERÖSTERREICH

★★ S €€ RM
**2023 Roter Muskateller** + Hellgelbe Farbe, ausgeprägte Muskatnuss, Zitrusgelee, auch Holunderblüten, knackig-kernige Struktur, etwas Zimt, insgesamt tolle Exotik, Apfelnoten, ungemein vielschichtig, frische Säure, leicht, mittellang. Ein wunderbarer Sommerwein und Apéro.

★★★ K €€€ RM
**2023 Roter Muskateller no filter** + Dunkel, rauchig, Kräuterwürze, kaum Schwefel, toller, animierender Gerbstoff, Orangenschalen, Zitrus, so richtig trocken, Steinobst, griffig, der putzt einen durch. Ein extremer Wein voller Spannkraft, der einen fordert. Man sollte dazu unbedingt etwas essen.

★★★ K €€€ SB
**2023 Sauvignon Blanc no filter** + Ein Hauch Cassis, Orangenschalen, rauchig, dezente Exotik, niemals vordergründig, eine Ahnung von Stachelbeeren, Gerbstoff dominant, knochentrocken, straff, gelbfruchtig, Grapefruit, charaktervoll, angenehme Säure trotz BSA, dichte Struktur. Toller Wein.

# Weingut
# Leindl

**DI Georg Leindl**
3561 Zöbing, Am Wechselberg 12
Tel. +43 676 5082313
info@weingutleindl.at, www.weingutleindl.at
8 Hektar, W/R 100/0

Nach dem Studium der Gärungstechnik an der Universität für Bodenkultur Wien war DI Georg Leindl jahrelang an der Höheren Bundeslehranstalt und Bundesamt für Wein- und Obstbau in Klosterneuburg in der Abteilung Kellerwirtschaft für Versuchswesen und Forschung zuständig. Darüber hinaus gehörte die Beratung von Weinbaubetrieben zu seinen Agenden. Wobei er immer schon den Wunsch gehegt hatte, selber Wein zu machen. Und so erfüllte er sich 2013 seinen Lebenstraum, indem er sein eigenes Weingut gründete.

Auf einer Rebfläche von acht Hektar fokussiert er auf die Paradesorten des Gebiets, namentlich Riesling und Grüner Veltliner. Zu den Höhepunkten gehört im aktuellen Sortiment zweifelsohne der Grüne Veltliner vom Seeberg, der zu den ÖTW-Erste-Lagen zählt. Es handelt sich um eine nach Süd und Südwest ausgerichtete Ried. Bis an die Oberfläche reicht dort der Glimmerschiefer mit Anreicherung von Amphibolit. Darauf befinden sich schluffig-sandige Verwitterungsböden, meist kalkfreie Felsbraunerden. Das besondere Spannungsverhältnis zwischen heißen Tagen und kühlen Nächten sorgt für langsame Traubenreife und reichhaltige Fruchtigkeit.

Ebenfalls im Spitzensegment positioniert sind der Riesling von der sehr bekannten Lage Heiligenstein wie auch der Riesling vom Zöbinger Kogelberg. Die Weine von diesem reichlich mit Amphibolit und Glimmerschiefer durchsetzten Abhang profitieren von den hohen Temperaturschwankungen zwischen Tag und Nacht. Die kühlen Luftströme, die den Kogelberg in den Nächten abkühlen, sorgen für besonders finessenreiche und fruchtbetonte Weine. Wie schon das Format aus dem vorigen Jahr, darf auch der 2023er Kogelberg als ein ausgesprochen feierlicher Wein angesprochen werden.

*jw*

## KAMPTAL DAC

★★★ S €€ GV  **PLV**
**2023 Grüner Veltliner Langenlois** + Fruchtiges Bouquet nach Apfel und Pfirsich, hintennach feine Kräuterwürze, recht passend blitzt ein Hauch Kamille auf, hinzu gesellen sich ein Pfefferl und Anklänge von Zitronengras, am Gaumen fruchtig und ebenso vielschichtig, saftig und süffig, würzig und animierend, gute Statur, erquicklicher Charakter.

★★★ S €€€ GV
**2023 Grüner Veltliner Ried Eichelberg** + Einnehmende Nase nach grünem Apfel und Birne, zart kräuterwürzig, dezent nussig, reichliches Fruchtspiel am Gaumen, saftig geprägt, druckvoller Auftritt, ausgezeichneter Trinkfluss, belebend im mineralisch-kreidigen Abgang, ein bemerkenswerter Individualist.

★★★★ S €€€€ GV  **TIPP**
**2023 Grüner Veltliner Ried Seeberg 1ÖTW** + Tiefgründige Nase mit gelbfruchtigen Anklängen, reifer Apfel, ein Hauch Pfeffer, würzebetont, auch zart nach Marzipan, überaus saftig, feiner Schmelz, reichlicher Tiefgang, stimmig und ausgewogen, herrliche Struktur und durchgängige Noblesse, mineralische Ader, im Finish vergnügliche Gediegenheit mit bestechend anhaltender Frische und Raffinesse.

★★★ S €€ RI
**2023 Riesling Urgestein Kamptal** + Feines, dezent-elegantes Bukett nach Weingartenpfirsich, ausgeprägt mineralisch, straff und klar definiert, geprägt vom anhaltend-vitalen Säurebogen, bestechender Trinkfluss, verabschiedet sich mit einer feinfruchtigen Pfirsichnote.

★★★ S €€€€ RI
**2023 Riesling Zöbinger Ried Heiligenstein 1ÖTW** + Tiefgründige Nase nach Pfirsich und Marille, hintennach Kräuter-Einsprengsel, ausgesprochen saftig, mineralisch geprägt, im Geschmacksbild auch nach Lindenblüten, legt mit Belüftung ordentlich zu, reichliche Struktur, tiefgründiger Charakter, sehr guter Körper und ordentlicher Schmelz, balanciertes Säurespiel, wohlstrukturiert, vital und reichhaltig, gediegener Abgang mit schöner Länge.

★★★★ S €€€ RI  **TIPP**
**2023 Riesling Zöbinger Ried Kogelberg 1ÖTW** + Nobel-dezentes Bukett mit Anklängen von Marille und einem Hauch Flieder, vollmundig, feinstrukturiert und zugleich druckvoll, im Geschmacksbild setzt sich die Marillenfruchtigkeit stimmig fort, auch Orangen-Einsprengsel treten hinzu, haftet gut an, bestechend elegant im Gesamteindruck, vital und trinkvergnüglich, die reinste Gaumenfreude, delikater Abgang mit mineralischem Nachhall.

# Weingut
# Loimer

**Fred Loimer**
3550 Langenlois, Haindorfer Vögerlweg 23
Tel. +43 2734 2239
weingut@loimer.at, www.loimer.at
85 Hektar, W/R 80/20, 500.000 Flaschen/Jahr

„Die Qualität eines Weines, sein gesamtes Wesen wird von seiner Herkunft geprägt", gilt als Leitsatz des Langenloiser Winzers Fred Loimer. Um die Rieden, die Böden und die Natur in ihrem Facettenreichtum und ihrer Erkennbarkeit in die Flasche zu bringen, geht das für Loimer nur, wenn man biologisch-dynamisch arbeitet. „Biodynamie ist Herkunft pur und verstärkt den Charakter des Weines." Daher hat sich der Winzer seit fast 20 Jahren dieser auf Natur und Biodiversität ausgerichteten Bewirtschaftung verschrieben. Und das ist in Loimers Lagen-Veltlinern und -Rieslingen kompromisslos Jahr für Jahr zu schmecken.

Neben seinen gesuchten und in die Welt verkauften Ersten Lagen 1ÖTW – Loimer ist Gründungsmitglied der Österreichischen Traditionsweingüter – hat Loimer sein Weingut über die Jahre um zwei weitere starke Säulen erweitert: Ein beachtliches Terrain ist das Naturweinsegment geworden, wo er „mit Achtung" viele Menschen, „Gluecgglich" macht, die charaktervolle alternative Weine suchen.

Und auf Fred Loimer muss man unbedingt hinschauen, wenn es um das Thema Winzersekt geht. Das ist top. Da gibt es in Österreich kaum Besseres. Das Versekten passiert von A bis Z im Haus. Reifen, Rütteln, Degorgieren, jeder Arbeitsschritt – nur so könne Loimer die Qualität garantieren, seine hohen Ansprüche erfüllen und den Sekten seine Handschrift mitgeben. Loimer lässt seine Sekte auch länger auf der Hefe reifen – die Reserven zwei Jahre, Minimum; die Großen Reserven drei Jahre und länger. Bei der Großen Reserve Blanc de Blancs vom Jahrgang 2014 waren es siebeneinhalb Jahre auf der Hefe! Ein Extrem-Sekt, bei dem man viele Champagner gern links liegen lässt, weil extrem eigenständig, extrem elegant, extrem gut – einfach extrem Loimer! *hp*

---

### KAMPTAL DAC

★★★ K €€€€ GV
**2022 Grüner Veltliner Langenloiser Ried Loiserberg 1ÖTW** + Rauchige Würze, reifes Kernobst, gewürzig, Gesteinsmehl; viel Frische, straffer Gerbstoff, würzige Williamsbirnen, Orangenzesten, guter Säurebiss.

★★★★ K €€€€€ GV  **TIPP**
**2022 Grüner Veltliner Langenlois Ried Käferberg 1ÖTW** + Rauchige Würze, viel schwarzer Pfeffer, super Tiefe; gerbstoffbetont und salzig, mehr Würze als Frucht, pfeffrig, würzige Ananas, feine Länge.

★★★ K €€€€ RI
**2022 Riesling Langenlois Ried Loiserberg 1ÖTW** + Relativ viel Südfrüchte, grüner Pfirsich, straffe, würzige Art; Marillenröster mit ansprechender Säure und leichten Gerbstoffnoten, mittellang.

★★★★ K €€€€€ RI
**2022 Riesling Langenlois Ried Steinmassl 1ÖTW** + Anfangs reduktiv, dann saftige Frucht, reife Marillen mit Würze, Mango und Limetten; saftig und frisch, rote Pfirsiche, trinkvergnüglicher Wein mit Tiefe und Länge.

★★★ K €€€€€ RI
**2022 Riesling Langenlois Ried Seeberg 1ÖTW** + Ziemlich würzig, viel Weingartenpfirsich, grüne Oliven, straffe Art; schöner Fruchtcharme, eingelegte Pfirsiche, gehaltvoller, von Fruchtsüße bestimmter runder Riesling, einfach süffig.

★★★★ K €€€€€€ RI **TIPP**
**2022 Riesling Zöbing Ried Heiligenstein 1ÖTW** + Elegante vollreife Frucht, reichlich Pfirsich, Mandarine, salzig-mineralische Note, Sortentypizität; enorm dicht bei viel Rieslingfrische und Säurepikanz, Pfirsich und Orangen, straffer Heiligenstein-Klassiker.

## NIEDERÖSTERREICH

★★★ K €€€€ CR
**Sekt Austria g. U. Brut Rosé Reserve NV** + (Non Vintage, ZW/PN/SL – degorgiert Sep. 2023, Dosage 3 g/l) Enorm frisch, feine Kräuteraromatik, viel Orangen und Grapefruits; knackig, heuig, feiner Beerenmix, dann cremiger und nussig, balanciert, im Finish straff und trocken.

★★★★ K €€€€ CW **PLV**
**Sekt Austria g. U. Extra Brut Reserve NV** + (ZW/PN/CH/PB/PG – degorgiert Juli 2023, Dosage 2 g/l) Super Frische, salzige Aromatik, grüne Oliven, Brioche, gute Fülle; zarte Hefenoten, stoffig, schwarze Oliven, viel Fruchtexotik, betont trocken, hochwertiger, lässiger Sekt, viel Animo.

★★★ K €€€€€€ CR
**Sekt Austria g. U. Gumpoldskirchen Blanc de Noir Brut Nature Große Reserve NV** + (PN/SL/ZW – degorgiert Sep. 2023) Wirkt mächtig und elegant, Hefegebäck, weiche Fülle; samtige, champagnerhafte Frucht mit viel Nougat, rotbeerig, reifes Zitrus mit rosa Pfeffer, Bratapfel, saftig, geschliffen, rund.

★★★★ K €€€€€€ CW **TIPP**
**Sekt Austria g. U. Langenlois Große Reserve Blanc de Blancs Brut Nature NV** + (PB/CH/PG – degorgiert Sep. 2023, Zero Dosage) Kandierte Früchte, getrocknete Oliven, wirkt weich, füllig und weißbrotig, zarte Würze; saftig und frisch zugleich, reifer roter Apfel, Limetten, enorm cremige Textur, viel Charme und kraftvoll-elegant, feine Perlage, super Länge.

★★★★★ K €€€€€€ CW **TOP**
**2014 Sekt Austria g. U. Langenlois Große Reserve Blanc de Blancs Brut Nature** + (PB/CH/PG – degorgiert Mai 2023, Zero Dosage) Warmes Timbre, saftiger Schmelz, Honigmelone, rauchig, zart würzig, super Tiefe; Brioche, Karamellnoten, Hefegebäck, reifes Kernobst, super Perlage und Säurestütze, feingliedrig, elegant, Riesen-Sekt, champagnerhaft vom Feinsten! Super Länge.

★★★★ K €€€€€ CW
**2021 Gumpold** + (ZF/CH/RG) Füllig, feines Toasting und feine Kräuterwürze, rosa Pfeffer, Lakritze, Wacholder; burgundische Züge, Blaubeeren, kühl aromatisch, saftig mit Gerbstoffbiss und Säureunterstützung, sehr eigenständig, gute Länge.

★★★★ K €€€€€€ PN
**2021 Pinot Noir Anning Gumpoldskirchen** + Ziemlich füllig, rauchiges Toasting, Grillkohle, aber auch fruchtig, Schwarzkirschen, dezent Himbeeren; reife Ribiseln und Himbeeren, etwas üppiger Burgunder mit herzhafter Säure und etwas Gerbstoff.

★★★★ K €€€€€€ PN
**2022 Pinot Noir Anning Gumpoldskirchen** + (ab Herbst) Gewürzige Noten, Rote Bete, kirschig, füllig, aber etwas straffer wirkend als 2021; jugendlicher Gerbstoff, auch junger Tanninbiss, Kirscharomatik, dunkle Beeren, trägt viel Potenzial in sich.

★★★★ K €€€€€€ PN **TIPP**
**2021 Pinot Noir Langenlois Ried Dechant** + Nobler und sortentypischer Burgunderduft, saftige Himbeeren, erdige Noten, Waldboden; betont fruchtig, enorm saftig und geschliffen, viel Substanz, Cool-Climate-Aromatik, vital, druckvoll-elegant, obwohl der Wein nur 12 % Alkohol hat!

## ÖSTERREICH

★★★ D €€€€ GV
**2021 Grüner Veltliner mit Achtung** + Gewürzig, Nelken und Anis, Bratapfel, viel Grip; super Würze, straffe Frucht, Blutorange, Mandarinen, guter Gerbstoffbiss, gewürziger Veltliner mit Pfiff.

★★★ D €€€€ CW
**2021 Gemischter Satz mit Achtung** + Weiche Textur und beerenfruchtig, viel Kräuterfrische, Hibiskus, Malven; am Gaumen frisch, viel Säurepikanz, Grapefruitzesten, endet würzig, mittellang.

★★★ D €€€€ CW
**2021 Manhart mit Achtung** + (CH/PB/GB) Weißbrotige Fülle, Kirscharomatik würzig unterlegt, Orangenschalen, zart gerbstoffig, balanciert, straffes Toasting, mineralisch-salziger Zug, Grapefruits, grüne Ananas, griffiger, stoffiger, lebhafter Naturwein.

# Weingut
# Maglock-Nagel

Stefan Maglock
3491 Straß, Talstraße 116
Tel +43 2735 2648, Fax -4
info@maglock-nagel.at, www.maglock-nagel.at
16 Hektar, W/R 85/15

Wahrlich, ich sage euch, es sind beeindruckende Weine, die man in diesem Straßer Weingut bekommt. Man bewirtschaftet beste Lagen ausschließlich in Straß wie die Rieden Gaisberg, Wechselberg, Rosengartl und Hasel. Der Fokus liegt auf Grüner Veltliner und Riesling. Doch bitte nicht den Weißburgunder übersehen. Die Philosophie des Hauses geht dahin, den Weinstock nachhaltig zu unterstützen, mit angepasster Laubarbeit, artenreicher Begrünung und selektiver Handlese.
Zu den Weinen: Etwa ein ausdrucksstarker 2023 Grüner Veltliner Ortswein Strass. Dann geht es weiter mit den Lagenweinen – Ried Wechselberg mit einem Grünen Veltliner und einem Riesling. Beide sind überragend. 2023 Grüner Veltliner Ried Rosengartl – ein unglaublich hochwertiger Wein. Mein Herzenswein kommt von der Ried Gaisberg – 2022 Grüner Veltliner, für mich die Eleganz in Wein. Fulminant präsentiert sich der 2022 Riesling Ried Gaisberg. Einen solch großartigen Riesling um faires Geld (11,80 Euro) bekommt man wohl kaum. Großes Kompliment. Dann zu den Weißburgundern, wo sich der 2023 bestens darstellt. Die Steigerung ist dann die 2022 Reserve, welche mit ihrer Balance und Eleganz brilliert. Den Abschluss bildet der 2022 Grüne Veltliner Reserve von der Ried Gaisberg. Den sollte man zeitgerecht dekantieren und aus einem Burgunderglas genießen. Der Wein dankt es einem.
Ich möchte auf die außergewöhnlich faire Preisgestaltung hinweisen. Diese Weine bieten weit mehr, als es der Preis darstellt. *as*

## KAMPTAL DAC

★★★ S € GV  **PLV**
**2023 Grüner Veltliner Strass** + (Löss) Rauchig-würzig, Pfeffer, Tabak, der legt gleich los, fester Körperbau bei frischer Säure, mineralische Noten, bisschen Apfel, Zitrus, engmaschig, hochwertiger Ortswein.

★★★ S €€ GV
**2023 Grüner Veltliner Ried Wechselberg** + Dunkle Tönung, rauchig, Pfefferwürze, Zitrus, Kernobst, Mineralität ausstrahlend, ungemein kompakt, tiefgründig, toller Körper, kraftvoll, doch nie opulent, ausdrucksstark.

★★★ S €€ RI
**2023 Riesling Ried Wechselberg** + Kräuterwürze, geht langsam auf, Steinobst, Zitrus, liegt straff am Gaumen, dichte Struktur, perfekte Säure, der steht seinen Mann, kompakt, enorme Länge und Substanz für Jahre.

★★★ S €€ GV
**2023 Grüner Veltliner Ried Rosengartl** + Wiesenkräuter, benötigt einige Zeit, um aus sich herauszugehen, ein gutes Zeichen, Pfeffernoten, Kernobst, kompakt und ausdrucksstark, voller Würze, eng und dicht, perfekte Säure, einige Zukunft.

★★★ S €€ GV
**2022 Grüner Veltliner Ried Gaisberg** + (45 Jahre alte Reben, Gneis) Honigmelone mit Pfeffer, Kernobst, fruchtig, würzig, ausgewogen, gute Struktur, in sich ruhend, balanciert, elegant, angenehme Säure, zeigt Frische, mineralische Noten, einiger Tiefgang, Tabaktöne, zeigt viele Facetten. Ein hervorragender, homogener Grüner Veltliner

★★★★ S €€ RI  **TIPP PLV**
**2022 Riesling Ried Gaisberg** + Pfirsich, Marille, Ananas, Exotik, das klassische, einnehmende Rieslingbukett, ein Hauch Rhabarber, ein Riesling der Extraklasse mit fordernder Säure, mit Tiefgang, enormer Länge, immer kühl, immer präsent, saftig, zeigt Finesse.

## NIEDERÖSTERREICH

★★ S €€ PB
**2023 Weißburgunder** + Filigranes Bukett, Birnentouch, Nelken, Honigmelone, Wiesenblumen, Apfelnoten, gewisse Eleganz, druckvoll, immer mit Frische, lebendige Säure.

★★★ S €€ PB
**2022 Weißburgunder Reserve** + (Ried Hasel) Nelken, Mandeln, gelbe Früchte, gediegenes Bukett, Eleganz, Kern- und Steinobst, voller Pikanz, cremige Textur, dezenter Holztouch, einige Tiefe, passende Säure, ungemein balanciert.

★★★ S €€€ GV  **TIPP**
**2022 Grüner Veltliner Reserve Ried Gaisberg** + (gepflanzt 1973 und 1975) Gelbfruchtig, ein fast klerikaler Ausdruck, dunkle Würze, pfeffrig, barocke Ausprägung, voluminös, vollfruchtig, harmonisch, Zitrus, Orangenschalen, Ananas, Mango, Blütenhonig, viel Wein, viel Erlebnis.

## Weingut
# Barbara Öhlzelt

**Barbara Öhlzelt**
3561 Zöbing, Eichelbergstraße 32
Tel. +43 2734 4857, barbara@weinberggeiss.at
www.weinberggeiss.at, www.verjus.at
6,5 Hektar, W/R 100/0

Im Kamptal gibt es rund 10 % Riesling, wenn man auf die Weinfläche blickt. Die Zöbinger Winzerin Barbara Öhlzelt hat beachtliche 45 % Riesling-Anteil in ihrem kleinen, feinen 6,5-Hektar-Weingut, und damit etwas mehr als Grünen Veltliner, der das Kamptal bestimmt. Die Winzerin, die seit 20 Jahren Wein macht, weiß beim Riesling zu überzeugen. Vier Weine macht sie.

Der „Zöbinger", als Ortswein, mit seinem auffälligen, barocken Retro-Etikett ist ein lässiger Einstieg ins Öhlzelt-Riesling-Schaffen. Dann hält sie noch drei unterschiedliche Lagenweine bereit. Die Ried Blauenstein ist zwar klein und wenig bekannt, hat jedoch Potenzial – als kühle Südostlage am Waldrand, die fast nur Morgensonne bekommt. Davon profitiert besonders in Hitzejahren der dort auch wachsende Grüne Veltliner. Der Amphibolit im Festgestein ist aufgrund seiner blauen Farbe Namensgeber dieser unterschätzten Lage.

An der Riesling-Spitze stehen zwei Zöbinger Lagenweine mit unterschiedlicher Herkunft: einerseits der „Heiligenstein", ein Riesling-Klassiker, bei dem sich Öhlzelt auf ihre 25 Jahre junge Reben verlassen kann, andererseits ihr „Kogelberg", wo der Wein von 70 Jahre alten Rebstöcken kommt – und der heuer den Heiligenstein einen Tick überflügelt.

Beim Veltliner gibt es „Kellerweingarten" als Kamptaler Gebietswein„ dann kommt der „Zöbinger" Ortswein, dann der Wein vom Blauenstein und on top, als 1ÖTW-Lage, noch die Ried Lamm, wo Öhlzelt ihren Veltliner in leicht getoasteten Fässern ausbaut. *hp*

### KAMPTAL DAC

★★ S €€ GV
**2023 Grüner Veltliner Kellerweingarten** + Kräuterfrische, helle Würze, Birnenfrucht; gelbapfelig, Williamsbirnen, zitrusfrisch, knackiges Mittelgewicht.

★★ S €€ GV
**2023 Grüner Veltliner Zöbinger** + Fülliger, viel Würze im Hintergrund, Quitten, rote Äpfel; lössige Schwarzpfefferwürze, milde Säure, rund, saftig bis ins Finish.

★★★ S €€€ GV
**2023 Grüner Veltliner Ried Blauenstein Zöbing** + Pfeffrig-würzig, viel Apfel, auch nussig; viel Sortencharakter, guter Schliff und würziger Biss, Orangenfrische, rosa Grapefruit, balanciert.

★★★★ S €€€€ GV    TIPP
**2023 Grüner Veltliner Ried Lamm 1ÖTW Kammern** + Rauchig und röstig, Vanille vom Holz, Frucht nur dezent; am Gaumen mehr Frucht und Frische, Maracuja, Mango, würzige Ananas, jugendlicher Wein mit Potenzial.

★★★ S €€€ RI
**2023 Riesling Zöbinger** + Geschmeidige Frucht, gewürziges Steinobst; salzig-mineralische Frucht, Marillen und Pfirsiche, Zitrusfrische, straffe Säure.

★★★★ S €€€ RI    PLV
**2023 Riesling Ried Blauenstein Zöbing** + Frisch mit saftiger Zitrusfrucht und feiner Würze; salzige, mineralische Frucht, viel Marille, rund, saftig, sehr typisch, Tiefe und Länge, großes Trinkvergnügen.

★★★★ S €€€€ RI
**2023 Riesling Heiligenstein 1ÖTW Zöbing** + Viel Feuerstein, wirkt sehr straff, reife Zitrusnoten, rote Pfirsiche; fülliger Wein mit molliger Frucht, eingelegte Marillen, Pfirsichkompott, extraktsüß, aber auch viel Spannung, hat Zug und Länge.

★★★★ S €€€€ RI    TIPP
**2023 Riesling Kogelberg 1ÖTW Zöbing** + Kühle, aromatische, exotische Frucht, würzige Ananas, gelbe Pfirsiche, viel Sorten, Gesteinsmehl; saftiger Pfirsich, super Mineralität, herzhafter Biss und Länge.

### NIEDERÖSTERREICH

★★★ S €€€ GS
**2023 Gut gegen Nordwind** + (Glattauers Gemischte Sätze vom Wagram-Weingarten) Rauchig-würzig, wirkt kräftig und füllig, Tabakblätter, Lageräpfel; viel Lösswürze, rote Bete, Zitrusgrip, Grapefruits, rosa Pfeffer, trinkvergnüglich.

★★★ S €€€ CW
**2023 HerzStück** + (PB/CH) Rauchige Textur, torfig, Wurzelwerk; Frucht mit Belüftung, Frische und Zitrus, viel Mandarine, gehaltvoller, herzhafter Burgunder, mittellang.

### ÖSTERREICH

★★★ S €€€ CW
**2020 Sekt Brut Nature** + (PB/CH) Reife Apfelfrucht, Weißbrotnoten, geriebene Nuss, bisschen Oliven, hübsch; reichhaltig, rauchige Würze, Kernobst und Südfrüchte, reifes Zitrus, lebhafter Säurebiss.

**NOTIZEN**

# Weingut
# Rabl

**Rudolf Rabl**
3550 Langenlois, Weraingraben 10
Tel. +43 2734 2303
office@weingut-rabl.at, www.weingut-rabl.at
80 Hektar

Das Weingut Rabl ist ein Familienbetrieb mit langer, bis 1750 zurückreichender Winzertradition, in dem schon seit vielen Generationen Weine mit hohen Qualitätsansprüchen gekeltert werden. Bereits 1946 wurden hier die ersten Flaschen von Rudolf Rabls Großvater Karl Pell gefüllt, und in den 50er-Jahren gab es riedenreine Füllungen vom Käferberg (Grüner Veltliner) und Schenkenbichl (Riesling). Eingedenk dieser Tradition und dem damit verknüpften Wissen und der großen Erfahrung setzte der 1986 in das Weingut eingetretene Rudolf Rabl auf Erweiterung und Modernisierung. Heute zählt der 80-Hektar-Betrieb mit dem klassischen Rabl-Raben als Logo zweifellos zu den Leitbetrieben im Kamptal. Rudi Rabls Kinder bringen sich mittlerweile beide im Betrieb ein: Sohn Tobias hat 2022 an der HBLA Klosterneuburg maturiert und ist nach Praxis in Südafrika Teil des Kellerteams. Tochter Johanna, die mit ihrem Partner Jonas aus Kanada zurückgekehrt ist, arbeitet mit in den Bereichen Präsentation und Vermarktung.

Das Weingut verfügt über Weingärten in einigen der besten Hanglagen rund um Langenlois. Dazu zählen Schenkenbichl, Käferberg, Steinmassl und Steinhaus – alles Urgesteinsrieden, ebenso wie die Lösslagen Spiegel und Kittmannsberg. Im durchaus umfangreichen Sortiment dominieren natürlich die Sorten Grüner Veltliner und Riesling. Im Keller ist Rudi Rabl ein Verfechter von Spontangärung und langem Maischekontakt. *psch*

### KAMPTAL DAC

★★ S € GV
**2023 Grüner Veltliner Terrassen** + Duftig und fruchtbetont, intensive Apfel-Birnen-Frucht, frisch, verlockend; beginnt mit knackiger Säure, Zitrus, belebend, leicht spritzig, pikantes Finish.

★★★ S €€ GV
**2023 Grüner Veltliner Langenlois** + Recht würzig, reife Kernobstfrucht, leicht cremig-rauchig, Wiesenkräuter; griffig, ansprechende, ausgewogene Fruchtsüße, dezenter Biss, frische Hülsenfrüchte, kompakt.

★★★ S €€€ GV
**2023 Grüner Veltliner Ried Panzaun Reserve** + Kühle Noten nach Quitten, Birnenkompott, Fenchel, etwas Nelken, samtig; viel Frucht, pikant, lebhaft, zartherb strukturiert, Biss, griffig, gebündelt, mittellang.

★★★ S €€€ GV
**2022 Grüner Veltliner Ried Loiserberg Alte Reben** + Zart cremig, röstig, Gewürzbrot, ausgereift, etwas Gelbfrucht; Zitrus, betont trocken, sanfte Gerbstoffbegleitung, robust, mittleres Spiel und Länge.

★★★ S €€€ GV
**2022 Grüner Veltliner Dechant Alte Reben** + Dichte Nase mit dunkler Würze, Weizenkleie, Müsli, rauchig, ausgereift, getrocknete Zitrusfrüchte; kraftvoll und fest, sehr würzig, Grapefruits, Power, Tabak, strukturiert, lang, braucht noch.

★★★★ S €€€ GV **TIPP**
**2022 Grüner Veltliner Ried Käferberg Alte Reben** + Samtig, Trockenfrüchte, Honigmelone, Papaya, Lokum, Schwarzpfeffer, geröstete Nüsse; substanzreich, Fruchtschmelz, muskulös, fest, lang, legt zu.

★★ S €€ RI
**2023 Riesling Terrassen** + Recht expressiv im Duft, aromatische Anklänge, kühl, grüne Ringlotten; sehr schlank, gefällig, zitrusbetont, leicht cremige Mitte, zartherb, unmittelbar trinkig.

★★★ S €€ RI **FUN**
**2023 Riesling Langenlois** + Ausgewogen, elegant, Steinobst mit etwas Quitte, Wacholder, Weihrauch, glasklar; ungemein saftig, transparente Frucht, Säurebiss, Balance, mittellang, Trinkspaß pur.

★★★ S €€€ RI **FUN**
**2023 Riesling Ried Steinberg** + Samtige Nase, kandierte Zitrusfrüchte, Pfirsich und Zitronenmelisse; saftig, zartherb strukturiert, feiner Biss, wieder Pfirsich, auch rosa Grapefruits, gewisse Länge, bildhübsch, nahe am 4. Stern.

★★★★ S €€€€ RI **TIPP**
**2022 Riesling Schenkenbichl Alte Reben** + Voll und samtig, geht über vor Frucht, Pfirsichkompott, Pfirsichkuchen, schön gewürzig; schmelzig, gelbes Steinobst und Honigmelonen, Zitrus, saftige Fülle, knackiger Biss, recht lang.

★★★ S €€€€ RI
**2022 Riesling Steinhaus Rote Erde** + Pikante Würze, Blüten und Kräuter, kühl, etwas Limette, derzeit niederschwellige Frucht; dezent saftig, zitrusbetont, kernig, zartherb, straff, etwas direkt, Biss, Geduld.

### NIEDERÖSTERREICH

★★★ S €€ PB
**2023 Weißburgunder** + Helles Bukett mit hefigen Noten, duftig, schöner Ausdruck, sehr klar, frisches Weißbrot, Mandeln, Wiesenkräuter; mittelkräftig, dezenter Fruchtausdruck, recht fest, griffig.

👑 👑 👑 👑

## Weingut
# Schloss Gobelsburg

**Michael Moosbrugger**
3550 Gobelsburg, Schlossstraße 16
Tel. +43 2734 2422, Fax -20
schloss@gobelsburg.at, www.gobelsburg.at
85 Hektar, W/R 80/20

Auch heuer ist der vinophile Achter des Schlossweingutes – bestehend aus dem zuverlässigen wie mundwässernden Rosé, drei Rieslingen und vier Veltlinern – auf sicherem Kurs geblieben. Einen klaren Höhepunkt realisierte beispielsweise der vitale, gelbfruchtige Kamptal Veltliner der Linie Schlosskellerei, während von den Rieslingen zunächst der Domäne Gobelsburg Kamptal Riesling mit klarem Fruchtspiel und fein verwobener Textur hervorstach. Noch ein bisschen Zeit zur Harmonisierung sollte man dem Urgestein Riesling, bestehend aus den jungen Reben der Top-Lagen, einräumen; die Ressourcen für die weitere Verfeinerung sind sicherlich vorhanden. In der gehobenen Mittelklasse gefällt schon der Grüne Veltliner Langenlois mit seiner satten Apfelfrucht und dem vom Lössboden stammenden freundlichen Charakter, der überdies einen kulinarischen Allrounder kennzeichnet. Im kühl-erfrischenden Bukett, das an den Eintritt in einen Hochwald erinnert, ähnelt der Zöbing-Riesling den allermeisten Vorgängern; am Gaumen gibt er sich zwar durchaus ortstypisch, aber doch deutlich runder und zugänglicher als bisher, was für ungeduldige Riesling-Liebhaber ja nicht von Nachteil ist.

Von den Top-Rieslingen aus 2022 gefiel der klar strukturierte Gaisberg diesmal mit ungewohnten rotbeerigen Fruchtaromen, die ihm wunderbar standen und zusätzlichen Esprit verliehen. Als Lagen-Riesling der Extraklasse präsentierte sich wieder einmal ein ungemein finessiger Heiligensteiner, der messerscharfe Definition mit kühler Fruchtexpression verband und schon jetzt als Musterbeispiel für diese legendäre Riede zitiert werden kann. Am „grünen" Sektor erbrachte der 2022er Renner wieder jenen überschwänglichen Fruchtcocktail, für den er schon seit Jahren bekannt ist und der mit etwas Flaschenreife noch an Tiefgang gewinnt. Punkto Tiefgang keine Steigerung mehr möglich dürfte hingegen für den exemplarisch anmutenden Lamm sein, denn hier zeichnet sich unmissverständlich ein Veltliner-Elixier der Sonderklasse ab. *vs*

## NIEDERÖSTERREICH

★★★ S €€ CR  **FUN**
**2023 Schlosskellerei Gobelsburg Cistercien Rosé** + Melisse und weißer Spargel im sehr ambitionierten Bukett, später auch grüne Erdbeeren, pikant und fordernd bei schlanker Statur, herber Charme und viel Biss – ein anspruchsvoller Sommerwein.

★★ S €€ GV
**2023 Löss Grüner Veltliner** + Saftige Apfelfrucht und etwas Roggenbrot, fest verwoben, kernig und präsent, Kräuterwürze à la Dost und Majoran, hefige Untertöne, der Löss-Charakter tritt tatsächlich hervor, rund und stimmig.

★★★ S €€ GV
**2023 Messwein Grüner Veltliner** + Animierender Mix aus Sommerapfel und Zitronenmelisse in der Nase, schwungvoll und blitzsauber, tabakige Würze und Teeblätter, kernig und herzhaft angelegt, ein wenig Gerbstoff im Hintergrund, viel Trinkfluss.

★★★ S €€ RI
**2023 Schlosskellerei Gobelsburg Urgestein Riesling** + Limite und Kräuterwürze, vor allem Thymian bestimmt vorerst das noch recht schüchterne Duftspiel, zurückhaltend, doch reintönig, vermittelt kühle Eleganz sowie zitronige Frische, leichtfüßige Stilistik, gewinnt mit Luftzufuhr an Profil.

## KAMPTAL DAC

★★★ S €€ GV  **PLV**
**2023 Schlosskellerei Gobelsburg Kamptal Grüner Veltliner** + Nach Kampot-Pfeffer und Ringlotten duftend, zartgliedrig und nuanciert, sehr lebhaft, einige Substanz, helle Fruchtakzente, Kap-Stachelbeere und Mirabelle, fein liniert und anregend, diesmal ausnehmend gut gelungen.

★★ S €€ RI
**2023 Schlosskellerei Gobelsburg Kamptal Riesling** + Ausgereift und einladend, satte Marillenfrucht im Verein mit gerösteten Mandeln, straff und ein bisschen burschikos, rauchige und schotige Untertöne, fest und ausgewogen, ungekünstelt und rassig ausklingend.

★★ S €€ GV
**2023 Domäne Gobelsburg Kamptal Grüner Veltliner** + Tabakige Würze plus weißer Pfeffer, etwas verkapselt und streng, mittleres Volumen, rauchig-hefige Note, einige Konturen, derzeit vom Gerbstoff getragen, noch ein wenig rau und erst am Beginn der Entwicklung.

★★★ S €€ RI  **FUN**
**2023 Domäne Gobelsburg Kamptal Riesling** + Kandierte Ananas und Milchschokolade im charmanten Bukett, kristallklar und zupackend, kompakt und mit viel Zug versehen, feine Fruchtsüße, engmaschig und fokussiert, zartbitter im herben Abgang, gute Perspektiven.

★★★ K €€€ GV
**2023 Grüner Veltliner Langenlois** + Saftige Apfelfrucht und Gartenkräuter à la Majoran prägen diesen charakteristischen Löss-Veltliner, rund und einladend, rauchige Untertöne, etwas Ananas und Ringlotte, hübscher Fruchtschmelz, fruchtsüß und harmonisch, mittlere Länge.

★★★ K €€€ RI  **TIPP**
**2023 Zöbing Riesling** + Wacholder und Stachelbeeren im erfrischend-herben Auftakt, fest verwoben, jahrgangsbedingt bereits recht zugänglich und offener als gewohnt, saloppes, nuanciertes Fruchtspiel, kühle Mitte, ausgeprägte Kräuterwürze, herzhaft und äußerst herkunftstypisch.

★★★★ K €€€ RI  **TIPP**
**2022 Ried Gaisberg Riesling 1ÖTW** + Bestechend reintönig wie erfrischend, überrascht diesmal mit Ribiseln und Kornelkirschen in der Nase, akzentuiert und glockenklar, sehr elegant und präzise strukturiert, am Gaumen kommen auch gelbfruchtige Noten hinzu, saftig, pointiert und ausdauernd, ungewohnt rassige Art.

★★★★ K €€€€€ RI  **TIPP**
**2022 Ried Heiligenstein Riesling 1ÖTW** + Sehr subtiles, zartgliedriges Duftspiel, in dem sich Weingartenpfirsich, Limette und Zitronengras aneinanderreihen, vielschichtig wie finessenreich, gebündelt und hochelegant, dabei pfeffrig und temperamentvoll, erbringt immer neue Facetten, in jeder Hinsicht ein herausragender Heiligensteiner Riesling, der auch das spezielle Terroir perfekt zum Klingen bringt.

★★★★ K €€€€ GV  **TIPP**
**2022 Ried Renner Grüner Veltliner 1ÖTW** + Beginnt mit Blütenhonig und kandierter Ananas, fruchttief und entgegenkommend, vital und spannungsgeladen, kräftige Statur, das exotisch anmutende Fruchtspiel gibt stets den Ton an, engmaschig und lang, erst ganz am Beginn, Potenzial für viele Jahre.

★★★★ K €€€€€ GV
**2022 Ried Kammerner Grub Grüner Veltliner 1ÖTW** + Sogleich ansprechendes, weit ausholendes Bukett nach Williamsbirne und Schälnüssen, saftig und engmaschig, ein kraftvoller Veltliner, der viele Facetten aufzeigt, wenngleich die Fruchtaromen noch sehr dezent erscheinen, ausgereift und sanft strömend, zweifellos mit großen Reserven ausgestattet.

★★★★★ K €€€€€€ GV  **TOP**
**2022 Ried Kammerner Lamm Grüner Veltliner 1ÖTW** + Wunderbar aufgefächertes Duftspiel, offeriert tiefe Frucht nach Clementinen und Ananas, von nussiger Würze ergänzt, hoher Finessefaktor auch am Gaumen, modellhafte Eleganz und Komplexität, superbe Dichte, standfest und äußerst lang – ein brillanter Lamm, der uns noch viele Jahre beeindrucken wie erfreuen sollte!

## Weingut
# Andreas Schmid

3550 Gobelsburg, Schlossstraße 56
Tel. +43 664 2204384
trink@schmidwein.at, www.schmidwein.at
18 Hektar, W/R 75/25

Also, diese Verkostung beweist wieder, dass sich die Weine von Andreas Schmid mit Luft wunderbar entwickeln und zu reifen verstehen.
Grüner Veltliner und Riesling sind die wichtigsten Rebsorten im Weingut von Andreas Schmid. Diese stehen auf Löss- und Rollschotterböden. Alte, vitale Rebstöcke. Man ist hier Nachhaltig Austria zertifiziert und vegan. Es werden keine Herbizide und Insektizide verwendet. Es wird auf tierische Produkte verzichtet, stattdessen werden pflanzliche Mittel eingesetzt. Spontangärung wird angestrebt, doch nicht um jeden Preis. Das Credo von Andreas Schmid lautet: „Große Weine mit kleinstmöglichem ökologischen Fußabdruck zu erzeugen, ist eine wunderbare Aufgabe."
Man betreibt auch einen Top-Heurigen. Hier bäckt die Winzerin selber das Gebäck. Dass die Weine des Hauses das Kamptal bestens repräsentieren, ist ein Fact. Ich werde keinen hervorheben, dafür sind die Weine durch die Bank zu gut.
PS: Der PETNAT hat mein Herz bezaubert.     *as*

## KAMPTAL DAC

★★ S €€ GV
**2023 Grüner Veltliner Löss** + Gelbfruchtig, feinwürzig, klassisch Löss, tolle Exotik, Mango, Ananas, Kumquats, reifer Apfel, Birnen, Zitrusnoten, frische Kräuter, nussige Nuancen, hellfruchtig, leicht (11,5 % Vol.), fast transparent wirkend, angenehme Säure, sehr schön zu trinken.

★★ S €€ GV
**2023 Grüner Veltliner Gobelsburg** + Feines Bukett nach Ananas, Äpfel, bisschen Marzipan, frische Birnen, frisch und fruchtig, Orangenschalen, immer kühl, jugendliche Frische, ein hervorragender Ortswein, der Spaß macht. Wächst mit Luft zusammen und gewinnt enorm. Gute Länge.

★★ K €€€€ RI
**2023 Riesling Ried Haid** + Kräuterwürze gepaart mit Steinobst, Apfelnoten, etwas Zimt, ein Hauch von Gewürznelken, fruchtig, saftig, gut strukturiert, Blütenhonig, Grapefruit, guter Druck, passende Säure. Ein sehr guter Riesling, der sich bestens darstellt.

★★★ K €€€€ RI
**2023 Riesling Ried Loiserberg** + Anfangsreduktion, ein gutes Zeichen, entwickelt Aromen nach Pfirsich und Marillen, frische Kräuter, voller Rasse, tiefgründig, zieht am Gaumen, lässige Struktur, gibt Vollgas, ein Riesling mit viel Potenzial, welcher im Herbst seine Muskeln spielen lässt. Da geht es zur Sache. Jede Menge Substanz.

★★★ S €€ GV
**2022 Grüner Veltliner Ried Kirchgraben** + Zart pfeffrig, feine Frucht, Mandeltöne, elegant und gediegen, liegt druckvoll am Gaumen, so richtig trocken, würzig, der Löss umweht den Gaumen, kernige Struktur, passende Säure, absolut typisch mit gelbfruchtigen Nuancen.

★★★ K €€€€ GV
**2022 Grüner Veltliner Ried Spiegel/Gobelsburg** + Mineralische Tönung mit salziger Intension, dezent pfeffrig, Aschantinuss, straff strukturiert, fruchtig, voller Pikanz, gelbe Früchte, Wachsnoten, in sich harmonisch, elegant mit gewisser Noblesse und Fruchtcharme. Ein stimmiger Grüner Veltliner von weiblicher Finesse.

## NIEDERÖSTERREICH

★★ K €€ CR
**2021/22 Jahrgangscuvée rot Barbarossa** + (CS/ME) Kühles Aroma, Pilze, Leder, rote Beeren, griffig am Gaumen, feste Struktur, feine Tiefgang, säuregestützt, festes Tannin, der tapeziert den Gaumen, von unbändiger Lebenslust, absolut ernsthaft bei einer Frische, die ihresgleichen sucht. Ganz einfach präsent. Ein delikater, süffiger Rotwein ohne Anspruch auf Größe, der hervorragend schmeckt.

★★ K €€ GV                                    FUN
**2023 PETNAT #leidergeil** + (GV – handgerüttelt, handverlesen) Grüne Farbe, kleinperlig, etwas mostiges Bukett, Äpfel und Birnen, reifer Pfirsich, Kräuterwürze, fruchtig, schön trocken, ungemein frisch und lebendig, voller Fruchtcharme, reife Ananas, kandierte Zitrusfrüchte. Ein kompakter, druckvoller, traumhafter Schaumwein mit Finesse und Verve.

★★★ K €€€€ PN
**2021 Pinot Noir Tradition** + (Ried Spiegel) Himbeeren, Pilze, Leder, Zwetschken, perfekte Gerbstoffstruktur, einiger Tiefgang, überaus typisch, ein fruchtiger Gobelsburger Burgunder, perfekt eingesetztes Holz, strukturiert, druckvoll, straffer Auftritt, kalkige Noten, sehr guter Stoff, sehr guter Wein.

★★ S €€ GM
**2023 Gelber Muskateller** + Zartes Bukett, Holunderblüten, Rosenblüten, Muskatnuss, leicht, spritzig, zart fruchtig, dezente Apfelnoten, unkompliziert, trinkig, natürlich kurz im Abgang. Sei ihm verziehen. Der Wein gewinnt mit Luft enorm. Zeit ist eben ein wichtiger Faktor.

## Winzerfamilie
# Steiner

**Martin Steiner**
3550 Langenlois, Schilternerstraße 46
Tel. +43 664 75072624
steiner@hauermandl.at, www.hauermandl.at
11 Hektar, W/R 85/15

Das Weingut Steiner ist ein Familienbetrieb in sechster Generation, geführt seit 2018 von Martin Steiner. Der Weinkeller ist seit 1919 in Familienbesitz. Die Weingärten werden biologisch bewirtschaftet. Mit dem Jahrgang 2024 ist man „Bio Austria"-zertifiziert. Hier gibt es nur Lese von Hand. Der Fokus des Hauses liegt naturgemäß auf dem Grünen Veltliner, welcher 60 % der Produktion ausmacht. Die Grünen Veltliner stehen auf besten Lagen wie Dechant, Spiegel, Neuberg, Liess, Thal, Kremsfeld. Auf der Ried Steinhaus steht der Riesling. Der Zweigelt befindet sich auf den Rieden Kühstein und Zehetacker. Daneben gibt es noch Muskateller, Chardonnay, Sauvignon Blanc und Roter Veltliner.

Es beginnt mit einem hervorragenden Rosé, setzt sich fort mit einem feinen Grünen Veltliner Martini und steigert sich zum Grünen Veltliner Sommeliers. Ein erster Höhepunkt ist der Grüne Veltliner Vinum Terra Optimum – glockenklar und hochmineralisch, ein fulminanter Wein.
Die Reserve-Weine aus dem Jahrgang 2022 – wie Chardonnay, Roter Veltliner halbtrocken, da setzt Zufriedenheit ein. Ebenso ein hervorragender, noch verhaltener Riesling aus der Ried Steinhaus. Von dramatischem Ausdruck präsentieren sich der Grüne Veltliner Ried Spiegel und der Grüne Veltliner Ried Dechant. Diese sollten unbedingt zeitgerecht belüftet und aus einem Burgunderglas genossen werden.
Den Abschluss bilden die beiden Zweigelt – Reserve 2020 und Anna 2019. .

*as*

### KAMPTAL DAC

★★ S €€ GV
**2023 Grüner Veltliner Sommeliers** + Ein frischer, süffiger, leichter Grüner Veltliner von elegantem Ausdruck, feines, zartes Bukett nach Orangenzesten, frischem Apfel, Hauch von Pfeffer, beschwingt, voller Trinklust, zugänglich.

★★★ S €€ GV
**2023 Grüner Veltliner Vinum Terra Optimum** + Steiniges Bukett, ziemlich mineralisch, Apfel, Birnentouch, feingliedrig, trinkfreudig auf hohem Niveau, homogen, feine Frucht, stimmig, perfekte Balance.

★★★★ S €€€ GV
**2022 Grüner Veltliner Reserve Ried Gobelsburger Spiegel** + Dunkle Tönung, erdig, voller Pfefferwürze, Exotik, rauchig, feste Struktur, einiger Tiefgang, fast barock, viel Mineral, kompakt, ausgewogen, langatmig, toller Körper bei elegantem Auftritt.

★★★★ S €€€ GV
**2022 Grüner Veltliner Reserve Ried Dechant** + Gelbfruchtige Würze, Ringlotten, etwas Pfeffer, gelber Apfel, da ist Mineralität im Spiel, zarte Frucht, immer stil- und charaktervoll, engmaschig, salzig, hervorragend.

★★★ S €€ RI
**2022 Riesling Reserve Ried Steinhaus Joan** + Anfangs ziemlich verhalten, entwickelt mit Luft Apricot, Weingartenpfirsich, Ananas, ein ungemein saftiger, kompakter Riesling von enorm stoffiger Textur, feines Volumen, lässt seine Klasse aufblitzen, doch braucht er noch etwas Flaschenreife.

### NIEDERÖSTERREICH

★★ S €€ ZW                                          FUN
**2023 Rosé Lina** + Helles Rosa, feines Bukett, dezente Kirschen und rote Beeren, feingliedrig, zartbesaitet, von eleganter Schlankheit, filigran, so richtig hübsch, ungemein trinkig, macht Spaß.

★★ S €€ GM
**2023 Muskateller** + Frische Kräuter, zart nach Holunder, nie vordergründig, feine Frucht, pikante Noten, trocken, schöne Säure, unkompliziert, gutes Niveau.

★★★ S €€ CH
**2022 Chardonnay Reserve** + Toniges Bukett, reife Birne, saftige Frucht, angenehme Säure, balanciert, gelbfruchtig, elegante Noten, ruhig strömend, gewisser Tiefgang, auch Noblesse zeigend.

★★★ S €€ RV
**2022 Roter Veltliner Reserve halbtrocken** + Lebkuchengewürz, gelbe Früchte, Mandarinen, weich, harmonisch, vollfruchtig, Ananas, Orangenschalen, körperreich, der Restzucker ist nicht störend, gibt ihm Volumen, macht ihn opulenter.

★★★ S €€ ZW
**2020 Zweigelt Reserve** + Feines Bukett, zart, kühl, Zwetschken, Kirschen, subtile Noten, elegant, sogar gewisse Noblesse, zeugt von einer feinen Winzerklinge. Ein feinfruchtiger Zweigelt mit Stil.

★★ S €€ ZW
**2019 Zweigelt Anna** + Kirschig, Zwetschken, Mandeltöne, feine Frucht bei kernigem Ausdruck, zarte Tanninstruktur, liegt fest am Gaumen.

# Weingut
# Steininger

**Eva Steininger**
3550 Langenlois, Walterstraße 2
Tel. +43 2734 2372
office@weingut-steininger.at
www.weingut-steininger.at

Es liegt mitten im schmucken Weinstädtchen Langenlois, das sowohl für seine exzellenten Weine als auch Schaumweine bekannte Weingut Steininger, welches heute von Tochter Eva und Schwiegersohn Peter erfolgreich und ganz im Sinne von Karl Steininger, dem Senior, weitergeführt wird. Dieser bringt sich nach wie vor unterstützend ins Geschehen ein und ist immer wieder mal sowohl im Keller als auch im Weingarten anzutreffen. Trotz der Größenordnung, die der Betrieb mittlerweile eingenommen hat, und einer 40%igen Exportquote, freut sich die Familie besonders über den hohen Anteil an Ab-Hof-Verkäufen und den damit verbundenen Kontakten zum Letztverbraucher. Die kontinuierlich hohe Qualität und eine Angebotsfülle, bei der jeder Weinliebhaber etwas für seinen Geschmack findet, sind wohl die Pfeiler des Erfolgs.

Bei den Weinen selbst gibt es heuer einige Neuheiten, so finden sich beispielsweise zwei neue Grüne Veltliner-Lagenweine im Sortiment – der finessenreiche, kühlwürzige Steinleiten sowie ein mit straffer Eleganz punktender Spiegel. Dafür vermissen wir heuer die Veltliner-Reserven aus den Rieden Kogelberg und Lamm und die Riesling-Reserve Seeberg – sie alle kommen erst im nächsten Jahr auf den Markt und werden im neuen Weinguide berücksichtigt. Neu im Angebot ist dafür der grandiose Riesling Heiligenstein sowie ein trinkanimierender Gemischter Satz.

In Sachen Sekt hat man in gewisser Weise ein Alleinstellungsmerkmal. Nirgendwo sonst lassen sich derart zahlreiche Varianten von Schaumweinen verkosten, die ein getreues, prickelndes Abbild ihrer jeweiligen Rebsorte zeigen, sodass eine Degustation all dieser Spezialitäten einem olfaktorischen Parcours des Vins gleicht. Gleichzeitig kommt auch das Terroir nicht zu kurz, wobei natürlich die Lagensekte mit ihrer exzeptionellen Mineralität nochmals die Nase vorn haben. Die beiden Großen Reserven stammen dieses Mal übrigens aus dem weniger säurebetonten Jahrgang 2018, was den ohnehin cremigen Trinkfluss nochmals erhöht. *bb*

### KAMPTAL DAC

★★ S €€ GV
**2023 Grüner Veltliner Kamptal** + Leicht grünwürziges Entree, Rucola, Wildkräuter, Limonen; saftige, zart säurebetonte Mitte, kompakt; runde Sache, sehr gelungener Süffel-Veltliner.

★★ S €€ GV **PLV**
**2023 Grüner Veltliner Langenlois** + Heuschober, Getreide, im Anschluss gelbfruchtige Akzente, Boskop-Äpfel, auch der Pfefferstreuer kommt zu Wort; kompakt, stoffig, Säure gut integriert; solider, klassischer Kamptaler mit einiger Länge.

★★★ S €€ GV
**2023 Grüner Veltliner Ried Loisium** + Grüntraubige Ansätze, Äpfel, Birnen, lössige Bodentöne, Melisse, Tabakblätter, zeigt in der Folge mehr Frucht als Würze; schöner reifer Fond, reich nuanciert, Schmelz ohne Ende und sehr einladend.

★★★ S €€€ GV
**2023 Grüner Veltliner Steinleiten 1ÖTW Reserve** + Kühl-würziger Auftakt, Waldboden, Lorbeer, etwas Minze und schwarzer Pfeffer; pikanter Säurebiss, reife Zitrusfrüchte, alles fest gebaut und glasklar strukturiert; verbirgt seine Kraft hinter Mineralität und Finesse.

★★★★ S €€€ GV
**2022 Grüner Veltliner Spiegel 1ÖTW Reserve** + Reife Mangos, Birnen und dunkelwürzige Anklänge an Zigarrenkistl und Bergamotte; feiner Tanningrip, engmaschig, druckvoll, Sorte klar abgebildet, präsentiert sich trotz milder Säure voll straffer Eleganz.

★★★★ S €€€ GV **TIPP**
**2023 Grüner Veltliner Ried Kittmannsberg 1ÖTW Reserve** + Da ist sie wieder – diese unverkennbar lössig-mineralische Würze, vermählt mit etwas Orange-Bitter, Fenchelsaat, Würztabak und reifen Äpfeln; saftig-kraftvolle Mitte, extraktreich, fokussiert und voller Finesse bis ins lange Finish.

★★ S €€ RI
**2023 Riesling Kamptal** + Schüchterne Nase, etwas Stachelbeeren, Agrumen; blüht im Glas auf, Grapefruits, Zitronenäpfel, kecke Säure; mittelgewichtig, öffnet erst seine Fruchtfenster.

★★ S €€ RI
**2023 Riesling Langenlois** + Mirabellen, grüne Pfirsiche, Marillenschaum, erfrischende Säure, klar gegliedert, einnehmend; amikales Riesling-Feeling, jeder Schluck lässt einen auf den nächsten freuen.

★★★ S €€€ RI
**2023 Riesling Ried Steinhaus 1ÖTW Reserve** + Vorneweg die rosa Grapefruit, dann dunkle, mineralische Konturen und herb-fruchtige Anteile wie Rhabarber, Granatäpfel, Aroniabeeren; wirkt trotz moderater Säure ein wenig streng, maskulin, zeigt jedoch Terroir pur!

★★★★★ S €€€€€ RI   **TOP**
**2022 Riesling Ried Heiligenstein 1ÖTW Reserve** + Reiche, beinahe ausufernde Aromatik, Pfirsiche, Marillen, Maracuja, Orangen, Limonen; grandiose Fülle, macht gewaltig Druck und zeigt zugleich aufregend noble, kühlwürzige Motive; irrer Stoff, auch die hell-mineralische Ader der Lage blitzt auf; langes, köstlich herb-fruchtiges Finale.

★★★★ S €€€€ RI
**2021 Riesling Ried Kogelberg 1ÖTW Reserve** + Delikater Duft, etwas dunkelwürzige Mineralität, weiße Blüten, Heliotrop, feine Fruchtfülle, Marillen, Kriecherln; kräftiger Unterbau, extraktreich, mundfüllend, die knackige Säure lockert alles wunderschön auf.

## NIEDERÖSTERREICH

★★★ S €€ CS   **FUN**
**2023 Cabernet Sauvignon Rosé** + Filigranes Gitterwerk aus reifen Waldfrüchten, Kirschen, Himbeeren, appetitanregende Säure, Limetten, Rhabarber; sehr frisch, klar und elegant; so geht Rosé!

★★ S €€ GS
**2023 Gemischter Satz** + (GV/RI/WB) Wiesenkräuter, Renetten, Müsli, Brioche, rote Beeren; passendes Säuregerüst, Limonen; verspielter Unterbau, mittelgewichtig, schön balanciert.

★★ S €€ GM   **FUN**
**2023 Gelber und Roter Muskateller** + Zarter, eher feingliedriger Holunderduft, auch saftig-traubige Elemente, etwas grüne Schoten, Muskatnüsse; nimmt Fahrt auf und zeigt am Ende so zu seine spitzbübische Ader; juveniler Spaßmacher.

★★★ S €€ SB
**2023 Sauvignon Blanc** + Facettenreicher Antritt, rote Paprika, Cassislaub, Litschi, Physalis; stoffig, ausgiebiger Background, die Säure perfekt eingebettet; homogen, aussagekräftig, aus einem Guss.

## NIEDERÖSTERREICH – SEKT

★★★ K €€€€ CS
**2021 Cabernet Sauvignon Rosé Sekt** + Klares Perlrosa, duftet nach Ribiseln, Walderdbeeren, Äpfeln; delikate Säure, quirlig, cremig, herrlicher Beerenmix, fein gestrickt, graziös.

★★★ K €€€€ GV
**2019 Grüner Veltliner Sekt Reserve** + Herb-würzige Nase, Tabakblätter, Radicchio, Fenchel, Waldboden, auch Mineralität blitzt auf; milde, feine Textur, zarter Gerbstoff-Grip, fabelhaft.

★★★ K €€€€ RI
**2021 Riesling Sekt Reserve** + Eröffnet mit Weingartenpfirsichen, Melisse, Zitronengras, am Gaumen Zituszesten, grüne Äpfel; rassiger Fruchtbiss, glasklar und erfrischend, mit nicht gerade zimperlichem Säurenerv.

★★★ K €€€€ SB
**2019 Sauvignon Blanc Sekt Reserve** + Gebratene Paprika, Zitronat, Rhabarber; relativ dezenter Stil, sortentypisch, klar konturiert, einnehmender Süffelsekt.

★★★ K €€€€ MU   **FUN**
**2022 Muskateller Sekt** + Rosenholz, Holunderblüten, reife Limonen, leichtfüßiger, feingliedriger Stil, wie Muskattrauben vom Stock, amikal, überaus trinkanimierend, makellos.

★★★★ K €€€€ TR   **TIPP**
**2021 Traminer Sekt Reserve** + Die rote Rose in Reinkultur, Blutorangen, Baumblüten, Schlehen; schmelziges Unterfutter, Sorte bilderbuchartig eingefangen, wunderschön.

★★★ K €€€€ PB/CH/PN
**2019 Burgunder Sekt Reserve** + Komplexes Aroma, Lebkuchen, Walnüsse, Burley-Tabak, Orangenzesten; geschmeidig, ausgewogen, sehr delikat und finessenreich, mit schöner Länge.

★★★ K €€€€ CH
**2020 Chardonnay Sekt Reserve** + Teebutter, Haselnüsse, Hefezopf, etwas Mandelwürze; temperamentvoller Säureschliff, Limetten, Biskuit; spritziger, kräuterherber Ausklang.

★★★★ K €€€€€€ GV   **TIPP**
**2018 Grüner Veltliner Sekt Steinhaus Große Reserve** + Orangenabrieb, Kräutergarten, Tamarinde, Havanna-Deckblatt, etwas Pfeffer und die lagentypisch dunkle Mineralität; flauschig-weiche, extraktsüße Mitte, voll prickelnder Eleganz, große Klasse.

★★★★ K €€€€€€ RI
**2018 Riesling Sekt Heiligenstein Große Reserve** + Stachelbeeren, grüne Pfirsiche, Kriecherln; geschmeidige, fruchttragende Säure; prachtvoll mineralischer Unterbau, Sorte und Lage sind messerscharf definiert; faszinierend die Symbiose aus cremiger Textur und straffem Säurekorsett.

# NOTIZEN

# Weingut
# Steinschaden

**Manfred Steinschaden**
3553 Schiltern, Obere Straße 32
Tel. & Fax +43 2734 8224
info@weingut-steinschaden.at, www.weingut-steinschaden.at
18 Hektar, W/R 80/20, 120.000 Flaschen/Jahr

2023 ist für Manfred Steinschaden „ähnlich wie 2021 ein großer Jahrgang mit Potenzial bei moderaten Alkoholgraden, schöner Säurestruktur und zufriedenstellender Menge". Veltliner und Riesling sind natürlich die Leitsorten, der Veltliner Tradition hat sich, ebenso wie der Gemischte Satz, auch heuer wieder bei den Sommerweinen in gewohnter Qualität präsentiert. Die Selektion bietet viel Wein für wenig Geld, wobei das Preis-Genuss-Verhältnis durch das gesamte Sortiment hervorragend ist. Der Käferberg gefällt in seiner ruhigen, vielschichtigen Art, wie immer profitiert er von etwas Flaschenreife. Zeit lassen muss man auch den Rieslingen, die bei gutem Sortenprofil noch zurückhaltend daherkommen. Bei gutem Fruchtausdruck zeigt sich der Weißburgunder noch etwas kühl. Der Sauvignon gefällt mit seinen delikaten, leicht ins exotische spielenden Attributen. Klassisch, einladend, mit spannendem Kontrast von Fruchtcharme und Herkunft ist der Muskateller wieder eine Empfehlung in Sachen Sortenprofil. Der Rosé vom Zweigelt bietet fruchtverspieltes Vergnügen. Auch beim klassischen Zweigelt ist Frucht das Thema, im Zusammenspiel mit Blaufränkisch und kleinem Holz kommen feine Röstaromen und schon recht zugängliche Holznoten hinzu, beide Rotweine profitieren von Luft. *db*

### KAMPTAL DAC

★★ S € GV
**2023 Grüner Veltliner Tradition** + Zart gepfeffert, leicht kalkig, getrocknete Kräuter, Hauch Blütenduft, rote Äpfel; hübsch fruchtsüß, grüner Pfeffer, Grapefruit, etwas Gerbstoff, gute Länge, bisschen kühl.

★★★ S € GV
**2023 Grüner Veltliner Langenlois Selektion** + Reife, saftige, fast zischige Zitrusfrucht, Limette, Pink Grapefruit, eine Prise Pfeffer, vielschichtige Apfelaromen, bisschen Birne, einladend; Kernobst, mineralischer Touch von Löss und Urgestein, wohlproportionierte Säure, dicht, lang, fein.

★★★★ S €€ GV — TIPP
**2023 Grüner Veltliner Langenlois Ried Käferberg** + Ganz zart röstige Noten, lange Hefelagerung, reife, noch ruhige, klassische Veltlinernase; angenehm fruchtsüß, dabei komplett trocken, steinig, engmaschig, vielschichtige Apfelfrucht, sehr guter Ansatz mit Aussicht auf mehr.

★★ S € RI
**2023 Riesling Urgestein Langenlois** + Sortenhauch, Pfirsichgelee, straff, bisschen steinig; Marille, Pfirsich, Limette, Minze, von kleinem Zuckerrest (3,5 g) begleitet, noch steiniger als im Duft, fast streng, schon gute Länge, anspruchsvoll.

★★★ S €€ RI — TIPP
**2023 Riesling Ried Fahnberg Langenlois** + Reife, noch leise Rieslingfrucht, kalkig-straff, Fruchtsüße im Hintergrund; mineralischer Grip, stützender Gerbstoff, Sorte kommt allmählich ans Licht, typische Säure, Länge baut sich auf, Potenzial.

### NIEDERÖSTERREICH

★★★ S € GS
**2023 Gemischter Satz** + (MT/NB/FV) Frische Zitrusnoten, Apfel-Birnen-Mix, dezent gewürzig, keck; Kernobstaromen, feiner Grip, kleiner Zuckerrest, stoffige, fruchtunterstützte Länge, reifes Zitrus, auch ein paar Zesten, hübscher Sommerwein.

★★ S € PB
**2023 Weißburgunder** + Frische Kräuter, dunkles Kernobst, bisschen kühl, Minze, Menthol; gute Fülle, schwungvolle Säure, etwas Gletschereis, süffig mit gutem Fundament.

★★ S € SB
**2023 Sauvignon Blanc** + Hübsche, delikate Sortendarstellung, weitgefasst von Exotik bis Cassis; kühl, präsente Säure, Holunderblüten, Mango, erbauliche Substanz, solide Länge, braucht noch.

★★ S € GM — FUN
**2023 Gelber Muskateller** + Würzig, fruchtsüß, ausgeprägtes Sortenprofil, einladend mit ein paar Kanten; frisch gemahlener Muskat, geröstete Gewürze, Piment, Sternanis, fest zupackende Säure, steinig, rau, spannender Kontrast von Fruchtcharme und Herkunft.

★★ S € ZW
**2023 Zweigelt Rosé** + Hübsches Pink, freundlich rotbeerig mit Kick, Kräuter, leicht pfeffrig; kernige Säure, etwas Gerbstoff, fruchtverspieltes Vergnügen.

★★ S € ZW — PLV
**2022 Zweigelt** + Rubinviolett, Sauerkirschen, dunkle Beeren, straffer, kraftvoller Eindruck; klassische Zweigeltfrucht, fester Kern, herzhafte Säure, schwarzer Pfeffer, braucht Luft.

★★ S €€ CR
**2021 Fred Barrique** + (ZW/BF) Fruchtsüße in feine Holznoten gewandet, dunkle Beeren, bisschen röstig, Kakao- und Kaffeenoten; kompakte Statur, Säure und jugendliche Gerbstoffe machen schlank, Luft!

## Weingut
# Topf

**Hans-Peter Topf**
3491 Straß im Straßertale, Talstraße 162
Tel. +43 2735 2491, Fax -91
office@weingut-topf.at, www.weingut-topf.at
50 Hektar, W/R 90/10, 250.000 Flaschen/Jahr

Beim Weingut Topf im Straßertal tut sich viel. Die Umstellung im Weingarten ist durch: Seit heuer ist Topf bio-zertifiziert. Alle Trauben kommen aus eigenen Weingärten, womit man die Qualität zu 100 % in den eigenen Händen hat. Und die Umstellung auf die nächste Generation läuft auch prima. Weingutsleiter Hans Topf, der seit fast 35 Jahren das Weingut leitet, hat seit zehn Jahren seine Söhne Hans-Peter und Maximilian an seiner Seite, die immer mehr die Verantwortung übernehmen. Hans-Peter ist an der Verkaufsfront, Maximilian ist der Kellermeister.

Die Ideen der Jugend lassen sich auch schmecken – in den Lagenweinen: Die Topf-Weine haben etwas an Alkoholgewicht verloren, wirken dadurch filigraner und haben mehr Gerbstoff gewonnen. Das lässt die Rieslinge und Grünen Veltliner besonders in den warmen Jahrgängen, wenn die Säurewerte moderater sind, sehr lebhaft erscheinen.

Das Topf-Triumvirat – eigentlich sind sie ein Erfolgsquartett, denn Magdalena Topf, die Frau von Seniorchef Hans, gehört dazu – zählt vor allem beim Riesling zur Österreich-Spitze. Drei Top-Lagen gibt's: die Ried Wechselberg-Spiegel, auf die der Senior besonders steht, weil er diesen Berg vor genau 30 Jahren „umgedreht" hat; sprich, die Hanglage von einer Südwestlage in eine Südsüdwestlage gedreht hat. Sie ist eine 2,6 Hektar große Monopollage von Topf in Straß.

Die Ried Heiligenstein gibt es bei den Topfs zweimal: einmal den „normalen" Heiligenstein und dann noch die Heiligenstein-Steinwand, eine Subriede, die nordwestlich den Berg ergänzt.

Aktuell steht der 2022er-Jahrgang in der Auslage. Doch Topf ist bekannt, dass man bei den großen Lagen eine Jahrgangstiefe bietet, jedenfalls zurück bis zum Jahrgang 2019. Und wer fragt, ob es noch ältere Raritäten gibt, sollte das tun. Denn bei Topf liegt immer etwas in der Schatzkiste.

Das gilt auch für die Grünen Veltliner, dessen verlässlicher Star die Ried Gaisberg ist. Und es gibt jede Menge Spielereien, wie den Burgunder Chardonnay und Pinot Noir – und nicht zu vergessen das Sektthema: Wobei das ist keine Spielerei mehr, sondern ein großes Betätigungsfeld geworden – und es prickelt dort bestens. ***hp***

## KAMPTAL DAC

★★ S €€ GV
**2023 Grüner Veltliner Strass im Strassertal** + Schwarzpfefferwürze, viel Südfrüchte, Mandarinen, Orangen, zart rauchig; viel Zitrus, grüne Birnen, moderate Säure und Gewürzigkeit.

★★★ S €€ RI **FUN**
**2023 Riesling Strass im Strassertal** + Pfirsichduftig, helle Würze, einige Tiefe; schöne Fruchtsüße, guter Grip mit Frische und Mineralität, runde Frucht, Nektarinen und Maracuja, Trinkspaß.

★★★ S €€€ GV
**2023 Grüner Veltliner Ried Strasser Wechselberg** + Warme Fruchtfülle, reifes Kernobst, gewürzig, rosa Pfeffer; straffer am Gaumen mit Lösswürze, Orangen, Williamsbirnen, mittellang.

★★★★ S €€€€ GV
**2022 Grüner Veltliner Ried Strasser Offenberg 1ÖTW** + Reifes Kernobst, Lageräpfel, Quitten, Lösswürze; mehr Würze als Frucht, dreht mit Belüftung, Südfrüchte, reife Ananas, weich und gerundet, mittellang.

★★★★ S €€€€€ GV
**2022 Grüner Veltliner Ried Strasser Gaisberg 1ÖTW** + Mineralische Würze, roter Apfel, Grapefruits, wirkt straff und lebhaft; cremiger Schmelz, Olivenpaste, mineralischer Biss und reifer Gerbstoff, guter Zug und gute Länge.

★★★★★ S €€€€€ RI **TOP**
**2022 Riesling Ried Strasser Wechselberg Spiegel 1ÖTW** + Würzige Noten, Wacholder, Südfrüchte, Zitrus, Mandarinen, Weingartenpfirsich; feingliedrig mit kühlem Fruchtschmelz, reife Pfirsiche und Marillen, Feuerstein, herzhafter mineralischer Biss, vibrierende Länge.

★★★★ S €€€€€ RI
**2022 Riesling Ried Zöbinger Heiligenstein 1ÖTW** + Dezent im Duft, zitronige Noten, Limetten und Maracuja; gerundete Fruchtfülle, reifer Pfirsich mit herzhafter Säurestruktur, zugänglicher Heiligenstein, angenehm lang.

★★★★★ S €€€€€ RI **TOP**
**2022 Riesling Ried Zöbinger Heiligenstein – Steinwand 1ÖTW „M"** + Feste Frucht, Zitrus, Grapefruitzesten, kühle Aromatik; messerscharfe Struktur, Marillen und Pfirsich, straffe Eleganz, super Gerbstoffwürze, eigenständiger Heiligenstein-Purist mit klirrender Säure, Spannung und Länge.

## NIEDERÖSTERREICH

★★★ S €€ ZW
**2023 Zweigelt (W) gleichgepresst** + Super duftig, würzig mit charmanter rotbeeriger Frucht; schmeckt sehr kräuterwürzig, frisch, knackiges Zitrus, tolle Säure, lässiger Sommerwein.

★★ S €€ SB
**2023 Sauvignon Blanc** + Betont kräuterwürzig, grasig-grün, grüne Paprikaschoten, rauchige Würze; zitrushaft, viel Limetten, schlank, nach hinten mild auslaufend mit moderater Säure.

★★★ S €€ GM
**2023 Gelber Muskateller** + Weiße Blüten, klassisch Holunder und grüner Apfel, viel Sortenprägnanz; straff und trocken, Spaßmacher mit Frucht und Säurebiss.

★★★★ S €€€€€ GV
**2020 Grüner Veltliner Ried Rosengartl „M"** + Burgundische Fülle, feine Röstnoten, Schokobanane, gutes Volumen; leichte Würze, kreidig, Vanillenoten, Südfrüchte, Mango, gut integriertes Holz, rassige Säure, gute Länge.

★★★★ S €€€€ CH **TIPP**
**2020 Chardonnay Ried Hasel** + Burgundische Fülle mit zarter Würze, viel Vanille, Bratapfel, Streuselkuchen; weiche Opulenz mit Tanningrip, gewinnt mit Belüftung, Zukunftswein mit Säurebiss.

★★★ K €€€€€ PN
**2018 Pinot Noir Ried Stangl „HP"** + Viel Fruchtcharme, rotbeerig, smarte Würze, schokoladiger Touch; üppiger Wein, Schwarzkirschen, reife Himbeeren, zugänglicher fruchtiger Burgunder mit runder Säure, mittellang.

## ÖSTERREICH

★★★★ K €€€€€ CW
**Sekt Brut Reserve NV** + (Non Vintage, GV/PN/WB/CH – degorgiert Feb. 2023, RZ 6 g/l) Geschmeidige Haselnussnoten, Mannerschnitten, Apfelstrudel, auch frische und helle Würze; zart burgundisch, Apfelnoten, enorme Säurefrische und viel Zitrus, rosa Grapefruits.

★★ K €€€€ ZW
**Sekt Brut Rosé Reserve Brut NV** + (degorgiert Aug. 2023, RZ 6 g/l) + Wirkt rauchig, weiche helle Schokonoten, minzblättrig, rotbeerige Frucht, auch Kirschen, geradlinig mit straffer Säurepikanz.

★★★★ K €€€€€ CW
**Sekt Blanc de Blanc Reserve Brut NV** (CH/WB – degorgiert Nov. 2023, RZ 10 g/l) + Sehr frisch mit kreidigen Noten, burgundischer Zug; saftig, kräuterwürzig, grüne Oliven, Litschi, cremiger Schliff, guter Biss, lässiger Sekt.

★★★★ K €€€€€ CW **TIPP**
**2016 Große Reserve Brut** + (GV/WB + CH/PN – degorgiert Mai 2023, Zero Dosage) Champagnerhafte Anmutung, viel Hefe und Weißbrot, elegant, feinwürzig, Bananenbiskuit; dunkle Schokonoten, Karamell, süße Äpfel, feine Perlage und Eleganz, feiner Zug.

♛ ♛ ♛

## Weingut
# Markus Waldschütz

3491 Straß/Elsarn, Am Trautbach 3
Tel. +43 664 3866478
kontakt@weingut-waldschuetz.at
www.weingut-waldschuetz.at

„2023 ist ein Superjahrgang, wir haben alles richtig erraten", freut sich Seniorchef Reinhard Waldschütz, der weiter für Weingarten und Verkauf verantwortlich ist. „Wir hatten noch nie so gelbe Trauben mit so extremer Würze." Markus hat im letzten Jahr den Betrieb übernommen, schon seit 2012 ist er für den Keller zuständig. Alle Weine werden spontan vergoren, er lässt sie an der langen Leine, die Säure greift er nicht an, allfälliger Restzucker wird akzeptiert. Die Veltliner gefallen mit ihrem Fruchtausdruck und den frischen Säurewerten, Hasel und Stangl wurden erfolgreich zum Ortswein vereint. Der Weingarten, aus dem die Trauben für den ATURO stammen, ist bald 60 Jahre alt. Nach langem Hefelager kommt ein verlässlicher Signature-Wein ins Glas, der 2022er zeigt sich weiterhin in bester Verfassung, selbiges gilt auch für den Rosengartl, den letztjährigen Top-Wein. Die Ried Grub liegt zwischen Heiligenstein und Gaisberg, der Wein hat im großen Fass zwei Jahre auf der Vollhefe hinter sich und noch einige Zeit vor sich. Ein sofortiger Genuss ist der Riesling Venese, der Sieger der heurigen Sommerwein-Verkostung. Mit ihrem individuellen Rieslingkonzept – grad noch trocken mit frecher Säure – gewinnen sie immer mehr die Gaumen ihrer Kundschaft. Die Weißburgunder Reserve überzeugt mit ihrem weitgefächerten Fruchtangebot und zeigt mit Luft und Temperatur von allem mehr, ein gekonnt aus delikatem Holz gearbeiteter Wein für viele Jahre und Gelegenheiten. Mit dem Muskateller stellten sie im Vorjahr den Vinaria Sieger, verspielt und dennoch seriös macht der aktuelle Wein schon sehr viel Spaß. *db*

### KAMPTAL DAC

★★ S €€ GV
**2023 Grüner Veltliner** + Würzig, filigraner Hefeschleier liegt anfangs über der Frucht, öffnet sich; herzhafter Grip, spritzige Säure, beginnt freundlich rustikal, überrascht mit vielfältiger, hübscher Fruchtsüße, erfrischend mit guter Statur.

★★★ S €€ GV
**2023 Strass Grüner Veltliner** + Vielfarbig apfelduftig, feine Nuancen mit Ausdruck und Kraft dahinter; Säure ist mit ausreichend Substanz gepuffert, zischig, pikant, pfeffrig, lässt nicht aus, Apfelfrische bleibt, straff.

★★★★ S €€€ GV — TIPP
**2022 „ATURO" Strass Grüner Veltliner** + „Der Wein kann was, aber er erschlägt dich nicht", vielschichtig, eigenständig, sympathische Kanten, guter Grip, sehr lang, ist in Bewegung, zeigt fruchtsüße Facetten.

★★★★ D €€€ GV
**2022 Ried ROSENGARTL Grüner Veltliner Reserve** + Frische apfelige Frucht, dem kleinen Zuckerrest (5 g) steht ausreichend Säure (7 g) gegenüber, spannend, viel Kraft, Orangen, Mandarinen im langen Nachhall, Apfelgelee, auch kandiertes Obst, mineralisch.

★★★★ D €€€€ GV
**2021 Ried GRUB Grüner Veltliner Reserve 1ÖTW** + Duftig, saftig, dicht, viel Kernobst, auch knackiger Pfirsich; Vanille und geschliffener Touch vom Holz begleiten die Gesamterscheinung, noch sehr jugendlich, braucht langen Anlauf, Lorbeer, geschmeidige Kraft, üppige Fülle.

★★★★ S €€ RI — TIPP
**2023 Riesling Strass Venesse** + Kamille, Marille, hellblütig, Hibiskus, Rosen, vielschichtig und einladend; zitrusfrisch, Limette, Bergamotte, herrliche Säure, viel Charakter, großartiger Wein, tolle Länge.

★★★ S €€€€ RI
**2020 Riesling Ried Gaisberg 1ÖTW Reserve** + Viel Stoff, leichte Cremigkeit, kräuterwürzig, Mirabellen, erste Reifenoten; kleiner Zuckerrest (6 g) schmiegt sich in salzig-mineralischen Untergrund, steinig-straffes Finish, mehr Herkunft als Sorte.

### NIEDERÖSTERREICH

★★★★ D €€€€ PB — TIPP
**2021 Weißburgunder Große Reserve** + Holz ordnet sich unter, kandiertes Steinobst, Limette, Mandarine, Blutorange; lebendige Säure, feinschmelzend, vielfältiges Fruchtangebot, kräftig, ohne übermächtig zu sein, sehr gute Länge, anspruchsvolles Vergnügen.

★★ S €€ SB
**2023 Sauvignon Blanc** + Klassisch, elegante Zurückhaltung; straffe Säure, kleiner Zuckerrest (3 g), guter Sortenausdruck, spannendes Süße-Säure-Spiel, guter Trinkfluss, mit Luft kommen dunkle Noten, charaktervoller Wein, braucht Zeit.

★★★ S €€ GM
**2023 Gelber Muskateller** + Herrlich gewürzig, herzhafter Zisch, finessenreich, geschliffen; geht wunderbar auf, Liebstöckel, Stangensellerie, ätherisch kühle Noten bleiben, strahlende Erscheinung, sehr gute Länge, verspielt und doch seriös, angenehme Beschäftigung.

## Weingut
# Weszeli

**Davis Weszeli**
3550 Langenlois, Großer Buriweg 16
Tel. +43 2734 3678
weingut@weszeli.at, www.weszeli.at
30 Hektar, W/R 100/0, 100.000 Flaschen/Jahr

Dieses traditionsreiche Weingut in Langenlois verfügt über eine beeindruckende Palette an Weingärten in Top-Lagen in und um Langenlois. Seit vielen Jahren oberste Maxime ist hier der respektvolle Umgang mit Natur und Umwelt. Mastermind hinter dieser Philosophie ist Davis Weszeli, ehemals höchst erfolgreicher Unternehmer, dessen Wunsch, mit und in der Natur zu arbeiten, in Erfüllung ging, als sich 2011 die Möglichkeit bot, dieses historische Weingut zu übernehmen. Damals war es ein Sprung ins kalte Wasser, mittlerweile hat der innovative wie wissbegierige Winzer das Weingut zu einem Betrieb entwickelt, in dem die Zusammenarbeit mit der Natur mit all ihren Launen im Mittelpunkt steht.
Über die Jahre wurden die Praktiken Stück für Stück in Richtung ökologische und biodynamische Bewirtschaftung adaptiert, seit der Ernte 2020 ist der Betrieb bio-zertifiziert, und mit der Ernte 2023 erfolgt die biodynamische Zertifizierung nach Demeter-Richtlinien. Im Weingarten steht Handarbeit seit Langem im Vordergrund. Spezielle Weingärten – etwa in den Rieden Steinmassl, Käferberg und Heiligenstein – werden schon heute zum Teil mit dem Pferd bearbeitet.
Natürlichkeit im Wein strebt Davis Weszeli auch im Keller an: So werden ungeschminkte Weine erzeugt, die die jeweiligen Böden bestens repräsentieren. Während die klassischen Kamptaler Weine und manche Reserven im Stahltank ausgebaut werden, reifen die Top-Reserven durchwegs lange Zeit im großen Holzfass. Die klassischen Veltliner kommen im Jahr nach der Ernte in den Verkauf, beim klassischen Lagen-Riesling vom Loiserberg ist 2022 aktuell, den Einstieg in die Grüner-Veltliner-Reserven bildet die Lagen-Cuvée namens Purus, die aktuell dem Jahr 2020 entstammt.
Die Reserven aus Einzellagen kommen erst vier, fünf und mehr Jahre nach der Ernte in den Verkauf – ganz frisch im Angebot ist Jahrgang 2019.

Zudem gibt es auch einen ziselierten Sekt Große Reserve sowie immer wieder erfrischende, feinfruchtige Pet Nats. ***psch***

### KAMPTAL

**★★★ S €€€ RI** *FUN*
**2022 Riesling Loiserberg 1ÖTW** + Kühl, elegant, Mix aus Zitrus und Ananas, zart hefig, sehr vital, puristisch, glockenklar; feingliedrig, saftige Frucht, auch Steinobst, kernig, ungemein geschmeidig, Trinkvergnügen.

**★★★ S €€€ GV**
**2020 Grüner Veltliner Purus** + Dezente, elegant-samtige Nase mit Weihrauchanklängen, leichte Würze, Butterkeks; mittelgewichtig, dezent saftig, etwas Grapefruit, zartherb strukturiert, Orangen, mittleres Finish.

**★★★★ S €€€€€ GV**
**2019 Grüner Veltliner Schenkenbichl 1ÖTW** + Samtige Fülle, Gelbfrucht, ein Hauch von Marzipan, ausgewogen, getrocknete Kräuter; mittelgewichtig, etwas Zuckermelone, nach hinten Zitrus, Grip und Biss im mittleren Finish.

**★★★★ S €€€€€ GV**
**2019 Grüner Veltliner Käferberg 1ÖTW** + Röstig mit dunkler Würze, samtige Frucht, Navel-Orangen, Ringlottengelee; schmelzig-cremig, vollmundig, extraktreich, dabei straff, rote Stachelbeeren, Pomelo und Grapefruits, präzise, recht lang.

**★★★★ S €€€€€ RI**
**2019 Riesling Steinmassl 1ÖTW** + Elegante Nase nach Paraffin, Kokos, kandierte Papaya, Drachenfrucht, kühler Ausdruck, Zuckerguss; knackig, viel Biss, straff, geschmeidiger Fruchtschmelz, feine Klinge, sehr hübsch.

**★★★★ S €€€€€ RI** *TIPP*
**2019 Riesling Seeberg 1ÖTW** + Pikant, geht über vor Frucht, kandierte exotische Früchte, dazu saftige Nektarinen und Mangos, duftig, bildhübsch; herrlich saftig, ungemein verlockende Frucht, feiner Biss, reif, knackig, subtile Länge mit Limette.

**★★★★ S €€€€€ RI** *TIPP*
**2019 Riesling Heiligenstein 1ÖTW** + Rauchig, dunkle Würze, Wacholder, kandierte Ananas und Weingartenpfirsich, rosa Grapefruit, Vanille; saftiger Fruchtschmelz, reichhaltig, ausgereift, guter Extrakt, zarte Toastnoten, feinherb strukturiert, lang.

### NIEDERÖSTERREICH

**★★★ S €€€€€ CW**
**2018 Sekt Blanc des Blancs Brut Nature Große Reserve** + Dezente Frucht, Birnen, Litschis, Mirabellen, frische Wiesenblüten, elegant; zarte Frucht, lebhaft, erfrischend, feine Zitrusnoten, braucht noch Flaschenreife, mittlere Länge, drängt zum 4. Stern.

# VINOTHEKEN

## LANGENLOIS

**LOISIUM Kellerwelt**
Betriebs GmbH & Co KG
3550 Langenlois, Loisiumallee 1
Tel. +43 2734 32240-0
weinwelt@loisium.at, www.loisium.at

**Ursin Haus Vinothek &
Tourismusservice GmbH**
3550 Langenlois, Kamptalstraße 3
Tel. +43 2734 2000-0
info@ursinhaus.at
www.ursinhaus.at, www.langenlois.at

Das Ursin Haus beherbergt neben der Kamptaler Vinothek und dem Tourismusbüro auch die Bar „Café & Wein". Mit einer bestechenden Auswahl an Kamptaler Weinen, aber auch lokalen Spezialitäten ausgestattet, ist das Ursin Haus eine Fixadresse für alle Wein- und Genussreisenden.

## SCHÖNBERG AM KAMP

**Vinothek Alte Schmiede**
3562 Schönberg am Kamp, Hauptstraße 36
Tel. +43 2733 76476
info@alteschmiede-schoenberg.at
www.alteschmiede-schoenberg.at

## STRASS IM STRASSERTALE

**Weinkontraste – Vinothek Straß**
3491 Straß im Straßertale,
Langenloiser Straße 199
Tel. & Fax +43 2735 3900
info@weinkontraste.at, www.weinkontraste.at

# GASTRONOMIE/NÄCHTIGUNG

## HADERSDORF AM KAMP

**Esslokal**
Roland Huber
3493 Hadersdorf am Kamp, Hauptplatz 16
Tel. +43 2732 217 72
reservierung@esslokal.at, www.esslokal.com

Mit dem „Esslokal" eine eigene Kategorie weit und breit erkocht hat sich Sternekoch Roland Huber, davor Chef im Le Ciel im Wiener Grand Hotel. Huber machte gemeinsam mit seiner Frau Barbara dem zum Kunststaulager der Spoerri Stiftung gehörenden Esslokal gehörig Beine. Der Chef zählt unbestritten zu den allerbesten im Land, ist auch Mitglied bei den JRE. Das Esslokal ist fixer Bestandteil der gastronomischen Szene zwischen Krems und Wien. Viele Stammgäste pilgern auch von weit her. Neuerdings mit bereits 4 Hauben!

Huber realisiert seinen Traum von gehobener, aber nicht abgehobener Spitzenküche am Land. Von bodenständig bis asiatisch, mit Elementen von Paris bis New York, tolle Kreationen, ganz viel Geschmack. Immer neue Überraschungen & Kreationen, stets geschmacklich am Punkt, zeugen von echt großem handwerklichen Können und Talent. Romantischer Innenhof. Ehefrau Barbara ist Gastgeberin und Herrin der Weinkarte, die auf das Kamptal setzt, mit viel bio, sinnvollen Ausschweifern in andere Regionen und ins Ausland, immer feiner Champagner, auch glasweise. Gut trinkbare Orange- und Naturweine gehören auch dazu. Viele Winzer sind Fans vom Esslokal, von Willi Bründlmayer abwärts. Großes Kino!

**Färberstub'n**
Stefan & Sissy Horky
3493 Hadersdorf am Kamp, Hauptplatz 12
Tel. +43 2735 2618
faerberstubn@aon.at, www.faerberstubn.at

Der diplomierte Sommelier und Gründer der Kamptaler „Wine-Trophy" Stefan Horky stellt auch in seinem Lokal die Weine aus der Region in den Mittelpunkt – die Auswahl übertrifft mittlerweile so manche Gebietsvinothek. Serviert wird dazu bodenständige Hausmannskost in bester Kamptaler Tradition, wobei so manche in Vergessenheit geratene Klassiker ihr wohlverdientes Comeback feiern.

## LANGENLOIS

**Heurigenhof Bründlmayer**
Viktoria & Martin Schierhuber
3550 Langenlois, Walterstraße 14
Tel. +43 2734 2883
office@heurigenhof.at, www.heurigenhof.at

Der beliebte Heurigenhof Bründlmayer hat sich längst zum gastronomischen Hotspot der Region gemausert. Dank dem Schaffen von Martin und Viktoria Schierhuber als Gastgeber und dem innovativen Küchenteam. Ein kulinarisches Feuerwerk aus besten regionalen Zutaten, oft unkonventionell interpretiert, aber geschmacklich stets treffsicher. Tolles Degustationsmenü mit variabler Weinbegleitung, sonst kleine, aber feine Karte. Wem Nuancen französisch vorkommen, liegt genau richtig, frönt doch der neue Küchenchef Matthias Schütz immer wieder seiner Leidenschaft für die französische Küche (für die er bei seiner früheren Station in der Provence sogar einen Stern errungen hatte).

Im Heurigenhof bekommt man neben feinen Köstlichkeiten auch so gut wie alle Bründlmayer-Weine und -Sekte glasweise, dazu viele Raritäten und gereifte Jahrgänge. Der Patron hat immer auch etwas außerhalb der Karte bereit. Schöner Gastgarten im renovierten Renaissance-Innenhof. Ab-Hof-Verkauf des Weinguts Bründlmayer. Drei stimmungsvolle Gästezimmer. Leitbetrieb der gehobenen Gasthauskultur, 3 Hauben.
Tipp: Das Bed & Breakfast Mühlenhof Rooms um die Ecke gehört ebenfalls den Schierhubers.

**Braugasthaus zum Fiakerwirt**
Jörg & Erwin Hartl
3550 Langenlois, Holzplatz 7
Tel. +43 2734 2150
office@fiakerwirt.at, www.fiakerwirt.at

Im Herzen der Weinstadt gelegenes, uriges Gasthaus mit schönem Innenhof. Eigene Gasthausbrauerei, Weine ausschließlich aus dem Kamptal. Traditionelle, deftige Küche.

**Restaurant Vineyard im Loisium-Hotel**
Loisium Hotel Betriebs GmbH & Co KG
3550 Langenlois, Loisiumallee 2
Tel. +43 2734 771 00-0
hotel.langenlois@loisium.com
www.loisium.com

Das vom US-amerikanischen Architekten Steven Holl designte Wine & Spa Resort Loisium Hotel liegt mitten in den Weinbergen und wurde bereits zu einem der schönsten Spas weltweit gewählt. Die Küche ist jung, aber solide, setzt auf regionale Produkte in zeitgemäßer Umsetzung. Eigenes Weinmenü, sehr gute Weinauswahl, laufend interessante Events. GrüVe-Lounge, Verkostungen, Kultur, Entertainment und Kulinarik. Auf Wunsch: Dinner im Weingarten. Tolles Designhotel, die Loisium-Weinwelt samt großer Vinothek vor der Haustüre.

**Top-Heuriger Nastl**
Renate & Günter Nastl
3550 Langenlois, Gartenzeile 17
Tel. +43 2734 2903
office@nastl.at, www.nastl.at

Die Original „Nastl Sausemmel" wurde von den Stammgästen vor mehr als 30 Jahren kreiert. Ein knusprig aufgebackenes Wachauer Laberl, gefüllt mit herzhafter Bratlfettn und würzigem Schweinsbraten, wird mit frisch geschnittenen Zwiebeln belegt und rasch – möglichst noch warm – serviert. Sehr gute Eigenbauweine, gemütliches Ambiente, Langenlois-Klassiker.

## MOLLANDS

**Weinbeißerei**
Hermann Hager
3562 Mollands, Altweg 5
Tel. +43 2733 780 80
genuss@weinbeisserei.at
www.weinbeisserei-hager.com

Luftige, moderne Architektur inmitten von Weinterrassen bietet die Weinbeißerei von Familie Hager. Hermann Hager, der sein Handwerk unter anderem bei Lisl Wagner-Bacher gelernt hat, liefert zu den – vielfach ausgezeichneten – Bioweinen seines Bruders Matthias Hager regionale Küche vom Feinsten. Die häufig biologischen Produkte kommen von Produzenten aus der Umgebung, das Wild von Jägern. Die Turopoljeschweine werden selbst gehalten. Eine der schönsten Terrassen des Landes. Top-Heuriger, einer der besten Österreichs und Ausflugs-Hotspot, oftmals ausgezeichnet und hochgerankt.

## SCHÖNBERG AM KAMP

**Weinstube Aichinger**
Susanne Zimmermann
3562 Schönberg am Kamp, In der Kellergasse
Tel. +43 2733 8411, Mobil +43 664 527 52 39
weinstube@wein-aichinger.at
www.wein-aichinger.at

Die Weinstube, engagiert geführt von Susanne Zimmermann, bietet international ausgezeichnete Weine, Klassiker der Heurigenküche und saisonal abgestimmte Spezialitäten aus der Region bis hin zu kulinarischen Überraschungen. Laufend spezielle Menüs und die gesamte Aichinger-Weinpalette auf der Karte, fast alles auch glasweise.

**Gasthaus zur Schonenburg**
3562 Schönberg am Kamp, Hauptstraße 38
Tel. +43 2733 8202
info@zurschonenburg.at
www.zurschonenburg.at

In Schönberg, gleich neben der liebevoll restaurierten Gebietsvinothek „Alte Schmiede" im idyllischen Kamptal, fällt dieser modern anmutende Bau auf. Drinnen freundliche Gastgeberschaft und ordentliche Wirtshauskost mit österreichischen Küchenklassikern und Weinen aus dem umgebenden Kamptal. Schattiger Gastgarten im Innenhof, 18 Doppelzimmer.

## STRASS IM STRASSERTALE

**Eisenbock's Strasserhof**
Nina & Alexander Eisenbock
3491 Straß im Straßertale, Marktplatz 30
Tel. +43 2735 2427
eisenbocks@strasserhof.at, info@strasserhof.at
www.strasserhof.at

Stilvoll renoviertes Landgasthaus mit angeschlossenem Seminarhotel. Die Küche bietet bodenständige, regionale Spezialitäten, als Begleitung gibt es die besten Tropfen aus der Region – und deren gibt es viele. Die Weinkarte ist eine Art Werkverzeichnis des Kamptals. Immer wieder Winzerevents, nicht nur von „Gaisberg uncorked". Viele Winzer als Stammgäste, Straßertaler Kompetenzzentrum.

## ZÖBING

**Zur schönen Aussicht**
Johann Gutmann
3561 Zöbing, Heiligensteiner Straße 32
Tel. +43 2734 2334
office@gasthaus-gutmann.at
www.gasthaus-gutmann.com

Gemütliches, urtümliches Wirtshaus mit Gastgarten hoch über der Straße, in dem die gute alte Hausmannskost hochgehalten wird (Gansl, Wild und Fasan im Herbst). Die leichte Küche sucht man hier zwar vergebens, aber dafür schmeckt's nach mehr. Topwirt-Aufsteiger des Jahres 2018 in Niederösterreich. Tolle Zöbinger Weinkarte, große, glasweise Auswahl. Eine Institution. Tipp!

# KREMSTAL

Rund um die alte Weinstadt Krems erstreckt sich das Weinbaugebiet Kremstal, das bis 1985 schlicht „Krems" hieß, kurz im Gebiet Kamptal-Donauland aufging und seit 1993 Kremstal heißt. Die Rebfläche ist auf drei unterschiedliche Zonen aufgeteilt, nämlich das eigentliche Kremstal und die historische Stadt Krems, deren westlicher Teil mit der Bezeichnung „Stein" direkt an die Wachau anschließt, die östlich anschließenden mächtigen Lösslagen und die kleinen Weinorte südlich der Donau rund um das monumentale Stift Göttweig. Im Stadtgebiet und in der unmittelbaren Umgebung dominieren Urgesteinsverwitterungsböden, die ausgesprochen elegante wie rassige Weißweine hervorbringen. Ähnliches lässt sich von den Lagen westlich des Kremsflusses sagen, etwa oberhalb des Stadtteils Stein an der Donau.

Die übrigen Lagen der Stadt Krems, darunter so legendäre wie die Sandgrube oder der Weinzierlberg, sind von der Bodenstruktur her mit jenen des nördlich gelegenen Hochplateaus, das von Gneixendorf bis Droß reicht, oder mit den Böden der bekannten Weinbauorte Rohrendorf und Gedersdorf vergleichbar, wo mehr oder weniger schwere Lössböden dominieren, die hie und da von Schotter- und Sandablagerungen durchzogen werden. Die mächtigen Lössterrassen ganz im Osten des Gebietes finden mit dem Wagram ihre Fortsetzung. Eine Enklave befindet sich am rechten Donauufer unterhalb des Stiftes Göttweig, die bekanntesten Weinbauorte sind Furth, Palt und Hollenburg. Wie in der östlichen Wachau treffen hier die kontinentalen Einflüsse des Waldviertler Plateaus auf pannonische Klimacharakteristika aus dem Osten; dies alles wird vom Donaustrom als ausgleichendem Faktor stabilisiert.

Besonders attraktiv fallen in der Regel die Rieslinge vom Urgestein aus, aber auch die Löss-Veltliner von den genannten Lagen der Stadt sowie aus Rohrendorf und Gedersdorf sind vorbehaltlos zu empfehlen. Abgerundet wird die Palette durch Weißburgunder, Chardonnay und Sauvignon Blanc.

Seit 2007 gibt es die DAC Kremstal für Riesling und Grünen Veltliner in den Standardstufen „Kremstal DAC" mit und ohne Ortsangabe, mit Ortsangabe und Riedenbezeichnung (Einreichung zur Prüfnummer in beiden Fällen frühestens ab dem 1. Jänner des auf die Ernte folgenden Jahres) und „Kremstal DAC Reserve" (Einreichung zur Prüfnummer frühestens ab dem 1. Juli des auf die Ernte folgenden Jahres), jeweils trocken. Die Mindest-Alkoholgehalte liegen zwischen 12% und 13%, wobei Riedenbezeichnungen ab 12,5% zulässig sind, Reserven ab 13%. Es gibt neun Ortsweinherkünfte.

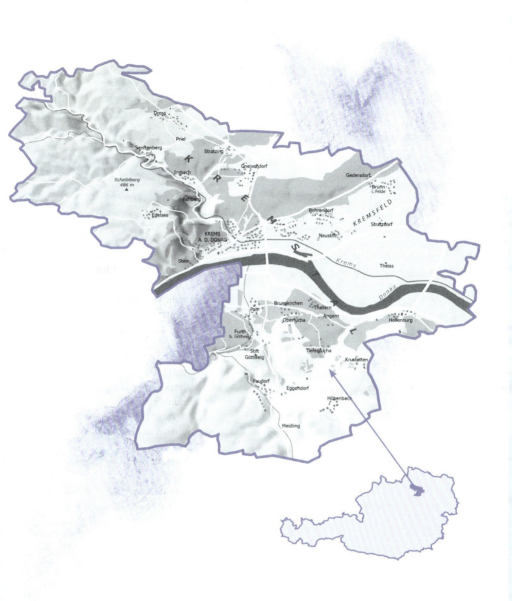

2.267 Hektar Weinanbaufläche
Die wichtigsten Rebsorten:
Grüner Veltliner, Riesling

## Weingut
# Aigner

**Wolfgang Aigner**
3500 Krems, Weinzierl 53
Tel. +43 2732 84558
info@aigner-wein.at
www.aigner-wein.at

Es wurde viel gefeiert in diesem Weingut – 250 Jahre Weingut Aigner –, damit ist es jetzt vorbei. Es geht weiter in diesem Haus. Und wie! Jetzt kommen gereifte Preziosen zutage. Ein 2022 Riesling Reserve Ried Weinzierlberg, welcher mit seinem gehaltvollen Reichtum brilliert. Ein 2022 Grüner Veltliner Reserve Ried Frechau „Elitär", ein Wein von außergewöhnlicher Noblesse. Und dann – 2022 Grüner Veltliner Reserve Ried Obere Sandgrube „Privat", ein großer Wein, welcher von trefflicher Winzerkunst zeugt. Ganz einfach groß. Man kann über das Weingut Aigner nur so viel sagen, dass sie nicht stehen bleiben – 250 Jahre, und es ist kein Ende abzusehen. Wir Weinfreunde bleiben beruhigt und harren der nächsten Weine. Die mit Sicherheit unsere Gaumen voll befriedigen. Danke für die Weine! *as*

### KREMSTAL DAC

★★ S €€ GV
**2023 Grüner Veltliner Weinzurl** + Pfeffrig, Apfel, Birne, Quitte, etwas Marille, rassig, griffig, feine Exotik, Ananas, Wiesenkräuter, fruchtig, elegant, dezent würzig, ein feiner, typischer, niveauvoller Kremser Grüner Veltliner.

★★★ S €€ GV
**2023 Grüner Veltliner Krems Sandgrube** + Feinstrahlig und kühl, viele Früchte wie Äpfel und Birnen, Zitrus, Marillen, feine Exotik, weißer Pfeffer, immer elegant, feingliedrig. Ein Bild von Grünem Veltliner, präzise, feinste Frucht, volle Trinklust auf höchstem Niveau.

★★★ S €€€ GV **TIPP**
**2022 Grüner Veltliner Reserve „Privat" Ried Obere Sandgrube** + Goldgelbe Farbe, dunkel getöntes Bukett, Karamell, barocke Intension, Pfeffer, Pfirsich, Ananas, Mango, Bratapfel, Lebkuchen, Honignoten, rauchig, feines Säurespiel, von seltener voluminöser Eleganz, kraftvoll, doch ziseliert, füllig, doch niemals aufdringlich, überreife Trauben in Perfektion, extraktsüß, fruchtig, fein verwoben, das ist große Winzerkunst.

★★★ S €€€ RI
**2022 Riesling Reserve Ried Weinzierlberg IÖTW** + Gelbe Farbe, überreife Trauben, getrocknete Früchte, Karamell, Marillen, Pfirsich, barocke Fülle, kräftig, viel Wein, viel Extrakt, perfekte Säure, voller Pikanz, gehaltvoll, rosinig, ein Maul voll Wein, der wunderbar zu verschiedenen Käsesorten passt. Oder zu Hauptspeisen mit Sauce. Ein kulinarisch gut einsetzbarer Wein.

★★★ S €€€€ GV
**2022 Grüner Veltliner Reserve Ried Frechau IÖTW „Elitär"** + Gelbgold, barock, überreife Trauben, gelbe Früchte, saftig, schöne Säure, pikante Noten, füllig, gediegen, wie ein Herr mit Frack und Zylinder – elegant und stilvoll, vielleicht etwas schrullig. Doch tut das dem Wein keinen Abbruch. Ebenfalls kulinarisch hervorragend einsetzbar.

### NIEDERÖSTERREICH

★★★ S €€ GM
**2023 Muskateller** + Holunderblüten, Zitrusschale, Pomelo, Orangenzesten, unglaublich frisch und rassig, knackig, glockenklare Stilistik, ein fulminanter Muskateller, straff, langatmig, kernig, ganz einfach brillant.

## Weingut & Gästehaus
# Berger

**Erich Berger**
3494 Gedersdorf, Weinbergstraße 2
Tel. +43 2735 8234, office@weingut-berger.com
www.weingut-berger.com
25 Hektar, W/R 90/10

Nach der Umstellung, die Top-Weine des Hauses um ein Jahr später auf den Markt zu bringen, ist nun – nach drei Veltlinern – auch ein Riesling mit einjähriger Verspätung auf der Angebotsliste gelandet. Der freilich verdient sich die verlängerte Reifedauer allemal – handelt es sich doch um den Spitzenwein aus der unmittelbar an die Wachau angrenzenden Lage Pfaffenberg –, zweifellos einer der besten, die Erich Berger jemals in die Flasche füllen durfte. Wobei dazu gesagt werden muss, dass seit rund zwei Jahren Maximilian, der Sohnemann, alleinverantwortlich für die Kellerarbeit ist. Wir durften den Wein bereits im Vorjahr als Fassprobe ankosten, wo er für die Zukunft bereits einiges versprach. Und wir dürfen heuer anmerken, dass er dieses Versprechen in großartiger Weise erfüllt, wenn nicht sogar übererfüllt hat.

Mit dem aktuellen Jahrgang zeigt man sich ebenso zufrieden – im Vergleich zum Vorjahr haben einige Weine klar die Nase vorn, was auch in der höheren Sternebewertung sichtbar wird. Vor allem der Grüne Veltliner Lössterrassen, aber auch der Riesling Spiegel sind 2023 rundum gelungen. Ebenso vor den Vorhang muss dieses Mal aber auch der köstliche Weißburgunder, der den Vorgänger aus 2022 um Lichtjahre abhängt. *bb*

★★★ S €€ GV  **PLV**
**2023 Grüner Veltliner Lössterrassen** + Grüne Beeren, Zitronenäpfel, Melisse; sehr klar gezeichnet, dicht, stoffig, cremige, pfeffrig-fruchtsüße Mitte, tadellose Länge.

★★★★ S €€€ GV
**2022 Grüner Veltliner „Optimis terrae"** + Etwas Fenchelsamen, Unterholz, Orangenabrieb, Teeblätter; präsentes, strukturgebendes Tannin, entsprechend herb-fruchtiger Auftritt, ausdrucksstark, körperreich, zugleich fein gestrickt; langes Finish.

★★★★ S €€€€ GV  **TIPP**
**2022 Grüner Veltliner Ried Moosburgerin** + Kühl-würzige Aromatik, feuchter Nadelwald, Mineralien, Koriander, Pfefferstreuer; satter Unterbau, geradezu verschwenderisch in seiner Engmaschigkeit, zeigt freilich ebenso viel Eleganz und Finesse, die Lagencharakteristik ist perfekt eingebunden; bleibt klar und facettenreich bis ins letzte Zehenspitzerl.

★★★ S €€ RI  **PLV**
**2023 Riesling Ried Spiegel** + Kriecherln, Physalis, Marillenschaum, Limetten und ein Hauch Pinienkerne; durchgehend fruchtbetont, stellt die Sorte in den Vordergrund; pikante Säure, kompakt, völlig klar konturiert und ausdrucksstark; heuer mit super Performance!

★★★★ S €€€€€ RI  **TIPP**
**2022 Riesling Ried Steiner Pfaffenberg** + Tiefe gesteinsmehlig-mineralische Nase, dazu der klassische grüne Pfirsich, Weintrauben, reife Mangos und Papayas; zunächst feingliedrig, voller Finesse, baut sich im Glas dann mit Macht und Fülle auf, fleischig, fest, fruchttief, aber immer auch voll Anmut und Grazie; prachtvoller Riesling, ein Wein für Jahrzehnte.

### NIEDERÖSTERREICH

★★ S €€ GM  **FUN**
**2023 Gelber Muskateller** + Hollerbeeren-Konzentrat, herrliches Frucht-Säure-Spiel, pikant, saftig nach Litschi und Holunderblüten; rund, harmonisch, Spaßmacher par excellence.

★★ S €€ PB
**2023 Weißer Burgunder Ried Altmandl** + Duftet nach Teebutter, Biskuit, Karamell; cremiger Trinkfluss, die reife Säure ist kongenial eingebunden; dicht, stimmig, schmelzig und sehr, sehr fein.

★★ S € ZW
**2023 Rosé vom Zweigelt** + Kornelkirschen, rote Beeren, Weichseln; knackiger Säureschliff, etwas Tannin, pfiffig, peppig, verspielt und ausnehmend süffig.

### KREMSTAL DAC

★★ S €€ GV
**2023 Grüner Veltliner „Gedersdorf"** + Heu, Strohblumen, Kräuter, auch lössig-sandige Einflüsse; beschwingte Gangart, trinkanimierend, frisch, lebhaft, gschmackig.

👑 👑 👑 👑

## Weingut
# Buchegger

**Silke Mayr**
3552 Droß, Herrngasse 48
Tel. +43 2719 30056, Fax 78056
buchegger@vorspannhof.at, www.buchegger.at
11 Hektar, W/R 90/10

Das traditionsreiche Weingut Buchegger, das ursprünglich einer Gedersdorfer Winzerdynastie entstammt, ist seit 2006 in Droß angesiedelt, wo eine gemeinsame Betriebsstätte mit dem Vorspannhof Mayr besteht. Der renommierte Betrieb mit Weingärten in den besten Gedersdorfer Lagen wird seit vielen Jahren von Silke Mayr und ihrem talentierten Kellermeister Michael Nastl geführt. Im Sortiment dominieren klassische regionale Weißweinsorten, allen voran Grüner Veltliner, von dem es fünf Varianten gibt. Den Start macht die beschwingte HG, gefolgt von den im Stahl ausgebauten Veltlinern vom Geppling im Kamptal sowie vom Pfarrweingarten, bei denen Sortenwürze und kompakte Frucht im Mittelpunkt stehen. Die heuer sehr kraftvoll ausgefallene Reserve Leopold liegt für ein paar Monate im großen Holzfass. Top-Sortenvertreter ist der Ried Vordernberg 1ÖTW, der von uralten Reben aus Anfang der Sechzigerjahre stammt und im großen Holz auf der Feinhefe reift. Bei den Rieslingen bildet der Ortswein Gedersdorf als Einstieg, den Mittelbau stellt der von tiefgründigem Löss stammende Tiefenthal dar, an der Spitze stehen wiederum die Ersten Lagen vom Vordernberg sowie Moosburgerin. Von den Komplementärsorten in Weiß ist der bildhübsche Rote Veltliner aus 2023 empfehlenswert. Exzellente Sekte in Extra Brut gibt es ebenfalls: eine tolle Große Reserve 2017 sowie den verlockenden Non-Vintage – beide aus Chardonnay. Im Basissegment und im Mittelbau ist der ausgewogene Jahrgang 2023 aktuell, der hier von dem reichlichen Regen im Frühjahr profitierte, bei den Riedenweinen steht der etwas zartere Jahrgang 2022 zur Verfügung. *psch*

### KREMSTAL

★★ S €€€ GV
**2023 Grüner Veltliner Pfarrweingarten** + Getrocknete Kräuter, Schwarzpfeffer, getrocknete Tomaten, Fenchel; robust, milde Textur, runde Frucht, zartherb,.

★★★★ S €€€ GV
**2023 Grüner Veltliner Reserve Leopold** + Kühl, exotisch, viel Gelbfrucht, ausgereift, Lindenblüten und Kamille; satter Fruchtschmelz, strukturiert, kernig, viel Biss, energetisch, feurig, lang, braucht Zeit.

★★★★ S €€€€ GV  **TIPP**
**2022 Grüner Veltliner Ried Vordernberg 1ÖTW** + Kühl, grüne Oliven, Pfefferoni, Grapefruits, Hirschbirne, auch Steinobst; saftig, voller Frucht, elegante Balance, lebhaft, feinschmelzig mit Biss, lang, beachtlich.

★★★ S €€ RI  **FUN**
**2023 Riesling Gedersdorf** + Duftig, sortentypisch, feine Frucht, Wiesenblüten, elegant; knackig, frisch, saftig, spritzig, Zitronenzesten, mittleres Finish.

★★★ S €€€ RI
**2023 Riesling Ried Tiefenthal Gedersdorf** + Kühle Frucht nach Litschis und Birnen, duftig, gewisse Würze, bisschen Guave; geschmeidig und saftig, mild und harmonisch mit Ringlottenfrucht, legt zu.

★★★ S €€€ RI
**2022 Riesling Vordernberg 1ÖTW** + Kühl, Wachsnoten, kandierte Orangen, recht samtig, bisschen Papaya; kerniges Mittelgewicht, saftige Frucht, Zitruszesten, zartherb, mittleres Finish, Geduld.

★★★★ S €€€€ RI  **TIPP**
**2022 Riesling Moosburgerin 1ÖTW** + Duftig, helle Aromatik, Holunderblüten, Pfirsich und Litschis, floral; elegante Saftigkeit, puristische Frucht, lebhaft, ziseliert, energetisch, Biss, feine Länge, beachtlich.

### KAMPTAL

★★★ S €€ GV
**2023 Grüner Veltliner Ried Geppling Gobelsburg** + Würzig-pfeffrig, viel Sortenfrucht, Pfefferoni, leicht röstig, Majoran; kerniges Mittelgewicht, fruchtige Mitte, Apfel, leichtfüßig und verspielt, bildhübsch.

### NIEDERÖSTERREICH

★★★ S €€ GV
**2023 Grüner Veltliner Holzgasse** + Kühl, Mandelmasse, Weißbrot, zarte Frucht, Hirschbirne; mittlerer Körper, harmonisch, geschmeidig-mild, Zitrus, trinkig.

★★★ K €€€ CH
**OJ Extra Brut** + Klassische Nase, fein-toastig, Zitrus und Ananas, expressiv; elegant und frisch, leicht cremige Mitte, saftige Frucht, zartherb, trinkig.

★★★★ K €€€€ CH  **TIPP**
**2017 Buchegger Extra Brut Sekt Große Reserve** + Pikant und duftig, frische Wiesenblüten, Litschis, Biskuit, Limette; knackig, erfrischend, feine Frucht und Würze, zartgliedrig, leicht toastig, subtile Länge.

★★★ K €€€ RV  **FUN**
**2023 Roter Veltliner Ried Tiefenthal** + Frisches Laub, Teegebäck, Apfel, zart rauchig; saftig, knackig, elegant, superfrisch, viel Zitrus, verspielt, fast 4. Sterne.

# Weingut
# Eder

**Martin und Marina Eder**
3494 Gedersdorf, Weinbergstraße 66
Tel. +43 676 3467205
office@weinguteder.at, www.weinguteder.at
16 Hektar

Beachtliche Weine hat Martin Eder, der das Weingut in siebter Generation gemeinsam mit Schwester Marina führt, vorgestellt.
Beginnend mit wunderbaren Weinen vom Muskateller, Sauvignon Blanc, Rosé vom Zweigelt, Grüner Veltliner Lössterrassen oder Grüner Veltliner Ried Gernlissen – absolut typische Vertreter ihrer Sorte. Ein hervorragender 2023 Riesling Ried Reisenthal bleibt mir wohl lange in Erinnerung. Dramatisch wird es dann bei den Reserve-Weinen wie 2022 Grüner Veltliner Ried Spiegel, 2021 Grüner Veltliner „Martin" oder 2021 Chardonnay. Weine, welche mit einer Wahnsinnssubstanz ausgestattet sind. Den Abschluss bildet ein charmant-fruchtiger 2020 Zweigelt Ried Holzgasse.
Es geht vorwärts in diesem Weingut. Obwohl man vorhat, sich etwas zu verkleinern, um die Qualität weiterhin hochzuhalten. *as*

## KREMSTAL DAC

**★★ S €€ GV**
**2023 Grüner Veltliner „Lössterrassen"** + Ausgeprägt pfeffrig, dunkle Tönung, Apfel, Birnentouch, exotische Töne, Kräuterwürze, ungemein saftig, frische Säure, Honigmelone, dezent würzig, typischer Grüner Veltliner, macht Spaß.

**★★ S €€ GV**
**2023 Grüner Veltliner „Ried Gernlissen"** + Gelbe Früchte, weißer Pfeffer, Zitrus, Orangenzesten, Apfelnoten, frische Säure, knackig, herzhaft. Ein frischer Grüner Veltliner mit Biss.

**★★ S €€ RI**
**2023 Riesling Gedersdorf „Ried Reisenthal"** + Reife Marille, ein fordernder Riesling, nervig, prägnant, salzige Noten, der kann was, Riesling aus einem Guss. Da geht es zur Sache. Ein starker Riesling, der keine Gefangenen macht. Toll!

**★★★ S €€ GV**
**2022 Grüner Veltliner „Ried Spiegel"** + Gelbe Früchte, Honigtöne, Lebkuchen, Exotik wie Ananas, Mango, Steinobst, Apfelnoten, Zitrus, einige Mineralität, frisch und rassig, intensiv, direkt, einiger Tiefgang, voller Pikanz. Ein straffer, dichter, präsenter, fast rieslinghafter Grüner Veltliner.

**★★★★ S €€€ GV**
**2021 „Martin" Grüner Veltliner Reserve** + Tannennadeln, schwarzer Pfeffer, Pfirsich, ein mächtiger Wein, exotische Aspekte, gelbe Früchte, der Wein ist bei aller Kraft elegant, zeigt Frische, hat genügend Säure, reifer Apfel, kandierte Nüsse, trotz eines hohen Alkohols ist der Wein keineswegs kopflastig, im Gegenteil, er strotzt vor gediegener Frische. Der Wein ist hervorragend und geht in die Tiefe. Große Zukunft.

## NIEDERÖSTERREICH

**★★ S € GV**
**2023 Grüner Veltliner „Leicht-Sinn"** + Weißer Pfeffer, frischer Apfel, frisch, rassig, dezent würzig, quicklebendig, spritzig, knackige Frische.

**★★ S €€ ZW**
**2023 Rosé vom Zweigelt** + Lachsrosa, Erdbeeren, Kirschen, Marzipan, Flieder, karamellisierte Früchte, knackig am Gaumen, voller Biss, herzhaft, die Säure ist prägnant.

**★★ S €€ GM**
**2023 Muskateller** + Holunder, Muskatnuss, Zimt, Zitrus, frische Äpfel, frisch und lebendig, pikante Säure, springlebendig, trocken, der macht so richtig Appetit.

**★★ S €€ SB**
**2023 Sauvignon Blanc** + Gelber Paprika, Cassis, Pfirsich, Apfeltöne, Brennnesseln, dezent aromatisch, elegant, rassige Säure. Das ist eine Herausforderung.

**★★★ S €€€ CH**
**2021 Chardonnay Reserve** + Vanille, Nelken, Fichtennadeln, dunkel, gelbfruchtig, etwas Marille, Exotik, Kokos, Zimt, Orangen, gut abgestimmtes Holz, das noch dominiert. Mächtig, einiger Alkohol. Der Wein hat Frische, Lebendigkeit, viel Zukunft. Braucht viel Luft. Ungemein stoffig. Ein Riesenwein von professioneller Gestaltung. Es ist ein Wahnsinnswein. Wohin geht die Reise?

**★★ S €€€ ZW**
**2020 Zweigelt „Ried Holzgasse"** + Kirschen, fruchtig, charmant, frisch, die Säure passt, passender Holzeinsatz, noch jung, immer voller Leben, pikante Noten, straffe Struktur.

## ÖSTERREICH

**★★ K €€€ CH**
**2020 Sekt Brut** + (traditionelle Flaschengärung) Anhaltender Schaum, exotische Noten wie Ananas, Mango, Zitrus, Orangen, Pfirsich, Apfel, nussige Anklänge, dezent buttrig, die Aromen setzen sich am Gaumen fest, urfrisch, perfekte Säure, trocken, spannend, voller Fruchtfrische, dabei ziemlich eng. Der strahlt ein unbändiges Leben aus.

# NOTIZEN

## Wein- und Gästehof
# Edlinger

**Josef Edlinger**
3511 Palt, Lindengasse 22
Tel. +43 2732 77622
office@edlingerwein.at
www.edlingerwein.at

Josef Edlinger strahlt über beide Ohren – mit dem aktuellen Jahrgang hat er neuerlich etliche Weinpreziosen im Keller, die es verdienen, ins Scheinwerferlicht gestellt zu werden. Herauspicken möchten wir vor allem die beiden Top-Veltliner, zum einen den ungemein saftigen, komplexen, hochmineralischen Optimas, zum andern den in gebrauchten Holzfässern vinifizierten Sortenkollegen aus der Ried Hintere Point, der als leuchtendes Beispiel für behutsamen Holzeinsatz dienen kann. Freilich finden sich auch bei den Rieslingen bemerkenswerte Weine – hier hat der Wachauer Ableger vom Silberbichl klar die Nase vorn.
Die Edlingers führen am Fuße des Göttweiger Bergs einen Familienbetrieb im wahrsten Sinne des Wortes, und das seit 1842. Alle packen mit an, Josef Edlinger selbst ist Weinbau- und Kellermeister, unterstützt wird er in allen administrativen Belangen von Gabriela, seiner charmanten Gattin, wie auch von Sohn Paul, der sich um Marketing und den Verkauf kümmert. Und wer Gelegenheit hat, einen Blick in die Weingärten zu machen, wird häufig den Senior bei seinen geliebten Rebstöcken vorfinden. Nicht zu vergessen die Frau Mama, die das mit fünf Zimmern ausgestattete Gästehaus betreut. Derzeit befindet man sich übrigens in der Umstellungsphase auf einen biologisch zertifizierten Betrieb, im kommenden Jahr ist es dann so weit. *bb*

### KREMSTAL DAC

★★ S €€ GV
**2023 Grüner Veltliner Ried Höhlgraben** + Pfeffrig-würzige Nase, gefolgt von etwas Kräuterherbe, Rucola; erfrischende Säure, Zitronat, junge Artischocken; klar strukturiert, kompakt und entgegenkommend.

★★★ S €€ GV — PLV
**2023 Grüner Veltliner Ried Steinpoint** + Tief-mineralische Aromen, wie zerstoßene Steine, dann Getreideähren, Teeblätter, Propolis, Orangenzesten; fließt mit satter Frucht über den Gaumen, substanziell, mundfüllend, dennoch kristallklar strukturiert, mit zart salzigen Schattierungen; lange anhaftend.

★★★★★ S €€ GV — TOP
**2023 Grüner Veltliner Optimas** + Gesteinsmehliger Auftakt, eine Prise Pfeffer, Weißdorn, Baumblüten, Kräutergarten; baut sich im Glas auf mit zartherber Fruchtfülle, ein Hauch Bitterorange, reife Birnen; tiefe Substanz, komplex, transparent, Kraft und Finesse in seltener Harmonie; tolles Potenzial, Superlänge.

★★★★ S €€€ GV — TIPP
**2021 Grüner Veltliner Ried Hintere Point Reserve** + Reife Südfrüchte, Vanilleblumen, rosa Pfeffer, Maroni; macht sich etwas breit und tendiert ab der Mitte in Richtung Fruchtexotik, Orangen, Limonen, Sternfrüchte; fester Unterbau, ungemein saftig, das Holzfass ist kaum merkbar und lässt der Rebsorte Spielraum; facettenreich, nobel, vereint Charme mit Tiefgang und klingt lange aus.

★★★ S €€ RI
**2023 Riesling Ried Neuberg** + Steinobstiger Fruchtfokus, Pfirsiche, Marillen, Limonenabrieb, später auch etwas Grapefruits, Radicchio; kräftig, die präsente, pfiffige Säure wird von reichlich Extrakt abgefedert.

### WACHAU

★★ S €€ GV
**2023 Grüner Veltliner Mautern** + Grüne Blätter, Vogerlsalat, Melisse, grüne Beeren, am Gaumen Zitronat, Rhabarber, mittelkräftige Statur, saftig, animierend, alles sitzt und passt.

★★★★ S €€ GV
**2023 Grüner Veltliner Ried Silberbichl** + Nobles Entree, Waldboden, Moos, Baumrinde, kühl-würzige Mitte, rauchig-mineralisch, gelbe Äpfel, Melonen, saftig, ausgewogen, kraftvoll und doch elegant; bereits trinkreif, wird aber zweifellos noch zulegen; feine Länge mit Orangenbitterl am Ende.

★★★★ S €€ RI — TIPP
**2023 Riesling Ried Silberbichl** + Offenherzig, Maracuja, Limetten, Ananas; erfrischend knackiger Säureschliff, der die Extraktfülle genial verschlankt; distinguierter Riesling-Hochkaräter mit langem Finale.

### NIEDERÖSTERREICH

★★ S €€ GM — FUN
**2023 Gelber Muskateller Furth bei Göttweig** + Attraktiver Duft nach Muskattrauben samt unvermeidlichem Hollerbusch am Gaumen, Muskat pur, herrlich vor lauter Stil, animierend, köstlich.

## Weingut
# Forstreiter

3506 Hollenburg/Krems
Obere Hollenburger Hauptstraße 36
Tel. +43 2739 2296
weingut@forstreiter.at, www.forstreiter.at
54 Hektar, W/R 85/15

Meinhard Forstreiter und seine Frau Isabella haben das Weingut tiefgreifenden Veränderungen unterzogen. Im modernen neuen Betriebsgebäude direkt über dem Ufer der Donau können sie sich entfalten. Mittlerweile hat Sohn Daniel Verantwortung übernommen, viele der Weine entstehen unter seiner Regie. Zunehmend wichtiger wird der Export.
Den Schwerpunkt im Portfolio bildet Grüner Veltliner, gefolgt von Riesling. Aber auch Komplementärsorten werden mit der gleichen Sorgfalt vinifiziert. Und bei Rotwein hat Meinhard Forstreiter ebenfalls eine glückliche Hand. Der Winzer erwartet nicht, dass man vor seinen Weinen niederkniet: „Ich mache die Weine für mich. Nur die Weine, die mir schmecken, kann ich auch verkaufen."
*ww*

### KREMSTAL DAC

★★★ S €€€ GV
**2022 Krems Grüner Veltliner Little Mammut** + Druck, Bodentöne, Würze, Äpfel; schließt fruchtbetont an, vielschichtig, Bâtonnage erkennbar, klar strukturiert, frisch, Säurespiel, im Nachhall Nektarinen.

★★★ S €€ GV  PLV
**2023 Grüner Veltliner Ried Kremser Kogl** + Freundlich, Würze, Hauch Fichtennadeln, Pfirsiche; Äpfel, helles Steinobst, Würze unterlegt, zugängliche Säure, Weingartenpfirsiche klingen lange nach. Rieslinghaft.

★★★ S €€€ GV
**2022 Grüner Veltliner Ried Schiefer** + Kühl, Äpfel, Erdnüsse, Feuerstein, feinkörnige Würze; schließt aromatisch an, Konglomeratboden, Zug, Leben, Prise Gerbstoffe.

★★★★ K €€€€ GV  TIPP
**2021 Grüner Veltliner Reserve Ried Tabor** + Gediegen, feine Frucht, bodenstämmige Würze, Fichtennadeln; frisch, feingliedrig, Tiefgang, zartes Säurenetz, balanciert, im langen Nachhall frische Frucht und Boden.

★★★★ K €€€€€ GV  TIPP
**2013 Grüner Veltliner Reserve Ried Tabor** + Druckvoll, konsolidiert, gelbfruchtig, kräuterwürzig, Grapefruits und Marillen; schließt so an, zusätzlich Quitten, Körper, Schmelz, hinten Mandeln und Marzipan, sehr langer Nachhall, Reserven.

★★★ S €€€ RI
**2022 Riesling Ried Schiefer** + Kühl, distanziert, knackige Marillen, florale Akzente, Feuerstein; Steinobst im Geschmack deutlicher, quicklebendig, Säurespiel, Zug, mittelgewichtig, zugänglich.

★★★★ K €€€€ GV  TIPP
**2020 Grüner Veltliner Reserve „Das weiße Mammut" Ried Hollenburger Kreuzberg** + Druckvoll, viel Sorte, Würze, Waldhonig, Lageräpfel, dunkel, kalkig; schließt nahtlos an, mächtig, steinig, im langen Nachhall Frucht, Gewürze und kalkige Noten. Eigenständig.

★★★ S €€ GV  PLV
**2023 Grüner Veltliner Krems** + Wertig, Äpfel, feine Würze, lässt Substanz erwarten; saftig, Fruchtschmelz, Körper, angenehme Säure, langer Abgang mit hellem Steinobst.

★★★ S €€ GV
**2022 Grüner Veltliner Alte Reben** + Kühl, präzise, Karambole, Prise Würze; mehr Sorte auf dem Gaumen, Gewürze deutlicher als im Bukett, Säurerückgrat, frisch, Zug, im Finish und im Nachhall Bodentöne.

## NIEDERÖSTERREICH

**★★★ S €€ GM**
**2023 Gelber Muskateller** + Unplakativ, Holunderblüten, sonnengereifte Zitronen, Muskatblüten; vielschichtig, gute Substanz, fruchtbetonter Nachhall.

**★★ S €€ CW** **FUN**
**2023 Lust** + Zart + Holunderblüten, Kräuter, grüne Äpfel, helles Steinobst, Hauch Muskat; aromatisches Dacapo, angenehme Säure, passende Substanz, Frucht, Holunderblüten klingen nach.

**★★★ S €€ GV**
**2023 Grüner Veltliner Classic** + Zart, sortentypisch, Kräuter, Fichtennadeln, Äpfel; schließt aromatisch und charakterlich an, ungewöhnlich fein für diese Liga.

**★★ S €€ PB**
**2023 Weißburgunder** + Sortentypisch, Haselnüsse, Birnen; schließt nahtlos an, belebende Säure ohne Aggressivität, mittleres Gewicht, selbsterklärend.

**★★★ S €€ SL**
**2019 St. Laurent Reserve** + Sauerkirschen, Kräuter, Waldboden; auch im Geschmack so, sortentypisches Säurespiel, gut integrierte Tannine, mittlere Länge.

**★★★★ S €€€€€ GV** **TIPP**
**2021 Grüner Veltliner TBA** + (RZ 180 g/l) Zart, Steinobst, gelbe Äpfel, kündigt moderate Süße an; quicklebendig, Restzucker und Säure ausgewogen, viel Frucht, getrocknete Marillen und Feigen, Zug, Trinkfluss.

**★★★ S €€€ CR**
**2019 Fossil** + (ZW/SL) Kirschen, Sauerkirschen, bisschen Cassis, zarte Gewürznoten; saftig, balanciert, kühle Frucht, feines Gerbstoffnetz, gute Länge, würziger Nachhall.

**★★ S €€ SB**
**2023 Sauvignon Blanc** + Zart, eigenständig, grüne Oliven, helles Steinobst, Kräuter, bisschen Birnen; freundliche Frucht, sanfte Säure, im Finish knackige Nektarinen und Birnen.

**★★★★ S €€€€€ GV**
**2021 Grüner Veltliner Strohwein** + (273 g RZ, 8 % Vol.) Getrocknete Marillen, kühl, animierend; trinkig, nie langweilig, Zucker tariert Säure aus, getrocknete Marillen, Marillennektar, reintönig.

**★★★ S €€ CH**
**2022 Chardonnay Reserve** + Elegant, Birnen, Haselnüsse, zarte Gewürznoten; schließt nahtlos an, feines Säurerückgrat, Substanz, Holz kaum vorhanden, lebhaft, Prise Gerbstoffe im Finish, gute Länge, Trinkfluss.

**★★★ S €€ ZW**
**2019 Zweigelt Exklusiv** + Kühler Touch, Sauerkirschen, auch rotbeerige Akzente; schließt nahtlos an, akzentuierte Gerbstoffe, kühl, kompakt, fruchtbetontes Finale.

## Weingut Förthof

**Annika Hoffmann**
3500 Krems, Förthofstraße 7
Tel. +43 2732 83000
weingut@derfoerthof.at, www.derfoerthof.at
6 Hektar, W/R 99/1, 20.000 Flaschen/Jahr

„It's wine o'clock" heißt es in diesem wohl jüngsten Weingut Österreichs an jedem Mittwoch und Freitag. Der erste Jahrgang des Weingutes war 2021. Jetzt gab es die Jahrgänge 2023 und 2022 zu verkosten. Der Jahrgang 2022 war zwar nicht so groß wie der Vorgänger, trotzdem überzeugten vor allem die Lagenweine absolut.
Doch von Beginn an. Schon die beiden 2023 Ortsweine „Stein" vom Grünen Veltliner und Riesling überzeugten auf allen Linien – würdige Vertreter des Kremstales. Ein feiner 2023 Wachauer Grüner Veltliner aus der Gemarkung Mautern befindet sich im Portfolio des Weingutes. Absolute Größe haben die Lagenweine. Diese Juwelen gehören zum Feinsten des Weinbaugebietes aus dem Jahrgang 2022. Überragend für mich zeigt sich der hochmineralische Riesling Reserve Steiner Kögl – mein absoluter Favorit. Ein Langstreckenläufer ist wohl der Riesling Reserve vom Steiner Pfaffenberg, welcher nach einiger Zeit im Glas brillierte. Vor Finesse und Eleganz nur so strotzend präsentiert sich der Grüne Veltliner Reserve vom Steiner Gaisberg – ein grandioser Wein. Die Kellermeisterin des Weingutes, Annika Hoffmann, hat wieder alle Register ihres Könnens gezogen.
Künftig wird es auch ein Hotel und Restaurant am Förthof geben. Man ist in der letzten Phase der Bautätigkeit. Es geht vorwärts in diesem Weingut. Ich meine, der Besitzer des Weingutes – Erich Erber, Biotech-Pionier – hat hier bestens und vorbildlich investiert. *as*

### KREMSTAL DAC

★★★ S €€ GV
**2023 Grüner Veltliner Stein** + Kühles Bukett, Wiesenkräuter, dezentes Nusserl, gelbe Früchte, Pfefferschleier, elegant, saftige Frucht, feingliedrig, Birnentouch, in sich harmonisch, jetzt schon sehr schön zu trinken. So geht Ortswein!

★★★ S €€ RI
**2022 Riesling Stein** + (über 50 Jahre alte Reben) Blütenduft, Apricot, rassig, dicht, einiger Tiefgang, Ananas, Pfirsich, Grapefruit, guter Druck, kernige Struktur, zeigt Mineralität, hat einige Substanz.

★★★★ S €€€ RI — TIPP
**2022 Riesling Reserve Ried Steiner Kögl** + (über 50 Jahre alte Reben) Hier lockt der Boden (Feuerstein, Schiefergestein), Steinobst, rassig, steinig, dicht strukturiert, enorme Länge, fordernd, nervig, Wahnsinnspotenzial, ein unglaublicher Riesling, hier steht der Boden fast über der Sorte. Eine wahre Gaumenexplosion. Enorm ausdrucksstark.

★★★★ S €€€ RI — TIPP
**2022 Riesling Reserve Ried Steiner Pfaffenberg** + (über 50 Jahre alte Reben) Kräuter, Marillen, Zitrus, geht langsam auf, dicht, rassig, tiefgründig, fordernd, immer elegant, ein großartiger Riesling, der im Herbst voll da sein wird. Große Zukunft.

★★★★ S €€€ GV — TIPP
**2022 Grüner Veltliner Reserve Ried Steiner Gaisberg** + Kühl, Steinobst, die Marille gewinnt, Mango & Co., Mineralik pur, feine Frucht, elegant, salzige Noten, wirkt fast rieslinghaft, ein wundervoller Grüner Veltliner mit ungemeiner Finesse und Eleganz.

### WACHAU DAC

★★ S €€ GV
**2023 WALCHUN Grüner Veltliner** + (Mautern) Dezente Pfefferwürze, Steinobstnoten, Kräuterwürze, etwas Tabak, Zitrus, exotische Töne wie Ananas, Mandarinen, fruchtig-trocken, noch etwas verhalten, doch elegant, passende Säure, gut und typisch, der geht seinen Weg.

### NIEDERÖSTERREICH

★★ S €€ GM
**2023 RAPOTO Gelber Muskateller** + Litschi, kandierter Pfirsich, Säurebiss, leicht, frisch, zischt am Gaumen. Ein knackiger Gelber Muskateller.

## Weingut
# Rudolf Fritz

**Rudolf Fritz**
3506 Thallern, Fuchsleitenweg 1
Tel. +43 676 3471907
weingut@rudolf-fritz.at, www.rudolf-fritz.at
12 Hektar, W/R 90/10

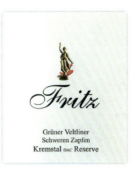

Grüner Veltliner
Schweren Zapfen
Kremstal DAC Reserve

Thallern, eine Katastralgemeinde der Stadt Krems, ist ein beschauliches Weinörtchen am südlichen Donauufer und liegt nahe dem Göttweiger Berg mit seinem berühmten Stift. Hier befindet sich auch das Weingut von Rudolf Fritz, der rund 12 Hektar Weingärten sein Eigen nennt, in denen – Kremstal entsprechend – hauptsächlich Grüne Veltliner und Riesling-Reben anzutreffen sind, aber auch Weißburgunder, Chardonnay, Sauvignon Blanc, Gelber Muskateller und Zweigelt stehen. Der Absolvent der Kremser Weinbauschule verarbeitet ausschließlich Trauben aus eigenen Weingärten, wobei er sein Hauptaugenmerk auf ein gut funktionierendes Ökosystem legt, ganz nach der Devise „Weinqualität liegt im Weingarten und nirgendwo anders". Unterstützt wird er von seinen Eltern, wobei vor allem der Herr Papa – ebenfalls ein Rudolf – überall dort anpackt, wo Hilfe erforderlich ist.

Der stets eher bescheiden und zurückhaltend auftretende Junior macht Jahr für Jahr Weine von bemerkenswerter Qualität. „2023 war ja auch ein Superjahr, das trotz später Blüte und entsprechend längerem Vegetationsverlauf wunderschönes, physiologisch reifes Traubengut zur Folge hatte", wie er uns verrät. „Wir haben bis in den November hinein gelesen!" Mengenmäßig sei es ein bisschen weniger gewesen als im Vorjahr, insgesamt zeigt sich der Thallerner aber mit dem Ergebnis sehr zufrieden. Darf er auch, denn im Portfolio befinden sich heuer einige herausragende Weine, wie z. B. der großartige Grüne Veltliner aus der Ried Schweren Zapfen oder der hinreißende Riesling vom Brunnberg. *bb*

### KREMSTAL DAC

★★ S € GV
**2023 Grüner Veltliner Krems** + Gesteinsmehlige Nase, ein Hauch Eiszuckerl und Südfrüchte, dann viel Veltlinerwürze, Getreide, Wiesenkräuter, Limetten, Fenchel; straffes Säurekostüm, frisch, lebhaft, vollkommen trocken; mehr als nur ein Sommerwein, das aber auch.

★★★ S €€ GV
**2023 Grüner Veltliner Ried Frauengrund** + Gelbfruchtiges Entree, Äpfel, Mandarinen, frisch gemahlene Pfefferkörner; etwas überwürziger Stil, substanziell, kompakt, klar strukturiert, saftiger Fruchtreigen, mit einiger Länge.

★★★★ S €€ GV                                    TIPP
**2023 Grüner Veltliner Ried Schweren Zapfen Reserve** + Stoffige, komplexe Nase, Havanna-Deckblatt, weiße Birnen, Waldboden, Minze, umhüllt von der kühl-würzigen Mineralität der Lage; trotz trockenem Ausbau herrlich extraktsüß und schmelzig, Macht und Fülle vereinen sich mit Finesse- und Facettenreichtum, alles ist glockenklar liniert, ausgewogen und gar nicht opulent; Veltliner-Elixier, auch für die nächsten Jahrzehnte.

★★★ S €€ RI                                     TIPP PLV
**2023 Riesling Ried Steinhagen** + Einnehmendes Bukett nach Marillenschaum, reifen Limonen, Orangenabrieb, begleitet von hochfeiner Mineralität; explodiert am Gaumen mit ebenso herzhafter Fruchtfülle, die knusprige Säure ist total eingebunden; mittelkräftige Statur, Sorte und Lage präzise definiert.

★★★★ S €€ RI
**2023 Riesling Ried Brunnberg Reserve** + Dezente Nase, etwas Pfirsich, Kriecherl, Grapefruit, baut sich im Glas wunderschön auf mit viel Frucht und Extraktsüße, dazu eine perfekte Säurebalance; großartige Verknüpfung von Kraft und Eleganz, vielschichtig, druckvoll, mit toller Länge, Riesling-Hochkaräter mit der Lizenz zum Verführen!

### NIEDERÖSTERREICH

★★ S € GV
**2023 Grüner Veltliner Ried Herrentrost** + Reduktive, etwas überduftige Nase, Bananensplit, Früchtetee, Ribisel; gibt auch am Gaumen Gas, nochmals viel Banane, Eiszuckerl; leichtgewichtig, keck und spritzig.

★★ S € CH
**2023 Chardonnay** + Zitrusbetonte Nase, Heublumen, Baumblüten, Nüsse, ganz zarte Reduktionsnoten; ein Hauch Restzucker puffert die kecke Säure gut ab; etwas vordergründiger Stil, kompakter Burgunder-Klassiker mit viel Trinkanimo.

★★ S €€ SB
**2023 Sauvignon Blanc** + Delikate Aromatik, erinnert an dunkle Beeren, Cassislaub, etwas Peperonata; am Gaumen dann kontrakariert von grünen Bananen, Brennnesseln und einem rassigen Säurebiss; braucht noch, um zusammenzuwachsen.

★★ S €€ GM                                      FUN
**2023 Gelber Muskateller** + Flieder, Holunder, Litschi, Mineralien, am Gaumen feine Muskatfrucht; dezent angelegt, lebhafter Stil, Mandarinen, saftig, ausgewogen, Spaßmacher!

# Weingut
# Hagen

**Lukas Hagen**
3500 Krems an der Donau, Seilerweg 45
Tel. +43 2732 78160
info@weingut-hagen.at, www.weingut-hagen.at
16 Hektar

Toni und sein Sohn Lukas überraschen uns immer wieder mit ihren so charakteristischen Weinen, die – ungeachtet des Jahrgangs – ein präzises Abbild von Sorte und Lage vermitteln. Dabei hat man nicht nur die „üblichen Verdächtigen" wie Grüner Veltliner und Riesling im Fokus, sondern heuer auch z. B. einen sehr feinen Chardonnay, einen zart restsüßen, mächtigen Weißburgunder und vielleicht den besten Muskateller, den es bislang im Haus gegeben hat. Freilich, die Rolle der Protagonisten nehmen jeweils drei beeindruckende Grüne Veltliner und Rieslinge ein – sie stammen aber auch aus einigen der besten Lagen des Kremstals.
Sandgrube, Holzgasse, Weinzierlberg, alle in Donaunähe gelegen, profitieren vom pannonischen Einfluss und dem Feuchtigkeitsversorger Donau, die „echten" Kremstaler Rieden, wie Thurnerberg, Kremsleithen oder der Rehberger Goldberg, werden hingegen von den kühl-würzigen Luftmassen des Waldviertels beeinflusst. Und wo die letztgenannten durch die Bank karge, steinige Bodenschichten aufweisen, bestehen die Rieden an der Donau in erster Linie aus Sand- und Lössböden – ausgenommen die an der Grenze zur Wachau und somit am Strom gelegene Ried Altenburg. Mit dem aktuellen Jahrgang ist man übrigens auch „Nachhaltig Austria"-klassifiziert.

*bb*

### KREMSTAL DAC

★★ S € GV
**2023 Grüner Veltliner Sandgrube** + Duftet nach Sommerwiese, Gartenkräutern und lössiger Mineralität; grüne und gelbe Äpfel, Cornflakes, Zuckererbsen; mittlere Maschen, einladend; mehr als nur ein Süffelwein, das aber auch.

★★ S € GV **PLV**
**2023 Grüner Veltliner Ried Thurnerberg** + Rauchige, dunkelmineralische Würze, kühl-würzige Einflüsse, etwas Tannenwipfel, Pfeffer; prächtiger Säureschliff, ist ganz dem Terroir verpflichtet und überzeugt mit glasklarer Struktur und strenger Eleganz.

★★★ S €€ GV
**2023 Grüner Veltliner Ried Rehberger Goldberg** + Herb-würzige Nase, Baumrinde, Radicchio, begeistert in der Folge mit saftiger Frucht nach Zitrus- und Orangenzesten, Melisse, Wildkräutern; die reife Säure ist in viel Stoff verankert; Kremstaler Veltliner par excellence.

★★★ S €€ GV **TIPP**
**2023 Grüner Veltliner Ried Holzgasse** + Nobles Bukett, feiner Würztabak, weiße Birnen, Nadelholz, Kornfeld; bleibt vielschichtig, klar konturiert und breitet sich kraftvoll mit viel Finesse aus; substanziell, schöne Länge, aus einem Guss.

★★★★★ S €€€ GV **TOP**
**2023 Grüner Veltliner Ried Holzgasse Alte Reben Reserve** + Verhaltene Nase, gelbe Früchte, Mirabellen, legt im Glas zu, „süßer" Pfeffer, Honigmelonen, saftige rote Äpfel, mineralische Ader; der voluminöse Unterbau wird von fruchtstützender Säure im Zaum gehalten, gleitet mundfüllend, balanciert über den Gaumen; brillanter Veltliner voll Finesse und Strahlkraft.

★★ S €€ RI
**2023 Riesling Ried Kremsleithen** + Langsam aufblühend, Physalis, Agrumen, Lemongras; nicht gerade zimperliche Säure, aber herrlich erfrischend; mineralische Akzente, anregend, glockenklar und fein gestrickt.

★★★ S €€ RI **TIPP**
**2023 Riesling Ried Weinzierlberg** + Marillen, grüne Ananas, Moos, Kiefern; bleibt fokussiert, elegant, ausdrucksstark, Sorte präzise eingefangen; kristallklar liniert, die knusprige Säure in reichlich Stoff eingebettet; tolle Perfomance!

★★★★ S €€€ RI
**2023 Riesling Ried Altenburg Reserve** + Gesteinsmehlige Nase, dann der klassische reife Pfirsich, Mandarinen, Passionsfrüchte, ab der Mitte etwas Fleur de Sel; hat jede Menge Saft und Kraft, brilliert aber auch mit Eleganz, Ausgewogenheit sowie enormem Tiefgang; lang nachhallend.

### NIEDERÖSTERREICH

★★★ S €€ GM
**2023 Gelber Muskateller** + Subtile Aromatik, Sandelholz, Holunderblüten, überrascht dann mit tiefer Frucht nach vollreifen Muskatellertrauben; leichtfüßig, nobel, ein vinophiler Feingeist und vermutlich der beste Muskateller ever.

★★★ S €€ CH
**2023 Chardonnay** + Weiße Birnen, Kornfeld, Limonen, Teegebäck; kräftiger Sockel, sämiger Trinkfluss, feines Säurespiel; total ausgewogener, bildschöner Chardonnay in klassischer Ausbauweise.

★★★★ S €€€ PB
**2023 Weißburgunder Reserve** + Herrliche Konditoraromen, Nusskuchen pur, Birnenmus, Biskuit, Brioches, Orangencreme; feurig-füllig, mit herrlicher Fruchtsüße, mollig, aber auch fokussiert und total ausgewogen; in Finesse gebändigte Urgewalt, ein Wein für Jahrzehnte.

# Weinhof
# Maier

**Mario Maier**
3506 Krems-Angern, Dorfstraße 17
Tel. +43 676 4737132
office@weinhof-maier.at, www.weinhof-maier.at
3,5 Hektar, W/R 85/15

*Ried* **Frauengrund**
Grüner Veltliner
Kremstal

Klein, aber fein trifft es wohl am besten, wenn vom Weinhof Maier in Angern, nahe dem Göttweiger Berg, die Rede ist. Das Weingut als solches ist noch sehr jung, seit 2011 beschäftigt sich Mario Maier mit Wein, damals hat er auch erstmals Wein in Bouteillen gefüllt. Die Familie hat in Sachen Landwirtschaft und Weinbau freilich schon eine viel längere Tradition, die bis ins Jahr 1789 zurückreicht. Die Weingärten erstrecken sich vom donaunahen Angern entlang des Göttweiger Berg bis nach Tiefenfucha und Krustetten, und wer hier mit Wein zu tun hat, kennt auch ihre Namen. Wolfsberg, Frauengrund, Leiten oder Goldbühel heißen einige von ihnen und liefern überwiegend Grüne Veltliner, gefolgt von Riesling, Gelbem Muskateller, etwas Sauvignon Blanc und Chardonnay. Und mit dem Zweigelt kommt auch Rotwein nicht zu kurz. Seit dem aktuellen Jahrgang 2023 ist der Betrieb auch „Nachhaltig Austria"-zertifiziert.

Der 31 Jahre junge Winzer widmet sich mit Sorgfalt und viel Enthusiasmus den Weingärten und der Kellerarbeit, die Lese erfolgt ausschließlich per Hand. Die Weine überzeugen mit herb-saftiger, klarer Struktur und hoher Sortentypizität. Mario Maier ist zudem aber auch ein Tausendsassa, was seine diversen Aktivitäten angeht. Denn neben den dreieinhalb Hektar Weingärten hat er auch einen Hektar mit Marillen-, Äpfel- und Pfirsichbäumen zu betreuen. Und seit wenigen Jahren gibt es ein neues, fünf Zimmer umfassendes, schmuckes Gästehaus am Weinhof, um das er sich – tatkräftig unterstützt von der Frau Mama, die auch sonst im Betrieb tätig ist – ebenfalls kümmert. *bb*

## KREMSTAL DAC

★ S € GV
**2023 Grüner Veltliner Ried Wolfsberg** + Baumrinde, zarte Fruchtexotik, Marzipan, grüne Äpfel, Orangenbitterl, Zitronengras; mittelgewichtig, klar liniert, schmissige, rustikale Säure, knochentrocken und von jugendlicher Frische; gegen Ende zu dominiert ein Säurespitzerl.

★★ S € GV — PLV
**2023 Grüner Veltliner Ried Frauengrund** + Tabakblätter, Zuckererbsen, Bergkräuter, Rhabarber, etwas grüne Birnen; fester Unterbau, stoffig, kompakt, mit fruchttragender Säure, mittlere Länge, geradlinig und tadellos.

★★★ S € GV
**2023 Grüner Veltliner Alte Kultur** + Komplexe Nase, Kräutergarten, Baumharz, Limonen, gelbe Äpfel, später dann ein wenig Waldmeister und weiße Ribisel; kraftvoller Sockel, die Säure ist in reichlich Extrakt eingebettet; ab der Mitte phenolische Einflüsse, saftig-herber Ausklang.

★★ S € RI
**2023 Riesling Ried Holzäcker** + Vegetabile, blättrige Nase, Kräuterextrakt, ein Touch Südfrüchte; am Gaumen eher Grapefruits und rauchig-herbe, an Earl Grey erinnernde Motive; knusprige Säure, deutliches Gerbstoffnetz, saftig und ausgiebig, mit einem Bitterl am Ende; die Frucht kommt etwas zu kurz.

## NIEDERÖSTERREICH

★★ S € SB
**2023 Sauvignon Blanc** + Duftet nach grünen Schoten, Paprikagewürz, dunklen Beeren, geht dann aber in die klassische Brennnesselnote über; moderate Säure, sortentypisch, im Finish etwas laut und überdreht, macht Liebhabern dieser Richtung sicher viel Spaß.

★★★ S € GM — FUN
**2023 Gelber Muskateller** + Zarter Duft nach gelben Rosen und Holunderblüten; bleibt zunächst auf der dezenten Seite, ein bisschen Litschi, eine Prise Muskattrauben, alles fein verästelt und sehr delikat; entfaltet sich dann mit lebhafter Säure und deutlich mehr Frucht, schwungvolles Finish, fabelhaft.

# Weingut
# Vorspannhof Mayr

**Silke Mayr**
3552 Droß, Herrngasse 48
Tel. +43 2719 30056, Fax 78056
weingut@vorspannhof.at, www.vorspannhof.at
14 Hektar, W/R 95/5

Der historische Vorspannhof der Familie Mayr stammt aus dem 15. Jahrhundert und diente früher als Station, um Pferdegespanne vor dem steilen Anstieg ins Waldviertel zu wechseln. Seinen Aufstieg als Weingut erlebte der Hof unter Weinbau-Pionier und Qualitätsprediger Anton Mayr, der den Weinbaubetrieb als eine der besten Weißweinadressen Niederösterreichs etablierte. Viele Jahre half ihm dabei seine Tochter Silke, die das Weingut seit 2008 leitet. Unterstützt wird sie dabei von ihrer Mutter Brigitta und einem engagierten Team rund um Kellermeister Michael Nastl. In dem dank Traumwetter im Herbst letztendlich ausgereiften Jahr 2023 sorgte ein schlimmer Hagelschlag im September für Verdruss.
Bei den Sorten dominieren der traditionelle Kremstaler Grüne Veltliner und Riesling, die es regelmäßig in vier bzw. drei Varianten gibt. Der Fokus liegt dabei auf dem Herausarbeiten der lagenspezifischen Eigenschaften der einzelnen Weine. Als Einstieg bei den Veltlinern gibt es einen leichten Vertreter namens Nussbaum, auf den drei Lagenweine folgen: Der Wolfsgraben dient als leichtfüßiger Klassiker, der Loiser Weg zeigt schon ordentlich Substanz und Ernsthaftigkeit, was insbesondere auf den 2023er zutrifft. An der Spitze steht der aktuell aus 2022 stammende vollmundige und strukturierte Riedenwein vom Kremser Gebling. Beim Riesling bildet der „Löss" den Einstieg, als Riedenwein gibt es den pointierten Ried Kremsleithen und den reichhaltigeren Marthal, wobei Letzterer einen besonders gelungenen Vertreter aus 2022 darstellt. Aus 2021 stammt ein herrlich saftiger halbtrockener Sortenvertreter namens „Moadoi" aus derselben Lage. Als süße Spezialität gibt es den Muskateller Eiswein 2021. Zudem stehen die Aromasorten Gelber Muskateller und Sauvignon Blanc sowie Chardonnay zur Verfügung sowie seit Kurzem auch ein Gemischter Satz von alten Reben. *psch*

## KREMSTAL DAC

★★ S €€ GV
**2023 Grüner Veltliner Wolfsgraben** + Dezent, würzig, Letscho, Weizenkleie, Olivenlaub, Sesam, Orangenschalen; sanft mit kühl-dezenter Frucht, Zitruszesten, grüne Äpfel, trinkig nach hinten.

★★★★ S €€ GV  **TIPP**
**2023 Grüner Veltliner Ried Loiser Weg Stratzing** + Kalter Rauch, reife Birnen, Kräuter, Thymian, auch Rucola, Hülsenfrüchte; sehr saftig, Unmengen Frucht, schmelziges Mittelstück, Power, kernig, Biss und Länge.

★★★ S €€ GV
**2022 Grüner Veltliner Ried Kremser Gebling 1ÖTW Reserve** + Würzig, Süßmais, satte Fülle, ausgereift, etwas Nuss und Wachs, ruhige Kriecherlfrucht; kraftvoll, viel Würze, beginnt saftig, fest, strukturiert.

★★ S €€ RI
**2023 Riesling vom Löss** + Elegante Frucht und Frische, hefig, sehr fruchtbetont, eingelegte Pfirsiche, gerundet; recht sanft, schöne Frucht, ausgewogen, süffig, dezente Säure, hinten direkt.

★★★ S €€ RI
**2022 Riesling Ried Kremsleithen Krems** + Zurückhaltend, mineralische Würze, im Hintergrund viel Pfirsich und Melone; straff, knackig, lebhaft, spritzig, guter Biss, kernig, strukturiert, hinten schlanker.

★★★★ S €€€€ RI
**2022 Riesling Ried Kremser Marthal Reserve** + Recht voll mit dunklen, samtigen Aromen, ausgereift, Cantaloupe-Melone, Marillen, Striezel; recht schmelzig, angenehme Fülle, saftige Frucht, gute Struktur, Biss, fest, mittellang.

★★★★ S €€€ RI  **TIPP**
**2021 Riesling Moadoi halbtrocken** + Dichte Frucht, kandierte Ananas, würzig, reif, fast pfeffrig, pikant, beachtliche Fülle, Moschus; herrlich saftige Frucht, toller Extrakt, guter Biss, lebhaft, erfrischend, viel Grip, lang, geht Richtung 5. Stern.

## NIEDERÖSTERREICH

★★★ S €€ GM
**2023 Gelber Muskateller** + Kühl-duftige Gelbfrucht, sehr traubig, leicht samtige Art, ausgewogen, Muskatnuss, Blüten; elegant, knackig, recht spritzig, straffer Biss, lebhaft, hinten schlanker.

★★★ S €€ SB  **FUN**
**2023 Sauvignon Blanc** + Duftig, voller Holunderblüten und Birnen, expressiv, bisschen Wacholder, sehr aromatisch; kernig, fest strukturiert, saftiges Fruchtspiel, auch Zitruszesten, gediegen, mittleres Finish.

★★★★ S €€€€€ GM
**2021 Muskateller Eiswein** + Verführerisch gelbtraubig mit Anklängen von Maracuja und Limetten, pikant; köstlich-saftiger Fruchtrausch mit ordentlich Restzucker und schriller Säure, lang, bildhübsch.

👑 👑 👑 👑

## Weingut
# Hermann Moser

**Martin Moser**
3495 Rohrendorf, Bahnstraße 36
Tel. +43 676 4232024
office@moser-hermann.at, www.moser-hermann.at
20 Hektar

Tradition hat auch Zahlen: Seit rund 400 Jahren betreibt die Familie Moser Weinbau in Rohrendorf bei Krems. Mittlerweile führen Martin Moser und seine Frau Carmen den Betrieb in der 23. Generation und machen Weine, die in der ganzen Welt ihre Käufer finden. Denn der Exportanteil des Weinguts liegt bei rund 70 %, wobei das meiste davon nach Amerika bzw. Kanada fließt. Deutschland, Dänemark, die Schweiz oder auch Hongkong sind weitere wichtige Destinationen. Der Betrieb befindet sich zurzeit in der biologischen Umstellungsphase, die Zertifizierung wird für 2025 erwartet.

Kremstal-typisch spielt der Grüne Veltliner die erste Geige im Rebsorten-Konzert, noch vor dem Riesling. Doch es findet sich auch eine Vielzahl von Komplementärsorten im Portfolio, wie z. B. die komplette Burgunderfamilie (neben Pinot Blanc, Pinot Noir und Chardonnay seit Neuestem auch ein formidabler Pinot Gris) und – ebenfalls ganz neu im Sortiment – ein Viognier. Der Wein aus dieser französischen Rebsorte schmeckt wie eine Melange aus Riesling und Weißburgunder und kann als eine attraktive Bereicherung der Angebotspalette verstanden werden. In Sachen Rotwein hat der Zweigelt die Nase vorn, es gibt ihn aber nicht nur reinsortig, sondern heuer auch in einer gelungenen Cuvée, gemeinsam mit Cabernet Sauvignon und St. Laurent.

Zwei Top-Weine, der Veltliner Hannah sowie die Riesling-Ikone Gebling-Lössterrassen, fehlen dieses Mal – sie kommen ab sofort mit einem Jahr Verspätung auf den Markt und werden im nächstjährigen Guide berücksichtigt. *bb*

### KREMSTAL DAC

★★ S €€ GV · PLV
**2023 Grüner Veltliner Karmeliter** + Pfeffrig-würziger Auftakt, gelbe Äpfel, Kräuterwiese, bleibt durchgehend gelbfruchtig mit pikanter Säure; mittelgewichtig, lebhaft, schlank und doch ausdrucksstark.

★★★ S €€€ GV
**2023 Grüner Veltliner Kaiserstiege** + Birnen, grüne Mangos, Assam-Teeblätter, gefolgt von lössiger Mineralität und einem zarten Orangenbitterl; der kräftige Sockel wird von Fruchtsubstanz und Finesse kaschiert; transparent, sämiger Trinkfluss, lang, ausgiebig.

★★★★ S €€€€ GV · TIPP
**2023 Grüner Veltliner Ried Gebling „Der Löss" 1ÖTW Reserve** + Hefig-sämige Nase, weiße Brötchen, Tabakblätter, Koriander, Mineralien, auch kühl-würzige Einflüsse; herber, saftiger Verlauf, Holz kaum merklich, die mächtige Statur wird vom delikaten Säurespiel relativiert; vielschichtig, fein balanciert, harmonisch und lang anhaftend.

★★★ S €€€ RI
**2023 Riesling Kaiserstiege** + Kernige Nase, Limetten, Grapefruits, Kriecherln, grüne Marillen; gewinnt an Fahrt, zeigt sich voll Frische mit koketter Säure; hochfeiner Süffelwein, glockenklar, erfrischend.

### NIEDERÖSTERREICH

★★★ K €€€€€€ GV
**2022 Grüner Veltliner „Hannah" Große Reserve** + Prononcierte Holzaromatik vom Ausbau in Barriques, cremig-sämige Textur mit der vollen Power an Röstaromen, Mokkabohnen, weiße Schokolade, gegrillte Maroni; fokussiert auf massig Holz und Frucht, mehr „Burgunder" als Veltliner; toller, modern vinifizierter Wein, wenig Sorte, nahezu endloser Ausklang.

★★★ S €€€ CH · TIPP
**2023 Chardonnay Reserve** + Vornehme Nase, cremig-weich, trotz Macht und Fülle ganz fein gemeißelt, helle Burley-Tabake, Bourbon, extraktsüß, mundfüllend, generös, hauchzarter pikanter Säuretouch am Ende, bemerkenswerte Länge.

★★★ S €€€ PG
**2023 Grauburgunder** + Bratäpfel und Birnen, Orangenzesten, Nusshaut, facettenreich, feine Säurepikanz, stimmig, homogen, aussagekräftig, substanziell, kräftig gebaut, fleischig und zugleich elegant.

★★ S €€ RO · FUN
**2023 Rosé „Rosi Mosi"** + Frische Erdbeeren, Waldfrüchte, auch etwas grünbeerige Akzente, Zitronengras; lebhaft, kerniger, erfrischender Sommerwein.

★★★ S €€€ CR
**2022 Cuvée Natalie** + (ZW/ CS/SL) Jugendlich rotfruchtige Nase, Schwarzkirschen, Zwetschken, Veilchen; sehr dichte Maschen, ganz milde Säure, samtig, fruchtsüß und sehr harmonisch.

### ÖSTERREICH

★★★ S €€€ VI
**2023 „V"** + (Viognier) Baumrinde, Haselnüsse, Rosenmarillen, Melonen, cremig-nussig, Earl Grey, viel Grip; individueller Speisenbegleiter, mittelkräftig.

# Weinkellerei
# Lenz Moser

3495 Rohrendorf, Lenz-Moser-Straße 1
Tel. +43 2732 85541
office@lenzmoser.at
www.lenzmoser.at

Die Weinkellerei Lenz Moser arbeitet ausschließlich mit heimischen Winzern und Winzergenossenschaften aus Niederösterreich und dem Burgenland zusammen. Kellermeister Ing. Michael Rethaller achtet penibel auf höchste Qualität. Man verarbeitet hier insgesamt um die 2775 Hektar Rebfläche.

Man atmet in diesem Traditionshaus jahrzehntelange Weinkultur. Für mich ist es immer ein erhebendes Gefühl, die Hallen dieses Hauses zu betreten. Was könnten die Wände wohl für Geschichten erzählen? Das Team bei Lenz Moser lässt lieber seine Weine sprechen. Die sind durch die Bank gut – ein 2022 Zweigelt Rosé, ein betörender Gelber Muskateller 2023, Grüner Veltliner Lenz Moser Prestige 2023. Ich gestehe, dass mein Herz für den NOAH schlägt, der 2017er ist so schön – eine Rotweincuvée aus Mailberger Rieden, ausgebaut im 1000-Eimer-Fass.

Die beiden Weine der besonderen Leseart – 2019 Beerenauslese und 2020 TBA – sind von überzeugender Qualität zu einem mehr als fairen Preis. Perfekt glasweise zu oder statt dem Dessert. Das sind bekömmliche Weine, die dem Körper guttun. Ein vinarisches Erlebnis. **as**

## NIEDERÖSTERREICH

★★ S €€ ZW
**2022 Rosé Zweigelt Lenz Moser Selection** + Rosa Farbe, Weichseln, rote Beeren, Himbeeren, gebündeltes Aroma, wunderbar gereift, elegante Noten, griffig, schöne Säure, extraktreich, intensiv, engmaschig. Das eine Jahr Reife hat dem Wein gutgetan.

★★ S €€ GV
**2023 Grüner Veltliner Jubiläums-Selection** + Gelbfruchtig, reife Birne, fein pfeffrig, reifer Apfel, Zitrus, Orangenschalen, Ananas, Mango, zeigt eine traubige Eleganz und Fülle, tolle Stilistik, immer in der Balance. Ein hervorragender Wein.

★★★ S €€ GV
**2023 Grüner Veltliner Lenz Moser Prestige** + Ein hochfeiner, gelbfruchtiger Grüner Veltliner, tolle Exotik, Ananas, Honigmelone, Kräuterwürze, Pfeffer, kompakt, weinig-fruchtig, stoffig, reife Birne, intensiv und konzentriert mit perfekter Säure.

★★★ S €€€ CR
**2017 NOAH** + (ZW/CS/ME – aus Mailberger Lagen, ausgebaut im 1000-Eimer-Fass, gefüllt im Jahr 2021) Ein hervorragender, harmonischer Rotwein, bisschen Zwetschken, Kirschen, schwarze Beeren wie Cassis, Brombeeren, Erdbeeren, Nougat, eine Spur Vanille, Tabak, homogen, der Wein verändert sich permanent, changiert hin und her, doch bleibt er immer spannend, immer mit Eleganz behaftet. Jetzt wunderbar zu trinken.

### BURGENLAND

★★ S €€ GM
**2023 Gelber Muskateller** + Holunderblüten, Litschi, Rosen, ungemein frisch und pikant, Muskatnuss, eine Ahnung von Pfirsich, Blütenduft, feines Säurespiel, feingliedrig, niemals laut, ausgewogen, klar strukturiert, absolut typisch. So richtig schön zu trinken. Perfekt zum Aperitif.

★★ S €€ ZW
**2020 Blauer Zweigelt Reserve Lenz Moser Prestige** + (Andau) So geht Zweigelt, voller Charme, saftig, angenehmes Tannin, subtiler Holzeinsatz, gute Struktur, fruchtig, fleischige Eleganz mit Rückgrat, Mandeltöne, Kirschen, Himbeeren, Zwetschken, Nougat, anmutig, süffig auf hohem Niveau.

★★ S €€ BF
**2021 Blaufränkisch Barrique Lenz Moser Prestige** + (Neckenmarkt) Rauchig, dezente Rösttöne, voller Würze, strukturiert, einige Substanz, rote Beeren, Pflaumen, Kirschen, Brombeeren, Kaffee, Mandelbögen, extraktreich, ausdrucksstark, tiefgründig, substanzreich, charaktervoll. Blaufränkisch aus einem Guss, der sich sehen lassen kann.

★★★★★ S €€ CW　　　**TOP**
**2019 Beerenauslese Lenz Moser Prestige** + (0,375-Liter-Flasche, 130 g RZ) Goldgelb, Honignoten, Orangen, Ananas, Pfirsich, Mango, Mandarinen, Marillen, Lebkuchen, Kokos, Vanille, reife Birne, ein Korb voller Aromen, ungemein vielfältig, hochelegant, herrlich zu trinken. Niemals belastend, niemals klebrig, perfekte Säure.

★★★★★ S €€€ CW　　　**TOP**
**2020 Trockenbeerenauslese Lenz Moser Prestige** + (0,375-Liter-Flasche, 7 g Säure) Goldfarben, eine wahre Essenz, konzentriert, süß, voller Reichtum, milde Säure, Pfirsich, Mango, Marillen, Orangenblüten, großzügig. Ein sensationeller Süßwein, warmes Timbre, mit einer betörenden Fülle, einer perfekten Botrytis. Das ist Medizin in ihrer reinsten Form. Wäre wohl die perfekte Grabbeigabe.

# Weingut
# Müller

3508 Krustetten, Hollenburger Straße 12
Tel. +43 2739 2691
info@weingutmueller.at
www.weingutmueller.at

Unter der Führung der engagierten Brüder Leopold und Stefan bewirtschaftet die Familie Müller das stattliche Weingut in Krustetten. 1936 wurde der traditionsreiche Betrieb von Leopold Müller mit weniger als einem Hektar Weingärten übernommen. Die Wurzeln reichen weit zurück; die erste urkundliche Erwähnung als Lesehof des Stifts Göttweig gab es bereits um 1270. Heute widmen sich die dritte und vierte Generation mit vereinten Kräften dem Wein. Qualität steht ganz oben auf der Prioritätenliste. Die Weine sind keine Blender, alles Vordergründige ist ihnen fremd. Die Familie verfügt über eine Reihe renommierter Rieden mit zum Teil sehr unterschiedlichen Bodenverhältnissen und mikroklimatischen Randbedingungen, was für Abwechslung und Wiedererkennbarkeit der Weine sorgt. Das Spektrum reicht von tiefgründigem Löss über Verwitterungskonglomerat bis zu kargen Böden kristallinen Ursprungs. „Wir legen höchsten Wert auf nachhaltige Bewirtschaftung und Vinifizierung unserer Weine", hält Kellermeister Leopold Müller fest.

Die heuer vorgestellte Serie lässt ihre Herkunft erkennen, die Sorten sind klar definiert. Die Charakteristika der unterschiedlichen Lagen kommen klar zum Ausdruck. Die Weine sind fair kalkuliert. Bei den Grünen Veltlinern spielt die Reserve von der Ried Eichbühel die erste Geige. Gediegen präsentiert sich auch der Riesling Reserve Ried Goldberg, ein in sich ruhender Sortenvertreter. *ww*

## KREMSTAL DAC

★★ S €€ GV — **FUN**
**2023 Grüner Veltliner Krustetten** + Einladend, sortentypisch, knackige Äpfel, Hauch Fichtennadeln; saftige Frucht, angenehmes Säurespiel, mittleres Gewicht, macht Spaß.

★★★ S €€ GV — **PLV**
**2023 Grüner Veltliner Ried Kremser Kogl** + Fein, leise Bodentöne, Frucht und Würze verwoben; lebhaft, Säurespiel ohne Aggressivität, herzhafte Frucht, im Finish und im Nachhall kommt der Boden durch.

★★★ S €€€ GV
**2022 Grüner Veltliner Ried Gottschelle** + Sanfter Druck, vom Löss geprägt, reife gelbe Äpfel, Würze; schließt nahtlos an, Schmelz, viel gelbe Frucht, zugängliche Säure, einige Substanz.

★★★★ K €€€ GV — **TIPP**
**2022 Grüner Veltliner Reserve Ried Eichbühel** + Charmant, kündigt Kraft an, exotische Frucht, bodenstämmige Würze; aromatisches Dacapo, viel Körper, sanft, im Finish betont exotisch mit kandierter Ananas und feinen Bodentönen.

★★★ S €€€ RI
**2022 Riesling Ried Silberbichl** + Sorte unverkennbar, Weingartenpfirsiche, elegante Bodentöne; auch im Geschmack so, zugänglich, mittleres Gewicht, selbsterklärend, Trinkfluss.

★★★ S €€€ RI
**2022 Riesling Ried Leiten** + Ansprechend, reife rote Pfirsiche, fein; saftig, viel Frucht, Bodentöne unterlegt, zartes Säurerückgrat gibt Struktur, glockenklar, präzise, gute Länge.

★★★★ K €€€€ RI — **TIPP**
**2022 Riesling Reserve Ried Goldberg** + Gediegen, wertig, reife Pfirsiche, winzige Prise Gewürze, kristalliner Untergrund zu erkennen; frisch, anregend, in sich ruhend, Aromen vom Bukett kommen wieder, feines Säurenetz, lang, im Nachhall Steinobst und etwas Zitrus sowie Bodentöne.

## NIEDERÖSTERREICH

★★★ S €€ SB
**2023 Sauvignon Blanc Göttweiger Berg** + Sorte klar, Stachelbeeren, grünblättrige Würze, Hauch Paprika und Sternfrucht; aromatisches Dacapo, zugängliche und trinkanimierende Säure, mittlere Länge, selbsterklärend.

★★★ S €€€ CH
**2022 Chardonnay Ried Fuchaberg Reserve** + Ansprechend, druckvoll, gelbe Birnen, Hauch Gewürze, nussig; Fruchtschmelz, feines Säurenetz, behutsamer Holzeinsatz, Kraft ohne Üppigkeit, vom Verwitterungsgestein geprägt.

★★★ S €€€ ZW
**2020 Zweigelt Reserve** + Interessant, Sauerkirschen, dezente Kräuterwürze, erinnert an St. Laurent; schließt aromatisch an, feines Säurespiel für Trinkfluss und Struktur, null Fett, mittlere Länge.

👑 👑 👑 👑

## Weingut
# Nigl

**Martin Nigl**
3541 Senftenberg, Kirchenberg 1
Tel. +43 2719 2609, Fax -4
info@weingutnigl.at
www.weingutnigl.at

Das Weingut Martin Nigl ist ein Gesamterlebnis – Weingut, Restaurant, Hotel –, Essen, Wohnen und natürlich die großen Weine des Hauses verkosten am Fuße der Burgruine Senftenberg. Sohn Bertram Nigl sorgt für die Kulinarik, Vater und Sohn Martin Nigl für die Weinbegleitung.

Die Weingärten der Nigls erstrecken sich von Senftenberg bis Krems, Böden wie Granit, Gneis, Glimmerschiefer und Amphibolit. Bei den Kremser Lagen findet man auch Löss. Senftenberg befindet sich an der Anbaugrenze. Hier herrscht nachts die Kühle aus dem Waldviertel, die den Weinen eine unglaubliche Aromatiefe verleiht. Bei den Weinen von Martin Nigl hat man das sogenannte Terroir förmlich im Glas.

Man bewirtschaftet einige der besten Lagen des Kremstals in reiner Handlese – wie die Ried Hochäcker 1ÖTW. Eine der besten Rieslinglagen ever. Ried Pellingen 1ÖTW – uralte Reben stehen auf dieser steilen Terrassenlage. Der Rehberger Goldberg – ein Amphibolit-Kegel, Rieslinge von kristalliner Frische. Ried Rehberger Zwetl – hier hat man Amphibolit gepaart mit Löss, kühle Mineralität mit der Stoffigkeit des Lössbodens. Ried Kirchenberg – eine nach Südost ausgerichtete Lage unterhalb der Kirche von Senftenberg, ein besonderer Weinberg. Alles Nachhaltig Austria zertifiziert.

Die aktuellen Weine sind durch die Bank sensationell. Es gibt keine Kritikpunkte. Die Klassiker des Hauses sind für mich die beiden „Piri"-Weine – ob Grüner Veltliner oder Riesling –, es sind vielleicht die verlässlichsten Weine Österreichs. Diese beiden befriedigen Kenner und Weinfreunde. Der Grüne Veltliner Alte Reben ist durchdrungen von nobler Eleganz. Der Grüne Veltliner Ried Rehberger Zwetl besticht durch seine außergewöhnliche Salzigkeit. Unfassbar groß präsentiert sich der Grüne Veltliner von der Ried Pellingen. Beim Grünen Veltliner Herzstück Ried Kirchenberg ist man beeindruckt von dieser unglaublichen Feinheit. Wirkt fast zerbrechlich in seiner Prägnanz. Einer der größten Weine dieser Rebsorte. Brillant und atemberaubend ist der Riesling privat Ried Hochäcker, Lese Mitte–Ende November. Das ist absolute Weltklasse. Dicht dahinter folgt der Riesling vom Rehberger Goldberg. Ein fulminanter Gelber Muskateller rundet das Programm ab. Beim Sauvignon Blanc ist noch nicht entschieden, ob es einen oder doch zwei davon geben wird. Zum Abschluss wird noch ein grandioser 2021 Eiswein vom Grünen Veltliner kredenzt. Lese Mitte Dezember. Danach geht man hochzufrieden seiner Wege. *as*

## KREMSTAL DAC

★★★ S €€€ GV
**2023 Grüner Veltliner Piri** + Ein ungemein griffiger Wein mit frischer Säure, mineralisch, Kräuter, Grapefruit, reifer Apfel, Marillen, Ananas, steinig, tiefgründig, salzig, total eng, knackig, voller Pikanz, viel Substanz. Ein Klassiker des Hauses Nigl. Einer der verlässlichsten Weine des Landes. Unglaublich hochwertig.

★★★ S €€€ RI
**2023 Riesling Piri** + Ein perfekter Riesling voller Biss, knackig, leichtfüßig, frische Marillen, Zitrus, reifer Apfel, knochentrocken, salzig, ungeheuer spannend, vielschichtig, nasser Stein, dicht und eng. Der klebt am Gaumen, gibt nicht nach.

★★★ S €€€ GV
**2023 Grüner Veltliner Alte Reben** + (Kremser Weinzierlberg, bis zu 70 Jahre alte Reben, Löss und Glimmerschiefer) Ein stilvoller Wein, gelbe Früchte, Honigmelone, Mango, Marillen, pfeffrige Aspekte, reifer Apfel, fleischig, cremig-noble Fülle, feinfruchtig, ungemein edel, ein großartiger Wein mit enormer Länge.

★★★ S €€€ GV
**2023 Grüner Veltliner Ried Rehberger Zwetl 1ÖTW** + (Löss und Amphibolit) Ein strammer, salziger, kerniger Grüner Veltliner, kompakt, würzig, viel Mineralität aufbauend, Feuerstein, Nelken, Orangenschalen, Pfirsich, überaus individuell, charaktervoll, engmaschig, spannend. Anders als die anderen, doch genauso überdrüber.

★★★★ S €€€ GV — TIPP
**2023 Grüner Veltliner privat Ried Pellingen 1ÖTW** + Was soll ich sagen? Das ist großer Wein! Voller gelber Früchte, Kräuter, Anis, Pfeffer und Gewürze, versteckte Exotik, Marille, Lindenblüten, weißer Nougat, Jasmin, feste Struktur, cremige Textur, feinster Gerbstoff, hochelegant, feine Frucht, enorme Substanz. Ein faszinierender, reichhaltiger Grüner Veltliner.

★★★★ S €€€€€ GV — TIPP
**2023 Grüner Veltliner Herzstück Ried Kirchenberg 1ÖTW** + (Glimmerschiefer) Ein fast unfassbar großer Grüner Veltliner, zigarrig, Steinobst, herrliche Exotik, Grapefruit, Quitten, dezente Stachelbeernoten, Orangenzesten, Blütenduft, Honignoten, Zitrus, ganz feine Würze, eine noble Eleganz ausstrahlend, vielfältig, balanciert, in sich gefestigt. Ein Wein von schierer Größe und mit einer feinen Klinge. Der Perfektion nahe.

★★★★ S €€€€€ RI — TOP
**2023 Riesling privat Ried Hochäcker 1ÖTW** + Ein unglaublich griffiger Riesling, Gesteinsmehl, knackige Marille, Zitrus, Quitte, Orangenzesten, Steinobst, tiefgründig, rassig, leichtfüßig, herrliches Säurespiel, straff durchgezogen, dichte Struktur, zeigt immer Finesse, ist dynamisch, schiefrig, endlos lang abgehend, Substanz für die Ewigkeit. Das ist absolute Weltklasse! Ein 20-Punkte-Anwärter.

★★★★ S €€€€€ RI
**2023 Riesling Ried Rehberger Goldberg 1ÖTW** + (Amphibolit) Anfangs dezente Reduktion, das ist großer Stoff, dunkle Tönung, Steinobst, Orangenblüten, Ananas, Kräuter, rauchige Noten, tiefgründig, spannend, dichte Struktur, enorme Mineralität mit langem Abgang. Der geht seinen Weg.

## NIEDERÖSTERREICH

★★ S €€ CR
**2023 Rosé** + (ZW/PN/ME) Erdbeeren, insgesamt rotbeerig, Ribisel, feinherber Charme, Orangenschalen, Zitrus, feste Struktur, ein tiefgründiger Rosé mit Rückgrat.

★★ S €€ GV
**2023 Grüner Veltliner Gärtling** + (Löss/Schotter) Pfefferl, Kräuterwürze, Zitrus, dezente Exotik, Apfel, Birne, druckvoll, schöne Säure, trocken, gute Länge.

★★ S €€ GV
**2023 Grüner Veltliner Kremser Freiheit** + (Löss) Dezentes Pfefferl, Wiesenkräuter, Exotik – Mango & Co., Ananas, Marille, Pfirsich, feingliedrig, Pomelo, herzhafter Biss, singt so richtig.

★★ S €€€ GM
**2023 Gelber Muskateller** + Holunderblüten, Limette, Rosenblüten, Orangenschalen, etwas Muskatnuss, eine Spur Zimt, niemals laut, rassig, griffig, unglaublich knackig, stramm, total eng, blitzsauber, dynamisch, voller Optimismus. Da geht es zur Sache. Ein perfekter Aperitif. Ein fulminanter Muskateller.

★★★ S €€€ SB
**2023 Sauvignon Blanc** + Noch gibt es zwei Versionen davon. Ich versuche eine Kombination der beiden. Zum einen ist es ein Sauvignon Blanc mit reifen Johannisbeeren, dunkel getönt, eher kräftig, fruchtig, voller Pikanz, vielleicht etwas schwermütig. Zum anderen ist es ein Sauvignon Blanc mit Stachelbeeren, Zitrusnoten, etwas Marille, gelbfruchtig, da will man das Glas nicht aus der Hand geben.

★★★★ S €€€€€ GV — TOP
**2021 Eiswein Grüner Veltliner** + (0,375-Liter-Flasche, Lese Mitte Dezember) Dunkle Tönung, speckige Noten, Pfirsich, Marillen, Litschi, Riesensäure, absolut gesunde Trauben, prägnant, dabei mit filigranen Noten. Da wächst Großes heran.

# NOTIZEN

## Weinhof
# Christian Parzer

Christian Parzer
3511 Oberfucha, Ortsstraße 9
Tel. +43 2739 2414
office@weinhof-parzer.at, www.weinhof-parzer.at
8 Hektar, W/R 87/13

Der Weinhof von Christian Parzer liegt im südlichen Kremstal, am Fuße des Göttweiger Berges, und befindet sich seit 1843 in Familienbesitz. Nebst den – hervorragenden – Weinen gibt es auch Edelbrände und Marillen. Es wird auch eine Pension inmitten von Wein- und Obstgärten betrieben.

Das wichtigste Produkt ist natürlich der Wein. Von diesem gibt es eine beachtliche Anzahl. Überwiegend in Form von Grünem Veltliner und Riesling, aktuell alles vom Jahrgang 2023, Grüner Veltliner und Riesling „vom Urgestein", Weine mit klaren Strukturen und einigem Tiefgang. Ein hervorragender Kamptaler Grüner Veltliner Ortswein Strass, ein Wein mit einigem Potenzial. Bei den Lagenweinen beginnt es mit den Weinen von der Ried Sprinzenberg, zum einen Grüner Veltliner und zum andern Riesling. Es geht weiter zur Ried Richterin mit Grüner Veltliner, ein Wein mit einiger Struktur. Dann kommen wir zum Grünen Veltliner Ried Gaisberg, welcher mich ziemlich beeindruckte – ein eleganter, feingliedriger Wein, der sich blendend darstellt. Der Riesling „Herzstück" ist eine Auslese der besten Trauben, Potenzial für eine lange Lagerung. Ein Gemischter Satz, der in seiner Unkompliziertheit der richtige Wein für eine Jause ist. Bitte nicht abwertend betrachten. Der Wein ist gut, ohne Schnörksel. Bei den Rotweinen gibt es ebenfalls ein „Herzstück", nämlich vom Zweigelt 2019. Jetzt wunderbar zu trinken. Die 2021 Cuvée Urhof (ME/ZW) präsentiert sich aus einem Guss. Äußerst schmackhaft der 2018 Cabernet Sauvignon Ried Gaisberg – ein harmonischer, eleganter Rotwein zum Niederknien.

Das Resümee der Verkostung ist: sehr gute Weine, die das Potenzial für eine lange Lagerung haben. Das ist wohl das beste Kompliment für diese Gewächse.                                                                  *as*

### KREMSTAL DAC

★★ S €€ RI
2023 Riesling „vom Urgestein" + Marillen, etwas Ananas, leichtgewichtig, rassig, kernige Struktur, Rhabarbernoten, rauchige Mineralität, geht langsam im Glas auf.

★★ S €€ GV
2023 Grüner Veltliner Ried Sprinzenberg/Oberfucha + Pfeffer, Apfel, frische Kräuter, Zitrus, fruchtig-knackig, Säurebiss, zeigt Mineralität, straffe Struktur.

★★ S €€ RI
2023 Riesling Ried Sprinzenberg/Oberfucha + Steinobst, Mandarinen, Apfel, Mineralität ausstrahlend, saftig, dezente Frucht, voller Rasse, fordernd.

★★★ S €€ GV
2023 Grüner Veltliner Ried Gaisberg/Oberfucha + Zart pfeffriges Bukett, feines Fruchtspiel, elegant, feingliedrig, gelbe Früchte, Marille, pikante Noten, Birnen, dezent cremig.

★★★ S €€ GV
2022 Grüner Veltliner Ried Richterin + Pfefferwürze, Tabaknoten, der geht sofort in die Tiefe, zeigt Klasse, Mineralität, straff strukturiert, frische Säure.

### KAMPTAL

★★★ S €€ GV
2023 Grüner Veltliner Strass + Kräuter, Apfelnoten, dezente Würze, fruchtig, frische Säure, ein in sich ruhender Grüner Veltliner mit kühlen Noten.

### NIEDERÖSTERREICH

★★ S € GV                                                        PLV
2023 Grüner Veltliner „vom Urgestein" + Dunkle Würze, Pfeffer, Zitrus, Steinobst, Kräuter, steinige, fast karge Struktur, geht auf am Gaumen, Säurebiss, mineralische Aspekte, dezent rauchig, engmaschig, dicht, der gibt Gas. Boden pur.

★★★ S €€€ RI
2023 Riesling „Herzstück" + Der gibt sich anfangs etwas schüchtern, Marille, Ananas, Orangenschalen, voller Rasse, unbändig frisch, der fordert einen, gibt nicht nach, eben Riesling. Dichte Struktur, kompakt, zupackend.

★★★ S €€ CS
2018 Cabernet Sauvignon Ried Gaisberg + Schwarze Beeren, vor allem Johannisbeeren, fruchtig, mürbes Tannin, ruhig strömend, in sich ruhend, Zwetschken, Minze, jetzt wunderbar zu trinken. Ein hervorragender Cabernet Sauvignon mit Struktur, Ausdruck, Tiefgang, Länge und Reserven.

★★★ S €€ ZW
2019 Zweigelt „Herzstück" + (0,5-Liter-Flasche) Herzkirschen, straffes Tannin, welches langsam mürb wird, entwickelt Frucht, in sich harmonisch, angenehme Säure.

## Weingut
# Familie Proidl

**Patrick Proidl**
3541 Senftenberg, Oberer Markt 5
Tel. +43 2719 2458
weingut@proidl.com, www.proidl.com
28 Hektar, W/R 90/10, 120.000 Flaschen/Jahr

Charaktervolle Spitzenweine aus herausragendem Terroir zu kitzeln, bedarf hoher Winzerkunst – und die ist im Hause Proidl ganz offensichtlich reichlich vorhanden. Das Familienweingut zählt mittlerweile seit Jahrzehnten zu den besten Weißweinbetrieben in Österreich. Das liegt einerseits am klaren Bekenntnis zu Charakter und Ausdruck der jeweiligen Terroirs, andererseits daran, dass bei der Erziehung der manchmal auch durchaus aufsässigen Kellerkinder auf gröbere Intervention verzichtet und folglich auf die Förderung der Eigenständigkeit gesetzt wird.

Das bedingungslose Streben nach Top-Qualitäten wurde bereits in den Neunzigerjahren unter Führung des ebenso impulsiven wie kreativen Franz Proidl und seiner Frau Andrea praktiziert. Diesem Weg hat sich Sohn sowie Weinbau- und Kellermeister Patrick Proidl – zehnte Familiengeneration in Senftenberg – ebenfalls gänzlich verschrieben, wobei er Klarheit, Präzision und Finesse der Weine ebenso große Aufmerksamkeit widmet wie dem unverfälschten Ausdruck der verschiedenen Rieden.

Neben den klassischen Sorten Grüner Veltliner und Riesling, die in zahlreichen Varianten ausgebaut werden, gibt es auch Chardonnay sowie Muskateller und Traminer, dazu einige Rotweine sowie Rosé. Neben trockenen Weißweinen sind hier auch regelmäßig Süßweine der Spitzenklasse zu bekommen – von Auslesen bis zu TBAs. Seit ein paar Jahren werden immer wieder anregende Pet Nats erzeugt, etwa aus Riesling und Chardonnay.

Die Weingärten liegen in und um Senftenberg – zu einem guten Teil in bis zu 60 Grad steilen Hanglagen mit steinigen, kargen Böden. Vitikulturelles Herzstück des Betriebes ist die direkt unterhalb der Burgruine Senftenberg situierte Top-Lage Ehrenfels mit Riesling und Veltliner, weitere Spitzen-Crus sind Pfeningberg und Hochäcker (Riesling) sowie Pellingen. Ihrer Herkunft entsprechend sind Veltliner und Riesling tendenziell mit prägnanten Säurewerten versehen; die Zuckerreife kommt in den sonnengeküssten Lagen Senftenbergs aber auch nicht zu kurz – und so entstehen hier kraftvolle, extraktreiche Weißwein-Klassiker mit mineralischer Würze und transparenter Frucht; das große Potenzial beweisen vor allem die Lagenweine immer wieder in Altweinverkostungen.

Neben dem klassischen Segment mit Gebiets-, Orts- und Lagenweinen gibt es Patrick Proidls eigene Premiumlinie unter der Bezeichnung „Generation X" – neben Grüner Veltliner und Riesling gibt es hier inzwischen auch Chardonnay, dessen 2023er-Vertreter vielversprechend ist. Noch jung im Sortiment ist der Veltliner „Holzhammer", der Power und Opulenz vereint. Beachtlich ist auch der Donauriesling, der die Breite mancher Vertreter aus dieser PiWi-Sorte zum Glück vermissen lässt.

*psch*

## KREMSTAL

**★★ S €€ GV**
**2023 Grüner Veltliner „Freiheit" Senftenberg** + Klare Frucht, merklich Zitrusnoten, Grapefruits und bisschen Limette, helle Würze, weiße Blüten; schlank, nette Frucht, zarter Gerbstoff, mittleres Spiel.

**★★★ S €€ GV** FUN
**2023 Grüner Veltliner „Rameln" Senftenberg** + Kühl und duftig, verlockende Frucht, reife Bananen und gelbe Birnen, bisschen Bergamotte, Blütenhonig; kernig, Biss, ungemein saftige Frucht, griffig, strukturiert, feine mittlere Länge, Kleinkunstwerk.

**★★★ S €€€ GV**
**2023 Grüner Veltliner Ried Hausberg** + Kühle Frucht, ausgereift, dunkle Würze, tiefe Apfelfrucht, schwarzer Pfeffer; saftiger Schmelz, fest und recht kraftvoll, vollmundig, eher lang.

**★★★ S €€€€ GV**
**2023 Grüner Veltliner Ried Pellingen IÖTW Reserve** + Fruchtbetontes Bukett nach roten Äpfeln, frisch gewaschene Wäsche, Honig, würzig; recht saftig, mittelkräftig, Kernobst und Zitrus, zartbitter, mittellanges Finish mit Biss.

**★★★ S €€€€ GV** TOP
**2023 Grüner Veltliner Ried Ehrenfels IÖTW Reserve** + Rauchig, tief, Äpfel, Birnen und etwas Ananas, Hauch von türkischem Honig, Paraffin, Ciabatta; voller Saft und Kraft, vollmundig, hat auch ordentlich Power und Struktur, zart fruchtsüß, lang, beachtlich.

**★★★ S €€ RI** FUN
**2023 Riesling „Steilheit" Senftenberg** + Duftig, geht über vor Frucht, Litschis und Pfirsiche, klassisch, sanft ausgewogen; knackiges Leichtgewicht mit dezenter Frucht, feinherb, hintergründig, elegant.

**★★★ S €€€€€ RI**
**2023 Riesling Ried Pfeningberg IÖTW Reserve** + Zart samtiges Bukett mit heller Frucht, Birnen, Pfirsiche, Blüten, etwas Würze, traubig, Zitrusnoten; sehr saftig, erfrischend, lebhaft, mittelgewichtig, viel Zitrus, toller Säurekick, mittellang, der 4. Stern ist nahe.

**★★★★ S €€€€€ RI** TIPP
**2023 Riesling Ried Hochäcker IÖTW Reserve** + Würzig, leicht reduktiv zu Beginn, dahinter glasklare puristische Rieslingfrucht, Pfirsich und saure Ananas, Grapefruits, sehr pikant; herrliche Frucht, viel Biss, straff, mittelkräftig, schneidige Säure, packend, lebhaft, recht lang.

**★★★★★ S €€€€€€ RI** TOP
**2023 Riesling Ried Ehrenfels IÖTW Reserve** + Samtig, reichhaltig, kandierte Pfirsiche, kühl, ein Hauch von Kokos, zart nach Melisse und Lavendel; Kraft und Eleganz am Gaumen, herrlich saftig, lebhaft und erfrischend, feinherb strukturiert, fruchttief, tolle Länge.

## NIEDERÖSTERREICH

**★★ S €€€ GM**
**2023 Gelber Muskateller** + Kühle Frucht, recht expressiv, Blütennoten, helltraubig; eher schlank, freundliche Frucht, ausgewogen, sanft, gefällig.

**★★★★ S €€€€€€ GV**
**2022 Grüner Veltliner Holzhammer 54 Grande Reserve** + Opulent, etwas Vanille, kandierte Navelorangen, Pflaumenmus, Teegebäck, reich; schmalzig, fast barocke Fülle, geht über vor Frucht, wuchtig, mittlere Struktur, recht lang.

**★★★★★ S €€€€€ GV** TOP
**2022 Grüner Veltliner Generation X** + Anfangs verkapselt, würzig, Zimt und dunkle Würzenoten, cremige Fülle, Hauch von Minze, Quittengelee; kraftvoll, saftiger Schmelz, tolle Fruchtfülle, leicht geräuchert, hinten fest strukturiert, straff, lang.

**★★★★★ S €€€€€ RI** TOP
**2021 Riesling Proidl spricht Deutsch** + Herrliche kandierte Gelbfrucht, Nektarinen, Mangos, Blütenhonig, dann kommen auch dunkle Blüten, Veilchen, samtig, tolle Fülle; geht über vor exotischen Noten, supersaftig, packender Biss, hochelegant und sehr lang.

## ÖSTERREICH

**★★★ S €€€ DR**
**2023 Donauriesling** + Anfangs zurückhaltend, hefig, dann eingemachte Zitrusfrüchte, leicht rauchig, kandierte Zitronen; recht saftige Frucht, geschmeidig, schöner Ausdruck, mittleres Spiel und Länge.

## Weinbau
# Markus Redl

**Christian & Markus Redl**
1190 Wien, Kahlenberger Str. 32/3/15
Tel. +43 1 3708327
weinbau.redl@aon.at
2 Hektar, W/R 100/0

Markus Redl und sein Bruder Christian sind Absolventen der Universität für Bodenkultur in Wien. Ihr kleines Weingut betreiben sie im Nebenerwerb. Hauptberuflich sind sie wissenschaftlich mit Wein beschäftigt – Markus an seiner Alma Mater, Christian an der Höheren Bundeslehranstalt für Wein- und Obstbau in Klosterneuburg.

Sie verfügen über eine Anbaufläche von zwei Hektar, der Betrieb ist in der renommierten Ried Holzgasse in Krems situiert. Aufgrund ihrer Ausbildung sind Zufälle bei der Weinwerdung praktisch ausgeschlossen. Ihrer Linie wollen sie treu bleiben und nicht aus Marketinggründen auf modische Trends setzen. Sie sind überzeugt, dass die Basis für die Qualität in den Weingärten liegt. Daher wird schon beim Rebschnitt individuell auf jeden Rebstock eingegangen, weil sowohl Unterforderung als auch Überstrapazierung vermieden werden sollen. Das steigert die Chancen, die bis zu 100 Jahre alten Rebstöcke vital zu halten.

Das Portfolio ist übersichtlich, es besteht aus vier verschiedenen Grünen Veltlinern und einem Riesling. Die Böden der Weingärten weisen zum Teil markante Unterschiede auf, von Löss über Schotter bis zu verwittertem Urgestein, in welchem der Riesling wurzelt. Dabei handelt es sich um eine karge und steile Terrassenlage unterhalb der Donauwarte in Egelsee. Hier muss alles händisch erledigt werden, Maschineneinsatz ist nicht möglich. Umso erstaunlicher ist die Kalkulation; man fragt sich, wie derart moderate Flaschenpreise möglich sind.

Die heuer vorgestellten vier Grünen Veltliner sind sortentypisch, jeder hat seinen eigenen Charakter. Die unterschiedlichen Böden prägen die Weine und kommen sensorisch klar zum Ausdruck. Der Riesling war zum Verkostungszeitpunkt noch etwas verschlossen, mit Luft zeigte er aber sortenaffine Aromen und seine Herkunft von einem kristallinen Boden. *ww*

### NIEDERÖSTERREICH

★★ S € GV
**2023 Grüner Veltliner Kremser Weingärten** + Sortentypisch, kompakt, Granny Smith, Kräuterwürze, ätherische Noten à la Fichtennadeln; glockenklar auf dem Gaumen, trotz des moderaten Alkohols vergleichsweise körperreich, lebendig, unaufdringliche Säure.

★★★ S € GV
**2023 Grüner Veltliner Kremser Ried Kerschbaum** + Feingliedrig, fast verspielt, zarte Frucht erinnert an Äpfel und etwas helles Steinobst, Löss zu erkennen, Prise Würze; schließt aromatisch und charakterlich nahtlos an, Aromen fein verwoben, zartes Säurenetz, Trinkfluss.

★★★ S € GV                                         TIPP
**2023 Grüner Veltliner Kremser Ried Holzgasse** + Sanfter Druck, freundliche und einladende Frucht, leise Bodentöne, tief im Glas eine Prise weißer Pfeffer; aromatisches Dacapo, Substanz, Fruchtschmelz, zugängliche Säure, bisschen Gerbstoff im Abgang, im langen Nachhall Frucht, Würze und bodenstämmige Aromen.

★★★ S € GV
**2023 Grüner Veltliner Kremser Vinitor** + Ruhig strömend, unaufdringliche und vielschichtige Fruchtaromen à la Marillen, Äpfel und Grapefruits, elegante Würze; schließt aromatisch an, ausgewogen, Alkohol gut integriert, frei von Üppigkeit, zugängliche Säure, sensorisch unauffällige Prise Gerbstoffe gibt Halt.

★★★ S € RI                                          PLV
**2023 Riesling Kremser Urgestein-Terrassen Ried Braunsdorfer** + Zum Verkostungszeitpunkt noch ein wenig verschlossen, braucht Luft, zeigt dann kühle und präzise Pfirsicharomen, freundlich; schließt mit klarer Frucht an, trotz des nicht geringen Alkoholgehalts in keiner Phase fett, kraftvoll, Trinkfluss und Sortentypizität, kristalliner Boden prägt den Wein.

♛ ♛

# Weingut & Gästehaus
# Josef Rosenberger

**Josef Rosenberger**
3495 Rohrendorf, Leisergasse 29
Tel. +43 2732 83843, Fax -4
mail@rosenbergerwein.at, www.rosenbergerwein.at
14 Hektar, W/R 95/5, 75.000 Flaschen/Jahr

Seit 1722 steht das Weingut im Besitz der Familie Rosenberger. Im Jahr 2003 übernahm Josef Rosenberger die Leitung, unterstützt von seiner Frau Helga und den beiden Kindern Lisa und Josef, der im Jänner dieses Jahres in den Betrieb eingestiegen ist. 2009 wurde ein völlig neuer, mit modernster Technik ausgestatteter Keller errichtet. Die Weißweine werden in Edelstahltanks ausgebaut, ausgewählte Rotweine in Eichenfässern in einem sehenswerten Barriquekeller. Der Winzer steht für naturnahen Weinbau. Eine bedeutende Rolle spielt für ihn der Mond, nach dem sich die Weinlese und Verarbeitungsschritte wie das Umziehen, Filtrieren oder Abfüllen richten. Leitsorte ist der Grüne Veltliner, gefolgt von Riesling und Komplementärsorten wie Gelber Muskateller oder Chardonnay.
Die Rieden des Weingutes weisen unterschiedliche Böden auf. Die wichtigste Lage, die Ried Kaiserstiege, ist von tiefgründigen Lössterrassen auf Konglomerat geprägt. Im Kellerweingarten stehen die Reben auf sehr alten Terrassen, sie wurzeln in tiefgründigen, kalkreichen Böden aus Lehm und Löss. Die Familie Rosenberger verfügt auch über Anteile an der renommierten Ried Gebling, einer bemerkenswerten Terrassenlage aus kalkhaltigem Konglomerat-Verwitterungsgestein mit Lössauflage. In der aktuellen Serie sind einige Weine halbtrocken, was sie sehr einladend und freundlich macht. Die Preise sind ausgesprochen fair kalkuliert.
Der Betrieb verfügt über ein Gästehaus mit vier modernen Zimmern und einem behindertengerechten Apartment sowie über ein Kaffeehaus.

*ww*

## KREMSTAL DAC

★★ S €€ GV
**2023 Nachtfalter Grüner Veltliner** + Einladend, Äpfel, Würze; saftig, fruchtig, Säurespiel, trinkanimierend, zugänglich bei mittlerer Länge.

★★★ S €€ GV — PLV
**2023 Grüner Veltliner Alte Reben** + Ruhig strömend, zart würzig, ätherisch, feingliedrig, freundliche Frucht blitzt durch; auch im Geschmack so, daneben Tabak und dunkle Würze, feines Säurenetz, Prise Gerbstoff gibt Halt, passende Substanz.

## NIEDERÖSTERREICH

★★★ S €€ GV
**2023 Grüner Veltliner Kaiserstiege Lössterrassen** + (halbtrocken) Kerniges Sortenbukett, Äpfel, subtile Würze, Lössboden; charmant, reife Pfirsiche, Fruchtschmelz, trinkanimierend bei guter Substanz, sanfte Säure.

★★★ S €€ GV
**2023 Grüner Veltliner Ried Rohrendorfer Gebling** + (halbtrocken) Sanfter Druck, gelbfruchtig, feinkörnige Würze, leise Bodentöne; schließt aromatisch an, gut integrierte Säure, zugänglich, im langen Nachhall vielschichtige Gewürzaromen, feine Pikanz, eigenständig.

★★★ S €€ RI
**2023 Riesling Lössterrassen** + (halbtrocken) Marillen, reife Pfirsiche, Ananas, Lössboden zu erkennen; schließt aromatisch an, belebendes Säurespiel, Fruchtschmelz, passende Substanz, helles Steinobst klingt nach.

★★★ S €€€ RI
**2023 Riesling Exklusiv** + (halbtrocken) Feingliedrig, Weingartenpfirsiche, gelbe Pflaumen, Limetten; aromatisches Dacapo, zartes Säurerückgrat, Trinkfluss, in keiner Phase schwer.

★★★ S €€ CW — PLV
**2023 Lössterrassen Cuvée** + (SB/GV/GM – halbtrocken) Für diese Liga ungewohnt feingliedrig, vielschichtige Aromatik, Kräuter, grünfruchtig, Äpfel, Mandarinen, Blüten; schließt nahtlos an, trinkfluss, einladend, fruchtbetont, sonniger Typ, preiswert.

★★ S €€ PB
**2023 Weißburgunder** + (halbtrocken) Ungewöhnlich dunkel getönt, nussig, reife Birnen, Hauch Cerealien; vielschichtig und trinkanimierend, fruchtbetonter Charmeur, mittlere Länge.

★★★ S €€ CH — TIPP
**2023 Chardonnay** + Nussige Akzente, Birnen, leise Bodentöne; saftig, angenehme Säure, Aromen vom Bukett kommen wieder, Pfirsiche und Birnen klingen lange nach.

★★★ S €€ SB
**2023 Sauvignon Blanc** + Unaufdringlich, klassisch geprägt, zart grünvegetabilisch, Kräuter, bisschen Karambole; einladend, sanfte Säure, Schmelz, Frucht und Würze, sympathische Prise Gerbstoffe hinten.

## Weingut
# Tanzer

**Franz Xaver Tanzer**
3506 Krems, Thallerner Hauptstraße 1
Tel. +43 2739 2208
wein@tanzer.at, www.tanzer.at
10 Hektar, W/R 90/10

Franz Tanzer und sein am Eingang zum verträumten Örtchen Thallern am Göttweiger Berg gelegenes Weingut halten gleich zwei Highlights für Besucher bereit. Zum einen sind das die exzellenten Weine, deren Qualität in den letzten Jahren noch zugelegt hat, zum anderen der beliebte Heurige, der sich mit seinem lauschigen Gastgarten als ein Fixpunkt für Weinliebhaber aus nah und fern etabliert hat. Die Weine zählen zur Oberliga am rechten Donauufer, was heuer zum wiederholten Male mit feinen Veltlinern wie dem mineralischen Frauengrund oder dem facettenreichen Wein aus der Ried Goldbühel bewiesen wird. Dem stehen die Rieslinge in keiner Weise nach, der charakteristische Steinhagen sowie das Riesling-Elixier Ried Schweren Zapfen begeistern jeder auf seine Art. Der engagierte Winzer liebt aber auch die Sortenvielfalt, aus der wir dieses Mal einen Rotwein vor den Vorhang bitten dürfen. Der komplexe 2021er Cabernet Sauvignon „Le Grand" punktet mit Tiefgang und Eleganz und ist auf dem Weg zum vierten Stern.

Eine Anmerkung noch: So manchen sprachverliebten Weinliebhaber wird es irritieren, wenn er die Bezeichnung „Dem Herren sein Trost" für den DAC-Einstiegsveltliner liest. Dass der „Dativ dem Genitiv sein Tod" sein kann, weiß auch Franz Tanzer. Trotzdem möchte er die alte mundartliche Bezeichnung für den bislang als „Herrentrost" firmierenden Wein beibehalten. *bb*

### KREMSTAL DAC

**★★ S € GV**
**2023 Grüner Veltliner „Dem Herren sein Trost"** + Sommerwiese, gelbe Äpfel, Teegebäck, geschmacklich ergänzt um reife Zitrusfrüchte und Kräuter; frisch, knackig, mit reizvoller Säurepikanz, mittlere Maschen, sehr gefällig.

**★★★ S €€ GV**
**2023 Grüner Veltliner Ried Frauengrund** + Weiße Ribisel, Agrumen, Orangenabrieb; fleischig-stoffiger Fond, mineralische Ader, etwas Pfefferwürze; klar gegliedert, ausgiebig, ein Maul voll Wein.

**★★★★ S €€ GV** — TIPP
**2023 Grüner Veltliner Ried Goldbühel** + Weit geöffneter Aromenfächer, Unterholz, Moos, Flechten, etwas Steinobst und Renetten, auch rauchige Komponenten; kraftvoller Antritt, saftig, balanciert, mit milder Säure und reichlich Schmelz, dazu die lagentypische kühle Würze; Bilderbuch-Veltliner voll Charme und Eleganz, lang ausklingend.

**★★★ S €€€ GV**
**2021 Grüner Veltliner Talarin Reserve** + Schüchterne Nase, blüht langsam auf, Propolis, Sellerie, Mangos, Eichenmoos, reifer Malt und helle Würztabake; cremiger Trinkfluss mit zart angedeuteten Zwischentönen vom Holzausbau; mächtiger Körper, stoffig, finessenreich.

**★★★ S €€ RI**
**2023 Riesling Ried Steinhagen** + Grüne Weingartenpfirsiche, Melisse, Mirabellen; saftiger Extraktpolster, der die Säure wunderschön einfängt; glasklare Struktur, feinstrahlig, verspielt, mit mineralischen Akzenten, Sorte messerscharf definiert.

**★★★★ S €€ RI** — TIPP
**2023 Riesling Ried Schweren Zapfen „Antonia"** + Dezente Nase, dann eine veritable Fruchtexplosion am Gaumen, weiße Birnen, Marillencreme, Papayas, Honigmelonen; strotzt vor Extraktsüße und jongliert virtuos mit Frucht, Säure und Mineralität, konzentriert, facettenreich, elegant; Riesling-Elixier mit Weite, Tiefe und enormer Länge.

### NIEDERÖSTERREICH

**★★ S GV €** — PLV
**2023 Grüner Veltliner „Kremser Jüngling"** + Etwas blumige Aromen, wie Babypuder, Bananenschalen, auch grüne Schoten, Zitronenäpfel; tänzelt leichtfüßig über den Gaumen, lebhaft, zart fruchtsüß, sehr einladend.

**★★★ S €€ CH**
**2022 Chardonnay Classic** + Hefig-cremige Nase, Haselnüsse, Mandarinen; stoffige Mitte, mit Schmelz und Fülle, jedoch nie opulent; mittelkräftig, moderate Säure; hat Charme.

**★★ S €€ GM** — FUN
**2023 Gelber Muskateller Classic** + Duftet nach Rosenholz, Holunder, frischen Muskattrauben; knackige Säure, ein Hauch Fruchtsüße; schlank tailliert, dezent, mit hohem Süffelfaktor.

**★★★★ K €€€ CS**
**2021 Cabernet Sauvignon „Le Grand Große Reserve"** + Herrlicher Duft nach Veilchen, Nougat, Bourbon, Mokkabohnen, dann massive Dunkelfrucht, schwarze Johannisbeeren, Brombeeren, Schokotrüffel; griffiges, reifes Tannin, edel, komplett, komplex, umschmeichelt von der süßen Eiche; hat Volumen, Tiefgang, aber auch viel Eleganz; lang ausklingend.

# Weingut
# Petra Unger

**Petra Unger**
3511 Furth bei Göttweig, Lindengasse 22
Tel. +43 676 848622822
office@ungerwein.at
www.ungerwein.at

Petra Unger ist Absolventin der Universität für Bodenkultur. Vor der Übernahme des Hofes im Jahr 1999 verschaffte sie sich einen Überblick, was in der weiten Weinwelt so gemacht wird, unter anderem im Rahmen eines Praktikums in Napa Valley. Sie ist Mitglied bei den Österreichischen Traditionsweingütern, kurz ÖTW. Mittlerweile hat die qualitäts- und umweltbewusste Winzerin die Umstellung auf organisch-biologische Bewirtschaftung hinter sich, der Jahrgang 2024 wird bereits bio sein. Für sie kommt nur händische Selektion der Trauben bei der Lese infrage. „Ich möchte den Weinliebhabern reinen Genuss einschenken." Ihre Weingärten liegen beidseits der Donau, der Großteil davon auf dem Hochplateau beim Göttweiger Berg, wo der Grüne Veltliner vorwiegend in tiefem Löss wurzelt, ausgenommen die mit vielen Steinen durchsetzte Ried Gottschelle. Die Böden der Rieden Gaisberg und Hinters Kirchl jenseits des großen Stromes bei Krems bestehen hingegen aus verwittertem, kristallinem Gestein; hier steht der Riesling auf Terrassen mit Natursteinmauern.

Die heuer verkostete Serie ist ausnahmslos auf eine feine Art sortentypisch, die Weine sind einladend und fruchtbetont. Die Winzerin hat die Böden der einzelnen Rieden präzise herausgearbeitet. Wer die Lagenunterschiede bei Riesling und Grünem Veltliner sensorisch vergleichen möchte, findet hier Anschauungsbeispiele, und das zu fairen Preisen. *ww*

## KREMSTAL DAC

★★★ S €€ GV
**2023 Grüner Veltliner Furth** + Einladend, frisch, gelbe Äpfel, zarte Würze; herzhafte Frucht, mittleres Gewicht, Trinkfluss, fairer Preis.

★★★ S €€ GV
**2023 Grüner Veltliner Ried Oberfeld** + Ruhig, sanfte Melange aus frischer Frucht und dezenter Würze à la Tannennadeln; Frucht dominiert, feinkörnig,, animierendes Säurespiel, fruchtbetonter Nachhall.

★★★★ S €€€€ GV  TIPP
**2023 Grüner Veltliner Ried Hintere Point 1ÖTW** + Distinguiert, Löss kommt durch, elegante Frucht; schließt nahtlos an, tieffruchtig, Schmelz, Kraft, im Abgang und im langen Nachhall eine Prise Pfeffer und Bodentöne.

★★★★ S €€€ GV
**2023 Grüner Veltliner Ried Gottschelle 1ÖTW** + Auf eine feine Art sortentypisch, Äpfel, weißer Pfeffer und grünfruchtige Elemente angedeutet, leise Bodentöne; charmante Frucht, elegant strukturiert, super Trinkfluss, in keiner Phase laut, gute Länge, ausgewogen.

★★★ S €€ RI  FUN
**2023 Riesling Furth** + Sorte klar, Pfirsiche, zarte Bodentöne; saftig, Zug, animierende Säure ohne Aggressivität, mittleres Gewicht, Trinkfluss.

★★★ S €€ RI  PLV
**2023 Riesling Ried Steinleithen** + Ansprechend, ernsthaft, steinig, Pfirsiche, Würze angedeutet; quicklebendig, Zitrus, Säurerückgrat, präzise, gute Länge, hat Pep.

★★★★ S €€€€ RI
**2023 Riesling Ried Gaisberg 1ÖTW** + Sanfter Druck, Weingartenpfirsiche, leise Bodentöne, Pfeffer angedeutet; aromatisches Dacapo, Substanz, super eingebundene Säure, lang.

★★★★ S €€€€ RI  TIPP
**2022 Riesling Ried Hinters Kirchl 1ÖTW** + Elegant, kristalliner Boden zu erkennen, präzise, kühle Frucht à la helles Steinobst und Limetten, Hauch Minze; aromatisches Dacapo, zartes Säurenetz, spielt die leisen Töne, lang, nobler Terroirausdruck.

## NIEDERÖSTERREICH

★★★ S €€ GM
**2023 Gelber Muskateller Furth** + Sonniger Typ, gelbfruchtig, Kräuter, Blüten; einnehmend, Aromen vom Bukett kommen wieder, hinten ein Hauch rosa Grapefruits, Substanz, fruchtiger Nachhall mit einer Prise Muskatnuss.

★★★ S €€ SB
**2023 Sauvignon Blanc Furth** + Stachelbeeren, Ribisel, Karambole, winziger Hauch Paprika und grünblättrige Würze; vielschichtige Aromatik, Säurespiel, gute Länge, trinkig.

👑 👑 👑 👑

## Weingut
# ⓇWalzer

**Richard Walzer**
3500 Krems/Gneixendorf
Gneixendorfer Hauptstraße 28, Tel. +43 676 6666340
wein@richardwalzer.at, www.richardwalzer.at
4 Hektar, W/R 95/5, 20.000 Flaschen/Jahr

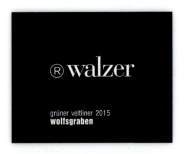

Richard Walzer zählt zur erfolgreichen Spezies von Winzern, die sich nie mit dem Erreichten zufriedengeben. Er ist ein Tüftler im besten Sinne des Wortes. Jahr für Jahr wird die Arbeit im Weingarten und Keller auf den Prüfstand gestellt und dort optimiert, wo es seiner Meinung dafür erfolgversprechende Ansätze gibt. Zunehmend legt er den Fokus dabei auf seine Weingärten, ganz nach der Erkenntnis, dass man dort am ehesten an der Qualitätsschraube drehen kann. „Beobachten, begleiten und ein möglichst präzises Herausarbeiten der Lagenspezifika" lautet sein Leitsatz.

Heuer haben dem umtriebigen Winzer Witterung und Vegetationsverlauf in die Hände gespielt – der Kremser hält 2023 für ein ausgesprochenes Veltlinerjahr. „Nach einem mit ausreichender Feuchtigkeit versorgten Frühjahr hatten wir zwar in den Folgemonaten viel Sonne, aber nicht die ganz große Hitze einiger vergangener Jahre", meint er. „Das brachte es mit sich, dass es in den Nächten öfter abkühlte und der Wechsel aus warmen Tagen und kühlen Nächten häufiger gegeben war." Ein Plus also für feinstrahlige Weine und gegen Breite und Opulenz. Demgemäß finden sich heuer drei veritable Veltliner-Persönlichkeiten im Sortiment, beginnend beim herrlich fruchtbetonten Klassiker aus der Ried Wolfsgraben und gefolgt von zwei ebenso kraftvollen wie finessenreichen Sortenvertretern aus den Top-Lagen Gebling und Kapuzinerberg. Ersterer hat mit seinem Facettenreichtum und endlosem Schmelz zunächst einmal die Nase vorn, während der Kapuzinerberg noch in den Startlöchern scharrt, hier bahnt sich freilich Großes an.
Ins Scheinwerferlicht gehört allerdings unbedingt auch der überaus charmante Riesling „Schotter und Löss", dessen hauchzarte Restsüße von einem knackigen Säureschliff ideal ausbalanciert wird. Und last but not least darf auch der leichtfüßige, hochfeine Gelbe Muskateller nicht unerwähnt bleiben.

### NIEDERÖSTERREICH

★★★ S €€ GV — PLV
**2023 Grüner Veltliner Ried Kremser Wolfsgraben** + Zart reduktive Nase, grüne Bananen, Ananas, Melisse, Heublumen und mit einem Tupfer Ahorn auch kühl-würzige Schichten; stoffiger, mittelkräftiger Fond, milde Säure; tadelloser, ausgewogener Süffelwein.

★★★★ S €€€ GV — TOP
**2023 Grüner Veltliner Ried Kremser Gebling** + Reich nuancierter Duft, edle Würztabake, Wacholder, Kräutergarten, auch gelbfruchtige Schattierungen, Renetten, Mirabellen, Limonen; tief mineralischer Unterbau, kraftvoll und dank seiner Extraktdichte streichelweich; glänzt mit viel Finesse und Schmelz ohne Ende; heuer ein Prachtexemplar.

★★★★ S €€€ GV — TIPP
**2023 Grüner Veltliner Ried Kapuzinerberg** + Kühle, sandig-mineralische Nase, am Gaumen dunkelwürzige Noten, Baumrinde, Zigarrenkistl, etwas Earl Grey, später auch Honigmelonen, Orangenzesten; athletische Figur, konzentriert, machtvoll, aber nie opulent, sondern klar fokussiert, das präsente Tanninnetz sorgt für klare Struktur; herrlich fruchtsüß, generös und lang ausklingend – letztlich durch Finesse gebändigte Urgewalt mit hammermäßigem Potenzial.

★★★ S €€ RI
**2023 Riesling „Schotter und Löss" halbtrocken** + Grüne Pfirsiche in Reinkultur, Marillenmark, saftstrotzend, die Bilderbuchfrucht wird von zarter Restsüße unterstützt, feiner Säureschliff; ein Riesling-Charmebündel ohne Ecken und Kanten; zum Beißen.

★★ S €€ GM
**2023 Gelber Muskateller Krems** + Rosenholz, Kamelienblüten, Holunder, am Gaumen prononcierte Muskataromatik, etwas Macis und Litschi, saftig, verspielt, von leichtfüßiger Eleganz, dabei überraschend ausdrucksstark.

★★ S €€ RO
**2023 Rosé** + (CS/ME) Glasklare Beerenfrucht, grüne und rote Erdbeeren, Cassislaub, Limetten; erfrischende Säure, feingliedrig, glockenklar und überaus trinkanimierend.

★★★★ S €€€ CR
**Non Vintage Cuvée „Wolfsblut"** + (90 CS / 10 ME) So geht's auch – Richard Walzer hat den nach der Maischegärung abfließenden Saft ohne Pressung zur Vinifikation verwendet und ihn in gebrauchten Barriques ausgebaut. Das Ergebnis ist ein herrlicher, nach Veilchen, zarten Röstnoten, Vanilleblumen sowie Cassis und Schwarzkirschen duftender Wein, der sich dank kaum spürbarem Tannin offenherzig und in voller Trinkreife präsentiert.

*bb*

♕ ♕ ♕

## Weinmanufaktur
# Wandraschek

**Gregor Wandraschek**
3500 Krems, Landersdorfer Straße 67
Tel. +43 650 8989025
rotwein@wandraschek.at, www.wandraschek.at
2 Hektar, W/R 20/80, 15.000 Flaschen/Jahr

In diesem Weingut wird seit 1993 außergewöhnlicher Rotwein gekeltert. Daran hat sich bis dato nichts geändert. Doch kam später Kremstaler Weißwein hinzu – Grüner Veltliner und Riesling. Man ist seit Kurzem gewachsen. Man bekam 1 Hektar Weingärten dazu – in den Lagen Wachtberg und Steiner Kögl, natürlich Weißwein. Jetzt bewirtschaftet man ca. 3 Hektar.

Die Rotweine reifen ausschließlich in französischen Barriques. Seit 2012 wird im neu erbauten Betriebsgebäude – Rotweintempel genannt – produziert. Die Planung erfolgte von Seniorchef Wolfgang selbst. Überhaupt funktioniert die Zusammenarbeit zwischen Vater Wolfgang und Sohn Gregor bestens.

Meine Favorits: 2022 Grüner Veltliner Reserve Steiner Kögl – das ist Krems pur. 2022 Riesling Reserve Windleithen – da ist man daheim! Ein wunderbarer 2021 Zweigelt – ganz einfach geil. Klassisch gibt sich der 2021 Pinot Noir. Er ist, was er ist. Das weiß er, man sollte respektieren und genießen. Ein hervorragender 2021 Merlot und desgleichen Cabernet Sauvignon. 2021 Cabernet Sauvignon Grande Reserve – absolute Größe zeigend. Voller Reichtum und der richtige für Cabernet Freaks. Neu: ein 2019 Blanc de Noir vom Pinot Noir von unwiderstehlichem Charakter. *as*

### KREMSTAL DAC

★★ S €€ GV
**2023 Grüner Veltliner** + Zitrus, Kernobst, schlank, frisch, frische Säure, zart würzig, pikante Noten, fest und straff, dezente Exotik, herzhaft.

★★★ S €€€ RI
**2023 Riesling Ried Rohrendorfer Windleithen** + Ein distinguiertes Bukett, Wachs, Marille, Pfirsich, alles fein unterlegt, Zitrus, rassige Säure, schlank, doch fest strukturiert, gute Tiefe, gute Länge.

★★★★ S €€€ RI
**2022 Riesling Reserve Rohrendorfer Windleithen** + Marille pur, spannend, rassig, fordernd, dabei saftig-fruchtig, der steht wie eine 1, Ananas, feine Exotik, viel Mineralität, straff durchgezogen, eng, ziemlich dicht, nervig, da schwingt Noblesse mit.

★★★ K €€€ GV
**2022 Grüner Veltliner Reserve Ried Steiner Kögl** + Dunkles, pfeffriges Bukett, vielerlei Gewürze, Kümmel, Schwarzbrot, reifer Apfel, Hauch Exotik, Tabak, Rasse, salzig, noch verkapselt, dicht verwoben, straffe Struktur, am Anfang seiner Entwicklung.

### NIEDERÖSTERREICH

★★ K €€ ZW
**2021 Blauer Zweigelt** + Zwetschken, Mandeltöne, frische Kirschen, ziemlich ernsthaft, streng, dicht, rassig, entwickelt Zug, würzig, geht in die Tiefe.

★★★ K €€€ PN
**2021 Pinot Noir** + Pilze, Himbeeren, Waldbeeren, Unterholz, griffig, dunkle Eleganz, Orangenschalen, rote Kirschen, immer von ernsthafter Eleganz durchzogen, immer Pinot Noir, immer Klasse zeigend. Zieht am Gaumen. Zeigt salzige Noten..

★★★★ K €€€€ ME
**2021 Merlot** + Schwarze Beeren und Kirschen, Vanille, Schokolade, Hagebutten, dezente Rösttöne, festes Tannin, straffe Säure, ein kompakter Rotwein von noch jugendlicher Textur. Noch unentwickelt. Enormer Stoff, kraftvoll statuiert, tiefgründig, gesicherte Zukunft. Entwickelt sich im Glas enorm.

★★★ K €€€ CR
**2021 Cuvée** + (CS/ME/ZW) Bitterschoko, Kirschen, schwarze Beeren, enorme Fülle, Rasse, Dichte. Ein Riesenstoff für die Zukunft. Ein Hammerwein, der den Blick in die Zukunft hat. Wird mit Luft distinguierter, moderater, eleganter.

★★★ K €€€ CS
**2021 Cabernet Sauvignon** + Johannisbeeren, Heidelbeeren, Schokonoten, Vanille, schwarzbeerig, reife Zwetschken, festes Tannin, voller Rasse, dicht strukturiert, ein Riesenwein, der den Weg in die Zukunft wagt. Potenzial für Jahre.

★★★★ K €€€€ CS **TIPP**
**2021 Cabernet Sauvignon Grande Reserve** + Reife Johannisbeeren, schwarze Kirschen, Schokolade, feine Fülle, elegante Noten, Vanille, seidiges Tannin, fest und dicht, das ist großes Kino, tief, enorme Substanz, voller Reichtum, innerer Harmonie, Pikanz und unvergleichlicher Eleganz.

### ÖSTERREICH

★★★ K €€€€€ PN
**2019 Sekt Extra Brut Blanc de Noir** + (PN – Méthode Traditionelle, degorgiert: 03/2023) Rötliche Farbe, kleinperlig, frisch-herbes Bukett, Pilznoten, Waldboden, Blütenduft, so richtig trocken, salzig, Waldbeeren, Kirschen, alles reduziert, engmaschig, so richtig straight, der geht in die Tiefe, gibt nicht nach. Charaktervoll, unwiderstehlich. Das ist Konsequenz pur.

# Weingut
# Wess

**Christina Juen-Wess**
3500 Krems an der Donau, Sandgrube 24
Tel. +43 2732 72389
info@weingut-wess.at, www.weingut-wess.at
15 Hektar, W/R 80/20, 60.000 Flaschen/Jahr

Rainer Wess hat im Vorjahr sein Weingut der nächsten Generation übergeben. Christina, die charmante und überaus engagierte Tochter, fungiert als Kellermeisterin, während sich Schwiegersohn David Juen-Wess den Weingärten widmet. Freilich bleibt auch der Senior den beiden als Stütze erhalten, ihn zieht es ebenfalls bevorzugt in die Weingärten, die sich in einigen der besten Kremstaler Lagen befinden; mit dem Loibenberg hat man sogar eine Top-Riede der Wachau im Portfolio.

Das übergebene Potenzial ist bemerkenswert. In den Weingärten stehen im Durchschnitt 50 Jahre alte Rebanlagen, und die in ihren Qualitätsbemühungen visionäre Winzerstochter versteht es blendend, das vorhandene Potenzial in aufregende Weine zu verwandeln. Spontangärung ist angesagt, Orts- und Lagenweine werden ungefiltert in Flaschen gefüllt, die Ersten Lagen kommen seit dem Vorjahr erst nach zweijähriger Reifezeit in den Verkauf.

Besonders spannend ist der unmittelbare Vergleich der Weine im Hinblick auf ihr Terroir. Denn die geologischen Gegebenheiten innerhalb des Weinbaugebiets könnten kaum unterschiedlicher ausfallen, reichen sie doch von lössigem, teilweise schottrigem Untergrund bis hin zu schiefrigen Urgesteinsböden. So präsentiert sich der Weinzierlberg mit eher geschmeidiger Textur und herb-nussigen Motiven, der hochelegante Steiner Kögl hingegen als messerscharf definierter Veltliner mit Tiefgang und Mineralität. Ähnlich ist, was die Lagenweine betrifft, die Situation bei den Rieslingen. Dem kristallklaren, mineralischen Pfaffenberg steht einerseits ein fast opulenter Charmeur vom Loibenberg gegenüber sowie ein veritables Riesling-Prachtstück vom Steiner Kögl, das trotz mittelkräftiger Statur über enorme Strahlkraft verfügt. *bb*

## KREMSTAL DAC

★★ S €€ GV
**2023 Grüner Veltliner Kremstal** + Dunkelwürzige Nase, rote und grüne Beeren, Agrumen, Birnen, schwarzer Pfeffer; zart phenolisch unterlegt, saftig, mittlere Maschen.

★★★ S €€€€ GV
**2023 Grüner Veltliner Alte Reben Krems** + Pubertäre, zitrusorientierte Nase, Sommerwiese, Kräutergarten, auch pfefferminzige Akzente; lebhafter Biss, schöne Substanz; runde Sache.

★★★ K €€€€€ GV
**2022 Grüner Veltliner Ried Weinzierlberg 1ÖTW** + Verlockender, „cremiger" Duft nach Safran, Eibisch und Getreide; individuell im positiven Sinn, Pinot Blanc lässt grüßen; herb-würzige Mitte, Nusshaut, Bergamotte, Nadelholz, salzig-mineralischer Ausklang.

★★★★ K €€€€€ GV · TIPP
**2022 Grüner Veltliner Steiner Kögl 1ÖTW** + Elegante Nase, etwas Eichenflair, Heliotrop, sehr saftig, viel schwarzer Pfeffer, Tabak; tief, ausdrucksstark, trotz Kraft und Fülle ganz fein nuanciert; bleibt lange haften.

★★★ S €€€ RI
**2023 Riesling Kremstal** + Fulminantes Entree, Blutorangen, Marillenmark, Quitten; die pfiffige Säure duelliert sich mit delikater Restsüße; kompakt, nochmals Orangenzesten, fruchtsüßer Ausklang.

★★★ S €€€€ RI
**2023 Riesling Alte Reben Krems** + Vollreife Limonen, Mirabellen, Pfirsichmus, Aranzini; strotzt vor extraktsüßer, archetypischer Rieslingfrucht und bleibt, trotz kräftigem Sockel, in jeder Phase klar konturiert.

★★★ K €€€€ RI
**2022 Riesling Ried Steiner Pfaffenberg 1ÖTW** + Dezente Nase, Limetten, Zitronengras, Mirabellen; frisch, saftig, straffes Säurekorsett, dabei kraftvoll, glockenklar strukturiert, mit deutlich mineralischem Unterbau und langem Finish.

★★★★ K €€€€€ RI · TIPP
**2022 Riesling Ried Steiner Kögl 1ÖTW** + Begeistert von Beginn an mit schiefriger Mineralität und baut sich wunderschön im Glas auf; ganz klassisch der grüne Weingartenpfirsich, aber auch Honigmelonen, Kumquats, Maracuja; enormer Tiefgang, reich nuanciert, in jeder Weise großzügig trotz „nur" mittelkräftiger Statur; Riesling-Prachtexemplar.

## WACHAU DAC

★★★ K €€€€€ RI · TIPP
**2022 Riesling Ried Loibner Loibenberg** + Weit gestecktes Fruchtmosaik, reife Ananas, Passionsfrüchte, Orangenbiskuit, Mangos; sämige Textur, weicher Extraktpolster, offenherzig, verschwenderisch, ein Charmeur von Format.

## Weingut
# Winzer Krems – Sandgrube 13

**Ludwig Holzer**
3500 Krems, Sandgrube 13
Tel. +43 2732 85511, Fax -6
office@winzerkrems.at, www.winzerkrems.at
1200 Hektar, W/R 80/20

Bei Winzer Krems hat sich nach dem über drei Jahre andauernden Umbau mittlerweile alles gut eingespielt. Marketing- und Key-Account-Manager Stephan Nessel stellt uns heuer gleich drei neue Weine vor, die im High-End-Bereich angesiedelt sind. Einer davon ist der 18 Monate auf der Hefe gereifte Sekt „Haus Österreich Reserve", der sich spontan von seiner elegantesten Seite zeigt. Neu auf den Markt gekommen sind aber auch zwei Lagen-Reserven vom Grünen Veltliner, einmal vom Weinzierlberg, zum anderen aus der Ried Obere Sandgrube – Ersterer trotz beachtlicher Dichte eher straff geführt, Letzterer voller Strahlkraft und Finesse. Zu ihnen gesellt sich im Herbst noch ein feiner, graziler Pinot Noir aus 2022.

Besonders gefreut hat man sich über die Top-Platzierungen bei Vinaria für den Veltliner „Kremstal DAC" sowie den Riesling Kreuzberg Reserve, beides veritable Fünfsterner, beide aus dem Jahrgang 2021, Letzterer „nebstbei" bester Riesling bei der IWC in London. Der Grüne Veltliner „Weinmanufaktur Krems" heimste im deutschen Fachmagazin „Weinwirtschaft" den ersten Platz in der Kategorie „Weißwein International" ein.

Einen Neuzugang gibt es auch in der Führungsebene: Wolfgang Hamm, langjähriger Geschäftsführer des Weinguts Stift Klosterneuburg, hat zu Winzer Krems gewechselt und verstärkt dort das Team als Verkaufsleiter Gastronomie und Fachhandel. *bb*

### KREMSTAL DAC

★★★ S €€ GV **PLV**
**2023 Grüner Veltliner Ried Goldberg „Kellermeister Privat"** + Feiner Hefeduft, Getreide, dann grüne Äpfel, zartes Pfefferl; mittelkräftig, stoffig, zum Beißen.

★★★★ S €€€ GV
**2023 Grüner Veltliner Kremstal Reserve** + Dunkler Würztabak, Kiefern, subtiler Eichentouch; kräftige Statur, vielschichtig, mild, füllig, zugleich fein gestrickt, Säure gut eingebunden; Power matcht sich mit Finesse!

★★★ S €€€ GV
**2022 Grüner Veltliner Ried Weinzierlberg** + Unterholz, Orangenzesten, Waldhonig, feinherbe, blättrige Komponenten, klar gegliedert; etwas strenger angelegt trotz schöner Substanz, typisch mit viel Charme.

★★★★ S €€€ GV
**2022 Grüner Veltliner Ried Obere Sandgrube** + Verführerische Nase, Mandarinen, weißer Pfeffer, Steinobst, ganz reife Limonen, sehr saftig, komplex, aussagekräftig, mit viel Finesse, tolle Performance.

★★★ S €€€ GV
**2022 Grüner Veltliner Ried Wachtberg Reserve** + Nobler Auftritt, Wildkräuter, reife Birnen, Blütenhonig, Orangen-Biskuit; rauchig-mineralischer Fond mit faszinierendem Spiel aus Würze und Frucht, ausgewogen, komplex und komplett; Langstreckenläufer.

★★ S €€ RI
**2023 Riesling Ried Kremsleithen** + Laute, paprizierte Nase, grüne Stachelbeeren, Kriecherln; bleibt durchgehend übermütig, knackiger Säurebiss, frisch, appetitanregend; wird sich freilich noch zurücknehmen.

★★★★ S €€€ RI **TIPP**
**2022 Riesling Kreuzberg Reserve** + Farbiges Fruchtmosaik, weiße Pfirsiche, Agrumen, Melisse, grüne Walderdbeeren; kreidig-mineralische Ansätze, markanter Säureschliff, kristallklar; baut sich im Glas auf, straff geführt mit schöner Balance zwischen Präzision und Großzügigkeit.

### NIEDERÖSTERREICH

★★★ K €€€ CU
**Sekt Haus Österreich Brut Reserve** + (40 PN / 30 PB / 30 CH) Zarte Hefetöne, Blüten, Croissants, weißer Nougat; gehaltvoller, cremiger Trinkfluss, stimmig, elegant, mit feiner Perlage und guter Länge.

★★ K €€ ZW **FUN**
**2021 Zweigelt „Kellermeister Reserve"** + Einladender Duft, Kirschen, Weichseln, rote Beeren, Veilchen, Heliotrop; delikater Mix aus Frucht und Holz, wobei die Frucht klar vorne bleibt, samtig und ansprechend.

★★★ K €€€ PN
**2022 Pinot Noir „Kellermeister Reserve"** + Himbeeren, Erdbeer-Confit, Schlehen, feine, fruchtstützende Säure, komplex; punktet mit Eleganz und Grazie sowie Exraktsüße bis ins Finale.

### ÖSTERREICH

★★ S €€ DV
**2023 Donauveltliner** + Reduktiver Antritt, Lakritze, grüne Bananen; mächtige Statur, opulent, fleischig, fest, lang haftend.

★★ S € DR
**2023 Donauriesling** + Steinfruchtige Nase, grüne Marillen, auch Limetten, Rhabarber; kräftiger Sockel, ab der Mitte Kräuterwürze, saftig, geradlinig.

# Weingut
# Zederbauer

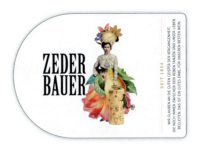

**Franz & Barbara Zederbauer**
3511 Palt, Maria Lagergasse 30
Tel. +43 2732 82931, bio@weingut-zederbauer.at
www.weingut-zederbauer.at
11 Hektar, W/R 90/20

Im Jahr 2019 übernahm das Ehepaar Barbara und Franz Zederbauer das Weingut in sechster Generation. Sie bewirtschaften ihre Weingärten bio-zertifiziert. Es geht vorwärts in diesem Weingut. Die Weinqualitäten sind hervorragend. Jetzt möchte man neue Märkte erschließen. Es wird neue Flaschenetiketten geben. Auf geht's in die nächste Dekade.

Meine Favoriten bei dieser Verkostung sind folgende: Ein sehr, sehr guter 2018 Pet Nat, degorgiert 2024, der sich straff und ernsthaft präsentiert. Natürlich die beiden 2023 Grünen Veltliner – Zederbauer und Zederbäuerin –, wobei mir Letzterer durch den dezenten Restzucker ausgesprochen gut gefällt. Doch nichts gegen Herrn Zederbauer, der ist auch hervorragend. Sehr gut ist Die Wildblume, ein Grüner Veltliner 2022, der sich mit ausgeprägter Kräuterwürze darstellt. Ebenfalls sehr gut ist der 2022 Riesling Ried Höhlgraben. Überragend der 2021 Riesling Reserve Ried Höhlgraben – faszinierend und fulminant.

*as*

## KREMSTAL DAC

★★ S €€ GV
**2023 Grüner Veltliner Ried Hochrain/Furth** + Apfelnoten, Zitrus, Wiesenblumen, frische Säure, Orangenschalen, Mango, viele Kräuter, gute Struktur, kompakt, guter Rückhalt.

★★ S €€ GV
**2023 Grüner Veltliner Ried Höhlgraben/Furth** + Wie eine Blumenwiese, Streuobst, elegante Frische, feine Fruchtnoten, subtil, angenehme Säure, dezente Würze, herbe Noten.

★★★ S €€ RI
**2022 Riesling Ried Höhlgraben** + Marille, Zitrus, Ananas, rassige Säure, ungemein tief, voller Grip, dicht, intensiv, fordernd, zeigt Frische, knackig, guter Rückhalt. Ein straffer Riesling, der seinen Weg geht.

★★★ S €€€ RI
**2021 Riesling Reserve Ried Höhlgraben** + Ananas, Mango, viel Steinobst, ein herrliches – gereiftes – Aroma aufweisend, Marille, die typische Rieslingsäure, gebündelt, rassig, fordernd, nervend, Exotik, unglaublich tief. Das ist Riesling pur. Streng, ausdrucksstark.

## NIEDERÖSTERREICH

★★ S €€ GM
**2023 Gelber Muskateller** + Frischer Apfel, Zitrus, Kräuter, Holundernoten, Mango, fruchtig-frisch, ausgewogen, milde Säure. Ein süffiger, harmonischer Muskateller.

★★ S €€ RV
**2023 Roter Veltliner** + Apfelnoten, dezenter Lebkuchen, straff, kernig, etwas Steinobst, kompakte Struktur, Mandarinen, zeigt Frische, doch auch Ernsthaftigkeit, elegante Noten, druckvoll, ein hervorragender Wein voller Typus und Tiefe.

★★ S €€€ GV
**2023 Grüner Veltliner Die Zederbäuerin** + (halbtrocken) Kühle Nase, Apfel, Mandarinen, frische Kräuter, dezente Exotik, elegante Noten, zart fruchtig, feminine Struktur, guter Rückhalt. Der dezente Restzucker macht den Wein attraktiv und elegant.

★★ S €€€ GV
**2023 Grüner Veltliner Der Zederbauer** + Wiesenkräuter, Pfeffertöne, Orangenzesten, dezent nach Ananas, schön trocken, fest, sehnige Struktur, fruchtig, gute Substanz, dezenter Gerbstoff, pikante Noten. Guter Wein mit Zukunft. Geht mit Luft auf.

★★ S €€ PB
**2023 Weißburgunder** + Walnüsse, getrocknete Kräuter, salzige Noten, herb-trocken, gelbe Früchte, strukturiert, tief, straffe Struktur, da steckt einiges drinnen. Kernig, ein knackiger Wein, der fordert.

★★★ S €€ GV
**2022 Grüner Veltliner Die Wildblume** + Voller Kräuterwürze, Pfeffer, da steckt einiges drinnen, Zitrus, Orangenzesten, Apfel, weiße Blüten, ungemein vielschichtig, druckvoll, in sich gefestigt, leicht (11,5 % Vol.), einiger Tiefgang, Zukunft.

★★★ S €€ GV
**2016 Grüner Veltliner Ried Siebenteil** + Würzig, pfeffrig, Zitrus, reifer Apfel, Marille, Mango, kompakt, so richtig trocken, wenig Frucht, total eng, hintergründig, tiefgründig, passende Säure, viele Kräuter, ein kerniger Wein mit Substanz.

## ÖSTERREICH

★★★★ KK €€€ CW   **TIPP**
**2018 Pet Nat VITIS PURA** + (RI/GM – Bio-Perlwein, degorgiert 2024) Grüne Farbe, dezente Trübung, Wiesenkräuter, Grapefruit, etwas Steinobst, Apfel- und Birnennoten, kompromisslos trocken, total engmaschig, intensiv, direkt, salzig, dicht, enorm strukturiert, schöne Gerbstoffbetonung. Ein tiefgründiger Schaumwein von außergewöhnlicher Intensität.

## Weingut
# Zeger

**Dr. Norbert Zeger**
3394 Aggsbach Dorf, Mitterweg 4
Tel. +43 664 9186161
norbert@zeger.net, www.zeger.net
1,4 Hektar, W/R 100/0, 6690 Flaschen/Jahr

Dr. Norbert Zeger war Notar von Beruf. Wein macht er nun in der Pension, weil er große Freude daran hat, und das gemeinsam mit seinem Schwiegersohn Daniel Jungmayr. Das Sortiment ist sehr übersichtlich, es besteht aus zwei Grünen Veltlinern. „Meine Idealvorstellung von Wein verbinde ich mit Spaß, Geselligkeit und Liebe zur Heimat." In den Jahren 2004 und 2006 kaufte er zwei kleine Weingärten in Gedersdorf und in Palt. So begann seine Laufbahn als Weinbauer. Die Trauben für den Grünen Veltliner Kremstal DAC kommen von dort. Das Weinmachen gefiel dem Juristen, weshalb er die Gelegenheit ergriff, als 2016 ein 1,1 Hektar großes, als Weinbauflur gewidmetes Grundstück in Aggsbach Dorf zu haben war. Dieser Weingarten in der Ried Hochfeld gehört aber gerade nicht mehr zum Weinbaugebiet Wachau, da am Südufer der Donau gelegen, wo sich dieses Anbaugebiet weniger weit nach Westen erstreckt als am linken, dem nördlichen Donauufer.

Mit dem Jahrgang 2014 übernahm Daniel Jungmayr vom gleichnamigen Weingut in Ebersbrunn die Vinifizierung. Und die ist State of the Art: Nach der Quetschung der Trauben liegen diese etwa vier Stunden auf der Maische, nach schonender Pressung wird im Stahltank bei Kellertemperatur vergoren. Nach Abschluss der Gärung wird der Wein mehrere Monate lang auf der Feinhefe gelagert.

Der Grüne Veltliner Kremstal 2023 ist ein fruchtbetonter, einladender Charmeur, den ein bemerkenswerter Trinkfluss kennzeichnet. Sein Bruder aus der Ried Hochfeld in Aggsbach ist feingliedrig und trinkanimierend mit leisen Bodentönen. Preiswert sind beide.

Die Weine kann man im Blockhaus in der Hauptstraße 35 in Aggsbach Dorf an jedem ersten Samstag im Monat von 10 Uhr bis 12 Uhr oder nach Vereinbarung verkosten und kaufen. *ww*

### KREMSTAL DAC

★★★ S € GV    **PLV**
**2023 Grüner Veltliner Kremstal** + Sympathisch, einladend, gelbe Äpfel und gerade reif gewordene Marillen, feine Würze, sonniger Typ; schließt mit dieser freundlichen und sortentypischen Aromatik nahtlos an, angenehme Säure, mittleres Gewicht, Trinkfluss.

### NIEDERÖSTERREICH

★★★ S € GV    **FUN**
**2023 Grüner Veltliner Kabinett Ried Hochfeld** + (Wein aus Aggsbach Dorf) Leise Bodentöne, feingliedrig, Würze erinnert an Fichtennadeln und Kräuter, dahinter Äpfel, mit Luft rieslinghaft, zeigt dann viel frischen Pfirsich; präsentiert sich auch auf dem Gaumen so, zartes Säurenetz, präzise, im Finish grüne Äpfel, Pfirsiche und etwas Zitrus, trinkanimierend, fernab der Oberflächlichkeit.

# VINOTHEKEN

## KREMS AN DER DONAU

### Leopold – Vinothek, Bar, Shop
3500 Krems an der Donau, Utzstraße 1
Tel. +43 2732 72897300
office@vinothek-leopold.at
www.vinothek-leopold.at

### Vintage Weinhandel
Martin Buttinger
3500 Krems an der Donau, Dr.-Meller-Gasse 2
Tel. +43 699 14411444
info@classic-weine.com, www.vin.at

### Weinbar Korb
Fabian Korb, Weingut Korb
3500 Krems an der Donau, Obere Landstraße 4
Tel. +43 650 5155599
fabian@wein-korb.at, www.wein-korb.at

### Winzer Krems eG
Vinothekenkeller
3500 Krems an der Donau, Bründlgraben 12
Tel. +43 2732 85511-33
sandgrube13weinsinn@winzerkrems.at
www.winzerkrems.at

### Weinhimmel
3500 Krems an der Donau, Untere Landstraße 35
Tel. +43 664 75041992
office@weinhimmel.org
www.weinhimmel.at

### Weinstein
3504 Krems-Stein, Steiner Donaulände 56
Tel. +43 664 1300331
info@weinstein.at, www.weinstein.at

## PALT

### Wein.Depot Noitz
3511 Palt, Römerstraße 169
Tel. +43 2732 85656
wein.depot@aon.at
www.wein-handlung.at

# GASTRONOMIE/NÄCHTIGUNG

## HÖBENBACH/GÖTTWEIG

**Winzerhof Dockner**
3508 Höbenbach, Ortsstraße 30
Tel. +43 2736 7262
winzerhof@dockner.at, www.dockner.at

Beeindruckende Palette, bodenständiger Top-Heuriger, der von Chefin Gudrun Dockner geführt wird; mit regionalen Schwerpunkten (nicht nur das legendäre Gansl). Breite Kostpalette, alles glasweise, viele Großflaschen und tolle Rotweine (Sacra, Iosephus). Die wunderschöne Sektmanufaktur am Kremser Frauengrund am südlichen Donauufer (Hollenburg) wird als Eventlocation genutzt, mit tollem Ambiente und Rundumblick über die Donau bis in die Wachau hinein. Das moderne Kostzentrum samt dem JOE-Keller (benannt nach Sohn und Kellermeister Josef Dockner jun.) ist ein Kompetenzzentrum für Wein.

## FURTH BEI GÖTTWEIG

**Landgasthof Schickh**
3511 Klein-Wien, Furth bei Göttweig, Avastraße 2
Tel. +43 2736 7218
office@schickh.at, www.schickh.at

Was für die bürgerlichen Wiener „der Eckel" in Sievering, das ist in Niederösterreichs Zentralregion „der Schickh" in Klein-Wien. Generationen von Genießern gesellig-kulinarischen Glücks haben sich hier zu Hause gefühlt und tun es noch immer. Der nahezu über die Teller fahrende regelmäßige Triebwagen der Strecke Krems–St. Pölten gehört genauso dazu wie die Verlässlichkeit der Weinempfehlungen mit Schwerpunkt auf die umliegenden Regionen. Christian Schickh in der Küche, Schwester Evi im Service. Frische Fische aus eigenem Teich, Hummer und Krebse aus dem Becken. 2 Hauben. Regionale, auf die umliegenden Weinbaugebiete abgestimmte feine Weinkarte, vieles glasweise. Einige einfache Zimmer.

## KREMS AN DER DONAU

**arte Hotel Krems**
3500 Krems-Stein, Dr.-Karl-Dorrek-Straße 23
Tel. & Fax +43 2732 711-23
willkommen@arte-hotel.at, www.arte-krems.at

Am Rand von Krems inmitten der Weinberge, aber dennoch zentrumsnah, liegt das arte Hotel Krems beim Campusgelände. Moderne Design-Zimmer auf Preis-Leistungs-Niveau. Die Altstadt von Stein ist nur wenige Gehminuten entfernt. Hotel-Hauptquartier des wachau GOURMETfestivals. Gleich daneben liegt das hippste und erfolgreichste Restaurant der Stadt, der Steak & Burger-Tempel 2STEIN. Tipp!

**Filmbar am Campus**
Harry Schindlegger
3500 Krems an der Donau
Dr.-Karl-Dorrek-Straße 30
T: +43 677 6161 8486
www.kinoimkesselhaus.at/de/ueber-uns/filmbar/filmbar

Coole Location am Campus Krems, studentisches Flair, urbanes Ambiente. Davor eine Wiese als Gastgarten, dahinter das auch sehr gute Programmkino im Kesselhaus. Wieder neu übernommen vom Kremser Multigastronomen Harry Schindlegger. Spezieller Tipp: Pinsa!

**Ristorante Firenze Pizzeria**
3500 Krems-Stein, Schürerplatz 9 und Steiner Donaulände 56
Tel. +43 2732 21340
office@firenze-krems.at, www.firenze-krems.at

„Nach Italien in 300 Meter rechts abbiegen", steht auf einem Wegweiser-Plakat nach dem großen Kreisverkehr bei der Schiffstation Krems-Stein. Seit knapp fünf Jahren bringt die Familie Gianfreda so richtig italienisches Flair nach Krems-Stein. Chef Vito legt enorm viel Wert auf frische und saisonale Zutaten direkt vom Markt. Original italienische Pizza, Pasta Fresca, Vongole, Miesmuscheln, Spezialitäten vom Grill und traumhaft frische Fische. Original italienisches Eis.
Den Wein wählt Vito selbst bei kleinen italienischen Winzern aus, gut sortiert. Ein Tipp: Nachfragen bei Vito lohnt sich immer, er erfüllt gerne individuelle Wünsche. Schön ist der Schanigarten am Schürerplatz. Mehrfach zur besten Pizzeria Niederösterreichs gewählt, großartiges Service durch authentisch italienisches Personal. Tipp!

**Gozzo**
Charly Teuschl
3500 Krems an der Donau,
Hoher Markt 11
Tel. +43 2732 747455
reservierung@gozzo.at, www.gozzo.at

Top-Gastronom Charly Teuschl führt souverän das Restaurant „Gozzo" in der historischen, rund 1000 Jahre alten Gozzoburg in der Altstadt von Krems, mit einem gewissen Hauch Exotik und einigem Asia-Stile. Internationale Gerichte und eine pfiffige Tageskarte tragen dem multikulturellen Publikum in Krems (fast 5.000 ständige Studenten aus zig Ländern, zahllose Touristen) Rechnung. Kreative, große Karte mit einigen häufig wechselnden Teilen neben den Klassikern. Beliebt ist auch das zehngängige Überraschungsmenü in kleinen Portionen (La-Ten) und die Tagesteller. Mittlerweile die gastronomische Drehscheibe der Altstadt am Hohen Markt, kleine, beliebte & belebte Terrasse. Haube.

**Wirtshaus Leindl**
3500 Krems an der Donau,
Weinzierlbergstraße 10
Tel. +43 2732 820060
info@wirtshausleindl.at
www.wirtshausleindl.at

Alles neu beim früheren „Hutter" am Weinzierlberg: Nach mehrfachen Pächterwechseln bespielte die Eigentümerfamilie Nigl die Location während des Umbaus ihres Stammhauses in Senftenberg selbst (Pop-up „Nigl goes Krems"). Mittlerweile ist der Nigl wieder dort, wo er hingehört, am Fuß der Ruine Senftenberg. Mit der Pächterfamilie Leindl scheint ein ambitionierter Neustart geglückt. Genialer Rundumblick über Donautal und auf Stift Göttweig, kreative Wirtshausküche mit saisonal orientierter Karte. Dazu eine fein ausgewählte Weinkarte mit weißem Schwerpunkt auf dem Weingut Nigl. Schöne Gästezimmer.

**Gasthaus Jell**
Familie Amon-Jell
3500 Krems an der Donau
Hoher Markt 8–9
Tel. +43 2732 82345
gasthaus@amon-jell.at, www.amon-jell.at

Idyllisch in der Kremser Altstadt ist es gelegen, das Gasthaus Jell. Mit urgemütlichen Stuben, einer museumswürdigen Schank und einem lauschigen Schanigarten mit Laube, der sich ans alte Gemäuer kuschelt. Die Küche werkt an Kreativ-Bodenständigem und Saisonalem, urig-deftige Hausmannskost mit vielen Schmankerln. Schöne Weine aus den Regionen rundherum und mit Astrid Wölfl eine Serviceleiterin, die wie geboren scheint für dieses Haus. Solide Küchenbrigade unter Leitung des Hausherrn, die legendäre Wirtin Uli Amon-Jell ist mittlerweile so etwas wie emeritiert, der Sohn Laurent schwingt Zepter und Kochlöffel. Tipp!

**Hotel Klinglhuber**
3500 Krems an der Donau, Wiener Straße 10
Tel. +43 2732 86960
hotel@klinglhuber.com, www.klinglhuber.com

Modernes Hotel und ein neues Suiten-Hotel gleich daneben mit Tagungsräumlichkeiten und ausreichend Parkplätzen, nur einen Steinwurf von der Fußgeherzone Untere Landstraße entfernt. Wirtin Astrid Klinglhuber hat sich 2021 spontan entschlossen, „wegen Personalmangels" den großen, beliebten und gutbürgerlichen Gasthof gleichen Namens mit der markanten Terrasse über dem Kremsfluss zu schließen. Schade.

**Leopold**
Vinothek, Bar, Shop
Othmar & Julian Seidl
3500 Krems an der Donau
Utzstraße 1
Tel. +43 2732 72897300
office@vinothek-leopold.at
www.vinothek-leopold.at

Längst die beliebteste Weinbar der Wachau, direkt beim Steinertor in Krems, gegenüber dem Stadtpark. Das Leopold trägt den Namen des Landespatrons und versteht sich als Schnittpunkt der umliegenden Weinregionen Wachau, Kremstal, Kamptal, Traisental und Wagram. Großer Outdoor-Bereich zum Sehen und Gesehenwerden. Die umfangreiche und sehr gut sortierte Karte verfügt über bedeutende Positionen aus den umliegenden Weinbaugebieten und dem Burgenland, dazu einiges aus aller Welt sowie eine große Sekt- und Champagnerauswahl. Vieles glasweise oder in Magnums, wechselnde Raritäten und gereifte Jahrgänge. Kleine Speisekarte, schöner Schanigarten mit Blick auf Stadtpark und Südtirolerplatz. Immer wieder Verkostungen und Winzerevents. Das daneben liegende Schwesterlokal ist der große Biergasthof/-garten Hofbräu am Steinertor mit Bier vom Hofbräu München und klassischen Speisen à la Stelzen, Brezn & Co, aber auch einem wechselnden Angebot glasweiser frisch-fruchtiger Weine der Region. Tipp!

### Mezcal
3500 Krems an der Donau,
Steiner Donaulände 82
Tel. +43 664 9420365
hola@mezcal-krems.at
mezcalbar@hotmail.com

Weitgehend authentische mexikanische Küche in der Steiner Altstadt, viele vegane und vegetarische Speisen, aber auch Fisch und Fleisch. Wegen der Weine kommt man hier nicht her, wegen des breiten Angebots an guten Cocktails sehr wohl. Studentisches Publikum und Flair.

### Heuriger & Riedenblick Müller
Weingut Müller GmbH
3508 Krems-Krustetten, Hollenburger Straße 12
Tel. +43 27392691
info@weingutmueller.at, www.weingutmueller.at

Einer der großen und vielfach ausgezeichneten Winzerbetriebe in Krustetten, am sonnigen Südufer der Donau, direkt gegenüber dem Göttweiger Berg mit seinem imposanten Stift. Sehr schöne Weine und Sortensekte, viele preisgekrönt, breite Palette, fast alles auch glasweise: geräumiger wie gemütlicher Top-Heuriger, seit über 25 Jahren. Klassische Heurigenkarte, schöner Innenhof. Das Lokal wurde aktuell um- und ausgebaut. Trotz der Größe des Weinguts ein Familienbetrieb mit Winzer „zum Angreifen". Brot aus eigenem Roggen, Wild aus eigener Jagd, Erdäpfel & Co vom eigenen Feld. Ausflugstipp.

Die Verkostungslocation Riedenblick liegt gleich beim Heurigen ums Eck am Weingut. Vielseitige Räumlichkeiten, große Terrassen mit traumhaftem Blick über Donau, südliches Kremstal, hinüber nach Göttweig und hinein in die Wachau. Für private Events zu mieten, Feuertaufe als Pop-up-Restaurant mit 3-Hauben-Chef Andreas Herbst (Riederalm).

### Heuriger Müllner
Michael Müllner
3500 Krems an der Donau, Stadtgraben 50
Tel. +43 676 3420967
michimuellner@gmx.at
www.weingut-muellner.at

DER Kremser Stadtheurige mitten in der Altstadt mit wunderschönem Ziegelgewölbekeller und romantischem Garten mit Blick auf die Piaristenkirche. Eigenbauweine des familieneigenen Weinguts, das Bruder Erwin führt, darunter auch alte Kremser Lagen wie Wachtberg und Kraxen. Klassische Heurigenschmankerln mit einigen Spezialitäten. Häufig ausgesteckt, sehr beliebt.

### Marktspiel
Otto Raimitz – OR Marktspiel GmbH
3500 Krems an der Donau, Untere Landstraße 3
Tel. +43 2732 78754
office@markt-spiel.at, markt-spiel.at

Seit drei Jahren das kulinarische Zentrum am Täglichen Markt, im Herzen der Kremser Fußgeherzone. Jüngste Errungenschaft von Multigastronom Otto Raimitz, schöner Gastgarten mit Piazza-Flair, sehen & gesehen werden. Im Inneren auf zwei Ebenen mit Galerie. Kreatives Frühstück, Lunch-Menüs und schönes À la carte-Angebot. Klassische Weine, trendy.

**Poldi Fitzka**
Harry Schindlegger
3500 Krems an der Donau, Museumsplatz 1
Tel. +43 2732 21165
gastwirtschaft@poldifitzka.at
www.poldifitzka.at

Mit dem „Poldi Fitzka" eröffnete 2019 das Restaurant in der nagelneuen, spektakulären Landesgalerie, mit ausuferndem Schanigarten am Platz davor und Blick zur gegenüber liegenden Kunsthalle. Poldi Fitzka war der Name des uralten Wirtshauses, das dem Museumsneubau weichen musste. Das beliebte Lokal mit Frühstück bis um 18 Uhr bietet zahlreiche Klassiker der österreichischen Wirtshausküche, einen Mittagsteller, große Freiflächen mit urbanem Flair und vieles mehr. Beliebter & belebter Hotspot für Kaffee, Frühstück, Mittag, Sonntag, Terrasse – und nach der Kunst.

**Steigenberger Hotel & Spa Krems**
mit Weinbergrestaurant
3500 Krems an der Donau, Am Goldberg 2
Tel. +43 2732 71010-0
krems@steigenberger.at
www.krems.steigenberger.at

Mondäne Atmosphäre inmitten von Weingärten: Die große Terrasse bietet spektakulären Blick aufs Donautal, die First-Class-Zimmer bieten höchsten Komfort. Tolles, 3000 m² großes World Luxury Spa. Das angeschlossene Weinbergrestaurant bietet eine feine Auswahl an regional beeinflussten Spezialitäten. Die Lounge mit Open-Air-Bar ist ein Unikat und erlaubt entspanntes Chillen mit Panoramablick, sehr gute Drinks. Ein Zubau mit 32 spektakulären Suiten und Zimmern wurde 2019 eröffnet, ist sehr beliebt.

**Hotel Unter den Linden**
Familie Grech
3500 Krems an der Donau, Schillerstraße 5
Tel. +43 2732 82115
hotel@udl.at, www.udl.at

Alteingesessener Familienbetrieb in fünfter Generation. Drei verschiedene Zimmerkategorien. Nahe dem Zentrum und dem Stadtpark, direkt an der Kunstmeile. Eigene Parkmöglichkeit. Hotel Garni.

**Weinstein**
3504 Krems-Stein, Steiner Donaulände 56
Tel. +43 664 1300331
info@weinstein.at, www.weinstein.at

Johannes Teuschl hat seine Weinbar im Haus der Regionen in der Donaulände zum Fixpunkt in der Kremser Lokalszene gemacht. Und aktuell kurzerhand ins darüber frei gewordene, viel größere Lokal im Haus der Regionen verlegt, mit traumhafter Terrasse. Regelmäßige Verkostungen mit Winzern aus der Region. Sehr gut sortierte Weinkarte, durchaus mit Jahrgangstiefe und Raritäten. Viel studentisches Publikum durch Donau-Uni, Fachhochschule und Zahnärzte-Universität DPU, auch der Campus ist nahe.

### Weinbar Korb
Fabian Korb, Weingut Korb
3500 Krems an der Donau, Obere Landstraße 4
Tel. +43 650 5155599
fabian@wein-korb.at, www.wein-korb.at

Mitten in der Altstadt von Krems (FuZo Landstraße), umfangreiches Angebot an Qualitätsweinen aus verschiedenen Regionen bis hin zu Raritäten, Accessoires, Pestos und vieles mehr, Schwerpunkt Regionalität. Die Weinbar wurde vor kurzem vom Weingut Korb aus Krems übernommen und wird vom jungen Winzer Fabian Korb mit viel Engagement und Herzblut geführt. Laufend alle Korbweine, auch glasweise. Tipp, auch für „day drinking" und immer eine Bank.

### Zum Kaiser von Österreich
Hermann & Silvia Haidinger
3500 Krems an der Donau, Körnermarkt 9
Tel. +43 2732 86001
restaurant@kaiser-von-oesterreich.at
www.kaiser-von-oesterreich.at

Schöner, alter Platzl-Gasthof in historischem Gebäude in der Kremser Innenstadt. Verfeinerte regionale Küche mit gelungenen Ausflügen ins mediterrane Fach, aber auch exzellente Klassiker der österreichischen Küche. Sehr stimmige, nicht nur auf die Region beschränkte Weinkarte, darunter zahlreiche gereifte Weine. Sehr schöner Schanigarten. Leider nur abends geöffnet, So. + Mo. Ruhetag, darüber hinaus für Gruppen mit Voranmeldung, gemütliche kleine Terrasse am Körnermarkt, gegenüber Krems Museum und Minoritenkirche. 2 Hauben.

### 2STEIN
Harry Schindlegger
3504 Krems-Stein, Dr.-Karl-Dorrek-Straße 23
Tel. +43 2732 71615
office@2stein.at, www.2stein.at

Angesagtestes Lokal in der Stadt mit großteils jungem und trendigem Publikum, fast immer voll. Begünstigt durch die Lage direkt am Campus von Donau-Uni und IMC Fachhochschule. Burger & Bagels, Steaks & Klassiker, Salate & Pasta, Frühstück & Flammkuchen. Ein besonderes, unkonventionelles, gemütliches, schräges, lustiges Lokal, das sich zum Burger- und Steak-Kompetenzzentrum entwickelt hat. Inspiriert ist das 2STEIN von Kultlokalen großer Metropolen. Beeindruckende Weinkarte. Fast Tür an Tür mit dem arte Hotel auch ein Hotspot für Hotelgäste, großer Schanigarten. Tolles Team im Service und immer wieder Neues auf der Karte. Flaggschiff des Gastroimperiums von Harry Schindlegger. Tipp!

**Schmid's**
Harry Schindlegger
3500 Krems an der Donau
Schmidgasse 8
Tel. +43 2732 21164
office@schmids.at, www.schmids.at

Gemütliches Lokal mitten in Krems, beim Steinertor um die Ecke. Ein traditioneller Wirtshausplatz mit Gewölbe und Schanigarten. Unvergleichliche Rauminszenierung mit viel Holz und ausgefallenem, aber bodenständigem Deko-Material. Küchenchef Niki Lackner trägt mit seiner stets roten Jacke nicht nur seine politische Gesinnung am eigenen Leib, sondern sorgt für Hochgenüsse eines durch die Bank jungen Publikums. Schwerpunkt auf Bier – mit der größten Craft Beer-Auswahl ever! Burger, Bowls & Co. Viel studentisches und junges Publikum, Tipp!

**Veit**
Hanslik & Mann OG
3500 Krems an der Donau, Pfarrplatz 15
office@veitbar.at, www.veitbar.at

Die Weinbar Veit an der Ecke zum Pfarrplatz ist längst ein Klassiker. So manche feine Flasche halten der „Doktor" und sein Kumpel stets bereit, viele Stammgäste, viel junges Publikum, gemütlicher Schanigarten mit Altstadtflair. Die Weinkarte ist bestens sortiert aus den umliegenden Regionen, mit Ausflügen in andere Bundesländer. Kleine, auch warme Gerichte, unkompliziert, bis spätabends. Ein Ort zum Sinnieren und Versumpfen, mit großer, sozialisierender Kompetenz, viele Stammgäste. Tipp!

## PALT

**Malat Weingut & Hotel**
3511 Palt, Hafnerstraße 12
Tel. +43 2732 82934
weingut@malat.at, www.malat.at

Schöner Wohnen bei Familie Malat: exklusive Zimmer mit hochwertiger Ausstattung und Traumblick auf Stift Göttweig, dazu stylische Frühstückslounge und Terrasse. Mit dem Wein-Boutique-Hotel in Palt setzt das Kremstaler Topweingut neue Maßstäbe. Saisonal Wildbret aus eigenem Revier – und alle Malat-Schätze aus dem Weinkeller, darunter das Beste vom Riesling, die großen Pinot Noirs und Cabernets.

**Hotel Weinresidenz Sonnleitner**
Geraldine & Christian Sonnleitner
3511 Palt, Zeughausgasse 239
Tel. +43 2732 70446
office@weinresidenz.at, www.weinresidenz.at

Schmuckkästchen am Fuße des Göttweiger Berges. Umgeben von Weingärten in absolut ruhiger, aber dennoch zentraler Lage thront das Hotel Weinresidenz Sonnleitner. Jedes Zimmer ist individuell gestaltet und vereint Design mit Komfort und Gemütlichkeit, atemberaubend der Blick auf Stift Göttweig, viele Stammgäste.

## SENFTENBERG

**Weingut – Restaurant – Weinhotel Nigl**
3541 Senftenberg, Kirchenberg 1
Tel. +43 2719 2609
info@weingutnigl.at, www.weingutnigl.at

Komplett um- und ausgebaut, neu konzipiert und erweitert, mit einem Wort: nigl-nagelneu. Traumhaftes Lokal am Fuße der Ruine Senftenberg und des Kirchenbergs gelegen, von dem Martin Nigl einen umwerfenden „Herzstück"-Veltliner macht, bietet das stilvolle Landhausambiente einen gemütlichen Rahmen für genussvolle Stunden und vinophile Highlights, namentlich aus dem Keller des Kremstaler Paradewinzers Martin Nigl, zu dessen Genussimperium auch dieses Objekt gehört. Sohn Bertram managt hier die Gastronomie („Bertram kocht"). Viele Raritäten im Gewölbekeller, gereifte Jahrgänge und Großflaschen. Sehr schöne, ebenfalls neu gestaltete Zimmer und ebensolcher Innenhof, ein Platz für Romantiker und für Feste aller Art. Montags geöffnet. 2 Hauben. Tipp!

Jüngste Errungenschaft ist das Weinhotel Nigl, das unterirdisch an den Gutshof angegliedert ist. Hier befinden sich 27 Zimmer mit großzügigem Spa-Bereich. Der Infinitypool bietet großartigen Panoramablick über das obere Kremstal.

## STRATZING

**Gasthaus Brauneis**
3552 Stratzing, Untere Hauptstraße 19
Tel. +43 2719 2321
info@gasthausbrauneis.at
www.gasthausbrauneis.at

Wirtshaus-Tipp, der sich wohltuend vom Durchschnitt abhebt und auch gute Weine serviert, etwa die sehr guten Tropfen vom Bürgermeister des Ortes, Topwinzer Pepi Schmid. Die Familie Brauneis bringt bodenständige Küche auf den Tisch, wie man es sich von
einem guten Wirtshaus nur wünschen kann. Beliebt auch bei Golfern, die vom nahen Club in Lenegenfeld kommen.

# WEIN & GENUSS KREMS

## 11. | 12. 04. 2025
### Dominikanerkirche, 14 bis 20 Uhr

## BESTE WEINE
## BESTE WINZER

www.weingenusskrems.at

# TRAISENTAL

Seit dem Jahr 1995 existiert diese kleine Weinbaugegend als eigenes Weinbaugebiet, das sich an beiden Ufern der Traisen südlich der Donau etwa von Traismauer bis vor die Tore der Landeshauptstadt St. Pölten erstreckt. Historisch betrachtet gehört es zu den ältesten Weinregionen Österreichs überhaupt: Im idyllischen Franzhausen, einer der wichtigsten prähistorischen Fundstätten Europas, ließ sich das älteste Weinkorn Österreichs finden – ein Weinsamen, der nachweislich aus der Zeit um 2000 vor Christi Geburt stammt.

Die Einflüsse des pannonischen Klimas aus dem Osten wirken sich positiv aus, da sie das Erreichen der Traubenreife begünstigen. Kühle Nächte, für die der nahe Dunkelsteinerwald und die Flüsse Traisen und Donau verantwortlich sind, sorgen in Kombination mit den warmen Tagen für eine ausgeprägte Aromatik. Hier entstehen klar strukturierte, tieffruchtige Grüne Veltliner und Rieslinge von kühler Prägung und einer mineralischen Note, wie man sie auch von den Gewächsen der westlichen Wachau kennt.

Die Bodenstruktur ist sehr vielfältig und reicht von Löss über Urgestein sowie kalkhaltige Konglomeratböden bis zu schottrigem und sandigem Untergrund.

Um die Förderung des Prestiges dieses jungen Weinbaugebietes und seiner Produkte ist etwa die Markengemeinschaft Regio Tragisana - Vereinigte Traisentaler Weingärtner bemüht. Vor einiger Zeit haben sich diesem Weinbaugebiet auch die im westlichen Tullnerfeld gelegenen Weinbaugemeinden um Sitzenberg-Reidling, die vormals als Enklave zum Weinbaugebiet Donauland gehört haben, angeschlossen.

Seit dem Jahrgang 2006 kommen typische fruchtig-würzige Grüne Veltliner und kernige, mineralische Rieslinge unter der Bezeichnung Traisental DAC auf den Markt. Es gibt die Standardstufen „Traisental DAC" mit und ohne Ortsangabe, mit Ortsangabe und Riedenbezeichnung (Einreichung zur Prüfnummer in beiden Fällen frühestens ab dem 1. Jänner des auf die Ernte folgenden Jahres) und „Traisental DAC Reserve (Einreichung zur Prüfnummer frühestens ab dem 1. Juli des auf die Ernte folgenden Jahres), jeweils trocken. Die Mindest-Alkoholgehalte liegen zwischen 11,5% und 13%, wobei Riedenbezeichnungen ab 12,5% zulässig sind.

855 Hektar Weinanbaufläche
Die wichtigsten Rebsorten:
Grüner Veltliner, Riesling

## Weingut
# Tom Dockner

**Tom Dockner**
3134 Theyern, Traminerweg 3
Tel. +43 664 5441779
weingut@docknertom.at, www.docknertom.at
23 Hektar, W/R 93/7

„2023 ist ein Jahr, wie ich es mir als Traisentaler wünsche. Mit unseren kühlen Lagen und der Typizität unserer Böden können wir genau die Weine machen, wie wir sie mögen", berichtet Tom Dockner begeistert über den Jahrgang. Der Veltliner Theyerner Berg oder der Riesling Parapluiberg bieten für wenig Geld viel Einblick in ihre Herkunft und das Schaffen des Winzers. Die Ortsweine Nussdorf und Inzersdorf zeigen von allem schon mehr, sie brauchen Aufmerksamkeit und Zeit. Der Pletzengraben ist, vor allem mit entsprechendem Anlauf, schon ein großes Vergnügen. Der Hochschopf, traditionell im großen Holz vergoren und ausgebaut, zeigt schon, wohin die Reise gehen wird, „den braucht man aber vor drei Jahren gar nicht anzugreifen." Bei den Rieslingen waren Pletzengraben 2023 und 2021 nebeneinander zu verkosten. Beide nicht ganz trocken, aber durch ausreichend Säure und Konglomerat gut balanciert, der 2021er hat noch einen längeren Weg vor sich. Der halbtrockene Traminer bietet Spaß auf hohem Niveau, er legt dar, wofür man diese Sorte liebt. FUN ist auch das Stichwort beim Pinot Noir, der mit sympathischer Fruchtfülle zu überzeugen weiß. *db*

### TRAISENTAL DAC

★★★ S €€ GV
**2023 Grüner Veltliner Theyerner Berg** + Saftige Fruchtfülle, Kandis, Vanille, Apfelstrudel, Limette, Zesten; Steinstaub, Honigmelone, Steinobst, fordernde Säure, freundliche Fruchtsüße, anspruchsvoll.

★★★ S €€€ GV — TIPP
**2023 Grüner Veltliner Nussdorf** + Gelbe und rote Äpfel, zart fruchtsüß, ein paar Kräuter, Steinmehl, pfeffrig; exotische Verzierungen, bleibt steinig mit einem Hauch Fruchtsüße, gute Spannung, typisch.

★★★ S €€€ GV — PLV
**2023 Grüner Veltliner Ried Pletzengraben 1ÖTW** + Klirrend strahlende Frucht, Limette, Blutorange, Brennnessel, pikant, vielschichtig; resch, stahlige Brillanz, Spannung, kristalline Zitrusnoten, fokussiertes Finish, macht auf, bleibt fordernd, viel zu jung.

★★★★ K €€€€ GV — TIPP
**2023 Grüner Veltliner Ried Hochschopf 1ÖTW** + Vielschichtig, leicht nussig, Äpfel, Ringlotten, Kräuter, zartes Pfefferl; Vanille, Kernobstallerlei, bisschen Gerbstoff, markante Säure im Clinch mit rauer Mineralik, dezenter, dabei vielschichtiger Fruchtcharme, komplett trocken, extraktsüß.

★★★ S €€ RI
**2023 Riesling Parapluiberg** + Kalkig, Steinobst, Blutorange, Kräuter; belebendes Süße-Säure-Spiel, kalkige Strenge putzt den Gaumen durch, beschwingter, animierender Riesling mit viel Sortenflair.

★★★ S €€€ RI
**2023 Riesling Inzersdorf** + Pfirsich, Marille, Kräuter, anregend; Säure schiebt viel Frucht über den Gaumen, Restzucker (8 g) sorgt für spannende Balance, spröde, dennoch verspielt, Frucht trägt lange, klingt fast trocken mit hübschem Fruchtglanz aus.

★★★★ S €€€€ RI — TOP
**2023 Riesling Ried Pletzengraben 1ÖTW** + Straff fokussierte Frucht, Steinobst, Limette, Bergamotte, Hauch von Rose; über Säure und Konglomerat ganz eng geführt, grandioser Abdruck der Herkunft. Eibisch, würzig, zum Nachkosten und Sinnieren. Bisschen Restzucker (6 g) und Grapefruitzesten im Nachklang.

★★★★ S €€€€ RI
**2021 Riesling Ried Pletzengraben 1ÖTW** + Anfangs spröde, fruchtkarg, trocken, viel Herkunft, dann ruhige, freundliche Frucht, getrocknete Marille, Kräuter, bleibt straff; salzige Pikanz, Trockenfruchtnoten, kleiner Zuckerrest in 9 ‰ Säure und mineralischer Strenge versteckt, Zitruswürze, mundwässernd.

### NIEDERÖSTERREICH

★★★ S €€ CW
**2023 Gemischter Satz Tom** + Birne, Quitte, Staubzucker, Zitrus; feste Statur, gewisse Eleganz, feiner Grip im Ausklang, kreidig, kalkig, feinsinnig, animierender Trinkfluss, schwung- und kraftvoller Wein.

★★★ S €€€ TR
**2023 Traminer Konglomerat halbtrocken (13)** + Viel Herkunft, Rosenblätter, geruhsames Fruchtangebot; Sorte präsentiert sich in voller Pracht auf den Papillen, angenehme Säure, viel Stein, gut eingefügter Restzucker, klingt straff aus, verführerisch.

★★★ S €€€ PN
**2020 Pinot Noir Konglomerat** + Zart röstig, Kaffeebohnen, rote Beeren, bisschen fruchtsüß; viele sympathische Fruchtnoten, eine Prise Pfeffer, seidige Gerbstoffe, Blutorangenzesten, Mandarine, finessige Länge, Herkunft und Sorte spielen einander zu, macht Spaß.

## Winzerhof
# Erber

**Sophie Hromatka**
3124 Oberwölbling, Unterer Markt 10
Tel. +43 660 4180500
info@erber-wein.at, www.erber-wein.at
8 Hektar, 40.000 Flaschen/Jahr

„2023 ist ein sehr fruchtbetonter Jahrgang, überdurchschnittlich reif, mit ausgeprägter Aromatik, der einfach Spaß macht", so resümiert Sophie I. Hromatka, frisch emeritierte Bundesweinkönigin, den Jahrgang. Nach der HBLA Klosterneuburg für Wein- und Obstbau und einem Kolleg für Hotelmanagement und Marketing in Kleßheim sammelte sie diverse praktische Erfahrungen im In- und Ausland und ist seit 2021 voll im Betrieb tätig. Vor bald 270 Jahren wurde der Winzerhof erstmals erwähnt, heute wird neben dem Weingut noch etwas Landwirtschaft betrieben, von wo das Fleisch für ihren Top-Heurigen kommt. FUN kann man sich bei allen Weinen hinzudenken, die obendrein ausgesprochen wohlfeil bepreist sind. Schon der Veltliner Classic rückt Herkunft und Sorte perfekt ins rechte Licht und zeigt mit strahlendem Kernobstduft, worauf man sich bei unserem Neuzugang freuen darf. Der Urgestein kommt von einer „extrem späten Lage direkt am Waldrand", er ist etwas straffer, erfreut mit gutem Fruchtangebot bei moderatem Alkohol. Antingen ist die südlich ausgerichtete Top-Lage auf 400 m Höhe, wo 40 bis 60 Jahre alte Veltliner- und Rieslingstöcke tief verwurzelt auf Urgestein stehen. Allgemein kommen von dort spätere, vielleicht auch etwas härtere Weine, auf die es sich zu warten lohnt. Ein kleiner Teil der Reben steht auch im Kremstal. Ried Neuberg, eine Top-Lage auf frühem, fettem Lössböden, bringt einen sacht aus österreichischer Eiche gearbeiteten, gemütlichen Wein, der zum Nachlauschen einlädt. Mit Holz wurde auch bei Sophie I. gearbeitet, der Wein hat noch einiges an Weg vor sich, er zeigt wunderschön den Unterschied zum lössigen Neuberg. „Extrem happy" ist sie mit dem Riesling Classic, der mit seinem reichen Fruchtausdruck Sorte und Herkunft perfekt abbildet. Nur scheinbar ein Gegenstück ist die halbtrockene Antingen Reserve, die das knackige Traisental ebenfalls bestens zur Geltung bringt. *db*

### TRAISENTAL DAC

★★ S €€ GV
**2023 Grüner Veltliner Classic** + Helle Blüten, zart fruchtsüßer Hintergrund; herrliche Mischung aus weicher, reifer Frucht, knackiger Säure und gepfefferter Herkunft, fröhlich süffig, sehr gute Länge.

★★★ S €€ GV
**2023 Grüner Veltliner Urgestein** + Straffe, knusprige, fast kristalline Frucht, klassische Apfelaromatik, Gelee; geht fruchtsüß auf, bleibt dennoch steinig, eng gepackt, bisschen Exotik, eine Prise Pfeffer, Apfelschale, zart nussig, gute Substanz, guter Fluss, Feuerstein.

★★★ S €€ GV
**2022 Grüner Veltliner Alte Stöcke Ried Antingen Reserve** + Pfiffig, gelbe Fruchtnoten, Karamell, Honigmelone, auch bisschen Steinobst, zarte Reifenoten; weicher, reifer, gemütlicher Einstieg, getrocknete helle Beeren, Säure passt, leicht röstig im Abgang, gediegener Vertreter von Sorte und Herkunft.

★★★ S €€ RI
**2023 Riesling Classic** + Spritzig, pfiffig, leicht pfeffrig, geeister Pfirsich, Waldmeister, Thymian, Rosenblätter, Hauch von Cassis, zart papriziert, lebhaft; Pfirsich bleibt knackig, beschwingte Säure, fast ein wenig fordernd, gute Länge, hat noch Zeit.

### NIEDERÖSTERREICH

★★★ S €€€ GV                          **TIPP**
**2022 Grüner Veltliner Ried Neuberg Reserve** + Zart vanillig, leicht röstig, bisschen steinig, helle Blüten, Zuckermelone, Quitte, Apfel-Birnen-Mus, einladend; helle Gummibären, süßes Fruchtmus, gute Stütze von Holz und Herkunft, angenehme Säure, sehr gute Länge, Apfel-Birnen-Gelee im Abgang, wird immer länger, hält.

★★★ S €€€ GV
**2022 Grüner Veltliner Sophie I. Ried Antingen Reserve** + Hübsche Fruchtvielfalt, behutsam gepfeffert; Holz und viel Frucht sind eine erquickende Liaison eingegangen, griffig mit fast rieslinghafter Säure, sehr guter Ansatz mit Zukunft.

★★★★ S €€€ RI                         **TIPP**
**2022 Riesling Ried Antingen Reserve halbtrocken** + Reifer Pfirsich, Honigmelone, leichte Röstnoten, Dörrobstaromen; frucht- und etwas restsüßer Einstieg, konzentrierte Steinobstfrucht, Gelee, ein Tropfen Honig, fruchtgetränkte Länge – das gefällt.

## Weingut
# Haimel | PIWIDA

**Ida Haimel**
3133 Traismauer, St. Georgenergasse 5
Tel. +43 664 8620210
info@piwida.at, www.weingut-haimel.at
5,5 Hektar, W/R 80/20, 30.000 Flaschen/Jahr

„2023 hatten wir qualitativ eine sehr gute Ernte, von der Menge her eine Spur weniger als im Jahr davor. Unsere Piwis haben sich punkto Pflanzenschutz auf jeden Fall bewährt", freut sich Ida Haimel über den aktuellen Jahrgang. Erstmals urkundlich erwähnt im Jahre 1815, ist der Betrieb seit Generationen im Familienbesitz. In den Großlagen Parapluiberg und Venusberg stehen die Reben auf Löss und Konglomeratböden.

Renate Haimel, Weinbau und Kellermeisterin, Master of Science für ökologisches Grünraummanagement, ist für die Herstellung sämtlicher Produkte im Weingut verantwortlich. Die engagierte Winzerin betreut liebevoll ihre Weingärten. Professionalität mit einem besonderen Gespür fürs Detail sind ihre Stärken. 1987 übernahm sie den elterlichen Betrieb und ließ nichts beim Alten. Mit Schwung und Elan begann sie, ihre Pläne zu verwirklichen, und somit entstand in den vergangenen Jahren ein Musterbetrieb im Traisental. Ihr Gatte Andreas kümmert sich um das Geschäftliche. Er pflegt den Kundenkontakt, organisiert, liefert, verkauft und betreut mit Leib und Seele Gäste und Kunden im Heurigen, der viermal im Jahr ausgesteckt hat.

Ida, die jüngste, ist ausgebildete Wein- und Kellereifacharbeiterin, sie studierte „International Wine Business" am IMC in Krems. Wertvolle Erfahrungen sammelt sie natürlich im eigenen Betrieb und bei ihrem Auslandspraktikum in Sonoma, Kalifornien. Seit 2017 schon beschäftigen sich die Haimels mit dem Anbau von pilzwiderstandsfähigen Sorten, und im November 2023 präsentierte die Jungwinzerin ihre neue Marke „PIWIDA – unwiderstehlich, widerstandsfähig", aktuell ist knapp die Hälfte des Betriebes mit Piwis bepflanzt. „Ich habe Freude daran, mich ständig weiterzubilden und mit diesen innovativen Rebsorten zu arbeiten. Ich begleite die Traube vom Weingarten in den Keller und auf ihrem Weg in die Flasche." Wer will, kann auf Instagram und Facebook dabei sein. *db*

### NIEDERÖSTERREICH

★★★ S €€€ SG — **TIPP**
**2023 Souvignier Gris** + Hübsch duftig, weiche reife Kernobstnoten, auch ein bisschen konzentriert Richtung Mus oder Gelee, saftig und animierend; konzentrierte Frucht setzt sich fort, etwas Birnenaroma, geschmeidig, herzhafte Säure (6,5 g) ist gut integriert, recht gute Länge, geht in Richtung pikanter Weißburgunder, das sind gute Aussichten für die Zukunft. Zeigt mit geschmeidigem Grip die Herkunft, bröseltrocken.

### WEINLAND

★★ S €€€ DV
**2023 Donauveltliner** + Kohlensäurerand, pfeffrig, würzig, viel Apfelfrucht, auch ein bisschen Steinobst und zarte Aromatik, hübsch; weiche, cremige Textur, recht apfelig, Kohlensäure sorgt für Halt und Pfiff, milde Säure, ganz trocken, wird an der Luft auf, als Veltliner erkennbar, mineralischer Anstrich vom Traisenschotter.

★★ S €€€ DR
**2023 Donauriesling** + Zarte Rieslingfrucht, Steinobst, Rosenblätter, bisschen steinig, auch etwas kantig; Kohlensäure, dann recht weich, Herkunft gibt Halt, wird ab der Mitte griffiger, exotische Facetten, mittlere Statur, moderate Länge, Grapefruitbitterl im Finish. Frisch geöffnet zeigt der Donauveltliner mehr Sortenprofil als der Riesling, über Nacht schiebt sich der Riesling am Donauveltliner vorbei, auch die Nase legt zu, wirkt stimmig.

★★ S €€€ DR
**2022 Donauriesling Sparkling trocken** + Ringlotten, Apfel-Potpourri, zarte Trockenfruchtaromen, cremig und weich aufsitzend, zart röstige Noten, anfangs etwas unentschlossen, wachsen Nase und Gaumen an der Luft zusammen.

★ S €€€ PNV
**2020 Pinot Nova** + Jungfernlese, Pinot Noir x Malverina {Rakisch (Seyve Villiard x Frühroter Veltliner) x Merlan (Merlot x Seibel 13666)} hat eine stattliche Ahnenreihe. Stahlig straff, Graphit, zart muskatig, Macis, Pfeffermühle, Blutorangenzesten, bisschen ätherisch, helle Beeren, ein Tupfen Himbeere; feingliedrige, freundliche, etwas transparente Frucht, mehr Richtung St. Laurent als Pinot, geschliffene Gerbstoffe, Pfeffer kommt auch im Finish wieder.

# Weingut
# Markus Huber

Markus Huber
3134 Reichersdorf, Weinriedenweg 13
Tel. +43 2783 82999, Fax -4
office@weingut-huber.at, www.weingut-huber.at
60 Hektar, W/R 95/5

„2023 ist ein sehr guter Jahrgang, im Vergleich zu 2021 und 2022 etwas kräftiger, mit etwas mehr Fleisch auf den Rippen, aber ausreichend frische Säure, daran werden wir noch lange Freude haben", ist sich Markus Huber sicher. Die Lagenweine werden spontan vergoren, wenn ein kleiner Zuckerrest bleibt, passt ihm das durchaus ins Konzept, denn neben starkem Ausdruck der Herkunft ist ihm die Individualität seiner Weine sehr wichtig. Untergrund und bestimmendes Thema ist immer das kalkige Konglomerat der Hollenburg-Karlstetten-Formation. In der Alte Setzen liegen obendrauf zwei Meter lehmig-schluffiger Löss, der sorgt für gute Nährstoff- und Wasserspeicherfähigkeit. „Ganz karg" ist die Ried Zwirch, der ein engmaschiger, sehr pikanter Wein mit Zukunft entspringt. Die Ried Berg ist eine nach Osten gerichtete, terrassierte Steillage mit über 35 % Hangneigung und einer nur dünnen Humusauflage. Der Wein ist eine eng vermengte Melange aus breit angelegtem Sortenflair, einer Idee vom großen Holz und beherzt zupackender Herkunft. „Spontan hängen geblieben" ist der Riesling Engelsberg®, der kleine Zuckerrest ist von ausreichend Säure austariert und treibt viel Frucht über den Gaumen. Der Rothenbart ist eine der höchsten Terrassenlagen im Weinbaugebiet, der magere Boden spiegelt sich in diesem engmaschigen Wein wider. Fordernd aber komplex präsentiert sich der eigenständige Riesling vom Berg. Der Weißburgunder braucht Aufmerksamkeit, macht mit seiner Fruchtvielfalt schon sehr viel Freude. Im Rosé tummeln sich die roten Sorten des Weinguts, er bildet den puristischen Kontrapunkt zum Wein des Vorjahres.           *db*

## TRAISENTAL DAC

★★★ S €€€ GV                                            FUN
**2023 Grüner Veltliner Ried Alte Setzen 1ÖTW** + Steinig pfeffrig, intensiv apfelfruchtig, zarte Fruchtsüße; Zitrus, getrocknete Kräuter; steinig, dunkle Aromen, ein Hauch Süßholz, tapeziert den Gaumen, etwas Trockenfrucht im langen Abgang, zart aromatisch.

★★★★ S €€€€ GV
**2023 Grüner Veltliner Ried Zwirch 1ÖTW** + Kühler Einstieg, Birneneis, der kühle Aspekt verliert sich bald in tiefer, leicht süßer Fruchtfülle; Feuerstein, Fruchtsüße, kleiner Restzucker (3 g), forsche Säure, viel Kraft, die er nun etwas holprig auf die Papillen bringt, salzig-mineralisch, facettenreich.

★★★★★ K €€€€€ GV                                        TOP
**2023 Grüner Veltliner Ried Berg 1ÖTW** + Reifes Zitrus, leicht aromatische Kern- und Steinobstnoten, Kräuter, karges, kalkiges Konglomerat; (frucht)süßer Beginn, beherzt zupackende Herkunft, Zesten, Bitternoten, Artischocke, Himbeeraromen, Frucht baut sich an Luft auf, sehr lang.

★★★ S €€€ RI                                            FUN
**2023 Riesling Getzersdorfer Engelsberg®** + Klassisch, viel Steinobst, reizvolle exotische Nuancen, bisschen Honigwürze, grüne Kräuter, Mandarinen, schon gut entwickelt; sehr saftig, druckvoll, vielschichtige Eleganz, Orangenbitternoten, fruchtsüß, salzig-pikantes Endstück.

★★★ S €€€ RI
**2023 Riesling Rothenbart 1ÖTW** + Leicht röstig, pfeffrig, kondensierte Steinobstnoten, eine Scheibe Ananas, Pfingstrose; munteres Süße-Säure-Spiel, sehr steinig, schlank wirkend mit gutem Kontrast aus Schwung und Spannung, pikant, viele Agrumen, Zesten und Grapefruit im Finish, Zeit!

★★★★★ K €€€€€ RI                                        TOP
**2023 Riesling Ried Berg 1ÖTW** + Salzzitronen, kalkig, spröde, Sorte fruchtsüß angedeutet, florale Verzierungen, viel Steinobst, reife Zitrusnoten; salzige Pikanz, sehr trocken, gute Fülle, dennoch beschwingt, gräbt sich tief in die Papillen, eigenständiger, spannender Ansatz.

## NIEDERÖSTERREICH

★★★ S €€€ PB                                            FUN
**2023 Weißburgunder Alte Reben** + Strenger, etwas spröder Beginn, zitrusfrisch, Kernobstvarianten, Honigmelone; Spiel zwischen geschmeidig und kantig, vielschichtiges Fruchtbild, etwas Gerbstoff, viel Boden sorgt für lange Haftung, kleine Restsüße (4 g) hilft der Frucht auf die Sprünge, Gelee, geschliffene Kanten.

★★★ K €€€€ CH
**2022 Chardonnay Reichersdorfer Ried Spiegel** + Dezent vanilleduftiges Holz, exotischer Touch, Maracuja, helle Ribisel, Steinobst; gelungene Verquickung von Holz, Frucht, Süße, Mineralik, lebendige Länge, sehr jung.

★★ D €€€ CR
**2023 Moments Organic Rosé** + Helles Pink, verlockende Beerenvielfalt, ein paar frische Kräuter, pfeffrige Zitrusnoten; zarter Grip, spannend, freut sich über Zubrot.

♛ ♛ ♛ ♛ ♛

# Weingut
# Ludwig Neumayer

Ludwig Neumayer
3131 Inzersdorf ob der Traisen, Dorfstraße 37
Tel. +43 664 2563010
neumayer@weinvomstein.at, www.weinvomstein.at
14,5 Hektar, W/R 100/0

„2023 war veltlinermäßig sehr reif bei sehr guter Säure, die Weine sind kraftvoll, konzentriert, ohne übermächtig zu sein, das ist auch nicht unsere Art. Auch die später gelesenen Trauben erfreuen mit ihrer frischen Säure. Die Rieslinge sind ein bisschen leichter von der Gradation bei ebenfalls attraktiven Säurewerten. Sie wurden erst Ende März gezogen, sind noch viel jünger, kerniger, was uns recht ist, denn mit aalglatt ist man austauschbar, da passen auch keine Fruchthefen, das sollen andere machen." Ein Treffen mit Ludwig Neumayer ist praktisch immer ein Privatissimum in Sachen Traisental, Lagen, Geologie, Sorten, Weltanschauung, man sollte sich Zeit nehmen, genau wie mit seinen Weinen. Gesellt sich noch sein Bruder Karl dazu, wird schnell eine Doppelconférence daraus. Bei aller Liebe zu umfassender Information, ist er auch ein Meister aphoristischer Konzentration. „Der beste Lagerort für Wein ist die Erinnerung" ist ein Klassiker. Seine Weine werden bis hinauf zu den Steinen immer konzentrierter, engmaschiger, fokussierter, kompromissloser, durchaus auch kraftvoll, ohne dabei mächtig oder gar opulent zu sein. Vielschichtig sind sie, man kann sich lange mit ihnen beschäftigen, und das am besten nicht sehr kalt aus dem Eis. Die Schieflage trägt als Einführung in die Traisentaler Thematik ihre Herkunft aus den Kalkrieden selbstbewusst vor sich her. Der Zwiri, „die persönliche Riedenselektion", überrascht mit fast verschwenderischem Fruchtspiel bei starkem Herkunftsausdruck. „Steinalt" ist die Ried Zwirch, sie wurde früher als Lösslage bezeichnet, aber da hat man wohl nicht tief genug gebohrt, denn drunter ist natürlich immer das kalkige Konglomerat. Ist die Nase noch fruchtbetont, staubt es geradezu am Gaumen. Ähnlich präsentiert sich der Rothenbart, die Reben stehen auf rotem Kalk. Der Wein erfreut die Nase mit viel Frucht, ist am Gaumen mit großer Spannung fast unversöhnlich, da hilft nur warten. Der Stein, gelesen wie alle Steine am „wunderschönen 1. November", kann nach langer Gärung und langem Hefelager etwas Restzucker behalten haben. Man kann ihm wunderbar bei seiner Entwicklung zuschauen. „Legistisch trocken" geht es mit den Rieslingen weiter, die alle auf „Ausnahmeböden" stehen. Der Grillenbart macht durchaus schon Spaß, wenn man die strenge Linie mag. Der Rothenbart steht schwungvoll mit beiden Beinen im Kalkgestein, und der Stein ist deutlich fordernder als der Grüne Veltliner. Mit sehr langem Anlauf ein Genuss ist der Weißburgunder vom Stein, während der noch nicht fertig konfektionierte Giess großen, wenn auch eigenwilligen Reiz zeigt, sich einer endgültigen Bewertung aber noch entzog. *db*

## TRAISENTAL DAC

**★★★ S €€€ GV** `PLV`
**2023 Grüner Veltliner Schieflage** + Eine flüchtige Wolke Steinstaub, ein bisschen Apfelduft, Lagerapfel, weißer Kampot-Pfeffer, Himbeere, Waldmeister, geschliffen; ein vergänglicher süßer Eindruck, dann kalkig, fast kreidig, viel Frucht im Clinch mit Herkunft, wird sehr eng, angenehm adstringierend, wunderbare Länge, erfrischend in seiner eigenständigen, fordernden Art.

**★★★ S €€€ GV**
**2023 Grüner Veltliner Zwiri** + Gelbe und rote Äpfel, Quitte, ein Spritzer Limite, steinig, pfeffrig, straff, sehr mineralisch, Türkischer Honig, Trockenfrüchte; Pink Grapefruit, gemütlicher, dennoch spannender Veltliner, geschmeidig, erst im Finish zeigt die Herkunft, was in ihr steckt, Apfelschale, leicht adstringierend, eingeengt im Ausklang, fruchtsüßes Finish.

**★★★★ S €€€€€ GV**
**2023 Grüner Veltliner Ried Zwirch 1ÖTW** + Pfeffer, Hefezopf, Apfelkompott, getrocknete Apfelspalten, ein Tropfen Jod, Marille, auch getrocknet; sehr steinig, so ein Mundgefühl müssen die Arbeiter in den Steinbrüchen von Carrara haben, da kommt kaum Frucht durch, deutlich gepfeffert, kleiner Restzucker (3 g), Fruchtsüße zwängt sich durch den Kalk, strenger Charakter bleibt, langes Finale macht viel Freude.

**★★★★ S €€€€€ GV**
**2023 Grüner Veltliner Ried Rothenbart 1ÖTW** + Reich gefüllter Fruchtkorb, Birne, bunte Apfelvielfalt, Quitte, Kräuter, dann Stein ohne Ende; $CO_2$, gut gesetzte Säure, markant, kaum mehr Frucht, nur noch Kalk, hinterlässt eine Staubschicht auf der Zunge, kompromisslos, ganz weit hinten etwas Fruchtsüße, sofort wieder überdeckt vom Kalk, ein Blitz Limette, Zesten, trocken, super spannend, starkes Mittelstück, Zeit!

**★★★★ S €€€€€ GV** `TIPP`
**2023 Grüner Veltliner Der Wein vom Stein** + Steinstaub, Apfelsorbet mit Minze und rotem Pfeffer, grüne Banane, delikate Hefenoten, Andeutung von cremiger Süße; Williamsbirne, extrem engmaschig, konzentriert, dazwischen tauchen immer wieder Fruchtblitze auf, fest gepfefferte, pikante Länge, grandioser Wein vom Kalk.

**★★★ S €€€ RI**
**2023 Riesling Grillenbart** + Taufeuchte Sommerwiese, blütenduftig, griffig, frische Mahd, Limette, bisschen Lebkuchen, Anis, Zimt; zarte Rieslingnoten, eingestrickt in viel Kalk, Andeutung von Süße, mineralische Adstringenz, präsente Säure, grüner Apfel, weiße Ribisel, Stachelbeere, gewisse Pikanz, kalkiger Schleier, schon gute Länge.

**★★★★ S €€€€€ RI**
**2023 Riesling Ried Rothenbart 1ÖTW** + Kandierte, kalkbestaubte Rosenblätter, dunkle Aromatik, getrocknete Marille, Ringlotten, würziger dunkler Honig, dann Kalk, Salzzitrone, tropische Akzente; beginnt mit kleinem Zuckerrest, resche Säure, viel Kalk, hängt sich bröseltrocken lang ein, etwas Cassis, große Vielfalt, Adstringenz von der guten Art, wird länger bei gleichbleibender Spannung.

**★★★★ S €€€€€ RI** `TOP`
**2023 Riesling Der Wein vom Stein** + Versteinerte Rosenblüte, bisschen Tabak, Salz und Pfeffer, Rosmarin, Thymian; enorm dicht, salzig, steinig, pfeffrig, Pikanz Richtung Peperoni; Pfirsich, kandiertes Steinobst, auch nicht ganz reife Sachen dabei, Spiel zwischen fordernder Spannung und vorübergehender Erleichterung, sehr gute Länge, knisternd knackige, fast kristalline Frucht, toll.

## NIEDERÖSTERREICH

**★★★★ S €€€€€ PB** `TIPP`
**2023 Weißburgunder Der Wein vom Stein** + Ein Hauch sommerlicher Wald, bisschen ätherisch, frische und getrocknete Pilze, Moos; $CO_2$, beginnt süß prickelnd, dann fast schmerzhaft kalkig, kaum Frucht, rollt sich ein wie ein Pangolin, Frucht perlt ab. Wird nach langem Anlauf frischer, konzentrierte Frucht bleibt, super Länge, herrliche Fruchtsüße, enorm viel Stein, fast adstringierend, bei aller Kraft leicht fließend.

**★★★ S €€€ SB**
**2023 Sauvignon Blanc Giess** + Weinbeeren, Pfirsich, Apfel, grüne Birne, eine Spur Marzipan, sehr traubig; Pfirsichhaut, eigenwillig mit gewissem Reiz, Tannennadeln, große Fruchtfülle, markanter Biss, spürbarer Restzucker, fast adstringierende Mineralik, sehr guter Ansatz.

♕ ♕ ♕

## Weinkultur
# Preiß

3134 Theyern, Ringgasse 4
Tel. +43 2783 6731
wine@kulturpreiss.at, www.weinkulturpreiss.at
12 Hektar, W/R 90/10

„2023 war geprägt vom langen, warmen Herbst, der uns reife und gesunde Trauben gebracht hat. Wir freuen uns über kraftvolle Weine, die dank unseres kühlen Gebiets schöne Säurewerte und trotz ihres Volumens eine trinkanimierende Lebendigkeit aufweisen", so blickt Viktoria Preiß auf das letzte Jahr zurück. Was vor über 100 Jahren als gemischte Landwirtschaft begonnen hat, ist heute eigentlich immer noch ein gemischter Betrieb, aufgeteilt auf 12 Hektar Wein- und 11 Hektar Obstbau. Mit 60 % ist der Veltliner die dominierende Sorte, 10 % fallen auf den Riesling, Chardonnay, Muskateller und Sauvignon füllen auf 90 % auf, das kleine rote Segment wird vom Zweigelt alleine bestritten.

Mit seinem unkomplizierten, authentischen Trinkvergnügen präsentiert sich der Kammerling als klassischer Traisentaler Veltliner. Der Ortswein punktet mit vorbildlichem Sortenausdruck, vom Hochschopf kommt ein noch in sich gekehrter Wein, der erst mit Luft zeigt, was in ihm steckt. Den tiefsinnigen, dennoch beschwingt beweglichen Rosengarten zieren hübsche florale Nuancen. Die beiden Reserven aus 2022 brauchen Luft und Zeit, der Berg gemütlich saftig, der Brunndoppel spannend burgundisch. Beschaulich geht es mit den Rieslingen weiter, mit etwas Geduld zeigt der Kammerling schon beschwingtes Trinkvergnügen, während der strengere Pletzengraben erfahrungsgemäß erst im Herbst so richtig aufmacht. Verschwenderisch aus dem Vollen schöpft hingegen schon der Sauvignon, der von einer kleinen, sonnenexponierten Anlage mit 20 Jahre alten Stöcken stammt. *db*

### TRAISENTAL DAC

★★ S €€ GV
**2023 Grüner Veltliner Kammerling** + Thymian, Melisse, Waldmeister, intensives Apfel-Potpourri, ein Hauch Himbeerduft; Treffer in puncto Jahrgang, Sorte und Herkunft, erfrischende Kohlensäure, dichtes, geschmeidiges Finale.

★★★ S €€ GV
**2023 Nußdorfer Grüner Veltliner** + Frische, gut unterfütterte Veltlinernase, heller Fruchtglanz, Apfelkompott mit einer Prise Zimt; der kleine Zuckerrest ist perfekt in Herkunft und Säure eingestrickt, viel Apfelfrucht, Zeit.

★★★ S €€ GV
**2023 Grüner Veltliner Ried Hochschopf** + Viel Apfel, bisschen Steinobst, ein Stückchen Honigmelone; weicher Einstieg, das kalkige Konglomerat die Richtung vorgibt, Sortencharakter kommt mit Luft, gepfeffertes Apfelgelee, baut Länge auf, Genuss auf festem Fundament.

★★★ S €€€ GV FUN
**2023 Grüner Veltliner Ried Rosengarten** + Knackige Frucht, typischer, tiefgründiger Veltliner, kalkig, weißer Pfeffer; griffig, bisschen Süßholz, leicht röstige Noten, elegantes Süße-Säure-Spiel, pfeffrig bis pikant im Ausklang.

★★★ S €€€€ GV
**2022 Grüner Veltliner Ried Berg Getzersdorf Reserve** + Hübscher Obst-Nuss-Mix, erste Reifenoten, bisschen kreidig, zart aromatisch, dezent blumig; kompakte Substanz, lebt anfangs von Herkunft und Machart, Apfelspalten, zart cremige Textur, braucht lange, gibt dann ordentlich Gas.

★★★★ S €€€€ GV TIPP
**2022 Grüner Veltliner Ried Brunndoppel Reserve** + Zurückhaltend, tiefgründig, elegant; mit Luft dunkle, reife, auch etwas getrocknete Aromatik, dunkelbeerig, ruhig fließender Wein, salzig-mineralisches Spiel von Säure, Herkunft, Kraft.

★★★ S €€ RI FUN
**2023 Riesling Kammerling** + Weiter Fruchtbogen von hellem Steinobst bis hin zu Cassis, etwas Exotik, Zimt, Vanille, pikant würzig; lebendige Säure, grüne Banane, guter Fluss, erster Trinkspaß.

★★★ S €€€ RI
**2023 Riesling Ried Pletzengraben** + Offene, reife Rieslingfrucht, Steinobst, rote Ribisel, Stachelbeere, kalkig verhalten, zart rosenduftig; lebhafte Säure balanciert den kleinen Zuckerrest (4,4 g), fester Grip, frische Kräuter, wird mit Luft länger, engmaschig, straff, braucht Zeit.

### NIEDERÖSTERREICH

★★★ S €€ SB
**2023 Sauvignon Blanc Kammerling** + Flirrende, klare, helle Frucht, klassischer, recht strafferer Sauvignon, grüner Paprika, Ringlotten, Frucht geht mit Luft in die Tiefe, wird dunkler, äußerst animierend, weißer Pfeffer; rote und schwarze Ribiseln, gute Balance, erfrischend, viel Wein, sehr gute Länge, sehr anregend.

# Weingut
## Siedler Alex

Alexander Siedler
3134 Reichersdorf, Obere Ortsstraße 25
Tel. +43 699 11734110
office@weingut-siedler.at
www.weingut-siedler.at

„2023 hat für uns alles gepasst", fasst Alexander Siedler den Jahrgang zusammen. „Ein kühler April, der nasse Mai und auch die Niederschläge im August ließen uns die Hauptlese für Ende September erwarten. Ab Ende August ist dann der Hochsommer in einen langen, trockenen Herbst übergegangen, der uns viele reife gelbe Früchte und einen fruchtbetonten, reifen Jahrgang mit guten Säurewerten brachte." Mit seinen Eltern und seiner Frau Manuela betreibt Alexander das Weingut bereits in fünfter Generation. Die Weingärten liegen um den kleinen Weinbauort praktisch in Sichtweite, was die direkte Kontrolle des Vegetationsverlaufs deutlich erleichtert. „Wein aus der Natur und nicht auf Kosten der Natur" ist die Parole des Hauses, und diese sorten- und herkunftstypischen Weine werden zu äußerst konsumfreundlichen Preisen angeboten. Tradition ist ein klassischer, ruhig laufender Veltliner, die saftig satte Erscheinung vom Buchhammer wird von einem Hauch Holz unterstützt, mit etwas mehr Holz präsentiert sich die gefährlich leichtgängige Reserve. Der Riesling bietet schon ersten Genuss mit Aussicht auf mehr, der recht pfiffig daherkommende Weißburgunder hat noch Zeit. Als äußerst charmante Sortenrarität empfiehlt sich der Frührote Veltliner. Muskateller und Sauvignon sind wunderschöne Vertreter des aromatischen Fachs, das kleine rote Segment bespielen Zweigelt und etwas Merlot. *db*

### TRAISENTAL DAC

★★ S € GV
**2023 Grüner Veltliner Tradition** + Apfel-Birnen-Kompott, dezent würzig; charmante Erscheinung, Pfefferl im fruchtgetragenen Ausklang, Kernobstfrucht im Finish, süffig.

★★★ S €€ GV
**2023 Grüner Veltliner Ried Buchhammer** + Reife, leicht süße Kernobstfrucht, zeigt Tiefgang; dezentes, angenehm griffiges Holz, Apfelschale, bisschen Exotik, Honigmelone, Kräuter, alles in geschmeidige Substanz gewirkt, sehr gute Länge, pikantes Finish.

★★★★ S €€€ GV **TIPP**
**2023 Grüner Veltliner Ried Alte Setzen Reserve** + Tiefe, reiche Kernobstfrucht, eine Anmutung von Birne, eine Spur vom großen Holz, Fruchtmus; ein Maul voll Wein, fruchtsüß, belebende Säure, gute Herkunftsdarstellung, viel Wein.

★★ S € RI
**2023 Riesling Ried Alte Setzen** + Zarte Steinobstfrucht, Limette, steinig-kalkige Anmutung, weißer Pfeffer, dezent blütenduftig, Pfingstrose; attraktives Süße-Säure-Spiel, feiner Schmelz, saftig, Kalk und Säure machen den Wein engmaschig, Frucht taucht im Nachklang wieder auf.

### NIEDERÖSTERREICH

★★ S € PB
**2023 Weißburgunder Parapluiberg** + Klassisch nussig, dabei pfiffig und animierend; straff, engmaschig, Frucht geht auf, traubig, viel Stoff und Herkunft, angenehme Länge.

★★ S € FV
**2023 Frühroter Veltliner** + (halbtrocken, 9 g) Würzig nach getrockneten Kräutern, frisches Kernobst, Apfelspalten, zischig frech mit Zitrusnoten, animierend; etwas reduktive Kühle, Zuckerrest unterstützt den Fruchtausdruck, gute Sortendarstellung.

★★ S €€ GM **FUN**
**2023 Gelber Muskateller Konglomerat** + Selbstbewusste Erscheinung, markante Sortendarstellung, muskatig, zitrusfrisch; flotte Säure, wird von Kalk und Stein unterstützt, kleiner Zuckerrest (3,2 g) als Gegengewicht, bleibt auf der frechen Linie, steinig-straffes Finish.

★★ S €€ SB
**2023 Sauvignon Blanc Konglomerat** + Weites helles Aromenspektrum, peppig, Stachelbeere, Brennnessel, grüner Paprika, wird mit Luft tiefer, dunkler, elegant und feingliedrig; roter Paprika, Cassis, knackig, aromatisch verzierte Herkunft, forsches Finish.

★★ S € ZW
**2021 Zweigelt Premium** + Klassischer, weichselfruchtiger Ausdruck, beherzter Gerbstoffgrip, animierend, unkompliziert mit gutem Zug.

★★ K €€ CR **FUN**
**2021 SANDA Cuvée Rouge** + (ZW/ME) Idee von Holz mit viel dunkler Frucht im Hintergrund, hübsches Spiel zwischen Röstnoten, etwas Cassis und viel Weichsel; appetitliche Säure pusht die dunkle Frucht, dezent fruchtsüß, macht auch gekühlt viel Spaß, charmante Melange mit gewissem Anspruch.

## VINOTHEKEN

### TRAISMAUER

**WEIN ARTZONE**
3133 Traismauer, Hauptplatz 1
Tel. +43 2783 8555
tourismusinfo@schloss-traismauer.at
vinothek@weinartzone.at
www.weinartzone.at

## GASTRONOMIE/NÄCHTIGUNG

### FURTH BEI GÖTTWEIG

**Landgasthof Schickh**
3511 Klein-Wien, Furth bei Göttweig, Avastraße 2
Tel. +43 2736 7218
office@schickh.at, www.schickh.at

Bekannt wurde das Haus durch die legendäre Gerda Schickh, die Schwester von Lisl Wagner-Bacher, die bereits vor 40 Jahren Gourmetküche servierte. Der Stil hat sich geändert, hochwertig gekocht wird noch immer. Hin und wieder zischt auch noch immer ein Zug vorbei, und im Garten steht für kleine Feiern ein alter Waggon der Mariazellerbahn. Die Küche von Christian Schickh bewegt sich zwischen gebackenen Blunznradln und Hummer. Ein Schickh(er) Klassiker sind auch die Marillenknödel mit goldbraunen Butterbröseln. Gute Weinkarte mit regionalen Schwerpunkten, selbst Sepp Dockners Sacra stets glasweise. 2 Hauben.

### GEMEINLEBARN

**Gasthof zum Jägerwirt**
3133 Traismauer-Gemeinlebarn,
Tullner Straße 24
Tel. +43 2276 2289
gasthof@zumjaegerwirt.at,
www.zumjaegerwirt.at

Hannes Windhör schafft es, die einheimischen Kartenspieler und die Fans tadelloser Wirtshausküche mit leichtem Touch Richtung Wild zu vereinen. Ausgezeichnet vor allem das Ragout vom Sika-Hirsch, den der Hausherr selbst schießt. Pluspunkte sind auch der flott-freundliche Service und natürlich alles Gute aus der breiten Palette der Traisentaler Weine. Einen Abstecher aus St. Pölten, Krems oder Tulln wert, vor allem auch in der Gartensaison. Zimmer.

## HÖBENBACH/GÖTTWEIG

**Winzerhof Dockner**
3508 Höbenbach, Ortsstraße 30
Tel. +43 2736 7262
winzerhof@dockner.at, www.dockner.at

Beeindruckende Palette, bodenständiger Top-Heuriger – 2020 zum besten von Niederösterreich gekürt –, der von Chefin Gudrun Dockner geführt wird; mit regionalen Schwerpunkten (nicht nur das legendäre Gansl). Breite Kostpalette, alles glasweise, viele Großflaschen und tolle Rotweine (Sacra, Iosephus). Die wunderschöne Sektmanufaktur am Kremser Frauengrund am südlichen Donauufer (Hollenburg) wird als Heurigen-Zweigstelle und Eventlocation genutzt, mit tollem Ambiente und Rundumblick über die Donau bis in die Wachau hinein. Das moderne Kostzentrum samt dem JOE-Keller (benannt nach Sohn und Kellermeister Josef Dockner jun.) ist ein Kompetenzzentrum für Wein.

## KAPELLN

**Gasthaus Nährer**
3141 Rassing, Hubertusstraße 2
Tel. +43 2784 2224
office@gasthaus-naehrer.com
gasthaus-naehrer.com

Chef Michael Nährer, einer der ersten Jungen Wilden (2006) und ausgebildet bei Glanzlichtern wie Walter Eselböck, Marc Veyrat und Thomas Dorfer, prägte seinen ganz eigenen, bodenständigen Stil. Sein Gasthaus hat Michael Nährer durch einen Neubau gegenüber dem Stammhaus völlig neu definiert: ein moderner, multifunktionaler ‚Stadel' inszeniert seine Kulinarik auf neuem Niveau. Er hat, so behaupten Stammgäste, ein goldenes Händchen beim Abschmecken. Nährer gehört den Jeunes Restaurateurs d'Europe (JRE) an, einer Vereinigung junger europäischen Top-Köche. Bio-Produkte kommen zum Einsatz, wo immer es geht. Mehr als einen Umweg wert. 3 Hauben. Vernünftige Weinpreise, sehr gute Weinkarte mit vielen Schmankerln, oft auch reifen Raritäten, Großflaschen und Naturweinen. Eigene Weinlinie mit Trauben aus den „Vergessenen Gärten" des Perschlingtales, die der Koch revitalisiert. 3 Hauben.

**Restaurant am Schlossgarten**
Schloss Thalheim
3141 Kapelln
Tel. +43 2784 20079
reservierung@schlossthalheim.at
www.schlossthalheim.at

Mit riesigem Aufwand hat ein Investor aus der Ukraine das verfallene Schloss Thalheim in Kapelln bei St. Pölten vor einigen Jahren restauriert, vom Gartenvirtuosen Thomas Nentwich traumhafte Gärten anlegen lassen und viel Geld in Zimmer, Tagungs- und Eventräume sowie Gastronomie gesteckt. Das À-la-carte-Restaurant „Am Schlossgarten" hat solide Tritt gefasst, wenn auch mit wechselnder Fortüne. Die Weinkarte ist gut sortiert und mit Augenmaß kalkuliert. Location für Feste aller Art, Hochzeits- und Tagungs-Hotspot. Beliebt ist u. a. der Sonntag-Gourmet-Table-Brunch.

## KRUSTETTEN

**Heuriger & Riedenblick Müller**
Weingut Müller GmbH
3508 Krems-Krustetten, Hollenburger Straße 12
Tel. +43 2739 2691
info@weingutmueller.at, www.weingutmueller.at

Einer der großen und vielfach ausgezeichneten Winzerbetriebe in Krustetten, am sonnigen Südufer der Donau, direkt gegenüber dem Göttweiger Berg mit seinem imposanten Stift. Sehr schöne Weine und Sortensekte, viele preisgekrönt, breite Palette, fast alles auch glasweise: geräumiger wie gemütlicher Top-Heuriger, seit über 25 Jahren. Klassische Heurigenkarte, schöner Innenhof. Das Lokal wurde aktuell um- und ausgebaut. Trotz der Größe des Weinguts ein Familienbetrieb mit Winzer „zum Angreifen". Brot aus eigenem Roggen, Wild aus eigener Jagd, Erdäpfel & Co vom eigenen Feld. Ausflugstipp.

Die Verkostungslocation Riedenblick liegt gleich beim Heurigen ums Eck am Weingut. Vielseitige Räumlichkeiten, große Terrassen mit traumhaftem Blick über Donau, südliches Kremstal, hinüber nach Göttweig und hinein in die Wachau. Für private Events zu mieten, mehrfache Feuertaufe als Pop-up-Restaurant mit 3-Hauben-Chef Andreas Herbst (Riederalm, Leogang).

## KIRCHBERG AN DER PIELACH

**Gasthof – Restaurant Kalteis**
3204 Kirchberg/Pielach, Melker Straße 10
Tel. +43 2722 7223
office@kalteis.at, www.kalteis.at

Hubert Kalteis ist ein geborener Wirt, witzig und spritzig. Im ländlichen Gasthaus ziemlich hinten im Pielachtal traut er sich, auch schräge Gerichte zu servieren. Die „Kalteisklassiker" fehlen natürlich nicht, dazu saisonale Spezialitäten aus dem Dirndltal. Extrem umfangreiche Karte. Die charmante Chefin ist die Leitfigur im Service, Lieferantenangaben für alles und jedes, viel bio und aus der Region. Die Weinkarte setzt auf Österreich und ausgewähltes Internationales, viele junge Winzer, immer wieder Neues, großes Sortiment, auch gereifte Weine. Schnäpse aus dem Dirndltal, aber nicht nur. Tipp: das „Flussbett", ein Apartmenthaus.

## LILIENFELD

**Leopold – Unser Wirtshaus**
3180 Lilienfeld, Marktler Straße 27
Tel. +43 2762 20200
office@wirtshaus-leopold.at
www.wirtshaus-leopold.at

Der stilsicher designte „Leopold" und sein Garten gehören zu den esskulturellen Stützpunkten zwischen Mariazell und Donau – was sich peu à peu auch unter den sportlichen Genießern des stark frequentierten Traisental-Radwanderweges herumgesprochen hat. Die Weinkarte will kein Buch sein, bietet aber eine überdurchschnittliche Breite qualitätsvoller „Offener".

## MANK

**Gasthaus Riedl-Schöner**
3240 Mank, Hauptplatz 1
Tel. +43 2755 2289
gasthaus@riedl-schoener.at
www.riedl-schoener.at

In vierter Generation sorgt die Familie mit herzlicher Aufmerksamkeit für Gasthausgemütlichkeit. Die Räume sind modern-rustikal gehalten, was auf den Teller kommt durchaus ambitioniert-gutbürgerlich. Mit Produkten wie Pielachtaler Räucherkäse, Natursäfte, Getreide, frisches Gemüse, Fleisch, Käse, Most, Chili oder Hanf von nahen Bio-Bauern und Landwirten. Der Chef kümmert sich um die Hausvinothek mit mehr als 100 Positionen. Auch Saft und Most der Region sollten auf die Bestellliste.

## MICHELBACH

**Landgasthaus Schwarzwallner**
3074 Michelbach, Untergoin 6
Tel. +43 2744 8241
landgasthaus@schwarzwallner.at
www.schwarzwallner.at

Franz Schwarzwallner war Schüler von Werner Matt, hat einige noble Auslandspraxen im Rückspiegel. Den Weg seines Gourmet-Gasthauses am tiefsten Land geht er trotzdem unbeirrt. Seine Fans folgen ihm voller Begeisterung. Gekocht, sehr gut, wird, was die Region an Originärem bietet. Auch vegetarische Gerichte, Fisch und mit, wo immer es geht, einem erhöhten Obst- und Gemüseanteil. Ruhe für die Weinauswahl sollte man mitbringen, die Destillate-Karte krönt die Königin aller Schnapsfrüchte, die Adlitzbeere.

## ROTHEAU/ESCHENAU

**Rast- & Gasthof Pils**
3153 Eschenau, Rotheau 6
Tel. +43 2762 68613
service@gasthof-pils.at, www.gasthof-pils.at

Seine Gäste halten „dem Pils" die Treue, auch wenn Karl Pils aus familiären Gründen die Öffnungszeiten schon vor langer Zeit einschränkte. Jetzt hat Raphael Pils das Ruder übernommen und die Batterien im Restaurant neu aufgeladen. Treue zahlt sich auf jeden Fall aus. Wo sonst gibt es in dieser Gegend beispielsweise noch heimische Fische von derartiger Delikatesse? Und auch sonst gelingt die Verquickung aus regionalen Produkten und sensibler Kochkunst, zum Niederknien. Hinsichtlich der Weinkarte wird der erstmals einkehrende Gast überrascht sein, von Vielfalt, Jahrgangstiefe, Raritäten und den günstigen Preisen. Schöne Zimmer, gutes Frühstück.

## KARLSTETTEN

### Dunkelsteiner Bräu
Familie Diesmayr
3121 Karlstetten, Schaubing 2
Mobil +43 664 4170485
office@brauhof-dunkelstein.at,
www.schaubing.at

Das Dunkelsteiner Bräu, ganz in der Nähe der Landeshauptstadt St. Pölten, besticht – wie der Name schon sagt – nicht mit seiner Weinkarte, sondern mit seinem Bier aus der Gasthausbrauerei. Bodenständige Schmankerln, saisonale Spezialitäten, großer Garten.

## ST. AEGYD AM NEUWALDE

### Zum Blumentritt
Christa Hollerer & Ulli Hollerer-Reichl
3193 St. Aegyd am Neuwalde, Markt 20
Tel. +43 2768 2277
office@zumblumentritt.at
www.zumblumentritt.at

„Die letzte kulinarische wie önologische Raststation vor Österreichs Wallfahrtsort Nummer 1", schrieben wir schon vor Jahren, und das gilt auch aktuell. Mit feinem Gespür für die kreative Mitte zwischen Bodenständigem und Interessantem werkt Frau Ulli in der Küche, während sich Schwester Christa dynamisch um die Verbindung zur Außenwelt (bis zum Golfplatz Adamstal) kümmert und die Gäste auf neu entdeckte Wein-Geheimtipps aufmerksam macht, darunter viele rare Schnäppchen. Auch das Schnapsangebot hat eine ziemliche Breite. Für den Fall tiefergehender Erforschung: nette Zimmer stehen bereit. Nach wie vor unbestritten das beste Haus im oberen Traisental. Zu hoffen bleibt, dass sich ein Nachfolger findet, nach dem – dem Vernehmen nach – schon eifrig gefahndet wird.

## ST. PÖLTEN

### Restaurant AELIUM
Rev Gastro GmbH
3100 St. Pölten, Fuhrmanngasse 1
Tel. +43 2742 30515
restaurant@aelium.at, www.aelium.at

Das junge Gourmetrestaurant AELIUM – angelehnt an den römischen Namen der Stadt – rockt seit Herbst 2021 die Metropole in der Innenstadt. Die Zeichen stehen auf Fine-Dining-Hotspot und Weinkompetenz-Zentrum, mit einer stets wechselnden Auswahl an regionalen und globalen Weintipps auf der Karte, darunter Stars & Newcomer, Klassiker & schräge Sachen, auch biodyn & natural. Gutes Preis-Leistungs-Verhältnis.

Drei Wachauer sind es, die hier Gas geben: Master of Wine-Studentin Elena Rameder – Frau von Hofmeisterei Hirtzberger-Capo Hartmuth Rameder – ist die Chefin, Christoph Vogler (früher Souschef in der Hofmeisterei) leitet als Küchenchef die kulinarischen Geschicke und Sommelier & Barista Christoph Essl den Service. Das AELIUM hat 50 Plätze, bietet eine produktbezogene, saisonale, entdeckungsfreudige und weltumspannende Kücheninszenierung, die das Wesentliche im Fokus hat: den Genuss und die Freude an exquisiter Kulinarik.

**Hotel-Restaurant Böck „Roter Hahn"**
Familie Widgruber
3100 St. Pölten, Teufelhofer Straße 26
Tel. +43 2742 72906
rezeption@roter-hahn.at, www.hotel-boeck.at

Letztlich ist es für ein Restaurant nicht das schlechteste Zeichen, wenn man feststellen darf, dass qualitativ einfach alles beim Alten geblieben ist, wenn auch immer wieder vieles neu gemacht wird. Für den „Roten Hahn" am autobahnnahen südlichen Stadtrand von St. Pölten bedeutet dies: gemütliches Ambiente in den diversen Räumlichkeiten und im wohl schönsten Gastgarten der Landeshauptstadt, solide Qualität in der Speisekarte, vernünftiges Preis-Leistungs-Verhältnis, viel regionale Qualität bei den Grundprodukten. Der Böck ist mittags wie abends Anlaufstelle für das Tagesmenü ebenso wie für die wirklich gute Flasche Wein. Sogar eigene „Winzertage" gibt es hier bei Familie Widgruber, dazu noch 55 Betten.

**Gaststätte Figl**
Matthias Struntz
3100 St. Pölten-Ratzersdorf, Hauptplatz 4
Tel. +43 2742 257402
office@gaststaette-figl.at, www.gaststaettefigl.at

Ein St. Pöltner Urgestein ist die Gaststätte Figl im nordöstlichen Stadtteil Ratzersdorf. Eine Minute von der S33-Abfahrt St. Pölten Nord findet man ein urig-gemütliches Gasthaus, das die verfeinerte Wirtshausküche in die Tat umsetzte, Weinkultur inklusive. Pächter Matthias Strunz und Partnerin Julia sind beherzte und kompetente Gastgeber, Struntz hat den Figl zum „NÖ Topwirt des Jahres" geführt (2018). Gault&Millau setzte dem noch eine Haube drauf. Die Küche legt Wert auf saisonale, bodenständige Ingredienzien vom Feinsten. Geradlinig, mit wenigen Zutaten, auf den Punkt gebracht. In der Küche gibt es eine Neuerung zu vermelden: Martin Kaufmann heuerte an, kommt von Max Stiegl aus dem Burgenland – vom Stiegl zum Figl.

Unaufgeregt, aber höchst niveauvoll präsentiert sich die sehr gut sortierte Weinkarte. Immer wieder mit Neuentdeckungen und Raritäten! Der Figl ist sowas wie der Heimathafen der St. Pöltner Gastlichkeit geworden, und das Flaggschiff ist er sowieso. Dazu gehört auch der prächtige Garten vor dem Wirtshaus unter der denkmalgeschützten Linde. Immer wieder Themenabende und Gourmetdinner.

**Hotel-Gasthof Graf**
Brigitte & Leo Graf
3100 St. Pölten, Bahnhofplatz 7
Tel. +43 2742 352757
office@hotel-graf.at, www.hotel-graf.at

Am Bahnhofplatz hat sich Gastro-Turbo Leo Graf sein Refugium geschaffen. Das Stadthotel Graf verfügt nicht nur über 35 moderne Zimmer, sondern auch über ein unprätentiöses, kompetentes Restaurant mit guter regionaler Weinkultur, das sich, allerdings nur wochentags, großer Beliebtheit erfreut – mittags wie abends. Für frischen Wind sorgt Juniorchef Andreas Graf. Tipp!

**Ristorante La Dolce Vita**
3100 St. Pölten, Rathausplatz 5
Tel. +43 2742 20233
Support@Okawarisushi.com,
www.zanettigroup.at/St-Poelten/La-Dolce-Vita/

Die Landeshauptstadt hat auch einen Qualitäts-Italiener – sogar mit Gault&Millau-Haube. An prominenter Stelle, noch dazu mit einem Schanigarten am belebten Rathausplatz. Der Fisch ist frisch, das Meeresgetier von großer Vielfalt, die Pasta höchst fantasiereich und von gehobener Qualität. Die offenen südlichen Weine – natürlich gibt's auch ein paar Österreicher – von jener Art, die uns an wunderbare Urlaubstage oder Kunstreisen erinnert, und die Bouteillen in allen Reifestufen und Preislagen. Großer Schanigarten am Rathausplatz. Tipp!

### Mandas
3100 St. Pölten, Rathausplatz 15/E01-E02 (Eingang Marktgasse)
Mobil +43 664 555 00 68
office@mandas.at, www.mandas.at

In der Marktgasse gibt es mit dem „Mandas" eine Adresse für Liebhaber der ausgefallenen Küche. Saleem Piridaus lädt hier zur kulinarischen Entdeckungsreise: Ausgehend von seiner Heimat Sri Lanka über Mexiko bis zur kreativen österreichischen Küche gibt's hier (fast) alles. Mit überraschenden Weinbegleitungen. Besonderes Highlight: die Rum-Auswahl!

### Vinzenz Pauli
3100 St. Pölten, Alte Reichsstraße 11–13
Mobil +43 650 6202077
frag@vinzenzpauli.at, www.vinzenzpauli.at

Etwas versteckt gelegen – beim St. Pöltner Alpenbahnhof – findet man im „Vinzenz Pauli" nicht nur klassische und raffinierte, „behaubte" Gerichte der neuen österreichischen Küche, sondern auch eine Weinkarte, die sich stets verändert und ständig weiterentwickelt. Der Fokus liegt auf Weinen mit Charakter und Eigenständigkeit, von Winzern, die auch einmal neue Wege gehen. Oftmals bio oder biodynamisch, manchmal auch naturnah oder sogar „orange". Partner von Gastgeber Maurice Harant und Küchenchef ist Werner Punz, der davor im Sternerestaurant des Wiener Grand Hotels zu Werke ging. Zahlreiche Räume, auch einzeln für Gesellschaften, romantischer Garten, äußerst beliebtes Gasthaus mit Stammgästen aus nah und fern. Tipp!

### Gasthof Winkler
3100 St. Pölten, Mühlweg 64
Tel. +43 2742 364944
gasthof.winkler@aon.at, www.gasthofwinkler.at

Ein Revival erlebt seit einiger Zeit der sehr traditionelle Gasthof Winkler am Mühlweg, das Fleisch- und Steak-Kompetenzzentrum der Stadt. Seit Generationen im Familienbesitz, wird heute die Tradition der österreichischen Küche hochgehalten. Dort werken Franz Winkler jun. & sen. Im Sommer ein Hit: der romantische Garten mitten in der Stadt. Preis-Wert-Tipp obendrein. Solide Weinauswahl.

### Yesterday – die Bar
3100 St. Pölten, Frauenplatz 1
Mobil +43 676 7362271
oliver@yesterday-bar.at, www.yesterday-bar.at

Wer Cocktail sagt, muss in St. Pölten auch „Yesterday" sagen. Oliver Kloiber hat seine Bar in der Prandtauerstraße in den vergangenen Jahren noch viel gemütlicher gemacht, als sie sowieso schon war. Und er begeistert nicht nur mit Klassikern, sondern unter anderem auch mit selbstgemachtem Tonic! Das macht Gin ...

### Rathausplatz & Herrenplatz
Neben dem belebten Rathausplatz hat sich auch rund um den nur wenige Gehminuten entfernten Herrenplatz so etwas wie eine „Bermuda-Zone" mit einer Fülle von Lokalen entwickelt. Für den Weinfreund bieten sich besonders die Osteria Cucina & Vini (www.cucina-vini.at) und die Weinbar Vino (www.vinobali.at) an. Letztere präsentiert über 40 Weiß- und Rotweine auch glasweise. Aber auch das Schubert (www.cafeschubert.at) und das Wellenstein (cafe-im-palais.at) empfehlen sich dem Weinfreund als Rekreationsadressen.

Direkt gegenüber dem Rathaus ist das große Cafe-Restaurant Schau.Spiel (www.schauspiel.at) des Kremser Gastronomen Otto Raimitz, das sich zum absoluten Hotspot entwickelt hat, mit großem Schanigarten. Weniger wegen der Weinkompetenz, sondern wegen einer vertretbar guten Ethnoküche sei noch das griechische Restaurant Rhodos (www.rhodos-sanktpoelten.at) erwähnt.

## TRAISMAUER

### Nibelungenhof
3133 Traismauer, Wiener Straße 23
Tel. +43 2783 6349
office@nibelungenhof.at
www.nibelungenhof.at

Rainer Melichar ist der wohl am höchsten bewertete Kochgeheimtipp Österreichs. Sein Können verkündet er nicht mit großem Marktgeschrei, nicht einmal seine zwei Hauben hängt er im Restaurant auf. Nach Jahren bei Karl Eschlböck und Jörg Wörther begann er im Nibelungenhof. Die Strukturen dort sind überschaubar: Er schupft allein die Küche, eine Frau den Service. Weil dieses Alleinsein eine Menge Effektivität verlangt, kreierte Rainer Melichar sein Succo-Well-System. Eine geniale Art, verdammt gute und intensive Essenzen aus Gemüse, Kräutern oder Obst relativ einfach herzustellen. Basis für seine konzentrierte Küche, die mit so wenigen, meist regionalen Zutaten auskommt und so genial schmeckt. 3 Hauben, vielleicht die preiswertesten weit und breit. Tipp!

### WeinArtZone
Schloss Traismauer – Fam. Hofmann-Koschak
3133 Traismauer, Hauptplatz 1
Tel. +43 2783 8555
vinothek@weinartzone.at
www.weinartzone.at

Die besten Weine des Traisentales in lässiger Atmosphäre mit viel Kunst zum Angreifen und Design, u. a. von Sascha Rier. Gebietsvinothek, immer wieder kultige Events.

## WALPERSDORF

### Schlossküche
Sandra & Martin Blauensteiner
3131 Walpersdorf, Schlossstraße 2
Mobil +43 699 19307883
restaurant@blauenstein.at
www.blauenstein.at

Sandra und Martin Blauensteiner empfangen ihre Gäste in der Schlossküche und haben dafür Küchenchef Florian Mistelbauer ins Traisental geholt. Klassische, österreichische Speisen würzt er mit raffinierter Kreativität. Frische wird großgeschrieben. Die perfekte Weinbegleitung kommt von Martin Blauensteiner: eine gelungene Mischung aus dem In- und Ausland, aus Österreich – vor allem dem Traisental und aus der Wachau. Komfortabel geheiratet werden kann im Schloss auch, das gehört zum Imperium von Gartenzampano Markus Lederleitner, der hier auch einen Handel mit schönen Dingen, Möbeln und Accessoires etabliert hat. Ausflugs- und Eventtipp.

# WAGRAM

Das Weinbaugebiet, das 2007 von Donauland in Wagram umbenannt wurde, erstreckt sich südlich des sogenannten Wagram, einer von der Urdonau geschaffenen, in ihrer Mächtigkeit einzigartigen Löss-Stufe, die etwa auf halbem Weg zwischen Wien und Krems gelegen ist; die südlichen Abhänge des Wagram, auf denen tiefgründige Lössböden überwiegen, werden schon seit alters her für den Weinbau genützt. Hier reihen sich Weinbauorte mit klangvollen Namen wie Feuersbrunn, Gösing, Fels am Wagram, Kirchberg und Königsbrunn aneinander. Zwei Drittel der Rebfläche werden vom Grünen Veltliner besetzt, der also ganz eindeutig dominiert und charakteristische, fruchttiefe und pfeffrige Gewächse hervorbringt. Weißburgunder, Chardonnay und Riesling werden ebenfalls mit guten Resultaten gepflegt. Die regionale Spezialität Roter Veltliner wurde wiederentdeckt und gefördert. Auch der Rotweinanbau wurde etwas forciert, und aufgrund der klimatisch günstigen Verhältnisse konnten mit Zweigelt, Blauburgunder und Cabernet wiederholt Erfolge erzielt werden.

Zwei Markengemeinschaften haben sich die Förderung des Weinniveaus am Wagram auf ihre Fahnen geschrieben: die Vereinigung „Wagramer Selektion" und die Winzergemeinschaft „Weingüter Wagram".

Das Weinbaugebiet Wagram endet jedoch nicht am Wagram, wie man annehmen würde, sondern erstreckt sich auch auf eine südlich der Donau gelegene Enklave, auf die durchaus sehenswerten Lagen von Weidling und Klosterneuburg. Unangefochten als Leitbetrieb fungiert das größte österreichische Privatweingut Stift Klosterneuburg, das mit modernem Management und Kellertechnik am Puls der Zeit Weingeschichte in Österreich geschrieben hat.

Ab dem Jahrgang 2021 gibt es Wagram DAC mit drei Stufen: Gebietswein, Ortswein und Riedenwein. Die Gebietsweine sind ähnlich wie in der Wachau geregelt, zulässig sind 13 weiße und rote Rebsorten. Bereits ab 1. Dezember des Erntejahres dürfen die Winzer um die Prüfnummer ansuchen. Bei den Ortsweinen sind 27 Ortsangaben zulässig, also fast für jeden Ort eine. Allerdings sind hier nur sieben Rebsorten zugelassen, die zudem reinsortig ausgebaut sein müssen. Die Prüfnummer darf ab dem 1. Jänner des auf die Ernte folgenden Jahres zur Prüfnummer beantragt werden. Die Spitze der Herkunftspyramide bilden die Riedenweine, erlaubt sind die weißen Wagram-Leitsorten Grüner und Roter Veltliner sowie Riesling. Sie dürfen ab 1. März des auf die Ernte folgenden Jahres zur Prüfnummer eingereicht werden. Alle Weine müssen trocken sein, die Weißweine dürfen keinen dominanten Holzton aufweisen.

2.450 Hektar Weinanbaufläche
Die wichtigsten Rebsorten:
Grüner Veltliner, Riesling,
Roter Veltliner

## Bioweingut
# Familie Bauer

**Josef Bauer**
3471 Großriedenthal, Hauptstraße 68
Tel. +43 2279 7204
info@familiebauer.at, www.familiebauer.at
28 Hektar, W/R 78/22

Das Bioweingut Familie Bauer ist seit dem Jahr 2012 biologisch zertifiziert. Die Themen Nachhaltigkeit, Vielfalt und auch einmal etwas Neues auszuprobieren liegen Josef Bauer sehr am Herzen. Deshalb hat er neben den klassischen Sorten Grüner Veltliner, Roter Veltliner und Riesling auch PiWi-Sorten wie den Donauriesling und den Donauveltliner. Seit Kurzem gibt es auch den Blütenmuskateller. Alles sehr spannende Rebsorten, die vielleicht die Eleganz einer Vitis-Vinifera-Sorte nicht ganz widerspiegeln können, aber für sich sehr gute Vertreter ihrer Art sind. Darüber hinaus setzt man sich auch mit dem Thema Naturwein auseinander – mit klingenden Weinen wie Bärig (Roter und Grüner Veltliner) und URIG (Roter Veltliner), die auch sehr spannend sind. Der URIG wird zu 25 % im Stahltank und der Rest in 300-Liter-Eichenfässern ausgebaut. Ein Jahr Maischestandzeit hat der Wein hinter sich, dann wird er gepresst und kommt in die Gebinde. Schwefelfrei wird der Wein gefüllt. Der Pet Nat aus Grünem und Rotem Veltliner sowie Riesling ist ein perfektes Sommergetränk, unkompliziert mit Trinkfreude und Urlaubsfeeling.
Im Vitis-Vinifera-Segment ragen Grüner Veltliner, Roter Veltliner und Riesling hervor. Die klassischen Weine brillieren durch Frische, Eleganz und Trinkfreude. Die Riedenweine aus den Rieden Hinterberg und Goldberg werden spontan vergoren und bleiben bis zu einem Jahr auf der Vollhefe. Dadurch werden sie viel filigraner und engmaschiger. Der Grüne und Rote Veltliner wächst auf Lössboden und der Riesling auf Löss und Schotter. Josef Bauer ist ein Tüftler, der noch einiges versuchen wird. Der Grundstock ist gelegt, und der ist fantastisch. *rk*

### WAGRAM DAC

★★ S € GV
**2023 Grüner Veltliner Terrassen** + Klare, ruhige Frucht, Klarapfel, Anklänge von weißem Pfirsich, leicht kräuterig, Schwarzbrotrinde, Bergamotte, schwarzer Pfeffer, Leichtigkeit und Trinkfreude.

★★★ S € GV — **PLV**
**2023 Grüner Veltliner Ried Goldberg** + Kompakte, unaufgeregte Nase, Ringlotte, McIntosh Apfel, Orangenverbene, Heublumen, am Gaumen dicht, feiner Gerbstoff, glacierte Pfeffermarille, Tasmanischer Pfeffer, feste Struktur, bleibt im Abgang kompakt.

★★★ S €€ GV
**2022 Grüner Veltliner Ried Hinterberg** + Offene, ausdrucksstarke Nase, Butterbrioche, Marillenkompott, rosa Pfeffer, Veilchen, der Gaumen ist mundfüllend mit Honigwabe, Ribisel, Butterscotch, cremige Struktur, die trotzdem nicht zu opulent wird, früh genug öffnen, da der Wein mit Luft gewinnt.

★★★ S € RV — **PLV**
**2023 Roter Veltliner Terrassen** + Der Wein zeigt schon, was das Wagram sehr gut kann, einladende rotbeerige Nase, roter Apfel und Holunder, Zitronenverbene, trinkfreudig am Gaumen mit Pfirsich, Stachelbeere, Tee von Minze, Schale von Limette, roter Veltliner mit Wagram-DNA.

★★★★ S €€ RV — **TIPP**
**2022 Roter Veltliner Ried Hinterberg** + Muskelbepackter Wein, Marillenkompott, Butterscotch, weißer Pfeffer, Blütenhonig, reichhaltiger Gaumen, Kerzenwachs, Lavendel, braune Butter, Honigwabe, Kletzenbrot, ein Langstreckenläufer mit Vielschichtigkeit, dichter, komplexer Abgang.

★★★ S €€ RI
**2022 Riesling Ried Hinterberg** + Kompakte, ausdrucksstarke Nase, verwobene reife Marille mit Litschi und Mango, der Gaumen bringt noch kräuterige Elemente mit sich, Orangenverbene, Brennnessel, Kamillentee, im Abgang etwas Currykraut, Grapefruitbitterl, alles in allem ein kulinarischer Wein.

★★ S €€ RI
**2023 Riesling Ried Goldberg** + Floraler Auftakt, Buddhas Hand, Limettenzeste, weißer Pfirsich, cremiger Gaumen, Butterbrioche, Marille, weiße Himbeeren, saftiger Riesling, der die Sonne des Jahrgangs widerspiegelt.

★★★ S €€€ PB
**2021** + Weißburgunder Großriedenthal Reserve + Zugängliche Nase, Litschi, Mango, Birnenkompott, seidiger Gaumen mit Currykraut, weiße Brioche, Grapefruit, Honigwabe, Krokus, leicht cremiger Gaumen, unterstrichen durch Würze vom Holz.

### ÖSTERREICH

★★★ S €€ RV
**2021 Roter Veltliner URIG** + Zeigt Maischestandzeit schon in der Farbe, Blutorange, Marillenkompott, Mango, Mandarine, verspielter Gaumen, etwas Graphit, feiner Gerbstoff, Kamille, Wiesenkräuter, Ribisel, Rhabarber, druckvoll, ohne überladen zu sein, kulinarisch wertvoller Wein, große Gläser und viel Luft, damit sich der Wein entfalten kann.

👑 👑 👑

## Weingut
# Florian Bauer

Florian Bauer
3483 Feuersbrunn, Neufang 52
Tel. +43 2738 2309
weingut@josefbauer.at, www.josefbauer.at
12,5 Hektar, W/R 85/15, 75.000 Flaschen/Jahr

Eine personelle Veränderung gibt es im Hause Bauer. Josef Bauer begab sich in den verdienten Ruhestand. Sohn Florian hat übernommen. Natürlich mit tatkräftiger Unterstützung seines Vaters.
Die aktuelle Serie ist wieder fulminant. Es sind Weine mit Komplexität, Tiefgang und dem gewissen Etwas. Was mich besonders beeindruckt hat, war die überaus hohe Qualität der Ortsweine – ob Weißburgunder (neu!), Riesling, Grüner Veltliner oder Roter Veltliner –, es sind unfassbare Weine. Ganz einfach phantastisch, spricht für das Haus. Dass die Lagenweine Größe zeigen, ist man schon gewohnt. Vor allem der Grüne Veltliner Ried Rosenberg. Diese Lage ist Anwärter für 1ÖTW. Der Wein spielt schon in der ersten Liga – brillant. In diese Kerbe schlägt der Riesling Ried Losling – genial! Aus dem Jahrgang 2022 kommt der Saphir – ein toller Weißburgunder von extremer Substanz. Übrigens, der Chardonnay ist im Weingut Bauer Geschichte. Man setzt auf den Weißburgunder. Da rennt man bei mir offene Türen ein. Auch der Rotwein kommt hier nicht zu kurz. Eine überaus charmante Bella Viktoria 2021 (ZW/CS), welche den Rotweinfans ein Lächeln ins Gesicht zaubert. *as*

### WAGRAM DAC

★★ S €€ PB
**2023 Weißburgunder Feuersbrunn** + Was für ein eleganter Wein, feines Bukett nach Nelken, Anis, Pfirsich, Schokonoten, Marzipan, Orangenschalen, kandierte Zitrusfrüchte, noble Fülle, passende Säure.

★★★ S €€€ PB
**2022 Weißer Saphir Weißburgunder** + (Ausbau: 50 % Holz, 50 % Keramik) Das ist absolute Klasse, Birnen, Mandeln, Ananas, Orangen, etwas Vanille, trocken bis zum Anschlag, salzig, tolle Säure, tief, engmaschig, dichte Struktur, wirkt noch total jung, fast embryonal. Unbedingt zeitgerecht dekantieren und aus einem großen Glas genießen.

★★ S €€ RV
**2023 Roter Veltliner Feuersbrunn** + Ganz feines Aroma, Ananas, Apfel, Birne, Marzipan, Marille, Blütenhonig, Quitte, ungemein vielschichtig, elegant, feingliedrig, eine einnehmende Exotik, wunderbar zu trinken. Ein hochwertiger Ortswein.

★★ S €€ SB
**2023 Sauvignon Blanc** + Aromatik nach Stachelbeeren, Holunderblüten, Brennnesseln, Cassis, reifer Paprika ist wunderbar zurückhaltend in der Frucht verwoben, absolut reife Trauben, feine Fülle, weinige Struktur, schöne Säure. Ein hervorragender Sauvignon Blanc mit Extraktsüße und Schmelz.

★★ S €€ GV
**2023 Grüner Veltliner Feuersbrunn** + (Löss und roter Schotter) Kräuter, Exotik, Zitrus, etwas Ananas, dezent rauchig, betont trocken, viel Mineral, tolle Säure, salzige Noten, spannend und ausdrucksstark.

★★★ S €€ GV
**2023 Grüner Veltliner Katharina** + Ein feinwürziger, hell- und gelbfruchtiger Grüner Veltliner. Weißer Pfeffer, Exotik, Zitrus, ungemein spannend, eng, lang, fest strukturiert. Der macht so richtig Spaß bei hoher Qualität.

★★★ S €€ GV
**2023 Grüner Veltliner Ried Spiegel** + Dunkle Tönung, ausgebaut in Wagramer Eiche, tiefgründig, Salzkaramell, mineralisch, straff strukturiert, Kräuter, gelber Apfel, rauchig, kräftiger Ausdruck und lang abgehend.

★★★★ S €€ GV  TIPP
**2023 Grüner Veltliner Ried Rosenberg** + Faszinierende Exotik, Pfeffer, Grapefruit, Ananas, reife Birne, hochelegant, cremige Textur, kühl, salzig, stoffig, Gewürznoten, feinst liniert, lössige Intension. Ein fulminanter Grüner Veltliner aus einer zukünftigen 1ÖTW-Lage. Burgundische Stilistik. Spielt ganz oben mit.

★★ S €€ RI
**2023 Riesling Feuersbrunn** + Stoffig, konzentriert, einiger Tiefgang, Marille, Pfirsich, kräftig, rassig, Zitrusnoten, pikant, nervig, fordernd, ein Riesling-Ortswein, der es in sich hat. Absolute Empfehlung.

★★★ S €€€ RI
**2023 Riesling Ried Losling** + Ganz einfach brillant, Steinobst, Nougat, Zitrus, etwas Rhabarber, Feuerstein, perfekte Säure, tiefgründig, endlos lang. Ein Riesling von großer Klasse mit enormer Substanz. Bei solch einem genialen Riesling braucht man nicht viel schreiben, nur trinken.

### NIEDERÖSTERREICH

★★ S €€€ CR
**2021 Bella Viktoria** + (ZW/CS) Ein wahrlich schöner Rotwein mit feinen Vanillenoten vom bestens eingesetzten Holz, Veilchen, Cassis, Kirschen, Zwetschken, bisschen Schoko, charmante Frucht, Prise Pfeffer, weiches Tannin, geht auf im Glas. Ein hochanständiges Glas Rotwein.

# Weingut
# Michael Bauer

**Michael Bauer**
3470 Kirchberg am Wagram, Mitterstockstall 27
Tel. +43 664 5314641, office@weingut-michaelbauer.at
www.weingut-michaelbauer.at
17 Hektar, W/R 90/10

2017 auf 2018 hat Michael Bauer das Weingut von seinem Vater in vierter Generation übernommen. Vom letzten Jahr auf dieses merkt man wieder einen großen Sprung im Sinne der Qualitätsschärfung. Das Thema Zeit wird in Zukunft noch wichtiger. Ab dem nächsten Jahrgang werden die Weine noch später auf den Markt gebracht und verbringen mindestens zwei Monate in der Flasche. Alle Weine sind vegan. Auch das Thema Nachhaltigkeit ist sehr wichtig. Die Etikette wurde modernisiert. Sie zeigt den Wiedehopf, der in der Region fast ausgestorben war, aber jetzt wieder heimisch ist. Auch die Weine spiegeln diesen Drang nach Qualität wider. Vom Gebietswein Grüner Veltliner bis hin zum Grünen Veltliner Alte Reben ist das Thema Herkunft und dem Wein die nötige Zeit zu geben spürbar. Mit dem neuen Roten Veltliner Vintages (25 % aus 2021, 50 % aus 2022 und 25 % aus 2023) möchte Michael Bauer das Thema Herkunft über die Jahrgänge bespielen. Der Rote Veltliner Mordthal M² steht für Michael und Melanie (ist auch deren Hochzeitswein) und hat eine wunderbare Tiefe und Spannung. Mit dem Riesling 2022 ist ihm wieder ein Wein gelungen, der Trinkfreude und Spannung verspricht. Der Heurige ist fast zum Pflichtbesuch geworden, mit spannender Kulinarik und eindrucksvoller Location zum Verkosten – verweilen und genießen.
Die Zukunft ist am Weingut angekommen, und ich freue mich auf noch mehr spannende Weine von Michael Bauer. *rk*

## WAGRAM DAC

★★★ S €€ GV
**2023 Grüner Veltliner Ried Steinberg** + Ruhige, aber präsente Aromen in der Nase, Rubinette Apfel, Schale von Weingartenpfirsich, Limette, helle Aromen am Gaumen, gelber Apfel, rosa Pfeffer, Orangenblüte, Currykraut, appetitlicher Abgang, der nach einer Speise sucht.

★★★ S €€€ GV                                                    TIPP
**2023 Grüner Veltliner Ried Schlossberg** + Aufgebrühter Kräutertee, roter Apfel, Lavendel, Mandarinenzeste, klarer, geradliniger, druckvoller Gaumen, Bratapfel, kandierte Orange, Melisse, rosa Pfeffer, Grapefruit, gaumenschmeichelnder, lebendiger, erfrischender Abgang.

★★★★ K €€€ GV
**2022 Grüner Veltliner Alte Reben** + Unaufgeregte Nase, Schwarztee, Verbene, Hagebutte, Gravensteiner Apfel, klare, aber ausgereifte Fruchtaromen am Gaumen, reife Birne, Gewürznelken, Litschi, helle Pfefferwürze, feiner Gerbstoff, der Zug aufbaut und den Wein kompakt macht.

★★★★ S €€ RV
**2022 Roter Veltliner Ried Mordthal „M²"** + Bergamotte, Lavendel, Kamillentee, reife Alexander Lucas Birne, saftiger, animierender Gaumen, leichte Reduktion, Gerbstoff von Schale einer gelben Birne, Zitrone, saftige Zuckermelone, kulinarisch, verspielter Weine mit Tiefe und Spannung.

★★★ S €€ RV
**Roter Veltliner Vintages** + Leicht rauchig, glacierte Birne, Blutorange, Orangenverbene, schmeichelnder Gaumen, dezente Kräuteraromen, Cola-Kraut, Mandarine, roter Apfel.

★★★ S €€ RI
**2022 Riesling Ortswein Ruppersthal** + Strahlende Marille, saftiger Gaumen, kandierte Orange, Limette, dicht am Gaumen, feine Currykraut-Anklänge, Orangenverbene, kulinarisch sehr wertvoller Wein, feine Fruchtsüße, die aber nicht störend ist.

★★ S €€ PB
**2023 Weißburgunder** + In sich ruhende Aromen in der Nase, reife Williamsbirne, leicht Melisse, Minze, getrocknetes Heu, fester, dichter, saftiger und kräftiger Gaumen, wie in der Nase reife Williamsbirne, feiner, stützender Gerbstoff, klare, feste Struktur im Abgang.

♛ ♛ ♛

## Weingut
# Stefan Bauer

Stefan Bauer
3465 Königsbrunn am Wagram, Rathausplatz 19
Tel. +43 2278 2771
stefan@weingutbauer.at
www.weingutbauer.at

Das sympathische Winzer-Ehepaar Karin und Stefan Bauer macht nicht nur fantastische, geradlinige Weine vor allem vom Grünen und Roten Veltliner, sondern hat auch einen Heurigen, der es in sich hat. Aber alles der Reihe nach. Familie und Zusammenhalt sind ein wichtiger Motor für das Schaffen und Tun am Weingut. Mit dem neuen Herkunftssystem werden die zwei Kategorien Gebietswein und Riedenwein bespielt. Alles sehr geradlinige, sortenbezogene Weine, die immer Spannung und Trinkspaß vermitteln. Mit der Hutzler-Serie, die eine Hommage an die Großeltern Mathilde und Josef Hutzler ist, werden kontinuierlich hervorragende Weine aus den Rebsorten Grüner Veltliner, Roter Veltliner und Weißburgunder vinifiziert. Dass die Weine mehr Zeit und bis nach der Gärung auch keinen Schwefel bekommen, gibt ihnen noch mehr Spannung und Tiefe. Die Rebstöcke zählen zu den ältesten und besten rund um Königsbrunn und bringen Herkunft, Tradition und den puren Lössboden in die Flasche. Die Rieden Bromberg, die 50 Jahre alte Rebstöcke hat, und Steinagrund mit Löss und Lehmböden spiegeln Eleganz und Tiefe wider. Alle Weine zeigen klar ihre Herkunft und das Handwerk des Winzers. Dass es auch andere Vinifikationen als die klassischen gibt, zeigt Stefan Bauer mit seinen spaßigen und trinkfreudigen Weinen vom Grünen Sylvaner und Müller-Thurgau. Beide sind maischevergoren und unfiltriert, zeigen Trinkfluss und Verspieltheit. Abgerundet wird das Ganze durch den Heurigen – ein Kraftplatzl, wo es Wild aus der eigenen Jagd, Schweine- und Fischspezialitäten gibt. Auf die Familie – Freude und Zusammenhalt!    *rk*

### WAGRAM DAC

★★★ S €€ GV    **TIPP**
**2023 Grüner Veltliner Ried Königsbrunner Bromberg** + Strahlend wie die Sonne vom Wagram, gelber Apfel, Ringlotte in der Nase, am Gaumen Schwarzbeere, Stachelbeere, roter Apfel, dunkle Würze, feste Struktur und gewisse Tiefe.

★★★★ S €€€ GV
**2022 Grüner Veltliner Ried Felser Steinagrund** + Würzig- Flinsige Nase, vibrierender Gaumen, Rubinette Apfel, Cassisblatt, Weingartenpfirsich, am Gaumen feiner Gerbstoff vom Schwarztee, wunderbare Tiefe und Länge, unterstützt von schwarzem Pfeffer und Hagebutte.

★★★★ S €€€ GV
**2021 Grüner Veltliner Hutzler** + Monumentale Nase, etwas Akazie, Honigwabe, dunkle Würze, Stachelbeere, schwarzer Pfeffer, Wacholder, saftig-röstiger Gaumen mit Spannung und Tiefe, Hefegebäck, konfierte Marille, vielschichtiger Wein, der jetzt und in Zukunft noch besser seine Größe ausspielt.

★★★ S €€ RV    **PLV**
**2023 Roter Veltliner Wagram** + Stoffige Nase, roter Holunder, Ribisel, Stachelbeere, fester, aber saftiger Gaumen, Mandarine, etwas Honigwabe, floral im Abgang mit Orangenverbene, Veilchen, kulinarisch bis zum Ende.

★★★ S €€€ RV
**2022 Roter Veltliner Ried Ruppersthaler Steinmeisel** + Offene, verspielte Nase, Bergamotte, roter Apfel, weiße Brioche, cremige Struktur am Gaumen, Mandarine, Tee von Zitronenminze, glacierte Ananas, bleibt fest zusammen mit leichtem Gerbstoff.

★★★ S €€ RI
**2023 Riesling Wagram** + Einladende Nase, reife Marille, Zitronenverbene, Fizzers, Orangenblüte, saftiger Gaumen, Steinobst, leichte Wiesenkräuter, im Abgang leichte Fruchtsüße, die den Wein charmant macht.

### ÖSTERREICH

★★★ K €€ SI    **FUN**
**2022 Grüner Sylvaner maischevergoren und unfiltriert** + Lebendige Frucht, leichtfüßig, Zitronenverbene, Grapefruit, grüner Tee, weiße Stachelbeeren, eng, feiner stützender Gerbstoff, der nicht zu überbordend ist, vielschichtiger, spaßiger Wein, trinkanimierend und ein wertvoller Speisenbegleiter.

★★★ K €€ MT
**2022 Müller-Thurgau maischevergoren und unfiltriert** + Orangenblüte, Bergamotte, gelbe Frucht unterlegt von Melisse und Brennnesseltee, Hagebutte, helle Vielschichtigkeit, feiner Gerbstoff, erfrischende Säure, im Abgang fest und trinkfreudig.

## Weingut
# Benedikt

Ing. Wolfgang Benedikt
3470 Kirchberg am Wagram, Mallon 26
Tel. +43 676 6362490, Fax +43 2279 2475-15
office@benedikt.cc, www.benedikt.cc
20 Hektar, W/R 90/10

Die Wurzeln des Weinguts gehen bis in das Jahr 1778 zurück. Ing. Wolfgang Benedikt ist jetzt in seinem Betrieb ganz angekommen, nachdem er sein Amt als Bürgermeister niedergelegt hat. Mit der ersten Ernte 2021 vom Roten Veltliner wurde ihm klar, dass dieser sein zweites Liebkind neben dem Grünen Veltliner werden wird. 2023 wurde nun die erste richtige Ernte des Roten Veltliner eingebracht, und er ist begeistert. Jetzt sind es inzwischen 10 % der Gesamtproduktion. Die Weingärten wurden mit Klee und Kräutern versorgt, damit noch mehr Vielfalt in die Weingärten kommt. Dafür ist Kristina Benedikt, die Chefin, verantwortlich. Nachhaltiger Weinbau liegt der Familie Benedikt am Herzen. Mit den Lagen Fuchsberg und Kirchensteig kamen zwei sehr gute Lagen für Roten Veltliner dazu, die zurzeit noch als Rieden-Cuvée vinifiziert werden. Da die Rebanlagen noch jünger sind, findet man einen leichten, frischen Stil in der Flasche wieder. Die Grünen Veltliner von den Rieden Scheiben, Schafflerberg und Goldberg reifen auf Löss und Gestein und werden im Stahltank vergoren. Danach dürfen sie auf der Vollhefe noch im großen Holzfass und der Grüne Veltliner Ried Goldberg Große Reserve im kleinen Holzfass zur Ruhe kommen. Der letztgenannte Wein ist ein Monument, der nur so vor Reichhaltigkeit strotzt. Dieser Wein wird noch seine Zeit benötigen, um all seine Klasse zu zeigen. Die gesamte Linie hat einen roten Faden und zeigt die Idee des Winzers, das Wagram zu interpretieren. Man merkt inzwischen die Ruhe in den Weinen. Alles hat seinen Platz, nichts ist vordergründig. Alle sind jetzt angekommen – der Winzer und seine Weine.  *rk*

### WAGRAM DAC

★★ S € GV
**2023 Grüner Veltliner Wagram** + Hellfruchtige Anklänge in der Nase, gelber Apfel, Kamille, Williamsbirne, saftiger, kompakter Körper, spiegelt ein Kräuterspiel wider, trinkanimierend, da etwas weniger Säure, leichtfüßiger Abgang.

★★★ S €€ GV  **TIPP**
**2023 Grüner Veltliner Ried Scheiben** + Würzige rotbeerige Nase, Johannisbeere, Schwarzbrotrinde, Szechuanpfeffer, kompakter und animierender Gaumen, unter der würzigen Komponente versteckt sich ein dezentes Apfelkompott, Gewürznelken, Senfsaat, fester und strukturierter Abgang.

★★★ S €€ GV
**2023 Grüner Veltliner Ried Schafflerberg** + Hellfruchtige Anklänge, Butterscotch, Ringlotte, Litschi, saftiger, mundfüllender Gaumen, angenehme, unaufdringliche Exotik, Ananas, Currykraut, weißer Pfeffer, animierende Struktur.

★★★★ S €€€ GV
**2023 Grüner Veltliner Ried Goldberg** + Keine primäre Frucht, noch verschlossen, erdig, würzig, Stachelbeere, Wacholder, roter Apfel, Cassisblatt, vollmundiger Gaumen, Bienenwachs, weißer Pfeffer, Schwarztee, Honigmelone, verwoben und fest, feiner Gerbstoff und Würze im Abgang.

★★★★ S €€€ GV
**2021 Grüner Veltliner Ried Goldberg Große Reserve** + Hellfruchtig animierende Nase, Kamille, Veilchen, leicht Mandarine, unterlegt von Schwarzbeere, breitschultrig, aber nicht überladen am Gaumen, Kerzenwachs, Buddhas Hand, Propolis, Steinobst, Blockmalz, vielschichtiger Abgang, leicht weißer Pfeffer, Langstreckenläufer.

★★★ S €€ RV  **PLV**
**2023 Roter Veltliner** + Dezenter Anklang, schwarzer Holunder, Brombeere, am Gaumen etwas Himbeer-Zitrone, eleganter Sortenvertreter, floral, Bergamotte, Säure stützt im Hintergrund, feine Würze im Abgang, kompakt und animierend, toller Vertreter seiner Herkunft.

★★ S €€ RI  **PLV**
**2023 Riesling Wagram** + Kristalline, hellfruchtige Nase, Marille, Limette, Zitronenmelisse, saftiger, trinkanimierender Körper, verspielte Frucht wie in der Nase, bleibt kompakt, angenehme Säurestruktur, leichte Fruchtsüße, Schmelz im Abgang.

# Weingut
# Blauensteiner

3482 Gösing am Wagram, Obere Zeile 12
Tel. +43 664 2424925, weingut@blauensteiner.com
www.blauensteiner.com
8,5 Hektar, W/R 85/15

Was die Blauensteiners dem Jahrgang 2023 abgerungen haben, ist aller Ehren wert. Besser geht es wohl nicht mehr. Unglaublich elegante Weine, denen es an nichts fehlt. Von traubiger Feinheit durchzogen. Ich bin voller Begeisterung.

Man bewirtschaftet beste Lagen in Gösing wie die Rieden Armaguld, Essenthal, Fumberg, Gmirk, Wilbling und Welfel. Gösing am Wagram liegt höher und profitiert vom kontinentalen und pannonischen Klima. Bei Leopold Blauensteiner und Sohn Christoph ist Wein nicht Beruf, sondern Berufung. Es ist Leidenschaft für die Natur. Wein aus einer intakten Umwelt. Auch die nächste Generation hat das Recht, eine intakte Umwelt übergeben zu bekommen.

Wie schon oben erwähnt – die Weine sind prachtvoll. Muskateller und Sauvignon Blanc brillieren. Der Riesling Gmirk ist der Wahnsinn. Ein toller Grüner Veltliner Wilbling, der sich bestens darstellt. Grüner Veltliner Ried Fumberg strotzt vor Feinheit und Vielschichtigkeit. Der Rote Veltliner aus der Ried Fumberg lässt einen ehrfurchtsvoll zurück. Wagram pur! TOP – der 2022 Grüner Veltliner privat Ried Fumberg, ein großer Wein von sakralem Antlitz. Man sollte solch einen Wein aus Respekt stehend genießen. NEU – ein Wein namens „Orange Yellow", betört die Nase durch ein unvergleichliches Aroma, bestimmenden Gerbstoff und höchst individuellem Ausdruck. *as*

### WAGRAM DAC

★★ S €€ SB
**2023 Sauvignon Blanc** + Ein fein-aromatisch verwobener Sauvignon Blanc, vielschichtiges Bukett, alles wie in einem Seidentuch, ganz dezent Cassis, Blüten, Grapefruit, elegant, präzise, unglaublich feine Klinge. Perfekte Balance.

★★★ S €€ RI
**2023 Riesling Ried Gmirk** + Rhabarber, Apfelnoten, ungemein duftig, reife Marille, weiße Blüten, feingliedrig, Finesse, Eleganz, zart fruchtig, Ananas. Gösinger Riesling von straffem, charmantem Ausdruck. Ein Riesling der Extraklasse.

★★ S €€ GV
**2023 Grüner Veltliner Ried Wilbling** + Gemahlener Pfeffer, Kräuter und Gewürze, Marille, kandierte Zitrusfrüchte, Orangenschalen, saftig, dezent füllig, gelber Apfel, frische Frucht, passende Säure, kernige Struktur. Absolut überzeugend.

★★★ S €€ GV
**2023 Grüner Veltliner Ried Fumberg** + Exotisches Bukett, Orangenschalen, Zimt, Ananas, Mango, gelber Apfel, Steinobst, insgesamt gelbfruchtig, saftig, ein betörend schöner Grüner Veltliner, der einen bezaubert.

★★ S €€ GV
**2023 Grüner Veltliner Ried Essenthal** + Apfelnoten, Exotik, dezent pfeffrig, Kräuter, fruchtig, feine Fülle, pikant, üppiger Charme, harmonisch, feine Würze. Ein Wagramer Grüner Veltliner ohne Fehl und Tadel.

★★ S €€ RV
**2023 Roter Veltliner Ried Fumberg** + Bratapfel, Lebkuchen, das ist toller Stoff, um Flaschenreife schreiend, perfekte Säure, kernige Frucht, mineralische Noten, getrocknete Marillen, Nougat, geht so richtig auf im Glas. Ein fruchtcharmanter Wein von delikater Fülle, einer einnehmenden Würze, absolut überzeugend.

★★ S €€ CH
**2023 Chardonnay Gösing Ferrara** + Nelken, Apfel, Birnen, Nüsse, fruchtig mit feiner Eleganz, wirkt fast subtil, zurückhaltend, mit einer adeligen Intension, frühlingshaft, feine gelbe Frucht. Ein junger Mann, noch etwas schüchtern, doch mit Charakter.

★★★★ S €€€ GV   TIPP
**2022 Grüner Veltliner privat** + (Ried Fumberg) Nelken, gelbe Früchte, Mandelsplitter, ganz feine weiche Frucht, Pfefferschleier, etwas Marille, weinig, ausdrucksstark, in sich ruhend, fast klerikal wirkend, etwas Honig, perfekte Harmonie, da ist nichts zu viel und nichts zu wenig. Wie eine heilige Messe.

### ÖSTERREICH

★★★ S €€ GM
**2023 Orange Yellow** + (GM) Helles Orange, hocharomatisch, Zitrus, Orangen, Rosen, Litschi, ein frisches Aroma, wie man es selten findet, dezent buttrig, der Gerbstoff dominiert, ist prägnant, so richtig trocken, rassige Säure, der lässt einen nicht los. Herrliches Aroma, bestimmender Gerbstoff. Ich finde diesen Wein grandios.

# NOTIZEN

## Weingut
# Ecker – Eckhof

**Bernhard Ecker**
3470 Kirchberg am Wagram, Mitterstockstall 25
Tel. +43 676 6966000
weingut@eckhof.at, www.eckhof.at
31 Hektar, W/R 80/20

Seit 1848 ist das Weingut in Familienbesitz. Die Geschichte des Hauses reicht viel weiter zurück. Man wird sehr herzlich empfangen. Die Gastlichkeit wird hier gelebt, daher gibt es neben dem Weinbau auch einen Heurigen, der im mit viel Liebe zum Detail gepflegten Garten des Weinguts stattfindet. Dort helfen auch, wie es sich gehört, alle Familienmitglieder mit.
Bernhard, der den Betrieb 2006 von seinen Eltern übernommen hat, hat mit dem Jahrgang 2022 auf biologische Bewirtschaftung umgestellt. Das Weingut beschäftigt sich mit einer großen Palette an Rebsorten, wobei auch die Rotweine nicht zu unterschätzen sind. Das Steckenpferd sind aber sicher die Roten Veltliner, die 7 Hektar des Weinguts ausmachen. *kg*

### WAGRAM DAC

★★ S €€ GV — PLV
**2023 Grüner von Eckhof** + Spritzig frische Zitrusfrucht, unbeschwerte Trinkfreudigkeit, mit schönen Pfefferl vom Löss geprägt, viel Wein für gutes Geld.

★★ S €€ GV
**2023 Grüner Veltliner Kirchberg** + Auf purem Löss, saftig und typisch nach Granny Smith und leicht kandierter Zitronenschale, frische Kräuterwürze, als Speisenbegleiter oder einfach so.

★★★ S €€ GV
**2023 Grüner Veltliner Ried Steinberg** + Straffe Mineralität, fruchtig nach Zitrusfrüchten und gelbem Apfel, leichte Heuaromen, saftige Säure und leichte Würze, Abgang nicht zu lang.

★★★ S €€ GV
**2023 Grüner Veltliner Ried Schlossberg** + Reife kandierte Zitrusfrüchte, saftige Säure, gut eingebundener Gerbstoff gibt dem Wein Grip und Länge, pfeffrig, würzig, tiefgründiger, vom Löss geprägter Veltliner.

★★★★ S €€ GV — TIPP
**2023 Grüner Veltliner Ried Mordthal** + Reifer gelber Apfel, kandierte Limette und Amalfi-Zitrone, angenehme Exotik, das Holz ist spürbar, jedoch gut integriert, die Kraft der alten Rebanlagen wird im Wein gut transportiert, ohne ausladend zu wirken, komplex mit mineralischem Finish.

★★ S €€ GS — FUN
**2023 Gemischter Satz** + Gut ausgewogener Easy-Going-Trinkwein, unkompliziert ohne Langeweile, weiße Blüten, frische Exotik, feine Würze.

★★★★ S €€€ RI
**2023 Riesling Steinberg** + Aromatische Marillen und Saturnpfirsiche, trotzdem knochentrockener, straffer Wein mit feiner Mineralität, angenehme Exotik gepaart mit passender Säure.

★★★ S €€ CW
**2023 Burgunder Cuvée** + (WB/CH) Fruchtige Exotik mit nussigen Aromen, eleganter-cremiger Wein mit langem Abgang, ausgeglichener Vertreter der Burgundersorten, ohne mit Holzaromen aufzuwarten.

★★ S €€ RV
**2023 Roter Veltliner Wagram** + Frisch mit saftiger Säure, typische nussige Aromatik, frischer Galaapfel und Birne, seriöser Spaßwein.

★★★ S €€€ RV
**2023 Roter Veltliner Ried Mordthal** + Rebsorte und Herkunft werden mit dem Wein perfekt transportiert, saftige Säure, getrocknete rote Apfelschalen, gut eingebundenes Zuckerspitzerl, der den Wein noch gefälliger macht, Power und gute Länge.

★★★★ S €€€ RV
**2023 Roter Veltliner Ried Steinberg** + Viel Wein mit straffer Würze, Säure macht den Wein lebendig und trinkfreudig, dezente Bienenwachsanklänge, leichte Bittermandelaromatik und Marillenblüten, Abgang mittellang.

### WAGRAM

★★★★ S €€€ PB
**2023 Weißburgunder Kalk** + Fruchtige Exotik, feine Mineralität, leichte Briochearomen gepaart mit Fruchtschmelz, ein Wein, der Essen verlangt, langer Abgang.

★★★★ S €€€€ RV — TIPP
**2022 Roter Veltliner Ried Steinberg Große Reserve** + Leichte Akazienhonignoten, Propolis, geröstete Haselnüsse, getrocknete rote Apfelschalen, trotzdem straffe Mineralität, langer Abgang, ein Langstreckenläufer.

★★★★ K €€€ PN
**2019 Pinot Noir Reserve Edition Alexandra III** + Feine Amarenakirscharomatik, hellbeerig, Zedernholznoten, ziselierte feine Säure, Tannin moderat, jedoch noch etwas ungestüm, Abgang lange, Luft schadet dem Wein nicht.

# Weingut
# Josef Ehmoser

3701 Tiefenthal 9
Tel. & Fax +43 2955 70442
office@weingut-ehmoser.at, www.weingut-ehmoser.at
17 Hektar

Seit der Ernte 2022 ist Josef Ehmoser jetzt auch biologisch zertifiziert. Energie, Spannung und Herkunft ist in jedem seiner Weine präsent und bringt das Beste aus dem Wagram mit. In sich ruhende Weine wie der Winzer selbst, der zusammen mit seiner Frau Martina Weine produziert, die Zeit im Fass haben sich zu entwickeln, und auch die Zeit in der Flasche brauchen, um ihr gesamtes Potenzial ausspielen zu können. Der Grüne Veltliner ist der König am Weingut, daneben thronen Riesling und Weißburgunder. Die Entwicklung im Weingut ist beeindruckend. Unglaubliche Tiefe, Eleganz und Spannung bringt der Grüne Veltliner Ried Hohenberg mit seinem Löss mit sich. Der ruhige, etwas gesetzte, aber durch Tiefe und Spannung glänzende Ried Georgenberg, der auf Löss und Donaukies steht (dem heiligen Georg gewidmet, da Kirche auf der Riede steht), ist der Fels in der Brandung im Weingut. Zwei Winter darf dieser Wein im großen Holzfass ruhen, um sein Können zu zeigen. Für mich zwei Parade-Grüne-Veltliner, die zum Besten zählen, was Österreich zu bieten hat.

2021 Weißer Burgunder Parzelle Schottergrube Reserve – ein spektakulärer Weißburgunder vom Schotterboden mit Tiefe, Struktur und Lebensfreude, in 500-Liter-Fässern für ein Jahr auf der Vollhefe. Dieser Wein zeigt, welches Potenzial das Wagram mit Weißburgunder hat.

2023 gibt auch wieder einen Süßwein, die Auslese vom Gelben Muskateller mit 8 % Alkohol, 8 ‰ Säure und 150 g Restzucker. Harmonisch, frisch und reichhaltig, ohne kitschig zu werden.

Abgerundet wird das fantastische Sortiment mit einem spaßigen Sommerrosé, der pure Lebensfreude ist, und mit einem Sankt Laurent, der Eleganz und Ausdruck hat. Sankt Laurent ist für mich eine der spannendsten Rebsorten in Österreich – und fantastisch ist, wenn sie so schmeckt.

*rk*

## WAGRAM DAC

**★★★ S € GV** FUN
**2023 Grüner Veltliner Wagram Terrassen** + Glasklare Frucht ohne Schnörkel, McIntosh Apfel, nasser Stein, zart weißer Pfirsich, am Gaumen feiner Gerbstoff von weißem Tee, zupackend mit Schmelz und gewisser Tiefe, reifer Weingartenpfirsich, Orangenzeste, Löss, was willst du mehr.

**★★★★ K €€€ GV** TIPP
**2022 Grüner Veltliner Ried Hohenberg 1ÖTW** + Würzig-kräutrig anmutende Nase, gelber Apfel, Melisse, Kamille, leichte Reduktion in der Nase, geradliniger Gaumen, reifer Weingartenpfirsich, rosa Pfeffer, unterschwellig Brioche, Brombeere, feine Reduktion am Gaumen, tiefgründiger Wein, der sicher mit der Zeit erst seine wahre Größe zeigen wird.

**★★★★★ K €€€€ GV** TOP
**2022 Güner Veltliner Ried Georgenberg 1ÖTW** + Komplex, strukturiert, leicht reduktive dunkle Nase, schwarzer Pfeffer, kandierter weißer Pfirsich, Cassisblatt, Veilchen, schwarzer Holunder, zupackender Gaumen, etwas Senfsaat, Kurkuma, feinröstige Aromen, im Abgang bleibt der Wein kompakt und zielstrebig.

**★★★★ S €€ RI**
**2023 Riesling Grossweikersdorf vom gelben Löss** + Verspielter hellfruchtiger Auftakt, Zitronenverbene, Mandarine, Weingartenpfirsich, ohne Kitsch, feste Struktur am Gaumen, elegantes Säurespiel, am Gaumen spiegelt sich die Nase wider, ziselierter Gerbstoff bringt Spannung rein, Currykraut, Buddhas Hand, Salzzitrone, nie überbordend, immer feine und feste Struktur.

**★★★ K €€€ GS**
**2022 Gemischter Satz Holzburg** + Dunkle, etwas malzige Nase im Anklang, röstige Aromen von Walnuss, ganz feine Reduktion, die rosa Pfeffer mit sich bringt, Orangenminze, Blutorange, am Gaumen kandierte Salzzitrone, helles Karamell, wieder geröstete Walnuss, sehr vielschichtiger Wein, der mit Luft ungemein gewinnt.

**★★★ S €€ PB** PLV
**2022 Weißer Burgunder vom gelben Löss** + Hochelegant, Williamsbirne unterlegt von weißer Brioche, saftig, ohne je seine Eleganz zu verlieren, Kamillentee, feste Struktur mit Tiefe und Finesse, Limettenzeste an der Säure, Butterbrioche, in sich stimmiger Weißburgunder.

**★★★ S €€€ GM**
**2023 Gelber Muskateller Auslese** + Erfrischend verspielte Muskatwürze, weißer Holunder, Minze, Orangenverbene, weißer Pfirsich, Süße- und Säurespiel in Harmonie, Zuckerwatte, Orangen-Apfel-Kompott, Zimtnelken, wieder Muskatwürze, stimmiger Süßwein, der sich auf eine Speisenbegleitung freut.

## NIEDERÖSTERREICH

**★★★★★ K €€€ PB** TOP
**2021 Weißer Burgunder Parzelle Schottergrube Reserve** + Ungemein vielschichtige Nase, konfierte rote Williamsbirne, Butterbrioche, floral, weiße Blüten, nasser Stein, eleganter Gaumen, tiefer feiner Gerbstoff, saftig, aber ohne Schwere, fein ziselierte Säure, weißes Nougat, feingliedriges Holz, ein Vorzeige-Weißer-Burgunder, der zeigt, was das Wagram mit dieser Rebsorte machen kann.

**★★★★ K €€€ SL**
**2020 Sankt Laurent Reserve** + Dunkle, würzig-röstige Aromen vom Holz, Schwarzbeere, Brombeere, etwas Rote Rübe, erdige Noten, rauchig, Hagebutte, Schwarztee, vielschichtiger Wein, der die Rebsorte sehr gut repräsentiert, elegante Säurestruktur mit feinem Gerbstoff.

## Weinhof Ehn

**Gerhard Ehn**
3470 Engelmannsbrunn, Kapellenberg 47
Tel. +43 664 1951163, Fax +43 2279 27377
office@weinhofehn.at, www.weinhofehn.at
10 Hektar, W/R 90/10

2003 übernahm Gerhard Ehn die Geschicke am Weinhof Ehn. Nach einer Modernisierung am Weingut mit Kellerbau und Adaptierung der Etikette auf eine klare Linie, wurde das Hauptaugenmerk auf Qualität gelegt. Der Weinhof Ehn ist auch Mitglied der „Wagramer Selektion" (eine Vereinigung aus zwölf Winzern, wo bei einer Verkostung nur die besten Weine diesen Namen tragen dürfen).
Wie so oft im Wagram, steht auch bei diesem Weingut der Grüne Veltliner im Fokus. Dieser wird in vier verschiedenen Ausbauvarianten produziert. Vom leichten, ungezwungenen Sommer-Grüner-Veltliner Swing bis zum komplexen, tiefgründigen Mordthal (hat nichts mit Agatha Christies Mordfällen zu tun), das Wort leitet sich von „am Ort" ab, was so viel heißt wie „am äußersten Ende". Diese Riede befindet sich in Ruppersthal auf 300 Meter Seehöhe. Der Unterboden ist geprägt von Schiefer und Konglomerat, überdeckt von Löss.
Die höchst elegante Ried Satz ist purer Lössboden. Eine 20 Meter hohe Lössformation, die kompakte, elegante und extraktreiche Weine bringt. Der Hochrain auf 240 Meter Seehöhe, oberhalb von Engelmannsbrunn, mit Kalkeinschlüssen, ist ein verlässlicher Lieferant für erfrischende, strahlende Weine mit einer feinen Zitrone an der Säure. Mit der Ried Bromberg, die sich über die zwei Gemeinden Kirchberg am Wagram und Königsbrunn am Wagram erstreckt, die mit ihrem Lössboden mit Schottereinlagerungen fantastische Rote Veltliner hervorbringt, schließt sich der Kreis. Der Ausbau erfolgt je nach Wein im Stahltank, im großen Holzfass oder im Barriquefass. Akazienfässer kommen von den eigenen Bäumen. Der GEHNIUS ist das Flaggschiff am Weingut. Dieser Wein darf ruhig noch ein wenig Zeit in der Flasche verbringen, um seine wahre Größe zu zeigen. Bei allen Weinen hat man viel Spaß im Glas.

*rk*

### WAGRAM DAC

★★ S € FV — **PLV**
**2023 Frühroter Veltliner** + Schöner Sommerwein, unkomplizierte Fruchtaromen, Erdbeere, Ribisel, schlanker Körper, leichte Exotik, ein unkomplizierter Wein mit gewissem Anspruch.

★★ S € GV
**2023 Grüner Veltliner Swing** + Leichte, luftige Nase, klarer gelber Apfel, Orangenverbene, Schale von Orange, etwas Maracuja, duftig, am Gaumen leicht würzig, erfrischend, leichtfüßiger Vertreter aus dem Wagram.

★★★ S €€ GV — **TIPP**
**2023 Grüner Veltliner Ried Hochrain** + Ruhige, kerzengerade Nase, gelber Apfel, Ringlotte, rosa Pfeffer, weißer Flieder, fest am Gaumen mit Zug und Lebendigkeit, Spannung mit dunkler Würze und Schwarzbrotrinde.

★★★ S €€ GV
**2023 Grüner Veltliner Ried Mordthal** + Kompakte Nase ohne Opulenz, Mandarine, Butterzopf, weißer Pfeffer, Anklänge von röstigem Akazienholz, leicht rauchig, am Gaumen Salzkaramell, Steinobst, geröstete Mandeln, im Abgang fest und feiner weißer Tee-Gerbstoff.

★★★ S €€ GV
**2023 Grüner Veltliner Ried Satz** + Offene, aber nicht opulente Nase, weißer Pfirsich, rosa Pfeffer, Orangenverbene, Currykraut, feiner Vertreter vom Lössboden, animierende Salzzitrone, kompakter anregender Gaumen, Kräuterwiese-Würze und Spannung im Abgang.

★★★★ S €€€ GV
**2021 Grüner Veltliner GEHNIUS Große Reserve** + Reichhaltig, komplexe Aromen mit Tiefe und Würze, reifer gelber Apfel, Zitronenverbene, konfierter Pfirsich, weißes Nougat, Karamellcreme, kompakter Körper am Gaumen, im Abgang bleibt der Wein aber elegant und bringt mit feinem Salzkaramell Frische mit.

★★★ S €€ RV — **TIPP**
**2023 Roter Veltliner Ried Bromberg** + Saftige rotbeerige Nase, Cranberry, Gojibeeren, Johannisbeere, am Gaumen Zitronenverbene mit feinem, stützendem Gerbstoff, Rhabarber, saftiger Wein, der mit gewisser Komplexität und Frische viel Freude bereitet.

★★★ S €€ RI
**2023 Riesling Ried Satz** + Erfrischende, kompakte Struktur, Kamille, weißer Pfirsich, kulinarischer Gaumen mit Trinkfreude, klare Aromen ohne Schnörkel, ein Spiel aus Leichtigkeit, Frucht und lebendiger Säure.

♕ ♕ ♕

## Weingut
# Ernst

**Harald Ernst**
3701 Großwiesendorf 34
Tel. +43 2955 70325, +43 664 1771318
weingut.ernst@aon.at, www.weingut-ernst.at
14 Hektar, W/R 95/5

Harald Ernst zeigt bei all seinen Weinen einen roten Faden, und der heißt Frische, Kompaktheit und Eleganz. Alle Weine haben Würze und Spannung, die ihresgleichen sucht. Er lässt seine Weine einfach sein. In Akazienfässern vergoren, die 800 bis 1700 Liter groß sind, dürfen die Weine vergären und ruhen, bis sie in die Flasche kommen. Die Top-Rieden Steinberg mit Löss und rotem Sandstein und Hohenberg mit purem Löss sind die Flaggschiffe. Besonders hervorzuheben sind die Weine vom Steinberg (Grüner Veltliner Reserve, Roter Veltliner und der Rote Veltliner Reserve), die mit Spannung, Eleganz und Reichtum um die Wette strahlen. Mit 60 % ist der Grüne Veltliner der Platzhirsch, gefolgt vom Roten Veltliner, Riesling und dem Frühroten Veltliner, der eher zufällig ausgepflanzt wurde, aber eine sehr gute Qualität hat. Harald Ernst kennt seine Heimat und bringt sie großartig in die Flasche. Die sogenannten Einstiegsweine aus dem Jahr 2023 zeigen perfekt, wie das Wagram mit Frische und Klarheit funktionieren kann. Mit den Rieden und Reserven ist 2022 ein sehr guter Jahrgang gelungen, der nie opulent ist und in Zukunft Spaß und Freude bringen wird. Heimlicher Lieblingswein ist der Weißburgunder Reserve 2022, der am Anfang recht robust daherkommt, aber mit Luft elegant wird und ein wunderbarer Vertreter dieser Rebsorte ist. *rk*

### WAGRAM DAC

★★ S €€ FV  **FUN**
**2023 Frühroter Veltliner** + Verspielte Fruchtaromen in der Nase, Golden Delicious, reife gelbe Birne, Orangenminze, Pomelo, saftiger Gaumen, leichte Fruchtsüße schmiegt sich am Gaumen an, dunkelwürzige Anklänge, Orangenzeste, Litschi, lustiger, verspielter Wein.

★★★ S €€ GV
**2023 Grüner Veltliner Classic** + Klarer hellfruchtiger Auftakt, gelber Apfel, Melisse, weißer Pfirsich, eleganter, kompakter Gaumen, rosa Pfeffer, Wiesenkräuter, trinkanimierende Säure und leichter Gerbstoff.

★★★ S €€ GV  **TIPP**
**2023 Grüner Veltliner Wagram** + Buddhas Hand, Birnenkompott, Orangenverbene, trinkanimierender Gaumen, feiner Gerbstoff, Blutorange, Kamille, saftig, aber nie ausladend, Granatapfel, angenehme Länge, sehr guter Vertreter des Lössbodens.

★★★ S €€ GV
**2023 Grüner Veltliner Reserve** + Ruhige Nase, nasse Steine, Bergamotte, Speckbirne, Litschi, Gaumen zeigt Dichte, Würze und Spannung, Honigwabe, leicht schwarzer Pfeffer, alles in allem ein Wein, der Luft braucht, um sein Können zu zeigen.

★★★★ S €€ GV
**2023 Grüner Veltliner Ried Hohenberg** + Glasklare Aromen in der Nase, Rubinette Apfel, Hagebuttentee, Melisse, Colakraut, feingliedriger Gaumen, leichter Schmelz, rosa Pfeffer, Kumquat, weißer Pfirsich, leicht rauchig im Abgang, Langstreckenläufer.

★★★★ S €€ GV  **TIPP**
**2022 Grüner Veltliner Ried Steinberg Reserve** + Satte goldgelbe Farbe, ein Spiel aus rauchigen Aromen, Bratapfel, Stachelbeere, vielschichtiger Gaumen, Lakritze, Röstaromen vom Holz, Schwarzbrotrinde, Butterscotch, kandierte Birne, Mandeln, trotz Reichhaltigkeit kompakt mit Würze und Spannung.

★★★★ S €€ RV  **TIPP**
**2023 Roter Veltliner Ried Steinberg** + Leichtes Parfum in der Nase, schwarzer Holunder, Granatapfel, saftige, reife gelbe Birne, vielschichtiger Gaumen, Salzzitrone, weißes Karamell, Bitterkakao, schwarzer Pfeffer, ungemein vielschichtiger und reichhaltiger Wein.

★★★★ S €€€ RV  **TIPP**
**2022 Roter Veltliner Ried Steinberg Reserve** + Muskelprotz, Apfelkompott, Pfeffermarille, Limettenzeste, saftig-strotzender Gaumen, Crème brûlée, weiße Brioche, Kochbanane, glacierte Maroni, dunkle Würze, ein Wein, wie er kulinarischer nicht sein kann.

★★★★ S €€ RI
**2023 Riesling Ried Steinberg** + Konzentriert Weingartenpfirsich, Orangenschale, Hibiskusblüte, Salzzitrone am Gaumen, Kamillentee, Honigwabe, Mandarine, mundfüllender, saftiger Wein mit angenehmer Säure und feinem Gerbstoff, im Abgang wird dieser Wein mit Luft immer filigraner und enger, Trinkfreude.

★★★★ S €€ RI
**2023 Riesling Ried Steinberg Selektion** + Feingliedrige weiße Pfirsiche, Pfefferminze, Bergamotte, Mostbirne, verwobener Gaumen, dunkle Würze, leichte Fruchtsüße, ruhig, körniger Gerbstoff, Salzzitrone, Blutorange, Brombeere, reichhaltiger Riesling, der vom Anfang bis zum Ende hält, was er verspricht.

👑 👑 👑 👑

## Weingut
# Josef Fritz

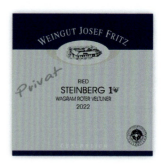

Josef Fritz
3701 Zaußenberg, Ortsstraße 3
Tel. +43 2278 2515
office@weingut-fritz.at, www.weingut-fritz.at
16 Hektar, W/R 90/10

Das Wagramer Parade-Weingut hat die aktuellen Jahrgänge, wozu teilweise sogar noch 2021 zählt, für eine untadelige Serie genutzt, die bezüglich ihres Umfanges mit Sicherheit die bisher größte und punkto Qualität wohl auch die allerbeste in den Annalen des Zaußenberger Familienweingutes darstellt. Dazu dürften auch die Ideen von Sohn Johannes einen wertvollen Beitrag geliefert haben, dessen Studium demnächst abgeschlossen sein wird. Ebenfalls bald beendet wird die Umstellungsphase zur biologischen Bewirtschaftung sein, sodass der Jahrgang 2024 zur Gänze mit dem Bio-Attribut versehen werden kann. Insgesamt gibt es diesmal derart viele Neuigkeiten und Änderungen, dass die Auswahl schwer fällt. So gibt es erstmals einen sehr einschmeichelnden und vielversprechenden Grünen Veltliner unter der Bezeichnung Himmelreich „Höhle", der auf einen alten Unterstand im Lössgraben Bezug nimmt. Unverändert ist hingegen der hohe Fun-Faktor für den überdies preiswerten Roten Veltliner von den Wagram Terrassen. Immer besser reüssiert der Mordthal, dem die etwas schlankere, rassige Stilistik nur guttut, und der bereits legendäre Privat vom Steinberg baut sein Alleinstellungsmerkmal für diese Rebsorte einfach weiter aus. Im Betonei, doch ohne nennenswerte Maischestandzeit ausgebaut wurde der diesmal völlig anders geartete, sehr feingliedrige Gondwana. Komplettiert wird das Sextett(!) der Roten Veltliner vom fulminanten „Josef vs Johannes", der diesmal zwischen Bourgogne-Affinität und ungestümer, energetischer „natural"-Attitüde pendelt.

Von den Novitäten gefallen des Weiteren der kraftvolle, fleischige Weißburgunder und der im Stahltank ausgebaute, überaus rassige Riesling ohne jede Einschränkung, aber auch die Große Reserve vom Traminer trumpft diesmal mit Nuancenreichtum und saftiger Fruchtfülle auf. Noch etwas schüchtern gibt sich der schlanke 2022er Pinot Noir, während sein weiß gepresstes, schäumendes Pendant in Gestalt des Blanc de Noir 2019 schon einen sehr guten Einstand geliefert hat. Auch für die unter der Bezeichnung Tertiär laufenden Weine hat ein Paradigmenwechsel stattgefunden, da hierfür nunmehr ganze Trauben im Akazienfass vergoren werden, was vor allem dem Sauvignon viel Fruchtbrillanz und Spannung verliehen hat. *vs*

### NIEDERÖSTERREICH

★★ S €€ GV
**2023 Grüner Veltliner Ried Himmelreich** + Leichte Reduktion zu Beginn, typischer Lössveltliner, brotige Würze, Andeutung von Apfel- und Quittenfrucht, frisch und präzise strukturiert, einige Substanz, kernige Art.

★★★ K €€€€ GV
**2022 Ried Himmelreich „Höhle" Grüner Veltliner** + Exotisch erscheinendes Bukett nach Ananas und Physalis, tieffruchtig und extraktsüß, auch eine Spur von Restzucker, sehr würzig und reichhaltig, kraftvoll und ausgewogen, vielversprechend.

★★★ S €€€ RV  FUN
**2023 Roter Veltliner Wagram Terrassen** + Unverkennbare Sortennase nach Marzipan und Zuckerwatte, lebhaft, verspielt und anregend, erfrischend und feingliedrig, dabei rassig und pikant, viel Trinkfluss, auch äußerst preiswert.

★★★ S €€€ RV
**2023 Roter Veltliner Ried Steinberg** + Kampot-Pfeffer und Hirschbirne, hellfruchtig und elegant, gelbfruchtige Anklänge, engmaschig und lebhaft, fruchtsüß und ausdauernd, salzige Ader vor dem Abgang.

★★★ K €€€€ RV  TIPP
**2022 Ried Mordthal Roter Veltliner 1ÖTW** + Sehr stringent und gebündelt, nach Zuckermelone und gelbem Pfirsich, saftig, kernig und kraftvoll, ein Wein zum Kauen, der aber doch feine Struktur und viele Facetten zeigt und viel leichtfüßiger als bisher anmutet, besitzt auch Zug und Länge.

## ÖSTERREICH

★★★★★ K €€€€ RV **TOP**
**2022 Ried Steinberg Privat Roter Veltliner 1ÖTW** + Beginnt diesmal überraschenderweise mit einem wahren Frucht-Feuerwerk nach Ananas und Marillen, dicht und cremig, von der Eiche unaufdringlich begleitet, zeigt viel Druck und Finesse, süßer Beerenmix am Gaumen, subtil wie elegant, wieder ein frühzeitig harmonischer Klassiker, der große Ausdauer und hohes Lagerpotenzial mitbringt.

★★★★★ K €€€€€€ RV **TOP**
**2021 Roter Veltliner „Josef vs Johannes"** + Bloß ganz leichte Maischetönung, Menthol, Eukalyptus und ein wenig Olivenpesto prägen das ungewöhnliche Duftspiel, noch extrem jugendlich, geht quasi in eine burgundische Richtung, viel Grip, Zuckermais, Miso und Senfsaat, fruchtsüß und nahezu mächtig, viele Details, eine überaus spannende Interpretation dieser so facettenreichen Rebsorte.

★★★ K €€€€ RV
**2022 Gondwana** + (Roter Veltliner) Zurückhaltend und vornehm, nur ein Hauch von Steinobst, rauchig unterlegt, ein Wein der leisen Zwischentöne, kühle Eleganz, feingliedrig und komplex, der leichte Schotterboden des oberen Mordthals und die neue Ausbauweise bewirken einen völlig anderen, doch sehr attraktiven Weintyp.

★★★ K €€€€ RI
**2022 Riesling Ried Schafberg** + Nach Akazienblüten und Limetten duftet dieser im Stahltank ausgebaute, feinstrahlige Riesling, pikant und kernig, schlanke Textur, ganz helle Fruchtaromen, etwas Yuzu und weißer Pfirsich, straff und zupackend, mit stahliger Säure ausklingend.

★★★★ K €€€ PB **TIPP**
**2021 Weißburgunder Große Reserve** + Sehr apartes, großzügiges Bukett nach Mandeln, Walnüssen und Brioche, rauchige Untertöne, ausgereift, saftig und reichhaltig, viel Power und gelbfruchtiger Schmelz, extraktsüß und ausgewogen, in jeder Hinsicht überzeugend, langer Nachhall, große Reserven.

★★★★ K €€€ TR
**2022 Roter Traminer Große Reserve** + Prägnante Nase nach Rosenblüten und Litschi, fein abgestimmt, in keiner Weise vorlaut oder übermächtig, fein liniert, dunkle Würze, Marillenröster und Kumquats, vielfältig wie nuanciert, sehr schön abgestimmt und anhaltend.

★★★ K €€€€ PN
**2022 Pinot Noir Große Reserve** + Feine Mandelwürze und etwas Orangenschalen in der Nase, lebhaft und ziseliert, kühle Note, noch etwas verhalten, schlank, doch elegant und fein liniert, Hibiskus und Dirndlbeeren, viel Biss, mittlere Länge.

★★★★ K €€€€ SB
**2021 Tertiär S.** + Diesmal wurden ganze Trauben im Akazienfass vergoren, und das Resultat ist verblüffend: intensiver Früchtekorb, Cassis, rote Schoten und etwas spargelige Würze, ungemein frisch und springlebendig, feine Linien und kühle Eleganz bei mittlerem Gewicht, saftig und charmant, der Frischekick hält bis zum Abgang an, markanter Säurefonds, sehr individuell.

★★★ K €€€ TR
**2021 Tertiär T.** + Beginnt mit dem charakteristischen Rosenduft, dann jedoch nach Grapefruit und Pomelo, sehr pikant und ungeschminkt, am Gaumen zwar saftig, doch verhaltener, etwas Kräuterwürze, geht langsam auf, durch Gerbstoff-Einfluss zartbitterer Abgang, sollte noch Reifezeit erfahren.

★★★ K €€€€ PN
**2019 Blanc de Noir Große Reserve** + Zur Gänze aus Pinot Noir gewonnen wurde dieser 42 Monate auf der Hefe gelagerte, im eigenen Haus versektete Erstling: Recht feine Perlage, anfangs verkapselt, spielt sich aber rasch frei und offeriert dann Mandelgebäck und einen Hauch von Himbeeren, relativ schlank, doch griffig und lebhaft, auch sehr reintönig, recht elegant und noch juvenil, rassiger Abgang, könnte vielleicht eine Spur mehr Hefe- und Autolysetöne vertragen, ohne dass der Hausstil dadurch verloren gehen würde.

## Weingut
# Greil

**Norbert Greil**
3465 Unterstockstall, Alte Weinstraße 4
Tel. +43 650 3903972
office@weingut-greil.at
www.weingut-greil.at

Wenn man sich mit Norbert Greil unterhält, erkennt man sofort, seine Heimat, der Wagram, ist ein Herzensthema für den erfahrenen Winzer. Vor allem die Sortenvielfalt seiner Heimat ist ihm sehr wichtig, diese setzt er in seinem Portfolio auch erfolgreich um.

Verkostet wurde nur ein Teil seiner großen Palette an Rebsorten, die Norbert im Sortiment hat. Seine beiden Weinlinien Wagram typisch und Terra spiegeln beide den Wagram wider. Die Wagram-typischen Weine sind für jeden Tag geeignet, wobei die Terra-Linie für die Lagerung gemacht wird. Besonders hervorzuheben sind auch die Rotweine, die entweder filigran und unkompliziert oder doch auch sehr komplex und tiefgründig eingeschenkt werden. Und er gibt seinen Rotweinen auch die nötige Zeit zum Reifen. Der 2018er Zweigelt Terra Cotta ist der aktuelle Jahrgang.

*kg*

### WAGRAM DAC

★★ S €€ GS — FUN
**2023 Schwarzkehlchen Gemischter Satz** + Blumig duftiger Sommerwein, der mit saftig-animierender Säure einlädt, ohne dabei kitschig oder langweilig zu sein.

★★ S €€ GM
**2023 Gelber Muskateller** + Etwas verhaltene Holunderblütenaromatik, schöne Muskatnusswürze, ein Wein, der auch zu leichten Vorspeisen passt, Abgang mittel.

★★ S €€ FV — PLV
**2023 Frühroter Veltliner** + Ein Wein von hochreifen Trauben, Zuckerspitzerl, das gut integriert ist, mit Würze und leichten Haselnussaromen wirkt der Wein harmonisch und rund, Kräuterwürze macht ihn komplex und vielschichtig.

★★ S € GV — TIPP
**2023 Grüner Veltliner Zeiselgraben** + Frische Limette, Granny Smith, eingebundenes Pfefferl, das Struktur gibt, klassischer Gebietsvertreter, mittlerer Abgang mit leichtem Bitterl.

★★ S €€ GV
**2023 Grüner Veltliner Steinthal** + Pfefferl und Würze in der Nase, reife Quitte, nussig am Gaumen, geschmeidig eingebundene Säure, seidige Textur, langer Abgang.

★★★ S €€ RI
**2023 Riesling Schlossberg** + Ausgeprägte reife Weingartenpfirsiche, Marille, Papaya, knackige Säure, feine Mineralität, Wein wirkt daher trotzdem nicht breit, mittlerer Abgang.

★★★ S €€ CH
**2022 Chardonnay Terra** + Brioche, Hefe, reife Exotik, guter Fruchtschmelz, leichtes Zuckerspitzerl, Säure balanciert und animierend, mittlerer Abgang, Alkohol gut eingebunden.

★★★ S €€ PB
**2022 Weißburgunder Terra** + Nussige Anklänge von Walnuss, leichte Zitrusnoten, Säure gut balanciert und macht lebendig, mittellanger Abgang, gut balancierter Wein.

### NIEDERÖSTERREICH

★★★ S €€ BB — FUN
**2020 Black Panther** + Ganz viel rote und schwarze Ribiseln, frische schwarze Hollerbeeren in der Nase, eine nicht überladene Würze, die dem Wein trotzdem Struktur gibt, samtiges Tannin, das mittel ausgeprägt ist, am Gaumen wirkt der schwarze Holler eingekocht-marmeladig, vibrierende Säure, die den Wein zu einem „Every-Day-Drinking-Wein" macht.

★★★★ K €€€ ZW
**2018 Zweigelt Terra Cotta** + Viel Herzkirsche, Weichsel, leichte Röstaromatik, angenehme Würze, lebendiger Wein, Tannin mittel ausgeprägt und gut eingebaut, sehr gelungener Vertreter der Rebsorte, der mit Luft noch mehr gewinnt.

## Weinhof
# Grill

**Gudrun Grill-Gnauer**
3481 Fels am Wagram, Untere Marktstraße 19
Tel. +43 2738 2239
gudrun.grill@aon.at
www.weinhof-grill.com

Gudrun Grill-Gnauer schafft mit leichter Hand Wagramer Gewächse, welche die Region von ihrer besten Seite darstellen. Es sind Weine, die in ihrer Typizität und Authentizität keinen Vergleich scheuen müssen. Diese außergewöhnlichen Weine bieten eine – Wagramer – Trinklust, wie man sie selten findet, und verstehen dabei zu reifen. Es sind niemals vordergründige Kreszenzen, doch sind diese Weine schon in ihrer Jugend von einer Brillanz, welche sie auch in der Reife zeigen.

Der Jahrgang 2023 war nicht nur ein sehr guter bei Gudrun Grill-Gnauer, sondern auch die erste offizielle Bio-Ernte. Der 2023 Grüner Veltliner Wagram zeugt schon beim Einstieg in die Verkostung von der leichten Hand der Winzerin – Trinkvergnügen pur. Ein Wein von Klasse: 2023 Grüner Veltliner Ried Scheiben Selection. Der hat Wagramer Charme und Ausdruck im Übermaß. Ebenfalls von großer Klasse sind die beiden Weine aus der Ried Brunnthal – Grüner Veltliner und Riesling. Überragend! Beide Weine sind großes Kino. Das Aushängeschild des Wagrams – der Rote Veltliner 2022 aus der Ried Fumberg – stellt das Gebiet bestens dar. Von jugendlichem Ungestüm zeigt sich der 2023 Riesling Ried Wora. Der fordert einen bis zum Exzess. Herrlich! Der Signature-Wine des Hauses ist ein fulminanter Weißwein namens „Runa" – aktuell aus 2022 –, geschaffen aus uralten Grüner-Veltliner-Anlagen der Ried Scheiben. Ich empfehle, sich einige Magnumflaschen davon zu sichern. Gott Wotan hätte dieser Wein sicher gemundet. Er hätte sich einige Runen in seinen Speer geschnitzt. *as*

### WAGRAM DAC

★★ S € RV
**2023 Roter Veltliner Wagram** + Lebkuchen, frische Birne, Walnüsse, Bratapfel, Kräuterwürze, fruchtig, kompakt, angenehm zu trinken, typisch, dezent cremig.

★★ S € GV
**2023 Grüner Veltliner Wagram** + Ganz klar Wagram, lössige Textur, einnehmendes Bukett, reifer Apfel, Ananas, Mango, Zitruszesten, Pfefferl, ungemein süffig, feine Frucht, dezente Würze, absolut stimmig. Höchst charmant und attraktiv.

★★★ S €€ GV
**2023 Grüner Veltliner Ried Scheiben** + Frisches Aroma, mürber Apfel, Ringlotten, gelbe Früchte, dezente Exotik, etwas Tabak, lössige Textur, feine Würze, ungemein saftig-fruchtig, salzige Noten, engmaschig, immer elegant.

★★★ S €€ GV
**2023 Grüner Veltliner Ried Scheiben Selection** + Hier wird das reifste Material selektioniert – junge und alte Reben. Äpfel, reife Birnen, Grapefruit, gelbfruchtig, Mandarinen, Kräuterwürze, lössig-fruchtig, reife Trauben, angenehme Säure, spannend, mineralisch, dichte Struktur, Pfefferwürze, Kräuter, Orangenschalen, Ananas, ganz hervorragend. Wagramer Charme in Übermaß.

★★★ S €€ GV **TIPP**
**2023 Grüner Veltliner Ried Brunnthal** + Ein Wein voll von fruchtigem Charme, schmelzig, mineralisch, hochelegant, druckvoll, gelbe Früchte, salzig, tiefgründig, Apfel, Birne, Zitrus, Pfefferwürze, Pfirsich, Ananas, unglaublich hochwertig. Ganz einfach prachtvoll.

★★★ S €€€ RV
**2022 Roter Veltliner Ried Fumberg** + Sattes Gelb, erste Reife, barocke Anklänge, Honig, Weihrauch, vollmundig, schmelzig, eingetrocknete Beeren, super Säure, feste Struktur, kraftvolle Eleganz. Roter Veltliner von bester Wagramer Intension.

★★★ S €€ RI
**2023 Riesling Ried Wora** + (Granit-Schiefer) Ein Riesling voller Rasse, Biss, Steinobst, Mandarinenzesten, Rhabarber, Zitrus, straff, dicht, nervig, knackig, viel Mineral, puristisch. Jugendlich ungestüm. Klassisch fordernder Riesling.

★★★★ S €€€ RI **TIPP**
**2023 Riesling Ried Brunnthal** + Limette, gelber Pfirsich, Marille, Pfirsich, elegant, feingliedrig, immer frisch und stilvoll, reife Trauben, distinguiert, charaktervoll, salzig, strukturiert, feine Würze, feines Säurespiel, ein stolzer Riesling. Wie ein gepflegter junger Mann.

★★★★ S €€€ GV **TIPP**
**2022 Runa Grüner Veltliner** + (Ried Scheiben) Gelbe Farbe, Honigwaben, salzig-würzig, getrocknete Kräuter, Zitruszesten, Ananas, ungemein saftig, tolle Fülle, tolle Säure, hochreife Trauben, hochelegant, einiger Tiefgang, lang abgehend. Ein großartiger, präziser, hochwertiger Grüner Veltliner. Substanz für viele Jahre.

# Weingut
# Kolkmann

**Horst & Gerhard Kolkmann**
3481 Fels am Wagram, Kremserstraße 53
Tel. +43 2738 2436
office@kolkmann.at
www.kolkmann.at

In diesem Weingut leben und arbeiten mittlerweile vier Generationen. Doch der Chef hier ist der Wagram und der Löss. Wer hier einkehrt und die Weine verkostet, bekommt ein umfassendes Bild des Wagrams in seiner Vielfalt.
Der Gelbe Muskateller ist in seiner Aromatik und Trinklust unschlagbar. Beim Grünen Veltliner Lössmann erkennt man schon die Wagramer Stilistik. Dann geht es zum Riesling Fumberg, der einen mit seiner grazil-ernsthaften Finesse kurz innehalten lässt. Die Burgundercuvée präsentiert sich mit ihrem lössigen Antlitz unwiderstehlich. Seriös zeigt sich der Ortswein Weißburgunder – hohe Qualität, wird im Herbst perfekt sein. Dann kommen wir zur Hohen Schule des Wagrams – die Ried Brunnthal. Der Grüne Veltliner 2023 ist/wird großartig. Den Grünen Veltliner 2022 kann man jetzt lustvoll genießen. Die 2022 Grüner Veltliner Reserve verleiht einem ein unvergleichliches Glücksgefühl. Das ist schlichtweg genial.
Dann kommen wir – natürlich rein subjektiv – zum emotionalen Höhepunkt der Verkostung – 2021 Roter Veltliner Reserve Ried Scheiben. Ein Schauer durchzieht einen. Voller Wollust genießt man diesen Nektar. Hier hat man den Wagram in seiner ursprünglichsten Ausprägung. Übrigens wird es in Zukunft keinen Grünen Veltliner aus der Ried Scheiben geben. Man setzt in dieser Lage auf den Roten Veltliner. *as*

★★ S €€€ RI
**2023 Riesling Ried Fumberg** + Steinobst, Orangenschalen, Rhabarber, straff, kompakt, Lederapfel, Kumquats, frische Säure, ernsthafter, finessenreicher, eleganter Ausdruck, präsent, gute Länge.

★★★ S €€ PB
**2023 Weißburgunder Fels am Wagram** + (Stahl/Eiche) Gelbfruchtig, Nelken, Blüten, Pfirsich, Mandeltöne, dunkle Exotik, Orangenschalen, gediegen, engmaschig, dezent cremig, salzig, tiefgründig, konzentriert, ziemliche Substanz. Ein Weißburgunder, der auf die Reise geht.

★★ S €€€ RV
**2022 Roter Veltliner Ried Scheiben** + Lebkuchen, Bratapfel, gelbe Früchte, Marzipan, Orangenschalen, saftige Frucht, kompakt, Kräuter, Gewürznoten, angenehme Fülle.

★★★★ K €€€ RV  TIPP
**2021 Roter Veltliner Reserve Ried Scheiben** + Goldfarben, ein prachtvoller, sich in seiner ersten Reife befindlicher Roter Veltliner. Von unglaublicher Vielschichtigkeit, bezwingendem Schmelz und Aromatiefe – Honig, Kamille, Lebkuchen, Mango & Co., Ananas, Bratapfel, Kräuter, Gewürze, dezent speckig, cremig, würzig, perfekte Harmonie, feines Säurespiel, noble Eleganz. Der spielt alle Stückerln.

★★★★ K €€€ GV  TIPP
**2023 Grüner Veltliner Ried Brunnthal** + Tolles Aroma, Pfeffer, Exotik, Kräuter, Löwenzahn, Kamille, Gewürznoten, kompakter Körper, perfekte Säure, engmaschig, großzügig.

★★★★ K €€€ GV
**2022 Grüner Veltliner Ried Brunnthal** + Ungemein gelbfruchtig, Honigtouch, gelber Apfel und Birne, Pfeffer, salzige Noten, zeigt Mineralität, dichte Struktur, tief, lang abgehend. Noch viel Zukunft.

★★★★ K €€€€ GV  TIPP
**2022 Grüner Veltliner Reserve Ried Brunnthal** + Tiefes Gold, Pfefferwürze, Honig, Ananas, Mango, Kamille, Wiesenkräuter, reife Birne, vollfruchtig, kompakte Struktur, wirkt mächtiger, als er ist. Zwar kraftvoll, doch elegant, perfekte Säure, der zeigt sich momentan von seiner besten Seite. Ideal zu Wildgeflügel.

## WAGRAM DAC

★★ S €€ GM  FUN
**2023 Gelber Muskateller** + Herrlich duftig, Holunderblüten, Muskatnuss, Zitrus, knackige Frische, hochelegant, tolle Säure, leicht, beschwingt, herrlich unkompliziert.

★★ S €€ GV
**2023 Grüner Veltliner Lössmann** + Feine Würze, Pfeffer, Zitrus, Exotik, fruchtig, balanciert, perfekte Säure, höchst angenehm zu trinken, absolut typisch.

## NIEDERÖSTERREICH

★★ S €€ CW
**2023 Burgunder vom Löss** + (CH/PB) Was für ein prachtvoller Wein, Steinobst, Mango, tolle Exotik, Nelken, feinste Frucht, hochelegant, cremig-lössige Textur, überaus typisch Wagram.

★★★ K €€€ PN
**2021 Pinot Noir Reserve** + Rote Kirschen, Heidelbeeren, Zwetschken, Pilze, Leder, Unterholz, ein Hauch Karamell, griffig, klebt am Gaumen, toller Stoff, geht in die Tiefe und Länge.

## Weingut
# Leth

**Franz Leth**
3481 Fels am Wagram, Kirchengasse 6
Tel. +43 2738 2240, Fax -17
office@weingut-leth.at, www.weingut-leth.at
54 Hektar, W/R 85/15

Unverwechselbar – authentisch – Terroir-typisch – die Beschreibung der Weine auf der Website des Weinguts Leth kann man nur unterschreiben: Es sind begeisternde Kreszenzen. Das beginnt beim jugendlich-frischen 2023 Grünen Veltliner Schafflerberg, auf den ein perfekt balancierter Wagramer 2023 Roter Veltliner Ried Fumberg folgt. Spannend ist der 2023 Riesling Ried Schillingsberg. Aus dem Jahrgang 2022 kommen die Lagenweine – Ried Scheiben mit einem grandiosen Grünen Veltliner und Ried Brunnthal mit Grüner Veltliner und Riesling. Diese Weine lagern immer bis zu einem Jahr in großen Holzfässern. Dann der 2021 Rote Veltliner Ried Scheiben – ein Wein von überragendem Ausdruck. Meine Favorits sind die beiden Vertreter von der Ried Brunnthal. Ein 2023 Weißburgunder Reserve Fels ist ein Versprechen für die Zukunft und hervorragend. Zwei stimmige Rotweine – 2022 Pinot Noir Reserve und 2020 Zweigelt Gigama – sorgen für Zufriedenheit bei den Rotweinfreunden. Die hohe Sektkompetenz des Hauses sollte man hervorheben.
Den Charakter der Weine prägt der Löss. Die Lese erfolgt ausschließlich mit Hand. Zu diesem Weingut gehört das umfassendste belebte Rebsorten-Museum Österreichs, angelegt und ausgestattet von Franz Leth sen. 230 verschiedene Rebsorten umfasst diese Sammlung. *as*

### WAGRAM DAC

★★ S €€€ GV
**2023 Grüner Veltliner Ried Felser Schafflerberg** + Frisches Bukett, Kernobst, Exotik wie Mango, Ananas, Zitrus, bisschen Tabak, Pfefferschleier, frisch, saftig, passende Säure, immer kühl, pikant, kernig. hochwertig wie unkompliziert.

★★ S €€€ RV
**2023 Roter Veltliner Ried Fumberg** + Lebkuchen mit Honigtouch, Apfel mit Zimt, zarte Exotik, frische Ananas, ein kompakter Wein mit Eleganz, einigem Tiefgang, guter Länge, gute Balance.

★★ S €€€ RI
**2023 Riesling Ried Schillingsberg** + Steinobst, Zitrus, rassig, sehr frisch, die Marillen und Pfirsiche musizieren, ein Hauch Schoko, Ananas, straffe Struktur, schön eng, lebhaft. Potenzial für viele Jahre.

★★ S €€€ PB
**2023 Weißburgunder Reserve Fels** + Äpfel und Birnen, Nelken, etwas Zimt, Blütenhonig, Mandeln, feinfruchtig, elegant, gediegen, sortentypisch, zeigt Noblesse und Klasse. Der wird im Herbst brillant!

★★★ S €€€ GV    TIPP
**2022 Grüner Veltliner Ried Scheiben 1ÖTW** + Brioche, pfefferwürzig, Exotik, Marzipan, etwas Barock, doch mit ernsthafter, fruchtiger Frische ausgestattet, getrocknete Kräuter, Brotrinde, Steinobstaromen, geht richtig auf im Glas.

★★★★ S €€€ GV    TIPP
**2022 Grüner Veltliner Ried Brunnthal 1ÖTW** + Anfangs zurückhaltend, feine Pfefferwürze und Exotik, alles reduziert, am Gaumen kommt dann die Finesse, die Eleganz, diese fast zarte, transparente, doch kompakte Struktur, einiger Tiefgang und Länge, distinguierte Fülle, unaufgeregt, großartig.

★★★★ S €€€€ RI    TIPP
**2022 Riesling Ried Brunnthal 1ÖTW** + Reife Marille mit Marzipan, Ananas, Mango, Schokonoten, feinfruchtig, saftiger Schmelz, tiefgründig, voller Rasse, ungemein straff und ausdrucksstark. Der hat ein langes Leben vor sich.

★★★ S €€€€ RV    TIPP
**2021 Roter Veltliner Ried Scheiben 1ÖTW** + Lebkuchen, Tabak, Mango, Marillen, Orangenschalen, rauchige Noten, Pfirsichtöne, feine Fülle gepaart mit Eleganz, stramme Frucht, immer mit gediegener Frische und toller Säure. Ein großzügiger, gebietstypischer Roter Veltliner.

★★★ K €€€ CH
**2022 Chardonnay Grande Reserve Fels** + Kandierte Nüsse, Vanille, Honig, Steinobst und Exotik, straff strukturiert, ungemein lang abgehend, bestens eingesetztes Holz, voller Pikanz, immer frisch, zeigt seine Klasse. Perfekt wird er wohl erst in einigen Jahren sein.

★★★ K €€€ PN
**2022 Pinot Noir Reserve** + Ledrige Noten, Himbeeren, Unterholz, straffe Struktur, warmes Timbre, weinig, geht in die Tiefe und Länge, elegant, Gerbstoffbetonung, druckvoll, typisch. Ein fruchtbetonter, weicher, saftiger Pinot Noir.

★★★ K €€€€ ZW
**2022 Blauer Zweigelt Gigama** + Noch etwas holzbetont, doch mit reifer Frucht, Vanillenoten, Zimt, gute Struktur, kompakt, Zwetschken, Preiselbeeren, Kakao, griffig, elegant, seidiges Tannin, der geht auf die Reise.

## Familienweingut
# M. Mayer

**Matthias Mayer**
3465 Königsbrunn am Wagram, Kremserstraße 19
Tel. +43 676 88234442
weingut@m-mayer.at
www.m-mayer.at

Seit 25 Jahren bewirtschaftet Matthias Mayer sein Weingut und die Weinberge in Königsbrunn am Wagram. In diesem Jahr wurde Roter Veltliner nachgepflanzt. Das heißt, dass der Rote Veltliner mit dem Grünen Veltliner in Menge und Wichtigkeit gleichgestellt wurde. 2023 war sicher, wie auch überall anders, eine Challenge, um Trauben mit Harmonie zwischen Reife und Frische (Säure) zum richtigen Zeitpunkt zu ernten, sagt Matthias Mayer. Mit 30 bis 35 Sonnentagen sind der Geschmack und die Frucht perfekt ausgeprägt. Der Löss zieht sich durch alle Rieden. Mit dem Grünen Veltliner Stoamasl und Ried Bromberg wird die Rebsorte hochgelebt. Im neuen Herkunftssystem wird der Gebietswein und die Riede bespielt. Mit den Gebietsweinen, die klassisch ausgebaut werden, bekommt man Weine, die durch ihre Sortentypizität und Geradlinigkeit bestechen. Mit dem Grünen Veltliner Ried Mordthal – Ruppersthal Reserve, der in 700-Liter-Akazienfässern mindestens ein Jahr seine Zeit verbringen darf, gibt es einen Wein, der durch Tiefe und Struktur brilliert. Dieser Wein wird seine Größe erst in der Zukunft ausspielen. Die Roten Veltliner sind ungemein kulinarisch, mit Saftigkeit und verspielter Frucht. Der erste Teil wurde Ende Februar gefüllt und die Riedenweine Ende März. Die Weine bleiben bis zur Füllung auf der Feinhefe. Für Matthias Mayer wird das Thema Zeitgeben immer wichtiger, und auch die Weingenießer schätzen es, wenn die Weine mit etwas Reife gekauft werden können. Alle Weine sind zum jetzigen Zeitpunkt schon angenehm zu trinken, harmonische Frucht und runder Körper prägen die Weine. Abgerundet wird das Sortiment durch Grünen Sylvaner, Gelben Muskateller, der mit seiner Frische und Lebendigkeit ein spaßiger Wein ist, sowie Zweigelt und Sankt Laurent.

Alles in allem lebt Matthias Mayer das Wagram und spiegelt es in seinen Rebsorten perfekt wider. Wenn man in der Nähe ist, kann man die Weine im hervorragenden Heurigen verkosten, der in der Königsbrunner Kellergasse liegt. *rk*

### WAGRAM DAC

★★★ S € GV  **TIPP**
**2023 Grüner Veltliner Stoamasl** + Ruhiger, würziger, unaufgeregter Grüner Veltliner, weißer Pfeffer, gelber Apfel, Alexander Lucas Birne, saftiger Gaumen, untermalt von Ribiseln, Kamillenblüten, im Abgang geradlinig würzig, leicht zitronig.

★★ S €€ GV
**2023 Grüner Veltliner Ried Bromberg** + Kompakte Nase, Veilchen, Anklänge von Brombeere, Schwarzbrotrinde, leicht Lakritze, saftiger Körper, schmiegt sich am Gaumen an, dunkler Kern, Anis, Tee von roter Apfelschale.

★★★ S €€€ GV
**2022 Grüner Veltliner Ried Mordthal – Ruppersthal Reserve** + Breitschultrig, ausgelassener Grüner Veltliner, weiße Blüten, reife Marille, weißer Pfeffer, unterlegt von Brioche, Honigmelone, kandierter Ringlotte, schmiegt sich am Gaumen an, feiner Gerbstoff, kompakt und zukunftsorientiert.

★★ S €€ RV
**2023 Roter Veltliner Ried Steinberg – Ruppersthal** + Klare, helle, ausgereifte Frucht, Ringlotte, Stachelbeere, Cayennepfeffer, Tee von der Schale eines Red Delicious, weiße Brioche am Gaumen, bleibt im Abgang fest, angenehme Mandarine und Zitronenverbene.

★★ S €€ RI
**2023 Riesling** + Angenehmer, ausgereifter Weingartenpfirsich, Zitronenverbene, Kamillenblüten, Orangenzeste, saftig mit Druck, trinkanimierender Körper, bleibt bis zum Abgang fest und strukturiert, leicht Zitrone und Orangenminze im Abgang.

★★ S €€ GM
**2022 Gelber Muskateller** + Unaufgeregter Wein in der Nase, viele Kräuter, Melisse, Zitronenminze, Holunderblüte, gewisse Saftigkeit, im Abgang Mandarine und etwas Muskatblüte.

# Weingut
# Mehofer – Neudeggerhof

**Stephan Mehofer**
3471 Neudegg 14
Tel. +43 2279 7247
neudeggerhof@mehofer.at, www.mehofer.at
W/R 75/25

Den Neudeggerhof gibt es seit 1709 – es ist eines der ältesten Weingüter am Wagram. Tradition ist wichtig, aber bei diesem Weingut spürt man den Fortschritt. Seit 1992 biologisch zertifiziert, Weine mit Tiefe, Eleganz und Herkunft – ein Spannungsbogen, der sich über das gesamte Sortiment zieht und niemals nachlässt. Herkunft ist nicht nur eine Floskel, sondern wird in diesem Weingut geatmet und gelebt. Es gibt im Weinkeller ausschließlich Eiche aus Österreich. Die Gebietsweine sind aus jüngeren Rebanlagen und werden im Stahltank vergoren. Der Riesling Ried Wadenthal bleibt auch im Stahltank und bekommt dadurch seine Tiefe, Festigkeit und Eleganz.

Mit der Ried Neudegg und vor allem der Ried Wadenthal, die in österreichischer Eiche ausgebaut werden, werden Weine vinifiziert, die Spaß, Trinkfreude und Anspruch bieten. Die Fässer sind 2500 bis 3000 Liter groß, für die Ried Wadenthal kommt ein 1000-Liter-Eichenfass zum Einsatz, diese darf auf der Vollhefe ein Jahr darin verbringen. Dadurch bekommt der Wein seine Tiefe und Länge. Die Ried Neudegg verfügt über den klassischen Lössboden, in der Ried Wadenthal ist neben Löss auch Schotter dabei. Die Stöcke sind zwischen 30 und 40 Jahre alt. Der Pinot Noir vom Löss wird im Stahltank vergoren und ruht in fünf bis 15 Jahre alten Barriquefässern. Der Pi-Wi-Wein Johann zeigt, wie die Rebsorten Johanniter und Bronner Spaß machen können. Alles in allem beweist dieses Weingut, wie man mit Herkunft nicht nur ein Marketingtool hat, sondern dass man es lebt und liebt, Weine zu machen, die bestätigen, wie großartig das Wagram ist. *rk*

## WAGRAM DAC

★★★ S € GV — **PLV**
**2023 Grüner Veltliner Wagram** + Mostapfel, Bergamotte, Limettenzeste, Melissentee, klarer Stil am Gaumen ohne Schnörkel, reife Williamsbirne, Apfelmus, Kumquat, erfrischender, lebendiger Grüner Veltliner mit Lössherkunft.

★★★★ S €€ GV — **TIPP**
**2023 Grüner Veltliner Neudegg** + Saftiger McIntosh Apfel, Schale von Quitte, Verbene, nasse Steine, in sich ruhender Wein, weißes Fleisch von Birne am Gaumen, leichter Schmelz von weißem Karamell und Kaffeesud, Bergamotte, rosa Pfeffer, Bilderbuch-Ortswein.

★★★ S €€ RV — **PLV**
**2023 Roter Veltliner Wagram** + Animierende rotbeerige Nase, Stachelbeere, weiße Himbeere, roter Apfel und Holunder, saftiger Gaumen, floral und widerspiegelnde rote Beerenaromen, leichte Currywürze, samtiger Abgang, der nicht auseinanderläuft.

★★★ S €€€ RV
**2023 Roter Veltliner Neudegg** + Ausgewogene Anklänge in der Nase, floral und rote Frucht, Lavendel, Blutorange, Himbeere, Limettenzesten, eleganter geradliniger Körper, kräuterwürziger weißer Tee, körnig und unaufgeregt, der Wein zeigt seine Lössherkunft.

★★★ S €€€ RI — **TIPP**
**2022 Riesling Ried Wadenthal** + Kamille-Fenchel-Tee im Auftakt, Mandarine, weißer Pfirsich, vielschichtiger Gaumen, harmonische Frucht, Litschi, getrockneter Pfirsich, Zitronenzeste, leichte Fruchtsüße, feingliedriger Wein, der mit Luft seine Größe zeigt.

★★★★ S €€ PN
**2021 Pinot Noir Neudegg** + Charmant einladende Nase, etwas Eukalyptus, Herzkirsche, Brombeere, röstige Aromen vom Holz, warmer, schmeichelnder Gaumen, weißes Nougat, Toffee, reife Tannine, weiße Schokolade, vielschichtiger harmonischer Pinot Noir, der voller Tatendrang ist.

## ÖSTERREICH

★★ S €€ GS — **FUN**
**2023 Gemischter Satz** + Lustige, erfrischende Nase, Kräuterwürze, Zitrone, Orangenzeste, gelber Apfel, lebendiger Sommerwein, der Spaß macht, gewisse Dichte am Gaumen, der Gaumen spiegelt mit Leichtigkeit die Nase wider.

★★★ S €€ GS
**2021 Johann** + (besteht vorwiegend aus PiWi-Sorten) Offene, lebendige Fruchtaromen, Litschi, Maracuja, Quittenkompott, Orangenverbene, saftige, verspielte Aromen am Gaumen, Orangenzeste, leichte Cremigkeit, Butterscotch, durch Maischestandzeit feinkörniger Gerbstoff, zugänglicher Wein, der eine Bereicherung für jede Weinbegleitung ist.

# NOTIZEN

♛ ♛ ♛

## Weingut
# Nimmervoll

**Claudia & Gregor Nimmervoll**
3470 Engelmannsbrunn, Steingassl 30
Tel. +43 676 9503682
office@nimmervoll.cc, www.nimmervoll.cc
18 Hektar W/R 85/15

Wenn man Gregor Nimmervoll zuhört, spürt man seine Verbundenheit zum Wagram, zu seinen Rieden und seinen Weingärten. In erster Generation hat Gregor Nimmervoll einen beeindruckenden Weg von ein paar Stöcken zu einem wunderbaren Weingut mit 18 Hektar hingelegt. Zusammen mit seiner Frau Claudia bewirtschaftet er seine Weingärten so naturnah wie möglich. Der Pflanzenschutz ist biologisch, und zur Stärkung und Vitalisierung des Bodens werden Kompost und Gräser ausgebracht. 2010 wurde ein neuer Weinkeller gebaut, der 2017 weiter ausgebaut wurde. Der Boden ist eine spannende Mischung in der Ried Eisenhut mit rotem Schotter und sandigem Löss. Hier stehen Roter Veltliner und Traminer. Die Ried Mittersteig bei Gösing besteht aus tiefem Löss, auf dem sich der Weißburgunder wohlfühlt. Der Schafflerberg bei Wels mit seinem kräftigen Lössboden beheimatet alte Grüner-Veltliner-Anlagen. Die kleine Ried Fuxberg mit ihrem kühlfeuchten, lehmigen Lössboden bringt hochelegante Weine vom Gelben und Roten Traminer hervor, die dann in Akazienfässern ausgebaut werden. Nur in den besten Jahren werden Weine der Engilmar-Linie auf den Markt gebracht, benannt nach dem keltischen Namen von Engelmannsbrunn, was so viel heißt wie „von den Engeln geliebt". Nicht nur von den Engeln geliebt ist dieser Wein atemberaubend und besticht durch Tiefe und Komplexität. Der Riesling wächst auf einer Erhebung im Wagram auf Schotterboden (Wagramschotter). Alle Rieden werden spontan vergoren, was den Weinen wiederum eine zusätzliche Dimension gibt und diese dadurch noch mehr Profil und Tiefe bekommen. Dem Wein etwas mehr Zeit für seine Entwicklung zu geben, ist auch hier ein Thema. *rk*

### WAGRAM DAC

★★★ S €€ GV — **PLV**
**2023 Grüner Veltliner Wagram Löss** + Schöner Vertreter des Lössbodens, gelber Apfel, weißes Fleisch von Pfirsichen, Melisse, leicht rosa Pfeffer, gewisse Komplexität und Eleganz, am Gaumen feiner Gerbstoff vom Mostapfel, Spannung und Würze zieht sich durch.

★★★★ S €€€ GV — **TIPP**
**2022 Grüner Veltliner Schafflerberg** + Herrliche Frische, klare weiße Blüten, weißer Flieder, Gravensteiner Apfel, Minzetee, ziselierter Gerbstoff am Gaumen, Orangenverbene, Salzzitrone, Würze von Tasmanischem Pfeffer, ungemein vielschichtig und trinkanimierend.

★★★ S €€€ GV
**2022 Grüner Veltliner Engilmar Große Reserve** + Feine Anklänge von Akazienholz, dunkelröstige Aromen, dezente Würze, Senfsaat, Mostapfel, Cassisblatt, am Gaumen dicht und kompakt, Konfit von Pfirsich, vielschichtiger, komplexer Wein, dem die Zeit noch mehr Eleganz geben wird.

★★★ S €€ RV
**2023 Roter Veltliner Ried Eisenhut** + Fulminates Fruchtspiel, eleganter McIntosh Apfel, Butterscotch, Erdnusskaramell, am Gaumen Buddhas Hand, Orangenverbene, Ribisel, Ringlotte, Salzkaramell, vielschichtiger Roter Veltliner, der viel Freude macht, fester Gaumen, ohne ausladend zu werden.

★★★ S €€ RI
**2023 Riesling Wagram Schotter** + Reichhaltige, verspielte Nase, reifer Weingartenpfirsich, Mandarine, Limettenzesten, saftig-würziger Gaumen, Currykraut, leicht rauchig, charmante Restsüße für einen festen Körper, leichtfüßige Struktur.

★★★ S €€ TR
**2022 Traminer Wagramlöss** + Klassische Tramineraromatik, würzig, Maracuja, Zitrus, geröstete Mandeln, leicht cremiger Gaumen, weißes Karamell, glacierte Banane, feste Struktur im Abgang mit leichtem Zuckerspitzerl.

★★★ S €€€ PB
**2022 Weißburgunder Engilmar Große Reserve** + Williamsbirnen-Kompott, Nelken, Litschi, weiße Brioche, am Gaumen leichter süßer Schmelz, saftig und kulinarisch, vielschichtig, etwas Kokosraspel, unterlegte Holzwürze, braucht viel Luft und große Gläser, wird damit feiner.

### WAGRAM

★★★ S €€ ZW
**2023 Rosé Quergelesen** + Ernsthafter, saftiger Rosé, Stachelbeere, weiße Ribisel, offene Frucht, ohne kitschig zu sein, feste Struktur, feiner Gerbstoff, Himbeer-Zitrone am Gaumen, kompakter, ehrlicher Rosé.

## Weingut
# Bernhard Ott

**Bernhard Ott**
3483 Feuersbrunn, Neufang 36
Tel. +43 2738 2257
bernhard@ott.at, www.ott.at
50 Hektar, W/R 100/0

Qualitativ seit Langem unter den allerbesten des Landes sowie österreichisches Vorzeigeweingut mit höchstem internationalen Renommee, vermittelt das Weingut Ott trotz seiner nicht unbedeutenden Größe stets den Eindruck eines intim, mit Hingabe und Harmonie geführten Familienbetriebs. Kein Wunder, denn in kaum einem anderen Betrieb hat die soziale Komponente derart viel Gewicht wie in dem Feuersbrunner Musterbetrieb. „Alle arbeiten zusammen" wird folglich der hier gelebte Alltag schnörkellos wie wahrheitsgetreu auf der Website beschrieben.

Innovation, Kreativität und Dynamik prägen seit jeher den Weg von Bernhard Ott – so war er Pionier bei der Einführung neuer bzw. Wiederbelebung traditioneller Methoden und beeinflusste etliche Entwicklungen in der österreichischen Weinlandschaft. Sein seit den 1990er-Jahren ungebrochener Drang zu immer höherer Qualität und Eigenständigkeit, gepaart mit seinem großen Talent und Können, haben den Feuersbrunner schon früh zu einer der einflussreichsten heimischen Weinpersönlichkeiten gemacht.

Im Rebenreich des Feuersbrunner Traditionsweinguts ist Grüner Veltliner die unumstrittene Nummer eins. Dennoch ist hier von Einseitigkeit keine Spur, ganz im Gegenteil – denn die Vielfalt an Facetten und Aspekten, die Bernhard Ott dieser Sorte entlockt, ist größer als viele sortenmäßig überreich bestückten Paletten. Ampelografische Seitensprünge gibt es einerseits in Gestalt des Rosé Rosalie und eines Rieslings sowie der Cuvée Spectrum aus Welschriesling, Neuburger, Müller-Thurgau, Traminer, Silvaner, Roter Veltliner und weiteren Sorten.

Bereits 2006 wurde der Betrieb auf biologisch-dynamische Bewirtschaftung umgestellt, bald darauf zertifiziert. Besonderes Augenmerk gilt der Pflege der Böden und Rebanlagen, und in diesem Bereich zählt das Weingut zweifellos zu den besten und innovativsten Betrieben: Kompostausbringung und Begrünung sind selbstverständlich, ebenso wie Grünlese, Laubarbeit und penible Traubenselektion. Die Lese erfolgt seit jeher ausschließlich per Hand.

In Sachen Traubenverarbeitung ist man hier extrem schlagkräftig: Ein höchst kompetentes Team sorgt für rasche Verarbeitung des makellosen Traubenguts; mehrere Pressen der Spitzenklasse stehen zur Verfügung. State of the Art sind hierbei die besonders schonenden automatischen Korbpressen, von denen es mittlerweile bereits vier im Betrieb gibt – diese werden mittlerweile für sämtliche Trauben aus den eigenen Weingärten eingesetzt. Überwiegend wird auf Ganztraubenpressung gesetzt. Die Moste werden großteils spontan vergoren bzw. mit der eigenen Hefe versetzt. Durch lange Lagerung auf der Hefe und späte wie sparsame Schwefelung gewinnen die Weine an Facetten und Tiefgang. Zunehmende Bedeutung bekommt seit etlichen Jahren der Ausbau in großen, neutralen Holzfässern.

Den Einstieg in die Veltliner-Welt bildet der Wein namens Am Berg, als mittelgewichtige Lagen-Cuvée gibt es den Fass 4. Die Oberklasse startet mit der Rieden-Cuvée Der Ott. Besonderes Augenmerk wird den Einzellagenweinen geschenkt, und dieses Segment ist über die Jahre gewachsen: Bereits vor Längerem wurde der ursprünglich solitäre Riedenwein vom Feuersbrunner Rosenberg durch den nahegelegenen Spiegel sowie den Engabrunner Stein aus dem Kamptal ergänzt. Als JRE-Edition (Jeunes Restaurateurs) kam dann ein Sortenvertreter von der Ried Kirchthal dazu. Jüngst kamen die Ried Gmirk in Gösing sowie der Feuersbrunner Brenner hinzu.

Die Basisweine aus 2023 bestechen durch ihre Balance und Vitalität, „Der Ott" zeigt sich athletisch und kernig, und die neuen Lagenweine aus demselben Jahrgang bereichern das Sortiment um weitere von Terroir und Sorte geprägte Facetten. Das klassische Trio aus Lagenweinen stammt aus dem Top-Jahrgang 2021, hier stechen derzeit die beiden Feuersbrunner Lagen heraus. *psch*

## WAGRAM

★★★ S €€€€€ GV
**2021 Kirchthal Feuersbrunn Grüner Veltliner** + Röstig, Unterholz und Laub, recht runde Frucht, Apfelgelee; zartherb, leicht cremig-laktisch, elegant gebaut, dezent saftig, lebhaft, Orangen, bisschen geradlinig, mittleres Finish.

★★★★ S €€€€€€ GV
**2021 Ried Spiegel 1ÖTW Grüner Veltliner Feuersbrunn** + Leicht röstig, kandierte Zitronen, aber auch Wiesenblüten und frisches Heu, weißpfeffrig; hochelegant mit betont saftigem Fruchtbiss, geschmeidig, subtile Fruchtfülle, Quitten und Grapefruits, pikant, lang, toll.

★★★★ S €€€€€€ GV   TOP
**2021 Ried Rosenberg 1ÖTW Feuersbrunn Grüner Veltliner** + Ganz klassischer Lagencharakter, dunkle Würze, rauchig, schwarzer Pfeffer und Piment, Gewürzbrot, Trockenfrüchte, Ananashauch, samtig und tief; kraftvoll, substanzreich, braucht Luft, Würze und reife Zitrusnoten, ganz fester Grip, sehr lang, Potenzial.

★★★ S €€€€ GV
**2023 Ried Gmirk Gösing Grüner Veltliner** + Bisschen rauchig zu Beginn, viel rote Äpfel und Klarapfel, expressiv und transparent; lebhaft, erfrischend, knackig, mittelgewichtig, straff, hinten feingliedriger, guter Biss.

★★★★ S €€€€ GV   TOP
**2023 Ried Brenner Feuersbrunn Grüner Veltliner** + Geht über vor Kernobstfrucht, süßer reifer roter Apfel, expressiv, intensiv, Apfelsauce, Majoran, etwas Curry; ungemein saftig, vibrierend frisch, voller Leben und Biss, tolle Frucht, knackig, pointiert, lang anhaltend.

## KAMPTAL

★★★★ S €€€€€€ GV
**2021 Ried Stein 1ÖTW Engabrunn Grüner Veltliner** + Beachtliches Volumen andeutend, Anklänge von Biskuit, Wachs und Oliven, etwas Orangen, dazu Marille; satte Substanz, feinherb strukturiert, saftige Mitte, guter Extrakt, recht kernig, lebhaft, gute Länge.

## NIEDERÖSTERREICH

★★ S €€€€€ GV
**2023 Grüner Veltliner Am Berg** + Zart hefig, geröstetes Brot, etwas Kernobstfrucht, zeigt einige Würze, sehr ausgewogen; dezent saftig, gewisser Körper, feiner Biss, Grapefruits, lebhaft, straff, mittlere Länge.

★★★ S €€€ GV
**2023 Grüner Veltliner Fass 4** + Melange aus gelben Früchten, Zitrus und Quitten, auch Ananas, sehr frisch, klassische Würze nach Pfeffer und Röstlinsen, pikant; startet ungemein saftig, knackig, richtig belebend, viel Grapefruits, elegant gebaut, straff, mittellang.

★★★★ S €€€€ GV   TIPP
**2023 Grüner Veltliner Der Ott** + Anfangs etwas zurückhaltend, luftbedürftig, dann glockenklar, kühle grüne Würze, ein Hauch von Birnen, bisschen Biskuit; knackig und sehr lebhaft, viel Biss, straff, verlockend saftig, Bitterorangen, konturiert mit feiner Länge.

## ÖSTERREICH

★★★ S €€€ CW   FUN
**2023 Cuvée Spectrum** + Lindenblüten, würzig, feinhefig, etwas Quittenkäse, Mirabellengelee, frische Wiesenblüten; feinherb strukturiert am Gaumen mit ausgeprägter Frucht, pikant, saftige Mitte, elegant, packend, leicht spritzig, glockenklar, knapp am 4. Stern.

## Weinbau
# Familie Reinberger

**Alfred & Dagmar Reinberger**
3484 Grafenwörth, Kremserstraße 10
Tel. +43 664 4154894
weinbau@reinberger.at, www.reinberger.at
10 Hektar, W/R 90/10

Die gesamte Serie von Alfred Reinberger ist wie aus einem Guss. Jeder Wein für sich individuell, aber alles in allem mit einer klaren Handschrift versehen. Mit dem Grünen Veltliner, der 60 % der Bewirtschaftung ausmacht, hat man einen Partner gefunden, mit dem man auf Löss, mit Einschlüssen von Sand und Ton, unverwechselbare Weine produziert. Mit den drei Herkünften Gebietswein, Ortswein „Feuersbrunn" und den Lagen Ried Feuersbrunner Gmörksteig, Ried Felser Dorner, Ried Gösinger Fumberg und Ried Felser Scheiben, die mit dem Zusatz Reserve betitelt werden, werden terroirbezogene Weine produziert, die richtig Spaß machen. Die Sortenvielfalt ist im Portfolio nicht das wichtigste. Es wurde 2023 nur noch Weißburgunder neu ausgepflanzt, der in den nächsten drei bis vier Jahren auf den Markt kommen wird. Viel wichtiger ist es, mit den Rebsorten, die man hat, das ganze Potenzial auszunutzen und in die Tiefe zu gehen. Das Thema Riesling, der auf verwittertem Schotter wächst, wird fantastisch umgesetzt, und die Weine strahlen mit der Sonne des Wagrams um die Wette. Seit zwei Jahren werden nun auch große 1000- bis 2000-Liter-Holzfässer vorwiegend für die Reserven verwendet – Akazienfässer, die von der Fassbinderei Benninger produziert werden. Die Reserven bleiben sehr lange ohne Schwefel in den Fässern und kommen nach einem Jahr auf den Markt. Der Ausbau in den Akazienfässern bringt laut Alfred Reinberger noch mehr Harmonie, Eleganz und Struktur mit sich. Die klassischen Weine werden im Stahltank vergoren. Vor allem bei den Reserven wird das Thema Zeit großgeschrieben; diese Weine sind Langstreckenläufer, die ihr gesamtes Potenzial erst in der Zukunft zeigen werden. *rk*

### WAGRAM DAC

★★ S € GV
**2023 Grüner Veltliner Wagram** + Leichtfüßige, etwas dropsige Nase, Exotik, Banane, Frische, am Gaumen saftig mit rotem Apfel, im Abgang rosa Pfeffer.

★★ S € GV
**2023 Grüner Veltliner Feuersbrunn** + Ruhigere, würzigere Nase, Williamsbirne, Heublumen, leicht Schwarzbrotrinde, am Gaumen feste Struktur mit schwarzem Pfeffer, gelbe Apfelschale, angenehme Zitronenverbene und Würze.

★★★ S €€ GV
**2023 Grüner Veltliner Ried Brenner** + Unaufgeregte Quitte, Rubinette Apfel, Mandarine, Veilchen, ruhiger, aber saftiger Gaumen, Fleisch von gelber Birne, Melisse, fließender Gaumen, leichte weiße Pfefferaromen und Lebendigkeit.

★★★★ S €€ GV
**2022 Grüner Veltliner Ried Felser Dorner Reserve** + Klassische Grüner-Veltliner-Nase, ansprechende Schwarzer-Pfeffer-Würze im Vordergrund, eingekochter roter Apfel, Nelken, Zitronenverbene, Weißbrotrinde, saftiger Gaumen, Kletzenbrot, Brioche, feiner Gerbstoff und Dichte, öffnet sich mit Luft immer mehr.

★★★★ S €€€ GV    **TIPP**
**2021 Grüner Veltliner Ried Felser Scheiben Große Reserve** + Kulinarische Nase, Senfsaat, Kriecherl, eingekochter gelber Apfel, leichte Reduktion, fester fleischiger Gaumen, Bienenwachs, Brioche, Salzgebäck, Weingartenpfirsich, im Abgang feine Säurestruktur und rosa Pfeffer, feiner Gerbstoff und Spannung.

★★★ S €€ RV    **PLV**
**2023 Roter Veltliner Lössterrassen Feuersbrunn** + Ruhige Nase, Klarapfel, Salbei, weiße Blüten, feiner Gerbstoff, feine Pfeffernote, Ringlotte, Ribisel, guter Spannungsbogen bis zum Abgang, fest und würzig, super Vertreter der Herkunft mit Spannung und gewisser Tiefe.

★★★★ S €€€ RV
**2022 Roter Veltliner Ried Gösing Fumberg Reserve** + Röstige Anklänge in der Nase, Senfsaat, nasses Laub, Mostbirne, Melisse, Cassisblatt, leichte Reduktion, saftiger, tiefgründiger Gaumen, Honigmelone, Kompott von weißem Pfirsich, Brioche, Brombeere, bleibt fest und strukturiert, sehr guter herkunftstypischer Sortenvertreter.

★★★ S €€ RI    **FUN**
**2022 Riesling Feuersbrunn** + Offene, ansprechende reife Pfirsiche, Limette, Colakraut; saftiger Gaumen, verspielte, betörende kandierte Pfirsiche, Ribisel, Schwarzbeere, weiße Blüten, ansprechender Riesling.

★★★★ S €€ RI
**2022 Riesling Ried Gmörksteig Reserve** + Komplexe Nase mit Weingartenpfirsich, Minze, Orangenverbene, Mandarine, Butterbrioche; mundfüllend, dabei fest, wie in der Nase sehr betörend, Tee von Mostbirne, feiner Gerbstoff, leichtes Bitterl von Pomelo, wunderbare Länge und Tiefe.

♛ ♛ ♛

## Weingut
# Franz Sauerstingl

**Franz Sauerstingl**
3481 Fels am Wagram, Parkstraße 11
Tel. +43 676 7048070
franz@sauerstingl.at, www.sauerstingl.at
12,5 Hektar, W/R 90/10

Wiederum ein Jahrgang der Superlative bei Franz Sauerstingl. Durch die Bank. Vor allem die vier Löss – 1, 2, 3 & 4 – Grünen Veltliner sind schon längst das Markenzeichen des Weingutes. Eigentlich Kult, einer besser als der andere. Wobei mir heuer der Löss 3 am Herzen liegt. Welches Weingut verfügt schon über vier solch unverwechselbarer, strahlender Wagramer Gewächse. Ein sehr guter 2023 Roter Veltliner. Der 2022er Rote Veltliner Reserve wurde im Frühjahr 2023 abgefüllt und präsentiert sich mit barocker Fülle und sinnlicher Hingebung. Es gibt nur etwa 700 Flaschen davon. Ich würde zuschlagen. Der 2021 Grüne Veltliner Reserve zeigt jetzt seine Klasse in Perfektion mit einem langen Atem – zeitgerecht belüften, großes Weinglas und nicht zu kalt genießen. Der 2019er Grüne Veltliner als Late Release präsentiert sich nach einigen Jahren noch immer fast jugendlich, ist kompakt, voller Spannkraft mit burgundischer Finesse. Wird sicher im Preis etwas angepasst werden. Solch großartige Weine sind niemals günstig. ***as***

### WAGRAM DAC

**★★★★ S €€ GV**   [TIPP]
**2023 Grüner Veltliner Löss 3 Ried Scheiben** + Herrlich leuchtendes Gelbgrün, ganz dezent hefig, ein Wein von ungemeinem Tiefgang, immer kühl, weich und schmelzig, feinster Pfeffer, Marille und Pfirsich, Honignoten, Bienenwachs, Zitrus, Orangenschalen, Mango & Co., Grapefruitzesten, Kamille, Löwenzahn, perfektes Säurespiel, balanciert, ausdrucksstark, distinguierte Fülle. Das ist vielleicht der beste Löss 3 der Geschichte.

**★★★★★ S €€€ GV**   [TOP]
**2023 Grüner Veltliner Löss 4 Ried Brunnthal** + (20 Stunden Maischestandzeit) Ein großer, mächtiger, klassischer Wagramer Löss Grüner Veltliner mit perfekter Gerbstoffstruktur, intensiv, konzentriert, tiefgründig, cremig-füllige Eleganz, der klebt förmlich am Gaumen, geht lang ab, hochreife Trauben, Zitrus, Orangenzesten, weißer Pfeffer, salzig-kalkige Einschlüsse, hochreife Trauben, schlanke Festigkeit, tolle Komplexität, absolut hochwertig mit enormer Substanz für eine lange Lagerung. Der geht seinen Weg.

### NIEDERÖSTERREICH

**★★ S € GS**
**2023 Gemischter Satz** + (MT/PB/GV) Pfeffernoten, würzig, reife Äpfel und Birnen, insgesamt ein feines Bukett, gelbe Früchte, angenehme Säure, ausgewogen, elegant, weinige Struktur, macht so richtig Spaß.

**★★★ S €€ GV**
**2023 Grüner Veltliner Löss 1** + Das ist 100 % Wagram, lössige Intension, reife Trauben, gemahlener Pfeffer, tolle Exotik, Bananen, Marille, fruchtiger Charme, ganz feine Frucht, traubige Eleganz, feines Säurespiel. Wagram vom Feinsten!

**★★★ S €€ GV**
**2023 Grüner Veltliner Löss 2** + Wagram und Grüner Veltliner pur, Exotik, Ananas, Mango, reifer Apfel, Steinobst, dezent rauchig, in sich stimmig, ganz feine Würze, pfeffrig, kühle Noten, voller Finesse, tolle Länge.

**★★ S €€ RV**
**2023 Roter Veltliner** + 100 % Wagram, kühles Bukett, Lebkuchen, Karamell, Hefeteig, Ananas, Orangenzesten, kandierte Zitrusfrüchte, Veilchen, voller Pikanz, Kräuter und Gewürze. Eine Symbiose zwischen Trinkfluss und Ernsthaftigkeit.

**★★★ S €€€ RV**
**2022 Roter Veltliner Reserve** + (ausgebaut im 500-Liter-Akazienfass) Gelbgold, hochreife Trauben mit Botrytis, Honig, Ananas, Zitrus, Marille, Pfirsich, Lebkuchen, Trockenfrüchte, barocke Anklänge, ein dezenter Restzucker sorgt für eine cremige Fülle, schmelzig, mächtig, konzentriert, genügend Säure, ungemein reichhaltig, enorme Pikanz. Ein opulenter Wein zur Zigarre oder zum reifen Blauschimmelkäse.

**★★★★ S €€€ GV**
**2021 Grüner Veltliner Reserve** + (Ried Brunnthal, gebrauchtes Akazienfass) Sattes Gelb mit grünen Reflexen, keine Botrytis, dunkel- und hellfruchtig in einem, Grüner Veltliner pur, Karamell, Pfeffer, Exotik, unglaublich langatmig. Ein großer Wein!

**★★★★ K €€€€ GV**
**2019 Grüner Veltliner Reserve** + (Late Release) Noch spürbare Eichennoten, ungemein spannend, Zitrus, Pfeffer, Biskuit, enorme Länge, Ananas, Grapefruitzesten, hochwertig, tiefgründig, viel Mineralität, noch total jung. Das ist wohl der Puligny Montrachet des Wagrams.

## Weingut
# Familie Schuster

**Thomas Schuster**
3471 Großriedenthal, Hauptstraße 61
Tel. +43 2279 7203, Fax -4
office@weingut-schuster.at
www.weingut-schuster.at

Thomas Schuster ist mit seinem Weingut 2024 Mitglied der ÖTW. Die Thematik Herkunft hat er verinnerlicht, und diese spiegelt sie auch in seinen Weinen wider. Jeder Wein brilliert durch Eleganz, Festigkeit und Geradlinigkeit. Seit 2016 ist das Weingut biologisch zertifiziert. Die Aufteilung der Rebsorten ist ungefähr 1/3 Grüner Veltliner, 1/3 Roter Veltliner, Pinot Noir ist ebenso eine fantastische Rebsorte am Weingut, die durch die kühlere Region begünstigt ist.

Seit 2016 beschäftigt sich Thomas Schuster schon mit dem Thema Ortswein aus Großriedenthal. Durch die Vinifikation auf der Vollhefe, ohne Schwefel im Stahltank und die etwas längere Lagerung gewinnt der Wein an Ruhe und Straffheit. Der Rote Veltliner Ried Berg Eisenhut wird in 500-Liter-Akazienfässern auf der Vollhefe ausgebaut, bleibt ein Jahr in den Fässern und gewinnt dadurch an Tiefe und Eleganz. Der Grüne Veltliner Ried Eisenhut wird in 500-Liter-Eichenfässern und großen Eichenfässern vinifiziert und ist ein perfekter Vertreter seiner Lössherkunft in Verbindung mit Kompaktheit und Frische. Die Gutsreserve Grüner Veltliner 2020 rundet das Festspiel mit Tiefe und Komplexität ab. Dieser Wein ist ein Langstreckenläufer, der Zeit braucht.

Alle Weine wird man zukünftig im neuen Verkostungsraum probieren können. Hinterher kann man sich in einem der zwei Apartments ausruhen. *rk*

### WAGRAM DAC

★★★ S €€ GV **TIPP**
**2023 Grüner Veltliner Wagram DAC** + Saftige Struktur, gelber Apfel, auch Mostbirne, unterlegt von Waldboden, dunkler Pfefferwürze und Wacholder, fest, geradlinig, zupackende dunkle Würze, gewisser Grip.

★★★ S €€ GV
**2023 Grüner Veltliner Großriedenthal Alte Reben** + Heller, kräuterwürziger Anklang, Melisse, Kamille, weißer Pfirsich, gelber Apfel, dezent und harmonisch, leichtfüßiger Körper, trotzdem Dichte und Spannung, etwas Senfsaat, rosa Pfeffer, gelbe Früchte, hochelegant mit schönem Säurespiel und feinem Gerbstoff.

★★★★ S €€€ GV
**2022 Grüner Veltliner Ried Eisenhut** + Lebendige, komplexe Nase, reifer gelber Apfel, weißer Flieder, Melisse, dunkle Würze, etwas Schwarzbrotrinde, kompakter geradliniger Gaumen, Butterscotch, Tasmanischer Pfeffer, leicht rauchig, komplex, Spannung bis zum Ende, wunderbar Vertreter mit Energie und Langlebigkeit.

★★★★ K €€€€ GV
**2021 Grüner Veltliner Gutsreserve** + Einladende, strukturierte Nase, weißer Butterzopf, Orangenkonfitüre, roter Apfel, Heublumen, saftiger Gaumen, Propolis, Kamille, helles Karamell, Spannung bis zum Schluss, Würze von Pfefferminze, leicht röstige Aromen vom Holz, rauchig; ein Langstreckenläufer, der Luft und Zeit benötigt.

★★★ S €€ RV **TIPP**
**2023 Roter Veltliner Wagram DAC** + Helle, gelbfruchtige Nase, weiße Ribiseln, Stachelbeere, weißer Pfirsich, Kamillentee; fester Gaumen, etwas rote Beeren, Heublumen, Weißbrotrinde, Kardamom, Himbeer-Zitrone im Abgang und Rosa-Pfeffer-Würze.

★★★ S €€ RV
**2022 Roter Veltliner Ried Goldberg** + Kandierte, röstige Nase, süße Mandeln, Honigwabe, weiße Brioche, unterlegt von Schwarzbeeren und Zitronenzeste, saftiger, etwas auseinanderfließender Gaumen, glacierte Banane, etwas Butterscotch, reichhaltiger Wein, perfekter Speisenbegleiter.

★★★★ S €€ RV
**2022 Roter Veltliner Ried Berg Eisenhut** + Kulinarisch-würziger Anklang, ausgereifte rote Williamsbirne, Melisse, Kamillentee, saftiger, schmeichelnder Gaumen, kandierter weißer Pfirsich, Fruchtschmelz, angenehme Würze von Orangenverbene und feinem Gerbstoff, Honigmelone, weiße Himbeere, vielschichtig.

★★★★ S €€€ RV **TIPP**
**2023 Roter Veltliner Ried Altweingarten** + In sich ruhende Nase, klare Struktur, weiße Ribiseln, gelber Apfel, Melisse, Orangenminze, eleganter Gaumen mit Strahlkraft, Tee aus roter Apfelschale, feiner Gerbstoff, Rosa-Pfeffer-Würze, ein wunderbarer, eleganter Vertreter der Rebsorte und des Wagram, zeigt mit Luft sein ganzes Potenzial.

★★★★ S €€€ PN
**2021 Pinot Noir Ried Eisenhut Reserve** + Elegant-würziger Auftakt, Stachelbeeren, Ribiseln, feine rauchige Aromen, elegante Tannine und Säurestruktur, Holz bringt leichtes Nougat und Kaffee mit sich, stimmiger, eleganter Pinot Noir.

## Bioweingut
# Soellner

**Daniela Vigne & Toni Söllner**
3482 Gösing am Wagram, Hauptstraße 34
Tel. +43 2738 3201, kontakt@weingut-soellner.at
www.weingut-soellner.at
15 Hektar, 80.000 Flaschen/Jahr

Toni Söllner wurde 50. Ich meine, er steht am Zenit seines Schaffens. Was dieser Mann in diesem Jahrgang 2023 auf Flasche gebracht hat, ist einfach umwerfend. Eine unvergleichliche Serie, wie ich sie noch nie hier verkostet habe. Es sind höchst individuelle Gewächse, unverwechselbar Gösing, nicht Wagram. Hier oben ist es kühler als z. B. in Fels und es gibt nicht so viel Löss. Toni Söllner ist ein Bio-Winzer der ersten Stunde. Bei ihm steht auch die Lage über der Rebsorte.
Die aktuelle Serie ist aus einem Guss. Die Weine von Gösing 2023 – wie Riesling oder Roter Veltliner – sind würdige Vertreter des Ortes. Toll ist der 2023 Grüne Veltliner Wogenrain. Überragend der 2023 Grüne Veltliner Ried Hengstberg – das ist Spannung pur. Wie ein großer Burgunder. Das ist eigentlich eine Erste Lage, ohne klassifiziert zu sein, ein Premier Grand Cru aus Gösing. Aus 2022 kommt der Rote Veltliner Berg Eisenhut mit beeindruckender Intensität und Ausdruck – gefüllt im Jänner 2024, ausgestattet mit einer Substanz für Jahre. *as*

### WAGRAM DAC

★★ S €€ RI
**2023 Riesling von Gösing** + Ein straff strukturierter Riesling mit klirrender Mineralität, engmaschig, rassige Säure, leicht, kernig, Ananas, Steinobst, frische Birne, Zitrus, der zischt förmlich am Gaumen. Riesling pur.

★★ S €€ RV
**2023 Roter Veltliner von Gösing** + Kompakt und fest, druckvoll, einiger Tiefgang, Lebkuchen, Steinobst, Kräuternoten, feingliedrig, elegant, toller Körper, gute Struktur. Ziemliches Potenzial.

★★ S €€ GV
**2023 Wagram Toni Grüner Veltliner** + Schwarzer Pfeffer, Kamille, viele Kräuter, Gewürznoten, reife Trauben, ungemein stimmig. Für einen sogenannten Einstiegs-Veltliner ist das ein hochwertiger Wein mit Charakter. Ein toller Wein für nicht viel Geld.

★★ S €€ GV
**2023 Wogenrain Grüner Veltliner** + Salziger Auftritt, kalkige Frische, fein pfeffrig, Lössnuancen, dezente Exotik, etwas Apfel, engmaschig, mineralisch, wunderbare Säure.

★★★ S €€ GV
**2023 Grüner Veltliner Ried Hengstberg** + Da ist viel Mineral im Spiel, immer kühl, frische Kräuter, Pfeffer, Grapefruit, Zitrus, Birnentouch, rauchig, tiefgründig, salzig, dicht, unglaublich spannend und voller Finesse. Ein hinreißender Grüner Veltliner, wo der Boden über der Rebsorte steht.

★★★ S €€ GV
**2023 Grüner Veltliner Ried Fumberg** + Lössig, rauchig, pfeffrig, würzig, fruchtig, wirkt etwas üppiger, als er ist, Pfirsich, frische Kräuter, gelbfruchtig, feine Exotik, ein eleganter Auftritt. Sanfte Fülle, cremige Textur.

★★★ K €€€ RV    **TIPP**
**2022 Roter Veltliner Ried Berg Eisenhut** + So wie immer ein großartiger Wein, ein Roter Veltliner, welcher viel Mineral transportiert, ungemein ausdrucksstark, druckvoll, würzig, kompakt, edle ca. 6 g Restzucker sind perfekt integriert, machen eine dezent cremige Note, voller Pikanz, elegant und aussagekräftig.

### NIEDERÖSTERREICH

★★ KK €€ CW
**2022 PET NAT** + (CH/RV/RI/GM) Ein zart hefiger, wunderbar trockener (3 g RZ) Schaumwein, Exotik, Blütenduft, kandierte Zitrusfrüchte, Grapefruit, Kräuterwürze, rassige Frische, Apfelnoten, gelbfruchtig. Ein toller, straffer Schaumwein mit einiger Länge und ernsthafter Struktur.

★★ S € CW
**2023 DE GOZICHNE** + (der alte slawische Name von Gösing – MT/GM/RI) Ein duftiger, leichter, frischer, eleganter Wein mit dezentem Zitrus, Marille, feine Frucht, zarte Mandeltöne, Ananas.

★★ S €€ DV
**2023 DANUBIO Donauveltliner** + Kräuter, dezent gewürzig, straffe Struktur, leicht (11,5 % Vol.), charaktervoll, etwas Ananas, Pfeffernoten, Paprika, Äpfel, Birnen, gute Länge. Ein guter Wein, zwischen Grüner Veltliner und Sauvignon Blanc.

★★ K €€€ CW
**2021 IRDEN** + (allerlei im Steinzeug – RV /PB / RI / SG / 10 % TR) Trübe Farbe, ein ungemein vielschichtiges Bukett, Rosenblätter, Orangenschalen, Marillen usw., Gerbstoffbetonung, druckvoll, rassige Säure, tiefgründig, straff, tapeziert den Gaumen, voller Spannkraft, da geht es zur Sache. Ein Natural Wine der besonderen Art.

## Weingut
# Stift Klosterneuburg

**Peter Frei**
3400 Klosterneuburg, Stiftsplatz 1
Tel. +43 2243 411-528
weingut@stift-klosterneuburg.at
www.stift-klosterneuburg.at, 108 Hektar

Dieses älteste Weingut Österreichs bewirtschaftet Weingärten in drei unterschiedlichen Weinbaugebieten: Wagram-Klosterneuburg ca. 23 Hektar, Wien-Kahlenbergerdorf, Leopoldsberg, Kahlenberg ca. 25 Hektar sowie in der Thermenregion in Gumpoldskirchen 5 Hektar und Tattendorf ca. 55 Hektar.
Man verfügt hier über eine hohe Sektkompetenz. Die drei MATHÄI Sekte in den Variationen Rosé, Reserve und Große Reserve stehen über den Dingen. Sehr gute Weißweine und Rotweine, vor allem der St. Laurent aus der Ried Stiftsbreite, wo natürlich die Reserve 2021 aus dieser Lage brilliert. Exzellent auch der 2021 Chorus.
Dennoch scheint es weiteres Potenzial zu geben – man könnte aus diesen hochwertigen Lagen noch mehr herausholen. Ich bin guten Mutes, dass dies in Zukunft gelingen wird. *as*

### BURGENLAND

★★★ K €€€€ CR
**NV MATHÄI Sekt Austria Rosé Reserve Brut** + (Burgenland g.U., degorgiert 17.04.2024) Lachsrosa, anhaltendes Mousseux, Waldhimbeeren, knochentrocken, fruchtig-würzig, cremige Textur, geht voll in die Tiefe, voller Spannung, dicht strukturiert, ein fulminanter Rosé-Sekt, der perfekt zu Räucherfischen passt.

### WIEN

★★ K €€€€ CH
**NV MATHÄI Sekt Austria Reserve Brut** + (Wien g.U., degorgiert 03.02.2024) Grüngelb, leicht rauchig, zartes Bukett nach Steinobst, Zitrus, Apfelnoten, dezente Exotik, Briochenoten, etwas Grapefruit, weiße Blüten, knackige Frische, kompakte Struktur, immer elegant, feingliedrig, fast transparent wirkend, gute Länge, engmaschig, zart cremig, komplex.

**TIPP**
★★★★ K €€€€€ CH
**2017 MATHÄI Sekt Austria Große Reserve Brut Nature** + (Wien g.U., Wiener Nussberg) Rauchig, Brioche, Grapefruit, dezent Marillen, gelber Apfel, Kräuternoten, kompakt, straff, salzig, enorm engmaschig, ein Hauch von Vanille, gelbfruchtig, Wahnsinnsstruktur, ausdrucksstark, tiefgründig.

★★ S €€€ PB
**2023 Weißburgunder Ried Jungherrn** + (Muschelkalk) Kühles Bukett nach Marillen, Mandarinen, Zitrus- und Orangenzesten, gelber Apfel, eher leichtgewichtig, wenig Druck, schlanke Struktur.

### WAGRAM DAC

★★ S €€ GV
**2023 Grüner Veltliner Ried Hengstberg** + Pfefferwürze, frische Kräuter, Apfel, etwas Exotik, fruchtig, dezente Frische, schlanke Struktur, typisch, mittelgewichtig, zart würzig, gut, ohne der letzten Tiefe.

★★ K €€€ GV
**2022 Grüner Veltliner Reserve Ried Steinriegel/Klosterneuburg** + Andeutung von Holz, Zitrus, Pfeffernoten, Steinobst, frische Frucht, milde Säure, elegant, transparent, leichtgewichtig, mittlerer Druck, gute Länge.

★★ S €€€ RI
**2022 Riesling Ried Franzhauser/Klosterneuburg** + Grüngelbe Farbe, feines Rieslingbukett, Marillen, Mango, reifer Apfel, voller Rasse, knackig, viel Biss und Frische, strukturiert, geht in die Länge. Klassisch Riesling.

### THERMENREGION DAC

★★★ S €€ CW
**2023 Zierfandler-Rotgipfler/Gumpoldskirchen** + Exotische Früchte, gelber Apfel, Marille, Mandarinen, Trockenfrüchte, schlank strukturiert, filigrane Noten, elegant, saftig, braucht Zeit.

★★★ K €€ CR
**2022 Patronis/Tattendorf** + (ZW/SL/ME) Kühl, schwarze Beeren, fruchtige Transparenz, dunkle Kirschen, Cassis, bisschen Speck, elegante Noten, feste Struktur, fruchtig, angenehmes Tannin, guter Druck.

★★ S €€ SL
**2022 St. Laurent Ried Stiftsbreite/Tattendorf** + Weichseln, Pflaumen, Lebkuchen, Marzipan, elegant, fruchtig, schlanke Struktur, guter Druck, dezente Würze, feingliedrig, subtil, transparent.

★★★ K €€€ CR
**2021 Chorus Ried Stiftsbreite/Tattendorf** + (ME/CS/SL) Pflaumen, schwarze Kirschen, dezent röstig, viel Frucht, saftig, absolut reife Trauben, immer mit Kühle, liegt straff am Gaumen, perfektes Tannin, dichte Struktur, gute Länge.

★★★ K €€€€ SL
**2021 St. Laurent Reserve Ried Stiftsbreite/Tattendorf** + Feines Bukett, Zwetschken, schwarzer Tee, etwas Moschus, vollfruchtig, Lebkuchen, Schokonoten, rote und schwarze Beeren, saftig, festes Tannin, präzise Säure, einiger Tiefgang, strukturiert, hat Zukunft.

# Weinhof Ulzer

**Michael und Andreas Ulzer**
3484 Seebarn am Wagram, Hauptstraße 3
Tel. +43 676 745 83 10
info@weinhof-ulzer.at
www.weinhof-ulzer.at

Andi und Mike Ulzer sind Zwillingsbrüder. Mike kümmert sich um die Weingärten. Andi ist der Verkaufschef. Im Keller vereinen sich die beiden philosophisch wieder.
Man kultiviert Weingärten auf der ersten und zweiten Wagramkante, von Feuersbrunn bis Thürntal. Bei Ersterer dominiert der Löss mit Donauschotter mit Lagen wie Wora, Kogel, Anzenberg. Von diesen kommt der TWINO, Grüne Veltliner schwerelos, Riesling Ursprung, Rosé vom Zweigelt.
Zweitere, größere, ist ein tiefgründiger Lössboden. Dort gedeihen die gehaltvollen Weine auf den Lagen Rosenberg, Kirchthal, Brunnthal, Scheiben, Hammergraben, Dorner. Von dort kommen Grüner Veltliner Ursprung, Grüner Veltliner und Riesling ul-tima Reserve.
Die Weine sind nicht nur überaus typische Wagramer, sondern auch von herausragender Qualität – vom TWINO über den Rosé vom Zweigelt zum 2023 Grüner Veltliner schwerelos, weiter zum 2023 Grüner Veltliner Ursprung bis zu den Spitzen der gereiften ul-tima-Gewächse Grüner Veltliner und Riesling 2022. Kompliment, meine Ulzer Brothers. Absolut überzeugend. Ich bedanke mich und ziehe meinen Hut. *as*

## WAGRAM DAC

★★★ S €€ GV
**2023 Grüner Veltliner Ursprung** + Ein gediegenes Bukett ausspielend, voller Eleganz, weißer Pfeffer, Kernobst, Marillenanklänge, voller beschwingter Frische mit feiner Frucht, Honigtouch, bei aller Präsenz fast filigran wirkend. Ein elegantes Gewächs mit gutem Rückhalt.

★★★ S €€€ GV
**2022 Grüner Veltliner ul-tima Reserve** + Sattes Gelb, ein barocker Wein mit Honigtönen, getrocknete Marille, vollfruchtig, Karamell, Orangen, Mango, Ananas, fruchtig-würzig, noble Eleganz, vielschichtig, druck- und gehaltvoll, doch niemals breit, ist immer eng, zeigt Tiefgang. Ein Wein für Hauptspeisen.

★★★ S €€€ RI
**2022 Riesling ul-tima Reserve** + Gelbe Farbe, Zitrus, Marille, Pfirsich, Apfel, Honignoten, reife Trauben, mittelgewichtig, würzig, gute Säure, kräftig, trotz höherem Alkoholgehalt frisch wirkend, ist momentan etwas ambivalent. Ein klassischer Herbstwein.

## NIEDERÖSTERREICH

★ S € CW **FUN PLV**
**2023 TWINO** + (GS) Hellgrüne Farbe, jugendlich frisch und duftig, grüner Apfel, Birnentouch, frische Kräuter, Gewürznoten, leicht (11,5 % Vol.) und spritzig, geradlinig, unkompliziert. Ein Sommerwein, wie es sich gehört.

★★ S € GV
**2023 Grüner Veltliner schwerelos** + Pfeffermühle, Apfel, ungemein würzig, animierender Gerbstoff, druckvoll, ein Wein mit Rückgrat, kühle Noten, dunkle Mineralik, kraftvolle Eleganz, ausdrucksstark, einiger Tiefgang, strukturiert, langatmig.

★★ S €€ ZW
**2023 Rosé vom Zweigelt** + Zwiebelfarben, reife Erdbeeren, Kirschen, trocken, griffig, rassig, voller Frische und ernsthafter Leichtigkeit, gute Länge, guter Druck nach hinten. Ein statuierter Rosé von hoher Qualität.

## Bioweingut
# Urbanihof – Paschinger

**Franz Paschinger**
3481 Fels am Wagram, St. Urbanstraße 3
Tel. +43 2738 234413
office@urbanihof.at, www.urbanihof.at
42 Hektar, W/R 80/20

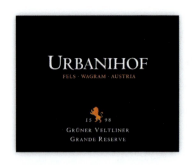

400 Jahre reicht die Tradition dieser Winzerfamilie zurück, mittlerweile wird das Weingut im westlichen Teil des Wagrams von Franz und Sonja Paschinger in der elften Generation geleitet. Wobei die Jugend bereits beginnt, ebenfalls in den Betrieb hineinzuwachsen – Jakob und Lisa, beide sind Absolventen der HBLA Klosterneuburg, machen jeweils ihre ersten Erfahrungen, der Sohnemann heuer bei der Ernte im eigenen Betrieb, wo er, wie der Herr Papa stolz verkündet, „zum ersten Mal selbst Hand angelegt und den Jahrgang durchgehend mitgestaltet hat". Tochter Lisa hingegen wendet sich der Gastronomie-Schiene zu und praktiziert derzeit im Loisium, während Julia, die älteste Tochter, Jus studiert.

Seit 2016 ist der Betrieb bio-organisch zertifiziert, was für Franz Paschinger nur eine logische Fortsetzung seiner ohnehin naturschonenden Bewirtschaftungsweise bedeutet. Mit dem aktuellen Jahrgang zeigt er sich, insbesondere dank ausreichender Niederschläge, sehr zufrieden. Im Rebsorten-Portfolio spielt zwar der Grüne Veltliner die Hauptrolle, wird aber durch eine Vielzahl an Varietäten ergänzt. Herausgreifen dürfen wir heuer vor allem den exzellenten Rosé aus Merlot-Trauben sowie einen saftigen, herzhaften Gelben Muskateller.

Die Angebotspalette bei den Grünen Veltlinern umfasst einen Mix von zum Teil diametral voneinander abweichender Varianten. Mit Ausnahme der von vordergründigem Barrique-Einsatz geprägten 2021er Reserve Ried Dorner sind es allesamt Weine typisch Wagramer Herkunft. Neben dem leichtfüßigen „4U" und dem herb-würzigen Classic hat uns die vielschichtige Wagramer Selektion aus der Ried Brunnthal besonders gut gefallen. Sie findet allerdings im mit geschmeidiger Textur und viel Fruchtwürze aufwartenden Sortenkollegen aus Alten Reben der Ried Dorner ihren Meister. *bb*

### WAGRAM DAC

★★ S €€ GV
**2023 4U Grüner Veltliner leicht** + Etwas blättrige Nase, Brunnenkresse, Margeriten, dann reduktive Noten nach grünen Bananen, Zitronat; leichtgewichtig, geradlinig, sympathisch.

★★ S €€ GV
**2023 Grüner Veltliner Classic** + Herb-würziger Auftakt, Radicchio, Nusshaut, Tamarinde; mittelkräftig mit schöner Substanz, gelbfruchtiger Verlauf, Aroniabeeren, Tanningrip, erfrischender Säurebogen; Wagramer Veltliner-Klassiker.

★★★ S €€ GV  **PLV**
**2023 Grüner Veltliner Wagramer Selektion Ried Brunnthal** + Farbiges Aromenmosaik, frische Mangos, Orangenabrieb, weiße Birnen; extraktreiche Mitte, kräftig, klar strukturiert; reife, fruchttragende Säure, vereint gekonnt Kraft mit Finesse und bleibt lange haften.

★★★ S €€ GV  **TIPP**
**2022 Grüner Veltliner Alte Reben Ried Dorner** + Gleich zu Beginn gelbe und grüne Äpfel, weiße Blüten, ein Hauch Biskuit und pfeffrige Akzente; merklicher, aber sehr behutsamer Holzeinsatz, geschmeidiger Trinkfluss, ausgewogen; die Rebsorte bleibt schön vorne.

★★★ S €€€€ GV
**2021 Grüner Veltliner Grande Reserve Ried Dorner** + Duftreigen wie aus der Konditorei, Crème Caramel, Vanilleglasur, Mokkabohnen, ein wenig Blockmalz; voluminös, substanziell, mit Hang zur Opulenz, das kleine Holz gibt den Ton an; modern vinifizierter, streichelweicher Veltliner, in sich durchaus stimmig, der freilich die Sorte nicht zu Wort kommen lässt.

★★ S €€ RI
**Riesling** + Blättrige Nase, Grapefruits, Kriecherl, Earl Grey, etwas Orangenzesten und ein deutliches Gerbstoffnetz; knackiger, zitrusorientierter Säureschliff; lebhaft, ansprechend, alles im Lot.

### NIEDERÖSTERREICH

★★★ S €€ ME  **PLV FUN**
**2023 Rosé Merlot** + Delikater Duftreigen nach frischen Erdbeeren, roten Kirschen, ein wenig Schlehdorn; zeigt sich durchgehend von seiner eleganten Seite, graziles, appetitanregendes Säurespiel, gleitet sanft und sacht über den Gaumen und hinterlässt reine, ungetrübte Trinkfreude – ein vinophiler Feingeist.

★★ S GM  **FUN**
**2023 Gelber Muskateller** + Einladender Duft, Hollerbusch, Macis; schmeckt nach saftigen, vollreifen Muskattrauben, Zitronenabrieb und Litschis; glasklar strukturiert mit erfrischendem Säurenerv; gibt sich kokett, pfiffig, ohne vorlaut zu sein.

# Weingut
# Gerald Waltner

Gerald Waltner
3470 Engelmannsbrunn, Am Berg 18
Tel. +43 664 9266090
info@weingutwaltner.at, www.weingutwaltner.at
11 Hektar, W/R 80/20

Im Jahr 2003 hat Gerald Waltner die Verantwortung für seinen elterlichen Betrieb übernommen. Mit diesem Startschuss wurde dann auch der Grüne Veltliner noch mehr in den Fokus gerückt. Mit seinen 11 Hektar in Engelmannsbrunn und Gösing bewirtschaftet er 65 % Grünen Veltliner. Geradlinig, zielstrebig, schnörkellos, ohne viel herumzuschweifen – so sind alle seine Weine. Der Erfolg gibt ihm mit all seinen Auszeichnungen wie SALON oder der VINEUS Newcomer Award recht.
Mit dem Jahrgang 2022 gibt es nun auch einen hervorragenden frischen Roten Veltliner. Dieser wurde 2020 gepflanzt und hatte seine Jungfernlese. Nachhaltigkeit und Umweltschutz ist auch in diesem Haus sehr wichtig. Die Böden sind wie überall im Wagram vom Löss geprägt. Die Lage Steinbertz in Gösing liegt auf 360 m Seehöhe und hat auch schottrige Einschlüsse. Dorner heißt seine Paradereide in Gösing mit klassischem Löss und böhmischem Gneis als Unterlage. Die Vinifikation ist sehr geradlinig. Alle Riedenweine liegen bis vor der Abfüllung auf der Hefe. Man merkt in jedem Wein die Verbundenheit des Winzers mit seinen Böden und Trauben. Alle Weine sind fest strukturiert und mit einer klaren Vorstellung des Winzers vinifiziert. Beide Weißburgunder, Wagram und die Reserve, sind sehr gute Vertreter ihrer Zunft und zeigen das Potenzial des Wagrams mit dieser Rebsorte. Man bekommt bei diesem Weingut für sehr moderate Preise eine fantastische Qualität mit Tiefe und Lebendigkeit. *rk*

## WAGRAM DAC

★★★ S €€ GV  **FUN**
**2023 Grüner Veltliner Ried Engelmannsbrunner Hochrain** + Glasklare Frucht in der Nase, gelber Apfel, Fleisch von reifer Birne, Quitte, Limettenzesten, geradliniger Gaumen, Mostapfel, Pfefferminztee, Schwarzbrotrinde, trinkfreudiger Wein mit angenehmer Säurestruktur und feinem Gerbstoff.

★★★★ S €€ GV
**2023 Grüner Veltliner Ried Steinbertz** + Ruhige Anklänge, Rubinette Apfel, Walnuss, Mostbirne, feste Struktur am Gaumen, Cashewnuss, leichter Gerbstoff von Birnenschale, in sich ruhend, Tasmanischer Pfeffer, dieser Wein zeigt, wie das Wagram mit Grünem Veltliner funktioniert.

★★★★ S €€ GV  **TIPP**
**2023 Grüner Veltliner Gösinger Dorner** + Kräutersud, Fenchel, Minze, Senfsaat, roter Apfel, saftiger, offener Gaumen, Mostbirne, Schwarzbrotrinde, wieder viel Kräutertee, ruhig, harmonisch, kompakt, Kartoffelstärke, angenehme Säure, stützender Gerbstoff, Zeit wird dem Wein helfen, noch harmonischer zu werden.

★★★★ S €€€ GV
**2021 Grüner Veltliner Gösinger Dorner Reserve** + Offener, buttriger Auftakt, Butterscotch, weiße Brioche, weißes Pfirsichkompott, reichhaltiger Gaumen, Honigwabe, Mandarine, weiße Schokolade, dieser Wein zeigt einen offenen warmen Gaumen, der aber mit Gerbstoff zusammenhält, im Abgang schwarzer Pfeffer, Buttercreme, viel Luft macht den Wein enger.

★★ S €€ RV
**2023 Roter Veltliner Wagram** + Saftiger McIntosh Apfel, roter Holunder, Leichtigkeit und Trinkfluss, gelber Apfel, Veilchen und Ribiseln am Gaumen, leichtfüßiger Roter Veltliner.

★★★ S €€ RV
**2023 Roter Veltliner Ried Gösinger Mittersteig** + Saftige gelbe Birne, Melisse, Verbene, Himbeer-Zitrone, Veilchen, lebendiger Gerbstoff, ausgewogener Wein, der zugänglich ist.

★★★ S €€ PB
**2023 Weißburgunder Wagram** + Saftige Williamsbirne im Anklang, Schachtelhalm, grüner Tee, leichtfüßiger Wein mit angenehmer Cremigkeit, Mandeln, Grapefruit und Minzetee.

★★★★ S €€ PB  **PLV**
**2022 Weißburgunder Reserve** + Butterscotch, helles Karamell, gebrannte Mandeln, seidiger Gaumen, beschwingt und vibrierend, Orangenblüte, weiße Brioche, lebendige Säurestruktur, große Gläser und Luft bringen den perfekten Trinkspaß für diesen sehr guten Vertreter aus dem Wagram.

## Familienweingut
# Wimmer-Czerny

**Hans Czerny**
3481 Fels, Obere Marktstraße 37
Tel. +43 2738 2248, weingut@wimmer-czerny.at
www.wimmer-czerny.at
15 Hektar, W/R 90/10, 60.000 Flaschen/Jahr

„Alles beginnt im Boden! Er ist das Schlüsselelement unserer Ernährung, Vitalität und unseres Immunsystems." Dafür steht Johann Czerny. Biodynamische Bewirtschaftung der Weingärten, sanfter Rebschnitt, vielfältige Bodenbegrünung, eigener Kompost, biodynamische Präparate und Pflanzentees, die Beachtung natürlicher Rhythmen, Handlese, keine Reinzuchthefe, kaum Schwefel. Demeterhof Nr. 358 zertifiziert seit 2005. Es sind nicht nur die 15 Hektar Weingärten biodynamisch zertifiziert, sondern der gesamte Demeterhof.

Auf besten Lagen wie Fumberg, Weelfel, Brindlsgraben und Scheiben stehen zu zwei Drittel Grüner Veltliner und 15 % Roter Veltliner, daneben Riesling, Weißburgunder, Traminer, Zweigelt, Pinot Noir.

Die Weine sind immer höchst individuell, unverwechselbar, spannungsgeladen, bekömmlich, charaktervoll und lagerfähig. Anders als die andern. Absolut überzeugende Weine. *as*

### WAGRAM DAC

★★ S €€ RV
**2023 Roter Veltliner** + Lebkuchen, Marille, Bratapfel, Exotik, Ananas, Mango, Gewürznoten, kompakt am Gaumen liegend, guter Druck nach hinten, passende Säure, immer frisch, immer elegant, immer schön zu trinken, auf hohem Niveau.

★★★★ S €€€ RI **TIPP**
**2021 Riesling Weelfel** + Wachsnoten, Zitrus, Ananas, Blütenduft, Kamille, Orangenschalen, Steinobst, rauchig-steinige Mineralität, straff und fest strukturiert, tiefgründig, der klebt am Gaumen, unglaublich spannend, muskulös, salzig, enorme Substanz.

### NIEDERÖSTERREICH

★★ K €€€ PN
**2019 Pinot Noir EOS** + Ein trockener Pinot Noir, der langsam Frucht aufbaut, gedörrte Zwetschken, Gerbstoff, präsente Säure, zieht am Gaumen, entwickelt Grip. Ein fordernder Pinot Noir, der sich nicht hingibt. Ein etwas ambivalenter Rotwein mit Charakter.

### WEINLAND

★★★ S €€ GV
**2023 Grüner Veltliner Fumberg** + Hefige Noten gepaart mit frischem Apfel, Limette, frische Kräuter, Grapefruit, Orangenzesten, Tabak, gelbfruchtig, animierender Gerbstoff, zieht nach hinten, geht in die Tiefe. Ein ausdrucksstarker Grüner Veltliner, dem eine große Zukunft bevorsteht.

★★ S €€ FV
**2023 Frühroter Veltliner** + Gelb mit Grünreflexen, Apfel, Birne, ein Bukett wie eine Frühlingswiese, Kräuter, Klee, Marillen, dezent nussig, Ananas, Zitrus, Orangenschalen, frische Säure, immer kühl, voller Leben, saftige Frucht, zieht am Gaumen, elegant.

★★★ K €€€ RV
**2021 Roter Veltliner Brindlsgraben** + Zitrusschale, reife Birne, Mandarinen, Lebkuchen, geriebene Nüsse, Bitterorangen, gerbstoffbetont, Bratapfel, elegante Noten, griffig, druckvoll, langatmig. Benötigt viel Luft. Zeitgerecht belüften. Ein Langstreckenläufer.

★★★ S €€€ PB
**2022 Weißburgunder Alte Reben Scheibn** + Ein Bukett vom Feinsten, ganz dezente Reduktion, doch vielerlei Früchte, Apfel, Birne, Ananas, Orangen, Mandeln, Nelken, etwas Banane, Ringlotten, Hefeschleier, animierender Gerbstoff, ungemein vielschichtig, herrlicher Trinkfluss, hochelegant, seidige Frucht, feinste Fülle, dezent cremig, zeigt Finesse. Ganz einfach prachtvoll. Viel Zukunft.

# NOTIZEN

## VINOTHEKEN

### KIRCHBERG AM WAGRAM

**Weritas Wagram**
3470 Kirchberg am Wagram, Marktplatz 44
Mobil +43 676 4513002
info@weritas.at, www.weritas.at

Die bestens etablierte Wagramer Gebietsvinothek im auffälligen architektonischen Kleid präsentiert gut 50 Winzer der Region. Dank fachkundiger Beratung von Sommelier und Betreiber Gerhard Hintermayer und der eleganten Regionalküche im Weritas hat sich die Vinothek längst zu einem Hotspot der Region entwickelt. Feine Speisekarte, die die Vinothek auch zum gefragten Restauranttipp macht. Unglaubliche Wagramer Weinauswahl, großes glasweises Angebot, tolle Terrasse. Einkaufen zu Ab-Hof-Preisen. Perfektes Schaufenster der dynamischen Wagramer Weinszene. Immer wieder Winzer- und Weinevents; auch als Eventlocation mietbar. Kulinarisch-vinophiler Fixpunkt am Wagram.

## GASTRONOMIE/NÄCHTIGUNG

### BIERBAUM AM KLEEBÜHEL

**Landgasthof Zum goldenen Hirschen**
Familie Solich
3462 Bierbaum am Kleebühel, Landstraße 51
Tel. +43 2278 2538
solich@dawirt.at, www.dawirt.at

Ein idealtypisches Dorfwirtshaus. Hier sitzen die Arbeiter neben den Jägern beim Beuscherl, im heimeligen Stüberl lässt es sich ein hiesiger Weinbauer samt Familie schmecken. Neben der erstklassigen Wirtshausküche auch eine sehr ansprechende Weinkarte, ist doch Gastgeber Solich auch Präsident des Wiener Sommeliervereins.

### FEUERSBRUNN

**Gasthaus zum Goldenen Kreuz**
Familie Bauer
3483 Feuersbrunn, Weinstraße 11
Tel. +43 2738 2342
office@gasthausbauer.at, www.gasthausbauer.at

Bodenständiges Gasthaus mit ebensolcher Küche in erstklassiger Qualität, gemütlich, viel Saisonales von Bärlauch bis Wild. Eigenbauweine, dazu vieles aus den umliegenden Weinregionen. Terrasse, Innenhof.

**Toni M. & Zur Traube & Hotel am Wagram**
Toni Mörwald
3483 Feuersbrunn, Kleine Zeile 13–17
Tel. +43 2738 2298-0, Mobil +43 676 84229881
traube@moerwald.at, rezeption@moerwald.at
www.moerwald.at

Im Herzen der Weinbauregion Wagram, ist das Restaurant „Toni M." im Stammhaus der Familie Mörwald ein Beweis für die Qualität der österreichischen Küche. Das Relais & Châteaux Gourmetrestaurant bietet eine besondere Art von kreativer und zeitgemäßer Küche, die fest im Boden der österreichischen Kochtradition verankert ist, dabei weltoffen. Das Restaurant ist das Flaggschiff der Mörwald-Gruppe, nur abends geöffnet (Di.–Sa.), 4 Hauben. Das Stammhaus „Zur Traube" im selben Komplex hat den Charme des einstigen Dorfwirtshauses behalten. Hier werden die Klassiker der österreichischen Küche in zeitgemäßer Zubereitung angeboten. Landgasthaus, gemütliche Gaststube, Gourmetstüberl, Wintergarten, 2 Hauben.
Kochschule, Weinbar, Vinothek mit beachtlichem Wagram-Sortiment, aber nicht nur. Die großen Weinkarten mit zahllosen Top-Positionen, ein Tipp sind auch die guten Eigenbauweine von Bruder Erhard Mörwald. Sehr gute Übernachtungsmöglichkeit im eigenen Design-Hotel am Wagram gegenüber der Restaurants.

## HAUSLEITEN

**Gasthaus Amstätter**
Gabriele und Franz Amstätter
3464 Hausleiten, Bahnhofstraße 27
Tel. +43 2265 7272
www.amstaetter.com

Der Top-Wirt 2012, direkt am Bahnhof gelegen, bietet Wirtshausgefühl pur. Von Geheimtipp kann man nicht mehr wirklich reden, aber die Fahrt dorthin kommt schon einer Entdeckungsreise gleich. Einer Reise, die sich absolut lohnt. Zur perfekten Wirtshausküche gibt's Wagramer und Weinviertler Weine. Nur für Barzahler.

## KIRCHBERG AM WAGRAM

**Weinhaus Kirchberg**
3470 Kirchberg am Wagram, Marktplatz 33
Mobil +43 676 4157045
office@weinhaus-kirchberg.at
www.weinhaus-kirchberg.at

Im Zentrum von Kirchberg freuen sich Lukas Humer und Rafael Reisser, Gäste mit regionalen Speisen, Weinhaus-Kleinigkeiten oder einfach nur einem Glas Wein empfangen zu dürfen. Die Weinkarte legt einen detailreichen Schwerpunkt auf den Wagram und abgestuft dann auf die benachbarten Regionen. Die Speisekarte bietet ein Weinhaus- und ein Klassikermenü, jede Position ist aber auch als Einzelgang erhältlich. Buchbar auch für geschlossene Gesellschaften. Tipp: Zwei Zimmer stehen im Weinhaus zur Verfügung.

## Weritas Wagram

Gerhard Hintermayer
3470 Kirchberg am Wagram, Marktplatz 44
Tel. +43 2279 20179-10
info@weritas.at, www.weritas.at

Das Weritas – Vinothek, Weinbar und Restaurant – ist das Weinzentrum des Weinbaugebiets Wagram. Gut 50 Top-Winzer der Region präsentieren ihre besten Tropfen inmitten moderner Architektur und tollem Rundumblick, Weine zum Ab-Hof-Preis. Einzigartiges Weinerlebnis, moderne Architektur, atemberaubender Wagramblick. Patron und Sommelier Gerhard Hintermayer hat stets die besten Tipps parat, die Küche präsentiert sich sehr solide, regional, saisonal und mit Pfiff. Immer wieder Events und Präsentationen, Winzermenüs. Hier schlägt das vinophile Herz des Wagrams, viele Winzer sind Stammgäste. Kulinarisch-vinophiler Fixpunkt am Wagram. Tipp!

## KÖNIGSBRUNN AM WAGRAM

### Landgasthof Mann

Raimund Mann
3465 Königsbrunn am Wagram, Rathausplatz 14
Tel. +43 2278 2334
gasthaus@mann.co.at, www.mann.co.at

Direkt im Ortskern liegt dieser gemütliche Gasthof. Was den Familienbetrieb so besonders macht, ist die angegliederte Fleischhauerei, die dank erstklassiger Produkte von kleinbäuerlichen Betrieben nicht nur regionale Bekanntheit erlangt hat, sondern natürlich auch der eigenen Wirtshausküche zugutekommt. Dank eigener Jagdpassion laufend saisonale Wildspezialitäten, empfehlenswert ist auch das Catering des Hauses. 1 Haube.

## LANGENLEBARN

### Gastwirtschaft Floh

Josef Floh
3425 Langenlebarn, Tullner Straße 1
Tel. +43 2272 62809
floh@derfloh.at, www.derfloh.at

Gastronomischer Trendsetter Nummer 1 und Niederösterreichs Top-Wirt 2022/23! Tausendsassa Pepi und Familie Floh bieten kompetenten, liebevollen Service und eine großartige Küchenlinie: Die erstklassigen Grundprodukte kommen von ausgewiesenen Qualitätsproduzenten, die mehrheitlich aus der Region stammen und namentlich aufgeführt werden. Ohne die Bodenhaftung zu verlieren, kocht Josef Floh klassisch und ideenreich zugleich – durchwegs auf sehr hohem Niveau, selbst wenn das große Lokal gerammelt voll ist. Botschafter der Regionalität, kauft, wann immer möglich, im Umkreis von maximal 66 Kilometern ein (Flohs Route 66). Die Weinkarte zählt zu den allerbesten in ganz Österreich und wurde vielfach ausgezeichnet, unter anderem mit dem „Best of Award of Excellence" des amerikanischen „Wine Spectator". Hunderte Positionen, darunter viele Raritäten, auch aus dem Ausland, Burgunder-Kompetenzzentrum, ebenso Bordeaux, Italien, Deutschland. Immer wieder Events in Bennis Weinclub (Sommelier Benni Neiber) und andere Aktivitäten. Genuss-Greißlerei. Der Floh ist und bleibt ein Gesamterlebnis, seit über 25 Jahren. 3 Hauben.

## OBERSTOCKSTALL

**Restaurant Gut Oberstockstall**
Elke & Matthias Salomon
3470 Kirchberg am Wagram, Ringstraße 1
Tel. +43 2279 2335-0
restaurant@gutoberstockstall.at
www.gut-oberstockstall.at

Die gotische Gutskapelle und das ganze herrschaftliche Ambiente bieten einen historischen Rahmen für jene kreative Regionalküche, zu deren Mitbegründern Eva Salomon gehört. Über 30 Jahre stand sie der Küche vor, Sohn Matthias und seine Frau Elke sind die Gastgeber. Hier wird seit Jahrzehnten biologisch, mittlerweile biodynamisch gewirtschaftet. Was das Gut hergibt, wandert in die viel gerühmte und mit zwei Hauben ausgezeichnete Küche. Auf der Karte auch köstliche vegetarische Gerichte und Menüs. Vieles kommt mit Leichtigkeit, Kräutern und zu saisonalen Themen auf die Teller.
Herrlicher Innenhof. Eines der Glanzlichter der Gourmetszene in Niederösterreich und jederzeit Tipp für eine unvergessliche Landpartie, zumal mittlerweile auch gut ausgestattete Zimmer zum Gut gehören; schlafen in metallfreien Holzbetten, rundum natürliche Materialien.
Passend die hauseigenen Weine, ebenfalls nach Demeter zertifiziert. Die ausgeklügelte und umfangreiche Weinkarte hat sich bereits vor einigen Jahren radikal gewandelt und präsentiert neben regionalen Winzern eine überaus breite Palette an Natural & Orange Wines aus Österreich und aller Welt. Auch ganze Weinländer gilt es unter diesem Aspekt zu entdecken, etwa die Schweiz. Immer wieder Raritäten, gereifte Jahrgänge und Magnums. Event- und Hochzeitslocation. Grandioses Gesamterlebnis, großes Kino, 3 Hauben. Must!

## TULLN

**Gasthaus Goldenes Schiff**
3430 Tulln, Wiener Straße 10
Tel. +43 2272 62671
office@zumgoldenenschiff.at
www.zumgoldenenschiff.at

Ein Wirtshaus, das nichts anderes als ein Wirtshaus sein möchte und dem dies auch mit unaufdringlichem Charme, Gelassenheit und auffallender Sorgfalt gelingt. Seit 150 Jahren. Dazu noch eine handverlesene Weinkarte regionaler Prägung und als besonderes Highlight: rund 30 Weine, die man auch glasweise verkosten kann.

**'s Pfandl**
Das Wirtshaus am Hauptplatz
Kurt Hoffmann
3430 Tulln, Hauptplatz 25
Tel. +43 2272 66670
essen@s-pfandl.at, www.s-pfandl.at

Am schön gestalteten Hauptplatz von Tulln lädt das im Landhausstil gehaltene „'s Pfandl" zu kulinarischen Erlebnissen mit regionalem Schwerpunkt. Gemütlicher Schanigarten, im Erdgeschoß befindet sich das eigentliche Wirtshaus, im 1. Stock gotische Räumlichkeiten und eine gemütliche Weinterrasse.

## ZAUSSENBERG

**Zur Sonne**
Josef & Gertrude Sodoma
3430 Tulln, Bahnhofstraße 48
Tel. +43 2272 64616
www.gasthaussodoma.at

Bilderbuch-Gasthaus, das seinen Platz an der Sonne bereits sicher hat. Josef und Gerti Sodoma, legendärer Patron und Küchenchefin, haben sich nach Jahrzehnten verdient in die Pension zurückgezogen, Sohn und Tochter haben übernommen, beide schon lange im Betrieb. Nach kurzer Schockpause kamen auch die Stammgäste wieder. Stilistik: verfeinerte Regionalküche und Wirtshausklassiker. Ob man lieber rustikaler in der gemütlichen Gaststube oder eleganter speisen möchte: Beim „Sodoma" ist beides möglich. Klassiker wie Grammelknödel, Beuschel und Zwiebelrostbraten gelingen hier zur Perfektion; ebenso der Wildfang-Branzino oder die an der Gräte gebratene Seezunge. Allen Saisonen wird hier kulinarisch in Vollendung gehuldigt. Jener vom Spargel oder Bärlauch ebenso wie jener vom Wild und den Pilzen.
Die Weinkarte gilt als mustergültig, ob Wachauer Smaragde, Geheimtipps vom Wagram und aus dem Traisental, deutsche Große Gewächse oder Bordeaux und Italien: Die Karte ist umfangreich, aber intelligent zusammengestellt und fair kalkuliert. Sehr gutes Käseangebot. Ein stiller Fels in der Brandung, aber umso größer. Für Barzahler. Bahnhof vor der Haustüre, beste Verbindungen nach Wien. 3 Hauben.

**Restaurant Himmelreich**
Marco Gangl
3701 Zaußenberg, Ortsstraße 4
Tel. +43 2278 28241
reservierung@restaurant-himmelreich.at
www.restaurant-himmelreich.at

Top-Winzer Josef Fritz erfüllte sich vor einigen Jahren den Traum vom eigenen Restaurant in einem 300 Jahre alten Bauernhaus in Zaußenberg. Gerade einmal 24 Sitzplätze fasst der Gastraum vom „Himmelreich". Pächter seit einem Jahr ist der junge, höchst talentierte Koch Marco Gangl, ein gebürtiger Steirer. Gangl hat das Himmelreich schon fest im Griff und viele Stammgäste aus nah und fern erobert. Er war davor im Landhaus Bacher, als Küchenchef im Restaurant Bründlmayer und im 3-Sterner Frantzen in Stockholm tätig. Gekocht wird eine puristische Küche mit nordischem Einfluss. Kompromisslose Qualität und Regionalität der Grundprodukte spielen eine große Rolle. Das Weinangebot umfasst das Werkverzeichnis von Josef Fritz, darunter die hochbewerteten Roten und Grünen Veltliner und die spannende maischevergorene Serie von Junior Johannes Fritz; dazu ausgewählte Weine befreundeter Winzer.

# CARNUNTUM

Dieses kleine Weinbaugebiet grenzt unmittelbar an den Osten von Wien und zieht sich dann am südlichen Donauufer bis zur Grenze zur Slowakei entlang; einige kleine Ausläufer bestehen südlich der Leitha. Das Zentrum des Gebietes erstreckt sich um dessen Mitte, rund um die Weinbauorte Göttlesbrunn, Arbesthal und Höflein, wo sich eine sehr qualitätsorientierte und auch mit geschicktem Marketing punktende Winzerschaft für ihre kraftvollen und samtigen Rotweine, speziell aus der Rebsorte Zweigelt, einen Namen gemacht hat. Ein weiterer Schwerpunkt sind die Weinberge rund um Prellenkirchen und Berg. Diese Rieden eignen sich sehr gut für die Rebsorte Blaufränkisch, wobei die Toplage Spitzerberg ihr Renommee immer deutlicher verfestigt.

Zweigelt und Blaufränkisch sind auch jene Rebsorten, die für den gut eingeführten Markenwein dieser Herkunft, den Rubin Carnuntum, verantwortlich sind. Darüber hinaus ausgepflanzt sind St. Laurent, Cabernet, Merlot und Syrah, in kleinerem Umfang auch Blauburgunder. Bei den Premiumweinen der führenden Erzeuger handelt es sich allerdings zumeist um Cuvées, die in neuem oder gebrauchtem Holz ausgebaut werden und deren beste zur österreichischen Elite zählen. Besonders die Leitbetriebe haben die Sorte Zweigelt im Premiumbereich etabliert, und zwar im sortenreinen Ausbau. Bei den roten Varietäten hat sich speziell der St. Laurent ein neues und positives Image verschafft.

Carnuntum zieht Vorteile aus den starken Einflüssen des pannonischen Klimas, die Sonnenscheindauer im Gebiet ist mit jener der Weinorte am Westufer des Neusiedlersees vergleichbar, allerdings ohne die hohe Luftfeuchtigkeit, welche die Edelfäule begünstigt, durchaus ein Vorteil für die Lesephase der Rotweine.

Alles in allem hat sich Carnuntum – gemeinsam mit dem zur Thermenregion gehörenden Steinfeld – in der im stetigen Umbruch befindlichen österreichischen Rotweinlandschaft als feste Größe etabliert.

Seit dem Jahrgang 2019 gibt es für die Rebsorten Chardonnay, Weißburgunder, Grüner Veltliner, Zweigelt und Blaufränkisch die Bezeichnung Carnuntum DAC, auch rote und weiße Cuvées, die mindestens zu 2/3 aus diesen Varietäten bestehen, sind zulässig. Es handelt sich um ein Pyramidensystem: Gebietswein, Ortswein und Riedenwein. Der Antrag zur Erlangung der staatlichen Prüfnummer darf bei Weißwein nicht vor dem 15. März und bei Rotwein nicht vor dem 1. November des auf die Ernte folgenden Jahres erfolgen. DAC-Weine müssen trocken sein, der Alkohol eines roten DAC muss bei mindestens 12% liegen.

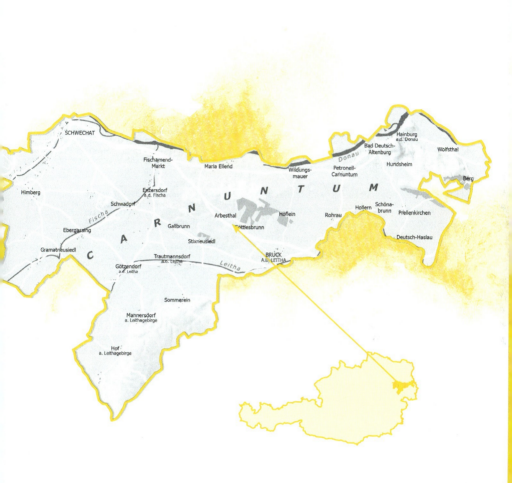

822 Hektar Weinanbaufläche
Die wichtigsten Rebsorten:
Zweigelt, Blaufränkisch

# Weingut Artner

2465 Höflein, Dorfstraße 93
Tel. +43 2162 63142
weingut@artner.co.at, www.artner.co.at
45 Hektar, W/R 40/60

„2023 ist ein super harmonischer Jahrgang, wenn wir's immer so bekommen, dann nehmen wir's", blickt Kellermeister Peter Artner zurück. Seit 2018 sind sie Mitglied der Österreichischen Traditionsweingüter (ÖTW). Die Zweigeltreben stehen in der Ried Steinäcker auf kalkarmen bis kalkfreien, kiesigen Schotterböden eines alten Donaulaufes. Die Riede Kirchweingarten ist von schluffig-tonigen Ablagerungen des Pannoniums sowie teilweise von Lössschichten bedeckt. Die Böden sind tiefgründig und sehr kalkhaltig. Die Blaufränkisch-Weine dieser Lage sind von Kernigkeit, frischer Säure und straffer Struktur geprägt. In der Ried Aubühl schließlich stehen Zweigelt, Blaufränkisch und Merlot auf vorwiegend sandigen, teils auch schluffig-tonigen Sedimenten des Miozän. Die Böden sind tiefgründig und kalkhaltig. Die Weine behalten trotz der hitzigen Böden und dem warmen pannonischen Klimaeinfluss ihre Frische und Würze. Das Sortiment reicht vom Spazierer „gegen den Durst" bis zum mächtigen, dennoch süffigen massive a. weiß und vom klassischen Zweigelt bis zum fruchtverliebten, engmaschigen massive a. in Rot. *db*

## CARNUNTUM DAC

★★ S €€ GS  **FUN**
**2023 Spazierer** + (GV/WR/PB/GM) Klare, kühle Frucht, Apfelsorbet; gelber Apfel, gute Substanz mit Spiel, Säuregrip, solide Länge, Spaß mit Anspruch.

★★ S €€ CW
**2023 Höflein Weiß** + (GV/CH) Hübscher Fruchtkorb, Vanille, Holzsüße, Grapefruit, Mischung aus Bitternoten, fester Textur, süßer heller Frucht, pikantem Biss und kerniger Säure, vielseitig.

★★ S €€€ GV  **TIPP**
**2023 Grüner Veltliner Ried Kirchberg Höflein** + Stattlicher Veltliner, viel Apfelfrucht, feine Würze, druckvoll; fester Grip, gute Substanz, Apfel, Birne, Banane, geschmeidig mit Anspruch.

★★ S €€ CR  **PLV**
**2022 Cuvée Carnuntum** + (ZW/BF) Kompakte Frucht, dunkle Schokolade, Mokka, Minze; dunkle Beerennoten, Blaufränkisch sorgt für Pikanz. „Unser Nudelwein zu jedem Anlass, und auch ohne."

★★★ K €€€ ZW
**2022 Rubin Carnuntum** + Röstig, würzig, getrocknete Zwetschke, weich und doch pikant, viel dunkle Frucht auf moderatem Holz, schwarzer Pfeffer; Sauerkirsche, wird mit Luft süßer, fruchtiger, animierende Länge, Pfeffer kommt im Abgang wieder.

★★★ K €€€€ ZW
**2021 Ried Steinäcker 1ÖTW Zweigelt** + Erste Reife, Weichsel, auch Cocktailkirsche, Brombeere, ein paar kandierte Früchte; fruchtsüße Textur, seidige Tannine, straff im Finish, durchaus elegant.

★★★ K €€€ BF
**2022 Blaufränkisch Selektion** + Lorbeer, Salbei, ätherische Frische, zart röstig, Blutorange, Zesten, Graphit; packt zu, dahinter festes, etwas süßes Fruchtfleisch, dunkelbeerig, Kräuter, beschwingte Substanz, Tiefgang.

★★★★ K €€€€ BF  **TIPP**
**2021 Ried Kirchweingarten 1ÖTW Blaufränkisch** + Tinte, schwarze Beeren, Kirschen, Zwetschken, alles sehr reif und saftig, recht kalkig; fester Grip setzt sich fort, viel dunkle Frucht als Begleitung, Bitterschokolade, Beerenkonfit, zugängliche Gerbstoffe, Potenzial.

★★★★ K €€€€ CR  **TIPP**
**2021 Ried Aubühl 1ÖTW** + (ZW/BF/ME) Dunkle, süß umfasste Frucht, Kirschkern, Weichselkompott, Marzipan, Trockenobst, Pfeffer, Zeder; feiner Schliff, viel süße Frucht, gerundete Gerbstoffe, Mokka, kraft- und schwungvoll, facettenreich, sehr feiner, vielschichtiger Wein.

★★★ K €€€€ SY
**2021 Syrah and ever** + Schwarze Oliven, getrocknete Zwetschken, stahlig, erdig, bisschen Brombeere, Weichsel; Trockenfrucht bleibt, fester Grip, feine Fruchtsüße, Tinte.

★★★★ K €€€€ CR  **TIPP**
**2021 Amarok** + (ZW/BF/ME/SY) Tabak, herrlicher Beerencocktail, Lorbeer, Thymian, Salbei, Pfeffer, Sandelholz, Zigarre; dichtes Fruchtgeflecht, spannendes Spiel aus Säure, Gerbstoff, Kalk, süße Frucht schiebt sich nach vorne, fruchtreiche Länge, pfeffrig, salzig, Schmelz.

★★★★ K €€€€€ CR
**2020 massive a. rot** + Strahlende, transparente Fruchtvielfalt, Nelke, Sandelholz; markante Gerbstoffe, Säure schiebt mit, kräftige Statur, fester Fruchtdruck, gute Länge, Potenzial.

## NIEDERÖSTERREICH

★★★★ K €€€€€ CH
**2022 massive a. weiß** + Elegante, tiefe Frucht, Andeutung von Holz, Steinobst, Trockenfrucht, tropische Noten, geröstete Haselnüsse; präsentes Holz lässt Frucht viel Raum, Vanille, fester Biss von Gerbstoff und Kalk, alles schon gut vermengt, kraftvoller Wein, guter Zug.

♛ ♛ ♛

# Weingut
# Michael & Carina Auer

2465 Höflein, Hoher Weg
office@weingut-auer.com
www.weingut-auer.com

Michael Auer übernahm im Jahr 2009 das Weingut und machte es zu einem führenden Weingut in der Region Carnuntum. Sein Credo: Naturbelassenheit ist ein Gesetz. Michael Auer bevorzugt den reduktiven Ausbau. Er vergärt ausschließlich mit Naturhefe, hat ein Gefühl für Holz. Die Weine verstehen zu reifen. Es sind absolut authentische Carnuntumer Gewächse, welche die Rebsorte und das Gebiet widerspiegeln. Es gibt nur Lese von Hand und Ganztraubengärung. Das vinarische Steckenpferd von Michael Auer ist der Blaufränkisch. Das schmeckt man beim 2021 Ried Aubühl 1ÖTW – ein ganz besonderer Rotwein mit toller Struktur und Ausdruck. Ebenfalls ein tiefgründiger Roter ist der Ortswein „Höflein", eine Mischung aus Blaufränkisch und Zweigelt, wobei der Blaufränkisch die dominante Rolle spielt. Doch von Anfang an: Der 2023 Fancy Rosé ist von einer seltenen Fulminanz, einer hocheleganten Note und einem Trinkfluss der besonderen Art. Ein seidiger, feinfruchtiger Rosé, der den Rosés aus der Provence das Fürchten lehrt.

Zwei Chardonnays gab es zur Verkostung – ein Jahrgang 2023, der sich mit seinem kalkigen Auftritt bestens darstellt, und ein Jahrgang 2021 „Monopol", welcher aus zwei Lagen kommt. Ein grandioser, vielschichtiger, nobler, besonnener, gefühlsbetonter Wein von fast philosophischem Ausdruck. Ein Wein, der vor Selbstvertrauen nur so strotzt. Zeugt von einfühlsamer, kundiger Winzerhand. *as*

## CARNUNTUM DAC

★★★ S €€ CH
**2023 Chardonnay** + Etwas grüner Apfel, frische Birne, Walnüsse, fruchtiger Charme, kalkige Intension, frische Harmonie, geschmeidig mit angenehmer Säure. Ein hervorragender Chardonnay der gehobenen Art mit stilvollem Auftritt.

★★★★ K €€€€€ CH
**2021 Chardonnay Monopol** + (Gaisbühl und Aubühl) Gelbgrüne Farbe, Vanilletöne vom Holz, fruchtig-cremig, exotische Noten – Ananas, Kokos, Zitrus, Kräuterwürze, geschmeidig, sehr elegant, nobler Ausdruck, ausgewogen, salzige Noten, milde Säure, zeigt Größe. Ein feiner Chardonnay der entspannten Art mit einiger Zukunft.

★★★ K €€€ CR
**2021 Höflein** + (BF/ZW) Ein Ortswein voller Würze, Brombeeren, Kirschen, feine Tanninstruktur, kernig, dabei immer elegant, Blaufränkisch dominant, der Zweigelt sorgt für Finesse, liegt eng am Gaumen, einiger Tiefgang, gute Länge. Ein fest strukturierter Rotwein mit mineralischen Noten, einigem Rückhalt und Zukunft.

★★★★ K €€€ BF      **TIPP**
**2021 Blaufränkisch Ried Aubühl 1ÖTW** + Dunkel getönt, schwarze Kirschen, anfangs etwas verhangen, spielt sich mit Luft frei, Brombeeren, zarte Würze, feines kerniges Tannin, dicht verwoben, straffe Struktur, langatmig, total eng, macht Druck am Gaumen. Ein außergewöhnlicher Blaufränkisch, der seinen Weg geht.

## NIEDERÖSTERREICH

★★★ S €€ CR      **FUN**
**2023 Fancy Rosé** + (BF/ZW) Rosarote Farbe, frische Kräuter, Weichseln, Himbeeren, Pfirsich, Mango, Grapefruit, Zitrus, ein ungemein feingliedriger, süffiger, hocheleganter Rosé, wunderbare Fruchtsüße mit perfektem Säurespiel, balanciert, filigran, voller Finesse, transparente Struktur, beschwingt, gute Länge. Ein märchenhafter Rosé von femininer Art.

## Weingut
# Glatzer

**Walter Glatzer**
2464 Göttlesbrunn, Rosenbergstraße 5
Tel. +43 664 8222504
info@weingutglatzer.at, www.weingutglatzer.at
35 Hektar, W/R 65/35, 250.000 Flaschen/Jahr

Ich beginne mit der Jugend – Hanna Glatzer, sie macht ihre ureigenen Weine, unfiltriert, naturbelassen, bunt, verrückt, eigenwillig, immer leicht, halt anders, doch fulminant und voller Optimismus. Der 2022 Weiß Traminer ist von unbändigem Leben, einer Vitalität, die ihresgleichen sucht. Dasselbe kann man vom 2021 Red Pinot Noir sagen.

Papa Walter Glatzer kontert mit einem vollmundigen, noblen 2022 Ortswein Weißburgunder Göttlesbrunn. Mit Rotweinen, die zur Elite des Landes zählen – der 2022 Zweigelt Dornenvogel Göttlesbrunn und die 2022 Gotinsprun Cuvée, die es seit dem Jahrgang 1992 gibt, der Klassiker des Hauses. Wunderfein ist der 2022 Ried Heidacker – ein Referenz-Zweigelt. Gesteigert wird das Ganze zum einen vom 2022 Ried Bärnreiser, ein großartiger Blaufränkisch, und zum andern von der 2022 Ried Rosenberg Cuvée, ein fürstlicher Rotwein, der auch verwöhnteste Rotweintrinker begeistert. Nicht zu vergessen der 2022 St. Laurent Alte Reben. Zählt zur Elite dieser Rebsorte. Ein spannendes Match, das sich Vater und Tochter da liefern. *as*

### CARNUNTUM DAC

★★★ S €€€ GV
**2022 Grüner Veltliner Dornenvogel Göttlesbrunn** + Würzig, gelbfruchtig, Wiesenkräuter, etwas Pfeffer, rauchig, Tabak, kernig, schöne Säure, der Wein hat Zug, ist von gereifter Frische, kompakte Struktur, zeigt Pikanz.

★★★ K €€€ PB
**2022 Weißburgunder Göttlesbrunn** + Gelbfruchtiges Bukett, Honignoten, Brotkruste, Karamellnoten, am Gaumen fruchtig, weich, harmonisch, elegant, bisschen Exotik, gelber Apfel, Nelken. Hier ist alles fein versponnen.

★★★ K €€€ ZW
**2022 Zweigelt Dornenvogel Göttlesbrunn** + Frische Kirschen, Schokonoten, schwarze Beeren, Holunderbeeren, fein unterlegtes Holz, festes Tannin, geht in die Tiefe, gute Länge. Ein substanzreicher Zweigelt, der eng am Gaumen liegt.

★★★ K €€€€ CR
**2022 Gotinsprun Cuvée** + Wildkirschen, Preiselbeeren, Schokonoten, schwarze Beeren, unglaublich vollmundig bei tiefgründiger Ausprägung, dicht strukturiert, enorm tief, ein Rotwein von Klasse. Ganz hohe Qualität, kompakt, männlich statuiert, ein wunderbarer Rotwein für Kerle.

★★★ K €€€€ ZW
**2022 Ried Heidacker 1ÖTW Zweigelt** + Rot- und schwarzbeerige Nase, Kirschen, Holunderbeeren, Hagebutten, Nougat, geschmeidige, charmante Frucht, strukturiert, elegant, femininer Touch, subtile Noten, dabei immer ausdrucksstark und charaktervoll.

★★★★ K €€€€ BF  TIPP
**2022 Ried Bärnreiser 1ÖTW Blaufränkisch Höflein** + Hier hat man ultimative Größe im Glas, Beeren, Kirschen, Schoko, Frucht, Würze, Säure, Tannin, Länge, Potenzial für Jahre. Herrliche Pikanz. Ein außergewöhnlicher Rotwein. Das ist höchster Carnuntumer Rotweinadel.

★★★★ K €€€€ CR  TIPP
**2022 Ried Rosenberg 1ÖTW** + (BF/ZW/ME) Feinste Vanille, schwarze Beeren, Kirschen, Tannin wie Kaviar, fest und straff strukturiert, kraftvoll, total jugendlich, immer mit Eleganz behaftet, immer ausdrucksstark, hier herrscht die Lage – der Rosenberg, er ist der Herr im Haus.

### NIEDERÖSTERREICH

★★★ K €€€ SL
**2022 St. Laurent Alte Reben** + Schwarze und rote Beeren, Hagebutten, Kirschen, Lebkuchen, Nougat, ungemein saftig und elegant, perfekt und dicht strukturiert, tiefgründig, festes Tannin, engmaschig, dezente Frucht, klebt am Gaumen. Ein super St. Laurent für viele Jahre.

### WEINLAND

★★★ K €€€ GT  FUN
**2022 Weiß Traminer Hanna** + Orange Farbe, hefetrüb, Orangenschalen, Litschi, Marzipan, aufgeblühte Rosen, dezent buttrige Noten, am Gaumen leicht, unbändig frisch, vital, Nougat, voller Leben, transparent strukturiert, elegant, feingliedrig, schlank, herrlich zu trinken. Es fehlt einem an nichts. Niemals belastend.

★★★ K €€€ PN
**2021 Red Pinot Noir Hanna** + Ein engmaschiger, feingliedriger Pinot Noir mit einigem Tiefgang, kompakte Struktur, Pilze, Leder, Himbeeren, Zwetschken, der Wein hat Frucht, ist elegant, liegt druckvoll am Gaumen, gute Länge, hat Stil, Typizität, schmeckt wunderbar. Eher kühl genießen.

# Weingut
# Gottschuly-Grassl

Victoria Gottschuly-Grassl
2465 Höflein, Dorfstraße 28
Tel. +43 664 1502954
wein@gottschuly.at, www.gottschuly.at
14 Hektar, W/R 50/50, 90.000 Flaschen/Jahr

Das Weingut Grassl in Göttlesbrunn gibt es seit Generationen. Vor 40 Jahren heiratete die mittlere Tochter Michaela Grassl ihren Josef Gottschuly aus Höflein. Und so entstand das Weingut Gottschuly-Grassl. Im Juli 2024 steht wieder ein Generationenwechsel an, da Victoria zur alleinigen Chefin wird. Ihre Eltern und Familie werden sie natürlich weiterhin tatkräftig unterstützen, hat doch jeder in der Familie sein Steckenpferd: Papa Pepi das Traktorfahren, Mama Michaela den Heurigen, und Victoria kümmert sich seit ein paar Jahren im Hinterhof um ein paar Duroc-Schweine, die im eigenen Schlachtraum zu köstlichen Produkten für den Heurigen verarbeitet werden. Doch zurück zum Wein: Das Weingut befindet sich im dritten Jahr der Umstellung auf Bio. Zum ersten Mal gibt es einen Göttlesbrunn weiß, eine stoffige Burgunder-Cuvée aus Chardonnay und Weißburgunder. Bei den Rotweinen sind seit Jahren sowohl Merlot als auch Syrah Flaggschiffe des Hauses, die zum Besten Österreichs gehören. Doch langsam schiebt sich die 1ÖTW-Lage Aubühl nach vorne, hier im Hause als reinsortiger Zweigelt. Unter dem Sand und Schluff lauert Kalk, und der Maria Ellender Wald hat einen kühlenden Einfluss auf die Reben – unschätzbar in warmen Zeiten wie diesen. Da ist in Zukunft also noch einiges zu erwarten. *fh*

### CARNUNTUM DAC

★★ S €€ PB
**2023 Weißburgunder** + Klassische Nase, nussig, cremig, Kräuterwiese; als rassiger, nerviger Typ angelegt, gute Säure, kernig, leicht und elegant, süffig; perfekt beim Heurigen.

★★ S €€ CH
**2023 Chardonnay** + Florale Noten, Birnen und Ringlotten, mittelkräftig; vielschichtige Fruchtaromen, weich und rund, schmeichelnd am Gaumen.

★★★ S €€€ CW
**2022 Göttlesbrunn weiß** + (60 % CH / 40 % PB) In der Nase führt der Chardonnay mit gelben Früchten, harmonisch, verführerisch; am Gaumen der Weißburgunder, zart nussig, Honig, sanftes Toasting, gute Länge. Feiner Speisebegleiter.

★★★ S €€€ ZW
**2022 Rubin Carnuntum** + (ZW) Elegante Kirschfrucht, hell und freundlich; saftige Fruchtaromen, auch am Gaumen viel Kirsche, Weichsel, Schokonoten, gute Säure, mittlere Struktur, Trinkfreude!

★★★ K €€€ ZW
**2022 Hoher Weg** + (ZW) Die Zweigelt-Reben für diesen Wein sind mittlerweile 20 Jahre alt. Dichte Kirschfrucht, Waldbeeren, Kräuternoten; stoffig und vollmundig zu Beginn, dann feine Kühle, die Eleganz verleiht. Ein Parade-Zweigelt.

★★★ K €€€€ ZW
**2020 Ried Aubühl 1ÖTW** + (ZW) Feine, elegante Kirschfrucht, zart, kalkig; am Gaumen eine zarte Kräuterwürze, viel rote Frucht, Mineralik vom Boden, samtige Tannine, mittlerer Druck, bleibt immer feminin.

★★★★ K €€€€ CR
**2021 G3** + (40 % ZW / 30 % BF / 30 % ME) Dicht und würzig, Blaufränkischnase: Brombeere, Waldheidelbeere, viel Tiefgang; dichte Struktur, dunkle Beeren, Tabak, druckvoll bis ins lange Finale.

### NIEDERÖSTERREICH

★★★★ K €€€ ME  **TIPP**
**2021 Rotundo Merlot** + Paradeiserkraut, Heidelbeere, dicht und stoffig; wieder Paradeiser, einnehmendes Wesen, vollmundig und dennoch immer verspielt und elegant, langer Abgang, alles da. So mag ich Merlot!

★★★ K €€€ SY
**2019 Syrah** + Schwarze Oliven und Kräuter der Provence in Nase und Gaumen, mittelkräftig, gute Länge, braucht noch Zeit, steht erst am Beginn seiner Entwicklung.

# Weingut
# Philipp Grassl

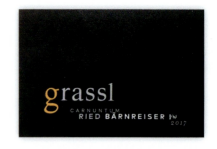

**Philipp Grassl**
2464 Göttlesbrunn, Am Graben 4–6
Tel. +43 2162 8483
office@weingut-grassl.com, www.grassl.wine
30 Hektar, W/R 30/70, 150.000 Flaschen/Jahr

Zu schweigen, wenn der Wein spricht, rät Philipp Grassl – und das mit gutem Grund, denn seine Weine haben tatsächlich viel zu erzählen. Jeder für sich, ganz unterschiedliche Geschichten – einige mitteilsam und kurzweilig, etliche auch leise und hintergründig.

Philipp und Angelika Grassl führen einen „mittelkleinen Familienbetrieb in dritter Generation" in Göttlesbrunn, der seit vielen Jahren zur heimischen Elite zählt. Die Bausteine zum Erfolg sind denkbar einfach: Man biete Konstanz über die Jahre und Kontinuität quer durch alle Kategorien und erzeuge Charakterweine mit relevanten Botschaften und Lagerpotenzial, die schließlich auch noch den Beweis antreten, dass sich Komplexität und Trinkspaß nicht gegenseitig ausschließen.

Obwohl die Weine aus diesem Musterbetrieb echte Carnunteser sind, bestechen sie doch durch eine eigenständige Stilistik: Bemerkenswert ist die in diesem sonnenverwöhnten Gebiet nicht überall selbstverständliche Eleganz und Transparenz fast aller Weine, die darüber hinaus über tolle Balance und unprätentiöses Auftreten sowie ausgeprägten Sorten- und Bodencharakter verfügen.

Das Weinsortiment gliedert sich in Gebiets-, Orts- und Lagenweine – das gilt für all jene Weine, die sortenmäßig in die junge DAC Carnuntum hineinpassen. Jene Sorten bzw. Cuvées, die dort nicht inkludiert sind, finden sich in der Gruppe „Superweine" – ein Sammelsurium an Sorten und Kategorien, reichend vom Basis-Welschriesling über aromatische, pinke und burgundische Kreszenzen bis hin zum Kultwein Reserve (ehemals Bärnreiser Reserve). Bei der Verarbeitung setzt Philipp Grassl auf Ganztraubenpressung, u. a. um Gerbstoffeintrag zu vermeiden, der in Zeiten des Klimawandels an Aktualität gewinnt. Es wird spontan vergoren und auf Zusätze wie Enzyme verzichtet, die Schwefelwerte sind sehr niedrig angesetzt. Wird bereits seit Jahren überwiegend nach biodynamischen Grundsätzen gearbeitet, soll 2024 fast der gesamte Betrieb bio-zertifiziert sein.

2023 war durch den traumhaften Herbst geprägt. In diesem Jahr wurde reduktiver als in anderen Jahren gearbeitet, beim Pressen agiert man besonders sanft – ein Pressvorgang dauert drei bis dreieinhalb Stunden.

Wird Philipp Grassl für seine exzellenten Rotweine besonders geschätzt, so sollte man auch die Weißen hier keinesfalls unterschätzen: Die preiswerten Klassikweine präsentieren sich stets als transparente Sortenvertreter mit Trinkanimo. Mit dem Einzellagen-Chardonnay vom Rothenberg hat Grassl vor einigen Jahren einen hoch seriösen, komplexen Vertreter ins Sortiment aufgenommen. Seit wenigen Jahren gibt es einen Charakterwein in Weiß in Gestalt des Welschriesling Alte Reben aus der Ried Neuberg mit tonig-fettem Boden. War der 2021 schon herausragend, so ist der 2022er diesem ebenbürtig.

Bei den Rotweinen dominiert der Lokalmatador Zweigelt, gefolgt von der Charaktersorte St. Laurent. Neben eleganten, fruchtbetonten Varianten mit wohldosiertem Gerbstoffgerüst gibt es von den Rotweinklassikern auch Premiumweine in Gestalt der St. Laurent Reserve und des Lagen-Zweigelt aus der Ried Schüttenberg. Blaufränkisch ist reinsortig durch den Ortswein Prellenkirchen vertreten. Besonderen Status haben Rotwein-Cuvées im Hause Grassl: Der Ortswein Neuberg Göttlesbrunn gehört zu den herausragenden Rotweinen im mittleren Preissegment, die Lagen-Cuvée Bärnreiser – ebenfalls Herkunft Carnuntum – sowie die reichhaltige Reserve zählen regelmäßig zu den Spitzenrotweinen Österreichs. **psch**

## CARNUNTUM

**★★ S €€ GV**
**2023 Grüner Veltliner** + Würzig, kühle Noten, Ginster und Kamille, etwas Hülsenfrüchte, Herbes de Provence; kernig, frisch, lebhaft, am Gaumen Grapefruits, peppig, mittleres Finish.

**★★ S €€ CH**
**2023 Chardonnay** + Anfangs leichte Reduktion, kühle Würze, deutet Melonen und Ananas an, Zitrus, alles sehr dezent; recht kernig, straff, zartherb, etwas Aranzini, hinten dann fester, mittleres Finish.

**★★★ S €€€ CH** **FUN**
**2022 Chardonnay Höflein** + Dezente Frucht, etwas Biskuit, Mandeln, leicht würzig, Melonen, Quitten, auch Zitrus; schönes saftiges Entree mit feinem Fruchtschmelz und Säurebiss, griffig, gute Balance, fein verwoben, knapp am 4. Stern.

**★★★★ K €€€ CH**
**2022 Chardonnay Ried Rothenberg** + Zurückhaltend, feines Holz, leichte Zimtnote, kandierte Guave, Akazienblüten, Hauch Blütenhonig, Biskuitnote, pikant; knackig, mittelkräftig, sehr frisch, lebhaft, fester Biss mit viel Grip nach hinten, Geduld.

**★★★ K €€ ZW** **FUN**
**2023 Rubin Carnuntum Zweigelt** + Geht über vor Frucht, dunkles Laub und ein Korb voll frischer Kirschen, Preiselbeeren, ein Hauch von Kakao; ungemein saftig, fest, mittelgewichtig, ganz frisch, mittellang.

**★★★ K €€€ BF**
**2022 Prellenkirchen** + (BF) Sortenwürze pur, geröstetes Fleisch, Preiselbeeren, Currynoten, rauchig, viel dunkle Beeren, auch etwas Ribisel; kernig, präzise, Waldbeeren und Kräuter, viel Biss, mittlerer Abgang.

**★★★ K €€€ CR** **PLV**
**2022 Göttlesbrunn Neuburg** + (ZW/BF/ME) Rauchig, Tintenblei, tiefe, samtige Fruchtfülle, reif, glockenklar, Efeu, Schwarzkirsche und Brombeere; mittelkräftig, sehr saftiger Beginn, ein Korb voller Waldbeeren, festes Tannin, lebhaft, gute Länge.

**★★★★ K €€€€ ZW** **TIPP**
**2022 Ried Schüttenberg Zweigelt** + Kühl, kalter Rauch, tiefe Frucht, ausgereift, samtig, dunkle Kirschen, Efeu; großartige Fruchtpräsenz, verbindet Eleganz und Power, supersaftig, tolle Struktur, lang.

**★★★★★ K €€€€ CR** **TOP**
**2022 Ried Bärnreiser** + (ZW/BF/ME/CS) Samtig, rasend frisch mit transparenter Dunkelfrucht, Morellen, Brombeeren, Cassis, recht viel Würze, tiefgründig; herrliche Frucht, rot und dunkel gemischt, auch Ribiseln, knackiger Biss, viel festes reifes Tannin, nach hinten rotfruchtig, kraftvoll, lang.

## NIEDERÖSTERREICH

**★★★ S €€ SB**
**2023 Sauvignon Blanc** + Kühl, duftig, elegant, klassisch, schöne Frucht, dunkle Blüten und dunkles Laub, kristallklar; knackig, lebhaft, saftiger Biss, zartbitter, ungemein pointiert, mittellang, packend.

**★★★ K €€€ WR** **TOP**
**2022 Alte Reben Weiß Welschriesling** + Samtig, Räuchernoten, grüne Oliven, nussig, viel mineralische Würze, tief, Orangenzesten; herrlich saftige, tolle Frucht, kernig, vital, rosa Grapefruits, packende Struktur, bemerkenswerte Länge, großartig.

**★★ S €€ CR**
**2023 Rosé** + (ZW/BF/SL) Kühle Frucht, Rhabarber, etwas Basilikum, duftig, getrockneter Hibiskus; schlank, dezente Frucht, rund, unkompliziert.

**★★★ K €€€€ SL**
**2022 St. Laurent Alte Reben** + Ziemlich würzige Nase mit viel Sauerkirschen, etwas Schlehen, frisches Laub, viel Pikanz, mazerierte Beeren, würzig, Graphit, Kakao; elegante Frucht, guter Schliff, dezente Säure, saftige Mitte, gutes Tannin, fest und griffig, mittellang.

**★★★★★ K €€€€€ CR** **TOP**
**2021 Bärnreiser Reserve** + (ME/BF/ZW) Satte Beeren, Kokoshauch, profund, opulent, ausgereift, würzig, kandierte Kirschen, Heidelbeeren, Schokonoten, dunkles Laub; ordentlich Power, ein Korb voller dunkler Beeren, samtig, Riesendichte, reichhaltig, hinten feine Säure mit etwas Rotbeerigkeit, sehr lang anhaltend.

# NOTIZEN

♛ ♛ ♛
## Weingut
# Leo Jahner

**Leo Jahner**
2403 Wildungsmauer, Feldgasse 35
Tel. +43 2163 2326
weingut@jahner.at, www.jahner.at
10 Hektar, W/R 60/40

Leo Jahner, dessen Betrieb sich im dritten Jahr der Umstellung auf biologischen Weinbau befindet, ist auch sonst bemüht, die Weingärten möglichst schonend zu bearbeiten und bei der Vinifikation ohne gröbere Eingriffe auszukommen. So werden die Weißweine ohne Aufzuckerung und Säurekorrektur ausgebaut und mithilfe des ersten gewonnenen Mostes möglichst spontan vergoren. Bei den stets mittels Naturhefe vergorenen Rotweinen wird auch auf den Saftentzug verzichtet.

Durch das relativ neue DAC-System ist es notwendig, die Linien neu aufzustellen. So gesellt sich im Weißweinsegment ein neuer Chardonnay „Höflein" aus der Ried Steinäcker dazu, bei den Rotweinen gibt es zum zweiten Mal den Blaufränkisch „Prellenkirchen" vom Spitzerberg und als Premiere den Blaufränkisch aus der Ersten Lage „Aubühl".

Wie zielorientiert Leo Jahner arbeitet, erkennt man daran, dass sein Grüner Veltliner aus einer Knoll-Selektion stammt, und die Blaufränkisch-Setzlinge vor 15 Jahren aus dem Mariental von Ernst Triebaumer genommen wurden. Nach 2015 gibt es endlich wieder einen St. Laurent Reserve 2022, der großartig geworden ist. Abschließend hat sich Leo Jahner dazu entschlossen, drei seiner großen Rotweine um ein Jahr hinauszuzögern. Daher gibt es Small Wall 2022, Steinäcker 2021 und Wild Wall 2021 erst kommendes Jahr in diesem Guide. *fh*

### CARNUNTUM DAC

★★★ S € GV  **PLV**
**2023 Grüner Veltliner** + Zitrusnote, Orangenblüten, sofort animierend; florale Noten, fruchtig, stoffig, sehr saftig, Trinkfreude.

★★★★ D €€€ CH
**2023 Höflein Chardonnay** + Reife Zitrusnoten, Bergamotte, Biskuit, zart vom Holz unterlegt; Vanille, cremig, vielschichtige Fruchtgeschmäcker, nussig, salzig, guter Druck. Ein neuer Stern erscheint!

★★ S €€ ZW
**2023 Zweigelt** + Ein Zweigelt wie früher: Kirsche, kernig; im Geschmack geradlinig, rustikal und ehrlich, knackig; wo bleibt die Brettljause?

★★★★ K €€€ BF
**2022 Prellenkirchen Blaufränkisch** + Die Reben am Spitzerberg sind mittlerweile 20 Jahre alt, die Stilistik gibt der Boden vor. Kühle, nervige, mineralische Nase; im Mund straff und elegant, viel Mineralik, feminin, angenehme Säure. Gute Länge und viel Potenzial. So kann Blaufränkisch gerne sein!

★★★★★ K €€€€ BF  **TOP**
**2022 Ried Aubühl Blaufränkisch** + Gleiche Sorte, anderer Boden und Klima: dunkel, Herzkirsche, Cassis, dicht und strömend; am Gaumen schlicht ein großer Wein, vollmundig, vielschichtig, mit viel Potenzial.

### NIEDERÖSTERREICH

★★★ S €€ SB
**2023 Sauvignon Blanc** + Ein ernsthafter Sortenvertreter mit Tiefgang: Cassis in Nase und Gaumen, vollmundig und dennoch fein und elegant, mittelkräftig und sehr süffig.

★★★ S €€ GM  **FUN**
**2023 Gelber Muskateller** + Klassischer Bratapfel, Holunder, intensiv und einladend; gute Struktur, Mandarine und Melisse im Mund, so macht das Spaß!

★★ S € CR
**2023 Rosé** + (ZW/BF/PN/SL) Bei allen vier Sorten wurden die Trauben extra für diesen Rosé vorgelesen. Feine Säure, Himbeere, dunkle Würze; im Mund salzig, mineralisch, herb, leicht, auch wieder Himbeere, Walderdbeere, das trockene Finish macht ihn sehr interessant.

★★★★ K €€€ SL
**2022 St. Laurent Reserve** + Da kann jemand St. Laurent – und das wirklich gut: mittlere Farbe; kühle Burgundernote mit leichtem Zitruston; elegant, fein, schwarze Oliven, dicht und voll, lange im Abgang.

# Weingut
# Gerhard Markowitsch

**Gerhard Markowitsch**
2464 Göttlesbrunn, Pfarrgasse 6
Tel. +43 2162 8222
weingut@markowitsch.at, www.markowitsch.at
W/R 70/30

Dieses hervorragende österreichische Familienweingut wird von Christine und Gerhard Markowitsch seit Jahrzehnten kontinuierlich auf Top-Niveau geführt. Seit etlichen Jahren gibt es auch starke Unterstützung durch die Töchter Johanna und Helene. Nach dreijähriger Tätigkeit bei Wein & Co im Marketingbereich sowie Praxisaufenthalten in Südafrika und Deutschland ist Johanna schon seit einiger Zeit ganz im Betrieb integriert und erzeugt bereits seit Jahren eine Weinlinie unter eigenem Etikett. Die jüngere Schwester Helene, die das Bachelorstudium International Wine Business an der Fachhochschule Krems absolviert und Praktika in renommierten Betrieben absolviert hat, arbeitet ebenfalls voll mit.

Fruchtklarheit und Eleganz sowie eine stets optimal zur jeweiligen Kategorie passende Substanz und Struktur prägen die Markowitsch'schen Weine, die dank dieser Verquickung von Eigenschaften über makellose Ausgewogenheit und Harmonie verfügen. Dazu kommt die exzellente Lagerfähigkeit der hierfür vorgesehenen Kreszenzen.

Das Sortiment im Hause Gerhard Markowitsch ist klar strukturiert. Es teilt sich einerseits in die Herkunftsweine der Stufen Gebiets-, Orts- sowie Lagenweine, andererseits in die Kategorie Sortenvielfalt auf. Letztere tragen die Herkunftsbezeichnung Niederösterreich.

Eine eigene Kategorie gibt es für Johanna Markowitsch' JOMA-Weine, die Pet Nats sowie Weine namens Halligalli und Spektakel umfassen. Darüber hinaus gibt es noch den Rosé Mardonna, der allerdings überwiegend über den Handel vertrieben wird.

Bei der Verarbeitung wird sehr sanft agiert, diverse Eingriffe wurden im Laufe der Jahre reduziert. Die Weißen werden nun mehrheitlich als ganze Trauben angequetscht, auf Pumpen wird großteils verzichtet, um die Gerbstoffe in möglichst zarter Ausprägung zu erhalten. Bei den Rotweinen geht man in Sachen Extraktion tendenziell zurück. Spontanvergärung kommt mittlerweile bei den meisten Weinen zum Tragen, eine malolaktische Gärung ist bei den Roten selbstverständlich Standard, bei den Weißen wird sie je nach Stufe und Charakter eingesetzt. Für die Lagerung werden neben Edelstahl und Holz teils auch Betoneier verwendet, jedoch hauptsächlich bei den Weißweinen.

Der Jahrgang 2023 war durch kühles Wetter und viel Niederschlag im Frühjahr geprägt, der Vegetationsstart war etwas verspätet. Im goldenen Herbst wurde perfekte Reife erzielt, wobei die Mengen um ein Viertel weniger als in den Vorjahren lagen. Mit dem Jahrgang 2023 wurde die Zertifizierungsphase als Bio-Betrieb abgeschlossen.

Im Weißweinbereich haben Chardonnay und Grüner Veltliner die größte Bedeutung – beide gibt es in einer klassischen Variante, dazu den charaktervollen Schüttenberg als Chardonnay-Lagenwein im Premiumsegment sowie den preisgünstigen Alte-Reben-Veltliner, der 2023 sehr gediegen ist. Seit einigen Jahren pflegt der Winzer auch eine heimliche Liebe zu Pinot Blanc, der bei den Ortsweinen eine wesentliche Rolle spielt. Von den beiden Vertretern hat heuer der kernig-straffe Prellenkirchen die Nase etwas vor dem Göttlesbrunner.

Der Rotweinsektor wird durch einen abwechslungsreichen wie hochwertigen Mix aus sortenreinen Weinen – Zweigelt, Blaufränkisch und Pinot Noir – und Cuvées abgedeckt. Bereits im Einstiegsbereich und im mittleren Segment sind alle Weine hervorragende Vertreter ihrer Kategorie. Ein tolles Händchen hat man hier auch für Pinot Noir, den es in zwei Varianten gibt. An der Spitze des aktuellen Sortiments mit Herkunft Carnuntum stehen seit heuer neben der Cuvée Rosenberg und dem Zweigelt Kirchweingarten aus 2022 auch ein neuer Lagen-Blaufränkisch 2021 aus der Ried Bärnreiser. Der legendäre M1 stammt auch aus dem pikanten Jahrgang 2021. ***psch***

## CARNUNTUM

★★ S €€ GV
**2023 Grüner Veltliner** + Duftig, fruchtbetont, reife Äpfel, samtig, bisschen frisch gekalkte Wand; recht saftig, elegant, frisch, dezenter Biss, zugänglich, Zitrus, zartbitter, mittleres Finish.

★★ S €€ CH
**2023 Chardonnay** + Kühl, duftig, Anklänge von Birnen, auch grüne Melonen, recht expressiv und einladend, bisschen Fenchel; saftig, ausgewogen, zugänglich, dennoch knackig, grüne Ananas und Grapefruits, mittleres Finish.

★★ S €€€ GV **PLV**
**2023 Grüner Veltliner Alte Reben** + Satte Fülle, etwas Maisbrot, cremig, ausgereift, bisschen hefig, Weißbrot, ausdrucksvoll mit Würze; saftige Gelbfrucht, mittelkräftig, schöner Sortenausdruck, Backapfel, bestens ausgewogen, fest, mittellang.

★★★ S €€€ CW
**2022 Göttlesbrunn Weiß** + (CH/PB) Recht expressiv zu Beginn, grüne Birnen und Ringlotten, duftig, kühl, bisschen kalkig, Anis, weiße Blüten; elegant, feiner Biss, zart toastig, dezente Frucht, recht kernig, mittleres Finish.

★★★★ S €€€€ PB **TIPP**
**2022 Prellenkirchen Weißburgunder** + Cremig, kandierte Melonen und auch etwas Steinobst, ruhiger Ausdruck, zeigt gewisse Tiefe; recht straff, zart toastig, viel Zitrus, lebhaft, pointiert und präzise, fordernd, recht lang.

★★★ K €€€€ CH
**2022 Ried Schüttenberg Chardonnay** + Rauchige Würze, kühl, bisschen Zitronenmelisse, Pomelos und Grapefruits, Weihrauch, pikant, Quitten; kernig, straff, feiner Biss, wieder viel Grapefruitfrucht, mineralisch, lang.

★★★ S €€€ ZW **FUN**
**2022 Rubin Carnuntum** + (ZW) Bildhübsche Frucht, duftig, super ausgewogen, dunkle Kirschen, samtig, leichte Schokonote; saftig, viel Frische, eleganter Ausdruck, ansprechend, hinten festes Tannin, aus einem Guss.

★★★ K €€€€ CR
**2022 Göttlesbrunn** + (ehemals Redmont – ZW/BF) Dunkeltraubig, geht über vor Frucht, Kompott aus frischen Pflaumen und dunklen Kirschen, samtig; mittelkräftig, saftig, leichte Gewürznoten, festes Tannin, noch bisschen ruppig, pikante Säure, nahe am 4. Stern.

★★★★★ K €€€€€ ZW **TOP**
**2022 Ried Kirchweingarten 1ÖTW** + (ZW) Kühl, rauchig, dicht und tiefgründig, kandierte Schwarzkirschen, Maraschino, frische Oliven, Weihrauch, Efeu; saftig, vollmundig, herrliche Frucht, vibrierend frisch, Power und Eleganz, subtile Länge, toll.

★★★★★ K €€€€€ CR **TOP**
**2022 Ried Rosenberg 1ÖTW** + (ZW/ME/BF) Riesenfülle, rauchig, Dunkelbeerenfrucht, Heidelbeeren, frische Pflaumen, tief, samtig; elegant, saftig, ausgereift, mittelkräftig, jede Menge Frucht, kompakt und kernig, fest, recht lang.

★★★★★ K €€€€€ BF **TOP**
**2021 Ried Bärnreiser 1ÖTW** + (BF) Tiefe satte Frucht, würzig, samtig, dunkle Blüten, etwas Schoten, Wildkirschen, Dirndln, dabei auch tiefdunkle Anmutung; herrlich saftig, kernig, voller dunkler Waldbeeren, extrem viel frische Brombeeren, profund, ausgereift, sehr lang.

## NIEDERÖSTERREICH

★★★ S €€ SB
**2023 Sauvignon Blanc** + Leicht schotig untermalte Nase nach dunklen Blüten und frischem Laub, ziemlich würzig, frisch und klar, pikant; Zitrus und etwas Stachelbeeren, ungemein saftig, energetisch, viel Biss, zartbitter, lebhaft.

★★★★ K €€€€€ PN **TIPP**
**2022 Pinot Noir Reserve** + Zurückhaltend, dezent samtige Art, kühl, etwas Waldhimbeeren, kandierte Kirschen, ätherische Anklänge, Ananaserdbeeren; gediegen, viel saftig-elegante Frucht, lebhaft, frisch, feinkörniges wie wohldosiertes Tannin, mittellang, köstlich.

★★★★★ K €€€€€ CR **TOP**
**2021 M1** + (ME/BF) Rauchig, satt, extrem dicht, Tintenblei, Graphit, herrliche Dunkelfrucht, dunkler Tabak, schwarzer Pfeffer, Oliven; herrlicher Fruchtschmelz, mundfüllend, wuchtig, Muskeln, markante reife Tanninstruktur, viel Biss, kernig, sehr lang.

## ÖSTERREICH

★★★ K €€€ CR
**2023 Mardonna Rosé** + (BF) Ziemlich duftig, rotes Fruchtgelee, Kirschen und Himbeeren; saftig, recht geschmeidig mit einiger Frucht, auch Steinobsthauch, gediegene Power, fest, eigenständig, kräftig.

# Weingut
# Lukas Markowitsch

Lukas Markowitsch
2464 Göttlesbrunn, Kiragstettn 1
Tel. +43 676 5915542
weingut@lukas-markowitsch.com
www.lukas-markowitsch.com

Das Weingut Lukas Markowitsch ist bereits seit vielen Jahren für das qualitativ hochwertige Rotweinsortiment bekannt. In den letzten Jahren haben die Weißweine im Betrieb aufgeschlossen. Alle Weine bieten viel Vergnügen sowohl was Trinkfreude als auch den Preis betrifft. Hervorheben möchte ich bei den Weißweinen den Chardonnay Klassik, der mit seinem Fruchtcharme in diesem Jahr sehr gefällt. Bei den Rotweinen stechen der Merlot Selektion mit einer intensiven Paradeisernote und viel Sortentypizität hervor sowie der Zweigelt aus der Ried Haidacker, der mit nur 4600 Stöcken auf 1 Hektar extrem straff angedacht und ausgebaut ist und bei jedem Schluck die Leidenschaft erkennen lässt, die Lukas für diese Lage hat. An beiden Weinen kann man gut erkennen, dass der Jahrgang 2022 für die Rotweine im Carnuntum sehr vorteilhaft verlaufen ist, da es mehr Feuchtigkeit und etwas weniger Hitze gab. *fh*

## CARNUNTUM DAC

★★★ S €€ GV
**2023 Grüner Veltliner „Perfektion"** + In der Nase gelber Apfel, vielschichtige Frucht und Eleganz; am Gaumen ebenfalls gelber Apfel, dann taucht Marille auf, feiner Gerbstoff, der gutes Potenzial signalisiert. Trinkfreude!

★★★ S €€ CW    PLV
**2023 Wild Wein Weiß** + (CH/PB/SB) Dieser Weißwein ist von Lukas zu hellem Wildfleisch konzipiert, und das funktioniert: Im Aroma kräuterwürzig und dicht; am Gaumen einerseits mollig und cremig, andererseits ebenfalls vielfältige Kräuter der Provence. Dazu ein toller Preis – Herz, was willst du mehr!

★★★ S €€ CH    PLV
**2023 Chardonnay** + In der Nase feine Mischung aus heimischen und exotischen Früchten: Birne, gelber Apfel, Mango, Papaya. Im Mund gesellen sich zu diesen Früchten würzige Noten dazu, die dem Wein Tiefgang und Länge verleihen. Signalisiert gutes Potenzial. Definitiv besser als „Klassik"!

★★★ S €€€ CH
**2022 Chardonnay „Ried Rosenberg"** + Feine Zitrusnoten, viel Mineralik, dann nussig vom zarten Holz. Am Gaumen Walnuss, vielschichtiger Fruchtkorb, von einer eleganten Rauchnote unterlegt; gute Säure und Tannine signalisieren Lagerfähigkeit.

★★★ K €€ ZW
**2022 Zweigelt Rubin Carnuntum** + Saftige Kirschfrucht, dazu Bitterschokolade, dann Kräuterwürze; am Gaumen wunderschöner Trinkfluss, Waldbeeren, saftig und mittlere Dichte. Auch dieser Rotwein zeigt, wie gut 2022 im Carnuntum gelaufen ist. 20 bis 60 Jahre alte Reben machen sich bezahlt. Das macht Spaß!

★★★ K €€€ ZW
**2022 Göttlesbrunn „Alte Reben"** + (ZW/BF/CF) Obwohl nur 10 % Cabernet Franc in dieser Cuvée sind, drängt er in der Nase sofort mit seiner grünen, kühlen Eukalyptusnote vor, dazu feine Kräuterwürze. Sehr animierend. Am Gaumen dicht gewoben, weichselfrucht vom Zweigelt, herbe Noten vom Blaufränkisch, gute mittlere Struktur.

★★★ K €€€ CR    TIPP
**2022 Ried Eisenbach** + (ZW/BF/ME) Kühle Noten, zarte Paradeiser vom Merlot, feingliedrig, elegant; im Mund dichte Mineralik, vielschichtige Fruchtaromen der Rotweinpartner, alles mit viel Eleganz verpackt, angenehme Säure, guter Druck im Abgang, signalisiert viel Potenzial; braucht noch Zeit.

★★★ K €€€€ ZW
**2022 Ried Haidacker IÖTW** + Ein Wein, der sich anschleicht: Zunächst weich und charmant, baut er mit jedem Riechen mehr Mineralik, Würze und Tiefgang auf. Ebenso im Mund: saftige, dichte Fruchtaromen, feingliedrig mit viel Eleganz, gute Länge. Wird immer nerviger und kühler, was den Wein noch interessanter macht. Das zukünftige Flaggschiff?

## NIEDERÖSTERREICH

★★★ S €€ SB
**2023 Sauvignon Blanc** + Zunächst vornehm zurückhaltend mit gelben Paprikanoten, fein und elegant; dann öffnet sich der Wein, schwarze Johannisbeeren und exotische Früchte; bleibt immer feingliedrig. Sehr süffig.

★★★★ K €€€ ME
**2022 Merlot** + So muss Merlot sein: Paradeiserkraut, vielschichtige Kräuterwürze, dunkle Frucht; am Gaumen strukturiert, reife Tannine, dicht, braucht noch Zeit, die Anlagen verheißen ein langes Leben.

★★★ K €€€€ CR
**2022 Cuvée Lukas** + (ZW/ME/BF) Ein Wein in der modernen Machart: weich und rund, saftige Kirschfrucht, charmant; am Gaumen noch jung, elegant, dann reife Tannine, vollreife Frucht, Heidelbeeren, steht am Anfang seiner Entwicklung, gute Länge.

♛ ♛ ♛

## Weingut
# Meinrad Markowitsch

Meinrad Markowitsch
2464 Göttlesbrunn, Am Graben 18
Tel. +43 2162 8925
meinrad@markowitsch.com
www.markowitsch.com

Meinrad Markowitsch ist einer der Winzer im Carnuntum, die beweisen, dass es hier gleichermaßen um tolle Weißweine UND tolle Rotweine geht. Das Dreigestirn aus Grüner Veltliner, Chardonnay und Riesling legt sofort los. Der Grüne Veltliner glänzt mit üppigem Fruchtcharme, der Chardonnay mit animierender, einladender Säure. Der Riesling bietet dichte Marillennoten und feine Kräuterwürze, die man so nicht erwarten würde, wenn Meinrad dieses Steckenpferd nicht schon seit Jahren reiten würde. Neu im Guide ist ein Perlwein aus Pinot Noir, der mit saftiger Erdbeerfrucht glänzt und manchen Nachmittag verschönern wird. (Warum erst Nachmittag?) Und dann kommen die Rotweine: Der Rubin Carnuntum ist eine dichte Rotwein-Cuvée, der Merlot – speziell aus dem Jahrgang 2021 – ein engmaschiger Wein mit viel Potenzial, auf den man in Ruhe warten sollte. Die Highlights sind einerseits der Blaufränkisch aus der Lage Haidacker und andererseits die Cuvée Purple X-TREME. Nicht nur bei seinem großartigen Blaufränkisch kommt man darüber ins Grübeln, ob die Zukunft des Rotweins im Carnuntum – auch angesichts der Klimaerwärmung – mehr beim Blaufränkisch liegen wird als beim Zweigelt. Alle, die hedonistische Weine schätzen, sind jedenfalls beim Blaufränkisch Haidacker gut aufgehoben. Der Purple X-TREME ist der üppigere, vollmundigere Typus und bietet für alle anderen Kunden gleichwertigen Genuss! Meinrad baut diese Weine kompromisslos auf Lagerfähigkeit aus. Das heißt am Anfang länger warten, später dann aber mit viel Freude genießen. *fh*

### CARNUNTUM DAC

★★★ S € GV — FUN
**2023 Grüner Veltliner** + Dicht und füllig, gelber Apfel, animierend; springt dich im Mund an: üppig, wieder gelber Apfel, dann ganzer Fruchtkorb, toller Spannungsbogen, ein Maul voll Wein.

★★★ S €€ CH — FUN
**2023 Chardonnay** + Nasenbär: intensive, dichte gelbe Früchte, unheimlich animierend; im Geschmack eine feine Säure, saftige, exotische Früchte wie Mango und Papaya; bleibt dabei immer zart und feminin. Viel Spaß!

★★★ S €€ CR
**2022 Rubin Carnuntum** + (50 % ZW / 30 % BF / ME) Sehr dicht, zu Beginn feines Holz, dann kommt saftige Kirschfrucht; würzig, viel Struktur, dabei sehr süffig mit viel Zug.

★★★★ K €€€ BF — TIPP
**2022 Blaufränkisch Ried Haidacker** + Hochreifer feiner Beerenmix, Brombeere, Herzkirsche, Waldheidelbeere, etwas Bitterschokolade; kräftiges Tannin vom Holz, feines Toasting, das sich gut integrieren wird, viel dichte Frucht, viel Struktur und langer Abgang, großes Potenzial.

★★★★ K €€€ CR — TIPP
**2022 Purple X-TREME** + (60 % ZW / 30 % BF / 10 % ME) Früchtecocktail aus roten und blauen Beeren, sehr dicht und intensiv in der Nase; feine Kombination aus dunkelbeeriger Frucht und elegantem Holzeinsatz, viel Klasse, viel Struktur, die der Wein schön einbinden wird. Sehr langer Nachhall.

### NIEDERÖSTERREICH

★★ S €€ RI
**2023 Riesling** + Vollreife Marille, dicht, etwas kernig; Akazienfrucht intensiv, wieder Marille, würzig und vielschichtig, druckvoll und lang.

★★ S €€ PN
**2023 Perlwein** + (PN) Saftige Erdbeernase, feinherb abgerundet, lädt ein; am Gaumen wieder viel Erdbeere, fruchtig und trinkanimierend, nicht zu süß im Abgang. Ein Sprudel für heiße Sommertage!

★★★ S €€€ PN
**2022 Pinot Noir Reserve** + Typische, feingliedrige Pinot-Nase, noch jung und ungestüm; der Wein braucht Zeit, nach 2 Tagen beginnt er sich zu öffnen: dichte Fruchtnoten, dunkle Früchte, Gerbstoff und Tannin werden sich gut einbinden. Für Herbst und Winter.

★★★★ S €€€ ME
**2021 Merlot** + Meinrad hat diesem Wein zu Recht Zeit gegeben: Teeblättriges Bukett, dann Paradeiserblatt, Orange; dicht und kräuterwürzig, Schwarztee, dunkle Röstaromen, feiner Gerbstoff. Weglegen bitte!

# Weingut
# Andreas Muhr

Andreas Muhr
2463 Stixneusiedl, Hauptstraße 7
Tel. +43 669 11463502
office@amuhr.at, www.amuhr.at
6 Hektar, W/R 50/50

Der romantische Weinort Stixneusiedl, südlich von Göttlesbrunn gelegen, ist die Heimat von Andreas Muhr. Dort betreibt er ein kleines und feines Familienweingut, das er gemeinsam mit seiner Lebensgefährtin Bettina im Herbst 2021 mit einem charmanten Dorfheurigen erweitert hat. Begonnen hat alles vor 16 Jahren, als er sich entschied, parallel zu seinem Hauptberuf als Kellermeister im Weingut Netzl den familieneigenen Keller seines Großvaters zu reaktivieren und einen traditionellen Weinbaubetrieb aufzubauen.

Wissend um die herausragenden Lagen seiner Umgebung, betreibt Andreas Muhr entsprechend seiner Maxime einen naturnahen Weinbau mit herkunftstypischer Prägung. Die Weine in Weiß wie in Rot bilden eine perfekte Balance zwischen Tradition und Moderne und zeichnen sich durch klare Struktur und hohen Trinkgenuss aus. Behutsam wird das Programm erweitert, und so kommen dieses Jahr erstmalig der Stixneusiedl Weiß Carnuntum und der Stixneusiedl Rot im Mittelsegment dazu.

Bei den Weißweinen möchte ich den Weißburgunder hervorheben: 35 Jahre alte Reben vom Gaisberg greifen weit unten auf Kalk zu – und das spürt man von der Nase weg bis zum Gaumen. Bei den Rotweinen zeigt schon der neue Stixneusiedl Rot, wie gut der Jahrgang 2022 für das Carnuntum gelaufen ist und wie fein Andreas Muhr diese Chance ergriffen und umgesetzt hat. Und dann sind da die beiden Top-Weine in Zweigelt und Blaufränkisch, beide zielsicher auf den Punkt gebracht, zwischen dichter Tradition und kühler Moderne changierend. Da entwickelt sich etwas Großes! *fh*

## CARNUNTUM DAC

★★★ S € GV
**2023 Grüner Veltliner** + Die Reben stehen auf einer Mischung aus Lehm und Löss. Gelber Apfel, feine Säure; zartes Pfefferl, saftige Fruchtaromen, gute Struktur.

★★★ S € PB
**2023 Weißburgunder** + Typische feinherbe Noten, zarte Säure; cremig, dann mineralisch, ein ganzer Fruchtkorb, noch jung mit gutem Potenzial.

★★★ S €€ CW
**2023 Stixneusiedl Weiß Carnuntum** + (50 % PB / 50 % CH) Nussig vom Pinot Blanc, gelbfruchtig vom Chardonnay; Apfelblüten, Grapefruit, cremig, feine Kalknote, viel Eleganz, braucht Zeit.

★★★ S €€ CH
**2023 Chardonnay „Ried Gaisberg"** + Fruchtige und mineralische Noten; cremig zu Beginn, dann setzen sich Mineralik und ein exotischer Fruchtkorb in Szene, noch jugendlich, gutes Entwicklungspotenzial.

★★★ S €€ CR  **TIPP**
**2023 Cuvée Carnuntum** + (50 % ZW / 50 % BF) Dichte Weichselaromatik, Top-Nase, absolut einladend; salzig, dann intensiv fruchtig, Weichsel-Kirsch-Kompott; der Zweigelt ist gerade so dominant, dass der Blaufränkisch keine Chance hat. Macht aber gar nix.

★★★ S €€ ZW
**2023 Zweigelt Carnuntum** + In jeder Beziehung dichter als die Cuvée: auffällig dunkle Farbe; Weichseln, Bitterschokolade, dunkle Röstnoten; dicht, reife, strukturierte Fruchtnoten, das macht unheimlich viel Spaß!

★★★ K €€€ CR
**2022 Stixneusiedl Rot** + (30 % ZW / 70 % BF) Dunkles Toasting, feingliedriges Holz, dann Kirsche und Kalknoten; feiner Gerbstoff, reife Fruchtaromen, vollmundig und saftig, vielschichtig und einladend; top für 2022!

★★★★★ K €€€€ ZW  **TOP**
**2022 Ried Stixbergen Zweigelt** + Vollreife Aromatik, Weichseln, Waldbeeren, dicht schon in der Nase; durch die starke Mineralik ist der Wein salzig, nervig und kühl, Paradewein!

★★★★★ K €€€€ BF  **TOP**
**2022 Ried Gaisberg Blaufränkisch** + Wieder fällt die dunkle schöne Farbe auf; Nase: dunkelbeerig, Heidelbeeren, feinzisiliert, viel Mineralik, kühl und nervig; Gaumen: Das ist Blaufränkisch anders – eigenständige Stilistik, würzig und strukturiert, immer mit viel Salzigkeit und Kalknoten unterlegt, hochelegant und druckvoll, ewig lang im Abgang, toll!

## NIEDERÖSTERREICH

★★ S € WR
**2023 Welschriesling** + Herbe, klassische Würze, vielschichtige Frucht; grüner Apfel, feine Säure, einladend und trinkanimierend.

★★★ S € CR
**2023 Rosé** + (90 % ZW / 10 % BF) Herb-würzig in der Nase, Walderdbeeren; durch die Ganztraubenpressung gibt es einen feinen Gerbstoff, Mischung aus herben Kräutern und fruchtigen Erdbeeren, feiner Rosé-Charakter, trocken im Nachhall, sehr schön.

## Weingut
# Franz & Christine Netzl

**Christina Artner-Netzl**
2464 Göttlesbrunn, Rosenbergstraße 17
Tel. +43 2162 8236, Fax -14
weingut@netzl.com, www.netzl.com
30 Hektar, W/R 35/65, 200.000 Flaschen/Jahr

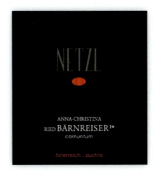

Franz und Christina Netzl bilden im Weingut ein höchst erfolgreiches Vater-Tochter-Team mit Dynamik und Zusammenhalt, das sich in ihren Fähigkeiten mit Fleiß, Erfahrung und Können perfekt ergänzt. Diese Kombination bildet die unverwechselbare Grundlage der Netzl-Weine. Jedes noch so unbedeutend erscheinende Detail wird gemeinsam besprochen, mit Leidenschaft getüftelt, bis beide zufrieden sind. So vinifizieren sie nuancenreiche Weine mit Charaktertiefe – pur und ehrlich, keinem oberflächlichen Weintrend zugeneigt, sondern zeitlos wertvoll. Die Grundlage dazu bilden die einzigartigen Böden und die vitalen Reben unter der sorgsamen Bewirtschaftung nach biologischen Richtlinien. Die Kombination all dieser Umstände führte geradewegs zum Aufstieg zu einem der führenden Rotweingüter Österreichs. *fh*

### CARNUNTUM DAC

★★★ S €€ GV
**2023 Grüner Veltliner** + Einladender herb-würziger Apfel; saftig und fruchtig, süffig mit viel Trinkspaß.

★★★ S €€ CH — PLV
**2023 Chardonnay** + Gelbe Frucht in Nase und am Gaumen, dann feine Herbe; sehr typisch mit viel Druck.

★★★★ K €€€ PB — TIPP
**2023 Weißburgunder Ried Altenberg** + Nobler Duft nach Kernobst und Limetten; komplex am Gaumen, Blumen, feine Säure, von Mineralik unterlegt, lange im Abgang. Ein Parade-Weißburgunder!

★★★★ K €€€ GV
**2023 Grüner Veltliner Ried Rothenberg** + Vielschichtige tropische Früchte, cremig; Tiefgang, Mineralik, kompakte Fruchtnoten, viel Klasse, lange im Abgang, ein Maul voll Wein.

★★★★ K €€€ CW
**2022 Göttlesbrunn** + (CH/GV/SB) Ein sanft strömendes Bukett an Aromen, einladend; dichte Struktur, cremig, feingliedrig und dennoch kompakt, von allen Sorten nur das Beste, großes Entwicklungspotenzial.

★★★ K €€ ZW
**2022 Zweigelt Rubin Carnuntum** + Dieser Rubin Carnuntum, reinsortig aus Zweigelt, zeigt vorbildlich, was die Grundidee war: saftige Kirschfrucht, Bitterschokolade dazu, dann Kräuterwürze; am Gaumen wunderschöner Trinkfluss, saftig und mittlere Dichte. Auch dieser Rotwein beweist, wie gut 2022 im Carnuntum gelaufen ist. Das macht Spaß!

★★★★ K €€€ CR
**2022 Göttlesbrunn „Edles Tal"** + (ZW/ME/SY) Nur 5 % Syrah machen sich in der Nase sofort bemerkbar: schwarze Oliven, Kräuter der Provence; im Mund wieder Oliven, feiner Gerbstoff, viel Struktur, dicht, langes Leben.

★★★ K €€€€ ZW
**2021 Ried Haidacker 1ÖTW** + Weichseln, feine Säure, einladend; weich und rund, samtige Schokonoten, dann Mineralik, gute Länge.

★★★★ K €€€€€ CR — TIPP
**2022 Ried Bärnreiser 1ÖTW „Anna-Christina"** + (ZW/BF/ME) Noble Kräuterwürze, vielschichtige Beerenaromatik, Cassis, feine Röstaromen, etwas Nougat; dicht, harmonisch, strukturiert, reife Tannine, bleibt immer elegant, hat große Klasse, bereitet viel Freude, geht auf eine lange Reise!

### NIEDERÖSTERREICH

★★★★ K €€€€ SY
**2021 Syrah** + Die mittlerweile 21 Jahre alten Reben bringen schwarze Oliven in Nase und auf den Gaumen, dichte Mineralik, stoffige Struktur und einen Wein, der noch im Embryonalstadium ist.

★★★★ K €€€€ ME
**2021 Merlot** + Paradeiserkraut, vielschichtige Kräuterwürze, helle Frucht; am Gaumen strukturiert, reife Tannine, dicht, braucht noch Zeit, die Anlagen verheißen ein langes Leben. So muss Merlot sein!

★★★★ K €€€€ CS
**2021 Cabernet Sauvignon** + Ein vollreifer Cabernet aus Österreich: tintig, schwarze Oliven; im Mund dicht und lange im Abgang, zu jung. Dieser Jahrgang wird auf eine lange Reise gehen.

# Weingut
# Oppelmayer

2464 Göttlesbrunn, Kirchenstraße 9
Tel. +43 919 3361, +43 664 5232200
weingut@oppelmayer.at, www.oppelmayer.at
12 Hektar, W/R 40/60

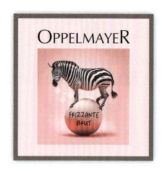

Sobald man mit Franz Oppelmayer verkostet, redet man sofort über die Jahrgänge 2020 und 2022. Diese sind ja leider etwas verteufelt – zu Unrecht, vor allem in der Region Carnuntum. Sowohl bei Weiß- als auch bei Rotweinen versteht es der Winzer spielerisch leicht, Eleganz und Vielschichtigkeit selbst aus diesen schwereren Jahren herauszuholen und die Weine sogar noch auf eine längere Reise zu schicken. Faszinierend! Jeder Weißwein des Hauses steht qualitativ über den Dingen und besticht mit fairen Preisen.

Die Zweigelt-Serie ist beeindruckend: Ausgehend vom typischen „Rotrock" über den gut strukturierten Rubin Carnuntum bis zum hochwertigen Haidacker und dem großen Schüttenberg Jahrgang 2017! Das Flaggschiff des Hauses, der Matador 2021, wird erst nächstes Jahr in den Verkauf kommen und damit auch in den nächsten Guide. *fh*

## CARNUNTUM DAC

★★ S €€ GV
**2023 Grüner Veltliner Der Hase** + Klassisches Pfefferl, dann Blumenwiese; feingliedrig und elegant, unkompliziert, sehr süffig.

★★★ S €€€ PB
**2020 Ried Haidacker Weißburgunder Reserve** + Ausgebaut zu 50 % in kaukasischer Eiche von Seguin Moreau ohne Toasting, der Rest im Stahltank. Zitrus, reifer Apfel, Vanille, nussig; vielschichtige Wiesenkräuter, fein und elegant, sehr lange, ist noch immer in Entwicklung.

★★★ K €€ ZW
**2021 Rubin Carnuntum Der Fuchs** + Saftige Kirschfrucht, Schokonote, dicht und einladend; auch am Gaumen dicht mit Heidelbeere, zarte Holznoten, feiner Gerbstoff, gute Länge; sorten- und regionstypisch.

★★★ K €€€ ZW
**2021 Ried Haidacker 1ÖTW** + Ein hochwertiger Zweigelt mit vielschichtigem Ausdruck; intensives Bukett, schwarze Beeren, Kirschen, zarter Holztouch; dicht, am Gaumen wieder schwarzbeerig, mineralische Anklänge, langer Abgang. Ein hochwertiger Zweigelt aus bester Lage.

★★★★ K €€€€ ZW
**2017 Ried Schüttenberg 1ÖTW** + Da geht noch ein Zweigelt drüber: Herzkirsche, Zwetschke, Brombeere, dicht verwoben; Vanille, zartes Holz, Fruchtexplosion, fest gepackt, sehr straff und viel zu jung, obwohl er 7 Jahre alt ist.

## NIEDERÖSTERREICH

★★★ S €€ WR                                       FUN
**2023 Welschriesling Hirschensprung Der Fasan** + Duftig, Apfel und Birne, Kräuternoten, feingliedrig; trocken mit fruchtigen Zitrusnoten. Mehr als unkompliziert. Mehr als ein Einstiegswein. Trinkfreude.

★★★ S €€ GS
**2023 Gemischter Satz Die Elefanten** + (PB/CH) Nussig, Tabak, frische Birnen, Kräuter; guter Gerbstoff, vielschichtige Kräuternoten, braucht Zeit – im Herbst zu (Wild-)Geflügel.

★★★★ S €€ SB                                      PLV
**2023 Sauvignon Blanc Der Schmetterling** + Dieser Sauvignon Blanc deckt das ganze Aromenspektrum ab, das man sich von dieser Sorte erwarten kann: gelber Paprika, Holunderblüten, Cassis; fein und dicht verwoben, Aromaexplosion, langer Abgang, das ist wirklich fein!

★★★★ K €€€ ME
**2019 Merlot Mythos Die Eule** + (kommt heuer – 2024 – in den Verkauf) Klassisches Paradeiserkraut, viel Stoff, reife Fruchtaromen; auch im Geschmack Paradeiser, saftig und dicht, feine Gerbstoffe, elendslang, großes Potenzial!

★★★★★ K €€€ CS                                    TOP
**2021 Cabernet Sauvignon Der Bär** + (90 % CS / 10 % CF) Feine, kühle Eukalyptusnote, reif; sehr gute Tanninstruktur, maskulin, fleischig, vollmundig, lange im Abgang. Großer Wein am Beginn seiner Entwicklung.

♛ ♛ ♛

## Weingut
# Gerhard Pimpel

2464 Göttlesbrunn, Kirchenstraße 19
Tel. +43 664 4636650
weingut@gerhardpimpel.at
www.gerhardpimpel.at

Gerhard Pimpel mit Frau Angelika und Sohn Max sind für mich eine echte Entdeckung, und das nach mehr als 25 Jahren in der Branche – mea culpa. Aber es spricht ja nix gegen lebenslanges Lernen. Die meisten der Weine, die ich dieses Jahr zum Kosten bekam, öffnen für mich ein Fenster in die Zukunft: viel Sortentypizität, viel Tiefgründigkeit und immer mit einer großartigen Mineralik unterlegt, die die Weine fein ziseliert und elegant präsentiert.
Der Fokus von Gerhard Pimpel lag immer im Weingarten. Dort soll mit reifem Traubenmaterial die Basis für ausdrucksstarke Weine geschaffen werden. Dieses Qualitätsstreben mündete auch in der Mitgliedschaft bei den Österreichischen Traditionsweingütern. Sohn Max ist frisch von der Weinbauschule zurück und präsentiert zum ersten Mal zwei eigene Weine, nämlich Göttlesbrunn weiß und Göttlesbrunn rot – und legt gleich mal eine Schippe oben drauf. Der Göttlesbrunn weiß erinnert sofort an einen sehr guten 1er Cru Chablis, der Göttlesbrunn rot brilliert mit unbändiger Mineralität. Wer den Chardonnay aus der Lage Rosenberg vermisst – es gibt ihn natürlich, aber der Fokus sollte dieses Jahr auf die oben beschriebenen neuen Weine gelegt werden.
Es gibt ja viele sehr gute Merlots im Carnuntum, aber mit ihrem Optime Merlot aus den Lagen Rosenberg und Bärnreiser präsentiert die Familie einen anderen Typus dieser Sorte mit viel Eleganz und Kühle. Ich freue mich darauf, die weitere Entwicklung zu begleiten. *fh*

### CARNUNTUM DAC

★★ S € GV
**2023 Grüner Veltliner** + Gelber Apfel; feine Säure, saftige Frucht, jugendlich und süffig, etwas Gerbstoff, der dem Wein Grip gibt.

★★★★ S €€€ CW
**2021 Göttlesbrunn weiß** + (50 % CH / 50 % PB – 10 Monate in gebrauchten Barriques) Der eigene Wein von Junior Max: feinnussig, immens mineralisch, wie ein 1er Cru aus Chablis; Mineralik pur am Gaumen, komplexer Fruchtkörper, hochelegant, guter Druck.

★★★ S €€ ZW
**2022 Rubin Carnuntum** + (ZW) Zweigelt pur, Kirsche und Weichsel, animierend; am Gaumen viel Mineralik, salzig, dann Kirschkompott, etwas Zwetschke, feingliedrig, mittlerer Körper, ein Wein für alle Tage.

★★★★ K €€€€ CR **TOP**
**2021 Göttlesbrunn rot** + (40 % ZW / 30 % BF / 30 % ME) Der zweite eigene Wein von Sohn Max, und was für einer: tiefgründige Blaufränkisch-Nase, Brombeeren, Schwarzkirsche, mineralisch; dichte Mineralik im Mund, vielschichtiger Geschmackseindruck, große Klasse, dosierte Kraft und viel Eleganz – das ist die Zukunft!

★★★★ K €€€€ ZW
**2021 Ried Bärnreiser 1ÖTW** + (100 % ZW) Tiefgründige Nase, reife Herzkirsche, salzig, feines Säurespiel; zuerst viel Mineralik, dann dichte Fruchtaromen, signalisiert große Klasse, steht aber noch ganz am Anfang seiner Entwicklung, großes Potenzial, Geduld ist gefragt.

★★★★ K €€€€ CR **TIPP**
**2021 Ried Rosenberg 1ÖTW** + (85 % ZW / 15 % ME) Zweigelt und Merlot wurden miteinander gelesen (quasi ein Gemischter Satz), schon deutlich zugänglicher als Bärnreiser, saftige Kirsch-Cassis-Nase, Nougat, getrocknete Kräuter, Heidelbeere, immer kühl unterlegt, viel Stil, viel Charakter.

### NIEDERÖSTERREICH

★★★★ K €€€€ ME
**2021 Optime Merlot** + Zarte Paradeisernoten, Brombeeren, ziseliert; Eukalyptus, straff und dicht, immer elegant, die Mineralik bündelt den Wein, viel Klasse, ein anderer Typus Merlot aus Carnuntum.

★★★ K €€€ PN
**Sekt Pinot Noir** + Extra Brut, nämlich zero Dosage, feinperlig, quirlig, duftige Waldbeeren, angenehme Herbe; im Mund mit feiner Fruchtsüße, gute Würze vom Blauburgunder, bleibt immer auf der herben Seite, ein hochwertiges Trinkvergnügen.

# Weingut
# Pitnauer

**Johannes Pitnauer**
2464 Göttlesbrunn, Weinbergstraße 4–6
Tel. +43 2162 8249
weingut@pitnauer.com
www.pitnauer.com

Mit Johannes Pitnauer leitet seit 2018 die junge Generation das traditionelle Familienweingut. Zielsicher im Wissen der großen Tradition des Hauses führt der Jungwinzer den Betrieb in die neue Zukunft und wird dabei von seiner Lebensgefährtin Romana Bauer tatkräftig unterstützt. Die Stilistik der neueren Jahrgänge ist fruchtbetonter mit einer stärkeren Hervorhebung der Terroir-Charakteristik. Der lagenreine Ausbau wird komplementär zum bisherigen Portfolio forciert, das sich im Verbund mit den Österreichischen Traditionsweingütern gut einfügt.

Die Weißweine haben nun ihre eigene Stilistik, die sich unisono homogen in kompakter Dichte mit viel mineralischer Feinheit präsentieren, und das alles mit moderatem Alkoholgehalt. Der Grüne Veltliner Classic repräsentiert die fruchtbetonte Linie. Er gedeiht wie die weiteren Weißweine des Hauses in der Ried Hagelsberg, die auf kalkhaltigen Braunerdeböden und mit den kühlen Winden an den oberen Hügelkappen das spezielle Mikroklima widerspiegeln. In der Kategorie Selektion gibt es den Muskateller und Sauvignon, die vollreif aus den jeweils ältesten Parzellen ausgewählt werden. Die Weine besitzen eine kompakte Struktur und viel Verve.

Neu im Programm ist ein reinsortiger Rosé in mediterraner Anmutung, der sich „Dame mit Einhorn" nennt, was einen Bezug zur Malerei der Renaissance herstellt.

Die großen Klassiker im Hause Pitnauer sind die Rotweine, wie die seit 1986 ausgebaute Zweigelt-Marke „Bienenfresser" und die „Großen Reserven", die jeweils reinsortig von französischen Sorten stammen. In ausgewählten Jahren wird die Cuvée „Franz Josef Reserve" geführt, die erst nach mehreren Jahren in der ersten Trinkreife angeboten wird. *us*

## CARNUNTUM DAC

★★★ S €€ GV  FUN
**2023 Grüner Veltliner Classic** + Dezente Boskop-Apfel-Nase, zart würzig, pointiert saftige Gelbfrucht, reifes Kernobst, Blutorange, knackig mit lebendigem Fruchtspiel, feine Kräuterwürze, mineralisch, kompakt, angenehme Gerbstoffeinbindung, straffe Säure, balanciert, salzig im Nachhall, vital und trinkanimierend.

★★★ S € CR
**2021 Carnuntum Rot Classic Cuvée** + (80 % ZW/SL/ME) Herzhafte Weichsel-Kirsche-Melange, knackig-straffe Fruchtführung, etwas Bitterschoko, Holztouch, Kräuterwürze, balanciert, feiner Trinkfluss.

★★★★ K €€€ ZW  TIPP
**2021 Bienenfresser Göttlesbrunner Zweigelt** + Feine rotbeerige Aromatik, saftig, fruchttief, Schwarzkirsche, Waldbeere, elegante Fruchtausprägung mit viel Extrakt, vital, guter Biss, kerniges Tannin, zartes Röstaroma, rote Ribiseln im langen Ausklang.

★★★★ K €€€€ ZW
**2021 Zweigelt Ried Haidacker IÖTW** + Saftiger Beerenmix, Kirsche, Himbeere, Cassis, Marzipan, mächtig, vollmundig, geschmeidige Mitte, klar strukturiert, geradlinig, etwas rotes Paprikapulver, stoffig, viel Potenzial, lang.

## NIEDERÖSTERREICH

★★★ K €€€ ZW  TIPP
**Dame mit Einhorn Rosé** + Duft nach mediterranen Kräutern, vollmundiger Fruchtmix, viel Kirsche, Himbeere, Walderdbeere, Limettenzeste, strukturgebender feiner Gerbstoff, kernige Mitte, zart nussig im Finish, gute Länge.

★★★ S €€ GM
**2023 Gelber Muskateller Selektion** + Betörende Holunderblütennase, Bergamotte, Mandarine, saftige Vielschichtigkeit in feiner Pfirsich-Marille-Aromatik, überlagerte aromatische Holundernoten, rauchig-mineralische Komponenten, reife Säure in feiner Fruchtbalance, druckvoll, vital, viel Säurebiss, gehaltvolle Stilistik, kompakt, klingt mit viel Fruchtpräsenz aus, eine eigenständige Sorteninterpretation.

★★★ S €€ SB
**2022 Sauvignon Blanc Selektion** + Distinguiertes Kräuter-Paprika-Bukett, saftig-stringente Fruchtführung, mineralischer Verve, Steinobst, Kiwi, Limettenzeste, würzige Herbe à la Darjeeling-Tee, fokussiert, druckvoll, feine Salzigkeit, eigenständige Stilistik, klingt im Mix von mediterranen Trockenkräutern im langen Finish aus.

★★★★ K €€€€ CR
**2018 Franz Josef Reserve** + (CS/ZW) Feine rotbeerige Nase mit Würze, vollmundige Rotbeerigkeit, Cassis, Erdbeere, Schwarzkirsche, kraftvoll, Schokonoten, samtige Textur, besticht durch Harmonie, rundes Gesamtbild mit besten Aussichten, gediegen, erste Trinkreife.

# Weingut
# Taferner

**Karoline Taferner**
2464 Göttlesbrunn, Pfarrgasse 2
Tel. +43 2162 8465
weingut@tafi.at, www.tafi.at
25 Hektar, W/R 40/60, 200.000 Flaschen/Jahr

Ein fulminanter Auftritt der Weine, die ich in diesem Weingut verkosten durfte. Da gibt es keinen Schwachpunkt. Karoline und Vater Franz Taferner geben Vollgas. Es sind überaus ausdrucksstarke, authentische, unverwechselbare Göttlesbrunner Weine mit Charakter. Die Weingärten werden biologisch und nachhaltig bewirtschaftet.

Ein faszinierender 2023 Gelber Muskateller, der sich hinreißend präsentiert, ein Wein, bei dem die Flasche im Nu leer ist. Ein sehr guter 2023 Chardonnay, der in seiner unkomplizierten Art viel Spaß bereitet. Ernsthaft wird es beim 2022 Chardonnay Ried Schüttenberg und beim 2022 Weißburgunder Ried Altenberg. Beide sind von Authentizität durchdrungen. Die Rotweine spielen in einer eigenen Liga. 2021 Ried Bärnreiser 1ÖTW, ein reiner Zweigelt, ist ganz einfach genial. Sehr schön zu trinken ist der 2022 Monument. Voller Dramatik präsentiert sich der 2021 Excalibur Ried Haidacker. Ein verehrungswürdiger Rotwein ist der Tribun 2021 aus 100 % Cabernet Sauvignon – mit Sicherheit einer der besten Österreichs, von männlichem Charme und mein Wein des Herzens. 2021 V.I.B. – Very Important Bottle, ein großer Rotwein voller Reichtum und Power, bestehend aus Merlot und Cabernet Sauvignon Ried Haidacker. Alles geerntet in reiner Handlese.

Nach der Verkostung begibt man sich zufrieden und mit einem Lächeln im Gesicht nach Hause. *as*

## CARNUNTUM DAC

★★ **S €€ CH**
**2023 Chardonnay** + Ein feines Bukett ausstrahlend, gediegen, ein wahrer Obstkorb, dezentes Nusserl, feine Frucht, elegant, ausgewogen, überaus stimmig.

★★★ **K €€€€ CH**
**2022 Chardonnay Ried Schüttenberg** + (Handlese am 13. Sep. 2022) Aschantinuss, Zitrus, Orangenschalen, feine Exotik, perfekt unterlegtes Holz, fruchtig, kompakt, einiger Tiefgang, zart buttrig, animierender Gerbstoff. Einiges Potenzial. Ein nobles Glas Wein.

★★★ **K €€€ PB**
**2022 Weißburgunder Ried Altenberg** + (Handlese am 13. Sep. 2022) Das ist Eleganz in Wein, feines Bukett, voller Finesse, strukturiert, tief, enorm vielschichtig, obstige Noten, Nelken, Honigmelone, Ananas. Ein ungemein einnehmender Weißburgunder.

★★★★★ **K €€€€ ZW**   **TOP**
**2021 Ried Bärnreiser 1ÖTW Höflein** + (ZW) Dunkle Schokolade, Kaffee, Kirschen, dezente Rösttöne, druckvoll, angenehme Säure, schwarze Beeren, perfekter Holzeinsatz, dichte Struktur, gute Länge. Das ist ein zukunftsreicher Rotwein von großer Klasse. Ein Referenz-Zweigelt.

★★★ **K €€€ CR**
**2022 Monument** + (ZW/ME/SL) Waldbeeren, rote und schwarze Beeren, Heidelbeeren, Cassis, Schokonoten, fruchtig, kernig, kompakte Struktur, unglaublich tief, festes Tannin, immer elegant, immer ausdrucksstark.

★★★★ **K €€€ CR**
**2021 Ried Haidacker 1ÖTW Excalibur** + (ZW/ME/CS) Reife Kirschen, Heidelbeeren, Rösttöne, Schoko, Kaffee, Lakritz, griffiges Tannin, kraftvoll, kompakt, total eng, noch dominiert etwas das Holz. Wird sich einbinden. Substanz für Jahre.

### NIEDERÖSTERREICH

★★ **S €€ GM**   **FUN**
**2023 Gelber Muskateller** + Holunderblüten en gros, Zitronenmelisse, ein wundervolles Bukett, einladend, weißer Pfirsich, voller Frische, versteckter Restzucker, welcher durch die Säure kompensiert wird, elegant, kühl, glockenklare Stilistik. Sicher einer der attraktivsten Muskateller des Landes.

★★★★ **K €€€€ CS**   **TOP**
**2021 TRIBUN Cabernet Sauvignon** + Johannisbeeren, Schokolade, schwarze Beeren, Heidelbeeren, Kirschen, Tabak, kraftvoll, männlich, feinkörniges Tannin, druckvoll, tief, langatmig, extrasüß, Lakritz, perfekt unterlegtes Holz. Das ist wie immer mein Cabernet Sauvignon.

★★★★ **K €€€€€€ CR**   **TIPP**
**2021 V.I.B. Very Important Bottle*** + (CS/ME – Ried Haidacker) Mokka, schwarze Beeren, Zwetschken, schwarze Oliven, Rösttöne, enormes Tannin, klebt an den Zähnen, dichte Struktur, mächtig, tiefgründig, voller Reichtum und Power. Der perfekte Rotwein für Hedonisten.

# VINOTHEKEN

## BRUCK/LEITHA

**Der G'selchte, Vinothek im Restaurant**
2460 Bruck/Leitha, Altstadt 5
Tel. +43 2162 62252
info@dergselchte.at, www.dergselchte.at

## GÖTTLESBRUNN

**Bittermann, Vinothek im Restaurant**
2464 Göttlesbrunn, Abt-Bruno-Heinrich-Platz 1
Tel. +43 2162 81155
info@adi-bittermann.at, www.adi-bittermann.at

**DERjungWIRT, Vinothek im Restaurant**
2464 Göttlesbrunn, Landstraße 36
Tel. +43 2162 8943
info@derjungwirt.at, www.derjungwirt.at

## HAINBURG AN DER DONAU

**Zum Goldenen Anker**
Vinothek im Hotel-Restaurant
2410 Hainburg an der Donau, Donaulände 27
Tel. +43 2165 648-10
restaurant@goldeneranker.at
www.goldeneranker.at

# GASTRONOMIE/NÄCHTIGUNG

## BRUCK/LEITHA

**Zum Goldenen Adler – „Der G'selchte"**
2460 Bruck/Leitha, Altstadt 5
Tel. +43 2162 62252
info@dergselchte.at, www.dergselchte.at

Die alten, holzvertäfelten Stuben sind sehenswert. Dazu passt die bodenständige Küche von Thomas Scherhaufer. Dass er sein Handwerk bei Größen wie Jörg Wörther und Heinz Hanner gelernt hat, schmeckt man. Scherhaufer verbindet Altes mit Neuem und Bodenständiges mit Feinem. Vinothek mit hervorragender Auswahl an Weinen aus der Region Carnuntum.

**Schenzel-Wallner**
2460 Bruck/Leitha, Feldgasse 36
Tel. +43 2162 63260-4
weingut@schenzel.com, www.schenzel.com

Moderner Heuriger im ehemaligen Stall. Serviert werden kalte und warme Fleischspezialitäten aus eigener Erzeugung, Würste-Paradies.

## DEUTSCH HASLAU

**Arkadenhof**
Familie Bayer
2473 Deutsch Haslau, Obere Hauptstraße 41
Tel. +43 2145 2216
info@amarkadenhof.at
www.amarkadenhof.at

Ferien für die Sinne am Bauernhof. Nette Ferienwohnungen, Swimmingpool und viele Tiere. Zum Frühstück gibt es einige Produkte aus der eigenen Landwirtschaft: den prämierten Carnuntumschinken, scharfe Chiliwurzen, Salami und Marmeladen. Wein, Schnäpse und Liköre aus Eigenproduktion.

## GALLBRUNN

**Muhr**
2463 Gallbrunn, Hauptstraße 87
Tel. +43 2230 2858, Fax -58
info@muhr.co.at, www.muhr.co.at

Weg von der traditionellen Gaststube, hin zum zeitgemäßen Restaurant. Mit modernen Stoffen, warmen Wandverkleidungen aus Holz und einer edlen Stein-Bar ist die Aufgabe gelungen. Die Küche ist schon längst im Heute angekommen. Jakob Muhr verbindet Bodenständiges mit Exotischem. Gutes Weinangebot mit Schwerpunkt Carnuntum. 1 Haube.

## GÖTTLESBRUNN

**bittermann – Vinarium Göttlesbrunn**
2464 Göttlesbrunn
Abt-Bruno-Heinrich-Platz 1
Tel. +43 2162 81155
info@adi-bittermann.at
www.adi-bittermann.at

Adi Bittermanns ehemalige Schule wurde längst zu seinem Zuhause und zum mustergültigen Edelwirtshaus. Das Restaurant steht für gehobene Österreichküche, gepaart mit der richtigen Dosierung Fantasie. Seine Liebe zu Innereien lebt Adi Bittermann natürlich auch aus, Nierndln, Kaninchenleber und Schweinehirn sind fixe Standards. Als Bittermann dereinst ins Carnuntum-Gebiet zog, „taten die Leute Kutteln als Hundefutter ab, mittlerweile sind sie Fans geworden". Eine Karte ohne Grillgerichte ist bei Bittermann auch nicht vorstellbar, der Chef ist schließlich mehrfacher Grillweltmeister. Laufend gut gebuchte Grillkurse. Umfangreiches, fair kalkuliertes Weinangebot in der Vinothek, darunter alles Namhafte aus Carnuntum, vieles mit Jahrgangstiefe. 1 Haube.

### DERjungWIRT
2464 Göttlesbrunn, Landstraße 36
Tel. +43 2162 8943
info@derjungwirt.at, www.derjungwirt.at

Johannes Jungwirth war der Pionier in Carnuntum. Er erkannte das Potenzial der Weinregion und mit seiner hervorragenden Küche machte er es zum kulinarischen Ausflugsgebiet. Die Atmosphäre ist entspannt, die Stube mit Holztramen und offenem Kamin ein Anziehungspunkt. Die regional verwurzelten Kreationen beweisen eine feine Hand und gute Ideen. Jungwirth überzeugt mit klassischen Gerichten wie Kalbsbeuschel, Tafelspitz, Wiener Schnitzel und Backhendl, aber auch mit Fine-Dining-Varianten. Das Signature Dish muss immer auf der Karte sein: gebakkenes Göttlesbrunner Weide-Ei mit Erdäpfelpüree, Nussbutter und Forellenkaviar. Hauseigene Gebietsvinothek mit rund 100 Weinen zum Ab-Hof-Preis. 2 Hauben.

### Gästezimmer Edelmann
2464 Göttlesbrunn, Rosenbergstraße 31
Mobil +43 664 2780244, Tel. +43 2162 8455
weingut@edelmann.co.at, www.edelmann.co.at

Sehr nettes und idyllisch gelegenes Gästehaus von Familie Edelmann mit privater Atmosphäre. Stilvoll puristische und moderne Zimmer schauen in einen ruhigen Innenhof mit Laube und angenehmer Lounge-Ecke im Freien. Die Eigenbau-Weine werden von Gerhard Markowitsch vinifiziert. Bestes Preis-Leistungs-Verhältnis.

### 20er Schulz
2464 Göttlesbrunn, Kirchenstraße 15
Mobil +43 664 4077668, Tel. +43 2162 8247
info@schulz.co.at, www.schulz.co.at

Schöner Innenhof mit gemütlicher Laube. Die Gerichte reichen von Aufstrichen bis zu kaltem Roastbeef und einigen Käsen. In der Region Carnuntum müssen auch die Wildspezialitäten sein, zum Beispiel Wildschweinschinken oder Wildschweinwurst. Passend dazu der Rubin Carnuntum.

## HAINBURG AN DER DONAU

### Altes Kloster Hainburg
2410 Hainburg an der Donau, Fabriksplatz 1a
Tel. +43 2165 64020
hotel@alteskloster.at, www.alteskloster.at

Stilvoll renoviertes Hotel auf 4-Sterne-Niveau im ehemaligen Minoritenkloster im Zentrum der Mittelalterstadt. Die Zimmer sind elegant und harmonisch in Weiß- und Brauntönen gestaltet. Schöner Blick auf den Fluss und auf den Nationalpark Donau-Auen, Wellnessbereich und zwei technisch bestausgestattete Tagungsräume.

### Zum Goldenen Anker
2410 Hainburg an der Donau, Donaulände 27
Tel. +43 2165 648-10
restaurant@goldeneranker.at
www.goldeneranker.at

360 Jahre altes, picobello herausgeputztes Hotel und Gasthof mit Tonnengewölbe, Gastgarten und Terrasse mit sehenswertem Donau-Blick. Donau-Fische und Rind aus hauseigener Bio-Produktion spielen Hauptrollen in der guten Regionalküche.

## HASLAU AN DER DONAU

**Haslauerhof**
2402 Haslau an der Donau, Hauptstraße 17
Tel. +43 2232 80221
info@haslauerhof.at, www.haslauerhof.at

Roland Lukesch greift gerne und gekonnt deftige kulinarische Themen auf. „Vor 15 oder 20 Jahren wäre so ein Gasthaus noch nicht möglich gewesen, zusammen mit dem Wein haben wir uns aber alle entwickelt", sagt Lukesch, der den Haslauerhof seit 25 Jahren ständig up to date hält, schon lange. Auch auf Fleisch versteht sich der Top-Wirt-Sieger 2009, die Steakkarte ist ausführlich, fein auch das 24 Stunden in Rubin geschmorte Ochsenwangerl und der – so der Chef – „wahrscheinlich beste Zwiebelrostbraten Österreichs". Donau-Fische spielen auf der Speisekarte eine große Rolle. Große Weinkompetenz, die Region Carnuntum rauf und runter, aber auch viel anderes, super Service dank Sommelier Rado, der gerne auch interessante Weine aus seiner nahen slowakischen Heimat mitbringt. Mit 3 Hauben kulinarisches Flaggschiff der Region.

## HÖFLEIN

**Artner**
2465 Höflein, Dorfstraße 43
Tel. +43 2162 63148
heuriger@artner.co.at, www.artner.co.at

Besonders stimmungsvoll ist es hier in diesem alten Streckhof. Das Angebot der hauseigenen Weine ist seitenlang, auf den Teller kommen Beinschinken von Thum, Kärntner Schinkenspeck und Wildkräutersalat. Oder Ziegenkäse im Speckmantel, Blunzn und Jiddische Hühnerleber im Glas. Und dann noch diese wunderbare Schokotorte, dazu der hauseigene Port Portugese Love aus Syrah- und Blaufränkisch-Trauben, klassisch mit den Füßen gestampft.

## PETRONELL-CARNUNTUM

**Hotel Marc Aurel**
2404 Petronell-Carnuntum, Hauptstraße 10
Tel. +43 2163 2285
info@marcaurel.at, www.marcaurel.at

Einfaches, sehr nettes Hotel in Donaunähe, helle Zimmer in frischen Farben. Restaurant und Vinothek.

## SOMMEREIN

**Landgasthaus Schiller**
2453 Sommerein, Hauptstraße 31
Mobil +43 676 9444049
info@landgasthausschiller.at
www.landgasthausschiller.at

Ländliche Gasthausküche mit Blick über den Tellerrand. Das Handwerk dafür holte sich Gerhard Schiller bei Werner Matt, Helmut Österreicher und lange Zeit im Steirereck in Wien. Neben den Klassikern der österreichischen Küche gibt es meist auch Menüs und avantgardistische Gerichte. Gekocht wird sehr klar und ohne Chichi. Kein Aromen-Tohuwabohu, keine gekünstelte Kreativität. 2 Hauben.

# WEINVIERTEL

Auf das größte österreichische Weinbaugebiet entfällt nahezu ein Drittel der gesamten österreichischen Rebfläche. Das Weinviertel wird im Westen vom Manhartsberg, im Norden von der Grenze zu Tschechien, im Osten von March und Thaya und somit der Staatsgrenze zur Slowakei und im Süden von der Donau oder vom sanften Höhenzug des Wagram begrenzt.

Das Weinviertel ist ein ausgesprochenes Weißweinland, rund 75 Prozent entfallen auf weiße Rebsorten. Doch die Rotweinreben nehmen stark zu, was besonders für den Zweigelt gilt, der auch in Weinbaugemeinden ausgepflanzt wurde, die bisher fast ausschließlich Weißwein produzierten.

Der Größe des Gebietes entsprechend sind die Bodentypen vielfältig: Sie reichen von Lössböden, Schwarzerdeböden oder Lehmböden über Sandböden bis zu Urgesteinsböden. Auch die klimatischen Einflüsse – generell dominiert ein gemäßigtes Kontinentalklima – sind doch sehr verschieden, da Gegenden im Süden und Südosten vom Einfluss des warmen pannonischen Klimas profitieren und deshalb meist eine deutlich frühere Traubenreife aufweisen.

Im Allgemeinen werden für das Weinviertel drei Subzonen unterschieden: das Veltlinerland, das Weinviertel West und das Weinviertel Süd. Ein historisch gewachsenes Weinbauzentrum ist das Veltlinerland bzw. die nördliche Brünner Straße, also der Bereich von Mistelbach bis nach Poysdorf, Falkenstein und Herrnbaumgarten, wo in „Österreichs Champagne" die Grundweine für die Versektung gedeihen. Neben Grüner Veltliner werden hier auch Chardonnay, Weißburgunder und Riesling mit gutem Erfolg gekeltert. Als Weinviertel West bezeichnet man das nordwestliche Weinviertel, das ungefähr von Retz über das Pulkautal bis zum Mailberger Kessel reicht, wobei im Süden eine Kette von Weinbauorten anschließt. Hier finden sich abgesehen von rassigen Veltlinern und Rieslingen auch anspruchsvolle Rotweine.

Den südlichen Abschluss des Weinviertels bilden die im Norden von Wien angrenzenden Bisamberger Rieden sowie die sanften Weinberge rund um Wolkersdorf; östlich an dieses Gebiet schließt das Matzner Hügelland an, das noch weichere, rundere Weißweincharaktere hervorbringt; im äußersten Südosten, entlang der March, werden aufgrund der pannonischen Klimaeinflüsse bereits Weißweine gewonnen, die eher jenen des Nordburgenlandes gleichen als denen des übrigen Weinviertels.

Das Regionale Weinkomitee des Weinviertels war das erste, das sich für die Einführung einer DAC, und zwar bereits mit dem Jahrgang 2002, für den Grünen Veltliner entschieden hat – eine logische Wahl, sind doch rund 50 Prozent der Rebfläche mit dieser Leitsorte bestockt. Mittlerweile gibt es drei Qualitätsstufen, nämlich Weinviertel DAC (Einreichung zur Prüfnummer ab 1. Jänner des der Ernte folgenden Jahres, Alkohol mindestens 12,0%), Wienviertel DAC Reserve (Einreichung zur Prüfnummer ab 15. März des der Ernte folgenden Jahres, Alkohol mindestens 13,0%) sowie Weinviertel DAC Große Reserve (Einreichung zur Prüfnummer ab 1. November des der Ernte folgenden Jahres, Alkohol mindestens 13,0%). Reserven und Große Reserven müssen trocken im Sinne des Weinrechts sein, für die Basis-DAC ist ein Restzuckergehalt bis 6 g/l zulässig.

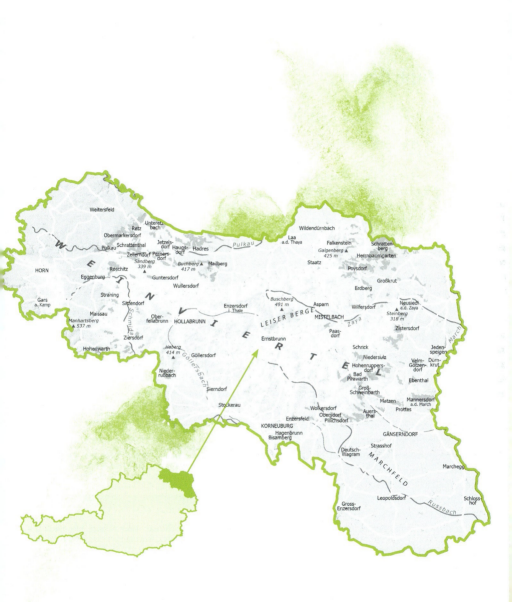

13.841 Hektar Weinanbaufläche
Die wichtigsten Rebsorten:
Grüner Veltliner, Zweigelt

## Weingut
# Christoph Bauer

2053 Jetzelsdorf 49
Tel. +43 2944 2304
office@bauerwein.at, www.bauerwein.at
20 Hektar, W/R 60/40

„2023 war vom Ansatz her ein spätes Jahr, dann waren wir aber doch überrascht, wie schnell die Trauben hohe Gradationen erreicht haben", blickt Christoph Bauer zurück. Die aktuellen Weine gefallen mit ihrem starken Fruchtausdruck, sie sind reich strukturiert, vereinzelt ist ein kleiner Zuckerrest stehen geblieben, dem immer ausreichend Säure gegenübersteht. Besonders profitiert hat von dieser hohen Reife der Welschriesling, eigentlich als Sommerwein gedacht, zeigt er diesmal, was sonst noch in ihm steckt. Der Veltliner Spezial ist noch etwas mächtiger als sonst, da ist alles schon am richtigen Platz, gefährlich süffig ist er halt. Das Gegenstück dazu ist der vitale und etwas leichtere Alte Schatz Natural, spontan im großen Holz vergoren und ausgebaut. Auf den Graubugunder ist jedes Jahr Verlass, Ende September ist sich sogar eine schon recht balancierte TBA ausgegangen. Das rote Segment bespielen aktuell drei Zweigelt 2021, anschmiegsam mit ausgeprägtem Fruchtcharme die Reserve, dunkel, mächtig, dabei sehr feinsinnig der jugendliche Privat und mit Stielen spontan im Bottich vergoren, „so wie früher", der Natural. Der grandiose und schon sehr zugängliche Vintage 18 ist „praktisch ein Bio-Portwein". *db*

### WEINVIERTEL DAC

★★★ S € GV · PLV
**2023 Grüner Veltliner** + Zischig, frech, reichhaltige Apfelaromen, bisschen nussig; hält, was er in der Nase verspricht, erfrischende Säure, grüner Apfel im Ausklang, das macht Spaß.

### NIEDERÖSTERREICH

★★★ S € WR · TIPP
**2023 Welschriesling** + Ein schlichtes Wow! Ausgeprägte Apfelfrucht, knackige Steinobstnoten, ein paar Kräuter, zart ätherische Frische; bringt die bunte Aromenmischung mit attraktiver Säure auf den Gaumen, kalkiger Schleier, sehr gute Länge.

★★ S € GS
**2023 Gemischter Schatz** + (WR/SB/NB/GT) Zart aromatisch, leicht würzig, ein bisschen röstig sogar; freundlicher Fruchtausdruck, grüne Paprika, minzige Frische, appetitlicher Biss.

★★★★ S €€ GV · PLV
**2023 Grüner Veltliner Spezial** + Pfeffrig, viel Kernobstfrucht, grüner und rosa Pfeffer, zarter Schmelz; Himbeerduft, reife Zitrusnoten, trägt viel Frucht, auch Trockenaromen, in einen angenehm beschwingten Abgang, Melisse, toll.

★★★ S €€ PG
**2023 Grauer Burgunder** + Helles Steinobst, reife Zitrusnoten, auch Zesten, frisch, freundlich, anregend; Birne, rote Äpfel, einiges Steinobst, festfleischig, kleiner Zuckerrest (5 g) verschwindet in ausreichend Säure (6 g) und seidigem Grip, viel Frucht im Finish.

★★★ S €€ ZW · PLV
**2021 Zweigelt Reserve Ried Hofweingärten** + Süße, ganz reife, dennoch kernige Frucht von dunklen Beeren und Kirschen; gute, fruchtbehangene Statur, belebende Säure, Hauch von Holz, angenehme Würzenoten, fruchtsüß, leichtgängiges Vergnügen.

★★★ K €€€€ ZW
**2021 Zweigelt Privat Ried Straßhaide** + Zart harzig, holzig, rote und ein paar dunkle Beeren, Schwarzkirsche, Lakritze, Salbei, schwarzer Pfeffer, kühl, minzig, feinsinnig, zeigt Tiefe; Lakritze, herzhafter Gerbstoffbiss, charmante Fruchtsüße, Cassis, Tabak, ledrig im Ausklang, elegante Länge, guter Tiefgang, seidige Gerbstoffe.

★★★ S €€€€ PG
**2023 Graubugunder TBA** + (170 g RZ, 9 g Säure, 13 % Vol.) Apfelkompott, Zimt, reife Zitrusnoten, auch Schalen; $CO_2$, herrliches, fruchttiefes Süße-Säure-Spiel, fein cremig, gute Länge.

### ÖSTERREICH

★★ S €€€ GV
**2022 Grüner Veltliner Alter Schatz bio Natural** + Leicht holzig, griffig, kernige Frucht, Mostapfel, zart rauchig, bisschen hefig; etwas kantiger Säurekick, auch im Finish leicht mostige, fast herbe Noten, erfrischend, viel prizzelnde Frucht im Ausklang.

★★★ S €€€€ ZW
**2021 Nur Zweigelt Natural** + Schwarzbrotrinde, auch Brotgewürze, braucht ein paar Umdrehungen, dann tiefgehende, dunkle Aromen, beerig, getrocknete Kirschen, steinig, knusprig, helle Würze; herrlich fruchtsüß, teils seidige, teils griffige Gerbstoffe, gutes Volumen, Kirschkern, Weichselkompott, erfrischende Säure, braucht Luft und Gewöhnungsphase, durchaus spannend.

★★★★★ S €€€ RO · TOP
**Vintage 18** + Rumtopf, Weihnachtsgebäck, Zimt, Sternanis, dunkle, mit Vanillecreme gefüllte Schokolade, auch viel frische Frucht; cremige Fülle, kompakte Frucht, erfrischende Säure, geschmeidige Holznoten, Trockenobstaromen, eingelegte schwarze Walnüsse, bisschen Lakritze, Leder, von Frucht getragene Länge, behutsamer Gerbstoffrückhalt, starke Sache.

## Weingut
# Norbert Bauer

**Gisela Bauer**
2053 Jetzelsdorf 180
Tel. +43 2944 2565
office@bauer-wein.com, www.bauer-wein.com
90 Hektar, W/R 60/40

„2023 brachte super gesundes Material, die Trauben, reifer als anfänglich gedacht, ernteten wir bei perfekten Lesebedingungen, vor allem im roten Bereich ist das Jahr a Wahnsinn", so gerät Willy Bauer über den Jahrgang ins Schwärmen. Mit Willy ist in diesem Familienbetrieb bereits die 13. Generation am Werken. Neben den Klassikern wie Veltliner, Riesling, Chardonnay fühlen sich auch Sauvignon und Muskateller hier sehr wohl. In der Weinviertler Rotweininsel Jetzelsdorf sorgen aber immer wieder „Exoten" wie Blaufränkisch, Cabernet oder Merlot für freudiges Erstaunen, wobei das Holz Herkunft, Sorte und Frucht nur behutsam unterstützt. Mit der Haugsdorfer Freyheit und der Tradition kann man schon erste Impressionen des hochgelobten 2023ers verkosten. Nachfolger des Orange Rieslings vom Vorjahr ist der Veltliner #nofilter. Bei diesem Wein wollte er nicht das gesamte Spektrum von Natural, Orange Wine oder maischevergoren durchexerzieren. Geworden ist es ein freundlich-rustikaler Wein, „so wie früher", mit ein bisschen Holz und viel überraschender Fruchtauswahl, auf jeden Fall einen Versuch wert.

*db*

### WEINVIERTEL DAC

★★ S €€ GV
**2023 Grüner Veltliner Kellerselektion** + Nussig-würzig, grüner Apfel, Birne, getrocknete Blätter; CO2, kleiner Zuckerrest (3 g), bisschen Gerbstoff, kalkige Strenge, eng strukturiert, Apfelschale im Finish.

★★ S €€ GV
**2023 Grüner Veltliner Alte Rebe Ried Diermannsee Mittergraben** + Bunt gemischte Apfelfrucht, knackiger Pfirsich, Ringlotten, deutlich gepfeffert; resch bei guter Substanz, Apfelfrucht bleibt lange hängen, bisschen exotisch, fülliger, seiner Löss-Grüner-Veltliner.

★★ S €€ GV  TIPP
**2022 Grüner Veltliner Retzer Stein Ried Holzweg Reserve** + Dichte, saftige Fruchtvielfalt, zarte Trockennoten, deutet viel Substanz an, was sich am Gaumen bestätigt; weiche, fleischige Frucht, geschmeidig mit Säure und Stein als Gegenpol zur üppigen Statur, nicht ganz trocken, sehr süffig, tolle Länge, mit belebenden Fruchtspitzen im Finish.

### NIEDERÖSTERREICH

★★ S €€ CH
**2023 Chardonnay Ried Haidberg Alberndorf** + Dezenter Auftritt, Stroh, grüne Banane, zart blütenduftig; Banane findet sich wieder, kleiner Zuckerrest, hübsche Länge.

★★★ S €€ SB  TIPP
**2023 Sauvignon Blanc Ried Himmeltau** + Tiefe, reichhaltige Sauvignon-Frucht, von Holunderblüten bis Cassis, fleischige grüne und gelbe Paprika, fester Pfirsich; straffer Körper von Fruchtvielfalt umspielt, extraktdicht, bisschen fruchtsüß, Honigmelone und Pfirsich im Finish, angenehme, reife Säure, mineralischer Schliff, Mandarine, Kumquats, Salzzitrone, lang.

★★★ S €€ ZW  PLV
**2023 Zweigelt Haugsdorfer Freyheit** + Wow, ein Frucht-Tsunami für Nase und Gaumen, Weichsel, dunkle Beeren, schwarzer Pfeffer, Früchtetee, eine kleine Prise Holz; geschliffene Gerbstoffe, die dem Fruchtdruck Halt geben, sympathische Säure, rinnt von alleine, macht viel Spaß.

★★★ S €€ CR
**2023 Haugsdorfer Tradition** + (BP/BB/ZW) Toller Fruchtausdruck, mit etwas mehr Säure und Gerbstoff, wirkt dadurch schlanker, ernsthafter als die Freyheit, braucht Luft und kräftiges Zubrot, ein „klassisches Faust-Achtel-Glasl".

★★★ S €€ SL
**2021 Sankt Laurent Ried Schatzberg** + Ledrig, Tinte, Süßholz, Schwarztee; fester Grip vom Holz, typische dunkle Frucht hält dagegen, Gerbstoffe haken sich ein, lassen den Wein schlank erscheinen, schon großes Vergnügen, bisschen fruchtsüß, sehr gute Länge.

★★★ K €€€ CR
**2021 Schatzberg Reserve** + (CS/ZW/BF/SL) Vielschichtig, Dörrzwetschke, Brombeere, ein Touch Holz; Cassis, Hollerbeeren, Mandeln, Marzipan, schon samtig mit herzhaftem Grip, animierende Säure, Röstnoten, eine Prise Pfeifentabak, sehr gute Länge, braucht Zeit.

### WEINLAND

★★★ S €€€ GV  TIPP
**2023 Grüner Veltliner #nofilter** + Herrliche Nase, steinig, enorm fruchtbeladen, Feuerstein, kitzelt in der Nase, Dosenananas, Orangen, Trockennoten, sehr pfeffrig; bringt alles locker auf den Gaumen, präsente, fast knisternde Säure, enges, sehr angenehmes Gerbstoffgespinst, knochentrockenes Finale, gute Länge, das macht Spaß.

## Weingut
# Domäne Baumgartner

**Katharina Baumgartner**
2061 Untermarkersdorf, Weingut Baumgartner Platz 1
Tel. +43 2943 2590, weinkellerei@wein-baumgartner.at
www.wein-baumgartner.at
200 Hektar, W/R 65/35, 3.000.000 Flaschen/Jahr

Die Domäne Baumgartner in Untermarkersdorf ist mit 200 Hektar Rebfläche das größte Weingut Österreichs mit jahrhundertealter Familientradition. Es werden 23 Sorten kultiviert, die typische Paradesorte Österreichs, der Grüne Veltliner, hält 50 % Anteil der Rebfläche. „Wein ist Frucht in der Flasche", sagt Wieland Baumgartner und meint damit nicht nur die verschiedenen Arten seiner Grünen Veltliner, sondern alle Weine der Domäne. Unter besten Lagervoraussetzungen liegen etwa 150 000 Flaschen edler Weine im 30 Meter unter der Erde liegenden Keller, um ihrer vollständigen Reife und ihrem absoluten Genuss-Höhepunkt entgegenzuschlummern. Das nötige Wissen und die Erfahrung wurde und wird von Generation zu Generation weitergegeben. In die zwölfte Generation ist nun Katharina Baumgartner hineingeboren und entwickelte großes, vielseitiges Interesse und Engagement, den Riesenbetrieb mit frischem Wind weiterzuführen. Innovative Ideen in PR und Marketing brachten ihr bereits große Anerkennung. Der Exportanteil liegt bei etwa 80 % und geht vorwiegend nach Deutschland und in die Niederlande.
Mit überzeugendem, charmantem Auftreten in Verbindung mit Vielseitigkeit und enormem Einsatz für den Betrieb sorgt Katharina Baumgartner immer wieder für Überraschungen wie dem Grünen Veltliner „Rosenprinzessin", der mit bekannten Melodien beschallt wurde. Einige ihrer Projekte erhielten bereits bemerkenswerte Auszeichnungen. Schon in jungen Jahren haben sowohl Katharina wie auch ihr Bruder Lorenz eigene Weinlinien entwickelt, wofür es ebenfalls große Anerkennung gab und gibt. Neben allen zahlreichen internationalen Auszeichnungen und Goldmedaillen gab es heuer im Rahmen der Berlin International Wine Competition 2024 die Auszeichnung „AUSTRIA – WINERY OF THE YEAR"! *wh*

### WEINVIERTEL DAC

★★ S € GV
**2023 Grüner Veltliner Next Generation by Lorenz** + Duftig, fruchtig, feinwürzig, weißes Pfefferl, Grapefruit, saftige Säure, schlank, unkompliziert, trinkfreudig.

★★ S €€ GV
**2023 Grüner Veltliner Reserve Domäne Baumgartner** + Kühle Aromatik, würzig und cremig in der Nase, saftig-frisch, trinkfreudig und elegant mit Kraft, Körper und Finesse, kompakt, hochwertig und lang.

★★★ S €€€ GV
**2022 Grüner Veltliner Grande Reserve** + Exotische Aromatik nach Ananas und Mango, grüner Apfel und viel Würze, saftig-frisch, cremig-schmelzig, elegant, harmonisch und kompakt, kräftiger Körper, viel Extrakte und Finesse, Potenzial – lang und hochwertig.

### NIEDERÖSTERREICH

★★★ S € GV                                    FUN
**2023 Grüner Veltliner Rosenprinzessin** + Frischer grüner Apfel, Würze und Blätter, blumig-duftig, gehaltvoll, delikat und ausgewogen, saftig mit Trinkfluss.

★★★ S €€€ GV
**2023 Grüner Veltliner Reserve KTI by Katharina Baumgartner** + Würze, Apfelschalen, schwarzer Pfeffer, saftige Säure, kraftvoll, Finesse, Extrakt, Potenzial.

★★ S €€ ZW
**2023 Zweigelt Rosé Claire Next Generation by Lorenz** + Kirsch-Weichsel-Frucht, Erdbeeren, gehaltvoll, frisch, delikat, schlank, trinkfreudiger Rosé.

★★★ S €€ ZW
**2023 Zweigelt by Katharina Baumgartner** + Junges Rubin bis Brombeerrot mit Bukett nach schwarzen Kirschen, etwas Würze, kraftvoll, harmonisch, eingebundene Tannine, Finesse, lang und angenehm.

★★★ S €€ SL
**2022 St. Laurent by Katharina Baumgartner** + Tiefes, junges Rubin, Rebholz, Vanille, Kirsche, Brombeeren, Würze, Pflaumen, Zimt und Nelken, vielschichtig, delikat und saftig, sehr gehaltvoll, milde Tannine, ausgewogen, recht lang und kompakt.

★★★ S €€€ CR                                   TIPP
**2020 Cuvée Reserve KTI** + (ZW/ME/CS) Voller Duft nach Cassis, Brombeeren, Amarena-Kirschen, Würze, Vanille, Tabak, Schokolade, deutliche Tannine, Kaffee, Körper, Harmonie, Potenzial und Länge.

★★★★ S €€ TR
**2019 Gewürztraminer Reserve** + Ein lieblicher Wein mit intensivem Grüngelb, einem Duft nach Rosenblättern, aromareicher Exotik nach Mango, Maracuja, einem perfekten Süße-Säure-Spiel, harmonisch, vielschichtig mit Finesse, Extrakten und Potenzial für noch viele Jahre.

# Weingut
# Joe Beyer

**Josef Beyer**
3714 Roseldorf, Birnzeile 24
Tel. +43 676 6457118
office@weingutbeyer.at, www.weingutbeyer.at
10 Hektar, W/R 90/10, 60.000 Flaschen/Jahr

Zur diesjährigen Verkostung war der attraktiv-moderne, sehr ansprechende Verkostungsraum fertig und damit ein wunderbarer Ort, sich mit den außergewöhnlichen Weinen von Joe Beyer zu beschäftigen. Die Grünen Veltliner zeigen zu Beginn gleich die Vielfältigkeit und Typizität der Region, gefolgt von Riesling, Weißburgunder, Sauvignon Blanc, Blütenmuskateller und Zweigelt – alles fein gemachte Weine mit Eleganz und Ausdruck. „Winzer zu sein bedeutet für mich jedes Jahr aufs Neue die Herausforderung, mein Bestes zu geben für einen guten Jahrgang", so Joe Beyer. Das ist ihm wieder hervorragend gelungen. Ganz besonders mit der „Envoy"-Linie (Envoy heißt der Gesandte – der Vertreter des Weingutes). Envoy-Weine gibt es nur in den besten Jahren aus den Rebsorten Grüner Veltliner, Riesling, Weißburgunder und Sauvignon Blanc. Dazu meint Joe Beyer: „Winzer zu sein heißt für mich auch, ein Gespür für die Seele des Weines zu haben." Treffender könnte er es gar nicht sagen, wenn man die Weine probiert und von jedem, der Rebsorte entsprechend, überzeugt ist. Die Weine begeistern mit Eleganz, Komplexität, Finesse, Potenzial, viel Ausdruck, Aroma und Vielschichtigkeit – es ist eine wahre Freude und ein Genuss, sich mit diesen Qualitäten zu beschäftigen. Wofür eine weitere Aussage des Winzers absolute Gültigkeit hat: „Ich möchte mich ständig weiterentwickeln und offen sein für neue Techniken und Entwicklungen." *wh*

## WEINVIERTEL DAC

★★ S €€ GV
**2023 Grüner Veltliner** + Würzig, pfeffrig, frische Zitrusnoten, feine Exotik, typisch, saftig-pikante Säure, gehaltvoll und ausgewogen, trinkfreudiger Veltliner.

★★★ S €€€ GV **TIPP**
**2022 Grüner Veltliner Reserve Envoy** + (großes Holzfass) Ausgeprägte Würze und Pfefferl, Exotik nach reifer Ananas und Mango, enorme Extrakte, Körper und Finesse, Karamell, cremig-schmelzig, delikat und harmonisch mit viel Potenzial.

## NIEDERÖSTERREICH

★★ S €€ GV
**2023 Grüner Veltliner Keltenwein-Sandberg** + (Fassprobe) Intensives, vielschichtiges Würze-Pfeffer-Bukett, Apfel, Birne, Mango, Ananas, cremig-schmelzig, kraftvoll, delikate Säure, Kräuterwürze, extraktreicher, langer Abgang.

★★ S €€ RI
**2023 Riesling Ried Berg** + Dominierender Duft nach Marillen, Weingartenpfirsichen und erfrischender Zitrone, fein blumig, delikat-saftige Säure, animierend und gehaltvoll mit viel Extrakt.

★★★★ S €€€ RI **TIPP**
**2021 Riesling Envoy** + Intensives Aroma nach Marille, Pfirsich, Birne, Ananas, Mango, Maracuja, traubig mit delikat-pikantem Süße-Säure-Spiel, enorme Extrakte, viel Finesse, Kraft und Harmonie, komplex und konzentriert, animierend und elegant im nicht enden wollenden Abgang, große Klasse – ein Riesling in Top-Qualität.

★★★ S €€ PB
**2022 Weißburgunder Ried Berg** + Feiner Marzipan-Mandel-Duft, etwas Zimt und Nelken, süßliche Extrakte, cremig, ausgewogen, gehaltvoll, vielschichtig und finessenreich, gaumenfreundlicher, langer Nachgeschmack.

★★★★ S €€€ PB
**2021 Weißburgunder Envoy** + (12 Monate im Barrique) Intensives Strohgelb, reife Aromen nach Mandeln und gemischten Nüssen, etwas Orangenzesten, enorme Kraft, Finesse und PotenZial, cremig und harmonisch, feine Röstnoten, langer, komplexer und eleganter Nachgeschmack – hochwertiger Wein!

★★ S €€ MU
**2023 Blütenmuskateller Ried Mitterberg** + Hollerduft pur, Holunderblüten, frische Zitronen, knackige Muskatellertrauben, etwas Pfirsich, feine Exotik, delikat-pikante Säure, sehr frisch und fruchtig, gehaltvoll mit viel Aroma, trinkfreudiger Sommerwein.

★★★ S €€€ SB
**2021 Sauvignon Blanc Envoy** + Sommerliche, feuchte Almwiese, pflanzliche Noten, Cassis, Stachelbeeren, etwas Paprika im Hintergrund, würzig, Ananas und Mango, elegant-dichte Extraktsüße, vollmundig, harmonisch und enormes Potenzial, feinwürziger Nachgeschmack.

★★★ S €€€ ZW
**2021 Zweigelt Reserve** + Tiefes Brombeerrot mit jugendlichen Rändern, intensiver Duft nach schwarzen, vollreifen Kirschen, Brombeeren, etwas Rebholz, feine Aromatik nach Pflaumen, extraktreich und kraftvoll, dicht, mit runder Würze, elegant und ausgewogen im Abgang.

## Weingut
# Blaha

**Martin Blaha**
3743 Röschitz, Im Winkl 7
Tel. +43 664 4464679
office@weingut-blaha.at
www.weingut-blaha.at

Mit viel Liebe und Leidenschaft betreibt Martin Blaha sein Weingut, spricht mit Begeisterung über seine Tätigkeit, schätzt die Böden und Lagen rund um seinen Heimatort und produziert somit sehr ansprechende Weine. Seine Weinstilistik geht zurück zum Ursprung, zu klassischen, fruchtbetonten und trinkfreudigen Weinen. Er ist mit Recht stolz, erstmals Grünen Veltliner und Riesling als Reserven anbieten zu können und freut sich nicht minder über einen Eiswein. Des Winzers Lieblingsrebsorte ist der Grüne Veltliner. So kreiert Martin Blaha aus dieser österreichischen Paraderebsorte Weine vom klassischen, leichten, unkomplizierten Sommerwein bis zu hochklassigen Reserven – Grüner Veltliner von besonderer Art, für viele Gelegenheiten. Dabei ist ihm Gewissenhaftigkeit und Sauberkeit im Weingarten und im Keller dank neuester Technik am allerwichtigsten. Die klimatischen Verhältnisse der Gegend, in Verbindung mit optimalen Böden, sorgen für beste Voraussetzungen. Martin wünscht sich auch, dass man im eigenen Land die Qualitäten der Weine dementsprechend schätzt und nicht regelmäßig mit ausländischen Weinen vergleicht – und er hat recht, wo doch manche Vergleiche gar nicht möglich sind und weit hinterherhinken. Gerade die letzten Jahrgänge waren gesegnet von der behutsamen Handschrift des Winzers – mit allen Vorzügen der jeweiligen Rebsorte. Sowohl private Genießer als auch Gasthausbesucher genießen die sauberen, klaren Weine mit Sortentypizität, Charakter und angenehmem Trinkfluss. *wh*

### WEINVIERTEL DAC

★★ S € GV  **FUN**
**2023 Grüner Veltliner Ried Marktweg** + Auf Löss-Lehm-Böden gewachsen, im Glas jugendliches Grüngelb, würzig-fruchtig mit deutlichem Pfefferl, Apfel und Birne erkennbar, animierende Säure, mineralisch und trinkfreudig, typisch – macht Spaß!

### NIEDERÖSTERREICH

★★★ S €€ GV
**2023 Grüner Veltliner Exklusiv Ried Galgenberg** + Grüngelb, würzig-pfeffriger Birnen-Apfel-Duft, zart blumig, gelbfruchtig, mittlerer Körper, ausgewogen und extraktreich mit feiner Exotik, Finesse im angenehmen Nachgeschmack.

★★★ S €€ GV
**2023 Grüner Veltliner Ried Reipersberg** + Auf reinem Urgesteinsboden gewachsen, delikater, vollfruchtiger Duft nach grünem Pfeffer, reifen Äpfeln und Birnen, saftig und mineralisch, Körper und Extrakt, animierend und trinkfreudig, langes Finish.

★★★ S €€ GV
**2022 Grüner Veltliner Ried Himmelreich** + Fruchtig-frisch mit klassischem, typischem Pfefferl, würzig, Apfel, Ananas und Mango am Gaumen, beeindruckender Körper, hohe Trinkfreude im langen Nachgeschmack.

★★★ S €€ GV  **TIPP**
**2021 Grüner Veltliner Reserve Ried Mühlberg** + Grüngelb mit hoher Viskosität, volle Frucht-Würze-Nase, Körper, Kraft, Finesse, vollmundig mit deutlicher Exotik nach Mango, Maracuja, etwas Litschi, süßliche Extrakte, animierend und elegant.

★★ S € GS
**2023 Gemischter Satz** + (GV/SB/WR) Vielschichtig mit Sortenaromen im Duft, grüner Apfel, Paprika, grasig, pflanzliche Noten, saftig und fruchtig, leicht und schlank – Sommerwein.

★★ S € SB  **FUN**
**2023 Sauvignon Blanc Püppi** + Jugendliches Grüngelb, vollwürzig mit deutlicher Stachelbeernote, nasses Gras, saftig, frisch und gehaltvoll, leicht mit großer Trinkfreude für die warme Jahreszeit.

★★★ S € RI
**2022 Riesling Vom Urgestein** + Grüner Pfirsich und auch Marille, mineralisch und aromareich, viel Extrakt und Finesse am Gaumen, saftig und harmonisch, animierender, leichter Wein.

★★★★ S €€€ RI
**2022 Riesling Reserve Mühlberg** + (2 Monate im 500-Liter-Fass) Intensives Grüngelb, reife Marillen und Pfirsiche, auch Mango und Maracuja, frische Zitrusnoten, geprägt von Mineralität und Aroma, delikat, gehaltvoll und kompakt – zugänglicher Riesling mit noch viel Reifepotenzial.

★★ S €€ GM
**2023 Gelber Muskateller** + Leuchtendes Grüngelb, animierend-typischer Duft nach Holunderblüten, Stachelbeeren, traubig, saftig, fruchtig, aromatisch und ausgewogen – leichter Apéro- und Sommerwein.

## Weingut
# Breitenfelder

**Harald Breitenfelder**
2070 Kleinriedenthal, Weinstraße 5
Tel. +43 676 3959112, office@weingut-breitenfelder.at
www.weingut-breitenfelder.at
20 Hektar, W/R 70/30

„Unsere Weine sind so charakterstark und authentisch wie unsere Heimat, das Retzer Land", sagt der Winzer mit gebührendem Stolz. Hat man seine Weine probiert, wird man ihm voll zustimmen. „Wein muss ansprechend sein, ist ein Genussmittel und muss Spaß machen" – wie recht er doch hat. Harald Breitenfelder ist ein Winzer mit Leidenschaft und großem Fachwissen in einer vielfältigen Gegend, die in seinen Weinen immer besser zum Ausdruck kommt. Grüner Veltliner und Weißburgunder sind Lieblingssorten des Winzers, gerade die Burgundersorten sind sein Steckenpferd und auch verantwortlich für seinen guten Ruf. Er freut sich auch über beste Süd-Ost-Lagen für den Grünen Veltliner, gerade hier im Pulkautal im Bestfall als sogenannte späte Lagen. Dadurch entstehen Weine mit Finesse, Charakter, Eleganz und Trinkfreude – Weine, die die Sinne berühren. All diese Bemühungen wurden auch schon mit zahlreichen Auszeichnungen belohnt und sind Aushängeschild bester Weinviertler Winzerkunst. Um diese an Ort und Stelle optimal genießen zu können, wurden behaglich-schicke Gästezimmer zur Übernachtung am Weingut eingerichtet. Dort, wo genussvolle Entspannung gelebt wird und ein Wohlfühl-Ambiente mit gemütlichen „Platzerln" einem nicht mehr loslassen – dort, wo der gute Wein daheim ist. *wh*

### WEINVIERTEL DAC

★★★ S € GV
**2023 Grüner Veltliner Ried Haidsatz** + Typische Nase nach Würze, gelben Apfel, Birne, deutliches Pfefferl, feine Exotik nach Mango und Litschi, frische Säure, ausgewogen, trinkanimierend, angenehm würziger Nachgeschmack.

### NIEDERÖSTERREICH

★★ S € WR
**2023 Welschriesling** + Junges Grüngelb, animierender Duft nach grünem Apfel, Zitrusnoten, fruchtig, würzig, schlank und leichtgewichtig, saftig-frische Säure, unkomplizierter Einstiegswein für den Sommer.

★★ S €€ GS
**2023 Gemischter Satz** + (SB/GV/CH/GM) Vielschichtiger Duft nach Kräutern, Melone, Apfel, Zitrone, Ananas, weißer Pfeffer, Blüten, Grapefruit, kühle Aromatik, saftige Säure, schlank und leicht, trinkfreudig und überzeugend im Nachgeschmack.

★★ S €€ GM
**2023 Gelber Muskateller** + Feinfruchtige, zarte Aromatik nach Maracuja, Litschi, Melone, Pfirsich, Holunderblüten und Stachelbeeren, blüht am Gaumen richtig auf, zeigt Finesse und Frucht, leichtgewichtig und schlank, sehr animierend und einladend im langen Abgang.

★★ S €€ GV
**2023 Grüner Veltliner Classic** + Fruchtig, würzig, klassisch, weißer Pfeffer, Apfel-Birnen-Aromen, mittlerer Körper, leicht und trinkfreudig mit gutem Finish – macht Spaß.

★★★ S €€ GV    **PLV**
**2023 Grüner Veltliner Ried Breiteln** + Aus bester Lage am Schatzberg – leuchtendes Grüngelb, vielschichtig und finessenreich, gelber Apfel, reife Birne, etwas Orange, süßliche Extrakte, kraftvoll, kompakt, saftig-animierende Frucht im langen, eleganten Nachgeschmack.

★★★ S €€ GV
**2022 Grüner Veltliner Ried Schatzberg** + Aus bestmöglichen Trauben in 500-Liter-Fässern vergoren – elegante, klassische Fruchtaromen, deutliches Pfefferl, vielschichtig, elegante Frucht-Würze-Balance, facettenreich, kraftvoll und gereift, tiefgründiger Geschmack mit unendlicher Länge.

★★★ S €€ PB    **TIPP**
**2023 Pinot Blanc** + Elegante Nase nach grünen Nüssen, Mandeln und Marzipan, kühle Aromatik, fruchtig und gehaltvoll, ausgewogen, cremig, elegant und reif, charaktervoller, ausdrucksstarker Pinot Blanc.

★★★ S €€ TR
**2023 Traminer** + Intensiv-würzige Nase nach Rosenblättern, Rosenholz, Mango und Litschi, Rosinen, feine Honignoten, klassisch und elegant, viel Finesse, ausgewogenes Süße-Säure-Verhältnis, harmonisch langer, beeindruckender Nachgeschmack.

★★★★ K €€ CR    **TIPP**
**2019 Ried Schatzberg Große Reserve** + (ME/CS/ZW) Tiefdunkel, enorme Extrakte mit vielschichtigen Duftnoten nach dunklen Beeren wie Brombeeren, schwarze Johannisbeeren, Holler, schwarzer Pfeffer, dunkle Gewürze, Bitterschokolade, Mokka, Röstnoten, sehr gehaltvoll mit Kraft und Tanninen, dicht und kompakt mit viel Potenzial, harmonischer, sehr angenehmer langer Abgang.

## Weingut Deutsch

♛ ♛ ♛

**Josef Deutsch**
2102 Hagenbrunn, Weinberggasse 40
Tel. +43 2262 672562, Fax -5
office@weingut-deutsch.at, www.weingut-deutsch.at
8 Hektar, W/R 70/30

Das Weingut Josef Deutsch betreibt seit drei Generationen Weinbau in Hagenbrunn. Der Weinbau – anfangs nur Nebenerwerb – wurde durch die Leidenschaft zum Wein immer mehr zum Mittelpunkt. Heute führt Josef Deutsch das Weingut erfolgreich mit Können und Erfahrung. Diese hat er als Absolvent der HBLA für Weinbau in Klosterneuburg, als diplomierter Weinakademiker und durch weltweite Studienreisen erworben. Seit 1998 vinifiziert er charakterstarke Weine, die das Potenzial der Region zeigen. Auch kann man sich jetzt schon auf den Riesling Winzersekt extra brut von den dafür besonders selektionierten Trauben freuen! Josef Deutsch betreibt aber nicht nur den Top-Heurigen, sondern hat sich auch der Initiative „Tut gut!" angeschlossen, die bei den regionalen Schmankerln auf die Nährstoffe der Speisen achtet. Jedenfalls, ein Besuch des Top-Heurigen „tut gut"! *kk*

### WEINVIERTEL DAC

★★★ S € GV
**2023 Grüner Veltliner** + Feiner Kernobstduft; zarte gelbschotige Würze, gelbe Ringlotten, Rhabarber, schwungvoller Säurebogen, Limonen, Hauch Limette, zarte Kräuterwürze, etwas grüne Peperoni, Apfel-Zitrus-Mix, Mineralspur im Rückaroma.

### NIEDERÖSTERREICH

★★ S € GV
**2023 Grüner Veltliner classic** + Samtiger Birnen-Apfel-Mix, hellwürzig; knackige Säure, Limonenzesten, Frühlingswiese, pikanter Fruchtdruck, feiner Schmelz, Zitronengras, pfeffrig-würzig im Finale.

★★★ S €€ GS    **FUN**
**2023 Gemischter Satz** + Gelbgrüner Apfel, zarter Marillenduft; animierende Würze, feinschotig, ananasfruchtige Säure, Peperoni, Limonenzeste, gelbe Johannisbeere, druckvoll, kompakt und vital, kühle florale Noten, geradlinig im fruchtig-würzigen Abgang.

★★★ S €€ GM
**2023 Muskateller** + Macisblüten, kandierte Limettenzesten; gelbes Beerengelee, feine Fruchtsüße, tropische Fruchtnuancen, bisschen Rosenblüten, zarter Schmelz, Muskattraube und Waldmeisterkraut, bisschen Orange, solide Substanz, vielschichtig, charmant im feinfruchtigen Finish.

★★ S €€ RI    **PLV**
**2023 Riesling Ried Kellerberg** + Weißer Pfirsich, hellfruchtige Nuancen; kühle junge Steinobstaromen, fein ziselierte Säure, eleganter Zitrus-Apfel-Mix, helle fruchtige Würze, Melisse, Basilikum, komplexe Eleganz, Litschi, bisschen Sternfrucht, pikante Fruchtmelange im Rückaroma.

★★ S €€ SB
**2023 Sauvignon Blanc Ried Aichleiten** + Vornehme Holunderblüte, zarte Kräuterwürze; feingliedrige Struktur, feiner Johannisbeermix, Hauch weißer Pfirsich, Stachelbeere und Wiesenwürze, samtige Säure, nobel zurückhaltend, elegant im Ausklang.

★★★★ S €€€ SB    **TIPP**
**2022 Sauvignon Blanc privat** + Prägende Sortentypizität, hocharomatisch; Cassis, reife Stachelbeere, geschmeidig-elegant, enormer Fruchtdruck, Hauch Tabak, Holundergelee, toller Fruchtschmelz, Litschi, Ananasnoten, kompakte Säure, bisschen Efeuwürze, fleischige Dichte, potente Substanz, zarte Mineralspur im lange präsenten Nachhall.

★★ S €€ ZW
**2023 Zweigelt Rosé** + Duftiger roter Beerenmix, Kirschblüten; schwungvoll jung, Hauch Weichsel, feiner Schmelz, anregende Johannisbeersäure, zartes Marzipan, feiner Trinkfluss.

★★ S € ZW
**2022 Zweigelt classic** + Kirschblüte, Weichselgelee, kompaktes rot-schwarzbeeriges Fruchtbild; Maulbeere und Zwetschke, dunkler Tabak, Mokka in griffigen Tanninen, feine Würze, orangefruchtig, rote Johannisbeere, Mandelnoten, gute Dichte, charmanter Ausklang.

★★★ K €€ ZW    **PLV**
**2021 Zweigelt reserve** + Pikante Schwarzkirsche, Weichselkonfit; griffige Struktur, Mokka, Schwarztee, packende reife Tannine, dunkelröstig, weichselfruchtige Säure, bisschen Zwetschke, Hauch Vanille, saftiger Nachhall mit Bitterschokolade und dunkler Würze.

★★★★ K €€€ CR    **TIPP**
**2021 Cabernet & Merlot** + Vielschichtig würzig-fruchtig, Cassis; schon antrinkbar, opulente Eleganz, dicht und intensiv, dunkelröstig, Powidl, dunkler Tabak, fleischig-kompakt, straffe Tanninstruktur, Hauch Rum-Kokos, Kakao, Backgewürze und schwarzrauchig im potenten Nachhall.

# Weingut
# Dürnberg

2162 Falkenstein, Neuer Weg 284
Tel. +43 2554 85355-0, Fax -30
weingut@duernberg.at, www.duernberg.at
60 Hektar, W/R 85/15

Das Weingut Dürnberg wurde 1991 von Christoph Körner gegründet. Mittlerweile hat er sich zurückgezogen, und Michael Preyer – als Kellermeister – und seine Partner Matthias Marchesani und Georg Klein wollen nicht die erzeugte Menge steigern, sondern die Qualität. Man will sich in dieser Hinsicht als Flaggschiff des Weinviertels etablieren. Dazu wurde ein unkonventioneller Weg eingeschlagen, nämlich via Crowd Funding das erste Weingut Europas zu sein, das als Aktiengesellschaft seinen Fans gehört. Mittlerweile ist man sehr erfolgreich, mehr als die Hälfte der jährlichen Produktion geht in europäische Länder, nach Nordamerika und Asien.

Im Mai 2024 wurde das Weingut in den Kreis der Österreichischen Traditionsweingüter aufgenommen – eine Anerkennung der kontinuierlichen Arbeit auf höchstem Niveau.

Erklärtes Ziel der drei Dürnberger ist es, das besondere Klima und die Böden im Wein abzubilden, die Handschrift der Winzer soll erkennbar sein. Zudem achten sie auf einen kleinen $CO_2$-Fußabdruck, fahren so selten wie möglich mit Traktoren durch die Weinberge und sind dank einer großen Photovoltaikanlage auf einem guten Weg zur Energieautarkie.

Nach der Lese 2024 wird ein neuer Fasskeller, darüber ein Reifekeller sowie obenauf ein Verkostungsbereich für die Gesellschafter gebaut werden. *fh*

### WEINVIERTEL DAC

★★ S €€ GV
**2023 Grüner Veltliner Falkenstein** + Gelber Apfel, Pfefferl, Kräuterwürze, leicht und fruchtbetont; geht am Gaumen so weiter, mittelkräftig, beschwingt, Trinkfluss.

★★★ S €€€ GV
**2023 Grüner Veltliner Alte Reben** + Vielschichtig, reife Birne, Grapefruit, Kräuter, zarte Herbe; salzig, viel Mineralik, Fruchtkorb, sehr charaktervoll, gute Länge, schönes Potenzial.

★★★ S €€€ GV
**2022 Tradition Grüner Veltliner Reserve** + (80 % Stahl / 20 % 1000-Liter-Holzfass) Weichere, internationale Stilistik: feine, gereifte Noten, zart nussig, Kletzen, Orangen; setzt sich am Gaumen fort, dazu feinnervig durch spürbare Mineralik, gute Anlagen, Entwicklungspotenzial.

★★★ K €€€€ GV
**2021 Ried Rabenstein Grüner Veltliner Reserve** + Feingliedrig, Gewürzaromen, Blumenwiese, nussig; feine Fruchtsüße, Mango, Ananas, gute Extrakte, mineralische Frische, geht langsam auf, gute Zukunft.

★★★★ K €€€€€€ GV
**2021 Endlos Ried Rabenstein Grüner Veltliner Große Reserve** + (16 Monate neues Holz) Eigenständig, Kumquats, Boskop-Apfel, weiche Säure; kühle Noten, Eukalyptus, lebendig, nie üppig, immer straff, dennoch dicht und strukturiert, in der Entwicklung.

### NIEDERÖSTERREICH

★★★★ S €€€ PB  PLV
**2022 Weißburgunder Falkenstein Reserve** + Nobel, steinig-kalkig, feines Nusserl, Blumenwiese; vorneweg Mineralik, vielschichtig, pointiert, mit Zug am Gaumen, ein wunderschöner Weißburgunder.

★★★ K €€€€ GB
**2022 Grauburgunder Reserve** + Druckvoll, Erdnuss, Kletzen, viel Mineralik; salzig, würzig, dunkle Noten, getrocknete Orangenschalen, kandierte Früchte, viel Tiefgang und Verve, lang, gute Reserven.

★★★★ K €€€€ CW
**2021 Ortolan Cuvée Prestige Reserve** + (70 % CH / 25 % PB / 5 % PG – 12 Monate im 500-Liter-Holzfass) Kalkig, Mango, Birnen, zarte Kräuternoten; Schmelz, Druck, Fruchtbukett, zarte Säure, im langen Abgang fein nussig, etwas Exotik.

★★★★ K €€€€ GS
**2021 Ried Kirchberg Gemischter Satz Reserve** + (GV/WR/PB/RI/TR – oben bei der Ruine) Traminer hat gerade die Führung: Rosenblätter, Apfel, Ringlotten, Marillenkompott, nervig unterlegt; aromatisches Dacapo, dazu Blutorange, Kräuterwürze, lange am Gaumen, noch immer zu jung.

★★★ K €€€€ PN
**2021 Ried Hocheck Pinot Noir Reserve** + Mineralisch, kühle Himbeere, weiße Ribisel, sehr burgundisch; am Gaumen von allem mehr, noch ungestüm und unruhig, wenngleich mit sehr guten Anlagen.

### NIEDERÖSTERREICH – SEKT

★★★ K €€€€ RI
**2021 Sekt Riesling Brut Nature** + (28 Monate auf der Hefe, 1,8 g RZ) Goldgelb, gelber Pfirsich, Limonen, frische Säure; am Gaumen roter Pfirsich, rosa Grapefruit, pikante Fruchtsäure, gut strukturiert mit feinem Gerbstoff, trocken, braucht noch Zeit.

# Weingut Ebner-Ebenauer

**Marion Ebner-Ebenauer**
2170 Poysdorf, Laaer Straße 3–5
Tel. +43 2552 2653
office@ebner-ebenauer.at, www.ebner-ebenauer.at
18 Hektar, W/R 80/20, 70.000 Flaschen/Jahr

Es sind beeindruckende Weine, die man in diesem international gefragten Weingut eingeschenkt bekommt. Nebst Schaumweinen, die Champagne-Niveau erreichen, keltert man verschiedenste Grüne Veltliner und grandiose Rieslinge, spannende Weißburgunder und Chardonnays, einen wunderhübschen Rosé sowie hervorragende Rotweine – vor allem der Pinot Noir Black Edition erreicht hier eine außergewöhnliche Größe.

Die Rebstöcke stehen auf den verschiedensten Böden wie Löss, Sand, Kalk, Schotter, Lehm. Erst ab einem Alter von 30 Jahren werden diese auf dem Etikett als Riede ausgewiesen. Bei den Alten Reben sind es 50 bis 70 Jahre alte Stöcke. Bio ist Pflicht – aus Respekt vor Böden und Pflanzen. Es ist die natürliche Konsequenz eines achtsamen Umgangs mit der Natur und dem Leben. Es gibt nur Lese von Hand!

Es beginnt mit einem überaus charmanten, wunderhübschen 2023 Rosé. Ein süffiger 2023 Grüner Veltliner Ortswein Poysdorf. Erster Höhepunkt ist dann der 2023 Grüner Veltliner Ried Hermannschachern – ein ausdrucksstarker Weinviertler. Die Grünen Veltliner Lagenweine sind von seltener Dramatik. Ried Bürsting Reserve ist grandios. Mein Herzenswein kommt von der Ried Sauberg Reserve, ein brillanter Wein. Diese Brillanz steigert sich bei den Grünen Veltlinern Alte Reben und Black Edition, große Gewächse von überragender Qualität und enorm lagerfähig. Weißburgunder Alte Reben 2023 – ein Wein von absoluter Klasse. Die Steigerung vollzieht der 2023 Chardonnay Black Edition. Hier stößt man in eine neue Dimension vor, das ist außerirdisch. Ein tiefgründiger 2020 Pinot Noir Black Edition geht voll in die Tiefe. Der braucht keinen Vergleich zu scheuen. Man hat übrigens die Rebsorte Pinot Noir zusätzlich ausgepflanzt. Die Zukunft dieser Rebsorte liegt vielleicht doch im kühleren Weinviertel.

Dieses Weingut hat ein internationales Standing. Martin & Marion schaffen Weine von burgundischer Stilistik – und diese sind immer zu 100 % Poysdorf. Voller Authentizität. *as*

## NIEDERÖSTERREICH

**★★★ S €€€ CR**
**2023 Rosa Kalk Rosé** + (ME/ZW) Samtrosa Farbe, Rotweincharakter, ein weiniger Rosé, Erdbeeren, Kirschen, Kräuter, Granatapfel, fruchtig-trocken, samtige, zarte Fülle, schönes Säurespiel, ruhig strömend, wirkt fast balsamisch, salzige Noten. Ein Bild von Rosé. Hübsch, elegant, mit der Noblesse der Winzerin ausgestattet.

**★★ S €€ GV**
**2023 Grüner Veltliner Poysdorf** + Poysdorf – ganz klar, hellpfeffrig, frische Säure, gibt Gas, klare Struktur, lebendig, schnörkellos, guter Druck, einiger Tiefgang, sehr schöner Trinkfluss.

**★★ S €€€ GV**
**2023 Grüner Veltliner Ried Hermannschachern** + Wiesenkräuter, Pfeffer, dezentes Nusserl, kompakter Körper, bisschen Zitrus und Orangenzesten, fruchtig, einige Mineralität hervorkehrend.

**★★★ S €€€€ GV**
**2023 Grüner Veltliner Reserve Ried Bürsting** + (über 50 Jahre alte Reben) Dunkle Mineralik, von Pfeffrigkeit durchzogen, rauchig, reifer Apfel, ein Hauch Ananas, kräftiger Körper, eng gebaut, kompakte Struktur, intensiv, fleischig, enorme Länge.

**★★★★ S €€€€ GV** `TIPP`
**2023 Grüner Veltliner Reserve Ried Sauberg** + Gelbe Früchte, tolle Exotik – Mango & Co., Ananas, Zitrus, Quitte, reife Birne, Pfirsich, feinpfeffrig, am Gaumen mit brillantem Ausdruck, hochelegant, vielschichtig, feingliedrig, zarte Würze, perfekte Balance, muskulös, dabei mit subtilem Ausdruck und voller Finesse – großartig.

**★★★★ S €€€€ GV** `TIPP`
**2023 Grüner Veltliner Reserve Alte Reben** + (über 50 Jahre alte Reben) Dunkle Tönung, zart pfeffrig, rauchig, Kräuter, gelbe Früchte, reifer Apfel, würzig, straff, perfekte Säure, tiefgründig, steinige Aspekte, salzige Noten, enger Stoff, dichte Struktur, vollmundige Eleganz, ein Langstreckenläufer. Hier blinzelt das Burgund durch.

**★★★★ S €€€€€€ GV** `TIPP`
**2023 Grüner Veltliner Black Edition** + Ein Grüner Veltliner mit burgundischen Ausblicken. Ungemein gelbfruchtig, feinste Exotik andeutend, bisschen Pfeffer, reifstes Kernobst, unglaublich vielschichtig, unvergleichliche Eleganz, voller Spannkraft, das ist einfach genial.

**★★★ S €€€ RI**
**2023 Riesling** + Ganz klar Riesling, fordernd, nervig, Kern- und Steinobst, rassig, intensiv, dicht, da gibt es keine Widerrede, ich bin da in meiner Präsenz. So ist Riesling. Straff durchgezogen.

**★★★ S €€€€ RI**
**2023 Riesling Alte Reben** + Deutet seine Klasse an, doch noch verschlossen, man trinkt reine Zukunft, reifer Pfirsich, Marille, Marzipan, Zitrus, konzentriert, dicht, rassig, enormer Tiefgang, perfekte Balance. Substanz für Jahre.

**★★★ S €€€€ PB**
**2023 Weißburgunder Alte Reben** + Kalkige Aspekte, dunkle Mineralität, Zitrusschalen, Grapefruit, sehr spannend, enormer Tiefgang, salzige Noten, total eng, straff, dicht, ungemein strukturiert, das ist überragende Klasse, anregende Bitterstoffe, trinkanimierend auf hohem Niveau.

**★★★★ S €€€€€€ CH** `TIPP`
**2023 Chardonnay Black Edition** + Limite, Grapefruit, viel Boden ausstrahlend, ein Wein wie ein Ritt auf einer Rasierklinge, voller Ausdruck, Mineralität pur, perfekte Säure, eng und enger, enormer Tiefgang, attackiert den Gaumen. Ein extremer Wein, der sich nicht verbiegt. Dunkle Tönung. Erinnert an große Côte de Blancs Weine.

**★★★★ K €€€€€€ PN**
**2020 Pinot Noir Black Edition** + Dunkelrote, fast schwarze Farbe, Leder, Unterholz, Pilze, Himbeeren, straffe Struktur, dicht, eng und salzig, Rasse, enorm druckvoll, präsente, kalkige Mineralität, ausdrucksstarke Eleganz, einiger Tiefgang. Ein wahrlich tiefgründiger Burgunder, der viel Luft benötigt.

♛ ♛

## Weingut
# Ecker

**Josef Ecker**
3722 Grafenberg 11
Tel. +43 699 12614066
office@weingut-ecker.com, www.weingut-ecker.com
2 Hektar, W/R 70/30

Es ist schon ein besonderes Erlebnis, mit Josef Ecker seine Weine zu verkosten und ihm zuzuhören, wie er über seine Berufung als Winzer und seine tägliche Arbeit spricht und große Freude dabei empfindet, wenn sich wieder ein guter Jahrgang in den Flaschen zu allerbesten Qualitäten entwickelt. Da er größten Wert auf natürliche und schonende Verarbeitung seines gereiften Traubenmaterials legt, professionelle Kellerwirtschaft mit Fingerspitzengefühl einsetzt, gelingen Jahr für Jahr Weine von besonderer Qualität. Als sehr naturverbundener Mensch genießt es Josef Ecker, die Weine beim Wachstum, vom Austrieb bis zur Lese, und bei der Reifung in der Flasche zu begleiten, zu beobachten und sich über das Ergebnis zu erfreuen. Sein alljährliches Ziel, die Region mit allen Eigenheiten der Böden, des Klimas, der Lagen und seiner persönlichen Handschrift in jeder seiner Flaschen zum Ausdruck zu bringen, gelingt ihm sehr eindrucksvoll. „Wein und Stein" – unter diesem Motto können Weinfreunde mit dem Winzer zu den „Kogelsteinen" wandern und in deren Schatten den roten Premiumwein Kogelstein verkosten und genießen. In der Ried Kogeln wachsen Merlot und Cabernet Sauvignon für Rotwein, Riesling und Sauvignon Blanc für Weißwein. Zurück im Weingut im historischen Kellerstüberl aus dem Jahre 1519 auch die Grünen Veltliner und vielleicht noch den einen oder anderen gereiften Wein aus etwa 5000 Flaschen Altwein – zurückreichend bis ins Jahr 1991.   *wh*

### WEINVIERTEL DAC

★★ S €GV
**2023 Grüner Veltliner Klassik** + (Stahltank) Duftig und fruchtig nach grünem Apfel, saftig und frisch, Zitrusnoten und etwas Grapefruit, aromareich mit feiner Exotik nach Ananas, trinkfreudiger Sommerwein.

★★★ S €€ GV
**2023 Grüner Veltliner Alte Reben** + (52 Jahre alte Reben!) Vollfruchtig und würzig, hohe Viskosität und Extrakt, gehaltvoll und kompakt, Apfel, Birne, Pfirsich und würziges Pfefferl, harmonisch animierender Nachgeschmack.

### NIEDERÖSTERREICH

★★★ S €€€ GV
**2021 Grüner Veltliner Ried Sätzen** + (12 Monate im Barrique) Sattes Strohgelb, sehr hohe Viskosität, vollfruchtig mit Würze und exotischen Früchten wie reife Ananas, Mango, Datteln, Vanille, etwas Zimt, sehr füllig, harmonisch mit viel Extrakt und Kräutern, elegant und sehr gaumenfreundlich – gereifter, delikater Veltliner.

★★★ S €€€ GV   **TIPP**
**2019 Grüner Veltliner Ried Sätzen** + (12 Monate hefegerührt im Barrique – 1/3 Holz und 2/3 Stahltank) Enorm vielschichtige, elegante Fruchtnase, auch Würze, Kräuter und exotische Fruchtaromen, süßliche Extrakte, Kraft, Körper, Dichte und Finesse, runde, cremige Harmonie mit feinem, sehr langem Nachgeschmack.

★★ S €€ SB
**2023 Sauvignon Blanc Ried Kogeln** + Animierender Duft nach Stachelbeeren und Holunderblüten, frische Zitrus- und Ribiselnoten, vielschichtig, etwas Cassis, saftig und leicht mit schlankem, durchtrainiertem Körper und animierendem Nachgeschmack.

★★★ S €€ RI   **TIPP**
**2022 Riesling Ried Kogeln** + Weingartenpfirsich pur mit feiner Marille und frischer Zitrone, edler, typischer Duft, extraktsüß mit delikater Säure, harmonisch und gehaltvoll mit angenehmer Exotik und Fruchtschmelz, sehr gaumenfreundlich – hochwertiger Riesling!

★★★★ S €€€ CR
**2020 Kogelstein Rot Reserve** + (60 % ME / 40 % CS – 24 Monate im franz. Barrique) Tiefes Rubin, Brombeeren, Cassis, Schokolade im ansprechenden Bukett, Vanille, zarte Röstnoten, etwas Kaffee, angenehme Tannine, dicht, ausgewogen und viel Potenzial, komplexer Wein von internationalem Stil.

★★★★ S €€€ CR   **TIPP**
**2021 Kogelstein Rot Reserve** + (60 % ME / 40 % CS – 24 Monate im franz. Barrique) Eleganter, ausgewogener Duft nach Cassis, Brombeeren, dunkle Waldbeeren, Wacholder, Würze, am Gaumen kommt noch Vanille, Schokolade, Kaffee, Harmonie, Finesse und eine enorme Extraktfülle dazu – ein richtiger „Schmeichler", der große Freude macht, öffnet sich wie eine Rose mit viel Luft und großen Gläsern.

# Weingut
# Eichberger

**Gotthard Eichberger**
2203 Eibesbrunn, Großebersdorfer Straße 12
Tel. +43 2245 2476
office@weinguteichberger.at
www.weinguteichberger.at

Gleichsam in Tuchfühlung mit der Bundeshauptstadt steht das Weingut Eichberger, nur zehn Kilometer nördlich von Wien gelegen. „Eine Familie, eine Leidenschaft, ein Ziel!" lautet das Motto. Die Familie, nämlich Gotthard Eichberger, seine Frau Doris und ihre drei Kinder, teilen eine Leidenschaft, und die heißt Grüner Veltliner. Den gibt es in mannigfacher Ausprägung – von leicht verständlich über vielschichtig aus diversen Lagen bis zur Großen Reserve.

Hervorzuheben für die Zukunft ist die Weinlinie „ich bin ich". „Das ist ein Papa-Tochter-Projekt, in dem ich meine Vorstellungen von Wein umsetzen kann", sagt Tochter Julia selbstbewusst und mit viel Energie. Es gibt einen Grünen Veltliner Große Reserve 2021 (wurde bereits letztes Jahr im Guide vorgestellt, ich durfte nachkosten und sage WOW! – noch im Verkauf) und einen Chardonnay Große Reserve 2021, der noch in den Kinderschuhen steckt. Starke Reduktion des Ertrags am Stock und halbierte Trauben sind der Schlüssel zu diesen Weinen. Und am Schluss der Verkostung kommt dann noch die rote Grande Cuvée Reserve: In alten Bottichen vergoren, drei- bis viermal täglich händisch untergetaucht, bietet dieser Wein wahrlich großes Trinkvergnügen mit Ausblick.

Der Untergrund der Rieden besteht aus Lösslehm. Die Lagenunterschiede sind auf das jeweilige Mikroklima zurückzuführen – Oberes Feld höher mit kühlen Winden und am Wald gelegen, Kirchthal eine warme Lage, Hundspoint ein reiner Südhang.

Die Familie legt großen Wert auf naturnahe Bewirtschaftung. Für Bienen, Regenwürmer und Insekten wurden eigens Biodiversitätsflächen angelegt, „die als Wohlfühloasen dienen und Lebensraum für unsere tierischen Freunde bieten sollen", wie es Julia fast poetisch formuliert. *fh*

## WEINVIERTEL DAC

★★★ S €€ GV
**2023 Grüner Veltliner Ried Oberes Feld** + Klassisches Pfefferl, Blumenwiese, animierende Säure; weißer Pfirsich, Zitrusnoten, Apfel, feingliedrig, recht langer und fruchtbetonter Abgang, macht Spaß.

★★★ S €€ GV  **PLV**
**2023 Grüner Veltliner Ried Kirchthal** + Gelber Apfel, unheimlich saftig, einladend; reife Äpfel und Birnen, dicht, mineralische Anklänge, guter Druck, Entwicklungspotenzial.

★★★ S €€ GV
**2023 Grüner Veltliner Ried Hundspoint** + Vielschichtige Aromatik, Quitten, gelber Apfel, Birne, saftig und dicht; kernige Würze vorne, reifes Pfefferl, dann cremig und stoffig, guter Druck, langer Abgang, signalisiert feines Potenzial. Lotet die Möglichkeiten dieses Gebiets gekonnt aus.

## NIEDERÖSTERREICH

★★★ S €€ RI
**2022 Riesling Ried Hoadberg** + Weißer Pfirsich, feingliedrig, zart; nervige Säure, die den Wein elegant hält, Blumenwiese, braucht noch Zeit, gute Zukunft. Ein gelungener Riesling.

★★★★ D €€€€ CH
**2021 „ich bin ich" Chardonnay Große Reserve** + Ein großer Wein am Beginn seiner Entwicklung: etwas Holz in der Nase, feine Haselnuss, Banane, Orange, Dörrobst, Biskotten; im Geschmack wird die Nase fortgeführt, Gewürze, engmaschig, finessenreich, leichtfüßig, große Reserven.

★★★★ D €€€ SL
**2021 St. Laurent** + (1 Jahr im Holz) Sauerkirschen, Kräuter, feingliedrig, burgundische Anklänge, viel typischer Sortencharakter; am Gaumen ringt der Wein noch mit dem Holz, das er jedoch bald einbauen wird. Die Anlagen sind großartig. Wie immer hier im Weingut ist Gelassenheit die Lösung.

★★★★ D €€€ CR  **TIPP**
**2021 Grande Cuvée Reserve** + (70 % ZW / 30 % BB – Ried Mitterkräften, 30 Jahre alte Reben) Was man so alles aus Blauburger machen kann: feingliedrig und saftig, Kirschen, Brombeeren, Kräuterbukett; setzt sich im Geschmack mit noch dichterer Frucht fort, kompakt und gleichzeitig elegant, nie schwerfällig, langer Abgang. Wahrlich eine Grande Cuvée!

## Weinbau
# Willi Eminger

**Wilhelm Eminger**
2224 Niedersulz 90–91
Tel. +43 664 1219691, weinbau@willi-eminger.at
www.weinbau.willi-eminger.at
13 Hektar, W/R 70/30, 60.000 Flaschen/Jahr

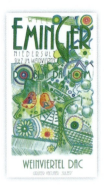

Willi Eminger ist ein ruhiger und bescheidener Mensch. Das ist der erste Eindruck. Erst wenn man mit ihm länger über seine Weine spricht, spürt man die Leidenschaft für den Weinbau und den Willen, die Gegebenheiten des Gebietes bestmöglich zu nutzen.

Schwerpunkt sind natürlich die Grünen Veltliner in ihren unterschiedlichen Gewichtsklassen, für die Willi eine Vorliebe hat. Aber auch die vielen anderen Weißweine glänzen mit Sortencharakter und sehr moderaten Preisen. Dieses Jahr muss ich bei den Weißweinen den Gelben Traminer hervorheben. Im Unterschied zum Gewürztraminer bleibt er immer ziseliert und hochelegant – so auch hier, perfekt umgesetzt und erst am Anfang seiner Entwicklung. Bei den Rotweinen ist es die Cuvée Elias, die mit dem Jahrgang 2017 zeigt, wie wohltuend langsam sich dieser Wein entwickelt und noch einiges an Zeit vor sich hat. *fh*

### WEINVIERTEL DAC

★★ S € GV
**2023 Grüner Veltliner „Sulzer"** + Gelbe Frucht, florale Noten, feine Säure, Pfefferl ganz hinten; ansprechend fruchtig, frische Kräuter, einfach süffig, ein klassischer Weinviertler 2023.

★★ S €€ GV
**2023 Grüner Veltliner Exklusiv Ried Steinbergen** + (40 Jahre alte Reben) Jugendliches Fruchtbukett, Birne, Pfefferl; am Gaumen offener, gelbfruchtig, Birne, wieder ein typischer, mittelkräftiger Veltliner, mittlere Länge.

★★★ S €€€ GV
**2021 SIMON Grüner Veltliner Reserve Ried Steinbergen** + (2 Jahre in gebrauchtem Holz, davon 1 Jahr auf der Feinhefe) Hawaii-Ananas, Mango, cremig, zart nussig vom Holz; feine Vanille, vielschichtige Fruchtnoten, angenehme Säure, die den Wein trägt, gute Länge. Geglückt!

### NIEDERÖSTERREICH

★★ S € GS
**2023 Gemischter Satz** + (WR/PB/RI/TR/SB) Feines, vielschichtiges Aroma: Heublumen, Kräuter, Marille; auch im Geschmack ein breites Spektrum an Eindrücken, saftig mit Zug, ein schöner Sommerwein.

★★ S € RI · PLV
**2032 Riesling** + Marille, Steinobst, ansprechend und einladend; Marillenkompott, feingliedrige Säure, Minze, elegant, mittlerer Körper, fruchtig bis zum Finish. Fein.

★★ S €€ SB
**2023 Sauvignon Blanc** + Gelber Paprika, Holunderblüten, duftig; wieder reifer Paprika, zart und nuanciert, Orangenblüten, Grapefruit, gewinnt mit Luft. Ansprechend.

★★★ S € PB
**2023 Pinot Blanc** + So soll Weißburgunder sein: zart nussig, herb-würzig in der Nase; kräuterwürzig, cremig, feingliedrig und elegant im Geschmack, gute Balance und Grip, im Herbst gibt der so richtig Gas.

★★★ S €€ TR · FUN
**2023 Gelber Traminer** + (13,7 % Vol., 6,1 g Säure, 10,9 g RZ) Jawoll! Intensive, elegante Rosenblüten, dicht; Rosengelee, immense Fruchtexplosion, bleibt durch die passende Säure immer elegant und vornehm. Der Alkohol wird vom Zuckerrest perfekt ausbalanciert. Ein Maul voll Wein. Wer Traminer mag, ist hier am richtigen Ort.

★★★ K €€€ CR
**2017 ELIAS Reserve** + (60 % ME / 40 % CS – Ried Obersulzer Baumleiten, 15 und 25 Jahre alte Reben) Obwohl schon 7 Jahre alt, braucht der Wein Luft, um sich zu öffnen. Weichsel, Zwetschke, Kokos, feine Säure; Paradeiser (da ist ja der Merlot!), feingliedrig, kernig vom Cabernet Sauvignon, dunkle Beeren, jugendlich, braucht noch Zeit für die weitere Entwicklung.

## Weingut
# Fein

**Bernhard Fein**
2102 Hagenbrunn, Schloßgasse 40
Tel. +43 2262 672682
office@fein-wein.at, www.fein-wein.at
5 Hektar, W/R 85/15

Die Familie Fein führt seit 1862 in Hagenbrunn einen landwirtschaftlichen Betrieb. Anfangs war der Weinbau nur als Eigenbedarf gedacht, doch mit den Generationen stieg das Interesse am Wein, was zu einem nun beachtlichen Weinbaubetrieb führte. Bernhard Fein und seine Familie widmen sich erfolgreich der Kelterung ehrlicher Charakterweine. Diese Individualität entsteht durch das Terroir, die Symbiose aus Erde und Kleinklima. Die Böden sind je nach Weingarten von Sandstein, Kalkmergel und Ton geprägt, manche auch von reichhaltigem Löss überlagert. Die Reben sollen möglichst stressfrei gedeihen, um gesunde Trauben hervorzubringen. Deshalb werden die Reben das ganze Jahr über mit Respekt vor der Natur sorgfältig betreut, um die natürlichen Ressourcen Erde, Sonne und Wasser nachhaltig zu nutzen. Die Aufgabe des Kellermeisters ist dann die Erhaltung des Weincharakters mit persönlichem Feinschliff, was man an der sensorischen Klarheit der durchwegs sortentypischen Weine erkennen kann. *kk*

### WEINVIERTEL DAC

★★★ S €€ GV  **PLV**
**2023 Grüner Veltliner Ried Bruch** + Knackige Granny Smith, junge Birne; reife Zitrusaromen, kühle Aromatik, Quittensorbet, kandierte Grapefruitzesten, gelbschotige Würze, schwarzer Pfeffer, anregende Säure, weiße Johannisbeere, Hauch Steinmehl im sortentypischen Abgang.

### NIEDERÖSTERREICH

★★ S €€ GV
**2023 Grüner Veltliner Ried Sandfeld** + Erfrischender Apfelmix, Pfirsichblüten; pikante Zitrusnoten, Hauch Limette, lebhafte Struktur, Honigmelone, etwas Kräuterwürze, grüner und weißer Pfeffer, feiner Gerbstoffgrip, lebhafte Säure, schwungvoller Trinkfluss.

★★ S €€ SÄ
**2023 Sämling 88 Ried Bruch** + Delikate Birnenblüte, Quitte; cremige Kernobstnoten, schmeichelnde Fruchtsüße, saftig-elegant, würzige Blumenwiese, Blutorange, nuancierter Schmelz, Idee Preiselbeere, tiefe Aromatik, feinfruchtig-kreidig im animierenden Finale.

★★★ S € GS
**2023 Gemischter Satz** + Verführerische Marillenblüte, feine Zitrusnoten; seidiger Körper, ausgewogen, Golden Delicious, Weingartenpfirsich, bisschen rosa Grapefruit, gelbe Ringlottencreme, Küchenkräuter, feine Gerbstoffstruktur, vielschichtig im geschmeidigen Trinkfluss.

★★★ S €€ GM  **PLV**
**2023 Gelber Muskateller Ried Bruch** + Animierende Macisblüte; glockenklare Aromatik, Holunder, weiße Johannisbeere, Limette, Zitronenmelisse, ziselierte Säure, bisschen Mandarine, muskattraubig im delikaten Abgang.

★★★ S €€ RI  **TIPP**
**2022 Riesling Ried Veiglberg** + Gelbfruchtig, Hauch Marillenblüte; kühles Pfirsichmus, feinsinnige Fruchtnuancen, vielschichtig, spannende Säurestruktur, ausbalancierte Fruchtsüße, feinkörnige Gerbstoffspur, saftig-delikater Nachhall.

★★ S €€ ZW
**2023 Weißer Zweigelt Blanc de Noir** + Einladende Kirschblüte; cremige Eleganz, pikante Kirschnoten, Pfirsichcreme, feinnervige rotbeerige Säure, Blumenwiese, Honigmelone, zarte Kräuterwürze, saftiges Rückaroma.

★★★ S €€ CR  **FUN**
**2023 Rosé** + (ZW/RÖ) Kühle rote Johannisbeere, Himbeerduft; pikante Säurestruktur, kandierte Orangenzesten, Rosenblätter, mineralische Spur, samtig, präzise beerenfruchtige Führung, Hauch Rosmarin, Hibiskusnoten, zart salzig im straffen Finale.

★★ S €€ ZW
**2022 Zweigelt Classic Ried Aichleiten** + Nuanciertes Weichselbukett, Kirschblütenduft; sehr sortentypisch, feine Kirscharomen, dunkler Beerenmix, dezente edle Holzwürze, Tabak und Kakao, bisschen Mandel, kirschfruchtige Säure, feinkörnige Tannine, griffiger Körper, zartes Liebstöckel im Finish.

### ÖSTERREICH

★★ K €€ GM
**N.V. Gelber Muskateller Sparkling** + Lebhafte Perlage, Muskat-Holunder-Duft; dicht am Gaumen, enorme Fruchtfülle, Orangenaromen in lebhafter Säure, etwas Steinobst, Birne, gelbe Johannisbeere, Kräuterwürze im schmeichelnden Finale.

## Weingut
# Rudolf Fidesser

Norbert & Gerda Fidesser
2051 Platt 39
Tel. & Fax +43 2945 2592
weingut@fidesser.at, www.fidesser.at
15 Hektar, W/R 80/20

Im Weingut Fidesser konzentriert man sich auf das Wesentliche. In diesem traditionellen Familienbetrieb spielt das Terroir die Hauptrolle. Dabei werden nicht technisch perfekte Weine gemacht, sondern authentische, unverwechselbare Weine mit Charakter und Profil. Die biologisch-dynamische Bewirtschaftung nach Rudolf Steiner ist die umweltbewusste, respektvolle Lebenseinstellung der Familie Fidesser. Das ergibt Weine mit Feinwürzigkeit, vielschichtigen Aromen und lebhafter Frische, die deutlich ihre Herkunft und Eigenständigkeit zeigen. Das war auch eindeutig erkennbar in den Gläsern bei der Verkostung mit Sophie und Rudolf Fidesser, wo vom Ortswein bis zu den bekannten Riedenweinen je nach Böden und Rebsorten sehr unterschiedliche Weine den Gaumen erfreuten. „Die Rebsorten sind das Werkzeug, mit dem man den Boden am besten in die Flasche bringt", ist Rudolf Fidesser überzeugt. Man ist auch bestrebt, immer möglichst spät zu ernten und den Weinen ein Jahr mehr Zeit zu geben, um zu reifen. Der Wein ist in der Zeit der Reifung in einer „Selbstfindungsphase". Dabei kommen Weine heraus, die im Gedächtnis bleiben, wie der Grüne Veltliner „Kapellenberg" aus 50-jährigen Reben oder die Weißen Traminer „Höhweingarten" und „Sandberg", der rote Pinot Noir „Kapellenberg" nach 18 Monaten im großen Fass, die Cuvée „Kirchleiten" aus Zweigelt und Cabernet Sauvignon und der würzige, voluminöse und kraftvolle Syrah „Parapluie".  *wh*

### NIEDERÖSTERREICH

★★ S €€ GV
**2022 Platter Grüner Veltliner** +Strohgelb, würzig, fruchtig, reife Äpfel, zartes Pfefferl, trocken, schlank und leicht, feine Gerbstoffe, ausgewogen, mittlere Länge.

★★ S €€ SB
**2022 Platter Sauvignon Blanc** + Leuchtendes Strohgelb, reifer Duft nach Kräutern, Apfel, Minze, Gras und Blätter, zart nach grünem Paprika, aromareich und gehaltvoll, ausgewogen, schlanker Körper, gereifter Wein!

★★★ K €€€ GV
**2021 Grüner Veltliner Ried Obernalber Sonnleiten** + Strohgelb, gereifte Nase nach Würze, deutliche Mineralität, Birnen und Äpfeln, delikate Säure, pfeffrig, Grapefruit, kraftvoll, viel Extrakt, harmonische Reife im langen Abgang.

★★★ K €€€ GV
**2022 Grüner Veltliner Kapellenberg** + (50-jährige Reben) Sattes Strohgelb, vollfruchtig-reifes Bukett nach gelben Äpfeln und Birnen, feuchter Waldboden, Orangenzesten, trocken, gehaltvoll und extraktreich, mild und elegant, gereifter, langer Nachgeschmack.

★★★ K €€€ SB
**2022 Sauvignon Blanc Ried Sandberg** + Strohgelb, salzig-würziger Duft nach Brennnessel, nasses Gras, Mango, Ananas, Maracuja, delikat und saftig, kräftig und vollmundig, extraktreich, Finesse, ausgewogener, langer Abgang.

★★★★ K €€€ TR
**2022 Weißer Traminer Ried Höhweingarten** + Goldgelb, blumig-duftig nach Rosenstrauß, intensiv duftig nach reifem Obst, Mango, Litschi, Blüten, Jasmin, körperreich, kraftvoll, elegant und harmonisch im langen Nachgeschmack – tapeziert den Gaumen.

★★★★ K €€€ TR  **TIPP**
**2021 Weißer Traminer Ried Sandberg** + Goldgelb, intensiver Duft nach Rosenblättern, Honig, Blüten, Rosinen, reifes Obst, elegantes Süße-Säure-Spiel am Gaumen, lieblich, voller Körper, unbändige Kraft und enorme Extrakte, harmonisch lang am Gaumen – ausgezeichnet!

★★★ K €€€ PN
**2021 Pinot Noir Kapellenberg** + (18 Monate im großen Fass) Rubingranat, Walnüsse, Kräuterwürze, Nussschalen, nobler Duft nach hellen Beeren, feine Tannine, kraftvoll, weich, ausgewogen und gaumenfreundlich, lang am Gaumen.

★★★ K €€€ CR  **TIPP**
**2019 Cuvée Kirchleiten** + (ZW/CS) Dunkles Rubin, duftig nach schwarzen Kirschen, Cassis, moosigem Waldboden, würzig, kühle Frische, Minze, harmonisch, weich und rund, kompakt und angenehm, gereifter, guter Rotwein!

★★★ K €€€€ SY
**2019 Syrah Parapluie** + Tiefdunkles Brombeerrot, frische kühle Würze im Bukett, vielschichtig, Brombeeren, Holler, schwarzer Pfeffer, Bitterschokolade, extraktsüß, kraftvoll, feinkörnige Tannine, kompakt, viel Potenzial – sehr lang und ansprechend!

## Weinbau
# Fink & Kotzian

3730 Eggenburg, Gauderndorf 40
Tel. +43 664 3902602
christian@weinfink.at, www.weinfink.at
9 Hektar, W/R 98/2, 35.000 Flaschen/Jahr

Früher als Quereinsteiger bezeichnet, haben sich Christian Fink und Petra Kotzian seit 2013 längst in der Winzerelite etabliert. Die vielfältigen Bodenarten und die biologische, naturnahe Bearbeitung der Weingärten ergeben charakteristische, sortentypische Weine von Format. Christian Finks Weine sind wahre „Langstreckenläufer" und haben ein klares Geschmacksbild. So zeigte die gemeinsame Verkostung auch heuer wieder spannende, gut gemachte, trinkanimierende Weine, je nach Rebsorte vom fruchtig-pfeffrigen Grünen Veltliner über den vielschichtigen, aromareichen Gemischten Satz, den duftig-grasig-würzigen Sauvignon Blanc bis zum saftig-frischen, typischen Riesling. Als wahre Lieblingssorten von Christian Fink sind die Burgundersorten wieder besonders gut gelungen. Ob die aromareichen, wunderbar ausgewogenen und kompakten Grauen Burgunder oder finessenreichen, kräftigen, cremigen Weißburgunder, die extrasüßen, kraftvollen und dichten Chardonnays sowie mächtigen, kompakten und eleganten Cuvées – es sind alles hohe Qualitäten, die große Freude bereiten. Als besonderes „Zuckerl" in Flaschen gefüllt zeigt sich der Rote Traminer 2022 – nach Rosenblüten duftend mit exotisch-faszinierendem Geschmack. *wh*

### WEINVIERTEL DAC

★★ S €€ GV
**2022 Grüner Veltliner Ried Hinterm Dorf** + Helles Goldgelb, gereifte Nase, gelbe Äpfel, Birnen, Pfefferl, gehaltvoll und ausgewogen, delikate Säure, kräftig und trinkanimierend, typischer Veltliner – viel Wein im Glas!

### NIEDERÖSTERREICH

★★★ S €€ GV
**2021 Grüner Veltliner Ried Königsberg** + Reife Frucht, gelbe Äpfel, würzig und sehr gehaltvoll, saftig-pikante Säure, mineralisch, kühle Aromatik, viele Extrakte, finessenreich, sehr typisch, gute Balance, angenehm und sehr lang am Gaumen.

★★★ S €€ SB
**2022 Sauvignon Blanc** + Goldgelb, Stachelbeeren, Holunderblüten, Brennnessel und Gras, Würze, grüne Blätter, duftig-fruchtig, kühle Aromatik, Johannisbeeren, mineralisch, elegant, harmonisch-langer, angenehmer Abgang.

★★★ S €€€ RI
**2022 Riesling Berg und Meer** + Intensives Strohgelb-Goldgelb, reife Fruchtnase nach Marillenkompott, Mango, Birnen, Biskuit, feiner Honig, halbtrocken, kraftvoll und körperreich, Finesse und Eleganz, sehr angenehm und lang am Gaumen.

★★★ S €€ CW
**2022 O.T. Cuvée** + (WB/CH) Leuchtendes Strohgelb, duftig-elegant nach Mandeln, Nüssen, Ananas, reife Äpfel, delikat, ausgewogen, viel Extrakte, Finesse, cremig-schmelzig, aromatisch und trinkfreudig, animierend und hochwertig im langen Abgang!

★★★ S €€ PB
**2021 Pinot Blanc Königsberg** + Goldgelb, volle Fruchtnase mit deutlicher Exotik, Mandeln, Nüsse, Würze, Nelken, Rosinen, cremig, kompakt, kraftvoll mit enormem Körper und Finesse, beeindruckendes Potenzial für viele Jahre, harmonisch-langer Abgang.

★★★★ S €€€ PG  **TIPP**
**2021 Pinot Gris Ried Hintern Dorf** + Gold im Glas, Birnen, gelbe Äpfel, Karamell, aromatisch, fruchtig und delikat, würzig und extraktreich, kräftiger Körper, dicht und kompakt, finessenreich und ausdrucksstark im langen Nachgeschmack.

★★★ S €€ CW
**2022 O.T. Reserve** + Eine Burgunder-Cuvée in leuchtendem Strohgelb, feine Röstnoten, reife Ananas, Mango, Zitrus, viel Extrakte, delikat-frische Säure, Finesse, Körper, Eleganz und Harmonie, dicht, beeindruckendes Potenzial für viele Jahre, langes Finish.

★★★★ S €€€ CH
**2019 O.T. Reserve** + (100 % CH) Goldgelb, voller Duft nach exotischen Früchten wie Ananas, Mangos und Maracuja, Pfirsich, reife Birnen, Extraktsüße, harmonisch und kraftvoll, dicht und kompakt, wunderbares Süße-Säure-Spiel am Gaumen, Vanille, viel Luft zur vollständigen Entfaltung!

★★★★ S €€ TR  **TIPP**
**2022 Roter Traminer** + Animierendes Duftspiel nach Rosenblättern, Honig, Rosinen, Zimt, Nelken, Maracuja und Mango, Extraktsüße, faszinierendes Süße-Säure-Spiel am Gaumen, kraftvoll und vollmundig, lieblich, enormes Potenzial, elegant und harmonisch, langer, beeindruckender Abgang.

## Weingut
# Frank

**DI Harald Frank, Katrin Frank Msc**
2171 Herrnbaumgarten, Kellergasse 5 & 11
Tel. +43 2555 2300
frank@weingutfrank.at, www.weingutfrank.at
23 Hektar, W/R 80/20

„2023 ist eines von den besseren Jahren", meint Harald Frank im Rückblick. „Die Niederschläge waren optimal verteilt, in einer späten Lese konnten wir herrlich gesunde Trauben ernten. Der September war dann sehr heiß, da mussten wir schauen, dass uns die Gradationen nicht davonlaufen und die Säure zu niedrig wird." Zu beiden Punkten muss man sich keine Sorgen machen. Bei den „kleinen" Weinen, DAC, Kalk & Loess, Gemischter Satz, Riesling und Rosé, kann man sich ein FUN dazudenken, weitgefasste Vergnügen, für die man das Börserl nicht zu sehr strapazieren muss. Wer sich nicht entscheiden kann, nimmt am besten von allen was. Die Veltliner Reserve von der warmen Lösslage Johannesbergen bringt „eine gewisse Fett'n", die von Kalk und betonter Säure auf Linie gehalten wird. Der schwungvolle Riesling Ortswein braucht den kleinen Zuckerrest als Ausgleich zum kargen Schlierboden, beim Krainholz verschwinden die paar Gramm in Extrakt- und Fruchtsüße. Ein adretter Rosé leitet in das kleine, aber immer sehr feine rote Segment. Auf einem Hauch von Holz breitet der Zweigelt seine klassischen Attribute aus. Mit etwas höherer Säure versehen kommt die Cuvée Hannbuch anfangs fast ein wenig burgundisch daher, mit Luft entfalten sich dunkle Aromen, die den kraftvollen, dabei eleganten Wein lange begleiten. Gemeinsam mit seiner Cousine Katrin ist Harald Inhaber und Geschäftsführer des Weinguts wenige Kilometer nordöstlich von Poysdorf, seine Frau Daniela ist für Vermarktung und Verkauf der Weine zuständig, Tante Johanna schupft das Büro. *db*

### WEINVIERTEL DAC

★★★ S €€ GV
**2023 Grüner Veltliner** + Knackige, süße Äpfel, viel helle Beerenfrucht, weißer Pfeffer, steinig-straff, anspruchsvoll; weiche, reife Fruchtnoten, auch Mandarine auf kecker Säure, ein ansprechender Klassiker mit guter Länge.

★★★★ S €€€ GV — TIPP
**2023 Grüner Veltliner Ried Johannesbergen Reserve** + Tiefschürfender, reicher Fruchtausdruck, breit aufgesetzt, bisschen ins Dunkle gehend, Blutorange; ein herrliches Maul voll Wein, saftig, vielschichtig, sehr gute pfeffrige Länge, toll, bröseltrocken.

### NIEDERÖSTERREICH

★★★ S €€ GV
**2023 Grüner Veltliner Kalk & Loess** + Ansprechende Mischung aus reif und kernig, steinig unterlegt, frisch gemahlener Pfeffer, Salzzitrone, Mandarine, Stangensellerie; bleibt dem vielfältigen Fruchtangebot treu, lebendige Säure, freundlich fruchtsüß, sehr gute Länge.

★★★ S €€ GS
**2023 Gemischter Satz Herrnbaumgarten** + (WR/PB/TR/GV/RI) Wow, was für ein Auftakt, festfleischiges Kernobst, zarte Aromatik, Melisse, Minze, Verbene, erfrischend und einladend; setzt sich mit festem Grip fort, animierender Kontrast aus Biss und Geschmeidigkeit, zitrusfrische Länge, Grapefruit, Blutorange, Calamansi, macht Lust auf den nächsten Schluck.

★★★ S €€ CW
**2023 Pinot & Co. Herrnbaumgarten** + Veltlinergeprägt, Kernobst mit Walnüssen, Zesten und Agrumenfleisch, reif, saftig und doch straff, zartes Parfum; Restzucker (4 g), burgundischer Charme, Apfelschale, feste Textur, kalkiger Grip, vielseitiger, schwungvoller Wein.

★★★ S €€ RI
**2023 Riesling Herrnbaumgarten** + Duftiger, eleganter Riesling, Steinobst, Waldmeister, ein Rosenblatt, Limettenzesten; leicht röstige Noten, fest zupackend, vielschichtiges Mittelstück, Schwung mit Anspruch.

★★★ S €€€ RI
**2022 Riesling Ried Krainholz** + Reifer Pfirsich, duftige Marille, leicht röstig, Brennnessel, Efeu, getrocknete Kräuter, Zesten, ein paar exotische Einsprengsel; herzhaft zupackend, steinig, straff, trocken und pointiert ausklingend.

★★★ S €€ ZW
**2022 Zweigelt Herrnbaumgarten** + Charmante, reife, dunkle Frucht, klassisch Weichsel, eine Prise Pfeffer, bisschen rauchig, Andeutung von Holz; weiche, süße Beerenfrucht, geschliffene Gerbstoffe, gute Fülle, kalkiger Grip, gute Länge.

★★★ K €€€ CR — TIPP
**2022 Cuvée Ried Hannbuch** + (ME/CS) Zarte, Richtung Pinot gehende Frucht, dann dunkle Beeren, Cassis, auch ein paar Kräuter, deutet Schmelz an; fruchtsüß, wieder viel dunkle Beeren, seidige Gerbstoffe, Brombeerkonfit, noble Erscheinung.

## Weingut
# Frotzler

Lukas Frotzler
2073 Schrattenthal 10
Tel. +43 664 1836185
frotzler@gmail.com, www.weingutfrotzler.at
27 Hektar, W/R/Süß 64/35/1, 20.000 Flaschen/Jahr

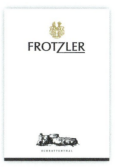

„Winzer bin ich geworden, weil es mir Spaß macht, mit dem Rebstock zu arbeiten – zuerst im Weingarten, danach im Keller. Es ist etwas Faszinierendes, dabei zu sein und mit seiner Handschrift mitzuhelfen, dass gute Weine entstehen", so Lukas Frotzler. „Ich bin bestrebt, hochwertige Weine zu machen mit allem, was dazugehört – fruchtige, zugängliche Qualitäten, für jeden verständlich, wunderbar trinkbar für alle Genießer." Das Weingut von Lukas Frotzler liegt in der kleinsten Weinstadt Österreichs, in Schrattenthal, in vierter Generation wird hier der Weinbau kultiviert. Beste Voraussetzungen für ansprechende Weine bieten die sandig-schottrigen Südlagen des Gebietes wie „Kalvarienberg", „Steinbreiten" oder „Äußere Bergen", und das ausgewogene, trockene Klima. Besonderen Wert legt man auf die Hauptrebsorten Grüner Veltliner, Riesling, Zweigelt und Blauer Burgunder, wo man mit qualitätsorientiertem Rebschnitt und fachgerechtem Ausbau sortentypische, lebendige und fein-würzige Weißweine sowie fruchtbetonte, gaumenfreundliche, aromatische Rotweine in die Flaschen bringt. Das Angebot wird mit einem Sauvignon Blanc Schaumwein, einem Zweigelt Rosé Sekt und einem Grünen Veltliner Eiswein abgerundet. Gerade die „Reserve"-Weine liegen Lukas Frotzler am Herzen und werden in Zukunft forciert, da die Weine mit besserer Reife und Haltbarkeit auch nach längerer Lagerzeit ihr volles Potenzial zur Geltung bringen sollen. Als wunderbares Beispiel wurde noch eine Zweigelt Reserve 2006 verkostet, die sich im großen Glas als gereifte „Aroma-Bombe" präsentierte. **wh**

### WEINVIERTEL DAC

★★ S €€ GV
**2023 Grüner Veltliner Ried Haide** + Grüner Apfel, würzig, sehr fruchtbetont, saftig und frisch, gelbfruchtig, mineralisch, weißer Pfeffer, typisch, drahtiger Körper, animierend, gute Länge.

★★★ S €€€ GV
**2022 Grüner Veltliner Reserve Jakob** + Volle Fruchtnase nach Apfel, Kräuter, Würze, Birne, kühle Mineralität, Finesse, Körper, viel Potenzial, trinkfreudiger, langer Abgang.

### NIEDERÖSTERREICH

★★ S €€ RI
**2022 Riesling Ried Steinbreiten** + Sehr typisch, duftig nach Pfirsich und Marille, gelber Apfel, feine Exotik, würzig, extraktreich und saftig, aromatisch, ausgewogen mit langem Finish.

★★★ S €€ RI
**2021 Riesling Innere Bergen** + Leuchtend-volles Grüngelb, sehr duftig nach Weingartenpfirsich, zarte Orangenzesten, reifer Apfel, delikates Aroma, kraftvoll, klare Eleganz, rassiger, auffälliger Riesling.

★★ S €€ GS　PLV
**2023 Gemischter Satz** + (GV/FV/GM/MT) Animierendes Bukett nach Holunderblüten, Muskat und Würze, Stachelbeeren, traubig, sehr frisch, saftig-fruchtig, trinkfreudiges Finish.

★★ S €€ GM
**2023 Gelber Muskateller** + Typische fruchtige Stachelbeeren und Holunderblüten, etwas Zitrus und Exotik bei mittlerer Viskosität, leicht und schlank mit Aroma und jugendlichem Abgang.

★★★ S €€ SB
**2023 Sauvignon Blanc** + Feinwürzig, grasig, zarter grüner Paprika, frische Kräuter, kühl und mineralisch, klar und präzise, jugendliche Säure, schlank, typische Stilistik.

★★ S €€ ZW
**2022 Zweigelt Kalvarienberg** + Helles Rubin, fruchtig nach Kirschen und Weichseln, saftig und frisch, deutliches Tanningerüst, mineralisch, noch jugendlich, fülliger Nachgeschmack – braucht Luft.

★★★ S €€ ZW
**2022 Zweigelt Reserve** + (9 Monate in gebrauchten Barriques,) Kraftvolles Bukett nach schwarzen reifen Kirschen, etwas Rebholz, eingebundene Tannine, Extraktsüße, weich, gaumenfreundlicher, langer Nachgeschmack – braucht große Gläser.

★★★★ S €€ PN　TIPP
**2021 Pinot Noir Ried Steinbreiten** + Duft nach hellen Beeren wie Erdbeeren, Himbeeren, Nussschalen, Walnüsse, ausgewogen, harmonisch mit enormen Extrakten, Aroma, Körper, Kraft und Finesse – braucht viel Luft, entwickelt sich im Burgunderglas bestens.

# NOTIZEN

## Weingut
# Gilg

2102 Hagenbrunn, Hauptstraße 64–66
Tel. +43 2262 672781
weingut@gilg.at, www.weingut-gilg.at
10 Hektar, W/R 85/15

Die Gilgs setzen immer mehr auf alte Rebsorten, denn Stefan Gilg findet diese Sorten widerstandsfähiger gegen die immer mehr zu erwartende Hitze und Trockenheit. Zum bereits jahrelang bewährten Gelben Traminer ist deshalb ein Roter Veltliner dazugekommen, und in den Stammersdorfer Lagen wird ein Wiener Gemischter Satz DAC mit 13 Sorten ausgepflanzt. Die aktuellen Flaggschiffe sind die nur in den besten Jahren gekelterten Großen Reserven. Darunter der Cabernet Sauvignon Valentina's Große Reserve 2021 anlässlich der Geburt der Tochter. Hier wurde beim Ausbau auf eine extrem lange Lagerfähigkeit Wert gelegt. Aber um den Weinviertel DAC Große Reserve Ried Aichleiten 2023 genießen zu können, müssen sich die Weinliebhaber noch gedulden. Am besten verbringt man diese lange Wartezeit beim Top-Heurigen der Familie Gilg!

*kk*

### WEINVIERTEL DAC

★★★ S €€ GV
**2023 Grüner Veltliner Classic** + Gelber Apfel, blättrige Würze; zitrusfruchtig, Mandel, samtiges Kernobst, fruchtig-vegetabile Struktur, Hauch Orange, Peperoni, weißer Pfeffer im Finale.

★★★★ S €€ GV — TIPP
**2022 Grüner Veltliner Reserve Ried Tagnern** + Gelbfruchtig, burgundisch, Ringlotten, Tropenfrucht, getrocknete Blätter; gebratene Birne, Kakao- und Vanillenoten, Physalis, etwas Patiencebackwerk, viel Tiefgang, gut haftend, kreidiger Abgang.

### NIEDERÖSTERREICH

★★★ S €€ RV
**2023 Roter Veltliner Ried Tagnern** + Hellfruchtiger Duft; kompakte Tiefe, Zukunftspotenzial, Quitte, Ringlotten, pikante Zitrusnoten, rosa Grapefruitzesten, feiner Gerbstoffgrip, stoffig, Steinobst, gelbe Blüten, Mandel, terroirgeprägter Nachhall.

★★★ S €€ GM — FUN
**2023 Gelber Muskateller** + Elegante Muskatnoten, Macisblüten; kühle Textur, reife Limette, Mandarine, Birne, tropenfruchtig, Litschi, Kräuterwürze, ziselierte Säure, präzise Muskataromen, hoher Trinkgenuss.

★★ S €€ GS
**2023 Gemischter Satz** + (GV/WR/CH) Duftige Apfelblüte, Weingartenpfirsich; fruchtig-würzig, Zitronenmelisse, seidige Textur, knackige Säure, pikanter Fruchtdruck, gefühlvolle Gerbstoffe, freudiger Trinkfluss.

★★★ S €€ SB
**2022 Sauvignon Blanc** + Holunderduft, reife Stachelbeere; kandierte grüne Paprikaschoten, Cassis, weiße Beere, Graswürze, fruchtige Säure, feiner Mineralgrip, tropischer Hauch, vielschichtige Eleganz, animierender Abgang.

★★★ S €€ TR
**2023 Gelber Traminer** + Orangen-Rosen-Duft; wohlige Fruchtsüße, kandierte Orangenzesten, getrocknete Ananas, Eibisch, geschmeidig-kraftvoll, Honigkuchen, betörende Frucht, lang haftendes Rückaroma.

★★★★ K €€€€ TR — TIPP
**2022 Gelber Traminer Ried Plankenfeld Große Reserve** + Nobler Aromareigen; glockenklar trocken, Birnenkonfit, Clementinenzesten, Ananas, Rosenblüten, Maracuja, feine Edelholzaromen, Kräuterwürze, komplex-kräftiger Körper, fruchtige Säure, hohes Potenzial, kristalline Mineralität, wohlig lange am Gaumen.

★★★★ K €€€ RI
**2022 Riesling Große Reserve Ried Aichleiten** + Eleganter Steinobstduft, florale Würze; weißer Pfirsich, Birne, junge Marille, Honig, lebendige Säure, helle getrocknete Blätter, bisschen tropische Früchte, kraftvoll elegant, Mineralspur im schmelzigen Abgang.

★★★ S €€ ZW
**2021 Zweigelt Reserve** + Dichte dunkle Beeren, nuancierte Edelholzwürze; Kirschschokolade, Heidelbeerkonfit, robustes Tanningerüst, Hauch Wacholder, schwarzer Rauch, Graphitnoten, geschmeidiger Schmelz, Mandelspur, fleischige Zwetschken im gehaltvollen Abgang.

★★★ K €€€€ CS — TIPP
**2021 Cabernet Sauvignon Valentina's Große Reserve** + Elegant-fruchtige Würze; am Beginn einer großen Zukunft, präzise Brombeer-Cassis-Noten, Peperonata, sensible Edelholzwürze, reife Tanninstruktur, fruchtige Säure, saftige Zwetschken-Heidelbeere, fein-rauchig, enormer Extrakt, konzentrierte Frucht, Eukalyptus, pfeffrig-fruchtig im langen Ausklang.

## Weingut
# Graf Hardegg

**DI Maximilian Hardegg**
2062 Seefeld-Kadolz, Großkadolz 1
Tel. +43 2943 2203, Fax -10
office@guthardegg.at
www.grafhardegg.at

Gut Hardegg – gelebte Artenvielfalt. Ein Gutsbetrieb im Zeichen der Vielfalt. Gelegen im nördlichsten Teil des Weinviertels, werden aktuell auf 2200 Hektar Eigengrund Ackerbau, Weinbau, Forstwirtschaft und Tierzucht betrieben. Hier wird ganzheitlich gedacht. Natürlich auch beim Weinbau. Seit 2006 werden die Weingärten kontrolliert organisch-biologisch bewirtschaftet. Diese befinden sich in unmittelbarer Nähe zum Schloss. Vor allem die Monopollage Steinbügel, auf welcher Grüner Veltliner, Riesling, Chardonnay, Pinot Noir und der Viognier stehen.

Die Sektkompetenz des Hauses ist umfassend – alle nach der Méthode Traditionelle, handgerüttelt und Große Reserven. Vor allem der 2019 Brut aus Chardonnay und Pinot Noir, welcher sich mit den besten aus der Champagne messen kann. Höchst individuell präsentiert sich der Brut Nature aus der Rebsorte Viognier. Der Rosé Sekt Brut ist ebenfalls vom Feinsten. Apropos Rosé – die 2023 Edition „Gimpel" ist von einer seidigen Textur und macht ungemein Spaß.

Ein trinkiger 2023 Roter Veltliner Vom Schloss macht Lust auf ein zweites und drittes Glas. Herrlich – der 2023 Riesling Vom Schloss, ein bezwingender, spannender Vertreter seiner Sorte. Große Klasse. Der 2022 Riesling Ried Steinbügel ist wohl einer der allerbesten des Weinviertels. Ich meine, sogar darüber hinaus. Selbiges lässt sich auch vom 2022 Grüner Veltliner Ried Steinbügel sagen. Absolut hochwertig präsentiert sich der 2022 Chardonnay Ried Steinbügel. Dies tut auch der 2019 Pinot Noir Ried Steinbügel – ein überaus typischer Burgunder mit einigem Tiefgang. Zu guter Letzt kommt noch der „V" Viognier, dreimal darf man raten, wo der steht – natürlich auf der Ried Steinbügel. Dann gibt es noch den „Forticus", ein fortifizierter Wein aus hochreifen Merlottrauben und einen XO 20 Jahre alten Weinbrand. Weiters einen Blüten- und Akazienhonig Edition Turteltaube. Ein Natives Öl vom Raps kaltgepresst ist ebenfalls hier zu haben. Auch ein Vogelfutter mit Futterhäuschen. Sowie Mehl und Grieß. Verarbeitet mit 100 % Ökostrom. In diesem Weingut ist die Natur der Chef. *as*

### ÖSTERREICH

**★★★★ K €€€€ CR**
**2019 Sekt Austria Brut Rosé Große Reserve g.U. NÖ** + (PN/ZW – Méthode Traditionelle, handgerüttelt) Helles Rosa, dezent speckig-hefige Noten, ein Hauch von Pilzen, rote Beeren, wunderbar trocken, ernsthafte Frische, ein in sich gefestigter, kompakter, gereifter Sekt. Liegt eng am Gaumen, druckvoll, lang abgehend, keine vordergründigen Aromen, toller Stoff.

**★★★★ K €€€€ CH** `TIPP`
**2019 Sekt Austria Brut Große Reserve g.U. NÖ** + (CH/PN – Méthode Traditionelle, handgerüttelt) Brioche, hefig, nussig, ziemlich Champagner-like, Vanillenoten, Pfirsich, salzig, buttrige Töne, cremige Textur, Fruchtfrische, fruchtig-saftig, ausgewogen, zeigt Finesse, außergewöhnliche Qualität.

**★★★★ K €€€€ VI** `TIPP`
**NV Sekt „V" Brut Nature** + (Viognier – handgerüttelt, L 2019) Dunkle Tönung, Kräuterwürze, Mandelnoten, Pistazien, so richtig trocken, kompakt, dicht strukturiert, viel Mineralität, viel Ausdruck, super Länge, perfekter Gerbstoff, braucht viel Luft, gehört dekantiert, entwickelt rosa Grapefruit, stoffig, höchst individuell. Ein grandioser Sekt!

**★★★ S €€€€ VI**
**NV „V"** + (Viognier – L 2022) Marillenröster, saftiger Fruchtcharme, der Holzfassausbau hält sich im Hintergrund, Tannennadeln, Honigmelone, Rosen, dezente Exotik, saftig-würzig, eleganter Auftritt, durchaus filigran mit Steinobstaromen, gute Länge. Ein hervorragender Wein mit fruchtiger Ausprägung. Wohl die Spezialität des Hauses – seit dem Jahrgang 1995.

### NIEDERÖSTERREICH

**★★ S €€ CR** `FUN`
**2023 Rosé Edition „Gimpel"** + Rosarot, Waldbeeren, Kirschen, leicht, transparent, elegant, fein ziseliert, ein bildhübscher Rosé, fast schwebend, Himbeeren, Flieder, macht enormen Spaß. Rosé gemacht mit viel Gefühl. Ein Wein der Herzen.

**★★ S €€ GV**
**2023 Grüner Veltliner Vom Gut** + Pfeffer, Äpfel, Birnen, frisch und rassig, kernige Struktur, Wiesenkräuter, entwickelt Druck am Gaumen, trocken, gute Länge, geradlinig, gute Struktur. Ein straffer Gutswein.

**★★ S €€€ RV**
**2023 Roter Veltliner Vom Schloss** + Ein frisch-fruchtiger Wein mit einer Vielfalt an Kräutern, etwas Kernobst, fruchtig-kernige Struktur, obstige Noten, attraktiv, irgendwie unkompliziert, doch auf hohem Niveau. Ungemein trinkig.

**★★★ S €€€ RI**
**2023 Riesling Vom Schloss** + Steinobst, Rhabarber, Orangenschalen, Zitrus, Ananas, knackige Säure, herzhaft, impulsiv, das ist Riesling pur. Lassen wir ihn von der Leine. Der geht in die Tiefe, ist fordernd bis zum Anschlag. Wow!

**★★★★ S €€€€ RI** `TIPP`
**2022 Riesling Ried Steinbügel** + Reife Ananas, Holzfassausbau, ziemliche Struktur, ein ungemein weiniger, distinguierter, in sich gefestigter Riesling mit reifen Marillen, geht mit Luft herrlich auf, entwickelt sich zu einem großen Riesling. Der zieht am Gaumen, ist fordernd, dicht strukturiert, voller Rasse. Dem kann nichts mehr passieren.

**★★★★ S €€€ GV**
**2022 Grüner Veltliner Ried Steinbügel** + Dezenter Pfeffer, Tabak, voller Pikanz, Eleganz, getrocknete Kräuter, einiger Tiefgang, strukturiert, salzige Noten, da steckt viel Mineral drinnen, das noch nicht verarbeitet wurde. Ein ausdrucksstarker Grüner Veltliner mit viel Zukunft.

**★★★ S €€€€ PN**
**2019 Pinot Noir Ried Steinbügel** + Ein fein gereifter, ruhiger, weich-aromatischer, doch auch strafferer Pinot Noir mit präsenter Säure, der mit viel Ausdruck brilliert. Himbeeren, Pilze, Leder, etwas Unterholz, guter Rückhalt. Viel Mineralität transportierend, das ist enormer Stoff dicht strukturiert. Pinot Noir von hoher Qualität.

**★★★ S €€€ CH**
**2022 Chardonnay Ried Steinbügel** + Orangen mit Vanille, Holzfassausbau, Kräuterwürze, Ananasnoten, fruchtig, füllig, guter Druck, geht in die Länge, Tiefe, enormes Potenzial, tiefgründig, da steckt vieles drinnen. Ein mineralischer Chardonnay voller Typus und Ausdruck mit frischer Säure.

## Bio Weingut
# Gruber

**Maria Wegschneider**
3743 Röschitz, Roggendorfer Straße 7
Tel. +43 2984 2765, office@gruber-roeschitz.at
www.gruber-roeschitz.bio
W/R 70/3

Gruber Röschitz gehört zu den Leitbetrieben im Weinviertel, sowohl was Qualität als auch Größe angeht. Maria Wegscheider hat das Ruder fest in der Hand. Eine Herzensangelegenheit war ihr die Neugestaltung des Weingutes in den letzten Jahren. Dazu gehört auch der brandneue, beeindruckende Keller, acht Meter im Untergrund und natürlich gekühlt. Ihre Brüder Ewald und Christian Gruber sind für die Önologie und die Weingärten zuständig. Ewald im O-Ton: „Meine Trauben und ich, wir brauchen vor allem eines: Zeit." Seine Philosophie ist einfach – gesundes Lesegut, sauberes Arbeiten und möglichst geringe Eingriffe. Christian legt den Fokus auf Biodiversität und nachhaltige Bodenpflege. Biologische Bewirtschaftung sei unabdingbar, um diesen Schatz für künftige Generationen zu erhalten. „Wer das große Ganze im Auge behalten will, muss auch auf winzig kleine Mikroorganismen schauen!"
Wenig überraschend liegt der Schwerpunkt des Portfolios beim Grünen Veltliner und beim Riesling, aber auch St. Laurent und Pinot Noir fühlen sich an diesem Standort wohl. In den Riedenweinen der aktuellen Serie kommen die Böden klar zum Ausdruck. Das Aushängeschild ist diesmal der vom Untergrund aus Granit geprägte Grüne Veltliner Reserve Ried Mühlberg aus Reben, die 1968 gepflanzt wurden. Fette und üppige Weine wird man auf diesem Weingut vergeblich suchen, der Fokus liegt auf Feinheit, Struktur und Ausgewogenheit. *ww*

### WEINVIERTEL DAC

★★ S €€ GV
**2023 Grüner Veltliner Röschitz** + Ansprechend, klassisch mit frischen Äpfeln und Würze, Pfefferl; bringt diese Aromatik auch im Geschmack, passende Substanz, angenehme Säure, als Sorte selbsterklärend.

★★★ S €€€ GV
**2023 Grüner Veltliner Ried Hundspoint** + Feingliedrig, würzig mit Anklängen von Fichtennadeln und frischem Rosmarin, helle Apfelfrucht hinterlegt; saftig, Zug, feines Säurerückgrat, gut strukturiert, mittlere Länge, Trinkfluss.

★★★ S €€€ GV
**2023 Grüner Veltliner Ried Reipersberg** + Ruhig, würzige und bodenstämmige Aromen, subtile Frucht; schließt aromatisch an, ausgewogen, zugängliche Säure, Fruchtschmelz, Prise Gerbstoffe im Finish für die Struktur, im Nachhall Würze, Bodentöne und Äpfel.

★★★★ S €€€€ GV    **TIPP**
**2022 Grüner Veltliner Reserve Ried Mühlberg** + Druckvoll, steinige Anmutung, fokussiert, elegante Würze, zarte Frucht; aromatisches Dacapo, alles fein verwoben, aromatisches Säurenetz, ausgewogen, lang, elegant mit Tiefgang und Reserven.

### NIEDERÖSTERREICH

★★★ S €€ GS    **PLV**
**2023 Gemischter Satz** + Charmant, vielschichtige Fruchtaromen, Äpfel, helles Steinobst, weiße Johannisbeeren, Rhabarber, elegante Würze; breiter Aromenbogen auch auf dem Gaumen, gut eingebundene Säure, passende Substanz, vereint Trinkspaß und Ernsthaftigkeit.

★★★ S €€ RI    **FUN**
**2023 Riesling Röschitz** + Einladendes und glockenklares Sortenbukett mit knackigen Pfirsichen; auch im Geschmack weiße Pfirsiche, feines Säurenetz, quicklebendig, mittlere Länge, Trinkspaß.

★★★ S €€€ RI
**2022 Riesling Ried Königsberg** + Sanfter Druck, Lindenblüten, leise Bodentöne, reife Äpfel und Pfirsiche; schließt mit dieser Aromatik an, Frucht dominiert, feines Säurespiel gibt Leben, hat Körper, Frucht und bodenstämmige Aromen klingen lange nach.

## Weingut
# Gschweicher

**Bernhard Gschweicher**
3743 Röschitz, Winzerstraße 29
Tel. +43 2984 3800
office@gschweicher.at, www.gschweicher.at
15 Hektar, W/R 100/0

Das Weingut Gschweicher ist zu einem Leitbetrieb von Röschitz, vom Retzer Land, vom ganzen Weinviertel geworden. Als klassischer Familienbetrieb konzentriert man sich ausschließlich auf Weißweine. Mit Bernhard Gschweicher gemeinsam seine Weine zu verkosten, ist immer wieder ein Erlebnis. In seiner bescheidenen, zurückhaltenden Art erklärt er manche Details seiner Arbeit präzise und mit einer Selbstverständlichkeit, die keine Abweichung von absoluter Top-Qualität zulässt. So versteht er es bestens, durch seine große Naturverbundenheit und seine mit viel Hingabe bearbeiteten Rebstöcke Weine mit Charakter und unverwechselbarem Stil zu produzieren. Seine Philosophie ist eine einfache – lebendige, gepflegte Böden in Verbindung mit alten Rebstöcken und viel Freude an seiner Arbeit ergibt außergewöhnliche Weine. Spezialisiert auf den Grünen Veltliner in verschiedenen Ausbaustufen, sind drei Viertel dieser Rebstöcke über 50 Jahre alt, für die Spezialität „Primary Rocks" sogar 80 Jahre alt. Bemerkenswert auch Riesling, Chardonnay, Sauvignon Blanc, Grauburgunder und Roter Traminer. Die Weine sprechen in den Gläsern eine klare Sprache – mit viel Eleganz und Langlebigkeit. Etiketten mit hohem Wiedererkennungswert schmücken die Flaschen, mit Ausnahme des Primary Rocks, dieser zeigt sich in schlichtem Weiß. *wh*

### WEINVIERTEL DAC

★★★ S € GV
**2023 Grüner Veltliner Groo Vee** + Sehr fruchtig und aromatisch nach Apfel und Birne, auch etwas Grapefruit, deutliches Pfefferl, hohe Viskosität, mineralisch, frisch und saftig, leicht und ausgewogen, unkomplizierter, klassischer Veltliner!

★★★ S €€€ GV
**2023 Grüner Veltliner Reserve Ried Kellerberg** + Kräftiges Grüngelb, vielschichtiger Duft nach reifen Äpfeln, Mango, Maracuja und reifen Birnen, cremig und gehaltvoll, Kraft, Aroma, Fruchtschmelz und Finesse – Vorzeige-Veltliner!

### NIEDERÖSTERREICH

★★★ S € GV
**2022 Grüner Veltliner Galgenberg** + Klassisch-kühle Aromatik nach reifem Obst, Äpfel, gelbfruchtig, würzig mit feinem Pfefferl, gehaltvoll, typisch und animierend.

★★★ S € GV
**2022 Grüner Veltliner Königsberg** + Aromareicher, würziger, fruchtiger Duft, weißer Pfeffer, eingebundene Säure und feine Mineralität, viel Finesse und Körper, Potenzial für viele Jahre – angenehmer, zugänglicher und erfrischender Weißwein!

★★★★ S €€€€ GV
**2023 Grüner Veltliner Primary Rocks** + Kräftiges Grüngelb, ein umwerfender Duft von voller Frucht und Exotik wie Mango, Papaya, Maracuja delikater, milder Säure, Kraft, Würze, Finesse, Harmonie, auf Urgestein gewachsen mit enormem Potenzial – ein selten hochwertiger Wein, der viel Freude macht.

★★★★★ S €€€€ GV  **TOP**
**2021 Grüner Veltliner Ried Himmelreich Charlotte** + Ein animierendes Aroma verwöhnt die Nase mit Düften nach gereiften Mangos, Pfirsichen, Marillen, Orangenzesten, Vanille, am Gaumen süßliche Extrakte mit Kraft, Körper, Eleganz und Harmonie, besitzt unglaubliches Potenzial für das nächste Jahrzehnt – großer Wein!

★★★ S €€€ RI
**2022 Riesling Reserve Reipersberg** + Intensive, angenehme und typische Nase nach Steinobst wie reife Marillen und grüner Pfirsich, frische Zitrusnoten, saftige, animierende Säure, delikat und trinkfreudig mit viel Extrakt, Mineralität und langem Finish.

★★★★ S €€ CH  **PLV**
**2023 Chardonnay** + Attraktiver Duft nach Ananas, grünem Apfel, Ringlotten, grünem Pfirsich, harmonisch, erfrischend, saftig und trinkfreudig, angenehmer, fruchtbetonter Chardonnay.

★★★★ S €€ PG
**2023 Grauburgunder Ried Gebirg** + (3 ½ Monate im großen Eichenfass) Sattes Strohgelb, exotischer Duft nach reifer Ananas, Melone, Mango, Orange, auch Vanille und Nüsse, körper- und extraktreich, harmonisch und kompakt, hochwertiger, wunderbarer Speisenbegleiter!

★★★★ S €€ SB
**2023 Sauvignon Blanc Ried Reipersberg** + Ausgeprägter würziger Duft nach Brennnessel, grüne Blätter, frisches Gras und Holunderblüten, im Hintergrund zarte Cassisnoten, gehaltvoll, schlank und elegant, saftiger und animierend-leichter Sauvignon.

# NOTIZEN

# Weingut
# Hagn

2024 Mailberg 154
Tel. +43 2942 2256
info@hagn-weingut.at, www.hagn-weingut.at
50 Hektar, W/R 70/30

„2023 ist ein phantastischer Jahrgang, nach diesem extrem langen Sommer hat alles sehr gut gepasst", so fasst Wolfgang Hagn das neue Weinjahr zusammen. Eigentlich betreiben er und sein Cousin Leo kein Weingut, sondern eine moderne Weinerlebniswelt mit dem Weindomizil als Kulinarik-Hotspot samt Nächtigungsmöglichkeit. Mit ihrem umfangreichen Sortiment heimsen sie national wie international Preise in Serie ein, zuletzt wurden sie bei der NÖ-Weinprämierung als Weingut des Jahres 2023 ausgezeichnet. Bei den Veltlinern zeigen sie vom frechen Filius über Antlasbergen und Hundschupfen bis hinauf zu den holzgeschulten unique-Weinen, was Winzer, Sorte und Herkunft draufhaben – da wird jeder fündig. Mit den Lagenweinen und noch mehr mit unique 2017 und 2019 beweisen sie, wie gut kräftige Veltliner reifen können. Interessant ist auch die Gegenüberstellung von klassisch zu unique bei den Chardonnays und den Rieslingen. Sauvignon und Muskateller machen mit ihrem ausgeprägten Sortenprofil sehr viel Spaß. Die ebenfalls oft und hochprämierten Roten kommen im nächsten Jahr. *db*

## WEINVIERTEL DAC

**★★ S €€ GV**
**2023 Grüner Veltliner Classic** + Zituspeppig, Orangenzesten, Mandarine, freundlich und einladend; würzig, verspielte Substanz, etwas Birnenaromatik, belebende Säure, pfeffrig über die gesamte Länge.

**★★ S €€€ GV** **TIPP**
**2022 Green Hunter Reserve Bio** + Dicht, gelbfruchtig, weiches vanilliges Holz, Birne, Quitte, Honigmelone; ein Tropfen Honig, seidige Holzspur, Apfel, Birne, reifer Pfirsich, lebendige Säure, ansprechende Holz- und Fruchtmischung im Finish.

## NIEDERÖSTERREICH

**★★ S €€ GV**
**2023 Grüner Veltliner Filius** + Gelbe und rote Äpfel, zart rotbeerig, Zitrusnoten; erfrischende Säure, zarte Fruchtsüße, schwungvoller, unbeschwerter Sommerbegleiter.

**★★★ S €€ GV**
**2023 Grüner Veltliner Ried Antlasbergen Mailberg** + Kräuterwürze, Zitrusnoten, roter Apfel, etwas Steinobst; hübsche Fruchtvielfalt, knusprige Säure pariert Frucht- und Extraktsüße, Steinobst zieht sich in den langen Abgang, süffig, charmant.

**★★★ S €€ GV** **PLV**
**2023 Grüner Veltliner Ried Hundschupfen Mailberg** + Wunderschöne Nase, vielschichtiges Apfel-Potpourri, Blutorange, etwas steinig, Pfefferl; kühl, reich strukturierter Körper, belebendes Süße-Säure-Spiel, würzige Länge.

**★★★ D €€€€€ GV**
**2017 Grüner Veltliner unique BIO** + Leicht röstig, Pfeifentabak, Dörrobstaromen, Mischung von reifem Stein- und Kernobst, ein ferner Gruß vom großen Holz, kandierte Früchte; seidige Gerbstoffe, präsentes Holz, Fruchtvielfalt bleibt, braucht Luft, sympathischer, barocker Wein.

**★★★ D €€€€€ GV**
**2019 Grüner Veltliner unique BIO** + Frische Fruchtnoten, Weißbrotrinde, Holz in Apfel- und Birnenaromatik gewickelt, Eibisch; mehr helles Holz, reife Fruchtnoten, balsamisch, Vanille, spannende Säurestruktur, straffer, geradliniger, trockener als 2017, Zeit!

**★★ S €€ CH**
**2023 Chardonnay** +Kernobst, exotische Einsprengsel, Honigmelone, kühle Facetten Richtung Minze; freundlich fruchtaromatisch, zart schmelzend, gute Balance, Säurekick im Ausklang.

**★★★ D €€€€ CH**
**2021 Chardonnay unique BIO** + Zitruswürze, Limette, Bergamotte, Mandarine, Kokoshauch, bisschen Tropenfrucht, alles in nobles Holz gewandet; saftig, engmaschig, Säure passt, Vanille, reifes Steinobst, süffig, charmant.

**★★★ S €€ RI** **FUN**
**2023 Riesling Classic** + Feine Rieslingfrucht, reifes Steinobst, zart rosenduftig, grüne Äpfel und Birnen, getrocknete Marille; herzhaft zupackende Säure hat den kleinen RZ (5,2 g) im Griff, kalkige Kanten, steht schon gut da.

**★★★ D €€€€€ RI**
**2019 Riesling unique BIO** + Grapefruit, Bitterorange, Mandelmus, saftiger Pfirsich, ein paar Kräuter; kraftvoller, dennoch verspielter Auftritt, Grapefruit-Bitternoten, kleidet den Gaumen aus, Restzucker gut verpackt, Potenzial.

**★★★ S €€ SB** **FUN**
**2023 Sauvignon Blanc** + Schwarze Johannisbeere, grüner Paprika, Senfgurke, Dille, selbstbewusster Auftritt, kompakt, dabei schwungvoll; Paprika wechselt nach rot, freche Säure, gute Substanz, Cassis bleibt lange, griffiges Finish.

## Weingut
# Hindler

**Karl Hindler**
2073 Schrattenthal 13
Tel. +43 664 5000727
info@weingut-hindler.at, www.weingut-hindler.at
20 Hektar, W/R 70/30

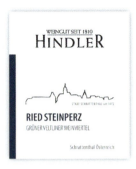

„Unser Winzerleben ist bunt, ausgefüllt von Arbeit, erfüllend durch die Natur. Der Wein ist für uns Ausdruck von Glück und Lebensfreude", so Rosi und Karl Hindler voller Begeisterung während der Verkostung ihrer Qualitäten des neuen Jahrgangs. 2023 war ein Jahr mit ausreichend Regen im Frühjahr, warmem Wetter während der Blüte und einem heißen Sommer sowie einem herrlichen Lesewetter mit sonnigen Tagen und kühlen Nächten für eine harmonische Säure und hohe physiologische Reife der Trauben. Karl Hindlers Leidenschaft ist der Grüne Veltliner, wo es ihm immer wieder eindrucksvoll gelingt, die verschiedenen Arten des Grünen Veltliners zu präsentieren – Weine, die Lust auf mehr machen. Auch heuer zu 100 % bio und per Handlese. Mit naturnaher Bewirtschaftung und behutsamem Umgang mit dem Boden hat man es sich zum Ziel gesetzt, das Weinviertel in seiner ganzen Typizität zum Ausdruck zu bringen. Für Genuss und Zeitgeist stehen auch die Weinviertler Kellerstöckl – diese Ferienapartments waren alte Keller, die mit viel Liebe zum Design und zur Architektur revitalisiert wurden und nun erholsame Urlaubsplätze inmitten der Natur sind. Beim Weinstammtisch jeden Samstagnachmittag kann man alles Wissenswerte rund um den Wein erfahren und gemeinsam mit Rosi und Karl Hindler verkosten. *wh*

### WEINVIERTEL DAC

★★ S €€ GV
**2023 Grüner Veltliner Löss** + Frischer, grüner Apfel, Zitrus, würzig, pfeffrig, gehaltvoll, kompakt, balanciert, saftig, trinkfreudig, typischer Wein der Region.

★★★ S €€ GV
**2023 Grüner Veltliner Ried Steinperz** + Vollfruchtiger und animierender Duft nach Apfel, Birne, Pfirsich, Kräuterwürze, deutliche Mineralik, gehaltvoller Körper, ausgewogen, angenehme Extrakte im langen Abgang.

★★★ S €€ GV
**2023 Grüner Veltliner Ried Längen** + Ausgeprägtes Bukett mit voller Würze, Pfefferl, reifer Pfirsich, gelber Apfel, weich und cremig, harmonisch mit Körper, Finesse und Eleganz, gewinnt mit viel Luft – gaumenfreundlicher Veltliner.

★★★ S €€€ GV    TIPP
**2022 Grüner Veltliner Reserve Ried Öhlberg** + Spontan vergoren in Waldviertler Eiche, reife Äpfel, Steinobst, charmante Exotik, Pfefferwürze, Mineralik und Finesse, cremig und geschmeidig, gehaltvoller Körper, angenehm langes Finish.

### NIEDERÖSTERREICH

★★★ S €€ RI
**2022 Riesling Ried Kalvarienberg** + Riesling pur, auf Urgestein gewachsen, reiches Aroma nach Pfirsich und Marillen, animierendes Süße-Säure-Spiel, feine Mineralik, schmelzig und gehaltvoll, trinkfreudig und lang am Gaumen.

★★★★ S €€ CH
**2023 Chardonnay Reserve** + (im Barrique vergoren) Duftiges, exotisches, vielfältiges Aroma nach Mandeln, Marzipan, Ananas, Mango, Banane, feines Karamell, süßliche Extrakte, Finesse und massiver Körper, mit Luft zeigt er sein großes Potenzial – wunderbarer Chardonnay!

★★★ S €€ NB
**2023 Neuburger Ried Kreuzberg** + Rarität von alten Reben mit einladendem Birnenaroma, grünen Nüssen, feiner Würze, Blütenaroma, gehaltvoller Körper, Finesse, ausgewogen und vielschichtig im langen Nachgeschmack.

★★★ S €€ SB    FUN
**2023 Sauvignon Blanc Classic** + Fruchtbetonte, duftige Nase nach Holunderblüten, Stachelbeeren, Paprika, Kräuter und frische Zitrusnoten, saftig, animierend, leicht und unkompliziert, trinkfreudiger Sommerwein!

★★★ S € BP
**2023 Blauer Portugieser Ried Längen** + Aus großem Eichenfass mit dunklem Rubin, dunklen Beeren, zarte Holznoten, feine Tannine, vollmundig und ausgewogen, typische Spezialität der Region, bei dem die Geduld sich gelohnt hat, gaumenfreundlicher Abgang.

★★ ★★★★ K €€ ZW    TIPP
**2021 Zweigelt Reserve** + Aus großem Eichenfass mit typischer Nase nach schwarzen Kirschen, Brombeeren, feine Tannine, saftiges Frucht-Aroma-Spiel, viel Finesse und Potenzial, Bitterschokolade, lange am Gaumen, Schwarzwälder Kirschtorte – mit viel Luft öffnet er sich wie eine Rose!

## Weingut
# Hirtl

**Martin Hirtl**
2170 Poysdorf, Brunngasse 72
Tel. +43 699 14000611
office@weingut-hirtl.at, www.weingut-hirtl.at
25 Hektar, W/R 75/25, 100.000 Flaschen/Jahr

Das Weingut Hirtl ist bereits seit vielen Jahren ein Fixstern in der sehr vielfältigen Weinszene des nordöstlichen Weinviertels rund um Poysdorf, was auch zahlreiche Auszeichnungen dokumentieren. Ein großes Anliegen sind Andrea und Martin Hirtl seit jeher die ökologisch sinnvolle, nachhaltige Bewirtschaftung ihrer Weingärten und eine vernünftige Ertragssteuerung, beispielsweise durch die seit Jahren gepflogene Traubenteilung. An der nördlichen Brünner Straße dominiert der Grüne Veltliner in seinen Spielarten nach wie vor eindeutig das Geschehen. Folglich wurden uns gleich sieben verschiedene Veltliner präsentiert, welche die ganze Spannweite der niederösterreichischen Haus- und Hofsorte bestens repräsentierten und auch für die Höhepunkte der diesjährigen Serie verantwortlich waren. Von den Klassikern des Einstiegsbereichs gefiel diesmal, abgesehen vom äußerst individuellen Gelben Muskateller, insbesondere der springlebendige Veltliner namens „Franz" durch seine zupackende Art, während von den „grünen" Lagenweinen aus 2023 der multidimensionale, saftige Ried Kirchberg eine Klasse für sich war. Für den absoluten Höhepunkt der „grünen" Serie sorgte freilich die exotisch anmutende, kraftvolle Große Reserve aus 2021, aber auch die noch eine Spur kantige Reserve des gleichen Jahrgangs verspricht gehobenes Trinkvergnügen für die nächsten Jahre. *vs*

### WEINVIERTEL DAC

★★ S €€ GV  **FUN**
**2023 Grüner Veltliner Franz** + Anklänge von Hirschbirne und Quitte, klar und vital, ganz helle Fruchtaromen, kühle Note, zart würzig und blitzsauber, vermittelt frühlingshafte Leichtigkeit, viel Trinkspaß garantiert.

★★★ S €€€ GV  **PLV**
**2023 Grüner Veltliner Ried Kirchberg** + Nach Blütenhonig, Birne und Rhabarber duftend, feingliedrig und akzentuiert, klassisches Weinviertler Pfefferl, saftig und eng verwoben, belebende Art sowie einige Länge.

★★★ S €€€ GV
**2023 Grüner Veltliner Ried Waldberg** + Oliven und Mandarinen im leicht exotisch anmutenden Bukett, klar und fokussiert, fleischig und druckvoll, fein abgestimmt und ausgewogen, wenn auch etwas weich im letzten Drittel.

★★★ S €€€ GV
**2021 Grüner Veltliner Reserve** + Vielfältig und differenziert, zuerst nach Birne, dann exotisches Flair à la Babybanane und Melone, saftig und entgegenkommend, schöner Körper und gelbfruchtiger Schmelz, der Jahrgang verleiht auch genügend Pikanz und Rasse, weitere Ausbaureserven.

★★★★ K €€€€ GV  **TIPP**
**2021 Grüner Veltliner Große Reserve** + Fulminantes Duftspiel nach Ananas und Yuzu, Blütenhonig und Kaffee im Hintergrund, reichhaltig und expressiv, sehr dicht und kraftvoll, aber keineswegs üppig, extraktsüß und stets vom tiefen, hellen Fruchtspiel geprägt, seidige Präsenz, überzeugende Interpretation von Herkunft wie Rebsorte.

### NIEDERÖSTERREICH

★★ S € GV
**2023 Grüner Veltliner Classic** + Heublumen und Rhabarber in der schwungvollen Nase, agil und sehr sauber, schlank und anregend, frisch, unkomplizierter, sortentypischer Sommerwein.

★★★ S €€ GV
**2023 Grüner Veltliner Ried Bürsting** + Würziges, intensives Bukett nach Rhabarber, Eisenkraut und Winteräpfeln, pikant, herzhaft und kernig, rauchig untermalt, strukturgebender Gerbstoff vor dem mittellangen Finish.

★★★ S €€ GM
**2023 Gelber Muskateller** + Litschi und Eibisch im ausgereiften Bukett, auch zarter Rosenduft, dezent, lebhaft und klar bei schlanker Textur, rund und ausgeglichen, traubige Delikatesse, charmant wie originell, zartbitterer Ausklang.

★★ S €€ CH
**2023 Chardonnay** + Hübsche Nase nach Biskuit und Honig, recht blumig, auch rauchig unterlegt, kühle Ader, präsent und geradlinig, noch ein bisschen kantig, Gerbstoff im Abgang, nicht allzu lang.

★★ S €€ RI
**2023 Riesling Exklusiv** + Kräuterwürziges Bukett mit Anklängen von Zitronenmelisse und Grapefruit, recht deftig und rustikal, am Gaumen dann jedoch abgerundet und wesentlich feiner, fruchtbetont und offenherzig, baut Druck auf und benötigt noch Flaschenreife zur Abrundung.

## Weingut
# Hofbauer-Schmidt

Johannes Hofbauer-Schmidt
3472 Hohenwarth, Hauptstraße 54
Tel. +43 2957 221, weingut@hofbauer-schmidt.at
www.hofbauer-schmidt.at
15 Hektar, W/R 90/10

Die Höhenlage der Weingärten von über 350 m verhindert Spätfrost und sorgt für langsame Reifung der Trauben, was in Zukunft von Vorteil ist. Die hohe Sortentypizität und der klare Charakter werden von Kellermeister Johannes mit Gefühl herausgearbeitet. Mit dabei sind Petra und Leopold Hofbauer-Schmidt, die das Weingut stilistisch geprägt haben. So wurde das Ziel erreicht, den Flair des Hohenwarther Weins in die Flasche zu füllen. Aber nicht nur der Wein der Reben vom Kellerberg und Kronberg wird hier zu hoher Qualität geführt, sondern auch der frisch-aromatische Sauvignon Blanc hat die Zuneigung des Kellermeisters. Nicht umsonst absolvierte Johannes in Neuseeland sein Praktikum beim Weingut Michael Seresin. *kk*

### WEINVIERTEL DAC

★★ S € GV — FUN
**2023 Grüner Veltliner Klassik** + Frischer Apfelduft, rosa Grapefruits; Kernobst, Marillen, saftig-knackige Säure, jugendlich lebhaft, feine Gerbstoffspur, pikant fruchtsüß, Basilikum, gelbschotig, schwungvolle Trinkfreude.

★★★ S €€ GV
**2023 Grüner Veltliner Ried Hohenwarther Hochstrass** + Elegante Zitrusnote, Melisse; heller Birnen-Apfel-Mix, Pfirsich, Rhabarber, fruchtig-herbe Säure, fein rauchig, pfeffrige Würze, Grapefruitzesten, dynamisch-straff, Schieferader im Nachhall.

★★★ K €€ GV
**2022 Grüner Veltliner Reserve Alte Reben** + Ringlotten-Birnen-Duft; gebratener Pfirsich, hellmalzig, florale Nuancen, getrocknete Ananas, Stachelbeere, Hauch Minze, Mandel, dynamischer Druck, kompakte Säure, Tabakwürze, helle Erde im Finale.

★★★★ K €€€ GV
**2022 Grüner Veltliner Reserve Ried Kellerberg** + Komplexes Fruchtbild, Tropenfrucht, noble Dichte, konzentrierte Vielfalt, Weingartenpfirsich, Ananas, Kokos, Orange, Vanille, helles Laub, kräftige Substanz, kompakte Säure, samtiger Fruchtschmelz, extraktreich, zarte Holzwürze.

★★★★ S €€ GV — TIPP
**2022 Grüner Veltliner Große Reserve Ried Hohenwarther Hochstrass** + Ananas-Orange-Quitten-Reigen; wohlig am Gaumen, geschmeidige Würze, helles Malz, bisschen Marille, zart rauchiges Getreide, stoffige Frucht, Hauch Erdnuss, enormes Potenzial, ein Monument.

### NIEDERÖSTERREICH

★★ S €€ RV
**2023 Roter Veltliner Klassik** + Glockenklar gelbfruchtig, Quitte und Melone; frische Würze, Birnen-Apfel-Aromen, elegant unaufdringlich, Orangencreme, Hauch Marzipan, gefühlvolle Säure, Trinkfreude mit Niveau.

★★★ S €€ RV — PLV
**2023 Roter Veltliner Ried Hochstrass** + Aromatischer Kernobstduft; sensible Fruchtnuancen, Quitte, gelber Apfel, grazil mit Substanz, Backgewürze, Mandelkuchen, Feige und Hauch Maracuja, zarte Mineralspur, facettenreiches Gaumenspiel.

★★★★ S €€€ RV — TOP
**2023 Roter Veltliner Alte Reben** + Würzige Kumquats; kräftig, füllige Eleganz, getrocknete gelbe Früchte, kompakte Säure, gebratene Quitte, helle Tabakwürze, Hauch Vanille und Marzipan, Lebkuchen, rassiger Körper, samtiger Fruchtdruck, herzhaft im langen Finale.

★★ S €€ PB
**2023 Weißburgunder Klassik** + Duft gelber Blüten, Ringlottenmus; gelbfruchtig, Orangenzesten, Golden Delicious, Zitronenbiskuit, Hauch grüner Paprika, pikante Säure, elegante Struktur, frisches Weißbrot, Kräuterwürze, saftiger Trinkfluss.

★★★ S €€ SB
**2023 Sauvignon Blanc** + Holunderduft, Stachelbeerkonfit; Cassis, fleischige Frucht, charmant fruchtsüß, Ananas, Papaya, Mandarine, grüngelber Apfel, spannende Säure, vegetabile Würze, grüner Pfeffer, saftig-dicht im vielschichtigen Nachhall.

★★★ S €€ SI
**2023 Grüner Sylvaner Ried End des Berges** + Duftiges Kernobst, Quitte; pikante helle Beeren, tropische Nuancen, Zitronenmelisse, Wiesenwürze, zisellertes Fruchtbild, elegante Säure, sinnliche Eleganz, balancierte Mineralik.

★★★ S €€ RI
**2022 Riesling Ried Ziersdorfer Köhlberg** + Saftiges Steinobstbukett, Mineralspur; Marille, klare Frucht, elegant und diszipliniert, feine Kräuterwürze, Limette und Ananas, rassige Säure, extraktreich, feiner Schmelz, gefühlvolle Gerbstoffstruktur, samtig im Abgang.

## Bio-Weingut
# HuM Hofer

**Hermann Hofer**
2214 Auersthal, Neubaugasse 66
Tel. & Fax +43 2288 6561
office@weinguthofer.com, www.weinguthofer.com
16 Hektar, W/R 75/25, 60.000 Flaschen/Jahr

Hermann und Maria Hofer waren vor Jahrzehnten die Vorreiter für biologischen Weinbau nicht nur in diesem Gebiet, sondern in ganz Niederösterreich, und haben über die Jahre viele Winzer beeinflusst. Für die kontinuierliche Arbeit gab es 2022 die Auszeichnung als Österreichs bester Bio-Produzent bei der Berliner Wein Trophy. Seit vorletztem Jahr ist der Schwiegersohn und Quereinsteiger Manfred Ottendorfer neu im Betrieb und steuert mit dem Grünen Veltliner Fred.dO seinen eigenen Wein bei.

Ab der ersten Probe merkt man, dass man in einem Bio-Betrieb der alten Schule ist, da die Weine etwas offener und weicher daherkommen, ohne die nötige Säure vermissen zu lassen. Hervorheben möchte ich die drei Grünen Veltliner aus dem Jahrgang 2023, die sowohl die Sorte als auch die Region schön repräsentieren. Der Riesling ist durch seine eigenständige Art interessant und bietet viel Trinkvergnügen. Nicht unerwähnt soll bleiben, dass es hier auch feine, süffige Rotweine und viele PiWi- (pilzwiderstandsfähige) Sorten gibt, mit welchen seit Jahren experimentiert wird, was man denn daraus Köstliches machen kann. *fh*

### WEINVIERTEL DAC

★★ S €€ GV
**2023 Grüner Veltliner Fred.dO** + Knackige, saftige Birne, Zitrusnoten, Kräuter; kalkig, cremig, dann grünwürzig, fein gemacht, mittellang.

★★ S €€ GV
**2023 Grüner Veltliner Ried Vogelsang Bockfließ** + Vielfältige Apfelfrucht von frisch bis gereift, Quitte und Birne; im Geschmack gesellen sich ein Pfefferl und nussige Anklänge hinzu, elegant im Abgang.

★★★ S €€ GV
**2023 Grüner Veltliner Ried Freiberg** + Gelbfruchtig, pointierte Säure, gute Struktur; mehr Würze und Dichte als Vogelsang, vielschichtig, sehr einladend und süffig.

★★ S €€ GV
**2021 Grüner Veltliner Reserve Ried Freiberg** + Eine Reserve, die bereits ihren Reifeprozess begonnen hat: Bratapfel, Karamell, gereifte Säure; Blockmalz und Walnuss, feingliedrig, als Speisenbegleiter zu empfehlen.

### NIEDERÖSTERREICH

★★ S €€€ GS
**2022 Gemischter Satz vom Schafgarten** + Nussig vom Burgunder, würzig, floral; feines Säuregerüst, Heunoten, trocken.

★★ S €€ WR
**2023 Welschriesling Ried Frauenberg Bockfließ** + Stein- und Kernobstmix, Kamille, Blütenhonig; weicher zu Beginn, Gerbstoff braucht noch etwas Zeit, mittlere Länge, guter Gesamteindruck.

★★ S € WR
**2022 Welschriesling Ried Herrnberg** + Unfiltriert, daher cremig und elegant, Heublumen, nussig, feine Säure; im Mund wieder nussig und vielschichtig würzig, die Säure macht ihn feingliedrig.

★★ S €€ PB
**2023 Weißburgunder** + Feiner Mix aus nussiger Würze und gelbfruchtigen Aromen, sowohl in der Nase als auch am Gaumen, gute Länge, einladend.

★★★ S €€ RI
**2022 Riesling** + Unfiltriert, in der Nase noch etwas verhalten, am Gaumen öffnet er sich rasch mit Luft, Marillenkompott, Zitrusnoten, Melisse, feingliedrig und elegant, der biologische Ausbau fügt noch eine cremig-weiche Note hinzu, die sehr ansprechend ist.

★★★ S € ZW
**2023 Rosé vom Zweigelt** + Mittelkräftiges Rosé animierende Kirschfrucht; im Geschmack wieder Kirsche und Weichsel, mit guter Säure unterlegt, saftig und süffig, die 5 g Zucker ergeben ein schmeichelndes Finish.

## Familienweingut
# Honsig

**Norbert Honsig**
2051 Platt 15
Tel. +43 2945 27654
weingut.honsig@aon.at, www.weingut-honsig.at
6 Hektar, W/R 67/33

Beim Weingut der Familie Honsig spürt man eine Kombination aus übereiferndem Perfektionismus, einer gewissenhaften Liebe zum Detail und großer Aufopferungsbereitschaft, gepaart mit etwas Chaos, die eine eigene, herzliche Sympathie erweckt. Der moderne Familienbetrieb liegt im Retzer Land, im nordwestlichen Weinviertel. Auf 6,5 Hektar Rebfläche wird ein breites Sortenspektrum kultiviert. Dabei ist es der Winzerfamilie besonders wichtig, den riedentypischen Charakter des Weines zu betonen und das Terroir der Region in die Flasche zu bringen. Den Schwerpunkt bildet der für die Region typische Grüne Veltliner. Doch auch Spezialitäten und Raritäten haben ihren Platz, wie der mehrfach prämierte Blaue Portugieser, der im Weingut einen hohen Stellenwert genießt. Das Herzstück des Betriebes ist die 2020 gegründete Premium-Linie „JOIE" (französisch für FREUDE) für Reserve-Lagenweine, besondere Qualitäten und außergewöhnliche Jahrgänge. 100 % Handlese, restriktive Ertragsregulierung sowie eine mit penibler Genauigkeit durchgeführte Laubarbeit zeichnen den Betrieb aus. Durch eine umsichtige, nachhaltige Bewirtschaftung der Weingärten, deren Reben teils über 50 Jahre alt sind, werden die Grundlagen für hochwertige Weine geschaffen. Die Liebe zum Winzerhandwerk ist groß und hat bereits die nächste Generation gefangen genommen. Die Jungwinzer Thomas, Johannes und Martin engagieren sich bereits tatkräftig und bringen neue Ideen und frischen Wind ein. *wh*

### WEINVIERTEL DAC

★★★ S €€€ GV
**2023 Grüner Veltliner Ried Längen** + Aus einem 50 Jahre alten Weingarten kommt dieser fein-würzige Weißwein mit deutlichem Pfefferl, frischen, reifen Apfelnoten, lebhafter Säure, geschmeidig, gehaltvoll und ausgewogen mit delikatem, langem Finish.

★★★★ S €€€ GV
**2021 JOIE Grüner Veltliner Große Reserve** + Komplexe Kräuter- und grüne Apfelnase mit Zitrus und typischem Pfefferl, kraftvoll und delikat, Extrakt und Finesse mit Körper und Potenzial, komplexer Wein, der lange den Gaumen tapeziert.

### NIEDERÖSTERREICH

★★★ S €€ GV
**2023 Grüner Veltliner Ried Haiden** + Typisches Pfefferl mit reifen Äpfeln, frische Limonen, Würze und Grapefruit; angenehme Extrakte und Balance, saftig-animierendes Säurespiel, lange im Abgang.

★★★ S €€ RI
**2023 Riesling Ried Sandberg** + Zeigt als Spätlese reife Marillen und Weingartenpfirsiche, gelbe Äpfel und Birnen, bereits harmonisch, mit einem exzellenten Süße-Säure-Spiel, vollmundig, delikat und trinkfreudig im Nachgeschmack.

★★★ S €€ PB    *TIPP*
**2023 Weißer Burgunder Ried Sandberg** + Halbtrockene Auslese mit prägnantem Duft nach Mandeln und Marzipan, reife Birnen und Walnüsse mit feinen Honignoten, vollmundig und kraftvoll mit unglaublicher Süße-Säure-Balance, Harmonie und Finesse, langes Finish.

★★★★ S €€€ CW    *TIPP*
**2021 JOIE Cuvée Esprit** + Pinot Blanc und Pinot Gris ergeben diese Aromabombe nach gereiften Mangos, Papaya, Ananas, Pfirsich, Kräuter, Mandeln und grünen Nüssen, vielschichtige, animierende Frucht, delikat, ausgeprägter Körper, Kraft, Finesse und Harmonie, viel Substanz, cremig-weicher, extraktreicher Abgang.

★★★ S €€€ SB
**2023 Sauvignon Blanc Traditionell** + Kräuterwürze, Stachelbeeren, Brennnessel, nasses Gras in der Nase, saftig-pikante Säure, gehaltvoll und ausgewogen, klassisch und trinkfreudig, animierend und lang am Gaumen.

★★★ S €€€ PG    *PLV*
**2021 Grauer Burgunder Beerenauslese** + Vielschichtiges Aroma nach Mango, Birne, Biskuit, Nelken, Zimt, Kletzen, Orangenzesten, Honig, Rosinen, am Gaumen liebliches Süße-Säure-Spiel, Mandeln und Nüsse, kräftiger Körper und Finesse, langer, hochwertiger Nachgeschmack.

★★★ K €€ BP
**2019 JOIE Blauer Portugieser** + Elegante Nase nach hellen Beeren, Weichseln, Würze, Ribisel, grüne Blätter, eingebundene Tannine, Kräuter, delikate Säure, angenehme Balance im Abgang.

★★★ K €€ ZW
**2019 JOIE Zweigelt** + Tiefe Farbe, fruchtig nach Weichseln, schwarzen Kirschen, Zwetschken; sehr gehaltvoll, kompakt und ausgewogen, Kraft und Körper, milde Tannine und gefälliger Nachhall.

# Weingut
# Hugl-Wimmer

**Martin Hugl**
2170 Poysdorf, Auf der Schanz 28
Tel. +43 2552 20369
office@huglwimmer.at, www.huglwimmer.at
35 Hektar, W/R 80/20, 250.000 Flaschen/Jahr

„2023 ist ein sehr schöner Jahrgang", sagt Sylvia Hugl. „Durch ausreichend Niederschläge hatten die Trauben perfekte Bedingungen und wir konnten ohne Stress bei traumhaftem Wetter lesen." Seit 2013 gibt es das Familienweingut, das „Nachhaltig Austria" zertifiziert ist, in der jetzigen Zusammensetzung. Die Weine sind durch die Bank konsumentenfreundlich kalkuliert. Sehr viel Genuss bieten schon die aktuellen Veltliner. Die Reben in der Alten Geringen stehen auf schwereren, tiefgründigeren Böden, herausgekommen ist ein anspruchsvoller, recht würziger Wein mit sehr freundlichem Fruchtangebot. Die Ried Rösselberg, ein klassischer Lössboden, ist mit ca. 45 Jahren der älteste Weingarten. Von dort, und zum Teil aus kleinem Holz, kommt ein recht ordentlicher Vertreter des Jahres 2020. Viel Spaß macht der Gemischte Satz mit seinem abwechselnden Spiel aller Beteiligten. Vom Steinberg, einer steinigeren Lage mit sandigem Lössboden, nicht weit weg von der Alten Geringen, stammt ein ruhiger, feiner Riesling mit herzhafter Säure und kleinem Zuckerrest. Der kräftige, nicht ganz bröseltrockene Chardonnay kommt vom Lehm-Lössboden und aus dem großen Holz. Der Muskateller ist in seiner sortentypischen, flotten Art ein erfrischender Begleiter für viele gesellige Anlässe. Muskateller und Sauvignon überzeugen als klassische Sortenvertreter mit Anspruch und Spannung, der Traminer ist perfekt, wenn es mal nicht ganz trocken sein muss. Spaß mit Anspruch ist das Thema beim Zweigelt in seinen drei Darreichungsformen. *db*

## WEINVIERTEL DAC

★★★ S €€ GV
**2023 Grüner Veltliner** + Reifer, sommerlicher Apfelduft, anschmiegsam und einladend, Prise Pfeffer; dezent fruchtsüß, fesche Säure, Apfelaromatik setzt sich mit Schwung fort, da kommt Freude auf.

★★★ S €€ GV — **TIPP**
**2023 Grüner Veltliner Ried Alte Geringen** + Freundliche Apfelfrucht, aufgepeppt von etwas Steinobst, straff, fast forsch; steinig, sogar fordernd, dann sehr viel Frucht, herrlicher Fluss, knackiger Pfirsich, Lagerpotenzial.

★★★ S €€ GV
**2020 Grüner Veltliner Reserve Ried Rösselberg** + Reife dunkle Äpfel, Feuerstein, Andeutung von Holz, Spuren von Dörrobst; frucht- und etwas holzsüßer Einstieg, füllige Statur, feine Veltlinerwürze, reifes Kernobst im Finish.

## NIEDERÖSTERREICH

★★★ S €€ GS — **FUN**
**2023 Gemischter Satz** + (GV/MU/RI) Vielfältige helle Fruchtnuancen, Veltliner hat anfangs die Nase vorn, mit Luft etwas Steinobst; Muskateller setzt sich elegant in Szene, Riesling sorgt für den Pepp, Veltliner bereitet das Fundament, feine Aromatik, zitrusfrisch, leicht pfeffrig.

★★ S €€ RI
**2022 Riesling Ried Steinberg – Ketzelsdorf** + Ruhige, typische Rieslingfrucht, getrocknete Marille und frischer Pfirsich; fleischige, reife Frucht, herzhafte Säure, kleiner Zuckerrest, Birne, gute Länge, fein.

★★ S €€ CH
**2022 Chardonnay Ried Zapfelsberg** + Helle, freundliche Frucht, gelbe Äpfel, Steinobst; zart reife Noten, gediegen, geradlinig, feines Säurespiel.

★★ S €€ GM — **FUN**
**2023 Gelber Muskateller** + Typische Erscheinung, frische und auch reife Fruchtvielfalt, dazu schon dunkle Aromen; flotte Säure, kalkige Strenge, Pfirsich, Litschis, grüner Apfel und etwas Birne im Abgang.

★★ S €€ SB
**2023 Sauvignon Blanc** + Elegante, engmaschige Sortendarstellung, Holunderblüten, Minze; straffe Erscheinung, bleibt kühl-minzig, grüne Banane, grüner Paprika, $CO_2$, gute Länge, puristische, spannende Anlage.

★★ S €€ GT
**2023 Gewürztraminer lieblich** + (20 g RZ) Bisschen Mandelmus und Rosenduft, braucht Anlauf; kalkiger Schliff, gut eingepasster Restzucker, angenehmer Abgang, zeigt am Gaumen mehr Sorte, sympathisch.

★★ S €€ ZW
**2022 Zweigelt Classic** + Kirschkern, Weichselfrucht, Lorbeer; sehr charmante Frucht, attraktive Fruchtsüße, lebendige Säure treibt die Frucht voran.

★★★ K €€€ ZW
**2021 Zweigelt Reserve** + Röstnoten, Kakao, vanillig unterlegt, Tabak, klassische Weichselfrucht, Feuerstein; herzhafte Säure, straff, viel Frucht im feinen Gerbstoffgespinst, hält lange an, sympathisch.

♕ ♕ ♕

## Winzer
# Jassek

**Christian Jassek**
2053 Ragelsdorf 16
Tel. +43 664 4650798
office@winzer-jassek.at, www.winzer-jassek.at
10 Hektar, W/R 55/45

Dieser Christian Jassek, ein spätberufener Winzer, übernahm nach 20 Jahren bei Wein & Co den Betrieb. Es ist einer, der weit über den Tellerrand hinausschaut. Er versteht Weinbereiten als Handwerk. So definiert Jassek seinen Beruf. Für ihn ein Traumberuf, wenn auch seine Arbeitsstätte kein Dach hat. Von 0,2 auf 7 Hektar aufgestockt, kultiviert er heute 10 Hektar mit seiner „Handwerkerei". Die Qualität kommt aus dem Weingarten, im Keller wird nicht eingegriffen. Die Handschrift des Winzers ist sehr deutlich – Weine mit Finesse, Eleganz und Struktur. Seine Jahrgänge zeigen ihren Charakter recht eindrucksvoll – gradlinig ohne Schnickschnack. Die Qualität kommt von Quälen und sie wächst im Weingarten. Ein kurzer Ausflug in die besten Lagen am Schatzberg zeigte eine bildhafte, weite Weinlandschaft, wo auch Rehe und Hasen den Weg kreuzen und sich hier wohlfühlen. Christian Jassek lebt und liebt die Natur mit allen Herausforderungen der Winzerarbeit und produziert mit viel Herzblut besondere Weinqualitäten, die im Gedächtnis bleiben. *wh*

### NIEDERÖSTERREICH

★★ S €€ CW
**2023 Summa Selektion** + (WR/GV/SB) Ein saftig-frischer, sehr fruchtiger und würziger, nach grünem Apfel und feinem Pfefferl duftender, schlanker, leichter, pikanter und unkomplizierter, trinkfreudiger Sommerwein.

★★★ S €€ SB
**2022 Sauvignon Blanc Reserve** + Eine liebliche, im Stahltank ausgebaute, würzige Reserve, mit einem Bukett nach Stachelbeeren, Holunderblüten, Blätter und grünes Gras, Extraktsüße und belebendes Süße-Säure-Spiel, kraftvoller Körper, geschmeidige Eleganz, harmonisch-langer, hochwertiger Nachgeschmack.

★★★ S € BP
**2021 Blauer Portugieser** + „Die Rarität des Weinviertels" mit tiefem Rubin, einem Duft nach Kirschen, Brombeeren, Heidelbeeren und Rebholz, auch Würze und Kräuter, zart pflanzliche Noten, schlank und leicht, ausgewogen und zugänglich, fein gereift und gaumenfreundlich, kellerkühl genießen!

★★★ S €€€ CR
**2018 Quercus Reserve** + (ZW/ME) Eine tiefdunkle bis schwarze Cuvée mit einer Duftvielfalt nach Amarena, Cassis, Brombeeren, Röstnoten, Schokolade, Vanille, mit Extraktsüße, Finesse, Dichte und Harmonie, großes Potenzial, sehr lang am Gaumen. Internationaler Weinstil mit Tiefgang – viel Luft und große Gläser!

★★★★ K €€€€ ME  **TIPP**
**2018 Schatzberg Große Reserve** + (100 % ME) Dichte schwarze Farbe im Glas, konzentrierte Frucht nach schwarzen Johannisbeeren, Holler, Brombeeren, schwarzem Pfeffer, Bitterschokolade, Tabak und Dörrobst, Paprikaschoten und Kräuter, kraftvoll, dicht, mit Finesse und Eleganz, grandioser, konzentrierter Wein!

★★★ K €€€€€ CF
**2020 Cabernet Franc Große Reserve Ried Schafberg** + Schwarz im Glas, würzig mit Röstnoten, Cassis, Pflaumen, Pfeffer, kraftvoll, ausgewogen und elegant, weich und geschmeidig, hochwertig und lang am Gaumen.

★★★★ K €€€€€ SY  **TIPP**
**2019 Syrah** + „Fett wie schwarze Erde", genauso schwarz und konzentriert zeigt er sich im Glas, mit dichtem, würzigem, vollem Duft nach Holler, Schokolade, Kaffee, Tabak, konzentriert, kraftvoll mit enormen Extrakten, harmonisch-weich und unendlich lang – eine Weinbombe!

★★★ K €€€ PB
**2022 Weißburgunder Beerenauslese** + Intensives Goldgelb im Glas, animierender Duft nach Honig, Nüssen, Marzipan, Ananas, Mango, Bratapfel, vielschichtig, harmonisches Süße-Säure-Spiel am Gaumen, perfekt abgerundete Restsüße, nicht enden wollend am Gaumen – großer Wein für Süßwein-Freunde!

### WEINVIERTEL DAC

★★★ S €€ GV
**2023 Grüner Veltliner** + Sehr fruchtig, würzig, pfeffrig, Zitrusnoten und frische Ananas, im Hintergrund Apfel und Birne, gehaltvoll, pikant-delikate Säure, klassisch, trinkfreudig, lang am Gaumen.

★★★ K €€€ GV
**2019 Grüner Veltliner Schatzberg Große Reserve** + (Herzblut des Winzers) Helles Goldgelb, vollfruchtig und würzig, Mango-Ananas-Exotik, delikate Säure, kraftvoll mit hohen Extrakten, cremig und reif, viel Potenzial und enorm ausdrucksstark, sehr langer Abgang – vermittelt hochwertigen Trinkspaß!

# Weingut
# Jatschka

**Sebastian Jatschka**
2100 Stetten, Hauptstraße 47
weingut@jatschka.com
www.jatschka.com
6 Hektar, W/R 85/15, 30.000 Flaschen/Jahr

Das Weingut Jatschka wird bereits seit drei Generationen von der Familie geführt. Sebastian Jatschka als Kellermeister ist dabei, das Weingut in eine erfolgreiche Zukunft zu führen. Die beachtlichen Erfolge seiner Weine bei der awc vienna sind durch seinen behutsamen und verantwortungsvollen Umgang mit Boden und Rebstock begründet. Diese sensible Behandlung des reifen Traubenmaterials setzt sich dann im Keller fort. Besondere Aufmerksamkeit schenkt Sebastian Jatschka dem Grünen Veltliner Weinviertel DAC Ried Hundsleiten sowohl als Klassiker als auch als Reserve mit einer längeren Traubenreife und Ausbau im großen Holzfass. Ein pikanter Gemischter Satz, eleganter Riesling, ein fruchtiger Gelber Muskateller und ein samtiger Zweigelt ergänzen perfekt das Weinangebot. Diese Vielfalt wird auch bei den Besuchern der beliebten Buschenschank am „Kirchenberg" in Stetten sehr geschätzt. Hier kann man in gemütlicher Atmosphäre traditionelle Heurigenkost aus frischen Zutaten und hausgemachten Fleischprodukten zum feinen Wein genießen. *kk*

## WEINVIERTEL DAC

★★★ S € GV **PLV**
**2023 Grüner Veltliner Ried Hundsleiten** + Birne und Kräuterwürze; cremig gelbfruchtig, Zuckermelone, Golden Delicious, stoffig, grüngelbe Schote, gelbe Ringlotte, orangenfruchtige Säure, weißer Pfeffer und Zitronenbiskuit im Nachhall.

## NIEDERÖSTERREICH

★★ S € MT
**2023 Rivaner** + Aromatisches Apfelmus, dichte Gelbfruchtigkeit, saftiges Fruchtfleisch, kandierte Ringlotten, Honigmelone, süßer Klee, aufmunternde Säure, Limone, cremige Muskatspur, Hauch Steinobst, bisschen Quitte im freudigen Trinkfluss.

★★ S € GS
**2023 Gemischter Satz** + Duftiger Obstkorb; Apfelmix und helle Birne, weißer Pfirsich, zielierte Zitrusnoten, geschmeidig-fruchtig, unkompliziert, mittlerer Körper, zarter Schmelz, weiche Kräuterwürze, samtige Säure, feine Gerbstoffspur im jugendlichen Abgang.

★★★ S € WR
**2023 Welschriesling Ried Mitterviertel** + Ansprechend gelbfruchtiger Duft; Apfel-Limonen-Mix, Wiesenwürze, saftige Substanz, weiße Stachelbeere, subtile Zitrusnoten, Hauch gelbe Paprikaschote, pikante Säure, wertige Trinkfreude.

★★ S €€ GM
**2023 Gelber Muskateller Ried Kirchen** + Betörende Holunderblüten, Zitrusduft; glasklare Limette, zart fruchtsüß, animierende Säure, mittlere Substanz, helle Kräuterwürze, tiefe Muskatnoten, tropische Nuancen, Clementine, lebhaft im Ausklang.

★★★ S € RI
**2023 Riesling Ried Neuberg** + Würziger Steinobstduft; Weingartenpfirsich, Stachelbeere, junge Marille, bisschen Hibiskusblüte, sandige Mineralität, zarte kandierte Fruchtnuancen, pikantes Säurespiel, Litschi, erdverbunden, elegantes Rückaroma.

★★ S € PB **PLV**
**2023 Weißburgunder vom Flysch** + Helles Blütenbukett, Hauch Zitrus; feine gelbe Früchte, feingliedrig, Lindenblüten, Mandelkuchen, Zitronen-Bananen-Creme, seidige Struktur, elegant, gefühlvolle Gerbstoffstruktur, zielierte Säure, stoffig-fruchtig, vitaler langer Abgang.

★★ S €€ ZW
**2023 Rosé** + Frische rotbeerige Frucht; rote Johannisbeere, Weichselsorbet, Waldbeeren, pikante Säure, bisschen Mandel, geschmeidige Tannine, feine Kräuterwürze, himbeerig im Finish.

★★★ S €€ ZW **PLV**
**2019 Zweigelt Reserve** + Nuancierter dunkler Beerenduft; Herzkirsche, Weichsel und Zwetschke, Graphitspur, geradlinig, feine Edelholzwürze, schwarzer Tabak, Tannine nach Kirschschokolade, Hauch Clementine, rote Johannisbeere, fruchtige Säure, Kakao, beerig-würziger Abgang.

★★★ S €€ CR
**Cuvée ARTHOS** + (CS/ZW) Elegante Kirschblüten; präzises Fruchtbild, samtig, Weichselgelee, Schwarzkirsche, Nougataromen, roter Paprika, Cassis, eingebundene Edelholzwürze, Hauch Himbeere, Preiselbeere, pikante Säure, Mokka, abgestimmte Tannine, fruchtig-straff im eleganten Nachhall.

## ÖSTERREICH

★★ S € ZW **FUN**
**Rosé Frizzante Rosante** + Lebhafte Perlage, duftiger Beerenmix; Herzkirsche, Himbeere, rote Johannisbeeren, geschmeidig-eleganter Schmelz, Hauch Marzipan, Kräuterwürze, feine Fruchtsüße, schmeichelnde Erdbeere im Finale.

♛ ♛ ♛

# Weingut
# Jordan

**Simone & Johannes Hiller-Jordan**
3741 Pulkau, Groß-Reipersdorf 12
Tel. +43 664 4112662
office@weingut-jordan.at
www.weingut-jordan.at

Zweigelt Rubin *Reserve*

Weingüter entstehen nicht von heute auf morgen, sie werden von Generationen zu dem gemacht, was sie heute sind", sagt Simone Hiller-Jordan. Besucht man diesen innovativen, modernen Betrieb, erlebt man Tradition und Moderne in allen Einzelheiten. Hier bleiben nicht nur die Weine im Gedächtnis, sondern auch die familiäre Herzlichkeit der Familie Hiller und Jordan. Mit Überzeugung und Expertise werden hier Weine produziert, die nicht nur aktuell beeindrucken, sondern auch noch nach vielen Jahren der Lagerung die Herzen der Weingenießer erfreuen werden. Beim Grünen Veltliner „Steinzeit" macht sich die Aufbauarbeit bereits bemerkbar. Im Granitfass vergoren und gereift, zeigt dieser alle Vorzüge eines großen Weines wie Extraktfülle, Kraft, Körper, Finesse, Eleganz und Dichte mit unglaublichem Potenzial – nach dem Umfüllen in eine Karaffe und aus Burgundergläsern getrunken adelt er alle Gerichte, die er elegant begleiten soll. Der Zweigelt Rubin Reserve gehört seit Jahren zum besten dieser Rebsorte, der Rosé „Blanc de Noir" erfreut in der wärmeren Jahreszeit als animierender Partywein, und die Schaumweine aus Riesling und Grüner Veltliner sind trinkfreudige Alternativen zu vielen Qualitäten auf diesem Sektor. Der Grüne Veltliner „Simone" erinnert nicht nur an die Zeit der Weinkönigin Simone, er ist viel mehr das Urgestein-Aushängeschild eines trinkfreudigen, klassischen Weinviertler DAC, wie man ihn gerne hat und zu schätzen weiß. **wh**

## WEINVIERTEL DAC

★★ S €€ GV
**2023 Grüner Veltliner Pulkau** + Fruchtbetont nach Birne, Apfel, pikantem Pfefferl und Würze, klassisch und typisch, leichtgewichtig und schlank, frisch und mineralisch.

★★★ K €€€ GV
**2021 Grüner Veltliner Alte Reben Reserve** + Extraktreiche Würzenase, gelbe Äpfel, schwarzer Pfeffer, Vanille, frische Mineralik, cremig-schmelzig, gehaltvoll mit Finesse und Charakter, feine Röstnoten, saftig-animierend im langen Abgang.

## NIEDERÖSTERREICH

★★ S €€ GS
**2023 Gemischter Satz** + Vielschichtige Düfte zu einem ansprechenden, betörenden Aroma vermischt, von fruchtig bis blumig, von pikant bis extraktsüß und doch leicht und schlank.

★★★ S €€ GV
**2023 Grüner Veltliner Simone** + Elegante Würze, duftig, fruchtig nach reifen Äpfeln und Birnen, gelbe Früchte, klassisches Pfefferl, sehr gehaltvoll und ausgewogen mit delikater Säure, animierend und ausdrucksstark, lang am Gaumen.

★★★★ K €€€€ GV **TIPP**
**2021 Grüner Veltliner Steinzeit Große Reserve** + (12 Monate im Granitfass gereift) Exotische Nase nach Ananas, Mango, Maracuja, gelbe Früchte, reife Marillen, deutliche Mineralität, hohe Extraktdichte, ausgeprägte Finesse und Eleganz, vielschichtig und kraftvoll, harmonischer Genuss.

★★★ S €€ CH **PLV**
**2022 Chardonnay Ried Had Cool Climate** + In der Nase Exotik nach Ananas, Maracuja, Melone, auch Birne und Würze, kühle Aromatik, sehr gehaltvoll mit viel Körper, Kraft und Finesse, mineralisch, saftig und belebend, harmonisch und hochwertig – langer Abgang.

★★★ K €€ SL
**2021 St. Laurent Ried Satzen Reserve** + Leuchtendes dunkles Rubin, Weichsel, Kirsche, Rebholz, Röstnoten und feinwürzig, gut eingebundene Tannine, körperreich, elegant – charaktervoller Rotwein mit samtig-langem Nachgeschmack.

★★★★ K €€€ ZW
**2021 Zweigelt Rubin Reserve** + Dichtes Rubin, klassischer Duft nach reifen schwarzen Kirschen, Amarenanoten, süßliche Extrakte, molliger Körper, Kraft, Finesse und Eleganz, angenehme Harmonie.

★★★★★ K €€€€€ ZW **TOP**
**2019 Zweigelt 42 Große Reserve** + (42 Monate im Barrique gereift) Leuchtend reife Ränder in dunklem Rubin, eingekochte Schwarzkirschen, Amarena, Schokolade, Mon Chérie, zarte Röstnoten, dazu am Gaumen Kraft, Körper und Eleganz – komplexer, hochwertiger Rotwein mit viel Potenzial und endlosem Nachgeschmack.

★★★ K €€€ GV
**2021 Grüner Veltliner Brut Reserve** + (18 Monate Flaschengärung) Feine Perlage, Würze und grüner Apfel, saftig-frisch, schlank, leicht, ein fruchtbetonter und trinkfreudiger Schaumwein.

# Weingut
# Julius Klein

2052 Pernersdorf 37
Tel. +43 2944 8649
mail@weingut-klein.at, www.weingut-klein.at
20 Hektar, W/R 80/20

Dass ich Julius Klein im Vorjahr als den F.X. des Weinviertels bezeichnet habe, hat er mir hoffentlich verziehen. Die beiden sind wohl Seelenverwandte. Akribisch, konsequent, authentisch. Julius Klein ist am liebsten im Weingarten oder im Weinkeller. Bei ihm geht Herkunft vor Rebsorte. Den Hauptanteil der Weine des Hauses übernimmt der Grüne Veltliner. Weine dieser Rebsorte wie 2023 Lehm & Löss, 2023 Ried Wiege oder 2023 Ried Rustenberg sind perfekte Vertreter ihrer Zunft. Den Höhepunkt setzen dann die Reserve von der Ried Steinberg und das „Urmeer", eine Reserve, welche im neuen Holz ausgebaut wurde. Das sind große Weinviertler Gewächse, die zu reifen verstehen. Großen Spaß bereitet der 2023 Sauvignon Blanc – ein Wein von seltener Feinheit. Zwei höchst attraktive Weine, die mit etwas Restzucker behaftet sind – 2023 Chardonnay und 2023 Riesling. Hier adelt der Restzucker die Weine. Nicht zu vergessen der 2023 Gemischte Sätze „REBhuhn" – Ein herzerfrischender Wein. Erstmals wurde auch ein 2023 Orange Wine vom Gewürztraminer gekeltert. Höchst attraktiver Orange Wine light.
Dass Julius Klein sehr schöne Rotweine macht, die in ihrer trinkigen Struktur höchst attraktiv sind, soll nicht unerwähnt bleiben. Das Weingut ist übrigens Mitglied der „Junge Wilde Winzer". **as**

## WEINVIERTEL DAC

★★ S €€ GV **FUN**
**2023 Grüner Veltliner Lehm & Löss** + Ein wunderbar duftiger, eleganter, lebendiger Grüner Veltliner. Voller Pikanz, dezent pfeffrig, dezente Exotik, Orangenzesten, zart würzig, unkompliziert auf hohem Niveau.

★★ S €€ GV
**2023 Grüner Veltliner Ried Wiege** + Feine Exotik, Orangenschalen, Mango, frisches Kernobst, Zitrus, knackige Frische, pfeffrig, entwickelt Grip und Mineralität. Gut strukturiert, gute Länge.

★★★ S €€€ GV
**2022 Grüner Veltliner Reserve Ried Steinberg** + Ein vielschichtiges Bukett, gelbe Früchte, Mango, Maracuja, Orangenschalen, Pfeffer, etwas Karamell, Zitrus, cremige Textur, Akazienblüten, perfekte Säure, perfekt eingebundenes, strukturgebendes Holz, tiefgründig, ungemein würzig, geht im Glas richtig auf.

## NIEDERÖSTERREICH

★★★ S €€ GV
**2023 Grüner Veltliner Ried Rustenberg** + Pfefferwürze, dezent rauchig, Teeblätter, gelbfruchtig, sehr elegant, feine Frucht, einige Mineralität, feinste Gerbstoffbetonung, viel Struktur, tolle Würze, auch mit filigranen Noten.

★★★★ S €€€€ GV **TIPP**
**2022 Grüner Veltliner Reserve Urmeer** + (das Filetstück vom Rustenberg, neues Holz) Rauchig, Pfeffer, Tabak, reife Birne, exotische Noten, etwas Karamell, Honignoten, herrlich cremig, fruchtig, das Holz bindet sich schön ein, extraktreich, elegant, in sich harmonisch, vielschichtig und homogen. Ein großer Weinviertler.

★★ S €€ SB **FUN**
**2023 Sauvignon Blanc** + Ein feingliedriger, niemals lauter, reduzierter Sauvignon Blanc, fein liniert, fleischiger Pfirsich, dezente Stachelbeeren, frisch gemähtes Gras, Minze, ein Hauch gelber Paprika, höchst attraktiv.

★★ S €€ RI
**2023 Riesling Ried Steinberg** + (halbtrockenZ) Ananas, Steinobst, Zitrus, Orangenschalen, etwas Nougat, der Restzucker wird durch die Säure kompensiert, wirkt leichtfüßig, fast filigran, höchst attraktiv mit viel Zukunft.

★★ S €€ GS **FUN**
**2023 REBhuhn Gemischter Satz Weiß** + Vor knackiger Frische nur so strotzend, frische Kräuter, Zitrus, Grapefruit, Pfirsichtöne, Apfel, Birne, ein Hauch Holunder, Orangenblüten. Das macht so richtig Spaß. Ein hochwertiges, unkompliziertes Trinkvergnügen.

★★ S €€ SL
**2021 St. Laurent** + Schwarzkirschen eingelegt, Zwetschken, etwas Lebkuchen, feine Aromatik, dezente Holznote, elegant, fast filigran, voller Eleganz und Charme. Perfekte Balance.

★★ S €€ ZW
**2020 Zweigelt** + Rote und schwarze Beeren, Weichseln, Mandeltöne, Brombeeren, saftige Frucht, charmante Fülle, zeigt Charakter, angenehmes Tannin.

★★★ S €€€ GT
**2023 Gewürztraminer – Haut an Haut Orange** + (maischevergoren) Gelbgrüne Farbe, feines Aroma nach Rosen, etwas Litschi, dezent rauchig, druckvoll, ausdrucksstark, typisch, ein hervorragender Gewürztraminer. Orange Wine light.

## Respiz-Hof
# Kölbl

**Johannes und Margit Kölbl**
3743 Röschitz, Winzerstraße 5
Tel. +43 2984 2779
weingut@respiz-hof.at, www.respiz-hof.at
14 Hektar, W/R 90/10

„Respiz" ist der alte Name von Röschitz, wie er erstmals 1198 urkundlich erwähnt wurde. Die historische Bezeichnung des Weingutes zeugt von tiefer Verbundenheit der Familie Kölbl mit dem Ort. Der Traditionsbetrieb bewirtschaftet seit 1660 die Weingärten rund um den Ort, an den Ausläufern des Manhartsberges, und bringt Jahr für Jahr sortentypische, ansprechende Weiß -und Rotweine in die Flasche. Johannes Kölbl versteht es sehr gut, einen bodenständigen Weinstil zu kultivieren, im Einklang mit der Natur in Form von verschiedenen Bodenarten, Klima und seiner Erfahrung und Routine für fruchtbetonte, gehaltvolle und elegante Weine für die anspruchsvollen Gaumen der Genießer. So wird auch die Sortentypizität und der Charakter der Reben nahezu perfekt präsentiert. Die beiden Söhne Johannes und Michael haben ihre Weinausbildung bereits abgeschlossen und unterstützen tatkräftig die Arbeit des Winzers. Neben der Weinauswahl in Weiß, Rosé und Rot, Süßweinen (Prädikatsweine) und Frizzante werden auch noch sortenreine Traubensäfte, Verjus, Edelbrände, Rotweingelee und Walnussöl produziert. Der gemütliche Verkostungsraum aus Holz und Stein bietet die Möglichkeit für Verkostungen der aktuellen und gereiften Weine. *wh*

### WEINVIERTEL DAC

★★ S € GV
**2023 Grüner Veltliner Ried Reipersberg** + Helles Grüngelb, fruchtig-würziger, animierender Duft nach grünem Apfel, Zitrus, gelben Früchten, rassig und saftig, schlank, typischer, angenehmer Wein.

★★ S €€ GV
**2023 Grüner Veltliner Ried Himmelreich** + Auf Urgesteinsboden gewachsen, zeigt sich in der Nase eine Duftfülle nach Apfel, Birne, Pfirsich, grüne Blätter, Pfefferl, am Gaumen cremig, ausgewogen, eingebundene Säure, Körper und Kraft, viel Aroma im Abgang.

### NIEDERÖSTERREICH

★★★ S €€€ GV
**2020 Grüner Veltliner vom Urgestein Reserve** + Intensives, gereiftes Strohgelb, exotische Nase nach Mango, Ananas und Maracuja, würzig-pfeffrig, kraftvoll, saftig, mineralisch-frisch, ausbalanciert, cremig, Potenzial, langer Abgang.

★★ S € GS
**2023 Gemischter Satz** + (MT/GV/MU/RI) Vielschichtiger, würziger, deutlicher Duft nach Apfel, Holunderblüten, Pfirsich, reifen Marillen, Orangenzesten, pikantes Pfefferl, frisch und saftig, duftig-fruchtig, schlank und animierend – typischer Sommerwein!

★★★ S €€ PB
**2023 Weißburgunder Ried Hundspoint** + Helles, junges Grüngelb, in der Nase Mandeln, Brioche, reife Äpfel, Kräuternoten, Marzipan, milde Säure, viel Extrakt, cremig-schmelzig, gehaltvoll, kräftig und gaumenfreundlich, harmonischer Pinot Blanc.

★★★ S €€ NB  **PLV**
**2023 Neuburger Ried Galgenberg** + Typisches Bukett nach grünen Nüssen, würzig und aromareich, fein-blumig, am Gaumen überrascht ein delikates Süße-Säure-Spiel mit Körper und Kraft, gut ausgewogen und lang im Nachgeschmack.

★★ S €€ GM
**2023 Gelber Muskateller** + Blasses junges Grüngelb, typischer Duft nach Holunderblüten, Muskat, Stachelbeeren, traubig und feine Exotik, delikate Fruchtsäure, animierend, schlanker Körper, zarte Mineralik.

★★★ S €€ SB
**2023 Sauvignon Blanc Ried Hiataohoad** + Frisches Grüngelb, feinwürzig, Brennnessel, frische Kräuter, nasse Sommerwiese, Pflanzen, Paprika, Zitrusnoten, delikat, leicht und schlank, ausgewogen, animierender Trinkfluss.

★★★ S €€ CH
**2023 Chardonnay Granit** + (Fass) Cremig-fruchtiger Duft nach reifen Äpfeln und Ananas, vielschichtige Aromabombe, Extraktsüße, Körper, Kraft und Finesse, Potenzial, Harmonie im sehr langen Abgang – verspricht viel!

★★★ S €€€ RI  **TIPP**
**2021 Riesling vom Urgestein Reserve** + Prägnante, animierende Aromanase nach reifem Pfirsich, Marillen, Birne, deutliche Exotik und frische Zitrusnoten, kräftig und gehaltvoll, extraktreich und elegant.

★★★ S € ZW
**2023 Zweigelt Rosé Ried Marktweg** + Lachsfarbiges Rosa, fruchtiges Aroma nach Kirschen und Erdbeeren, etwas Himbeeren im Hintergrund, delikate Säure, harmonisch mit viel Extrakten, animierende Trinkfreude – klassischer Sommerwein!

## Weingut
# Kramer

**Michael Kramer**
2162 Falkenstein, Kellergasse 150, Tel. +43 664 4073720
falkenstein@weingut-kramer.com
www.weingut-kramer.com
20 Hektar, W/R 80/20, 120.000 Flaschen/Jahr

Seit über 300 Jahren besteht die Leidenschaft zum Wein im Weingut Kramer aus Falkenstein im Weinviertel. In der sechsten Generation werden mittlerweile über 20 Hektar Weingärten nach dem Prinzip des naturnahen Weinbaus bewirtschaftet. Die moderne Stilistik des 2019 neu gebauten Weinguts, das mit einigen Teilen aus dem Altbau kombiniert wurde, spiegelt sehr gut das Ziel von Vater Herbert und Sohn Michael Kramer für ihre Weine wider – die möglichst perfekte Mischung aus Tradition und Moderne.

Die Gegend rund um Falkenstein bietet beste kleinklimatische und geologische Voraussetzungen für hochqualitative Weine. Bewaldete Hügel halten kalte Winde ab, steile Kalkklippen und heiße Talkessel sorgen für optimale Ausreifung der Trauben. Große Temperaturunterschiede im Herbst verleihen den Weinen ein gutes Säurerückgrat. Ich freue mich darauf, die weitere Entwicklung im Weingut zu begleiten. *fh*

★★★ S €€€ GV
**2022 Grüner Veltliner Privat Reserve** + (Rosenberg, 50 Jahre alte Reben, 500-Liter-Holzfass) Exotik, Mango, Ananas, Quitte, salzig, Holz noch deutlich spürbar; Frucht setzt sich am Gaumen fort, cremige Textur, Mineralik schiebt sich immer mehr nach vorne, gute Zukunft.

### NIEDERÖSTERREICH

★★ S €€ WR
**2023 Welschriesling** + Grüner Apfel, Heublumen, kernige Säure; lebhaft, knackig, Fruchtcharme, etwas milder im Abgang, Sommerwein.

★★ S €€ PB
**2023 Weißer Burgunder Falkenstein** + Mandel, Waldhonig, Kräuter, feine Herbe; nussig, elegant, ein verspielter, süffiger Weißburgunder.

★★★ S €€ RI
**2023 Riesling Ried Rabenstein** + Kalkige Kühle, zarte Frucht, Steinobst; im Geschmack strukturierter, reife Marille, Minze, viel Kalk, feingliedrige Säure, wirklich gut.

★★ S €€ SB
**2023 Sauvignon Blanc Falkenstein** + (Sonnleitn) Hohe Säure, grüner Paprika, Stachelbeere, Limette; Eibisch, kernig, mittlere Länge. Feiner Sommerwein.

★★ S €€ GM
**2023 Gelber Muskateller Falkenstein** + Aperitif-Stilistik: Muskatnuss, Zitronenmelisse, Rosenblüte; nervig und kühl, zart und feingliedrig, macht Lust auf den nächsten Schluck … und den ersten Gang.

★★ S €€ CR
**2023 Merlot & Co Rosé** + (70 % ME / 30 % ZW) Saftig-roter Beerenmix, Himbeere, Minze; jugendlicher Körper, muntere Säure, zart schmelzig. Der Sommer kann kommen.

★★ S €€ ZW
**2023 Zweigelt** + (30 Jahre alte Reben) Kirschfrucht, sehr einladend, feine Säure; Kirsche auch am Gaumen, Kräuter, mittlerer Körper, schöne Balance, ein Wein mit Charme.

★★★ S €€ CR
**2021 Selection Domino** + (60 % ZW / 20 % ME / 20 % CS) Das rote Flaggschiff des Hauses: Kirsche, Paradeiser, Minze, dunkles Toasting; am Gaumen ist das Holz noch sehr präsent, dann Kühlehauch, Eukalyptus, Weichsel, etwas Schokolade, mittlerer Körper, mittellang. Braucht noch etwas Zeit.

---

### WEINVIERTEL DAC

★★ S €€ GV
**2023 Grüner Veltliner Falkenstein** + Schmeichelnde Fruchtaromen, Birne, gelber Apfel, offen; weiche, cremige Stilistik, Ringlotten, charmant und einladend, Terrassenwein.

★★★ S €€ GV
**2023 Grüner Veltliner Ried Rosenberg** + (35 bis 40 Jahre alte Reben) Frisch gemahlener Pfeffer, Grapefruit, Zitrus, herb; im Geschmack voller, rosa Grapefruit, Blutorange, Kräuterwürze, zart salzig, gute Länge, Potenzial.

## Hofkellerei des Fürsten von
# Liechtenstein

**Stefan Tscheppe**
2193 Wilfersdorf, Brünner Straße 8
Tel. +43 2573 2219-27
wein@hofkellerei.at
www.hofkellerei.at

„2023 war ein spannendes Jahr, zeitweise eine Zitterpartie, das dann doch überraschend positiv zu Ende ging. Die Alkoholausbeute ist ein bisschen höher als 2022, strukturell erinnern die Weine an 2021, also ein sehr, sehr guter Jahrgang", so fasst Stefan Tscheppe seine Erfahrungen zusammen. Gemeinsam mit Prinzessin Marie und Josef Stumvoll ist seit 2019 ein junges, engagiertes und international erfahrenes Team am Werken. „Wir müssen Eigenständigkeit zeigen und etablieren", wird Stefan Tscheppe nicht müde zu wiederholen. Diese Eigenständigkeit beruht vor allem auf den „Lössböden mit dominantem Aktivkalk" im Weinviertel und dem Muschelkalk am Leithaberg. Vor allem die Ried Karlsberg, demnächst 1ÖTW-Lage, in Herrnbaumgarten ist dazu auserkoren, die Ideen für die Zukunft zu transportieren. Die Reserve vom Grünen Veltliner ist unser „Herzeige-Grüner", doch anders als erwartet ist der Veltliner nicht die Hauptsorte. „Wir haben 20 bis 40 Jahre alte Rieslinganlagen, und auch bei Neuauspflanzungen hat der Riesling die Nase vorn, er passt einfach gut auf die kalkigen Böden." Geradezu revolutionär war die lange Zeit denkunmögliche Liaison beider Sorten in der Cuvée Herrnbaumgarten und in der Steigerung, der Cuvée Ried Karlsberg. Der Zweigelt z. B. in Form des Profundo ist die rote Ergänzung im Weinviertel, vom Leithaberg kommt neben dem Chardonnay ein pinotesker Blaufränkisch. Verkost- und erlebbar sind die Weine am Weingut in Wilfersdorf und in der Vinothek und Bar im Park des Gartenpalais im 9. Wiener Gemeindebezirk. *db*

### WEINVIERTEL DAC

★★★ S €€ GV  **PLV**
**2023 Grüner Veltliner Clos Domaine** + Leise Apfelaromen werden an der Luft prominenter, geht auf; saftig, Struktur ist wichtig, auch etwas Gerbstoff darf sein, burgundische Struktur, Frucht rückt nach, wird von viel Kalk straff gefasst, spannender, vielschichtiger, schwungvoller Wein.

### NIEDERÖSTERREICH

★★★ S €€€ GV  **TIPP**
**2022 Ried Karlsberg Reserve Grüner Veltliner** + Zur Hälfte aus gebrauchten 500-Liter-Tonneaus, die nur einen zarten Eindruck hinterlassen, Lageräpfel, Birne, festes Pfefferl, baut Druck auf, Holzgerbstoff stützt, geschmeidige Extraktsüße, reife Apfelaromen, passende Säure, Salzigkeit, weinige Eleganz und Herkunft vor Sorte, feiner Schmelz, reife Aromen.

★★★ S €€€ CW  **PLV**
**2022 Herrnbaumgarten Cuvée** + (RI/GV) Marille mit Veltlinerwürze als Untersatz, kalkig, Anklänge an Natural Wine; spannender Mix aus kecker Säure, Struktur, Veltliner-Fundament, Riesling fürs Spiel, lebendig, trocken, guter Extrakt, Süßholz.

★★★ S €€€€ RI  **TIPP**
**2022 Ried Karlsberg Riesling Privat** + Kalk, spröde, ein Rosenblatt, Hauch Marzipan, Pfirsich, Marille, strenge Herkunft, Fruchtsüße als Gegenpol, Hauch von Petrol; entgegenkommender, fruchtiger Start, dann kalkige Strenge, Fenchelsamen, sehr gute Spannung, engmaschiges Finish, hält lange im Anbruch und wird immer besser mit Luft.

★★★ K €€€€€ CW  **TIPP**
**2021 Ried Karlsberg Cuvée** + (GV/RI) Kalkig mit erfrischendem Mix aus Stein- und Kernobst, Salzzitrone, eine Spur Holz; burgundische Struktur mit freundlichem Kick, Veltliner steuert sein Pfefferl bei, im Finish dann viel Kalk, mineralische Adstringenz, straff, Holzgerbstoff stützt, kandierte Frucht, vielschichtig, jugendlich, Mandelmus, zarte Bitternote.

★★★ K €€€€€ CW
**2022 Ried Karlsberg Cuvée** + (GV/RI) Leicht holzsüß, guter Fruchtausdruck, Vanille, Karamell, etwas BSA; burgundisch, kalkig streng, dann freundliche Fruchtsüße, kernige Säure, Pfefferl, stoffig, jugendlich.

★★★ K €€€ ZW  **FUN**
**2020 Profundo Zweigelt** + Feines, leicht mandelsüßes Holz, straff, Weichseln, stützendes Holz, erste Reife, kühl, appetitliche Säure, guter Trinkfluss.

### LEITHABERG DAC

★★★★ K €€€€ CH
**2022 Leithaberg Chardonnay** + Florale Schattierungen, dezenter Holzeinsatz, zarte Stilistik; fester Kalkdruck, feine Fruchtsüße, braucht lange, florale Noten bleiben, leichtfüßige Eleganz, kalkig-salzige Pikanz, zeigt Kante, holt in Tiefe und Länge zum Karlsberg 2021 auf, braucht Zeit, spannend.

★★★ K €€€€ BF
**2020 Leithaberg Blaufränkisch** + Frische Frucht, Weichsel, helle Beeren, leicht frucht- und auch holzsüß, charmant; startet mit markanter Säure, die peitscht die Frucht über den Gaumen, deutlicher Gerbstoffkick, Kirschkern, burgundisch, sensibler Holzeinsatz, gute Länge.

# Weingut
# Gerhard J. Lobner

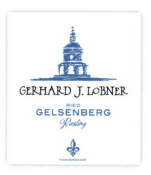

**Gerhard J. & Benita Sophie Lobner**
2261 Mannersdorf an der March, Hauptstraße 62
Tel. +43 650 8018397
benita@weingut-lobner.at, www.weingut-lobner.at
10 Hektar

Mit dem herausfordernden Jahrgang 2014 hat Gerhard Lobner die Verantwortung des Familienweingutes im südöstlichen Teil des Weinviertels, im beschaulichen Mannersdorf an der March, übernommen. Nach Absolvierung der Klosterneuburger Weinbauschule im Jahr 1999 folgten mehrere Praktika im Ausland. Seit dem Jahr 2007 ist Gerhard Lobner als erfolgreicher Weingutsleiter der Wiener Weingüter „Mayer am Pfarrplatz" und „Rotes Haus" tätig. Die Doppelbelastung wird bravourös gemeistert, im Gespräch wird das eigene Weingut als „Wien im Kleinformat" bezeichnet. So spielt auch bedingt durch das Kleinklima der Marchauen – anders als im Weinviertel üblich – der Riesling die erste Geige. Die 1648 errichtete Rochuskapelle prägt die Etiketten, von ihr aus sind die beiden vom Löss geprägten Lagen Rochusberg und Gelsenberg sichtbar. Benita, Gerhards Tochter, hat zusätzlichen „frischen Wind" ins Weingut gebracht, ihre Lebensfreude und ihr positiver Zugang zum Thema Wein sind auch in der aktuellen Weinserie erkennbar. Viel Zeit verbringt Benita im Weingarten und kann sich damit als weiterer wichtiger Qualitätsfaktor einbringen. Im Mai 2024 wurde das Weingut in den Kreis der Österreichischen Traditionsweingüter aufgenommen. Mit dem Welschriesling aus der Ried Gelsenberg beweisen die beiden jedes Jahr aufs Neue, was in dieser unterschätzten Rebsorte steckt. Der Terra Aurea vom Rochusberg brilliert durch die Vielschichtigkeit der Sorten sowie durch das Alter und damit die Klasse der alten Rebstöcke – großes Potenzial. Die Rieslinge faszinieren durch vollmundigen, mineralischen Ansatz bis hinauf zum „Unterm Kirschbaum", der an Weine aus der Mosel erinnert. *fh*

### WEINVIERTEL DAC

★★ S €€ GV
**2023 Grüner Veltliner** + Reife Birne, gelber Apfel, cremig, weich, strömend; im Mund zupackender, samtiger Gerbstoff, Kräuterwürze, gelbfruchtig, stoffig, klingt schwungvoll aus.

★★★ S €€ GV
**2023 Grüner Veltliner Mannersdorf** + Mineralische Anklänge, Zitrus, Kräuter; salzig zu Beginn, dann Birne, Apfel, rosa Grapefruit, Lösswürze, feiner Gerbstoff, gute Länge.

★★★★ S €€€ GV
**2023 Grüner Veltliner Ried Rochusberg** + (45 Jahre alte Reben, 9 Monate auf der Feinhefe) Vielfältige Fruchtaromen, Steinobst und reife Zitrusfrüchte, Tiefgang; salzig, adstringierend, rosa Grapefruit, dichte Substanz, lange im Abgang. Ein Versprechen für die Zukunft.

### NIEDERÖSTERREICH

★★★ S €€ WR    PLV
**2023 Welschriesling Ried Gelsenberg** + Vielschichtige, klassische Welschriesling-Aromatik, Ringlotten, Quitte, Apfel, Birne, frische Blüten; herb-würzig, gute Struktur, feine Balance aus Frucht und Herbe. Vorbildlich.

★★★ S €€ RI
**2023 Riesling Mannersdorf** + Feine Herbe, gute Frucht, Steinobstnoten, gelber Pfirsich, reife Marille; sofort Mineralik, dann der gleiche Fruchtkorb, strukturiert, die vollmundige Variante eines feinen Rieslings.

★★★★ S €€€ RI
**2023 Riesling Ried Gelsenberg** + (30 Jahre alte Reben) Marillenkompott, reifer Pfirsich, wunderschöne Steinobstnoten; strukturiert; dicht, immer Riesling, herberes Finish mit Bergamotte und Orangenzesten, vollmundig, gute Länge. Da geht die Sonne auf.

★★★★ S €€€ RI
**2023 Riesling Ried Gelsenberg Unterm Kirschbaum** + (30 Jahre alte Reben – 10 % Vol., 8 g Säure, 25 g RZ) Hochreifer saftiger Pfirsich, mit herben Kräutern unterlegt, kraftvoll, schmeichelnde Süße, deutsche Stilistik; vielschichtige Steinobstnoten, Blutorange, nervige Säure, betörend und einnehmend, perfekt balanciert (siehe Werte), die Mosel lässt grüßen, großes Potenzial.

★★★ S €€€ CW
**2023 Ried Rochusberg Terra Aurea** + (GV/WR/RI/NB/MO/TR – 15 % der Rebstöcke wurden 1945 ausgepflanzt) Vielschichtige Aromen, Quitte, Marille, Rosen, mit Tiefgang; mittelkräftig, breites Spektrum an Geschmäckern, Mandarine, Orange, Rosenblüten, animierende Säure, gute Länge, macht Spaß!

# Weingut
# Machalek

**Martin Machalek**
2052 Pernersdorf 179
Tel. +43 2944 81812
office@machalek.at, www.machalek.at
8 Hektar, W/R 90/10, 35.000 Flaschen/Jahr

Seit dem Jahr 2004 ist der Weinbau Berufung von Martin Machalek. Davor jobbte er in verschiedenen Berufen, bis er den elterlichen Betrieb – welcher damals nur Fasswein produzierte – übernahm. Seit 2019 ist das Weingut bio-zertifiziert. Dies bedeutet Kompost ausbringen, um den Boden zu durchwurzeln, Nährstoffe zu erschließen und – in diesen heißen Jahren ganz wichtig – Wasser zu speichern. Die Böden eben fit für die nächste Generation machen. Martin Machalek hat ein kleines, doch feines Weinsortiment. Dadurch kann er sich umso intensiver um die Weine und Weingärten kümmern. Die Trauben werden bei der Lese in Kleinkisten gelesen und bei Bedarf gekühlt. Er möchte auf keinen Fall größer werden.
Ich habe es schon im vorigen Jahr von mir gegeben. Die klassischen Weine von Martin Machalek sind hervorragend. Doch bezwingend sind seine sogenannten Orangeweine, die ich großartig finde. Diese laufen unter den surrealen Namen wie „Fuks du hast die Früchte gestohlen" oder „Fuks du hast die Kräuter gestohlen". Weine von innerer Dramatik und höchst individuellen Ausdrücken. Teilweise ohne Schwefel, teilweise mit minimal Schwefel. Es sind immer standfeste, unverwechselbare Weine. Davon zeugt auch ein 2021 „Fuks" von der Ried Rustenberg mit null Schwefel. Der Wein steht wie eine 1. Perfektes Gerbstoff-Management. Leider schon ausverkauft. Seht gut gefiel mir der 2023 Grüner Veltliner „Paul Feucht". So unkompliziert sympathisch. Dann gibt es noch einen überragenden 2017 Grüner Veltliner Große Reserve von der Ried Rustenberg. Das ist/wird großer Wein. Solch einen Wein kann man nur als Weinviertler Burgunder bezeichnen. *as*

## WEINVIERTEL DAC

★★ S €€ GV
**2023 Grüner Veltliner Ried Wiege** + Frisch gemahlener Pfeffer, Apfelnoten, Grüntöne, spritzig, geradlinig, Honigmelone, dezente Kräuter, ein zart-würziger Weinviertler, der im Glas zulegt.

## NIEDERÖSTERREICH

★★ S €€ ZW
**2023 Rosé Zweigelt Emma Fröhlich** + Rosa Farben, frische Kirschen, Ribisel, am Gaumen kommen die Himbeeren, knackige Frische, schön trocken, eng, straff, anhaltend.

★★ S €€ GM **FUN**
**2023 Gelber Muskateller** + Zitrus, Holunder, Apfel, so richtig frisch, knackig, voller Leben, ungemein trinklustig. Unkompliziert, erfrischend, perfekt zum Apero.

★★ S €€ SB
**2023 Sauvignon Blanc** + Zartes Cassis, dezente Stachelbeeren, frisch, fruchtig, niemals laut, Pfirsichtöne, eine Spur gelber Paprika, feingliedrig, elegant, wunderbare Säure. Macht enormen Spaß. Der perfekte Vorspeisenwein.

★★ S €€ GV
**2023 Grüner Veltliner Paul Feucht** + Pfefferwürzig, fruchtig-frisch, Äpfel und Birnen, leicht und beschwingt, frische Kräuter, dezente Exotik, sehr trinkanimierend, wird mit Flaschenreife noch zulegen.

★★ K €€€€ GV **TIPP**
**2017 Grüner Veltliner Große Reserve Ried Rustenberg** + Kräuter- und Pfefferwürze, Holzfassausbau, zart nach Vanille, Zitrus, gelbe Früchte, Ringlotten, reife Trauben, ungemein saftig, ein hochelegenater Wein, hellfruchtig, perfekte innere Harmonie, zeigt Finesse, enorme Substanz, toller Grüner Veltliner mit fast burgundischen Zügen.

## WEINLAND

★★★ K €€€ GM
**2022 Fuks du hast die Früchte gestohlen Ried Wiege** + (30 mg SO2, Stahl) Orangefarben, erntefrische Mandarinen, Holunder, animierender Gerbstoff, trocken, Exotik pur – Ananas, Zitrus, Marille, frische Säure, tapeziert den Gaumen, muskulös, kompakt, gute Länge. Ein griffiger Wein mit Struktur.

★★★ K €€€ GV
**2022 Fuks du hast die Kräuter gestohlen GV Ried Rustenberg** + (0 mg SO2, Holzfassausbau) Orangefarben, getrocknete Kräuter, Pfefferwürze, Zitrus, Orangenschalen, Ananas, so richtig trocken, gebändigter Gerbstoff, dicht strukturiert, tiefgründig, griffig, klebt am Gaumen. Ein wirklich guter Orangewein, welcher mit Flaschenreife noch profitieren wird.

★★★ K €€€ GV
**2021 Fuks du hast die Kräuter gestohlen GV Ried Rustenberg** + (40 mg SO2) Trübes Orange, getrocknete Kräuter, Mandarinen, eleganter Gerbstoff, erste Reife, schön trocken, ein straffer Wein mit perfekter Struktur.

♛ ♛ ♛ ♛

Sekthaus
# Christian Madl

**Christian Madl**
2172 Schrattenberg, Hauptstraße 57
Tel. +43 664 4225142
office@madlsekt.at, www.madlsekt.at
7 Hektar, 25.000 Flaschen/Jahr

Christian Madl aus Schrattenberg im Weinviertel zählt zu den hervorragendsten Sektproduzenten Österreichs – kein Wunder, verbindet er doch profunde Kenntnisse über schaumweinrelevante Themenbereiche mit einmaligem Fingerspitzengefühl in Sachen Sekterzeugung. Aus einem kleinen Familienbetrieb stammend, kam er im Alter von 16 Jahren im Zuge eines Auslandspraktikums bei Raumland Sekt in Rheinhessen mit dem Schaumweinhandwerk intensiv in Berührung. Nach weiteren Praktika u. a. in der Champagne (Sanger) kehrte er 1995 nach Hause, wo er sich dem Sektmetier eingehend widmete. Seit 2003 führt er seinen eigenen kleinen Betrieb. Bewirtschaftete er bis zuletzt die Eigenrebfläche mit knapp über drei Hektar selbst, so hat er diese jüngst zur Gänze verpachtet, um sich ausschließlich der Schaumweinherstellung widmen zu können. Perfekte Trauben für seine Sekte kann er reichlich aus der Gegend zukaufen. Hauptsorten in Weiß für seine Sekte sind Welschriesling, Grüner Veltliner und ein wenig Riesling sowie Chardonnay und Weißburgunder; an blauen Sorten werden Zweigelt und Pinot Noir herangezogen.
Der schmucke wie funktionelle Madl-Keller gibt im Inneren ungeahnte Dimensionen frei: Gleich drei Gewölbekeller wurden hier von Christian Madl und seinem Vater in Eigenregie innerhalb von fünf Jahren verbunden, um der Sektkellerei genügend Platz zu bieten. Hier liegen Tausende Flaschen „sur latte" auf der Hefe und warten darauf, nach meist mehreren Jahren Lagerung degorgiert zu werden.
Das Sektsortiment besteht aus zwei Linien: Einerseits gibt es die „Schretenperg"-Linie, die ein bis zwei Jahre Hefelagerung aufweist und die von halbtrocken bis brut geht. Die Top-Linie der Madl-Sekte läuft ab sofort unter der Bezeichnung „Signature Collection" und umfasst Vertreter mit drei bis sechs und mehr Jahren Hefelagerung, wobei das Sortiment eine teils wechselnde Besetzung aufweist – je nachdem, welche Schaumweine bei Christian Madl ihre Reifeprüfung erfolgreich absolviert haben. Unter „Oenothek" laufen Premiumprodukte mit extrem langer Hefelagerung. Freuen darf man sich in diesem Bereich auf großartige Vertreter: Franziska Rosé (2012/2010), Cuvée Speciale (2011/2012) und 2006 Blanc des Blancs. *psch*

## ÖSTERREICH

★★★ K €€€ CW
**Schretenperg Cuvée brut Sekt** + (2020 – hpts. WR, dazu RI/GV) Kühl, etwas frische Kräuter, Birnennoten, recht voll, zarte grüne Würze; mittelkräftig, schöne Frische, viel Zitrus, knackig, griffig, dezente Fruchtsüße, robust.

★★★★ K €€€€ GV   TIPP
**Von den Weißen brut Sekt** + (2020 – GV) Feiner Duft nach frischen Wiesenblüten, elegant, weißes Kernobst, etwas Weißbrot, derzeit noch hefig-würzig; dentlich Substanz, feiner Säurebiss, klirrend frisch, am Gaumen auch viel Sorte, etwas Pfefferoni, Grapefruits, hinten rassig.

★★★ K €€€€ PN
**2018 Brut Nature Sekt** + (WR/CH/RI/GV) Frisch-hefige Nase, schöne Fruchtnoten nach kandierten Zitronen und Melisse, duftig, ausdrucksvoll, reifes Fruchtfeeling; griffig und strukturiert, ausgeprägte Zitrusnoten, guter Biss, zartherb, kompakt, direkt, mittleres Finish.

★★★ K €€€€ CU
**Cuvée Special Brut Sekt** + (2018/2019/2020 – CH/PN) Sehr frisch, duftig, Kernobst und Ribiselgelee, geröstetes Schwarzbrot, etwas Tannennadeln; saftiger Beginn, recht viel Säure, zartherb, derzeit noch etwas geradlinig und forsch, abwarten.

★★★★ K €€€€€ CW
**Blanc de Blancs Brut Sekt** + (2018 – CH/PB) Leicht rauchig-würzig mit dezent biskuitigen Noten, kühl, Ringlotten, frische weiße Blüten; saftig am Gaumen, Zitrus à la Bitterorangen, viel Biss, zartherb, straff, noch direkt, Geduld.

★★★★ K €€€€€ PN   TIPP
**Blanc de Noirs Brut Sekt** + (2019 – PN) Pikant, tolle Frucht, Ribiseln und Himbeeren, auch Birnen, profunder Ausdruck, samtig, hochelegant; kernig, wunderbar saftige Frucht, noble Reife, knackig, sehr lebhaft, pointiert, ungemein straff, lang, nahe am 5. Stern.

## Schlossweingut
# Souveräner Malteser-Ritter-Orden

2024 Mailberg, Schafflerhof 199
Vertrieb: Weinkellerei Lenz Moser AG
Tel. +43 2732 85541, office@lenzmoser.at
www.schlossweingut-malteser-ritterorden.at
50 Hektar

Im Jahr 1969 begann die Bewirtschaftung der Weingärten des Schlossweingutes Souveräner Malteser-Ritter-Orden durch die Weinkellerei Lenz Moser. Ein Glücksfall für uns Weinliebhaber. Hier wurden geschichtsträchtige Weine gekeltert und werden noch immer solche produziert.
Die Böden in Mailberg sind kalkhaltig und mit lehmigem Sand und Löss bedeckt. Ich kann nur eines sagen, dass die Weine aktuell in Topform sind. Der Sekt Brut ist stimmig. Der 2022 Grüne Veltliner Ried Hundschupfn ist jetzt perfekt zu trinken. Bei der 2019 Grüner Veltliner Reserve aus der Magnumflasche kommt man so richtig ins Trinken. Da schnalzt der Feinschmecker mit der Zunge. Da kann man als Gastronom ein Zeichen setzen. Ein hervorragender 2020 Chardonnay, der sich aus diesem kühlen Jahrgang blendend darstellt. Beim Merlot Barrique 2021 passt einfach alles. Die 2021 Kommende Mailberg ist in der gewohnten hohen Qualität – für mich der Klassiker des Hauses, welcher mich noch nie enttäuscht hat.
Insgesamt kann man die Preispolitik dieses Weingutes nur loben. Man bekommt viel Wein für nicht viel Geld.                          *as*

### NIEDERÖSTERREICH

**★★ K €€ CW**
**2020 Sekt Klassik Brut g.U. NÖ** + (GV/CH/PN – Tankgärung ) Kleinperlig, Birne, Äpfel, Heublumen, pfeffrige Noten, Zitrus, Kräuter, zarte Frucht, eleganter Auftritt, geradlinig, schön trocken (ca. 3 g RZ), straff und fest, guter Druck, perfekte Säure, guter Trinkfluss. Ein stimmiger Sekt, der sich bestens präsentiert.

**★★ S €€ GV**
**2022 Grüner Veltliner Ried Hundschupfn** + Rauchig, Tabak, Apfel- und Birnennoten, schön trocken, Kräuterwürze, das typische Pfefferl, Steinobstanklänge. Befindet sich in seiner ersten Reife, elegant, vielschichtig, balanciert, jetzt wunderbar zu trinken.

**★★ S €€ CH**
**2020 Chardonnay** + Haselnüsse, Zitrusschale, Orangenzesten, Apfel, Ananas, Kräuter und Gewürze, gelbe Früchte, passende Säure, ausgewogen. Trinkt sich hervorragend in seiner kühlen Ausprägung. Ein Fischwein par excellence.

**★★★ S €€€€ GV**
**2019 Grüner Veltliner Reserve** + (Magnum) Ein Traum von einem gereiften Grünen Veltliner, pfeffrig, Zitrus, etwas Karamell, gelbfruchtig, reife Trauben, exotische Töne, cremig, hochelegant, strukturiert, in sich harmonisch, extraktsüß, Kräuterwürze, feine Fülle, schmelzig, hochwertig. Da passt einfach alles. Ein toller Wein für den glasweisen Ausschank. Großer Jahrgang – fulminanter Wein.

**★★ S €€ ZW**
**2021 Blauer Zweigelt** + (großes Holzfass) Kirschen, schwarze Beeren, Mandeltöne, etwas Nougat, fruchtiger Charme, Zwetschken, Brombeeren, griffig, gute Länge, perfektes Tannin, elegant und fest strukturiert. Ein hochanständiges Glas Rotwein, von dem man gerne mehr trinkt.

**★★ K €€€ ME**
**2021 Merlot Barrique** + Tomatenblatt, feine Würze, dunkle Kirschen, schwarze Oliven, Kräuter, perfekter Holzeinsatz, feinkörniges Tannin, wunderbare Frucht, voller Eleganz, saftig, fruchtig, geschmeidig, komplex, strukturiert. Wow, ist der gut!

**★★★ K €€€ CR**
**2021 Kommende Mailberg Barrique** + (CS/ME) Der Klassiker des Hauses. Immer verlässlich, schwarze Beeren wie Cassis, Heidelbeeren, Brombeeren, Nougat, Tabak, Tomatenblatt, subtil eingesetztes Holz, voller Pikanz, immer präsent, gute Länge. Ein ausdrucksstarker Rotwein mit kompaktem Körper, angenehmes Tannin. Das ist ein feiner Herr im Zwirn. Klebt am Gaumen. Große Zukunft.

### WEINVIERTEL DAC

**★★ S €€ GV**
**2023 Grüner Veltliner** + Ein ungemein trinklustiger, positiver Grüner Veltliner mit dezenter Birne, Apfelnoten, Zitrus, Honigmelone, floral, primär, leicht, transparent, unkompliziert, süffig, frische Säure, immer Mailberg. Macht absoluten Spaß.

## Weingut
# Roland Minkowitsch

**Martin Minkowitsch**
2261 Mannersdorf, Kirchengasse 64
Tel. +43 650 5900062, weingut@roland-minkowitsch.at
www.roland-minkowitsch.at
12,5 Hektar, W/R 100/0

Martin Minkowitsch hat im Jahr 2014 den traditionsreichen Familienbetrieb in 14. Generation übernommen und ist der Betriebsphilosophie treu geblieben. Die Freude an der Arbeit im Weingarten und die Fähigkeit, jede Herausforderung anzunehmen, zeichnen den Winzer aus. Wenn dann im Herbst das optimale Traubenmaterial eingebracht wird, erfolgt die Verarbeitung mit einer Baumpresse, die seit dem Jahr 1820 im Einsatz ist. Vielleicht gelingt es auch deshalb, eigenständige, finessenreiche und immer trinkfreudige Weine zu vinifizieren. Besonders hervorzuheben sind dabei die moderaten Alkoholwerte, die der Bekömmlichkeit sehr zuträglich sind.

Neu im Programm ist einerseits ein köstlicher Riesling Sekt, andererseits ein Viognier „sept". Sept, weil es die siebte Weißweinsorte im Hause Minkowitsch ist, Viognier, weil die Frau von Martin Minkowitsch aus Lyon stammt. Mit seiner prononcierten Säure ist diese Rebsorte ein Versprechen für die Zukunft. Und dann ist da noch dieser großartige Gewürztraminer, der mich seit Jahrzehnten immer wieder in seinen Bann zieht.

*fh*

### WEINVIERTEL DAC

★★★ S €€ GV
**2023 Grüner Veltliner** + Ein Statement für einen klassischen Weinviertel DAC! Gute Struktur, fruchtbetont, gelber Apfel, reife Birne, Kräuterwürze; dicht gewoben, Orange, rosa Grapefruit, gleichzeitig fein ziselierte Säure, lange im Abgang.

★★★★ S €€ GV
**2023 Grüner Veltliner Mannersdorf rochus** + Wogende gelbe Felder, stoffig; unheimlich vielschichtige Aromen, dicht und strukturiert, dabei feingliedrig und elegant, langes Finish. Ein Maul voll Wein!

★★★ S €€€€ GV
**2022 Grüner Veltliner Ried Rochusberg** + Kühle Aromen, Eukalyptus, mineralische Nuancen; feine Akazienwürze, Birne, Apfel, Quitte, gut strukturiert, mittlere Länge, elegant ausklingend.

### NIEDERÖSTERREICH

★★ S €€ WR
**2023 Welschriesling** + Nervig und resch, zarter Blütenduft, grüne Birne; Heublumen, Zitrusnoten, sehr frisch, jugendlich, lebendig.

★★★ S €€€ RI
**2023 Riesling Mannersdorf de vite** + Reifer gelber Pfirsich, etwas Marille, Zitrus; Frucht verstärkt sich am Gaumen, exotische Noten kommen dazu, sehr gute Säure, klingt lange nach.

★★★★ S €€€ RI
**2023 Riesling Ried Lange Lissen de vite** + Von der Nase weg sofort kühler und nerviger, Weingartenpfirsich, Minze, elegant; animierende Säure, Limette, feiner Gerbstoff, zarte Marille, gutes Finish, braucht Zeit und Flaschenreife.

★★★ S €€€ GM
**2023 Gelber Muskateller** + Holunderblüte, Muskatnuss, viel Sortencharakter, zart würzig; frische dunkle Zitrusnoten, Orange, eigenständig, druckvoll, gutes Reifepotenzial.

★★★ S €€€ GM
**2022 Gelber Muskateller Reserve** + (halbtrocken) Intensive Holunderblüten, Hawaii-Ananas, saftig und fest strukturiert; am Gaumen mehr Frische und Eleganz, harmonische Fruchtsüße, Restzucker ist perfekt eingebunden, langer Abgang, gelungen.

★★★ D €€€€ VI
**2022 Viognier „sept"** + (5 Jahre alte Reben, im Holz vergoren, dann Stahl) Eine Premiere: der erste Wein dieser Sorte aus dem Hause Minkowitsch. Straff, kühl, Eukalyptus, nervige Säure; Veilchen, zart mineralisch, kühle Exotik, braucht Zeit.

★★★★ D €€€ TR **TIPP**
**2022/23 Gewürztraminer Premium** + (70 Jahre alte Reben, halbtrocken) Kompakte Aromen, Rosenblätter, gedörrte Marillen, Orangenzesten, reife Papaya; dicht gewoben, dennoch harmonisch und elegant, Restzucker perfekt ausbalanciert, exotische Früchte, langer Abgang. Wieder ein großer Traminer aus diesem Weingut. Seit 30 Jahren eine Bank!

### NIEDERÖSTERREICH – SEKT

★★★ K €€€ RI
**NV Riesling Sekt Brut** + (18 Monate auf der Hefe) Noch eine Premiere: feines Mousseux, zarte Marillenfrucht, animierend; feinperlig, fruchtig, stoffig, gut balanciert, sehr süffig. Ein Sekt für besondere Anlässe.

## Weinbau
# Alex Nebenführ

**Alex Nebenführ**
2070 Mitterretzbach, Winzergasse 1
Tel. +43 664 4219169
alex@nebenfuehr.com, www.nebenfuehr.com
8 Hektar, W/R 60/40

Seit Alex Nebenführ den Betrieb seines Vaters übernommen hat, ist seine Handschrift des Weinmachens deutlich zu spüren. Seine Rebstöcke stehen auf Urgesteins- und Lössböden am Fuße des Manhartsberges, die er mit Freude am kreativen Arbeiten und Liebe zur Natur pflegt, fordert und unterstützt, um jene Ergebnisse zu bekommen, die in den Flaschen dem Weinfreund und Genießer viel Spaß bereiten. Die Qualität entsteht im Weingarten, ist der Winzer überzeugt. Dementsprechend erfolgt seine penible Pflege der Reben bis zum Ausdünnen und zur Handlese, wobei es sich bei den Lesehelfern ausschließlich um Familienmitglieder und Freunde handelt. Viele Feinheiten seiner Arbeit hat Alex Nebenführ bei Weingütern in Australien und Südafrika gelernt, diese im eigenen Betrieb umgesetzt und damit große Erfolge mit seinen sortentypischen Qualitäten erzielt. Neben allen anderen Sorten zählen Sauvignon Blanc und Traminer bei den Weißweinen, Cabernet Franc, Syrah und Strohwein bei den Rotweinen zu seinen persönlichen Favoriten. Mit dem Jahrgang 2023 ist Alex sehr zufrieden, wenngleich es aber auch auf die Rebsorte ankommt. Man holt sich die Weine vorwiegend im Weingut ab, es wird aber auch in die Bundesländer geliefert, und auch in Tschechien und Deutschland schätzt man die Nebenführ-Weine mit viel Frucht, Aroma und angenehmer Trinkfreude – und das zu einem bemerkenswerten Preis-Leistungs-Verhältnis. *wh*

### WEINVIERTEL DAC

★★ S € GV
**2023 Grüner Veltliner Retzbacher Bergen** + Regionaltypischer Sortenvertreter mit Bukett nach Kräuterwürze, Pfeffer, grüner Apfel und zartbittere Grapefruit, delikate Säure, schlanker Körper, ausgewogen und trinkanimierend.

### NIEDERÖSTERREICH

★★★ S € RI
**2023 Riesling Retzbacher Eisenköpfen** + Beachtlicher typischer Rieslingduft nach Marillen, Pfirsichen und Birnen, Zitrusnoten, mineralisch, sehr gehaltvoll und kräftig, lebendige Säure, Finesse, erfrischend und angenehm im langen Finish.

★★★ S €€ SB
**2023 Sauvignon Blanc** + Duftig erfrischend nach Cassis, grünen Blättern, Holunder, frisch gemähtem Gras, rosa Grapefruit und grüner Würze, belebende Säure, gehaltvoll und mineralisch, großartiger, aromareicher Abgang.

★★★ S € TR
**2023 Gelber Traminer Retzbacher Satzen** + Jugendliches Grüngelb, einladender Duft nach Rosenblättern, Nelken, Orangenzesten, gereiften Birnen, exotischen Früchten wie reife Mangos, Maracuja und Ananas, delikate, erfrischende Säure, süße Extrakte, cremig, dicht und körperreich, sehr harmonischer und langer Nachgeschmack – ein hochwertiger Wein zur asiatischen Küche!

★★★★ S €€ CF  **TIPP**
**2017 Cabernet Franc Retzbacher Eisenköpfen** + (60 Monate im neuen Holzfass) Tiefes Rubin, Waldbeerenduft, Cassis, Brombeeren, Waldboden, Würze, Wacholder, vollfruchtiger und sehr gehaltvoller Körper, Kraft und Extrakte, zarte Tabaknoten, viel Potenzial, sehr harmonisch im enorm langen Nachgeschmack.

★★★★ S €€ ME
**2022 Merlot Retzbacher Kappenhaiden** + Beeindruckendes, tiefes Rubin mit Brombeeren, Amarenakirschen, fruchtig und würzig, deutliches Cassis, Rebholz, milder Paprika und feine Röstnoten, eingebundene Tannine, sehr kräftig mit athletischem Körper.

★★★★ S €€€ SY
**2020 Syrah Retzbacher Kappenhaiden** + Weicher, voller, konzentrierter Duft nach Brombeeren, schwarzen Kirschen, schwarzem Pfeffer, Oliven, schwarzen Johannisbeeren, Wacholder, Waldboden, Bitterschokolade, sortentypische dunkle Würze, kompakt, feste Tanninstruktur, Körper, Kraft und Potenzial für lange Reife; extraktreicher, charmant-harmonischer, langer Abgang.

★★★★★ S €€€€ ME  **TOP**
**Merlot Strohwein** + Jahrgangs-Cuvée 2021/22 + Undurchsichtig im Glas, intensiver Duft nach Amarena, Rumtopf, dunkle Waldbeeren, Rote Rüben, Wacholder, am Gaumen süßliche Extrakte, Bitterschokolade, Mokka, konzentriert mit rundem Süße-Säure-Spiel, enorm würzig, eingekochte Kirschen, erinnert an Schwarzwälder Kirschtorte, ein delikater Süßwein mit Potenzial für viele Jahre – Rarität!

## Weingut
# Neunteufl

**Rudolf Neunteufl**
2013 Viendorf 33
Tel. +43 650 9797357, neunteufl.florian@aon.at
www.weinbau-neunteufl.at
6 Hektar, W/R 90/10

Es geht vorwärts im Weingut Neunteufl. Ein neuer Verkostungsraum wird gebaut. Die Weine werden von Jahr zu Jahr feiner, eleganter, spannender, authentischer, handwerklich geschaffene Gewächse. Das Weingut liegt im südwestlichen Teil des Weinviertels. Verschiedene Böden wie Schotter, Sandstein oder Löss. Wichtigste Rebsorte ist – natürlich – der Grüne Veltliner. In dieser Gegend ist fast jeder zweite Rebstock ein Grüner Veltliner. Vater und Sohn arbeiten kongenial zusammen. Die Weine sind stimmig, von unbändiger Trinklust. Ein wunderbarer Gelber Muskateller, ein selbstbewusster Frühroter Veltliner, ein nobler Weißburgunder. Sehr schöne Grüne Veltliner wie der Ried Pucher Graben oder Ried Karren. Die Zukunft gehört dem Reserve Grüner Veltliner Stock & Stein.
Mehrmals im Jahr heißt es „Ausg'steckt is". Die Familie führt einen formidablen Heurigen in der Viendorfer Kellergasse. Da kann man zu den Heurigenschmankerln die formidablen Weine probieren.
Ich kann dieses familiengeführte Weingut nur empfehlen. Die Weine haben ein sensationelles Preis-Leistungs-Verhältnis. Sind grundehrlich. Man fühlt sich wohl hier. *as*

### WEINVIERTEL DAC

★★ S €€ GV
**2023 Grüner Veltliner Ried Pucher Graben** + Gemahlener Pfeffer, Apfel und Birne, fruchtig, ausgewogen, dezenter Schmelz, mineralische Aspekte, traubige Eleganz, feiner Schliff, sehr schön zu trinken.

★★★ S €€ GV
**2023 Grüner Veltliner Ried Karren** + Ein Obstkorb, Äpfel, Birnen, Mango, Ananas, ungemein saftig, tolle Frucht, reife Trauben, cremige Textur, femininer Ausdruck, weinig, fruchtig, höchst angenehm zu trinken.

★★ S €€ GV
**2023 Grüner Veltliner Reserve Stock & Stein** + Hier trinkt man reine Zukunft, Holznoten, ungemein pikant, druckvoll, Pfeffer, Apfel, Frucht. Da kündigt sich ein besonderer Wein an, der im nächsten Jahr ziemlich in Form sein wird.

### NIEDERÖSTERREICH

★★ S €€ GM                                    FUN
**2023 Gelber Muskateller vom Schottergestein** + Holunderblüten, Zitrusschale, frischer Apfel, ungemein frisch, spritzige Säure, Orangenschalen, voller Leben, schön trocken, leichtfüßig, voller Optimismus.

★★ S € FV
**2023 Frühroter Veltliner** + Frischer Apfel, frische Kräuter, etwas Birne, Pfeffer, liegt kompakt am Gaumen, hat Körper, Würze, entwickelt Druck, ist immer frisch, zieht nach hinten. Gute Balance.

★★ S € RI
**2023 Riesling Rudolf IV** + Nussige Noten mit Apfel, dezente Marille, fruchtig, Zitrus, Ananas, knackig, rassig, fordernd, nervend, eben Riesling.

★★★ S € PB
**2023 Weißburgunder** + Ein kühler, feiner, eleganter Weißburgunder, Mandeln, Exotik – Ananas, Zitrus, Mandarinen, Apfelnoten, Zimtnelken, fruchtig, guter Druck, schön trocken, wird sich bestens entwickeln. Ein Wein für den Spätherbst.

★★ S € ZW
**2022 Zweigelt** + Ein charmanter Zweigelt mit toller Frucht, Eleganz, ist süffig, rote und schwarze Beeren, Herzkirschen, saftig. Ein Glas Rotwein, das nicht enttäuscht. Ein Beaujolais aus dem Weinviertel.

# Weingut
# Neustifter

**Monika Neustifter**
2170 Poysdorf, Laaerstraße 10
Tel. +43 2552 3435, info@weingut-neustifter.at
www.weingut-neustifter.at
24 Hektar, W/R 70/30, 150.000 Flaschen/Jahr

Karl und Brigitte Neustifter haben mittlerweile den gesamten Weinbaubetrieb auf biologische Bewirtschaftung umgestellt, was ihrem Grundgedanken entspricht, in den Weingärten möglichst schonenden Umgang mit den natürlichen Ressourcen zu pflegen. Auch bei der Vinifikation wird nur behutsam eingegriffen: So wird auf spontane Vergärung gesetzt und den Jungweinen ein möglichst langes Verweilen auf der Hefe gegönnt. Wie die Zusatzbezeichnung „Terroir" für ihre wertvollsten Weine bereits verrät, sollen diese vor allem ihre Herkunft ungeschminkt widerspiegeln. Ein Paradebeispiel dafür ist etwa der dichte und kraftvolle Veltliner Terroir von der Poysdorfer Spitzenriede Hermannschachern, dem sein jüngerer Artgenosse aus der gleichen Lage unter der Bezeichnung Exklusiv derzeit sogar Paroli bietet. Auf dem roten Sektor, dem Tochter Monika Neustifter ebenfalls großes Augenmerk schenkt, überraschte diesmal, abgesehen von der stets verlässlichen Cuvée Terroir, der hübsche Zweigelt aus 2019, der die ewige Jugend gepachtet zu haben scheint.

Ein besonderes Steckenpferd oder Atout des Weingutes ist die Wiederbelebung der früher üblichen Stockkultur: Dafür wurden auf einem halben Hektar der Riede Steinberg 4500 Veltlinerstöcke ausgepflanzt, um die möglichen Vorzüge dieser höchst arbeitsintensiven Anbauweise aufzuzeigen. Diese bestehen unter anderem in der tieferen Verwurzelung der Stöcke sowie der früheren physiologischen Reife und dem höheren Extraktgehalt. Die jedes Jahr von einem anderen Künstler mit der Kellerkatze geschmückten Flaschen stellen zweifellos auch ein exklusives Geschenk für besondere Gelegenheiten dar, wobei gegenwärtig noch zahlreiche Jahrgänge verfügbar sind. *vs*

## WEINVIERTEL DAC

**★★ S €€ GV**
**2023 Grüner Veltliner Klassik** + Nach Roggenbrot und Teeblättern, pfeffrig und pikant, sehr sauber und lebhaft bei schlanker Struktur, spritziger Sommerwein mit einigem Anspruch.

**★★★ S €€€ GV**
**2021 Terroir Grüner Veltliner Reserve Ried Hermannschachern** + Gute-Luise-Birne und frisches Heu im Duett, ja eine ganze Sommerwiese im Glas, danach auch tabakige Würze, balanciert und ruhig strömend, verhaltene Kernobstfrucht, betont gegenwärtig tatsächlich eher die Herkunft, eventuell etwas im Umbruch, der vierte Stern ist aber in Reichweite.

## NIEDERÖSTERREICH

**★★★★ S €€ GV**  **TIPP**
**2023 Grüner Veltliner Exklusiv Ried Hermannschachern** + Sommerlich anmutendes Duftspiel nach Blütenhonig, Kamille und Salbei, facettenreich wie ziseliert, balanciert, ausgereift und kraftvoll, dabei sehr präzise strukturiert, kühle Aromatik, vielschichtig und ausdauernd, Potenzial.

**★★★ K €€€€€€ GV**
**2018 Grüner Veltliner Stockkultur Ried Steinberg** + Bereits im August gelesen, präsentiert sich die aktuelle Stockkultur-Version als typisches Kind des Jahrgangs, allerdings in besserer Form als bei der herbstlichen Vertikalverkostung im vergangenen Jahr. Beginnt mit Cornflakes und hellem Tabak sowie einer Andeutung von Marillenröster, rauchig unterlegt, gewinnt nach Luftzufuhr an Delikatesse, die Überreife wurde gerade noch vermieden, verhaltene gelbfruchtige Akzente, salziger Abgang.

**★★★ S €€ RI**  **FUN**
**2023 Riesling Exklusiv** + Fruchtbetonter Reigen nach Melone und Banane, ausgereift und sanft strömend, rund und saftig, etwas gelber Pfirsich, recht vielfältig und pikant, schon ausgewogen und einladend.

**★★ S €€ BF**
**2022 Blaufränkisch Ried Hermannschachern** + Zimt und Dirndlbeeren im saloppen Bukett, sehr würzig, etwas hohe Holzdosis, relativ schlank, doch reintönig und sortentypisch, individuelle Version.

**★★★ S €€€ CR**
**2021 Terroir Ried Maxendorf** + (ZW/CS/ME) Tomatenlaub, Paprikapulver und rote Ribiseln in schöner Eintracht, temperamentvoll und pikant, von der Eiche nur dezent unterstützt, saftig und schwungvoll, noch ganz jugendlich, rotbeerige Frucht und etwas Nougat, viel Biss im Abgang.

**★★★ S €€ ZW**  **PLV**
**2019 Zweigelt Exklusiv Ried Saurüsseln** + Eindringliche, bildhübsche Kirschfrucht, auch ein Hauch von Blutpflaume, saftig und juvenil, sehr klar, rund und fleischig, feingliedrig, straff und zupackend, rassig nachklingend, aus einem Guss.

# Weingut
# Oberschil

**Stefan Oberschil**
2102 Hagenbrunn, Schloßgasse 17
Tel. +43 2262 672780
heuriger@oberschil.at, www.oberschil.at
7 Hektar, W/R 80/20

Seit Mitte des vorigen Jahrhunderts vertiefte sich die Affinität der Familie Oberschil zum Kulturgut Wein. Diese Begeisterung machte aus einer kleinen Ausschank einen beachtlichen Weinbaubetrieb. Seit 1993 bestimmen Stefan und Theres Oberschil das Geschick des Weinguts. Im Top-Heurigen, wo die knackig-pfeffrigen Grünen Veltliner für einen freudigen Trinkfluss sorgen, kann man die hohe Qualität der Speisen und Weine genießen. Die Besonderheiten der Küche – dienstags das Schulterscherzel vom Weinviertler Rind und donnerstags das Weinviertel DAC Beuschel – sind hier Legende. *kk*

## WEINVIERTEL DAC

★★★ S €€ GV
**2023 Grüner Veltliner Ried Hofmauer** + Reifes Kernobst, helle Johannisbeere; elegante Zitronen-Orangen-Noten, Golden Delicious, Quittengelee, Basilikum, solider Körper, Hauch Ananas, animierende Säure, feinkörniger Grip, pfeffrig im Nachhall.

★★★ S €€ GV
**2023 Grüner Veltliner Ried Brennleiten** + Zarter Quittenduft, frische Kräuterwürze; feinsinnige Struktur, Apfelmus, Grapefruitcreme, Melone, bisschen Pfirsich, pikante Säure, gelbe Honigblüten, grüner Pfeffer im Finish.

★★★ S €€ GV    PLV
**2023 Grüner Veltliner Ried Irgsten Gruben** + Kühler Aromabogen; glasklar, sensibel und doch präsent, Ananas, Orangenzesten, Hauch Pfirsich, Zitronenmelisse, feiner Grip, schwungvolle Säure, vielschichtig mit Tiefe, pfeffriger Nachhall.

★★★★★ S €€€ GV    TOP
**2021 Weinviertel DAC Große Reserve Ried Irgsten Gruben** + Einladend fruchtig-würziger Duft, Apfelmus; wohlig am Gaumen, vollreifes Kernobst, Hauch Tropenfrucht, seidig-kraftvoll, dunkle Würze, eingelegte Grapefruitspalten, nuancenreich, kompakt mit Tiefe, etwas grüner Pfeffer, nussige Elemente, bisschen Vanille, mineralische Ader im animierenden Finale.

## NIEDERÖSTERREICH

★★★ S €€ GV
**2023 Grüner Veltliner Exclusive Ried Wiesthalen** + Einladender Obstkorb, reif und saftig; Marille, Golden Delicious, Winterbirne, Hauch Bratapfel, fleischig-röstig, dicht und kraftvoll, etwas Malz, Orangengelee, kompakte Säure, lang haftender Abgang.

★★ S €€ PB
**2023 Pinot Blanc Ried Wiesthalen** + Elegantes Zitrusbukett, Klarapfel; feingliedrig, Hauch Eibisch, Honigmelone, Kräuterwürze, Zitronenbiskuit, Mandel, perfekter Spargelwein, feinfruchtig-stoffig im Nachhall.

★★★ S €€ GM    FUN
**2023 Gelber Muskateller Ried Proschen** + Betörende Macisblüte; Holunder, Limettenzesten, etwas Blutorange, straffe Führung, schwungvolle Säure, Litschi, Ananas, Banane, muskattraubig, elegant fruchtsüß, freudiger Trinkfluss.

★★★ S €€ SB    PLV
**2023 Sauvignon Blanc Ried Gritschen** + Pikante Stachelbeere, Holunder; elegante Dichte, weiße Johannisbeere, Litschi, Mandarinenzesten, gelbe Wiesenblüten, straffer Körper, feine Mineralspur, fruchtige Säure, Waldmeisterkraut, Zitronenmelisse im animierenden Ausklang.

★★★ S €€ TR
**2022 Traminer Ried Proschen** + Orangenduft, Rosenblüten; füllige Süße, saftiges Aromaspektrum, Birnenmus, Kaki, Ananas, Kumquats, Limoncello, Karamell, Hauch Rosmarin, geschmeidige Säure, bleibt sehr lange am Gaumen.

★★ S €€ ZW
**2023 Zweigelt Ried Rothen** + Animierender Kirsch-Weichsel-Duft; straffe Frucht, hellbeerige Säure, zart rauchig, etwas Mokka, Hauch Mandel, elegante Tannine, mittelgewichtig, hohe Sortentypizität.

★★★ S €€ SL
**2023 Sankt Laurent Ried Proschen** + Dunkler Waldbeerenduft; schwarze Maulbeeren, Graphitspur, Zwetschke, Weichsel, zart röstig, schokoladige Tannine, fruchtige Säure, feine Ledernote.

★★ S €€ ME
**2022 Merlot Reserve Ried Rothen** + Duftiger Beerenmix, schotige Würze; asketisch, schon antrinkbar, Cassis, pikante Zwetschke, Peperonata, dunkelrauchig, Mokka und Orangenzesten in jungen Tanninen, rote Beeren, straffe Säure.

★★★ S €€ CR    PLV
**2020 Cuvée Tavese Ried Rothen** + Dunkelrote Frucht; Waldbeeren, rote Blüten, Blutorange, feine Zwetschke, zart rauchig-ledrig, edelholz-würzig, Kirsch-Weichsel, bisschen Marzipan, feinkörnige straffe Tannine, Graphit im vitalen Nachhall.

# Weingut
# Andreas Ott

Andreas Ott
2102 Hagenbrunn, Schloßgasse 9
Tel. +43 2262 672120
office@andreasott.at, www.andreasott.at
12 Hektar, W/R 70/30

Das Familienweingut hat sich in kurzer Zeit dank der Liebe zum Wein, verbunden mit dem Engagement und Können des Kellermeisters Andreas Ott zu einem beachtlichen Weinbaubetrieb entwickelt. Die Weine präsentieren sich von Jahr zu Jahr geschliffener und zeigen das Potenzial des einzigartigen Terroirs. Die Reben können sich hier frei entwickeln, Jahrgangsunterschiede werden dann im Keller gefühlvoll herausgearbeitet. Grundlage dieser hohen Qualität ist jedenfalls die naturgerechte Betreuung des Bodens und der Rebstöcke. Die Trauben werden akribisch gelesen und nur gesundes und reifes Material verwendet. Im Keller setzt sich die saubere und schonende Behandlung fort, was eben zu den ausdrucksstarken Charakterweinen des Weinguts führt. Davon kann man sich am besten bei einem Besuch im eindrucksvollen Heurigenlokal selbst überzeugen, wo sich Moderne und Tradition verbinden.

*kk*

## WEINVIERTEL DAC

★★★ S €€ GV  **PLV**
**2023 Grüner Veltliner Ried Aichleiten** + Floral-fruchtiges Bukett; kühle Aromastruktur, Frühlingswiese, grüngelber Apfel, hellbeerig mit zarten tropischen Nuancen, feingliedrig mit Tiefe, beschwingte Säure, Zitronenzesten, elegant schlank, strammer Mineralgrip, grüner und schwarzer Pfeffer, feine Kräuterwürze im Abgang.

★★★★ S €€€ GV  **TIPP**
**2021 Grüner Veltliner Reserve Ried Sätzen** + Attraktiver Fruchtausdruck, komplex und dicht; kraftvoll-elegant, rosa Grapefruit, Hauch Orangenzesten, tropische Anklänge, ananasfruchtige Säure, saftiger Fruchtdruck, noble Extraktsüße, florale gelbe Nuancen, feine rauchige Würze, Vanille, geschmeidiger Fruchtschmelz, Kernobst, samtig mit mineralischer Ader im lang haftenden Ausklang.

## NIEDERÖSTERREICH

★★★ S €€ GS
**2022 Gemischter Satz** + Gelber Apfelduft; bisschen Honigmelone; Stachelbeere, grünfruchtige Säure, Zitronencreme, reife gelbe Schoten, gemähte Blumenwiese, feiner Gerbstoffgrip, grüne Würze im strammen Finale.

★★★★ S €€€ GS  **TIPP**
**2022 Gemischter Satz Reserve** + Kompakte Tropenfrucht, Feige, Kakao; kandierte Orangenzesten, Physalis, Hauch Bratapfel, Birne, helles Edelholz, süßer Tabak, Vanillespur, griffige zitrusfruchtige Säure, gelbe Blütenblätter, Stachelbeermus, weiße Johannisbeere, vielschichtig, seidige Dichte, geschmeidig-saftiger Nachhall.

★★ S €€ GM
**2023 Gelber Muskateller** + Animierendes Muskatbukett, Hauch Clementine; präzises kühles Fruchtbild, strahlende Limette, würzige Melisse, Hauch Litschi, luftig und beschwingt, trinkfreudiger Terrassenwein.

★★★ S €€ SB
**2023 Sauvignon Blanc** + Saftiger Cassisduft, Holunderblüten; dunkle Fruchtsüße, wohlig aromatisch, dichte Substanz, Hauch Wacholderbeeren, ausdrucksstark fleischig, satter Schmelz, gelbe Paprikaschote, Ringlottenmus, reife Limette, saftige Säure, dunkelgrüne Würze im lange haftenden Abgang.

★★★ S €€€ ME
**2022 Merlot Reserve** + Charmant rotfruchtig, Preiselbeerkonfit; feinfruchtige Himbeere, Minze, Blutorange, süßer roter Paprika, Nougat, Mokka, schwarzer Tabak, deutliche dunkle Edelholzwürze, kraftvolle Eleganz, feinkörnige Tannine, Moosbeere, Lebkuchen, straff im herb-fruchtigen Ausklang.

★★★ S €€€ CR
**2021 Cuvée Reserve** + (ZW/ME/SL) Feinbeeriger Duft, elegant und subtil; Waldbeere und Kirschkonfit, Peperonata, Cassisspur, bisschen Rosmarin, Waldboden, zart rauchig, geschmeidige Tannine, Schokolade mit Orangenhauch, dicht gewoben, saftige dunkle Beerenaromen im anhaltenden Nachhall.

# Weingut
# Pleil

**Christian Pleil**
2120 Wolkersdorf, Adlergasse 28
Tel. +43 2245 2407, Fax -4
weingut@pleil.at, www.pleil.at
18 Hektar, W/R 80/20, 100.000 Flaschen/Jahr

Schon seit Generationen widmet sich die Familie Pleil in Wolkersdorf dem Weinbau. Aktuell führt Christian Pleil Regie. „Er wollte immer schon Winzer werden, schon als Kind", sagt er. Folgerichtig absolvierte er die Weinbauschule in Klosterneuburg, vertiefte sein Wissen in Deutschland, Kalifornien, Südafrika und Australien, um dann das elterliche Weingut zu übernehmen. Der Grüne Veltliner ist seine Lieblingssorte, rund 45 % der Rebfläche sind damit bestockt. Für den Sauvignon Blanc wird er regelmäßig prämiert. Der Exportanteil beträgt ca. 45 %.

In den letzten Jahren hat sich Christian auch den PiWi-Sorten zugewandt, also pilzwiderstandsfähigen Rebsorten, die langsam in ein Alter kommen, um die Eigenschaften besser kennenzulernen. Ein interessantes Projekt, das es sich zu beobachten lohnt. *fh*

### WEINVIERTEL DAC

★★ S €€ GV
**2023 Grüner Veltliner Klassik** + Einnehmend, Wiesenblumen, gelber Apfel, zartes Pfefferl; gelbfruchtig, dann florale Noten, feiner Gerbstoff, der zur Struktur beiträgt, mittelgewichtig, süffig.

★★ S €€ GV
**2023 Grüner Veltliner Ried Sonnleiten** + Feingliedrig, gelbe Frucht mit exotischem Einschlag, mit feiner Würze unterlegt; geht am Gaumen so weiter, mehr Stoff, angenehmer Gerbstoff, gute Länge, saftig im Abgang.

★★★ S €€€ GV
**2021 Grüner Veltliner Reserve** + Kompakt, zarte Bodentöne, reifer Apfel, Quitte, nussig; auch nussig am Gaumen, Substanz, Schmelz, beginnende Reife, gute Länge, im Finish würzige Noten.

### NIEDERÖSTERREICH

★★★ S €€ GS
**2023 Gemischter Satz Ried Wienerfeld** + (GV/PB/CH) Vielschichtig, Steinobst, Kräuter, animierende Säure; aromatisches Dacapo, dann herbe Kräuter, beschwingt, mittelgewichtig, trinkig.

★★ S €€ RI
**2023 Riesling** + Prägnante Marille, Kernobst, feiner Kühlehauch; wieder Marille, umspielt von aromatischen Kräutern, gute Säure, Limette, mittellang, fein zu trinken.

★★★ S €€ CH
**2023 Chardonnay Ried Wienerfeld** + Nussig, würzig, einladend, goldgelbe Früchte; nussig auch im Geschmack, feines Säurespiel, saftig, gute Struktur, mittlerer Druck, baut auf, macht Freude.

★★★ S €€ CH
**2019 Chardonnay Reserve** + (im Holz vergoren) Nussig, feine Holznote, dann Kletzen und getrocknete Früchte, cremig; Karamell, Rumtopf, Kräuterbukett, gute Länge, fein.

★★★ S €€ SB    PLV
**2023 Sauvignon Blanc** + Holunder, feine Würze, Cassis; setzt sich im Geschmack fort, guter Druck, viel Trinkwitz, ein rundum gelungener Sauvignon!

### ÖSTERREICH

★★ S €€ DV
**2023 Donauveltliner** + (4 Jahre alte Reben) Zarte Anklänge an Grünen Veltliner, Heublumen, Pfefferl, gelber Apfel, cremig; weich und rund, mittlere Struktur, klingt süffig aus.

★★★ S €€ DR
**2023 Donauriesling** + (15 Jahre alte Reben) Klare Rieslingfrucht, zarte Marille, angenehme Säure; etwas weicher im Geschmack, auch wieder Marille, Blumenwiese, strukturiert, bleibt elegant.

★★★ S €€ BM
**2023 Blütenmuskateller** + (8 Jahre alte Reben) Muskatblüte, Mandarine, Zitrusnote, Blumen; Holunderblüten, Kräuter, Muskatnuss, reife Zitronen, dicht gewoben, bereitet Vergnügen.

★★★ S €€ PI
**NV Pinot Nova Rosé Frizzante** + (8 Jahre alte Reben, 5,2 g Säure, 17 g RZ) Klare, plakative Erdbeerfrucht, Minze, Süße; Erdbeere pur, schmeichelnd, guter Trinkfluss, Wein für die Terrasse.

### NIEDERÖSTERREICH – SEKT

★★★ S €€ CW
**NV Sekt Pleil trocken** + (GV/WR) Feines Mousseux, knackiger Apfel, nervig und ziseliert; vorne herb, dann fruchtig, Birne, Zitrone, Minze im mittleren Abgang. Lass es prickeln!

## Bio-Weingut
# Pollerhof

**Erwin Poller**
3743 Röschitz, Winzerstraße 48
Tel. +43 676 6289612
weingut@pollerhof.at, www.pollerhof.at
18 Hektar, W/R 80/20, 120.000 Flaschen/Jahr

„Als Winzer sehe ich es als Ehre, den pfeffrigen Weinviertel DAC in meinem Sortiment führen zu können. Ich sehe es aber auch als Verpflichtung, dem Grünen Veltliner in all seinen Spielformen gerecht zu werden", so Erwin Poller. Schon als kleiner Bub hat er großes Interesse für den Weinbau entwickelt, und es stand immer fest, dass Erwin einmal Winzer werden wird. In manchen Lagen rund um Röschitz spielt's deutlich mehr als nur Grüner Veltliner. Löss- und Urgesteinsböden geben auch anderen Rebsorten die Möglichkeit, ansprechende Weine zu werden. Erwin Poller schätzt die Natur, obwohl sie mit ihm macht, was sie will. Seine verschiedenen Projekte rund um den Wein wie Hühner im Weingarten oder Lössboden auf den Flaschen oder die legendäre Frau Mayer – diese vielen Ideen lassen ihn immer mehr ausprobieren, was seine Arbeit lebendiger und besser macht. Der Keller ist seine Weinwerkstatt. Dort herrscht absolute Ruhe, wo versucht wird, das Luxusgut Wein optimal vorzubereiten für die Genießer, um ihnen jenes Glücksgefühl zu vermitteln, das sie bei einem guten Glas Wein aus Erwin Pollers Hand so sehr schätzen. Weinfreunde von jung bis alt bevorzugen Erwins Weine vorwiegend in der Heimat, in den Bundesländern, speziell in Salzburg und Vorarlberg, aber auch in den Restaurants, in Vinotheken, im Weinhandel und auch im Ausland wie USA, Japan, Südkorea. Ganz besonders freut sich Erwin Poller über gut gelungene Weine aus Grünem Veltliner, Muskateller, Traminer und Rotem Veltliner. Als aufgeschlossener Familienmensch ist Erwin Poller auch sein Umgang mit den Mitarbeitern sehr wichtig – und den beherrscht er bestens. Durch das familiäre Klima sind alle mehr als zufrieden und auch seit vielen Jahren im Betrieb integriert. Auf sein liebevoll geschaffenes Gästerefugium „Romeo und Julia" im Stil der 1950er-Jahre ist er besonders stolz, seine Gäste dürfen sich auf etwas Besonderes freuen.

*wh*

### WEINVIERTEL DAC

★★★ S €€ GV
**2023 Grüner Veltliner Phelling** + Duftige Würzenase, grüner Apfel, Quitten, weißer Pfeffer, fruchtig-frisch, saftig-pikant, ausgewogen, gehaltvoll, mineralisch mit kühlen Aromen, hohe Extrakte mit charaktervollem Abgang.

### NIEDERÖSTERREICH

★★★★ S €€€ GV **TIPP**
**2023 Grüner Veltliner Frau Mayer** + Gefällt mit fruchtig-duftenden reifen Früchten wie Ananas und Melonen, saftigen Birnen, typischem Pfefferl, im Hintergrund Orangenzesten, gehaltvoll mit Körper und Kraft, frisch, saftig und trinkfreudig, elegant, charaktervoll.

★★★ S €€€ GV
**2023 Grüner Veltliner Hühnergarten** + Neben Würze, Kräuter und Pfefferl dominiert animierendes Steinobst und Exotik im Duft und Geschmack, Mineralik und Kraft, delikate Säure und ansprechender Nachgeschmack.

★★★ S €€€ RV
**2023 Roter Veltliner Goassbugl** + Duft nach gereiften Äpfeln, Birnen und Bananen im Hintergrund, hohe Viskosität, fruchtbetont, delikate Säure, feinwürzig, cremig und harmonisch, gute Balance.

★★★ S €€€ RI
**2022 Riesling Königsberg** + Animierender, typischer Duft nach Weingartenpfirsich, Marillen und Birnen, feine Kräuter, frische Zitrusnoten, kühle Mineralik, fruchtig und saftig, trinkfreudiger und ausdrucksstarker Riesling.

★★★ S €€€ CW
**2023 Von Löss** + (SB/GM) Beinhaltet einen Wein mit intensivem Duft nach Holunderblüten, Pflanzen, Würze, Stachelbeeren, Grapefruit, fruchtig, grasig, pikant, rassig, sehr gehaltvoll und finessenreich, aromareiches, langes Finish.

★★ S €€ ZW
**2019 Zweigelt Himmelreich** + Leuchtend-junges Rubin, Bukett nach Kräutern, Kirschen und hellen Beeren, Körper, Finesse, Reife, Harmonie und angenehme Tannine prägen diesen gaumenfreundlichen Rotwein.

★★★★ K €€€ CR **TIPP**
**2019 CUVÉE CHURCH HILL** + (ZW/CS/SY) Intensiv dunkel bis schwarzfarbig, Duft nach schwarzen Johannisbeeren, schwarzen Kirschen, Bitterschokolade, etwas Tabak, Vanille, Röstnoten, vielschichtig, kraftvoll und harmonisch, kompakt mit noch viel Potenzial für viele Jahre, braucht Luft, um sich zu entfalten.

## Weingut
# Wine by S. Pratsch

**Stefan Pratsch**
2223 Hohenruppersdorf, Milchhausstraße 5
Tel. +43 676 6249773
office@pratsch.at, www.pratsch.at
50 Hektar, W/R 70/30

Das Weingut Stefan Pratsch in Hohenruppersdorf hat seinen Ursprung in der Vereinigung zweier alter, ortsansässiger Weinbaufamilien. Bereits vor 30 Jahren war Vater Willi Pratsch überzeugt, dass der naturnahe Weinbau der richtige Weg ist, und so war er einer der Ersten, der im Weinviertel mit Bio-Weinbau begonnen hat. Diese Leidenschaft und Philosophie übertrug sich wie von selbst auf den jungen Kellermeister Stefan Pratsch. Wie sich heute zeigt, war die Umstellung auf biologisches Wirtschaften ein wichtiger Schritt auf dem Weg in eine erfolgreiche Weinzukunft.

Für mich war der Besuch bei Stefan Pratsch eine höchst erfreuliche Neuentdeckung. Alle verkosteten Weine befinden sich qualitativ auf einem wirklich hohen Niveau, und durch niedrige Alkoholwerte sind sie absolut süffig. Beide Sauvignons sowie die Top-Weine bei Grüner Veltliner und Riesling stechen noch einmal hervor. Außerdem habe ich das Gefühl, dass hier noch lange nicht der Plafond erreicht ist. Es liegt vielleicht an den 95 % Exportanteil, warum seine Weine in Österreich nicht bekannter sind. Da aber in diesem Frühjahr ein wunderschöner Verkostungsraum im Loungestil inklusive Shop – mit seinen Weinen und Produkten aus der Umgebung – gebaut wurde, steht einem Besuch im Weingut nichts mehr im Wege. Zugang mit der eigenen Bankomatkarte jederzeit möglich! Schauen Sie sich das an! *fh*

### WEINVIERTEL DAC

★★★ S €€ GV
**2023 Grüner Veltliner Classic** + Gelber Apfel, Birne, Pfefferl, Limone, cremig; vorneweg würzig und kernig, mit Luft weicher, gelbe Frucht, mittlere Länge, zarte Mineralik im Abgang.

### NIEDERÖSTERREICH

★★★ S €€ GV
**2023 Grüner Veltliner Ried Rotenpüllen** + Klassisches Veltlinerbukett, sofort Tiefgang; dicht und stoffig, feine Mineralik – Schotter, Löss, Eisen, viel Charakter.

★★★★ S €€€ GV — **TIPP**
**2023 Grüner Veltliner Ried Heiligenberg** + Pikanter Kernobst-Zitrus-Mix; Grapefruit, Apfel, Pfirsich, elegant mit saftigem Extrakt, samtiger Fruchtschmelz, harmonischer Säurebogen, feingliedrig, mineralisch im langen Finale.

★★★★ S €€€ GV — **TIPP**
**2022 Grüner Veltliner Ried Steinberg Große Reserve** + (1 Jahr in 500 l gebrauchtem Holz) Komplex, Birne, Biskuit, helles Malz, Haselnuss, reife Früchte; Honigmelone, Ananas, kompakte Säure, vornehme Holzwürze, zartes Süßerl, viel Tiefgang, ein Schmeichler.

★★★★ K €€€€ GV
**2023 Grüner Veltliner Erdverbunden Natural Wine** + Charaktervolles Bukett, grüner Tee; kernig-nussig, getrocknete Kräuter, Zitronenmelisse, Physalis, Tabak, Zwetschke, voluminös und stoffig, straffe Säure, herbe Eleganz, leicht salzig im Nachhall. Potenzial!

★★★ S €€ SB — **PLV**
**2023 Sauvignon Blanc Classic** + (11,5 % Vol.) Strahlende Holunderblüten, intensive Cassisaromen, Kernobst und Stachelbeeren, einladend; Dacapo im Mund, dazu gelber Paprika, Kräuter, zart, dennoch dicht, Mineralik im munteren Abgang.

★★★ S €€ SB
**2023 Sauvignon Blanc Ried Kittel** + Strahlende Cassisnote, reife gelbe Frucht, Wiesenkräuter, einladend; dicht und saftig, alles da: gelber Paprika, Holunder, Cassis, bleibt immer elegant, gute Zukunft.

★★★★★ S €€ RI — **TOP**
**2023 Riesling Ried Heiligenberg** + Steinobst, reife Marillen, Pfirsich, Zitrus; schmeichelnder Schmelz, tiefgründig, fruchtiger Extrakt, pikante Säure, süße Kräuter im komplexen Nachhall.

★★★ S €€ CR
**2023 Rosé** + (ZW/SL) Walderdbeere, Weichsel, Hauch Himbeere, Kräuter; Wiederholung im Geschmack, cremig und geschmeidig, süffig, wunderschön.

★★ S €€ ZW
**2021 Zweigelt Classic** + Animierende Weichselfrucht, kernig unterlegt; saftig, fruchtig, Kirschenkompott, beim zweiten Schluck würziger mit feinen Kräutern, angenehmer Rotwein.

### ÖSTERREICH

★★ S €€ CR
**NV Frizzante Rosé Extra Brut** + (ZW/SL – 1 g RZ) Verspielt, Erdbeere, kühle Kräuter, einladend; Erdbeere, Bergkräuter, feiner Mix aus fruchtigen und herben Komponenten, sehr süffig, noch ein Glas, bitte!

★★★ S €€ CR
**NV Frizzante Rosé trocken** + (ZW/SL – 14 g RZ) Lebhaft, Waldbeeren, Blutorange; stoffig, vollreife Erdbeere, fruchtige Säure, floral, schmeichelndes Finish.

♛ ♛ ♛

## Weingut
# Prechtl

2051 Zellerndorf 12
Tel. +43 2945 2297
weingut@prechtl.at, www.prechtl.at
17 Hektar, 150.000 Flaschen/Jahr

Mister Grüner Veltliner, so könnte man Franz Prechtl nennen. Sechs davon gibt es im Sortiment – einer besser und typischer als der andere. Diese stehen auf verschiedenen Böden wie auf Molasse, Löss oder Urgestein. Ich tue mir schwer, einen dieser formidablen Grünen Veltliner hervorzuheben, jedoch der Grüne Veltliner meines Herzens kommt von der Ried Längen. Die beiden größten, stoffigsten stehen in der Ried Leitstall und Äußere Bergen – Jahrgang 2022. Es gibt in diesem Haus auch einen Riesling Ried Wartberg, einen Gelben Muskateller aus der Ried Maulavern sowie einen höchst individuellen Sauvignon Blanc und einen 2022 Grauburgunder. Nebstbei keltert man auch Süßweine und verschiedene Spumante.
Hier gibt es nur Lese von Hand. Sollte nicht unerwähnt bleiben. Neu im Sortiment sind auch Spritzweine in Weiß und Rosé. Im angeschlossenen Sommerladen kann man die Weine im Verbund mit Schmankerln genießen und erwerben.
PS: Das Weingut Prechtl ist eines von 13 Weingütern des Weinviertels, welches in den Verbund der Traditionsweingüter aufgenommen wurde.          *as*

### WEINVIERTEL DAC

★ S € GV
**2023 Grüner Veltliner Classic** + Hellfruchtig, weißer Pfeffer, frische Kräuter, leicht, dezent würzig, zartgliedrig, dezente Exotik.

★★★ S €€ GV
**2023 Grüner Veltliner Ried Längen** + Gelbfruchtig mit Noten von weißem Pfeffer, Ringlotten, zart nach Marillen, Apfeltöne, druckvoll, kräftiger Ausdruck, perfekter Gerbstoff, ungemein pikant, immer kühl, gute Mineralität.

★★ S €€ GV
**2023 Grüner Veltliner Alte Reben** + Kräuterwürze, Tabak, Gewürznoten, schwarzer Pfeffer, schmelzige Frucht, ungemein saftig, voller Druck, gerbstoffbetont, welcher ihn in eine gesicherte Zukunft bringt. Vielleicht der beste Alte Reben bisher. Ein Zellerndorfer Ortswein von toller Güte.

★★★ S €€€ GV
**2023 Grüner Veltliner Reserve Ried Altenberg** + Birnen und Äpfel prägen das Bukett, Zitrus, dezent nach Ringlotten, reifer Pfirsich, etwas Tabak, druckvoll elegant und filigraner Auftritt. Ausdrucksstark und fruchttief.

★★★ S €€€ GV
**2022 Grüner Veltliner Reserve Ried Leitstall** + Karamell, getrocknete Zitrusfrüchte, Grapefruit, reife Zwetschken, Bratapfel, exotisches Flair, Marillen, etwas Anis, von barocker Textur, gereifte Frische, dunkle Würze, körperreich, tolles Säurespiel, wunderbare Fülle.

★★★★ S €€€€ GV                                    **TIPP**
**2023 Grüner Veltliner Reserve Äußere Bergen** + Ein kühler, salzig mineralischer, ungemein eleganter, straffer Grüner Veltliner mit toller Exotik, Ananas, reifer Apfel, Ringlotten, Blütenduft, etwas Karamell, Maroni, Pfeffer, feinfruchtige Stilistik. Komplex, bei aller Ausdrucksstärke niemals belastend und Zukunft für viele Jahre.

### NIEDERÖSTERREICH

★ S € WR
**2023 Madame Limette** + Ein duftiger, knackiger Welschriesling, tolle Zitrusfrische, grüner Apfel, wie eine Frühlingswiese. Unkompliziert, dezent blumig, ca. 6 g RZ verleihen ihm ein tolles Mundgefühl.

★★ S €€ GM                                         **FUN**
**2023 Gelber Muskateller Ried Maulavern** + Kandierte Zitrusnoten, Holunderblüten, Pfirsich, Rosenblüten, immer kühl, exotische Fruchtnoten, knackige Frische, trocken und rassig, engmaschig, feinster Gerbstoff.

★★ S €€ SB
**2023 Sauvignon Blanc Ried Altenfeld** + Gelber Paprika, reife Johannisbeeren, Hollernoten, Teeblätter, dezente Brennnesseln, gerbstoffbetont, pralle Trauben, druckvoll, langatmig, viel Substanz.

★★ S €€ RI
**2023 Riesling Ried Wartberg** + Marillentouch, weißer Pfirsich, Zitrus, Gesteinsmehl, ungemein stimmig und tief, voller Spannkraft, Urgestein betont, vielschichtig, immer in der Balance.

★★ S €€€ PG
**2022 Grauburgunder** + Ein Grauburgunder voller Leben, Apfeltöne, Zitrus, dezente Bratennoten, Kräuter, Akaziennoten, niemals breit, geradlinig, feine Frucht, immer elegant.

★★★ S €€€ GV
**2021 Beerenauslese Grüner Veltliner** + Ein wunderbarer Süßwein mit herrlicher Würze, Zimtstange, Honig, exotische Töne, Karamell, Pilznoten, perfekte Botrytis, süß und reichhaltig, wobei sich die Süße in Grenzen hält. Er hat Frische, genügend Säure, ist schmelzig, harmonisch und balanciert.

# Weingut
# Pröll

**Maximilian & Andreas Pröll**
3710 Radlbrunn 48
Tel. +43 664 5278675
proell@weingut-proell.at, www.weingut-proell.at
20 Hektar, W/R 80/20

Wer das Weinviertel vinarisch erkunden möchte, beginnt am besten in diesem alteingesessenen Familienbetrieb in Radlbrunn. Hier bekommt man Grüne Veltliner in ihrer Vielfalt, in verschiedenen Varianten und Lagen. Das sind überaus authentische Gewächse. Weiters verkostet man „Der frische Pröll" – ein Rosé 2023, der ausgezeichnet mundet. Mir gefällt sehr der 2023 Sauvignon Blanc Ried Karln, der auf dem Weg zu einem besonderen ist und den legendären 2021er ablösen wird. Der 2023 Rivaner/Müller-Thurgau hat mein Herz erobert. Hoffentlich bleibt er mir noch lange erhalten.
Bei den Grünen Veltlinern hebe ich keinen hervor, das überlasse ich den Weinfreunden. Hier findet jeder den seinen. Die Moderne der Weinwelt befindet sich im 2022 GV Maximus No 1 – ein doch etwas anderer Typus –, unfiltriert, aus den ältesten Rebstöcken des Gutes. Unbedingt belüften und aus einem großen Glas genießen.
Eines sollte man nocherwähnen – bei einem Glas Wein von den Prölls wird man geerdet. Da geht der ganze Trubel dieser Welt an einem vorbei. Die Probleme werden kleiner und der Optimismus größer. Solch eine Entschleunigung kann ich nur jedem empfehlen. *as*

## WEINVIERTEL DAC

★★ S €€ GV
**2023 Grüner Veltliner Ried Lehlen** + Hefeteig, Apfelnoten, Birnen, auch Marillen, Zimtnoten, Pfeffer, knackig, eben Weinviertel, ehrlich, mit Biss, ein Wein mit Charakter, der seine Pikanz zeigt. Ein hervorragender Grüner Veltliner, der sich bestens darstellt und sich niemals verleugnet.

★★ S €€ GV
**2023 Grüner Veltliner Ried Steiningen** + Ruhig strömend, apfelige Textur, süffig, knackig, etwas grüne Noten, weißer Pfeffer, ein perfekter Diskussionswein, innere Harmonie.

★★★ K €€ GV
**2021 Grüner Veltliner Reserve Ried Kirchberg** + Ich erahne etwas Holz, gelbe Früchte, feine Exotik wie Ananas, reifer Apfel, Pfirsich, Zitrus, Andeutung von Zwetschken, eine Ahnung von Honig, Schokonoten, Gewürze wie Pfeffer, Karamell, reife Trauben, die sich die Säure bewahrt haben. Viel Potenzial.

### NIEDERÖSTERREICH

★★ S € CR · FUN
**2023 Rosé Der frische Pröll** + Hellrosa, Kirschblüten, frische Kräuter, kandierte Zitrusfrüchte, Zitronenmelisse, leicht, unkompliziert, frühlingshaft, gute Säure, gute Struktur, transparente Noten, knackig, macht Spaß. Perfekte Balance.

★★ S €€ GM
**2023 Gelber Muskateller Ried Karln** + Sofort erkennbar als Muskateller – Muskatnuss, Holunderblüten, Orangenblüten, erinnert dezent an Rosen, frisch, saftig, aromatisch, Säurebiss, knackig.

★★★ S €€ SB
**2023 Sauvignon Blanc Ried Karln** + Gelbe Früchte, Cassis, zart nach Stachelbeeren, Pfirsichnoten, Honigmelone, fruchtig, reife Trauben, balanciert, weinig, elegant, feine Würze, subtile Noten, könnte an den formidablen 2021er herankommen.

★★ S €€ GV
**2023 Grüner Veltliner Ried Brenner** + Pfeffer gepaart mit einem feinen Nusserl, Apfel, leichtgewichtig, doch elegant, ist süffig, zarte Würze, die Säure passt, ganz klar Grüner Veltliner in seiner burschikosen Art, zeigt jugendlichen Charakter.

★★ S €€ GV
**2023 Grüner Veltliner Ried Galgenberg** + Gelbe Früchte, dezente Exotik, Mango & Co., etwas Ananas, Zitrus, natürlich das Pfefferl, pikante Säure, feine Frucht, würzige Noten. Ein Grüner Veltliner für Weinbeißer. Das ist Weinviertel pur.

★★ S €€ RI
**2022 Riesling Ried Kirchberg** + Hier sind die Kräuter dominant und die Reduktion, der braucht viel Luft, zögerlich Steinobst freigebend, Eibischnoten, Ananas, Mandarinen, Schokonoten, etwas spitze Säure, jetzt kommen die Marillen. Ein rustikaler Bursche mit knackigem Auftritt, der fordert einen.

### WEINLAND

★★★ K €€ GV
**2022 Maximus No 1 Grüner Veltliner** + (unfiltriert, aus den ältesten Stöcken der besten Rieden) Gelbfruchtig, Honigtöne, Bratapfel, Nüsse mit Zimt, kraftvoll, ausdrucksstark, fast mächtig, Säurebiss, pfeffrige Noten, die Äpfel sind präsent. Ein straffer, in sich ruhender Grüner Veltliner, der das Weinviertel hochwertig darstellt. Ein Wein mit Reserve-Charakter.

# Winzerhof
# Leo Rögner

**Leo Rögner**
2212 Großengersdorf, Kurze Zeile 62
Tel. +43 676 9140074
wein@leoroegner.at, www.leoroegner.at
6 Hektar, W/R 75/25, 30.000 Flaschen/Jahr

Weinviertel DAC **Reserve** 2023
Grüner Veltliner - Ried Satzen

Leo Rögner bewirtschaftet das Familienweingut in dritter Generation. Großengersdorf liegt im südlichen Weinviertel, östlich von Wolkersdorf. Die Reben stehen überwiegend auf Löss. Hier dominiert das pannonische Klima.
Alle Weine passen in meine Lieblingskategorie: gut strukturierte Trinkweine. Die drei Grünen Veltliner bieten in jeder Gewichtsklasse passenden Trinkgenuss. Die Aromasorten glänzen, egal ob es Gemischter Satz, Muskateller oder Sauvignon Blanc ist. Im oberen Segment haben wir eine ernsthafte Leopold Reserve in Weiß und einen zwingend typischen Blaufränkisch Kohlenberg. Zwei Weine kommen erst nächstes Jahr in den Verkauf: Roesler 2023 und Leopold Grande Reserve 2022. Vorfreude!
Übrigens – die Rögners betreiben an jedem Samstag am Wiener Yppenmarkt einen Verkaufsstand und bieten dort ihre Weine, Obst und Fruchtsäfte an.
Abschließend muss erwähnt werden, dass diese feinen Weine absolut fair kalkuliert sind. *fh*

## WEINVIERTEL DAC

★★★ S € GV
**2023 Grüner Veltliner vom Löss** + Gelber Apfel, Blumenwiese, nervig; klassisches Pfefferl, herb-würzig, dann gelbfruchtig, sehr einladend mit gutem Zug.

★★★★ S € GV  **PLV**
**2023 Grüner Veltliner klassik** + Von allem ein bisschen mehr: gelber Apfel, Kräuterbukett, zarte Exotik; im Geschmack noch vielschichtiger mit Apfel, Birne, Ananas, Kräutern, vollmundig, dicht, absolutes Trinkvergnügen!

★★★ S €€ GV
**2023 Grüner Veltliner Reserve Ried Satzen** + Pfefferl zu Beginn, mit Luft dann vollere Noten, Apfel, Pfirsich, Kräuterwiese; mildere Säure, reife Früchte, guter Druck, Potenzial, wird erst ab Herbst seine Klasse ausspielen.

## NIEDERÖSTERREICH

★★ S € WR
**2023 Welschriesling Ried Holzberg** + Grüner Apfel, Heunoten, reifere Nase; im Geschmack würziger, Stachelbeere, feine Herbe, dazu stoffig mit Grip. Feiner Welschriesling für alle Tage.

★★★ S € GS
**2023 Gemischter Satz klassik** + (GV/WR/SB/MU) In der Nase führt derzeit der Grüne Veltliner, Pfefferl, trocken, Kräuterwürze; vorne herb, danach vielschichtige Fruchtaromen, guter Druck, mittellang, klingt trocken aus.

★★★ S € GM  **FUN**
**2023 Gelber Muskateller klassik** + Supertypisch, Holunderblüte, Apfel, Zitrus, einladend; am Gaumen noch mehr von allem, vielschichtige Früchte, balancierte Säure, ein Maul voll Wein, so soll Muskateller sein.

★★★ S € SB
**2023 Sauvignon Blanc klassik** + Grüne und gelbe Paprika, sehr feingliedrig, würzig; mittelkräftig, vielschichtige Fruchtnuancen, Holunderblüten, feine Säure, gute Länge.

★★★ K €€ CW
**2023 Leopold Reserve** + (50 % GV / 40 % SB / 10 % RI) Namensgeber dieses Weines sind drei Generationen Leopold. Im Akazienfass vergoren. Exotische Früchte, Hawaii-Ananas, etwas Toasting vom Holz, dann Sauvignon-Blanc-Frucht; feine Sauvignon-Würze, Holunder, Cassis, viel Tiefgang und Struktur, am Beginn seiner Entwicklung. Kommt ab 08/24 in den Verkauf.

★★★★ K €€ BF
**2022 Blaufränkisch Ried Kohlberg in Bockfließ** + Heidelbeeren, Brombeeren, noch ungestüm, festes Tannin, kompakt; saftige Weichselfrucht, Holz zart darunter geschoben, insgesamt ein Parade-Blaufränkisch, der selbstbewusst dasteht. Kompliment!

# Bio Weingut
# Josef Salomon

Josef Salomon
2162 Falkenstein 24
Tel. +43 664 2111036
josef@weingut-salomon.at, www.weingut-salomon.at
4 Hektar, W/R 75/25

Josef Salomon hat mit seiner gefühlvollen wie behutsamen Vorgehensweise aus dem aktuellen Jahrgang wieder eine attraktive Serie herausgeholt. Offensichtlich profitieren die Weintypen von den kalkreichen Falkensteiner Rieden und den angestrebten geringen Erträgen. Zudem ist auch nach dem warmen Herbst von 2023 kein Säuremangel festzustellen, was speziell für die zahlreichen Gewächse mit deutlichem Restzucker von Vorteil ist. Für den vorläufigen Höhepunkt der verkosteten Palette hat unserer Meinung nach der wohl ausgewogene Gemischte Satz von der Riede Kirchberg namens „Rosalie" gesorgt, der quasi wie aus Samt und Seide über den Gaumen gleitet und viele Nuancen zum Klingen bringt. Aus dem Weinjahr 2022 stammt der hintergründige und erst ganz am Beginn seiner Entwicklung stehende „Großvater" Alte Rebe, ein als Hommage an Großvater Heinrich Salomon geschaffener Grüner Veltliner, der nur aus jenen Reben einer Parzelle am Rosenberg gekeltert wird, die samt und sonders auf jenen einzigen Weinstock zurückgehen, der dem Vorfahren vor mehr als hundert Jahren zur Vermehrung gedient hat. Der vom Fass verkostete fulminante 2023er dieses Unikats sollte übrigens eine weitere Steigerung realisieren. Vater Heinrich Salomon hat ja bereits ab 1978 eine sehenswerte Vinothek mit vielen Spezialitäten begründet, die Josef Salomon noch weiter ausgebaut hat, sodass heutzutage neun Weinschätze bis zurück zum Jahrgang 1990 zu sehr fairen Preisen zur Verfügung stehen. Abschließend sei noch der „Schmankerl-Heurige" erwähnt, in dem Maria Salomon die reiche Weinauswahl mit adäquaten kulinarischen Delikatessen zu begleiten versteht.

*vs*

## NIEDERÖSTERREICH

**★★★ S €€ GV**
**2023 Grüner Veltliner „Ikarus"** + Zartes Bukett nach weißen Blüten und etwas Birnen, rund und geschmeidig, ungekünstelt und geradlinig, leichtfüßig, offenherzig und balanciert, etwas weich im letzten Drittel.

**★★ S €€ GV**
**2023 Grüner Veltliner Reserve Ried Rosenberg** + Der als DAC Reserve konzipierte Veltliner-Typ präsentiert sich ausgereift und mächtig bei noch etwas schüchternem Fruchtspiel, feine Gewürzmischung in der Nase, kraftvoll und engmaschig, nach Roggenbrot und Bratapfel, fest verwoben und kernig, für den Jahrgang erstaunlich straffe Säure.

**★★★ K €€€€ GV**
**2022 Grüner Veltliner „Großvater" Alte Rebe** + Diese im gebrauchten 300-Liter-Fass gereifte Hommage an den Großvater benötigt gegenwärtig viel Luft und ein großes Glas, um sich zu öffnen: zunächst verkapselt, erst nur ein Hauch von Blütenhonig, später dann Kamille und Melisse, am Gaumen eine Portion Kräuterwürze, dicht und einschmeichelnd, feine Fruchtsüße, nobel und ausdauernd, ganz ruhig strömend, großes Potenzial.

**★★★★ S €€ GS** `TIPP`
**2023 Gemischter Satz „Rosalie" Ried Kirchberg** + Aus sechs Rebsorten komponiert ist dieser vornehme Gemischte Satz, in der Nase dominiert vorerst der den Namen spendende Rosenblütenduft des Traminers, überhaupt sehr floral und vielschichtig, viel Esprit und zahlreiche Nuancen, Stachelbeeren und Pfirsichbowle, balanciert, facettenreich und ausdauernd.

**★★★ S €€€€ GS**
**2022 „Cara Mia"** + (lieblich) Dieser aus vier Rebsorten bestehende Gemischte Satz duftet zunächst nach Blockmalz und Karamell, ausgereift und reichhaltig, körperreich und rund, kandierte Früchte und Honigmelone, fein liniert und sanft strömend, bleibt auch haften.

**★★★ S €€€€ GS**
**2023 „First Lady" Ried Pfarrgarten** + Aus acht Rebsorten gebildeter Gemischter Satz im Ausleseformat, Duft nach Flieder und Orangenblüten, reintönig, apart und elegant gegliedert, nussige und zimtige Würzenote, der hohe Restzucker wird bereits gut eingebunden, gerundet und ausgewogen.

**★★ S €€ RI**
**2023 Riesling „Schlawiner" Ried Rabenstein** + Klares Bukett nach Marillen und Ringlotten, prickelnde Frische und schlanke Textur, deutlicher Zuckerrest und kecke Säure ergeben knisternde Spannung, animierend wie verspielt.

**★★★ S €€ CR**
**2023 Rosé „Pink Panther"** + Himbeeren und Erdbeeren im blumigen Auftakt, supersaftiger Auslesetyp mit dominanter Fruchtsüße, nuanciert und gut abgestimmt, noch etwas ungestüme Fruktosenote, reichhaltig und originell, ideal als Begleiter von fruchtigen Desserts.

## Weingut
# Kerstin & Nadine Schüller

2073 Pillersdorf 15
Tel. +43 676 7870813, Fax +43 2946 8429
info@weingut-schueller.at, www.weingut-schueller.at
16 Hektar, W/R 70/30

Als Weingut inmitten eines der schönsten Flecken des Weinviertels – so präsentieren die drei Damen Kerstin, Nadine und Helga Schüller ihren Familienbetrieb in Pillersdorf nahe der Weinstadt Retz. Die gelebte Tradition der drei Damen in ihrem Familienbetrieb hat sich so entwickelt, dass Kerstin für Weingärten und Keller verantwortlich zeichnet, Nadine für Marketing zuständig ist und Mutter Helga das Weingut nach außen hin bei den Kunden präsentiert. Mit Respekt zur Natur in Verbindung mit bedingungslosem Qualitätsanspruch, Vertrauen in das Winzerhandwerk, viel Liebe zum Detail und modernster Kellertechnik entstehen Weine mit Persönlichkeit, Charakter und dem gewissen Etwas. Besonderes Augenmerk legt Kerstin Schüller auf reifes, gesundes Traubenmaterial, natürlich im Einklang mit der Natur. Ganz besonders mit eingebunden wird der jeweilige Jahrgang mit seinen Eigenheiten, damit nicht Masse, sondern Qualität entsteht. Auf steinigen, mineralischen Böden bis Lehm-Löss-Böden stehen die Rebstöcke. Die vor Jahren zur schönsten Kellergasse gewählte „Ölbergkellergasse" am Rande von Pillersdorf ist in die Lage „Hochsteinberg" eingebettet. Rund um den Ort werden auf einer Art Rotweininsel gehaltvolle, dichte, oft besonders hochwertige Zweigelt kultiviert. Für Kerstin Schüller ist die Vielseitigkeit des Berufes immer wieder eine neue Herausforderung. Ihre Winzertätigkeit ist geprägt von spannenden Tagen, Wochen, Monaten und Jahren (Jahrgängen). So präsentiert sich auch das kostbare Endergebnis – hier entstehen Weine mit Persönlichkeit und Charakter. *wh*

### WEINVIERTEL DAC

★★ S €€ GV
**2023 Grüner Veltliner Hochsteinerberg** + Fruchtig, duftig, würzig, grüne Äpfel, Grapefruit, Zitrus, delikat und rassig, gehaltvoll und ausgewogen, sehr typischer, trinkfreudiger Sommerwein.

★★★ S €€ GV
**2023 Grüner Veltliner Hinterleiten** + Duftige Zitrusnoten, deutlicher Pfeffer, würzig, mineralisch, delikat und kraftvoll, klassischer, animierender DAC mit langem, angenehmem Nachgeschmack.

★★★★ S €€€ GV
**2022 Grüner Veltliner Reserve** + Strohgelb, intensives Bukett nach Würze, Birne, grünem Apfel, gelben Früchten, typisch pfeffrig, kräftiger Körper, dicht und kompakt, süßliche Extrakte, eleganter, ausdrucksstarker, langer Nachgeschmack.

### NIEDERÖSTERREICH

★★★ S €€ PB
**2022 Weißburgunder** + Blumige Nase nach Mandeln und Marzipan, feine Zitrusnoten und Aroma nach exotischen Früchten, Walnüsse, halbtrocken, gehaltvoll, cremig und geschmeidig, beeindruckendes Süße-Säure-Spiel, Finesse und Potenzial, harmonisch lang am Gaumen – herrlicher Wein!

★★★ S €€ CH
**2022 Chardonnay** + Aromareiche Exotik nach Ananas, Mango, Maracuja und Litschi, halbtrocken, harmonisch, cremig-weich, vielschichtig, gereift, öffnet sich wie eine Rose, angenehm lang am Gaumen.

★★★ S €€ CH — TIPP
**2022 Chardonnay Con Forza** + Aromatisch, exotisch, reife Birne, Honig, Mandeln, delikates Süße-Säure-Spiel, lieblich, sehr gehaltvoll und harmonisch, leicht und elegant mit schlankem, durchtrainiertem Körper – gaumenfreundliche Spezialität zur Asia-Küche!

★★★ S €€ RI
**2022 Riesling** + Deutliches, animierendes Steinobstbukett sowie fruchtige Zitrusnoten, perfekte Süße-Säure-Harmonie, halbtrocken, cremig und ausgewogen, delikat und trinkfreudig, animierender, fruchtbetonter Nachgeschmack.

★★★ S €€ — FUN
**2023 Rosé Cuvée** + Duftspiel nach Erdbeeren, Kirschen, Ribiseln, sehr fruchtig, feinwürzig, frisch und saftig mit Finesse, animierender Grillparty-Sommerwein!

★★ S €€ BP
**2023 Blauer Portugieser** + Jugendliches Rubinrot mit violetten Reflexen, fruchtig nach Kirschen und Brombeeren und feinem Rebholz, ausgewogene Tannine, schlank, unkompliziert und trinkanimierend, angenehmer Abgang – kellerkühl am besten!

★★★ S €€€ CR — TIPP
**2021 Cuvée Exklusiv Nadine** + (ME/RÖ/BB/ZW) Dunkles Rubin mit Purpur, fruchtbetont nach Cassis, Brombeeren, Vanille, dunkle Gewürze, gut eingebundene Tannine, gehaltvoll, cremig, mollig, süßliche Extrakte und Finesse, lüften, große Gläser – ausgezeichneter Wein!

## Bio-Weingut
# Schwarz

**Familie Schwarz**
2172 Schrattenberg, Kleine Zeile 8
Tel. +43 2555 2544, Fax -4
office@schwarzwines.com, www.schwarzwines.com
W/R 25/75

Anna-Maria und Alois Schwarz sind in Schrattenberg zu Hause, einer Rotweininsel im nördlichen Weinviertel. Dementsprechend liegt der Schwerpunkt bei den roten Sorten, wenngleich man die Weißweine und – bei passender Witterung – die Süßweine nicht übersehen darf. Der Betrieb ist seit 2011 biologisch zertifiziert, denn der Grundstein für hohe Qualität werde im Weingarten gelegt. Der Keller ist in technischer Hinsicht State of the Art.

Sohn Reinold verstärkt das Team und ist nach langen Jahren der Ausbildung, währenddessen er aber immer im Weingut mitgeholfen hat, nun fix da. Er kümmert sich vor allem um den Export, der immerhin 40 % ausmacht.

Wenn man sich die Kostnotizen der letzten Jahre ansieht, merkt man erst, wie breit das Programm ist. Von allen Sorten gibt es einen Klassischen, eine Selection und einen Premium. Und jedes Jahr stechen ein paar andere Weine besonders hervor – in Weiß, in Rot, egal welche Kategorie. Familie Schwarz kann auf allen Tasten des Weinflügels groß aufspielen. *fh*

### NIEDERÖSTERREICH

★★ S €€ GS
**2023 Gemischter Satz** + (GV/PB/MT/WR/TR) Cremig und mild, Eukalyptus, Walnüsse, Haselnüsse, Wiesenkräuter; weinig, gleiche Aromen im Geschmack, milde Säure, gute Länge.

★★ S €€€ SB
**2023 Sauvignon Blanc** + Pipì di gatto, Cassis; gelber Paprika, Holunderbeeren, Johannisbeere, cremig, mittlerer Gerbstoff, braucht noch Zeit.

★★ S €€€ RI
**2022 Riesling Selection** + (Sandstein, 1 Jahr halb im Stahl / halb in großer Akazie) Zart, florale Akzente, Frucht blitzt durch, Akazienholz zu erahnen, cremig; Frucht im Geschmack präsenter, Weingartenpfirsich, Blüten, elegant, gute Länge, eigenständige Sorteninterpretation.

★★★★ G €€€€ CH
**2021 Chardonnay Premium** + (24 Monate im Holz) Burgundisch in Nase und Gaumen: feine Eichenaromen, vielfältige Gewürze, Kletzen, getrocknete Marillen, Honig; schließt am Gaumen nahtlos an, lebhafte Säure, vielschichtig, langer Abgang, noch jung, aber mit Tiefgang. Ein großer Chardonnay Österreichs.

★★★ G €€€€ CR
**2022 Rosé Premium** + (BF/SY/ME – 1,5 Jahre im Holz) Ein Rosé im Stil der Côtes de Provence – kraftvoll, konzentriert und dennoch verspielt. Waldbeeren, Kirschen, einladend; ausgesprochen lebendig, animierendes Säurespiel, viel Frucht, lange und ernsthaft im Abgang, toller Speisenbegleiter, wenn man mal keinen Rotwein möchte.

★★ S €€ BP
**2021 Blauer Portugieser** + Schon lange keinen Blauen Portugieser mehr gehabt, und dann gleich so gut: feingliedrig, Sauerkirsche, etwas Kräuter, gutes Säurespiel; Kirsche, angenehme Tannine, mittlere Länge, trinkig, erinnert an einen guten Vernatsch.

★★ S €€€ SL
**2021 St. Laurent** + (33 % Stahl / 33 % gebrauchtes Holz / 33 % großes Holz) Herb-würzig, burgundisch, feine Säure, Herzkirsche, Minze, etwas Zitrus; nervig zu Beginn, etwas Gerbstoff, hochelegant, sehr typisch, noch sehr jung.

★★★ S €€€ BF — PLV
**2021 Blaufränkisch** + Sortentypisch, Herzkirschen, Schoko, Gewürzkern, elegant; aromatisches Dacapo, mit viel Mineralik flankiert, nervig, superfein!

★★★ G €€€€ ZW
**2020 Zweigelt Premium** + (60 Jahre alte Reben) Saftige, reife Kirsche, Heidelbeeren, offene Nase; am Gaumen deutlich straffer, fein nussig vom Holz, viel Kräuterwürze, mineralisch, saftige Kirsche, dunkle Beeren, elegantes Gerbstoffgerüst, noch jung. Straft den Jahrgang Lügen.

★★★★ G €€€€€ ME — TIPP
**2020 Merlot Premium** + Reife Paradeiser, Thymian, Salbei, stoffig und dicht; wieder Tomate, Orange, Nuss, Schokolade, vollmundig, elegant gaumenfüllend, langer Abgang, steht am Beginn seiner Entwicklung, einer der besten Rotweine aus 2020!

★★★★ G €€€€€ SY — TIPP
**2019 Syrah Premium** + Schwarze Oliven, Kräuter der Provence, fein nussig, tiefgründig, anziehend; die wirklich großen Weine nehmen einen einfach mit, ohne dass man diese groß beschreiben muss – das ist einfach großartig.

★★★★ G €€€€€€ WR
**2022 Welschriesling Eiswein** + (am 18.12.2022 gelesen) Manchmal gibt es ja doch noch Eisweine aus reifen Trauben (fast) ohne Botrytis: Wiesenkräuter, charmante Süße, Firn-Bonbon, klassischer Kühlehauch; feingliedrig, getrocknete Marillen, Honigmelone, vielschichtig, durch die prägnante Säure immer sehr fein, toll!

# Weingut
# Schwarzböck

2102 Hagenbrunn, Hauptstraße 56–58
Tel. +43 2262 672740
weingut@schwarzboeck.at, www.schwarzboeck.at
22 Hektar, W/R 85/15

Die rundum freudvolle Degustation der Jungweine hat eindrucksvoll bewiesen, dass der Jahrgang 2023 zu einem der allerbesten im Hause Schwarzböck herangereift ist. Das beweisen schon die leichteren Exemplare wie etwa der bildhübsche Muskateller, der seinem Ruf als Maßstab für diese Rebsorte wieder einmal gerecht wurde. Aber auch der verlockende Gemischte Satz Hagenbrunn oder der fleischig-geschmeidige Weißburgunder sind diesmal besonders gut geraten. Für den vorläufigen Höhepunkt sollte die allerdings erst im Herbst auf den Markt kommende Veltliner Reserve von der Ried Aichleiten sorgen, die bereits jetzt mit fulminantem Fruchtspiel aufzeigt. Ihr steht freilich auf Augenhöhe der hochattraktive 2022er Riesling aus der gleichen Hagenbrunner Top-Lage gegenüber, der spontan an große Vorgänger, etwa aus den Jahren 1997 und 2017, erinnert. Ebenso erfreulich ist die bestechende Frühform seines kleinen Bruders namens Riesling Hagenbrunn, der für diese Kategorie ungewöhnlich nuanciert und gebündelt erscheint. Das rote Segment wird demnächst um den äußerst kraftvollen und dichten Zweigelt 2022 von der Ried Braschen bereichert werden. *vs*

## WEINVIERTEL DAC

★★ S €€ GV
**2023 Weinviertel DAC Hagenbrunn** + Flotte Apfel- und Quittenfrucht gepaart mit Gartenkräutern, frisch und pfeffrig, brotige Würzenote, einige Pikanz, salopper, geradliniger Grüner für jeden Tag.

★★★★ S €€€ GV  **TIPP**
**2023 Weinviertel DAC Reserve Ried Aichleiten Hagenbrunn** + Fein gesponnenes, exotisch erscheinendes Duftspiel nach Ananas, Zuckermelonen und vielem mehr, dicht und gebündelt, strotzt vor Saft und Kraft, mollig und extraktsüß, geschmeidig wie elegant, große Ausdauer, große Reserven.

## NIEDERÖSTERREICH

★★★ S €€ GM  **FUN**
**2023 Gelber Muskateller** + Zunächst Holunderblüten und Zitronenmelisse, dann auch Duftrosen, bezaubernd und reintönig, sehr apart bei schlanker Textur, kühle Frische, dezent muskatige Note, Trinkspaß pur auf hohem Niveau.

★★★ S €€ CB
**2023 Cabernet Blanc** + Klirrend frische Nase, in der sich rote Paprikaschoten und rosa Grapefruit aneinanderreihen, profund und vielfältig, recht druckvoll, Salbei und Cassis, alles in Balance, legt mit Luftzufuhr noch deutlich zu.

★★★ S €€ GS
**2023 Gemischter Satz Hagenbrunn** + Klare Apfel- und Birnenfrucht, sehr animierend, auch hübscher Schliff, blitzsauber und herzhaft, ausgewogen und mundwässernd, viel Trinkfluss.

★★★ S €€ PB
**2023 Weißburgunder Hohe Ried Stützenhofen** + Nach Weißbrot und Mandeln, auch ein wenig Kräuterwürze, rund und fleischig, dicht verwoben und dennoch geschmeidig, satte Birnenfrucht, alles im Lot.

★★★ S €€ GV
**2023 Grüner Veltliner Ried Sätzen** + Waldhonig und Schalnüsse im pointierten Bukett, fest geknüpft und lebhaft, bloß dezentes Pfefferl und etwas Roggenbrot, hat an Profil gewonnen und bleibt auch gut haften, erst ganz am Beginn.

★★★ S €€ GV  **FUN**
**2023 Grüner Veltliner Natural Wine** + Aus Stützenhofen kommt diese im besten Sinne nostalgisch anmutende Variante: unverblümtes, chices Bukett nach Rhabarber und Marzipan, sehr harmonisch und charmant, zarte Kirschfrucht, eine Spur Struktur verleihender Gerbstoff, macht Lust auf das nächste Glas.

★★★ S €€ RI  **PLV**
**2023 Riesling Hagenbrunn** + Duftspiel nach Ribiseln und Dirndlbeeren, ziseliert und feingliedrig, am Gaumen gebündelt, ja kraftvoll, roter Pfirsich, viele Facetten, fordernde Art, verspielt und rassig ausklingend, tolles Preis-Leistungs-Verhältnis.

★★★★ S €€€ RI  **TIPP**
**2022 Riesling Reserve Ried Aichleiten** + Prächtige Allianz von gelbfruchtigen und rotbeerigen Aromen im vielschichtigen Bukett, temperamentvoll wie reichhaltig, sehr pointiert, engmaschig und expressiv, voll vibrierender Frische, der Restzucker wird spielend eingebunden, Zuckermelone und Physalis, viel Substanz und gute Länge, Potenzial für viele Jahre.

## WIEN

★★★ S €€€ ZW
**2022 Zweigelt Reserve Stammersdorfer Ried Braschen** + Ausgereift, nahezu opulent, Waldhonig und tiefe Kirschfrucht, druckvoll, ja mächtig angelegt, vermag die Eiche mühelos zu integrieren, noch ungestüm und ein bisschen rau, wird von weiterer Fassreife sicher profitieren, gute Anlagen.

👑👑👑👑

# Weingut
# Setzer

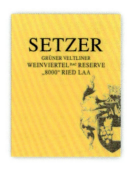

3472 Hohenwarth, Hauptstraße 64
Tel. +43 2957 228, Fax -8
setzer@weingut-setzer.at, www.weingut-setzer.at
30 Hektar, W/R 90/10, 200.000 Flaschen/Jahr

Das Weingut Setzer wird seit 1705 von der Familie bewirtschaftet und mit Erfahrung an die Nachkommen weitergegeben. So werden die gut ausgebildeten Kinder von Hans und Ulrike Setzer – Marie-Theres und Eugen – durch ihre Mitarbeit bereits darauf vorbereitet.

Die einzigartige Höhenlage der Weingärten von 400 m bewirkt Temperaturunterschiede zwischen Tag und Nacht, was für ein ausgeprägtes Fruchtaroma der Trauben sorgt und auch vor Spätfrost schützt. Die über 60 Jahre alten Rebstöcke versorgen die Trauben mit Mineralik und Wasser aus den schottrigen Braunerdeböden. Die Weingärten sind aufgrund des einzigartigen Terroirs für Grünen und Roten Veltliner geradezu geschaffen. Deshalb werden diese Sorten sowohl beschwingt trinkfreudig als auch zu gehaltvollen Lagenweinen ausgebaut. *kk*

## WEINVIERTEL DAC

★★★ S €€ GV · PLV
**2023 Grüner Veltliner Ausstich** + Frischer Kernobstduft, gelbe Ringlotten; kühle Aromatik, Klarapfel, feine Würze, cremig, junger Pfirsich, vegetabil, Limette, Grapefruit, rassige Säure, perfekte Sortentypizität, zart salzig im Nachhall.

★★★ S €€ GV
**2023 Grüner Veltliner Hohenwarth** + Quittenduft, Zitrusnoten; Apfelgelee, animierende Säure, zarte Mineralspur, Pfirsich, helle Kräuterwürze, grüner Pfeffer, erdverbunden, klassisches Sortenbild.

★★★★ K €€€ GV
**2023 Grüner Veltliner Reserve Ried Kronberg** + Gelbfruchtig-würzig, klare Zitrusaromen, bisschen vegetabil; elegante Frucht, grüner Pfeffer, kandierte Grapefruitzesten, Birne, Hauch gebratene Ananas, kernige Säure, komplex, animierend im Abgang.

★★★★ K €€€ GV
**2023 Grüner Veltliner Reserve Ried Kirchengarten** + Rosenblüten, Orangenduft; kühl-stoffig, terroirgeprägte Eleganz, feine Exotik, kernig-dicht, Hauch Kümmel, kompakte Säure, extraktreich, vital, erdige Würze im Nachhall.

★★★★ K €€€€ GV · TIPP
**2023 Grüner Veltliner „8000" Reserve Ried Laa** + Komplex gelbfruchtig, tropische Akzente; saftig-kompakte Säure, bisschen Limoncello, extraktreich, toller Fruchtschmelz, Maracuja, Hauch Honig, kraftvoll, zart nussig, straffe Mineralik, mit würziger Eleganz lange haftend.

★★★★★ K €€€€€ GV · TOP
**2022 Grüner Veltliner „8000" Große Reserve Ried Laa** + Voluminöse Frucht, Hauch Bratapfel, facettenreiche Dichte, bisschen Marille, Pfirsich und Orange, florale Noten, Birnenmus, Ananas, Banane, Mango, komplex extraktsüß, cremige Struktur, enormer Fruchtdruck, gefühlvolle Edelholznoten, heller Tabak, kräuterwürzig und kreidig im imposanten Nachhall.

## NIEDERÖSTERREICH

★★★ S €€ GV · FUN
**2023 Grüner Veltliner Fliegengewicht** + Junger Granny Smith, Stachelbeere; Quitte, Melone, schwungvolle Säure, Grapefruitzesten, grünschotig, Pfeffer, feiner Gerbstoffgrip, trinkfreudiger Abgang.

★★★ S €€ RV · PLV
**2023 Roter Veltliner Symphoniker** + Saftiger Steinobstduft, Orange; reif gelbfruchtig, Wiesenkräuter, Mandarinengelee, Hauch Marzipan, Quitte, Mandel, Zitrusnoten, ziselierte Säure, anregend fruchtig, elegant im feingliedrigen Finale.

★★★ S €€ PB
**2023 Weißburgunder** + Einladender Kernobstduft; Birnenmus, pikante Orange, gefühlvolle Gerbstoffe, lebhafte Säure, gelbe Blüten, Hauch Honig, präzise Struktur, etwas Zitronenmelisse, Mandelkuchen, feiner Schmelz, trinkfreudiger Ausklang.

★★★ S €€ CH
**2023 Chardonnay** + Golden-Delicious-Bukett, Marillenblüten; gelbfruchtig, saftig-samtig, Ringlottencreme, Biskotten, feine Zitrusaromen, elegante Säure, herzhaft, bisschen stoffig, Kräuterwürze, Apfel-Zitrus-Mix im kreidigen Finale.

★★★★ K €€€ RV
**2023 Roter Veltliner Ried Kreimelberg** + Orangenblüten, Quittenmus; pikantes Fruchtbild, Birne, exotische Nuancen, Hauch Marzipan, frische Feige, bisschen Kakao, vielschichtig, fruchtige Säure, dicht und saftig, wertig mit Eleganz, Mineralspur im Ausklang.

★★★ S €€ CR · FUN
**2023 Setzer in Pink** + (PN/BP/ZW) Saftig rotbeerig, Kirschblüten; Steinobstsorbet, weiße Johannisbeere, Wassermelone, strahlende Säure, Blutorange, Hauch Preiselbeere, etwas Minze, samtig-kompakt, lebhafter Abgang.

# Winzerhof
# **Stift**

3743 Röschitz, Lange Zeile 6
Tel. +43 2984 3144
office@winzerhof-stift.at
www.winzerhof-stift.at

Röschitz entwickelt sich seit Jahren zu einem Weinort von zunehmender Bedeutung, mit unzähligen Spitzenweingütern, eines davon ist der Winzerhof Stift. Großen Eindruck macht der gepflegte, bildhaft schöne Innenhof, wo die beliebten Jazzkonzerte den richtigen Rahmen finden, sowie der hochmoderne, durchdachte Neubau des Weinkellers. Ihre eigene Sprache sprechen aber die Weine in den Gläsern. Hier lässt sich vom leichten, fruchtbetonten Jungwein bis zur gehaltvollen, körperreichen Reserve viel Spannendes entdecken. Klarerweise dominiert der Grüne Veltliner in all seinen Facetten, wobei der „Methusalem" und der Weinviertel DAC Reserve Ried Galgenberg von unglaublichem Potenzial sind, für viele Jahre zeigen sich diese Weine mit beeindruckendem Duft, Exotik, Aroma, Körper, Kraft, Extrakten, Finesse und nicht enden wollendem Nachgeschmack. Auch der Riesling „Lampelschweif" ist wieder in Hochform. Chardonnay, Sauvignon Blanc und Rosé vom Cabernet Sauvignon werden ihre Liebhaber neuerlich überzeugen. So machen diese Weine mit ihrer Klarheit, Typizität und Ausdrucksstärke jedes Jahr wieder große Freude. *wh*

## NIEDERÖSTERREICH

★★★ S €€ GV
**2023 Grüner Veltliner Tante Mitzi** + Duftig-würzig, Pfefferl, grüner Apfel, Birnen, Pfirsich, frische Zitrusnoten, feine Exotik, vielschichtig und gehaltvoll mit delikater Säure, unkomplizierter Veltliner.

★★★ S €€ GV
**2023 Grüner Veltliner Ried Reipersberg** + Klassisch und typisch, würzig, mineralisch, gehaltvoll, cremig und sehr ausgewogen, Apfel, Ananas und Litschis bringen viel Frucht, kühle Aromatik und ein deutliches Pfefferl im eleganten Abgang.

★★★★ S €€ GV
**2023 Grüner Veltliner Ried Galgenberg** + Aromatisch, fruchtig, würzig und pfeffrig schon in der Nase mit deutlicher Exotik, gereifter Apfel und süßliche Extrakte ergeben einen sehr charmanten Wein.

★★★★ S €€ GV
**2023 Grüner Veltliner Methusalem** + Aufregend-cremiger Duft nach Marzipan und Mandeln, Gewürze und enorme Extrakte, schwarzem Pfeffer, klassische Exotik und ein unglaubliches Potenzial sind beste Voraussetzungen für einen wunderbaren Wein.

★★★★ S €€ RI
**2023 Riesling vom Urgestein** + Animierende Steinobstnase nach Weingartenpfirsich und reifen Marillen, blumige Noten, gehaltvoller Körper mit einem bemerkenswerten Süße-Säure-Spiel, vollen Extrakten, feiner Mineralität und langem Abgang – ein herrlicher Riesling.

★★★★ S €€ RI **TIPP**
**2022 Riesling Lampelschweif** + Intensiver Duft nach Pfirsich und Marillen, gereifter Mango und Papaya, ausgeprägte Extraktsüße, viel Finesse und Harmonie mit reichlich Fruchtschmelz, Körper und Kraft, ausgewogen und mineralisch im trinkfreudigen Nachgeschmack.

★★★★ S €€ CH
**2023 Chardonnay** + Im Stahltank ausgebaut zeigt er eine frische, saftige Frucht nach Ananas und knackigem Apfel mit Zitrusnoten, deutliche Extrakte, muskulöser Körper und Finesse ergeben einen klassischen, hochwertigen Chardonnay mit hohem Trinkfluss.

★★★ S €€ SB **PLV**
**2023 Sauvignon Blanc** + Sortentypischer, vielschichtiger Duft nach Holunderblüten, grünem Paprika, Stachelbeeren, etwas Limonen, Sommerwiese, etwas Brennnessel, pikante Säure, gehaltvoll und ausgewogen, animierender, klassischer Sauvignon.

★★ S €€ CS
**2023 Cabernet Sauvignon Rosé** + Lachsfarbig mit Duftnoten nach hellen Beeren wie Erdbeeren, Himbeeren, Ribisel, Würze, frisch, fruchtig und leicht, schlanker, eleganter Sommerwein für viele Gelegenheiten.

---

### WEINVIERTEL DAC

★★★ S €€ GV
**2023 Grüner Veltliner vom Urgestein** + Duftig-fruchtig, grüner Apfel, zartes Pfefferl, frische Zitrusnoten, Würze, delikat und schlank, trinkfreudig.

★★★★★ S €€€ GV **TOP**
**2021 Grüner Veltliner Reserve Ried Galgenberg** + Ausgeprägtes Aroma nach reifen Äpfeln, weißem Pfeffer, exotischen Früchten wie Ananas, Mango, Maracuja, süßliche Extrakte, cremig und harmonisch mit geballter Kraft, Körper, viel Potenzial und Finesse, gaumenfreundlich und sehr lang.

👑 👑 👑

# Weingut
# Studeny

**Herbert Studeny**
2073 Obermarkersdorf 174
Tel. +43 2942 8252
office@studeny.at, www.studeny.at
16 Hektar, W/R 80/20

Die Philosophie des Weinmachens ist für Herbert Studeny, eine möglichst unverfälschte Typizität des gesamten Terroirs in Flasche und Glas zu bringen. Das gelingt ihm Jahr für Jahr bestens mit der Bewirtschaftung seiner Weingärten, dem natürlichen Gleichgewicht zwischen Boden und Rebstock und der schonenden Traubenverarbeitung im Keller mit modernster Technik sowie dem umfangreichen Fachwissen für jene Schritte, die am Ende dafür verantwortlich sind, wofür die Top-Weine des Betriebes bekannt sind. Qualitäten, die von den Eigenheiten der jeweiligen Rebsorte geprägt sind und zusätzlich Aroma, Struktur, Cremigkeit, Harmonie und Finesse besitzen, wie man es von Herbert Studenys Weinen gewohnt ist. Mit seinen Hauptrebsorten Grüner Veltliner, Riesling und Sauvignon Blanc aus den besten Lagen hat der Winzer schon seit vielen Jahren großen Erfolg und zahlreiche Auszeichnungen erhalten. In letzter Zeit überrascht Studeny aber vermehrt mit Rotweinen aus Blauer Portugieser, Pinot Noir und Cuvées wie der „KRONOS" aus Merlot, Rösler und Cabernet Sauvignon. Auch mit wunderbar gereiften Weinen begeistert Herbert Studeny immer öfter, wie beispielsweise mit einem Sauvignon Blanc 2019, der sich mit jugendlicher Frische, Würze, Körper und Kraft präsentiert, einem 2016er, der mit vielschichtigem Aroma, Würze, Harmonie und Finesse überzeugt, und einem 2011er, der geradezu alles hat, was ein großer Wein braucht, um ihn als Wein mit unendlichem Potenzial zu bezeichnen – wie es nur große Weine haben. *wh*

## WEINVIERTEL DAC

★★ S € GV
**2023 Grüner Veltliner Obermarkersdorf** + Leuchtendes Grüngelb, vollwürzig mit deutlichem Pfefferl, Äpfel, Zitrus, zarte Grapefruit, saftig und frisch mit lebendiger Säure, klassischer Veltliner mit gutem Finish.

## NIEDERÖSTERREICH

★★★★ S €€ GV — TIPP
**2023 Grüner Veltliner Ried Atschbach** + Alte Reben mit mehr als 45 Jahren ergeben einen vollfruchtigen, würzigen Wein mit einem Bukett nach reifen Birnen und Äpfeln, weißem Pfeffer, aromareicher Exotik von Ananas und Mango, gehaltvollem Körper, cremig mit Fruchtschmelz, kräftig und ausgewogen mit Finesse und Eleganz, enormes Potenzial für viele Jahre!

★★ S €€ RI
**2023 Riesling Obermarkersdorf** + Weingartenpfirsich, feine Marille, frische Zitrusnoten, saftig, delikate Säure, sortentypisch, gehaltvoll und trinkfreudig – feiner Riesling.

★★★ S €€ RI
**2023 Riesling Urgestein Ried Triftberg** + Leuchtendes Grüngelb, hohe Viskosität, aromatischer Duft nach Steinobst, Extraktsüße, rassig und animierend, gehaltvoll und ausgewogen, viel Potenzial, Kräuterwürze, typischer, hochwertiger Riesling.

★★★★ S €€ PB — TIPP
**2023 Weißburgunder Ried Nussberg** + Duftige, cremige Mandel- und Marzipannoten, reife Birnen und grüne Nüsse, süßliche Extrakte, Fruchtschmelz, wunderbar eingebundene Säure, ausgewogen und gaumenfreundlich im langen Abgang.

★★★★ S €€ SB — FUN
**2023 Sauvignon Blanc Ried Sündlasberg** + Feine Stachelbeer-Holunder-Noten im Bukett, auch Kräuter, Brennnessel und angenehme Wiese, mineralisch, pflanzliche Noten, gehaltvoll, delikate Säure, trinkfreudig-eleganter Nachgeschmack.

★★ S €€ GM
**Gelber Muskateller Obermarkersdorf** + Klassisch-typischer Muskateller mit animierendem Duft nach frischen Trauben, Holunderblüten und frischer Grapefruit, saftig-frisch, leicht und schlank – trinkfreudiger Sommerwein.

★★★ S €€ BP
**2021 Blauer Portugieser Reserve** + Überzeugt mit leuchtendem Rubin, einem Duft nach Brombeeren, Pflaumen, etwas Roten Rüben, Kräutern, noch deutliche Tannine, kräftig und gehaltvoll mit feinen Röstnoten, viel Potenzial, gewinnt mit Luft deutlich dazu – überraschender Portugieser.

# Weingut
# Sutter

**Doris & Leopold Sutter**
3472 Hohenwarth, Weinviertler Straße 6
Tel. +43 2957 200
office@weingut-sutter.at, www.weingut-sutter.at
20 Hektar, W/R 80/20

Das Weingut Sutter besteht seit 1671 in Hohenwarth, nahe am Wagram. Heute wird der Betrieb von Doris und Leopold Sutter erfolgreich geführt. Der Einstieg von Doris Sutter brachte dem Betrieb neue Impulse, die mit alter Tradition eine Symbiose bilden. War Leopolds Großvater der erste Weinhauer in Hohenwarth, der seinen Grünen Veltliner in Flaschen füllte, so wird heute der Fortschritt weitergelebt und das Weingut als „Nachhaltig Austria" zertifiziert. Die ehrwürdige alte Bausubstanz wurde liebevoll restauriert, um seinen Flair zu erhalten. Die Sutters haben bei ihren Weinen das Zieldiese dank naturnaher Bewirtschaftung der Weingärten so zu keltern, dass deren natürlicher Charakter und Sortentypizität erhalten bleiben. Den Schwerpunkt bildet der Grüne Veltliner, ohne deshalb die Sorte des gebietstypischen Roten Veltliners zu vernachlässigen.

*kk*

## WEINVIERTEL DAC

**★★★ S €€ GV** — FUN
**2023 Grüner Veltliner Klassik** + Duftend-weißes Kernobst; schwungvoll, helle Kräuterwürze, feine Zitrusnoten, mineralische Prägung, zart blättrig, Ananas, Grapefruit, muntere Säure, pikante Reife, trinkfreudig im Abgang.

**★★★ S €€ GV** — PLV
**2022 Grüner Veltliner Alte Reben** + Reifer Obstkorb, vornehmer Marillen-Pfirsich-Mix, gelber Apfel, Zitronenmelisse, seidig-dicht, Blumenwiese, saftiger Fruchtdruck, Mandel, Hauch Tropenfrucht, lebhafte Säure, würzig-fruchtig im Finale.

**★★★ S €€€ GV**
**2022 Grüner Veltliner Reserve Ried Kellerberg** + Reife Golden Delicious, elegante Kräuterwürze; tropische Nuancen, saftige Frische, pikante Säure, rosa Grapefruit, weißer Pfeffer, hohe Sortentypizität, nussig-blättrig, mineralische Ader, animierende Eleganz.

**★★★★ S €€€€€ GV** — TIPP
**2020 Grüner Veltliner Reserve Privat** + Einladend gelbfruchtig; komplex, präzise Führung, Bratapfel, Birne, Hauch Kumquat, reife Säure, getrocknete Ananas, Kokos, fein rauchiges Karamell, ausgewogen, extraktreich, würziger Fruchtschmelz, langer Nachhall.

## NIEDERÖSTERREICH

**★★ S € GV**
**2022 Grüner Veltliner „Daham"** + Animierendes Kernobst, saftige Apfel-Zitrus-Aromen, leichtfüßig, lebhaft, knackige Säure, fruchtig-würziger Trinkgenuss.

**★★★ S €€ GV** — PLV
**2023 Grüner Veltliner Ried im Steinbruch** + Duftig-helles Kernobst, Quitte; seidig, komplexe Frucht, kräuterwürzig, saftige Limite, präziser Säurebogen, geschmeidige Gerbstoffe, vornehme Fülle, Orangenblüten, feine Kreidespur im Nachhall.

**★★★ S €€€ RI**
**2023 Riesling Tradition** + Glockenklare Steinobstfrucht; pikanter Schmelz, hohe Sortentypizität, muntere Substanz, Mineralspur, feiner Fruchtdruck, nuancierte Säure, Hauch Litschi, helle Kräuterwürze, saftig im trinkfreudigen Ausklang.

**★★★ S €€€ RV**
**2023 Roter Veltliner Ried Hochstrass** + Marillenblüten, gelbfruchtig; samtige Reife, Birnenmus, Orangenfilets, Grapefruitzesten, lebhafte Säure, gelbschotige Würze, Honig-Marzipan-Noten, treffende Sortentypizität, animierendes Finale.

**★★★ S €€€ RV**
**2022 Roter Veltliner Alte Reben** + Reifes Kernobst, Tropenfrucht; kristallklar, Kumquats, unaufdringlich fleischig, süße Kräuterwürze, Karamelltöne, hellmalzige Holzwürze, Orangensorbet, Mandelbiskuit, saftige Säure, geschmeidiger Fruchtschmelz im Abgang.

**★★★★ S €€€€€ RV** — TIPP
**2020 Roter Veltliner Privat** + Zart kandiertes Kernobst, Quittenmus; gelbfruchtig, Kräuterwürze, saftiger Fruchtschmelz, enorme Substanz, Hauch Marzipan, hellmalzig, komplexes Fruchtspiel, Marille, Birne, Orange, straffende Säure, vollmundig mit mineralischen Akzenten.

**★★★ S €€ PN**
**2022 Pinot Noir Ried Mühlweg** + Subtile Pinotnase, duftige Waldbeeren; saftige Frucht, orangefruchtige Säure, etwas Zwetschke, Weichsel, feine Kräuterwürze, Mandelaromen, samtige Tannine, gefühlvolle Substanz.

**★★★ S €€ ZW**
**2021 Blauer Zweigelt Dominator** + Elegant hellbeerig, kühler Waldbeermix; Kirschsorbet, balancierte Frucht, Hauch Zimtzwetschke, Heidelbeere, dunkle Würze, seidige Tannine, pikante Säure, Blutorangenzesten, zarte Graphitader.

## Weingut
# Taubenschuss

2170 Poysdorf, Körnergasse 2
Tel. +43 676 3566901
weingut@taubenschuss.at, www.taubenschuss.at
22 Hektar, W/R 100/2

Seit 1670 besteht das Poysdorfer Traditionsweingut Taubenschuss, das heute von den Brüdern Markus, zuständig für Weingärten und Kellerwirtschaft, und Thomas, verantwortlich für Marketing und Vertrieb, geführt wird, wobei sich die Eltern Monika und Helmut freilich nach wie vor in den Betrieb einbringen. Mit dem Jahrgang 2023 ist die Umstellung auf biologische Wirtschaftsweise abgeschlossen, dafür steht die Eingliederung in die Vereinigung der Österreichischen Traditionsweingüter vor der Tür, für die das innovative Weingut bestens gerüstet erscheint, wie die überaus gelungene Umsetzung der sehr unterschiedlichen Jahrgänge 2020 bis 2023 schmeckbar beweist.

Deutliche Steigerungen gelangen beispielsweise mit dem klassisch anmutenden Riesling, der aus völlig gesundem Traubengut gewonnen wurde, und dem wieder sehr fein strukturierten Weißburgunder aus der Riede Weißer Berg; aber auch die selten so zartgliedrig anmutende Rarität Grüner Sylvaner ist stets einen Verkostungsschluck wert. Für das Sextett aus der Weinviertler Haus- und Hofsorte Grüner Veltliner gilt das natürlich erst recht. So wird der Einstiegsbereich diesmal auch durch den erstmals lagenrein abgefüllten Bürsting bestens vertreten, während die „Erste Lage"-Kandidaten Tenn und Maxendorf, welche aufgrund des kalkigen Unterbodens stets Würze und Mineralität betonen und daher wesentlich später auf den Markt kommen, das Segment der Vin de Garde optimal abdecken, und dies obwohl sie aus dem keineswegs einfachen Jahrgang 2020 stammen. Sehr beachtlich präsentiert sich jedoch auch der saftige wie pointierte, mittelkräftige Ried Hermannschachern aus dem jüngsten Jahrgang 2023. Im schäumenden Bereich wollen wir das Augenmerk dieses Mal auf den kompromisslos trocken ausgebauten und dennoch sehr charmanten Grünen Veltliner Sekt der Austria-Reserve-Stufe lenken. *vs*

### WEINVIERTEL DAC

★★★ S €€ GV
**2023 Grüner Veltliner Ried Bürsting** + Feine Birnenfrucht, auch etwas Roggenbrot und Kakao, pikant und zugleich fein liniert, feste Struktur und helle Fruchtaromen bei schlanker Textur, sehr einladend.

★★★★ S €€€ GV **TIPP**
**2020 Grüner Veltliner Ried Tenn Reserve** + Blütenhonig und weißer Pfirsich, ergänzt von etwas weißem Spargel, kreidig-kalkige Untertöne sowie kühle Eleganz ausstrahlend, feingliedrig und verspielt, überaus vornehme Stilistik, passender Säurefonds, rassig unterlegt im salzig-mineralischen Nachhall, perfekte Balance, aus einem Guss.

★★★★ K €€€€ GV **TIPP**
**2020 Grüner Veltliner MX Alte Reben Große Reserve** + Saftig und breitschultrig von Anfang an, von der Eiche nur dezent umrahmt, exotisch anmutendes Fruchtspiel nach Ananas und Banane, reichhaltig, ja beinahe opulent, satter Schmelz, ein Wein zum Kauen, große Reserven.

### NIEDERÖSTERREICH

★★★ S €€€ GV
**2022 Grüner Veltliner Ried Hermannschachern** + Fokussiert und gebündelt, Boskop-Apfel plus Mandarine, nuanciert und ungekünstelt, sehr saftig und von der tiefen gelben Frucht geprägt, kühler Hauch bei klarer Struktur, alles im Lot.

★★★ S €€ SI
**2022 Grüner Sylvaner Ried Höbertsgrub** + Nach Flieder duftendes, zurückhaltendes Bukett, später auch Marzipan und Blütenhonig, zartgliedrig und von der hellen Frucht getragen, sehr chic und balanciert, viel Trinkfluss offerierender kulinarischer Allrounder, diesmal besonders gut gelungen.

★★★ S €€ RI **PLV**
**2023 Riesling Ried Steigelberg** + Feiner Duft nach Rosenblüten, ausgereift und präzise definiert, Mango und Marillenröster am Gaumen, auch dunkle Würzenote, recht dicht und feinrassig, viele schöne Details, der schmeckbare Beweis dafür.

★★★ S €€ PB **FUN**
**2022 Weißburgunder Ried Weißer Berg** + Nach Mandeln und Marzipan im Bukett, feine Ader, zartgliedrig und klar strukturiert, nuanciert und elegant verwoben, kühler Unterton, gut abgestimmt, verspricht bereits frühen Trinkspaß.

★★★ K €€€€ GV
**Grüner Veltliner Brut Sekt Austria Reserve** + Klarapfel und Quitte in Verbindung mit Kräuterwürze, frisch und elegant, überraschend feingliedrig, dezent, charmant und einladend, saloppér, harmonischer Auftritt.

# Weingut
# Waberer

**DI Alexander Waberer**
2130 Mistelbach, Franz-Josefstraße 123
Tel. & Fax +43 2572 4134
post@wabererwein.at, www.wabererwein.at
12,5 Hektar

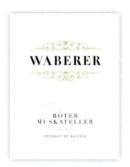

„2023 – passt schon", fasst Alexander Waberer den vergangenen Jahrgang knapp zusammen, um dann zu präzisieren: „Wir hatten eine tolle, entspannte Lese, nach zwei Wochen war alles im Keller, die Weine waren von Anfang an pflegeleicht." Das wird gleich vom sehr süffigen DAC bestätigt, dem ersten von vier äußerst unterschiedlichen Veltlinern. Ried Schneiderberg ist schon ein älterer Weingarten; fast zur gleichen Zeit gelesen, wechselt der Wein von einem sehr charmanten, fruchthübschen Beginn zu einem spröden, fast puristischen Typ, der noch etwas Zeit zur Abrundung braucht. UNUM steht für behutsam im Holz veredelte Weine, und Puris ist ein erster Versuch in Richtung Natural Wine, dieser charakterstarke Wein ist auf jeden Fall einen Versuch wert. Viel Freude bereitet wieder der vielschichtige Welschriesling. Verlass ist auch auf den Sauvignon Blanc, an dem Jahr für Jahr an den „richtigen Stellschrauben gedreht wird". Der Rote Muskateller überzeugt schon rundum mit seinen sortentypischen Attributen, während der Traminer noch etwas Zeit zur Entfaltung braucht. Als angenehmer Sommerwein empfiehlt sich der Rosé, als Rotwein macht der Zweigelt viel Spaß für wenig Geld, und im Zusammenwirken mit dem Blaufränkisch kommt eine schon recht anspruchsvolle Cuvée zustande. **db**

## WEINVIERTEL DAC

★★ S € GV
**2023 Grüner Veltliner Classic** + Steinig straff, Apfeleis, Sommerwiese, Prise Pfeffer, klassisch, geradlinig; gute Fülle, bleibt steinig, griffig, aber auch in Maßen geschmeidig, ansprechende Frucht.

★★ S € GV
**2023 Grüner Veltliner Ried Schneiderberg** + Zart röstige Noten, ein Tropfen Honig, auch ein bisschen nussig, kräuterduftig, eine Spur Feuerstein; bringt mit Luft weiche Fruchtnoten, wird dann mineralisch straff, gute Länge, durchaus spannend, durch Zitrusfrische im Abgang schlank, braucht Zeit.

## NIEDERÖSTERREICH

★★ K €€ GV
**2022 UNUM Grüner Veltliner** + Cremig-duftig, Pfirsich, Apfel, Hauch Vanille, helles Holz; weich, dennoch kompakt mit mineralischem Grip und etwas Gerbstoff, passende Länge.

★★★ S €€ SB  PLV
**2023 Sauvignon Blanc** + Helles, freundliches Fruchtangebot, Paprika, Brennnessel, mit Luft rücken Cassisnoten nach, erfrischend, einladend; herzhafte Säure, kalkig, spannend, stützende Gerbstoffe, sehr gute Länge, fruchtsüßer Ausklang.

★★ K €€ SB
**2021 UNUM Sauvignon Blanc** + Holz ist noch präsent, typisches Sortenprofil mit dunklen Beeren; setzt sich mit bunter Beerencreme fort, bisschen pfeffrig, buttrig, zart karamellig, leicht süßes Finish, gute Länge, hat noch Zeit.

★★★ S €€ RM  FUN
**2023 Roter Muskateller** + Ganz typische Sortendarstellung, Holunderblüten, Minze, Kumquats, Macis, verführerisch; mineralischer Grip, passende Substanz, harmonische Säure, gegen Ende hin durchaus fordernd, anspruchsvoll, sehr gute Länge.

★★ S €€ TR
**2023 Gelber Traminer Selection** + Ruhig beginnend, zarter Honigduft, eine Rose, Zimt, Bergamotte, kleiner Zuckerrest (4 g), Frucht noch im Hintergrund, bisschen Gerbstoff, auch kalkig zupackend, hat seine Reize.

★★ S € ZW
**2023 Rosé** + Einladend duftig nach hellen Beeren, Erdbeertraubenzucker, Sauerkirschen; CO2, hält, was er im Duft verspricht, hübsche Fruchtsüße, Motto: „Trinken, Spaß haben, fertig!"

★★★ S €€ ZW
**2021 Zweigelt** + Leder, bisschen Lakritze, Mokka, Schwarzkirsche, knuspriger, frecher Fruchtausdruck; angenehme Fülle, bisschen pikant, Beeren, erfrischender, guter Trinkfluss.

★★★ K €€ CR  FUN
**2021 Méru Cuvée Reserve** + (BF/ZW) Süßes Holz und dunkle Früchte, feine Würze, beerig, bisschen röstig; Lakritze, cremig-seidige Fruchtnoten, getrocknete Zwetschken, Fruchtsüße baut sich auf, sehr charmant, einladende Länge, öffnet sich.

## ÖSTERREICH

★★★ K €€ GV  TIPP
**2022 Puris** + Appetitlicher Einstieg, leicht fruchtsüß, angedeuteter Auslesecharakter, rosinig, feste Frucht, straff, zart aromatisch, exotische Einsprengsel, Banane; hefig, Eibischteig, angenehmer Grip, ziemlich trocken, kreidig, kalkig, balancierende Fülle, Honignoten und zarte Traminaromatik im langen Finish.

## Weingut
# Weinwurm

**Georg Weinwurm**
2181 Dobermannsdorf, Hauptstraße 65
Tel. +43 664 2051600
wein@weinwurms.at, www.weinwurms.at
30 Hektar, W/R 60/40

„Mit dem, was 2023 vom Hagel übriggeblieben ist, sind wir sehr zufrieden. Wir hatten typisches Weinviertler Wetter mit ausreichend Regen, die Weine präsentieren sich fruchtbetont, harmonisch, mit angenehmer Säure." Georg Weinwurm und seine Frau Lisa sind die dritte Generation, die das Weingut in Dobermannsdorf führen. Anton Weinwurm, Georgs Großvater, hat in den 1950ern seinen ersten Weingarten mit vermeintlichem Veltliner ausgesetzt. Mit dem Zweigelt, als der er sich bald herausstellte, setzte er den Grundstock für den immerhin 40%igen Rotweinanteil im Betrieb. Im Glücksmoment und in der Reserve lässt sich dieses „Hoppala" noch nachkosten. Im FUNdament wird ein kleiner, trinkanimierender Teil der aktuellen Vielfalt vorgestellt. SortenREICH weiß und rot zeigen die gesamte Breite des Weinschaffens. Der Rote Muskateller, mit neun Hektar neben dem Veltliner die wichtigste Weißweinsorte, ist der Exote im weißen Segment, Syrah und Merlot erinnern an Georgs Auslandserfahrungen in Australien. Hommage-Weine entstehen nur in besonders guten Jahren, sie sind eine Verneigung vor den Altvorderen und den besten Böden des Weinviertels. *db*

### WEINVIERTEL DAC

★★★ S €€ GV — PLV
**2023 Grüner Veltliner Meinviertel** + Straff, feine Kräuterwürze, helles Kernobst, Zesten, Steinmehl, dezent fruchtsüß; festfleischige Frucht, deutlich gepfeffert, peppige Säure, rote reife Äpfel, Minze, sehr vital.

### NIEDERÖSTERREICH

★★ S € GV
**2023 Grüner Veltliner FUNdament** + Ausgeprägte Zitrusaromatik, Blutorange, Grapefruit, vorsichtig gepfeffert; setzt sich mit zarter Kräuterwürze fort, kleiner Zuckerrest unterstützt den Fruchtausdruck, gute Haftung, passt.

★★★★ S €€ GV — TIPP
**2023 Grüner Veltliner Ried Kugelberg Dobermannsdorf** + Pfeffrig, roter Paprika, bunte Apfelvielfalt, zitrusfrisch, leicht würzig; Aromatik wird dunkler, ruhiger, präsente Säure treibt die Frucht an, bisschen kalkig-rau, höchst animierend.

★★★ S €€ GS
**2023 Gemischter Satz Schmatz Ried Schilling Dobermannsdorf** + (WR/PB/NB/GM) Kernobst, leicht aromatisch, fester Pfirsich, Marille; bröseltrocken, grüne Banane, fester Grip, kompakt, steiniger Unterbau, zarte Aromatik bleibt, wertiger Sommerwein.

★★ S €€ PB
**2023 Weißburgunder Liebkind Ried Schilling Dobermannsdorf** + Weiche, reife Apfelfrucht, ätherisch minzig, feine Nussaromen; legt zu, grüne Walnuss, Säure, etwas Gerbstoffe und auch kalkige Kanten machen den Wein noch streng, gute Spannung, braucht viel Luft.

★★★ S €€ RM — TIPP
**2023 Roter Muskateller Ried Schilling Dobermannsdorf** + Selbstbewusste Erscheinung, etwas Luft zur Beruhigung tut gut, markantes Sortenprofil, pfeffrig, pikant; Geleefrüchte, geschmeidiger als im Duft, resche Säure, fruchtgewürzte Länge, belohnt den aufmerksamen Genießer.

★★★ S €€ ZW — FUN
**2022 Zweigelt Ried Schilling Glücksmoment Dobermannsdorf** + Kirschkern, Weichselfrucht, zarte Holznoten, bisschen ledrig, Prise Pfeffer; weiche, samtige Gerbstoffe, viel dunkle Fruchtaromen, Herzkirsche, delikate Fruchtsüße, angenehme Säure, geschmeidige Länge, passt.

★★★ K €€€ ZW — TIPP
**2021 Hommage Zweigelt Reserve** + Brombeeren, bisschen Cassis, ein paar Kräuter, zarte Holz- und Röstnoten; setzt sich fruchtsüß auf dem Gaumen, saftig, beherzter Grip, lebhafte Säure, Süßholz, streng zupackend im Abgang, noch sehr jung, am besten Weglegen.

★★ S €€ ME
**2022 Merlot Ried Schilling Herzblut Dobermannsdorf** + Verhalten, dunkle Beeren, Cassis, kräuterwürzig; deutlicher Säurekick, wenig Holzaromen, dafür viel Gerbstoffe, passende Statur.

★★★ S €€€ CR
**2021 Hommage Cuvée Rot Reserve** + (ZW/ME) Etwas ledrig, tabakig, Hauch von Rumtopf, dunkle Beeren, fruchtdicht, präsente Gerbstoffe, geschmeidige Fruchtsüße, Dörrzwetschke, attraktive Länge, Flaschenreife!

### ÖSTERREICH

★★ K €€€ RM
**2023 Hommage Roter Muskateller** + Zartes Rosa, ruhig, steinig, akzentuiert, typisches Sortenprofil; kräftige Säure, dadurch schlank wirkend, etwas Fruchtsüße, Muskatnuss, roter Pfeffer, Zesten, Feuerstein, deutlicher Gerbstoffgrip, braucht Zeit, Luft, Temperatur, spannende Variation des Themas.

♛ ♛ ♛ ♛

Weingut & Heuriger
# Niki Windisch

**Niki Windisch**
2212 Großengersdorf, Kurze Zeile 66
Tel. +43 699 12867471, Fax +43 2245 882285
niki@weingut-windisch.at, www.weingut-windisch.at
11,5 Hektar, W/R 65/35, 50.000 Flaschen/Jahr

Ich kenne Niki Windisch seit ca. 20 Jahren, als er bei Gerhard Markowitsch gearbeitet hat. Und ich sehe immer wieder Parallelen zwischen den beiden – das überlegte Handeln, die Ruhe, der Schalk, der immer wieder aufblitzt. Nachdem Niki wieder nach Hause zurückgekehrt ist, hat er zielstrebig das Weingut nach seinen Vorstellungen geformt und spielt heute in seiner eigenen Liga – fast unabhängig von Standort und Sorte. Widerspruch wird akzeptiert. Großengersdorf liegt im südlichen Weinviertel, östlich von Wolkersdorf. Hier dominiert das pannonische Klima. Im Ort stehen die Reben überwiegend auf Löss, doch ist Niki auch ein bisschen ausgewichen auf Lagen mit Kalkanteil. Natürlich lebt auch er vom Mikroklima und den alten Rebstöcken, aber dann kommt dieser Niki-Effekt dazu: Alle Sorten wachsen etwas über sich hinaus. Die Weine erhalten immense Fruchttiefe, balancierte Dichte und viel Potenzial. Da ich aus Platzgründen nicht alle Weine beschreiben kann, sei erwähnt, dass es auch einen fruchtbetonten Gemischten Satz gibt und einen Sauvignon Blanc „Baby". Diese Jungfernlese im vierten Jahr ist total sortentypisch und unterstreicht oben Gesagtes. Unbedingt seinen Heurigen besuchen! *fh*

## WEINVIERTEL DAC

★★★ S €€ GV
**2023 Grüner Veltliner** + (bis zu 50 Jahre alte Reben) Macht sofort Spaß: duftig und verspielt in der Nase; dicht und würzig im Geschmack, viel Grüner Veltliner, elegant, langer Abgang.

★★★ S €€ GV
**2023 Grüner Veltliner Ried Hofweingärten** + (Wolkersdorfer Lage, 45 Jahre alte Reben, Löss) Schwarzer Pfeffer, Birne, Exotik; dicht und stoffig, dunkle Anklänge, Mineralik, guter Druck, feiner Gerbstoff, der ihn in die Zukunft trägt.

★★★★ S €€€ GV **TOP**
**2023 Grüner Veltliner Reserve Ried Sonnleithen** + (eine Lage in Kronberg, Ostwest-Ausrichtung, steil abfallend, Löss/Kalk, 35 Jahre alte Rebstöcke) Dunkle Würze, schwarzer Pfeffer, dann vielschichtige Exotik; cremig, dicht und vollmundig, großes Geschmacksspektrum, ein Wein mit viel Potenzial für die nächsten Jahre.

## NIEDERÖSTERREICH

★★★★ S €€ GM **FUN**
**2023 Gelber Muskateller** + Der Gelbe Muskateller ist das Steckenpferd von Niki, und das merkt man ab dem ersten Hineinriechen: Holunderblüte, Zitrus, Bratapfel, Zimt; genau so geht es im Geschmack weiter, feines Säurespiel, mittlerer Druck, großes Vergnügen.

★★★★ S €€€ GM **TIPP**
**2023 Gelber Muskateller Privat Ried Satzen** + (8 Monate in gebrauchtem Holz) Ein großartiger Muskateller, klar und vielschichtig im Aroma, dicht gewoben; Litschi, Ananas, Muskatnuss, Orangenschalen, engmaschig mit langem Abgang.

★★★ S € CR
**2023 Rosé** + (BF/ZW/PN/CS/ME) Dunkelrosa Farbe, Waldhimbeeren, Kräuter, feine Säure; würzig, trocken mit saftiger Frucht, macht viel Spaß, erinnert an einen Rosé aus den Côtes de Provence.

★★★★ S €€€ PN
**2022 Pinot Noir Ried Berggrund** + (Lage in Kronberg, Muschelkalk, 50 % neues Holz / 50 % gebraucht) Hat sofort Tiefgang in der Nase, man kann sich so richtig reinfallen lassen, einfach genial burgundisch; am Gaumen dicht verwoben, samtiger Gerbstoff, viel Pinot Noir, braucht Zeit für die Entwicklung.

★★★★ S €€€ CR
**2022 Anaconda** + (50 % ZW / 35 % BF / 15 % ME – 50 % neues Holz, Allier) Ein Nasenbär: Kirsche vom Zweigelt, Weichsel vom Blaufränkisch, Eukalyptus vom Merlot, üppig; zarte Eichennote, Beerenfrüchte, Schokolade, dicht gewoben, balancierte Tannine, feine Säure, gute Länge. Wow!

★★★★★ S €€€€ ME **TOP**
**2022 Merlot Sandwühler** + (Rieden Holzberg und Leiten, 50 % 500 l / 50 % neues Holz) Kühl und vollmundig, rote und schwarze Beeren; Cassis, Vanille, samtige Tannine, ziselierte Säure, bleibt immer elegant, viel Klasse, lange im Abgang, das ist großartig.

★★★★ S €€€ BF **TOP**
**2022 Blaufränkisch Ried Leiten** + (Ton/Kalk, burgundisches Holz, 70 % neu) Elegante Holznote, Vanille, würzig, Brombeeren, Heidelbeeren; rauchig, rotbeerig, vielschichtig, dicht gewoben, absolut sortentypisch, großer Wein.

★★★★ S €€€€€€ BF
**2021 ONE STEP MORE Blaufränkisch Ried Leiten** + (aus dem Filetstück der Ried Leiten, Kalk/Ton, 100 % neues Holz) Dieser Blaufränkisch steht erst am Beginn seiner Entwicklung. Herzkirsche, rote und blaue Beeren, zarte Vanille, Mineralität; am Gaumen Frucht und Tannin gut ausgewogen, deutet alles an, kann es aber noch nicht ganz ausspielen. Bitte warten!

## ExclusivWeine
# Rudi Woditschka

**Rudi Woditschka**
2171 Herrnbaumgarten, Hauptstraße 131
Tel. +43 664 4823355
office@woditschkaweine.at, www.woditschkaweine.at
12 Hektar, W/R 70/30

„2023?" Rudi Woditschka überlegt: „Den Regen, den wir im April gebraucht hätten, haben wir in zwei Chargen im September unmittelbar vor der Lese bekommen. Vor allem den Druxenberg hat's erwischt, die Wassermassen haben die Beeren gequetscht, gerochen hat's wie altes Kompott, wir konnten nur fuzzerlweise ernten, das war eine Pinzettenlese." Nach Verkostung des aktuellen Jahrgangs lässt sich feststellen: Der Aufwand hat sich gelohnt, „im Keller hat mein Herz gelacht, die Weine zeigen sich frischer, reintöniger als im Vorjahr, überhaupt nicht opulent." Er setzt auf natürliches Entschleimen, „das rentiert sich in puncto Reinheit, kostet zwar Menge, aber fördert die Bekömmlichkeit." Im Weingarten steht er auf physiologische Reife, „des is wia bei ana Geburt, des braucht sei Zeit", merkt er kritisch an. „Der mit dem Wein tanzt", wie er schon genannt wurde, hat „wieder mehr Energie", der Schmäh rennt unfiltriert, wir freuen uns. Grundsätzlich kann man sich zu allen Weinen ein FUN denken, und dieses Vergnügen gibt es obendrauf für wenig Geld. Der kleine bis auch liebliche Restzucker steht den Weinen ausgezeichnet, er pusht die Frucht und wird von ausreichend Säure sowie kalkigem Grip austariert. *db*

★★ S € WR
**2023 Welschriesling Selektion** + Helles Fruchtfleisch, zart aromatisch Richtung Himbeere, reife, knackige Äpfel; kalkig, Säure packt kernig zu, zitrusfrisch, bisschen Grapefruit-Bitternoten im Ausklang, fein.

★★★ S €€ RI   **TIPP**
**2023 Rheinriesling Ried Rosenberg Premium** + Herrlich duftig, knackig, fast ein wenig kantig, beschwingte Spannung, ein Rosenblatt, Marille frisch und getrocknet; setzt sich genauso fort, steiniger Typus, super süffig.

★★★ S €€ PB
**2023 Pinot Blanc Premium halbtrocken** + (10 g) Frühsommerlich blütenduftig, zitrusfrisch, viel Kernobst, Walnüsse, zart röstig; braucht Luft, Kernobst und Zitrusaromen kehren wieder, lebhafte Säure, bisschen mineralisch, freundlich und entgegenkommend, kleine Portion Holz, herrlicher Fluss.

★★★ S €€ CH
**2023 Chardonnay Premium halbtrocken** + (10 g) Dezent aromatisches Steinobst, Tropenfrucht, Strohblumen, ein Tropfen Honig, freundlich, lebhaft; ein Maul voll Wein, jede Menge Frucht, herzhafte Säure sorgt für Pepp und Vortrieb.

★★★ S €€ GM   **TIPP**
**2023 Muskateller Selektion** + Frech, zischig, weitgefasstes Aromenspiel, frische Zitrusfrüchte, Minze, Verbene; rassige Säure, galoppiert mit Wollust über den Gaumen, behält den Schwung bei guter Haftung bis ins Finish.

★★ S €€ SB
**2023 Sauvignon Blanc Selektion** + Weites Spektrum von hellen Noten wie Stachelbeere, Holunderblüten und Zitrusfrucht bis hin zu klassischem Cassis; resche Säure schiebt die Frucht voran, Pfirsichzuckerl, getrocknete Marillen, langes Finale.

★★ S €€ CR
**2023 Spätherbst – Rosé Selektion halbtrocken** + (ZW/CS/CF) Kesses Pink, rote Beerenmelange, verspricht Schwung mit Tiefgang; bleibt auf der beerigen Spur, kompakt, Beerengelee, sachter Gerbstoffgrip, süffig.

### ÖSTERREICH

★★ S €€ TR   **TIPP**
**2023 Traminer – Kiss From A Rose – Frizzante halbtrocken** + (35 g) Dezent, Pfingstrose, Mandarinen, etwas Vanille; dreht am Gaumen, vom Restzucker gepusht, ordentlich auf, zarter Grip, saftiger Pfirsich, eine sehr amüsante Rarität für viele Gelegenheiten.

★★ S €€ CR
**2023 Rosé Spätherbst – Venus – Frizzante trocken** + (ZW/CS/CF – 23 g) Fruchtmus, Erdbeere, Himbeere, feste Perlage, Restzucker von viel beerigem Fruchtcharme, adretter Säure und etwas Gerbstoff gebändigt, süffig, passt.

### WEINVIERTEL DAC

★★★ S € GV   **PLV**
**2023 Grüner Veltliner Ried Johannesberg** + Apfelduftig, frische Kräuter, getrocknete Zwetschke, Marille; erbauliche Säure, charmante Frucht, Apfelschale im Nachklang, kantig und doch füllig, feiner DAC.

### NIEDERÖSTERREICH

★★★ S €€ GV
**2023 Grüner Veltliner Ried Druxenberg Premium** + Reife, füllige Aromen, Kernobst, Kräuter, grüne und gelbe Äpfel; gewisse Fülle, dezent pfeffrig, bisschen nussig, klassischer, mittelkräftiger Veltliner, hat noch Zeit.

## Weingut
# Leo & Dagmar Wunderer

**Leo & Dagmar Wunderer**
2020 Oberfellabrunn, Hollabrunnerstraße 7
Tel. +43 676 7074467, leo.wunderer@aon.at
www.wein-leo-dagmar-wunderer.at
W/R 80/20

Leo und Dagmar Wunderer bewirtschaften ihre Weingärten nicht nur mit viel Liebe und Fingerspitzengefühl, sondern auch im Einklang mit der Natur. Die beiden führen dieses Weingut in Oberfellabrunn – nahe Hollabrunn –, das sich im westlichen Weinviertel befindet, mittlerweile in vierter Generation in lichte Höhen. Man betreibt auch eine Landwirtschaft – Soja & Co.
Dagmar Wunderer macht ihre ureigenen Weine wie Pink Woman, White Woman und Red Woman. Hervorragende Gewächse mit unglaublicher Trinklust.
Ich möchte jetzt einmal mit der Mär aufräumen, dass Herr Wunderer ausschließlich ein Rotweinspezialist ist. Das ist er wohl, doch sind seine Weißweine ebenfalls von überragender Qualität. Schon der 2023 Grüner Veltliner Classic zeugt davon. Mein Herz hat der 2023 Grüner Veltliner Ried Altenberg erobert. Großartig der 2022 Grüner Veltliner Alte Rebe – ein besonderer Weinviertler. Überdrüber, von Genialität durchzogen, der 2019 Grüner Veltliner Große Reserve. Hier gibt es keine Diskussion, das ist sensationell. Bei den Rotweinen wird es teilweise dramatisch. 2019 Zweigelt Limited Grande Reserve ist ein Wein von außergewöhnlicher Klasse. Hervorragend präsentiert sich der 2019 Cabernet Sauvignon.
Ich kannte dieses Weingut bis dato nicht und frage mich, wie ich ohne diese höchst individuellen Weine mein Leben fristen konnte. *as*

### WEINVIERTEL DAC

★★ S €€ GV
**2023 Grüner Veltliner Ried Greuberg** + Ein feinpfeffriger Grüner, als solcher sofort erkennbar, frische Kräuter, Äpfel und Birnen, fruchtig-saftig am Gaumen, Ringlotten, frische Säure.

★★★ S €€ GV
**2023 Grüner Veltliner Ried Altenberg** + Golden Delicious mit weißem Pfeffer, Birnenfrucht, fruchtiger Charme, schwungvolle Eleganz, fast seidiger Glanz, komplex, hochwertig, schön zu trinken. Das ist mein Veltliner.

★★★ S €€€ GV
**2022 Grüner Veltliner Reserve vom Sandstein** + Dunkle Tönung, gemahlener Pfeffer, Bratapfel, Zitrus, Mandeltöne, getrocknete Kräuter, reifer Apfel, Nashi-Birne, liegt druckvoll am Gaumen, passende Säure, geht in die Tiefe. Einige Zukunft.

★★★ S €€ GV
**2022 Grüner Veltliner Alte Rebe** + Ein betörendes Bukett empfängt die Nase, exotische Noten wie Ananas, Zitrus-Bratapfel, reife Birne, auch der Pfeffer kommt nicht zu kurz, liegt gediegen am Gaumen mit der passenden Säure, geht in die Tiefe, in die Länge, das hat Zukunft. Ein Weinviertler mit dem gewissen Etwas.

★★★★ S €€€ GV   TIPP
**2019 Grüner Veltliner Große Reserve** + Schwarzer Pfeffer, Fichtennadeln, reifer Apfel im Hintergrund, gelbe Früchte, ein Hauch von Nougat, eine Fruchtsüße ausstrahlend, da geht einem das Herz auf. Feingliedrig, dabei von kraftvoller Eleganz, ungemein würzig, perfekte Balance. Ein königlicher Repräsentant des Weinviertels. Ich ziehe meinen Hut.

### NIEDERÖSTERREICH

★★ S €€ CW   FUN
**2023 White Woman** + (Dagmar Wunderer – GM/SB/GV) Hefige Noten, Stachelbeeren mit weißen Blüten und etwas Pfeffer, der lässt sich nicht einfangen, der Sauvignon dominiert den Gaumen, Holunderblüten, Zitrus, ungemein vielschichtig bei leichtgewichtigem Auftritt. Ein Weißwein, der Spaß macht.

★★ S €€ GV
**2023 Grüner Veltliner Classic** + Weißer Pfeffer, Beerenduft, reifer Apfel mit Nuancen von Zimt, spritzige Säure, belebend, auf unkomplizierte Art hervorragend. Ein sympathischer Rustikus, der Spaß macht.

★★★ S €€€ ZW
**2019 Zweigelt Limited Grande Reserve** + Dunkle Schokolade, schwarze Beeren in ihrer Vielfalt, Kirschen, Hagebutten, etwas Vanille, perfekter Holzeinsatz, eine Fruchtbombe, ohne aufdringlich zu sein, perfekte Säure, tiefgründig, reife Tannine, in sich harmonisch mit Reserven.

★★★ S €€€ CS
**2019 Cabernet Sauvignon Grande Reserve** + Johannisbeerlikör, Waldbeeren, dunkle Schokolade, ungemein fruchtig, angenehmes Tannin, absolut reife Trauben, griffig, dicht, Säurebiss, ist noch immer zu jung. Ein männlicher Rotwein mit Statur, Druck und Länge. Ein Cabernet aus dem Bilderbuch.

## Winzerhof
# Paul Zimmermann

**Paul Zimmermann**
3710 Radlbrunn 18
Tel. +43 664 9284803, winzerhof@paulzimmermann.at
www.paulzimmermann.at
11,5 Hektar, W/R 90/10, 60.000 Flaschen/Jahr

Das Weingut Zimmermann in Radlbrunn ist ein familiengeführtes Weingut in der sechsten Generation. Paul Zimmermann, jovial, sympathisch, voller Optimismus, führt aktuell den Betrieb. Er führt dieses Weingut in die Moderne. Es wird heftig umgebaut. Verkostungsräumlichkeiten plus, plus. Im Zuge der Umbauten wurde sogar ein zugemauerter alter Keller gefunden. Paul Zimmermann brennt für den Sauvignon Blanc. Das spürt man bei den Weinen. Er brennt auch für den Grünen Veltliner. Auch das spürt man. Egal welche Rebsorte. Es sind immer Weinviertler Gewächse im besten Sinne. Auch die Burgunder-Fans kommen hier auf ihre Kosten. Es gibt einen formidablen Weißburgunder „Spiel" – Eleganz pur. Neu im Programm: ein Grauburgunder, der zur Ausobsky-Linie kommen wird. Ein spezieller Klon. Der Wein hat eine Farbe wie Rosé – Ruländer-like –, liegt noch in den Barriques. Säure, Frische, Komplexität – es passt alles. Es geht vorwärts in diesem Weingut. *as*

### WEINVIERTEL DAC

★★ S €€ GV
**2023 Grüner Veltliner Ried Galgenberg** + Kühl, weißer Pfeffer, gelbe Früchte, charmante Frucht, balanciert, frische Kräuter, guter Druck, elegant und kompakt, bisschen Marille. Ein Grüner Veltliner von hoher Qualität.

★★★ S €€€ GV — **TIPP**
**2021 Grüner Veltliner Reserve Ried Lehlen** + Dunkel getönt, schwarzer Pfeffer, ganz zarter Holztouch, welcher ihm zusätzliche Struktur verleiht, Apfelnoten, Birne, Quitte, stoffige Frucht, viel Wein, doch niemals belastend, kräftige Struktur, einiger Tiefgang, tolle Säure, guter Rückhalt. Der Wein hat einige Zukunft. Viel Mineral, viel hervorragender Wein, viel Erlebnis.

### NIEDERÖSTERREICH

★★ S €€ SB
**2023 Sauvignon Blanc Radlbrunn** + Ein zauberhafter, gelbfruchtiger Sauvignon Blanc aus wunderbar reifen Trauben, Johannisbeeren, ganz zart nach Stachelbeeren und Brennnesseln, doch alles reduziert, kompakt, fest strukturiert, weißer Pfirsich, voller Pikanz, der drückt auf den Gaumen. Da passt alles. Die Zukunft ist gesichert.

★★★ S €€€ SB
**2023 Sauvignon Blanc Ried Fellingen** + Ganz dezentes Cassis, dezent rauchig, reifer Apfel, das ist fester Stoff, Gerbstoff! Langatmig, ein strammer Sauvignon Blanc für die Weihnachtsfeiertage und weit darüber hinaus. Entwickelt Grapefruit und Orangenschalennoten. Tolle Säure. Der geht seinen Weg.

★★ S €€ RI
**2022 Riesling Ried Kirchberg** + Anfangs etwas reduktiv, Marillen und Pfirsiche schimmern durch, ein körperreicher Riesling mit toller Frucht, Orangenschalen, dezentes Gerbstoffbitterl. Rassige Säure, steht kompakt da, gewinnt mit Luft enorm. Ein Wein mit einiger Zukunft.

★★★ S €€€ PB
**2023 Weißburgunder Spiel** + Eine Ahnung von Holz, Nelken, Vanille, ungemein elegant und feinfruchtig, engmaschig, passende Säure, stoffig, gelbe Früchte, dezentes Nusserl, gute Substanz. Noch ist hier alles fragmentarisch, doch wenn das zusammenwächst, wird es ziemlich ernsthaft.

★★★ S €€€ PG
**2023 Ausobsky Grauburgunder Ried Karln** + Ein Ruländer mit seiner an sich typischen rosa Farbe – wie Rosé, ist typisch, liegt im Barrique, natürlich noch mit präsentem Holz, Bratennoten, Vanille, bisschen Melone, alles noch embryonal, der Wein hat eine gute Säure, zeigt Frische, hat beste Anlagen.

## Bio-Weingut
# Karl Ziß

**Karl Ziß**
3743 Röschitz, Winzerstraße 16
Tel. +43 676 3644732
office@ziss.at, www.ziss.at
7 Hektar, W/R 100/0

„Man muss seine Trauben lieben, um guten Wein machen zu können", sagt Karl Ziß und präsentiert mit Freude seine Weine. Das Winzerhandwerk ist ihm praktisch schon in die Wiege gelegt worden. Da wo sich Wein- und Waldviertel berühren, Löss und verwitterte Urgesteinsböden sich finden, sich das milde Klima des Weinviertels mit dem kühlen Hauch des Waldviertels verbindet, da herrschen ideale Bedingungen, um fruchtbetonte und elegante Weine zu keltern. Genau da liegt der Fokus auf Weißweinen, und dabei speziell beim Grünen Veltliner in gut voneinander abgegrenzten Spielarten – das sind die Spezialitäten, von leicht bis kräftig, von trinkfreudigen Sommerweinen bis zum gehaltvollen, eleganten Speisenbegleiter, wie man sie von Karl Ziß gewohnt ist. „Weine sind Begleiter", ist er der Meinung, „ob für Speisen oder Gespräche, Diskussionen oder Situationen." Mit gutem Wein ist vieles etwas angenehmer, etwas leichter. Die konsequente Arbeit des Winzers garantiert Jahr für Jahr unverkennbare, überzeugende Qualitäten, wie man sie gerne hat. Der neue Jahrgang 2023 zaubert auch Karl Ziß ein Lächeln ins Gesicht, mit dem er seine Weine ab Hof verkauft, aber auch in Vinotheken und in der Gastronomie anbietet und in die Bundesländer ausliefert. *wh*

### WEINVIERTEL DAC

★★ S €€ GV
**2023 Grüner Veltliner** + Strohgelb, einladender Duft nach reifen Äpfeln, Birnen, weißem Pfeffer, Würze, sortentypisch, knackig-pikante Säure, gehaltvoll und ausgewogen, animierend im langen Nachgeschmack.

### NIEDERÖSTERREICH

★★ S € GV
**2023 Grüner Veltliner Sommerwein** + Frische, jugendliche Frucht nach grünem Apfel, pikanter Würze, Zitrusnoten, Kräuter und Pfeffer, etwas nervige Säure, trinkanimierend mit schlankem Körper, saftiger Abgang – macht seinem Namen alle Ehre.

★★★ S €€ GV
**2023 Grüner Veltliner Röschitzer Mühlberg** + Intensives Strohgelb, einladend gelbfruchtig, etwas Grapefruit und Birne, kräuterwürzig mit deutlicher Exotik, mineralisch und ausgewogen mit anregender Säure, lang am Gaumen.

★★★ S €€ GV  **TIPP**
**2023 Grüner Veltliner Röschitzer Hundspoint** + Strohgelb, vielschichtige Exotik nach Maracuja, Mango, Datteln, reife Apfel-Birnen-Frucht, elegant-süßliche Extrakte, würziges Pfefferl, sehr gehaltvoll und kräftig, ungeheures Potenzial – nimmt den Gaumen in Beschlag mit unendlich langem Abgang.

★★ S €€ SB
**2023 Sauvignon Blanc** + Brennnessel, Paprika, nasse Blätter, frisches Gras, vegetable Noten, eleganter, vielschichtiger Duft, der sich am Gaumen fortsetzt, trocken, frisch, würzig mit pikanter Säure, ausgewogen und angenehm langes Finish.

★★★★ S €€ RI  **TIPP**
**2023 Riesling Röschitzer Mühlberg** + Typische, animierende Steinobst-Fruchtnase nach reifen Marillen und Pfirsich, Zitrusfrucht und Grapefruit, am Gaumen Orangenzesten, Extraktsüße, Finesse und Kraft, saftige Säure, mineralisch mit feinen Röstnoten im angenehm langen Nachgeschmack – sehr guter Riesling.

♕ ♕ ♕

## Weingut
# Zull

**Phillip Zull**
2073 Schrattenthal 9
Tel. +43 2946 8217, Fax -4
office@zull.at, www.zull.at
18 Hektar, W/R 70/30, 100.000 Flaschen/Jahr

Luft-Erde-Wasser-Zull – so beschreibt sich dieses Traditionsweingut in Schrattenthal nahe Retz in kurzen Worten selbst. Im Familienbetrieb hat jeder seine Aufgabe, und darin liegt auch der Erfolg. Vater Werner machte aus der gemischten Landwirtschaft einen Weinbaubetrieb, vergrößerte die Rebflächen und schaffte optimale Voraussetzungen für Sohn Phillip, der nach seiner Ausbildung seine Praxisjahre in österreichischen Spitzenweingütern verbrachte und viel Praxis und Erfahrung auch im deutschen Rheingau, in Neuseeland, in Oregon/USA und im Burgenland sammelte. Heute ist er bestrebt, international ausgerichtete Weine zu keltern, was sein 65%iger Exportanteil in 17 Länder von Europa bis in die USA und Japan eindrucksvoll bestätigt. Seit drei Jahren werden auch Frizzantes erzeugt. Zum großen Erfolg wurde auch die „Lust und Laune"-Linie in Weiß, Rosé und Rot – ein Grüner Veltliner mit Trinkvergnügen, leicht und unkompliziert, eine fruchtig-frische Rosé-Cuvée als beschwingter Grillparty-Wein und ein fruchtbetontes, mildes Rotweinvergnügen für jeden Anlass. Eine erfrischend leichte Weinlinie für jeden Geschmack und viele Gelegenheiten. Der Rosé Ancestrale – Petillant Naturel ist eine weitere Besonderheit (von den Ahnen überliefert) am natürlichen Schaumweinsektor, neben seiner hohen Trinkfreude ziert die Ur-Oma Rosa Zull die Etikette. Auch die Weißwein-Cuvée „Weites Land" aus Viognier, Riesling und Chardonnay von alten Weingärten aus verschiedenen Lagen ist eine Spezialität, in Holzfässern, Amphoren und im Stahltank ausgebaut und vor der Abfüllung vermählt, die es wert ist zu probieren. „Meine Weine sollen elegant, vielschichtig und animierend sein", sagt Phillip Zull, und das sind sie. *wh*

### WEINVIERTEL DAC

★★ S €€ GV
**2023 Grüner Veltliner** + Kräuterwürze mit feinem Pfefferl, grüne Äpfel und Birnen, saftige Säure, schlanker bis mittlerer Körper, ausgewogen.

★★★ S €€€ GV
**2021 Grüner Veltliner Reserve Äußere Bergen** + Zeigt ein sattes Strohgelb, intensiv würzig und pflanzlich im Duft, mineralisch, delikat und kraftvoll, exotische Früchte und Extrakte, harmonisch-langer, aromareicher Abgang.

### NIEDERÖSTERREICH

★★★ S €€ GV
**2023 Grüner Veltliner Schrattenthal** + Duftig, frisch, saftig, delikat, Birnenaromatik, würzig, weißer Pfeffer, deutliche Mineralik, cremig, vielschichtig und gehaltvoll, kompakt, trinkfreudiger, langer Abgang.

★★★ S €€€ RI
**2023 Riesling Innere Bergen** + Typische Pfirsich-Marillen-Nase, etwas Apfel, viel Extrakt, Kraft, Körper und Finesse, delikate Säure, angenehmer Trinkfluss, mit etwas Luft und größeren Gläser öffnet sich dieser Riesling wie eine Blume.

★★★★ S €€€ CH  **PLV**
**2021 Chardonnay Kalvarienberg** + (ausgebaut im kleinen Fass und Amphore) Strohgelb, opulenter und vielschichtiger Duft nach Mango, Maracuja, Litschi, Ananas, aromatisch und komplex mit enormen Extrakten, feine Röstnoten, Finesse und Eleganz, harmonischer und langer Nachgeschmack.

★★ S €€ CR  **FUN**
**2023 Lust & Laune** + (ZW/PN) Ausgeprägter, sehr fruchtiger Duft nach Kirschen, Weichseln und Kirschkernen, saftig-rassig, schlank und leicht, unkompliziert und trinkfreudig, leicht gekühlt ist das ein wunderbarer sommerlicher Rotwein.

★★★ S €€ ZW
**2023 Zweigelt Schrattenthal** + Jugendliches, dunkles Rubin, fruchtig-frisch, kirschig, saftig, elegante Amarena- und Schokonoten, feine Tannine und Röstnoten, ausgewogen, klassischer, gaumenfreundlicher Zweigelt.

★★★★ S €€€ PN
**2021 Pinot Noir Reserve** + Zeigt sich mit leuchtend-hellem Rubin, mit einem Bukett nach Erdbeeren, Himbeeren, Nüssen und Nussschalen, am Gaumen ausgewogen und elegant mit Kraft, Körper und Finesse, harmonisch lang mit typischem Sortenaroma – Top-Pinot der Region!

★★★★★ S €€€€ CR  **TIPP**
**2021 Schrattenthal 9 Reserve** + (ZW/ME/CS) Brombeerfarbig, vielschichtig nach Cassis, schwarzen, vollreifen Kirschen, Würze, Mokka, Bitterschokolade, feine Röstnoten, kraftvoll, kompakt, viel Potenzial und Finesse, hochwertiger Rotwein.

## Weingut
# Zuschmann – Schöfmann

2223 Martinsdorf, Winzerstraße 52
Tel. +43 2574 8428
office@zuschmann.at, www.zuschmann.at
16 Hektar

Vor etwa 35 bis 40 Jahren hat es geheißen, das Weinviertel wird die österreichische Champagne – damals hat man darüber gelächelt. Heute ist es wahr geworden. Vor allem bei Zuschmann-Schöfmann. Das Weingut produziert Sekte, welche sich keineswegs vor Champagne-Weinen verstecken müssen. Ganz im Gegenteil, diese Kreszenzen befinden sich auf Augenhöhe mit hochwertigen internationalen Vertretern. Schon der 2022 Brut Sauvignon Blanc zeigt, wo es langgeht. Danach geht es weiter mit dem 2022 Sekt Brut Grüner Veltliner, der so typisch das Weinviertel repräsentiert. Außergewöhnlich wird es dann bei dem 2020 Sekt Extra Brut Große Reserve Grüner Veltliner. Perfekt zu Fisch und Krustentieren. Der perfekte Sekt für Zwischengänge oder Fisch ist der 2020 Brut Nature Große Reserve Grüner Veltliner. Für mich der vielleicht spannendste Sekt der Serie ist der 2020 Riesling Große Reserve Extra Brut aus der Ried Ralessen. Hier lässt die Côte des Blancs grüßen. Gehört unbedingt zu Hauptspeisen. Nächster Höhepunkt, der 2020 Chardonnay Extra Brut Große Reserve Ried Schrickenberg. Sollte ebenfalls zu Hauptgerichten gereicht werden. Beim nächsten schaumigen Gewächs kommt Großes auf einen zu – 2015 Brut Nature Große Reserve Grüner Veltliner, welcher wohl die Hohe Schule des Schaumweines darstellt. 90 Monate auf der Feinhefe – Gold Edition. Genug der Sekt-Lobhudelei. Bei Zuschmann-Schöfmann werden auch großartige Stillweine produziert. Ich streiche nur einen heraus – 2022 Grüner Veltliner Muschelkalk. Das ist wahrlich großartiger Wein.
In diesem Weingut kann man auch trefflich Urlaub machen und das Weinviertel erkunden. Natürlich alles probieren, was es bei Zuschmann-Schöfmann gibt. Man führt hier eine formidable Weinlodge & Greisslerei. *as*

### WEINVIERTEL DAC

★★ S €€ GV
**2023 Grüner Veltliner** + Pfeffrig, typisch, voller Würze, Kernobst, elegant, feine Frucht, dezent rauchig, schöne Säure, leicht, fest, gute Länge.

### NIEDERÖSTERREICH

★★ S €€ GV
**2023 Grüner Veltliner Frau Else zu Brynn** + Ausgeprägt pfeffrig, Kräuterwürze, frischer reifer Apfel und Birne, fruchtig, saftig, toller Körper, dabei leicht recht gute Länge. Würziger Veltliner. Perfekt balanciert.

### ÖSTERREICH

★★★ K €€€ SB
**2022 Sekt Austria Brut Sauvignon Blanc g.U. NÖ** + (11 Monate auf der Feinhefe) Ein leichter, zart-aromatischer Sekt, dezentes Cassis, präsente Säure, frisch und knackig, Limette, perfekt als Aperitif.

★★★ K €€€ GV
**2022 Sekt Austria Brut Grüner Veltliner g.U. NÖ** + (11 Monate auf der Feinhefe) Pfeffrig, dezent hefig, feine Würze, saftige Frucht, Orangenzesten. Ein ausdrucksstarker Sekt mit klarem Sortenprofil.

★★★★ K €€€€€ RI          TIPP
**2020 Sekt Austria Extra Brut Große Reserve Riesling Ried Ralessen g.U. NÖ** + (30 Monate auf der Feinhefe) Autolyse, ungemein spannender Sekt, engmaschig, dicht strukturiert, raffiniert, weißer Pfirsich, Senfsaat, unglaublich salzig, das ist große Winzerkunst. Wie ein Ritt auf der Rasierklinge. Höchst individuell.

★★★★ K €€€€ GV
**2020 Sekt Austria Brut Nature Große Reserve Grüner Veltliner g.U. NÖ** + (32 Monate auf der Feinhefe) Kühles Bukett, zart pfeffrig, dezent würzig, sehr elegant, cremige Textur, salzig, harmonisch, Balance.

★★★★ K €€€€€ CH          TIPP
**2020 Sekt Austria Extra Brut Große Reserve Chardonnay Ried Schrickenberg g.U. NÖ** + (35 Monate Lagerung auf der Feinhefe) Hefige Noten, Brioche, Nüsse, salzig, dezente Autolyse, so richtig trocken, dunkle Tönung, viel Mineral, Kräuterwürze, Pfirsich, ausdrucksstark, kompakt, langer Abgang.

★★★★ K €€€€€€ GV          TIPP
**2015 Sekt Brut Nature Große Reserve Grüner Veltliner g.U. NÖ** + (90 Monate Lagerung auf der Feinhefe, Gold Edition) Autolyse, Brioche, gereift, doch immer mit Frische, cremig-salzigen Noten, dichter Struktur, pfeffrige Würze, Senfkörner, Apricot, tiefgründig, enormer Ausdruck, enormer Abgang.

★★★ S €€€ GV
**2022 Grüner Veltliner Muschelkalk** + Vielschichtig, pfefferwürzig, Kräuter, Birnen, Zitrus, Ananas, Mango, salzig, frisch und griffig, dich, kompakt, spannend, vuóiel Mineralität, eingebettete Säure.

vinaria präsentiert:

# wachau
## GOURMETfestival
### 3. bis 17. April 2025

www.wachau-gourmet-festival.at

# VINOTHEKEN

## AUERSTHAL

**Vinothek Weinladen Auersthal**
Im Hotel-Gasthof Sommer
2214 Auersthal, Hauptstraße 112
Tel. +43 2288 22530
office@hotel-sommer.at
www.hotel-sommer.at

## MAILBERG

**Schlossvinothek Mailberg**
2024 Schloss Mailberg
Tel. +43 2943 30301
reservierung@schlosshotel-mailberg.at
www.schlosshotel-mailberg.at/de/schlossvinothek

## MISTELBACH

**BauernArnt**
2130 Mistelbach, Winzerschulgasse 50
Tel. +43 2572 20048-2
mail@bauernarnt.at, www.bauernarnt.at

## POYSDORF

**Weinmarkt Poysdorf**
2170 Poysdorf, Brünner Straße 28
Tel. +43 2552 40800
weinmarkt@poysdorf.at
office@weinmarkt-poysdorf.at

## RETZ

**Gebietsvinothek Retzer Land**
2070 Retz, Althofgasse 14
Tel. +43 2942 3711
reservierung@althof.at
www.althof.at/gebietsvinothek-retzer-land

**Weinquartier Retz**
2070 Retz, Hauptplatz 4–5
Tel. +43 2942 20488
office@weinquartier.at
www.weinquartier.at

## SIEBENHIRTEN

**Wein & Genuss Vinothek Hausgnost**
2042 Guntersdorf, Sportplatzgasse 286
Tel. +43 2951 27280, Mobil +43 676 5237008
e.hausgnost@aon.at
www.hausgnost-weingenuss.at

# GASTRONOMIE/NÄCHTIGUNG

## FALKENSTEIN

**Siebenschläfer**
2162 Falkenstein, Kellergasse 8
Tel. +43 2554 88086
sevi@7schlaefer.at, www.7schlaefer.at

Eine Tour zu den Winzern von Falkenstein macht hungrig. Der Siebenschläfer hilft da weiter. Bis 20 Uhr kann man im Lokal in der Falkensteiner Kellergasse frühstücken oder Severin Webers bodenständig-jugendliche Küche probieren. Beliebt sind auch die Frühstücksbrunches und die Frühschoppen, meistens mit Livemusik. Neue Terrasse.

## GUNTERSDORF

**Hausgnost – Gasthaus an der Kreuzung**
2042 Guntersdorf, Oberort 110
Tel. +43 2951 22290
info@hausgnost.at, www.hausgnost.at

Hübsch herausgeputztes Gasthaus mit hellen, modernisierten Räumen. Manfred Hausgnost kocht bodenständig und versteht sich vor allem auf die Fleischklassiker. Zwischendurch darf es auch avancierter sein, bei gegrilltem Welsfilet auf Krenpüree und glacierten Karotten oder bei gegrilltem Rosmarinkotelett auf Paprikachili-couscous. Elisabeth Hausgnost führt nebenan die Vinothek. 1 Haube.

## HANFTHAL

**Gasthaus Herbst**
Matthias Herbst
2136 Hanfthal 48
Tel. +43 2522 2480
hanfthal48@gmail.com, www.gasthaus-herbst.at

Küchenchef, Sommelier, Käsesommelier, Barkeeper und staatlich anerkannter Schaf- und Ziegenzüchter: Matthias Herbst, ein Wirt, der auf sein Bauchgefühl hört, viel herumgekommen ist in der Spitzengastronomie und das seit 80 Jahren in Familienbesitz befindliche Gasthaus mit Herzblut führt. Der Lohn sind treue Stammgäste und eine Haube. Kombination aus Tradition und Moderne, der Chef ist ausgesprochener Kräuter- und Beef-Fan. Gute regionale Weinkarte. Die besten Weine des Weinviertels werden gesammelt präsentiert.

## HAUSLEITEN

**Gasthaus Amstätter**
3464 Hausleiten, Bahnhofstraße 27
Tel. +43 2265 7272
www.amstaetter.com

Ein gestandenes Landgasthaus mit ehrlicher Wirtshausküche. Der Top-Wirt 2012, direkt am Bahnhof gelegen, bietet Wirtshausgefühl pur. Die Anreise kann allerdings zu einer Entdeckungsreise werden, die sich absolut lohnt. Zur perfekten Wirtshausküche gibt's Wagramer und Weinviertler Weine.

## HOLLABRUNN

### Wagners Wirtshaus
Christoph & Philipp Wagner
2020 Hollabrunn, Gschmeidlerstraße 32
Mobil +43 676 3086536
catering@diewagners.at
www.diewagners.at

In Christoph Wagners Küche wird regional und saisonal gekocht und moderne Kochideen in „bester Wirtshaustradition" umgesetzt. Das stillvolle Ambiente steht der kreativen Küche in nichts nach. Einer der Klassiker des Hauses ist das gebackene Gulasch. Die Karte ist vom ersten bis zum letzten Gericht ein Genuss. Im bestens sortierten Weinkeller lagert Philipp Wagner exklusive Raritäten ebenso wie beliebte Klassiker. Eines der besten Restaurants im Weinviertel, gefragt sind auch die Caterings, 2 Hauben.

## KORNEUBURG

### Donaurestaurant Tuttendörfl
2100 Korneuburg, Tuttendörfl 6
Tel. +43 2262 72485
restaurant@tuttendoerfl.com
www.tuttendoerfl.com

Die Lage direkt an der Donau mit atemberaubendem Blick über den Fluss und nach Klosterneuburg ist ein Hit. Unter Küchenchef Bernhard Bayer vereinigen sich Tradition und Moderne. Saisonale Höhepunkte sind selbstverständlich, der Schwerpunkt liegt auf einer gehobenen Fischküche. Als Abschluss ist die Marillenmarmelade-Palatschinke beliebt. Romantischer Kastaniengarten, Lounge, sehr gut sortierte Vinothek.

## LAA AN DER THAYA

### Gasthaus Martin Weiler
2136 Laa an der Thaya, Staatsbahnstraße 60
Tel. +43 2522 2379
martin@weilerlaa.at, www.weilerlaa.at

Ein lebendiges Haus, das sich als Wirtshaus und Restaurant versteht. Klassiker wie Beuschel, Schweinskotelett und Paniertes gelingen perfekt. Martin Weiler kann aber mehr, bei Gänseleberparfait mit Marillenchutney und Pfeffer oder herrlich zarten Rindsbackerln mit Thymiankruste und Selleriepüree beweist er die Bandbreite seines Könnens. Sonntag in der Früh ist der Brunch ein Fixpunkt. Viel Sensibilität verrät auch die Zusammenstellung der Weinkarte. 2 Hauben.

## MAILBERG

### Genusswirtschaft
2024 Mailberg 252
Tel. +43 2943 30056
www.genusswirtschaft-mailberg.at

Küche wie Service agieren auf Top-Niveau – und das zu Preisen, die mehr als fair sind. Christoph Schüller holt aus den Produkten der Region das Maximum heraus, immer raffiniert und überraschend. Taube, Rebhuhn, Ente, Wels, Reh – er wird von ausgesuchten Produzenten beliefert und verarbeitet die Tiere im Ganzen. Mittlerweile hat sich die Genusswirtschaft zu einem Fisch-Kompetenzzentrum (Süß- und Salzwasser) im Weinviertel entwickelt. Verena Schneider leitet den sehr persönlichen Service, ist Christoph Schüller auch privat verbunden. Tolle Desserts, sehr gutes Weinangebot. 2 Hauben.

**Schlosskellerei Mailberg**
2024 Mailberg 1
Tel. +43 2943 30301
reservierung@schlosshotel-mailberg.at
www.schlosshotel-mailberg.at

Imposantes Schloss mit großzügigen, luxuriösen Zimmern mit Stil und verträumtem Blick auf die Weinstraße. Jedes Zimmer ist individuell, elegant, mit feinen Materialien und Antiquitäten. Das Restaurant konzentriert sich auf die Klassiker wie gekochter Kavalierspitz, Zwiebelrostbraten und Wiener Schnitzel. Hauseigene Schlossvinothek.

**Hagn Weindomizil**
2024 Mailberg, Hauptstraße 154
Tel. +43 2943 2256
reservierung@hagn-weingut.at
www.weindomizil.at

Mit spannender Architektur und Glasfassade, die einen großartigen Blick auf das Weinland freigibt, punktet das Weindomizil Hagn. Die klassische Österreichküche baut auf regionale, biologisch erzeugte Zutaten. Auch asiatische Schlenker kommen gut an. Die schönen Gästezimmer sind empfehlenswert. Das Weindomizil Hagn ist ein Genuss-Hotspot und eine gefragte Eventlocation geworden, dazu passen die zahllosen Auszeichnungen der Weine: schon sieben Mal Weingut des Jahres in NÖ, vielfacher Landessieger, großartige Weine in Weiß und Rot. Solide Qualität in allen Bereichen.

## MARTINSDORF

**Weinlodge Zuschmann-Schöfmann**
2223 Martinsdorf, Winzerstraße 52
Tel. +43 2574 8428
office@zuschmann.at, www.zuschmann.at

Helle, moderne Winzerzimmer oder Apartments, gemütlicher Innenhof und Naturgarten zum Sonnen. Viel Wert wurde auf natürliche Materialien und schlichte, aber liebe- und niveauvolle Gestaltung gelegt. Sportfans können Mountainbikes mit Radkarte und Helm gratis ausleihen. Zum Mitnehmen gibt es nicht nur die hauseigenen Weine, in der Greißlerei warten Weinviertler Köstlichkeiten wie traditionelle Erdäpfelsorten, Öle, Hummels Himbeerprodukte, Wildschweindelikatessen oder Galloway-Beef.

## MISTELBACH

**Wirtshaus Zur Linde**
2130 Mistelbach, Bahnstraße 49
Tel. +43 2572 2409
polak@zur-linde.at, www.zur-linde.at

Von wegen Bahnhofswirtshaus. Zu Mittag ist bodenständige Küche angesagt. Am Abend gibt es auch ambitionierte Gerichte. Chef Karl Polak jun. und Küchenchefin Kerstin Griessbach setzen gerne auf traditionelle, regionale und saisonale Wirtshausküche mit der Tendenz zu mehr. Die Weinkarte ist aus der Region bestens bestückt, wunderschöner Gastgarten.

## OBERROHRBACH

### Gasthaus Goldenes Bründl
Gerhard Knobel
2105 Oberrohrbach, Waldstraße 125
Tel. +43 2266 80495
gasthaus@goldenesbruendl.at
www.goldenesbruendl.at

Schöne Lage mitten im Wald. Und doch nur wenige Minuten von der Autobahn entfernt. Die Küche unter Norbert Steiner steht für gutbürgerliche Gerichte mit gehobenen Ansprüchen. Das souveräne und herzliche Team serviert Saisonales und Regionales, vieles davon in moderner Interpretation. Zahlreiche leichte Gerichte mit viel Gemüse, auch vegetarisch. Französisch-mediterran beherrscht die Küche ebenfalls. Gerhard und Regine Knobl führen das Haus mit Charme, Geschmack und Fingerspitzengefühl, er ist auch Herr über ein 700 Positionen umfassendes Weinangebot. Motto: Über den Tellerrand blicken und alle Sinne fein stimmen. Sonntag ist der Brunch ein Tipp, auch für Kids. 3 Hauben.

## POYSDORF

### Hotel & Restaurant Neustifter
2170 Poysdorf, Am Golfplatz 9
Tel. +43 2552 206060
info@hotel-neustifter.at
www.hotel-neustifter.com

Nach dem Bauchfleck des davor Hotel Veltlin genannten Hauses hat die Winzerfamilie Neustifter das Hotel übernommen und adaptiert. Sehr schöne, moderne Zimmer, großes Frühstücksbuffet, Wellnessbereich. Solide regionale Weinviertler Küche, alle Neustifterweine, vieles glasweise und noch mehr. Vier Kellergassen sind innerhalb einer Viertelstunde zu Fuß erreichbar, ein Golfplatz liegt vor der Haustür. Ideal für Genussfreunde, Urlauber, Radler und Geschäftsreisende. Einer der Leitbetriebe im Weinviertel, 4 Sterne.

## RETZ

### Der Althof
2070 Retz, Althofgasse 14
Tel. +43 2942 3711
willkommen@althof.at, www.althof.at

Der Gutshof auf dem großzügigen Gelände wurde perfekt revitalisiert und im modernen Landhausstil gestaltet. Im Restaurant wird regional und international gekocht, abgerundet durch Retzer Weine aus der hauseigenen Vinothek. Im Wellnessbereich gibt es Sauna, Dampfbad, Solarium und Whirlpool. Beliebt sind die wechselnden Themenevents auf der Terrasse im romantischen Arkadenhof. Das Haus gehört zur Landhaus & Spa-Linie der Hotelgruppe der Familie Ipp.

## STOCKERAU

### Dreikönigshof
2000 Stockerau, Hauptstraße 29–31
Tel. +43 2266 627880
familie@hopfeld.at, www.dreikoenigshof.at

Küchenchef Martin Mocnik versteht es, österreichische Gerichte mit hauptsächlich regionalen Produkten zu verfeinern und mit pfiffigen Ideen aufzuwerten. Im historischen Kellergewölbe lagern rund 180 Weine aus Österreich. Einmal monatlich lockt ein Sonntagsbrunch.

## UNTERRETZBACH

**Retzbacherhof**
Sonja & Harald Pollak
2074 Unterretzbach, Bahnstraße 1
Tel. +43 2942 20171
pollak@retzbacherhof.at, www.retzbacherhof.at

Der Retzbacherhof ist ein idealtypisches Wirtshaus. Große alte Veranda, viel Holz, elegant weiß gedeckte Tische, ein wunderschöner Gastgarten – so müssen gediegen-kreative Landwirtshäuser aussehen. Dazu ebensolche Speisen; gekocht wird vorwiegend mit Produkten aus dem Wein- und Waldviertel. Sonja und Harald Pollak haben es damit geschafft, den Ansprüchen der unterschiedlichsten Gäste gerecht zu werden. Ein Konzept, das ein breites Publikum erfreut: die „kartelnden" Einheimischen genauso wie den anspruchsvollen Genießer. Als Top-Wirt des Jahres 2013 und Obmann der Niederösterreichischen Wirtshauskultur ist Harald Pollak mittlerweile auch zur zentralen Figur dieser erfolgreichen Gastroinitiative mit rund 200 Mitgliedern geworden. Beruhigend: Die Weine des Hauses lagern bei optimaler Temperatur im ehemaligen Eiskellergewölbe des Gasthofes. Koch- und Weinschule, solide Haube.

## WILFERSDORF-HOBERSDORF

**Neunläuf**
Familie Krammer
2193 Wilfersdorf-Hobersdorf
Wiener Straße 4
Tel. +43 2573 25999
office@neunlaeuf.at, www.neunlaeuf.at

Der Top-Wirt Weinviertel 2022/23! Hübsch herausgeputzte Stuben, ein Tanzstadl und ein großer Garten, verbunden mit feiner Wirtshausküche, harmonieren hier miteinander. Roland Krammer versteht sich auf Wild, Herzhaftes (Beuschel, Backhendl), aber auch Gehobenes. Außergewöhnlich ist die Weinkarte, die man auf dem iPad durchschaut. Das Angebot reicht weit über das Weinviertel, auch Süß- und Schaumweine sind vertreten, Mitnahme zu Ab-Hof-Preisen.

## WULZESHOFEN

**Gasthaus mit Gästehaus Bsteh**
2064 Wulzeshofen 57–58
Tel. +43 2527 203
gasthaus@bsteh.at, www.bsteh.at

Wenn man sich ein ideales Dorfwirtshaus wünschen könnte, so wie hier würde es wohl aussehen. Die Atmosphäre ist gemütlich, und die Küche beherrscht die tadellos bodenständige Kost. Markenzeichen ist auch der Einsatz von Blüten und Kräutern. Wunderbar der Innenhofgarten mit hundertjährigen Kastanienbäumen. Der Bauernbrunch beim Bsteh zählt zu den beliebtesten des Landes. Wirtshauskultur-Vorzeigebetrieb.

## ZISTERSDORF

**Zum Grünen Baum**
Familie Kruder
2225 Zistersdorf, Landstraße 1
Tel. +43 2532 81555
gasthaus.zumgruenenbaum@utanet.at
www.gasthauszumgruenenbaum.at

Im Sommer sitzt man im Schatten des grünen Baums, eine mächtige Kastanie, an kühleren Tagen sind die ländliche Schankstube und das Stüberl mit weißer Tischwäsche und hübschen Pölsterchen Anziehungspunkt. Auf die gutbürgerliche Küche kann man sich verlassen, Georg Kruder führt vertraute Geschmäcker aber auch gerne mit Augenmaß in die Neuzeit. Sehenswert ist der 500 Jahre alte, weitläufige Weinkeller mit viel Weinviertler Stoff.

# THERMENREGION

Die Thermenregion, die im Sprachgebrauch nicht nur der Wiener Weinfreunde wohl immer die „Südbahn" bleiben wird, ist das unmittelbar im Süden an Wien angrenzende Weinbaugebiet. Es kann auf eine große Tradition zurückblicken, wurde doch der Gumpoldskirchner schon am kaiserlichen Hof serviert; in der Zeit des Dritten Reiches wurde der berühmten Gumpoldskirchner Lage Wiege – ex aequo mit dem Bernkasteler Doktor – der höchste Einheitswert zugewiesen.

Die an den sanften Südhängen von Eichkogel und Anninger gelegenen Weinberge, die zu den Weinbaugemeinden Mödling, Gumpoldskirchen, Guntramsdorf, Pfaffstätten und Traiskirchen zählen, erinnern vom Landschaftsbild her etwas an Burgund, was übrigens auch für die Bodenstrukturen gilt, denn hier herrschen ungewöhnlich kalkhaltige Untergründe vor. Diese eignen sich bestens für die Pinot-Familie sowie für Chardonnay.

Das Lokalkolorit von Gumpoldskirchen, Traiskirchen und Co. wird jedoch durch die autochthonen Sorten Zierfandler, Rotgipfler und Neuburger geprägt, wobei die Raritäten Rotgipfler mit rund 110 Hektar und Zierfandler mit etwas mehr als 60 Hektar weltweit beinahe nur hier anzutreffen sind. Der Rotgipfler eignet sich gut für den Ausbau im Eichenfass, aber auch als Cuvéepartner für den Zierfandler – der traditionelle Verschnitt wird oft als „Spätrot-Rotgipfler" bezeichnet. Der Zierfandler kann mit Rasse, Finesse und Persistenz punkten.

Aus den traditionellen Südbahn-Weißweinsorten können auch prachtvolle Prädikatsweine gekeltert werden, von der Auslese bis zu Trockenbeerenauslese und Eiswein; durch die lebhafte Säure und eine exotische Frucht ergeben sich äußerst individuelle, aber auch lagerfähige Gewächse. Neben Rust und dem Seewinkel befindet sich hier gewissermaßen die dritte Säule der österreichischen Süßwein-Produktion. Bei den Rotweinsorten dominiert in qualitativer Hinsicht der Zweigelt. Die kleinere Rotweininsel der Thermenregion befindet sich im Bereich um Bad Vöslau, Baden und Sooß, wo neben Zweigelt und Blauer Portugieser auch St. Laurent, Blauburgunder, Cabernet Sauvignon, Merlot und Co. kultiviert werden. Ungefähr den gleichen Rebsortenmix findet man auch auf den kargen Schotterböden des Steinfeldes rund um Tattendorf, Teesdorf und Trumau, wobei sich diese Weinorte aber besonders mit St. Laurent und Blauburgunder profilieren wollen. Die im Tannin eher samtigen Rotweine werden auch als Blends ausgebaut.

Ab dem Jahrgang 2023 gibt es auch aus der Thermenregion Weine mit dem DAC-Herkunftssiegel. Es handelt sich um eine dreistufige Qualitätspyramide. Zuoberst stehen die Riedenweine; Zierfandler, Rotgipfler, Weißburgunder, Chardonnay, St. Laurent und Pinot Noir sind hier zugelassen. Für die Ortsweine sind zusätzlich Grauburgunder und Zweigelt erlaubt. Neuburger und Blauer Portugieser dürfen darüber hinaus als Gebietswein vermarktet werden. In allen drei Stufen sind sowohl reinsortige Weine als auch Cuvées möglich, bei Gebietsweinen auch Gemischter Satz. Rosé ist grundsätzlich ausgeschlossen. Gebiets- und Riedenweine müssen trocken sein (rote Riedenweine max. 4 g/l); Auslesen, Beerenauslesen oder Trockenbeerenauslesen sind in der Kategorie der Ortsweine zu finden. Für die insgesamt fünf Ortsweine wurden Weinbaugemeinden ortsübergreifend zusammengefasst. So z.B. kann ein Wein mit der Herkunftsbezeichnung „Thermenregion DAC Gumpoldskirchen" auch aus den politischen Katastralgemeinden Pfaffstätten, Traiskirchen, Guntramsdorf und Mödling stammen.

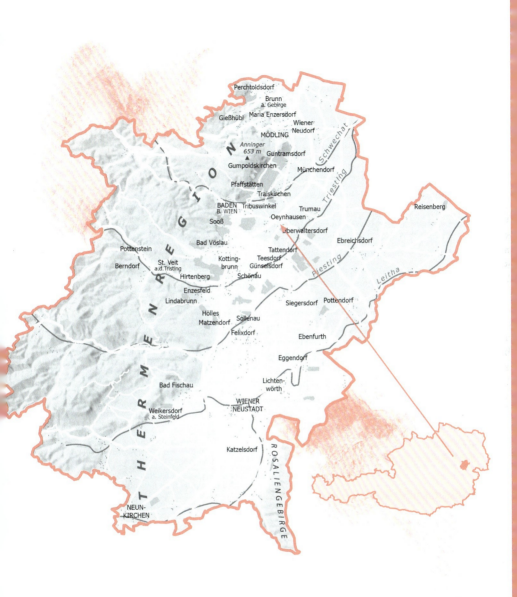

1.851 Hektar Weinanbaufläche
Die wichtigsten Rebsorten:
Zierfandler, Rotgipfler, St. Laurent, Pinot Noir

# Weingut
## Alphart

**Florian und Claudia Alphart**
2514 Traiskirchen, Wienerstraße 46
Tel. +43 2252 52328
weingut@alphart.com, www.alphart.com
30 Hektar, W/R 70/30, 200.000 Flaschen/Jahr

Das seit über einem Viertel Jahrtausend bestehende Familienweingut Alphart hat sich seinen hohen Status wohlverdient. Der Betrieb gilt seit Jahren als zuverlässig und beständig, sowohl was die Qualität der Weine als auch jene der hervorragenden Küche des Top-Heurigen betrifft. Florian Alphart hat inzwischen sein Ziel, in seinen Weinen Eleganz und Potenzial bei unterschiedlichsten Voraussetzungen der Vegetation zu vereinen, erreicht. Er entlockt so den tiefgründigen Muschelkalkböden ihre griffige Mineralik. Das Weingut hat sich unter Kellermeister Florian zu einem Rotgipfler-Paradies entwickelt, der hier traditionell in verschiedenen Varianten perfekt gekeltert wird. Als Idealist widmet sich Florian auch weiterhin akribisch der Traditionssorte Neuburger, die nicht in Vergessenheit geraten soll. Aber die höchste Qualitätssteigerung an terroirgeprägten Weinen stellen jene von der kargen Ried Rosenberg dar. *kk*

### THERMENREGION DAC

★★★ S €€ NB — PLV
**2023 Neuburger Ried Hausberg** + Duftig-gelbes Kernobst, Mandelnoten; Hauch Blutorange, etwas Quitte, würzige Wiesenkräuter, Birnenbiskuit, feiner Fruchtschmelz, pikante Säure, stimmig und lebhaft, fruchtiges Finale.

★★★ S €€ CH
**2023 Chardonnay vom Berg** + Reife Fruchtaromen, saftiges Kernobst; samtiger Körper, gebratene Birne, getrocknete Feige, Malzspur, zarte Gerbstoffe, elegante Zitrusnoten, bisschen Biskotten, fein-röstig, Küchenkräuter, geschmeidige Frucht, Kreidespur im langen Nachhall.

★★★ S €€ RG
**2023 Rotgipfler vom Berg** + Gelbfruchtige Tropenfrucht; Quitte, Maracuja, Mandarinenzesten, Hauch Mandel, schmelziger Fruchtdruck, saftige Säure reifer Ananas, pikante Würze, strukturiert, Trinkfreude mit Tiefe.

### NIEDERÖSTERREICH

★★★ S €€€€ CH
**2022 Chardonnay Reserve Ried Stein** + Füllig-röstige Gelbfruchtigkeit; wohlige Dichte, noch kräftige Holzwürze, geschmeidiger Druck, gebratenes Kernobst, Zitronenkuchen, Nougat, Vanille, fruchtsüß, hohes Lagerpotenzial.

★★★ S €€€€ CH
**2022 Chardonnay Tagelsteiner** + Puristisches Fruchtbild, Apfel, Orangenzesten; disziplinierte Struktur, ziselierte Säure, klare Frucht, Nussbrot, Kaffee, gefühlvolle Gerbstoffe, salzig-steinige Mineralader, von feiner Frucht unterlegt.

★★★★ S €€€ RG — PLV
**2022 Rotgipfler Ried Rodauner** + Subtiler Satsumaduft, zarte Kräuterwürze; vollreifes Kernobst, Weingartenpfirsich, Hauch Honig, Orangefruchtfleisch, etwas Toastbrot, dicht und vielschichtig, seidiger Fruchtdruck, saftige Säure, Mineralspur im langen Rückaroma.

★★★★ S €€€€€ RG
**2022 Rotgipfler Ried Rodauner Top Selektion** + Duftender Marillenröster, kandierte Orangenzesten; gaumenfüllend mit eleganter Kraft, feine Fruchtsüße, tropische Nuancen, Birnenmus, komplex, zart röstiger Feigenkaffee, Nussaromen, reife vitale Säure, bisschen süße Kräuterwürze im fruchtig-kreidigen Ausklang.

★★★★★ S €€€€€€ RG — TOP
**2021 Rotgipfler Ried Rosenberg** + Gefühlvolle Quitte, Hauch Tropenfrucht; kühle Reife, präzise und asketisch, zart röstig, Tabaknoten, Vanille, bisschen herbe Kräuterwürze, ziselierte Säure, kristallklare Limette, dicht gepackte Struktur, Steinobst, vornehme Strenge, elegant-fruchtiger Nachhall, asketisches Terroirfeeling.

★★★ S €€€€ CR
**2020 Cuvée Alpha (CS/ME)** + Einladendes Heidelbeerbukett, Cassisnoten; Backgewürze, Rumzwetschke, dunkle Würze, Hauch Schwarztee, noch kräftige Edelholznoten, bisschen Rosenpaprika, Mokka in festen Tanninen, erdverbunden, schwarze Maulbeere, Kaffee, Prise Graphit im Rückaroma.

★★★★ S €€€€ PN — TIPP
**2021 Pinot Noir Reserve Ried Rosenberg** + Betörender Waldbeerduft, Kirschblüten; kühle Aromatik, dichte Struktur, Blutorange, Hauch Kumquat, Beerenkonfit, Preiselbeere, rote Johannisbeere, charmante Säure, bisschen Minze, präzises Gerbstoffgerüst, Schokoladespur, Hauch Zwetschke, vitale Eleganz, markant im fruchtig-mineralischen Abgang.

## Weingut
# Familie Auer

2523 Tattendorf, Pottendorfer Straße 14
Tel. +43 2253 81251, Fax -4
office@weingutauer.at, www.weingutauer.at
24 Hektar, W/R 30/70

Das traditionsreiche Bio-Weingut der Familie Auer hat seit Generationen seinen Wirkungskreis im beliebten Heurigenort Tattendorf und nun auch in Pfaffstätten. Leopold und Sohn Lukas Auer verbinden schonende Kellertechnik mit biologischer Bewirtschaftung der wertvollen Böden der südlichen Thermenregion. Hier gibt es mit Kalkadern durchzogene steinige Schotterböden, die ein wenig an das Burgund erinnern. Deshalb kann man auch die Parallele zu den dortigen Voraussetzungen, besonders zu den roten Burgundersorten, erkennen. Auch für das Weingut Auer bedeuten – abgesehen von den weißen gebietstypischen Reserveweinen – der Pinot Noir und Sankt Laurent die Schwerpunkte des Qualitätsbetriebs, welche hier sowohl in klassischer als auch in Reservequalität erfolgreich gekeltert werden. Hier im Keller, wie auch im urgemütlichen Heurigen bei bodenständiger Hausmannskost, kann man sich von der ausgezeichneten Qualität aller angebotenen Weine überzeugen. Dabei erkennt man, dass das Ziel des Traditionsweinguts, Weine mit der unverkennbaren Charakteristik des Terroirs zu keltern, eindeutig erreicht wurde.

*kk*

### THERMENREGION DAC

★★★ S €€ RG
**2023 Rotgipfler Gumpoldskirchen** + Gelbes Apfelbukett, Hauch Exotik; animierende Frucht, straffende Gerbstoffspur, rassige Ananas, dezente Mandelaromen, pikanter Körper, Rosmarin, fruchtig-würzig im frischen Abgang.

### NIEDERÖSTERREICH

★★ S €€ CH
**2022 Chardonnay Tattendorf** + Orangenbiskuit; geradlinig, stoffig, samtige Zitrusaromen, bisschen Sternfrucht in munterer Säure, Biskotten, zart rauchig-nussig, Vanilletouch, gelbe Blüten, Hauch Honig, Kreidespur im Abgang.

★★★ S €€€ CR
**2021 Tattendorfer Tradition** + (PN/SL) Duftender Beerenmix; geschmeidige Struktur, Himbeerschokolade, rauchige Tannine mit feinem Grip, Preiselbeerkonfit, Waldboden, nuancierter Fruchtschmelz, Hauch Minze, saftig im schmiegsamen Abgang.

★★★ S €€ SL    PLV
**2021 Sankt Laurent Tattendorf** + Dunkles Beerenbukett, Heidelbeerkonfit; präzise Frucht, Lakritze, schwarze Maulbeeren, Schokolade in reifen Tanninen, orangenfruchtige Säure, zart rauchig, facettenreich, Zwetschke und Graphitspur im Nachhall.

★★★★ K €€€€ SL    TIPP
**2020 Sankt Laurent Tattendorf Ried Holzspur Reserve** + Kirschblütenduft, Nelkenwürze; süßer Tabakrauch mit Kokosnoten, Kirschkonfit, Zwetschkencreme, elegante Tannine, edler Holzeinsatz, Johannisbeermix in nobler Säure, ausgewogene Fruchtsüße, frische Rotbeerigkeit im kreidigen Rückaroma.

★★ S €€ PN
**2022 Pinot Noir Tattendorf** + Nobler Himbeerduft, Milchschokolade; schmeichelnde Frucht, Brownies, süßer Tabakrauch, Spur Kranbeere, bisschen Marzipan, geschmeidige Tannine, hohe Sortentypizität, mittellang, ehrlich und sauber.

★★★★ K €€€€ PN
**2021 Pinot Noir Pfaffstätten Ried Rosenberg** + Duftender Waldbeermix, elegante Kräuterwürze; Himbeerkonfit, zarte Röstaromen, Hauch Vanille und Tabak, komplexer Aromabogen, lebendige fruchtige Säure, Blutorange, etwas Schokolade in seidigen Tanninen, schmelzige Fruchtsüße, hält stabil am Gaumen.

★★★★★ K €€€€ PN    TOP
**2021 Pinot Noir Tattendorf Ried Holzspur Reserve** + Elegantes Kirschbukett, Waldbeeren; saftig, mit nobler Kraft, komplexe Fruchtaromen, etwas Zwetschken, Hauch Peperonata, Touch Veilchen, elegante Tannine mit Preiselbeere, Schokolade, Johannisbeersorbet in stimmiger Säure, potenter Körper, Mineralspur im langen Abgang.

★★★ S €€€€ CW
**2022 Eiswein Rotgipfler-Chardonnay** + Glasklarer Steinobstduft und konzentriertes Aromagefüge, eingelegte Tropenfrucht, Litschi und Ananas in pikanter Säure, auch vegetabile Elemente, füllige Vitalität, Hauch Mandelkuchen, getrocknete Birne im anhaltenden Ausklang.

### ÖSTERREICH

★★★ S €€ CB    FUN
**2023 Cabernet Blanc** + Kernobstduft; beschwingt jugendlich, helle Johannis- und Stachelbeere, grüne Würze, Frühlingswiese, Orangen-Limetten-Mix, animierende Facetten, fruchtig-vegetabil im unbeschwerten Finale.

## Weingut
# Leo Aumann

**Leo Aumann**
2512 Tribuswinkel, Oberwaltersdorfer Straße 105
Tel. +43 2252 80502
office@aumann.at, www.aumann.at
50 Hektar, W/R 50/50

Leo Aumann ist einer der vielseitigsten Winzer der Thermenregion. Sein rot-weißes Weinspektrum ist mittlerweile bestens austariert. Hat man den Winzer aus Tribuswinkel bei Baden früher meist wegen seiner Rotweine auf der Rechnung gehabt, präsentiert Aumann heute ebenso begeisterungswürdige und trinkvergnügliche Weißweine, besonders aus den zwei regionalen Spezialitäten Rotgipfler und Zierfandler, die zumeist Lagenweine sind.

Der sympathische und stets kontrolliert wirkende Winzer gehört seit zwei Jahren den Österreichischen Traditionsweingütern an und hat beim Ausbau seiner definierten „Ersten Lagen" einen klaren Fokus: „Da die Rieden im Vordergrund stehen sollen, verwende ich bei meinen ‚Ersten Lagen' möglichst wenig Holzeinsatz, um den Lagencharakter nicht zu verfälschen." Spürbar ist das bei Aumanns Rotgipfler 1ÖTW-Lagenweinen Flamming in Baden und Rodauner in Traiskirchen. Sein Ried Wiege, ebenfalls ein Rotgipfler, ist keine Erste Lage, wodurch Aumann diesen Wein mehr im Holz atmen lässt. Auch seinen beiden Chardonnay-Lagenweinen gönnt der Winzer etwas mehr Holz, weil das zu diesen kräftigen Chardonnays gut passt. Damit es nicht wuchtig wird, verwendet Aumann nur 500er Barriques mit schwachem Toasting.

Das 500er ist Aumanns bevorzugtes Gebinde – nur bei seinem Premium-Roten, dem Harterberg, sind die klassischen 225-Liter-Barriques nach wie vor angesagt. Vom Harterberg, einer Großlage südwestlich von Baden, gibt es zwei Weine: die Reserve-Cuvée aus den Bordeaux-Sorten Cabernet und Merlot mit einem Schuss Zweigelt, die immer im Herbst in den Verkauf kommt nachdem sie 24 Monate im Holz gereift ist; und den Merlot vom Harterberg, eine elegante Wuchtbrumme, der auch für zwei Jahre im Holz war, aber immer etwas länger am Weingut zurückgehalten wird.

Aber kein Wein läuft den Aumann-Fans weg: Denn fünfmal im Jahr steckt Aumann in Tribuswinkel für zwei Wochen aus – und da gibt es praktisch alle seine Weine glasweise, ein gesundes Essen dazu, und die gemütliche Atmosphäre ist gratis dabei. Einziger Tipp: reservieren! Denn das Aumann-Paket ist beliebt …

*hp*

## THERMENREGION

**★★★ S €€ GS**
**2023 Gemischter Satz** + Duftig nach Muskat und Kräuterwürze; frisch und knackig, dabei aromatische Fruchtnoten, pfiffiger Sommerwein, sehr trinkvergnüglich.

**★★★ S €€€ RI** FUN
**2022 Riesling Ried Hofbreite Gumpoldskirchen** + Wirkt füllig, eingelegte Marillen, relativ würzig, dezenter Schmelz, feine Fruchtsüße, Pfirsiche, straff durch den Säurebiss, mittellang bis lang, sehr attraktiv!

**★★ S €€ SB**
**2023 Sauvignon Blanc** + Viel Sortentypizität, Cassis und grüner Paprika, duftiger Nasenwein; solide Fruchtexotik bei milder Säure, Mandarine, Orange und gewürziges Cassis.

**★★★ S €€ CH**
**2023 Chardonnay Badener Berg** + Cremige Textur, dezente Vanille, kräuterwürzige Oliven; zartes Toasting, balanciertes Holz, samtiger Schmelz, karamellige Fülle, reife Quitten, guter Sortencharakter und Länge.

**★★★★ S €€€ CH**
**2022 Chardonnay Ried Bockfuss Baden 1ÖTW** + Feine Chardonnay-Stilistik mit gut integriertem Holz, zarte Vanille- und weiße Schokonoten, sautierte Pilze; am Gaumen Kräuterwürze, mineralisch straff, rote Äpfel, gelungen.

**★★★ S €€€ CH**
**2022 Chardonnay Reserve** + Geschmeidige Fülle, flüssige Schokolade mit Vanilletouch, gewürzig; reifes Zitrus, Blutorange, rosa Grapefruits, feine Säurestütze, Steinpilze, mittellang.

**★★★★ S €€€ ZF**
**2023 Zierfandler Ried Hofbreite Gumpoldskirchen** + Zart reduktiv, das verfliegt mit Belüftung, gute Würze und exotische Fruchttiefe, Maracuja, Mango, cremiger Schmelz, geschmeidige Fülle und Länge.

**★★★★ S €€€ RG**
**2023 Rotgipfler Ried Flamming 1ÖTW Baden** + Weiche Textur, gewürzig-süße Lebkuchennoten, Wacholder; würzig und frisch, saftige Südfrüchte, Kiwi, rosa Grapefruits, ziemlich trocken, gute Länge.

**★★★ S €€€ RG**
**2023 Rotgipfler Ried Rodauner 1ÖTW Traiskirchen** + Relativ weiche Fruchtfülle, gewürzige Feigen, auch Litschinoten; am Gaumen betontes Zitrus, süße Orangen, viel grüner Pfeffer, zunehmend burgundisch weich.

**★★★ S €€€ RG**
**2023 Rotgipfler Ried Wiege Baden** + Gewisse Fülle, gewürzige Biskuitnoten, zart-aromatisch mit rauchiger Textur, kräuterwürzige Südfrüchte, Limetten, Mandarinen, Gaumenschmeichler mit Bitterl im Finish.

**★★ S €€€ ZW**
**2022 Zweigelt Reserve** + Grüne Kirschen, helle Würznoten, bisschen Cassis im Hintergrund; ziemlich rassig und würzig, dezente Frucht, Weichseln und Ribiseln, solider Spaghettiwein.

**★★★ S €€€ ME**
**2022 Merlot Reserve** + Rauchig-würzig, Ribiseln und Cassis, guter Sortencharakter; am Gaumen leichtfüßig, obwohl der Wein kräftig ist und gute Dichte hat, Sauerkirschen, dunkle Schokolade, trinkig.

**★★★ S €€ PN**
**2022 Pinot Noir Reserve** + Gute Typizität, dunkle Himbeeren, etwas Kochschokolade und einnehmendes Tannin; fordernder Gerbstoff, kerniger Burgunder mit heller Beerenfrucht, Zuwarten lohnt sich.

**★★★ S €€€ SL**
**2022 St. Laurent Reserve** + Helle Kirschfrucht bei mittlerer Tiefe, gerundet; am Gaumen lebhafter, spritzig, etwas Kohlensäure, gute Kirscharomatik, bisschen Nougat, einfach zugänglich.

**★★★★ K/D €€€€ SL** PLV
**2022 St. Laurent Ried Ronald 1ÖTW Pfaffstätten** + (ab Dezember) Weich und füllig, mit Sortentypizität mit feiner Weichselfrucht; dicht und saftig, Mon-Chérie-Anklänge, dunkelschokoladige Frucht, straff nach hinten bei guter Länge.

## NIEDERÖSTERREICH

**★★★ K/D €€€€ ZW**
**2022 Zweigelt Ried Oberkirchen Gainfarn** + Dichter Zweigelt mit öliger Schwarzkirschfrucht, Tintenblei und Rauchnoten; straffe Würze, gute Fruchtfülle, Kirschen und Weichseln, balanciert und trinkig.

**★★★★ D €€€€ CR** TIPP
**2022 Harterberg Reserve** + (ME/CS/ZW) Viel Frucht und Tiefe, Zwetschke, Schwarzkirschen, einige Würze; feinherb mit gutem Tanninbiss, Graphit, Cassis, süße Ribiseln, „Linzer Torte", Entwicklungspotenzial, gute Länge.

**★★★★★ K €€€€€ ME** TOP
**2019 Harterberg Merlot** + Üppige Frucht und Tiefe, Schwarzkirschen, Cassis, kräuterwürzig, von süßen Gewürzen eingenommen; dunkle Schokonoten, rauchige Textur, straffes Tannin, viel Fruchtfülle und rotbeeriger Schmelz, Preiselbeeren. Kräftige Ausformung eines gelungenen Steakweins!

**★★★★ K/D €€€€ CR**
**2022 Badener Berg** + (SL/ME) Süße, schmeichelnde Textur, Ribiselkuchen, Herzkirschen; viel Frucht mit zarter Würze, röstig, Holz noch kernig und präsent, Mokka, mit Belüftung mollige Frucht, viel Weichseln, Wacholder, wuchtiger Wein, Zeit gönnen …

## Weinbau
# Barbach

Katharina Prüfert-Barbach & Wilhelm Prüfert
2380 Perchtoldsdorf, Rudolfgasse 8
Tel. +43 1 8698378, Tel. +43 664 1427237
mail@weinbau-barbach.at, www.weinbau-barbach.at
5 Hektar, W/R 85/15

Beheimatet in einem schmucken Hof oberhalb des Perchtoldsdorfer Zentrums, ist das Weingut Barbach ein Familienbetrieb durch und durch. Den Grundstein für den Betrieb legten Hans und Christl Barbach, seit langer Zeit schon zeichnen deren Tochter und Klosterneuburg-Absolventin Kathi Prüfert und ihr Mann Wilhelm Prüfert für den Betrieb verantwortlich. Als HTL-Absolvent der Sparte Mess- und Regeltechnik war Letzterer ursprünglich ja für einen Ingenieursberuf prädestiniert, der Liebe wegen schwenkte er auf eine Laufbahn als Winzer um, absolvierte alle Kurse bis hin zum Meister und widmete sich fortan dem Weinbau. Herzstück des Betriebes war über die Jahre der Heurigenbetrieb mit Garten, der aufgrund des großen Erfolgs vergrößert und im Angebot verbreitert wurde, bis man schlussendlich bis zu 200 Personen mit hochwertigen Weinen und Speisen versorgte. Irgendwann kam dann der Entschluss, etwas zurückzufahren, und nun gibt es eine kleine Auszeit. Zuletzt wurden auch die ursprünglich fünf Hektar Rebfläche auf die besten 3,5 Hektar reduziert und derzeit widmet man sich ganz dem Wein. Bio-zertifiziert ist man hier seit 2020, in dieser Art gearbeitet wurde bereits Jahre davor. Das Sortiment ist durchaus umfangreich, wobei mehrheitlich Weißweinsorten kultiviert werden, dennoch ist dem Rotwein auch ein Fixplatz sicher. Das Sortiment teilt sich in junge Klassiker sowie Selektionsweine auf. Frucht und Reintönigkeit prägen die hiesigen Weine, die auch ein exzellentes Preis-Leistungs-Verhältnis aufweisen. *psch*

### THERMENREGION DAC

★★★ S €€ PB
**2023 Weißburgunder** + Recht würzig, rauchig, geriebene Nüsse, kühle Frucht, weiße Wiesenblüten, recht ausgewogen; saftiger Beginn, kernig mit Biss, straff, viel Zitrusfrucht am Gaumen, eher mittelgewichtig, anregend, leicht spritzig, belebend.

### THERMENREGION

★★★ S €€€ RG
**2022 Rotgipfler Ried Haspel** + Rauchig mit dezenten Reifenoten, ziemliche Würze, recht cremig, Striezel, gedörrte Gelbfrucht; recht geschmeidig mit etwas Trockenfrüchten, Zitrus, guter Biss, knackig, lebhaft.

★★★ S €€€ SB
**2022 Sauvignon Blanc Reserve** + Rauchig und würzig, reichhaltige Frucht, Kandis, süße Schoten, dunkle Blüten, Veilchen, Zuckerguss; saftig, mundfüllend, fast schmalzig, ein Hauch von Vanille, viel Frucht, recht wuchtig, bisschen ruppig, fordernd, mittellang.

★★★ S €€€ CH
**2021 Chardonnay Ried Hochrain** + Würzig, röstig, recht dicht, geriebene Nüsse, kühle Zitrusnoten, bisschen Ananas, legt zu, elegant; saftig, samtig, viel Fruchtschmelz, leichte Fruchtsüße, ausgereift, füllig, dicht, kraftvoll, Zitronenzesten, pikant und lang.

★★ S €€ ZW
**2022 Zweigelt Selektion Ried Sommerhagenau** + Bisschen schokoladige Noten, gewisse Fülle, samtig und rund, etwas Gewürznoten, Kirschkompott, dicht, leicht florale Noten; saftig, mittelkräftig, lebhaft, schöne Frucht, zartherb, recht fest, mittlerer Abgang.

★★★ S €€€ CR
**2022 S-Klasse Cabernet – Merlot** + Anfangs recht zurückhaltend, aber mit gutem Volumen, dunkelbeerige Akzente, auch dunkeltraubige Noten, schöne Frische, recht samtig, würzig; saftig, elegante Frucht, schön ausgewogen, jugendlich-frisch, fest, mittleres Finish.

### NIEDERÖSTERREICH

★★ S €€ GV
**2023 Grüner Veltliner Perchtoldsdorf** + Kühle Frucht, duftig, frisches Kernobst, grüne Äpfel, süßer Fenchel; frisch, sehr schlank, straff, rassig, nicht allzu lang.

★★★ S €€ CW
**2023 Gemischter Satz aus Tante Christls Weingarten** + (FV/MT/WR/NB etc.) Recht volle Nase, ein Korb voller Äpfel, samtig, süß und prickelnd, bisschen Anis; knackig, lebhaft, saftig, viel Frucht, Zitrusnoten, piksend, guter Säurebiss, mittleres Finish.

★★ S €€ CW
**2023 Sommercuvée** + (SB/SÄ) Würze, pfeffrig, schotig, recht reife Noten, schöne Fülle, Fruchtkuchen, Birnen, grüner Pfirsich, grüne Stachelbeeren, viel Kräuter; saftig, erfrischend, knackig, lebhaft, viel Zitrus, auch Steinobst und etwas Exotik, gewisse Mundfülle, etwas unterkühlt, Anis, mittleres Finish.

★★★ S €€ RI
**2023 Riesling** + Kühle Frucht, wirkt recht samtig, pikant, ein Hauch von grünen Ringlotten und Pfirsichen, duftig, elegant, etwas Limette; dezent saftig, einnehmend, recht geschmeidige Frucht, wiederum Limette, leicht kalkig, mittleres Spiel und Finish.

## Weingut
# Hannes Dachauer

**Johannes Dachauer**
2523 Tattendorf, Raiffeisenplatz 9
Tel. +43 2253 81293, office@weingut-dachauer.at
www.weingut-dachauer.at
7 Hektar, W/R 40/60

Das Bio-Weingut Hannes Dachauer befindet sich im Heurigenort Tattendorf, der Wiege ausdrucksstarker, gebietstypischer Weine. Kellermeister Hannes Dachauer konzentriert sich mit Hingabe auf die klassischen Sorten der Region, Sankt Laurent, Pinot Noir und dem autochthonen Rotgipfler. Die Ursachen für die konsequent hohe Qualität seiner Weine mit ihrem nuancierten Charakter liegen in der behutsamen Bodenbearbeitung und nachhaltigen Betreuung der Rebstöcke. Als biologischer Betrieb ist es für ihn wichtig, sorgfältig im Einklang mit der Natur, im Weingarten wie auch im Keller, zu arbeiten. So entstehen unter seiner Hand jedes Jahr hochwertige Weine mit persönlicher Note, die man am besten gleich in seinem Heurigenlokal probieren kann. Hier findet man in uriger Umgebung seinen Platz und kann sich im gemütlichen Rahmen mit ehrlicher Hausmannskost verwöhnen lassen.

*kk*

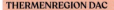

**★★★ S €€ RG**
**2023 Rotgipfler** + Gelbwürziges Kernobst; Hauch Marille, tropische Nuancen, Ananas, Grapefruit, griffige Gerbstoffe, steinige Note, Quittengelee, puristisch-animierend, grüne Stachelbeere und Melissenwürze im saftigen Trinkfluss.

### NIEDERÖSTERREICH

**★★★ S €€ MT** **FUN**
**2023 Rivaner** + Duftige Macisblüte, Orangenfilet; Marille, Kiwi, geschmeidige Fruchtfülle, ananasfruchtige schwungvolle Säure, Limonenzeste, Waldmeisterkraut, fruchtig-würzig im animierenden Abgang.

**★★ S €€ GV**
**2023 Grüner Veltliner Pepper Hill** + Frischer grüner Apfel, feine Zitrustöne, jugendlich, bisschen Basilikum, Pfirsich und helle Beeren, schwungvolle Frische, feinkörnige Gerbstoffe, knackig-würziges Finish.

**★★ S €€ GM**
**2023 Gelber Muskateller** + Einladender Holunderduft; kandierte Limettenzeste, Litschi, Honigblüte, Clementinengelee, Melisse, subtile Säure, Muskattraube, elegante Struktur, lebhaft, aromatische Frische im Nachhall.

**★★ S €€ SL**
**2023 Rosé Sankt Laurent** + Zart rotbeeriger Duft; Kirschsorbet, etwas Hagebutte, bisschen Rhabarberkompott, rote Ringlotten, saftig-elegant, feine Fruchtsüße, zarter Schmelz, fruchtige Säure, kandierte Orangenzeste, universeller Speisenbegleiter.

**★★ S €€ ZW**
**2022 Zweigelt** + Elegantes Kirschbukett, kühle Weichsel; saftige Fruchtnoten, Hauch Mandel und Zimt, rosa Grapefruitfilets, feinherbe Frucht, feinkörnige Tannine, Hauch Zwetschke, rotwürzig, finessenreiche Eleganz.

**★★★ S €€ PN** **PLV**
**2022 Pinot Noir** + Straffe dunkle Beeren; kühl-elegantes Heidelbeerparfait, Brombeere, rotfruchtige Säure, animierend saftig, reife Tannine, kompakter Körper, bisschen Orange, süßlich-rotschotige Würze, schwarze Maulbeeren, Graphitspur im samtigen Abgang.

**★★★ S €€ SL** **PLV**
**2022 Sankt Laurent** + Fleischige rote Beeren, Hagebutte; zimtwürzige Waldbeeren, Blutorange, Hauch Nougat, kompakte Eleganz, fein-nervige Säure, samtige Substanz, geschmeidige Tannine, rotblättrig, etwas Kräuterwürze, komplex und saftig im anhaltenden Finale.

**★★★ S €€€ CR**
**2022 Cuvée Duett** + (PN/SL) Präzises Kirsch-Brombeer-Aroma; etwas getrocknete Himbeere, nuancierte Struktur, fein-fruchtige Säure, zart-dunkler Rauch, vielschichtiger Fruchtausdruck, elegante Tannine, Kaffeenoten, dunkle Würze, reife rote Johannisbeere, vitale Eleganz im geschmeidig-fruchtigen Ausklang.

**★★★★ S €€€ PN**
**2022 Pinot Noir Ried Frauenfeld Reserve** + Einladend reife Herzkirsche, rote Waldbeeren; fruchtsüße Orangenzesten, feiner Schmelz, etwas Tabak, zart röstige Karamelltöne, saftiger Fruchtdruck, Kakao, Bitterschokolade in feinkörnigen Tanninen, elegante Mineralstruktur, facettenreich mit Tiefe, dunkle Kräuter, bisschen Zwetschke im delikaten Abgang.

**★★★★ S €€€ SL** **TIPP**
**2022 Sankt Laurent Ried Frauenfeld Reserve** + Betörende Brombeernase, Preiselbeerkonfit; schwarze Kirsche, Zwetschke, saftige Dichte, stoffig-blättrig, charmante Fruchtsüße, Hauch Mandel, feine Röstnoten, lebendige Säure, elegante Kraft, schokoladige Tannine, bisschen Kaffee, dunkelbeerige Würze, Hauch Orangen im schmelzigen Nachhall.

# Weingut
# Drexler-Leeb

**Johannes Leeb**
2380 Perchtoldsdorf, Hochstraße 65
Tel. +43 664 3268512
weinbau@drexler-leeb.at, www.drexler-leeb.at
10 Hektar, W/R 70/30, 50.000 Flaschen/Jahr

Das Weingut Drexler-Leeb ist in dem für seine rege Heurigenkultur bekannten Ort Perchtoldsdorf daheim. Seit etlichen Jahren schon zeigt das Weingut mit guten Ergebnissen bei Vinaria-Verkostungen auf, weshalb eine Aufnahme in den Gude anstand.
Die Perchtoldsdorfer Wurzeln dieser Winzerfamilie reichen bis ins Jahr 1699 zurück. In der Hochstraße residiert man seit 1928. Bis vor Kurzem Herberge für Weingut und Heurigenlokal, wurde die Produktion jüngst ausgelagert – als Teil eines Gemeinschaftsprojektes auf einem großen Grundstück oberhalb des Ortes, auf das acht Betriebe ihre Produktionsstätten verlegt haben. Geplant und gebaut wurde mehrheitlich gemeinsam, mehrere Doppelgebäude beherbergen jeweils zwei Betriebe, dazu gibt es eine Gemeinschaftshalle. Die 2023er-Ernte wurde bereits dort verarbeitet.
Geführt wird der Betrieb von Johannes Leeb, der die weinbaulichen und kellertechnischen Tätigkeiten absolviert, und von seiner Partnerin Sandra Dorr, die für den Heurigen verantwortlich zeichnet. Nach seiner Matura an der Höheren Bundeslehranstalt für Wein in Klosterneuburg stieg Hannes Leeb 2001 in den elterlichen Betrieb ein. Er machte sich daran, sukzessive die Weinstilistik zu ändern und die Qualität zu steigern, nahm alte Sorten wie Rotgipfler und St. Laurent wieder ins Sortiment auf und ergänzte es auch um PiWi-Sorten wie Muscaris und Donauveltliner. Zu den Kernsorten zählen hier u. a. auch Pinot Blanc und Riesling, zu Neuburger besteht eine spezielle Zuneigung. *psch*

## THERMENREGION

★★ S €€ NB
**2023 Neuburger TH** + Hübsche, dezente Frucht, etwas Apfel mit süßen Gewürzen, zarte Nussnote, leicht samtig; griffig, ansprechende Frucht, zartherbe Begleitung, dezent saftig, mittleres Spiel und Finish.

★★ S €€ RG
**2023 Rotgipfler Perchtoldsdorf** + Recht röstige Nase, reife und überreife Noten, Zimt und Gewürzbrot, leicht toastig; etwas bananig, bisschen Gerbstoff, zartbitter, geradlinig, mittleres Spiel und Länge.

★★★ K €€€ RG
**2023 Rotgipfler Ried Herzogberg** + Röstig, pfeffrig, etwas Sesam, dahinter auch viel Frucht, würzig, gutes Volumen, Grapefruits; kraftvoll, schöner Fruchtschmelz, reif, kernig, gutes Gerüst, strukturiert, griffig, fest, recht lang.

★★★ K €€€ PB
**2023 Weißburgunder Ried Sossen** + Geröstete Mandeln, etwas Frucht im Hintergrund, würzig, Biskuit; dezent saftig, Marzipan, etwas Fenchel, Apfel, Zitrus, zartherber Abgang.

★★★ S €€€ SL
**2023 St. Laurent Ried Iglsee** + Recht rauchig mit wilder Würze, bisschen Kaffee, dahinter samtige Frucht, Weichseln und dunkle Blüten; saftiger Biss, kernig, frisch und vital, rassig, anregende Frucht, straff nach hinten.

## NIEDERÖSTERREICH

★★ S €€ GV
**2023 Grüner Veltliner** + Recht würzig, etwas Marzipan, expressiv, frisch und klar, viel grüner Apfel; kerniger Biss, spritzig, viel Zitrus, knackig, straff, lebhaft, nicht allzu lang, pur, hübsch.

★★★ S €€ RI
**2023 Riesling NÖ** + Dezent und kühl, Zitrusnoten wie Limette, ein Hauch von Melone, grünes Laub, dezente Würze; saftiger Biss, elegant und knackig, viel Zitrusfrüchte und Zitronenzesten, fruchtsüß in der Mitte, mittleres Finish.

★★★ S €€ MS
**2023 Muscaris** + Sehr ausgeprägte Aromatik, samtig, viel Orangenschalen, Mandarinen, Staubzucker, kandierte Trauben; vollmundig, saftig, voll ausgereift, dennoch keine Überreife, Orangengelee, lang, beachtlich.

★★★ S €€€ ZW
**2022 Prometheus No. 24** + (ZW) Samtig und füllig, pflaumige Fruchtkomponenten, bisschen kompottig, zimtig; kraftvoll, mittlerer Schmelz, fest, recht herbes Tannin, ruppig, mittellang.

★★★ S €€€ WR
**2023 Eiswein Welschriesling** + Recht exotischer Beginn mit ausgeprägten Pilznoten, pikante Frucht, leichte Stoffnoten; saftige Frucht, mittelgewichtig, recht geschmeidig, Biskuit, saftige Mitte, schliffig, zugänglich, eleganter Süßwein fürs Essen.

## ÖSTERREICH

★★ S €€ DV
**2023 Donauveltliner** + Etwas bedeckte Nase, füllig, Orangenblüten, Weißbrot, gewisse Würze, Sesam; mittlerer Körper, Zitrus und Laubnoten, leicht Gerbstoff, geradlinig, mittleres Finish.

## Weingut
# Christian Fischer

2504 Sooß, Hauptstraße 23
Tel. +43 676 6035150, +43 699 17387130
office@weingut-fischer.at, www.weingut-fischer.at
15 Hektar, 70.000 Flaschen/Jahr

Das seit 1662 bestehende Weingut liegt im Heurigenort Sooß, wo er als „Urhaus" ehener Bestandteil der Weintradition ist. Kellermeister Christian Fischer erkannte das Potenzial der heimischen Lagen und deren Ähnlichkeit mit Burgund. In Kombination der traditionellen Sorten der Thermenregion mit frankophilen Rotweinsorten ließ er elegante, tiefgründige Weine mit kühler Mineralik und puristischem Charme entstehen. Seine Weingärten liegen an den südöstlichen Hängen des Lindkogels in der Großlage Soßer Sonnberg. Die 2013 erfolgte Bio-Zertifizierung war eine logische Folge der Philosophie Christian Fischers, der Natur etwas zurückzugeben und durch nachhaltigen Weinbau den Boden und die Rebstöcke respektvoll im Einklang mit der Umwelt zu betreuen. Er beschreitet so auch im Keller konsequent seinen persönlichen klaren Stil, der uns charaktervolle, ungekünstelte Top-Weine beschert. *kk*

### NIEDERÖSTERREICH

★★★ S €€€ RG
**2022 Rotgipfler Premium** + Kühler fruchtwürziger Duft; straffe Struktur, subtile Zitrusnoten, bisschen Mandarine, helle Rösttöne, gelbe Würze, Biskuit, Hauch Mandel, verhaltene Tropenfrüchte, gefühlvolle Gerbstoffe, hellmalzig, Grapefruitzesten, asketische Eleganz, zarte Kreidespur.

★★★ S €€€€ ZF
**2021 Zierfandler hundred cases** + Elegant-kühle Würze, kristallklare Struktur; mineralisch geprägtes puristisches Fruchtbild, weiße Johannisbeeren, Zitronenparfait, Melisse, helle Edelholzwürze, gefühlvolle Tiefe, samtig-kernig, noble Finesse im kreidigen Finish.

★★★ S €€ SL
**2022 St. Laurent classic** + Dunkler Beerenduft; bisschen Schwarzkirsche; Zwetschke, Heidelbeere, Cassiswürze, Rosenpaprikapulver, präzise Struktur, feine Weichselsäure, Mokka, puristische Tannine, dunkle Edelholzwürze, Graphit, pikanter Druck, straffe Kirschnoten im Nachhall.

★★★ S €€ PN
**2022 Pinot Noir classic** + Subtiler Waldbeerduft, Hauch Marzipan; gefühlvolle Himbeeraromen, zarte Fruchtaromatik, Schoko-Kirsch-Touch, Preiselbeere, kernige Tannine, Kakao, Unterholz, bisschen Hagebutte, rotwürzig im eleganten Abgang.

★★★★ K €€€€ PN
**2022 Pinot Noir premium** + Komplexes Fruchtbukett; kompakter Druck, dunkle Kirschschokolade in kernigen Tanninen, straffe Preiselbeer-Himbeer-Aromen, saftige Säure, edle Holzwürze, Hauch Heidelbeere, Blutorange, Salbei, etwas Liebstöckel, nuancierte Zwetschke im kompakten Finale.

★★★★ K €€€€ ME
**2022 Merlot premium** + Rotfruchtige Würze; kühler Johannisbeermix, Peperonata, Hauch Zimtzwetschke, griffige Tannine, Graphit, schwarze Maulbeere, Mokka, fein-rauchige Holzwürze, dichte Eleganz, kompakt geradlinig, eingelegte Walnuss, fleischig-herbe Beeren im Rückaroma.

★★★ S €€ ZW    PLV
**2022 Zweigelt classic** + Saftig-reife Kirscharomen; Weichselschokolade, kühl-fruchtig, disziplinierte Tannine, Preiselbeere, herzhaft-kernige Struktur, etwas Zwetschke, kompakter Körper, geschmeidig vital, florale Elemente, Kräuterwürze, Graphitspur im fein-fruchtigen Rückaroma.

★★★ K €€€ ZW    PLV
**2022 Zweigelt Ferabam premium** + Feine Nuancen von Kirschlikör; Kakao, Feigenkaffee; erdige Zwetschkenfrucht, reife Weichselsüße, zart röstig, helles Malz, bisschen Veilchen, seidig, knappe hellrote Tannine, Granatapfel, elegante Säure, straff-rotbeeriges Rückaroma.

★★★★ K €€€ CR
**2020 Vom Muschelkalk reserve rot** + (CF/ZW) Einladender Kirschduft; bisschen reife Zwetschke, Hauch Flieder, pikant-würzig, straffe feinkörnige Tannine, präzise Führung, mineralische Ader, Prise Ziegelstaub, Rosenpaprika, Cassis, pikante Preiselbeersäure, rauchige Mokkanoten, animierend im knackig-fruchtigen Abgang.

★★★★ K €€€€ ZW    TIPP
**2021 Zweigelt Gradenthal premium** + Konzentrierter Brombeerduft, seidige Kirsche; kompakte Pikanz, reifes stringentes Tanningebäude, Weichselgelee, enorme Tiefe, vornehme Kraft, hohes Potenzial, erdverbunden, Efeuwürze, bisschen Orangenzesten, Kaffee, gefühlvoll röstiges Edelholz, präzise Führung, wohliger Nachhall.

## Freigut
# Thallern

2352 Gumpoldskirchen, Thallern 1
Tel. +43 2236 53477
vinothek@freigut-thallern.at, www.freigut-thallern.at
30 Hektar, W/R 60/40

Seit der Schenkung des Freiguts von Markgraf Leopold an den Zisterzienserorden im Jahr 1141 wird es durchgehend als Weingut bewirtschaftet. Das Freigut Thallern schöpft aus mehr als 30 Hektar Weingärten das einzigartige Potenzial der Region. Geprägt durch reichhaltige Böden aus Verwitterungsbraunerde und Muschelkalk, die teilweise von ausgezeichneten Partnerwinzern bewirtschaftet werden, reifen Trauben mit eleganter Aromatik und griffiger Mineralität heran. Während behutsamer naturnaher Bearbeitung des Bodens und der Rebstöcke erfolgt die Umstellung auf biologische Arbeitsweise. Hier gedeihen vor allem die regionstypischen Sorten Rotgipfler und Zierfandler, aber auch weiße und rote Burgundersorten besonders gut. Der Betrieb wird nun schon einige Jahre sehr erfolgreich von DI Katharina Graner geführt. Sie ist auch Geschäftsführerin der sehr beliebten Vinothek im ehemaligen Presshaus des Freiguts. Es ist die einzige Gebietsvinothek der Thermenregion, wo über 30 Weine zur glasweisen Verkostung zur Auswahl stehen und mehr als 200 Weine der regionalen Betriebe werden präsentiert. Die Möglichkeit, an jedem Tag die Vinothek zu besuchen, macht sie zu einem der attraktivsten Ausflugsziele für sehr viele Weinliebhaber. *kk*

### THERMENREGION

★★★ S €€ GS
**2022 Gemischter Satz Gumpoldskirchen** + Kühle fruchtige Würzigkeit; klare helle Fruchtnuancen, reif gelbfruchtig, Kernobst, Zitrus, Orangenzesten, trockene Kräuterwürze, mineralische Spur, Hauch Blütenhonig, Tradition geradlinig definiert, hohe Trinkfreude mit Tiefgang.

★★ S €€ CH
**2022 Chardonnay Tradition Gumpoldskirchen** + Zitrusgeprägter kühler Duft; knackig frisch, Orangenzesten, Kräutermix, feine Herbheit, stoffig, straffer Gerbstoffeinsatz, steinige Ader, kühles pikantes Fruchtbild, würzige Säure, Weißbrot, etwas gelbe Blüten, kompakt, disziplinierte Frucht im Abgang.

★★★ S €€€ ZF
**2022 Zierfandler Gumpoldskirchen** + Kühle saftige Zitrusfrucht; frische grüne Würze, eingebundene Säure, nuancierte Struktur, Blutorangen, Hauch Ananas, Weingartenpfirsich, ziselierte Mineralspur im straffen Nachhall.

★★★ S €€ RG
**2022 Rotgipfler Pfaffstätten** + Duftiger Obstkorb, Tropenfrucht, orangegelbe Aromatik; etwas Orangengelee, gebratene Birne, zart rauchig, kräuterwürzig, exotische Fruchtnuancen, grüngelbe Peperoni, zitrusfruchtige saftige Säure, guter Gerbstoffgrip, vital im vielschichtigen Rückaroma.

★★★★ S €€€ RG  **TIPP**
**2022 Rotgipfler Ried Pressweingarten** + Ausgeprägt gelbfruchtig, tropische Nuancen; kühle reife Frucht, samtig-präzise Struktur, potenter Körper, Ringlotten, Zuckermelone, Ananas und Litschi in saftiger Säure, komplex mit Tiefe, fein-rauchig, prägende Gerbstoffstruktur, Kräuterwürze, kreidige Mineralspur im lang haftenden Nachhall.

★★★ S €€ SL
**2020 Sankt Laurent Gumpoldskirchen** + Dichte dunkle Beeren; geschmeidige Frucht, druckvoll und fleischig, seidige Kirschnoten, Himbeerschokolade, feste reife Tannine, Kakao, Weichsel, dichte Substanz, Schieferspur, ausgewogene Struktur, bisschen Zwetschke, langer saftiger Abgang.

### ÖSTERREICH

★★★ K €€€ CW
**Brut Reserve** + (CH/GV/PN/ZW) Munteres Mousseux, präzise Zitrusnoten; kühle trockene Würze, Grapefruitzesten, Biskuit, vitale Säure, knackiger Körper, Hauch florale Aspekte, straff und geradlinig, hochelegant mit Tiefe, Mineralspur im animierenden Nachhall.

★★ K €€€ CR
**Brut Rosé** + (ZW/PN) Kecke Perlage, saftiger roter Beerenmix; belebendes Erdbeersorbet, Ribisel-Hefekuchen, saftig und animierend, bisschen Blutorange, Trinkfreude mit Stil.

## Weingut
# Gaitzenauer

**Michael Gaitzenauer**
2752 Wöllersdorf, Staudiglgasse 2
Tel. +43 676 7079599
gaitzenauer@aon.at, www.weinheuriger.at
W/R 60/40

Im Jahr 2019 hat Michael Gaitzenauer ein Weingut in Sollenau übernommen, dessen Besitzer in den Ruhestand getreten ist. Derzeit bewirtschaftet der engagierte Winzer sieben Hektar, mittelfristig sollen es zehn werden. Die Rieden sind über die ganze Thermenregion verstreut, von Wiener Neustadt bis Gumpoldskirchen. Es liegt auf der Hand, dass die Böden unterschiedlich sind. Gemeinsam mit der Stadtgemeinde werden die letzten Weingärten von Wiener Neustadt bewirtschaftet, seit dem Jahrgang 2023 mit DAC-Status. Sie nehmen eine Sonderstellung im Sortiment ein, und sie tragen ein eigenes Etikett.

Michael Gaitzenauer verzichtet auf Herbizide und Insektizide. Geerntet wird maschinell. Vorher jedoch wird eine händische Negativselektion durchgeführt, um qualitativ nicht entsprechendes Traubenmaterial zu entfernen. Teilweise wird bewusst etwas wärmer vergoren. Der Winzer beschreibt seinen Stil als modern mit neuen Methoden, ohne auf die Tradition zu vergessen. Im breiten Sortenspektrum kommt den Burgunderweinen eine tragende Rolle zu. Nicht von ungefähr ist die Reserve P1 vom Pinot Noir Primus der heuer vorgestellten Serie. Die Preisgestaltung ist ausgesprochen fair. Zum Weingut gehören ein Heuriger mit warmer Küche in Wöllersdorf und eine Vinothek mit kalter Küche in Sollenau. *ww*

### THERMENREGION DAC

★★ S € PB
**2023 Pinot Blanc Klassik** + Würzig, Äpfel unterlegt, saftig, animierendes Säurespiel, fruchtig, im Finish auch Kräuter, mittelgewichtig.

★★ S €€ CW
**2023 Wiener Neustädter Klassik Weiß Burgundercuvée** + (CH/PB) Auf ernsthafte Art einladend, zart nussig, Birnen, fein; schließt aromatisch an, lebhaft, mittlere Länge, eigenständig.

★★ S €€ PB
**2023 Pinot Blanc Spontan** + Kompakt, Boskop-Äpfel, Prise Kräuter; saftige Frucht, feine Würze; angenehmes Säurespiel, passende Substanz, in keiner Phase vorlaut.

### THERMENREGION

★★★ S €€ PB
**2020 Pinot Blanc Reserve Ried Heideansiedlung** + Ruhig, nussige Anklänge, Äpfel, Apfelmus, hauchzarte Gewürznoten; aromatisches Dacapo, kraftvoll ohne Üppigkeit, unaufdringliche Frucht und Würze im Nachhall.

★★★ S €€ PB                                    PLV
**2021 Pinot Blanc Grande Reserve** + Satte reife Frucht, Äpfel, Anklänge von hellem Steinobst und roten Zitrusfrüchten, Haselnüsse; Frucht gibt den Ton an, Schmelz, zugängliche Säure, kraftvoll, gute Länge, ausgewogen.

★★ S € ZW
**2021 Zweigelt Klassik** + Eigenständig, Kirschen, Gewürze, getrocknete Kräuter, tief im Glas frische Kastanien; fruchtig-würzig, angenehme Gerbstoffe, frisch, trinkanimierend, mittleres Gewicht.

★★★ S €€€ PN
**2021 Pinot Noir Grande Reserve Ried Heideansiedlung** + Ruhig, sanfter Druck, Wacholderbeeren, getrocknetes Lorbeerblatt, Kirschen, dunkle Beeren; vielschichtig auch im Geschmack, engmaschiges Gerbstoffnetz, feinfühliger Holzeinsatz, sehnig, gute Länge.

★★★★ S €€ PN                                   TIPP
**2020 P1 Pinot Noir Reserve Barrique Ried Heideansiedlung** + Elegante Würze, frische Preiselbeeren, grüner Kardamom, dezent rauchig; aromatisches Dacapo, Holz und Gerbstoffe perfekt integriert, feine Klinge, Säurespiel gibt Leben, gute Länge, rote Beeren im Nachhall, sehr fein.

### NIEDERÖSTERREICH

★★ S € GV
**2023 Grünes Gold Grüner Veltliner** + Sortentypisch, frisch, knackige Äpfel, Kräuterwürze; auch im Geschmack so, angenehme Säure, animierend, mittlere Länge.

★★ S € GS                                       PLV
**2023 Wiener Neustädter Der Junge Ried Heideansiedlung** + (GS) Sanfter Druck, vielschichtig, Äpfel, Kräuter, knackiges Steinobst, Hauch roter Zitrusfrüchte; schließt nahtlos an, ausgewogen, kräftig ohne Üppigkeit, lang, fruchtbetonter Nachhall.

★★ S € PN                                       FUN
**2023 Rosé Klassik** + (PN) Betont rotfruchtig, Kirschen, Himbeeren; schließt so an, belebendes Säurespiel, Trinkspaß fernab der Oberflächlichkeit.

★★ S €€ SB
**2023 Charmeur Auslese** + (SB – süß) Unaufdringliche Frucht, Prise Kräuter; angenehme Süße, sehr fruchtig, reife Äpfel, sanfte Säure, zugänglich bei guter Länge.

# Weingut
# Johannes Gebeshuber

**Johannes Gebeshuber**
2352 Gumpoldskirchen, Jubiläumsstraße 43
Tel. +43 2252 611640
office@weingut-gebeshuber.at
www.weingut-gebeshuber.at

Sein klares Bekenntnis zu seiner historischen Heimatgemeinde Gumpoldskirchen mit ihrem Reichtum an hervorragenden klassischen Rieden sowie zur Thermenregion insgesamt, aber auch sein Fokus auf die klassischen Südbahnsorten machen Johannes Gebeshuber zu einem formidablen Botschafter seiner vinophilen Herkunft. Seit Kurzem ist der Gumpoldskirchner auch Mitglied der Österreichischen Traditionsweingüter. Der Gumpoldskirchner zählt seit Jahren schon zur Elite der Weißweinwinzer in diesem Gebiet. Dabei gründete Johannes Gebeshuber sein Weingut erst vor etwas mehr als zwei Jahrzehnten, als er die früheren Kellerräumlichkeiten der ehemals renommierten Winzergenossenschaft Gumpoldskirchen übernahm. In den Anfangsjahren machte sich Gebeshuber mit Thermenregion-Blends aus Rotgipfler und Zierfandler bzw. Pinot Noir und St. Laurent in drei Qualitätskategorien unter dem Label Spaetrot einen Namen. Später kreierte der engagierte Winzer die Gebeshuber-Linie mit Weinen aus biologischer Bewirtschaftung, die inzwischen tonangebend ist. Vor fünf Jahren startete er mit der Umstellung auf biodynamische Bewirtschaftung, und inzwischen führt er das erste zertifizierte Demeter-Weingut der Thermenregion.
Großes Engagement für die historische Herkunft bewies der Winzer auch bei den langwierigen Verhandlungen zur Schaffung der dreistufigen DAC Thermenregion mit Gebietswein, Ortswein und Riedenwein, die mit der Ernte 2023 in Kraft getreten ist und die klassischen Südbahnsorten im Fokus hat. Aufgrund seiner Strukturierung war das Gebeshuber-Sortiment schon zuvor voll DAC-tauglich: Die Palette umfasst nämlich jeweils drei Kategorien in Weiß und Rot. Den Einstieg in das Gebiet bilden je ein Gemischter Satz namens Querfeldein, den es auch als Rosé gibt. Die Weine mit engerer Herkunftsbezeichnung werden fast durchwegs sortenrein gefüllt – die einzige Ausnahme bildet der erstmals mit dem Jahrgang 2021 ins Sortiment aufgenommene Zierfandler Rotgipfler als klassische Cuvée. Dabei kommen ausschließlich die Sortenklassiker der Südbahn zum Zug: Rotgipfler und Zierfandler für die Weißweine, Pinot Noir und St. Laurent für die Roten. Ortsweine aus Gumpoldskirchen bilden das mittlere Segment, und im Premiumbereich gibt es mittlerweile je Sorte zwei Einzellagenweine: Rotgipfler Laim und Student, Zierfandler Modler und Wiege, St. Laurent Glas und Satzing sowie Pinot Noir Viereck und Gendl – diese roten Lagenweine waren im Frühjahr 2024 noch nicht verfügbar.
Vergoren wird überwiegend spontan, eine malolaktische Gärung erfolgt zum Teil (Ortsweine) oder zur Gänze (Riedenweine), jedoch auch immer spontan, danach folgt ein langer Ausbau auf der Feinhefe in gebrauchten bzw. neuen Eichenholzfässern mit nur zartem Toasting.
Stark gewachsen ist in den letzten Jahren das Schaumweinsegment, wo Gebeshuber die dreistufige Sektpyramide mit Klassik, Reserve und Große Reserve bespielt. Alle Schritte der Versektung erfolgen im Weingut bis auf das abschließende Degorgieren. Die aktuellen Vertreter aus 2020 (Reserve) sowie 2019 (Große Reserve) waren zum Verkostungszeitpunkt ganz frisch degorgiert und benötigen noch Flaschenruhe. ***psch***

## THERMENREGION

**★★★ S €€ CW**
**2023 Querfeldein Gemischter Satz Weiß** + Hübsches Fruchtbukett, Holunderblüten, feine Würze, Zitrus, Hauch von gelben Birnen; knackiger Biss, lebhaft, zarte Frucht, Zitruszesten, schlank, Trinkvergnügen.

**★★★ S €€€ CW**
**2022 Gumpoldskirchen Zierfandler Rotgipfler** + Hübsche Frucht nach Steinobst mit zarten Anisnoten, Weißbrot, Sesam; recht kernig, elegant gebaut, ansprechender Fruchtkern, saftig, griffig, zartherb, Trinkcharme, mittlere Länge.

**★★★ S €€€ RG**
**2022 Rotgipfler Gumpoldskirchen** + Leicht gewürzig, samtig, ausgereift, elegante Frucht, kandierte Zuckermelonen, bisschen Biskuit; mittelgewichtig, recht geschliffene Gelbfrucht, getragen, ein Hauch von Orangen, mittleres Spiel und Länge.

**★★★ S €€€ ZF** FUN
**2022 Zierfandler Gumpoldskirchen** + Hellwürzig, pikant, viel Quitten, duftig, weiße Wiesenblüten, zeigt gewissen Tiefgang; kernig, knackiger Biss, Zitrus, lebhaft, sehr anregend, kompakt, mittellang.

**★★★★ S €€€€€ ZF**
**2022 Zierfandler Ried Wiege** + Elegante Nase mit heller exotischer Frucht, auch Quitten, zart röstig, tief; ungemein saftig, mittelkräftig, viel Biss, straff, relativ ziseliert, viel Grapefruits nach hinten, puristisch, lang.

**★★★★ S €€€€€ ZF** TIPP
**2022 Zierfandler Ried Modler** + Recht würzig und röstig, pikante Frucht, Grapefruits und weiße Ananas, Biskuit, Mandelmasse; Orangengelee, schön saftig, viel Frische, konturiert, strukturiert, gebündelt, recht lang, Geduld.

**★★★★ S €€€€€ RG** TIPP
**2022 Rotgipfler Ried Laim** + Schöne Fülle, ausgereift, tiefe Frucht, viel Melonen, Weihrauch, Aranzini, Lindenblüten, kühl-duftig; zart cremig, saftiger Biss, helle Anmutung, Power, dabei einnehmend, mittellang.

**★★★ S €€€€€ RG**
**2022 Rotgipfler Student** + Würzig, Müsli und Cerealien, etwas Kokos, Lokum, bisschen rauchig, recht elegante Frucht, getrocknete Kräuter; Zitrusbiss mit saftiger Gelbfrucht, zart toastig, lebhaft, zimtig, etwas streng, robust, zartbitter, mittellang.

**★★★★ S €€€€ SL** FUN
**2022 St. Laurent Gumpoldskirchen** + Ziemlich samtige Nase mit zimtigen Gewürznoten, Neugewürz, Zwetschken, auch Waldhimbeeren, etwas rauchig; saftiger Beginn mit viel Kirschfrucht und Eichentouch, guter Schliff, balanciert, gewisse Länge, sehr schön.

**★★★ S €€€ PN**
**2022 Pinot Noir Gumpoldskirchen** + Leicht rauchig, Mandelspekulatius, Himbeermark, etwas Kirschkern, kraftvoll; rote Waldbeeren, kräftiges Tannin, gute Säure, ausgewogen, saftige Mitte, mittlere Länge.

**★★ S €€ CR**
**Frizzante Rosé trocken** + Runde, fast mollig wirkende Nase, Wassermelonen und Sauerkirschen mit brotiger Würze; saftig gerundet, zugänglich, Rotfrucht mit weißbrotigem Touch, burschikos, süffig.

## NIEDERÖSTERREICH

**★★★ K €€€€ ZF**
**2020 Zierfandler Gumpoldskirchen NÖ Reserve Extra Brut Zero Dosage** + Duftig, pikant, klirrend frisch, Quitten, leicht exotisch, Ananas, feinwürzig, Zitrus; eher schlank, feiner Biss, belebend, Grapefruits, straff, zartes Finish.

**★★★★ K €€€€€ ZF**
**2019 Zierfandler Gumpoldskirchen NÖ Große Reserve Extra Brut Zero Dosage** + Subtile Dichte, pikant, Bratapfel, gewürzige Noten, samtig, dunkle Blüten, Wacholder; saftiger Fruchtbiss, griffig, schön trocken, strukturiert, getrocknete Grapefruits, Quitten, recht lang, braucht noch.

## Burgundermacher Weingut
# Johann Gisperg

**Johann Gisperg**
2524 Teesdorf, Hauptstraße 14
Tel. +43 2253 81464
wein@weingut-gisperg.at, www.gisperg.wine
17 Hektar, W/R 35/65, 90.000 Flaschen/Jahr

Seit zehn Jahren verantwortet der junge Johann Gisperg die Ernte und den Keller. Die Eltern sind jedoch nach wie vor am Teesdorfer Familienweingut mit helfender Hand präsent. Veränderungen passieren, aber langsam, damit die Tradition gewahrt bleibt und die Weinkunden weiter verlässlich aus der reichhaltigen Gisperg-Palette schöpfen können.

Bei den Gispergs gibt es viel zu verkosten – der Rebsortenmix ist breit und mündet in drei Weinlinien, die das Viele zusammenhalten. Dabei neu: Durch die Transformation der Thermenregion in ein DAC-Gebiet mit Herkunftsbetonung werden die drei Gisperg-Linien mit dem Jahrgang 2023 neu heißen. Die Klassikweine an der Basis sind jetzt die Gebietsweine. Die Exklusivweine werden künftig als Ortsweine tituliert, und die Reserve-Weine als Gispergs Premiumweine behalten zwar das Wort Reserve bei, werden aber nunmehr als Lagenweine gebündelt und vermarktet.

Am schönsten, weil gemütlichsten, kann man sich den Gisperg-Weinen über den dreimal im Jahr stattfindenden Heurigen nähern. Drei Wochen am Stück ist dann jeweils die „Hausmesse mit Essen" angesagt. Gesuchter Ort für Wein ist Gisperg jedoch auch, weil das Weingut bei den klassischen Gebiets- und den exklusiven Ortsweinen seit jeher mit einem gesunden Preis-Leistungs-Verhältnis punktet.

Bei den Lagenweinen ist die Teesdorfer Ried Gestein bei den weißen Burgundersorten angesagt, wobei sich dort seit Jahren der Chardonnay als Burgunder-Primus hervortut – auch beim jungen 2022er ist das so. Bei den Roten ist die Tattendorfer Ried Holzspur Gispergs Schatzkiste. Dort kultiviert er seine Reserven vom Zweigelt, Pinot Noir und St. Laurent. Diese drei Sorten sind auch die wichtigsten im Betrieb, angeführt vom St. Laurent. Und obwohl Gisperg seit jeher als Burgundermacher gilt, hat sich der junge Teesdorfer mit seinem Zweigelt Holzspur bei dieser Sorte nachhaltig in die Bestenliste Österreichs katapultiert.

Ausgebaut werden seine Holzspur-Weine hauptsächlich in 225er Barriques mit wenig Toasting. Gisperg belässt seine Weine länger auf der Feinhefe und ist ein Anhänger von Reduktion. Das schmeckt man, das hält aber auch im Alter die Weine jung.  *hp*

## THERMENREGION

**★★★ S €€ PB**
**2023 Weißburgunder** + Leicht reduktiv, würziger Touch, gelbapfelig, zart nussig, klassisch; gehaltvoller, würziger, betont trockener Burgunder mit mineralischer Unterlegung und schmelzigem Ausklang.

**★★ S €€ PG**
**2023 Pinot Gris** + Füllige, weiche Nase, cremig, dezent ätherisch, Anis, karamellisierte Banane, Hefegebäck; zartherb und gewürzig, Bittergrapefruit, weiße Schoko, Mandeln, weich auslaufend.

**★★★ S €€ CH**
**2023 Chardonnay** + Viel Frucht, Quitte, würzige Birne, schmelzig und kräuteraromatisch; lebhaft und von viel Säure getragen, Limette, kerniger Biss, schöner Gerbstoffzug, zeigt bereits Länge.

**★★★ S €€€ CW**
**2022 Burgunder Teesdorf Exklusiv** + (CH/PB) Gewürziger Burgunder-Charme, Nussstrudel, Kokos, cremig; exotische Fruchtfülle, Mandarinen und Orangen, lebhafte Säure, kreidig, guter Gerbstoffbiss.

**★★★★ D €€€€ PB**
**2022 Weißburgunder Teesdorfer Ried Gestein Reserve** + (Reserve-Wein ab Herbst) Salzig-würzig, einige Frische, weiche Frucht, Honigmelone, Haselnuss; am Gaumen straffer und etwas gerbstoffig, Fruchtexotik, Limetten, Grapefruitzesten, mittellang.

**★★★ D €€€€ PG**
**2022 Pinot Gris Teesdorfer Ried Gestein Reserve** + Rauchige Fülle, gelbe Bananen, Mango, Marzipan, geschmeidig, buttrige Noten; am Gaumen straff und etwas schlanker, Grapefruits, weiße Ribiseln, Blutorangen, Gerbstoffbiss im Finish, mittellang.

**★★★★ D €€€€ CH**
**2022 Chardonnay Teesdorfer Ried Gestein Reserve** + Zart reduktiv, salzig-mineralisch, auch kalkig, grüne Oliven, Mandeln; jugendlicher Biss, Grapefruitzesten, würzige Frische, straffer Zug, Länge und Potenzial.

**★★★ D €€€ ZW**
**2022 Zweigelt Tattendorf Exklusiv** + Sehr würzig und dunkelfruchtig, Schwarzkirschen, Schokoanklänge; rauchig, grüne Kirschen, kerniger Biss, erdig, bisschen Gerbstoff, runder Zweigelt.

**★★ D €€€ SL**
**2022 St. Laurent Teesdorf Exklusiv** + Duftig, reife Weichseln und Himbeeren, einige Würze, gute Sortentypizität; Kirsch-Zwetschken-Noten, betonter Gerbstoff, straffer Zug, fester Kern.

**★★★ D €€€ PN** FUN
**2022 Pinot Noir Tattendorf Exklusiv** + Feine Burgunderfrucht, viel Himbeeren, angenehme Fülle, Schwarzbrotrinde, gute Tiefe; geschmeidige Frucht, viel Sortencharakter, dezent würzig, unterstützende Säure, helle Schokolade, solider, trinkvergnüglicher Burgunder.

**★★★ D €€€ CR**
**2022 Terroir de Pierre Tattendorf Exklusiv** + (SL/CS/ME/ZW) Kräuterwürzige, fruchtbetonte Cuvée, Heidelbeeren, Cassisanklänge; Gerbstoffbiss und Tannin, grüne Johannisbeeren, straff, einfach trinkvergnüglich.

**★★★ D €€€€ ZW** TIPP
**2022 Zweigelt Tattendorfer Ried Holzspur Reserve** + Sehr gewürzig, Sauerkirschen, Blutorange, fester Kern, gute Tiefe; straff und würzig mit eingebundenem Gerbstoff, Wacholder, Graphit, Mon-Chérie-Charakter, Zweigelt mit Druck und Lagerpotenzial.

**★★★★ D €€€€ SL** TIPP
**2022 St. Laurent Tattendorfer Ried Holzspur Reserve** + Gewürzig und füllig, Lakritze, Wacholder, Herzkirsche, viel Laurent-Typizität, Nougatschoko; kühle, straffe Aromatik, dunkelbeerige Frucht, Weichseln, saftig und balanciert, super Länge.

**★★★★ D €€€€ PN** TIPP
**2022 Pinot Noir Tattendorfer Ried Holzspur Reserve** + Süße Himbeerfrucht, elegant und feingliedrig, viel Sorte; rotbeerig mit schöner Säurepikanz, getrocknete Steinpilze, Tabakblätter, super Biss, gute Länge.

**★★★ D €€€ ME**
**2021 Merlot Steinfeld Reserve** + Geschmeidige Frucht mit dezenter Würze, Kirschkuchen; viel Kräuterwürze, grüne Johannisbeeren, geriebene Walnuss, straff, etwas herb, trockenes Tannin im Finish.

**★★★★ D €€€ ME** PLV
**2021 Cabernet Sauvignon Steinfeld Reserve** + Viel Cassis und Sortentypizität, enorm kräuterwürzig, offenherzig; viel Gerbstoffwürze, schwarzer Pfeffer, dunkle Schokolade, schwarze Oliven, sehr solide, lebhaft, viel Biss.

**★★★★ D €€€ CR**
**2021 Kontrast** + (ME/CS/RÖ/SL) Sehr kräuterwürzig, vom Merlot geprägt, dicht und tintig, Schwarzbeeren; Gerbstoff gut eingebunden, ziemlich saftig, austarierte Cuvée, trinkvergnüglich auf hohem Niveau, mittellang bis lang.

## ÖSTERREICH

**★★ K €€€ CW**
**Sekt Blanc de Blancs** + (CH/RI/GV – Dosage: 2 g/l) Einige Frische, Quitten und Birnen, auch cremig wirkend, Morcheln; am Gaumen kerniger, viel Zitrus, Grapefruit, Weingartenpfirsich, grüne Birnen, hinten Würze, betont trocken, schlank auslaufend.

## Weingut
# Heggenberger

**Andreas Heggenberger**
2523 Tattendorf, Badnerstraße 6
Tel. +43 676 3195611
weingut@heggenberger.at, www.heggenberger.at
18 Hektar, W/R 40/60, 100.000 Flaschen/Jahr

Das Weingut der Familie Heggenberger liegt in Tattendorf, einem traditionsreichen Weinbauort in der Thermenregion, und ist einer dieser erfolgreichen Burgundermacher, die seit Jahren als Winzervereinigung das hervorragende Niveau des Pinot Noirs in der Region hochhalten. So sind auch bei Andreas Heggenberger der Pinot Noir und Sankt Laurent die Top-Weine des Qualitätsbetriebs. Beide werden sowohl in klassischen als auch in Reserve-Qualitäten auf den kargen Böden des Steinfelds mit viel Ambition und Gefühl ausgebaut. Das einzigartige Terroir der Ried Holzspur, die durch das Können des Kellermeisters den Sankt Laurent zur Höchstform bringt, und der Ried Lores, wo ein dunkelbeeriger Pinot Noir seinen Ursprung hat, kommt bei allen Weinen des Weinbaubetriebs ausdrucksstark zur Geltung. *kk*

★★★ S €€€ RG
**2020 Rotgipfler Exklusiv** + Einladender Kernobstduft, Marillenblüte; klare Quitte, Zitronenbiskuit, Ananas, Wiesenkräuter, süßer heller Tabak, Hauch Vanille, fruchtig-stoffig, würzige Säure, feinkörnige Tannine, feiner Extrakt, elegant bodenständig im Finish.

★★★ S €€€ PN `PLV`
**2021 Pinot Noir Klassik** + Dunkle Waldbeeren, Zwetschkenparfait; straffe kühle Aromen, Himbeer-Brombeer-Melange, Bitterschokolade, Hauch kandierte Preiselbeere, elegant, bisschen Minze, facettenreich, zisilierte Säure, feine Nougatspur, guter Tanningrip, eleganter Nachhall.

★★★ S €€€ PN
**2021 Pinot Noir Reserve** + Einladender Waldbeerduft, Hauch Eukalyptus; straffe Frucht, Sandelholzwürze, Heidelbeergelee, schwarze Johannisbeere, dunkle Würze, etwas Weichselschokolade, dunkelrauchige Tannine, stoffig mit feinem Schmelz, schwarze Maulbeere im Rückaroma.

★★★★ S €€€€ PN
**2021 Pinot Noir Ried Lores** + Waldbeeren, Nougat; eingelegte fleischige dunkelrote Beeren, fruchtunterlegte Edelholzwürze, Zimt, saftig, weich und ausgewogen, reife Tannine, schmelziger Körper, Hauch Zwetschke, Moosbeerkonfit, feine Haselnuss, Kakaospur, Feigenkaffee, saftiger Fruchtdruck, gut haftender Abgang.

★★★ S €€€ SL `PLV`
**2021 Sankt Laurent Klassik** + Dichte Zwetschke, animierend dunkelbeerig; elegante Struktur, Heidelbeerkonfit, schokoladige Tannine, schwarzer Rauch, kompakte dunkle Frucht, geradlinig, angenehmer Druck, weichselfruchtige Säure, Graphitspur im Abgang.

★★★ S €€€ SL
**2021 Sankt Laurent Reserve** + Saftig-dunkelrotes Fruchtfleisch, rotwürzig; Kirschkonfit, bisschen Zwetschkenröster, Peperonata, Edelholzwürze, wohliger Fruchtschmelz, dicht und saftig, Hauch Limette, fein-röstige Tannine mit Kaffeenote, stimmige Säure, kirschfruchtig mit feiner Mineralspur im Nachhall.

★★★★ S €€€€ SL `TIPP`
**2021 Sankt Laurent Ried Holzspur** + Straffer Zwetschken-Kirsch-Duft, Hauch Lakritze; dunkelbeerig, zart nach Graphit, elegante Kraft, schwarze Maulbeere, feiner Gerbstoffgrip, geradlinig, Mokka, Hauch Nougat, zart erdige Würze, Weichselnoten, dichter Fruchtschmelz, griffige Struktur, vital im mineralisch-fruchtigen Finale.

---

### THERMENREGION DAC

★★ S € CW `FUN`
**2023 Querbeet** + Frische Granny Smith, Zitrusbukett; jugendlich beschwingt, saftige hellgelbe Fruchtaromen, weiße Johannisbeeren, Grapefruitzesten, bisschen Melisse, guter Trinkfluss.

★★ S € ZW
**2023 Zweigelt** + Kirsch-Weichsel-Mix, süße rote Schoten; hellrotes Fruchtfleisch, samtige Säure, Orangen, Nougat, Bittermandel, roter Pfeffer, weiche Tannine, würzig-fruchtiges Finale.

### NIEDERÖSTERREICH

★★ S €€ CW
**2023 Spätrot-Rotgipfler** + (ZF/RG) Vollreifes Kernobst, Tropenfrüchte; liebliche Fruchtsüße, traditionelle Gebietstypizität, geschmeidig-saftig, Marille, kandierte Grapefruitzesten, Maracuja, samtiger Schmelz, Spur Marzipan, reife Säure, aromatisch im Abgang.

# Weingut
# Knötzl

**Andreas Knötzl**
2523 Tattendorf, Badnerstraße 7
Tel. +43 699 19012199
knoetzl.weingut@gmail.com, www.weingut-knoetzl.at
W/R 35/65

Der innovative Weinbaubetrieb der Familie Knötzl befindet sich in Tattendorf, dem bekannten und traditionsreichen Weinort der Thermenregion. „Klein, aber fein" ist hier die Devise. So bedeutet es der Familie viel, auf allen Ebenen nur das Beste zu bieten. Das betrifft sowohl den fünfmal im Jahr stattfindenden Heurigenbetrieb, wo die Küche auf hauseigene Produktion setzt. Das Fleisch, aus dem die Spezialitäten hergestellt werden, stammt vom sorgfältig geführten mütterlichen Betrieb. Beim gemütlichen Heurigen kann man am besten gleich alle gebietstypischen Weine des Weinguts probieren. Diese sind durchwegs sauber, die Sorten mit einer Nuance Individualität gut herausgearbeitet und lassen für die nächsten Jahre noch viel erhoffen. Bei der Sortenwahl kann man auf viele Weißweine, wie beispielsweise den traditionellen Neuburger, zurückgreifen. Dieser steht besonders im Fokus, ohne dass Kellermeister Andreas Knötzl seine Sorten Riesling, Chardonnay und Muskat Ottonell deshalb vernachlässigt. Bei den gebietstypischen Rotweinen, die den mengenmäßigen Schwerpunkt bilden, spielen in erster Linie die im Gebiet beheimateten Sorten Pinot Noir und Sankt Laurent eine bedeutende Rolle. Beide werden in verschiedenen Ausbauarten gekeltert und zeichnen sich durch ihren sortentypischen Charakter aus. *kk*

★ S € CH
**2023 Chardonnay** + Animierender Kernobstduft; frischer grüner und gelber Apfel, präzise Zitrusfrucht, zarte Fruchtsüße, Biskuitnoten, prägendes Gerbstoffgerüst, herbe Kräuterwürze.

### NIEDERÖSTERREICH

★★ S € ZW **FUN**
**2023 Rosé Prima Sophie** + Duftiger Waldbeermix; Kirsch-Weichsel-Frucht, herbe Preiselbeere, Orangenzesten, muntere Säure, etwas Fruchtschmelz neben straffen Tanninen, geradlinig, kompakt, guter Speisenbegleiter.

★★ S € ZW
**2022 Zweigelt** + Schmeichelnde Brombeer-Kirsch-Aromen; Hauch Weichsel, Zimt, schmelzige Kräuterwürze, reife Tannine, Hauch Orange, fruchtige Säure, etwas Schokolade, zart röstig, ausgewogen, bisschen Zwetschke, geschmeidiger kirschfruchtiger Abgang.

★★★ S € PN **PLV**
**2022 Pinot Noir** + Präziser sortentypischer Duft; Waldbeeren, feine Schokonoten, dunkelrote Würze, zart fleischig, schmelzige Substanz, zart rauchig, lebendige reife Tannine, samtige Textur, bisschen Zwetschke, muntere fruchtige Säure, Blutorange, noble kernige Struktur, perfekter Sortenausdruck im animierenden Nachhall.

★★★ S €€ PN
**2021 Pinot Noir Reserve** + Fruchtig-dichte Waldbeeren; elegant strukturiert, präzise und klar, dunkle Kirschfrucht, Himbeerkonfit und Zwetschke, saftige Würze, pikanter dichter Fruchtschmelz, zart rauchig, dunkle Edelholzwürze, feines Leder, engmaschige Struktur, eingebundene Säure, Bitterschokolade in festen Tanninen, elegantes Finish.

★★★ S € SL **PLV**
**2022 Sankt Laurent** + Dichte Kirsch-Zwetschken-Melange; geschmeidige Frucht, druckvoll und fleischig, rotwürzig, seidige Kirschnoten, Himbeerschokolade, feste reife Tannine, Kakao, Lebkuchen, Zimtzwetschke, Weichsel, dichte Substanz, bleibt lange präsent.

★★★ S €€ SL **TIPP**
**2021 Sankt Laurent Reserve** + Vornehmes Waldbeerenbukett, elegante Zwetschkenaromen; etwas Weichsel, dicht verwoben, dunkle Edelholzwürze, kernig-präzise Tannine, Schokolade, Hauch Cranberries, Gewürzkräuterstrauß, Maulbeere, Graphitspur im saftigen Rückaroma.

### ÖSTERREICH

★★ S € CW
**2023 Frizzante** + Solide Perlage; Apfel- und Holunderblüten; saftig gelbfruchtig, grünwürzig, zart schmelzig, gelbe Ringlotten, fein-traubig, ausgewogene herb-süße Struktur, Limoncello, schwungvolle Eleganz, pikant im Nachhall.

## Weingut
# Krug

**Gustav Krug**
2352 Gumpoldskirchen, Kirchenplatz 1
Tel. +43 2252 62247, Fax -4
office@krug.at, www.krug.at
30 Hektar, W/R 70/30, 120.000 Flaschen/Jahr

Die Weinstadt Gumpoldskirchen und das Alte Zechhaus der Familie Krug unterhalb der Kirche sind eine gewachsene Einheit und ein gern besuchter Schmankerlplatz. Winzer Gustav Krug hält eine runde Weinpalette bereit, die mit den Köstlichkeiten der aufkochenden Krug-Frauen bestens harmonieren. Bei den Premiumweinen gibt es eine interessante Jahrgangstiefe – wie beim Cabernet Privat, bei der „Vollendung" und den beiden „Versuchungen" in Rot und Weiß. Während der 2021er Privat durch die zweijährige Reifung im kleinen Barrique sowieso später auf den Markt kommt, ist die jugendliche „Rote Versuchung" 2022 aus Cabernet und Merlot nach nur einem Jahr im neuen Barrique schon super trinkig und eine saftige Empfehlung.
Die kräftigen Weißen aus 2022 – Zierfandler Grande Reserve und der Rotgipfler „Die Vollendung" – sind noch etwas ruppig, tragen aber beide ein gutes Entwicklungspotenzial in sich. Die Wartezeit kann man sich mit Krugs „Kreuzweingarten" versüßen. In diesem Wein baut der Winzer die Thermenregion-Spezialitäten Rotgipfler und Zierfandler zusammen aus – es ist quasi der „typische Gumpoldskirchner". Meist hat der Kreuzweingarten ein paar Gramm Restzucker, was den Wein zu einem attraktiven Begleiter von allerlei Gebackenem macht. Womit wir wieder beim Alten Zechhaus und seiner feinen Wein-Küchen-Kombi sind. *hp*

### THERMENREGION

★★ S €€ GS
**2023 Gemischter Satz** + (WR/SB/GV) Dezent aromatisch, schotig, zart würzig; Veltlinerwürze gut schmeckbar, Kräuteraromatik, gerundete Steinobstnoten und Quitten, milde Säure, angenehmer Heurigenwein.

★★ S €€ SB
**2023 Sauvignon Blanc** + Bisschen schotig, dezent würzig, zarte Frucht; zugänglich, Stachelbeeren, leichtgewichtig, fruchtiger Sommerwein mit Biss.

★★★ S €€€ CH    PLV
**2023 Chardonnay Reserve** + Waldboden, Pilze, zarte Kräuterunterlegung, dezent Zitrus, rosa Grapefruits; super Fruchtexotik, Mango, Papaya, knackige Säure, sortentypisch, fein eingesetztes Holz, mittellang.

★★★ S €€€ RG
**2023 Rotgipfler Ried Rasslerin** + Helle Würze, rauchige Unterlegung, Frucht anfangs verhalten, Quitten, gelbe Äpfel; gute Mineralität mit lebhafter Säure, viel Grapefruit, Blutorange, einiger Biss, Potenzial.

★★★ S €€€ CW
**2023 Kreuzweingarten** + (ZF/RG) Füllige, vor Exotik triefende Frucht mit viel Würze, Mango, einige Tiefe; merkbare Restsüße, mineralische Note, Säurestütze und kühle Aromatik setzen guten Kontrast, Orangen, rund und trinkvergnüglich.

★★★ D €€€€ PG
**2023 Die Weiße Versuchung** + (ab Jahresende) Helle Würze, mediterraner Kräutermix, Anis, würzig-traubig, Litschi, gute Tiefe; üppige Fruchtfülle, Schokobananen, harmonisch, Kakao, gute Länge.

★★★★ D €€€€ ZF
**2022 Zierfandler Grande Reserve** + Feines Nougat, Holz merkbar, aber gut integriert, rauchige Würze; jugendlich frisch, noch Holz im Vordergrund, gutes Gerbstoffgerüst, Kernobst, Quitten, kräftiger Wein mit Entwicklungspotenzial! Belüftung tut gut.

★★★★ D €€€€ RG
**2022 Die Vollendung** + Gewürzig, mehliger Apfel, rauchig-röstig, Bitterkakaonoten, mit Belüftung weiches Marzipan; elegante Fülle, exotische Frucht, Maracuja, Litschi, Grapefruits, würziger Säurebiss, salzig, körperreich, am Anfang seiner Reise.

★★ S €€€ ZW
**2022 Zweigelt Reserve** + Weichsel-Kirsch-Aromatik mit zarter Würze, Lakritze; viel Zweigelt-Typizität, saftige Kirschen, Tanninbiss, unkompliziert trinkig.

★★★★ K €€€€ CR    TIPP
**2022 Rote Versuchung** + (CS/ME) Kräuterwürzige Frucht, ausgeprägtes Cassis, würzige Preiselbeeren und Schwarzkirschen, einiges Toasting; jugendliche Frucht, Johannisbeeren, griffige Tannine, Wacholder, gut gemachter „Austro-Bordeaux" mit Länge.

★★★ D €€€ ME
**2022 Merlot Reserve** + Kräuterbetont und gewürzig, Wacholder, Lorbeer, viel Frucht, Ribiseln, Heidelbeeren, eingelegte Kirschen; rauchiges Tannin, Gerbstoffbiss, straff, schwarze Nüsse, Röstaromen, Schwarzbeeren und Cassis, mittellang.

★★★★ K €€€€€ CS    TIPP
**2021 Cabernet Sauvignon Privat** + Süßfruchtig, Johannisbeeren und Ribiseln, viel Kräuterwürze, Thymian, Majoran, sortentypisch, vielschichtig; vollreife Fruchtaromatik, Cassis, Weichseln, Passionsfrucht, gut integriertes Tannin, anspruchsvoller Wein.

## Weingut
# Niegl

**Martin Niegl**
2345 Brunn am Gebirge, Feldstraße 27
Tel. +43 664 2242290
wein@weingut-niegl.at, www.weingut-niegl.at
8 Hektar, W/R 70/30

Das Familienweingut Niegl liegt in der kleinen Weinbaugemeinde Brunn am Gebirge nahe der Wiener Stadtgrenze. Seit Jahren erfolgreich geführt wird der Betrieb von Martin und Karin Niegl, die nicht nur Weinbau betreiben, sondern auch verschiedene Obstsorten kultivieren sowie Hühner halten – alles nach biologischen Richtlinien. Zusätzlich verfügt das Weingut über einen beliebten Heurigen nahe des Brunner Bahnhofs. Jeden Samstag gibt von 10 bis 13 Uhr Ab-Hof-Verkauf, wo hochwertige Weine und Obstsäfte, Honig, Eier, Nudeln und saisonale Erzeugnisse aus eigener und fremder Produktion vermarktet werden.

In Sachen Wein zählt Martin Niegl zu den Vorzeigewinzern in der nördlichen Thermenregion: Dabei beweist der Biowinzer bei Weiß wie Rot sowie hin und wieder Natural und Süß sein Können. Das Sortenspektrum ist breit aufgestellt – im Weißweinbereich reicht es von Welschriesling, Grüner Veltliner und Muskateller über Chardonnay und Pinot Blanc sowie Rotgipfler bis hin zu Gemischten Sätzen und einigen Raritäten. Dabei gibt es oft von einem Wein mehrere klar unterschiedliche Varianten: So zeigen heuer im Bereich Chardonnay der pointierte Herzogberg und die vollmundigere Heugasse die Vielfalt der Sorte auf unterschiedlichen Terroirs. In Rot gibt es Zweigelt und St. Laurent sowie Cabernet Sauvignon und Merlot. Seit Jahrgang 2022 weisen fast alle Weine eine Riedenbezeichnung auf.

An der Spitze stehen heuer in Weiß Weißburgunder Brunner Berg und die exzellente Große Reserve, unter den trinkanimierenden Roten aus 2022 wieder der Cabernet. *psch*

### THERMENREGION DAC

★★ S €€ GS
**2023 Gemischter Satz Ried Brunner Berg** + (RI/NB/WR) Eher dezente Nase, etwas kandierte Früchte, fast samtig, leichte Würze; verlockend saftiger Beginn, Grapefruits, feiner Biss, spritzig, anregend.

★★★ S €€€ NB
**2023 Neuburger** + Etwas rauchig, leicht hefig, dezente Frucht, sanfte Art, Würze, Kornprinz Rudolf; zartherb, fest, mittelgewichtig, strukturbetont, etwas zurückgenommene Frucht, mittlere Länge.

★★★★ S €€ PB **TIPP**
**2023 Weißburgunder Ried Brunner Berg** + Reichhaltige Frucht, süßes Biskuit, Früchtekuchen, samtig, reif; kernig, saftige Mitte, Pomelos, durchgehend strukturiert, straff, guter Grip, mittellang, pointiert.

★★★ S €€ CH **FUN**
**2023 Chardonnay Ried Herzogberg** + Würzig, klassisch nach Biskuitnoten, Zitrus und Ananas, recht pikant, Bröselkuchen; geschmeidiges Mittelgewicht mit dezenter Frucht, Schliff, füllig, recht lang.

★★ S €€ CH
**2023 Chardonnay Heugasse** + Satte Fülle, kandierte Ananas, reife Äpfel, Brioche; etwas breit angelegt, die Frucht dezent, moderate Säure, etwas zurückhaltend.

★★★ S €€€ RG
**2023 Rotgipfler Ried Goldtruhe** + Opulente Frucht, sanft samtig, leicht rauchig, würzig, Cerealien, Müsli, Bananenchips; schmelzig, substanzreich, mundfüllend, cremig, saftig, lang.

★★★★ S €€€€ CW **TIPP**
**2022 Große Reserve** + (CH/RG) Tiefgang und Fülle, reife Würze und jede Menge Frucht, Quitten, Weißbrot; wunderbar saftiger Biss, Schmelz und Kraft, fruchtsüß, Blutorangen, sehr lang, Potenzial.

### NIEDERÖSTERREICH

★★ S €€ WR
**2023 Welschriesling Ried Greiten Selektion** + Würzig, leicht gelbfruchtig, zugänglich, sanft, Hauch von Biskuit; ziemlich saftig, elegante Frucht, viel Zitrus, zarter Schmelz, hinten mit Grip.

★★ S €€ GM
**2023 Gelber Muskateller Ried Brunner Berg** + Kühl-aromatisch, dunkle Würze, Traminerhauch, süße Mandarinen; saftig, einige Frucht, recht fest, zartherb, wirkt gesetzt, hinten zart.

★★ S €€ GV
**2023 Grüner Veltliner Ried Goldtruhe** + Würzig und aromatisch, Maracuja, füllig, cremig; mittelgewichtig, getragene Frucht, mittleres Spiel und Finish.

★★★ S €€ CR
**2022 Zweigelt Merlot** + Recht fülliges Bukett nach Pflaumen und Zimt, ansprechende Würze, bisschen Holznoten, samtig ausgewogen; elegant, recht saftig, harmonisch, Trinkspaß mit passender Struktur.

★★★ S €€€ CS
**2022 Cabernet Sauvignon** + Rauchig, geröstete Paprikaschoten, Veilchen, Cassis, Pralinen, Tintenblei, Zimtschoko; wuchtig, viel Substanz, kraftvolles Tanningerüst, feste, saftige Struktur, lang.

# NOTIZEN

# Weingut & Heuriger
# Pferschy-Seper

**Birgit Pferschy-Seper**
2340 Mödling, Friedrich-Schiller-Straße 6
Tel. +43 2236 892845
wein@pferschy-seper.at, www.pferschy-seper.at
8 Hektar, W/R 70/30, 25.000 Flaschen/Jahr

Seit über 300 Jahren im Familienbesitz, wird das Mödlinger Weingut Pferschy-Seper nun schon in vierter Generation von Winzerinnen geführt: Birgit Pferschy-Seper leitet diesen Vorzeigebetrieb in Mödling, der einen kulinarisch und vinophil empfehlenswerten Heurigen beherbergt. Die Weiterführung unter weiblicher Hand ist dank dreier Töchter gesichert. Die älteste Tochter Anna ist Weinbau- und Kellermeisterin und hat ein Baccalauréat in International Wine Business; sie arbeitet bereits seit mehreren Jahren im Betrieb fix mit. Die jüngste Schwester Leni hat vor Kurzem die Hochschule in Geisenheim abgeschlossen. Die mittlere Tochter Kathi ist hingegen in Sachen Nachhaltigkeit und Umweltpolitik international höchst erfolgreich unterwegs.

Das Weingut verfügt über Weingärten in Mödling, Guntramsdorf und Gumpoldskirchen, die ihrer mehrheitlich tiefgründigen, lehmigen Böden wegen mit einem breiten Spektrum an weißen Sorten bepflanzt sind, sowie einen zweieinhalb Hektar großen Weingarten mit sehr steinigem Boden am Fuß des Römerbergs in Sooß, wo Rotweine sowie ein Teil des Rotgipflers gepflanzt sind. Die ältesten Anlagen sind bereits über 50 Jahre alt. Seit 2000 werden die Weingärten biologisch bewirtschaftet, im Jahr 2003 erfolgte die Zertifizierung. Jüngst werden teils auch biodynamische Präparate eingesetzt. Die Vergärung der Moste erfolgt temperaturkontrolliert und teils spontan, ausgebaut werden die Weine je nach Sorte und Kategorie in Edelstahltanks, großen Holzfässern oder 300-Liter-Eichenfässern aus Wienerwaldeiche.

Neben dem familienfreundlichen Top-Heurigen mit großem Garten und Kinderspielplatz gibt es ein Verkaufslokal im Nebengebäude des Weinguts. Außerdem steht ein toller Veranstaltungsraum für bis zu 60 Personen zur Verfügung. *psch*

## NIEDERÖSTERREICH

★★ S €€€ GM
**2023 Gelber Muskateller Kabinett** + Glockenklar, duftige Nase mit muskattraubigen Anklängen, leicht gewürzig, kandierte Zitruszesten, leicht pikant; recht schlank, gerundete Textur, milde Kräuternoten, Zitrusfrüchte, zarter Biss.

★★★ S €€ RI — FUN
**2023 Rheinriesling Kabinett** + Helle, frische Aromatik, hellfleischige Mirabellen und gelbe Birnen mit Zitrus, anmutig; elegant gebaut mit einnehmender Frucht, dezent saftige Mitte, feiner Biss, mittleres Finish.

★★ S €€ CW
**2023 Gemischter Satz Kabinett** + Anfangs zart schotig, Wiesenkräuter, kleiner Hefeschleier, dann etwas Fruchtgelee, Litschis, kühl; knackig, dezent saftig, leicht cremige Komponente, am Gaumen auch Orangen, feinherb, fest.

★★★ S €€ PB — FUN
**2023 Weißburgunder Klassik Ried Himmelstiege** + Hübsche Nase mit kühler, transparenter Frucht von Birnen, Frühlingsblumenwiese, bisschen Nüsse; kompakt gebaut mit dezenter, klarer Frucht und griffiger Struktur, elegant und gut abgestimmt, leicht spritzig, lebhaft.

## THERMENREGION

★★★ S €€€ ZF — FUN
**2023 Zierfandler Ried Rasslerin** + Etwas rauchige Noten, kühle Pfirsichfrucht, duftig, Zitronengelee, leichte Würze; schön saftig, angenehm phenolisch, leicht cremig, bananiger Hauch, guter Biss, recht lang, gelungen.

★★★ S €€€ RG — TIPP
**2022 Rotgipfler Ried Rasslerin** + Luftbedürftig, Hefeschleier, röstig, dann auch Gelbfrucht, Trockenfrüchtebrot, Bananenchips; recht saftig, mittlere Fruchtfülle, Melonen und Zitrus, zartherb, straff.

★★★★ S €€ PB
**2022 Weißburgunder Reserve Ried In den Haberln** + Recht reichhaltiges Bukett, Orangen, Keksnoten, ausgereift, etwas rauchig, hell und frisch; saftiger Fruchtbiss nach Zitrus und Quitten, kernig, strukturiert, pikant, legt zu, guter Säurebiss, recht lang.

★★ S €€ PN
**2022 Pinot Noir Ried Leithen TH** + Recht prägnante, intensive Nase, viel Kräuter und Himbeeren, noch etwas verkapselt, Kautschuk; eher schlanker gebaut mit sanfter, typischer Frucht, saftig, dezentes Tannin, kräftig, jung.

★★★ S €€€ ZW — FUN
**2021 Zweigelt Reserve Ried Leithen** + Recht schöne Fülle, reif, süße Gewürze, samtig, bisschen Pflaumen, Kirschen; saftige Fruchtfülle, reif, erfrischend, knackig, griffig, gut abgestimmt, mittellang.

★★★ K €€€ ME
**2021 Merlot Barrique Ried Leithen** + Rauchig, dicht, schotig, Cassis und Walderdbeeren, Kakao, etwas Tabak, würzig, Christstollen; kraftvoll, saftige Mitte, strukturiert und herb, fest, Säurebiss, lebhaft, knackig.

## Weingut
# Familie Reinisch

**Familie Reinisch**
2523 Tattendorf, Im Weingarten 1
Tel. +43 2253 81423
office@j-r.at, www.j-r.at
40 Hektar, W/R 30/70, 200.000 Flaschen/Jahr

Die Verkostung des aktuellen Sortiments des Johanneshofs ist immer eine freudvolle Angelegenheit, zumal kaum ein anderes Weingut eine derart umfangreiche wie anspruchsvolle Palette an Weiß- und Rotweinen vorzuweisen hat. Von den leichteren Weißweinen gefällt diesmal der präzise definierte Chardonnay besonders gut, aber auch der Rotgipfler und der außerordentlich herkunftstypische, seinem Namen alle Ehre bereitende Gumpoldskirchner Tradition haben ihre Meriten. Apropos Gumpoldskirchner Herkunft: Diese wird beispielsweise für den Rotgipfler aus der Ried Satzing messerscharf herausgearbeitet, was in gleicher Weise für den Zierfandler aus der Monopollage Spiegel gilt, der allerdings erfahrungsgemäß eine längere Flaschenreife benötigt, um seine Vorzüge auszuspielen. Der gehobene Zierfandler-Rotgipfler-Blend aus dem Jahr 2018 kennt derartige „Probleme" freilich nicht und vereint bereits jetzt Power mit Eleganz. Dies trifft auf den immer behutsamer vinifizierten Top-Chardonnay von der Spitzenlage Kästenbaum erst recht zu, wobei ihm das kühlere Weinjahr 2020 offenbar zusätzliche Rasse verliehen hat.

Im roten Bereich überzeugen einmal mehr bereits die Einstiegsweine von Pinot Noir und St. Laurent, die für diese Preiskategorie gleichsam die Messlatte bilden. Wie schon im Vorjahr konstatiert, besitzt der Pinot Alte Reben, der seit 2021 aus mehreren Gumpoldskirchner Lagen kommt, nunmehr einen etwas kräftigeren Körperbau, während der St. Laurent vom Frauenfeld vermutlich aufgrund der teilweisen Ganztraubenpressung noch druckvoller und pointierter als bisher erscheint. An der Spitze liefern sich die jahrgangsbedingt etwas strenger anmutenden Top-Weine von der Tattendorfer Ried Holzspur vorerst ein totes Rennen. Als roter Primus inter Rares figuriert freilich wieder der in den letzten Jahren die österreichische Pinot-Szene dominierende, unnachahmlich komplexe Kästenbaum, auch wenn er aus dem Jahrgang 2020 naturgemäß etwas filigraner erscheinen mag. *vs*

### THERMENREGION

★★ S €€ CW
**2023 The First** + (SB/CB) Dezenter Schotenton und klare Johannisbeerfrucht, perlende Frische, unkompliziert und zupackend, ein Sommerwein mit Biss, der keinen besonderen Anlass erfordert.

★★ S €€ CW
**2023 Dialog** + (CH/SB) Lässt diesmal der paprizierten Würze des Sauvignons den Vortritt, nach Stachelbeeren und Ribiseln, sehr pikant und nervig, kühler Unterton, ungekünstelt und geradlinig, recht rassig.

★★★ S €€ CH     **PLV**
**2023 Chardonnay Gumpoldskirchen** + Brioche und Babybanane im zartblumigen Bukett, rund und saftig, viele Facetten, feinkörnig wie ausgewogen, zeigt auch den ortstypischen Zug und Biss im Finish, diesmal besonders gut gelungen.

★★★ S €€ RG
**2023 Rotgipfler** + Vorerst Orangenblüten, später auch die typische Apfelfrucht, fein abgestimmt, saftig und entgegenkommend, etwas Banane und Karamell, nussige Würze, bereits balanciert, viel Fruchtcharme.

★★★ S €€ CW  PLV
**2023 Gumpoldskirchner Tradition** + (ZF/RG) Beginnt mit weißen Ribiseln, dann auch viel Kernobst, beide Rebsorten kommen zu ihrem Recht, solide gebaut, fleischig und geschmeidig, blumiger Charakter.

★★★ K €€€ CH
**2022 Ried Lores Tattendorfer Chardonnay** + Verlockende Nase nach Biskuit und weißem Nougat, später auch Orangenzesten und Marille, ausgereift und agil, vom Holz unauffällig ergänzt, detailreich, elegant und ausdauernd.

★★★★ K €€€ RG  TIPP
**2022 Rotgipfler Ried Satzing** + Brilliert sofort mit exotischem Duftspiel nach Ananas und Banane, aber auf zurückhaltende, elegante Weise, sehnig und dicht, Anis und Baumharz am Gaumen, sehr ausgewogen und ruhig strömend, modellhafte Version eines trockenen Rotgipflers.

★★★ K €€€ ZF
**2022 Zierfandler Ried Spiegel** + Die historisch bedeutsame Monopollage glänzt wieder mit ihrem typischen Bukett nach Pistazien und Marzipan, ein wenig Eiche blitzt auch durch, kernig und muskulös, jahrgangsbedingt schon recht offen, gewisse Riesling-Affinität, gute Perspektiven.

★★★ K €€€€€ CW
**2018 Gumpoldskirchen Zierfandler-Rogipfler** + (Spiegel/Satzing) Erst nach fünf Jahren Flaschenlagerung kommt dieser klassische Gumpoldskirchner Blend auf den Markt: rauchiger Auftakt, feine Aromenvielfalt, nach Winteräpfeln und Quitten, auch ein Hauch von Minze, ausgereift und mächtig, während in der Nase der Rotgipfler dominiert, kommt am Gaumen der Zierfandler durch, satter Fruchtschmelz, fleischig und balanciert, bleibt auch gut haften, Potenzial.

★★★ K €€€€€ CH  TIPP
**2020 Ried Kästenbaum Gumpoldskirchen Chardonnay** + Vanille und Maroni im noch kräftig von der Eiche durchzogenen Bukett, geröstete Erdnüsse, hohe Reife und viel Spannung, druckvoll und reichhaltig, geht rasch auf und gewinnt an Fruchtsüße und Profil, Banane und Mandelgebäck, das kühlere Weinjahr verleiht viel Rasse, gesicherte Zukunft.

★★★ S €€ PN  PLV
**2022 Pinot Noir** + Mandeln und rote Ribiseln sowie ein Schuss von Gartenhimbeeren im überaus sortentypischen Bukett, frisch und zartgliedrig, schlank strukturiert, doch fest und griffig, spargelige Würze, jahrgangsbedingt schon recht rund und offen.

★★★ S €€€ PN
**2022 Pinot Noir Alte Reben Gumpoldskirchen** + Der ehemalige Grillenhügel hat seinen kühlen, geschliffenen Stil bewahrt, feingliedrig und präzise definiert, Erdbeeren, weißer Spargel und Verbene, viele Details, fokussiert und fest verwoben, schon in Balance, charakteristisch für Rebsorte wie Herkunft.

★★★ S €€ SL
**2022 St. Laurent** + Markante Zwetschken- und Brombeerfrucht, präzise definiert, dunkle Würze und traubige Delikatesse, fest geknüpft und glasklar, satte Weichselfrucht, fruchtsüß und harmonisch, adäquater Tanninpolster im Abgang.

★★★ K €€€ SL
**2022 St. Laurent Ried Frauenfeld** + Sehr präsent, geht sofort in die Tiefe und offeriert Weichseln und Brombeeren, pfeffrige Würze, dicht und druckvoll, in sich ruhend und dennoch spannungsgeladen, Zwetschkenfrucht und mürbe Tannine vor dem langen Abgang.

★★★★ K €€€€€ SL  TIPP
**2021 Ried Holzspur St. Laurent** + Intensive Nase nach Weichseln, Blutpflaumen und Lakritzen, auch ein wenig Menthol, reichhaltig und fokussiert zugleich, saftig und kraftvoll, rauchig unterlegt, geballte Kirschfrucht am Gaumen, fest und kernig im Stil des Jahrgangs, rassiger Nachhall, große Reserven.

★★★★ K €€€€€ PN
**2021 Ried Holzspur Pinot Noir** + Anfangs etwas hart und verkapselt, geht langsam auf und entwickelt dann neben rotbeerigen Akzenten auch Aranzini und Kumquats, kühl und straff sowie gebündelt und kernig, röstig-rauchige Note, aufkeimende Eleganz und viel Biss – erst ganz am Beginn.

★★★★ K €€€€€ PN  TIPP
**2020 Ried Kästenbaum Pinot Noir** + Intensive wie unverkennbare Würzenote in der Nase, Anklänge von Eisenkraut und weißem Spargel, jugendlich und fordernd, fein liniert und hochelegant, Anflug von Waldhimbeeren und Granatäpfeln, ziseliert und individuell, wird nach dem Dekantieren immer pointierter, rassiger, langer Nachhall, beste Ressourcen.

## Weingut
# Familie Schlager

2504 Sooß, Hauptstraße 32
Tel. +43 2252 88988
weingut.schlager@aon.at, www.weingutschlager.at
21 Hektar, W/R 45/55

Das Weingut Schlager im Heurigenort Sooß ist seit dem Jahr 1677 im Besitz der Familie. Das einzigartige Terroir der Thermenregion ist durch Boden, Rebsorte und Klima begründet und formt eigenständige Weine. Betont wird dies durch die Philosophie von Gaby und Franz Schlager, den Weinbau nachhaltig und mit Liebe zur Natur zu betreiben. Deshalb wurden zwischen den Rebzeilen Kräuter und Kleesorten gepflanzt, um die Harmonie im Boden zu erhalten. Diese Philosophie setzt sich auch im Keller fort, wo die selektionierten, physiologisch reifen Trauben einer gefühlvollen Kelterung zugeführt werden, um sich behutsam zu entfalten. Der Weinliebhaber findet den klaren und ehrlichen Weinstil bei einem Besuch im ausgezeichneten Top-Heurigen voll bestätigt. *kk*

### THERMENREGION DAC

★★★ S € NB　　　　　　　　　　　　PLV
**2023 Neuburger Selektion** + Anregender Apfel-Birnen-Duft; substanzreich, reife Ringlotten, Hauch Quitte, etwas geröstete Nuss, Mandarinenzesten, dunkle Würze, eingebundene Säure, feine Gerbstoffspur, freudiger Trinkfluss.

★★★ S € PG　　　　　　　　　　　　PLV
**2023 Pinot Gris Baden** + Reife Golden Delicious; stoffig-samtige Dichte, bisschen Marillenblüten, Blutorangenaromen, pikante Säure, zartes Biskuit, Backgewürze, fülliger Fruchtschmelz, Hauch Feige, Apfelmus, geschmeidiger Abgang.

★★★ S €€ RG
**2023 Rotgipfler Sooß** + Animierende Exotik; jugendlich beschwingt, Honigmelone, Kumquats, etwas Maracuja, fruchtige Säure, Ananas, Stachelbeergelee, fein-rauchiges Gerbstoffgerüst, Marille und Birne im saftigen Finale.

★★★ S €€ RG
**2023 Rotgipfler Baden** + Präziser Steinobstduft; angenehm straff, gelbfruchtige tropische Nuancen, Birnen-Ananas-Mix, rosa Grapefruits, kompakte Säure, feine Kräuterwürze, vitaler Körper, komplex, zart salzig im Finish.

★★★ S €€ CH
**2023 Chardonnay Baden** + Kristallklare Zitrusnoten, helle Blüten; elegant-dichter Körper, etwas Limoncello, verspielte Säure, Melonen, Biskuit, zarter Bratapfel, Spur Backgewürz, Apfel-Birnen-Aromen im eleganten Ausklang.

### NIEDERÖSTERREICH

★★★★★ K €€€ CH　　　　　　　　　TOP
**2022 Chardonnay Reserve Riede Mitterschossen** + Charmante Burgundernase; Zitronenbiskuit, Honigmelone, Nusscreme, Melisse, zart rauchige Röstaromen, Hauch Vanille, pikante Säure reifer Zitronen, vital, vielschichtig und wertig, feine Kreidespur im Rückaroma.

★★★ K €€€ CR
**2020 Orpheus** + (ZW/SL/CS) Verspielter Waldbeerenduft; cremig, etwas Kirsche, Hauch Hagebutte, Haselnuss, schokoladige Tannine, feiner Rauch, etwas roter Früchtetee, elegante Struktur, beschwingt im fruchtigen Abgang.

★★★ K €€€ ME
**2020 Merlot Reserve** + Dunkles Beerenbukett; kompakt, Cassis, Peperonatawürze, griffige Tannine, Mokka, Maulbeeren, schwarzer Pfeffer, rauchig-röstig, dunkle Mineralik, Hauch Gewürznelke im langen Ausklang.

★★★ K €€€ ZW　　　　　　　　　　PLV
**2021 Zweigelt Alter Rebstock** + Saftiger Weichselduft; opulente Eleganz, fleischig, Kirschkonfit, Fruchtdruck mit Charme, fein-rauchige Vanille, süßer Tabak, pikante Säure, reife Tanninstruktur mit orangigen Schokonoten, etwas eingelegte Nüsse im fruchtbetonten Finish.

★★★ K €€€ CS　　　　　　　　　　TIPP
**2021 Cabernet Sauvignon Reserve** + Würziger Cassisduft; präziser Sortenausdruck, kompakt und vital, wird sich toll entwickeln, straffer Beerenmix, etwas dunkler Rauch, schwarze Maulbeeren und Graphit, Weichsel im Hintergrund, mit Luft auch florale Noten, Spur Zwetschkenmus, grandioser Abgang, große Zukunft.

★★★ K €€€ SL　　　　　　　　　　PLV
**2022 Sankt Laurent Reserve Ried Kerscheln** + Charmanter Kirsch-Brombeer-Duft; einladende Beerenfrucht, bisschen Zwetschke dahinter, feine Holzwürze, etwas rauchige Vanilletöne, geschmeidige Struktur, vornehmer Körper, ausgewogene Säure, weiche reife Tannine, helle Schokolade, süße Paprikawürze im elegant-kreidigen Finale.

★★★ K €€€ PN
**2022 Pinot Noir Reserve Ried Knerzeln** + Pikante rote Beeren; fein-rauchig, Waldbeeren, etwas Kirsche, Hauch Juchtenleder, reife Tannine mit Preiselbeer-Kakao-Aromen, Orangenzesten in eleganter Säure, bisschen Rosmarinwürze im eleganten Ausklang.

## Bio Weingut
# Georg Schneider

**Georg Schneider**
2523 Tattendorf, Badner Straße 3
Tel. +43 664 73046101, office@weingut-schneider.co.at
www.weingut-schneider.co.at
16 Hektar, W/R 40/60

Georg Schneider ist seit 15 Jahren Bio-Winzer und zählt im Rotweinort Tattendorf zu den besten Adressen – besonders wenn es um Pinot Noir und St. Laurent geht. Aber der Winzer hat seine Rotweinregale schon seit einigen Jahren auch für die Weißwein-Spezialitäten der Thermenregion erweitert. Besonders der Rotgipfler hat es Schneider als feine Ergänzung angetan. Die Lagen, insgesamt schon drei Hektar, hat er nur wenige Kilometer nördlich gefunden, am Anninger, einem Geländerücken des Wienerwalds. Was dort heraussticht, ist der „Tagelsteiner", eine „Erste Lage" der Österreichischen Traditionsweingüter, denen Schneider seit zwei Jahren angehört. Nicht übersehen sollte man auch den Riesling, der bei ihm „eine Spielerei ist", mit knapp 2000 Flaschen – ein typischer Vertreter mit lässiger Säure.

Apropos lässig: Das gilt auch für seine Burgunder-Reserven aus dem Jahrgang 2021, die Schneider in kleinen gebrauchten und neuen Barriques ausbaut. Er macht dabei keinen Unterschied, den macht die Sorte. Wer mehr die satte Frucht im Vordergrund liebt, greift zum Sankt Laurent, wer mehr die Eleganz im Hintergrund sucht, greift zum Pinot Noir. *hp*

### THERMENREGION

★★★ S €€ PB
**2023 Weißburgunder** + Würzige Nase, süß-fruchtig mit zarter Kräuteraromatik, Hagebutten, Stachelbeeren; jugendliche Frische, Grapefruits, Maracuja, trinkvergnüglicher Burgunder mit Holzkitzel.

★★★ S €€ RG  **PLV**
**2023 Rotgipfler** + Reife Frucht, Bratapfel und Kletzen; weiche, füllige Struktur, Marzipan, Mango, Säurepikanz und Würze, passable Länge, feiner Essensbegleiter für Süß-Saures.

★★★ S €€€ RG
**2023 Gumpoldskirchner Rotgipfler** + Fein reduktiv, Feuerstein, super Würze und Kräuternoten; Kräuterwürze setzt sich fort, Kernobst, Orangen, straffer Zug mit Gerbstoff und Säure, feine Länge.

★★★★ S €€€ RG  **TIPP**
**2022 Rotgipfler Pfaffstättner Ried Tagelsteiner 1ÖTW** + Geschmeidige Fülle, Strudeläpfel, Zimt, Holz merkbar; gewürzige, süße Fruchtnoten, gut eingebundenes Holz, komplexer Wein mit Statur, Grip und Länge.

★★ S €€ ZW
**2022 Zweigelt** + Typisch, helle Kirschen, leichte Würze; saftige Frucht, trinkvergnüglicher Alltagswein.

★★★ S €€ PN
**2022 Pinot Noir** + Filigrane pinotige Frucht, Himbeeren, etwas Würze und Kräuter; rotbeerige, fruchtbetonte kühle Aromatik, dunkle Schoko, straff mit Biss.

★★★ S €€ SL
**2022 Sankt Laurent** + Deutlich fülliger als der Pinot, dunkelbeerig mit guter Würze, klar und sortentypisch; rauchig-würzig, mehr gerbstoffiger Grip, Grapefruitzesten.

★★★ S €€ ME
**2022 Merlot** + Sehr fruchtig und würzig, viel Weichseln, zart Ribiseln, bisschen Lakritze; am Gaumen rauchige Würze und kerniges Toasting, wirkt frisch, Zwetschken, mittellang.

★★★ K/S €€€ CR
**2022 Cuvée Noir Reserve** + (CS/ME/SL) Cassis und Kräuterwürze, Cabernet markant; knackiges Tannin, Tabak, Schwarzkirschen, Johannisbeeren, Bitterschokolade.

★★★ S €€€ SL
**2022 Tattendorfer Sankt Laurent** + Füllige reife Kirschen, dezent würzig; fleischige dunkle Frucht, Minzschokolade, zugänglich, trinkvergnüglich mit Pfiff.

★★★★ S €€€ PN
**2022 Pfaffstättner Ried Tagelsteiner Pinot Noir** + Kühle Aromatik mit ätherischen Noten, Tannenreisig, dunkle Himbeeren; mild, einschmeichelnde Fülle, Himbeerfrucht, gute Länge.

★★★★ S €€€€ PN  **TIPP**
**2021 Pinot Noir Reserve** + Dunkelwürzige Beerenfrucht, Ribiseln und Himbeeren, viel Sorte und Tiefe; elegante Fruchtfülle, zarte Gerbstoffunterlegung sorgt für Zug, gehaltvoller Burgunder mit Länge.

★★★★ K €€€€ SL
**2021 Sankt Laurent Tattendorfer Ried Frauenfeld Reserve** + Üppiger, gewürziger Fruchtcharme, Weichseln, Wacholder, rauchig; Kräuterwürze, weiches Toasting, Karamell, Walderdbeeren, charmante Reserve mit Potenzial und Länge.

### NIEDERÖSTERREICH

★★★ S €€ RI  **FUN**
**2023 Riesling** + Fruchtcharmant, viel Marillen, sehr typisch; straff und strahlend, klassisch Steinobst, Weingartenpfirsich, getrocknete Marillen, betont Säure und Gerbstoff.

# Weingut
# Schwertführer „35"

**Johann Schwertführer**
2504 Sooß, Hauptstraße 35
Tel. +43 660 5654543
weingut@schwertfuehrer.at, www.schwertfuehrer.at
11 Hektar, W/R 50/50

Seit 1898 ist die Familie Schwertführer dem Weinbau verschrieben, heute bewirtschaftet Johann in der fünften Generation gemeinsam mit seiner Familie die Rieden in und um Sooß herum. Die typischen Sorten der Thermenregion werden angebaut und gefühlvoll gekeltert. Hauptaugenmerk liegt auf den weißen und roten Burgundersorten und der autochthonen Rebsorte Rotgipfler. Johanns persönliches Liebkind ist ein ganz spezieller Wein: WAASN®. Ausgebaut im Holzfass reift der Wein für mindestens 18 Monate im Barrique. Nach dem Abfüllen kommen die Weine für ein Jahr in den Keller zur perfekten Flaschenreife und erst dann in den Verkauf. *kk*

## THERMENREGION

★★ S €€ RG
**2022 Rotgipfler Classic** + Golden-Delicious-Duft, Hauch Steinobst; zart röstiges Birnenmus, reife Zitrusnoten, etwas Blutorange, Rhabarber, zart nussig mit feinem Gerbstoffgerüst, kräuterwürzig, kompakte Säurestruktur, solider Körper.

★★★★ S €€€ RG **TIPP**
**2022 Rotgipfler Herzstück** + Marillenblütenduft, Hauch Bratapfel; elegant gaumenfüllend, sämige Steinobstnoten, komplexe Aromatik, viel Exotik, reife Limone, helle Kräuterwürze, bisschen rote Beeren, Hauch helles Malz, kraftvolle Eleganz, dicht gewoben, tolle Substanz, eindrucksvoller Fruchtschmelz ohne Ende.

★★★ S RG
**2020 Rotgipfler Reserve** + Gebratene Birne, Malzhauch; cremiges Steinobst, süßer Tabak, zart rauchige Edelholzaromen, geröstete Mandeln, getrocknete Ananas, Nusskuchen, stoffiger Körper, grüne Würze, pikante Säure, schmelzig im Abgang.

★★★★ K €€€ ZW **PLV**
**2019 Zweigelt WAASN Ried Wassnen** + Duftiger Weichsel-Kirsch-Mix; saftiger Fruchtdruck, Blutorangenzesten, Kakaonoten, schokoladige reife Tannine, Hauch Tabak, dichte Struktur, pikante Weichselsäure, dunkle Würze, Heidelbeere, Mineralspur, geschmeidiges Finale.

★★ S €€ PN
**2021 Pinot Noir Ried Stechthal** + Bukett dunkler Beeren, Kirschblüten; Erdbeercreme, bisschen Zwetschke, Hauch Leder und Vanille, dunkles Malz, Kakaoaromen in eleganten Tanninen, zarter Nelkenpfeffer, elegant im Ausklang.

★★★ S €€€ PN
**2020 Pinot Noir Spada** + Weichsel und Waldbeeren, feiner Tabakduft; etwas Peperonata, Johannisbeermix, Kakaoaromen in reifen Tanninen, pikante fruchtige Säure, Hauch Fruchtsüße nach getrockneten roten Beeren, etwas Waldmeisterkraut, sensibles Gerbstoffgerüst, solider Körper, saftig im Nachhall.

★★★ S €€€ PN
**2018 Pinot Noir Reserve** + Rote Beeren und Kirschblüten; saftig-reife Fruchtaromen, geradlinig, zart rauchig, Hauch Zimt und Vanillewürze, eleganter Schmelz, etwas Weichselschokolade in präzisen Tanninen, fruchtige Säure, bisschen Zitrus, Johannisbeerkonfit, etwas Kakao im langen Finish.

★★★ S €€ SL **PLV**
**2019 Sankt Laurent Ried Harterberg** + Saftiger dunkler Beerenmix, Tabak; zart rauchig, nussiges Edelholz, bisschen Powidl, schwarze Johannisbeere, eleganter Körper, Efeuwürze, etwas Waldlaub, Hauch Schokolade und Orangennuancen in abgerundeten Tanninen, zarte Mineralspur am Ende.

★★★ S €€€ SL
**2020 Sankt Laurent Spada** + Brombeerduft, Hauch Nelke; komplexe dunkle Beerenaromen, auch bisschen Zwetschken-Kirsch-Mix, elegant und harmonisch, Haselnuss und Schokoladespuren in fruchtigen Tanninen, mit zart-süßen Kräutern im Nachhall.

★★★★ S €€€€ CR
**2021 Cabernet Merlot Spada** + (CS/ME) Kirsch-Brombeer-Bukett, feines Leder; Cassis, rote Paprikaschoten, weichselfruchtige Säure, feine Edelholzwürze, süßer Tabak, Kakaonoten, fleischig, elegante feste Tannine, Mokka, Hauch Zwetschke, dunkle Kräuterwürze, pfeffrig im Abgang.

## ÖSTERREICH

★★ S €€ GM
**2023 Gelber Muskateller Sparkling extra dry** + Kraftvolle Perlage, Macisblütenduft; saftig und hocharomatisch, Holunder, Limoncello, sehr traubig, bisschen Muskatnuss, Waldmeisterwürze, gelbe Ringlotten, Hauch Limette, Steinobstaromen in dichten Perlenreigen.

★★ K €€ CW
**2020 Blanc de Blancs extra dry** + (WB/CH/RG) Munteres Mousseux, Apfelkuchen; reifes gelbes Kernobst, Biskuit, zitronenfruchtige Säure, cremige Textur, saftig und dicht, komplexe Aromatik, beschwingt mit Substanz, elegant im Ausklang.

## Genuss.Wein.Gut.
# Schwertführer 47er

2504 Sooß, Hauptstraße 47
Tel. +43 2252 87191
weingut@47er.at, www.47er.at
25 Hektar, W/R 50/50

Das Familienweingut Schwertführer 47er liegt in der Weinbaugemeinde Sooß, an den Ausläufern des Wienerwalds. Am Winzerhof in der Hauptstraße prangt die Hausnummer „47", die das Weingut unverwechselbar macht. Hier ist der Titel „Familienweingut" mehr als gerechtfertigt, packt doch jeder mit Eifer bei der Arbeit mit an. Man spürt die Begeisterung, die sich in der hohen Qualität der Weine ausdrückt und jedes Jahr viel Trinkfreude auf den Gaumen zaubert. Alles bei sehr großer Vielfalt an Rebsorten und Ausbauvarianten, deren Beliebtheit der rege Besuch des Ab-Hof-Verkaufskellers bestätigt. Man muss auch hervorheben, dass das Preis-Leistungs-Verhältnis sehr kundenfreundlich gestaltet ist. Am besten, man kostet die Weine der Familie Schwertführer bei einem Besuch des Top-Heurigen, der nun ab heuer immer am Freitag und Samstag seine Pforten öffnet. *kk*

### THERMENREGION DAC

★★ S € PB
**2023 Pinot Blanc Klassik** + Duftender Apfelmix; jugendlicher Charme, Birnengelee, Banane, gelbe Blüten, Orangen, Weißbrot, feiner Fruchtschmelz, unkompliziert und ehrlich.

★★★ S €€ CH
**2023 Chardonnay Ried Harterberg** + Nuancierte Zitrusnoten, gelbes Kernobst; Ringlottenmus, Zitronenbiskuit, weiße Tropenfrucht, saftig-geschmeidig, Hauch Melisse, elegante Struktur, traubige Note, süße Würze im Nachhall.

★★★ K €€ RG
**2023 Rotgipfler Top Edition** + Saftige Gelbfruchtigkeit, Marillencreme; kandierte Mandarinenzesten, gebratene Quitte, Hauch Kokos, saftige Fruchtsüße, getrocknete Ananas, kräuterwürzig, feingliedrige Säure, schmelzig-fruchtig im Finish.

★★★ S €€ PB    PLV
**2023 Weißburgunder Reserve Ried Römerberg** + Saftig-reife Agrumen; kompakte Eleganz, helles Steinobst, Tropenfrucht, Ananas, Limette, Holunderblüte, sehr komplex, geradlinige Tannine, Erdnuss, straffende Säure, kandierte Orange im mineralgeprägten Rückaroma.

### NIEDERÖSTERREICH

★★★ K €€€ RG
**2022 Rotgipfler Ried Die Saxerln** + Kompakt gelbwürzig; heller Beerenröster, Limettencreme, Kräuter, edle Holzwürze, Paranuss, Kakao, frische Feige, Zitronenbiskuit, Stachelbeere, stattlicher Körper, ziselierte Säure, enormes Zukunftspotenzial.

★★★★★ K €€€ RG    TOP
**2021 No Limit Rotgipfler Ried Die Saxerln** + Noble Tropenfrucht; schmelzig mit Tiefe, gebratene Quitte, nussige Röstaromen, Maracuja, Ananas, Orangenbiskuit, Birne, zart nuanciert, Kakao, Hauch Piment, Physalis, kompakter Säurebogen, malzige Holzwürze, dunkle Mineralspur im vitalen Abgang.

★★★★ K €€€ CH    TIPP
**2021 Chardonnay Große Reserve Ried Mitterschossen** + Vornehmes Kernobst; wohlig am Gaumen, hellmalzig, geröstete Mandeln, tiefe Zitrusfrucht, Vanillewürze, Honigmelone, Wiesenkräuter, reife Säure, mit Luft mehr Aromanuancen, Feige, Tiramisu, Orangenbiskuit, unaufdringlich fleischig, Nougat im langen Nachhall.

★★ K €€ PN
**2022 Pinot Noir Exclusiv** + Feines Waldbeerbukett; stoffige Eleganz, Heidelbeer-Zwetschken-Aromen, sanfter Schmelz, röstig-würzige Tannine, geschmeidige Säure, Mokka im Nachhall.

★★★ K €€ SL    PLV
**2022 St. Laurent Top Edition Ried Römerberg** + Saftiger Weichsel-Heidelbeer-Mix; gefühlvolle Substanz, samtig, dunkelwürzig, rotbeerige Säure, griffig-reife Tannine, Orangennougat, Minze, Brombeere und Graphit im noblen Rückaroma.

★★★ K €€ CF
**2022 Cabernet Franc Exclusiv Ried Bärenschwanzel** + Animierender Cassisduft; rotschotige Würze, pikante rote Johannisbeeren, florale Noten, Schokolade, samtige Tannine, würzig-fruchtiges Finale.

★★★ K €€ ZW    PLV
**2022 Zweigelt Alte Reben** + Konzentrierte Schwarzkirsche, Cassishauch; dichte dunkle Frucht, Maul- und Heidelbeere, Zwetschkenkonfit, Orangenschokolade, dunkelrauchig, weichselfruchtige Säure, guter Tanningrip, etwas schwarze Olive im Ausklang.

★★★★ K €€ CR    PLV
**2022 Gladiator** + (ZW/ME/CS) Dunkle Waldbeerenfrucht; kompakt und klar, Zwetschkenmus, Weichselschokolade, Cassis, saftiger Schmelz, dunkelröstig, Maulbeere, Mokka, pikante Säure, schwarze Mineralspur, charmant im vitalen Finish.

# Weingut
## Die Schwertführerinnen

**Kerstin & Sigrid Schwertführer**
2504 Sooß, Hauptstraße 35
Tel. +43 660 5654543
weingut@schwertfuehrer.at, www.schwertfuehrer.at
8 Hektar, W/R 50/50

Der Startschuss für „Die Schwertführerinnen" war im Jahr 2014. Gemeinsam gründen die Töchter von Johann Schwertführer, als Schwertführer „35" bekannt, ihre eigene Weinlinie und bearbeiten seither ihre eigenen Weingärten. Frischer Wind tut gut, mit neuen Ideen, Elan und viel Fleiß gehen die beiden an die Sache heran. „Unsere Weinstilistik unterscheidet sich stark von den Weinen unseres Vaters", sagt Kerstin Schwertführer. „Wir experimentieren gerne mit langer Lagerung auf der Feinhefe, Spontanvergärung oder auf der Maische. Das gibt den Weinen Kraft und Struktur."
Beim Verkosten der Weine bemerkt man schnell, dass diese „Experimente" voll gelungen sind. *kk*

### THERMENREGION DAC

★★ S €€ CH
**2023 Chardonnay Classic** + Kernobstduft, gelbe Honigblüten; saftige Golden Delicious, Hauch Quitte, geschliffene Säure, rosa Grapefruitzesten, jugendliche Struktur, Zitronenbiskuit, feinkörniger Gerbstoff, schwungvoller Trinkfluss, kräuterwürzig im Abgang.

### THERMENREGION

★★ S €€ PB
**2022 Weißburgunder Sooß** + Duftige Limonen, Hauch Bratapfel; pikant, mineralische Note, fruchtige Säure, schmelzig, etwas Biskuit, etwas Fruchtsüße, bisschen Küchenkräuter, gelbfruchtig im Echo.

★★★ S €€ CH
**2022 Chardonnay Spontan** + Duft gelber Birnen, feine Zitrusnoten; extraktreich samtig, karamellisierte Melone, bisschen Baklava, tropische Anklänge, Orangenkonfit, Hauch Kokos, eingebundene Säure, Klee, Feuersteinspur im Rückaroma.

★★★ S €€ CW    **PLV**
**2022 X-Treme** + (RG/GM/TR) Tropenfrucht, dunkle Rose; vielfältige Fruchtnuancen, Kumquat, Zimt, Waldmeisterkraut, Birne, Pfirsich, Maracuja, Ananas in fruchtiger Säure, bisschen Rosinen, Muskatwürze, unaufdringlich opulent, dynamisch mit Charakter, endlos stoffig-fruchtiger Abgang.

★★★ S €€€ RG
**2022 Rotgipfler Ried Saxerl** + Zart nach Orangenblüten und Birnen; grüner Apfel, straffe Exotik, rosa Grapefruitzesten, feine Schieferspur, elegant ausgewogene Kraft, Hauch Mandel, nuancierte Aromen, Hauch dunkles Brot, stoffige Säure, geradlinig-eleganter Trinkfluss.

★★★★ S €€€ RG    **TIPP**
**2017 Rotgipfler Dassy** + Üppige Tropenfrucht, kompaktes Bukett; enormer Fruchtschmelz, kraftvolle Eleganz, konzentrierte Früchte, kandierte Clementinenzesten, Bananencreme, Birnenröster, feine Holzwürze, Vanille, Tabak, balancierte Säure, feine Gerbstoffe, haftet lange.

★★★ S €€ RÖ
**2018 Rotgipfler Beerenauslese** + Tiefe Fruchtfülle; wohlig-pikant, schmelzig, getrocknetes Kernobst, Mango, edle Botrytiswürze, fruchtige Säure, Ananas, etwas Honig, Physalis, Mineralspur im Nachhall.

★★★ S €€ RÖ    **FUN**
**2023 Rosa Wolke** + Himbeerduft; Herzkirsche, Erdbeere, kräftiger Körper, Blutorange, rassige Säure, Kresse, kandierte rote Johannisbeere, saftiger Fruchtschmelz, animierender Ausklang.

★★★ S €€ ZW    **PLV**
**2022 Zweigelt Chapeau** + Dunkler Kirschduft, Hauch Lakritze; kühle Beerenfrucht, straffe Struktur, feine Schieferspur, würzige Tannine, roter Pfeffer, Orangenzesten, roter Paprika, dunkler Tabak, Mokka, leichtfüßig mit Niveau.

★★ S €€ CR
**2022 Undercover Cuvée** + (ZW/ME/RÖ) Charmanter Weichselduft; Heidelbeere, Schwarzkirsche, Hauch Holunder, Idee Preiselbeere und Mandarine in pikanten Tanninen, feine fruchtige Säure, etwas rotwürzig, fruchtiges Finale.

★★★★ K €€€€ CR    **TIPP**
**2020 Ultra** + (CS/ME) Dichtes Cassis, rotwürzige Beerenfrucht; saftig-fleischig, schwarzes Beerenkonfit, Hauch Zimt, bisschen Zwetschke, Peperonata, elegante Holzwürze, dunkle Schokolade, feines Juchtenleder, potent und dicht, pikante Zitrusnoten, rotbeerige Säure, reife Tannine, kraftvoll-elegant, edel im langen Rückaroma.

★★★ S €€€ CR
**2019 Top Sigrid** + (CS/ZW/ME) Cassis, schwarze Maulbeeren; stoffig-fruchtig, dichtes Beerenkonfit, zart rauchig, dunkle Edelholzwürze, Schwarztee, Hauch Heidelbeere und Zwetschke, kräftiger Körper, straffe Tannine, zart röstig, Kakao, pikante Zitrusnoten, eingebundene Säure, potent und saftig, feine Nuss, gut haftend.

# Weingut
# Stadlmann

**Mag. Bernhard Stadlmann MBA**
2514 Traiskirchen, Wiener Straße 41
Tel. +43 2252 52343, kontakt@stadlmann-wein.at
www.stadlmann-wein.at
20 Hektar, W/R 90/10

In dem seit 1780 bestehenden Traiskirchner Weingut der Familie Stadlmann werden Weinbaukultur und -tradition der Thermenregion seit jeher hochgehalten. Johann Stadlmann war über Jahrzehnte nicht nur Top-Winzer, sondern auch und vor allem Vorreiter und Botschafter für diese ehemals berühmteste Herkunft Niederösterreichs mit ihrer einzigartigen Melange aus autochthonen und klassischen Sorten. Sohn Bernhard Stadlmann kam über Umwege in den Betrieb, studierte zuerst Wirtschaftswissenschaften, ehe er sich für den Weinbau entschied. Seinen diesbezüglichen Wissensdurst stillte er ebenfalls durch universitäre Ausbildung, u. a. in Kalifornien, bevor er schließlich ins elterliche Weingut zurückkehrte. Ein Mensch der leisen Worte, inkorporiert der Traiskirchner eine sehr spezielle Mischung aus fundiertem, durch mittlerweile lange Erfahrung bereichertem vitikulturellen wie önologischem Wissen und einer ausgeprägten Empathie für die Vorgänge und Abläufe in der Natur. Diese Tiefe findet auch ihren Ausdruck in den Stadlmann'schen Kreszenzen, die nie laut schreien, sondern sich eher subtil und hintergründig präsentieren.

Das Sortenspektrum in Weiß umfasst die hervorragenden autochthonen Rebsorten Rotgipfler und Zierfandler ebenso wie Weißburgunder, Grüner Veltliner, Riesling und Muskateller, dazu werden auch rote Sorten wie St. Laurent und Pinot Noir kultiviert. Größtes Augenmerk wird hier den Ansprüchen der einzelnen Sorten geschenkt, um stets die bestmögliche Kombination von Rebsorte und Terroir zu finden. Das Weingut ist seit 2007 bio-zertifiziert, in vielen Bereichen wird auch nach biodynamischen Richtlinien gearbeitet. Seit 2022 ist Stadlmann Mitglied der Traditionsweingüter Österreich. **psch**

## THERMENREGION DAC

★★★ S €€€ PB
**2023 Weißer Burgunder Gumpoldskirchen Anning** + Würzig nach Teegebäck und Pfefferkuchen, Biskuit, zart nach Anis, elegante Frucht, Blütenhonighauch; mittelkräftig mit schönem Fruchtschub, saftiger Biss, lebhaft, zartherb nach hinten, mittellang.

★★★ S €€€ RG **TIPP**
**2023 Rotgipfler Gumpoldskirchen Anning** + Zart cremig, sanfte Fülle, Bananenbrot, reife gelbe Äpfel und Kriecherln, etwas Spekulatius; lebhaft, pointiert und griffig mit wohldosierter Frucht, hinten etwas Grapefruit, straffe Länge, Spannung, knapp am 4. Stern.

★★★ S €€€ ZF
**2023 Zierfandler Gumpoldskirchen Anning** + Leicht rauchig, weiße Blüten und kühle Tropenfrucht, Litschihauch, auch Pfirsich, elegant samtig; mittelgewichtig, sehr lebhaft, straff, Zitrus mit traubigen Noten, pikant, mittellang.

## THERMENREGION

★★★ K €€€€ PB
**2022 Weißer Burgunder Ried Pfaffstättner Höfen** + Etwas geröstet, Noten nach türkischem Honig und Bratapfel, elegante Gelbfrucht, Lindenblüten, schöne Fülle; Orangen, salzig und straff, dezent saftig und konturiert, asketische Ader, zartherb, guter Biss.

★★★★ K €€€€ RG
**2022 Rotgipfler Ried Pfaffstättner Tagelsteiner** + Rauchiges Bukett, deutliche Gelbfrucht, Lokum und Quittenkäse, samtig, Mangos, dichte Fülle, Marzipanhauch; vollmundig und extraktreich, Grapefruits, Fruchtkuchen, etwas Marillen, saftig und konturiert, kalkig, lang.

★★★★ K €€€€ ZF **TIPP**
**2022 Zierfandler Ried Traiskirchner Igeln** + Samtige Fülle, Biskuit, Striezel, würzig, etwas Milchblockmalz, Kandiszucker, auch Honigmelonen, süßer Spargel; geschmeidiger Fruchtschmelz, gelbe Geleefrüchte, süße Quitten, zartherb und saftig, stoffig, kernig und fest im Finish.

★★★★ K €€€€€ ZF **TIPP**
**2022 Zierfandler Traiskirchner Ried Mandel-Höh** + Rauchig und sehr würzig, steinig, getrocknete Kräuter, dezente Frucht, geröstete Nüsse, Sandkuchen, Pfirsichfleck; herrlich saftig, reife Frucht, gelbes Fruchtgelee mit kandierten Ananas, rosa Grapefruits, pikant und extraktreich, sehr ausdauernd.

## NIEDERÖSTERREICH

★★ S €€ GM
**2023 Gelber Muskateller Badener Berg** + Gelbtraubiges, kühles Bukett, zart nach Orangengelee, elegante Würze, sanft; kernig und angenehm trocken, fruchtig, Zitrus, dezent saftige Mitte, mittleres Spiel und Länge.

# VINOTHEKEN

## BADEN

**Badener Hauervinothek**
2500 Baden, Brusattiplatz 2
Tel. +43 2252 45640, Fax 206664
badener.hauervinothek@aon.at
www.badenerwein.at/badener-hauervinothek

## BAD VÖSLAU

**Gebietsvinothek Bad Vöslau**
Hawlik's Schlemmereck
2540 Bad Vöslau, Hauptstraße 1
Tel. & Fax +43 2252 75288
schlemmereck.at/hawliks-gebietsvinothek

## PERCHTOLDSDORF

**Ortsvinothek Perchtoldsdorf**
2380 Perchtoldsdorf, Marktplatz 10
(im Rathaus)
Tel. +43 1 8668340-0
www.perchtoldsdorf.com/vinothek09.htm

## THALLERN

**Gebietsvinothek**
2352 Gumpoldskirchen, Thallern 1
Tel. +43 2236 53477, Fax -4
vinothek@freigut-thallern.at
www.freigut-thallern.at/gebietsvinothek

Moderne Gebietsvinothek in den ehrwürdigen Gemäuern des Freiguts Thallern. Mehr als 40 Winzer aus dieser historischen Herkunft mit insgesamt über 300 einzigartigen Weinen sind hier vertreten, darunter Winzergrößen wie Alphart, Aumann, Biegler, Fischer, Gebeshuber, Krug, Reinisch & Co, ebenso wie zahlreiche Geheimtipps aus allen wichtigen Weinbauorten. Darüber hinaus werden ausgewählte kulinarische Delikatessen geboten. Zum Probieren gibt es eine ständig wechselnde Auswahl von Weinen im glasweisen Ausschank.

## WIENER NEUSTADT

**Vino Neustadt**
Gebietsvinothek Thermenregion
2700 Wiener Neustadt, Marienmarkt 4.3
Tel. +43 676 381 30 86
vino@vino-neustadt.at
www.marienmarkt.at/gebietsvinothek-thermenregion

Martin Reinelt, Wolfgang Stockmayer und das Team von Vino Neustadt betreiben einen Stand auf dem Marienmarkt mit der Gebietsvinothek Thermenregion, der von Mittwoch bis Freitag (ab 16 Uhr) sowie Samstag (ab 10 Uhr) geöffnet ist und wo mehr als 30 Winzer aus der Thermenregion, von Perchtoldsdorf bis Lanzenkirchen, sowie neu auch von anderen österreichischen Gebieten eine Auswahl ihrer Weine präsentieren. Eine regelmäßig wechselnde Weinkarte lädt zum Verkosten und Gustieren ein. Abgerundet wird die Produktpalette durch italienische und spanische Schmankerln. Neu gibt es das Format Weinquadrat, bei dem drei Winzer und das Team von Vino Neustadt eine Weinverkostung abhalten am ersten Samstag des Monats von Juni bis Oktober.

# GASTRONOMIE/NÄCHTIGUNG

## BADEN

### Casino Restaurant Baden
2500 Baden, Kaiser-Franz-Ring 1
Tel. +43 2252 43502
baden.restaurant@casinos.at
www.casinos.at/de/baden/restaurants/
casino-restaurant

Das Restaurant im Casino Baden lockt spielfreudige Gourmets abends mit zwei viergängigen Menüs – Noir und Rouge –, bei denen schmackhafte, elegante Gerichte mit regionalen Schwerpunkten im Mittelpunkt stehen. Weinmäßig wird der Thermenregion genügend Platz eingeräumt, für Hopfen-und-Malz-Fans gibt es Craft-Biere.

### El Gaucho
2500 Baden, Josefsplatz 2
Tel. +43 2252 80399
steakhouse@elgaucho.at, www.elgaucho.at

Das El Gaucho in Baden ist Teil des Gastro-Imperiums der steirischen Familie Grossauer. Hier gibt es Steaks vom Feinsten und eine umfangreiche Auswahl an hochklassigen Weinen aus der Thermenregion und Rest-Österreich sowie vielen klassischen Anbauregionen in der ganzen Welt – etliche mit Jahrgangstiefe, dazu viele Sonderformate von Halbbouteille bis Großflasche.

### Marktamt
2500 Baden, Brusattiplatz 5
Tel. +43 2252 256930
meintisch@marktamt.at, www.marktamt.at

Im Marktamt bietet Markus Trocki nicht nur köstliche Hummergerichte und frische Saiblinge, sondern auch Garnelen, Muscheln und Oktopus sowie verschiedenste Variationen von Rostbraten (Zwiebel, Girardi, Vanille etc.), Risotto und andere Leckereien. Dazu gibt es eine gute Auswahl an regionalen Weinen sowie Guinness vom Fass und im Sommer Cider vom Fass.

### Gasthof Pension Gustav Martinek
2500 Baden, Jägerhausgasse 7
Tel. +43 2252 48440
anfrage@gasthofmartinek.at
www.gasthofmartinek.at

Beim Martinek fühlen sich Freunde herzhafter, traditioneller Küche wohl – hier gibt es Klassiker wie Bierbratl, Cordon bleu, Forelle und Gebackenes in sehr guter Qualität, Samstag gibt's jeweils ein Fünf-Gang-Galamenü. Der Weinschwerpunkt liegt in der Thermenregion.

### Amterl
2500 Baden, Hauptplatz 2
Tel. +43 2252 45953
anfrage@amterl.at, www.amterl.at

Im Herzen von Baden befindet sich das empfehlenswerte Amterl, das von dem aus der Telekombranche stammenden Patron Michael Dvoracek und Betriebsleiter und Chef de Cuisine Ali Caner geführt wird. Letzterer erfreut mit schmackhaften Kreationen, dazu gibt es eine große Auswahl an regionalen Weinen. In der Bar im Obergeschoß bekommt man Cocktails und verschiedenste Digestive.

## BAD VÖSLAU

### Hawlik's Schlemmereck
Familie Hawlik
2540 Bad Vöslau, Hauptstraße 1
Tel. & Fax +43 2252 75388
hawlik.schlemmereck@aon.at
www.schlemmereck.at

Gemütliches Gasthaus, in dem die Gäste von der Familie Hawlik umsorgt werden. Küchenmäßig setzt man auf eine verfeinerte Hausmannskost aus frischesten Rohstoffen. Je nach Saison werden thematische Schwerpunkte gesetzt; in der hauseigenen Gebietsvinothek lagert alles, was in der Thermenregion Rang und Namen hat.

**Allerley**
Johannes Ley
2540 Bad Vöslau, Tattendorfer Straße 2
Tel. +43 664 5341069
office@allerley.at, www.allerley.at

Von Johannes Ley geführtes Restaurant mit bewusst klein gehaltener Wein- und Speisekarte, die dafür regelmäßig wechselt. Zahlreiche Reisen inspirieren den Koch zu internationalen Gerichten, wobei Schwerpunkte bei regionalen und mediterranen Gerichten gesetzt werden. Die Weinauswahl ist überschaubar, aber mit einigen Verlockungen versehen – neben Österreich auch Deutschland und Frankreich.

## GAADEN

**Landgasthof Pöchhackers Krone**
2531 Gaaden, Hauptstraße 57
Tel. +43 2237 7204
restaurant@kronegaaden.at
www.kronegaaden.at

Ein traditionsreicher Familienbetrieb im besten Sinne ist die Krone in Gaaden, wo Elisabeth und Robert Pöchhacker bereits die sechste Generation darstellen. Hier isst man in angenehmer Atmosphäre ganz ausgezeichnet – Gerichte von klassisch bis modern aus regionalen Zutaten, mit Produkten aus biologischem Anbau. Dazu gibt es regionale Weine.

## GUMPOLDSKIRCHEN

**Heurigen Restaurant 3er Haus**
Sabine Höbarth & Christian Nehr
2352 Gumpoldskirchen, Schrannenplatz 3
Tel. +43 664 7837090
reservierungen@3erhaus.at, www.3erhaus.at

Heurigenschmankerl und gehobene Wirtshausküche, dazu feine Weine aus der Thermenregion und anderen Gegenden und Ländern – etwa Deutschland –, da kann eigentlich nichts schiefgehen. Sabine Höbarth aus der bekannten Gumpoldskirchner Winzerdynastie Roschmann setzt voll auf Regionalität. Gemütliches Haus mit kompetenter Weinkarte und ebensolcher Beratung durch Chef Christian Nehr.

**Gasthof Keller**
2352 Gumpoldskirchen, Am Kanal 12
Tel. +43 2252 62235
info@gasthof-keller.at, www.gasthof-keller.at

Gutbürgerliche Küche von leicht bis deftig, von vegetarisch bis fleischig bekommt man im alteingesessenen Gasthof Keller unterhalb der Bahn am Wiener Neustädter Kanal. Die alle drei Wochen wechselnde Speisekarte ist stark auf saisonale Produkte ausgerichtet, die Weinkarte setzt regionale Schwerpunkte. Essen und trinken kann man bei Schönwetter auch im wettergeschützten Gastgarten, und wer nicht mehr fahren möchte, kann im angeschlossenen Hotel nächtigen.

**Heuriger Spaetrot – Johanna Gebeshuber**
2352 Gumpoldskirchen, Wiener Straße 1
Tel. +43 664 1459159; Tel. +43 2252 62230
johanna.gebeshuber@heuriger-spaetrot.com
www.heuriger-spaetrot.com

Untergebracht in renovierten und modernisierten Räumlichkeiten des legendären Heurigen der Familie Bruckberger im Herzen von Gumpoldskirchen, bietet sich der im Sommer 2012 eröffnete Heurige Spaetrot für Weinfreunde an, die sich nach gehobener Heurigenkultur sehnen: Angeboten werden regionale Spezialitäten mit Schwerpunkt bio – und das auf höchstem Niveau. Wirtin Johanna „Pipsi" Gebeshuber wurde vor nicht allzu langer Zeit zur Heurigenwirtin des Jahres gewählt. An Weinen gibt es die gesamte Palette der Weingüter Spaetrot und Gebeshuber. Angeschlossen ist die „Spaezerei", wo man diverse Spezialitäten bekommt.

**Klostergasthaus Thallern**
Florian Fritz
2352 Gumpoldskirchen, Thallern 2
Tel. +43 2236 53326
office@klostergasthaus-thallern.at
www.klostergasthaus-thallern.at

Florian Fritz führt erfolgreich das ausgezeichnete Klostergasthaus des Stiftsweingutes Heiligenkreuz in Thallern. Die gutbürgerliche Küche zelebriert beste regionale Produkte, dazu gibt es eine exzellente Weinkarte mit regionalen, nationalen und internationalen Highlights zu mehr als moderaten Preisen. Das gemütliche Gasthaus umfasst zahlreiche Gastzimmer und -säle, bei Schönwetter lockt ein herrlicher Garten.

**Freigut Thallern**
GF Katharina Graner
2352 Gumpoldskirchen, Thallern 1
Tel. +43 2236 53477
office@freigut-thallern.at, www.freigut-thallern.at

Das Angebot im Freigut Thallern ist ebenso hochwertig wie vielfältig: Das Freigut ist eine tolle Hochzeitslocation, bietet einen bestens ausgestatteten Seminarbetrieb, verfügt über ein schmuckes Hotel im Grünen mit hochwertigen Zimmern sowie eine bestens bestückte Regionalvinothek, wo auch die gesamte Range der Thallern-Weine angeboten wird.

## GUNTRAMSDORF

**Jagdhof**
Familie Fakler
2353 Guntramsdorf, Hauptstraße 41
Tel. +43 2236 52225
info@jagdhof.cc, www.jagdhof.cc

Landhotel mit angeschlossener Bar, das Restaurant ist derzeit geschlossen. Jeden Donnerstag gibt es eine Raritätenverkostung mit Schätzen aus dem hauseigenen Weinkeller, der neben den „Platzhirschen" aus der Region auch so manche Raritäten aus Frankreich bietet.

## HINTERBRÜHL

### Hotel-Restaurant Höldrichsmühle
2371 Hinterbrühl, Gaadnerstraße 34
Tel. +43 2236 262740
office@hoeldrichsmuehle.at
www.hoeldrichsmuehle.at

In der Höldrichsmühle in der Hinterbrühl im Wienerwald verweilte schon gerne Franz Schubert. Das stimmungsvolle Hotel-Restaurant südlich von Wien ist die passende Location für Seminare und Tagungen, Familienfeiern und Events. Es gibt auch eine hoteleigene Reit- und Voltigier-Sportschule. Im stimmungsvollen Gewölbe oder im lauschigen Gastgarten kann man gut essen und trinken und zu den Mahlzeiten oder zwischendurch Kaffee und Kuchen genießen. Selbstverständlich gibt es eine Selektion an Thermenregion-Weinen.

## MÖDLING

### Babenbergerhof
Carl Breyer
2340 Mödling, Babenbergergasse 6
Tel. +43 2236 222460, Fax -6
hotel@babenbergerhof.com
www.babenbergerhof.com

Das traditionsreiche Haus präsentiert sich mit viel Schwung, in stilvoller Landhausatmosphäre pflegt man moderne Wirtshausküche mit sowohl bodenständigen wie auch kreativen Nuancen; manch mediterraner Einfluss lässt sich nicht verleugnen. Hier kann man „genussfrühstücken", mittags ein herzhaftes Menü einnehmen, untertags Snacks genießen und abends zwischen Wirtshausklassikern, modernen Gerichten mit kreativem Touch und vegetarischen Speisen auswählen. In der hauseigenen Vinothek lagern die Weine ausgesuchter heimischer Winzer, ein Schwerpunkt liegt auf der Thermenregion. Neue Hotelzimmer in aktuellem Design.

### Amterl
2340 Mödling, Kaiserin Elisabethstraße 11
Tel. +43 2236 20888
reservierung.moedling@amterl.at
www.amterl.at

In der Fußgängerzone von Mödling befindet sich das zweite Amterl, Ableger des Badener Stammhauses von dem aus der Telekombranche stammenden Patron Michael Dvoracek und Betriebsleiter und Chef de Cuisine Ali Caner. Es gibt Menüs und schmackhafte Kreationen, dazu eine große Auswahl an regionalen Weinen.

## MÖLLERSDORF

### Hotel-Restaurant Holzinger
Dagmar und Martin Schotte
2514 Möllersdorf, Teichgasse 2
Tel. +43 2252 52455, Fax -4
info@hotel-holzinger.at
www.hotel-holzinger.at

Seit 1959 bestehendes, für sehr gute Hausmannskost bekanntes Restaurant, in dem 2015 eine neue Genuss-Philosophie eingeführt wurde, die auf regionale und nachhaltige Küche setzt, die Grundprodukte stammen durchwegs von ausgesuchten Erzeugern. Der Schwerpunkt liegt auf biologischen Spezialitäten, vegetarischen und veganen Gerichten wird viel Raum gewidmet. Die Weinliste ist rein österreichisch mit Schwerpunkt Thermenregion.

## PERCHTOLDSDORF

**Alexander**
2380 Perchtoldsdorf, Marktplatz 10
Tel. +43 1 8659759
alexander@dasrestaurant.com
www.dasrestaurant.com

Das neue Rathausrestaurant heißt jetzt Alexander; in den luftig gestylten alten Gewölben wird mittags bis 16 Uhr klassische bodenständige Gasthausküche serviert, abends kann man ausschließlich nach Reservation ab zehn Personen dinieren. Wunderschöner Innenhof, Bar und Zigarrenzimmer, dazu eine kleine Weinkarte mit süffigen Weinen.

## SULZ IM WIENERWALD

**Landgasthaus Stockerwirt**
Katharina und Georg Stocker
2392 Sulz im Wienerwald, Hauptstraße 36
Tel. +43 2238 82590
www.stockerwirt.com

Katharina und Georg Stocker pflegen in ihrem Landgasthaus Stockerwirt in Sulz im Wienerwald Gastlichkeit auf hohem Niveau, die mittlerweile immer mehr Genießer auch von weither anlockt. Serviert wird traditionelle österreichische Küche – mit frischen, gesunden Zutaten aus der Region. Saisonale Highlights sind unter anderem Wild oder Marchfelder Spargel. Toll sortierte, grandiose wie umfangreiche Weinkarte, die 2700 Positionen umfasst! Der Gastgarten mit Teich ist eine Sache für sich, Wintergarten und offener Kamin schaffen ein besonderes Ambiente. Der Charme einer Wirtshausstube wird hier perfekt mit den Ansprüchen der Moderne verbunden.

## TATTENDORF

**Landgasthaus im Weingarten Johanneshof**
2523 Tattendorf, Im Weingarten 1
Tel. +43 2253 8142316
essen@thomasimjohanneshof.at
www.j-r.at/restaurant/

Das Restaurant im Johanneshof Reinisch ist jüngst nach Zusammenarbeit mit diversen Pächtern und wechselnden Konzepten wieder in Familienhand übergegangen. Seit Kurzem kocht hier Thomas Reinisch, Sohn von Johannes, der nach seiner Ausbildung in Baden und verschiedenen kulinarischen Stationen (zuletzt Döllerer) heimgekehrt ist. Vom Angebot her soll der Betrieb zwischen Wirtshaus und Restaurant angelegt sein, das angenehm überschaubare Speisenangebot bietet für viele Präferenzen die passenden Speisen, Kindergerichte gibt es auch. Das Getränkeangebot umfasst natürlich die gesamte Palette an Johanneshof-Weinen, dazu ausgesuchte Kreszenzen aus der Thermenregion, Restösterreich und anderen Ländern, darüber hinaus aber neben allerlei Alkoholfreiem auch mehrere frisch gezapfte Biere und diverse Spirituosen.

**Weingasthaus Rebhof Schneider**
2523 Tattendorf, Badner Straße 1
Tel. +43 2253 81428
office@rebhof-schneider.at,
www.rebhof-schneider.at

Gepflegte Gastlichkeit und herzliche Gastfreundschaft werden im empfehlenswerten Weingasthaus Rebhof Schneider geboten. In der gemütlichen Gaststube, im hellen Wintergarten und im idyllischen Gastgarten wird verfeinerte regionale Küche serviert. Selbstverständlich bekommt man hier eine breite Auswahl an Weinen vom benachbarten Weingut Schneider, aber auch von renommierten Weingütern aus ganz Österreich.

## WIENER NEUSTADT

**Altes Backhaus**
Bernhard Gruber
2700 Wiener Neustadt, Bahngasse 1
Tel. +43 2622 81089
restaurant@altes-backhaus.at
www.altes-backhaus.at

Bernhard und Petra Gruber führen diese kulinarische Wiener Neustädter Institution im historischen Gebäude einer ehemaligen Bäckerei. Regionale Produkte, aber auch ein neugieriger Blick über Österreichs Grenzen hinaus kennzeichnen die Küchenlinie. Sehr abwechslungsreiche Weinkarte mit heimischen Gewächsen sowie leistbaren Positionen aus Deutschland, Frankreich, Italien und Spanien.

**Marienmarkt**
2700 Wiener Neustadt, Am Hauptplatz
www.marienmarkt.at

Auf dem beliebten Marienmarkt in Wiener Neustadt findet man zahlreiche Standln mit kulinarischen Köstlichkeiten verschiedenster Art. Seit Kurzem gibt es auch eine Außenstelle der Gebietsvinothek Thallern, wo mehr als 25 Winzer aus der Thermenregion, von Perchtoldsdorf bis Lanzenkirchen, eine Auswahl ihrer Weine präsentieren.

Unabhängiger Qualitätsjournalismus.
Bürgerlich-liberal.

Die Presse
Seit 1848

Nachrichten. Meinung. Magazin.
Gedruckt. Digital. Audio. Video. Events.

## Ode.

Ausland
Europa
Inland
Österreich
Wien
Wirtschaft
Finanzen
Feuilleton
Sport
Debatte
Mein Geld
Rechtspanorama
Geschichte
Wissen
& Innovation
Immobilien
Management
& Karriere
Bildung
Reise

Die Presse
Die Presse am Sonntag
Schaufenster
Spectrum
Fahrstil
Geschichtemagazin
Kulturmagazin
Gesundheitsmagazin
Die Presse im Ersten
UniLive
Private Banking
Luxury Estate
Luxury Living
Luxury Times

# Die Presse

# WIEN

Der Name der Bundeshauptstadt Wien geht auf das römische Vindobona und das nachrömische Venia zurück. Wohl die Ersten waren die Kelten, die Wein rund um das heutige Wien angebaut haben. Auf eine geordnete Grundlage wurde der Wiener Weinbau aber sicherlich erst durch die Römer gestellt, deren Soldatenkaiser Marcus Aurelius Probus im Jahre 276 das bestehende Pflanzverbot für Reben aufgehoben hat.

Im späten Mittelalter erlebte dann der Wiener Weinbau eine erste Hochblüte. Damals waren nicht nur die Heurigenvororte mit Weinreben bestockt, sondern auch Teile der Innenstadt sowie nahezu der gesamte dritte und vierte Bezirk. Nach den Zerstörungen durch die Türkenkriege hat sich der Wiener Weinbau in die Vororte zurückgezogen, wo er bis heute überlebt hat. Der Großteil der Wiener Weingartenfläche ist heute an den nördlichen und nordöstlichen Wienerwald-Ausläufern im Gemeindebezirk Döbling gelegen, wo zum Teil ausgeprägte Muschelkalkböden vorherrschen, die den Weinen viel Mineralität verleihen, und wo die Niederschlagsmengen etwas höher sind als am linken Ufer der Donau.

Die Weinbaufluren rund um den Bisamberg teilen sich die drei Weinbauorte Strebersdorf, Jedlersdorf und Stammersdorf, wo Löss- und Braunerdeböden, aber auch schottriger Untergrund vorherrschen. Während aus den Döblinger Lagen die Rieslinge vom Nussberg und aus den Grinzinger Rieden vielleicht das höchste Ansehen genießen, fühlen sich die Reben der weißen Burgunderfamilie rund um den Bisamberg besonders wohl und liefern beachtliche Weine. Mit kleinen Weingärten in Ottakring, Dornbach und Oberlaa im äußersten Südosten besitzt Wien auch drei winzige Weinbau-Enklaven. Das dritte, etwas größere Gebiet ist in Mauer und Rodaun im äußersten Südwesten situiert, wo Muschelkalkböden mit schweren Lehmböden abwechseln und durchaus eine Vergleichbarkeit mit den angrenzenden Weinherkünften der nördlichen Thermenregion besteht. In den letzten Jahren haben Rotweine aufhorchen lassen, wenn auch das derzeitige Verhältnis Weiß zu Rot von 80 zu 20 wohl als zweckmäßig beibehalten wird.

Der Aufschwung des Wiener Gemischten Satzes, der 2013 eine neue DAC bekommen hat, ist ungebrochen. Gegenwärtig nimmt der Gemischte Satz schon rund 38 Prozent der Rebfläche der Bundeshauptstadt ein und ist damit der wichtigste Wein seiner Herkunft. Gemäß DAC-Regelwerk darf der größte Sortenanteil einer Rebsorte nicht höher als 50% sein, der drittgrößte Anteil muss zumindest 10% ausmachen. Weine ohne Riedenangabe müssen trocken und ohne markanten Holzgeschmack sein, sie dürfen ab dem 1. Dezember des Erntejahres verkauft werden. Zusätzlich ist der Wiener Gemischte Satz DAC auch mit einer Lagenbezeichnung zulässig. Lagenweine müssen nicht der Geschmacksangabe „trocken" entsprechen und dürfen nicht vor 1. März des auf die Ernte folgenden Jahres verkauft werden. Der Alkoholgehalt muss in jedem Fall mindestens 12,5% betragen.

582 Hektar Weinanbaufläche
Die wichtigsten Rebsorten:
Gemischter Satz, Grüner Veltliner,
Riesling

# NOTIZEN

## Weingut
# Bernreiter

**Peter Bernreiter**
1210 Wien, Amtsstraße 24–26
Tel. +43 699 11714760
office@bernreiter.at, www.bernreiter.at
11 Hektar, W/R 80/20, 30.000 Flaschen/Jahr

Das Weingut Bernreiter ist seit ca. 100 Jahren in Jedlersdorf ansässig. In den Neunzigern führte Peter Bernreiter dieses Weingut zu den führenden in Wien. Naturnaher Weinbau ist Selbstverständlichkeit. So wurde noch niemals in seinen Weingärten Herbizid eingesetzt. Die Weingärten befinden sich zu 100 % in Stammersdorf.
Hauptrebsorte ist hier der Wiener Gemischter Satz – den man in Wien getrost als Sorte bezeichnen kann. Vor dem Grünen Veltliner. Beeindruckend ist sein Wiener Gemischter Satz DAC Ried Gabrissen. Überragend präsentieren sich die Weine aus der Burgunderfamilie – ein herrlicher Weißburgunder, ein superber Chardonnay und ein außergewöhnlicher Grauburgunder. Dass diese Weine zu reifen verstehen, muss man nicht näher erläutern.
In diesem Weingut finden auch Veranstaltungen der Freunde der Wiener Staatsoper statt mit Proponenten aus dem Ensemble der Oper. *as*

### WIENER GEMISCHTER SATZ DAC

★★ S €€ GS
**2023 Wiener Gemischter Satz DAC** + (SB/PB/GV) Ein kräuterwürziger, dezent pfeffriger Gemischter Satz, der eher leichter wirkt als er ist (12,9 % Vol.), Apfelnoten, bisschen nach Mandeln, ein Hauch Cassis, guter Druck.

★★★ S €€ GS
**2023 Wiener Gemischter Satz DAC Bisamberg** + (GT/GV/CH/PB) Ein dunkel getönter, hochwertiger Ortswein, der im Glas nach einiger Zeit so richtig aufblüht. Gewürzsträußchen, Kräuter, Zitrus, ein Hauch Pfirsich, Ananasnoten, Rosenblüten, gelbfruchtig, etwas Marille, ungemein elegant, dezenter exotischer Touch.

★★★ S €€€ GS
**2023 Wiener Gemischter Satz DAC Ried Gabrissen** + (GV/RI/PB/PG) Sattes Gelb, feine Exotik, Kern- und Steinobst, frische Kräuter, gelbe Früchte, feingliedrig, gediegen, Ananas, Mango, feinstrahlig, feine Würze, angenehme Säure, ruhig und besonnen, voller Pikanz, cremige Textur, schmelzige Fülle. Suchtpotenzial!

### WIEN

★★ S €€ GM
**2023 Gelber Muskateller** + (Falkenberg) Ein kräftiger, fast mächtiger Muskateller mit doch etwas großzügigem Alkohol, benötigt unbedingt Flaschenreife, Grapefruit, Zitrus, etwas Zimt, Muskatnuss, Gewürz- und Kräuternoten, gute Länge.

★★ S €€ GV
**2023 Grüner Veltliner** + Gelbfruchtig, lössige Intension, Pfefferwürze, Stein- und Kernobst, etwas Quitte, Zitrus, tolle Fruchtwürze, körperreich, in sich harmonisch, saftig, angenehme Säure, sortentypisch und wunderbar zu trinken.

★★★ S €€€ GV
**2023 Grüner Veltliner Ried Rothen** + Ein anfangs etwas ambivalenter Wein, Reduktionsnoten, am Gaumen eng, salzig-mineralisch, bisschen Apfel, Pfeffer, Grapefruit, kandierte Zitrusfrüchte, animierender Gerbstoff. Der Wein hat für mich ein hohes Potenzial. Sollte man nicht vor dem Herbst genießen.

★★★ S €€ PB
**2023 Weißburgunder** + (Ried Erdln – 29 Jahre alter Weingarten am östlichen Ende von Stammersdorf) So liebe ich Weißburgunder – das charakteristische Nusserl gepaart mit köstlicher Würze, mandelige Töne, elegant, schmelzig, weinig, druckvoll mit feinen Fruchtnoten, distinguierte Fülle, von adeliger Noblesse durchdrungen. Der perfekte Wein zur Wiener Küche.

★★★ S €€ CH
**2023 Chardonnay** + (Ried Zwergbreitel) Chardonnay unplugged, kein Holzeinsatz, trotzdem mit feinen Vanillenoten, frische Kräuter, Steinobst, Apfelnoten, Zitrus, ein Hauch Zimt, rauchig, engmaschig, kompakt, kernig strukturiert, gute Länge, der geht auf die Reise.

★★★★ S €€€ PG **TIPP**
**2023 Grauburgunder** + (Ried Erdln und Ried Gabrissen) Ein grandioser Grauburgunder, der alle Stückerln spielt – mit dem Feeling des Weißburgunders und der kernigen Art des Chardonnays – dicht strukturiert, engmaschig, würzig, getrocknete Blumen, etwas Kümmel, Bratapfel, Quitten, exotische Töne, Ananas, Orangenzesten, feine Frucht, schmelzige Eleganz, enorm lang abgehend. Das ist einer der besten Grauburgunder des Landes. Der steht wie eine 1.

# Weingut Christ

**Rainer Christ**
1210 Wien, Amtsstraße 10–14
Tel. +43 1 2925152
info@weingut-christ.at, www.weingut-christ.at
25 Hektar, W/R 80/20, 120.000 Flaschen/Jahr

Rainer Christ hat mit dem aktuellen Jahrgang, mit dem er von Anfang an höchst zufrieden war, eindrucksvoll bewiesen, dass sein Weingut zu den allerbesten der Bundeshauptstadt zählt. Schon das Quartett der Wiener Gemischten Sätze überzeugt voll und ganz, wobei die größte Steigerung interessanterweise mit dem „klassischen" Gebietswein gelungen ist. Überhaupt sind die vier Versionen qualitativ noch enger zusammengerückt, ohne dass dadurch die Ausnahmestellung der Ersten Lage Wiesthalen geschmälert werden kann. Dieser Cru fällt übrigens ebenso wie der hochelegante Riesling Zwerchbreiteln durch seine rassige Säurestruktur auf. Weitere Highlights realisieren die Veltliner Bruch und Gabrissen sowie die beiden Weißburgunder namens Vollmondwein und Falkenberg; speziell Letzterer zählt fraglos zu den besten Exemplaren, die österreichweit aufzufinden sind.

Auf dem roten Sektor ist nunmehr der Jahrgang 2020 auf dem Markt, der naturgemäß etwas schlankere und leichtere Gewächse ergeben hat, die aber mit Spannung und Trinkfluss durchaus überzeugen können. Der bekannte Jedlersdorfer Heurige wurde übrigens einem gründlichen Relaunch unterzogen, der zu einem ungewöhnlich eleganten Ambiente geführt hat und den ebenso eleganten Christ'schen Weinen in Zukunft eine adäquate Spielstätte bieten wird. *vs*

## WIENER GEMISCHTER SATZ DAC

★★★ S €€ GS  **FUN**
**2023 Wiener Gemischter Satz** + Punktet von Anfang an mit bildhübschen wie dezenten Fruchtaromen, Anklänge von Apfel, Kürbis und Rhabarber, viel Schliff, schlank und frisch unterwegs, voll Elan und Fruchtcharme, salopp und offenherzig, hoher Trinkspaß-Faktor.

★★★ K €€€ GS
**2023 Wiener Gemischter Satz Petershof Bisamberg** + Blütenduft gepaart mit Birne, diesmal ganz auf der hellfruchtigen Seite, schwungvoll und vital, Zitronat und Mandarine, viel Zug, aber auch cremige Delikatesse, strukturgebender Gerbstoff vor dem Abgang.

★★★★ K €€€ GS
**2023 Wiener Gemischter Satz Bisamberg** + Saftige Steinobstfrucht, vor allem vollreife Marille, dominiert die Nase, sehr dicht und fleischig, aber auch geschmeidig, gute Balance und dunkle Würzenote, polstert den Gaumen aus und bleibt lange haften.

★★★★ K €€€ GS  **TOP**
**2022 Wiener Gemischter Satz Ried Wiesthalen IÖTW** + Überaus florales Entree, Fliederduft, komplex wie nunanciert, dabei glockenklar, Orange und Mango am Gaumen, ein Wein zum Kauen, der ein wahres Feuerwerk an Fruchtaromen abbrennt, extraktsüß und kraftvoll, doch nie üppig – ein brillanter Wiener Gemischter Satz!

## WIEN

★★ S €€ GV
**2023 Grüner Veltliner Bisamberg** + Hirschbirne und Quitte im recht herben Bukett, agil und zupackend, kompakt und kernig bei schlanker Statur, angedeutetes Pfefferl, etwas Gerbstoff im Abgang.

★★★ S €€ GV  **FUN**
**2023 Grüner Veltliner Bruch** + Reintöniger Auftakt mit Honigmelone und Ringlotte, lebhaft und erfrischend, straff wie temperamentvoll, erneut vom gelbfruchtigen Aromenreigen geprägt, viel Charme und Pikanz, besitzt Trinkfluss und Rasse.

★★★★ S €€€ GV  **TIPP**
**2023 Grüner Veltliner X Ried Gabrissen** + Mineralisch anmutende Terroirnote und chiliartige Würze bilden den bildhübschen Auftakt, beschwingt und vital, ganz helle Fruchtnuancen nach Limette und Kiwi, fein gezeichnet, sehr eigenständige Veltliner-Stilistik, druckvoll, engmaschig und rassig bis zum langen Nachhall.

★★★ S €€ RI
**2023 Riesling Ried Wiesthalen** + Minze, Limette und Saturnpfirsich im animierend-frischen Duftreigen, glasklar und konturiert, kühle Untertöne, Menthol und Zitrusfrüchte am Gaumen, viele Details, leichtfüßiger, eleganter Stil, passender Säurefonds.

★★★ S €€€€ RI TIPP
**2023 Riesling Ried Zwerchbreiteln** + Aus 50-jährigem Rebbestand kommt dieser finessenreiche Riesling: gelber Pfirsich und Kirschpflaume, zartgliedrig und agil, viel Schwung, sehr, sehr fein gezeichnet, Limette und Wacholder, kühle Eleganz und markante Säure, facettenreich bis zum langen, rassigen Nachhall.

★★★ S €€€ CH
**2023 Chardonnay** + Klare Birnenfrucht, auch ein bisschen Banane und Striezel, offenherzig und einladend, helle, knusprige Frucht, viel Grip, nervig und fruchtbetont, klar strukturiert.

★★★ S €€€ PB
**2023 Weißburgunder Der Vollmondwein** + Gelbfruchtiger Schliff von Anfang an, Biskuit und ganz reife Marillen, pointiert und entgegenkommend, äußerst saftig, cremiger Schmelz, nahezu exotisches Fruchtspiel, auch kurz nach Vollmond verkostet gut in Form.

★★★★ K €€€€ PB TIPP
**2022 Weißburgunder Ried Falkenberg IÖTW** + Im reichhaltigen sowie vielfältigen Duft reihen sich Biskuit, Papaya und Zuckermelone aneinander, ausgereift und ganz eng verwoben, körperreich, ja nahezu mächtig, aber auch feinkörnig, von kalkig-kreidigen Untertönen durchzogen, dadurch viel Spannkraft und Temperament, extraktsüß und komplex, salzige Note im langen Abgang, Riesenpotenzial.

★★★ S €€ SB
**2023 Sauvignon Blanc Ried Breiten** + Cassis und Geißblatt, frisch gekalkte Wand im blitzsauberen, eindringlichen Bukett, pfeffrige Pikanz, auch kühle Note, am Gaumen exotische Anklänge von Sternfrucht und Maracuja, mittlere Maschen, lebhaft und charakteristisch, zartbitterer Abgang.

★★ S €€ GM
**2023 Gelber Muskateller** + Traubiger Auftakt, nach Holunderblüten und Litschi, spritzig und unbeschwert, schlanke Textur, frisch und anregend, vielseitig einsetzbarer Sommerwein, der frühen Trinkpaß garantiert.

★★★ K €€€ TR
**2022 Traminer Ried Kirchberg** + Archetypisches Bukett nach Rosenblüten, Litschi und Ingwer, zwar markant, aber nicht zu intensiv, feinstrahlig und nuanciert bei mittlerem Volumen, sehr präzise strukturiert und beintrocken, erst am Beginn.

★★★ S €€ ZW
**2023 Rosé Petershof** + (ZW) Sehr helles Rosa, nach Weihrauch und Menthol, zisch-frisch und anregend, feinfaserig und fruchtbetont, Erdbeeren und rosa Grapefruit, schlank, aber straff und griffig, leichtfüßiger, charmanter Rosé mit einigem Anspruch.

★★★ K €€ ZW
**2021 Blauer Zweigelt** + Weichseln plus Zwetschken im pikanten, griffigen Bukett, überraschend fest gewoben und kernig, kompakt und nuanciert bei mittleren Maschen, dunkle Würze, eine Spur erdig, noch etwas rauer Charme, insgesamt aber eine sehr positive Entwicklung.

★★★ K €€€ SY
**2020 Shiraz** + Jod und Teeblätter in der unverkennbaren Nase, auch teerige Untertöne, quasi klassische Stilistik, agil und fordernd, jahrgangsbedingt etwas schlanker strukturiert, bietet aber Spannung und Trinkfluss, kräftiger Tanninfonds zum Abschluss.

★★★ K €€€ CR
**2020 Mephisto** + (ZW/CS/ME) Kühle Frische zu Beginn, Anklänge von Kirschkompott und Zimt, dann auch schotige Pikanz, derzeit deutlicher Cabernet-Einfluss, ganz juvenil, gesunde Härte und noch schmeckbare Holznote, dunkle Würze und kräftiges Tanninnetz zum Finale – verwirklicht ebenso wie der Zweigelt einen gewissen Paradigmenwechsel.

★★★★ K €€€€ CR TIPP
**2020 XXI** + (ME/CS) Mit Tomatenrispen, roten Schoten und Ribiseln gibt der Merlot momentan den Ton an, viele Facetten und solider Körperbau, zahlreiche Fruchtfenster, nach Nougat und schwarzen Kirschen, sehr reizvoll und harmonisch, schokoladiger Schmelz und mürbe Tannine vor dem relativ langen Abgang.

★★★ K €€€€ PN
**2020 Pinot Noir Kastanienwald** + Nächst der Ried Wiesthalen wächst dieser modellhafte, wenngleich diesmal recht schlank und leicht geratene Pinot heran, Anklänge von Menthol, Granatapfel und Kornelkirsche, kühl und erfrischend, sehr zart, doch nuanciert, Verbene und weißer Spargel, gute Anlagen, benötigt wohl noch ein wenig Flaschenreife.

# NOTIZEN

# Weingut
## Wien Cobenzl

1190 Wien, Am Cobenzl 96
Tel. +43 1 3205805, Fax +43 1 3282286
office@weingutcobenzl.at, www.weingutcobenzl.at
60 Hektar, W/R 80/20, 400.000 Flaschen/Jahr

Unter der Leitung von Thomas Podsednik werden Weingärten in Grinzing, am Nussberg und am Bisamberg bio-zertifiziert und Nachhaltig Austria zertifiziert bewirtschaftet. Man verfügt über drei Erste Lagen 1ÖTW wie Ried Steinberg, Ried Seidenhaus – Grinzing und am Nussberg die Ried Preussen. Das Weingut ist Mitglied im erlauchten Kreis von WIENWEIN und Mitglied der Traditionsweingüter. Das sind beste Referenzen. Um in diesen Vereinen zu bestehen, müssen die Weine erstklassig sein. Die Verkostung meinerseits bestätigte das. Höchst authentische Wiener Gemischte Sätze, großartige Rieslinge, noble Weißburgunder und herrlich pfeffrige Grüne Veltliner nebst einem formidablen 2018 Sieveringer Pinot Noir Ried Bellevue. Ein kompakter 2018 Sekt g.U. Wien Wiener Gemischter Satz ist ein überaus hochwertiges Produkt, sollte unbedingt zum Essen gereicht werden.

Sehr zu begrüßen ist der Umstand, dass die Weine in Ruhe reifen können. Erste Lagen liegen ein Jahr im Fass. Die Weine des Jahrgangs 2023 kommen erst peu à peu in den Verkauf. Ganz ohne Druck. *as*

### WIENER GEMISCHTER SATZ DAC

★★ S €€ GS  FUN
**2023 Wiener Gemischter Satz DAC** + Ungemein duftig, immer kühl, voller Frische, Äpfel, Birnen, Quitten, Grapefruit, Kräuterwürze, unkompliziert süffig. Macht echt Spaß.

★★★ S €€ GS
**2023 Wiener Gemischter Satz DAC Ried Nussberg** + (RI/CH/GV) Einige Mineralität ausstrahlend, ein kompakter Ortswein, saftig, cremige Textur, feine Würze, balanciert, elegant, feingliedrig, Kernobst, etwas Quitte, Pfirsichnoten, Zitrus, frische Kräuter, absolut hochwertig.

★★★ S €€ GS
**2023 Wiener Gemischter Satz DAC Ried Grinzinger Reisenberg** + (10 verschiedene Rebsorten) Kühl und filigran, frische Kräuter, Kern- und Steinobst, Orangenzesten, cremig, elegant, balanciert. Ein zartbesaiteter, saftiger, vielschichtiger, unglaublich feiner Grinzinger.

### WIEN

★★ S € GV
**2023 Grüner Veltliner** + Feinwürzig mit Pfeffernoten, frischer Apfel, bisschen Birne, Pomelo, knackige Frische, geradlinig, lebendig mit Stil. Ein fescher Grüner Veltliner von unaufgeregtem Auftritt.

★★★ S €€ GV
**2023 Grüner Veltliner Grinzing** + Ein Korb gelber Früchte, saftige Birnen, dezente Exotik, würzig, tolle Frucht, Pfeffernoten, stilvoll, elegant, guter Druck nach hinten, die Grinzinger Feinheit voll ausspielend.

★★★ S €€ GV
**2022 Grüner Veltliner Ried Pfeffer – Sievering** + Ein gehaltvoller, reichhaltiger, gelbfruchtiger, würziger, eleganter Grüner Veltliner. Cremige Textur, etwas Vanille von teilweisen Holzfassausbau, feine Fruchtfülle, Mango, Maracuja, gelber Apfel, Orangenzesten, dezent rauchig, in sich harmonisch.

★★★ S €€ RI
**2022 Riesling Nussberg** + Steinobst, Ananas, Rhabarber, Marillen, Zitrus, Apfelnoten, Blütenhonig, feine Exotik, tolle Säure, ungemein süffig, elegant und verführerisch, filigran, charmant, feine Frucht. Ein dezenter Restzucker adelt diese Döblinger Kreszenz.

★★ S €€ PB
**2023 Weißburgunder Grinzing** + Ein nobel strukturierter Wein, gelbe Früchte, Pfirsichnoten, Nelken, Mandeltöne, Zitrusnoten, Kräuterwürze, immer elegant, feine Frucht, angenehme Säure, aus einem Guss.

★★★ S €€ PB  TIPP
**2022 Weißburgunder Ried Grinzinger Reisenberg** + Ein Wein in seiner ersten Reife, hochelegant, Kamille, Nelken, Mandelsplitter, gelber Apfel, feine Exotik, Ananas, Honigmelone, schmelzige Noten, cremig, gediegen, voller Harmonie.

★★ K €€€ PN
**2018 Pinot Noir Ried Bellevue – Sievering** + (24 Monate Barriqueausbau) Ein Pinot Noir voller Typus, Waldbeeren, Zwetschken, Pilze, Unterholz, feine Frucht, gereift, jetzt wunderbar zu trinken, warmes Timbre, gute Länge. Ein ruhiger und besonnener Rotwein.

### ÖSTERREICH

★★★ K €€€ GS  TIPP
**2018 Sekt Brut Reserve g.U Wien Wiener Gemischter Satz Reisenberg** + (Méthode Traditionelle, handgelesen) Ein gereifter Sekt mit Andeutungen von Brotkruste, reifer Pfirsich, Kernobst, Biskuitnoten, angenehme Säure, salzige Noten, Senfsaat, würzig, absolut reife Trauben, cremig, harmonisch, gute Länge.

## Weingut
# Edlmoser

**Michael Edlmoser**
1230 Wien, Maurer Lange Gasse 123
Tel. +43 1 8898680, Fax +43 1 8860181
office@edlmoser.com, www.edlmoser.com
15 Hektar, W/R 80/20

Der Paradigmenwechsel in Richtung leichterer und trinkfreudiger Weine, den wir bei Michael Edlmoser im Vorjahr konstatiert haben, wurde durch den vollreifen Jahrgang 2023 etwas abgeschwächt, dennoch lassen schon der Gebietswein und der Ortswein vom Gemischten Satz die hohe Qualität erahnen, welche die Lagenweine bieten werden. Aber auch die 2022er sind wohlgelungen und lassen die lange sommerliche Trockenphase vergessen. Durch einen extrem langsamen Pressvorgang erscheinen sie besonders delikat und cremig, wie schon der hellfruchtige, feinstrahlige Himmel beweist. Noch ein wenig mehr Finesse und Komplexität vermittelt dann der beste Wein des Hauses in Gestalt des formidablen Sätzen.

Weitere Fortschritte realisieren die beiden untadeligen Veltliner, denen der kalkige Boden viel Grip verleiht, und die beiden Rieslinge lassen, wie erwartet, keine Wünsche offen. Das Warten auf den konzentrierten und vielfältigen Top-Wein Kalkstein sollte der mundwässernde, elegante wie rassige Maurerberg sinnvoll verkürzen. Einen weiteren Höhepunkt verwirklicht dann der gelbfruchtige, vielschichtige Weißburgunder, der als Jubiläumswein zur 650-Jahr-Feier von Familie Edlmoser wohl die genau richtige Wahl ist. Noch ein bisschen Ruhephase wollen wir hingegen dem mehr als wuchtigen Sauvignon Blanc aus 2023 einräumen. Noch leichtfüßiger als bisher präsentiert sich der kühl strömende Erbstück St. Laurent, der als roter Begleiter zur sommerlichen Grillerei gute Figur machen sollte. Auch der die Rebsorte punktgenau vermittelnde „La Paz" Syrah geht nunmehr in eine wesentlich frischere, trinkfreudige Richtung. *vs*

## WIENER GEMISCHTER SATZ DAC

**★★★ S €€ GS**
**2023 Wiener Gemischter Satz** + Pfeffrige Würze gepaart mit Klarapfel, beschwingt und erfrischend, kompakt und pfiffig, Roggenbrot, kernig, schlanke Textur, viel Trinkspaß, der höhere Veltliner-Anteil hat sich bewährt.

**★★★ S €€€ GS**
**2023 Maurerberg Wiener Gemischter Satz** + Fruchtbetonter Auftakt mit Ringlotte und Birne, auch tabakige Würze, burgundische Ausrichtung, ungewöhnlich kraftvoll, doch straff und kompakt, leicht kreidige Note, viel Zug vor dem Abgang.

**★★★★ S €€€ GS** `TIPP`
**2022 Ried Himmel Wiener Gemischter Satz IÖTW** + Anfangs etwas verkapselt, spielt sich jedoch rasch frei, Blütenhonig und Melisse, sehr helle Fruchtkomponenten, feinkörnig wie balanciert, cremige Delikatesse, wieder akzentuiert und vielfältig, rundum gelungen.

**★★★★ S €€€ GS** `TOP`
**2022 Ried Sätzen Wiener Gemischter Satz IÖTW** + Bezauberndes Duftspiel nach Orangenzesten und Salzkaramell, nuanciert wie komplex, geht sofort in die Tiefe, körperreich, aber nie übermächtig, Ananas und weißer Nougat, ganz feine Klinge, extraktsüß und ausdauernd, Riesenpotenzial.

## WIEN

**★★★ S €€€ GV**
**2023 Maurerberg Grüner Veltliner** + Grüner Spargel und Eisenkraut in der Nase, salopp und ungekünstelt, herzhaft, ja kernig, doch ausgewogen, etwas Agrumen und Rhabarber, kreidige Akzente, viel Spannung und Biss.

**★★★★ S €€€€ GV**
**2022 Grüner Veltliner Ried Sätzen IÖTW** + Pfeffriger Start, chiliartige Würzenote, Kernobst und Verbene im Hintergrund, herzhaft und fest verwoben, druckvoll und sehr straff, kreidige Akzente, körperreich und zupackend, sehr eigenständige Veltliner-Version.

**★★★★ S €€€ RI** `TIPP`
**2022 Maurerberg Riesling** + Einladendes, feingliedriges Bukett nach Wiesenkräutern und Limetten, sehr pikant und animierend, roter Pfirsich und etwas Stachelbeere, kreidige Momente, ein besonders hübscher, nuancenreicher Ortswein, der sogleich Lust auf das nächste Glas macht, rassig ausklingend.

**★★★★ S €€€€ RI** `TIPP`
**2022 Riesling Kalkstein Ried Sätzen IÖTW** + Noch ganz jugendlich und zu Beginn etwas verkapselt, helle Fruchtaromen und ein wenig Reduktion, am Gaumen schon weiterentwickelt, fleischig und extraktsüß, hohe Konzentration, weiße Pfirsiche und Yuzu, viel Finesse, das kalkige Terroir verleiht zusätzliche Struktur, lang und eigenständig, ein weiterer Top-Riesling aus Mauer beginnt sich abzuzeichnen, legt mit Luft stetig zu.

**★★★★ S €€€€ PB** `TIPP`
**2022 Weißburgunder Ried Himmel IÖTW** + Der Jubiläumswein beginnt überschwänglich und doch fein liniert: Mandelgebäck im Verbund mit Marillenröster und Physalis, beweist Saft und Kraft, alles jedoch gut ausgewogen, mächtig, aber nicht opulent, delikater Schmelz und perfekte Harmonie – ein wahrhaft würdiger Festwein, der noch ein langes Leben vor sich hat. Bravo, Maestro!

**★★★★ K €€€ SL** `FUN`
**2022 Erbstück St. Laurent** + Zwetschken, Weichseln und Lakritze prägen die Nase, straff und pikant, schlanke Mitte, saftig, kühl und erfrischend, ein zarter Rotweintyp, der gekühlt auch im Hochsommer erfreuen wird.

**★★★ K €€€€€ SY**
**2021 La Paz** + (Syrah) Duftspiel nach Lagerfeuer, Eukalyptus und Sauerkirschen, authentisch und zupackend, traubig und schwungvoll, rauchig unterlegt, kühle Eleganz, leichtfüßig und verspielt bei mittlerem Volumen, viel Trinkfluss, erst am Beginn der Entwicklung.

## Weingut
# Fuhrgassl-Huber

**Thomas Huber**
1190 Wien, Neustift am Walde 68
Tel. +43 1 440140512
weingut@fuhrgassl-huber.at, www.fuhrgassl-huber.at
37 Hektar

Die umfangreiche Palette, die Thomas Huber Jahr für Jahr vorstellt, erlaubt eigentlich keine längeren Vorreden: Deshalb sei gleich ausdrücklich auf die beiden diesmaligen Stars in Gestalt des finessenreichen Gemischten Satzes und des vielschichtigen Grünen Veltliners aus dem uralten Rebbestand der Nussberger Paradelage Gollin verwiesen. Wieder einmal als prachtvoller Aperitif präsentiert sich der rare Rote Muskateller, und auch die dem Terroir verpflichteten Rieslinge namens Muschelkalk und Ried Preussen sowie die neue Cuvée Sandstein, in der Sauvignon Blanc den Ton angibt, sind wohlgelungen. Erstmals gibt es auch ein als Quintessenz getauftes Duo unfiltrierter, bloß leicht maischig anmutender Weißweine vom Pinot Blanc und Traminer, wobei vor allem Letzterer sehr schön die Waage zwischen exotisch anmutendem Fruchtspiel und Natural-Wine-Charakter hält.                *vs*

### WIENER GEMISCHTER SATZ DAC

★★★ S €€€ GS
**2023 Wiener Gemischter Satz Ried Mitterberg** + Satte Kernobstfrucht sowie etwas Maroni, ausgereift, vital und lebhaft, kräftiger Körperbau, fleischig, ja fast opulent, recht streng im Abgang, braucht noch Flaschenreife.

★★★ S €€€ GS                                                TIPP
**2022 Wiener Gemischter Satz Ried Gollin 1ÖTW** + Klarapfel, Birne und eine Spur von Walnuss im piekfeinen Bukett, saftig, offenherzig und vielschichtig, die alten Reben erbringen offenbar viele Facetten, Zuckererbse und Birne am Gaumen, extraktsüß und reichhaltig, jugendliche Rasse im langen Abgang.

### WIEN

★★★ S €€€ RM                                                FUN
**2023 Roter Muskateller Neustift** + Expressive Nase nach Mandarinen und Mandeln, ziseliert und detailverliebt, auch einige Dichte, reintönig, feinkörnig und kompakt, ein individueller Aperitif der Sonderklasse.

★★★ S €€€€ PB
**2022 Weißburgunder Ried Schenkenberg** + Walnuss pur im Duft, die Grinzinger Top-Lage kommt ungeschminkt zur Geltung, saftig wie fest verwoben, Brioche und grüne Nüsse, fein abgestimmt und viel trockener als früher, erst am Beginn.

★★★ S €€€€ GV                                               TIPP
**2022 Grüner Veltliner Ried Gollin 1ÖTW** + Rhabarber und Szechuanpfeffer in der reintönigen, springlebendigen Nase, sehr dicht und fleischig, delikater Kräutermix am Gaumen, harmonisch und tiefgründig, feine Klinge, doch auch viel Power und Zug, bleibt lange haften.

★★★ S €€€ CW
**2023 Sandstein Ried Neuberg** + (SB/CH) Cassisblätter und dunkle Stachelbeeren, nur dezent schotige Anklänge à la roter Paprika, straff und klar definiert, sehr geschickt getimter Blend, der schon bald Trinkvergnügen bereiten sollte, alles im Lot.

★★★ S €€€ RI
**2022 Muschelkalk Riesling Nussberg** + Zartgliedrige Nase, die Agrumen mit Golden Delicious kombiniert, charmant und entgegenkommend, am Gaumen kommt dann das Nussberger Terroir zur Geltung, kompakt und herzhaft, animierend und rassig ausklingend.

★★★ S €€€€ RI
**2022 Riesling Ried Preussen 1ÖTW** + Zuerst ein wenig verkapselt, dann zarte Blütentöne plus Marille, kommt sozusagen auf leisen Sohlen, feinfasrig und zurückhaltend, helle Fruchtaromen und kreidige Untertöne, wie sie im Herzstück des Nussbergs obligat sind, erfordert noch ein bisschen Geduld.

★★ K €€€€ PB
**2020 Pinot Blanc Quintessenz unfiltered** + Maischige Note, reduktiv und straff, Schälnüsse und Winteräpfel, kraftvoll und gediegen, erfrischend und überraschend spritzig, noch ganz jugendlich und etwas unfertig wirkend.

★★★ K €€€€ TR
**2021 Traminer Quintessenz unfiltered** + Schwungvolles Bukett nach Rosenblüten und Zimt, nur leichte Maischetönung, Marillenröster und Yuzu, saftig und originell, bringt die edle Rebsorte gut zum Ausdruck, salzige Note im langen Nachhall.

★★★ K €€€€€ CR
**2018 Grand Ernesto** + (CS, ME – Magnum) In der Magnum präsentiert wird diese würdige Hommage an den legendären Vorfahren und Döblinger Weinbaupionier Ernst Huber: schotige Würze, intensiver Duft nach Johannisbeeren und Brombeeren, auch feuchtes Laub und Waldboden, beweist Saft und Kraft sowie großzügige Barrique-Reifung, dunkle Würze und kräftiger Tannineinsatz, gute Länge – unbedingt dekantieren.

## Weingut
# Hajszan Neumann

**Ing. Fritz Wieninger**
1190 Wien, Grinzinger Strasse 86
Tel. +43 1 2901012, wein@hajszanneumann.com
www.hajszanneumann.com
15 Hektar, W/R 95/5, 80.000 Flaschen/Jahr

Weinberge in einer Metropole – in Wien völlig normal. Das Weingut Hajszan Neumann befindet sich im Weinherz Wiens in Döbling und ist im Besitz von Fritz Wieninger. Die Weingärten wie die Rieden 1ÖTW Gollin, Haarlocke, Weisleiten am Nussberg oder die Ried Steinberg/Grinzing werden biodynamisch bewirtschaftet. Reine Handlese. Hier befindet sich neben grandiosen konventionellen Weinen die Spielwiese für verschiedene Natural Wines, welche höchst individuelle Gewächse sind. Vor allem der Traminer Natural – ein Wein wie aus Tausendundeiner Nacht, betörend schön, sollte man unbedingt probieren. Man ist hier traditionell und innovativ.

Leider fällt 2023 der Gelbe Muskateller aus. Den hat der Hagel vernichtet. Den Pet Nat 2023 möchte ich nicht missen. Unkompliziert auf hohem Niveau. Mit solchen stimmigen Produkten kann man die Jugend zum Wein hinführen. Hinweisen möchte ich auf den Riesling aus der Ried Steinberg/Grinzing, der wohl unterschätzteste Riesling des Landes. Ein Riesling der Extraklasse.

Dieses Weingut hat einen Exportanteil von 80 %. Doch der heimische Weinfreund weiß wohl noch zu wenig über diese hochwertigen Preziosen.  *as*

### WIENER GEMISCHTER SATZ DAC

**★★ S €€€ GS**
**2023 Wiener Gemischter Satz DAC** + (PB/GV/WR/RI/GT) Ein feines Bukett, gelber Apfel, Kräuter, Honigmelone, etwas Steinobst, Orangenzesten, dezent pfeffrig, perfekte Säure, einige Substanz, höchst attraktiv.

**★★★ S €€€€ GS**
**2023 Wiener Gemischter Satz DAC Ried Weisleiten** + (GV/WR/PB) Kräuterwürze, Blütenduft, Birnen, reifer Apfel, Zitrus, salzig, druckvoll, engmaschig, vielschichtig, passende Säure, ziemlicher Druck.

### WEINLAND

**★★★ K €€€ GV**
**2023 Grüner Veltliner Natural** + (2 Monate auf der Maische) Sprühender Pfeffer, ein grandioser Wein, toller Gerbstoff, Kräuter, Kamille, Gewürze, gelber Apfel, Zitrus, helle Früchte, dichte Struktur, knochentrocken, endlos abgehend.

**★★★ K €€€ GS**
**2023 Gemischter Satz Natural** + (Amphore) Pfirsich, Grapefruit, frische Kräuter, Vanillenoten, obstige Anklänge, nussige Komponenten, exotische Töne, animierender Gerbstoff, unglaublich dicht und fest. Höchst attraktiv. Das ist Döbling pur.

**★★★★ K €€€ GT** — TIPP
**2023 Traminer Natural** + (Amphore) Aufgeblühte Rosen, Safran, Blüten, herrliches Aroma, das gehört eigentlich in einen Bestäuber, Pfirsich, Exotik, Mango, Maracuja, Apfelnoten, enorm vielschichtig, so etwas von typisch, so etwas von attraktiv, unwiderstehlich.

**★★★ K €€€ ZW**
**2022 Zweigelt Natural** + (Nussberg, 10 Wochen Mazeration) Kirschen, voller Charme, Mandeltöne, erdige Noten, griffig, ernsthafte Eleganz, perfekt abgestimmter reifer Gerbstoff. Zukunft.

**★★★ K €€€€ CF**
**2023 Cabernet Franc** + (Bisamberg, die Reben kommen aus Saumur/Loire, Ausbau im Betonei, Jungfernlese) Zwetschken, Kirschen, Himbeeren, Hagebutten, rotbeerig, Loire-Stilistik, Pikanz und Tiefe, frische Säure. Voller Vitalität und Leben. Gekühlt trinken.

### WIEN

**★★ S €€€ GV**
**2023 Grüner Veltliner Nussberg** + Kernobst, Zitrus, dezent pfeffrig, leicht, zart nussig, druckvoll, fast karg wirkend, so richtig trocken. Animierende Säure.

**★★★ S €€€€ GV**
**2023 Grüner Veltliner Grinzinger Ried Steinberg 1ÖTW** + Der pfeift so richtig, würzig, pfeffrig, dicht, rassig, immens druckvoll, salzig, geradlinig, total eng, steinig, strukturiert, gnadenlos trocken, toller Stoff. Da steckt viel Mineralität dahinter.

**★★★ S €€€ RI**
**2023 Riesling Nussberg** + Frische Kräuter, Steinobst, Zitrus, stoffig, dicht, rassig, viel Mineral, Rhabarber, trocken bis zum Anschlag. Tolle Länge.

**★★★ K €€€€ RI** — TIPP
**2023 Riesling Grinzinger Ried Steinberg 1ÖTW** + (Sandstein/Quarz) Schlank, doch enorm dicht am Gaumen, streng, salzig, straff, rassig, da geht es zur Sache. Extrem mineralisch, extrem ausdrucksstark, tiefgründig, Schießpulver, Steinobst, reifer Apfel, Zitrus, Honigmelone, zartfruchtige Noten, ein fordernder, puritanischer Riesling.

**★★★ K €€€ PB**
**2023 Weißburgunder Ried Gollin 1ÖTW** + Voller gelber Früchte, Nelken, Mandeltöne, Nektarinen, Nougat, feine Frucht, immer elegant, hellfruchtig, frische Säure, nobel strukturiert. Kalkige Intension.

♛ ♛ ♛

## Weingut & Buschenschank
# Kroiss

**Erika & Roland Kroiss**
1190 Wien, Sieveringer Straße 108
Tel. +43 1 3203992
sievering@kroiss.wine, www.kroiss.wine
6 Hektar

Familie Kroiss hat mit dem Jahrgang 2023 eine verblüffende Serie vorgelegt, die man ohne Zweifel als die beste der weinbaulichen „Neuzeit" qualifizieren kann. Das gilt schon für die allesamt untadeligen Wiener Gemischten Sätze, von denen etwa der messerscharf definierte Reissern und der wieder in marktgängiger Menge verfügbare, wahrhaft vielschichtige Hackenberg neue Höhen erklommen haben. Gleiches lässt sich auch für den reichhaltigen Grünen Veltliner von der Neustifter Ried Neuberg konstatieren. Für die drei von der Lage Hackenberg stammenden Rieslinge wurden ja schon vor einiger Zeit neue Maßstäbe gesetzt, die im vergangenen Jahr durch die Spitzenplatzierungen bei der Vinaria Degustation evident wurden, und die im Gebinde schlummernden Versionen aus 2022 und 2023 werden diesen Höhenflug fraglos fortsetzen.  *vs*

### WIENER GEMISCHTER SATZ DAC

★★★ S €€€ GS
**2023 Wiener Gemischter Satz Sievering** + Auftakt mit Akazienblüten, zartgliedrig und ziseliert, derzeit wird dieser hübsche Ortswein vom Riesling-Anteil dominiert, fein abgestimmt und offenherzig, Anklänge von Mandarinen, verspielt und ausgewogen.

★★★ S €€€ GS
**2023 Wiener Gemischter Satz Ried Mitterberg** + Beginnt mit Zuckererbsen und Grünspargel, die schotigen Einflüsse des Sauvignons sind vorerst prägend, fruchtsüß und muskulös, mollige Mitte, etwas Netzmelone im Ansatz, saftig und cremig, bleibt auch gut haften.

★★★★ S €€€ GS  **TIPP**
**2023 Wiener Gemischter Satz Ried Reissern** + Glockenklar und erfrischend von Anfang an, Anklänge von Pfirsich und Zitronenmelisse, fokussiert wie facettenreich, schöne Fülle, herzhaft und vielfältig, ganz helle Fruchtakzente, viel Spannung, auch gewisse Eleganz, aus einem Guss.

★★★★★ K €€€€ GS  **TOP**
**2023 Wiener Gemischter Satz Ried Hackenberg** + Beschreibt bereits im Bukett einen weiten Bogen, der von Rosenblüten und kandierter Ananas bis zur Zuckermelone reicht, komplex und kraftvoll, aber üppig, nussige Würze, zeigt Extraktsüße und cremigen Schmelz, enorme Länge, Potenzial für viele Jahre.

★★★ S €€€ SB  **FUN**
**2023 Sauvignon Blanc** + Cassisblätter und roter Paprika in der beschwingten Nase, lebhaft und leichtfüßig, frühe Balance, aber vor allem viel Temperament und Spannkraft, ein Hauch von Saturnpfirsichen, animierend, ja mundwässernd, viel Trinkspaß garantiert.

★★★ S €€ GV
**2023 Grüner Veltliner** + Pfeffriger Start, dann Kräuterwürze und Winteräpfel offerierend, fest geknüpft, straff und pikant, ein bisschen Majoran und Rhabarber, guter Säurebiss.

★★★★ K €€€€ GV  **TIPP**
**2023 Grüner Veltliner Ried Neuberg** + Blütenduft gepaart mit Boskop-Apfel und dunkler Würze, fest verwoben, kraftvoll wie reichhaltig, fleischige Art, am Gaumen noch ein wenig zugeknöpft, doch vielversprechend, große Reserven.

★★★★ S €€€ RI
**2023 Riesling Sievering** + Limette und Melisse im Duft, prickelnde Frische und kühler Hauch, helle Fruchtnuancen, später auch Marillenröster, sehr straff bei schlanker Statur, fast stahlig anmutende Säure.

★★★★ K €€€€ RI
**2023 Riesling Selection** + Pfingstrose und Marzipan im feinblumigen und akzentuierten Bukett, etwas gebrannte Mandeln, ausgesprochen dicht und saftig, vom süßen Fruchtspiel geprägt, fleischig und harmonisch, gewinnt mit Luftzufuhr noch an Profil, ausgewogen und ausdauernd, viel Potenzial.

★★★★★ K €€€€ RI  **TOP**
**2022 Riesling Ried Hackenberg Julia** + Feinstrahliges, eindringliches Duftspiel nach Kornelkirschen und roten Ribiseln, multidimensional wie verlockend, kraftvoll und extraktsüß, vollgepackt mit gelben und roten Fruchtkomponenten, viel Finesse und Eleganz, rassiger Säurefonds vor dem langen Nachhall, ein exzellenter Riesling im Werden, beste Ressourcen.

★★★ K €€€€ CH
**2022 Chardonnay Ried Hackenberg Julia** + Ausgereift und sanft strömend, Anklänge von Haselnuss und weißem Nougat, seidige Note, der Eicheneinsatz wurde spürbar zurückgefahren, fruchtsüß, rund und geschmeidig, schokoladiger Schmelz und beachtliches Volumen, gute Länge und aufkeimende Balance, wird von weiterer Flaschenreife sicherlich noch profitieren.

♕ ♕ ♕

## Weingut
# Mayer am Pfarrplatz

**Gerhard J. Lobner**
1190 Wien, Pfarrplatz 2
Tel. +43 1 33601970
weingut@pfarrplatz.at, www.pfarrplatz.at
65 Hektar, W/R 95/5

Dem engagierten Team rund um Gerhard Lobner ist wieder eine tadellose Jahrgangsserie gelungen, was beispielsweise schon uneingeschränkt für den Gebietswein und Ortswein vom Wiener Gemischten Satz gilt. Doch auch die 2022er Riedenweine vom Herzstück des Nussbergs haben sich erstaunlich gut entwickelt, wobei der Preussen mehr für Kraft und Rasse steht, während der Langteufel eher die feinfühlige, komplexe Seite der Wiener Paradelage hervorkehrt.

Sehr gekonnt präsentiert sich auch der andere Trumpf des Traditionsweingutes in Gestalt des Riesling-Quartetts, aus dem etwa der immer präziser strukturierte Nussberg-Ortswein bereits herausragt und der Weiße Marmor mit der ihm immanenten Finesse sein Alleinstellungsmerkmal unter den Wiener Rieslingen unterstreicht.

Apropos Originalität: Diese besitzt auch der mit seinen ungewöhnlichen rotbeerigen Attributen immer besser reüssierende Veltliner von der Grinzinger Ried Schenkenberg im hohen Maße. Der Sauvignon kommt übrigens ab heuer nur mehr in einer einzigen Version auf den Markt, die mehrheitlich vom Grinzinger Reisenberg stammt. *vs*

### WIENER GEMISCHTER SATZ DAC

**★★ S €€ GS**
**2023 Wiener Gemischter Satz** + Feiner Blütenduft gepaart mit etwas Mandarine, frisch und schwungvoll, leicht pfeffrig bei schlanker Statur, schon überraschend präsent, geradlinig und unkompliziert mit gewissem Anspruch.

**★★★ S €€€ GS**
**2023 Nussberg Wiener Gemischter Satz** + Zunächst ein wenig reduktiv, dann ätherische Note, nach Menthol und Haselnüssen, pikant und straff, saftige gelbe Frucht am Gaumen, apart und ausgewogen.

**★★★★ K €€€€ GS**
**2022 Ried Preussen-Nussberg Wiener Gemischter Satz 1ÖTW** + Ausgereift, doch straff und eng verwoben, weiße Blüten sowie Physalis und Ringlotte im Bukett, besitzt Saft und Kraft, nahezu mächtig, delikater Schmelz vor dem langen, recht rassigen Nachhall.

**★★★★ K €€€€€ GS** — TIPP
**2022 Ried Langteufel-Nussberg Wiener Gemischter Satz 1ÖTW** + Blütenduft im Verein mit Birne und weißem Pfirsich, hauchfein liniert, zahlreiche Details, elegant, ja nahezu leichtfüßig, punktgenau definiert, viel Spiel und Finesse, auch lang, an der Grenze zur Höchstwertung.

### WIEN

**★★★ S €€€ GV**
**2023 Grinzing Grüner Veltliner** + Glasklar von Anfang an, deutliches Pfefferl und Kräuterwürze, am Gaumen dann Apfelfrucht und chiliartige Würze, herzhaft, kompakt und vital.

**★★★★ S €€€€ GV** — TIPP
**2022 Ried Schenkenberg Grüner Veltliner 1ÖTW** + Suggestive Nase nach Himbeeren und Cassis, subtil und doch eindringlich, viele Facetten, am Gaumen kommt die dunkelfruchtige Note dieser Lage durch, Brombeeren und ein Hauch von Kirschen, dicht, körperreich und „geheimnisvoll", höchst individueller Veltliner-Charakter.

**★★★ S €€€ RI** — PLV
**2023 Ried Alsegg Riesling** + Gelber Pfirsich und Ananas in der Nase, reich und saftig, geschmeidig und harmonisch, diesmal ungewohnt kraftvoll geraten, reif und sanft, jedenfalls sehr preiswert.

**★★★ S €€€ RI** — TIPP
**2023 Nussberg Riesling** + Vielfältiges Bukett nach Ananas, Haselnuss und Nougat, recht zartgliedrig und zurückhaltend, pikant und vielfältig, hellfruchtige Art, jugendlich und noch ein bisschen widerborstig, rassiger Abgang, einige Länge.

**★★★★ S €€€€ RI**
**2022 Ried Preussen-Nussberg Riesling 1ÖTW** + Reduktiv und zugeknöpft, betont vorerst den Lagencharakter, herzhaft und sehnig, erfrischend und fordernd, am Gaumen mehr Sortenton, Williamsbirne und weißer Pfirsich, kühle Eleganz, zackig und glasklar, rauchiger Unterton, viel Biss.

**★★★★★ K €€€€€€ RI** — TOP
**2023 Nussberg Weißer Marmor Riesling** + Archetypisches Duftspiel nach Wacholder, Nadelholz und Weingartenpfirsichen, ätherisch anmutend und verspielt, reichhaltig und mit viel Finesse ausgestattet, kraftvoll und extraktsüß, ganz helles Fruchtspiel eigener Prägung, hochelegant, lang und zukunftsträchtig.

**★★★ S €€ SB**
**2023 Sauvignon Blanc** + Geißblatt und Johannisbeeren, kühl und straff, entwickelt mit Luftzufuhr dunkle Würze, eine Prise roter Paprika, sehr markant und doch ausgewogen, gute Anlagen.

## Weingut
# fm MAYER.Vitikultur

**Franz-Michael Mayer**
1190 Wien, Eroicagasse 6
Tel. +43 699 12027785
mail@fm-vitikultur.at, www.fm-vitikultur.at
2,36 Hektar, W/R 100/0, 7.000 Flaschen/Jahr

Franz-Michael Mayer feiert heuer ein Jubiläum, denn vor 25 Jahren hat er mit dem Weinbau am Nußberg begonnen. Sein Sortiment teilt er in drei Linien ein, wovon die erste namens „DAC & Wien.Kult" drei Wiener Gemischte Sätze und einen Weißburgunder umfasst, während die extravaganter anmutende Serie „fm.Wine.Innovation" aus dem Trio Sémillon, Chardonnay und Grauburgunder besteht. Den Höhepunkt bildet die Weinlinie „fm.Wine.Art", die vorerst einem einzigen Top-Wein, der „schönin 1683", vorbehalten ist, deren Bezeichnung an das Jahr erinnern soll, in dem die Familie Mayer in Heiligenstadt ansässig wurde.

Aus der klassischen Linie gefielen bereits die beiden sehr unterschiedlichen Wiener Gemischten Sätze, der Gebietswein mit Frische und Schwung, der Lagenwein hingegen mit Strahlkraft und Tiefgang. Sehr überraschend erschienen auch die Jugend und der fruchtige Charakter des 2018ers. Aus der zweiten Serie sollte man dem vielversprechenden, fruchttiefen Sémillon noch etwas Flaschenreife gönnen, während der aus dem argentinischen Mendoza-Klon gewonnene Chardonnay seinen Charme schon jetzt ausspielt. Ein spannendes Verkostungserlebnis unter dem Motto „in der Ruhe liegt die Kraft" garantiert der mächtige, doch zugleich von zarter Beerenfrucht geprägte Platinum-Ruländer. Ebenfalls ein Meditationswein der Sonderklasse ist mit der „schönin 1683" gelungen, die vor Fruchtreichtum strotzt und eindrucksvoll beweist, was ein Nußberger der etwas anderen Art zu leisten vermag. *vs*

### WIENER GEMISCHTER SATZ DAC

★★★ S €€€ GS
**2023 Wiener Gemischter Satz Nußberg** + Aus zwölf Rebsorten komponiert, vornehm und reintönig, nach Birne, Grapefruit und Yuzu duftend, fein gestrickt, kühle Eleganz, einige Substanz, saftig und balanciert, passender Säurefonds.

★★★★ S €€€€ GS **TIPP**
**2023 Wiener Gemischter Satz Ried Goaßkeller** + Aufgrund der Trägersorte Chenin Blanc sehr ausgereift und zartblumig, noch etwas verhalten, deutet die kommende Eleganz und Fülle jedoch bereits an, ganz helle Aromen, Pfirsich und Kirschpflaume, viel Finesse, rassig wie individuell.

★★★ S €€€ GS
**2018 Wiener Gemischter Satz Nußberg** + Verblüffend jung, Blütenhonig und Karamell, fein strukturiert und ausgewogen, reife gelbe Früchte am Gaumen, flott unterwegs – eine Überraschung.

### WIEN

★★★ S €€€€ SE
**2023 Sémio Creation** + Von der Ried Unger kommt dieser nach Stachelbeeren und Ribiseln duftende Sémillon, der noch am Beginn seiner Entwicklung steht, zart fruchtig und fein liniert, Limetten, harmonisch, viel Biss, sollte bei ähnlichem Werdegang wie der expressive 2022er auch dem vierten Stern gerecht werden.

★★ S €€€ PB
**2023 Weißburgunder** + Schälnüsse in der Nase, traubig und pikant, verspielt und leichtfüßig, etwas Restzucker, typischer Nußberger der alten Schule.

★★★ S €€€€ CH
**2023 Francesco Miguel Chardonnay** + Ein exotischer Obstkorb im Bukett, vor allem Babybananen und Ananas, intensive, helle Fruchtaromen, von einem Hauch von Holz geschickt gestützt, elegant wie charmant, viel Schliff und einige Ausdauer.

★★★★ K €€€€€€ GB
**2023 Platinum Grauburgunder** + Helles Graurosa mit kupfernen Lichtern; rauchig und „geheimnisvoll", feine Beerenfrucht, aus der Stachelbeere und Himbeere nach einiger Belüftung hervorragen, reichhaltig und cremig, Honignote, viele Facetten und traubige Delikatesse, hohe Dichte und Konzentration, großes Potenzial.

★★★★★ K €€€€€€€ GS **TOP**
**2023 schönin 1683** + Von der Ried Goaßkeller stammt dieser Mischsatz, dem der Nußberger Muschelkalk und die extravagante Zusammensetzung mit 70 % „schönin" viel Esprit und Struktur verleihen, Orangenzeste und Salzkaramell sowie eine Spur von Ananas im betörenden Duftspiel, die Eiche wird völlig integriert und dicht und fleischig, viel Spiel und Finesse, weißer Nougat, fruchtsüß und lange nachklingend – ein Meditationswein sui generis.

## Weingut
# Rotes Haus

**Gerhard J. Lobner**
1190 Wien, Pfarrplatz 2
Tel. +43 1 33601970
weingut@pfarrplatz.at, www.pfarrplatz.at
9 Hektar, W/R 100/0

Das Rote Haus setzt nach wie vor primär auf den Wiener Gemischten Satz in vier Varianten, die allesamt aus den Rieden im Herzstück des Nussbergs stammen, wobei im Sortenmix vor allem auf die Burgunder-Trilogie aus Pinot Blanc, Chardonnay und Pinot Gris gesetzt wird. Ergänzt wird dieses Quartett von einem 2022er Chardonnay, der die Reifung in Barriques nicht verleugnet.

Schon der aus fünf Rebsorten gekelterte Gemischte Satz der Ortswein-Kategorie gefällt mit apartem Fruchtspiel und jener feinkörnigen Ader, die für das Nussberger Terroir typisch ist. Der Top-Wein von der Ried Preussen gibt sich diesmal etwas offenherziger und charmanter als sein Vorgänger aus 2021, ohne dass es ihm an Spannkraft und Dichte mangeln würde. Für den klaren Höhepunkt der aktuellen Serie sorgt freilich der bei aller Kraft vor allem durch Eleganz und Komplexität geprägte Langteufel, der auch bei hoher Reife den feingliedrigen, fast leichtfüßigen Lagencharakter in jeder Phase wiedergibt. Im Kellergebäude in der Kuchelauer Hafenstraße befindet sich übrigens auch eine sehenswerte Vinothek, in der sämtliche Weine vom Roten Haus und des Schwester-Weingutes Mayer am Pfarrplatz in gepflegtem Ambiente verkostet und gekauft werden können, wobei im Sommer auch eine großzügige Terrasse zur Verfügung steht. *vs*

### WIENER GEMISCHTER SATZ DAC

★★★ S €€ GS
**2023 Wiener Gemischter Satz** + Navel-Orange und Schälnüsse in der Nase, offenherzig, rund und fruchtsüß, die „Burgunderfamilie" wird sofort schmeckbar, saftig wie charmant, alles in Balance.

★★★ S €€€ GS
**2023 Nussberg Wiener Gemischter Satz** + Verlockendes Bukett mit Anklängen von Zuckermelonen und Mandarinen, klare Konturen, fest verwoben, ja engmaschig, gelbfruchtige Fülle, feinkörnig bis zum langen Abgang.

★★★★ K €€€€ GS
**2022 Ried Preussen-Nussberg Wiener Gemischter Satz 1ÖTW** + Beginnt mit Melisse und Ingwer, atmet quasi kühle Eleganz, kraftvoll wie elegant, sehr dicht und straff, typischer Nussberger in dezenter Ausprägung, spannungsgeladen und muskulös, gute Länge, benötigt noch ein bisschen Flaschenreife.

★★★★ K €€€€ GS **TIPP**
**2022 Ried Langteufel-Nussberg Wiener Gemischter Satz 1ÖTW** + Nach Walnüssen und Maroni duftend, leicht malzige Note, noch deutlich von der Eiche beeinflusst, ausgereift und reichhaltig, extraktsüß und mächtig, gleitet mit perfektem Equilibre über den Gaumen, ein Reigen tropischer Früchte, auch viel Spannung sowie burgundisches Feeling, große Reserven.

### WIEN

★★★ K €€€€ CH
**2022 Nussberg Chardonnay** + Babybanane und Erdnuss im rauchig unterlegten Bukett, auch etwas Mokka, rund, sanft und harmonisch, schon ganz gut eingebundenes Holz, Mandelmilch und Aranzini, mittlere Maschen.

# NOTIZEN

## Weingärtnerei
# Peter Uhler

Peter Uhler
1190 Wien, Hackenberggasse 29/7/4
Tel. +43 660 5337751
peter.uhler@chello.at, www.weinuhler.at
3,2 Hektar, W/R 85/15, 12.000 Flaschen/Jahr

Peter Uhler ist es souverän gelungen, den Jahrgang 2023 in eine geschlossene Weißweinserie umzumünzen, die keine Wünsche offen lassen sollte. Dies beweist bereits das stilsichere Triumvirat der sehr unterschiedlichen Wiener Gemischten Sätze, aus dem die vielschichtige Obere Schos mit ihrer noblen Allianz aus dunkelfruchtigem Spiel und kreidig-kalkiger Nussberger Mineralität noch hervorragt. Ein weiteres Highlight ist mit dem rotbeerigen, spannungsgeladenen Riesling gelungen, aber auch der kraftvolle und burgundisch geprägte Grinzinger Kirchturm weiß schon in seinem Frühstadium zu überzeugen. Erst im nächsten Jahr werden der Top-Veltliner „Jubilar" und der vor allem aus Viognier bestehende Langbrunner 2023 vorgestellt werden, was auch für den 2021er Zweigelt Arnolzau gilt. Schon jetzt in Hochform befindet sich hingegen der aus vier Rebsorten komponierte Rosé Monia, der einerseits die Rolle als erfrischender sommerlicher Aperitif bestens auszufüllen vermag, andererseits auch schon ein bisschen Rotweinfeeling verströmt. *vs*

★★★★ S €€€ GS  **TIPP**
**2023 Wiener Gemischter Satz Ried Obere Schos** + Auftakt mit dunkler Würze, der kalkige Lagenton dominiert zunächst, Zuckerwatte und Melone, später auch Himbeere, sehr burgundisch und druckvoll, ohne üppig zu werden, viel Power und Temperament, vor allem jedoch vom vornehmen Stil geprägt, harmonisch und ausdauernd, viel Potenzial.

### WIEN

★★ S €€€ GM
**2023 Gelber Muskateller Ried Reisenberg** + Holunderblüten und eine Prise von Gewürznelken, recht fein gezeichnet, diesmal etwas schlanker gehalten, offenherzig und als Rebsorte unverkennbar, Mandarine und Kardamom am Gaumen, noch sehr jugendlich und ungestüm.

★★★ S €€€ GV
**2023 Grüner Veltliner Ried Langteufel** + Unverblümte Zitrusnote und eine Spur von Rhabarber in der Nase, zartgliedrige Art, legt mit Luft noch deutlich zu, fest strukturiert, lebhaft und mit viel Schliff versehen, pfeffrig und pfiffig, ein kulinarischer Allrounder.

★★★ S €€€ RI
**2023 Riesling Ried Reisenberg** + Zu zwei Dritteln im Akazienfass ausgebaut wurde dieser überaus prägnante Riesling: Stachelbeeren, Minze und Agrumen reihen sich im hübschen Bukett aneinander, animierend und verlockend, am Gaumen rotbeeriges Fruchtspiel, viel Nerv und Spannung, vermutlich der bisher beste Uhler'sche Riesling.

★★★ S €€€ CW
**2023 „Grinzinger Kirchturm" Burgundercuvée Ried Ring** + Hauptsächlich aus Chardonnay und Weißburgunder besteht dieser burgundisch geprägte Blend, glasklar, saftig und von der Eiche nur liniert, beachtliche Fülle, Brioche und gelbfruchtige Anklänge von Kirschpflaume und Physalis, geht mit Luftzufuhr schön auf.

★★★ S €€€€ CW  **TIPP**
**2022 Gemischter Satz natural** + Nur drei Wochen wurde dieser tieffruchtige Mischsatz auf der Maische belassen: exotisches Flair, Honigmelone und Papaya, fein gezeichnet und zugleich expressiv, Würze à la Szechuanpfeffer kitzelt den Gaumen, gute Balance und fruchtige Präsenz, rundum gelungen.

★★★ S €€ CR  **FUN**
**2023 Rosé „Monia" Ried Reisenberg** + (ZW/PN/BP/BB) Die relativ dunkle Farbgebung findet sich quasi in der erfrischenden und lebhaften Nase nach roten Ribiseln und Preiselbeeren wieder, nuancenreich, pikant und animierend, saftig, doch beintrocken – ein anspruchsvoller Aperitif für laue Sommerabende und andere erfreuliche Momente.

### WIENER GEMISCHTER SATZ DAC

★★★ S €€€ GS
**2023 Wiener Gemischter Satz Ried Mitterberg** + Minze und Melisse in der Nase sowie ein Hauch von Pfirsich, Riesling und Welschriesling bestimmen den Rhythmus, verspielt und nuanciert, kühle Herznote, passender Säurebogen, viel Trinkfluss.

★★★ S €€€ GS
**2023 Wiener Gemischter Satz Ried Reisenberg** + Beginnt mit zartem Rosenduft, später auch Litschi und Eibisch, engmaschig und mit vielen Konturen ausgestattet, saftige Mitte, fest verwoben und straff, vor dem Abgang verleiht das Grinzinger Terroir noch einmal viel Zugkraft, alles im Lot.

# Weingut
# Wieninger

**Ing. Fritz Wieninger**
1210 Wien, Stammersdorfer Straße 31
Tel. +43 1 2901012
weingut@wieninger.at, www.wieninger.at
65 Hektar, W/R 65/35, 350.000 Flaschen/Jahr

Das Weingut Wieninger ist eines der international begehrtesten Weinhäuser Österreichs. Fritz Wieninger kennt man in der Weinwelt. Er ist bekannt für seine überragenden Weine. Eine solche Fülle an hochwertigen Weinen findet man auch international selten. Für Fritz Wieninger zählt nur Qualität. Man bewirtschaftet Weingärten auf beiden Seiten der Donau – am Bisamberg und in Döbling, alles in biodynamischer Bewirtschaftung.
Wieninger.next ist die Weinlinie der Kinder der Wieningers. Die Zukunft des Weingutes ist langfristig gesichert.
Ich möchte auf keinen der Weine näher eingehen. Es findet jeder Weinfreund den seinen. Hinweisen möchte ich trotzdem auf die beiden Schaumweine. Und auf die verschiedenen Pinot Noirs. Und auf die Gemischten Sätze. Und auf die Chardonnays. Und, und, und … **as**

## WIENER GEMISCHTER SATZ DAC

★★ S €€€ GS
**2023 Wiener Gemischter Satz DAC** + Frische Kräuter, dezente Marille, etwas Pfirsich, Pomelo, Zitrus, fein und elegant, fruchtige Noten, so richtig trinklustig.

★★★ K €€€ GS
**2023 Wiener Gemischter Satz DAC Bisamberg** + Kräuterwürze, dunkle Tönung, Pfeffer, griffig, dicht, druckvoll, viel Mineral, schön trocken. Ziemlich ernsthaft und hochwertig.

★★★ K €€€€ GS
**2023 Wiener Gemischter Satz DAC Ried Falkenberg 1ÖTW** + Grapefruit, Ananas, Blütenhonig, Steinobst, frischer Apfel, reife Trauben, ungemein vielschichtig, weißes Nougat, gelbe Früchte, salzig, strukturiert, hellfruchtig. Vielleicht der beste Falkenberg der Geschichte.

★★★★★ K €€€€€ GS  **TOP**
**2023 Wiener Gemischter Satz DAC Ried Rosengartel 1ÖTW** + (85 Jahre alte Reben, Urgestein/Kalk) Fast ein rieslingdominiertes Aroma, obwohl mehr Grüner Veltliner, Ananas, Marille, Nougat, streng, tief, gelber Apfel, Honigtouch, Orangennoten, kalkig-salzig, vielschichtig, hochelegant, feinste Würze, adelig strukturiert. Das ist nicht nur großer Wiener Wein, sondern gehört wohl zu den größten des Landes.

★★★★ K €€€€ GS
**2022 Wiener Gemischter Satz DAC Ried Ulm 1ÖTW** + Erste Reife, feines, gediegenes Bukett, Apfelnoten, Ananas, Kräuter, zeigt Finesse, ungemein lang abgehend. Von innerer Harmonie durchzogen. Gesicherte Zukunft. Einer der faszinierendsten Wiener Weine.

## WIEN

★★ S €€€ GM
**2023 Wiener Muskateller** + Ein sehr ernsthafter Muskateller, ein kleiner Teil ist maischevergoren, hintergründig, niemals laut, benötigt Flaschenreife, Birnentouch, reifer Apfel, rote Beeren. Dezent fruchtig-würzig.

★★ S €€ GV
**2023 Wiener Grüner Veltliner** + Frisch, fein pfeffrig, Lederapfel, straff, rassig, unkompliziert, nicht nachdenken, trinken.

★★★ S €€€ GV
**2023 Grüner Veltliner Bisamberg** + (Löss) Herrlich gelbfruchtig, dezent hefig, frische Kräuter, Pfeffer, dunkle Würze, Steinobst, Ananas, griffig, kompakt, ein hervorragender, ernsthafter Wein.

★★ S €€€ GV
**2023 Grüner Veltliner Nussberg** + Hellfruchtig, feingliedrig, Apfel und Birne, Exotik, elegant, kalkige Frische, ein klassischer Döblinger. Strahlt ungemeine Feinheit aus.

★★★ K €€€ GV
**2023 Grüner Veltliner Ried Herrnholz** + (Bisamberg, 50 Jahre alte Reben) Gelbe Früchte, dunkel getönt, pfeffrige Würze, Kräuter, Tabak, Druck am Gaumen ausübend.

★★★ K €€€€ GV
**2023 Grüner Veltliner Ried Kaasgraben/Sievering** + Aber hallo, ein präsenter Wein, der nicht nachgibt, Steinobst, Zitrus, immer kühl, immer eng, feine Würze, der zieht am Gaumen, dichte Struktur, viel Mineralität. Substanz für Jahre.

★★★★ K €€€€€ GV
**2023 Grüner Veltliner Ried Preussen IÖTW** + Herrliches Bukett, Exotik, Mango, Ananas, Pfirsich, Marille, Blütenhonig, kalkig, kühl, langatmig, extrem vielfältig, ausdrucksstark, gelbfruchtig, hochelegant, ein außergewöhnlicher Wiener Grüner Veltliner.

★★ S €€€ RI  FUN
**2023 Wiener Riesling** + Aber hallo, was für ein attraktiver, kleiner Riesling, herrlich zu trinken, hochwertig, Pfirsich, Ananas, feinnervig, dichte Struktur, einige Tiefe, stilvoll.

★★★ K €€€€ RI
**2023 Riesling Nussberg** + Das ist Klasse, gelbe Früchte, Marille, Pfirsich, noble Eleganz, hellfruchtig, tolle Säure, viel Mineral, kalkige Komponenten, immer frisch. Ein überragender Riesling von filigraner Döblinger Struktur.

★★★★ K €€€€€ RI  TIPP
**2023 Riesling Ried Preussen IÖTW** + Reifes Steinobst, ganz feines Aroma, Ananas, Blütenduft, dezente Kräuterwürze, fruchtige Eleganz, filigran, perfektes Säurespiel, ein Langstreckenläufer. Nussberg in höchster Vollendung.

★★ S €€€ CH
**2023 Wiener Chardonnay** + Frische Kräuter, Apfel, Nelken, dezenter Holzeinsatz, Ananas, leichtfüßig, strukturiert, einiger Tiefgang. Ein höchst attraktiver Chardonnay.

★★★ K €€€€ CH
**2022 Chardonnay Select** + Dezenter Holzton, Vanillenoten, gute Struktur, fruchtig-würzig, etwas Kaffee, ziemlicher Grip, salzige Noten. Hochwertig.

★★★★ K €€€€€ CH  TOP
**2022 Chardonnay Grand Select** + Dunkle Tönung, bestens eingesetztes Holz, Kräuter, Gewürze, etwas Karamell, Grapefruit, Mandarinen, gelbfruchtig, vielschichtig, kompakt, rauchig, balanciert, enorme Zukunft.

★★★ K €€€€ PN
**2022 Pinot Noir Select** + Himbeeren, Kirschen, Zwetschken, Leder, Mandelnoten, überaus typisch, saftige Frucht, druckvoll, klebt am Gaumen, feines Tannin, tolle Säure, feingliedrig. Ein fabelhafter Pinot Noir.

★★★★ K €€€€€€ PN  TIPP
**2022 Pinot Noir Grand Select** + Kalkig, Himbeeren, Zwetschken, Kirschen, Waldbeeren, Tabak, salzig, großzügig, Unterholz, enorme Struktur, unglaublicher Tiefgang. Das ist großes Kino.

★★★★ K €€€€€€ PN
**2022 Pinot Noir Nussberg** + Alte Reben, ein Burgunder-Klon, dunkle Frucht, dunkle Mineralität, perfekter Gerbstoff, hochelegant, geht in die Tiefe. Ein großer Pinot Noir von internationaler Dimension.

★★★★ K €€€€ PN
**2022 The Jungle Pinot Noir Ried Rothen** + Tolles burgundisches Flair wird hier ausgestrahlt, Himbeeren, kalkig, seidige Frucht, salzig, elegant, enorme Struktur, straff, tiefgründig. Ein fast galaktischer Pinot Noir.

★★★ K €€€€€€ SL
**2022 St. Laurent Grand Select** + Reife Kirschen, Lebkuchen, Marzipan, bisschen Nougat, griffiges Tannin, strukturiert, dicht und lang, überaus typisch, großzügig.

★★ K €€ BF
**2022 Wieninger.next Blaufränkisch KaSoMa** + (ein 20-jähriger Weingarten am Jungenberg) Rotbeerige Würze, straffe Noten, Säurebiss, dichte Struktur, gute Länge.

★★ K €€ SY
**2023 SoSé Syrah Rosé** + Dezente Erdbeernoten, voller Frische, strukturiert, geradlinig, total eng, salzige Noten, knochentrocken, rassig.

★★ K €€ SB
**2023 SoMa** + (SB) Gelbfruchtige Noten, dezentes Holz, etwas Vanille, Grapefruit, Cassis, noch streng, noch total jung, zeigt Frische, ungemein rassig, unverwechselbar.

### ÖSTERREICH

★★★ K €€€ CR
**NV Sekt Austria Rosé Reserve Brut Nature Cuvée Katharina** + (PN/ZW) Kräuterwürze, dunkle Frucht, rotbeerige Intension, Leder, Waldbeeren, knochentrocken, dichte Struktur, total eng, griffig, straff durchgezogen, intensiv.

★★★★ K €€€€ PN
**2017 Sekt Austria Brut Nature Große Reserve** + (PN – Wien g.U.) Ein straff durchzogener, engmaschiger Sekt voller Salzigkeit, dicht, knochentrocken, tiefgründig, perfekte Säure, Himbeeren, Leder, Pilze, etwas Unterholz, Kräuterwürze. Großartig.

# VINOTHEKEN

## 1010 INNERE STADT

**Julius Meinl am Graben GmbH**
1010 Wien, Graben 19
Tel. +43 1 5323334
office@meinlamgraben.at
www.meinlamgraben.at

**O boufés – Konstantin Filippou**
1010 Wien, Dominikanerbastei 17
Tel. +43 1 512222910
www.konstantinfilippou.com/oboufes/de/

**Tinto Rosso – Die Weinbar**
Gerlinde Kast und Kurt Perko
1010 Wien, Dr.-Karl-Lueger-Platz 4b
Tel. +43 699 19995012
wein@tintorosso.at

**Vinothek St. Stephan**
1010 Wien, Stephansplatz 6
Tel. +43 1 5126858
info@vinothek1.at
www.vinothek1.at

**Vinothek Unger & Klein**
1010 Wien, Gölsdorfgasse 2
Tel. & Fax +43 1 5321323
weinbar@ungerundklein.at
ungerundklein.wine

**Wein & Co Schottentor**
Shop.Bar
1010 Wien, Universitätsring 12
Tel. +43 5 07 06 3142
lue@weinco.at

**Wein & Co Stephansplatz**
Shop.Bar.Restaurant
1010 Wien, Jasomirgottstraße 3–5
Tel. +43 1 50706-3121
jasbar@weinco.at

**Zum Schwarzen Kameel**
1010 Wien, Bognergasse 5
Tel. +43 1 5338125
info@kameel.at, www.kameel.at

**Billa Corso Hoher Markt**
1010 Wien, Hoher Markt 12
office.hohermarkt@billa.at
www.billa.at/unsere-maerkte/corso/billa-corso-hoher-markt

## 1020 LEOPOLDSTADT

**Barolista – Piemontweine**
1020 Wien, Alliiertenstraße 12
Tel. + 43 1 2126951
info@barolista.at, www.barolista.at

**Vinothek Zawadil**
1020 Wien, Freudenau 255
Tel. +43 1 7266628, +43 664 3846223
vinothek@zawadil.at, www.zawadil.at

## 1030 LANDSTRASSE

**Heunisch & Erben**
Weinbar – Restaurant – Weinhandel
1030 Wien, Landstraßer Hauptstraße 17
Tel. +43 1 2868563
erben@heunisch.at, www.heunisch.at

**Weinskandal**
1030 Wien, Ungargasse 28 (im Hof)
Tel. +43 676 83858182
shop@weinskandal.at, www.weinskandal.at

**Lingenhel**
1030 Wien, Landstraße Hauptstraße 74
Tel. +43 1 7101566
office@lingenhel.com
www.lingenhel.com

## 1040 WIEDEN

**Eulennest Vinothek in Wieden**
Stefan Friedenreich
1040 Wien, Operngasse 30
Tel. +43 1 8902272
eule1040@eulennest.at, www.eulennest.at

**Edelgreisslerei Opocensky**
1040 Wien, Favoritenstraße 25
Tel. +43 1 5036311
office@opocensky.at, www.opocensky.at

**Pro Vino Lang & Partner KEG**
1040 Wien, Große Neugasse 6
Tel. +43 1 5815040
provino@aon.at
www.provinolang.at

## 1050 MARGARETEN

**Pub Klemo Weinbar Wien**
Robert Brandhofer
1050 Wien, Margaretenstraße 61
Tel. +43 699 11091332
info@pubklemo.at, www.pubklemo.com

**Vinothek La Cave**
Catherine Sajus & Michael Klonfar
1050 Wien, Bacherplatz 12
Tel. +43 1 5447383
vinothek@lacave.at, www.lacave.at

## 1060 MARIAHILF

**Wein & Co Bar Am Naschmarkt**
1060 Wien, Getreidemarkt 1
Tel. +43 5 07 06 3101
nas@weinco.at

**Wein & Co Cáfe Bar**
Peter Hainz
1060 Wien, Mariahilfer Straße 36
Tel. +43 50706 3020
mar@weinco.at, www.weinco.at

## 1070 NEUBAU

**Vinonudo**
1070 Wien, Westbahnstraße 30
Tel. +43 650 8215552
office@vinonudo.at
www.vinonudo.at

**Wein & Co Mariahilfer Straße**
Shop & Bar
1070 Wien, Mariahilfer Straße 36
Tel. +43 5 07 06 3020
mar@weinco.at

## 1080 JOSEFSTADT

**La Trouvaille**
Bücher & Weine
1080 Wien, Blindengasse 2
Tel. +43 699 888 16590
info@la-trouvaille.com
www.la-trouvaille.com

**VINOE Die Niederösterreich-Vinothek**
1080 Wien, Piaristengasse 35
Tel. +43 1 4020961, Tel. +43 676 7879359
vinoe@aon.at, www.vinoe.at

## 1090 ALSERGRUND

**Hofkellerei im Gartenpalais Liechtenstein**
Vinothek und Bar (mit Garten)
1090 Wien, Fürstengasse 1
Tel. +43 1 3195767 300
vinothek@hofkellerei.at
www.hofkellerei.at/de/vinothek-bar.html

**Mast**
1090 Wien, Porzellangasse 53
Tel. +43 1 9226679
contact@mast.wine
www.mast.wine

**Walletschek**
Weinversand Café Vinothek Greißlerei
1090 Wien, Sobieskiplatz 8
Tel. +43 1 3151061, Tel. +43 664 2103206
cafe.walletschek@chello.at
www.walletschek.at

## 1130 HIETZING

**1130 Wein Vinothek**
Robert Sponer-Triulzi
1130 Wien, Lainzer Straße 1, Top 5
(gegenüber Altgasse 27)
Tel. +43 699 18000002
vinothek@1130wein.at
www.1130wein.at

**Wein & Co Hietzing**
Shop & Bar
1130 Wien, Hietzinger Hauptstraße 22
Tel. +43 5 07 06 3171
hie@weinco.at

## 1180 WÄHRING

**Vinophilia & Cetera**
1180 Wien, Währinger Straße 145
Tel. +43 1 4700 1110
office@vinophilia.at
www.vinophilia.at

## 1190 DÖBLING

**Wein & Co Muthgasse**
Shop & Bar
1190 Wien, Muthgasse 56–58
Tel. +43 5 07 06 3081
mut@weinco.at

## 1210 FLORIDSDORF

**Wein & Co Wien Nord**
Shop
1210 Wien, Seyringer Straße 6–8
Tel. +43 5 07 06 3211
ssp@weinco.at

# NEUSIEDLERSEE

Im Norden und Osten des Neusiedlersees breitet sich das nach ihm benannte Weinbaugebiet bis zur ungarischen Grenze aus. Es reicht von den Hügeln der Weinstadt Gols über den flachen Heideboden bis hinunter in den beschaulichchen Seewinkel. Die wichtigsten und bekanntesten Weinbauorte sind Gols, Mönchhof, Halbturn, Podersdorf, Frauenkirchen, Illmitz, Apetlon und Andau.

Durch die Einführung der DAC Neusiedlersee im Jahre 2011 hat sich das Weinbaugebiet etwas verkleinert; die am Westufer des Sees gelegenen Gemeinden Jois und Winden gehören nunmehr nicht mehr zum Weinbaugebiet Neusiedlersee. Weine, die dort gewachsen sind, tragen entweder die DAC Leithaberg oder die Herkunft Burgenland.

Die österreichweite Tendenz zur Auspflanzung von Rotweinen hat dazu geführt, dass einstige Weißweinzentren wie Gols zu Rotwein-Hochburgen geworden sind. War früher der Trend zu französischen Sorten wie Cabernet Sauvignon, Merlot und Syrah kaum aufzuhalten, so ist seit einigen Jahren die Rückbesinnung auf Zweigelt, St. Laurent und Blaufränkisch merkbar. Es gibt zwei DAC-Stufen, nämlich „Neusiedlersee DAC" für trockenen Zweigelt und alle fruchtsüßen weißen Qualitätsweinrebsorten (Restzucker mindestens 45 g/l) und „Neusiedlersee DAC Reserve" (Zweigelt trocken und edelsüße weiße Qualitätsweinrebsorten mit ebenfalls mindestens 45 g/l Restzucker).

Die große Wasserfläche des Neusiedler Sees wirkt stabilisierend auf Temperatur und Luftfeuchtigkeit und kann auch die im Jahresschnitt sehr geringe Niederschlagsmenge zum Teil wettmachen. Dieses klimatische Phänomen bewirkt im Verein mit den meisten Sonnenstunden Österreichs eine hohe Zuckerreife. Diese wirkt sich auch positiv aus für jene Zonen, die für die Gewinnung hoher und höchster Prädikatsweine geeignet sind. Das Zentrum der Süßwein-Produktion liegt im Seewinkel im äußersten Süden des Gebietes rund um Weinbauorte wie Podersdorf, Illmitz und Apetlon. Vor allem die seenahen Lagen profitieren von der fast regelmäßig auftretenden Botrytis – Prädikate wie Beerenauslese (BA) und Trockenbeerenauslese (TBA) können in manchen Jahrgängen in erheblichen Quantitäten erzeugt werden. In Jahren, in denen der Herbst trocken verläuft, wird versucht, mittels der Eisweinerzeugung oder der Kelterung von Strohweinen bzw. Schilfweinen, Abhilfe zu schaffen. Viele Süßwein-Spezialisten haben mit aromatischen Sorten wie Scheurebe (Sämling), Muskat-Ottonel oder Traminer besonders überzeugen können, aber auch mit Welschriesling, Chardonnay und Weißburgunder.

6.020 Hektar Weinanbaufläche
Die wichtigsten Rebsorten:
Welschriesling, Zweigelt

# Weingut
# Paul Achs

Paul Achs
7122 Gols, Neubaugasse 13
Tel. +43 2173 2367, Fax -7
office@paul-achs.at, www.paul-achs.at
26 Hektar, W/R 20/80

Ein Sonderlob verdient aus dem weißen Sortiment von Paul Achs diesmal das Chardonnay-Duo. Während die aus 1961 gepflanzten Stöcken gekelterten Alten Reben den exotischen Früchtereigen betonen, liegt der Fokus des Altenberg-Chardonnays auf dem harmonischen Zusammenspiel von gelbfruchtigen Aromen mit dezenter Eichenumrahmung. Der blutjunge, sehr pointierte Zweigelt 2023 gibt bereits einen ersten, hoffnungsvoll stimmenden Ausblick auf den Jahrgang. Aber auch die 2022er realisieren eine souveräne Serie, aus der gleich einmal die messerscharf strukturierte, vor dunkler Frucht nahezu überquellende Pannobile herausragt, der für diese Stufe oder Marke gewissermaßen ein neues Kapitel aufschlägt. Ein weiterer, deutlich schmeckbarer Fortschritt ist mit der Pinot Noir Selektion geglückt, die zwar recht dunkelfruchtig und kraftvoll über den Gaumen rollt, doch mit Luftzufuhr rasch an Profil und Sortentypizität gewinnt.

Die parallele Verkostung der drei Golser Lagen-Blaufränkischen ist stets eine freudvolle Angelegenheit, die auch insofern immer ein bisschen überrascht, weil der Charakter der drei Spitzenrieden gar so unterschiedlich ausfällt. Und diese Tatsache wird auch vom Jahrgang 2022 mit Nachdruck bestätigt, der bei Paul Achs erfreulicherweise sehr dicht und körperreich, aber auch fein liniert ausgefallen ist. Tiefdunkle Frucht und ein mächtiger Tannin-Hintergrund prägen vorerst den 2022er Spiegel, dessen kalkreiches Terroir Strenge und Spannung verleiht. Fast noch kerniger und jugendlich ungestüm gibt sich derzeit der Ungerberg, der insgesamt jedoch kompletter und nuancierter erscheint als in so manchem Vorjahr. Den Höhepunkt der aktuellen roten Revue realisiert – wie könnte es anders sein – nach unserem Gutdünken der Blaufränkische von der Top-Lage Altenberg, der sicherlich auch vom exzellenten Jahrgang 2021 profitiert.

*vs*

## BURGENLAND

**★★★ K €€€€ CH**
**2022 Chardonnay Alte Reben** + Ananas und Banane im gezügelt fruchtbetonten Bukett, auch etwas Brioche, offenherzig und einladend, rund und ausgewogen, viel Fruchtcharme, recht lang.

**★★★★ K €€€€€ CH**
**2021 Chardonnay Ried Golser Altenberg** + Bourbonvanille und ein Hauch von Mokka, dezent und elegant, Anis und Mandarinen, kühler Unterton, kommt langsam in Fahrt und wird fleischig wie geschmeidig, gekonnter Holzeinsatz, passender Säurebogen, zeigt, was der Altenberg auch in Weiß zu bieten hat.

**★★★ S €€€€ ZW**
**2023 Zweigelt Alte Reben** + Tiefdunkle Charakteristik, beginnt mit Zwetschkenröster und fährt mit gelbfruchtigen Aromen fort, dadurch apart und nicht zu wuchtig, satter Schmelz und reife Tannine, würde wohl bald den vierten Stern rechtfertigen.

**★★★★ K €€€€€€ PN**
**2022 Pinot Noir Reserve Selektion P** + Dunkelfruchtiges Entree, Bergamotten und schwarze Kirschen, ausgereift und kraftvoll, lässt die Rebsorte zunächst nur erahnen, legt dann aber stetig zu und gewinnt an Profil, druckvoll und dicht, harzige Note, gute Ressourcen, lang und eigenständig.

**★★★★ K €€€€€ CR** **TIPP**
**2022 Pannobile** + (BF/ZW) Ruhig strömend und multidimensional, frische Beerenfrucht à la Brombeere gepaart mit Powidl, ungemein saftig und präsent, griffig und fordernd, die sehnige Art des Blaufränkischen gibt den Ton an, quasi neue Stilistik, rundum gelungen.

**★★★★ K €€€€€€ BF**
**2022 Blaufränkisch Ried Spiegel** + Beschreibt schon im Duftspiel einen weiten Bogen, Holunder und Maulbeeren, tiefdunkle Würze, substanzreich und extraktsüß, elegant gerundet, fest verwoben, die kalkreiche Riede erbringt viel Spannung und Biss, fast pelzige Tannine im langen Abgang.

**★★★★ K €€€€€€ BF**
**2022 Blaufränkisch Ried Ungerberg** + Feines, akzentuiertes Bukett nach Granatäpfeln und Weichselkirschen, auch ein wenig Graphit, fruchtsüß und kraftvoll, Teeblätter, tintige Untertöne, puristisch wie ungestüm, recht rauer Charme, haftende Tannine.

**★★★★ K €€€€€€ BF** **TIPP**
**2021 Blaufränkisch Ried Altenberg** + Vornehme Nase, Brombeeren und Tintenblei, auch gelbfruchtige Facetten, messerscharf definiert, Haselnuss und Nougat am Gaumen, elegant und finessenreich, dabei von prickelnder Frische, reichlich mürbe Tannine, salzige Note im langen Nachhall, modellhaft.

♛ ♛ ♛

## Weingut
# Werner Achs

**Werner Achs**
7122 Gols, Golberg 5
Tel. & Fax +43 2173 23900
kontakt@wernerachs.at, www.wernerachs.at
14 Hektar, W/R 0/100

Werner Achs keltert nur drei Rotweine – in Wirklichkeit nur zwei, da es den WERNER ACHS nur in Ausnahmejahrgängen gibt und nur in Magnumflaschen. Also – ein Blauer Zweigelt Goldberg, aktuell 2023, der einer der besten des Landes ist und den Beweis liefert, dass Zweigelt auch groß sein kann. Und das zu einem unschlagbaren Preis-Leistungs-Verhältnis. Dann der XUR – eine Cuvée aus Blaufränkisch, Zweigelt und St. Laurent, aktuell 2022. Ein großartiger Rotwein, der zu den besten des Landes zu zählen ist. Eben in Ausnahmejahrgängen – davon hatten wir in den letzten Jahren einige – gibt es den WERNER ACHS aus Blaufränkisch und Merlot, ausschließlich abgefüllt in Magnumflaschen, aktuell 2021. Diese drei haben das Potenzial für eine lange Lagerung. Solch außergewöhnliche Weine jung zu trinken, wäre fahrlässig.

Ein wichtiger Aspekt beim Ausbau der Weine ist die Tatsache, dass Werner Achs ein sicheres Händchen bei der Wahl des richtigen Holzes hat. Wenn Wein und Holz nicht harmonieren, ist es nur die halbe Miete.

Übrigens, ich habe bei den beiden letzten Vinaria Premium-Rotweinproben in verdeckter Verkostung zielsicher den WERNER ACHS auf Platz 1 gehabt. Das ist natürlich nur meine persönliche, subjektive Bewertung. Daher lobe ich mich selbst. Sonst tut es leider niemand.       *as*

### BURGENLAND

★★★ K €€ ZW
**2023 Blauer Zweigelt Goldberg** + Das ist großer Stoff, das geht über einen normalen Zweigelt weit hinaus. Tiefgründig, eine Fülle von Aromen aufweisend, Bitterschokonoten mit Dörrpflaumen, Johannisbeeren, schwarze Kirschen, Veilchen, Vanille, dunkle Beeren, straffes Tannin, feste Struktur, ungemein würzig, langatmig, dezente Röstöne, kompakt, enorm substanzreich. Ein männlicher, ausdrucksstarker, mineralischer Zweigelt. Eine überragende Qualität mit einem fast unschlagbaren Preis-Leistungs-Verhältnis. Das habe ich schon im vorigen Jahr geschrieben. Daran hat sich nichts geändert. Ein Beweis, dass Zweigelt groß sein kann.

★★★★★ K €€€€€ CR     **TOP**
**2022 XUR** + (BF/ZW/SL) Tiefes Schwarzviolett, Brombeeren, Cassis, Blutorangen, Zwetschken, schwarze Kirschen, Nougat, festes Tannin, kraftvolle Eleganz, zupackend, ungemein vielschichtig, holzunterlegt, Schokonoten, engmaschig, dichte Struktur, tapeziert den Gaumen, pfeffrige Noten, enorm tiefgründig, der gibt nicht nach, der steht seinen Mann, tolle Präsenz. Ein Rotwein mit einer Substanz für viele Jahre.

★★★★★ K €€€€€€ CR     **TOP**
**2021 WERNER ACHS** + (BF/ME – Magnum) Röstöne, Zwetschken, schwarze Kirschen, Johannisbeeren, Heidelbeeren, das ist feste Struktur, das Tannin beißt zwischen den Zähnen, kraftvoll, mächtig, engmaschig und dicht, tiefgründige Eleganz, Nougat, Vanille, ungemein vielschichtig, holzunterlegt. Substanz für eine Galaxie. Diesen Wein gibt es nur in großen Jahrgängen.

## Weingut
# AmSee Pirker-Preisinger

**Franz Pirker**
7122 Gols, Neubaugasse 19
Tel. +43 664 75038676
office@wein-amsee.at
www.wein-amsee.at

Die Weine von Franz Pirker kommen zwar aus dem gleichen Weinkeller wie jene von Winzer Helmut Preisinger, dennoch unterscheiden sich die Weine der beiden Freunde von Grund auf. Die Weine von Pirker wirken in der Stilistik moderner. Man ist auch beim Holzeinsatz mutiger unterwegs, und Pirker ist dabei ein Anhänger des langsamen Ausbaus. Abseits von seinen beiden jungen Weinen, dem Chardonnay und dem Zweigelt, wo die 2022er da sind, sind die aktuellen Premium-Roten von Franz Pirker vom Jahrgang 2019. Und: Man kann bei ihm auch noch auf Weine von 2016 und 2017 zurückgreifen. Beim Sekt Blanc de Noir ist im Dezember 2023 ein 2011er degorgiert worden.

Pirker ist beim Wein Quereinsteiger, der 2011/2012 zum Wein und in den Preisinger-Keller gefunden hat, wo seither die Weine gemeinsam vinifiziert werden. Die Palette vom Weingut AmSee ist übersichtlich und bis auf den Chardonnay nur in Rot – hier auf die zwei Austro-Sorten Zweigelt und Blaufränkisch fokussiert sowie auf die internationalen französischen Rebsorten. Von den beiden verkosteten Premium-Roten aus 2019 tut sich gerade der Blaufränkisch V36 hervor. 36 steht für 36 Monate Fassausbau – in gebrauchtem und neuem Holz. Auch der Cabernet Sauvignon aus der Lage Alter Satz ist 36 Monate im Holz gelegen, in neuen Barriques. Das braucht Zeit und kann dann – in ein, zwei Jahren – spannend werden ...

*hp*

### BURGENLAND

★★★ G €€ CH
**2022 Chardonnay** + Ziemlich aromatisch für einen Chardonnay, gewürzig, Südfrüchte, Litschi, Papaya; viel Kräuterwürzigkeit und leichter Gerbstoff, Zitrus, Maracuja, Orangen, lebhaft, mittellang.

★★★ G €€ ZW
**2022 Zweigelt** + Rauchig-würzig, mit leichter Reduktion, Preiselbeeren und Schwarzkirschen, gute Sortentypizität; einige Frische, grüne Kirschen, lebhafter Biss, etwas Gerbstoff, trinkig.

★★★ G €€€€ BF  **TIPP**
**2019 Blaufränkisch V36** + Ziemlich ätherische Kräuternote, Tannenreisig und Tannenzapfen, dunkle Frucht, mürbes Gebäck; am Gaumen noch immer jugendlich, kerniges Tannin, mit Belüftung fruchtsüßer, Heidelbeeren, balanciert. Gute Länge.

★★★ G €€€€€ CS
**2019 Cabernet Sauvignon Alter Satz** + Viel Tabakblätter, rauchig, torfig, viel Tintenblei, Mon-Chérie-Charakter, dezente rotbeerige Frucht; am Gaumen weiche, opulente Fruchtfülle, Cassis, Schwarzbeeren, aber auch noch viel Holz, lebhaftes Toasting, Säurepikanz, mittellang bis lang. Abwarten ...

### ÖSTERREICH

★★★ K €€€€€€ CW
**2011 Sekt Blanc de Noir Brut Nature** + (PN/SY – degorgiert Dez. 2023) War zwölf Jahre auf der Hefe, wirkt dennoch anfangs spritzig und frisch, Walnüsse, nur zarte Frucht; am Gaumen etwas gereifter, sehr cremig und samtig, Brioche, Kaffee- und Schokonoten, hinten einiger Biss. In Würde gereifter Sekt.

# Weingut
## Zur Dankbarkeit

Christine Glück & Mitges.
7141 Podersdorf, P.A. Winklergasse 30
Tel. +43 676 9277015, weingut@dankbarkeit.at
www.weingutzurdankbarkeit.at
15 Hektar, W/R 70/30

Der frische Wind der Jugend weht seit nunmehr sechs Jahren durchs Podersdorfer Weingut Zur Dankbarkeit. Christine und Andreas Glück, die vierte Generation, haben viel verändert und auch die Palette sanft erweitert. Die Tradition haben die beiden jedoch bewahrt – und sie wird heuer gefeiert. 100 Jahre ist die Dankbarkeit heuer alt. Kellermeister Andreas Glück hat einen dem Anlass entsprechenden Jubiläumswein komponiert. Die „Dankbarkeit Grande Cuvée" aus französischen Rotweinsorten, ausgebaut für 18 Monate in einem gebrauchten 500er-Fass und einem neuen 300er-Barrique – eine rundum gelungene Geschichte mit Zukunftspotenzial.

Obwohl der Rotwein eine wichtige Rolle einnimmt, verlagert sich das Gewicht zunehmend zum Weißwein, der mittlerweile 60 % der rund 15 Hektar ausmacht, die die Glücks rund um Podersdorf bearbeiten. Und das süße Standbein, das in der Dankbarkeit seit jeher hochgehalten wird, macht rund 10 % aus. Und das soll auch so bleiben. Kosten, trinken und kaufen kann man die Weine in der schmucken Buschenschank, die Christine Glück führt. Feine Sache. Mehr Glück braucht es nicht ...                              *hp*

### NEUSIEDLERSEE DAC

★★★ S €€ ZW
**2021 Zweigelt** + Schwarzkirschen mit guter Würze und Sortentypizität; saftig, viel Kirscharomatik, zitrusfrisch, straffer Gerbstoff, runder Zweigelt, mittellang.

★★ S €€ WR
**2022 Welschriesling Auslese** + (RZ: 66 g/l) Frisch, viel Steinobstfrucht, Weingartenpfirsich; relativ straff mit balancierter Süße, Zitrus, Limetten, Maracuja, fester Biss, Kräuterfrische, mittellang.

★★ S €€€ WR
**2021 Welschriesling Beerenauslese** + (RZ: 79 g/l) Dichte fleischige Frucht, saftige Nektarinen, süße Banane; balanciertes Frucht-Säure-Spiel, rauchige Würze, reife Südfrüchte, salziger Biss, strukturiert, trinkvergnüglich.

### BURGENLAND

★★★ S € WR                                                              FUN
**2023 Welschriesling** + Weingartenpfirsich, Limettenfrische, dezente Würze, einladend; straff, Zitrus- und salzige Noten, betont trocken, cooler Sommerwein im Retroetikett.

★★ S € GV
**2023 Grüner Veltliner** + Gute Pfefferwürze, grüne Äpfel und Birnen; viel Zitrusfrucht, salzig, lebhaft, Lemongras, Leichtwein mit Biss.

★★★ S €€ SB
**2023 Sauvignon Blanc** + Sehr frisch, gemüsig und gewürzig, Schoten, Spargel; Kräuterfrische, runde Säure, gelber Paprika, Blutorange, trinkig, mittellang.

★★★ S € GM                                                              FUN
**2023 Muskat3** + Solide Holunderfrucht, klares, rundes Sortenbild; straff am Gaumen, relativ trocken, gute Balance, salziges Finish. Davon mag man mehr ...

★★ S €€ CW
**2022 Dankbarkeit Weiß** + (PB/CH) Cremig-nussige Noten, dezent Karamell und Honigbrot, ätherisch, Tannenzapfen; weich, charmant, füllige süße Frucht, hinten lebhaft, gute Länge.

★★★ S €€€ CH
**2022 Chardonnay Barrique** + Sehr füllig, Nougat und Karamell, einschmeichelnde Fülle; saftige Schokonoten, Kakao, Schokobanane, gute Balance mit feinem Toasting und kompakter Säure, langer Nachhall.

★★★ S €€€ PG                                                            PLV
**2022 Pinot Gris** + Feine Pilznoten, cremig, rosa Pfeffer, einige Fülle, Lorbeer; karamelliges, weiches Toasting mit Würze, angenehmer Gerbstoff, rosa Grapefruit, Maracuja, voluminöser Burgunder mit Länge.

★★★ S €€ CW
**2022 Wiedehopf** + (CH/PG/GM) Anfangs reduktiv, viel Vanille, schüchterne Frucht, Banane, Nussstrudel; geschliffen, feine Nougatnote, lebhaft, runder, aromatischer Burgunder.

★★ S €€ CR
**2022 Dankbarkeit Rot** + (ZW/BF) Frisch und leicht, kirschig vom Zweigelt und würzig vom Laurent; am Gaumen viel Erdbeer-Kirsch-Frucht, gute Würze, zugänglich.

★★★★ S €€€ PN
**2021 Pinot Noir** + Rauchig, füllige Frucht, rotbeerig, Ribiseln, dezente Würze; am Gaumen straff, auch saftig, delikate Frucht, dunkle Himbeeren, strukturgebender Gerbstoff, balanciert bei guter Länge – ein dankbarer Pinot.

★★★★ S €€€€ CR                                                          TIPP
**2022 Dankbarkeit Grande Cuvée** + (CS/ME/CF) Viel Kräuterwürze und Frische, saftige Johannisbeeren, internationaler Bordeaux-Charakter, am Gaumen fleischige Frucht mit viel Biss, super Stoff mit jugendlicher Finesse und toller Länge. Potenzial!

## Weingut
# Dombi-Weiss

**Michael Dombi**
7141 Podersdorf am See, Seestraße 5
Tel. +43 660 5401100
office@dombi-weiss.com
www.dombi-weiss.com

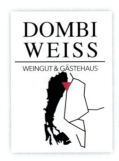

Dombi-Weiss aus Podersdorf am Neusiedler See ist erstmals im Vinaria Guide. Im kleinen Familienweingut, das in den 1990er-Jahren gestartet wurde, bearbeiten die Dombis sechs Hektar und vermarkten ihre mittlerweile reichhaltige Weinpalette praktisch ausschließlich ab Hof, über den eigenen Online-Shop und die lokale Gastronomie. Alle helfen zusammen. Michael Dombi ist seit dem Jahr 2017 der Kellermeister, sein Vater Christian der Weingartenmanager und Mutter Sylvia Dombi-Weiss kümmert sich um das Gästehaus mit neun Ferienzimmern.

Stärkste Sorte ist der Zweigelt, es folgt Welschriesling, dann Blaufränkisch und die Burgundersorten. Die Weißweine werden fast nur im Edelstahl ausgebaut und überzeugen in ihrer Sortentypizität. Bei den Roten verlässt sich Michael Dombi auf Holz, vorzugsweise französisches. Seinen Zweigelt Reserve balanciert er gekonnt in neuen und gebrauchten Barriques aus, sein „normaler" Zweigelt atmet im großen Holz. Beide Weine aus dem Jahr 2021 haben viel Trinkcharme.

Michael Dombi ist aber auch experimentierfreudig. Er mag Säure und hat 2022 einen etwas schrägen Grünen Veltliner gemacht, indem er den Seihmost genommen hat und ihn lang auf der Vollhefe belassen hat. Seit Juni 2023 ist dieser klirrend säurebetonte Wein in der Flasche, ungewöhnlich, aber interessant – wie vieles bei Dombi-Weiss!    *hp*

### NEUSIEDLERSEE DAC

★★★ S €€ ZW
**2021 Zweigelt Reserve** + Intensive Kirschfrucht, Zweigelt-typisch, rauchige Würze; robustes Toasting, Weichselkompott, viel Säure und Gerbstoffstütze mildert die wuchtig-füllige Frucht, mittellang.

★★ S €€ PB
**2023 Weißburgunder Auslese** + Süßfruchtige Exotik, rosa Grapefruits, Ananas, Anklänge von weißer Schokolade und Marzipan; einschmeichelnde Fülle, Waldhonig, Bourbon-Vanille, karamellisierte Mandeln, rund.

### BURGENLAND

★★★ S € ZW                                    FUN
**2023 Zweigelt Rosé** + Fruchtig, würzige Kirschen, Erdbeeren, wirkt spritzig; straff, betont trocken, salzig, knackig, Zitrus, Kräuterwürze, attraktiver Sommerwein in Rosa.

★★ S € WR
**2023 Welschriesling** + Gelbfruchtig, grüne Ananas und Litschi, feinherb; betont trocken, Zitronenzesten und Gerbstoffbitterl, schlank, sortentypisch, spritziger Sommerwein.

★★ S € GV
**2023 Grüner Veltliner** + Rauchige Würze, dezente Kernobstnoten, Mostbirne; mild, grüne Äpfel, lebhafter Gerbstoff, geradliniger Wein.

★★★ K €€ GV
**2022 Grüner Veltliner Ried Rohrjoch** + Würzige weiche Frucht, roter Apfel, Birnen und Quitten, weißes Nougat; am Gaumen straff, klirrender Säurebiss, viel Zitrus, Limetten, Grapefruitzesten. Geradliniger, ungewöhnlich säurebetonter „Verjus"-Wein.

★★ S € PB
**2023 Weißburgunder** + Sanfte Würze, dezent Apfel-Birne mit Zimtnoten; einige Fülle, gerbstoffbetont, dadurch schlanker und relativ straff, Bitterorangen.

★★★ S € PG                                    PLV
**2023 Grauburgunder** + Gewürziger Apfel, Bittermandeln, gute Fülle, weiche Textur; dunkles Nougat, kühle Aromatik, balanciert, salzig, frisch-würzig, rosa Grapefruits, solide Länge.

★★★ S € ZW                                    FUN
**2021 Zweigelt** + Reife Kirschen, kühle Aromatik, sortentypisch und freundlich; saftige, würzige Frucht, balanciert, wirkt jugendlich, sortentypisch und trinkvergnüglich.

★★ S €€ CR
**2021 Heideboden** + (ZW/BF/SL) Weicher fülliger Beerenduft, reife Schwarzkirschen, Kirschkuchen; runde Frucht, Weichseln, kernige Würze, gute Säurestruktur, lebhaft, mittellang.

★★★ S €€ ME
**2019 Merlot Reserve** + Rauchige Röstnoten, tintig und ledrig, getrocknete Früchte; sortentypisch, aber viel Holz und wuchtige Frucht, feurig im Alkohol, kräuterwürzig, Bitterschokolade, noch immer jugendlich, fordernd.

★★★ S €€€ CH                                  PLV
**2018 Chardonnay TBA** + Nektarhaft, Honig, getrocknete Birnen und Feigen, Nussbutter; cremige Textur, attraktives Süße-Säure-Spiel, Windgebäck, geröstete Nüsse, Vanille, TBA mit Zug und Länge.

## Weingut
# Alexander Egermann

**Alexander Egermann**
7142 Illmitz, Apetlonerstraße 28
+43 2175 3293, wein@alexander-egermann.at
www.alexander-egermann.at
19 Hektar, W/R 50/50

Alexander Egermann lässt Weine entstehen – das ist sein Credo. Er ist ein leidenschaftlicher Winzer, der alles andere unterordnet. Ein wahrer Perfektionist. Doch schafft er bei allem Perfektionismus Weine mit leichter Hand. Diese sind immer geradlinig, präzise, markant, höchst individuell – ein Abbild des Winzers. Sein Zuhause ist der Weingarten, dort wo der Grundstein jedes Weines liegt. Bei den Böden dominieren Sand, Schotter und Schwarzerde sowie etwas Lehm oder auch die Kombination von allem.

Die Weine sind von gewohnter Güte. Der 2022 Weißburgunder präsentiert sich mit prachtvoller Stilistik, ein toller Vertreter seiner Sorte. Die 2022 Chardonnay Reserve ist ganz einfach vorbildlich – perfekter Holzeinsatz, kompakt, tiefgründig, dabei niemals belastend. Die beiden Zweigelt DAC sind zum einen feingliedrig und elegant, zum anderen – mit dem Römerstein 2021 – wird es ungemein ernsthaft. Das ist außergewöhnlicher Rotwein und der Beweis, dass der Zweigelt Größe erreichen kann. Größe erreichen auch die 2022 Merlot Reserve und 2022 Cabernet Sauvignon Reserve. Fest strukturiert, kraftvoll, niemals den Seewinkel verleugnend. Beide unbedingt zeitgerecht belüften, großes Weinglas. Eine betörend schöne TBA bildet den Abschluss der Verkostung mit einem schlechten Gewissen meinerseits. Denn ich/wir trinke/n viel zu selten diese herrlichen Gewächse der besonderen Leseart. *as*

### NEUSIEDLERSEE DAC

★★ K €€ ZW
**2022 Zweigelt** + Kirschen, rote Rüben, rote Beeren, Brombeeren, Nougat, herber Charme am Gaumen, festes Tannin, Hagebutten, Zwetschken, trocken am Gaumen, fest strukturiert, feines Fruchtspiel, ziemlich ernsthaft. Das Tannin tapeziert den Gaumen.

★★★ K €€€€ ZW
**2021 Zweigelt Reserve Ried Römerstein** + Ein strammer, dicht strukturierter, trockener Zweigelt mit einigem Tiefgang, präsentes Tannin, kraftvolle Fülle, körperreich, perfekte Säure, Zwetschken, Kirschen, Tabak, Kaffeenoten, Thymian, Orangenzesten, tiefgründig. Den sollte man unbedingt zeitgerecht belüften.

### BURGENLAND

★★★ S €€ PB
**2022 Weißburgunder** + Grüngelbe Farbe, gelber Apfel, Kräuter, Mandelnoten, Nelken, gemahlene Nüsse, Birnen, Steinobst, Melone, pfeffrig, ungemein vital und gediegen am Gaumen, elegant, frische Kräuter, ausgewogen, Noblesse, perfektes Säurespiel. Ein vorbildlicher kühler Weißburgunder von gelbfruchtiger Intension.

★★★ K €€€ CH
**2022 Chardonnay Reserve** + Sattes Grün, dezente Röttöne vom Holz, Walnüsse, Vanille, reifer Apfel, etwas Toast, der zieht am Gaumen, ungemein frisch, tolle Säure, ist immer kühl, Ananas, Zitrus, Briochenoten, Banane, cremig, strahlt Klasse aus. Ein vielschichtiger Chardonnay von ernsthafter Leichtigkeit, ungemein stimmig. Von fast filigraner Statur, einer eleganten Note. Chardonnay in voller Blüte.

★★★ K €€€ ME  **TIPP**
**2022 Merlot Reserve** + Tiefschwarz, Röttöne, Schokonoten, schwarze Beeren, Zwetschken, Johannisbeeren, Vanille, Kaffee, Zimt, Schwarztee, Orangenschalen, vielschichtig, kompakt und dicht am Gaumen, ein Mordstannin, so richtig trocken, ein mächtiger Rotwein, enorm ausdrucksstark. Klebt am Gaumen, tolle Länge, viel Zukunft.

★★★ K €€€ CS  **TIPP**
**2022 Cabernet Sauvignon Reserve** + Johannisbeeren, Heidelbeeren, Röttöne, Kaffee, Bitterschoko, etwas Speck, pfeffrig, enormes Tannin, zupackend, passt mit Fruchtkomponenten, Teegebäck, konzentriert, intensiv, engmaschig, ziemlich trocken. Stoffig, dicht, spannend, da geht es zur Sache. Unbedingt zeitgerecht belüften.

★★★★★ S €€€€ CW  **TOP**
**2021 Trockenbeerenauslese Mosaik** + (80 % SÄ / 20 % WR – 0,375-Liter- Flasche, 6,5 % Vol.) Gelbgrüne Farbe, eine einnehmende TBA mit Frische, Honig, pfeffrig, grüner Tee, Holunderblüten, Zitrus, tolle Exotik, Ananas, Mango, am Gaumen süß, vollmundig, harmonisch, schöne Säure, warmes Timbre, voller Reichtum, immer Seewinkel, immer stimmig. Substanz für Jahrzehnte. Betörend schön. Warum trinken wir so wenig Süßwein?

## Weingut
# Etl Wine & Spirits

**Josef & Erich Etl**
7131 Halbturn, Erzherzog-Friedrich-Straße 54
Tel. +43 699 11353068
office@weingut-etl.at
www.weingut-etl.at

Dass im Weingut Etl überwiegend Wein produziert wird, ist wohl klar. Doch auch Produkte wie Traubensaft, Edelbrände und Spirituosen werden hergestellt. Herausragend sind hier Heathland Whisky und Heathland Gin. Man kann auch eine Patenschaft für einen Rebstock übernehmen. Rent a Rebstock. Das Ganze geht bis zu einem Kühlanhängerverleih.
Bei den Weinen hat mir der Frizzante Gelber Muskateller sehr gut gefallen. Ganz einfach betörend. Ein hervorragender 2021 St. Laurent. Ein würziger 2020 Blaufränkisch. Ein wunderbarer 2020 Zweigelt Selection, der sich momentan überragend präsentiert. NEU: Großartig – ein burgenländischer Port, heißt Bord, kommt dem Original sehr nahe. Mächtig, süß, ausdrucksstark. Ganz einfach traumhaft. *as*

### BURGENLAND

**★★ S € SL**
**2021 St. Laurent** + Weichselkirschen, Mandelsplitter, Zwetschken, Lebkuchen, herbe Fruchtnoten, rote Beeren, Dörrfrüchte, gute Tanninstruktur, liegt fest am Gaumen, schön trocken, baut Frucht auf, gute Länge. Ein typischer St. Laurent, höchst angenehm zu trinken.

**★★ S € BF**
**2020 Blaufränkisch** + Ein typischer, würziger Blaufränkisch, Brombeeren, Pflaumen, fruchtig, harmonisch, angenehmes Tannin und Säure, jetzt sehr schön zu trinken. Gewinnt mit Luft ungemein. Wird elegant, subtil und feingliedrig. Macht Spaß.

**★★ S € ZW**
**2020 Zweigelt Selection** + Ein ungemein feinfruchtiger, saftiger, charmanter Zweigelt, erdige Noten, weiches Tannin, Kirschen, Mandeln, elegante Fülle. Ein hervorragender Rotwein von Klasse, der sich höchst angenehm trinkt.

### ÖSTERREICH

**★★ S € GM** FUN
**NV Frizzante Gelber Muskateller** + Tolle anhaltende Schaumbildung, grüne Farbe, Holunderblüten, Zuckerwatte, Zitrus, Apfeltöne, Pfirsichnoten, feine Restsüße, frisch und elegant, lebendig, betörend, leicht (11,5 % Vol.), voller Pikanz. Bei solch einem Produkt fällt es schwer, das Glas wegzustellen.

**★★★ K €€€ RÖ** TIPP
**NV Bort** + (Likörwein aus Österreich, ein burgenländischer Portwein aus der Rebsorte Rösler) Gedörrte Pflaumen, süß, reichlich Alkohol (19,6 % Vol.), eben klar Port, spritig, mächtig, reichhaltig, zeigt trotz allem Frische, ist tiefgründig, natürlich alkoholisch. Sehr gut gemacht. Ewiges Leben. Der perfekte Wein für Blauschimmelkäse. Perfekt als glasweise für die Gastronomie.

## Bio-Weingut
# Ettl

**Michael & Christian Ettl**
7141 Podersdorf am See, Seestraße 48–52
Tel. +43 660 7687528
office@bioweingut-ettl.at, www.bioweingut-ettl.at
28 Hektar, W/R 55/45, 150.000 Flaschen/Jahr

Das Bio-Weingut Ettl ist ein ungemein tüchtiger Familienbetrieb. Da werkt man im Verbund. Paul, Christa, Michael, Christian, Constanze – ein jeder hat seinen Aufgabenbereich. Man bewirtschaftet die Weingärten biologisch. Warum? Weil bio „Leben" heißt. Seit 2006 werden biologisch zertifizierte Weine produziert, kein Einsatz von chemisch-synthetischen Pflanzenschutzmitteln, kein Unkrautvernichter wie Glyphosat. Gedüngt wird mit selbst produziertem Kompost. Dauerbegrünung in den Weingärten mit Klee, Gras und anderen Kräutern – diese Gründecke bietet Lebensraum für Insekten. Das Credo der Familie heißt: „Man muss die Natur nicht neu erfinden. Man muss nur versuchen, sie zu verstehen." Nun zu den Weinen. Ein hervorragender 2022 Chardonnay Ried Prädium. Ein phantastischer 2022 Traminer Reserve – ein Wein von bezwingender Finesse. Da wird man zu einem Traminerfan. Beachtenswert ist der 2022 Blaufränkisch Classic, schmeckt vorzüglich. Groß und mächtig – 2021 Lukas Grande Reserve (ME/BF), da wird jeder Amarone blass, ein großzügiger, reichhaltiger Rotwein. Nun denn, liebe Familie Ettl. Es hat mir geschmeckt. Danke für die Weine. Hinweisen möchte ich auf die faire Kalkulation der Weine. *as*

### NEUSIEDLERSEE DAC

**★★ S €€ GT**
**2022 Traminer Spätlese** + Ein leichter Traminer (10 % Vol.), süß, saftig, Rosenblüten, Litschi, Zitrus, Pfirsich, mittlerer Druck, liegt eher auf der weichen Seite, milde Säure, schlanke Struktur. Klassisch Seewinkel.

### BURGENLAND

**★★★ S €€ CH**
**2022 Chardonnay Ried Prädium** + Gelber Apfel, kandierte Nüsse, etwas Zimt, Orangenschalen, Kräuterwürze, feste Struktur, kraftvoll, kompakt, Holzfassausbau, einiger Tiefgang, vollmundig, Druck aufbauend. Einige Zukunft.

**★★★ K €€ WR**
**2021 Welschriesling Alte Reben Illmitzer Ried Römerstein** + Dezentes Holz mit Exotik, Nüsse, Fichtennadeln, gelber Apfel, Ananas, warmes Timbre, ein ziemlich ernsthafter Welschriesling von fast burgundischer Ausprägung, Zitrus, salzige Noten, füllig, eng, einiger Tiefgang, druckvoll, kraftvoll. Ein klassischer burgenländischer Welschriesling der alten Schule.

**★★ K €€ CH**
**2021 Chardonnay Reserve Ried Prädium** + Nüsse, Holznoten, salzig, gelbfruchtig, „süße" Intension, Akazienblüten, enorme Frucht, etwas weitmaschig, Holzsüße, Honigwaben, Mango, ungemein saftig. Es ist viel Wein. Aber auch viel Erlebnis.

**★★★ K €€€ CR**
**2021 Podersdorfer Alte Reben** + (ME/BF) Lebkuchen, Tabak, Heidelbeeren, dunkel getönt, Pflaumen, dunkle Schokolade, Bitterschoko am Gaumen, einiger Alkohol, feurig, tapeziert den Gaumen. Ein mächtiger Rotwein für im Ganzen gebratene Fleischstücke.

**★★★ K €€€€ CR**
**2021 Lukas Grande Reserve** + (ME/BF) Trocken-fruchtig, feurig, einiger Alkohol, mächtig, klebt am Gaumen, ein Wahnsinnswein, tiefgründig, Amarone-like, Holzwürze, schwarze Kirschen, Brombeeren, Heidelbeeren, enormes Tannin, ein unfassbarer Rotwein mit feuriger Struktur.

**★★★ S €€ GT** **TIPP**
**2022 Traminer Reserve** + Rosen und Litschi, Pfirsich, wunderbare Frucht, ungemein elegant, feingliedrig, zeigt Finesse, feinster Schmelz, aromatief, ein herrlicher, filigraner Traminer mit perfektem Gerbstoff, der sich blendend darstellt. Da wird man ein begeisterter Traminertrinker. Wie eine Strauss-Operette.

**★★ S €€ SL**
**2022 St. Laurent Classic** + Weichselkirschen, Lebkuchen, fruchtig-kompakt, Heidelbeeren, Orangenschalen, feste Tanninstruktur, frische Säure. Frisch, lebendig, rassig. Ein fordernder Rotwein mit Charakter.

**★★ S €€ BF**
**2022 Blaufränkisch Classic** + Brombeeren, kühle Noten, rote Beeren, würzig, tolle Säure, einiger Tiefgang, griffig, dichte Struktur, rassige Eleganz, lebendig, ein Blaufränkisch voller Authentizität.

**★★★ S €€ BF**
**2022 Blaufränkisch Ried Alter Satz** + Kühles Aroma, Brombeeren, auch rotbeerig, Hagebutten, schwarzer Holunder, voller Würze, unglaublich tiefgründig, rassig. Aber hallo, was ist das für ein grandioser Blaufränkisch.

## Bio.Weingut
# Haider

**Theresa und Gerhard Haider**
7142 Illmitz, Seegasse 16
Tel. +43 664 5233777
office@weinguthaider.at, www.weinguthaider.at
14 Hektar, W/R 80/20, 40.000 Flaschen/Jahr

Das Illmitzer Winzerpaar Gerhard und Theresa Haider kennt man als Süßweinspezialisten – und oft besser im Ausland als in Österreich. Denn mehr als die Hälfte ihrer Weine haben im Ausland ihre Fans. Das Spektrum reicht von der Auslese bis zur Trockenbeerenauslese (TBA), wobei es im süßen High-End-Bereich bis zu sechs sortenreine, spannende TBAs gibt. Die wichtigsten Sorten für die Süßen sind Sämling, Welschriesling, Chardonnay und speziell der Riesling. Im aktuellen TBA-Sortiment haben wir uns den Welschriesling herausgepickt, einerseits wird Welschriesling im Süßweinbereich groß, andererseits vibriert diese Sorte mit einer lässigen Säure, womit die süße Nektaressenz immer einen feinen Trinkfluss aufweist.
Ungewöhnlich, aber spannend, zeigt sich die Zweigelt TBA, die sich aus zwei Jahrgängen speist, ein Verschnitt aus dem warmen 2018er- und aus dem kühlen 2010er-Jahr. Im Duft schon etwas oxidativ angehaucht, aber am Gaumen noch immer lebhaft und von üppigen Trockenfruchtnoten geprägt – ein in Würde gereifter Nachspeisenwein. Aber es gibt bei den Haiders mehr als nur ihre süßen Geschichten. Das eine Thema ist Rot, das andere Alternativwein. Beim Rotwein zählt die Cuvée Mythos zu den Haider-Klassikern. Und der Merlot zeigt auch Ausdrucksstärke, atmet das neue Holz mit seiner intensiven Frucht gut ein.
Eine Herzensangelegenheit von Theresa Haider sind die Naturweine. „Gott sei Dank mag das der Gerhard auch", sagt sie und nippt an ihrem Pink, ein etwas anderer Rosé aus Blaufränkisch und Cabernet, aber sehr ernsthaft mit viel Frucht und Grip. Vom Chardonnay gibt es den „salzundsteppe", ein moderater Naturwein, von dem Gerhard Haider die Hälfte auf der Maische vergoren hat, womit sich dieser unfiltrierte Spaßmacher perfekt für Naturwein-Interessierte als guter Einsteiger in diese Szene eignet.

*hp*

## BURGENLAND

★★★ K €€ ME
**2020 Merlot** + Ausgereifte Schwarzkirschen und Johannisbeeren, üppige Fruchttiefe, dunkle Schokolade; das neue Holz wird gut weggesteckt, wenngleich das rauchig-würzige Toasting markant ist, Tintenblei, Graphit, Cassisfrucht mit kernigem Gerbstoffbiss.

★★★ K €€€ CR  PLV
**2021 Mythos** + (CS/ME/ZW) Würziges Toasting, gute Fruchttiefe, satte Zwetschkenfrucht, reifes Cassis; rund und sanftmütig, viel Schwarzbeeren, markanter kräuterwürziger Cabernet, gut eingebundenes Holz, braucht Zeit und Luft.

★★ S €€ CH
**2022 Chardonnay Spätlese** + (RZ: 60 g/l) Wirkt frisch, Kräuter, getrocknete Pilze, Datteln, relativ weich, fülliger Fruchtcharme; saftiges Kernobst, süße Birnen und Bratapfel, Wein mit süßen Rundungen, einfache, trinkvergnügliche Spätlese.

★★★ K €€€ CH
**2019 Chardonnay Beerenauslese** + (RZ: 130 g/l) Schöner Honigschmelz, zarte Botrytis, helles Nougat, Bienenwachs; saftige, exotische Fruchtwürze, Honigmelone, zuverlässiger Klassiker mit Trinkanimo.

★★★ K €€€€ ZW
**NV Zweigelt Trockenbeerenauslese** + (RZ: 190 g/l) Etwas schwermütig, Primärfrucht schon weg, getragen von gereifter, zart oxidativer Opulenz; am Gaumen lebhaft, herzhaft-würzig, Mokka, getrocknete Früchte, Datteln. Interessante TBA, fein gereift mit Länge!

★★★★ K €€€€ WR  TIPP
**2021 Welschriesling Trockenbeerenauslese** + (RZ: 275 g/l) Honignoten, elegante Frucht, gelbe Pfirsiche, Stachelbeeren, rauchige Würze; Nougat, Kakao, rosinig, Bratapfel, Nektarinen, gaumenfüllende TBA mit Mineralität, Säurebiss und Salzigkeit, feine Länge.

## ÖSTERREICH

★★★ S €€ CH
**2023 Chardonnay salzundsteppe** + Straffe Kräuterwürze, reifes Zitrus, gelbapfelig; lebhafter, kräftiger und verträglicher Naturwein, viel Zitronen- und Grapefruitzesten, Sorte tritt in den Hintergrund. Name und Gerbstoff sind Programm: salzig und betont trocken.

★★★★ K €€ CR  PLV
**2023 Pink by Theresa Haider** + (BF/CS) Viel Frucht und Grip, Mix aus roten Beeren, grüne Kirschen, Wacholder, Lorbeer; betont trocken, nussig, kräuterwürzige Schwarz- und Johannisbeeren, Gerbstoff sorgt für Zug. Ernsthafter Rosé mit Druck und Biss.

## Weingut
# Dieter & Yvonne Hareter

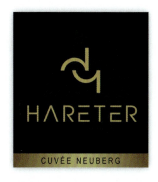

**Dieter Hareter**
7121 Weiden am See, Triftstraße 11
Tel. +43 664 1980842
office@wein-hareter.com, www.wein-hareter.com
8 Hektar, W/R 60/40, 40.000 Flaschen/Jahr

Die Familie der Hareters beschäftigt sich mit Wein schon seit über 250 Jahren. Man profitiert von über 60 Jahre alten Reben, die von den Vorgenerationen ausgesetzt wurden. Die Weingärten des Weingutes befinden sich an den Hügeln in Weiden am See. Mildes pannonisches Klima. Die Weine bestechen durch ihre Charakterfestigkeit, Ausdrucksstärke und ihre mineralischen Noten. Die Weine spiegeln das Terroir wider. Ein vorzüglicher, balancierter Welschriesling 2023. Von nobler Eleganz präsentiert sich der 2023 Weißburgunder Ried Zeiselberg. Voller Charme und Pikanz – der 2023 Zweigelt Ried Rosenberg. Die 2023 Cuvée Neuberg brilliert durch eine feine Würze, einfach wunderbar zu trinken. Sehr gut ist der 2023 Rosé vom Zweigelt mit fester Struktur.
Die Weine der Hareters sind keine Blender, sondern höchst individuelle Gewächse, die sich nicht anbiedern. Hier wird Handwerk großgeschrieben.                      *as*

### BURGENLAND

★★ S € WR
**2023 Welschriesling Ried Bühl** + Zitrusfrische, dezent rauchig, dunkle Tönung, Tabak, Marille, knackige Frische, Bratapfel, Kräuterwürze, voller Pikanz, mineralische Töne. Ein Welschriesling der eher leisen Töne. Immer in der Balance. Immer kompakt.

★★ S € GV
**2023 Grüner Veltliner Ried Satz** + Schwarzer Pfeffer, Tabak, gelber Apfel, Birnentouch, Kamille, Löwenzahn, kräftiger Ausdruck, ungemein würzig, fruchtig, erdig-salzige Noten, strukturiert, einiger Tiefgang.

★★★ S €€ PB
**2023 Weißburgunder Ried Zeiselberg** + Ein feines, gediegenes Bukett, hellfruchtig, dezente Exotik, Ananas, Honigmelone, Orangenzesten, reifer Apfel, Zitrus, Mandelnoten, noble Eleganz, am Gaumen ein ganz feines Fruchtspiel. Ein subtiler, wunderbarer Weißburgunder mit feiner Klinge.

★★ S €€ ZW
**2023 Zweigelt Ried Rosenberg** + Zwetschkenfarbe, Granatapfel, Hagebutten, Kirschen, Zwetschken, rotbeerig, saftige Frucht, kühl, feines Säurespiel, pikant, elegant, charmant, gute Länge. Ein unkomplizierter, doch wertiger Zweigelt mit seltenem Trinkfluss.

★★ S €€ CR
**2023 Cuvée Neuberg** + (BF/BB) Kirschrote Farbe mit violetten Reflexen, die Kirschen brillieren mit Mandelnoten, etwas Rumtopf, ein würziger Rotwein, wo der Blaufränkisch dominiert, Röstöne, rote und schwarze Beeren, Zwetschken, frische Säure, ungemein trinkig und frisch, schlanke Struktur mit Dichte.

★★ S €€ PG
**2023 Pinot Gris Spätlese Ried Ungerberg** + Helles Gelb, Orangenschalen, erinnert etwas an Weinbrand, spritige Noten, Honigsüße, fruchtige Birnen, Zimtnelken, vollmundig, frische Säure, weinige Struktur.

### WEINLAND

★★ S € ZW
**2023 Rosé Zweigelt** + Kirschen, Himbeeren, Mandarinen, frisch, lebendig, Zitronenmelisse, Fenchel, kernige Struktur bei elegantem Ausdruck, feingliedrig, individuell, mineralisch. Ein Rosé mit Eleganz, Stil und fester Struktur.

## Weingut
# Heinrich

**Gernot & Heike Heinrich**
7122 Gols, Baumgarten 60
Tel. +43 2173 3176, Fax -4
weingut@heinrich.at, www.heinrich.at
85 Hektar, W/R 25/75

Gernot Heinrichs Weinwelt hat sich in den vergangenen Jahren stark Richtung Weißwein verändert. Vor zehn Jahren waren es erst schlanke 5 %, heute machen die Weißweinflächen schon ein Viertel aus. Vergrößert hat sich Heinrich besonders am Leithaberg. Und die weiße Erfolgsstory hat viel mit Heinrichs Freyheit-Weinen zu tun, die er in die markante beige Steinzeugflasche füllt und die mittlerweile unverzichtbare Wein-Charaktere im Sortiment sind.

Die Freyheiten sind bunt, kommen als Roter Traminer, Muskat Ottonel oder als Burgundersorten. Die Freyheit-Philosophie ist auch simpel: biodynamische Bewirtschaftung im Weingarten und rigoroser Verzicht im Weinkeller – ergibt Natural Wines mit zwei Wochen Maischestandzeit, spontan vergoren, schonend mit der Korbpresse gepresst und in Amphoren auf der eigenen Hefe gereift. Feiner Stoff! Und vor dem Öffnen die Flasche unbedingt schütteln, empfiehlt Gernot Heinrich.

Seit dem Jahr 2006 betreibt der Winzer biodynamischen Weinbau. Im gleichen Jahr ist der Golser auch den Schritt rüber auf den Leithaberg gegangen und hat dort auf Blaufränkisch gesetzt und viel ausgesetzt. Blaufränkisch ist heute auch die Hauptsorte im Betrieb, wird mittlerweile auf 30 Hektar angebaut. „Und ich bin froh darüber", sagt Heinrich, der am Leithaberg zwei besondere Blaufränkisch-Edelsteine schürft: zwei grundverschiedene Blaufränkisch-Riedenweine, aber jeder für sich enorm spannungsgeladen und jung. Der eine vom Breitenbrunner Edelgraben ist ein Blaufränkisch Purist vom Schiefer, der andere aus Winden von der Ried Alter Berg ist ein klassischer Leithaberg vom Kalkboden mit schon 40 Jahre alten Rebstöcken.

Ob Schiefer oder Kalk? Das ist Geschmackssache. Wobei: Den Schiefer-Blaufränker muss man erwarten können; er braucht unbedingt Belüftung. Der Alte Berg vom Kalk hüpft einen schon am Anfang mit seiner Offenheit an. Beide Blaufränkisch-Edelsteine sind aus dem Jahrgang 2019.

„Wir bleiben mit unseren Weinen sehr lange im Fass", sagt Heinrich. Das gilt auch für seine beiden Top-Lagenweine aus Heinrichs Heimatort Gols – den Salzberg und den Gabarinza. Mit diesen hochwertigen und verlässlichen Rieden-Rotweinen hat sich Gernot Heinrich seit 25 Jahren in der österreichischen Topwein-Liga etabliert. Die zwei Rotweincuvées sind aus Blaufränkisch und Merlot komponiert – wobei beim Gabarinza zusätzlich noch viel Zweigelt im Spiel ist. Beide Weine werden über vier Jahre in 500-Liter-Eichenfässern ausgebaut. Fazit: Salzberg und Gabarinza 2019 – wieder zwei Wein-Erlebnisse der Besonderheit! *hp*

### LEITHABERG DAC

**★★★★ G €€€€€€ BF**
**2019 Blaufränkisch Ried Windener Alter Berg** + Füllige Frucht, Heidelbeeren, feine Kräuterwürze, Anis, Lebkuchen; am Gaumen viel straffer, kreidig und gerbstoffig, fein reduktiv, schokoladig unterlegte Weichselfrucht, auch Ribiseln, balanciert, gute Länge.

**★★★★ G €€€€€€ BF** **TIPP**
**2019 Blaufränkisch Ried Breitenbrunner Edelgraben** + Rauchig-mineralisch, viel Graphit und dunkle Würze, Wacholder; straffe Frische, man merkt die Kanten vom Schiefer, griffige Säure, Heidelbeeren, Kirschen, Pfefferkuchen, Tabaknoten, schwerelos gut, lebhaft und spannungsgeladen.

### BURGENLAND

**★★★ G €€€€ CR**
**2021 Pannobile** + (ZW/BF) Dunkelwürzige Textur, Wacholder und Lorbeer, Tabakblätter, Weichseln, gute Tiefe; Schwarzbeeren und Herzkirschen, Mon-Chérie-Charakter, trinkvergnüglicher Pannobile, mit fleischiger Frucht und würzigem Tannin, solide Länge.

**★★★★ K/G €€€€€ CR**
**2019 Ried Golser Gabarinza** + (ZW/BF/ME) Fülliges Volumen, Zwetschken, eingelegte Kirschen mit süßer Würze, harmonisch; am Gaumen viel Schoko-Nuss-Aromatik, reife Heidelbeeren, Johannisbeeren, fester Tanningrip, salzig-mineralischer Biss, lebhaft auf hohem Niveau.

**★★★★ K €€€€€€ CR** **TIPP**
**2019 Ried Golser Salzberg** + (ME/BF) Rauchig-würzig, viel Cassis und Herzkirschen, elegante rotbeerige Frucht, super Tiefe; fleischige Preiselbeerfrucht mit enormem Tanninbiss und feiner Kräuterwürze, Rosmarin, Thymian, sehr salzig, fordernder großer Salzberg mit super Länge und vielen Reserven. Belüften!

### ÖSTERREICH

**★★★★ K €€€€ TR** **TIPP**
**2022 Roter Traminer Freyheit** + Feine Sortenprägung, lebhafte Kräuternoten, reichhaltiger Fruchtmix zum Rosenduft, Waldbeeren, eingelegte Marillen; gemahlene Nüsse, Gerbstoff gut eingebunden, straffes Zitrus, Grapefruits, Orangen, kühl-aromatischer, trinkvergnüglicher Wein mit mineralischem Biss und Länge.

**★★★★ K €€€€ CW**
**2022 Graue Freyheit** + (PG/PB/NB/CH) Leuchtendes Hellrot, Blutorange und Mandarine, straffe Mineralik, kreidig, etwas Würze; fokussierter Burgunder, betont trocken, reichhaltige Frucht, Limetten, Grapefruits, apfelige Frische, eigenständiger Wein mit Länge.

**NOTIZEN**

👑👑👑

# Weingut
# Markus Iro

Markus Iro
7122 Gols, Neubaugasse 55
Tel. +43 2173 2139
wein@markusiro.at, www.markusiro.at
22 Hektar, W/R 30/70

Ich muss sagen, diese verkostete Serie ist unglaublich homogen. Da schmeckt ein Wein besser als der andere. Es sind durch die Bank höchst eigenständige, authentische Weine mit Potenzial für eine lange Lagerung. Es ist schwer, einzelne Weine vor den Vorhang zu holen. Ich versuche es. Ein 2023 Sauvignon Blanc classic, der nur so strahlt. Die 2023 „spielerei" – einen solch unkomplizierten Rotwein auf so hohem Niveau zu keltern, ist schlichtweg genial. Ein 2023 St. Laurent Tradition, der einem schmeichelt mit fester Struktur. Da bleibt kein Wunsch offen. Die Zweigelt sind vortrefflich bis großartig. Ein perfekter 2023 Selection. Ein Neusiedlersee DAC, der sich prächtig darstellt. Überragend ist der 2022 Zweigelt Ried Ungerberg aus dieser besonderen Lage mit dem Timbre eines großen Weines. Ein vollmundiger 2022 Pinot Noir aus der Ried Hochreit befriedigt die Burgunderfreunde, ein Pinot mit pannonischem Flair. Jetzt folgen die drei Außerirdischen – 2022 St. Laurent Ried Herrschaftswald, einer der größten des Landes mit einem majestätischen Antlitz. 2022 Cabernet Franc Reserve – hier regiert die Eleganz, die Tiefe, die Finesse. Unglaublich individuell. Wohl interessanter als die meisten Cabernet Sauvignons. Die Cuvée „meisterwerk" – wo der Name wohl Programm ist, Jahrgang 2022 ist von überragender Präsenz und wohl auch international für Furore sorgend. *as*

### NEUSIEDLERSEE DAC

★★★ S €€ ZW
**2022 Zweigelt** + Was für ein schöner, ausdrucksstarker Zweigelt, Kirschen, schwarze Beeren, Nougat, Kakao, charaktervoll, fester Kern, charmant. Perfekte Tanninstruktur, guter Rückhalt, einiger Tiefgang.

### BURGENLAND

★★ S €€ SB
**2023 Sauvignon Blanc classic** + Typisch, super süffig, aromatisch, gelber Paprika, Cassis, Zitrus, Steinobst, Ananas, Mandarinen, frische Kräuter, Brennnesseln, dezente Stachelbeeren, ausgewogen, gute Struktur, perfekte Säure.

★★ S €€ SL
**2023 St. Laurent Tradition** + Feine Fruchtaromatik, feingliedrig bei fester Struktur, einiger Tiefe, Weichseln, schwarze Beeren, Schokotouch, Lebkuchen, sehr elegant, samtiges Tannin, ausgewogen.

★★ S €€ ZW
**2023 Zweigelt Selection** + Eingelegte Kirschen, Brombeeren, Pflaumen, kompakt und fest, ziemlicher Tiefgang mit Rückhalt, stoffig, dicht, präsentes Tannin, geht langsam auf.

★★★ K €€€ ZW
**2022 Zweigelt Ried Ungerberg** + Stilvolles Bukett, feine Frucht, noble Stilistik, Schokotouch, Zwetschken, Mandeltöne, etwas Kaffee, Kirschen, schwarze Beeren, distinguierte Fülle, hochelegant, subtil eingesetztes Holz. Das ist außergewöhnlicher Rotwein. Das ist mehr als nur Zweigelt.

★★ S €€ CF
**2022 Cabernet Franc Heideboden** + Brombeeren, Cassis, Heidelbeeren, Kirschen, Hagebutten, Ribisel, strukturiert, Frische, straff, kühl, würzig, liegt eng am Gaumen, pikante Säure.

★★★ K €€€ PN
**2022 Pinot Noir Ried Hochreit** + Kühl, Marzipan, Waldbeeren, etwas Lebkuchen, Pflaumen, fruchtig, füllig mit festem Tannin, schwarze Beeren, saftig, geht langsam auf, wird elegant, kalkige Noten, druckvoll, kräftiger Typ.

★★★★ K €€€ SL  **TIPP**
**2022 St. Laurent Ried Herrschaftswald** + Lebkuchengewürz, enorme Fülle, saftige Frucht, Kakaopulver, Kirschen, rauchig, kraftvolle Struktur, tiefgründig, fast mächtig, ein majestätischer Rotwein, angenehmes Tannin, zeigt Größe, überragender Ausdruck.

★★★★ K €€€ CF  **TIPP**
**2022 Cabernet Franc Reserve** + Das Holz steht anfangs noch im Raum, bindet sich mit Luft ein, präsentes Tannin, Kaffee, Tabak, Rösttöne, noch etwas verschlossen. Straffe Struktur, enormes Potenzial, andeutungsweise verschiedene Aromen, Pflaumen, Hagebutten, Minze, entwickelt mit Luft Finesse, individuell.

★★★★★ K €€€€ CR  **TOP**
**2022 meisterwerk** + (CS/ME/ZW) Pflaumen, Kirschen, Cassis, rote und schwarze Beeren, total jung, enorme Tiefe ausstrahlend, festes Tannin, Wahnsinnssubstanz, die Zukunft ist vorprogrammiert. Ein Rotwein von herrlicher Eleganz, kraftvollem Ausdruck und überragender Präsenz, großer Stoff. Ein wahres Meisterwerk.

### WEINLAND

★★ K €€ CR
**2023 spielerei** + Ein leichter (11,5 % Vol.), süffiger, kühl zu trinkender Rotwein mit Aromen nach Dörrzwetschken, Kirschen, Wacholder, beschwingt mit Eleganz, Transparenz, feiner Frucht, kaum Tannin. Macht großen Spaß.

♛ ♛ ♛

## Weingut
# Juris

**Axel Stiegelmar**
7122 Gols, Marktgasse 12–18
Tel. +43 2173 2748, Fax +43 2173 3323
office@juris.at, www.juris.at
20 Hektar, W/R 20/80, 100.000 Flaschen/Jahr

Auf das Weingut Juris kommt man, wenn man Pinot Noir und St. Laurent in ihrer Vielfalt entdecken und verkosten will. Denn der Golser Winzer Axel Stiegelmar ist Spezialist für diese Burgundersorten. Das hat schon sein Vater Georg so gemacht und geht auch gerade auf die nächste Generation mit Gregor über, der seit drei Jahren im Weingut mitarbeitet. Burgunder haben somit bei Juris Tradition, und die sind reichlich zu finden: Beim Pinot tobt sich Axel Stiegelmar auf sechs Hektar aus, weitere vier Hektar Laurent bedeuten, dass diese beiden Sorten die Hälfte der Juris-Weinmenge ausmachen.

Die Burgunder baut Stiegelmar lagenrein und als Reserve aus oder vermählt die beiden Sorten im vom Vater kreierten „St. Georg" und zeigt damit, dass Pinot und Laurent auch zusammen sehr trinkvergnüglich sind. Der Pinot Ried Haide, der auf sandigem Lehm steht, ist der für viele zugängliche Schmeichler, die Pinots der Rieden Hochreit (roter Schotter) und Breitenteil (schwerer Lehmboden) sind kantiger und kerniger.

Aktuell steht der Burgunder-Jahrgang 2019 in der Auslage, weil Stiegelmar seine Weine behutsam in gebrauchten 500-Liter-Fässern ausbaut und wenn sie fertig sind immer für einige weitere Monate am Weingut rasten lässt, bevor sie in den Verkauf gehen.

Komplettiert werden die Burgunder traditionell auch in Weiß. Es gibt zwei Chardonnays: einen trinkvergnüglichen jungen Einsteiger „Alte Reben", Jahrgang 2023, der in gebrauchten großen Oval-Holzfässern reift und in seiner Machart seit Jahrzehnten Sicherheit und Verlässlichkeit gibt. Der Lagen-Chardonnay vom Altenberg, Jahrgang 2022, bekommt 50 % neues Holz, die anderen 50 % liegen in bereits einmal befüllten Barriques.

Abseits der Burgunder gelten im Premiumbereich der Blaufränkisch Ungerberg und die Rotweincuvée Ina'mera als Klassiker im Haus Juris. Und als dritten Wein muss man auch Stiegelmars „Tricata" dazuzählen – ein Wein mit Kraft und Eleganz sowie einer speziellen und unvergleichlichen Eigenständigkeit. Der Tricata ist ein Blaufränkisch aus eingetrockneten Beeren von der Lage Ungerberg – damit ein trockener, alkoholkräftiger Wein mit Frucht- und Säurekonzentration. Seit 2006 macht Axel Stiegelmar diese Spezialität und Rarität. Weiter so – Chapeau! *hp*

## BURGENLAND

**★★ S €€ SB**
**2023 Golser Sauvignon Blanc** + Schöne Fruchtexotik, auch Stachelbeere, süßer Fruchtcharme mit dezenter Würze; lebhaft, guter Säurekern, Maracuja, Johannisbeere, trinkvergnüglicher Sommerwein.

**★★★ S €€ CH**
**2022 Chardonnay Alte Reben** + Cremige Textur, Südfrüchte, Quitten; weiche, füllige Frucht, roter Apfel, rosa Grapefruit, auch relativ knackig, verlässlicher weißer Juris-Klassiker.

**★★★★ K €€€€ CH**  TIPP
**2022 Chardonnay Ried Altenberg** + Gute Fülle, feine Nusscreme und Marzipannoten, samtiger Schmelz; körperreich mit super Toasting, Tannin und Frische, reife Grapefruits, internationale Burgunder-Anmutung, vielschichtiger Langstreckenläufer.

**★★★ K €€€€€ PN**
**2019 Pinot Noir Ried Haide** + Zarte Himbeer-Wildkirschen-Noten, gute Burgunder-Typizität; sehr jugendlicher Pinot mit viel Tannin, geschmeidiger Frucht, Weichseln, Ribiseln, mittellang bis lang.

**★★★★ K €€€€€ PN**
**2019 Pinot Noir Ried Hochreit** + Etwas füllligere Frucht, Waldbeeren, dunkle Himbeeren, zarte Kräuternoten; lebhaft, mineralische Würze, kühle Aromatik, schöne Gerbstoffstütze, Ribiseln, gute Spannung und Länge.

**★★★★ K €€€€€ PN**  TIPP
**2019 Pinot Noir Ried Breitenteil** + Einiges Volumen und auch Fülle, rauchige, kühle Textur, Wacholder, Schwarzkirschen und Ribiseln; super Spannung vom Tannin und der Säure, viel Grip, fordernd, druckvoll elegant nach hinten.

**★★★★ K €€€€€ SL**
**2019 St. Laurent Ried Goldberg** + Reife Kirschen, schöne Sortenprägnanz mit guter Würze, Pfefferkuchen; saftig, kühle Aromatik, kräftiger Laurent mit geschmeidiger Fülle, Trink- und Fruchtcharme, getrocknete Beeren, Wacholder, Lorbeerlaub.

**★★★ K €€€€ CR**
**2019 St. Georg Reserve** + (PN/SL) Rauchige Würze, Graphit, dunkle Beeren, cremige Vanillenoten; am Gaumen noch tannin- und gerbstoffbetont, Ribiseln, Weichseln und Himbeernoten, schon gut antrinkbar, mittellang bis lang.

**★★★★ K €€€€€ BF**  TIPP
**2019 Blaufränkisch Ried Ungerberg** + Rauchig-kühl mit zarter Würze und blumigen Noten, viel Heidelbeeren; am Gaumen lebhaft, saftige Frucht mit Kräuteraromatik, dunkle Kirschen und Schwarzbeeren, im Finish herzhafter Tanninbiss, tolle Balance und Länge.

**★★★★ K €€€€€ CS**
**2019 Cabernet Sauvignon Reserve** + Sortentypisches Duftspiel, würzige Johannisbeeren, gute Tiefe; füllige Schoko- und Kakaonoten, mit Belüftung immer saftiger, Cassis, strukturgebender Gerbstoff, jung, viel Potenzial.

**★★★★ K €€€€€ CR**
**2021 Ina'mera Reserve** + (CS/BF/ME) Fülliges Bukett, klassisch Johannisbeere, auch Heidelbeeren, gute Tiefe; schmeichelnd, üppige Fülle bei festem Tannin, viel Cassis und Weichseln, kräftiger, jugendlicher Wein mit viel Toasting.

## ÖSTERREICH

**★★ KK €€€ MO**
**2022 Peti mo** + (Pet Nat vom Muskat Ottonel) Frisch und duftig, viel Sortencharakter, Muskat, Stachelbeere, Litschi; süße Fruchtexotik, auch Birnen, knackige Kohlensäure, charmant trinkig, kalt servieren.

**★★★★ K €€€€€€ BF**
**2021 Tricata** + Wirkt fruchtsüß und elegant üppig, reife Erdbeeren, Dörrfrüchte, schokoladige Noten, reichhaltig; saftige Frucht, reife Zwetschken, kraftvoller Wein mit lässigem Gerbstoff und super Würze, Schmeichler mit viel Charme und Biss.

# Weingut
# Keringer

**Ing. Robert Keringer**
7123 Mönchhof, Wiener Straße 22
Tel. +43 2173 80380, Fax -40
weingut@keringer.at
www.keringer.at

Dieses Weingut bedarf kaum einer Vorstellung. Dieses höchstprämierte Weingut Österreichs ist hinreichend bekannt. Seit 2004 machen Robert und Marietta Weine mit Kraft, Ausdruck und Fülle. Weine, an denen kein Weinfreund vorbeigehen kann. Hier gibt es Weine – ob in Weiß, Rot, Sparkling oder Süß – für jeden Anlass auf höchstem Niveau. Keringer spielt auf allen Klaviaturen des Weines. So, jetzt sollen die Weine sprechen.

*as*

### NEUSIEDLERSEE DAC

**★★ S €€ ZW**
**2022 Zweigelt Every Days** + Zwetschken, Kirschenkompott, Heidelbeeren, fruchtig, dezent holzunterlegt, ungemein saftig, charmant, super süffig, sehr schön zu trinken, ohne Anspruch auf Größe.

**★★★ K €€€ ZW**
**2021 Zweigelt Reserve 100 Days** + Schoko, Röststöne, ein zwar mächtiger Zweigelt, der dann doch Eleganz und Charme zeigt, saftige Frucht, enorme Substanz, tiefgründig, doch immer mit transparenten Noten. Hier stehen Kraft und Feinheit nicht im Widerspruch.

### BURGENLAND

**★★ S €€ WR**
**2023 Welschriesling Every Days** + Wiesenkräuter, Apfel, Birne, fruchtig, trocken, feiner Grip, Blütenduft, guter Druck, typisch, gute Länge, passende Säure.

**★★★ S €€ CH**
**2021 Chardonnay 100 Days** + Nüsse, Nelken, Zitrustöne, Vanille, Exotik, kraftvoll und vollmundig, Holzfassausbau, Honignoten, mächtig, Alkohol, Gerbstoff, ruhig strömend. Ein hedonistischer Chardonnay der kalifornischen Art.

**★★★ K €€€€ CW**
**2020 Massiv white** + (90 % CH / 10 % maischevergorener Traminer) Goldene Farbe, Rosenblätter, Honig, Kräuter, Pfirsich, Exotik, würzig, kraftvoll, mächtig, angenehme Säure, voluminös, das ist viel Wein und ein Essen für sich.

**★★ S €€ CR**
**2022 Heideboden Rotweincuvée** + (ZW/BF/SL/ME/CS) Zwetschken, rote und schwarze Beeren, Hagebutten, zart fruchtige Eleganz, transparente Struktur, angenehmes Tannin, feingliedrig.

**★★ S €€ SL**
**2022 St. Laurent Every Days** + Sauerkirschen, Lebkuchen, Brombeeren, etwas Nougat, delikate Frucht, ein so richtig feiner, eleganter Rotwein, der nicht belastet. Trinken auf sehr gutem Niveau.

**★★★ S €€ SL**
**2022 Commander** + Ein St. Laurent von einigem Tiefgang, Lebkuchen, weißes Nougat, Beerenfrüchte, Kirschen, voller Fruchtcharme, angenehmes, doch festes Tannin, elegante Noten, wirkt fast filigran, schlanke Fülle.

**★★ S €€ BF**
**2021 Aviator** + Ein eleganter, würziger Blaufränkisch, mit etwas warmem Timbre, doch auch mit Frische, Tomatenblatt, Minze, transparente Struktur, griffig, elegant, Brombeeren, feingliedrig, kühl, attraktiv. Ein hervorragender Seewinkler Blaufränkisch der seidigen Art.

**★★★ K €€€ CR**
**2021 Grande Cuvée** + (ZW/RA) Dezente Röststöne, schwarze Beeren, Heidelbeeren, Kirschen, Zwetschken, Schokonoten, tanninbetont, liegt trocken am Gaumen, kompakte Struktur, kraftvoll, fest und dicht, entwickelt Druck. Ein gediegener Rotwein von Klasse.

**★★★ K €€€ CS**
**2021 Cabernet Sauvignon 100 Days** + Johannisbeeren pur, enorme Fülle, eine überschwängliche Frucht, kompaktes Tannin, Röststöne, straff, dicht, engmaschig, ein männlicher Rotwein mit Struktur, Tiefgang.

**★★★ K €€€ SY**
**2021 Syrah 100 Days** + Röstige Noten, schwarze Oliven, Holzkohle, rote und schwarze Beeren, Cassis, einiger Tiefgang, ziemliche Frucht, Himbeeren, Brombeeren, warmes Timbre bei kühlen Aspekten, dichte Struktur, festes Tannin, einiges Holz ist zu verarbeiten, lassen wir ihm Zeit.

**★★★★ K €€€€€ CR**
**2020 Massiv** + (BF/RA/ZW/CS/ME) Teegebäck, rote und schwarze Beeren, röstig, dunkel, Kaffee, Cassis, Brombeeren, kraftvoll, voluminös, dicht gestrickt, absolut massiv, enorme Fülle, ein Kraftlackel par excellence, das ist ein Wein für einen Terminator. Er verfügt zwar über enorme Kraft, samtiges, festes Tannin, doch durchaus mit Trinkvergnügen.

**★★★ S €€ CW**
**2018 Late Harvest Spätlese Cuvée lieblich** + Karamell, Ananas, Mango, Teegebäck, Honig, süß, kandierter Apfel, reichhaltig, intensiv, reife Trauben, auch brotige Noten. Ein Seewinkler Süßwein mit mächtigem, fülligem Ausdruck, kompaktem Auftritt, dichter Struktur und einem langen Leben.

# Weingut
# Leitner

**Gernot Leitner**
7122 Gols, Quellengasse 33
Tel. +43 2173 2593, Fax +43 2173 21547
weingut@leitner-gols.at, www.leitner-gols.at
10 Hektar, W/R 20/80, 70.000 Flaschen/Jahr

Auf die Weine und Qualitäten von Gernot Leitner aus Gols kann man sich verlassen. Der Pannobile-Winzer hat seine Weingärten in Griffweite. Alle Rebstöcke gedeihen auf Golser Lagen. Seit zwei Jahren ist Leitner auch bio-zertifiziert, sprich ab dem Jahrgang 2022.

Leitner ist zu zwei Drittel Rotweinwinzer, wo mit Zweigelt, St. Laurent und Blaufränkisch drei heimische Sorten im Vordergrund stehen, die zusammen im Pannobile Rot auch ihr regionales Geschmacksbild haben. Der 2021er Pannobile, der immer ab September in den Verkauf kommt, gilt als große Empfehlung. Ergänzt wird die starke rote Komponente mit den französischen Sorten Cabernet, Merlot, Syrah und Pinot Noir, die Leitner lagenrein ausbaut.

Doch Leitner hat auch bei den Weißen eine gesuchte Besonderheit. Er ist unter den neun Pannobile-Weingütern einer der wenigen, der seit Anbeginn einen Pannobile Weiß hat. Und dieser ist speziell: Denn seine Kraft und Eleganz zieht der Wein zu 100 % aus Weißburgunder vom Salzberg – und jedes Jahr sind Herkunft und Sorte klar erkennbar.

Gernot Leitner ist Traditionalist, sucht aber alle paar Jahre spannende Herausforderungen. So hat er aus einem bunt gemischten Weingarten, den der Großvater 1949 gepflanzt hat, einen lässigen Gemischten Satz gezogen. Seit ein paar Jahren spricht er die Jugend und Naturweinszene mit seinen „Shake Me!"-Weinen an, wo er seine Interpretation von Riesling und Gemischten Satz in die Flasche bringt. Und seit dem Jahrgang 2017 prickelt es im Weingut – seither gibt es bei Gernot Leitner auch Sekt. *hp*

## BURGENLAND

**★★ S €€ GS**
**2022 Gemischter Satz Ried Obere Breite** + Sehr aromatisch, Muskat, Weingartenpfirsich, Cassisnoten, ziemlich trocken; am Gaumen fruchtsüß, Kakaonoten, milde Säure, weicher Abgang.

**★★ S €€ PB**
**2023 Pinot Blanc Ried Salzberg** + Heuduftig, blumige Noten, zart gewürzig mit cremigem Touch, Mandeln; weich, weiße Schokolade, etwas Fruchtexotik und Bratapfel, Gerbstofffinale, mittellang.

**★★★ S €€€€ PB**
**2022 Pannobile Weiß Pinot Blanc Ried Salzberg** + Salzige Oliven, Orangenzesten, würzig; ziemlich straff, nussige Noten, Olivenpaste, rosa Grapefruits, mürbe Äpfel, gute Statur, hinten gerbstoffiger Zug.

**★★★ S €€ ZW** — FUN
**2021 Zweigelt Heideboden** + Würzige Kirschen, klare Sortenprägnanz, zugänglich; saftig und rund, viel Zweigelt-Charakter, trocken, auch am Gaumen Kirsche, Zitrusfrische, schöner Pasta-Wein, ohne kompliziert zu sein.

**★★★★ K €€€€ CR** — TIPP
**2021 Pannobile rot** + (ZW/BF/SL) Rauchig-würzig, Heidelbeeren und Weichseln; saftig, reife Kirschen, kühl-rauchig mit Gerbstoffgrip, jugendlicher Wein mit Biss und Potenzial, gute Länge.

**★★★ K €€€ CS**
**2020 Cabernet Sauvignon** + Johannisbeeren und Flieder, ziemlich duftig mit guter Würze im Hintergrund, sehr klar; saftige Weichselfrucht, auch wieder etwas Johannisbeeren, Limettenzesten, gute Tanninstütze, geradlinig, trinkig.

**★★★ K €€€€ SY**
**2020 Syrah Ried Schafleiten, Gols** + Sehr würzig bis gewürzig, bisschen Johannisbeere, einiges an Kräutern; am Gaumen saftig und fein würzig, Ribiseln, Liebstöckel, rund und zugänglich.

## ÖSTERREICH

**★★ K €€€€ PN**
**2018 Sekt Pinot Noir Rosé Brut Nature** + Recht frisch und ribiselduftig, zarte Karamell- und Weißschokonoten mit Kräutern unterlegt; am Gaumen auch viel Schoko und Karamell, rund, rotweiniger Stil mit gutem Säurebiss.

**★★★ K €€€ RI** — FUN
**2023 Shake Me! Riesling** + Gewürziger Duft, Zimt, Anis, Lebkuchen, im Hintergrund Steinobstklänge und einiges Zitrus; betont trocken, die kräuterbetonte Würze bleibt, mürbe Äpfel, getrocknete Marillen, hinten gerbstoffig, solide im Abgang.

## Weingut
# Johannes Münzenrieder

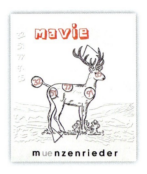

7143 Apetlon, Wallernerstraße 27
Tel. +43 2175 2259
info@muenzenrieder.at, www.muenzenrieder.at
32,5 Hektar

Johannes Münzenrieder hat eine reichhaltige Weinpalette in Rot-Weiß-Süß – und fast jedem Wein könnte man durch das eindeutige Trinkvergnügen ein „FUN" umhängen; genauso wie eine „PLV"-Auszeichnung, denn Münzenrieder-Weine punkten auch durch ein großartiges Preis-Leistungs-Verhältnis. Zwei Drittel der Weine kosten zwischen sieben und zwölf Euro! Die Premiumweine sind etwas teurer, doch man kriegt super Stoff. Münzenrieders Rotweincuvée Mavie ist eine sichere Bank; wie auch sein Zweigelt Reserve vom Römerstein. Die Top-Cuvée Zweiglas hat heuer mit dem Merlot Ried Salzgründe Grande Reserve, den Münzenrieder erstmals gemacht hat, einen mächtigen Mitspieler an der Spitze bekommen.  *hp*

### NEUSIEDLERSEE DAC

★★ S € ZW
**2022 Zweigelt** + Offen, viel Schoko- und Kakaonoten, würzige Kirschen, klares Sortenbild; Weichseln, einige Säure und Gerbstoff, schlank, straff, geradlinig.

★★★★ D €€€ ZW
**2021 Zweigelt Ried Illmitzer Römerstein Reserve** + Riesen-Fülle, marmeladige Frucht, Kirschkompott, gute Würze; üppiger Zweigelt mit Toasting und Fruchtaromatik, Schwarzkirschen, Weichseln, gute Länge.

### BURGENLAND

★★★ S € CW                                         FUN
**2023 Sauerstoff** + Würzige Frucht, gegrillte Paprika, Orangenzesten; aromatische Fruchtfülle mit runder Säure, Maracuja, Animo aufs zweite Glas.

★★ S € SB
**2023 Sauvignon Blanc** + Sortentypisch, grüner Paprika, Holunder, Stachelbeeren; moderate Säure, knackig mit salziger Frische, gelber Paprika, Maracuja.

★★ S €€ CH
**2023 Chardonnay Heideboden** + Gewürzig, rauchig, Oliven, Südfrüchte, Mango und Litschi; salzige Kräuterfrische, zartes Toasting, Limetten, gute Spannung.

★★★ D €€€ CH
**2021 Chardonnay Reserve Ried Salzgründe** + Frisch, moderate Holz, Kakao; solide Holzstütze und Fruchtfülle, Maracuja, Grapefruits, mineralischer Zug.

★★★★ D €€€€ CH
**2021 Chardonnay Alte Reben Grande Reserve** + Feines Toasting, cremige Textur, schwarze Oliven, Nussschokolade; salzig-mineralisch, spannungsgeladener Burgunder mit lebhafter Säure, Schoko- und Kakaonoten. Potenzial und Länge.

★★★ S €€ ME
**2022 Merlot Reserve** + Verspielte Frucht, feine Kräuterwürze, süße Johannisbeeren; viel Sortencharakter, saftig, Heidelbeeren, schöner Holzeinsatz, Trinkcharme, einige Länge.

★★★★ S €€ CF                                        PLV
**2022 Cabernet Franc Reserve** + Strahlende Kräuterwürze, viel Fruchtcharme, Cassis; gewürzig, Lorbeer, Ribiseln und schwarze Johannisbeeren, spannender Wein, animiert zum Weitertrinken.

★★★ S €€ CR                                         PLV
**2021 Heideboden Reserve** + (ZW/BF/ME) Dunkle Würze, rauchiges Holz, Wacholder, Eisenkraut; charmantes Tannin, runde Frucht, Heidelbeeren, Weichseln, druckvoll mit Länge.

★★★★ D €€€ CR
**2021 Mavie** + (ME/CF/ZW) Ausgereifte Kirschfrucht, saftig, gute Tiefe, Lebkuchen; super Tanningrip, reife Frucht, Heidelbeeren, Weichseln, Johannisbeere, jugendlicher Wein mit Potenzial.

★★★★ K €€€€ CR                                     TIPP
**2021 Zweiglas** + (CF/ME/ZW) Weiche Holztextur, reichlich Würze und Fruchtfülle; viel Holz und Frucht, Johannisbeeren, Ribiseln, Preiselbeeren, ätherisch, Tannennadeln, jung und scharf. Belüften!

★★★★ D €€€€ ME                                     TIPP
**2021 Merlot Ried Salzgründe Grande Reserve** + Viel Fruchtcharme, kräuterwürziges Cassis, dezentes Holz, super Tiefe; straffe Würze, sortentypisch, schwarze Johannisbeeren, Pflaumen, Bordeaux-Charakter, füllig, lang. Super Premierenwein!

★★ D €€ CW
**2022 Beerenauslese Cuvée** + (WR/SÄ – RZ: 113 g/l) Gute Fülle, kandierte Früchte, reifes Zitrus, Minze, balanciert; füllige Textur, Brioche, Maracuja, Bratapfel, Nelken und Muskat, lebhafte Säure.

★★★ D €€€ CW
**2022 Eiswein Cuvée** + (SÄ/WR – RZ: 114 g/l) Elegante Honignoten, würzige Frucht, Birnenmus, zarte Kräuter; wirkt trocken, Rhabarber-Frische, reife Birnen, gute Säurestruktur, fester Gerbstoff, feine Länge.

★★★★ D €€€ SÄ                                      PLV
**2020 Sämling TBA** + (RZ: 185 g/l) Mix aus reifen Südfrüchten, Passionsfrucht, Physalis, Mango, viel Frische, dezent würzig; extraktvoll, Nusscreme, getrocknete Früchte, Kräuterwürze, mineralisch, Säurepikanz, gute Länge.

# Weingut
# PMC Münzenrieder

**Christoph Münzenrieder**
7143 Apetlon, Triftgasse 31
Tel. +43 2175 26700, Fax -26701
office@weingut-pmc.at, www.pmc-muenzenrieder.at
25 Hektar, W/R 50/50, 200.000 Flaschen/Jahr

PMC-Kellermeister Christoph Münzenrieder eröffnet seinen feinen Weinreigen heuer mit einem jungen Grünen Veltliner, Jahrgang 2023, aus der Ried Hollabern. Der Weingarten befindet sich nur wenige Hundert Meter vom Weingut entfernt um die Hollabern Lacke. Diesen salzig geprägten, gelbfruchtigen Wein in seiner trockenen Art gibt es erst seit kurzer Zeit. „Früher habe ich den Veltliner für Eiswein gehabt. Auf Eiswein zu hoffen, ist mit dem Klimawandel nur noch ein Lotteriespiel", sagt Münzenrieder über die Veränderung. Süßweine sind am PMC-Weingut dennoch ein Faktor – mit immer noch einem Anteil von rund 10 %. Das meiste dieser Prädikatsweine geht ins Ausland. Münzenrieders Süßweine tragen alle die prägnante Salzigkeit des Seewinkels in sich, die die Weine lebhaft und trinkvergnüglich macht. Das beginnt bei der balancierten Beerenauslese-Cuvée aus den duftigen Sorten Sämling und Welschriesling. Bei den Trockenbeerenauslesen gehen diese zwei Sorten einen eigenständigen, sortenreinen Weg.
Mit den Jahrgängen 2022 und 2023 ist Münzenrieder „zufrieden. Nur 2023 ist keine große Menge, aber eine große Ware." Hervorzuheben sind immer die Weine aus der Ried Neubruch. Bei den Weißen ist der Chardonnay der Primus, diesmal überhaupt unter allen verkosteten Münzenrieder-Weinen. Und bei den Roten zeigt sich besonders die Cuvée aus den französischen Sorten Merlot und Cabernet Franc facettenreich – der Weinname „Tschernosem & Salz" ist Programm: kräftig und salzig – mit viel Trinkanimo. *hp*

## BURGENLAND

★★★ S €€ GV **FUN**
**2023 Grüner Veltliner Ried Hollabern** + Rauchige Würze, klassische Kernobstfrucht, viel Quitten, gelber Apfel; milde Säurestruktur, aber enorm salzig, dadurch lebhaft und frisch, gelbe Birne, runder, saftiger Veltliner, mittellag.

★★★ D €€€€ SB
**2022 Sauvignon Blanc Ried Neubruch** + Tiefgründige, tropische Frucht, Ananas, Mango, feiner Fruchtschmelz, internationale Prägung; charmantes Toasting, gute Frische, salzig-würzige Frucht, gelber Paprika, schwungvoll, gute Gerbstoffunterlegung, Zug und Länge.

★★★★ D €€€€ CH **TIPP**
**2022 Chardonnay Ried Neubruch** + Viel Pilze, Morcheln, dezent Marzipan, weiche, cremige Textur mit Würze; saftige Fruchtexotik, Mango, Papaya, Schokobanane, weicher, stoffiger Burgunder mit feiner Nervigkeit und Länge.

★★★ D €€€ CR
**2022 Diabolus** + (ZW/ME/CF) Rauchiges Toasting, Schwarzbeeren, Schwarzkirschen, Earl Grey, feine Salzigkeit; würzig, straff, auch einiger Gerbstoff, bisschen grüne Fruchtnoten, Ribiseln, Cassis, kerniges Finish.

★★★ D €€€€€ CR
**2022 Tschernosem & Salz** + (ME/CF) Johannisbeeren und Heidelbeerfrucht mit rauchigem Toasting, Bordeaux-Charakter; einige Kräuter- und salzige Würze, Cassis, charmant, trinkvergnüglich, solide Länge.

★★★★ D €€€ BF
**2022 Glimmerschiefer und Kalk** + Gute Fülle, leicht würzig, viel Frische, offene Frucht, Heidelbeeren und Preiselbeeren; straffer Wein mit feinem Tannin, staubtrocken, Johannisbeeren, Sauerkirschen, saftiger Wein mit Substanz, Kraft und Länge.

★★★ D €€ CW
**2023 Beerenauslese** + (SÄ/WR – RZ: 140 g/l) Leichtfüßig, viel Aromatik und Salzigkeit, saftige Ananas; lebhafte Statur, balancierte Beerenauslese mit Fruchtexotik, Mango, gewürzige Aromatik.

★★★★ D €€€ WR **PLV**
**2022 Welschriesling Trockenbeerenauslese** + (RZ: 250 g/l) Ätherische Würze, Lavendel und Wacholder, Waldhonig, Bratapfel und Quitten; stoffig, saftige Südfrüchte, eingelegte Pfirsiche, herzhafte Säure und Salzigkeit, super Tiefe und Länge.

## ÖSTERREICH

★★★ S €€€ GT
**2023 Gewürztraminer Orange** + Guter Sortencharakter, gewürzige Pikanz, grüne Bananen, feinherb; straff am Gaumen mit fester Gerbstoffnote, Zitrusschalen, balanciert, saftige Frucht, Limetten, runder, zugänglicher Orange Wine.

## NEUSIEDLERSEE DAC

★★★ D €€€ SÄ
**2022 Scheurebe Trockenbeerenauslese Reserve** + (RZ: 250 g/l) Sehr würzig, weiche Frucht, Kletzen, Honigmelone; am Gaumen viel Südfrüchte, Litschi, gewürzig, Nussstrudel, anschmiegsame TBA, gerundet.

♛ ♛ ♛ ♛

## Weingut
# Pöckl

7123 Mönchhof, Zwergäcker 1
Tel. +43 2173 80258
info@poeckl.at, www.poeckl.at
40 Hektar

Erkennbare Herkunft. Das ist in der Weinwelt gerade in aller Munde. Und Herkunft ist bei den Pöckl-Weinen auch schmeckbar – nur anders. Bei Pöckl-Weinen gibt es keinen ableitbaren Lagencharakter, aber eine spezielle Pöckl-Typizität. Die Handschrift von Winzer René Pöckl zieht sich gekonnt mit massivem Holzeinsatz durch jeden Wein. Beim jungen 2022er-Jahrgang, der im Herbst in den Verkauf gelangt, verwendet er bei all seinen Premiumweinen einen hohen Anteil an neuen Barriques, weil 2022 für Pöckl „ein guter Jahrgang ist. Es war trocken, aber wir hatten eine gute Wasserversorgung."

Die stets kraftvollen Weine schlucken auch das Eichenholz elegant. Außerdem setzt der Mönchhofer Winzer im Ausbau auf viel Traubentannin und somit reichlich Maischestandzeit. Das wirkt einerseits als natürlicher Schutz gegen Oxidation, andererseits ist Tannin auch ein wesentlicher Faktor, dass die Weine lange halten. Bei Pöckl sind das Jahrzehnte, wobei die Weine erst nach fünf bis zehn Jahren ihre jugendliche Forschheit ablegen – und ab dann richtig interessant werden und große Weine sind.

Am besten gönnt man sich Rosso e Nero und Admiral im Doppelpack. Der Admiral ist Pöckls Signature-Wein, eine Cuvée, die es seit 30 Jahren gibt und wo der Zweigelt, der auch Hauptsorte im Weingut ist, eine große Rolle spielt. Den massiven Admiral muss man aber erwarten können und ihm Flaschenreife gönnen. Und da kommt sein kleiner Bruder, der Rosso e Nero, als Überbrücker ins Spiel. Der „kleine Admiral", den Pöckl auch aus Zweigelt, Cabernet Sauvignon und Merlot komponiert, ist in seinen jungen Jahren sanftmütiger und damit schneller zugänglich.

Pöckls „persönlicher" Wein ist der Reve de Jeunesse. Ein Blend aus überwiegend französischen Sorten. Das ist sein Wein, mit dem ist der Winzer aufgewachsen. Ein markanter „Austro-Bordeaux" in großartiger Pöckl-Stilistik.

Zwei reinsortige Superstars hat Pöckl auch in seinem Keller: eine Zweigelt-Reserve, wo er seit dem Jahrgang 2018 in unvergleichlicher Pöckl-Handschrift zeigt, was diese Sorte im High-End-Bereich kann. Seit 2018 gibt es auch einen Cabernet Franc, eine exklusive Rarität, die ausschließlich über Wein & Co vermarktet wird – aber ganz und gar schmackhaft im rot-schwarzen Pöckl-Kleid. *hp*

### NEUSIEDLERSEE DAC

**★★★★ K €€€€€€ ZW**    TIPP
**2022 Zweigelt Reserve** + Feine, reife Frucht, saftige Kirschen, leichte Würze, Pfefferkuchen, füllig mit guter Tiefe; toller Stoff, super ausgereift, Schwarzkirschen, Ribiseln, üppiger, eleganter Zweigelt mit enormem Schliff, saftiges Tannin, Riesen-Substanz, Top-Zweigelt in Pöckl-Manier.

### BURGENLAND

**★★★ K €€€€ CR**
**2022 Rosso e Nero** + (ZW/ME/CS) Im Bukett sanft mit weichen Fruchtnoten, Ribiselkuchen, Lebkuchen; am Gaumen jedoch sehr lebhaft und jugendlich, viel rotbeerige Früchte, reife Ribiseln, Heidelbeeren, straffe Würze, junges Tannin, gute Länge.

**★★★★ K €€€€€€ CR**    TIPP
**2022 Admiral** + (ZW/CS/ME) Super Tiefe und Reife, Herzkirschen, getrocknete Früchte, Datteln und Feigen, ätherisch, Wacholder; enorm stoffig, reife Röstaromen, straffes Toasting, mit Belüftung saftig, Heidelbeeren, würziges Cassis, vollmundiger, dichter Wein mit großem Potenzial.

**★★★★ K €€€€€€ CR**    TIPP
**2022 Reve de Jeunesse 43** + (CS/ME/SY/ZW) Enorm dicht mit vielen Fruchtakzenten, Brombeeren, Ribiseln, reifes Cassis, füllig, Pumpernickel, Lebkuchen; kräuterwürzig, Merlot und Syrah sehr präsent, straffes Tannin, vielschichtige internationale Cuvée im typischen Pöckl-Style.

**★★★★ K €€€€€€ CF**
**2022 Cabernet Franc** + Rauchige Würze, geschmeidige Fruchtfülle, Cassis; geschliffen, fleischige Frucht mit viel Kräuterwürze, feingliedriges Toasting, eleganter Bordeaux-Charakter, toller Wein mit Körper, Rasse und Länge.

# Weingut
# Helmut Preisinger

**Helmut Preisinger**
7122 Gols, Neubaugasse 19
Tel. +43 2173 2362
office@weingut-preisinger.at
www.weingut-preisinger.at

Helmut Preisinger aus Gols ist ein „Bauchwinzer", er entscheidet bei seinen Weinen oft aus dem Bauch heraus und zieht das dann schnell bis zur frechen Aufmachung durch. Wie beim Cabernet Franc, der zu bei ihm einer Herzenssorte geworden ist. Vor vier Jahren in der Golser Lage Rabensau gepflanzt, ist der Erstling da – die Jugend spürt man, das Potenzial aber auch. „Unten lehmig, oben roter Schotter, der die Nachtwärme abgibt, ein perfekter Boden für Cabernet Franc", sagt Preisinger über die „Rabensau". Ausgebaut wird der junge Wein im kleinen Fass.

„Sehr extrem" ist auch sein Grauburgunder, der als „S.EX" für ein bisschen Schnappatmung sorgt, ein Wein, den Preisinger seit 25 Jahren macht, „aber nur, wenn das Jahr passt". Dann bleiben zwei bis drei Trauben für diesen anspruchsvollen Burgunder am Stock hängen.

Verstärkung in seinen Ideen hat Preisinger auch schon durch seine Tochter Johanna, die einen Syrah Rosé nach ihren Vorstellungen gemacht hat, ein Wein mit sanften 10,5 % Alkohol, aber saftig und auch mit lässiger Länge. „Ein Wein zum Chillen", würde die Jugend sagen.

Preisinger setzt auf Lagenweine. Sein Gols-Zweigelt kommt vom Goldberg, vitale 45 Jahre alte Stöcke ergeben einen überzeugenden Wein. Vom Altenberg kommt seine „Bordeaux"-Cuvée Mithras, und der Merlot steht am Salzberg. Oft sind die Preisinger-Weine opulent. Belüften daher obligatorisch ... *hp*

## BURGENLAND

★★ S € WR
**2023 Welschriesling** + Viel Kernobst, sehr saftig und animierend, gute Kernigkeit; am Gaumen viel Zitrus, Weingartenpfirsich, relativ milde Säure, zugänglich, einfach trinkig.

★★★ S €€ PG
**2023 Grauburgunder** + Gelbfrucht, Quitten, kühle Aromatik bei guter Tiefe; Südfrüchte, reife Grapefruits, bisschen Maracuja, super Würze, feiner Gerbstoffkick, gute Länge.

★★ S €€ NB
**2023 Neuburger Ried Kalbskopf** + Knackig, frisch, lebhafter Neuburger, Zitrus, Orangenzesten, feinherb; am Gaumen weicher, cremig, Hauch burgundisch, leichter Schmelz, milde Säure, mittellang.

★★★ G €€€€ PG
**2018 S.EX** + (= sehr extrem) Viel Naturwein-Charakter, mehr Heu- als Fruchtnoten, gewürzig, Orangenschalen, ätherisch; gute Würze, lebhafter Gerbstoff, Limetten, Haselnussnoten, angenehmer Grip, balanciert, anspruchsvoller Wein, der Zeit braucht.

★★ S €€ MO
**2023 Muskat Ottonel** + (halbtrocken) Sehr muskatig, sortentypisch, wirkt fruchtsüß; am Gaumen plakative Süße mit relativ viel Säure, balanciert, feiner Essensbegleiter zu asiatischen Gerichten mit Schärfe.

★★★ S €€ SY        FUN
**2023 Rosé vom Syrah** + Leicht und beschwingt, dezent würzig, Hibiskus, Walderdbeeren, bisschen Laub; frisch und knackig, Zitrus, Ribiseln und Erdbeeren, leichtgewichtig, aber saftig und trinkig, Wein zum Chillen.

★★ S €€ ZW
**2023 Zweigelt Ortswein** + Füllige Noten, Ribiseln und Wildkirschen, wirkt saftig, Linzertorte; feine Fruchtfülle, Zwetschken und Weichseln, Nougat-Schoko, etwas Gerbstoff, trinkig, mittellang.

★★★ S €€ CR
**2022 Heideboden** + (BF/CS/SY) Füllige Frucht, Heidelbeeren, etwas tintig, helle Würze; rotbeerig, viel Cassis, getrocknete Kräuter, stoffiger Wein mit Säurebiss.

★★★★ G €€€ ZW        PLV
**2021 Zweigelt Gols** + Rauchige Würze, viel Weichselaromatik, Ribiseln, bisschen Lebkuchen; würzige Herzkirschen, tintig, guter Gerbstoff, jugendliche Frische, saftiger, stoffiger Zweigelt. Trinkvergnügen.

★★★ G €€€€ CR
**2021 Mithras Ried Altenberg** + (CS/ME) Füllige Frucht, eingelegte Zwetschken, im Hintergrund zarter Kräuteranflug; fleischige Frucht, fester Gerbstoff, viel Mokka, rauchige Textur, jugendlicher Wein, Belüften tut gut ...

★★★ G €€€€ ME
**2022 Merlot Ried Salzberg** + Gewürzig, Kräuter und florale Noten, von der Frucht verhalten; dafür am Gaumen relativ saftig, jedoch kerniger Charakter mit viel Gerbstoffbiss.

★★★★ G €€€€€€ CF        TIPP
**2022 Cabernet Franc Rabensau** + Viel Sortentypizität, lebhaftes Cassis, jugendlicher Wein; knackig und kernig, saftige Johannisbeeren, schwarzer Holunder, hinten Gerbstoffgrip, Entwicklungspotenzial.

## Weingut
# Salzl Seewinkelhof

**Christoph Salzl**
7142 Illmitz, Zwischen den Reben 1
Tel. +43 2175 24342
weingut@salzl.at
www.salzl.at

Die Weine von Christoph Salzl sind überaus authentische Seewinkler/Illmitzer Gewächse. Immer mit einem warmen Timbre. Immer voll ausgereifte Trauben. Immer von Harmonie durchzogen. Hier hat man immer ein ausgewogenes Trinkvergnügen – ob in Weiß, Rot oder Süß. Immer die Schönheit und Reichhaltigkeit des Seewinkels ausstrahlend.
Meine Lieblinge, die da wären: 2022 Chardonnay New Style – ein feiner Chardonnay von wohlschmeckendem Format zu einem fairen Preis. 2021 Chardonnay Premium – trägt burgundische Züge in sich, ist aber immer ein Seewinkler Gewächs auf hohem Niveau. 2019 Sacris Zweigelt DAC – ein Reservewein mit tollem Körperbau, Zweigelt von absoluter Klasse. Ungemein attraktiv präsentiert sich die 2020 Josanna Grande Cuvée, ein sehr schöner Rotwein, bei dem kein Wunsch offen bleibt. 2019 Pannoterra – eine reichhaltige Cuvée voller Ausdruck und Länge, Klasse und Zukunft. 2019 Cabernet Franc Premium – ein überragender Rotwein aus dieser doch in Österreich unterschätzten Rebsorte, außergewöhnliche Klasse. 2019 Cuvée 3-5-8 premium – solch einen Rotwein vergisst man wohl nie. Super! Für mich der Höhepunkt, ein Wein der besonderen Leseart – die TBA Goldene Finesse. Flüssiges Gold aus der Rebsorte Sämling. Warmes Timbre, das ist Nahrung pur. Das ist wohl die hohe Schule des Weines. *as*

### NEUSIEDLERSEE DAC

★★ S €€ ZW
**2022 Zweigelt Selection** + Zwetschkenröster, Heidelbeeren, Zimt, voller Fruchtcharme, weiches Tannin, relativ offen, saftig, jetzt schön anzutrinken. Ein toller Rotwein für alle Tage.

★★★ K €€€€ ZW
**2019 SACRIS Zweigelt Reserve** + Herrliches Bukett nach reifen Kirschen, schwarzen Beeren, Vanille, Schokolade, Dörrzwetschken, hochwertig, füllig, elegant, großzügig, kompakt, einiger Tiefgang, feste Tanninstruktur, körperreich. Tapeziert den Gaumen.

### BURGENLAND

★★★ S €€ CH
**2022 NEW STYLE Chardonnay** + Dezent buttrig, fruchtig, Holzfassausbau merkbar, doch gut unterlegt, Vanille, Nüsse, Ananas, Zitrus, Pfirsich, eleganter Körper, animierender Gerbstoff, gute Struktur, absolut typisch, eine Spur Karamell, in sich harmonisch, druckvoll. Ein Preis-Leistungs-Hammer.

★★★★ K €€€€ CH
**2021 Chardonnay Premium** + Haselnüsse, etwas Vanille, Ananas, kompakt, Gerbstoff, der ihn in die Zukunft trägt, feste Struktur, lang abgehend, ein Chardonnay von Klasse und Balance. Ein Wein, der sehr viel Luft benötigt.

★★★ S €€ ZW
**2020 Zweigelt Reserve** + Ein feines Bukett nach schwarzen Kirschen, Brombeeren, dezente Rösttöne, straffe Struktur, eng am Gaumen liegend, standfest, einiger Tiefgang, noch ist das Holz etwas dominant. Eine reine Zeitfrage.

★★★★ K €€€ CR
**2020 Josanna Grande Cuvée** + (ZW/CS/ME/CF) Dunkle Schokolade, Zwetschken, Kirschen, Cassis, reichlich Tannin, Röstöne, engmaschig, dicht, enormer Stoff, strukturiert, viel Substanz. Wird mit Luft weich und ungemein attraktiv.

★★★ K €€€ CR
**2019 Pannoterra** + (ME/ZW/CS/CF) Viele schwarze Früchte, Cassis, Brombeeren und Heidelbeeren, dunkle Kirschen, Zwetschken, Schokonoten, der blüht am Gaumen auf, zeigt Eleganz, feine Noten, kraftvoll, doch niemals überbordend, engmaschig, einige Substanz, druckvoll.

★★★★ K €€€€€ CF — **TIPP**
**2019 Cabernet Franc Premium** + Gediegenes Bukett, hintergründig, schwarze Beeren, Pflaumen, Kirschen, Holunderbeeren, Nougat, wird rotbeerig, wird wieder dunkler, der Wein spielt mit mir, fruchtig, reichlich Tannin, strukturiert, fest und griffig, dicht, geht in die Tiefe.

★★★★ K €€€€ CR — **TIPP**
**2019 Cuvée 3-5-8 premium** + (ME/CS) Röstöne, Mokka, Heidelbeeren, Zwetschken, Kirschen, auch rote Früchte, mächtig, dicht und eng, dominantes Tannin, baut Frucht auf, klebt am Gaumen. Enorme Substanz, einprägsam, vielschichtig.

★★★★ K €€€€ CW — **TIPP**
**2021 TBA Goldene Finesse** + (SÄ – 0,375-Liter-Flasche) Goldgelb, flüssiges Gold, Exotik – Mango, Ananas, Maracuja, Litschi, auch Pfirsich, Honig, perfekte Botrytis, reichhaltig, großzügig, herrliche Süße, perfekte Säure, tiefgründig, von elegantester Opulenz, das ist Seewinkel/Illmitz pur. Ein klerikaler Wein von höchster Güte.

## Weingut
# Erich Sattler

Erich Sattler
7162 Tadten, Obere Hauptstraße 10
Tel. +43 2176 28182
erich@erichsattler.at, www.erichsattler.at
12 Hektar, W/R 20/80

St. Laurent Reserve 2019
BURGENLAND

Erich Sattlers Leidenschaft gilt Weinen wie er sie selbst liebt und gerne trinkt. Reif, dicht, fruchtbetont, mit samtigen Tanninen und mit Länge. Vor allem dem St. Laurent gilt sein Augenmerk. Erich Sattler führt das Weingut seit dem Jahr 2000. Der Großteil der Weine geht in den Export. Vor allem nach Deutschland, in die Schweiz und die USA. Die Böden seiner Weingärten beinhalten vor allem eines – Schotter. Viel Schotter. Gebracht hat diesen die Urdonau auf ihrem Weg zum Schwarzen Meer. Diese Schotterbank erstreckt sich über mehr als 5 km. Gemeinsam mit dem pannonischen Klima – die Trauben finden hier die höchsten Temperaturen Österreichs vor – und der Speicherfähigkeit der Böden werden die Trauben hochreif. Es gibt hier nur selektive Handlese in Kisten geerntet.

Die Weingärten sind überwiegend mit Zweigelt und St. Laurent bestockt sowie Syrah, Cabernet Sauvignon, Chardonnay, Grüner Veltliner und Welschriesling. Bei der Verkostung der Weine des Hauses stachen mir die beiden St. Laurent ins Auge. Vor allem die 2021 Reserve, die zu den besten des Burgenlandes zu zählen ist. Sehr schön präsentiert sich auch der Heideboden in Rot. Höchst attraktiv ist der 2023 Rosé „saignée", der übergroßen Spaß bereitet. Es sind durchwegs dichte Weine mit Persönlichkeit und Charakter. Trotz des heißen Klimas verfügen die Weine über eine wunderbare Kühle. Daher sind es ungemein stimmige Gewächse. Da beweist Erich Sattler sein subtiles Händchen für Wein.

Nicht übersehen sollte man die überaus faire Kalkulation der Weine. Hier muss man keinen Bausparvertrag auflösen. Hier trinkt man wunderbare Weine, ohne sich verschulden zu müssen. Der Dank der Weinfreunde sei Ihnen sicher, Herr Sattler.
*as*

### BURGENLAND

★★ S € ZW
**2023 Rosé Zweigelt** + Rosarot, feines Bukett, Himbeeren, Flieder, Minze, Kirschen, Kräuternoten, feine Herbe am Gaumen, schön trocken, elegant, zart würzig, sanfte Frucht, sehr schön zu trinken. Ungemein attraktiv.

★★ S € WR
**2022 Welschriesling** + Kräuter, Zitrus, Apfel, so richtig trocken, perfekte Säure, frisch, kernig, noch total jung, kühle Anmutung, unkompliziert auf bestem Niveau, entwickelt Druck am Gaumen. Ein hervorragender Wein zu verschiedenen Fischgerichten.

★★ S €€ ZW
**2022 Zweigelt** + Ein Beerenmix, Brombeeren, Kirschen, Mandelnoten, charmante Frucht, elegant, feine Würze, ein feingliedriger, transparent strukturierter Zweigelt. Da beweist der Winzer sein feines Händchen. Macht enormen Spaß.

★★ S €€ SL
**2022 St. Laurent** + Ungemein frisches Bukett, Lebkuchen, Weichseln, Waldbeeren, Zwetschken, fruchtig, samtige Struktur, elegante Noten, immer kühl, niemals belastend, angenehmes Tannin. Ein stimmiger St. Laurent, der sich wunderbar darstellt.

★★★ S €€ CR
**2021 Heideboden** + (ZW/SL/CS) Kirschfarben, Kirschen, Pflaumen, Schokonoten, Lakritz, Gewürze, saftige Frucht, präsentes Tannin, griffig, feste Struktur, der geht mit Luft so richtig auf, entwickelt Druck und Länge. Ein tiefgründiger Rotwein aus dieser warmen Gegend immer mit Kühle. Vorbildlich!

★★★★ K €€€ SL
**2021 St. Laurent Reserve** + Kirschen, Zwetschken, Lebkuchen, geschmeidige Frucht, sehr elegant, einigen Druck ausübend, doch immer distinguiert, immer mit feiner Klinge, angenehmes Tannin. Ein hochfeiner St. Laurent, der sich nicht in den Mittelpunkt stellt, doch Größe zeigt.

## Weingut
# Schaller vom See

**Gerhard & Brigitte Schaller**
7141 Podersdorf am See, Frauenkirchner Straße 20
Tel. +43 650 2177225
wein@schallervomsee.at, www.schallervomsee.at
10 Hektar

Diese Schallers, die beiden leben, wie sie meinen, „am schönsten Ort der Welt". Damit ist Podersdorf gemeint. Die beiden lieben ihren Beruf. Das schmeckt man bei den Weinen. Winzer Gerhard Schaller hat ein Händchen für Wein. Seine Weine sind durchzogen von einer Leichtigkeit, Natürlichkeit, Unkompliziertheit, wie man es selten findet. Wer diese Weine probiert, ist ihnen verfallen. Also, liebe Weinfreunde, listen, hohes Suchtpotenzial! Für mich kommt diese Warnung zu spät. Ich bin diesen Kreszenzen mit Haut und Haaren verfallen. Daher höre ich jetzt auf zu schreiben. Ich komme sonst nicht zum Trinken des Swingin' White, Chardonnay Uferlos, Heideboden, St. Laurent Uferlos, Beerenauslese Uferlos …

*as*

### NEUSIEDLERSEE DAC

★★ S € ZW
**2022 Zweigelt** + Herzkirschen, Mandelbögen, ein Hauch Schoko, fruchtig, elegant, herber Charme, saftig, rote und schwarze Beeren, Zwetschken, Heidelbeeren, kühl, Hagebutten, so richtig trinkig, schöne Säure, absolut angenehmer Rotwein.

### BURGENLAND

★★ S € CW  **FUN**
**2023 Swingin' White** + (WR/GV/GM) Duftige Frische, Wiesenblumen, Kräuter, Pfirsich, Ananas, reifer Apfel, gelbe Früchte, von bezwingender Frische, Rasse, Holunderblüten, leicht, filigran, macht ungeheuren Spaß. Ein Trinkvergnügen der besonderen Art.

★★ S € CR  **FUN**
**2023 Swingin' Rosé** + (CS/ZW) Lachsrosa, frische Erdbeeren, Flieder, Zuckerwatte, Cassis, Kirschen, Zitrus, frische Kräuter, charmant und feingliedrig, kühl, feines Bukett, zarte Säure, immer elegant, fast zerbrechlich wirkend.

★★ S € GM
**2023 Gelber Muskateller** + Holunder, Rosenblüten, Zimt, Muskatnuss, Zitrus, Ananas, frische Säure, leicht, unkompliziert, beschwingt, keck und vorwitzig, tänzelnd.

★★ S € GV
**2023 Grüner Veltliner** + Pfeffer, frische Kräuter, zart fruchtig, balanciert, sympathisch, dezente Exotik, feine Würze, macht Spaß. Pikante Noten, unkompliziert, nicht nachdenken. Trinken.

★★ S €€ CH
**2023 Chardonnay Ried Prädium** + Ein zartes Nusserl, Birne, Apfel, ein Wein voller Charme, einnehmend, wunderbare Frucht, frisch, lebendig, von ernsthafter Eleganz.

★★★ S €€ CH
**2023 Chardonnay Uferlos** + Haselnüsse, feine Exotik, Ananas, Orangenschalen, etwas Banane, Pfirsichnoten, reife Birne, Vanille, Blütenduft, cremig, feine Frucht, verfügt über einigen Tiefgang, ist in der Balance, zartes Säurespiel, leger auf hohem Niveau.

★★ S €€ CR
**2022 Red Fred** + (SL/ZW/CS) Johannisbeeren, Kirschen, Schoko, rote Beeren, Mandeltöne, Lebkuchen, Brombeeren, Orangenschalen, dezente Herbe, strukturiert, fruchtig, würzig, gute Tanninstruktur, ein Rotwein mit Rückgrat. Pannonien pur.

★★ S €€ CR
**2022 Patfalu** + (CS/ZW/SL) Ein cooles Bukett, frische Kirschen, Johannisbeeren, Heidelbeeren, rote Ribisel, dezente Rösttöne, Kaffee, fest strukturiert, würzig, griffig, herzhaft, gute Länge. Ein Rotwein, der einige Luft benötigt.

★★ S €€ CR
**2022 Heideboden** + (ZW/SL) Rösttöne, Kaffee, wirkt leicht verbrannt, Rumtopf, Waldboden, Kirschen, Lebkuchen, Zwetschken, einiges Tannin, noch total unentwickelt, stoffig, schwarze Beeren, griffig, etwas oldschool. Entwickelt sich im Glas prächtig. Braucht viel Luft.

★★ S €€ CS
**2022 Cabernet Sauvignon** + Kühl, Beerenfrüchte, Kirschen, dezente Rösttöne, Cassis, Schokonoten, elegant, fruchtig, angenehmes Tannin, guter Druck, einiger Tiefgang. Ein körperreicher Cabernet mit Struktur. Einige Substanz.

★★★ S €€ SL
**2020 St. Laurent Uferlos** + Holz mit Lebkuchen, röstige Noten, Kirschen, Zwetschken, vollmundig, fruchtig, gehaltvoll, ein hervorragender, typischer St. Laurent voller Harmonie, Reichtum, auch Eleganz, tiefgründig, viel Wein.

★★★ S €€ CH
**2017 Beerenauslese Uferlos süß** + (CH – 10,5 % Vol., 0,375-Liter-Flasche) Warmes Timbre, klassisch Seewinkel, Marille, Mango, Orangen, gelber Apfel, Honig, leicht, reichhaltig, delikate Frucht, weinig, harmonisch, wunderbare Süße, Trockenfrüchte, Pfirsich, Ananas. Ein kostbarer Süßwein.

# Weingut
# Schwarz

**Michael Schwarz**
7163 Andau, Langegasse 19
Tel. +43 2176 3231, Fax -4
office@schwarz-weine.at
www.schwarz-weine.at

Die Weine von den Schwarz-Männern – Hans und Michael sind ein kongeniales Duo – haben immer Kraft, Struktur, Wucht. Es sind keine Weine für Weicheier. Die beiden werken in Andau, dem wärmsten Ort Österreichs, an der ungarischen Grenze. Der letzte Rebstock ist nur 6 Meter von der Grenze entfernt.

Seit 2017 ist Michael für die Weine verantwortlich, in enger Absprache mit seinem Vater Hans, der „Butcher" genannt wird. Er war in seinem früheren Leben Fleischhauer. Er ist ein Zweigelt-Fetischist und hat diese Rebsorte in lichte Höhen geführt. Der Schwarz Rot, wie dieser reinsortige Zweigelt genannt wird, ist mittlerweile ein Kultwein geworden. Hat ein internationales Standing. Der aktuelle Jahrgang 2022 wird dem absolut gerecht. Ich habe vor Kurzem den ersten Jahrgang dieses Weines probiert – 1999 –, der ist noch immer in großartiger Form. Das beruhigt ungemein. Man muss nicht in einen Trinkstress geraten, wenn man noch Flaschen von diesem Wein – egal welcher Jahrgang – im Keller liegen hat.

Hervorragend präsentiert sich The Butcher weiß aus Chardonnay – ein Preis-Leistungs-Hammer, hochwertig, ruhig strömend, mit einiger Eleganz. 2022 Schwarz Weiß ist ein kraftvoller, ausdrucksstarker Wein, bei dem die Finesse nicht zu kurz kommt. 2020 The Butcher Cuvée, komponiert aus ausschließlich französischen Rebsorten, ist ein fest strukturierter Wein mit einiger Zukunft. *as*

## BURGENLAND

★★ K €€ CH
**2023 The Butcher** + (CH) Nussig, Apfel, Ananas, Orangenschalen, reife Birne, fruchtig, gewisser Charme, fast transparente Struktur, gute Balance, warmes Timbre bei elegantem Auftritt. Angenehme Säure, ruhig strömend.

★★★ K €€€€€ CW
**2022 Schwarz Weiß** + (CH/GV) Ein würziges Bukett ausstrahlend, Nelken, Orangenschalen, Zitrus, Nüsse, bisschen Marillen, dezent holzunterlegt, kraftvoll, Gerbstoff, dichte Struktur, einiger Alkohol, ungemein kompakt, fast mächtig. Da steckt viel drinnen. Ein konzentrierter Wein, der unbedingt Zeit braucht. Potenzial ist genügend vorhanden. Unbedingt zeitnah belüften. Burgunderglas. Mit Luft wird es ein besonderer Wein.

★★★ K €€€€ CR
**2020 The Butcher Cuvée** + (ME/CS/CF) Schwarze Beerenfrüchte, etwas Vanille, Brombeeren, Zwetschken, Orangenzesten, liegt kompakt am Gaumen, einiger Tiefgang, feste Tanninstruktur, engmaschig, etwas Moschus, noch ganz viel Zukunft.

★★★★ K €€€€€€ ZW **TIPP**
**2022 Schwarz Rot** + (ZW) Sofort als außergewöhnlicher Rotwein erkennbar, enorm fruchtig, perfekter Holzeinsatz, füllige Eleganz, ungemein saftig, Weichseln, Schokonoten, Herzkirschen, Heidelbeeren, in sich gefestigt. Hier paart sich Kraft und Ausdruck mit unbändiger Trinklust. Potenzial für viele Jahre.

♕ ♕ ♕ ♕ ♕

# Weingut
# Hans Tschida – Angerhof

**Hans Tschida**
7142 Illmitz, Angergasse 5
Tel. +43 2175 3150, weingut@angerhof-tschida.at
www.angerhof-tschida.at
30 Hektar, W/R 80/20

Der Illmitzer Hans Tschida zählt zu den besten Süßweinproduzenten der Welt. Zahlreiche internationale Auszeichnungen untermauern das. Sein Terroir ist der Seewinkel, der Neusiedler See und die vielen kleinen Lacken, die im Herbst der Turbo für die ersehnte und entstehende Botrytis sind – somit der Quell für das flüssige süße Gold. „Das Weinjahr 2023 war für Süßwein ein arbeitsintensiver Jahrgang, denn die Wetterkapriolen waren herausfordernd, jedoch wurden wir mit einer sehr guten Qualität belohnt", sagt Hans Tschida vom Angerhof. Die Lese sei auch lange gewesen, musste durch den Regen immer wieder unterbrochen werden und dauerte bis in den Dezember hinein – und endete mit einem unerwarteten Geschenk: „Wir haben nach 2020 wieder zwei Eisweine." Vom Gelben Muskateller und vom Blaufränkischen konnte Tschida total gesunde Eisweintrauben ernten. Die beiden sind seine bevorzugten Sorten für Eiswein, „weil Muskateller schwer Botrytis bekommt und Blaufränkisch eine dicke Schale hat."

Doch der Süßweinspezialist hat vom Gelben Muskateller auch erstmals eine Trockenbeerenauslese (TBA) geschafft – vom Jahrgang 2021. Ein Wein mit einem Hauch von Botrytisschmelz und seinem unverkennbaren duftig-aromatischen Sortencharakter sowie lebhafter Säure, wodurch das Trinkanimo enorm ist. Aus dem gleichen Jahr zauberte Tschida eine weitere elegante TBA-Essenz – aus der Ried Domkapitel und vom Sämling, einer weiteren Lieblingssorte des Winzers, der generell stark auf die aromatischen Sorten setzt. Dazu gehört auch der Welschriesling.

„Süßwein in Perfektion" ist ein Motto des Winzers. Um diese Perfektion bestmöglich zu erreichen, setzt Hans Tschida beim Ausbau seiner Weine konsequent auf Stahltank, um die Frucht und Sortentypizität zu erhalten, ohne Fremdeinfluss wie Holz. Verschlossen werden seine TBAs, Eis- und Schilfweine sowie seine Beerenauslesen ausnahmslos mit Glasverschluss. Die Spätlesen und Auslesen kommen mit Drehverschluss auf den Markt – und der ist weltweit. Österreich ist nach wie vor Tschidas größter Absatzmarkt, dann kommen Deutschland und Skandinavien. Doch die süßen Edelsteine aus Illmitz werden auch von Mexiko bis Taiwan gehandelt. Der Erfolg ist für Tschida einfach: „Die Weine halten über Wochen ihre Frische, nachdem sie geöffnet wurden." Aber es fällt auch nicht schwer, eine TBA oder BA in einem Zug auszutrinken …

*hp*

## NEUSIEDLERSEE DAC

**★★★ G €€€ SB**
**2023 Sauvignon Blanc Beerenauslese Seewinkel** + (RZ: 190 g/l) Würzig und lebhaft, schotig, Kletzen; ausgewogen, reife, exotische Frucht, Ananas, Mango, auch Stachelbeeren, anregende Säure, viel Trinkanimo.

**★★★★★ G €€€€€ WR** — TOP
**2021 Welschriesling Ried Domkapitel TBA Reserve Seewinkel** + (RZ: 235 g/l) Viel Fülle, Birnenkompott, Physalis, weißer Pfeffer, salzig, elegant; lebhafte Nektaressenz mit Säurepikanz, Frische und feiner Salzigkeit, Pfirsich, Nektarinen, eleganter Schliff und Länge.

## BURGENLAND

**★★ S €€ ME**
**2023 Merlot Spätlese** + (RZ: 90 g/l) Sehr duftig mit viel Frische, rotbeerig, Ribiseln, Kirscharomatik, zarte Schokonoten; saftig und balanciert, eingelegte Kirschen, Kakao, Schokoschmelz, gute Säurestütze, mittellang.

**★★★ S €€ CW** — FUN
**2022 Auslese** + (RZ: 131 g/l) Viel Würze und Frische mit guter Tiefe, rosa Pfeffer, frischer saftiger Pfirsich; reichlich Frucht mit knackiger Säure, Nektarinen, eingelegte Pfirsiche, super Grip, relativ trocken und trinkvergnüglich.

**★★★ S €€ MO**
**2022 Muskat Ottonel Auslese** + (RZ: 136 g/l) Viel Muskatnoten, süß-traubig, gewürzig und aromatisch, viel Sortenausdruck; Frische mit knackiger Säure, muskatig und salzig, rotbeerig, Erdbeermark, geschmeidiger Schmelz.

**★★★ G €€€ WR**
**2022 Welschriesling Beerenauslese** + (RZ: 190 g/l) Frische Frucht, grüner Pfirsich, Williamsbirne, zart würzig; am Gaumen mild, weiche Fruchtfülle, Birnenkompott, im Finish mineralische Würze.

**★★★ S €€ MO**
**2021 Muskat Ottonel Beerenauslese** + (RZ: 181 g/l) Markante Muskatnoten, Traubengelee, viel Orangen und Mandarinen, gewürzig; Honigmelone, Bratapfel, Kräuteraromatik, saftiges Fruchtspiel, rund und trinkig.

**★★★★ G €€€ CH** — PLV
**2021 Chardonnay Beerenauslese** + (RZ: 203 g/l) Waldboden, getrocknete Steinpilze, rauchig, würzig, reichhaltig; tropische Früchte, Ananas, Litschi, Mango, auch Strudeläpfel, gehaltvoll, viel Trinkanimo, schmeckt durch pikante Säure relativ trocken.

**★★★ G €€€ SÄ**
**2020 Sämling 88 Beerenauslese** + (RZ: 177 g/l) Kühle Aromatik, feine Kräuterwürze, Birnen, Litschi, Kiwi; ziemlich straff mit Säure und Kräuterwürze, getrocknete Früchte, Aranzini, rosa Grapefruits, etwas kernig und gerbstoffig im Finale.

**★★★ G €€€ GM**
**2023 Goldmuskateller Eiswein** + (RZ: 170 g/l) Viel Frische und Muskateller-Typizität, enorme Mineralität, tropische Frucht; saftiger Holunder, würzige Nektarinen, salzige Frische, feine Länge.

**★★★★ G €€€€ BF**
**2023 Blaufränkisch Eiswein** + (RZ: 175 g/l) Süße Waldbeeren, auch Kirschen, einige Würze; herzhafte Frucht, Amarena-Kirschen, Weichseln, bisschen Pflaumen, flüssige Schoko, eleganter roter Süßwein mit Länge.

**★★★★★ G €€€€€ GM** — TOP
**2021 Gelber Muskateller TBA** + (RZ: 255 g/l) Viel Frische und Sortenaromatik, reifer Holunder, super Tiefe; konzentrierte Frucht mit salzig-ätherischen Noten, Tannennadeln, Ananas, Maracuja, viel Extrakt, lebhafte Essenz vom Muskateller. Viel Trinkcharme.

**★★★★★ G €€€€€ SÄ** — TOP
**2021 Sämling 88 Ried Domkapitel TBA** + (RZ: 235 g/l) Fein reduktiv, dann salzig-lebhaft, klare Frucht, reife Birnen und Maracuja; straffe Exotik, Ananas, eleganter Schmelz mit enormer Säure, zarte Würze, super Länge. Großes Süßwein-Kino!

**★★★ G €€€€€ ZW**
**2021 Zweigelt Schilfwein** + (RZ: 297 g/l) Viel Fülle, eingelegte Pflaumen und Kirschen, bisschen Rumtopf; pfefferwürzige Schokolade, viel Kakao, reife Zwetschken, von Säure geprägt, die den Wein deutlich weniger süß erscheinen lässt, balanciert.

**★★★★★ G €€€€€ MO** — TOP
**2021 Muskat Ottonel Schilfwein** + (RZ: 308 g/l) Reife Frucht, Mandarinen, Bitterorangen, sehr traubig, geschmeidige Fruchtfülle; saftige Exotik bei straffem Säurebiss, mit keiner Faser üppig, sondern hochgradig elegant, flüssige Süßspeise.

## Weingut
# Umathum

**Josef Umathum**
7132 Frauenkirchen, St. Andräer Straße 7
Tel. +43 2172 24400, Fax 24404
office@umathum.at
www.umathum.at

Das Weingut Umathum vorzustellen, hieße wohl, Eulen nach Athen zu tragen. Josef Umathum stieg im Jahr 1985 in das elterliche Weingut ein und hat es an die Spitze der heimischen Weinbaubetriebe geführt. Er bewirtschaftet seine Weingärten nach biologischen Richtlinien, welche sich an der Philosophie von Rudolf Steiner orientieren. Das Weingut hat Weingärten in zwei burgenländischen Weinbaugebieten – jeweils zur Hälfte Neusiedlersee und Leithaberg. Die Lese erfolgt ausschließlich von Hand. Hier wird das Handwerk noch hochgehalten. Es wird jede Parzelle einzeln verarbeitet. Dabei werden bis zu 130 verschiedene Behälter verwendet. Eigene Komposterzeugung auf Basis von Rindermist aus dem Nationalpark Neusiedler See. Man experimentiert auch mit sogenannten PiWi-Reben. Davon zeugt der verkostete PIRO – PiWi rot aus verschiedenen Rebsorten dieser Spezies.

Die besten Lagenweine kommen aus der Ried Vom Stein, der Ried Hallebühl – mittlerweile eine Kultlage, ja ein Mythos – und der Ried Kirschgarten in Jois. Dies ist die einzige Terrassenlage des Burgenlandes. Ich liebe den 2023 Rosé Rosa, der einen unvergleichlichen Charme versprüht und zu den besten des Landes zählt. Hervorragend 2021 Zweigelt und 2020 Blaufränkisch – tolle Weine mit Stil. Die Cuvée Haideboden, die es seit dem Jahrgang 1991 gibt, ist einer der verlässlichsten Rotweine ever, eben auch der 2020er. Ein wunderhübscher, faszinierender 2020 Pinot Noir Unter den Terrassen/Jois ist von einer betörenden Textur. Das ist die Eleganz in Wein. Ebenfalls grandiose Rotweine sind der 2018 St. Laurent Vom Stein und der 2018 Blaufränkisch Kirschgarten. Überragend präsentiert sich der 2019 Ried Hallebühl, der an die großen Jahrgänge der Geschichte dieser Lage anschließt. *as*

### BURGENLAND

★★★ G €€€ CR
**2023 Rosa Rosé Saignee** + Rote Farbe, Erdbeer- und Himbeeraromen, rote Früchte, Kirschblüten, ganz feines, subtiles Bukett, hochelegant, feingliedrig, samtig-seidig, immer mit Stil, voller Fruchtcharme, strukturiert, einiger Tiefgang, angenehme Säure, perfekt balanciert. Da beweist der Winzer seine feine Klinge. Beeindruckender Rosé, der zu den besten des Landes zählt.

★★★ G €€€ PG
**2022 Pinot Gris-Grauburgunder Reserve** + Dezent speckig, florale Noten, rauchig, Nüsse, Birnen, fruchtige Würze, einiger Tiefgang, salzige Noten, braucht viel Luft, charaktervoll, cremige Textur, gute Länge, gelbe Früchte, kraftvoll und eng. Niemals opulent. Zukunft!

★★★ G €€€ TR
**2022 Gelber & Roter Traminer** + (Schiefer/Quarz) Ein sensationelles Bukett, betörend, kandierte Früchte, Litschi, rote Beeren, Pfirsich, Honignoten, Rosen, liegt trocken am Gaumen, tolle Exotik, schlanke, feste Struktur, delikat, gute Länge. Wird mit Flaschenreife noch zulegen.

★★ G €€€ ZW
**2021 Zweigelt** + Weichseln, rotbeerig, griffig, straff, dichte, enge Struktur, guter Druck, einiger Tiefgang, geradlinig, gute Länge. Ein charaktervoller, leichter Zweigelt, der sich bestens darstellt, mit einiger Zukunft.

★★ G €€€ BF
**2020 Blaufränkisch** + Ein typischer, würziger Blaufränkisch, Brombeeren, Kirschen, erdige Töne, rauchig, Tabak, pikante Säure, herzhaft, voller Grip, schlank, fest, dicht, zeigt Klasse. Geht mit Luft wunderbar auf. Wird elegant und feingliedrig.

★★ G €€€€ CR
**2020 Haideboden** + (Rotwein-Cuvée – ZW/BF/CS) Rote und schwarze Beeren, dezente Rösttöne, Brombeeren, Himbeeren, Kirschen, Hagebutten, pfeffrig, dunkle Tönung, saftig, druckvoll, hat Stil, würzige Noten, immer kühl, schlanke, fruchtige Struktur, geht mit Luft auf.

★★★ G €€€€€ PN
**2020 Pinot Noir Unter den Terrassen/Jois** + (Mergel/Schiefer) Himbeernoten, Pilze, Unterholz, eingelegte Kirschen, ist der gut, filigran, elegant, feingliedrig, „süße" Frucht, seidiger Glanz, einiger Tiefgang, ein wundervoller Pinot Noir. Ein herrlich charmanter Wein von femininem Ausdruck. Unglaublich delikat. Ein wunderschöner, zauberhafter Pinot Noir.

★★★★ G €€€€€€ BF
**2018 Blaufränkisch Kirschgarten** + (Glimmerschiefer/Ton) Schokonoten, dezent röstig, Himbeernoten, schwarze Kirschen, Graphit, Feuerstein, dicht, strukturiert, immer griffig, präsente Säure, eng, voller Frische. Entwickelt mit Luft eine tolle Pikanz und Würze. Viel Mineral transportierend. Einige Zukunft. Unbedingt zeitgerecht dekantieren.

★★★★ G €€€€€€ SL
**2018 St. Laurent Vom Stein** + Dunkle Tönung, erdige Noten, Lebkuchen, rauchig, Waldbeeren, schwarze Oliven, Leder, fruchtig, passende Säure, pikant, ausdrucksstark, einiger Tiefgang, guter Druck, salzige Noten. Ein überragender St. Laurent mit großer Zukunft. Dekantieren!

★★★★ G €€€€€€ ZW    **TIPP**
**2019 Ried Hallebühl Zweigelt** + Was für ein feinfruchtiger, hocheleganter, tiefgründiger Rotwein. Rote und schwarze Beeren, Schoko, Kirschen, Zwetschken, immer kühl, eine betörende, sanfte Frucht, druckvoll, dichte Struktur, kraftvoll und ausdrucksstark, vielschichtig, spannend. Ein großer, herausragender Zweigelt mit viel Zukunft. Ein Hallebühl, der an die großen der Geschichte anschließt. Das ist ein nobler Herr mit Frack und Zylinder.

## ÖSTERREICH

★★★ G €€€ HU
**NV Königlicher Wein MMXXI** + (2021, Lindenblättriger/Hárslevelű, Glimmerschiefer) Leichte Trübung, Nashi-Birne, Lindenblüten, dezent hefig, rassige Säure, Natural-like, Zitrus, Orangenzesten, salzig, voller Pikanz, dezente Kräuterwürze, Pomelo, leicht (11,5 % Vol.), trocken, einige Mineralität ausstrahlend. Ein individueller Wein für Kenner.

★★ G €€€ CR
**NV PIRO** + (PiWi rot – Vergärung mit ganzen Beeren, langer Kontakt mit den Schalen) Tiefschwarz, Kirschen, rote Beeren, schwarzer Holunder, am Gaumen rassig und griffig, etwas rau, jugendliche Frische, kernige Struktur.

## Weingut
# Jonny Wegleitner

**Jonny Wegleitner**
7143 Apetlon, Frauenkirchner Straße 24
Tel. +43 699 17042072
weingut@wegleitner.at
www.wegleitner.at

Vormittags in der Schule, nachmittags im Weingarten. Das ist das Leben des Informatiklehrers Jonny Wegleitner, der sich 1999 entschieden hat, den Familienweinbau nebenbei mitzumachen. Als erste Entscheidung hat Wegleitner vom großväterlich gepflegten Großgebinde auf Flaschenfüllung umgestellt.

Der Illmitzer Teilzeit-Winzer ist neu im Weinguide. Wegleitner bearbeitet heute fünf Hektar. Alle Weingärten liegen zwischen Illmitz und Apetlon, rund um die Lacken, wodurch viele Weine mit einer gesunden Portion salzig und frisch schmecken. Wegleitners stärkste Rotweinsorte ist der Zweigelt; Hauptsorten in Weiß sind Grüner Veltliner und Chardonnay. Rot und weiß halten sich im Sortenspiegel die Waage – und in diesem Rebsortenmix ist Wegleitner auch experimentierfreudig: „Ich probiere viel aus." Wobei sein Fokus dabei auf „sauber und konventionell" liegt.

Seit dem Jahr 2020 macht Wegleitner Pet Nats – einen supertrockenen Weißen und einen charmanten Roten. Auch mit dem Holz probiert der Winzer gern, wobei er seine roten Cuvées zuerst sortenrein ausbaut, bevor er sie zu einem Wein zusammenzieht. Das macht er bei seinem „Fabio" für 18 Monate in neuen und gebrauchten Barriques, aber auch bei seinem Premium-Roten „Infinity", der zwei Jahre im neuen französischen Holz gereift ist.

Wo man auf Jonny Wegleitners Weine stößt? Natürlich in Illmitz. Sein Hauptgeschäft ist im Westen – in Tirol und in Vorarlberg, und ein bisschen Export gibt es bereits auch. *hp*

## NEUSIEDLERSEE DAC

★ S € ZW
**2022 Blauer Zweigelt** + Würzige Kirschen, wirkt leicht und schwungvoll, Lebkuchen, orientalische Gewürze, Kardamom; kräuterwürzig, von Kircharomen geleitet, schlanker, geradliniger Spaghetti-Wein.

★★★ K €€ CW
**2019 Seewinkler Beerenauslese Reserve** + (CH/BO – 194 g/l RZ) Feine Honignoten, dezente Würze, bisschen Kamille, kühle Fruchtaromatik; balanciert, exotische Frucht, Ananas, Kiwi, Honigmelone, zart gewürzig, geschmeidig, milde Säure.

## BURGENLAND

★★★ K €€€ GM    FUN
**2022 Pet Nat Gelber Muskateller** + Muskatig mit viel Sortentypizität und Frische, Limetten, Orangenzesten, gewürzig; Zitrus und Holunder, Blutorangen, betont trocken, lebhaft, trinkig mit Säurebiss.

★★★ K €€€ ZW
**2021 Pet Nat Zweigelt** + Bisschen Kirscharomatik, hefiger Schleier, Karamell, weiche, cremige Textur; lebhaft am Gaumen, dropsig, Erdbeeren, Zitrus und Säure, gefälliger vordergründiger Stil, ziemlich trocken.

★★★ K €€€ CW
**2023 Heideboden Weiß** + Potpourri aus vier Sorten, viel Frische, Aromatik von Sauvignon Blanc und Muskateller dominant, einladend; am Gaumen salzig und vom Chardonnay getragen, dezente Würze und Fülle, Spaßmacher-Wein.

★★★ S €€ CH    PLV
**2022 Chardonnay Reserve Flora** + Weiches Nougat, zartes Toasting, sautierte Pilze; Haselnusscreme, balancierter Holzeinsatz, salzig – macht den Wein frisch, gute Länge.

★★★ S €€ SL
**2022 St. Laurent** + Schöne Gewürzigkeit, eingelegte Zwetschken und Kirschen, sehr typisch; würzige Frucht setzt sich am Gaumen fort, Kirscharomatik, Kräuter, gerundet, einfach trinkig.

★★★ S €€ CR
**2021 Heideboden Reserve** + (ZW/BF/ME) Viel Beerenfrucht, Weichseln und Brombeeren, gute Tiefe und Würze; fruchtsüß, Kirschen, Kräuterwürze, bisschen Tannin und Gerbstoff, jugendlich-kernig. Luft geben.

★★★ D €€ CR
**2020 Fabio** + (ZW/BF/SL) Weiche Fülle, geschmeidiges Holz, Karamell und Nougatnoten, rauchig, Frucht dezent, Weichseln; am Gaumen Frucht präsenter, Kirschen, etwas Würze, süffig, trinkvergnüglich.

★★★ K €€€€ CR    TIPP
**2021 Infinity** + (BF/ME/CS) Rauchiges Toasting vom Holz noch massiv, Dörrfrüchte, reifes Cassis, einige Kräuterwürze; neues Holz noch maßgebend, jugendlich, kräftiges Tannin, Brombeeren, Ribiseln, Tintenblei, tabakig, Kräuter, körperreicher Wein mit Entwicklungspotenzial.

★★★ K €€€ CW    PLV
**2020 TBA** + (CH/BO/SÄ) Sehr würzig, tropische Früchte, Maracuja, Ananas; viel Frische, saftige Fruchtfülle mit schöner Säurestütze und Salzigkeit, Blutorange, balanciert, gute Länge.

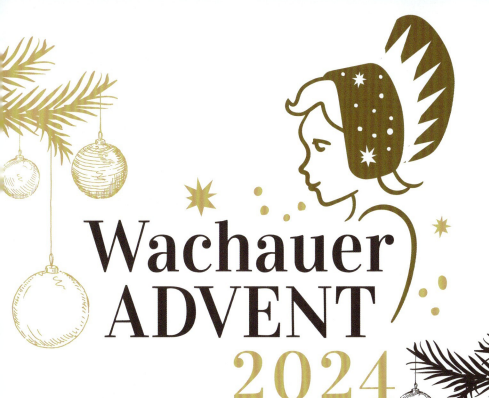

# Wachauer ADVENT 2024

## Schloss Dürnstein

**freier Eintritt**

**7. & 8. Dezember**
**14. & 15. Dezember**
**21. & 22. Dezember**

täglich von 12 bis 19 Uhr

festlich beleuchtetes Schloss Dürnstein ✳ funkelnde Ruine
bester Punsch und Glühwein ✳ feine Schmankerl
Wachauer Weihnachtsbäckerei ✳ Geschenkideen
Christbäume ✳ Kunsthandwerk ✳ Kinderprogramm
weihnachtliches Kinderkino ✳ Kutschenfahrt im Fiaker

www.wachaueradvent.at

# VINOTHEKEN

## FRAUENKIRCHEN

**Sailer's Vinothek**
7132 Frauenkirchen, Kirchenplatz 27
Tel. +43 664 4109697
vinothek@sailers.at, www.sailers.at

## GOLS

**Weinkulturhaus Gols –**
Vinothek und Tourismusinformation
7122 Gols, Hauptplatz 20
Tel. +43 2173 20039
info@weinkulturhaus.at
www.weinkulturhaus.at

## NEUSIEDL AM SEE

**Weinwerk Burgenland**
7100 Neusiedl am See, Obere Hauptstraße 31
Tel. +43 2167 20705
vinothek@weinwerk-burgenland.at
www.weinwerk-burgenland.at

# GASTRONOMIE/NÄCHTIGUNG

## ANDAU

**Tauber am See**
7163 Andau, Am Badesee
Tel. +43 2176 2180
www.tauberamsee.at

Die Lage am Andauer Badesee und der Charme der pannonischen Tiefebene entschleunigen. In lässigem Bistroambiente in einem Bungalow mit viel Holz und großen Glasfronten wird auch leger gekocht. René Tauber serviert Gansl und Seefisch, das Burger-Fleisch ist vom Steppenrind. Herzhaft präsentieren sich die Kalbswangerl mit Kartoffelpüree, Wels und Zander gibt es gebraten oder gebacken. Mittwoch ist Schnitzeltag, Freitag Pizza- und Samstag Backhendltag.

**Scheiblhofer The Resort**
7163 Andau, Resortplatz 1
Tel. +43 2176 2610800
www.theresort.at

Quasi im Nichts steht dieser richtungsweisende Bau, der auch einem Science-Fiction-Film entsprungen sein könnte. Elegant, exklusiv, faszinierend. Das Hotel ist der neueste Wurf von Winzer Erich Scheiblhofer. Nächtigen kann man in Zimmern und Suiten, die Big John oder Legends heißen. Eines der Herzstücke ist der Spa-Bereich – 4000 Quadratmeter mit Saunawelt, Indoor- und Outdoorpool sowie Fitnessraum.

**The Quarter**
7163 Andau, Langegasse 21
Tel. +43 2176 2610400
www.thequarter.at

Und noch ein Scheiblhofer-Betrieb. Hier wird gekocht, was Spaß gemacht – fast ausschließlich mit Produkten der Region. Auf die Teller kommen pannonisches Kürbisgemüse, Seewinkler Tapas, Beef Tatar vom Andauer Black-Angus-Rind, Schnitzel vom Seewinkler Hausschwein und Pizza neapolitanischer Art.

## APETLON

**Residenz Velich**
7143 Apetlon, Seeufergasse 12
Tel. +43 2175 54000
www.velich.at/residenz

Die Residenz besteht aus drei Zollhäusern, die behutsam renoviert und in ein stilgetreues Hotel umgewandelt wurden. Natürliche Materialien und hochwertige italienische Möbel garantieren behaglichen Wohnkomfort. Auf dem Frühstückstisch finden die besten Käse aus Frankreich sowie Wurstwaren aus Italien und Spanien genauso einen Platz wie heimische Spezialitäten. Im Restaurant verbinden sich das Seewinkler Terroir und burgenländische Tradition mit französischem Verständnis für gutes Essen.

**Gasthaus zum fröhlichen Arbeiter**
Familie Tschida
7143 Apetlon, Quergasse 98
Tel. +43 2175 2218
www.froehlicherarbeiter.at

Der Name ist nicht mehr Programm. Fröhlich sind die Gäste nach wie vor, die Klientel hat sich aber deutlich vergrößert. Dank der feinsinnigen pannonischen Küche. Hannes Tschida schöpft aus dem, was der Seewinkel alles hergibt: Fisch aus dem See, Wild, Lamm und Mangalitza-Schweine, Steppenrind aus dem Nationalpark und Seewinkler Gemüse. Die Geflügelleberterrine trifft auf Leithaberger Kirschen, das Wildbeuschel auf Safranknödelchen. Das Weinangebot schaut weit über den Seewinkel hinaus: von Bordeaux bis zum Libanon, vom Furmint bis zu Orangeweinen, vieles mit Jahrgangstiefe.

## BREITENBRUNN

**Neuer Strand**
7091 Breitenbrunn, Seebad
www.neuerstrand.at

Das Resort Neuer Strand wurde eröffnet. Das moderne Marinagebäude und einige weitere Einrichtungen werden das ganze Jahr in Betrieb sein. Im Fokus war die Erneuerung der Bade- und Segelanlagen und die Aufwertung der Gastronomie. Neben dem Restaurant Libelle mit asiatisch inspirierter Kulinarik und burgenländischen Klassikern gibt es eine Strandbar und eine Greißlerei.

## FRAUENKIRCHEN

**Altes Brauhaus**
7132 Frauenkirchen, Kirchenplatz 27
Tel. +43 2172 2217
www.altesbrauhaus.at

Auf mehr als 300 Jahre Geschichte blicken die originalen Stuben mit Wandvertäfelung und der oleandergeschmückte Arkadenhof zurück. Die Küche bietet kaum Veränderungen – und das ist gut so. Der Fokus liegt auf pannonischen Aromen: burgenländische Krautsuppe, Halászlé (ungarische Fischsuppe), Bakonyíer (Putengeschnetzeltes mit Paprikarahmsauce und Butternockerln) oder Hortobágyer Palatschinken (mit Fleischfülle und Sauerrahm) – alles ausgezeichnet. Das Weinangebot ist stimmig und regional-patriotisch.

**St. Martins Therme & Lodge**
7132 Frauenkirchen, Im Seewinkel 1
Tel. +43 2172 20500
www.stmartins.at

Zwei Dinge treffen hier zusammen: die faszinierende Nationalpark-Landschaft im Seewinkel und die gekonnt modern gestaltete Therme. Entspannen kann man sich auf der Liegewiese, am Kiesstrand und im Badesee. Die Lodge mit stilechtem Moskitonetz über dem Bett vermittelt Safarigefühl, Ranger unternehmen mit den Gästen Vogelbeobachtungstouren. Jede Menge Ausblicke bietet auch das Restaurant mit Open-Air-Terrasse.

## GOLS

### Landhotel Restaurant Birkenhof
7122 Gols, Birkenplatz 1
Tel. +43 2173 23460
www.birkenhofgols.at

Eine Institution in der Region. Anziehungspunkte sind die moderne, helle Orangerie oder die Terrasse. Das Restaurant vertraut auf die lokalen Produkte: vom fangfrischen Zander aus dem Seewinkel über Wild aus dem Golser Jagdrevier bis zum herrlich-aromatischen Gemüse. Burgenländische Krautfleckerl, gebratene Blunzenscheiben mit einbrennt'n Grammeln und Sauerkraut oder Ragout vom Reh mit Semmelknödel machen Freude. Die Weinkarte bietet das Beste aus der Region, außerdem Weine aus den eigenen Weingärten.

### B & B Domizil
7122 Gols, Untere Hauptstraße 5
Tel. +43 680 3342103
www.domizil-gols.at

Ria Korpan-Wenzl und ihr Mann Siegfried richteten die Zimmer geschmackvoll und mit liebevollen Details ein. Im Sommer sitzt man bei einem Glas Wein im pannonischen Innenhof, gutes Frühstück mit regionalen Produkten, hausgemachtem Kuchen, Sekt und Marillen-, Uhudler- und Zwetschkenmarmelade aus der Domizil-Minimanufaktur. Zum Domizil gehören auch die nahe gelegenen Studios Am Anger und das Cottage Gols. Im Café & Shop findet man wunderbare Wein- und Wohnaccessoires.

### Heimlichwirt – Speiselokal
7122 Gols, Neustiftgasse 3
Tel. +43 660 6664260
www.heimlichwirt.com

Bevor Peter Müller sein eigenes Lokal aufsperrte, war er 13 Jahre Chefsommelier bei Drei-Sterne-Koch Nils Henkel, dann verschlug es ihn in den Taubenkobel. Als kochender Sommelier liefert er nun kreative Gerichte quer durch das globale Aromenbeet ab, die Zutaten sind aber möglichst regional und bio. Knusprige Blunzen-Samosas mit Camembertcreme, Patisson und fermentiertem Pak-Choi oder mediterrane Frühlingsrollen mit Olivencreme, Paprika und Rosmarinpolenta sind ein Genuss. 350 Weine warten darauf geöffnet zu werden, eine Verbeugung an die hiesigen Winzer mit ihren besten Flaschen.

## HALBTURN

### Knappenstöckl – Im Schloss Halbturn
7131 Halbturn
Tel. +43 2172 82390
www.knappenstoeckl.at

Wenn man an warmen Tagen unter alten Bäumen im idyllischen Schlosshof sitzt, ist die Welt in Ordnung. Serviert wird eine ambitionierte regionale Landhausküche mit den Produkten der Umgebung – Biorind aus dem Nationalpark, Wild aus der eigenen Schlossjagd u. v. m. Die Weinkarte: feine Eigenbauweine, kleine Ausflüge in die Wachau und ein Schnuppertrip in die Steiermark.

## ILLMITZ

### Johannes-Zeche
7142 Illmitz, Florianigasse 10
Tel. +43 2175 23350
www.johannes-zeche.at

Nettes Landhotel. Rustikale Gemütlichkeit im Restaurant mit Kaminecke, in der Tandlerstube mit Kachelofen oder im Garten mit Grillecke – ganz gleich, wo es einem am besten gefällt: Die pannonische Küche bringt den Geschmack des Seewinkels auf den Teller. Halászlé (ungarische Fischsuppe), Krautsuppe, Kesselgulasch, Opa Taubers Wildsuppe und flaumige Esterházy-schnitten gehören zu den Standards. Dazu werden Weine aus der eigenen Seewinkel-Vinothek serviert.

### Die Zimmerei & Landgasthaus Karlo
7142 Illmitz, Seegasse 43
Tel. +43 699 10981422
www.zimmerei-hotel.at

Direkt am Ausläufer des Illmitzer Nationalparks stehen zehn Tiny Houses. Wohnen in den schicken Häusern (24 m2) in Holzriegelbauweise mit eigener großer Terrasse und Aussicht auf den Nationalpark Neusiedler See-Seewinkel ist ein Genuss.

### Hotel Nationalpark
7142 Illmitz, Apetloner Straße 56
Tel. +43 2175 3600
www.hotel-nationalpark.com

Modernes Vier-Sterne-Hotel. Neben solarbeheiztem Pool sowie Sauna- und Relaxbereich mit Sonnenterrasse bietet das Haus auch ein Restaurant mit zeitgemäßer pannonischer Küche. Ideale Lage für Ausflüge in das Naturschutzgebiet.

### Presshaus Illmitz
7142 Illmitz, Apetloner Straße 13
Tel. +43 2175 2730
www.presshaus.com

Grammelknödel und Schweinebauch – im Traditionsgasthaus mag man es bodenständig. Aber auch mediterrane Leichtigkeit gelingt, etwa, wenn Bärlauch-Ricotta-Ravioli mit Basilikum-Butter-Sauce serviert werden. Die Weinkarte mit über 600 Positionen beschränkt sich nicht auf Österreich, auch Flaschen anderer Weltgegenden – vor allem Frankreich – lagern im Keller.

### Rosenhof Hotel Weingut Restaurant
7142 Illmitz, Florianigasse 1
Tel. +43 2175 2232
www.rosenhof.cc

Im Arkadenhof mit den Rosen fühlt man sich wohl. Bodenständige Gerichte und manche Ausflüge in die zeitgemäße Küche findet man auf der Karte. Paprizierte Fischsuppe mit Zander und Karpfen, Gulasch vom heimischen Hirsch mit Rotweinbirne auf der einen Seite und Burger vom österreichischen Fleckvieh oder Tortilla mit weißen, geräucherten Bohnen, Reis, Paradeiser-Chutney, Avocadocreme und geröstetes Schweinskarree auf der anderen Seite vertragen sich. Dazu der Wein aus dem hauseigenen Weingut.

## JOIS

### Winzerhof Kiss
7093 Jois, Josef-Haydn-Gasse 1
Tel. +43 2160 8256
www.winzerhof-kiss.at

Wunderschöner Innenhof mit Wiese, Baum und Arkaden. Um den Hof reihen sich die Zimmer und Appartements, die liebevoll eingerichtet und im gemütlichen Landhausstil mit viel Holz gestaltet wurden. Hausherr Ronny Kiss bietet Tastings seiner prämierten Rotweine im Designerverkostungsraum an. Seine Frau Gerda ist die gute Seele des Hauses.

### Seejungfrau
7093 Jois, Hafen 1
Tel. +43 650 4200743
www.seejungfrau.org

Eine der schönsten Locations am Neusiedler See, die Lage am Schilfgürtel ist ein Traum. Eine Mischung aus Strandcafé, Ort zum Chillen und Abendrestaurant. Gehobene Küche mit kreativen Akzenten, dazu passt Joiser Wein.

## MÖNCHHOF

### Rosso 19
7123 Mönchhof, Sandhöhe 19
Tel. +43 664 88540930
www.rosso19.at

Ein ehemaliger Weinkeller mit modernem Flair. Eine Wand besteht nur aus Glas, man hat das Gefühl, im Weinberg zu sitzen. Nach der Neuübernahme ist das Rosso 19 noch besser geworden. Die Karte vermittelt Urlaubsflair mit vielen mediterranen Klassikern: Gegrillte Jakobsmuscheln, Trüffelburrata mit gemischtem Salat, hausgemachte Gnocchi mit Hirschragout und Zitronenrisotto mit gegrillten Scampi machen gute Stimmung.

## NEUSIEDL AM SEE

### Das Stadtgasthaus am Nyikospark
7100 Neusiedl am See, Untere Hauptstraße 59
Tel. +43 2167 8542
www.nyikospark.at

Das Da Capo wurde zum Stadtgasthaus. Geblieben ist das angenehme Ambiente mit lichtdurchflutetem Wintergarten und schattigem Garten mit uralten Nussbäumen. Familie Tösch setzt nun auf gutbürgerliche Küche mit leichten und regionalen Fischspezialitäten.

### Stadthaus
7100 Neusiedl am See, Kirchengasse 2
Tel. +43 2167 2883
marina@stadthaus-neusiedl.at
www.stadthaus-neusiedl.at

Das Stadthaus kann auf eine lange, traditionsreiche Geschichte als Kirchenwirt zurückblicken, Marina und Christian Roth brachten jetzt frischen Wind. Das romantische Landhausflair vergangener Tage kombinierten sie mit einer zeitgemäßen, schlichten Eleganz. Auf der kleinen Restaurantkarte finden sich Klassiker wie Wiener Schnitzel, Cordon bleu, Zanderfilet oder Wildgulasch.

### Zum echten Leben – Wein- & Kaffeehaus
7100 Neusiedl am See, Obere Hauptstraße 31
Tel. +43 680 2015132
https://zumechtenleben.at

Im denkmalgeschützten historischen Altbau befindet sich ein Treffpunkt für alle, die sich nach klassischer Kaffeehaustradition und lebendigem Austausch mit und rund um den Wein sehnen. Die Küche bietet eine ganze Reihe feiner Jausen, auch jiddische Hendlleberpastete ist dabei.

## PAMHAGEN

### Vila Vita Pannonia
7152 Pamhagen, Storchengasse 1
Tel. +43 2175 21800
www.vilavitahotels.com

Feriendorf im Seewinkel am Rand des Nationalparks. 200 Hektar großes Gelände, Aktiv- und Wellnessfans finden genügend Betätigung: Reiten, Tennis, Beachvolleyball, Schilfhüttensauna, Hochseilklettergarten, Naturschwimmteich und Wellnesspark. Übernachten kann man in luxuriösen Suiten oder in typisch burgenländischen Dorfbungalows. Lounge, Bar, Café und Restaurant mit großer Sonnenterrasse und Strandflair bietet Die Möwe. Die Lage am hauseigenen See in einer ruhigen Naturlandschaft ist die Bühne für eine ambitionierte mediterrane Küche.

## PARNDORF

### Pannonia Tower
7111 Parndorf, Pannoniastraße 3
Tel. +43 2166 22252
www.pannoniatower.at

Die Aussicht vom zwölften Stock ist eine Wucht. Moderne, gut ausgestattete Zimmer im Designerstil. Ein idealer Stützpunkt: Man geht ins Designer Outlet Parndorf nebenan shoppen oder erkundet die nahen Weinbaugebiete Carnuntum, Neusiedlersee und Leithaberg, Rust und Rosalia.

### OX Steakhouse
Im Entertainment Center Parndorf
7111 Parndorf, Gewerbestraße 3
Tel. +43 2166 43044
office@ox-parndorf.at, www.ox-parndorf.at

OX spannt den Bogen von qualitativ hochwertigen Steaks, die auf dem Lavasteingrill zubereitet werden, und Burgern über Fischgerichte bis hin zu mediterranen Vorspeisen. Die Sushi-Bar und Pizza erweitern die Auswahl.

### Restaurant Landhaus Parndorf
7111 Parndorf, Neudorferstraße 35
Tel. +43 2166 22250
reservierung@landhaus-parndorf.at
www.landhaus-parndorf.at

Sehr gemütlich und rustikal – auch die Küche liebt es deftig. Hausmannskost wie Schweinsbraten, Tafelspitz, Stelzen, Tiroler Gröstl und Steaks sind beliebt.

## PODERSDORF AM SEE

### Zur Dankbarkeit
7141 Podersdorf am See, Hauptstraße 39
Tel. +43 2177 2223
www.dankbarkeit.at

Man sitzt in urigen Räumen, wird vom netten Personal verwöhnt und genießt eine originäre Pannonienküche. Die Basis sind die guten Produkte, die vor der Haustür wachsen. Auf die Teller kommen Hausklassiker wie die jiddische Hühnerleber, dann ein kleines, saftiges Mangalitza-Bratwürstl mit Paprikakraut. Ein Traum ist auch das Geschmorte vom Steppenrind mit Rahmkohl und Serviettenknödel. Auf der Weinkarte findet man neben den eigenen Weinen eine Auswahl österreichischer Spitzenvertreter und ausgesuchte Flaschen aus dem Rest der Welt. Tipp: Ums Eck wartet der Buschenschank der Familie, hübsche Gästezimmer gibt es auch.

**Lokalaugenschein**
7141 Podersdorf, Seestraße 58
Tel. +43 699 11967631
www.lokalaugenschein.eu

Seewinkler Grundprodukte sind die Basis für Klassiker, die modern und innovativ interpretiert werden. Beliebt sind die Etageren, etwa Viererlei vom Mattersburger Bauernhendl, Viererlei von Vargas Fisch aus dem Neusiedler See, vom Podersdorfer Seespargel oder von der Podersdorfer Kirsche. Neben Weinen gibt es auch alkoholfreie Hauskreationen.

**WEIDEN AM SEE**

**Zur Blauen Gans**
7121 Weiden am See, Seepark
Tel. +43 2167 70000
www.zurblauengans.at

Bei den Produkten bleibt Oliver Wiegand vor allem in der Region verwurzelt, bei der Fantasie kennt er keine Grenzen. Fein sind Gansl-Grammelknödel mit Champagnerkraut und Schafkäse oder die glacierte Welsleber mit Kräuterrisotto. Auch Vegetarier werden ein ausreichendes und abwechslungsreiches Angebot finden. Spannend sind auch Themenabende wie das 9-Gang-Fingerfood-Menü. Das gut sortierte Weinangebot hat das Burgenland im Fokus.

**Das Fritz**
7121 Weiden, Seebad 1
Tel. +43 2167 40222
www.dasfritz.at

See, Schilf und Sonnenuntergang, dazu ein Strandlokal direkt am Neusiedler See, das mit viel Holz und Design alle Register zieht. Die Küche arbeitet nach dem Motto „Burgenland trifft die Welt", da gibt es Gänge wie Lachsforellen-Ceviche mit Passionsfrucht oder Tatar vom Almochsen und rosa Thunfisch. Abgerundet wird das Ganze mit einer Weinauswahl von mehr als 400 Positionen. Das Plus ist der extrafreundliche Service.

**Nils am See**
7121 Weiden, Seepark-Feriendorf 1
Tel. +43 2167 43434
www.nilsamsee.at

Neues, lässiges Boutiquehotel direkt am See, sehr lifestylig in modernem Design. Von Doppelzimmern bis zu Bungalows mit 95 m2 ist alles da. Im Bistro werden Snacks für den kleinen und großen Hunger serviert, den Abend lässt man in der hoteleigenen Bar Sundeck ausklingen.

**WINDEN**

**Heiligenkreuzerkeller**
7092 Winden, Bergkeller 23
Tel. +43 676 3481280
www.heiligenkreuzerkeller.at

Stefan Steinhöfer kennen Foodies vom Friedrichshof, jetzt hat er im historischen Keller eine neue Bühne. Auf der Karte finden sich herzhafte Klassiker mit teils mediterraner Anmutung, die Brandbreite reicht von geschmortem Oktopus und Trüffel-Tagliatelle bis zu gebratenem Wels mit Blunze sowie Backhendl.

# LEITHABERG, RUST & ROSALIA

Das Weinbaugebiet **Leithaberg** ist seit 2009 eigenständig; davor war es ein wichtiger Teil von Neusiedlersee-Hügelland. Es liegt westlich des Neusiedler Sees an der burgenländischen Seite des Leithagebirges und zählt zu den ältesten Weinbauzonen der Welt. Hauptsächlich werden Weißburgunder, Chardonnay und Blaufränkisch angebaut, daneben auch Varietäten wie Welschriesling oder Sauvignon Blanc. Das prägende Element der trockenen Weine sind die Böden am Abhang des Leithagebirges, wo zwischen kalkreichen Schichten immer wieder saure kristalline Schiefer und Gneise anzutreffen sind.

Die kleinklimatischen Vorteile des Gebietes, das natürlich auch von der regulierenden Wirkung der großen Wasserfläche des nahe liegenden Neusiedlersees profitiert, dokumentieren sich auch in der stetig zunehmenden Bedeutung der Rotweinproduktion. Sowohl in den seenahen Gemeinden wie Purbach, Schützen, Oggau, St. Margarethen und Mörbisch wie auch in landeinwärts gelegenen Orten wie Großhöflein, Wulkaprodersdorf und Zagersdorf werden aus Blaufränkisch und Zweigelt sowie Cabernet Sauvignon, Merlot und Syrah feine Rote produziert – reinsortig oder als Cuvée.

Speziell in den Gemeinden am Westufer des Neusiedlersees, fallweise aber auch rund um Eisenstadt, werden durch das häufige Auftreten der Edelfäule auch hochgradige Dessertweine in Gestalt von Beerenauslesen, Ausbrüchen und Trockenbeerenauslesen gekeltert. Im Vergleich mit dem Gebiet Neusiedlersee sind die Rotweine hier insgesamt vielleicht etwas fester und tanninreicher, wobei der Sorte Blaufränkisch größere Bedeutung zukommt, die Dessertweine wiederum zeigen sich aus genereller Sicht eventuell eine Spur kraftvoller und strukturierter.

Für die besonders gebietstypischen Weine wurde die Leithaberg DAC geschaffen. Das Produktionsgebiet umfasst den politischen Bezirk Eisenstadt Umgebung, die Freistadt Eisenstadt und die politischen Gemeinden Jois und Winden. Der weiße Leithaberg DAC darf aus den Sorten Weißburgunder, Chardonnay, Neuburger oder Grüner Veltliner gekeltert werden. Zugelassen sind auch Cuvées aus diesen Sorten. Für den roten Leithaberg DAC ist Blaufränkisch vorgesehen, bis zum Jahr 2020 war ein Anteil von maximal 15% Zweigelt, St. Laurent oder Pinot Noir möglich. Der Alkoholgehalt muss mindestens 12,5% betragen.

Leithaberg DAC ohne nähere Herkunftsbezeichnung darf ab 1. Februar des auf die Ernte folgenden Jahres zur Erlangung der staatlichen Prüfnummer eingereicht werden, weißer Leithaberg mit näherer Herkunftsbezeichnung ab 1. Mai des auf die Ernte folgenden Jahres. Rote DAC-Weine mit näherer Herkunftsbezeichnung müssen im Holzfass ausgebaut werden, die Prüfnummer darf ab 1. Mai des zweiten auf die Ernte folgenden Jahres beantragt werden. Trockene Blaufränkische aus Rust sowie Weißburgunder, Chardonnay, Neuburger, Grüne Veltliner bzw. Cuvées aus diesen vier weißen Rebsorten dürfen als Leithaberg DAC vermarktet werden. Der weltweit bekannte Ruster Ausbruch hat nun ebenfalls DAC-Status.

## Rosalia

Die ehemalige Großlage „Rosalia" südlich des Leithagebirges wurde zu einem DAC-Weinbaugebiet. Die Rebflächen gehören zum politischen Bezirk Mattersburg. Seinen Namen verdankt es dem Rosaliengebirge, das sich an der Grenze zwischen Niederösterreich und dem Burgenland erhebt. Das Klima ist pannonisch geprägt. Auf den fruchtbaren Braunerdeböden mit Lössuntergrund füh-

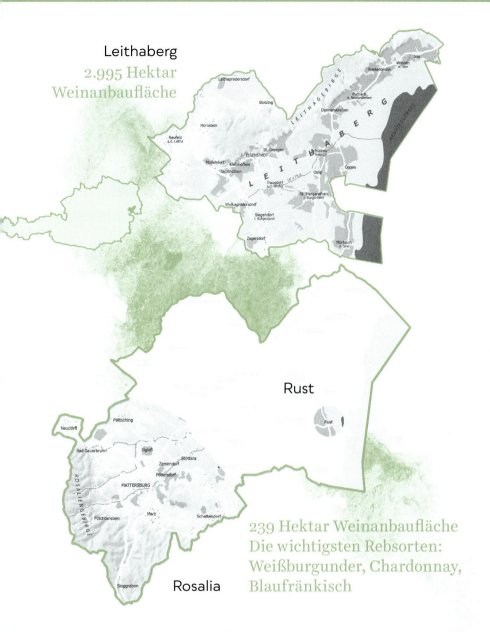

# Leithaberg
## 2.995 Hektar Weinanbaufläche

# Rust

# Rosalia
## 239 Hektar Weinanbaufläche
## Die wichtigsten Rebsorten: Weißburgunder, Chardonnay, Blaufränkisch

len sich Blaufränkisch und Zweigelt besonders wohl. Ab dem Jahrgang 2017 dürfen regionstypische „Rosalia DAC"- und „Rosalia DAC Reserve"-Rotweine sowie eigenständige Rosé-Weine unter der Bezeichnung „Rosalia DAC Rosé" vermarktet werden. Die Rotweine müssen aus Blaufränkisch oder Zweigelt bestehen und mindestens 12% Alkohol aufweisen (Reserven mindestens 13%), die Angabe einer Riede auf dem Etikett ist den Reserven und den Rosés vorbehalten. Die Einreichung zur Prüfnummer ist ab dem 1. Jänner des auf die Ernte folgenden Jahres zulässig, für DAC Reserve ab dem 1. November.

Rosalia DAC Rosé muss aus einer oder mehreren roten Qualitätsweinrebsorten vinifiziert werden. Die Rebsorte darf nicht auf dem Etikett angegeben werden. Der DAC Rosé ist trocken und muss ein Bukett nach roten Beeren aufweisen sowie einen frischen, fruchtigen und würzigen Geschmack.

## Familienweingut
# Braunstein

**Birgit Braunstein**
7083 Purbach am Neusiedlersee, Hauptgasse 16
Tel. +43 2683 5913, office@weingut-braunstein.at
www.weingut-braunstein.at
20 Hektar, W/R 40/60, 90.000 Flaschen/Jahr

Birgit Braunstein macht Weine, die als Vermittler von Freude und Genuss gelten. Also Terroirweine, die kein Modetrend sind, sondern diese werden gelebt. Das Leithagebirge mit seinen vielfältigen Böden wie Schiefer, Muschelkalk und kristalliner Quarz sind die Basis für große Weine. Ein einzigartiges Mikroklima gibt den Weinen eine spezifische Mineralität, Lebendigkeit, Fruchtigkeit und Finesse. Birgit Braunstein bewirtschaftet ihre Weingärten seit 2009 biodynamisch – seit 2015 nach Demeter zertifiziert.

Die Weine sind von ungeheurer Spannkraft, brauchen Zeit, um sich zu entwickeln, sind immer ungemein authentisch, charaktervoll, unverwechselbar, voller Intensität, Vitalität, von fast philosophischer Ausprägung. Ganz einfach wertvolle Kleinodien. Hier wird durchwegs spontan vergoren, es werden keine Enzyme verwendet.

Dass die Kelten, wohl das Vorbild von Birgit Braunstein, in ihrer Naturverbundenheit die Winzerin esoterisch beeinflusst haben, ist nicht von der Hand zu weisen. Das Logo der Flaschenausstattung ist ein keltisches Glückssymbol.

Zu meinen absoluten Favoriten zählen heuer der 2022 Chardonnay Ried Guttenberg – außergewöhnlich, der 2022 Chardonnay Purbach – großes Kino, sowie der 2020 Blaufränkisch Ried Glawarinza und die Cuvée Oxhoft 2020. Dazu der pfiffige 2022 Pet Nat Rosé Rosenquarz. *as*

### LEITHABERG DAC

**★★★★ K €€€€€ CH**
**2022 Chardonnay Ried Guttenberg** + (Kalk und Schiefer, 46 Jahre alte Reben) Goldgelb, reifer Apfel, salzige Noten, Karamellnoten, Grapefruit, fruchtig, saftig, druckvoll, geht auf im Glas, zeigt Eleganz. Leithaberg pur.

**★★★★ K €€€€€ BF**
**2020 Blaufränkisch Ried Glawarinza** + Ein kompakter, vollmundiger, würziger Blaufränkisch, Brombeeren, Weichseln, Ribisel, Lakritz, kernige, feste Struktur, Säurebiss, intensiv, voller Strahlkraft, dicht. Der benötigt noch einige Flaschenreife.

### BURGENLAND

**★★★★ K €€€€€ CR** TIPP
**2020 Oxhoft** + (BF/ZW/CS) Dezente Rösttöne vom bestens eingebundenen Holz, Kirschen, schwarze Beeren, fruchtig, füllig, frische Säure, griffig, dicht strukturiert, zeigt Tiefgang, kalkig, wunderbar, einiges Potenzial ist vorhanden.

**★★★ K €€€€ PN**
**2013 Pinot Noir Reserve** + Reifes Bukett, Kirschen, Zwetschken, Preiselbeeren, voller Charme, schlank mit subtilen Noten, rote Beeren, mürbes Tannin und Frucht, doch noch immer mit Eleganz, zeigt Klasse, sollte jetzt getrunken werden.

**★★★ S €€€ PB**
**2023 Weißburgunder Purbach** + Grüne Farbe, saftiger Apfel, Birnenquitte, Zitrusgelee, frisch, vital, voller Leben, schlank und elegant, feingliedrig.

**★★★ S €€€ CH**
**2023 Chardonnay Purbach Felsenstein** + Frischer Apfel, Kräuter, Birnentouch, fruchtige Frische, guter Druck, ein Hauch von Nüssen, geradlinig, balanciert, auch elegant, Charme ausstrahlend.

**★★★★ K €€€€ CH**
**2022 Chardonnay Purbach** + Gelbe Farbe, Zitrus, etwas Brioche, hefige Noten, Autolyse, Grapefruit, Apfelnoten, unbändig salzig, ziemlich mineralisch, tiefgründig, fast Champagne-like, ungemein ausdrucksstark.

**★★★ S €€€ CH**
**2021 Wildwux** + (ME/BF/ZW) Würziges Bukett, schwarze Beeren – Brombeeren, Kirschen, Säurebiss, ungemein knackig, straff, kompakt, ein Rotwein, der unbedingt Essen braucht. Wird durch Flaschenreife profitieren.

**★★★ S €€€ BF**
**2021 Blaufränkisch Purbach Heide** + Kräuterwürze, Brombeeren, kühle Noten, unbändig würzig, frische Säure, perfektes Tannin, schlanke Struktur, dabei mit einigem Tiefgang. Viel Zukunft.

### WEINLAND

**★★★ K €€€€ PB**
**2021 Brigid Pinot Blanc** + (3 Wochen auf der Maische, null Schwefel, spontan vergoren) Hefetrüb mit Orangereflexen, getrocknete Kräuter, Marzipan, Zitrus, Nüsse, Orangenschalen, gerbstoffbetont, Feuerstein, so richtig salzig, trocken, griffig, engmaschige Struktur, einiger Tiefgang, ziemliche Zukunft. Ein spannender Wein.

### ÖSTERREICH

**★★★ KK €€€€ CR** FUN
**2022 Pet Nat Rosé Rosenquarz** + (Perlwein, Méthode Ancestrale) Schöne Schaumbildung, rosarote Farbe, ein ganz feines Bukett ausspielend, Kirschen, Zwetschken, Minze, frisch, rassig, leicht (8,5 % Vol.), vibriert am Gaumen, ist filigran, schön trocken, ungemein pfiffig.

## Weingut
# Esterházy

7061 Trausdorf an der Wulka, Trausdorf 1
Tel. +43 2682 63348
weingut@esterhazywein.at
www.esterhazywein.at

Dass das Weingut Esterházy zu den spannendsten, innovativsten Weinbaubetrieben Österreichs zählt, ist dem Duo Frank Schindler und Kellermeister Bob Krammer zu verdanken. Es gibt permanent Neuigkeiten in diesem Haus.
Drei grandiose Sekt Austria aus immer 100 % Blaufränkisch. Es sind hochspannende, individuelle Schaumweine. Dann gibt es in Kürze einen Furmint aus St. Margarethen. Aus derselben Gemeinde gedeiht ein Chenin Blanc namens CHE. Das ist ein faszinierender Weißwein. Ein dicht strukturierter 2022 Rosé vom BF aus Großhöflein, straff und zigarrig, kein Saftabzug! 2022 Gelber Muskateller, maischevergoren, knochentrocken, gebündelte Aromen – großes Kino. Hinweisen darf ich auf den 2021 Merlot aus den Rieden Schneiderteil und Schildten/St. Georgen. Ein wunderbarer 2021 Pinot Noir Großhöflein, der im Herbst wie der Phönix aus der Asche aufsteigen wird. Frank Schindler setzt in Zukunft auf Holzfässer mit dicken Dauben, mit einem Inhalt von 225, 600 und 1500 Litern. Diese Formate sind zwar die teuersten, doch auch die besten. Geschäftsführer Frank Schindler steht permanent in den Weingärten, kennt alle Bodenprofile und Lagen. Kennt die Weine der Welt. Der Jahrgang 2023 ist die erste bio-zertifizierte Ernte. *as*

### LEITHABERG DAC

★★ S €€ CW
**2023 Estoras Blanche** + (GV/CH/PB) Feinfruchtige Nase, ein wahrer Obstkorb, frische Kräuter, Mandarinen, Pfirsich, ungemein vielschichtig, fruchtig-trocken, cremige Intension, toller Zug nach hinten. Sehr schön zu trinken.

★★★ S €€€ GV
**2022 Grüner Veltliner Großhöflein** + (Ausbau in 100 % gebrauchten Leithaberg-Fässern) Leuchtendes Gelb, salzig, tiefgründig, Grapefruit, Pfefferwürze, erdige Noten, immer kühl, tolle Säure, enorm strukturiert, eine frische Eleganz ausstrahlend. Da hat man ein burgundisches Flair im Glas.

★★★ S €€€€ CH
**2021 Chardonnay Ried Lamer** + (100 % Schiefer, 40 Jahre alte Reben) Rotbeerig, salzige Noten, griffig, gelbe Früchte, kraftvolle Stilistik, straff und engmaschig, feine Frucht, hochelegant. Ein grandioser, individueller Chardonnay.

★★★ K €€€ BF
**2021 Blaufränkisch Großhöflein** + Dunkelrote Farbe, Himbeeren, ungemein würzig, kalkig, rotbeerig, saftige Frucht, burgundisch, elegant, spannungsgeladen, tolle Stilistik. Ein geiler Rotwein mit wunderbarer Säure, geht in die Tiefe, man wird nie müde davon.

★★★ K €€€ BF
**2021 Blaufränkisch St. Georgen** + (Sandstein, Schiefer) Dunkle Würze, Blaufränkisch pur von fast philosophischer Intension, dicht strukturiert, warmes Timbre, saftig, feine Frucht, ein toller Wein.

★★★★★ K €€€€€ BF    **TOP**
**2021 Blaufränkisch Ried Schildten/St. Georgen** + (Kalk, Sandstein, 100 % kleines Holz, Leithaberger Eiche) Dunkle Würze, Brombeeren, Zwetschken, tiefgründig, voller Power, kraftvoll, griffig, ausdrucksstark, männliche Struktur, Château Latour like, enorme Substanz. Ein großer Rotwein mit Potenzial für viele Jahre.

### BURGENLAND

★★★★★ K €€€€€€ CR    **TOP**
**2021 Tesoro** + (CS/ME/BF) Ein Rotwein von besonderer Güte, doch konträr zu den Vorgängern, moderne Stilistik, rote und schwarze Beeren, Cassis, Brombeeren, Schokonoten, schöne Säure, perfekter Holzeinsatz, festes Tannin, strukturiert, einiger Tiefgang, tolle Länge. Gesicherte Zukunft.

### ÖSTERREICH

★★★ K €€€ BF
**NV Sekt Austria Brut Blaufränkisch** + (g.U. Burgenland, degorgiert 30.01.2024) Feines Bukett, frischer Apfel, Kräuter, ungemein salzig, wunderbar trocken, dicht und fest, voller Grip, spannend und lang abgehend.

★★★★ K €€€€ BF
**2020 Sekt Austria Rosé Brut Reserve Blaufränkisch** + (g.U. Großhöflein Burgenland, degorgiert 30.01.2024) Unbändig salzig, herbe Frische, voller Finesse, Kräuterwürze, Brombeeren, schlank, doch dicht strukturiert, engmaschig, schön trocken, perfekte Säure, voller Pikanz. Geht lang ab.

★★★★ K €€€€ BF    **TIPP**
**2019 Sekt Austria Große Reserve Brut Nature Blanc de Noir Blaufränkisch** + (g.U. Burgenland Großhöflein Ried Herrschaftsbreite, degorgiert 20.09.2023) Außergewöhnlich, Wiesenkräuter, etwas Pfirsich, Grapefruit, da steckt viel Mineral drinnen, dicht strukturiert, fast nervig, erdige Noten, tolle Stilistik, ungemein cool, immer elegant, immer stringent. Ein hintergründig angelegter Sekt von enormem Ausdruck und wunderbarem Trinkfluss.

## Weingut
# Feiler-Artinger

**Kurt Feiler**
7071 Rust, Hauptstraße 3
Tel. +43 2685 177
office@feiler-artinger.at, www.feiler-artinger.at
26,5 Hektar, W/R 45/55, 120.000 Flaschen/Jahr

Das traditionsreiche Weingut Feiler-Artinger ist in der malerischen Freistadt Rust beheimatet und in einem der schönsten barocken Bürgerhäuser etabliert. Katrin und Kurt Feiler bewirtschaften gefühlvoll ihre Weingärten, die sich auf den sanften Hängen am Westufer des Neusiedler Sees befinden. Die vielfältigen Böden, von Muschelkalk bis Urgesteinsböden mit Granit- und Gneisadern, bilden in Verbindung mit dem Kleinklima des Neusiedler Sees eine einzigartige terroirgeprägte Grundlage, die den Weinen ihre einzigartige Frische und Mineralität verleihen. Dieses Ergebnis wird aber nur aufgrund des nachhaltigen und respektvollen Betreuens der Rebstöcke und des Bodens erreicht, ein Umstand, der am vitalen Wuchs und der lebhaften Blüte der Weinreben deutlich zu erkennen ist. So wird jeder einzelne Wein zu einem individuellen Kunstwerk, der den Charakter von Sorte und Jahrgang widerspiegelt.

*kk*

### RUSTER AUSBRUCH DAC

★★★★★ S €€€€€ GM  **TOP**
**2020 Ruster Ausbruch Gelber Muskateller** + Komplexe Tropenfrucht, glockenklare Marille; wohlige Botrytiswürze, Ananas, Mango, Feige, saftig-dicht, enormer Fruchtschmelz, perfekt ausgewogene Säure, karamellisierte Clementinenzesten, Waldmeisterkraut, Piment, Hauch Kakao, feine Mineralik, eleganter Fruchtdruck im endlos langen Finale.

### LEITHABERG DAC

★★★ S €€ PB
**2023 Pinot Blanc** + Zartes Zitrus-Apfel-Bukett; charmante Fruchtsüße, malzige Quitte, hellerdige Würze, mineralisch geprägt, zart blättrig, blonder Tabak, Hauch gelbe Ringlotte, bisschen Zitronenbiskuit, erdverbunden im stoffig-fruchtigen Abgang.

★★★ S €€€ CH  **PLV**
**2023 Chardonnay** + Duftender Obstkorb, saftige Birne; Quittenmus, feine Zitronencreme, samtiger Fruchtdruck, Hauch Nougat, animierende Tropenfrucht, muntere Säure, Honig, Lindenblüten, Biskotten, weiße Pfefferwürze, balancierte Struktur, mineralisch geprägter Nachhall.

★★★ S €€€ NB
**2023 Neuburger** + Nobel gelbfruchtig, Hauch Bratapfel; gefühlvoll, feine helle Malznote, Quitte, gelbe Blüten, cremig, Ringlotten, sortentypisch nussig, stoffige Säure, kompakte Eleganz, feine Röstnoten, perfekter Holzeinsatz, Birne, Marille, etwas Laub im sensibel-erdigen Ausklang.

★★★★★ K €€€€€ BF  **TOP**
**2021 Blaufränkisch Ried Ruster Oberer Wald** + Einladender Waldbeerduft, schwarze Maulbeeren; Heidelbeerconfit, saftig und dicht, angenehme Fruchtsüße, charmante Pfefferwürze, reife kompakte Tannine, Schokolade, bisschen orangenfruchtig, Brombeertouch, vitale Säure, Hauch Moosbeere im straffen Rückaroma.

★★★★ K €€€€ BF
**2021 Blaufränkisch Ried Ludmaisch** + Einladende Schwarzkirsche, Brombeerconfit; bereits gut anzutrinken, vital, straffe reife Tannine, Mokka, zart rauchig, Hauch Himbeere und Orange, dichter Fruchtdruck, Waldboden, tiefe Würze, Beginn einer tollen Zukunft.

### BURGENLAND

★★★★ S €€€€ CW
**2022 Gustav** + (NB/CH) Nuanciertes Fruchtbild, Tropenfrucht und Kernobst; hochelegante Struktur, seidige Fruchtsüße, enormer Extrakt, Blutorange, Pfirsich, Vanille, feine Nuss, milde Edelholzwürze, samtiger Körper, hellmalzige Quitte, bisschen Honigkuchen, wohlig im komplexen Nachhall.

★★★ S €€€€ PN
**2019 Pinot Noir Ried Ruster Gertberg** + Vollreifer Waldbeermix; feine Fruchtsüße, extraktreich, geschmeidig, Hauch Kirsche, Marzipan, bisschen Orange und Minze, samtig-reife Tannine, Kakaospur, kirschfruchtige Säure, zart rauchig, Moosbeere im haftenden Rückaroma.

# Weingut
# Grenzhof – Fiedler

**Bernhard Fiedler**
7072 Mörbisch am See, Weinzeile 2
Tel. +43 2685 8276
weingut@grenzhof-fiedler.at, www.grenzhof-fiedler.at
11 Hektar, W/R 50/50

Das Weingut Grenzhof-Fiedler an der südlichsten Ortsausfahrt von Mörbisch ist seit Jahren weit über die Grenzen bekannt und geschätzt für die unverfälschte Herkunftsspezifität mit geradliniger Stilistik in Weiß wie in Rot. Als erfahrener Winzer und Vortragender an der Weinakademie beherrscht Bernhard Fiedler den goldenen Mittelweg eines traditionell gemäßigten modernen Ausbaustils.

Die Gutsweine zeigen im weißen wie im roten Bereich alle Vorzüge von feingliedriger Fruchtfrische und Sortenspezifität. Neu im Sortiment ist ein zum frühesten Zeitpunkt geernteter Muskat-Ottonel, der bereits mit der Namensbezeichnung „Springinkerl" die Stilistik eines feinfruchtigen Sommerweins preisgibt.

Die sichere Hand des Winzers für Sortenspezifität und Terroir-Besonderheiten zeigt sich bei den Burgunder-Varietäten in Weiß ebenso wie im gesamten roten Spektrum. Die Ortsweine vom Zweigelt und Blaufränkisch stechen mit feiner Frucht und Trinkigkeit hervor. Besonders gelungen ist heuer die komplette Serie der roten Top-Weine. Der im ersten Reifestadium befindliche Cabernet Sauvignon 2020 begeistert mit saftiger Vitalität und Feinheit, und die „Rote Trilogie" ist von Jahr zu Jahr eine sichere Bank eines vorbildhaften Sorten-Blends mit harmonischem Fruchtschmelz und kerniger Mitte, der aus dem Top-Jahr 2021 besonders hervorsticht.             *us*

## LEITHABERG DAC

★★★ S €€ PB
**2023 Ried Wieser Pinot Blanc** + Blättrig-feinduftiges Bukett, Unterholz, pointierte, saftige Gelbfrucht, helle Walnuss, Limettenzeste, feiner Säurebiss, schiefrige Noten, perfekt strukturiert, lang.

★★★ S €€ PB                                       TIPP
**2022 Ried Wieser Pinot Blanc** + Helle Gelbfrucht und Nüsse, saftig, kompakt, mineralisch geprägt, Tabaknoten, glockenklar mit viel Verve, ziseliert, animierende Salzigkeit im Finish, tolle Sorteninterpretation.

## BURGENLAND

★★ S € MO
**2023 Muskat Ottonel** + Animierender Rosenduft, viel Holunderaromatik, Apfel, Stachelbeere, fruchtig, charmante Gaumenfülle, würzig mit dezentem Gerbstoffhintergrund, balanciert, viel Frische, belebender Apéro.

★★ S € PB
**2022 Pinot Blanc** + Bukett nach grünem Apfel, knackige Frische, gute Säurestruktur, kräuterwürzige Prägung.

★★★ S €€ CH                                       PLV
**2023 Chardonnay Duett** + Frischer Apfelduft, präsente Boskop-Aromatik, weißer Pfirsich, saftig-knackiges Fruchtspiel, Kräuterwürze, etwas Nuss, leichtfüßige Stilistik, pointiert, animierende Salzigkeit, einladend mit feinem Pfirsichfinale.

★★★ S €€ ZW                                       FUN
**2022 Blauer Zweigelt** + Betörendes Kirsche-Schoko-Bukett, vollreife Rotbeerigkeit, Waldbeeren, Schwarzkirsche, Bitterschokolade, ungemein saftig, kompakt, vitaler Trinkfluss, würzig, ein idealtypischer Zweigelt mit kühlem Touch.

★★★ S €€ BF
**2022 Blaufränkisch** + Feines Waldbeeren-Bukett, rotbeerige Aromatik, Wildbeere, Brombeere, glockenklar, würzige Graphitnoten, fein strukturiert, seidige Textur, harmonische Anlage, viel Trinkgenuss mit reichlich Biss.

★★★★ S €€ BF
**2021 Blaufränkisch Reserve** + Intensives Bukett nach dunkler Kirsche, etwas Blutorange, viel saftige Aromatik, Waldbeeren, stoffige Dichte, knackig, gehaltvoll, bestens strukturiert, straffes Tannin, tiefgründig, lang im würzigen Abgang.

★★★★ S €€ CR                                      TIPP
**2021 Rote Trilogie** + (ZW/BF/CS) Feine, vollreife Eukalyptus- Brombeer-Nase, delikate Saftigkeit, Cassis, dunkle Waldbeeren, etwas Zwetschke, Bitterschoko, ausgewogen, harmonisch, geschmeidige Tanninstruktur, etwas Leder, kräftig, würzig bis ins lange Finale, toll.

★★★★★ S €€€ CS                                    TOP
**2020 Cabernet Sauvignon** + Klare Cassis-Brombeer-Nase, ausgeprägte Aromatik, Bitterschoko, gehaltvoll mit klarer Struktur, heller Tabak, tolle Balance, kompakt, seidige Textur, ruhende Mitte, zeigt seine Größe mit dezentem Understatement, großer Wein.

## ÖSTERREICH

★ S €€ MU
**o. J. Fiedlers Springinkerl** + (8,5 % Vol.) Dezenter Holunderblütenduft, einladende Rosenholzaromatik, gelbfruchtig, zarte Teenoten, feiner Säurehintergrund, easy-drinking wine.

## Weingut
# Hermann Fink

Hermann Fink
7051 Großhöflein, Hauptstraße 78
Tel. +43 2682 64376
office@hermann-fink.at
www.hermann-fink.at

Hermann Fink ist ein alteingesessener Familienbetrieb inmitten von Großhöflein. So unverfälscht der Wohnbereich als auch der Weinerzeugungsbetrieb unter einem Dach des historischen Ensembles eines Streckhofs vorzufinden sind, so authentisch und unverfälscht werden hier die Weine in Weiß, Rot und Süß hergestellt. In traditioneller Weise ist die ganze Familie in den Weinbau mit eingebunden. Verantwortlich für die Weinbereitung ist seit vielen Jahren Hermann Fink, unterstützt von seiner hauptberuflich in Wien tätigen Tochter Anna. Mutter Waltraud Fink hat die Obsorge für die Weingärten über.

Die klassischen Weiß- und Rotweine sind nun verstärkt in der DAC-Kategorie anzutreffen, die im aktuellen Sortiment unisono mit vitaler Fruchtigkeit und einer geradlinigen Sortentypizität begeistern. Besonders der Blaufränkisch DAC ist hier als stilistisches Kleinod mit viel Trinkgenuss hervorzuheben. Auf das unübertreffliche Preis-Qualitäts-Verhältnis all der Weine aus dem Hause Fink sei hier nur nebenbei verwiesen. Dies betrifft auch die Top-Weine, die ausschließlich aus Prädikatsweinen bestehen. Diesem Segment widmet der Winzer all seine Leidenschaft und Liebe, das aus dem großen Spektrum von Beeren- und Trockenbeerenauslesen besteht und heuer durch einen wunderbaren 2021 Muskat Ottonel Eiswein gekrönt wird. *us*

### LEITHABERG DAC

★★ S €€ CH
**2022 Chardonnay Ried Neusatz** + Duftet nach Brioche, Bratapfel, saftig, vollreife Gelbfrucht, Ringlotte, etwas Exotik, würzig, Nelken, pikante Säure, cremig im Finish.

★★ S € NB  PLV
**2022 Neuburger** + Helle Walnussaromatik, Mandarine, Kräuterwürze, Nussbrot, knackig, mineralisch geprägt, Zitrus, animierende Vitalität, gute Länge im Finish, überzeugend.

★★★★ K €€ BF  TIPP PLV
**2021 Blaufränkisch** + Samtiges, rotbeeriges Entree, Waldbeeren, Weichsel, viel und fein ziselierte Fruchtpräsenz, straff, druckvoll, feine Würzenoten, Lorbeer, sympathische Gerbstoffe, konturierte Stilistik in kühler Eleganz, balanciert, sehr lang.

### BURGENLAND

★★ S € WR  FUN
**2023 Welschriesling** + Zartduftige Nase, grüne Nüsse, Würze unterlegt, filigrane Stilistik mit einer Melange aus Äpfel, Pfirsich, dezente Kräuterwürze, feiner Säurebogen, ungemein animierend, viel Frische, ein hervorragender Sommerwein.

★★ S € GM
**2023 Gelber Muskateller** + Dezente Holunderblüte, zart rauchig, saftig, frisch, Steinobstnoten, etwas Gerbstoff, anhaltend in feinfühliger Stilistik.

★★ S € MO  FUN
**2023 Muskat-Ottonel Spätlese** + Duftet wie ein Früchtekorb aus Apfel, Steinobst, Ringlotte, viel reife, gelbfruchtige Aromatik, saftig, mineralisch, Trockenkräuter, cremige Mitte, fein strukturiert, gute Länge, angenehm salzig im Nachhall, toller Essensbegleiter.

★★ S € PN
**2022 Blauer Burgunder** + Kirsch-Unterholz-Nase, wärmende helle Fruchtaromatik, Orangenzeste, saftige Mitte, dunkelfruchtig, kräuterwürzig, rund bei guter Säurestütze im Abgang, animierend.

★★ S € ZW
**2021 Zweigelt Alte Reben** + Duftet nach Lorbeer, präsente Kirsch-Schoko-Nase, viel saftige Aromatik, Brombeere, pfeffrig, vollreif, feine Säurebalance, dezenter Nougat-Touch, vital geprägt, animierend würzig im Finale, gute Länge.

★★★★ K €€ CW
**2021 Welschriesling-Chardonnay BA** + (WR/CH/SÄ – 0,375 l) Vielschichtiges Bukett nach Banane, Quitte, Ringlotte, Steinobst, etwas Lebkuchenanklänge, saftiger Trinkfluss, reife Gelbfrüchte, Exotik à la Mango, Maracuja, kandierte Früchte, Walnuss, sympathische Säurestütze, feine helle Tabaknoten, lebendige Frische, klingt mit Honignoten aus, gute Länge, hervorragend.

★★★★ K €€ MO  TIPP
**2021 Muskat Ottonel Eiswein** + (0,375 l) Helle, blütenduftige Nase, Birne, Quitte, betörende Saftigkeit in eleganter, zurückhaltender Stilistik, exotische Fruchtfülle, Maracuja, Passionsfrucht, Mango, etwas Orangenzesten, vielschichtig, hintergründig, sehr dezente Säurepikanz, Wiesenkräuterwürze, mineralisch, pointiert, schmelzig mit feinen Blütenhonignoten im sehr langen Abgang.

♛ ♛ ♛ ♛

# Weingut
# Giefing

**Claudia & Elsa Giefing**
7071 Rust, Hauptstraße 13
Tel. +43 2685 379
giefing@wein-rust.at, www.wein-rust.at
16,5 Hektar, W/R 30/70

Claudia und Erich Giefing haben aus dem Jahrgang 2023 eine in puncto Niveau wie Umfang stattliche Weißweinserie hervorgebracht. Als vorläufiger Höhepunkt hat sich überraschenderweise der vor Fruchtaromen nur so strotzende Neuburger herauskristallisiert, aber auch der Chardonnay vom Muschelkalk scheint von Jahr zu Jahr besser zu gelingen. Ungewöhnlich leichtfüßig präsentiert sich der glasklare Pinot Gris, während man der recht kräftig geratenen Contessa 2022 noch etwas Flaschenreife zur Harmonisierung einräumen sollte. Von den leichteren Rotweinen gefallen dieses Mal der temperamentvolle „Gute Rote" und der schlanke St. Laurent, der etwas gekühlt auch im Sommer gute Figur machen sollte.

Die Trilogie der roten Premiumweine präsentierte sich sehr souverän und harmonisch, was nach dieser ausgedehnten Fassreife und dem exzellenten Rotwein-Jahr 2019 nicht verwundert. Überraschend kam jedoch zusätzlich, dass der Holzeinsatz so fein und dezent wie noch nie gestaltet und auf jegliche Toasting-Einflüsse verzichtet wurde. Des Weiteren fiel beim Marco Polo auf, dass der Syrah diesmal weniger dominant erscheint und die weichen Tannine bereits völlig integriert sind. Etwas härter und bissfester gibt sich im Vergleich der Top-Blaufränkische vom Oberen Wald, der ein bisschen Luft benötigt, um seine Kirschfrucht und feine Ader zu entfalten. An der Spitze des Trios steht wieder einmal ohne Zweifel die sofort begeisternde Cardinal, deren Finesse und Delikatesse im Verein mit der 2019 besonders ausgeprägten Eleganz eine Cuvée sui generis charakterisieren. *vs*

### BURGENLAND

★★★★ S €€€ NB **TIPP**
**2023 Neuburger** + Ausgereift und einschmeichelnd, Mandeln, weißer Nougat und Orangenfilets in der verlockenden Nase, geschmeidig, doch klar und strukturiert, obschon kräftig gebaut, ein Wein der zarten Nuancen, auch ausdauernd, fürwahr ein Plädoyer für diese Rarität.

★★★ S €€ CH
**2023 Chardonnay vom Muschelkalk** + Brioche und Netzmelone in der einladenden Nase, hohe Reife und doch leichtfüßig, kreidig-kalkige Ausprägung am Gaumen, straff und zupackend, ein ungewöhnlich schneidiger Chardonnay mit viel Trinkfluss.

★★★ S €€€ PG
**2023 Pinot Gris** + Zunächst etwas reduktiv, zartes rotbeeriges Duftspiel, schlanke Mitte, wird langsam zugänglicher, offeriert dann Karamell und Himbeeren, ungewöhnlich zartgliedrige Sorteninterpretation.

★★★★ S €€€ CH
**2022 Contessa** + (CH) Sofort einnehmendes Duftspiel nach Ananas und Guave, recht vielfältig und immer neue Facetten präsentierend, kraftvoll und saftig, Eiche bereits gut integriert, das Gerbstoffnetz im letzten Drittel verleiht zusätzlich Festigkeit, sehr eigenständiger Chardonnay, Potenzial.

★★★ S €€€ TR
**2023 Gewürztraminer Auslese** + Rosenblüten, Eibisch und ein Hauch von Kamille im zarten Bukett, frisch und dezent, Banane und Litschi, agil und pointiert, eleganter, geschliffener Stil, bestens zu Fruchtdesserts.

★★★ S €€€€ CH
**2018 Ruster Ausbruch Chardonnay** + Schwarztee und Nougat, kräftige Botrytisnote, Rosinen und Waldhonig, dicht verwoben und sanft strömend, sehr zurückhaltende Frucht, ein wenig Marille und Thymianhonig, noch ziemlich unruhig, gute Ansätze.

★★★ S €€€ BF
**2018 Blaufränkisch Guter Roter** + Herzhaftes Bukett nach Preiselbeeren und Frühkirschen, etwas erdige Würze, kernig und zupackend bei mittlerem Volumen, ausgewogen und fest geknüpft, von der Eiche nur ergänzt, lässt die Spannkraft des Blaufränkischen gut zur Geltung kommen.

★★★★ K €€€€ CR
**2019 Marco Polo** + (SY/ME/CS) Bourbonvanille und ein wenig Cassis, der Syrah ist diesmal nur zu erahnen, ziseliert und einschmeichelnd, dezenter Eicheneinsatz, feine Klinge, rotbeeriges Fruchtspiel, weiche Tannine, ein elegant abgestimmter Charmeur.

★★★★ K €€€€ BF **TIPP**
**2019 Blaufränkisch Reserve Ried Oberer Wald** + Sanddorn und Dirndlbeeren im Bukett, deutliche Vanilletönung ohne Röstung, fein gezeichnet und extraktsüß, klare Kirschfrucht, auch gelbfruchtige Anklänge, sehr agil und straff, bei aller Dichte die Eleganz betonend, viel Biss im langen Abgang, Potenzial.

★★★★★ K €€€€€ CR **TOP**
**2019 Cardinal** + (BF/SL/CS) Lakritze und Brombeeren im weit ausholenden Duftspiel, auch etwas Tintenblei, nicht in die Tiefe, viel Power, aber auch Finesse, süße Kirschfrucht, Marzipan und Vogelbeeren, ungemein reichhaltig und dennoch von schwebender Eleganz, samtiger, langer Nachhall, glänzende Zukunft.

♛ ♛

# Weinhaus
# Haiden

**Hannes Haiden**
7063 Oggau, Sechshausgasse 24
Tel. +43 676 6331685
office@weinhaushaiden.at, www.weinhaushaiden.at
19 Hektar, W/R 40/60, 90.000 Flaschen/Jahr

Hannes Haiden hat das Weingut 1995 von seinen Eltern übernommen und es auf mehr als 19 Hektar Rebfläche ausgebaut. Seine Rieden liegen überwiegend in Oggau, St. Georgen, Trausdorf, St. Margarethen und Rust. „Diese Anbauflächen erlauben mir, den Wein ausschließlich aus eigenem Lesematerial zu keltern." Er bringt die abwechslungsreichen Bodenverhältnisse – meterdicker Muschelkalk, Sandstein und karger Schiefer – schmeckbar in den Wein. Wichtig ist ihm auch das Zusammenspiel mit dem See. „Kalt und warm, hart und weich, weiß und rot." In den höheren, kühlen und windigen Lagen baut er Weißwein an, was Frische garantiert. Die windgeschützten Rieden an den Ausläufern des Leithagebirges sind für Rotweine prädestiniert. Sie profitieren von der Wärmestrahlung des Neusiedler Sees, fallen aber dank der geologischen Randbedingungen nie üppig aus. Die Rotweine von den Kalkböden besitzen immer eine gewisse Salzigkeit. Die nicht als solche deklarierten Reserven sind an den roten Kapseln erkennbar, sie werden ausschließlich in neuen Fässern aus Waldviertler Eiche mit 500 Litern Inhalt ausgebaut. Die anderen Rotweine reifen zu 30 bis 40 % im Holz und werden mit Chargen aus dem Edelstahltank assembliert. Als Herkunft für den Großteil seiner Weine gibt Hannes Haiden „Weinland" an – zur Minimierung des bürokratischen Aufwandes, erklärt er.

Die aktuelle Serie ist gleichermaßen überzeugend wie sehr fair kalkuliert. Wiederum besonders hervorzuheben sind der Gemischte Satz und der Blanc de Blanc Ried Hochberg, beide sind ernsthaft und fein gestrickt. Der Rosé ist einladend und bereitet Trinkvergnügen, ohne sich anzubiedern; nicht zufällig hat er sich zum Verkaufsschlager entwickelt. Ausgewogen mit feinem Tanningrip und klarer Frucht zeigen sich die beiden heuer vorgestellten Rotweine. *ww*

### BURGENLAND

★★★★ S €€ CR — TIPP PLV
**2021 Sir GaWein** + (ZW/SL/ME) Kastanienholz unverkennbar, warme Frucht dahinter, reife Kirschen, tief im Glas Kräuter; schließt nahtlos an, Holz perfekt integriert, feiner Säuregrip, ausgewogen, hat Leben, Prise Gewürze im Finish und im langen Nachhall, super Preis.

### WEINLAND

★★ S €€ SÄ
**2023 Scheurebe vom Glimmerschiefer** + Freundlich, weiße Johannisbeeren, bisschen Cassislaub, frischer Rhabarber; saftig, belebendes Säurespiel, grüne Äpfel, Prise grünblättrige Würze, Ribiseln, trinkanimierend beschwingt.

★★★ S €€ GS — PLV
**2023 Gemischter Satz Muschelkalk** + (GV/WR/SI/MT) Kalkig-kreidig, Kräuter, Äpfel, feingliedrig, ernsthaft; auf dem Gaumen präsente Frucht, saftig, zartes Säurenetz, Kräuter unterlegt, hinten wieder Bodentöne, alles fein verwoben, bemerkenswerter Trinkfluss.

★★★ S €€ SI
**2023 Grüner Silvaner Ried Steinmühle** + Knackig, grüne Äpfel, weiße und rote Johannisbeeren, grünblättrige Würze; schließt nahtlos an, hinten auch ein wenig Zitrus, ausgesprochen lebhaft, feine Pikanz, mittleres Gewicht.

★★ S €€ GV
**2023 Grüner Veltliner Lakeside** + Knackige Äpfel, Apfelblüten, sortentypische Würze; schließt aromatisch an, lebendig, angenehme Säure, Äpfel und Kräuterwürze klingen nach.

★★★ S €€ CW — PLV
**2022 Blanc de Blanc Ried Hochberg** + (40 % CH / 40 % PB / SB) Kalkboden kommt durch, zarte Holznote, Prise Meersalz, kühle Frucht, vielschichtig, ernsthaft; anhaltender Dacapo, feine Struktur, vom Boden geprägt, gute Länge, salziges Finale, im Nachhall Prise Gewürze, grüne Äpfel, knackige Nektarinen und Kräuter, bemerkenswertes Preis-Leistungs-Verhältnis.

★★★ S €€ CR
**2023 Rosé** + (50 % PN / SL) Leichtfüßig, einladend, rote Frucht à la Kirschen und Himbeeren, hauchzarte Würze; auch im Geschmack betont rotfruchtig, Gerbstoffe lediglich angedeutet, trinkanimierendes Säurespiel ohne jegliche Aggressivität, Trinkspaß fernab der Oberflächlichkeit.

★★★ S €€ SY — TIPP
**2021 Shiraz vom Schiefer** + Dunkelfruchtig, rosa Pfeffer, frische Vogelbeeren, ätherisch à la Efeu, tief im Glas getrocknete Kräuter und Tomatenrispen; viel Frucht auch im Geschmack, feiner Tanningrip, keinerlei Schwere, sortentypische Würze, gute Länge, Trinkfluss, voller Leben.

# Weingut
# Toni Hartl

**Toni Hartl**
2440 Reisenberg, Florianigasse 7
Tel. +43 2234 80678
wine@toni-hartl.at, www.toni-hartl.at
25 Hektar, W/R 40/60, 120.000 Flaschen/Jahr

„Alles ist nur geliehen", daher bewirtschaftet Toni Hartl seine Weingärten, die sich in der Thermenregion und am Leithaberg befinden, seit 2010 biologisch bzw. biodynamisch zertifiziert nach Demeter.

Toni Hartl ist schön langsam zum Furmint-Spezialisten mutiert. Er hat drei dieser Weine in seinem Sortiment. 2021 Furmint – tiefgründig. 2019 Furmint, der viel Luft benötigt und sich zu einem tollen Wein entwickelt. Eine 2023 Furmint Auslese mit großer Eleganz und feiner Restsüße. Von straffer Mineralität durchzogen ist der 2021 Chardonnay Leithaberg. Die beiden Pinot Noir aus 2021 kommen aus Reisenberg/Thermenregion, Ried Goldberg – tiefgründig und hochmineralisch, Ried Reysenperg –harmonisch und füllig. Die Blaufränkischen aus Purbach – 2021 Ried Rosenberg und 2021 Ried Edelberg – sind unverwechselbar Leithaberg. Sehr schön ist derzeit 2020 Cabernet Sauvignon Felsenberg – weich und mürb. 2021 Syrah Ried Thenau – solch einen großartigen Syrah habe ich in Österreich selten verkostet. Als Rotwein von internationaler Klasse zeigt sich auch der 2021 Inkognito – eine Mischung aus Blaufränkisch, Cabernet Sauvignon und Syrah. Es sind auch Schaumweine wie Pet Nat und Sekt Reserve verfügbar. *as*

## LEITHABERG DAC

★★★ K €€€€ CH
**2021 Chardonnay** + Herrlich kühl, Apfel, Grapefruit, Zitruszesten, Mango, Marillen, stoffig, frische Säure, dezente Reduktion, salzige Mineralität, richtig trocken, strukturiert, balanciert, voller Pikanz, super.

★★★ K €€€€€ BF
**2021 Blaufränkisch Ried Rosenberg-Purbach** + Erinnert an Eisen, straff und kompakt, salzig, einiger Tiefgang, viel Mineral, engmaschig, dicht, griffig mit charmanter Frucht und toller Struktur, eigenständig.

## THERMENREGION

★★★★ K €€€€ PN
**2021 Pinot Noir Ried Goldberg** + Sortentypisch, kühl, Pilze, etwas Leder, Orangenzesten, Bleistift, stoffig, strukturiert, salzig, engmaschig, schön trocken, tiefgründig, vielfältig, intensiv mit ziemlicher Länge.

★★★★ K €€€€€€ PN
**2021 Pinot Noir Ried Reysenperg** + Dunkle Tönung, Pilze, Leder, Orangenschalen, wunderbare Frucht, trocken, stoffig, Pflaumen, Himbeeren, saftig, vollmundig, Johannisbeeren, ungemein vielschichtig, hervorragend, ohne die Spannung des Goldbergs, hat dafür mehr Frucht und Harmonie.

## BURGENLAND

★★★ S €€€ FU
**2021 Furmint** + Zitrus, Pistazien, Kräuter- und Gewürznoten, rauchig, schön trocken, präsente Säure, baut Frucht auf, viel Mineral, viel Salz, sehr individuell, dicht strukturiert, perfekter Gerbstoff. Kompakt mit Intensität und Ausdruck.

★★★ S €€ CH
**2022 Chardonnay** + Dunkel, rauchig, Grapefruit, Vanille, kalkig, tiefgründig, Zitruszesten, Ananas, Feuerstein, extrem mineralisch, kompakt, geht in die Tiefe, Boden pur. Mit Luft feines Aroma, wird gelbfruchtig, elegant, hervorragend.

★★★★ K €€€€€ BF                                       TIPP
**2021 Blaufränkisch Ried Edelberg-Purbach** + Rote Kirschen, Orangenzesten, Brombeeren, enorm spannend, tief und salzig, dichte Struktur, fordert den Gaumen bis zum Exzess. Leithaberg pur!

★★★★ K €€€€€ SY                                       TIPP
**2021 Syrah Ried Thenau-Purbach** + Brombeeren, Heidelbeeren, schwarze Oliven, Granatapfel, Orangenzesten, zeigt Frische, super Säure, Cassis, einige Tiefe, immer kühl, braucht viel Luft. Hier steht das Terroir über der Sorte. Überragend.

★★★★ K €€€€€€ CS
**2020 Cabernet Sauvignon Ried Felsenstein Purbach** + Tiefschwarz, Johannisbeeren, Maulbeeren, Schokonoten, ungemein saftig, fruchtig, angenehme, doch feste Tannine, weiche, doch kompakte Frucht, enormer Tiefgang.

★★★★ K €€€€€ CR                                       TIPP
**2021 Inkognito** + (BF/CS/SY) Johannisbeeren, Maulbeeren, Vanille, wunderbar integriertes Holz, weiches, strukturiertes Tannin, samtige Fülle mit Kern, kompakt, noble Eleganz, langer Abgang.

★★★ K €€€€ FU                                         FUN
**2023 Furmint Auslese** + Grüner Apfel, Quitte, Wiesenkräuter, Honignoten, schlank und frisch, leicht, angenehme Säure, zeigt Finesse, feine Frucht, trinkige, finessenreiche Auslese.

## ÖSTERREICH

★★★ K €€€€€ FU
**2019 Furmint** + Goldgelbe Farbe, dezent hefig, Pomelo, Orangenschalen, getrocknete Kräuter, Gewürzmischung, Kurkuma, Pfeffer, Tabak, betont trocken, karge Frucht, Natural-Wine-like, sehr individuell, vielschichtig. Benötigt viel Luft.

## Weingut
# Leo Hillinger

**Leo Hillinger**
7093 Jois, Hill 1
Tel. +43 2160 8317-0, Fax -17
office@leo-hillinger.com, www.leo-hillinger.com
100 Hektar, W/R 45/55, 1.300.000 Flaschen/Jahr

Das Weingut Leo Hillinger reicht zur Verkostung für den Vinaria Weinguide die besten Weine des Hauses. Das ist bezeichnend für den Stellenwert des Weinguts Hillinger und ehrt auch Vinaria. Ein hervorragender 2020 Pinot Blanc Leithaberg. Ein überragender 2020 Grüner Veltliner Leithaberg, welcher in seiner schiefrigen Ausprägung einer der großen seiner Zunft ist, ein absoluter Klassewein. Leo Hillinger jun. brachte sich ein mit einem formidablen 2021 JACK white. 2020 Sauvignon Blanc Ried Ladisberg erinnert frappant an einen hochwertigen weißen Bordeaux. Bei den Rotweinen ist der 2019 Blaufränkisch Leithaberg ein hervorragender Vertreter seiner Zunft. Beim 2019 Blaufränkisch aus der Ried Ruster Umriss spürt man die Geschichte dieses Ortes, das ist alter Adel. 2018 Hill 1 ist zwar von moderner Stilistik, doch ist immer Burgenland drinnen. Hill 3 – eine 2020 Trockenbeerenauslese – ist durchzogen von pannonischem Reichtum. Eine Kreszenz, welcher man Respekt zollen sollte. *as*

### LEITHABERG DAC

**★★★★ K €€€ GV**
**2020 Grüner Veltliner** + Sattes Gelb, getrocknete Kräuter, Lebkuchen, Pfefferwürze, Honigtouch, Kamille, Salzkaramell, Gesteinsmehl, exotische Töne wie Ananas, rauchig, in sich gefestigt, Holzfassausbau, Säurebiss, griffig, klebt am Gaumen, geht in die Tiefe. Schiefrig, salzige Ausprägung. Ein höchst individueller, tiefgründiger, hochwertiger Grüner Veltliner, welcher mit Luft so richtig aufgeht. Typisch Leithaberg.

**★★★ K €€€ PB**
**2020 Pinot Blanc** + Gelbe Farbe, Nüsse, Honignoten, Brioche, reifer Apfel, etwas Karamell, getrocknete Kräuter, trocken, kompakt, feste Struktur, tiefgründig, salzige Mineralität, kräftiger Ausdruck, animierender Gerbstoff, perfekte Säure, toller Körper. Da steckt einiges drinnen. Ungemein lang abgehend.

**★★★ K €€€ BF**
**2019 Blaufränkisch** + Ein hervorragender, etwas gereifter, zart würziger Blaufränkisch, erdige Noten, Pflaumen, Brombeeren, Himbeeranklänge, gediegen, straff, dicht, trocken, ziemlich mineralisch bei passender Säure. Jetzt und auch in 5 Jahren wunderbar zu trinken.

**★★★ K €€€ BF**
**2019 Blaufränkisch Ried Umriss/Rust** + Ein eleganter, edler Rotwein, gebündelte Aromen, straff und fest strukturiert, klebt am Gaumen, niemals die Ruster Noblesse vergessend, distinguiert, etwas Kaffee, Cassis, Brombeeren, Heidelbeeren, Kirschen, zeigt Klasse. Ein besonderer Rotwein.

### BURGENLAND

**★★★ K €€€€ CW**
**2021 JACK without dad!** + (Leo Hillinger jun., Weißwein-Cuvée – SB/CH) Sattes, leuchtendes Gelb, Zitrusschale, Lindenblüten, Pfeffer, anfangs steht das Holz im Vordergrund, doch mit Luft perfekt integriert, engmaschig, saftig, kalkige Noten, frische Würze, druckvoll, tiefgründig, feines Säurespiel, straff strukturiert, noch viel zu jung, doch Klasse zeigend. Gehört unbedingt zeitgerecht belüftet. Ein hervorragender Wein.

**★★★ K €€€€ SB**
**2020 Sauvignon Blanc Ried Ladisberg** + Gelbgold, Limettenzesten, Grapefruit, Stachelbeeren, Brennnesseln, Feuerstein, voller Pikanz, erinnert an einen weißen Bordeaux, strukturiert, frische Säure, lebendig, dabei ernsthaft, geht langsam im Glas auf, entwickelt sich bestens, würzig, mineralisch, salzig, geht in die Tiefe, gute Länge. Niemals laut oder vordergründig. Ganz hohes Niveau.

**★★★★ K €€€€€ CR**
**2018 Hill 1** + (ME/BF/ZW) Ein gereifter Rotwein, wie schön, Cassis, schwarze Oliven, Vanille, insgesamt schwarze Beeren, Heidelbeeren, alles gebündelt, mürbes Tannin, wunderbare Frucht, saftig, hochwertig, moderne Stilistik, einiger Tiefgang. Geht mit Luft so richtig auf.

**★★★★ K €€€€€€ CW** **TIPP**
**2020 Hill 3** + (TBA, Cuvée süß, 0,375-Liter-Flasche) Altgold, herrliche Exotik, Ananas, Mango, Maracuja, getrocknete Marillen, reife Birnen, Honig, Bitterorangen, Litschi, perfekte Botrytis, ein Wein voller Reichtum, vielschichtig, enorm süß, voluminös, warmes Timbre, fast wollüstig, perfekte Säure, ewiges Leben. Das ist Pannonien in höchster Vollendung.

## Weingut
# Winzerschlössl Kaiser

**Kurt & Silvia Kaiser**
7000 Eisenstadt, Satzriedgasse 1
Tel. +43 2682 67100
wein@winzerschloessl.at, www.winzerschloessl.at
W/R 80/20

Was für eine Geschichte! Da geht Stefan Kaiser – Großvater von Kurt Kaiser – im Jahr 1938 nach Japan, macht im Kloster Shudoin Budoshu Wein, der so gut war, dass dieser den Weg in das Kaiserhaus fand. Ein Stoff für einen Film. Das führt zum vinarischen Flaggschiff des Hauses, eine Rotwein-Cuvée namens „Tenno". Dieser Wein war aktuell leider nicht bereit zur Verkostung.

Den Grundstein für das heutige Weingut legte Fürst Esterházy, welcher 1492 den Gewölbekeller erbauen ließ. 1994 wurde dieser von der Familie Kaiser restauriert. Der Weinbaubetrieb wird bereits seit vier Generationen – seit 1886 – betrieben. 28 Hektar werden zertifiziert biologisch bewirtschaftet. Der Wahlspruch des Winzers lautet: „Nur wenn ich mit der Rebe lebe, weiß ich, was sie braucht." Dieser Spruch sollte nicht nur für die Rebe gelten. Man lässt Schafe in den Weingärten weiden – quasi der natürlichste Rasenmäher der Welt.

Schon im Jahr 1984 wurde Cabernet Sauvignon gepflanzt. Die Weine sind zum einen wunderbar frisch, wie der 2023 Rosé – eine Direktpressung, der 2023 Gelbe Muskateller und der 2023 Sauvignon Blanc, der in seiner charmanten Art meinen Gaumen erobert hat. Dann war ich so richtig „baff", als ich den 2023 Grauburgunder Ried Kräutergarten verkostete. So einen eleganten, feinfruchtigen, niemals opulenten Vertreter seiner Sorte habe ich kaum erlebt. Ein absolut empfehlenswerter Wein. Hervorragend in seiner Art ist der 2023 Blaufränkisch Sonnenkönig, voller Würze und Charakterfestigkeit. Dann kommen wir zum 2021 Cabernet Sauvignon Kastanienfass – in diesem ausgebaut und wie schon erwähnt im Jahr 1984 gepflanzt. Diesen formidablen, ausdrucksstarken und überaus typischen Cabernet zähle ich zur Elite des Landes. *as*

### BURGENLAND

★★ S €€ CR
**2023 Rosé Sonnenberg** + (Direktpressung) Helles Rosa, ganz zartes Bukett, Weichseln, Himbeeren, zart nach Minze, Kräuterwürze, frisch und herzhaft, betont trocken, druckvoll, feste Struktur, voller Pikanz. Ein sehr guter Rosé für eine schmackhafte Jause.

★★ S €€ GM
**2023 Gelber Muskateller Sonnenberg** + Holunderblüten, Zitrus, frischer Apfel, voller Rasse, knackig, lebendig, ganz klar Muskateller, der perfekte Aperitif.

★★ S €€ SB
**2023 Sauvignon Blanc Sonnenberg** + (Lehm, Schiefer) Zartes Aroma, von allem ein bisschen – gelber Paprika, Stachelbeeren, Brennnesseln, Cassis, welches den Gaumen dominiert, zart würzig, dezent fruchtig, frische Säure, absolut typisch, stimmig, schmeckt ausgezeichnet, ohne laut zu sein.

★★★ S €€ PG
**2023 Grauburgunder Ried Kräutergarten** + Ein feines Bukett ausstrahlend, Nashi-Birne, Nussschale, ein Hauch von Pfirsich, am Gaumen mit fester Struktur, immer elegant, niemals opulent, immer mit Frische, fast transparent wirkend. Ein ausgezeichneter Grauburgunder von hintergründiger Stilistik, welcher hochwertige Trinklust assoziiert.

★★★ S €€ BF
**2023 Blaufränkisch Sonnenberg** + Ungemein würzig, dezentes Brett, Brombeeren, Heidelbeeren, schwarze Kirschen, Schokotouch, am Gaumen bestimmt die Würze, gut strukturiert, charaktervoll, Ledernoten, griffig, dicht, schöne Säure. Natürlich noch viel zu jung. Das gibt sich. Ein hervorragender Blaufränkisch.

★★★★ S €€ CS                                    **TIPP**
**2021 Cabernet Sauvignon Kastanienfass** + Johannisbeeren, festes Tannin, griffig, der greift um sich, fordernd, tiefgründig, präsente Säure, tapeziert den Gaumen, ganz klar Cabernet, ganz klar große Zukunft. Der hat ein langes Leben vor sich. Unbedingt zeitgerecht belüften. Da wächst Großes heran.

♛ ♛ ♛

# Weingut
# Kirchknopf

**Michael Kirchknopf**
7000 Eisenstadt, Johann Kodatschstraße 15
Tel. +43 2682 62837
office@weingut-kirchknopf.at, www.kirchknopf.at
15 Hektar, W/R 50/50

Das unter der Regie von Michael Kirchknopf geführte Familienweingut hat sich in den letzten Jahren zu einem Vorzeigebetrieb entwickelt. Das Sortiment von Weiß wie Rot ist wohlstrukturiert und wird unter der Herkunftsbezeichnung Leithaberg DAC angeboten. Die beeindruckende Weinbauphilosophie von Michael Kirchknopf zeigt sich in einer ausgewogenen Symbiose von pointierter Lageninterpretation mit einer zielsicheren Winzerhandschrift für authentische Gewächse. Nachhaltigkeit ist eine Selbstverständlichkeit, ebenso wie eine minimalinvasive Ausbaumethode der Weine im weißen wie im roten Bereich. Spontanvergärung, Ganztraubenpressung, biologischer Säureabbau und der Ausbau auf der Vollhefe erfolgen entweder im Stahltank oder in Holzfässern in verschieden großen Gebinden. Eine Schwefelung wird erst kurz vor der Füllung in geringster Dosage angewendet.

Den Schwerpunkt im weißen Bereich bilden die Burgundersorten Weißburgunder, Chardonnay und der Neuburger, der dem Winzer viel Pflege abverlangt. Die lagenreinen Chardonnay-Varietäten begeistern unisono mit viel Struktur und Substanz in bester Terroir-Interpretation aus den Top-Lagen in Klein- und Großhöflein. Die Parzellen in der Ried Tatschler befinden sich im oberen Bereich mit einem höheren Kalkanteil, was sich in der Weinstilistik des Chardonnays mit viel straffer Fruchtführung samt feinster Finesse zeigt. Treffsicher in authentischer Fruchtklarheit strahlt der Blaufränkisch Ried Reisbühl, der im roten Premiumsegment die Qualitätspyramide im Hause Kirchknopf darstellt. Dass Merlot auf den Hängen des südlichsten Leithagebirges vorzügliche Ergebnisse liefert, zeigt Michael Kirchknopf mit einer sehr fruchtbetonten wie pointierten Sorteninterpretation. *us*

## LEITHABERG DAC

**★★★ K €€ WB** — TIPP
**2023 Weißburgunder Alte Reben** + Betörende Steinobstnase, gelber Pfirsich, Nussbrot, ungemein saftig, straffe Fruchtführung, pointiert, rauchige Anklänge, feine Säure, harmonisch, klingt mit viel Pikanz aus, tolle Länge.

**★★★ S €€€ NB**
**2022 Neuburger Tradition** + Gelbfruchtiges Entree, Ringlotte, helle Walnuss, etwas Bergamotte, reifer Apfel, viel Extrakt, saftig, glockenklar, kräftig, nuanciert, fein strukturiertes Säure-Frucht-Spiel, harmonische Mitte, cremig im Nachhall, tolle Sorteninterpretation.

**★★★ K €€€ CH**
**2022 Chardonnay Kalk & Schiefer** + Kräuterwürzige Nase, viel saftige Gelbfruchtpräsenz, Ringlotte, Birne, harmonisch mit Verve, vom Schiefer geprägte Charakteristik, würzig im Nachhall, tolle Länge.

**★★★ K €€€€ CH** — TIPP
**2022 Chardonnay Alte Reben** + Feines Exotikspiel in der Nase, Ananas mit kühlem Touch, gelbfruchtig, Maracuja, rosa Grapefruit, attraktiver Spannungsbogen, balanciert, dicht, viel Finesse, harmonisch, kompakt bis ins lange Finale.

**★★★★ K €€€€€ CH** — TIPP
**2021 Chardonnay Ried Tatschler** + Feine Briochenase, Orangenzeste, saftiges wie großzügiges Fruchtspiel, ausgereifte Fruchtkomponenten, Ananas, Limettenzeste, feine Säurepikanz, vielschichtig, substanzvoll, perfekt strukturiert, straff-kreidige Anmutung, salzig, lang im Abgang, großartig.

**★★★ S €€€ ME** — FUN
**2022 Merlot Alte Reben** + Blättrige Noten in der Nase, saftig, Waldbeeren, druckvoll, kräftig, geradlinige Stilistik, zur Frucht komplementäre Würzigkeit, saftig, Tabaknoten, vital.

**★★★ K €€€ BF** — PLV
**2021 Blaufränkisch Kalk & Schiefer** + Bukett nach Kirsche, zart rauchig, rotbeerige Aromatik in samtiger Stilistik, saftig, vital, schiefrige Noten, Chinapfeffer, transparente Fruchtführung, balanciert, lang.

**★★★ K €€€€ BF**
**2021 Blaufränkisch Ried Fölligberg** + Rotbeerige Fruchtpikanz, Schwarzkirsche, pfeffrige Würze, dunkelfruchtige Aromatik, zeigt Fruchtcharme in kühler Anmutung, tiefgründig, aus einem Guss, verführerische Schoko-Kirsch-Noten im langen Finish.

**★★★★★ K €€€€€ BF** — TOP
**2021 Blaufränkisch Ried Reisbühl** + Schwarzkirscharomatik, saftige Waldbeere, dunkelfruchtig mit viel Finesse, feine Textur, perfekt strukturiert, zarte Tabaknoten, tiefgründig, strömt in ruhiger wie harmonischer Größe, viel Potenzial, lang.

## Weingut
# Klosterkeller Siegendorf

7011 Siegendorf, Rathausplatz 12
Vertrieb: Weinkellerei Lenz Moser AG
+43 2732 85541, office@lenzmoser.at
www.klosterkeller-siegendorf.at
25 Hektar

Seit dem Jahr 1988 bewirtschaftet die Weinkellerei Lenz Moser diesen größten zusammenhängenden Weingarten Österreichs mit 25 Hektar Rebfläche. Man setzt auf französische Rebsorten wie Cabernet Sauvignon, Cabernet Franc und Merlot. Beim Weißwein ist der Weißburgunder Alleinunterhalter. Der 2020er präsentiert sich vorzüglich – ein so richtig guter 2020 Siegendorf rot, ein überragender 2020 O'Dora aus den beiden Cabernet-Sorten gekeltert. Das ist großes Kino zu einem unschlagbaren Preis-Leistungs-Verhältnis. Dass da die Gastronomie nicht Schlange steht, bleibt mir ein Rätsel.

Im nächsten Jahr wird es wieder einen reinsortigen Cabernet Sauvignon aus dem Jahrgang 2022 geben. Ich stehe schon in den Startlöchern. *as*

### BURGENLAND

★★ S €€ PB
**2020 Weißburgunder** + Frische Kräuter, Pomelo, reife Birne, etwas Apfel, ein Hauch Vanille, obwohl kein Holz, salzige Noten, zartes Nusserl, etwas Weißbrot, ungemein frisch, strukturiert, wunderbare Säure, trinkig, der pfeift so richtig. Der präsentiert sich jetzt in Hochform.

★★ S €€ CR  FUN PLV
**2020 Siegendorf rot** + (CS/ME – großes Holzfass) Frische Kirschen, Cassis, Heidelbeeren, Schoko, immer elegant und fast filigran, höchst angenehmes Tannin, fein strukturiert, zeigt Tiefe, feine Fülle, zart würzig, hat Körper. Ein kräftiges Glas Rotwein auch für den kleinen Geldbeutel.

★★★★ K €€€ CR
**2020 O'Dora Barrique** + (CS/CF) Da spielt die Musik. Anfangs etwas verhalten, ging dieser Rotwein dann auf und entwickelte sich prachtvoll. Schwarze Beeren wie Cassis, Heidel- und Brombeeren, perfektes Tannin, Lakritz, Tabak, Veilchen, Schokonoten, zeigt Grip, druckvoll, geht in die Tiefe, ist lang abgehend. Eine hohe Qualität zu einem unschlagbaren Preis. Gastronomie – zuschlagen!

# Weingut
# Kollwentz

7051 Großhöflein, Hauptstraße 120
Büro/Verkauf: Gartengasse 4b
Tel. +43 2682 65158, Fax -13
kollwentz@kollwentz.at, www.kollwentz.at
25 Hektar, W/R 56/44, 110.000 Flaschen/Jahr

Das Weingut Kollwentz genießt internationalen Weltruf. Die Spitzenweine gelten als Botschafter für hochelegante Terroirweine vom Leithaberg. Starke Persönlichkeiten haben das sympathische Familienweingut seit jeher geprägt, und heute zeichnet ein perfekt eingespieltes, generationenübergreifendes Teamwork für die Erfolgsgeschichte des Weinguts verantwortlich.

Das Renommee basiert auf einer einzigartigen Trias aus hochstehenden Weinen in Weiß, Rot und, die als Geheimtipp gehandelte Variante, Süß. Den Auftakt zur aktuellen Serie bilden die beiden Sauvignon-Blanc-Varietäten, die in puncto feinziselierter Würze samt der typischen Feuerstein-Mineralität eindrucksvoll die Bodenspezifika der Ried Steinmühle (Quarzschotterböden) widerspiegeln.

Die Phalanx der Top-Lagen-Chardonnays zeigt sich im aktuellen Jahrgang in puncto Präzision, Finesse und Dichte auf einem atemberaubend hohen Qualitätslevel mit einer gezielt forcierten Terroir-Interpretation. Begünstigt wurde dies vom Witterungsverlauf im Jahre 2022, der ohne Trockenstress für die Reben ablief. Ried Neusatz zeigt viel Schliff und Prägnanz, und die kraftvollste Variante von der Ried Tatschler ist heuer feinstrahliger ausgefallen und besitzt viel mineralische Fruchtpräsenz in feinen Konturen, was sie zu einem Best Ever prädestiniert. Chardonnay Ried Katterstein liefert erneut eine tolle mineralisch-vibrierende Interpretation von Schiefer und Kalk, die am bestem mit expressiv umschrieben wird. Als komplementäres Geschmackspendant zeigt sich Chardonnay Gloria (Ried Glagsatz) in hellfruchtiger Eleganz und Tiefe, die erfahrungsgemäß viel Zeit zur Entfaltung benötigen wird. Mit diesem famosen Chardonnay-Quartett hat Andi Kollwentz virtuos ein neues Kapitel einer vielfältigen Terroir-Stilistik aufgeschlagen, in das seine Tochter Christina mit kellertechnischem Know-how und Talent eingebunden ist.

Die Kollektion in Rot startet mit den jeweiligen Lagen-Cuvées vom Zweigelt und Blaufränkisch Leithaberg. Beide spielen die Stärken des Jahrgangs 2021 voll aus uns glänzen mit einer jeweils saftigen, sehr fruchtfrischen Rot- und Blaubeerigkeit in perfekter Struktur.

Den Reigen der Top-Rotwein-Varietäten eröffnet der Pinot Noir 2022 aus der Ried Dürr. Diese von Wald umsäumte Höhenlage (um 280 Meter) schließt unterhalb der Gloria an und ist geradezu prädestiniert für diese sensible Rebsorte: Die Nächte sind kühl, der Boden ist karg mit einem extrem hohen Kalkgehalt (bis 80 %), was eine lange Vegetationsphase garantiert. Der Pinot Noir Ried Dürr zeigt sich in distinguierter Fruchteleganz und dürfte sich zu einem der besten Jahrgänge im Hause Kollwentz entwickeln.

Das „Match" zwischen den Blaufränkisch-Highlights aus der Ried Setz und der Ried Point fällt im Jahrgang 2021 unentschieden aus. Beide Varietäten strahlen mit blaubeeriger Tiefe und Extraktfülle, Ried Setz präsentiert sich in feiner Balance, Ried Point in Fruchttiefe, oder – im kunsthistorischen Stilvergleich gesprochen – stehen sich hier Renaissance und Barock gegenüber. Der Cabernet Sauvignon ist kurz gesagt die Perfektion von Struktur und Balance, der großes Potenzial für Jahrzehnte verspricht. Das Aushängeschild im Hause Kollwentz ist die Blaufränkisch-geprägte Top-Cuvée Steinzeiler, die von Jahr zu Jahr als sichere Bank in vollendeter Harmonie aus Kraft, Tiefe und Balance glänzt und als schlafender Riese das enorme Potenzial erahnen lässt. **us**

## BURGENLAND

**★★★ K €€€€ SB**
**2023 Sauvignon Blanc Steinmühle** + Feines, trockenkräuterduftiges Bukett, ungemein saftiges Entree mit viel Gelbfrucht, Exotik à la Maracuja, Ananas, perfekter Säurehintergrund, harmonisch, feine Würze im Nachhall, ein Genusswein.

**★★★★ K €€€€€€ SB**
**2022 Sauvignon Blanc Methusalemreben** + Feine Würze und Karamell in der Nase, vollfruchtige Aromatik, strömt ruhig, zarte Würzigkeit in feinem Exotik-Fruchtspiel, dezente Eleganz, ziseliert, perfekt balanciert, Feuersteinkomponenten im Abgang, sehr vornehme Interpretation.

**★★★ K €€€€ CH** FUN
**2023 Chardonnay Leithakalk** + Blütenduftige wie kräuterwürzige Nase, etwas Nussbrot, beeindruckende Saftigkeit, Steinobst, Exotik à la Ananas, druckvoll, feines Säurespiel, alles in perfekter Balance, mineralisch im langen Finale.

**★★★★★ K €€€€€€ CH** TOP
**2022 Chardonnay Neusatz** + Steinobstnase, betörende Gelbfrucht, Nougat, kraftvoll, vielschichtig, enorme Dichte in perfekter Balance, großer Spannungsbogen, feinfruchtig, mineralisch, lang anhaltend.

**★★★★ K €€€€€€ CH** TIPP
**2022 Chardonnay Tatschler** + Feinstes Bukett aus Würze, Brioche, gelbaromatisches Fruchtspiel mit Exotik, helle Nüsse, druckvoll, viel Mineralik, toller Säurebiss, energetische Kraft und Fruchtpräsenz, lebhaft, herrliche Länge, ganz groß.

**★★★★ K €€€€€€ CH** TOP
**2022 Chardonnay Katterstein** + Kühle Würzenase, tolle weißfruchtige Aromatik in dunkler Anmutung, rote Ribisel, viel Würze, subtile Fülle, viel mineralischer Biss, pointiert, großer Spannungsbogen, alles in perfekter Balance, beeindruckende Stilistik von vibrierender Kraft in eleganter Expressivität, ewig lang im Finish, Terroir-Interpretation in Perfektion.

**★★★★ K €€€€€€ CH** TIPP
**2022 Chardonnay Gloria** + Vielschichtiges Bukett, Limettenzeste, etwas Brioche, geschliffene Gelbaromen, Steinobst, verhaltene Exotik à la Ananas, Maracuja, sehr juvenil mit versteckter Saftigkeit, ziseliert, erneut ein Langstreckenläufer, kompromisslos in Eleganz und Tiefe, große Zukunft gesichert, Weltformat!

**★★★ K €€€ ZW** PLV
**2021 Zweigelt Leithakalk** + Helle und sehr saftige Kirscharomatik, fruchtbetont, kompakt, feine Kräuterwürze, enge Maschen, strukturiert, viel Frische.

**★★★ K €€€€ BF**
**2021 Blaufränkisch Leithakalk** + Saftiges rot- und blaubeeriges Entree, dicht, kräftig, feine Schokonoten, nuanciert, zart rauchig, ausgewogen, klar strukturiert, tolle Stilistik, Potenzial.

**★★★ K €€€€€ CR**
**2021 Eichkogel CR** + (80 % BF / ZW) Feine Kirschnase, würzig unterlegt, kompakte Herzkirsche-Schoko-Aromatik, Waldbeeren, engmaschig, feste Textur, aus einem Guss, gute Länge.

**★★★★ K €€€€€€ PN**
**2022 Pinot Noir Dürr** + Duftet nach roten Beeren, viel Würze, vollreife Kirscharomatik, etwas Bitterschoko, pointiertes Fruchtspiel mit viel Eleganz, vielschichtig, tolle Balance, engmaschig, lang, ganz groß.

**★★★★★ K €€€€€€ BF** TOP
**2021 Blaufränkisch Setz** + Verführerisches Frucht-Würze-Bukett, kraftvolle wie knackige Fruchtaromatik, viel Dichte in geradliniger Struktur, enge Maschen, druckvoll, vielschichtig, Balance in Vollkommenheit, ein schlafender Riese, modellhafte Terroir-Interpretation.

**★★★★ K €€€€€€ BF** TIPP
**2021 Blaufränkisch Point** + Rot- und blaubeerige Fruchtpikanz, Waldbeeren, etwas Maulbeere, klar strukturiert, viel Fruchttiefe, Tabak, feinkörniges Tannin, balanciert, ewig lang im Finish.

**★★★★ K €€€€€€ CS** TIPP
**2021 Cabernet Sauvignon** + Hochfeine Cassis-Waldbeeren-Aromatik, puristische Sortencharakteristik, viel Power, aber mit Understatement, würzig, seidige Eleganz, feinste Gerbstoffe, balanciert, beeindruckende Fruchtpräsenz, ewig lang, erneut ein Klassiker für eine große Zukunft.

**★★★★ K €€€€€€ CR** TIPP
**2021 Steinzeiler** + (BF/CS/ZW) Betörender Duft nach Brombeere, Heidelbeere, schwarze Kirsche, engmaschig, dicht, viel Fruchtfülle, perfektes Equilibre, strahlt in bester und klarer Struktur, kraftvoll, dunkelfruchtige Prägung, beste Prognosen, deutet sein Potenzial nur an, ein Wurf, einfach Weltklasse!

♛ ♛ ♛

## Weingut
# Leberl

**Alexander Leberl**
7051 Großhöflein, Hauptstraße 91
Tel. +43 2682 67800, Fax -14
weingut@leberl.at, www.leberl.at
23 Hektar, W/R 30/70

Alexander Leberl – Präzision, Experimentierfreudigkeit, Kompromisslosigkeit und kontinuierliche Qualitätsverbesserung zeichnen ihn aus. Er steht für Handwerk mit Tradition. Man bewirtschaftet Weingärten rund um Großhöflein, welche penibel, naturschonend und mit viel Handarbeit an den Südhängen des Leithaberges mit hohem Kalkanteil bearbeitet werden. Es sind bewundernswerte Weine, die Alexander Leberl seit 2012 keltert. Wobei zu sagen wäre, das waren sie auch schon vorher unter Bruder Gerald und Vater Josef Leberl. Alexander setzt diesen Weg in beeindruckender Weise fort.

Ich liebe die beiden hochwertigen Chardonnays aus den Rieden Reisbühel – kalifornische Stilistik – und Katterstein – burgundische Stilistik, aktuell aus dem Jahrgang 2022. Ein kompakter Rotwein namens „Kleine Sünde 2022" ist von stoffiger, maskuliner Ausprägung und für Hedonisten gedacht. Feingliedriger wird es dann beim 2021 Blaufränkisch Ried Reisbühel. Beim 2021 Cabernet Sauvignon-Merlot schnuppert man in eine Bordeaux-Stilistik. Der Klassiker des Hauses und immer Burgenland ist der Peccatum 2021 – bei diesem Rotwein ist man in besten Händen. Seit dem Jahrgang 1996 eine Kontinuität. Das ist Burgenland DAC in perfekter Form. Zum Abschluss reicht man eine 2022 Beerenauslese von der Rebsorte Sämling, welche in ihrer Eleganz und Transparenz sich ganz einfach hinreißend darstellt. Mit solchen Weinen gewinnt man die Menschen wieder für den Süßwein. *as*

### BURGENLAND

★★★ S €€€ SB
**2023 Sauvignon Blanc Ried Tatschler** + Das ist Sauvignon Blanc aus dem Bilderbuch, so etwas von typisch, Cassis, dezente Brennnesseln, ein Hauch von Stachelbeeren, gelber Paprika, Pfirsich, voller Frische und Rasse, zupackend, straffe Struktur, unglaublich fordernd.

★★ S €€ CH
**2023 Chardonnay Classic** + Dunkle Würze, Kräuter, Gewürze, Bitterorangen, Mango, Grapefruit, frische Frucht, Tabak, guter Druck, voller Pikanz.

★★★ S €€€ CH
**2022 Chardonnay Ried Reisbühel** + Ein vielschichtiger Chardonnay, holzunterlegt, dezente Rösttöne, Vanille, Mango, Marille, cremige Konsistenz, feine Würze, elegant, feine Frucht, schön trocken, filigrane Noten, kompakte Struktur, langatmig, Potenzial für Jahre. Kalifornische Stilistik.

★★★★ S €€€€ CH  **TIPP**
**2022 Chardonnay Ried Katterstein** + Röstnoten, ungemein würzig, Vanille, Exotik, salzig, ziemlicher Stoff, kompakt, extrem tiefgründig, hier trinkt man reine Zukunft. Das wird groß. Ein enorm lang abgehender Chardonnay mit holzunterlegter Struktur. Kalkige Noten. Burgundische Stilistik.

★★★ S €€ CR
**2022 Kleine Sünde** + (BF/ME/CS) Schwarzviolett, Cassis, Brombeeren, Kräuterwürze, dunkle Schokolade, griffig, dicht, extremes Tannin, rassige Säure, fordernd, total jung, unbedingt Flaschenreife benötigend. Maskuliner, straffer Rotwein mit Zukunft.

★★★ K €€€ BF
**2021 Blaufränkisch Ried Reisbühel** + Schokonoten, schwarze Beeren, schwarze Kirschen, Pflaumen, Cassis, ein eleganter Rotwein, feine Frucht, feines Tannin, griffig, kompakte Struktur, tiefgründig, tolle Länge. Ein intensiver, feinwürziger Rotwein, der einige Zukunft vor sich hat.

★★★ K €€€€ CR
**2021 Cabernet Sauvignon-Merlot** + Johannisbeeren, feines Bukett, Heidelbeeren, Zedern, Schokonoten, reifes Tannin, strukturiert, tiefgründig, enorme Zukunft. Zeit ist der wichtigste Faktor. Absolut typisch. Bordeaux-like.

★★★ K €€€€ CR  **TIPP**
**2021 Peccatum** + (BF/CS/ME – seit 1996) Ein ungemein feines Bukett, ganz zartes Holz, Schoko, Cassis, Pflaumen, kalkige Noten, reifes Tannin, straff, strukturiert, tiefgründig, das ist großer burgenländischer Rotwein mit Zukunft. Vielschichtig, griffig, großer Stoff. Kraftvolle Eleganz.

★★★★ K €€€ SÄ  **TIPP**
**2022 Beerenauslese Sämling** + (0,375-Liter-Flasche) Litschi, Exotik, frischer Apfel, Ananas, kühl, süß und filigran, hochelegant, perfekte Botrytis, Honig, Pfirsich, klare Strukturen, subtil, niemals belastend. Eine noble, feingliedrige, transparente BA.

# Weingut
# Liegenfeld

**Michael Liegenfeld**
7082 Donnerskirchen, Johannesstraße 25
Tel. +43 2683 8307, Fax -4
weingut@liegenfeld.at, www.liegenfeld.at
30 Hektar, W/R 85/15

Das Weingut Liegenfeld ist eigentlich ein (fast) reiner Weißwein-Betrieb. Hier werden ungemein spannende weiße Leithaberg-Gewächse produziert. Die Verkostung der Weißweine des Jahrgangs 2023 war eine reine Freude. Die Weine haben Zug und Spannkraft. Allen voran der 2021 Grüne Veltliner Ried Himmelreich – für mich 1ÖTW –, der sich überragend präsentierte. Das ist Terroir pur. Dicht dahinter überzeugen die Weine von der Ried Bergweingarten – 2023 Grüner Veltliner und Pinot Blanc. Ebenso der 2023 Chardonnay von der Ried Vogelsang. Von höchster Güte stellt sich der 2023 Weißburgunder Leithaberg DAC dar. Das ist eben Leithaberg-Tiefgang. Dann kommen die Weine von Sohn Michael, der einige der besten Lagen des Hauses in biologischer Bewirtschaftung führt und daraus seine ureigensten Weine keltert. Zwei Weine aus 2022 Leithaberg DAC in Weiß – Grüner Veltliner Ried Goldberg und Weißburgunder Ried Hopfberg, welche Leithabergsche Maßstäbe setzen. Insgesamt wäre zu sagen, dass die Liegenfeld-Weine – Vater und Sohn – ein hohes Qualitätslevel besitzen. Da kommt man bei einer Leithaberg-Tour nicht vorbei. *as*

## LEITHABERG DAC

★★★ S €€ PB
**2023 Weißburgunder** + Ein Weißburgunder mit Noblesse, Eleganz, einer feinen, saftigen Frucht, Tiefgang, einer subtilen Mineralität, Kernobst, Kalknoten, Wiesenkräuter, Fruchttiefe, balanciert, distinguiert, hintergründig, ein Herr im feinen Zwirn.

★★★★ K €€€€ GV
**2022 Grüner Veltliner Ried Goldberg Michael Liegenfeld** + (Glimmerschiefer) Würzig, Orangenschalen, Zitrus, ein Hauch Ananas, bisschen Marille, Pfefferwürze, tiefgreifend, strukturiert, viel Mineral, druckvolle Eleganz, salzige Noten, steht noch ganz am Anfang seiner Entwicklung. Da steckt einiges drinnen.

★★★★ K €€€€ PB
**2022 Weißburgunder Ried Hopferberg Michael Liegenfeld** + (gepflanzt 2003) Nelken, Kräuter, Zimtnoten, gelbfruchtig, reifer Apfel, Blüten, dunkle Mineralität, Feuerstein, kompakte Struktur, salzig, tiefgreifend, hat Substanz. Benötigt unbedingt Flaschenreife.

★★★★ K €€€€ GV  **TIPP**
**2021 Grüner Veltliner Ried Himmelreich** + Rauchig, Tabak, Marillen, viel Würze, voller gelber Früchte, Exotik wie Ananas, Mango, Holzfassausbau, tiefgründig, langatmig, salzig, verwoben, feinste Fülle, elegant und kompakt, immer Klasse zeigend. Das ist burgundischer Ausdruck. Hier steht der Boden über der Sorte. Ried Himmelreich – 1ÖTW-Anwärter.

## BURGENLAND

★★★ S €€ GV
**2023 Grüner Veltliner Ried Bergweingarten** + (Schiefer) Kernobst, dezente Pfefferwürze, knackige Frische, zeigt seine mineralische Ader, salzige Noten, versprüht Coolness, feingliedrig, strukturiert, elegant, der pfeift so richtig. Ganz hohes Niveau.

★★★ S €€ PB
**2023 Pinot Blanc Ried Bergweingarten** + (kalkhaltige Felsbraunerde) Ein gediegenes Bukett, ruhig strömend, dezent rauchig, Kernobst, kalkige Noten, Bleistift, eleganter Auftritt, schön trocken, unaufgeregt, einiger Tiefgang, guter Druck nach hinten. Hervorragend!

★★★ S €€ CH
**2023 Chardonnay Ried Vogelsang** + (Schiefer) Voller Frische, feine Mineralität, griffig, perfekte Säure, immer kühl, wunderbar trocken, Apfel, Birne, Zitrus, feine Frucht, gute Struktur, süffig, ausgewogen, stimmig, ein Chardonnay mit feiner Klinge.

## Weingut
# MAD

**Sebastian & Tobias Siess**
7063 Oggau, Antonigasse 1
Tel. +43 2685 7207, Fax -4
office@weingut-mad.at, www.weingut-mad.at
27 Hektar, W/R 40/60

Seit 1786 wird in Oggau im Familienbetrieb MAD im Herzen der Region Leithaberg DAC Wein produziert. Seit Beginn dieses Jahres sind die beiden Brüder Sebastian und Tobias Siess, die das Weingut nun in achter Generation führen, für die gesamte Weinbereitung eigenverantwortlich. Nachhaltiger Weinbau und zukunftsorientiertes Qualitätsstreben in Verbindung mit dem Herkunftsgedanken gehen hier Hand in Hand. Und das werden auch in Zukunft die Grundpfeiler im Hause MAD sein.

Mit viel Engagement wird ein umfassendes Weinsortiment in Weiß wie in Rot gepflegt, von den Gebietsweinen mit der Bezeichnung „Seestern", gefolgt von der sortenreinen DAC-Kategorie mit Schwerpunkt auf den weißen Burgundersorten (Stahltank und großes Holzfass) bis zur Premiumlinie, die sich vor allem auf den roten Bereich mit feinem Holzeinsatz fokussiert.

Das rote Top-Segment ist vielfältig aufgestellt und umfasst die vollmundigen Sorten-Cuvées „Furioso" und „Grande Cuvée" ebenso wie sortenreine Lagenweine, die sich mit viel Fruchttiefe und Vielschichtigkeit auszeichnen. Im aktuellen Sortiment glänzen die beiden Filetstücke des Hauses, der puristische „Blaufränkisch Marienthal" und die aus derselben Lage stammende Sonderedition „M 56", deren Namensgebung sich auf einen kleinen Bereich im Weingarten mit sehr alten Rebstöcken aus dem Jahre 1956 bezieht. *us*

### LEITHABERG DAC

★★★ S €€€ NB  **TIPP**
**2022 Neuburger** + Feinduftige Nussnase, vitale Gelbaromatik, saftige Frische, helle Nüsse, attraktives Säurespiel, tolle Sorteninterpretation.

★★★ S €€€ PB  **FUN**
**2023 Pinot Blanc** + Entree von weißen Wiesenblüten, ungemein saftig, Golden Delicious Apfel, Steinobst, ziseliert, mineralische Frische, attraktiv im Finish.

★★★ S €€€ CH  **FUN**
**2023 Chardonnay** + Reife Gelbfrüchte, Pfirsich, Ananas, Maracuja, mineralisch-kreidiger Hintergrund, perfekt strukturiert, viel Esprit, harmonisch, tolle Länge, gelungen.

★★★★ K €€€€€ BF
**2019 Blaufränkisch Marienthal** + Feine, dunkelfruchtige Brombeeraromatik, Schwarzkirsche-Schoko-Melange, saftiges Fruchtspiel, feine Würze, kraftvoll mit vitaler Frische, druckvoll, vollmundig, Havannatabak, geschmeidig bis ins lange Finale, Potenzial.

★★★★ K €€€€€ BF  **TOP**
**2019 Blaufränkisch M 56 Ried Marienthal** + Wärmendes Bukett nach vollreifen Beerenfrüchten, Brombeere, Schwarzkirsche, zart würzig, vollmundige Fülle, samtig, viel Körper, Milchschokolade, pikanter Säuregrip, kernige Mitte, feine Holzeinbindung, Vanille, harmonisch, aus einem Guss, groß, gesicherte Zukunft.

### BURGENLAND

★★ S € GV
**2023 Grüner Veltliner Seestern** + Vitales Fruchtspiel, frisch, knackig, saftig, delikate Würze, balanciert, animierender Sommerwein.

★★ S €€€ SL
**2022 St. Laurent Ried Hölzlstein** + Duftiges Weichsel-Zwetschken-Bukett, vollmundig, saftig, Himbeere, Sauerkirsche, samtige Frische, schönes Volumen.

★★★ S €€€ CR  **FUN**
**2021 Grande Cuvée** + (40 % BF / 20 % CS / ME / SY) Ätherisches Beerenbukett, dunkelbeerige Aromatik, Zwetschke, vollmundig, dicht, Tabaknoten, samtige Textur, weiche Süßholznoten, gute Länge.

★★★ K €€€€ CR
**2021 Cabernet Sauvignon – Merlot Ried Neugebirge** + Vielschichtiges Bukett nach dunklen Blüten, mediterrane Kräuternase, rote Beeren, reife Fruchtaromatik, Cassis, Brombeere, Herzkirsche, samtige Fülle, perfekt strukturiert, kernige Mitte, feine Tanninstruktur, gut eingebundener Säurebiss, ausgewogene Textur, druckvoll und harmonisch.

★★★ K €€€€ CF
**2020 Cabernet Franc Ried Neugebirge** + Ätherisches, feinblättriges Bukett, präsente Paprikaschoten, Bitterschokolade, druckvoll, engmaschig, vollreifes Tannin, perfekter Holzeinsatz, überzeugende Sorteninterpretation, juvenil, aus einem Guss, feiner tabakwürziger Nachhall, gute Länge.

★★★ K €€€€ CR  **TOP**
**2019 Furioso** + (BF/CS/ME/SY/CF) Intensives Bukett nach vollreifen Beeren, blättrige Noten, reife Fruchtfülle, Cassis, Brombeere, Heidelbeere, roter Paprika, vollmundig mit straffem Fruchtkern, tiefgründige Aromatik, feinkörniges Tannin, Tabakwürze, sehr lang, großes Potenzial.

## Weingut
# Hans Moser

7000 Eisenstadt, St. Georgener Hauptstraße 13
Tel. +43 2682 66607, Fax -14
weingut@hans-moser.at, www.hans-moser.at
8,42 Hektar, W/R 60/40, 40.000 Flaschen/Jahr

Hans Moser ist für seine herkunftstypischen Weine vom Leithaberg in sortenreiner Charakteristik mit pointierter Typizität bekannt und weithin geschätzt. Das Sortiment des Traditionsweinguts ist breit gefächert und umfasst frisch-fruchtige Ortsweine im klassisch-sortenreinen Ausbau und die Premiumlinie mit Schwerpunkt in Rot, die im 600-Liter-Holzfass aus St. Georgener Eiche ausgebaut wird. In den letzten Jahren präsentiert sich der Weinstil des Hauses mit mehr Feinheit, vor allem im Premiumbereich zeigt sich die Eleganz der Weine mit ein paar Jahren Reife in unverwechselbarer Terroir-Spezifität. Besonders die im Jahre 2000 wiederentdeckte Weißweinsorte St. Georgener Rebe, die nun als Synonym „Mater Veltlinis" verwendet, präsentiert sich im Zuge größerer Mengen mit eigenständigem Geschmacksprofil und zeigt ihr hohes Qualitätspotenzial. Hans Moser ist einer der Urheber im Zuge der Entdeckung dieser Rebsorte und spielt eine ganz wichtige Rolle für deren Rekultivierung und Vinifizierung, die er seit Beginn verantwortet. *us*

### LEITHABERG DAC

★★★★ K €€€ CH — **TIPP**
**2020 Chardonnay Scheibenberg** + Distinguiertes gelbfruchtiges Bukett, Exotik à la Ananas, Brioche, vitales Fruchtspiel, Nektarine, Marille, rosa Grapefruit, ausgewogen, kräftig mit reifer Säurepikanz, animierende Kräuterwürze, Haselnuss, substanzreich, toller Spannungsbogen, feingliedrige Anmutung, feine Holzeinbindung, viel Potenzial und lang im Finish, groß.

★★★★ K €€€€ BF
**2018 Blaufränkisch Hummelbühel** + Rotbeeriges, würzunterlegtes Bukett, Fruchtmelange aus Kirsche, Brombeere, dunkle Waldbeeren, vollmundig mit kerniger Mitte, Bitterschoko, heller Tabak, etwas Bittermandel, geradlinig, viele Facetten, alles aus einem Guss, substanzreich, burgundische Anmutung, lang im Nachhall, sehr gelungen.

### BURGENLAND

★★ S € SY
**2023 Harys Syrah** + (weißgepresst) Duftige Frische, Steinobst, etwas Kräuter, knackig, feinherb, animierend, vital, feiner Apéro.

★★ S € CW
**2023 Gemischter Satz** + (GV/PB/CH/NB u. a.) Gelbfruchtiges Aromenspiel, etwas Limette, temperamentvoll, knackig, kompakt, viel Cassis, roter Paprika, kräuterwürzig, saftige Mitte.

★★★ S € GV — **FUN**
**2022 Grüner Veltliner Leithakalk** + Ausgeprägte Fruchtaromatik, Granny Smith, Ringlotte, etwas Exotik, gelbfruchtig, delikate Frische, feine Pfefferwürze, substanzvoll mit guter Länge.

★★ S € BF
**2023 Blaufränkisch Rosé** + Klarfruchtige Prägung, Waldbeere, Erdbeere, etwas Brombeere, vitale Saftigkeit, rassige Säure, Zitruszesten, pikante Würze, viel Esprit, trinkig.

★★ S € ZW
**2019 Zweigelt Classic** + Kirsch-Brombeer-Nase, Bitterschokolade, fruchtbetont, viel Schwarzkirsche, etwas Lorbeer, knackig mit tollem Säurerückhalt, vital.

★★★★ K €€€ CR — **TIPP**
**2019 V.T.S. – Vintage Top Select** + (CS/SY/BF/ME) Saftige Waldbeer-Cassis-Heidelbeer-Melange, saftige Fruchtführung, kernige Mitte, blättrige, feinherbe Pikanz, viel Fruchttiefe, perfekt abgestimmter Holzeinsatz, seidige Tiefe, feine Säurestütze, festes Tannin, viel Biss, angenehme Tabaknoten im Nachhall, langes Finish.

★★★★ K €€€ BF
**2018 St. Georgener Blaufränkisch Reserve** + Verführerische wie saftige Kirsch-Schoko-Aromatik, Waldbeere, vital, transparent, Säurespiel, ausgewogen, feine Textur, strömt ruhig, balanciert, angenehm trinkig bei guter Länge.

★★★★ K €€€€ ME — **TIPP**
**2019 Merlot Ried Joachimstal** + Duftstrauß aus Beeren, Efeu, am Gaumen ein weiter Fruchtbogen von Brombeere, Schwarzkirsche, Waldbeeren, reichhaltig und saftig, blättrige Paradeiserwürze, strömt mit sanfter Eleganz, feinkörniges Tannin, druckvoll, viel Tiefe, extraktsüß mit feinem pfeffrigen Würzespiel im Nachhall, ein Klassiker!

### ÖSTERREICH

★★★ S €€€ GR
**2022 St. Georgener Rebe** + Feines blütenduftiges Bukett, gelber Apfel, saftiges Fruchtspiel, Quitte, Pfirsich, Hauch von Exotik, hellfruchtige Stilistik, druckvoll, feine Säure, geschmeidige Mitte, zieliert, strahlt in perfekter Balance, dezente Limettenzeste, Kräuterwürze, tiefgründig, lang im Finish. Chapeau!

# Weingut
# Anita & Hans Nittnaus

**Andreas, Martin, Hans Nittnaus**
7122 Gols, Untere Hauptstraße 49
Tel. +43 2173 2248, Fax -20
office@nittnaus.at, www.nittnaus.at
35 Hektar, W/R 25/75, 200.000 Flaschen/Jahr

Hans Nittnaus verblüfft Jahr für Jahr aufs Neue. Diesmal ist es ein junger Furmint, der neu im Programm ist und von Anfang an begeistert. Das Furmint-Projekt hat der innovative und experimentierfreudige Burgenländer 2018 in die Erde gesetzt. Der 2022er Furmint ist der zweite Jahrgang, der in die Flasche kam – vorerst in minimaler Menge. Aber Nittnaus glaubt extrem an den Furmint, da die Weißweinsorte spätreifend ist und eine prägnante Säure ausbildet, was beides im Zuge des Klimawandels als Vorteil gilt. Und Nittnaus ist überzeugt, dass die ungarische Sorte, die seit 1987 in Österreich als Qualitätsweinsorte zugelassen ist, bestens auf den kargen Boden am Leithaberg passt. Sein Furmint steht in der Joiser Ried Tannenberg, „eine Top-Lage für Furmint", sagt Nittnaus, nach Nordwest ausgerichtet und vom Boden her ein reiner Glimmerschiefer mit Quarziteinschlüssen. Trotz seiner Jugend ist der Wein bereits top und ein gesuchtes Schmuckstück, denn es gibt nur 670 Flaschen.

Das Joiser Terroir ist für den Golser Nittnaus ein begnadet gutes Weinrevier. Dort sind auch seine zwei spannenden Chardonnay-Lagen: einerseits der immer markante Bergschmallister, ein Schieferboden mit Kalküberlagerung, der die Basis für seinen sehr straffen, feingliedrigen Chardonnay ist, andererseits der etwas weichere Freudshofer, der einen mittelschweren Lehmboden mit viel Kalk als Grundlage hat. Große Rotweinerlebnisse liefert Nittnaus auch von dort mit seinen Blaufränkisch-Lagen. Diese Weine zählen Jahr für Jahr zu den allerbesten in Österreich. Zwar haben auch die großen Roten vom Boden her grundverschiedene Voraussetzungen, aber sie tragen eine klare Winzerhandschrift: der Jungenberg, eine Schieferlage, und der Gritschenberg, ein Kalkboden. Beide Blaufränker werden von Nittnaus in gebrauchten 500-Liter-Fässern ausgebaut und unfiltriert abgefüllt. Zwei große Weine aus 2021, das auch als großes Jahr gilt.

Während der Blaufränkisch vom Leithaberg immer mehr zur Nittnaus-Passion geworden ist, steuert der Winzer seit nunmehr 30 Jahren mit seinem Flaggschiff, den Comondor, sicher durch die heimische Rotweinlandschaft. Der Comondor ist eine verlässliche wie hoch geschätzte Rotweincuvée, die den Merlot als Leitsorte hat und Blaufränkisch als würzige Abrundung. Der aktuelle Comondor ist aus dem Jahrgang 2020, zeigt sich jung und kraftvoll. In dem enorm dichten Wein stecken viele PS. Dieser Comondor braucht Belüftung, Zeit und ist ein großes Zukunftsversprechen. Der Winzer, den man als ruhigen und bescheidenen Menschen kennt, kommt beim 20er Comondor ins Schwärmen. Er sei von den Anlagen her „der beste Comondor, den ich je gemacht habe". Und wir können dieser Einschätzung viel abgewinnen.

Die Nittnaus-Jugend bestimmt schon seit einiger Zeit die Geschicke mit. Die Söhne Martin und Andreas sowie deren Cousine Lydia haben den Bio-Betrieb mit dem Natural-Wine-Segment erweitert, in dem sich beachtliche Grüne Veltliner, Blaufränkische und Cuvées finden, die unter den Marken Manila und Elektra schon eine erfolgreiche Verbreitung aufweisen. Es ist ein junges, attraktives Weinsegment, das das spannende Weingut von Anita & Hans Nittnaus noch spannender macht.

*hp*

## LEITHABERG DAC

**★★★ K €€€€ CH**
**2022 Chardonnay Ried Freudshofer Jois** + Reife, üppige Frucht, süße Äpfel, auch Pilze, dezente Würze, am Gaumen zart kreidig und kalkig, viel Zitrus, Blutorangen, hinten cremige Fülle, trinkvergnüglicher Schmeichler.

**★★★★ K €€€€ CH** `TIPP`
**2022 Chardonnay Ried Bergschmallister Jois** + Wein mit Tiefe und Charme, füllige Kernobstfrucht, Quitten und Ringlotten, dezente Würze; mit Belüftung zunehmend mineralisch, salzige Noten, Grapefruits, eleganter Wein vom Schiefer mit Grip und Zug.

**★★★★ K €€€€€ BF** `TIPP`
**2021 Blaufränkisch Ried Jungenberg Jois** + Würzige Nase mit ätherischen Fruchtnoten, Tannenzapfen, schwarzer Pfeffer, Pfefferkuchen und Lakritze; straffes, fein integriertes Toasting, markante Säure, geht über vor Frucht, Heidelbeeren, Cassis, Ribiseln, viel Spannung, super Länge.

**★★★★★ K €€€€€€ BF** `TOP`
**2021 Blaufränkisch Ried Gritschenberg Jois** + Füllige Stilistik, wirkt enorm saftig, reife Weichseln und Kirschen, helle Schokonoten, einschmeichelnde Fruchtfülle, einige Gewürznoten, wodurch der Wein filigraner wirkt, viel Potenzial, aber schon jetzt fein antrinkbar.

## BURGENLAND

**★★★ K €€€ BF**
**2022 Blaufränkisch Kalk & Schiefer** + Süß-fruchtig mit dezenter Würze, Linzer Torte, reife Kirschen; runde, saftige Frucht zeigt sich auch am Gaumen, Ribiseln, straffe Säure sorgt für Spannung und Trinkanimo.

**★★★ S €€€ CR**
**2021 Heideboden** + (ZW/ME/BF) Rote Kirschen, füllige, weiche Frucht, einige Tiefe; rassige Säure, markante Merlot-Würze, einiger Tanninbiss, straffer Heideboden mit viel Fruchtcharme, Kirschen, Ribiseln.

**★★★★ K €€€€ CR**
**2022 Pannobile** + (BF/ZW) Gute Fruchtfülle, reife Kirschen und Schwarzbeeren, auch kreidige Noten; straff am Gaumen, feine Säurestütze und Mineralik, viel Ribiselfrucht, fordernder Pannobile mit super Gerbstoff, junger Wein mit Potenzial.

**★★★★★ K €€€€€€ CR** `TOP`
**2020 Comondor** + (ME/BF) Enorm kräuterwürzige Nase, weiche Fruchtfülle und tolle Tiefe, ätherische Noten, rauchige Textur; fleischige Zwetschkenfrucht, üppig und füllig zugleich, kraftvoller Wein mit straffer Eleganz und gesundem Gerbstoff, Meditationswein im Bordeaux-Style mit Riesen-Anlagen, wird ein Langstreckenläufer!

**★★★★★ K €€€€€ FU** `TOP`
**2022 Furmint Ried Tannenberg Jois** + Gewürzige Noten, Anis, Kreuzkümmel, Hefegebäck, enorm füllig und reichhaltig, zart nussig, saftige schwarze Ribiseln; am Gaumen salzig-mineralisch geprägt und super straff, exotische Fruchtfülle, Maracuja, rosa Grapefruits, straffer, gerbstoffbetonter Wein mit Fruchtfülle und lebhafter Säure, tolle Länge.

## ÖSTERREICH

**★★★ S €€ CW**
**2022 Kalk & Schiefer** + (PB) Dezent reduktiv und würzig, dahinter einige Fülle, Oliven, rosa Pfeffer, wirkt straff; leicht salzig, milde Säure, Grapefruit, Orangenzesten, Zug und Spannung.

**★★★ K €€€ CW**
**2023 Manila weiß** + (GV/WR/PB) Dezente Würze, knackig, gelbapfelig, einige Fruchtexotik, rosa Grapefruit; zeigt viel Veltlinertypizität, vom Burgunder weiche, saftige Note, getrocknete Marillen, Quitten, Zitronenzesten, feine Gerbstoffnoten, milde Säure.

**★★★★ K €€€€ GV**
**2023 Elektra Grüner Veltliner** + Schwarzer Pfeffer, kühle Aromatik, wirkt straff, gebündelt, Südfrüchte; super Säure und Knackigkeit, Williamsbirnen, grüner Apfel, salzig-mineralische Komponente, toller Raw-Grüner-Veltliner mit lässiger Länge.

# NOTIZEN

## Weingut
# Martin Pasler

Martin Pasler
7093 Jois, Obere Hauptstraße 44
Tel. +43 664 3802184
office@pasler.com, www.pasler.com
10 Hektar, W/R 50/50, 50.000 Flaschen/Jahr

Martin Pasler ist ein erfahrener Winzer, dessen Weiß- und Rotweine in der Klassiklinie wie im DAC-Status von den besten Muschelkalkböden und Schieferlagen rund um Jois stammen. Als Bio-Winzer und international gefragter Konsulent im Weinbau ist sein Credo ein ganz klar formuliertes: gebietstypische Weine mit den jeweiligen Terroir-Spezifitäten zu erzeugen, die erst nach längerer Reife das volle Potenzial aufzeigen. Diesem Prinzip folgend bietet Martin Pasler seit Kurzem Late-Release-Ausgaben in Minichargen in Rot, Weiß und Süß an, die ihre Flaschenreifung im Weingut absolvieren. Dieser Schritt demonstriert eindrucksvoll, dass die mineralische Weinstilistik der Paslerschen Weine erst im gereiften Alter ihre unverwechselbare Feinheit und Fruchtfrische voll ausspielen. Dies alles ist ein Ergebnis von extremer Ertragsbeschränkung samt minimal-invasivem Kellerausbau im Weingut.
Die weiße Top-Linie repräsentiert der mit viel Kernigkeit und Finesse auf Kalkböden wachsende Chardonnay aus der Lage Henneberg. Das Aushängeschild im Hause Pasler sind die edelsüßen Weine, die in der TBA-Kategorie, noch dazu aus dem schwierigen Jahrgang 1996, unvergleichliche Weine im Weltformat liefern. *us*

### BURGENLAND

★★★ K €€€ CH
**2023 Chardonnay** + Mineralische Würzenase, saftiges Fruchtspiel, Gelbfrucht, Quitte, ziseliert, ausgewogen, balanciert, gute Länge, gelungen.

★★★ K €€€ CW — PLV
**2023 Muschelkalk** + (40 % NB / CH / WR / MO) Startet mit viel Fruchtfülle, Holunderblüte, Stachelbeere, Ringlotte, zeigt dabei Stringenz, vitale Säure, substanzreich, ruhende Mitte, tolle Cuvée, lang im Finish.

★★★★ S €€€ PB — TIPP
**2013 Weißburgunder** + Nussblättriges Bukett, am Gaumen präzise Fruchtführung, viel Nussaromen, Steinobst, ziseliert, geradlinig, mineralisch, beeindruckende Finesse und Balance mit jugendlicher Frische, sehr lang im Finish.

★★★ K €€€ CH
**2013 Chardonnay** + Schwarzbrot, Nussblatt in der Nase, saftig, knackig, Brioche, viel feine Nussnoten, schöne Kräuterwürze, ausgewogen, lebendige Säure, anhaltend.

★★★ K €€€ CH
**2009 Chardonnay** + Brotige Noten, würzig, viel Nussaromatik, vollmundige Mitte, feine Säurepikanz im Hintergrund, blättrige Noten im Abgang, harmonisch.

★★★★ K €€€ CH
**1991 Chardonnay** + Vollreife Gelbfruchtigkeit in der Nase, heller Tabak, reife Aromatik, Birne, Apfel, Ananas, druckvoll mit vollmundiger Dichte, vibrierende Mineralik, viel Kräuterwürze, sehr lang im Nachhall, ausdrucksstark.

★★★★ S €€€€ ME
**2023 Merlot** + Viel samtige Rotbeerigkeit, Brombeere, Maulbeere, heller Tabak, dicht, extraktreich, begeistert durch finessige Mineralität, engmaschig, perfekt strukturiert, sehr lang, enormes Potenzial.

★★★★ S €€€€ CR
**2002 Z** + (ME/ZW) Blättrig-würziges Entree, animierendes Fruchtspiel, samtige Fülle, Brombeere, Maulbeere, heller Tabak, mineralische Finesse, engmaschig, feine Säurestütze, tolle Vitalität und Fruchtklarheit im langen Finale, ein Langstreckenläufer.

★★★★ K €€€€€ CW — TIPP
**2018 Chardonnay TBA** + (CH/WR) Betörendes gelbfruchtiges Bukett, Biskuit, Haselnuss, glockenklare, helle Fruchtmelange, Quitte, Maracuja, Ananas, Orange, vielschichtig, engmaschig, perfekte Säure, strahlt förmlich mit ziselierter Eleganz und vitaler Frische, feinste Mineralnoten, Balance in Perfektion.

★★★★ K €€€€€ MO — TIPP
**1996 Muskat Ottonel TBA** + Marille, Karamell, feine Kräutermischung, Kamille, feinfruchtige Vitalität, Quitte, Steinobst, viel Exotik, Biskuit, toller Säurerückhalt, Harmonie pur in eleganter Sauternes-Stilistik, langes Finish.

### LEITHABERG DAC

★★★★ K €€€€ CH — TIPP
**2023 Chardonnay Henneberg** + Intensive gelbfruchtige Nase, feine Würze, ungemein saftiges Aroma, Stachelbeere, Steinobst, Exotik à la Ananas, Maracuja, kalkige Finesse, vielschichtig, feines Säurespiel, druckvoll bis ins lange Finale.

★★★★ K €€€€ CH
**2016 Chardonnay Henneberg** + Viel exotische Früchte, Brioche, gelbfruchtig, Ananas, Maracuja, ungemein saftig, extraktreich, alles in Balance, mineralische Finesse, feine Säure, gediegene Größe.

## Weingut
# Prieler

**Georg Prieler**
7081 Schützen am Gebirge, Hauptstraße 181
Tel. +43 2684 2229, Fax -4
weingut@prieler.at, www.prieler.at
24 Hektar, W/R 40/60, 90.000 Flaschen/Jahr

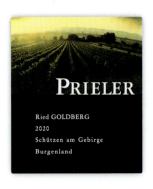

Das Schützener Musterweingut der alteingesessenen Familie Prieler zählt schon seit Jahrzehnten zu den hervorragendsten Weinerzeugern Österreichs – in Rot wie in Weiß. Wesentlicher Grund dafür ist, dass man sich seit jeher mit den Eigenschaften und Charakteristika der verschiedenen Terroirs intensiv beschäftigte und bei deren Vermählung mit bestimmten Rebsorten mit großem Einfühlungsvermögen und mit Umsicht vorging. Damit wurde ein Kerngedanke des heutigen Herkunftssystems hier schon früh umgesetzt. Hielt sich Vater Engelbert Prieler bereits an diese Praxis, so hat Georg Prieler das Terroirdenken nicht nur weiter ausgebaut, sondern auch strukturiert. Im Schützener Weingut ist das dreiteilige System aus Gebiets-, Orts- und Lagenwein gänzlich umgesetzt, die Rieden und deren fixe Verbindung mit idealer Rebsorte stehen hier ganz klar im Rampenlicht. Doch auch der spezifische Ausdruck der einzelnen Sorten aus unterschiedlichen Böden wird hier mit einer Präzision dargestellt, die seinesgleichen sucht. Grundstock und Voraussetzung dafür ist das umfangreiche Inventar an Weingärten in etlichen der hervorragendsten Lagen in Schützen sowie den angrenzenden Gemeinden Oggau und Oslip.

Im Weißweinbereich dominiert Pinot Blanc, und bei dieser Sorte zählt man zweifellos zu den besten Erzeugern weltweit. Einstieg in die Weißburgunder-Welt bietet der hochwertige Ortswein Schützen am Gebirge, der nach wie vor den jahrzehntelang genutzten Riedennamen Seeberg trägt. Als Herkunftsweine gibt es einen Leithaberg Alte Reben ohne Riedenbezeichnung, der von Kalk- und Schieferlagen stammt, sowie den Ried Haidsatz vom Schiefer und den Ried Steinweingarten vom Kalk. Letzterer ist erst relativ jung im Sortiment, beweist aber jetzt schon beeindruckende Komplexität und Tiefe. Seit jeher fix im weißen Portfolio verankert sind Chardonnay und Welschriesling. Seit etlichen Jahren ist auch ein pointierter Gemischter Satz von Kalkterrassen Teil des Sortiments.

Im Rotweinbereich hat Blaufränkisch herausragende Bedeutung, dennoch sollte man die hohe Güte von den Prieler'schen St. Laurent, Merlot, Cabernet & Co nicht unterschätzen. Bei Blaufränkisch trägt der stets zu den allerbesten klassischen Sortenvertretern des Landes zählende Ortswein Oggau die über Dekaden verwendete Bezeichnung Johanneshöhe. Die Herkunft Leithaberg wird auch hier von drei Vertretern abgedeckt: Der Pratschweingarten stammt ebenso wie der Lagenwein aus der berühmten Ried Marienthal aus Oggau, wo Kalkböden den Charakter der Weine stark beeinflussen. Die von Schieferboden geprägte Ried Goldberg, auf der der Ruhm der Prieler'schen Blaufränkischen begründet wurde, liegt wiederum in Schützen am Gebirge. Als saftiges Trinkvergnügen zählt der charaktervolle Rosé alljährlich zu den besten des Landes.

Wurden dem Wohl der Reben, aber auch der Böden im Hause Prieler immer schon große Aufmerksamkeit geschenkt, so vollzog man vor vielen Jahren den Wandel zur biologischen Bewirtschaftungsweise; seit der Ernte 2018 ist der Betrieb bio-zertifiziert.

Erfahrung und großes Geschick beweist man auch im Keller bei Vinifikation und ganz besonders bei der Maturation der Weine. Je nach Sorte und Kategorie kommen Edelstahltanks, Eichenholzfässer von klein bis groß sowie Amphoren zur Anwendung. Aktuell stammen die Einstiegsweine aus dem Jahrgang 2023, die weißen Premiumweine aus 2022 und die Roten aus dem energiegeladenen Jahrgang 2021. Von der Johanneshöhe steht noch der formidabel gereifte 2020er zur Verfügung. **psch**

### LEITHABERG DAC

**★★★★ K €€€€ PB** — TIPP
**2022 Pinot Blanc Leithaberg Alte Reben** + Etwas röstig im Duft, sattes Bukett aus Frucht und Würze, kalkig, leichte Reduktion, würzig und pikant, steinig; griffig, mittelkräftig, geschmeidig, Grapefruit und weiße saure Ananas, saftiger Biss, lang.

**★★★★ K €€€€ PB**
**2022 Pinot Blanc Ried Haidsatz** + Rauchig, samtig, Kräuter, reife Quitten, viel Zitrus, pikant, dabei voll; saftig, mittelkräftig, viel Grapefruits, recht cremige Mitte, schmelzig, guter Biss, reife Zitrusnoten, mittellang.

**★★★★ K €€€€ PB** — TIPP
**2022 Pinot Blanc Ried Steinweingarten** + Rauchig, Gesteinsmehl, wirkt kalkig und sehr pikant, getrocknete Wiesenblüten, Koriandersamen, Chinarinde, kandierte Grapefruits; dezente Frucht, feine Linien, ungemein straff und gebündelt, lang.

**★★★★ K €€€€ BF**
**2021 Blaufränkisch Leithaberg Ried Pratschweingarten** + Würzig, ziemlich pikant, Brombeeren und Kornelkirschen, etwas Tintenblei, Morellen, samtig; kernig, griffig, ungemein lebhaft, viel Biss, schöner Fruchtausdruck, Wildkirschen, subtile Länge.

**★★★★★ K €€€€€ BF** — TOP
**2021 Blaufränkisch Ried Marienthal** + Kühl, viel Veilchen, duftig, Nelken, kalkige Noten, konzentriert, Tintenblei, sehr frisch, pikant; sehr lebhaft, knackig, saftige Mitte, griffig, hinten toller Biss, lang, wow!

**★★★★ K €€€€€ BF** — TIPP
**2021 Blaufränkisch Ried Goldberg** + Samtig, dunkles Laub, rauchig, ausgereift, tiefdunkle Waldbeeren, herrliche Frucht; samtig, Amarenakirschen und Heidelbeeren, supersaftig, knackig, kraftvoll, griffig, endlos.

**★★★★★ K €€€€€ BF** — TOP
**2016 Blaufränkisch Ried Goldberg** + Schöne Reife, Keks, Cassis, Brombeeren und Waldhimbeeren, samtig, Sandkuchen; herrlich saftig, kraftvoll, Schwarzkirschen-Brombeer-Gelee mit Graphit, griffig, hinten dann Biss, aus einem Guss, lang.

### BURGENLAND

**★★★ S €€ CW** — FUN
**2023 Gemischter Satz Kalkterrassen** + Duftig und fruchtbetont, verlockend traubig, puristische Frucht, Holunderblüten, Birne; wunderbar saftiger Biss, feinfruchtig, knackig, erfrischend, Limette, packend, griffig, recht lang.

**★★★ S €€ BF**
**2023 Rosé vom Stein** + Duftig, einschmeichelnde Frucht mit Tiefe, Ribiseln und etwas Früchtetee, Pfirsichhauch; ungemein saftige Frucht, zart cremige Mitte, etwas Zitrus nach hinten, knackig, mittellang.

**★★ S €€ PB**
**2023 Pinot Blanc Schützen am Gebirge Ried Seeberg** + Zart cremig, Bananenchips, floral, zart würzig, harmonisch und zugänglich; mittelgewichtig, recht jung und frisch, Zitrus und Gelbapfel, mittleres Spiel und Finish.

**★★★ S €€€ CH**
**2023 Chardonnay Schützen am Gebirge Sinner** + Zeigt etwas Würze zu Beginn, Biskuit und Kuchenglasur, Frucht kommt mit der Luft, reife Ringlotten, auch Gelbapfel; knackig und straff, kandierte Grapefruitschalen, Quitten, feine Herbe, mittellang.

**★★★ K €€€€ BF** — FUN
**2020 Blaufränkisch Oggau Johanneshöhe** + Rauchig, dichte Würze, ganz klassisch, köstliche Brombeerfrucht; supersaftig, hochelegant, ungemein geschmeidig, dabei straff, schöner Biss, perfekter Tanninschliff, nahe am 4. Stern.

**★★★ S €€€ SL**
**2021 Sankt Laurent** + Sanfte Frucht, elegante Noten, Sauerkirschen, purer Ausdruck, leicht rauchig, dunkles Laub; saftig, ungemein geschmeidig, schönes Frucht-Säure-Spiel, pikant, vornehm.

**★★★★ S €€€€ ME**
**2021 Schützner Stein** + (ME) Rauchig, jugendlich, viel Frucht, kandierte Walderdbeeren, samtige Fülle, Eukalyptus, reif; saftig, kraftvoll, Beerenfrucht, eleganter Schmelz, geschmeidig, mittellang.

♛ ♛

## Weingut
# Christian Rainprecht

**Christian Rainprecht**
7063 Oggau, Hauptstraße 32
Tel. & Fax +43 2685 7222
weingut@rainprecht.at, www.rainprecht.at
9 Hektar, W/R 40/60, 60.000 Flaschen/Jahr

Dieses Weingut besteht seit 1881. Über Generationen als gemischte Landwirtschaft geführt, wurde es im Jahr 1990 auf Weinbau umgestellt. Aktuell gibt es – keine gravierenden – Veränderungen im Betrieb. Vater Christian Rainprecht zieht sich in die Pension zurück, Sohn Clemens übernimmt, natürlich mit tatkräftiger Hilfe des Vaters.
Oggau liegt am Osthang des Ruster Hügellandes und dürfte die älteste Rotweingemeinde Österreichs sein. Das Weingut bewirtschaftet – unter anderem – die Ried Steinweingarten, im Volksmund „Stoaweiat" genannt. Ein Südosthang des Ruster Hügellandes, verwitterter Schotterboden mit hohem Kalkanteil. 1/3 der Rebflächen des Hauses liegt in dieser Ried.
Die Familie betreibt auch mehrmals im Jahr eine Buschenschank . Hier wird das Sauerteigbrot und Gebäck im Holzbackofen selbst gebacken.
Die Highlights bei den Weinen sind ein ansprechender Gelber Muskateller, ein typischer Sauvignon Blanc, ein guter Chardonnay Stoaweiat, ein sehr guter Merlot 2022 Stoaweiat und eine höchst ansprechende 2023 Beerenauslese vom Weißburgunder. Außerdem gibt es noch einen Rosé-Traubensaft vom Blaufränkisch und einen VERJUS vom Blaufränkisch (9,90 Euro) zum Würzen und Säuern. *as*

### BURGENLAND

★★ S € BF
**2023 Rosé-Blaufränkisch** + Helles Rosa, Kräuter, bisschen Kirschen, Himbeeren, schlanke Struktur, zupackend, knackige Säure, schnörkellos, Fliedernoten. Ein Rosé, der Gas gibt und wunderbar zum Essen passt.

★ S €€ WR
**2023 Welschriesling** + Grüne Farbe, grüner Apfel, Kräuterwürze, unglaublich rassig, zupackende Säure, Zitrus, leicht (11 % Vol.), grüne Noten, lädt zum Trinken ein. Der perfekte Wein für eine Brettljause.

★★ S €€ GM
**2023 Gelber Muskateller** + Ein eher zartbesaiteter Muskateller, zurückhaltendes Bukett, eine Ahnung von Holunderblüten, Zitrus, Apfelnoten, spritzige Säure, geradlinig, voller Rasse. Aperitif pur.

★ S €€ SB
**2023 Sauvignon Blanc** + Gelber Paprika, Cassis, gelber Pfirsich, dezente Frucht, rauchige Noten, präsente Säure, voller Pikanz, geht im Glas auf, absolut typisch. Ein Wein für verschiedenste kalte Vorspeisen.

★★ S €€ CH
**2023 Chardonnay Stoaweiat** + Grüne Farbe, Kräuter, Lederapfel, Mandelnoten, Gewürznelken, ganz zart nussig, mittlere Fülle (12,5 % Vol.), frisch und lebendig, feine Fruchtnoten, elegant, frische Säure. Ein lebhafter Chardonnay ohne Anspruch auf Größe, doch sympathisch. Dazu ein Fisch aus dem Neusiedler See, dann ist die Welt in Ordnung.

★★ S €€ ZW
**2022 Zweigelt Klassik Stoaweiat** + Kirschrote Farbe, fein-herbes Bukett nach Kirschen, Brombeeren, etwas Schokolade, Säurebiss, gute Tanninstruktur, leicht (12 % Vol.), zupackend, kernig, gewisser Charme, von jugendlicher Statur.

★★ S €€ BF
**2022 Blaufränkisch Klassik Stoaweiat** + Schwarzrote Farbe, rote und schwarze Beeren, Himbeeren, Brombeeren, würzig, Mandelsplitter, Kirschen, fruchtige Pikanz, angenehme Säure, passendes Tannin, herbe Noten. Ein attraktiver Blaufränkisch von unaufgeregter Präsenz.

★★★ S €€ ME
**2022 Merlot** + Schwarzviolett, schwarze Beeren wie Cassis, Heidelbeeren, etwas Vanille, festes Tannin, bisschen Schokolade, Orangenschalen, eleganter Auftritt, perfekte Säure, würzig, standfest, zeigt Klasse, einige Substanz. Der geht auf die Reise.

★★★ S €€€ PB **TIPP**
**2023 Beerenauslese Weißburgunder** + Grüner Apfel, etwas Honig, frische Ananas, Mandelnoten, ungemein frisch am Gaumen, feine Süße, niemals klebrig, Steinobst, sehr elegant, filigran, feingliedrig, niemals belastend, macht ungeheuren Spaß. Ein leichtfüßiger Süßwein voller Frische und sympathischer Art, jugendlich beschwingt. Großer Spaßfaktor!

👑👑👑

## Weingut
# Martin Reinfeld

**Martin Reinfeld**
7081 Schützen am Gebirge, Haupstraße 19
Tel. +43 699 11506264
office@martinreinfeld.at, www.martinreinfeld.at
17 Hektar, W/R 60/40

Meiner Einschätzung nach zählt Martin Reinfeld zur Elite der burgenländischen Winzerschaft. Seine Weine haben internationales Format und sind zugleich überzeugende Gewächse des Leithagebirges. Man sitzt fassungslos vor dem 2022 Grünen Veltliner Ried Seeberg, der einen in seiner schiefrigen Ausprägung an die großen Weine dieser Sorte erinnert. Ein formidabler 2023 Welschriesling, der meine Hochachtung genießt. Ein wunderbarer 2023 Weißburgunder Ried Reckenschink. Prachtvoll präsentiert sich der 2022 Syrah vom Seeberg. 2022 VIER – 4 Rebsorten, 4 Lagen, 4-mal vinifiziert. Grandios! Dramatisch wird es dann beim 2020 Divine – ein Blaufränkisch von spannungsgeladener Dimension. Er kommt aus einem 35 Jahre alten Weingarten in der Ried Satz. 2020 Steingarten – eine Cuvée von Cabernet Sauvignon und Merlot, den Leithaberg niemals verleugnend. 2020 Blaufränkisch Reserve Ried Ungerberg, den ich zu den größten des Landes zähle. *as*

### LEITHABERG DAC

★★★★ S €€€ GV **TIPP**
**2022 Grüner Veltliner Ried Seeberg** + Da blitzt der Schiefer hervor, rauchig, ungemein salzig, Zitrus, Grapefruit, Orangenschalen, pfeffrige Würze, gelbe Früchte, perfektes Holz, tiefgründig, ungemein vielschichtig. Ein Wein von großer Klasse. Leithaberg pur.

★★★★ S €€€ BF **TOP**
**2020 Blaufränkisch Reserve Ried Ungerberg** + Schwarze Beeren, Johannisbeeren, schwarze Kirschen, Mandeltöne, Bitterschokolade, kühl, feingliedrig, Säurebiss, eben Blaufränkisch, dicht, viel Mineral transportierend. Voller Rasse und Nerv. Vibrierend.

### BURGENLAND

★★ S €€ GV
**2023 Grüner Veltliner** + Weißer Pfeffer, gelbe Früchte, feine Würze, fruchtig, fast mollig, dabei immer elegant, immer mit Stil, ausgewogen, wunderbar zu trinken.

★★★ S €€ WR
**2023 Welschriesling** + Dunkel getönte, rauchige Nase, Apfelnoten, Wiesenkräuter, Brotrinde, Marille, Ananas, saftige Frucht, balanciert, elegant, zeigt Finesse, mineralisch, hochwertig, perfekte Säure, weinige Struktur, ein Welschriesling von Klasse. Der hat Stil.

★★★ S €€ SB
**2023 Sauvignon Blanc** + Pralle Johannisbeeren, ein ausdrucksstarker, fruchtig-fülliger Sauvignon Blanc von außergewöhnlicher Prägnanz. In sich harmonisch, druckvoll, weinig, mundfüllend, cremig-weich, angenehme Säure, ein wunderbarer pannonischer Sauvignon Blanc.

★★★ S €€ PB
**2023 Weißburgunder Ried Reckenschink** + Mürber Apfel, etwas Zimt, fruchtig, saftig, Nelken, Honignoten, etwas Nougat, fein-fruchtige Würze, entwickelt Druck am Gaumen, geht in die Tiefe, dezenter Gerbstoff im Abgang, zeigt Klasse. Verfügt über einige Reserven.

★★★ S €€ SL
**2022 St. Laurent Ried Ungerberg** + Kirschfarben, Weichselkirschen, Lebkuchen, noch etwas verhalten, fruchtige Würze, angenehmes Tannin, kernige Struktur, dabei ausgewogen, gute Länge. Ein St. Laurent, der in den Startlöchern steht und sich noch hervorragend entwickeln wird.

★★★ S €€ SY
**2022 Syrah Ried Seeberg** + Schwarze Oliven, Heidel- und Brombeeren, auch Cassis, frische Frucht, der geht so richtig auf, nobel und fein strukturiert, hat große Eleganz, feinkörniges Tannin, zeigt Tiefgang und Klasse. Viel Zukunft.

★★★ S €€ CR
**2022 VIER** + (BF/CS/ME/SY – 4 Rebsorten, 4 Lagen, 4-mal vinifiziert) Momentan steht der Blaufränkisch im Vordergrund, das kann sich jederzeit ändern, voller Würze, Brombeeren, schwarze Oliven, dunkle Kirschen, ein hocheleganter, griffiger Rotwein bei fester Struktur, einiger Tiefe, festes Tannin, zieht sich zusammen.

★★★★★ K €€€ BF **TOP**
**2020 Divine** + (BF) Frische Kirschen, Mandeltöne, schwarze Beeren wie Heidel- und Brombeeren, saftig-würzige Struktur, festes Tannin, Säureprägnanz, klassisch Blaufränkisch, noch unentwickelt, spannender Rotwein voller Gesteinsnoten, dicht, eng, rassig.

★★★ K €€€ CR **TIPP**
**2020 Steingarten** + (CS/ME) Vollfruchtig, schwarze Beeren, enorme Fruchtfülle, Heidelbeeren, Brombeeren, Cassis, perfekt eingesetztes Holz, voluminös, füllig, straffe Säure, prägnant, viel Tiefgang, strukturiert, auch rote Beeren kommen hinzu. Hier werden die internationalen Rebsorten zu großen Leithaberger Gewächsen.

♛ ♛ ♛

## Weingut
# Franz Schindler

Franz Schindler
7072 Mörbisch, Neustiftgasse 6
Tel. +43 2685 8326
office@weingut-schindler.at, www.weingut-schindler.at
15 Hektar, W/R 30/70, 50.000 Flaschen/Jahr

Die Weine von Ferry Schindler sind mit ihrer kräftigen Rotweinstilistik im internationalen Zuschnitt weit über die Grenzen hinaus bekannt und geschätzt. Bereits der Sortenblend Cuvée d'Argent Chardonnay zeigt unverkennbar die vom Winzer präferierte Handschrift: saftige Fruchtentfaltung in kräftiger Stilistik mit fein unterlegtem Holzeinsatz. Doch die Leidenschaft und Passion gilt den Rotweinen, und hier besticht gleich zu Beginn in der Klassiklinie der Blaufränkisch mit sortentypischer Fruchtklarheit und vitaler Frische samt Würzepikanz.

Die Premiumlinie startet mit dem Blaufränkisch Ried Lehmgrube, der entsprechend des Terroirs das Statement eines kraftvollen Weinmonuments abgibt. In seiner unverkennbaren Stilistik an süßer Fruchtfülle und merklicher Holzprägung ist in der aktuellen Version, im Vergleich zu den letztjährigen Ausgaben, ein mehr an Feinheit und Balance integriert, was ihn zu einem vollendeten Wein prädestiniert.

Die Blaufränkisch geprägte Cuvée d'Or 2021 zeigt in feiner Strukturierung mit viel Fruchtcharme auf, welch hohe Erwartung ihre große Schwester namens Grand Cuvée vom selben Jahrgang erbringen wird, die erst nächstes Jahr in den Verkauf kommt. Die aktuelle Grand Cuvée 2020 ist ausnahmsweise reinsortig dem Merlot gewidmet und zeigt alle Vorzüge eines großen Gewächses mit Bordeaux-Referenz.

Die beiden reinsortigen Bordeaux-Varietäten vom Cabernet Sauvignon aus der steinig-sandigen Ried Seeacker und der auf schottrigen Böden gedeihende Merlot Ried Wieser zeigen erneut das große wie vielfältige Terroirpotenzial der Mörbischer Lagen auf. Last but not least verspricht der Sortenblend namens Veritas eindrucksvoll, was sein Name ankündigt: eine Top-Cuvée internationalen Formates mit viel Fruchtkonzentration, Tiefe und Balance. *us*

### BURGENLAND

★★★ K €€€€ CW
**2021 Cuvée d'Argent** + (CH/SB) Viel Ananas-Banane-Aromatik, saftige Gelbfruchtigkeit mit Exotik, cremige Mitte, holzbetonte Stilistik, Vanille, gute Länge.

★★ S €€ BF — FUN PLV
**2021 Blaufränkisch Selection** + Dunkelfruchtige Rotbeerigkeit, Brombeere, dunkle Kirsche, reichhaltig, viel Herkunftsspezifität, würzig, feine Sorteninterpretation.

★★★ S €€€ CR — FUN
**2021 Ferry** + (BF/CS/ME/SY) Blaubeerennase, zart würzig, fruchtbetonte Rotbeerigkeit, Brombeeren, Waldbeeren, etwas Lakritze, helle Tabakwürze, kühle Anmutung, stringent, angenehme Fülle, lang und animierend.

★★★★★ K €€€€ BF — TOP
**2021 Blaufränkisch Ried Lehmgrube** + Präsentes Brombeerenbukett, Nougat, viel Kräuterwürze, saftige Dichte mit viel Fruchtsüße, Waldbeeren, Herzkirsche, feiner Würzehintergrund, kompakte Struktur, feinkörnige Textur, druckvoll, zurückhaltende dunkle Holzprägung, tiefgründig bis ins lange Finale.

★★★★ K €€€€ CR
**2021 Cuvée d'Or** + (60 % BF / CS / ME) Viel Fruchtfülle, Heidelbeere, Cassis, kompakt, fest, verbindet Fruchtsüße mit Finesse in perfekter Struktur, Würzespiel, samtige Tannine, viel Potenzial, ganz lang im Finish.

★★★★ K €€€€ CS
**2021 Cabernet Sauvignon Ried Seeacker** + Vollreifes, betörendes Cassisbukett, rotbeeriges Aromenspiel, Schwarzbeeren, saftig, druckvoll, elegante Fruchtführung, dunkelbeeriger Hintergrund, fein strukturiert, lang anhaltend.

★★★ K €€€€ ME — TIPP
**2021 Merlot Ried Wieser** + Feines würzig-blättriges Bukett, Havannatabak, saftige Fruchtaromatik im rotbeerigen Aromenspiel, gehaltvoll mit viel Extraktdichte, feinkörniges Tannin, Säurerückhalt, röstaromatische Holzprägung, würziges Finale, ein schlafender Riese, groß!

★★★★ K €€€€€€ ME — TIPP
**2020 Grand Cuvée d'Or** + Präsentes Bukett nach Paradeisblatt, Vanille, feine Fruchtopulenz von Schwarzbeeren, Kräuterwürze, Bitterschoko, druckvoll, vielschichtig, feste Struktur, feine Holzwürze, Tabaknoten, harmonisch, lang im Finish, großes Potenzial.

★★★★ K €€€€€ CR — TIPP
**2019 Veritas** + (50 % CS / ME) Betörendes Bukett nach Schwarzbeeren, druckvoll, samtig geprägtes Fruchtspiel, Schwarzkirsche, Cassis, vitale Fruchttiefe, Bitterschoko, feine Holzwürze, überzeugender Bordeaux-Blend mit Austro-Touch, großartig!

# Winzerhof
# Harald Schindler

**Harald Schindler**
7072 Mörbisch, Kinogasse 9
Tel. +43 676 6296702, wein@winzerhof-schindler.at
www.winzerhof-schindler.at
8 Hektar, W/R 50/50

Der Winzerhof Schindler ist weit über die Grenzen hinaus bekannt und beliebt. Auf bravouröse Weise verbindet die sympathische Familie stilvolle Erholung in einem wunderschönen wie preisgekrönten Feriendomizil, das zugleich als Winzerhof für naturnahen Weinbau fungiert und von Harald Schindler verantwortet wird. Zum elften Mal in Folge wurde das von Alexandra Schindler geführte Arkadenhofanwesen mit dem begehrten „HolidayCheck Gold Award" ausgezeichnet, was sie zu den zehn beliebtesten Hotels in Österreichs kürt.

Das Entree an Schaumvarietäten besticht mit viel Fruchtfrische in feiner Perlage, die als Apéro ebenso wie als Speisenbegleiter voll punkten. Die Klassiklinie in Weiß ist vielfältig und begeistert durch viel Frische und Vitalität. Besonders hervorzuheben sind der Chardonnay mit fruchtbetonter Dichte und der mit viel Saftigkeit komponierte Neuburger.

Die Rotweine im Hause Schindler werden in verschiedenen Spielarten ausgebaut und punkten mit mediterranem Charme. Für die Premiumlinie kommen nur die besten Fässer aus französischer Provenienz in unterschiedlichen Formaten vom Barrique bis zum Tonneau zum Einsatz. Die Sorten-Cuvée Fuego zeigt sich in vollmundiger Dichte, die Sorten-Cuvée Excelsio begeistert durch eine fruchttiefe Stilistik, gefolgt vom Syrah in würziger Vollmundigkeit, die allesamt über große Reifeperspektiven verfügen. *us*

## BURGENLAND

★★ S €€ CW
**2023 Secco** + (WR/GM) Holunderblütenduft, knackige Aromatik nach grünem Apfel, Holunder, delikat, feine Pikanz, spritziger Apéro.

★★ S €€ CR
**2023 Rosecco** + Klare Himbeernase, zart würzig, vollmundiges Fruchtspiel, Granatapfel, Cassis, vitales Säure-Frucht-Spiel, feinkörnige Perlage, klingt mit geschmeidiger Rotbeerenfrucht aus.

★★ S €€ WR — FUN
**2023 Welschriesling** + Bukett nach grünem Apfel, Limettenzeste, knackige Fruchtfrische, spritzig, gelbe Früchte, etwas Zuckermelone, geradlinig, attraktiver Sommerwein.

★★ S €€ SB
**2023 Sauvignon Blanc** + Würziger Paprikaduft, knackiges Fruchtspiel, rote Ribisel, Stachelbeere, spritzig, druckvoll, pikante Stilistik, glockenklar.

★★ S €€ GM
**2023 Gelber Muskateller** + Betörender Rosenduft, hellfruchtige Aromatik, Stachelbeere, Steinobst, herzhaftes Fruchtspiel, animierende Würze, knackiger Säurebiss, spannungsvoll, zugleich schweres Trinkvergnügen, feiner Apéro.

★★★ S €€ CH
**2023 Chardonnay** + Duftet nach Apfelschalen, Biskuit, saftige wie fruchtbetonte Charakteristik, Pfirsich, Mandarine, feine Exotiknoten, druckvoll, etwas Tabakwürze, pikant, cremig-würziges Finish, tolle Länge.

★★★ S €€ NB — FUN
**2023 Neuburger** + Bukett von hellen Nüssen, saftig-knackige Fruchtführung, gelbe Früchte, etwas Exotik, Pistazie, Orangenzeste, fruchtbetonte Stilistik, präsente Säure, feine Würzepikanz, zeigt Klasse.

★★★ S €€ BF
**2022 Blaufränkisch** + Tiefdunkle Beerenfrucht, würzig, schwarzer Pfeffer, etwas Kakao, kräftig mit kerniger Mitte, lebendige Frische, herzhaft, Harmonie von Frucht und Würze, gute Länge.

★★★ S €€€ CR
**2022 Fuego** + (50 % BF / ME / ZW) Intensives Waldbeerenbukett, heller Tabak, dunkelfruchtige Saftigkeit, Brombeere, Schwarzkirsche, feinblättrige Würze, gehaltvoll, klar strukturiert, animierend, lang.

★★★★ S €€€€ SY — TIPP
**2021 Syrah** + Präsentes dunkelbeeriges Bukett, sehr saftig, Schwarzkirsche, Waldbeere, Maulbeere, Bitterschoko, druckvoll, feine Würzepikanz, klar strukturiert, kernige Mitte, ausgewogen, feiner Säurebackground, strömt fein, anhaltend.

★★★★★ S €€€€ CR — TOP
**2021 Excelsio** + (40 % BF / ZW / SY) Vollmundiges Entree von Brombeere, Maulbeere, etwas Zwetschke, saftige wie mundfüllende Dichte, Marzipan, würzig, vielschichtiges Gerbstoffnetz vom feinkörnigen Tannin, Holzröstaroma, druckvoll, Potenzial, lang im Nachhall.

★★ S €€€ CH
**2023 Chardonnay Auslese** + (0,5 l) Kühle Frucht, Birne, weiße exotische Früchte, Orange, knackig, ausgewogen, smarte Frische, sympathisch.

# NOTIZEN

## Bioweingut
# Schreiner

**Victoria & Gernot Schreiner**
7071 Rust, Hauptstraße 4
Tel. +43 688 8229591, office@weinbau-schreiner.at
www.weinbau-schreiner.at
7 Hektar, W/R 50/50, 25.000 Flaschen/Jahr

Der Weinbaubetrieb von Gernot „Hennry" und Victoria ist in einem denkmalgeschützten Vierseithof aus dem 16. Jahrhundert situiert, der seit jeher zugleich als Wirtschafts- und Wohnraum fungierte. Nach der Übernahme des Betriebs im Jahr 2006 haben Gernot und Victoria einen neuen Verkostungsraum und ein Lager eingerichtet sowie den bisherigen Verkostungsraum saniert.

Ursprünglich für ganz andere Professionen vorgesehen – sie Fachschulabsolventin im Sozialbereich, er HTL-Informatiker –, fanden die beiden im Weinbau ihre Berufung: Gernot absolvierte die Weinbauausbildung, arbeitete dann zehn Jahre bei Ernst Triebaumer in Rust mit, um sich in weiterer Folge ganz dem eigenen Betrieb zu widmen.

Die Schreiners bewirtschaften rund sieben Hektar Rebfläche in bekannten Ruster Rieden wie Vogelsang, Geier Umriss, Bandkräftn, Gemärk, Oberer Wald etc. Der enge Bezug zur Natur drückt sich in der biologischen Bewirtschaftung aus, für die man bereits seit 2012 die Zertifizierung erhielt. Seit etlichen Jahren beschäftigt sich Gernot Schreiner verstärkt mit verschiedenen PiWi-Sorten wie Chardonnay Stella, Cabernet Blanc etc.

Im Ruster Weingut gibt es trockene Weiß- und Rotweine ebenso wie Prädikatsweine. Die Weißweine tragen teils Fantasienamen wie „Träum dir Bullerbü" sowie der jedes Jahr einem bestimmten sozialen Projekt gewidmete „Zusammen gehen" – 2023 der Wildtierhilfe Oggau – oder der zwischen Weiß und Orange angesiedelte Dunkelbunt. Die Rotweinpalette reicht von den tadellosen Klassikern Zweigelt und Blaufränkisch über die kraftvolle Lagencuvée Gemärk und den herzhaften Blaufränkisch Rhodolith bis hin zu nicht jedes Jahr verfügbaren Premiumweinen wie Hennry oder der derzeit aktuellen „Perfekten Welle". Immer wieder stehen auch ansprechende Prädikate zur Verfügung. *psch*

### BURGENLAND

★★★ S €€ BF
**2022 Blaufränkisch** + Klassische Brombeerfrucht, dunkle Blüten, ausgewogen; griffig, lebhaft, Beerenfrucht, anregend, mittlere Länge.

★★★ S €€ CR
**2022 Ried Gemärk** + (BF/CS/CF/ME) Recht samtig, Tintenblei, Veilchen mit etwas Cassis, bisschen Kräuter; kernig, Beerenmix, guter Biss, eher rote Beeren, zartherb, straff, mittleres Finish.

★★★★ S €€ BF                                    TIPP
**2022 Blaufränkisch Rhodolith** + Veilchen, Brombeeren und Heidelbeeren, Lakritze, Riesenfrucht, auch gute Würze, klirrend frisch; vital mit viel Biss, verlockender Fruchtschmelz, köstliche Waldbeeren, packend, kalkig, lang.

★★★★ S €€€ CR                                   TIPP
**2021 Perfekte Welle** + (CS/BF/CF) Kühl, dabei expressiv, süßer Wacholder, Schwarzkirschen und Cassis, samtig, ausgereift, frische Pflaumen; saftig, mundfüllend, eleganter Schliff, vital, mittellang, strukturiert.

### WEINLAND

★★★ S € BF
**2023 Rosé Blaufränkisch halbtrocken** + Recht würzig, leicht brotig, Orangenblüten, Kräuter, sanft; saftig, erfrischend, Orangengelee und Ribiseln, straff, feinherb.

★★★ S € CW                                      FUN
**2023 Zusammen gehen Wildtierhilfe Oggau** + (PB/CH) Anfangs Würze, dann immer mehr Frucht, reife Birnen, elegant-samtig, gediegener Ausdruck; sehr saftig, dezent fruchtsüß, harmonisch, hinten Säurebiss.

★★★ S € BM
**2023 Blütenmuskateller** + Intensiv aromatische Nase, muskatig, Traubengelee, Mandarinenschalen, kühl; griffig, am Gaumen viel Zitrus, Orange, zarte Gerbstoffbegleitung, ziemlich straffer Biss, lang.

★★★ S €€ CW
**2023 Träum dir Bullerbü** + (SB/CH) Kühle Frucht, Holunderblüten, auch dunkle Blüten, puristisch, apart, bildhübsch; ungemein saftiger Schmelz, verlockende Frucht, lebhaft, knackig, mittellang.

★★★★ S €€€ SB
**2021 Dunkelbunt Reserve** + (SB maischevergoren) Rauchig, ausgereift, cremig, feuchtes Moos, Weizenkleie, Kandis, Grüntee; saftig, volle Frucht mit harzigen Noten, ordentlich Extrakt, viel Würze, Orangenzesten, ziemlich lang.

★★★ S €€ CR
**Frizzante Whoop Whoop** + (ohne Jahrgangsangabe) Duftig, florale Noten, intensiv nach Ribiseln und Waldbeeren, Waldmeisterhauch; saftig, viel Frucht, schöne Frische, Biss, lebhaft.

👑 👑 👑

## Weingut
# Heidi Schröck & Söhne

**Heidi, Johannes & Georg Schröck**
7071 Rust, Rathausplatz 8
Tel. +43 2685 229, heidi@heidi-schroeck.com
www.heidischroeckundsoehne.com
10 Hektar, W/R 70/30, 50.000 Flaschen/Jahr

Das Familienweingut Heidi Schröck & Söhne zählt zur höchsten Weinprominenz in Österreich. Die goldenen Preziosen in allen Varietäten, von der Auslese bis zum berühmten Ruster Ausbruch, besitzen Weltformat. Das heurige Jahr ist für die Stadt Rust symbolträchtig. 1524, vor genau 500 Jahren, erteilte Königin Maria von Ungarn den Ruster Weinbauern das Recht, ihre Weinfässer mit einem Brandeisen mit „R" zu kennzeichnen, gewissermaßen ein Markenschutz und eine Herkunftsbezeichnung für die Weine aus Rust. Weinbaugeschichte wird im Hause Schröck wortwörtlich im Sinne von qualitätsorientiertem wie naturnahem Weinbau gelebt. Die beiden Söhne Johannes und Georg Schröck haben in den letzten Jahren mit sicherer Hand die eindrucksvolle Sorten- und Terroir-Interpretation weiterentwickelt.

Die Vielfalt im Sortiment an traditionellen Traubensorten ist beeindruckend und reicht von den weißen Burgundersorten, inklusive Muskateller und Welschriesling, bis zu den autochthonen Sorten Lindenblättriger (Hárslevelű) und Furmint. Zweigelt, St. Laurent und Blaufränkisch werden unisono, mit wenigen Ausnahmen, reinsortig ausgebaut und die Terroir-Interpretation zum obersten Prinzip erhoben. Die Vinifizierung startet mit Spontangärung, Weiß wie Rot durchlaufen den biologischen Säureabbau, und die anschließende Reifung erfolgt auf der Vollhefe, alternativ im Edelstahl oder in großen Holzfässern.

Das besondere Augenmerk gilt der Furmint-Rebe, die im trockenen Bereich besonders die unterschiedlichen Bodenformationen aus der Paradelage Vogelsang, geprägt vom sogenannten Ruster Schotter (Schiefer, Quarz, Schotter) und den nördlich von Rust gelegenen kalkhaltigen Böden, idealtypisch zum Ausdruck bringt. Die uneingeschränkten Klassiker im Hause Schröck sind jedoch die berühmten Süßwein-Varietäten, die heuer allesamt bereits im juvenilen Stadium mit viel Feinheit und Fruchttiefe förmlich strahlen. *us*

## RUSTER AUSBRUCH DAC

**★★★★★ K €€€€€€ FU** `TOP`
**2023 Ruster Ausbruch Ried Turner** + (230 g RZ, Säure 7,2 %) Feinstes Fruchtspiel, Quitte, Ananas, zart nussig, engmaschig, glockenklar mit viel leichter Eleganz, toller Spannungsbogen, alles in perfekter Frucht-Säure-Balance, großes Potenzial, lang im Finish, modellhaft.

**★★★★ S €€€ CW**
**2023 Ruster Ausbruch Auf den Flügeln der Morgenröte** + (60 % WR / PG / FU) Betörender exotischer Fruchtmix, Orange, Ananas, Maracuja, Fruchtfülle gepaart mit viel Frische, perfektes Säure-Süße-Spiel, gehaltvoll mit viel Dichte, mit feinen Orangenzesten auslaufend.

## BURGENLAND

**★★★ S €€€ PG**
**2023 Grauburgunder** + Bukett nach Nussbrot, saftige Gelbfrucht, kraftvoll mit fleischigem Hintergrund, zart nussige Anklänge, feine Gerbstoffbalance, gute Säurestütze.

**★★ S €€€ PB**
**2023 Weißburgunder** + Helle Nussblattnase, vitale Fruchtfrische, Gelbfrucht, sehr saftig, frische Nüsse, geradlinig, harmonisch, Finish mit feinem Zitrustouch, schöne Sorteninterpretation.

**★★ S €€€ FU**
**2023 Furmint** + Fruchtfrische, zupackendes Fruchtspiel, grüner Apfel, Steinobst, Säurebalance, mineralischer Unterbau, knackig, zitrusfrisch auslaufend.

**★★★ S €€€ FU** `FUN`
**2023 Furmint Ried Turner** + Glockenklare Boskop-Apfel-Nase, hellfruchtige Aromatik, Quitte, Limettenzeste, straffe Frucht, engmaschig, mineralisch, pointierte Feinheit, trinkanimierend, sehr lang, toll.

**★★★ S €€ CR** `FUN`
**2023 Tour de Rosé** + (Direktpressung) Bukett nach Himbeere, Erdbeere, etwas Ananas, Aromatik-Melange setzt sich am Gaumen fort, satte Fruchtreife, gehaltvoll, viel Fruchttransparenz, ausgewogen, zarte Würze, strömt sanft ins lange Finale.

**★★ S €€ ZW**
**2023 Zweigelt Rusterberg** + Feine rotbeerige Melange, Walderdbeere, Himbeere, Brombeere, strukturiert, vital mit samtiger Textur, balanciert, gute Länge.

**★★★ S €€ CR**
**2022 Junge Löwen** + (85 % BF / SL) Betörendes Kirsch-Schwarzbeeren-Bukett, dunkelbeerig, druckvoll, Biss, perfekte Struktur, mineralischer Verve, Frische, pointiert, saftiger Schmelz im langen Finale.

**★★★ K €€€ BF** `PLV`
**2022 Blaufränkisch Ried Kulm** + Betörende tiefdunkle Beerenfrucht, transparente Fruchtaromatik, würzig hinterlegt, knackig, balanciert, gediegene Sorteninterpretation, feiner Säurekick, trinkig.

**★★★ S €€€ FU**
**2023 Furmint Auslese** + Feines Quittenaroma, reifer Apfel, heller Tabak, saftiges Fruchtspiel mit viel Transparenz, viel Säuregrip, dicht, stilistisch nahe der Beerenauslese, Balance pur.

**★★★★ S €€€ CW** `TIPP`
**2022 Beerenauslese** + (PB/CH) Vollreifes Fruchtspiel in hellfruchtiger Saftigkeit, Apfel, Quitte, Mandarine, exotisch umspielt à la Mango, Maracuja, engmaschig, perfekte Säure-Frucht-Balance, Eleganz pur in strahlender Klarheit, lang im Finish, groß, Chapeau!

**★★★★ S €€€ CW** `TIPP`
**2023 Beerenauslese** + (WR) Traubiges Bukett von gelben Früchten, Hauch von Orangenschalen, Exotik, kühler Touch, intensive Aromatik, Orangenzesten, zartherbe Noten à la Darjeeling First Flush, viel primäre Fruchtigkeit, glockenklar, viel Säurehintergrund, alles in perfekter Balance, beeindruckendes Understatement in klarer Intensität und Finesse!

## ÖSTERREICH

**★★ K €€€ LI**
**2022 21 Buckets** + (Hárslevelü) Viel Grünteearomatik, feine Zitruszesten, etwas Nelkenwürze, orientalischer Gewürzbasar, ziselierte Säure, gerbstoffgebende Struktur, feine Würzenoten im Finish.

## WEINLAND

**★★★ S €€ GM** `FUN`
**2023 Muskateller** + Feine Holunderblüten, saftige Gelbaromatik, Quitte, Steinobst, zarte Rauchnoten, alles in fruchtig-feiner Stilistik, Zitrusanklänge, angenehme Säure, fruchtaromatische Feinheit, gute Länge.

## Weingut
# Seiler

**Georg Seiler**
7071 Rust, Conradplatz 10
Tel. +43 699 12293228
office@weingut-seiler.at, www.weingut-seiler.at
10 Hektar, W/R 55/45

Das Ruster Weingut der Familie Seiler, welche zu den ältesten Winzerfamilien zählt, bewirtschaftet seine Weingärten seit dem Jahrgang 2016 nach biologischen Richtlinien. Die Seilers legen ein besonderes Augenmerk auf gezielte Laubarbeit, welche wohl der Schlüssel für gesunde, vollreife Trauben ist. Die Weine sind absolut authentisch und spiegeln die Böden und Rust wider.
Das Weingut Seiler ist Gründungsmitglied des Cercle Ruster Ausbruch und des Vereins Ruster Ausbruch DAC. Das bringt das Ganze auf den Punkt. Die beiden verkosteten Ruster Ausbrüche DAC aus den Jahrgängen 2022 und 2021 sind von einer unbeschreiblichen Größe, wahrer Nektar, flüssiges Gold. Das ist Weltklasse, gemacht für die Ewigkeit. Bestehend zum Teil aus der Sorte Furmint, den man hier – Gott sei Dank – in Ehren hält. Wo andere ihn in den 50ern gerodet haben, hat ihn Großvater Victor Seiler 1951 gepflanzt. Der Furmint ist auch in den beiden Beerenauslesen aus 2022 und 2021 enthalten. Außerdem wird auch ein trockener Furmint gekeltert. Im süßen Bereich befindet sich ebenfalls der 2023 Traminer Spätlese von betörender Schönheit. Bei den Rotweinen hat mir neben dem 2022 Zweigelt der 2022 Blaufränkisch gefallen. Beide kommen ohne neues Holz aus. Unplugged in Perfektion. Was für ein wunderhübscher 2023 Rosé vom Blaufränkisch – seidiger Glanz, herrlich fein und subtil, ein wahrer Charmebolzen. *as*

### RUSTER AUSBRUCH DAC

**★★★★ S €€€€ CW** TIPP
**2022 Ruster Ausbruch** + Vielschichtig, Pfirsich, Honig, edel und sanft, voller Reichtum, von ultimativer Größe, eine wahre Schönheit, die in die Zukunft blickt, ein edles Gewächs. Ein langes Leben ist vorprogrammiert.

**★★★★★ S €€€€ CW** TOP
**2021 Ruster Ausbruch** + (SÄ/FU, 195,7 g RZ, 8,2 g Säure) Voller Kräuterwürze, süß, außergewöhnlich tiefgründiges Aroma, enorme Substanz, Honignoten, Exotik, Mango, Maracuja, Ananas, ein großer Ausbruch mit ewigem Leben.

### BURGENLAND

**★★ S € BF** PLV
**2023 Rosé Blaufränkisch** + Gequetschte Himbeeren, Kirschen, Orangenzesten, wunderbare Fruchtsüße, etwas Restzucker, sehr elegant, seidiger Glanz, Kohlensäure, ungemein feingliedrig, wunderhübsch.

**★★ S €€ FU**
**2023 Furmint** + Kräuterwürze, Pistazien, Birnen, dunkle Tönung, salzige Noten, Gerbstoffbetonung, dichte Struktur, griffig, präsente Säure, kompakt, zeigt Länge, geht in die Tiefe. Viel Potenzial.

**★★ S €€ CH**
**2023 Chardonnay Ried Rieglband** + Zuckermais, Kern- und Steinobst im Verbund, ungemein saftig, Mandelnoten, ein zarter Honigton, ein Hauch Karamell, zeigt Eleganz, steckt den kräftigen Alkohol weg, da steckt einiges drinnen.

**★★ S €€ PB**
**2022 Weißburgunder** + Wiesenkräuter, nussige Noten, auch ein Streuwiese kommt hinzu, schön trocken am Gaumen mit dezenter Frucht, angenehme Säure, buttrige Noten, gute Länge.

**★★ S €€ ZW**
**2022 Zweigelt** + Kirschiges Bukett, Brombeeren, charmante Herbe, steht fest strukturiert da, geht in die Länge, straffes Tannin, einige Substanz, ein durchaus ernsthafter Zweigelt.

**★★ S €€ BF**
**2022 Blaufränkisch** + Brombeeren, Weichseln, ein würziger, kompakter Blaufränkisch, strukturiert, eng, festes Tannin, präsente Säure, einiger Tiefgang, charaktervoll, ein straffer Blaufränkisch mit Säurebiss.

**★★★ S €€ TR**
**2023 Traminer Spätlese süß** + Ein Rosenstrauch, buttrige Noten, weißer Apfel, Birnentouch, süß und reich, elegant, subtil, feingliedrig, filigran wirkend, angenehme Säure, Litschitöne, Pfirsich, dezente Exotik, ein Wein, der mitunter zulegt. Hier ist Flaschenreife das Gebot der Stunde.

**★★★★ S €€€ CW**
**2022 Beerenauslese** + (0,375-Liter-Flasche) Waldhonig, Pfirsich, Birnen, Karamell, animierender Gerbstoff, welcher die Süße auffängt, würzig, zwar süß, doch niemals klebrig, mit Druck nach hinten, substanzreich, ein Versprechen für die Zukunft.

**★★★ S €€€ CW**
**2021 Beerenauslese** + (0,375-Liter-Flasche) Ungemein kräuterwürzig, keine vordergründige Süße, Zitrus, Quitte, pfeffrig, nussige Anklänge, etwas Marzipan, Kakaopulver, doch mit feingliedrigen Aspekten. Ein respektabler Süßwein mit moderater Süße, dabei Tiefe und Aussicht auf eine enorme Zukunft. Elegant und hintergründig mit filigranen Noten.

# Weingut
# Sommer

**Kathrin & Leopold Sommer**
7082 Donnerskirchen, Johannesstraße 26
Tel. +43 2683 8504
info@weingut-sommer.at, www.weingut-sommer.at
30 Hektar, W/R 85/15, 150.000 Flaschen/Jahr

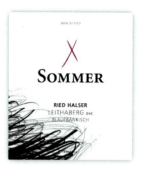

Was sind das für spannende Weine, die uns Leopold Sommer einschenkt. Selten solch muskulöse, statuierte, intensive, dicht strukturierte Gewächse zu Gesicht bekommen. Weine von enormer Authentizität, Individualität, Lagerfähigkeit. Diese Weine entwickeln sich erst nach langer Belüftung. Man muss viel Zeit bei der Verkostung aufwenden. Da springt einen kein Wein an. Das sind Weine, die man sich erarbeiten muss. Doch dann sind es unschlagbare Kreszenzen. Hier kann man den Leithaberg in seiner höchsten Form erkunden.

Die Serie beginnt mit 2023 Riesling Quarz, ein tiefgründiger, aromatischer Wein auf den der eigenständige 2023 Sauvignon Blanc Sandstein folgt. Die Weine der Grünen Veltliner sind Spannung pur – ganz anders im Stil als die niederösterreichischen Pendants. Der 2023 Schiefer ist schon unvergleichlich. Gesteigert wird das Ganze durch den 2022 Ried Himmelreich – ein Anwärter für die 1ÖTW-Lage. Sensationell und in perfekter Form präsentiert sich nach langer Belüftung der Vertreter aus der Purbacher Ried Halser. Himmelreich und Halser öffnen den Blick ins Burgund. 2021 Chardonnay Riefring Thal hat burgundische Noten, bleibt aber immer Leithaberg.

Ein hochspannender, vibrierender 2021 Blaufränkisch Leithaberg entzückt des Herz des Rotweinkenners. Das ist Authentizität pur. Dann wäre noch der Handwerk Riesling 2022. Das ist nicht nur Natur pur, das ist eine neue Dimension von Wein.

Diese Weine repräsentieren internationale Klasse. Es sind stringente, unverwechselbare Gewächse, die das Zeug für eine lange Lagerung haben. Leo Sommer gehört zur Elite der Winzer. Er macht Weine, die den Gaumen fordern und voll befriedigen. *as*

## LEITHABERG DAC

★★★ K €€€€ CH
**2021 Chardonnay Ried Riefring Thal** + Brotkruste, dunkel, unbändig salzig, Limette, straff und dicht, tolle Struktur, tiefe Mineralität, perfekte Säure, braucht Unmengen Luft, um sich darzustellen. Das ist Terroir in Vollendung.

★★ S €€ GV
**2023 Grüner Veltliner Schiefer** + Dunkle Pfefferwürze, Zitrus, dezente Apfelnoten, würzige Frische, fruchtige Säure, geht langsam auf, einiges Potenzial, guter Druck.

★★★★ K €€€€ GV  TIPP
**2022 Grüner Veltliner Ried Himmelreich** + Salzige Mineralität, Schiefer, dunkel getönt, Tabak, Birne, Kräuter und Gewürze, am Gaumen enorm tiefgründig, unglaublich eng, konzentriert, perfekte Säure, ein Riesenstoff, burgundische Dimension, endlos lang abgehend. Hier regiert der Boden. Das ist großartig!

★★★★ K €€€€€ GV  TIPP
**2021 Grüner Veltliner Purbacher Ried Halser** + Zitrus, braucht viel Luft, anfangs zögerlich, etwas Exotik freigebend, Apfel, Kräuter, salzig, eng am Gaumen liegend, der Kalk ist präsent, ziemlicher Stoff, gute Struktur. Von burgundischer Spannkraft. Ein sensationeller, individueller Grüner Veltliner, unbedingt dekantieren.

★★★★ K €€€ BF  TIPP
**2021 Blaufränkisch** + Ungemein würzig, der Schiefer blitzt auf, am Gaumen unglaublich präsent, engmaschig, festes Tannin, präsente Säure, einiger Tiefgang, salzig bis zum Anschlag. Wahnsinnsstruktur. Höchst individuell, großartig und fordernd.

## BURGENLAND

★★ S €€ RI
**2023 Riesling Quarz** + Ananas, Mandarinen, Steinobst, Wiesenkräuter, am Gaumen so richtig trocken, karge Frucht, dicht, super Säure, der Boden schimmert durch. Kühl, lebendig, einige Tiefe.

★★★ S €€ SB
**2023 Sauvignon Blanc Sandstein** + Vielschichtiges Aroma, gelber Paprika, dezente Stachelbeeren, Brennnesseln, alles in reduzierter Form, Ananas, Mango, Zitruszesten, weißer Apfel, Pfirsich, knackige Frische, kompakt und konzentriert, langatmig, wunderbare Säure, vibrierend, dichte Struktur.

## WEINLAND

★★★★ K €€€€ RI  TIPP
**2022 Riesling Handwerk** + Dunkle Mineralität, Kalk/Schiefer, salzig, Apfeltöne, Orangenschalen, Ananas, Kräuter, Steinobst, explodiert am Gaumen, ist dicht strukturiert, kompakt, tiefgründig, lässige Säure, viel Boden, hintergründig, ein Langstreckenläufer.

♛ ♛ ♛ ♛ demeter

# Weingut
# Ernst Triebaumer

**Ernst Triebaumer**
7071 Rust, Raiffeisenstraße 9
Tel. +43 2685 528
office@ernst.triebaumer.com, www.triebaumer.com
18 Hektar, 80.000 Flaschen/Jahr

Das aktuelle Angebot von Familie Triebaumer bewegt sich in sicheren Bahnen auf gewohnt hohem Niveau und kommt diesmal ohne größere Neuheiten und Überraschungen aus. Als kleine Überraschung kann vielleicht gelten, dass der Muskateller von der Ried Greiner aus dem sehr reifen Jahrgang 2023 besonders feingliedrig und rassig ausgefallen ist. Wieder exemplarisch gelungen erscheint der Kristallin genannte Furmint, der dieser Bezeichnung mit seiner zwar ungeschminkten, doch sehr feinen und raffinierten Bauart alle Ehre erweist. Ebenfalls sehr stilsicher präsentiert sich der schwefelfreie Sauvignon Blanc in Gestalt des 2019er Urwerk S, dessen gelbfruchtiger Aromenreigen nicht nur ausgesprochene Anhänger der „Naturwein-Bewegung" erfreuen sollte.

Im roten Segment bestätigt der Blaufränkische aus der Ried Gemärk den schon seit einigen Jahren festzustellenden Aufwärtstrend. Den größten Fortschritt realisiert diesmal freilich der Tridendron 2021, der eindrucksvoll beweist, dass auch eine von Merlot geprägte Cuvée aus einem reifen Jahrgang elegant und feinkörnig auftreten kann. Vom wunderbar harmonischen, saftigen Maulwurf sind wir derartige Auftritte ja schon gewohnt. Als Bordeaux-Blend hors classe erweist sich der aktuelle Cabernet-Merlot, der mit seiner vielschichtigen Art und lasergenau definierten Struktur mit Sicherheit zu den allerbesten Repräsentanten dieser seit 32 Jahren bestehenden Cuvée zu zählen ist. Ebenfalls exzellent geraten sind die beiden berühmten Lagen-Blaufränkischen vom Oberen Wald und Mariental, die den Vergleich mit früheren Spitzenjahren wie 2016, 2017 und 2019 nicht scheuen müssen und erst ganz am Beginn ihrer Entwicklung stehen. Diesbezüglich schon ein bisschen weiter sind die nach zehn Jahren Lagerzeit im Triebaumer'schen Keller in beschränkter Stückzahl erneut verfügbaren „ten years after"-Weine, die dieses Mal durch einen ausnahmsweise aus Oberer Wald und Mariental zusammengesetzten 2014er Blaufränkischen repräsentiert werden. *vs*

## BURGENLAND

★★★ G €€ GM  **FUN**
**2023 Gelber Muskateller Ried Greiner** + Puristisches, unverkennbares Duftspiel nach Holunderblüten und Limetten, blitzsauber und anregend, diesmal überraschend dicht und gepolstert, rund und harmonisch, sehr feine Version mit rassigem Finish.

★★★★ K €€€€ FU  **TIPP**
**2022 Kristallin Furmint** + Matcha-Tee, Zitronenschale und Ingwer beflügeln schon das weit gespannte Bukett, viele Details, sehr prägnant und reichhaltig, am Gaumen kommen dann Mostbirnen hinzu, dicht und vielfältig, sehr lebhaft und rassig, eine höchst originelle Furmint-Version mit hohem Wiedererkennungswert.

★★★★ K €€€€ SB
**2019 Urwerk S** + Der schwefelfreie Sauvignon packt schon im Bukett ordentlich zu: traubiger, gelbfruchtiger Einstieg, saftig und temperamentvoll. Winteräpfel im Zusammenspiel mit Ingwer und grünem Tee, sehr rassig und fruchtbetont, eine originelle Alternative, die nicht nur Fans von Natural Wine ansprechen sollte.

★★★ G/K €€€ BF
**2021 Blaufränkisch Ried Gemärk** + Holunderbeeren und Weichseln im lebhaften, markanten Bukett, straff und pointiert, kernige Ader, anderseits saftig und balanciert, zeigt Dichte wie Spannkraft, dunkelbeeriges Fruchtspiel, sehr vital und individuell, betont rassiger Nachhall.

★★★ G/K €€€ CR  **TIPP**
**2021 Tridendron** + (ME/BF/CS) Ausgereifte, florale Nase mit Anklängen von schwarzen Oliven und Efeu, auch paprizierte Note, pikant und feinkörnig, kraftvoll und harmonisch, tiefe Kräuterwürze plus getrocknete Beeren, auf samtigen Tanninen nachklingend – diesmal besonders gut gelungen.

★★★ G/K €€€ CR
**2021 Maulwurf** + (BF/CS/ME) Vorerst deutlich vom Blaufränkischen geprägt, schwarze Kirschen und Brombeeren, später blicken auch etwas Cassis und Schwarztee hervor, glockenklar und feinkörnig, pfeffrige Würzenote, hat Saft und Kraft, ohne je üppig zu werden, fruchtsüß und expressiv, auch mehr als genug Rasse im langen Abgang.

★★★★ G/K €€€€ BF  **TIPP**
**2021 Blaufränkisch Ried Oberer Wald** + Aus 75 Jahre alten Reben auf Ablagerungen vom Muschelkalk gekeltert; anfangs etwas zugeknöpft, nach Luftzufuhr dunkel getönte Aromen nach Zwetschken und Brombeeren freigebend, fest verwoben, dicht und fordernd, erscheint dennoch leichtfüßig und atmet gleichsam kühle Eleganz, vielfältig und ausdauernd, erst ganz am Beginn.

★★★★ G/K €€€€€ BF  **TOP**
**2021 Blaufränkisch Ried Mariental** + Sofort beeindruckendes, eindringliches Bukett nach schwarzen Kirschen und Marzipan, glockenklar, feingliedrig und fokussiert, eine Spur filigraner als 2019 und druckvoller als 2020 präsentiert sich ein überaus finessenreicher Marientaler von schwebender Eleganz, gebündelt und prägnant offenbart er nach und nach zahlreiche Facetten, viel Biss im langen Finale, große Ressourcen.

★★★★★ G/K €€€€ CR  **TOP**
**2021 Cabernet-Merlot** + Betörender Duft nach Cassis, Menthol und Assam-Tee, geht sofort in die Tiefe, reichhaltig wie vielschichtig, gebündelt und akzentuiert, schokoladige Fülle, sehr körperreich und fruchtsüß, dabei reintönig und elegant, ein fein gesponnener, noch tanninbeladener Bordeaux-Blend der Extraklasse, enorme Reserven.

## Weingut
# G + R Triebaumer

**Günter und Regina Triebaumer**
7071 Rust, Neuegasse 18
Tel. +43 676 4728288
weingut@triebaumer.at, www.triebaumer.at
23 Hektar, W/R 45/55, 125.000 Flaschen/Jahr

Dank ihrer jeweils langjährigen Tätigkeiten in der nationalen wie internationalen Weinwirtschaft mit einem großen Schatz an Erfahrung, Weitsicht und Wissen ausgestattet, haben Günter und Regina Triebaumer das alteingesessene Ruster Familienweingut in den vergangenen rund zwei Dekaden merklich verändert: Die klassische Herkunft wurde durch kreative Konzepte und Ideen belebt, die Palette restrukturiert und durch die Einführung neuer Sorten und Weine bereichert. Dazu gab es einen qualitativen Höhenflug, der den Betrieb bereits vor Langem in die burgenländische Elite katapultiert hat und der ungebrochen weiter besteht.

Die Weingärten liegen fast zur Gänze in und um Rust – lediglich 1,3 Hektar mit Muskateller stehen in Reginas Heimatgemeinde Gols –, wobei sich die Rebflächen auf viele der Top-Rieden der Freistadt verteilen. Dazu zählen etwa Geyerumriss, Plachen und Oberer Wald, aber auch die inzwischen als Monopol bestehende Lage Gillesberg.

Im Weißweinbereich gibt es eine starke Präsenz an aromatischen Sorten – neben Muskateller und Sauvignon Blanc wird auch die historische Sorte Furmint kultiviert, eine wichtige Rolle spielt zudem Chardonnay. Im Rotweinsegment dominiert die klassische pannonische Sorte Blaufränkisch, die es in mehreren Kategorien gibt, mit den Lagenweinen Oberer Wald und Plachen an der Spitze. Die Liebe zu romanischen – allen voran französischen – Edelsorten wird hier voll ausgelebt: An roten Bordeauxsorten gibt es Cabernet Sauvignon und Franc sowie Merlot, dazu Petit Verdot und Carménère, darüber hinaus Syrah sowie Nebbiolo aus dem Piemont und Tempranillo aus Spanien. Die charaktervolle Rotwein-Cuvée namens Weite Welt, die jüngst bei einer Vertikalverkostung ihre tolle Qualität und Standfestigkeit unter Beweis gestellt hat, besteht aus rund zehn Sorten. Weißweinsorten französischer Provenienz gibt es in Gestalt von Viognier aus dem Rhônetal sowie Petit Manseng aus den Pyrenäen. *psch*

## RUSTER AUSBRUCH DAC

**★★★★★ S €€€€€ CW** `TOP`
**2022 Ruster Ausbruch** + Opulent nach Striezel, Trockenfrüchten, Waldhonig, Krachmandeln, satte Fülle, Riesenvolumen; schmalzig und essenzartig, ungemein satt und tief, geht über vor Mangogelee und Honig, auch Marille, supersaftig, tolle Konzentration, endlos.

**★★★★★ S €€€€€ GM** `TIPP`
**2022 Ruster Ausbruch Gelber Muskateller** + Samtig mit kühler, harmonisch gerundeter Frucht, Mangos und Honigmelonen, Honig; supersaftig nach Traubengelee und Satsumas, herrliche Fruchtfülle, ausgereift, hohe Süße, knackiger Säurebiss, lang, braucht noch.

## BURGENLAND

**★★ S €€€ GM**
**2023 Gelber Muskateller** + Feinwürzig und dezent samtig, Holunderblüten und Trauben, ein Hauch von Weihrauch; saftiger Auftakt mit pikantem Säurebiss, ansprechendes Fruchtsüße-Säure-Spiel, leicht spritzig, zartbitter, filigranes Finish.

**★★★ S €€€ FU** `FUN`
**2023 Furmint** + Etwas rauchig untermalte Kernobstfrucht, Birnenquitten, gewisse Würze, Unterholz; Zitrusfrucht und Quitten, lebhaft und knackig, merklich fruchtsüß mit straffer Säure, viel Biss, mittellang.

**★★★ S €€€€ FU**
**2023 Ried Geyerumriss Furmint** + Rauchig und würzig, Moos, die Frucht anfangs schüchtern, dann klar mit elegantem Schliff, Birnen, Blütenhonig, Wachsnote; ungemein saftig mit viel Biss und beachtlichem Fruchtvolumen, feinherb, guter Grip, knackig, mittellang.

**★★★ S €€€€ BF**
**2021 Blaufränkisch Leithaberg** + Gutes Volumen, dunkle Fruchtanmutung, Waldbeeren, Schwarztee; wuchtig, voller Saft und Kraft, etwas forsch, viel Dunkelfrucht, jugendlich ruppig, mittlere Länge.

**★★★ S €€€€ BF**
**2021 Blaufränkisch Reserve** + Anfangs verschlossen, die dunkle Beerenfrucht noch zurückhaltend, Schwarztee, sehr dicht, schwarzer Pfeffer; ungemein saftig, viel jugendliche Frucht, samtige Textur, vollmundig, reichhaltig, lang.

**★★★ S €€€€ NB**
**2022 Erster Nebel** + Klassische Sortennase mit satter Frucht, Himbeeren und Vogelbeeren, bisschen rauchig, Tomatensugo; sehr saftiger Beginn, schöne Frucht, angenehmer Tanninschliff, gute Länge, delikat, beachtlich.

**★★★ S €€€€ CR**
**2021 Weite Welt BG** + Mollig, recht pflaumig, Lebkuchen und eingelegte Kirschen, Maulbeeren und Brombeeren, Tintenblei; dezent saftige Frucht, griffig, mittelgewichtig, herb, mittlere Struktur und Finish.

**★★★★ S €€€€€ CF** `TIPP`
**2021 Cabernet Franc Ried Gillesberg** + Füllige Nase nach Erdbeeren und hellen Kirschen, samtige Fruchtfülle, bisschen Eisenkraut; mittelkräftig, recht saftig, geschmeidige Fruchttextur, mundfüllend, harmonisch, fest, recht lang.

**★★★★ S €€€€€ BF**
**2021 Blaufränkisch Ried Oberer Wald** + Ausgereift, Earl Grey, Tintenblei, reiche Dunkelfrucht, süßes Gewürz; schmelzig-saftig, Unmengen Frucht, Brombeergelee, vollmundig, leicht schokoladig, lang.

**★★★★★ S €€€€€ BF** `TOP`
**2021 Blaufränkisch Ried Plachen** + Tiefdunkle Frucht, Schwarzkirschen, Maraschino, Efeu, kalter Rauch und Weihrauch, Marzipan, Kandiszucker; schmelzig, wuchtig, ungemein saftig, jede Menge Frucht, Riesenpower, toller Schmelz bis ins lange Finale.

**★★★★ S €€€€ CW**
**2023 Beerenauslese** + Geht über vor Frucht, Kompott aus Pfirsich und Mangos, reichhaltig, Cerealien, Honig; supersaftig, beachtliche Fülle mit ordentlich Restsüße und fast rassigem Biss, exotischer Fruchtsalat, lebhaft, pikant, lang.

## ÖSTERREICH

**★★★ S €€€€ PM**
**2022 Le Petit Man Sang** + Rauchig und getragen, Honignoten, satt, Dörrfrüchte, Steinobst, frische Steinpilze; schmalzig, viel Zitrus, wieder Dörrnoten, mollig mit Biss, robust, vierschrötig, wuchtig, recht lang, Geduld.

**★★★ S €€€€ CA**
**2023 Carmen On Air** + Würzig und fruchtbetont, Schlehen, Wildkirschen, bisschen ölig, Falllaub, dicht, dunkel; saftig, mittelgewichtig, mittelkräftiges Tannin, blättrige Akzente, feurig, gute Länge, wild.

**★★★★ S €€€€ TP** `FUN`
**2023 Time Pranillo** + Würzig, Kornelkirschen und Himbeeren, ziemlich samtig, schöne Fülle, bisschen Zimt, geröstete Nüsse, elegante Dichte; ungemein saftige Frucht, kernig, Tanninschliff, liefert echten Sortencharakter, gute Länge, bildhübsch.

**★★★ S €€€€ PV**
**2022 Verd.o** + Tiefe Fülle, ausgereift, dunkler Tabak, Schwarzkirschen und Holler, Vanille, Plunder, Mohn; mittelgewichtig, recht saftig, vorne schöner Fruchtschub, kraftvoll, etwas ruppig, hinten eine Spur trocken.

♛ ♛ ♛

## Weingut
# Wagentristl

**Rudolf Wagentristl**
7051 Großhöflein, Rosengasse 2
Tel. +43 2682 61415
weingut@wagentristl.com, www.wagentristl.com
13 Hektar, W/R 35/65, 60.000 Flaschen/Jahr

Das seit vielen Generationen bestehende Familienweingut Wagentristl zählt heute zu den arriviertesten Winzeradressen in Großhöflein. Rudolf Wagentristl, genannt Rudi, führt den Betrieb mit sicherer Hand und ist ein Garant für feingliedrige Weine mit mineralischer Tiefe.
Das Sortiment wurde gestrafft und fokussiert sich auf Gutsweine im traditionellen Sortenmix und auf Lagenweine in der DAC-Kategorie. Im Ausbau werden die Weine in Weiß wie in Rot spontan vergoren, durchlaufen den biologischen Säureabbau und reifen auf der Vollhefe vorrangig in Tonneaufässern. Die Philosophie der Top-Linie ist, abgesehen von der Sorten-Cuvée Heulichin, durch reinsortigen Ausbau von Weißburgunder, Blaufränkisch und Pinot Noir eine vergleichende Terroir-Interpretation zu erreichen: Extraktreiche, vibrierende Weine vom kristallinen Urgestein (Ried Tatschler) treffen so in idealtypischer Vergleichsweise auf feinziselierte Weine von den mehrheitlich stark kalkhaltigen Böden (Ried Kreidestein). Eine ebenso hohe Aufmerksamkeit wird den Gutsweinen zuteil, die in den Traditionssorten Welschriesling und Muskat-Ottonel in transparenter Fruchtfinesse wahrlich attraktive Preis-Qualitäts-Klassiker sind. *us*

## LEITHABERG DAC

★★★ S €€ PB
**2023 Weißburgunder** + Saftige Walnussaromatik, Quitte, feine Säurebalance, griffige Textur, würzig, zarter Fruchtschmelz, tolle Sorteninterpretation.

★★★★ S €€€€ PB
**2022 Weißburgunder Ried Tatschler** + Vollreife Gelbfrucht, Nussbrot, druckvoll, kompakt, rauchig, transparente Mitte, feine Säurestruktur, zarter Fruchtschmelz im Nachhall, viel Potenzial, tolle Länge.

★★★★ K €€€€ PB  **TIPP**
**2022 Weißburgunder Ried Kreidestein** + Gelbfruchtiges Bukett, etwas Biskuit, viel Quittenaromatik, Steinobst, straffe Struktur, kalkig, vielschichtig, mineralisch-kreidige Finesse, zart cremig und lang im Finish, ein Klassiker!

★★★ K €€ BF
**2022 Blaufränkisch** + Knackige Kirsch-Schoko-Aromatik, vital, engmaschig, mineralisch unterlegt, feine Kräuterwürze, tolle Fruchttransparenz, viel Biss, gute Länge, animierend.

★★★★ K €€€€ BF
**2020 Blaufränkisch Ried Reisbühl** + Saftige Rotbeerigkeit, Waldbeere, etwas Kirsche, Brombeere, Bitterschokolade, dichte Struktur, rauchig, kernige Mitte, tiefgründig burgundisch, lang im Finish.

★★★★ K €€€€ BF  **TIPP**
**2020 Blaufränkisch Ried Kreidestein** + Betörende Fruchtnase, Waldbeeren, Weichsel, feingliedrig mit straffer Eleganz, Hagebutte, dicht, kernige Mitte, feines Würzespiel, noble Sorteninterpretation, viel Potenzial.

## BURGENLAND

★★ S €€ CW
**2023 Weiße Vielfalt** + (40 % GV / MT / WR / MU) Bukett nach Holunderblüten, würzig betontes, helles Fruchtspiel, knackig, animierende Frische.

★★ S €€ WR
**2023 Welschriesling** + Bukett von weißen Blüten, knackige Saftigkeit, grüner Apfel, viel Grip, vital.

★★★ S €€ WR  **FUN**
**2023 Welschriesling Alte Reben** + Feine Apfelnoten, Quitte, Zitruszesten, knackige Fruchtaromatik, vital, tolles Säurespiel, sehr animierend, subtil.

★★ S €€ CR
**2023 Rosé** + (BF/CS/SY/ME) Blütenduftige Aromatik, Erdbeer-Himbeer-Melange, feine Fruchtführung, saftig, dicht, animierende Frische.

★★ S €€ ZW
**2022 Zweigelt** + Knackige Kirscharomatik, fruchtbetont, feine Kräuterwürze, klar strukturiert, etwas Schoko, kompakt, balanciert, viel Frische mit feinem Trinkfluss.

★★★ K €€ PN  **PLV**
**2022 Pinot Noir** + Blütenduftige Nase, elegante Kirscharomatik, Walderdbeere, ziseliert, fruchtfrisch, tolle Pinot-Interpretation in kühler und pointierter Stilistik.

★★★★ K €€€€ PN  **TIPP**
**2021 Pinot Noir Kreideberg** + Vielschichtiges Bukett, Weichsel, helle Kirsche, straff, perfekt strukturiert, elegant, tiefgründig, saftige Mitte, viel Finesse, beeindruckende Sorteninterpretation.

★★★★ K €€€€ CR
**2021 Heulichin** + (50 % BF / 30 % CS / ZW) Präsentes Cassisbukett, dunkelbeerige Dichte, kernig, druckvoll, strukturbetont mit viel Tiefe, vielschichtig, perfekte Holzeinbindung, zarte Röstöne, klar strukturiert, viel Potenzial.

♛♛♛

## Weinbau
# Michael Wenzel

**Michael Wenzel**
7071 Rust, Hauptstraße 29
Tel. +43 699 19567581, Fax +43 2685 2874
office@michaelwenzel.at, www.michaelwenzel.at
9 Hektar, W/R 60/40

Michael Wenzel ist der Furmint-Experte und zugleich Begründer der in den letzten Jahren aufstrebenden Furmint-Renaissance in Österreich. Seine Weine genießen international höchste Reputation und sind in der nordeuropäischen Top-Gastronomie ebenso begehrt wie im transatlantischen Big Apple oder im ostasiatischen Raum.

Die Familie Wenzel ist untrennbar mit der Rettung des Furmints verbunden, der am Ende der Habsburgermonarchie sukzessive in Vergessenheit geriet. Der Großvater sowie der Vater von Michael Wenzel rekultivierten die besten Klone aus ungarischer Provenienz und sorgten mit einer Handvoll Ruster Winzer für das Weiterleben dieser Ruster Spezialität. So pionierhaft die ältere Winzergeneration Wenzel war, so visionär und zielstrebig führt Michael Wenzel das Familienweingut mitten im historischen Ensemble von Rust in qualitative Höhenflüge. Michael Wenzel vinifiziert Furmit in allen Facetten, klassisch trocken oder maischevergoren, in konsequenter Umsetzung eines naturnahen Weinbaus und im minimalinvasiven Kellerausbau.

Die Lagen-Cuvée „Quarz" vom sogenannten Ruster Schotter (mit Quarzgesteinseinlagen) ist der klassische Vertreter mit vitaler und feinzisilierter Frucht. Die Top-Linie repräsentieren die „Alten Reben" aus den ältesten, über 40-jährigen Furmint-Anlagen des Weinguts und die etwas jüngere „Stockkultur"-Anlage. Letztere zeigt durch die ideale Erziehungsform und Klonenselektion das ganz große Potenzial dieser Rebsorte, die mit viel vitalem Frucht-Säure-Spiel samt Tiefgang eine große Zukunft im Climate Warming beschieden sein wird. Die genaue wie feine Winzerhand zeigt sich eindrucksvoll in den komplementären Rotweinsorten Blaufränkisch und Pinot Noir, die mit präzisem Schliff, Feinheit und einer umwerfenden Balance begeistern.

*us*

## BURGENLAND

★★★ K €€€ FU — **FUN**
**2023 Furmint Aus dem Quarz** + Brotige, kräuterwürzige Nase, Steinobst, Quitte, viel Amalfi-Zitrone, stringente Fruchtführung, Weingartenpfirsich, mediterrane Kräuterwürze, kraftvoll, dicht, alles in feinzisilierter Stilistik, nervige Schieferwürze, präziser Schliff bis ins lange Finale.

★★★★ K €€€€ FU
**2023 Furmint Alte Reben** + Tiefgründiges Fruchtspiel, Weingartenpfirsich, Steinobst, Limettenzeste, Williamsbirne, gehaltvoll mit engen Maschen, druckvoll, viel mineralische Vitalität, feine Kräuteraromen, salziger Nachhall, große Zukunft.

★★★★★ K €€€€ FU — **TOP**
**2023 Furmint Stockkultur** + Klares gelbfruchtiges Bukett, Limette, viel saftige Frucht, Mirabelle, Zitrus, homogene Fruchttiefe, offenherzig mit zartem Schmelz, alles in kompakter Dichte, Vitalität pur, hoher Genussfaktor, klingt mit viel mineralischer Salzigkeit im langen Finish aus, ganz groß.

★★★★ K €€€€ FU — **TIPP**
**2022 Furmint Stockkultur** + Duftet nach Grüntee, präzises Fruchtspiel, viel teeblättrige Aromatik, Wiesenkräuter, stringente Fruchtführung mit mineralischer Prägung, pointierte Gelbfrucht, Weingartenpfirsich, Quitte, Zitruszeste, viel Transparenz, perfekte Frucht-Säure-Balance, gediegene Größe, Sortencharakteristik in Perfektion, Chapeau.

★★★ K €€€ CW
**2023 Lockvogel wild & free** + (SB/CH/GM – maischevergoren) Rosenduftiges Entree, feiner Würzehintergrund, Teeblattnoten à la Darjeeling First Flush, distinguierte Aromatik, Lederapfel, etwas Steinobst, Exotik, vitale Eleganz, Limette im Nachhall, sehr trinkanimierend, toll.

★★★★ K €€ BF — **TIPP**
**2022 Blaufränkisch Aus dem Kalk** + Feines, sehr dezentes rotbeeriges Bukett, betörende Fruchtaromatik, Waldbeeren, Kornelkirsche, kühle Frische, griffig und fordernd, dunkelfruchtig, schwarze Olive, Graphit, vibrierende Eleganz, engmaschig mit beeindruckender Balance und Stringenz, juvenil, Feinheit mit Modellcharakter.

★★★★ K €€€€ PN
**2021 Pinot Noir** + Viel florale Aromatik im Melange-Weichsel-Fruchtspiel, Kornelkirsche, Waldbeere, vielschichtig, feinzisilierte Stilistik, kühle Finesse, Kräuterwürze, mineralische Prägung, engmaschig, kühle Sorteninterpretation in eleganter Anmutung, unprätentiös groß.

# VINOTHEKEN

## EISENSTADT

**Selektion Vinothek Burgenland**
7000 Eisenstadt, Esterházyplatz 4
Tel. +43 2682 63345
wein@selektion-burgenland.at
www.selektion-burgenland.at

Kompetente Vinothek in historischen Räumen. Die Selektion Vinothek & Weinbar Burgenland bietet über 800 Weine von 140 Winzern aus allen Regionen des Burgenlands, dazu werden kleine Happen serviert.

## RUST

**Weinakademie Österreich**
mit Gebietsvinothek
7071 Rust, Hauptstraße 31
Tel. +43 2685 68530
www.weinakademie.at/bas_rust.php

## PURBACH

**Haus am Kellerplatz**
7083 Purbach, Am Kellerplatz 1
Tel. +43 2683 5920
www.haus-am-kellerplatz.at

## SIEGENDORF

**Weinhandel Wild**
7011 Siegendorf, Hauptstraße 16
Mobil +43 664 5223193
www.weinhandel-wild.at
Mit Voranmeldung

# GASTRONOMIE/NÄCHTIGUNG

## EISENSTADT

### Henrici
7000 Eisenstadt, Esterházyplatz 5
Tel. +43 2682 62819
www.henrici.at

Einen schöneren Platz als im offenen Säulengang mit Blick auf das Schloss gibt es in Eisenstadt kaum. Viele hochwertige Produkte wie Fisch, Rind, Wild oder Wein werden in den eigenen Landwirtschaftsbetrieben der Esterházys produziert. Auf den Teller kommt ein pannonisch-mediterraner Mix mit zeitgemäßen Anleihen.

### Restaurant Ruckendorfer
7000 Eisenstadt, Joseph-Haydn-Gasse 43
Tel. +43 2682 64688
www.ruckendorfer.com

Nettes Bistro mit viel Glas und einem von Steinmauern umgebenen Garten. Gelungene Kombination aus pannonischer und moderner Crossover-Küche. Saisonlieblinge rund um den Kürbis und das Gansl sind beliebt und natürlich die Steaks. Recht ausführliche Weinkarte mit Fokus auf den Leithaberg.

### Hotel Ohr Restaurant & Catering
7000 Eisenstadt, Ruster Straße 51
Tel. +43 2682 62460
www.hotel-ohr.at

Das Hotel ist eine jahrzehntelange Konstante in Eisenstadt. Im gemütlichen Familienhotel sorgt Johannes Ohr in dritter Generation für Akzente in der Küche. Viele Kreationen stammen aus dem Rezeptfundus der Oma, der Enkel achtet darauf, dass sie nicht in Vergessenheit geraten. Gerne kombiniert er auch mit internationalen Zutaten. Gute Weinkarte mit Schwerpunkt Burgenland, hausgemachte Schnäpse.

### WeinSchwein – Hofpassage
7000 Eisenstadt, Hauptstraße 30
Tel. +43 2682 64752
www.hofpassage.at/weinschwein

Café, Heuriger und Bar: Sympathisches Lokal mit idyllischem Hof. Hier werden bodenständige traditionelle Gerichte wie Omas Schweinsbraten ebenso serviert wie Mediterranes und Tapas. Die Weinkarte bewegt sich erfreulich abseits des Üblichen.

### Osteria del Corso
7000 Eisenstadt, Hauptstraße 48b
Mobil +43 650 9907217
www.osteria-corso.at

Wie authentisch hier Dolce Vita gelebt wird, zeigt schon, dass die Speisekarte typisch italienisch auf einer Kreidetafel präsentiert wird. Mit Fabio Antenucci steht ein Mann am Herd, dessen Geschmack von der italienischen Nonna geprägt wurde. Reich ist die Auswahl an leichten, herrlichen Gerichten: Antipasti, hausgemachte Pasta, Meeresfische und -früchte und Bistecca Fiorentina aus der Toskana. Patron Helmut Hager achtet auch auf ein schönes Weinangebot: rund 240 verschiedene Weine, davon circa 20 glasweise. Auch ältere Jahrgänge, teils Bordeaux und Schaumweine sind zu haben.

### Haydnbräu
7000 Eisenstadt, Pfarrgasse 22
Tel. +43 2682 63945
office@haydnbraeu.at, www.haydnbraeu.at

Die erste burgenländische Gasthausbrauerei. Richtig gemütliche Stuben, im Sommer ist der Gastgarten mit hohen Bäumen der Anziehungspunkt. Zum frisch gezapften Bier passt traditionell Herzhaftes wie burgenländische Knoblauchcremesuppe mit überbackenen Käseschnitten, Gulaschsuppe mit Pusztawürstelscheiben oder Schweinsfiletstreifen-Paprikasch.

## FORCHTENSTEIN

### Restaurant Grenadier
7212 Forchtenstein 290/1
Tel. +43 2626 83068
www.restaurant-grenadier.com

Außen die historische Substanz von Burg Forchtenstein, innen verschmelzen die steinernen Mauern mit eleganter Moderne. Küchenchef Michael Strobl werkte u. a. in Mooslechners Bürgerhaus in Rust, zuletzt war er Küchenchef in Toni Mörwalds Hotel Ambassador. Im Burgrestaurant kocht er pannonisch-bodenständig: zweierlei gekochtes Bio-Rindfleisch, kurzgebratener Zwiebelrostbraten, klassisches Gulasch vom Bio-Rind oder Ragout vom heimischen Rehbock.

## MÖRBISCH

### Casa Peiso
7072 Mörbisch, Herrengasse 15
Tel. +43 2685 8221
www.casapeiso.at

Romantischer, mediterran anmutender Streckhof mit drei loftartigen, individuellen Suiten, die Zimmer haben Steinwände und Ziegelgewölbe. Wunderschön begrünter Innenhof. Den Abend ausklingen lassen kann mit einer Flasche im romantischen Weinkeller.

### Das Schmidt
7072 Mörbisch, Raiffeisenstraße 8
Tel. +43 2685 8294
www.das-schmidt.at

Nettes familiäres Hotel mit Wellnessanlage, Garten und Biotop. Die Küche versteht sich auf Klassiker wie Hochzeitssuppe und Zwiebelrostbraten, aber so nah beim See natürlich auch auf Fisch. Da kommen Gänge wie Zanderfilet auf Gemüsetagliatelle. Immer gut sind die Desserts wie der gezogene Apfelstrudel. Von den fünf Hektar großen Weingärten kommen natürlich einige eigene Weine.

### Winzerhof Schindler
7072 Mörbisch, Kinogasse 9
Tel. +43 2685 8389
www.winzerhof-schindler.at

In der Früh hört man nichts außer Vogelgezwitscher und das Klappern des Frühstücksgeschirrs aus dem blütenduftenden Innenhof. Die Winzersuiten wurden lässig gemütlich gestaltet. Familienanschluss hat man bei Alexandra Schindler und den Schwiegereltern. Winzer Harald Schindler führt durch das Kellergewölbe und schenkt feinen Blaufränkisch aus.

## NEUDÖRFL

**Piribauer**
7201 Neudörfl, Hauptstraße 71
Tel. +43 2622 772910
www.piribauer.net

Sehr gemütlicher Heuriger mit viel Holz. Neben klassischer, kalter Jause wird auch warm gekocht: Sautanzpfanne mit Schweinsbraten, Blunze, Bratwürstel, Sur- und Kümmelbraten genauso wie Beuschel, gebackene Leber, Ripperln oder Backhendl. Dazu gibt es gute eigene Rotweine.

## OGGAU

**Landgasthof Sebastiankeller**
7063 Oggau, Sebastianstraße 68
Tel. +43 2685 7297
www.sebastiankeller.at

Das Spektrum reicht von pannonischer Küche bis zu überregionalen Spezialitäten. Krautfleckerl treffen auf Neusiedlersee-Zander und Szegedinergulasch, dabei wird auch die jeweilige Saison von Spargel, Fisch, Kürbis, Wild und Gansl hochgehalten. Im Verkaufseck gibt es Schmankerln wie Marmeladen, Säfte, Liköre und Weine zum Mitnehmen.

**Gut Oggau**
7063 Oggau, Hauptstraße 31
Mobil +43 664 2069298
www.gutoggau.com

Edelheuriger von Winzer Eduard Tscheppe und Stephanie Tscheppe-Eselböck. Stephanie serviert hervorragend verfeinerte Heurigengerichte mit Aufstrichen, Räucherfischen, Speck oder Seewinkler Gemüse, die gut zu Eduard Tscheppes biodynamischen Weinen passen.

## OSLIP

**Csello**
7064 Oslip, Sachsenweg 63
Tel. +43 2684 2209
csello.at

Das Kulturzentrum Csello hat auch ein Restaurant mit gehobener Regionalküche. Neben alternativer Musik und Kabarett gibt es von Donnerstag bis Sonntag Köstlichkeiten wie Moorochse im Biersaft geschmort, Grammelknödel auf Chili-Paradeis-Kraut, Schneenockerln mit Topfen-Himbeer-Eis oder Blechkuchen nach Omas Rezept.

## PÖTTELSDORF

### Biohof Neuberger
7023 Pöttelsdorf, Bachzeile 40
Mobil +43 699 10287887
www.biohof-neuberger.at

Marmelade, Brot, Kuchen, Traubensaft, Müsli, Eierspeise und noch andere Aufwecker stehen auf dem Tisch, alles vom eigenen Bauernhof. Serviert wird von Hausherrin Petra Neuberger, eine nette Gastgeberin, bei der man sich gleich zu Hause fühlt. Auf dem Hof streichelt man Katzen und in den heimelig eingerichteten Wohnungen mit Naturholzmöbeln hört man – nichts. Könnte gerne zum Dauerzustand werden.

## PÖTTSCHING

### Zur Grenze
7033 Pöttsching, Zipfwald 1
Tel. +43 2631 2265
www.gasthof-zur-grenze.at

Asien grenzt noch immer an das Burgenland, lautet das Motto. Dementsprechend lustvoll schaut die Küche über die Grenze. Knuspriger Kabeljau in Tempurateig mit Kokosflocken oder Rotes-Enten-Curry mit Früchten kommen genauso auf die Teller wie sehr gut gekochte Österreichklassiker. Zu besonderen Anlässen wird ein ganzes Spanferkel zubereitet.

## PURBACH

### Fossil
7083 Purbach, Kellergasse 6K
Tel. +43 2683 21025
www.restaurant-fossil.at

Der Weinkeller aus dem Jahr 1870 wurde liebevoll revitalisiert und zum Lokal umgebaut. Im revitalisierten Muschelkalkgewölbe verzaubert Thomas Pugel mit Neuinterpretation von Klassikern der pannonischen sowie österreichischen Küche. Hausgemachte Grammelknödel vom Mangalitzaschwein mit brauner Butter und Krautsalat hat genauso Platz wie in Olivenöl confierte Atlantikgarnele mit im Safran-Orangen-Sud eingelegtem Fenchel und Grapefruitfilets. Dazu passen lokale Weine.

### Restaurant Gut Purbach
7083 Purbach, Hauptgasse 64
Tel. +43 2683 56086
www.gutpurbach.at

Bei der Zubereitung von Innereien hat Max Stiegl eine Meisterschaft entwickelt. Er vertritt die Nose-to-tail-Philosophie, verwendet also alle Teile. Manche Kreationen kosten manchen wohl Überwindung, etwa bei hauchdünn geschnittener Pferdezunge mit Tatarfüllung. Hirn beweist Stiegl, weil sich sein Küchenspektrum nicht nur auf die inneren Werte beschränkt. Seine pannonischen Gerichte sind ideenreich, spannend, aber nicht plakativ. Pluspunkt ist auch die Weinkarte mit gereiften burgenländischen Spezialitäten sowie herausragende Jahrgänge aus Bordeaux und Burgund. Übernachten kann man in historischen Räumen mit zeitgemäßem Design. Aus den Küchen im Knappenhof am Fuße der Rax im Restaurant Das Spittelberg hat sich Max Stiegl zurückgezogen.

**Hotel und Restaurant Pauli's Stuben**
7083 Purbach, Fellnergasse 1a
Tel. +43 2683 5513-0
www.braunstein.at

Ehrliche Wirtshausküche wie früher, die Arbeit mit der Natur und die Verwendung viele Bio-Produkte ist Familie Braunstein wichtig. Schwester Birgit leitet das Weingut, Bruder Paul betreibt den Gasthof. Nach Rezepten der Familie werden burgenländische Klassiker serviert, es wird aber auch zeitgemäß gekocht. Dazu werden Weine vom Leithaberg ausgeschenkt, vor allem natürlich die hauseigenen, auch in der Amphore unter der Erde gelagerte Weine sind dabei.

## RUST

**Hotel Schandl**
7071 Rust, Rathausplatz 7
Tel. +43 2685 6202
www.hotelschandl.at

Im Herzen der historischen Altstadt am Rathausplatz warten im denkmalgeschützten Objekt aus dem 17. Jahrhundert geschmackvoll renovierte Zimmer. Der eigene Buschenschank Peter Schandl ist nur 168 Schritte entfernt, das Weingut Peter Schandl 118 Schritte.

**Art Boutiquehotel Bürgerhaus Rust**
7071 Rust, Hauptstraße 1
Tel. +43 2685 6162
timimoo.at

Wunderbare Suiten mit Blumen, bunten Farben und Landhausstilmöbeln. Nicht weit entfernt am Rathausplatz 18 betreiben Tina und Michael Mooslechner im Rusterhof ein Edelwirtshaus. Verfeinerte Regionalküche, unbedingt die jiddische Gänseleber mit Grappa-Rosinen und hausgemachtem Brioche probieren. Sehr schönes Weinangebot mit großem Angebot aus der Region Neusiedlersee.

**Wirtshaus im Hofgassl**
7071 Rust, Rathausplatz 10
Tel. +43 2685 60763
www.hofgassl.at

Im romantischen, baumbeschatteten Hof gelangt man über das namengebende historische Gassl mit üppig blühenden Blumen. Küchenchef Michael Pilz beherrscht kreative Regionalküche aus besten Grundprodukten genauso wie die klassische regionale Küche mit internationalen Akzenten. Beispiel? Kross gebratenes Zanderfilet mit Solospargel und Morchelrisotto. Weinkarte mit regionalem Schwerpunkt.

## SCHÜTZEN AM GEBIRGE

**Taubenkobel**
7081 Schützen, Hauptstraße 33
Tel. +43 2684 2297
www.taubenkobel.at

Walter Eselböck war einer der Pioniere des Burgenlands, der die Produkte seiner Umgebung mit allerhöchster Küchenkunst veredelte. Den eingeschlagenen Weg gehen seine Tochter Barbara und ihr Mann Alain Weissgerber weiter. Wenige Zutaten genügen, dazu kommt eine geniale Gabe für großartige Kombinationen. Zu den beglückenden Gängen werden die besten Vertreter naturbelassener Weine serviert, natürlich auch die von Barbaras Schwester Stephanie und Schwager Eduard Tscheppe. Wer will, kann sich auch mit Säften begleiten lassen. Eselböck für Einsteiger gibt es nebenan in der „Greißlerei". Übernachten kann man auch. Man übernachtet in einer Art Boutiquehotel, wie man es in der Umgebung von Nizza finden würde. Formidable!

## TRAUSDORF AN DER WULKA

**Oleander Heuriger**
7061 Trausdorf an der Wulka, Flugplatzstraße 7
Tel. +43 2682 62153
www.oleander-heuriger.at

Eine blühende Oase, im Arkadenhof sitzt man besonders nett. Signature Dish ist der „Hahn im Korb" – steirisches Backhendl –, auch Gänseleberpastete, Bauernblunze, Kürbis in allen Variationen im Herbst und das Gansl werden serviert. Romantische Zimmer.

## WIMPASSING AN DER LEITHA

**Ziegelwerk**
2485 Wimpassing an der Leitha
Ziegelofengasse 28
Tel. +43 2623 737 96
www.ziegelwerk-gasthaus.at

Aus der ehemaligen Ziegelfabrik wurde ein luftiges, lichtdurchflutetes Restaurant, das alte Bausubstanz und modernes Design bestens miteinander vereint. Die Herkunft der sympathischen Wirtsleute Julia Weber (aus Vorarlberg) und Werner Tschiedel aus Wimpassing spiegelt sich auch in der Karte wider. Leithaland-Salate mit geschmorten Rüben und Ziegenkäse, Grammelknöderl mit lauwarmem Krautsalat und Kümmelsaftl oder geflämmter Seesaibling mit Fenchelsalat und Radieschen in Buttermilch machen das Leben schön. Und weil Julia gelernte Patissière ist, sollte man einen ihrer feinen Kuchen probieren.

# Vinaria lesen, Wein genießen

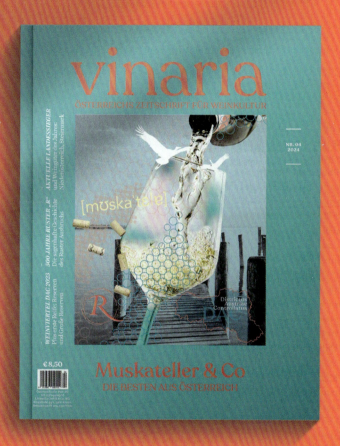

**Jahresabo mit 8 Ausgaben jährlich inklusive Vinaria Weinguide um nur € 69,–**

Ein ganzes Jahr alles zu den Themen Verkostungen, Weinwissen, Weinlesen und Gourmet direkt nach Hause.

office@lwmedia.at | T +43 2732 82000

 facebook.com/vinariamagazin    newsletter: vinaria.at

Das Abonnement ist problemlos mit sechswöchiger Frist vor Ablauf der Bezugszeit schriftlich kündbar. Ansonsten erhalte ich danach Vinaria zum jeweils gültigen Abopreis, inklusive Vinaria Weinguide (derzeit € 69,–). Preis inklusive Umsatzsteuer und Versand.

www.vinaria.at

# MITTELBURGENLAND

Das Mittelburgenland ist ein ausgesprochenes Rotweingebiet: die Rebfläche ist zu mehr als zwei Dritteln mit Rotweinreben bestockt, wobei sich die Anteile stetig weiter zugunsten des Rotweines verschieben. Seine Lagen an den sanften Ausläufern des Ödenburger Gebirges ziehen Nutzen aus den lehmigen bis sandigen, mitunter schottrigen Böden. Zum Teil dominieren auch sehr schwere Lehmböden, die naturgemäß gerade in heißen und trockenen Weinjahren ihre Vorteile ausspielen können. Aber auch in klimatischer Hinsicht ist das Gebiet begünstigt: So wird es im Norden vom Ödenburger Gebirge, im Westen von der Buckligen Welt und im Süden vom Günser Bergland bestens gegen negative Wettereinflüsse abgeschirmt, während die freie Öffnung gegen Osten hin bewirkt, dass sich die warmen pannonischen Klimaeinflüsse ungehindert ausbreiten können.

Im Mittelburgenland dominiert die klassische Rotweinsorte Blaufränkisch mit großem Abstand vor allen anderen. Tatsächlich haben die letzten Weinjahrgänge ausgezeichnete Rahmenbedingungen für die Rotweinerzeugung und hier vor allem auch für den Blaufränkisch geboten, was sich in entsprechend markanten und kräftigen Gewächsen niedergeschlagen hat. Die besten Rotweinlagen befinden sich in den Weinorten Horitschon, Deutschkreutz, Lutzmannsburg, Neckenmarkt, Raiding und Ritzing. Eine Besonderheit von Neckenmarkt sind seine relativ steilen Südhänge. Klangvolle Riednamen sind etwa der Hochberg und der Bodigraben in Neckenmarkt, in Horitschon Dürrau oder Hochäcker. Gewissermaßen eine Weinbauinsel bildet das Lutzmannsburger Plateau, dessen außerordentlich schwere Lehmböden ebenfalls beste Voraussetzungen für qualitativ hochwertigen Rotweinanbau aufweisen, auch wenn das Potenzial nicht immer ganz ausgeschöpft wird.

Im Mittelburgenland sind auch St. Laurent, Blauburgunder, Cabernet, Merlot und Syrah ausgepflanzt; die Rotweine der Premium-Kategorie sind allerdings oft Cuvées aus mehreren Rebsorten.

Mit dem Jahrgang 2005 wurde die Herkunftsbezeichnung DAC Mittelburgenland eingeführt. „Mittelburgenland DAC" steht für fruchtbetonte, würzige Weine aus Blaufränkisch, die im traditionellen großen Holzfass und/oder im Stahltank ausgebaut wurden. Mit einer Riedenbezeichnung wird ein kräftigerer Blaufränkisch-Stil gekennzeichnet, der Ausbau in gebrauchten Barriques ist zulässig, Alkohol mindestens 13%, maximal 13,5%. Mit „Reserve" werden die gehaltvollsten Blaufränkisch mit einem Mindestalkohol von 13% gekennzeichnet. Diese Weine dürfen auch in neuen kleinen Holzfässern ausgebaut werden. Die Prüfnummer für Mittelburgenland DAC darf frühestens ab dem 1. Mai des auf die Ernte folgenden Jahres beantragt werden, verkauft werden darf er nicht vor dem 1. August. Für DAC mit Riedenbezeichnung gelten der 1. Juli bzw. der 1. Oktober, für Reserven der 1. Jänner bzw. der 1. März des auf die Ernte zweitfolgenden Jahres.

2.036 Hektar Weinanbaufläche
Die wichtigste Rebsorte:
Blaufränkisch

♛ ♛ ♛

## Kellerei In Signo Leonis
# Heribert Bayer

**Patrick Bayer**
7311 Neckenmarkt, Wirtschaftspark 5
Tel. +43 664 4349004, Fax +43 2610 42644
bayer@weinfreund.at, www.weinfreund.at
20 Hektar, W/R 20/80, 80.000 Flaschen/Jahr

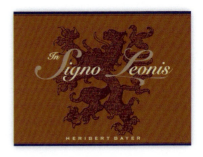

Heribert Bayer hatte sich als Negoziant und Berater aufstrebender burgenländischer Rotweinwinzer einen Namen gemacht. Auf der Suche nach Trauben für seinen eigenen Wein wurde er am Neckenmarkter Hochberg fündig. Man schrieb das Jahr 1997, als die Cuvée im Zeichen des Löwen – In Signo Leonis – das Licht der Welt erblickte und aus dem Stand heraus reüssierte. Es folgten weitere Weine, die nach Sternzeichen benannt wurden, wie In Signo Tauri oder In Signo Sagittarii. 2002 wurde die moderne Kellerei in Neckenmarkt gebaut, 2004 erweitert. Da wusste der qualitätsbesessene Heribert Bayer bereits, dass sein Sohn Patrick in seine Fußstapfen treten wird.
Die Basis des Sortiments bildet die Serie „Zeitlos", gefolgt von „EX-QUI-SIT", an der Spitze der Pyramide stehen die Signo-Weine, die Sternzeichen. Abgerundet wird das Angebot durch Sekte und einen Rosé. In ausgesucht guten Jahren gibt es zusätzlich den Chardonnay Albatros und die rote Cuvée Herzblut, deren Ausgabe 2017 im dritten Quartal 2023 in den Verkauf kam. Zum 80. Geburtstag von Heribert Bayer wurde nach seinen Vorstellungen ein Cabernet Sauvignon gekeltert, ein „Wein vom linken Ufer aus österreichischen Trauben". In den Verkauf kommt dieser buchstäblich einmalige Wein zum 83. Geburtstag im August 2024.
Alle Rotweine werden in Neckenmarkt vinifiziert, die Weißweine ausnahmslos in Rust. Dank des großzügigen Flaschenlagers sind auch ältere Jahrgänge erhältlich. Neu ist das Projekt ZERONIMO, das für alkoholfreie Weine steht, derzeit ein roter Stillwein und ein weißer Schaumwein. Eine Ausweitung ist vorgesehen. *ww*

### BURGENLAND

★★★ S €€€€ PB
**2022 Weißburgunder EX-QUI-SIT** + Ansprechend, feine Kräuternoten, etwas Zitrus à la Zitronen und Grapefruits, knackige Birnen, Anklänge von Pfirsichen; viel Frucht, Schmelz, kraftvoll, mundfüllend, satte Frucht und hauchzarte Würze im Nachhall.

★★★ S €€€€ CH
**2022 Chardonnay EX-QUI-SIT** + Sanfter Druck, feine Frucht, herbe Birnen und knackige Nektarinen, Gewürze angedeutet; schließt nahtlos an, ganz zartes Säurespiel, eine sympathische Prise Gerbstoffe gibt Struktur, einige Substanz, gute Länge.

★★★ K €€€€ CS
**2020 Cabernet Sauvignon EX-QUI-SIT** + Kompakt, reife Cassisbeeren, tief im Glas frische Zwetschken und eingelegte Früchte, erdiger Touch; straff, Tanninrückgrat, feine Säure gibt Leben, im Abgang und im Nachhall wieder bodenständige Aromen.

★★★★ K €€€€ BF
**2021 In Signo Sagittarii** + (BF) Profundes und nobles Sortenbukett, kühle Frucht, Brombeeren, Heidelbeeren, Kirschen, feine Würze; aromatisches Dacapo, Tiefgang, Frucht und Gewürzaromen innig verwoben, Finesse, Säurespiel, lang, im Nachhall wieder kühle Frucht und zarte Gewürze.

★★★★ K €€€€ CR **TIPP**
**2021 In Signo Leonis** + (60 BF / 30 CS / ZW) Die Rebsorten Blaufränkisch und Cabernet Sauvignon geben den Ton an, Zweigelt zur Abrundung, vielschichtig, ausgewogen, viel dunkle Frucht, Würze, winzige Prise Cassislaub; schließt mit diesen Aromen an, auch auf dem Gaumen balanciert, elegant, in keiner Phase üppig, langer Nachhall mit Frucht und feinkörnigen Gewürze.

★★★★★ K €€€€€€ CS **TOP**
**2019 Heribert Bayer Einmalig** + (CS) Sorte unverkennbar, gediegen, ruhig, kündigt Kraft an, reife schwarze Johannisbeeren, fast erdige Bodennoten, getrocknete Lorbeerblätter, Prise orientalische Gewürze; bringt diese Aromatik auch auf dem Gaumen, kraftvoll, reifes Gerbstoffnetz, in keiner Phase langweilig oder schwerfällig, sehr langer Nachhall mit Frucht, Würze und Bodentönen.

## Weingut
# Eichenwald Weine

**Johannes Forauer, Johannes Berger und Martin Prinz**
7312 Horitschon, Günser Straße 54 und 60
Tel. +43 2610 42321
office@eichenwald.at, www.eichenwald.at

Das größte Weingut im Mittelburgenland, hervorgegangen aus der Genossenschaft Vereinte Winzer Blaufränkischland mit rund 100 Mitgliedern, gegründet 1962, hat wieder einen Kellermeister und Önologen. Martin Prinz ist BOKU-Absolvent, lange Jahre hat er an der HBLA Klosterneuburg gearbeitet, zuletzt als Kellermeister. Mit ihm gemeinsam lenken Geschäftsführer Johannes Forauer und Johannes Berger, verantwortlich für Verkauf und Marketing, die Geschicke dieses stattlichen Betriebes. Im Fokus steht hohe Qualität.

Eichenwald Weine verarbeitet Trauben aus Weingärten in Horitschon, Unterpetersdorf, Lutzmannsburg, Deutschkreutz und Raiding. Der Großteil der Produktion entfällt auf Rotweine, Blaufränkisch dominiert. Die Auswahl ist groß, aus Platzgründen stellen wir nur einen repräsentativen Auszug vor.

Neu im Sortiment ist ein reinsortiger Sauvignon Blanc mit unverkennbaren Sortenmerkmalen. Aufgefallen ist heuer auch die 2021er Reserve vom Zweigelt, genannt „Das Federvieh". Aus der renommierten Riede Dürrau weiß die Reserve vom Blaufränkisch zu überzeugen. Das Aushängeschild des Betriebes ist wiederum die Cuvée „The Oak" aus 2020. *ww*

### MITTELBURGENLAND DAC

★★★ S €€ BF  PLV
**2021 Der Gugafanga Blaufränkisch Ried Gfanger** + Klassisch geprägt, dunkle Frucht, feine Würze, Holz kein Thema, rotbeerige Akzente; ausgewogene Aromatik, feine Säure, integrierte Gerbstoffe, frisch und ungekünstelt bei mittlerem Gewicht.

★★★ K €€€ BF  TIPP
**2021 Der Geistesblitz Blaufränkisch Reserve Ried Dürrau** + Kühl, Brombeeren, Kirschen, feine Würze à la Wacholderbeeren, leise Bodentöne; dunkelfruchtig, würzig, feinmaschiges Gerbstoffnetz und Säurespiel geben Struktur, Pikanz, Herkunft, in keiner Phase schwer, Potenzial.

### BURGENLAND

★★★ K €€€ CH
**2021 Blanc de Blancs Brut Sekt g.U.** + (CH) Ernsthaft, Hefetöne, Prise Wermut, dezente Frucht; Frucht auf dem Gaumen präsenter, samtige Perlage, trinkanimierend, Substanz, im Finish und im Nachhall helles Steinobst und Hefe.

★★★ S €€ SB  PLV
**2023 Das Vorspiel Sauvignon Blanc** + Unaufdringlich archetypisch, grünfruchtig, vegetabilische Anklänge, Cassis, Rhabarber, vielschichtig; auch im Geschmack so, zusätzlich Pfirsiche hinten, feines Säurespiel, Trinkfluss, fruchtiger Nachhall, mittlere Länge.

★★★ S €€ GM
**2023 Der Fruchtkorb Gelber Muskateller** + Sorte klar, Holunderblüten, Prise Muskatnuss und Grapefruits, Kräuter; super saftig, animierend, gute Substanz.

★★ S € ZW
**2022 Die Ritterehre Zweigelt** + Frisch, Kirschen, markante Würze à la Kräuter, Piment und Pfeffer; frische Kirschen, Säurespiel, zarte Pikanz, mittleres Gewicht, zugänglich.

★★ S € BF
**2022 Der Traubendieb Blaufränkisch** + Kirschen, Sauerkirschen, Preiselbeeren und deren Laub, dunkle Würze; auch im Geschmack so, Säurespiel, integrierte Gerbstoffe, fairer Preis.

★★★ S €€ ME
**2021 Das hohe Ross Merlot** + Glockenklar, unauffälliges Holz, dunkle Beeren, Zwetschken, schwarze Oliven, Wacholderbeeren, Paprika; zupackend, Tanningrip, Säurespiel, lebhaft, Frucht und Würze bis in den Nachhall hinein.

★★★ S €€ CR  PLV
**2021 Die Zeitreise Cuvée** + (BF/ZW/CS) Ausgewogen, eigenständig, Kirschen, Brombeeren, Hauch Kaki, subtile Gewürzaromen; aromatisches Dacapo, dunkle Frucht, elegante Gerbstoffe, zartes Säurerückgrat, Holz angedeutet, Substanz.

★★★ K €€€ ZW
**2021 Das Federvieh Zweigelt Reserve** + Dunkle Würze, sanfter Druck, Schwarzkirschen, Mon Chérie, Pflaumen und Heidelbeeren; saftig, kühle Frucht, perfekt integrierte Tannine, klare Struktur, trotz merklicher Substanz nicht üppig, feine Würze und dunkle Frucht im langen Abgang.

★★★★ S €€€ CR  TIPP
**2020 The Oak Cuvée** + (BF/ME/CS) Wertig, Beeren, Kardamom, Schwarzkirschen, Orangenzesten, Kakaopulver, feingliedrig; aromatisches Dacapo, zupackend, Tanningrip, kraftvoll, Holz unaufdringlich präsent, Frucht und Gewürzaromen klingen lange nach, sehr jung.

# Weingut
# Ernst

**Bernhard Ernst**
7301 Deutschkreutz, Neubaugasse 21
Tel. +43 664 3860220
info@weinguternst.at, www.weinguternst.at
12,5 Hektar, W/R 20/80, 80.000 Flaschen/Jahr

Im Jahr 2005 hat der junge Bernhard Ernst in der Garage seiner Eltern die ersten Weine gekeltert. Gemeinsam mit seiner Frau Sylvia baute er den kleinen Familienbetrieb zu einem modernen Weingut um. Sein Fokus liegt auf Ernsthaftigkeit und Herkunft. Seine alten Rebstöcke hält er in Ehren. Weil er großen Wert auf gesunde Böden legt, war der Umstieg auf biologische Bewirtschaftung ein naheliegender Schritt.
Die Ried Hochberg charakterisiert ein leicht sandiger Lehmboden mit hohem Kalkgehalt. Zusammen mit der südwestlichen Exposition und den alten Reben begünstigt diese Lage Blaufränkisch mit klarer, kühler Frucht. Auch der Goldberg ist kalkhaltig, die schwere Lehmschicht ist bis zu zwei Meter dick. Die Reben der Ried Fabian auf dem Deutschkreutzer Hochplateau wurden 1949 ausgepflanzt. Hier weht meist ein kühler Wind, was trotz des üppigen Untergrundes aus Lehm Weine mit frischer, klarer Frucht ermöglicht.
Die Rotweine werden in Holzfässern ausgebaut, davor teilweise im Stahltank. Für den „Zion" und den „La Mission" verwendet der Winzer ausschließlich kleine Eichenfässer. Die Weine der Linie „Sideways" stellen rigorose Selektionen aus den einzelnen Rieden dar. Es gibt sie nur in Top-Jahren. Sie sind gewissermaßen das Hobby des Winzers, „die Motorsportabteilung unseres Betriebes". *ww*

## MITTELBURGENLAND DAC

**★★★★ K €€€ BF** TIPP
**2021 Blaufränkisch Reserve Ried Goldberg** + Elegant, Schwarzkirschen, Beeren, feine Gewürze; harmonisch, Frucht und Würze eng verwoben, zarte Gerbstoffe, Säurespiel, präzise, gute Länge, im Finish und im Nachhall feines Holz sowie Orangen und Kakaopulver, nobel.

## BURGENLAND

**★★★ K €€€ CW**
**2022 Zion Weiß** + Ansprechend, Äpfel, auch floral und würzig, feingliedrig; saftige Frucht, Würze unterlegt, Feinheit vor Wucht, fruchtig-würziger Nachhall.

**★★★ S €€ BF**
**2022 Blaufränkisch Deutschkreutz** + Klassisch, frische Brombeeren, Kirschen, Hauch Kräuter; saftig, feines Säurerückgrat, beschwingt, trinkanimierend, Frucht und feine Würze im Abgang und im Nachhall.

**★★★ K €€€ BF**
**2021 Blaufränkisch Reserve Ried Fabian** + Feingliedrig, Waldbeeren, elegante Gewürznoten, auch Heidelbeeren; schließt aromatisch und charakterlich nahtlos an, seidige Gerbstoffe, strukturiert, gute Substanz, ungewöhnliche Feinheit, im langen Nachhall hauchzarte Gewürze.

**★★★★ K €€€ BF** TIPP
**2021 Blaufränkisch Reserve Ried Hochberg** + Sorte unverkennbar, dunkle Frucht, Waldbeeren, dezent rauchig, Prise Kardamom, leise Bodentöne; aromatisches Dacapo, kraftvoll ohne Üppigkeit, feinkörnige Gewürze, Tanningrip, ausgewogen, langer Nachhall, Reserven.

**★★★★ K €€€ CR**
**2021 Zion** + (60 % BF / 20 % ZW / 10 % CS / ME) Druckvoll, ausgewogen, dunkle Beeren, etwas rauchig, dunkle Würze, tief im Glas getrocknete Apfelspalten; vielschichtige Frucht, balanciert, in keiner Phase langweilig, gute Substanz, fruchtig-würziger Nachhall.

**★★★★ K €€€€ CR** TIPP
**2021 La Mission** + (60 % CS / ME) Wertig, Kardamom, elegant dunkelbeerig, auch Himbeeren, Heidelbeeren und Zwetschken, feingliedrig; dunkle Frucht, feinmaschiges Gerbstoffnetz, Säurespiel gibt Leben und Struktur, nichts Vorlautes, gute Länge, pures Understatement.

**★★★★ K €€€€ PN**
**2019 Sideways Pinot Noir** + Vergleichsweise dunkel; viel Frucht à la Kirschen und Himbeeren, Prise Unterholz, trockenes Laub, kündet Kraft an; saftig, fruchtbetont, Tannine eingebunden, Struktur, trotz merklicher Kraft nicht überbordend, Säurespiel sorgt für Konturen.

**★★★★ K €€€€ ME**
**2019 Sideways Merlot** + Waldbeeren, getrocknete Tomaten, Prise Salz und Gewürze, Sandelholz; Sorte unverkennbar, ungewöhnlich straff und kraftvoll-sehnig, feiner Tanningrip, gute Länge.

**★★★★ K €€€€ SY**
**2019 Sideways Syrah** + Sanft, kraftvoll, reife Vogelbeeren, tief im Glas dunkles Steinobst, indische Gewürze; lebhaft, Substanz, präsente Tannine, im Abgang und im Nachhall auch grünwürzig.

**★★★★ K €€€€ CS** TIPP
**2019 Sideways Cabernet Sauvignon** + Sorte klar, Cassis, Graphit, Trüffel, merkliche Bodentöne, würzig; archetypische Sortenaromatik, kräftige und gut integrierte Tannine, hinten ein Hauch Cassislaub, noch sehr jung, Potenzial.

♛ ♛ ♛ ♛

# Weingut
# Gager

**Horst Gager**
7301 Deutschkreutz, Karrnergasse 2 und 8
Tel. +43 2613 80385, Fax -15
info@weingut-gager.at
www.weingut-gager.at

Das Weingut Gager gehört seit Jahren zu den Leitbetrieben des Mittelburgenlandes. Gegründet wurde es von Josef Gager im Jahr 1984. Rotweine hoher Qualität mit einer gesunden Härte wurden bald zu seinem Markenzeichen. Mittlerweile führt sein Sohn Horst das Weingut. Er hat etwas an Strenge weggenommen, ohne die Linie des Hauses zu verwässern. Ohne Ausnahme werden die Rotweine im Holz ausgebaut, für die Klassik-Linie werden Barriques aus siebter und achter Befüllung verwendet, um schmeckbare Eichenaromen zu vermeiden. Für die Flaggschiffe des Hauses kommt ausschließlich neues kleines Holz zum Einsatz. Cabernet Franc und Merlot werden sortenrein nur in sehr guten Jahren angeboten. Der Blaufränkisch Gager, kurz BFG, wird nur in den besten Jahren vinifiziert. Es handelt sich um eine Selektion der ältesten Reben. Den „Tycoon" gibt es ebenfalls nur, wenn der Jahrgang passt. Dieser Wein besteht zu einem Drittel aus Tannat, ist erfahrungsgemäß sehr lagerfähig. Die Cuvée „Gager Gold" aus je einem Drittel Blaufränkisch, Cabernet Sauvignon und Merlot gibt es nur in Top-Jahren. Wegen der sehr geringen Menge wird er nicht aktiv beworben. Die aktuellen Weine aus der Rebsorte Blaufränkisch sind ausgesprochen fein ausgefallen. So einladend wie 2022 war die Cuvée Quattro um diese Zeit vermutlich noch nie. Der Cablot hingegen ist ungemein zupackend mit viel Tannin und kraftvoll-sehniger Struktur, der braucht seine Zeit. Wie erwartet ist der Tycoon ebenfalls kein Faserschmeichler, dennoch ist er für sein junges Alter schon erstaunlich zugänglich. *ww*

## MITTELBURGENLAND DAC

★★★★ **K €€€€ BF** `TIPP`
**2022 Blaufränkisch Ried Mitterberg Reserve** + Feingliedrig, dunkle und rote Frucht, Kirschen, Brombeeren, Cranberries, noble Würzenote; schließt nahtlos an, feiner Tanningrip, Balance, hinten und im langen Nachhall orientalische Gewürze à la Nelken und Piment, elegante Linie.

## BURGENLAND

★★★ **S €€ BF**
**2022 Blaufränkisch Klassik** + Rotbeerige Akzente, Kirschen, Preiselbeeren und deren Laub, tief im Glas frische Brombeeren; glockenklare und saftige Frucht, Säurespiel, präsente Gerbstoffe, lebendig, eigenständig.

★★★ **S €€€ BF** `PLV`
**2022 Blaufränkisch Ried Fabian** + Fein, zart, Kirschen, Brombeeren, Preiselbeeren, dezente Würze; schließt aromatisch an, auch Minze, feine Gerbstoff netz, zartes Säurerückgrat gibt Leben, ausgewogen, ungewöhnlich fein.

★★★ **S €€€ CR**
**2022 Q2** + (60 BF / 25 CS / SY) Viel dunkle Frucht, Schwarzkirschen, Cassis, Brombeeren, Anklänge von Dörrzwetschken; vielschichtige Fruchtaromen auch im Geschmack, Gewürze eingestreut, zugängliche Gerbstoffe, passende Substanz, einladend, fernab der Oberflächlichkeit.

★★★★ **S/K €€€€ CR**
**2022 Quattro** + (CS/BF/ME/ZW) Dunkle Frucht, ätherische Noten, Schwarzkirschen, Cassis, tief im Glas schwarze Oliven und Orangenzesten, feine Würze; vielschichtig auch im Geschmack, einladend, gut integriertes Gerbstoffnetz, Balance, dezente Gewürze klingen lange nach.

★★★★ **K €€€€€ CR**
**2022 Cablot** + (60 CS / 30 ME / CF) Kompakt, kündigt Substanz an, viel dunkle Frucht à la Cassis, Kirschen und Zwetschken, getrocknetes Tomatenkraut und schwarze Oliven angedeutet; zupackende Gerbstoffe, Gewürze unterlegt, dunkle Frucht, viel Substanz, sehnig, lang, noch sehr jung, Reserven.

★★★★★ **K €€€€€ BF** `TOP`
**2021 BFG** + (BF) Einladende Frucht, Blaubeeren und ein Hauch Gelee von diesen Beeren, Kirschen, Cassis, feingliedrig, elegantes Holz, dezente Würze à la Black Cardamom, ein wenig rauchig, subtil nach Trüffeln und After Eight; aromatisches Dacapo, Finesse vor Wucht, feinmaschiges Gerbstoffnetz, lang, Potenzial.

## ÖSTERREICH

★★★★★ **K €€€€€€ CR** `TOP`
**2021 Tycoon** + (je 1/3 CS/BF/TA) Präzise und glockenklar, dunkle Frucht, Blaufränkisch hat minimal die Nase vorn, Brombeeren, Schwarzkirschen, Cassis, ätherische Würze; schließt aromatisch nahtlos an, ausgewogen, Tanningrip, klare Struktur, lebendig, hinten und im langen Nachhall grünblättrige Noten, kein Faserschmeichler, aber für sein Alter vergleichsweise zugänglich.

# Weingut
# Gesellmann

7301 Deutschkreutz, Langegasse 65
Tel. +43 2613 80360
weingut@gesellmann.at, www.gesellmann.at
50 Hektar, W/R 10/90

Das Weingut der Familie Gesellmann kann auf eine jahrhundertealte Geschichte zurückblicken. Im Jahr 1719 findet sich die erste Erwähnung in einer Urkunde. Nicht ganz so alt sind die Reben in den Weingärten, aber manche bringen es auf das nahezu biblische Alter von mehr als 90 Jahren. „Die regulieren den Ertrag ohne mein Zutun", erklärt Albert Gesellmann. Die erste Lese im neuen Terrassen-Weingarten „hochberc" wurde 2023 eingebracht, der Wein schlummert noch in den Fässern.

Bei der Vinifizierung der Weißweine hat Albert Gesellmann behutsame Umstellungen vorgenommen. Der Sauvignon Blanc beispielsweise gärt nur noch im gebrauchten Holz und durchläuft einen biologischen Säureabbau. Den einfacheren der beiden Chardonnays baut er wegen der Frische zum Teil in Edelstahltanks aus, zum Teil in Eichenfässern. Bei den Weißweinen sind einige Stunden Mazeration mit Stielen zur Reduktion der sensorischen Üppigkeit üblich.

Bei den Rotweinen ist Holzeinsatz selbstverständlich. Es kommen überwiegend Fässer mit 500 Litern Inhalt zum Einsatz, die Eichenaromen sollen sich dem Wein unterordnen, der Wein selbst bleibt der Hauptdarsteller. Mit dem Jahrgang 2021 setzt der Winzer Fässer mit sehr dicken Dauben ein, um den Sauerstoffeintrag zu minimieren. Seit der Ernte 2019 werden die Beeren nicht mehr gequetscht, die Gärung beginnt interzellulär. Das sorge für mehr Ruhe und ausgeglichene Frucht, begründet Albert Gesellmann diesen Schritt.

Bei der Vinifikation wird Schwefel extrem sparsam eingesetzt, um den Weinen möglichst viel Freiraum zu lassen. Auch Zeit ist ein wichtiger Faktor. Dem „G" gönnt der Winzer vier bis fünf Jahre, bevor das Flaggschiff des Hauses in den Verkauf kommt. Diesen noblen Wein gibt es nur in sehr guten Jahrgängen. Sein Dasein verdankt er den ältesten Rebstöcken des Weingutes, er wird aus kleinbeerigen Blaufränkisch-Trauben und etwas St. Laurent gekeltert und rund 40 Monate in Barriques geschult. Wegen der geringen Mengen ist der „G" nur in limitierter Flaschenanzahl verfügbar. Die Trauben des Blaufränkisch hochberc stammen aus dem steilsten Filetstück der Ried Hochberg, der Unterboden aus Kalksandstein ist mit einem sehr dünnen Oberboden aus sandigem bis schwerem Lehm bedeckt. Die Reben für den hochberc weiß, ein Gemischter Satz, wurden im Jahr 1959 gepflanzt. Lagenrein wird auch der Pinot Noir ausgebaut, er stammt von der kalkreichen und nach Norden offenen Ried Siglos. Kühle Nächte und ein fast ununterbrochen wehender Wind sorgen für Finesse.

Die neu gebaute Verarbeitungsstätte inklusive Gärkeller wurde 2019 in Betrieb genommen. Dort gibt es keine Beeren- und Saftpumpen mehr, das erledigt die Schwerkraft in Verbindung mit mechanischen Hebeeinrichtungen. Für den Weißwein wurde eine gekühlte Presse installiert, welche die Mazeration der Trauben über Nacht erlaubt. Der Zeitpunkt der Flaschenfüllung richtet sich streng nach den Mondphasen.

„2023 war ein großes Weinjahr mit ausreichend Regen. Die Gradationen waren super, die pH-Werte ungewohnt niedrig, was die Frische fördert", erläutert der naturverbundene Winzer nicht völlig frei von Emotionen. *ww*

### MITTELBURGENLAND DAC

**★★★ S €€€ BF**
**2022 Blaufränkisch Creitzer Reserve** + Klassische Prägung auf wertigem Niveau, Brombeeren, Heidelbeeren, vergleichsweise kühl; viel Frucht, Tanningrip, Säurespiel, einige Substanz, Leben, lange nachklingend.

### BURGENLAND

**★★★ S €€€ SB**
**2023 Sauvignon Blanc** + Präsentiert sich druckvoll, exotischer Touch, zarteste Holznote; trotz der merklichen Kraft lebendig, feine Würze unterlegt, noch sehr jung.

**★★★ S €€€ CH**
**2023 Chardonnay** + Kühl, fast distanziert, frische Frucht erinnert an Birnen, nussig; betont fruchtig, lebhaft, kleine Prise Gerbstoff im Finish steht ihm gut und gibt Struktur.

**★★★ S €€€€ GS** `TIPP`
**2022 hochberc weiß** + (GV/WB/CH/WR/RI/TR/SB) Boden kommt durch, knackige Äpfel und Quitten ebenso wie Kräuter und Blüten; vielschichtige Aromatik auch auf dem Gaumen, kalkig-kreidig, kompakt, druckvoll. Eigenständig.

**★★★★ S €€€€ CH** `TIPP`
**2022 Chardonnay Ried Steinriegel** + Vielschichtig, feingliedrig, präzise, frische Frucht à la Grapefruits, Zitronenbirnen und gelbe Pfirsiche, fast steinige Anmutung; fest strukturiert, dabei fein, elegante Säurenetz, die Aromen vom Bukett kommen wieder, lang, Potenzial.

**★★★ S/K €€€€€ PN**
**2021 Pinot Noir Ried Siglos** + Unverkennbares Sortenbukett, Himbeeren, Kirschen, trockenes Buchenlaub, vornehm; schließt aromatisch an, feines Gerbstoffnetz, Grip, kühle Ader, sehnig, gefühlvoller Holzeinsatz, harmonisch, elegant, gute Länge.

**★★★ S €€€ BF**
**2022 Blaufränkisch vom Lehm** + Klassische Prägung, schwarze Kirschen dominieren, daneben auch reife Brombeeren und feine Würze, Kräuter, Prise Pfeffer; bringt diese frische Frucht auch auf dem Gaumen, lebendig, Säurespiel, passende Substanz.

**★★★★ S/K €€€€ CR**
**2021 Opus Eximium No 34** + (60 % BF / 30 % ZW / SL) Sanfter Druck, ausgewogen, viel Kirsche, Waldbeeren, hauchzarte Kräuternote; diese Fruchtaromen bestimmen auch den Geschmack, gut integrierte Tannine, bereits zugänglich, Substanz, knackige Kirschen und Kräuter im Nachhall.

**★★★★ S/K €€€€€ SY**
**2022 Syrah** + Profunde Frucht, Schwarzkirschen, Heidelbeeren, reife Vogelbeeren, Prise Gewürze, getrocknete Kräuter; saftig, Substanz, Tanningrip, Säurespiel, legt mit Luft an Präzision zu, lang, Jod im Nachhall.

**★★★★ S/K €€€€€ CR** `TIPP`
**2021 Bela Rex** + (50 % ME / CS) Merlot hat etwas die Nase vorne, Schwarztee, Veilchen, Efeu, getrocknete Tomaten, reife Cassisbeeren, Hauch Vogelbeeren; schließt an, schwarze Johannisbeeren sind deutlicher als in der Nase, straff, präzise, reifes Gerbstoffnetz, lang. Reserven.

**★★★★★ S/K €€€€€€ BF** `TOP`
**2021 Blaufränkisch hochberc** + Tief, konzentrierte Sortenaromatik, dunkel getönt, rauchig-harzig, kreidige Bodentöne, dunkle Beeren, frische Lorbeerblätter, Minze, schwarze Schokolade, tief im Glas auch Kirschen; aromatisches Dacapo, elegantes Säurespiel und Gerbstoffnetz für präzise Struktur, kraftvoll und sehnig, lang, Frucht und Würze klingen lange nach.

**★★★★★ S/K €€€€€€ CR** `TOP`
**2020 G** + (95 % BF / SL) Würze à la getrocknete Lorbeerblätter, Wacholderbeeren und Kräuter, dunkle Frucht, Boden kommt durch; die Frucht artikuliert sich im Geschmack deutlicher, saftig, Waldbeeren, eng gewobenes Gerbstoffnetz, lebendig, Tiefgang und Vielschichtigkeit, klar, wird mit Luft immer eleganter.

👑 👑 👑 👑 👑

## Weingut
# Heinrich

**Silvia Heinrich**
7301 Deutschkreutz, Karrnergasse 59
Tel. +43 2613 89615, office@weingut-heinrich.at
www.weingut-heinrich.at
37 Hektar, W/R 0/100

Schon im Jahr 1767 wurde das Weingut in einer Urkunde erwähnt. Johann Heinrich hat die Zeichen der Zeit erkannt, als unser Land in Richtung EU steuerte. „Wir müssen beste Qualität abliefern!" Er schuf sich einen Namen über die Landesgrenzen hinaus. Seit dem Jahr 2010 führt Silvia Heinrich Regie auf dem Weingut, das zur Spitze im Mittelburgenland zählt. Längst hat sie ihren eigenen Stil gefunden und entwickelt diesen mit Fingerspitzengefühl weiter. Seit einiger Zeit hat sie den Holzeinsatz zurückgenommen. „Die Weine emanzipieren sich vom Holz", so die Winzerin. Sie nahm sich auch vor, zu den Wurzeln zurückzukehren. Als äußeres Zeichen dieses Vorhabens schuf sie die Linie „Silvia Heinrich Edition" aus alten Reben, die den Boden bekanntlich besonders gut transportieren können. Begonnen hat sie mit einem Blaufränkisch, dessen Trauben großteils aus den besten Parzellen der renommierten Ried Goldberg stammen, und einem Pinot Noir, neu ist ein sehniger Syrah.

Blaufränkisch ist für die Familie Heinrich die wichtigste Rebsorte, sie nimmt mit 75 % den größten Anteil ein. Gehätscheltes Liebkind ist der Pinot Noir. Das Weingut besitzt Anteile an einer Reihe hochgeschätzter Lagen. Dazu gehören im Alten Weingebirge mit seinem kalkhaltigen Lehmboden die Rieden Goldberg, Hochberg, Siglos, Fabian, Satz, Neuberg und Mitterberg. Die Ried Weißes Kreuz eignet sich mit ihrem kalkhaltigen und kargen Schotterboden besonders für Pinot Noir. Die heiße Ried Kart mit sandig-steinigem Untergrund ist mit Cabernet Sauvignon bestockt. Der wahre Boden allerdings, auf dem der Wein wächst, sei die Zeit, ist die engagierte Winzerin überzeugt. So ist es nicht verwunderlich, dass sie die beiden letztes Jahr an dieser Stelle vorgestellten Cuvées Maestra und Maestro ein Jahr länger als geplant im Fass ließ und erst heuer in den Verkauf bringt. Da es für den „Elegy" und den „Cupido" noch keine Nachfolger gibt, sind die Ausgaben 2019 weiter erhältlich. *ww*

## MITTELBURGENLAND DAC

**★★★ S €€€ BF**
**2021 Blaufränkisch Deutschkreutz** + Klassische Anmutung auf wertigem Niveau, Beeren und Kirschen, zarte Würze; schließt aromatisch an, die Würze ist auf dem Gaumen etwas präsenter, feiner Tanningrip, Holz nur zur Untermalung, gute Substanz, fruchtig-kräuterwürziger Nachhall.

## BURGENLAND

**★★ S €€ BF**
**2023 Blaufränkisch Burgenland** + Klassische Prägung, Brombeeren, Kirschen, kühl; schließt aromatisch an, unaufdringliche Gerbstoffe, lebhaft, Holz sensorisch kein Thema, mittelgewichtig, ehrlich.

**★★★ S €€€ CR** PLV
**2023 Ried Siglos** + (ZW/BF) Reintönig nach saftigen Kirschen, kleine Prise Gewürze; auf dem Gaumen ist der Blaufränkisch etwas vorne, passende Substanz, saftige Frucht und Würze, sympathisch.

**★★★★ K €€€€€ SY** TIPP
**2020 Silvia Heinrich Edition – Alte Reben Syrah** + Nobler Sortenausdruck, reife Vogelbeeren, Mandelschalen angedeutet, dezent rauchig, leise Bodentöne, Hauch After Eight; bringt diese Aromatik auch im Geschmack, feingliedrig, Tiefgang von alten Reben, engmaschiges Gerbstoffnetz, feinfühliger Holzeinsatz, lebendig, bar jeder Üppigkeit, im langen Nachhall Vogelbeeren, feine Würze und Bodentöne. Punktlandung.

**★★★★ K €€€€€€ BF** TIPP
**2019 Silvia Heinrich Edition – Alte Reben Blaufränkisch** + Tief, blaufruchtig à la Heidelbeeren, nobel, Kakao, zarte Gewürzaromen; aromatisches Dacapo, feingliedrig, Finesse vor Wucht, Gerbstoffnetz gibt Struktur, im Abgang und im langen Nachhall neben der Frucht auch eine Prise Kakaopulver und Kumquats. Großer Blaufränkisch, nichts Gekünsteltes, Terroir im besten Sinn.

**★★★ K €€€ CR**
**2021 Maestra** + (BF/ME/SY) Brombeeren, Kirschen, Vogelbeeren, eine Prise Gewürze und paprizierte Noten; frisch, saftig, Zug, feiner Tanningrip, kühle Frucht sowie frische Kräuter im Finish und im Nachhall.

**★★★ K €€€ CR**
**2021 Maestro** + (BF/CS/ME) Dunkelfruchtig, feine Würze, reife Cassisbeeren, Waldbeeren; Frucht und Würze innig verwoben, zartes Säurerückgrat, feines Gerbstoffnetz, lebendig mit Trinkfluss, gute Länge mit Gewürzen, einer Prise Kakao und Frucht im Nachhall.

**★★★★★ K €€€€€€ BF** TOP
**2019 Cupido** + (BF) Elegant, tiefe dunkle Frucht à la Schwarzkirschen und Waldbeeren, hauchzarte Würze, Zartbitterschokolade und Kakaopulver, tief im Glas Kumquats; zeigt auch im Geschmack diese vielschichtige Aromatik, ruhig strömend, reife Gerbstoffe, feste Struktur, zarte Säure, in sich ruhend, dunkle Frucht und feinkörnige Gewürze klingen lange nach.

**★★★★★ K €€€€€€ CR** TOP
**2019 Elegy** + (CS/ME) Hochfeine Melange aus dunkler Frucht, getrockneten Kräutern à la Irisch Moos und einer Prise orientalische Gewürze; perfekte Balance, die Aromen vom Bukett kommen wieder, da ist nichts Schwerfälliges oder Plumpes, engmaschiges Gerbstoffnetz, sehr langer Abgang, beste Perspektiven, wahrscheinlich der eleganteste Elegy bisher.

# Iby
## Rotweingut

**Ing. Anton Markus Iby**
7312 Horitschon, Am Blaufränkischweg 3
Tel. +43 2610 42292
weingut@iby.at, www.iby.at
40 Hektar, W/R 0/100, 200.000 Flaschen/Jahr

Anton Iby V. führt das Familienweingut gemeinsam mit seiner Frau Eva. Ihre vier Kinder werden wohl die Zukunft dieses traditionsreichen Betriebes sichern. Seit 1996 hat sich der gelassen agierende Winzer als Önologe und Kellermeister bewährt und längst seine eigene Handschrift entwickelt. Als naturverbundener Mensch ist ihm die biologische Bewirtschaftung seiner Weingärten sehr wichtig. Er ist überzeugt, dass ein guter Wein draußen in den Rieden entsteht. Die Familie verfügt über Anteile an renommierten Lagen. Toni Iby ist bestrebt, deren Charakteristika präzise herauszuarbeiten. Blaufränkisch ist mit 75 % die wichtigste Rebsorte. Der Umzug in das neue Betriebsgebäude hat auch bei den Weinen Spuren hinterlassen, sie sind nun schon in der Jugend zugänglicher und zeigen noch mehr Feinheit und Finesse. Mit dem Jahrgang 2022 ist er hochzufrieden.

Die heuer vorgestellte Serie ist absolut stimmig, die Weine tragen die Handschrift des Winzers. Gemeinsam ist ihnen ein feiner Stil, der auf jedwede Vordergründigkeit und Üppigkeit verzichtet. Die preislichen Unterschiede sind sensorisch absolut nachvollziehbar. *ww*

### MITTELBURGENLAND DAC

★★★ G €€€ BF **PLV**
**2022 Blaufränkisch Reserve Ried Hochäcker** + Gelassen, Frucht und Würze eng verwoben; angenehm unplakativ, zartes Säurerückgrat, feines Gerbstoffnetz, mittleres Gewicht.

★★★ G €€€ BF
**2022 Chevalier Blaufränkisch Reserve** + Tiefe dunkle Frucht, Schwarzkirschen, Mon Chérie, kühler Touch, noble Würze; schließt nahtlos an, feines Gerbstoffnetz und dezentes Säurespiel geben Struktur, Finesse vor Wucht.

★★★★ G €€€€ BF
**2017 Chevalier Blaufränkisch Reserve** + Braucht Luft, Rosenblätter, Kirschen, Beeren, wertig; feine Klinge, Frucht, Prise Würze, feinmaschiges Gerbstoffnetz, gute Länge.

★★★★ G €€€€€ BF **TIPP**
**2022 Quintus Blaufränkisch Reserve** + Nobel, dunkle Frucht und Würze, Hauch Kakaopulver, Orangenzesten und orientalische Gewürze; schließt aromatisch nahtlos an, Zug, Säurespiel, voller Leben, reife Gerbstoffe, gekonnter Holzeinsatz, langer Nachhall.

★★★★★ G €€€€€ BF **TOP**
**2012 Blaufränkisch Reserve Ried Dürrau** + Braucht Luft, elegant, wirkt jung, rotbeerig, feine Würze, eisenhaltiger Boden; schließt aromatisch und charakterlich nahtlos an, unerwartet jung, Finesse vor Wucht, klar strukturiert, ausgewogen, Trinkfluss, im Finish etwas Kaffee, Understatement.

### BURGENLAND

★★ S €€ BF **FUN**
**2023 Blaufränkisch Rosé** + Freundlich, Herzkirschen, Erdbeeren; lebhaft, viel frische Frucht, Säurespiel, Trinkfluss.

★★ S €€ ZW
**2022 Zweigelt Classic** + Sortentypisch, Kirschen, Prise Kräuterwürze; saftig, fruchtbetont, unaufdringliche Tannine, mittleres Gewicht.

★★★ S €€ BF
**2022 Blaufränkisch Classic** + Frische Brombeeren, Kirschen, auch floral, sympathisch; schließt aromatisch an, Säurespiel gibt Leben, feine Gerbstoffe, mittleres Gewicht, ehrlich und selbsterklärend.

★★★ G €€€ CR **PLV**
**2022 Big Blend** + (ZW/ME) Wertige Anmutung, dunkle Frucht, dunkle Schokolade, ausgewogen; schließt aromatisch und charakterlich an, feingliedrig, zartes Säurespiel, Tannine integriert, passende Substanz.

★★★ G €€€ ME
**2022 Merlot Reserve** + Sortenaffin, dunkle Beeren, Prise Würze und getrocknete Tomaten, schwarze Oliven; Tanningrip, aromatisches Dacapo, zartes Säurespiel, präzise, fernab von Üppigkeit, langer Nachhall.

★★★★ G €€€€ CR
**2022 Vin Anton** + (BF/ME) Sanfter Druck, ausgewogen, viel dunkle Frucht, noble Würze; balanciert, fruchtbetont, engmaschig, unaufdringliche Gerbstoffe, lebhaft, gute Länge, wertig.

### ÖSTERREICH

★★ S €€ BF
**Frizzante Rosé** + Einladend, rotbeerig, Mandeln, Kirschen; saftig, trinkanimierend, süße Frucht, angenehme Perlage.

♔♔♔

## Wein-Gut
# Iby-Lehrner

**Melanie & Michael Lehrner**
7312 Horitschon, Hauptstraße 34
Tel. +43 2610 42113, Fax +43 2610 43687
info@iby-lehrner.at
www.iby-lehrner.at

Michael Lehrner und seine Frau Melanie sind heimatverbundene Menschen im besten Sinne. Schon in jungen Jahren hat er von seinem Großvater Paul Iby das Weingut in Horitschon übernommen. Der bescheiden auftretende Winzer hat eine große Leidenschaft, den Blaufränkisch, den er gleichsam als Botschafter der Region sieht. „Diese Rebsorte verkörpert das Gebiet wie keine andere", erklärt er. Sein Fokus ist darauf ausgerichtet, die Böden, auf denen die Reben wachsen, in den Weinen abzubilden. Mittlerweile macht diese autochthone Varietät 70 % der Anbaufläche des Familienbetriebes aus. Die schweren und tiefgründigen Lehmböden in Horitschon sind ideal für Blaufränkisch und sorgen für erdige Würze, Tiefgang und Vielschichtigkeit.

Die alten Reben stehen hoch in Ehren. Jene für den meistverkauften Wein des Hauses, den Blaufränkisch Ried Hochäcker, sind bis zu 30 Jahre alt. Den Rohstoff für den Blaufränkisch Rondo Reserve liefern Weinstöcke, die grundsätzlich mehr als 30 Jahre alt sind. Die Trauben kommen aus den beiden Top-Lagen Dürrau und Hochäcker. In den Blaufränkisch Ried Dürrau kommt das Lesegut von 60 Jahre alten Stöcken.

Alle Rotweine werden in Holzfässern ausgebaut, die Basisweine in neutralen Gebinden mit 4000 Litern Inhalt; vergoren wird in der Regel im Stahltank. Die Reserven genießen eine Erziehung in kleinen Eichenfässern, wobei Allier-Barriques ebenso Verwendung finden wie solche aus Amerikanischer Eiche.

Die heuer vorgestellten Weine kennzeichnet ein völlig ungekünstelter Charakter, sie wirken authentisch und spiegeln ihre Herkunft wider. Als Primus ist die Reserve vom Merlot anzusehen, ein vielschichtiger Wein mit perfekt integrierten Tanninen und gefühlvollem Holzeinsatz.

Gut gebucht ist die 2018 errichtete Wein-Träumerei. Drei Doppelzimmer und eine Suite laden zum Verweilen ein.  *ww*

### MITTELBURGENLAND DAC

★★★ S €€ BF
**2022 Horitschoner Blaufränkisch** + Klassische Prägung, kühler Touch, Brombeeren und Kirschen, sortentypische Würze; schließt nahtlos an, feines Säurespiel, passende Tannine, lebendig, mittleres Gewicht, ehrlich.

★★★ K €€€ BF  PLV
**2021 Blaufränkisch Reserve Rondo** + Feingliedrig, elegantes Holz, Kirschen, dunkelfruchtig à la Brombeeren; aromatisches Dacapo, engmaschiges Gerbstoffnetz, dezentes Säurespiel gibt Leben, Finesse vor Wucht, gute Länge.

### BURGENLAND

★★ S €€ PB
**2023 Pinot Blanc – Weißburgunder** + Braucht ein wenig Luft, zeigt dann grüne Äpfel und Kräuter, tief im Glas auch nussige Akzente; frisch, beschwingt, saftig, Aromen vom Bukett kommen wieder.

★★★ S €€ ZW
**2022 Zweigelt Classic** + Sympathisch, Kirschen, Prise Pfeffer, getrocknete Preiselbeeren; saftig, glockenklar, lebendig, feines Säurespiel, unaufdringliche Gerbstoffe, selbsterklärend.

★★★★ K €€€ ME  TIPP
**2021 Merlot Reserve** + Ruhig, fest, kompakt, dunkle Frucht, Anklänge von getrocknetem Tomatenkraut und Efeu, tief im Glas ganz subtil nach Herbes de Provence; saftige Frucht, lebendig, kraftvoll ohne Üppigkeit, perfekt integrierte Tannine, gefühlvoller Holzeinsatz, gute Länge. Wirkt völlig ungekünstelt.

★★★ S €€ CR  PLV
**2021 Cuvée Mosso** + (ME/ZW/SY) Sanft, dezent, feine Fruchtaromen, rote und dunkle Beeren, saftige Kirschen; schließt mit dieser fruchtbetonten Aromatik nahtlos an, ausgewogen, zugänglich, unaufdringliche Gerbstoffe, Trinkfluss, gute Länge, charmant.

♛ ♛ ♛ ♛

## Weingut
# Hans Igler

**Clemens Reisner**
7301 Deutschkreutz, Schaflerhof 1
Tel. +43 2613 80365
info@hans-igler.com, www.hans-igler.com
35 Hektar, W/R 2/98

Im Jahr 2021 hat Clemens Reisner gemeinsam mit seiner Frau Anna das Weingut von seinen Eltern übernommen. Gegründet hat es sein Großvater Hans Igler, der sich vor rund 50 Jahren einen Namen als verlässlicher Produzent hochwertiger Rotweine gemacht hat. Die Verantwortung für die Produktion wurde dem jungen Mann bereits 2010 übertragen. Vorher absolvierte er im Anschluss an seine Ausbildung Praktika in Frankreich und in Australien.

Weil der ursprüngliche Betriebssitz aus allen Nähten platzte, wurde in den Schaflerhof übersiedelt, den altehrwürdigen Vierkanthof des unmittelbar danebenliegenden Schlosses Deutschkreutz. Die bauliche und technische Instandsetzung war aufwendig. Das Ergebnis kann sich sehen lassen. Die wichtigsten Weingärten liegen im alten Weingebirge, wo die Böden viel Ton und Kalk aufweisen. Die Familie besitzt Anteile an so renommierten Rieden wie Hochberg, Fabian und Goldberg.

Das Aushängeschild des Weingutes, die Cuvée Ab Ericio, gibt es nur, wenn die Qualität den Vorstellungen der Familie entspricht. Die heuer verkosteten Weine zeigen die Linie des Hauses, nämlich ungekünstelt, kompakt und präzise. Wiederum mit einem fairen Preis-Leistungs-Verhältnis empfiehlt sich der wertige Blaufränkisch von der Ried Hochberg. Der 2021er Pinot Noir Ried Fabian hat noch Ecken und Kanten bei guten Perspektiven, die gleich alte Cuvée Vulcano ist schon jetzt uneingeschränkt zu empfehlen. Ein freundlicher Wein ist der Sauvignon Blanc Ried Hutweide, einfach zurücklehnen und entspannt genießen. Kraftvoll mit gefühlvollem Holzeinsatz ist der Chardonnay Ried Goldberg ausgefallen.

Der Schaflerhof bietet sich als Veranstaltungsort für Hochzeiten und Events aller Art wie Tagungen an. Das Ambiente im luftigen ersten Obergeschoss mit Blick auf das darunterliegende Barriquelager ist einzigartig, das ist sozusagen Feiern über Weinfässern. *ww*

### MITTELBURGENLAND DAC

★★★ S €€€ BF     **PLV**
**2021 Blaufränkisch Ried Hochberg** + Feines, einladendes und wertig anmutendes Sortenbukett, Kirschen, Brombeeren, elegante Würze; präsentiert sich auch im Geschmack so, glockenklar, unaufdringliche Tannine geben Struktur, Holz nur angedeutet, völlig ungekünstelter Blaufränkisch zu einem attraktiven Preis.

### BURGENLAND

★★★ S €€€ SB
**2023 Sauvignon Blanc Ried Hutweide** + Freundlich, einladend, reife Frucht, Stachelbeeren, Rhabarber, Äpfel, hauchzarte Würze, frisch; angenehm unplakativ auch auf dem Gaumen, feingliedrig, zartes Säurespiel, sympathische Prise Gerbstoffe im Finish.

★★★★ K €€€€ CH     **TIPP**
**2021 Chardonnay Ried Goldberg** + Unaufdringliches Holz, ruhig, Anklänge von reifen Birnen, ein Hauch Kletzen und gedörrte Walnüsse; schließt mit saftiger Frucht an, kompakt strukturiert, sanfte Säure, lebendig, Prise Gerbstoffe, feine Gewürzaromen im Nachhall.

★★★ S €€ BF
**2022 Blaufränkisch classic** + Klassische Anmutung, Kirschen, Himbeeren, Brombeeren, Kräuterwürze angedeutet; fruchtbetont, angenehme Gerbstoffe, zartes Säurespiel gibt Leben, gute Länge, die Aromen vom Bukett klingen nach.

★★★ K €€€ PN
**2021 Pinot Noir Ried Fabian** + Dezent rauchig, Kardamom, Kirschen, Waldhimbeeren, Himbeerschlag, tief im Glas getrocknetes Laub; Zug, Tanningrip, belebendes Säurespiel, zupackend, Frucht und ätherische Würze, im Nachhall Efeu, Ecken und Kanten, in keiner Phase langweilig. Potenzial.

★★★★ K €€€€ CR     **TIPP**
**2021 Vulcano** + (BF/CS/ME/ZW) Wertig, dunkle Frucht à la Schwarzkirschen, Brombeeren und hochreife schwarze Johannisbeeren, tief im Glas Heidelbeeren und Kakaopulver sowie Orangenzesten; aromatisches Dacapo, engmaschiges Gerbstoffnetz, feiner Grip, lebendig, null Fett, Zug, dunkle Frucht und ätherische Noten à la Efeu, grüne Oliven und Paradeiserkraut klingen lange nach.

## Weingut
# Josef Igler

**Inh. Melitta Igler**
7301 Deutschkreutz, Hauptstraße 59-61
Tel. & Fax +43 2613 80213
info@igler-weingut.at
www.igler-weingut.at

Josef Igler ist ein Quereinsteiger. Das Weingut hat sich mit Qualität und fairen Preisen einen Namen gemacht, es gehört zu den etablierten Betrieben im Mittelburgenland. Das Sortiment ist erfreulich übersichtlich. Josef Igler und seine Frau Melitta verfügen über Anteile an renommierten Lagen wie Goldberg, Satz, Hochberg oder Mitterberg. Blaufränkisch stellt die wichtigste Rebsorte dar. Dieser Varietät widmet sich der Winzer mit Hingabe seit er Wein macht. Die Komplementärsorten Merlot und Cabernet Sauvignon ergänzen die von Blaufränkisch dominierte Cuvée Maximus. Der im großen Holzfass ausgebaute Basiswein „Cuvée Classic" enthält neben Blaufränkisch auch Zweigelt und St. Laurent. Beim Wein mit der schlichten Bezeichnung „Reserve" handelt es sich um einen reinsortigen Blaufränkisch aus alten Reben, der ein Jahr im Barrique ausgebaut wurde. Abgerundet wird das Portfolio durch einen sortenaffinen, klassisch gehaltenen Sauvignon Blanc und den trinkanimierenden „White Secco", der für diese Art von Sprudel unerwartet feingliedrig ausgefallen ist.
Dem Flaggschiff des Betriebes gaben die Iglers den Namen „Joe N°1", eine Blaufränkisch-Selektion aus den ältesten Reben der Rieden Goldberg, Satz und Hochberg, für zwölf Monate in Barriques aus französischer Eiche ausgebaut und 18 Monate in der Flasche gereift. Für diesen Wein nimmt sich der Winzer besonders viel Zeit. Derzeit aktuell ist die kräftige Ausgabe 2020. Dieser Wein benötigt viel Luft, was für sein Reifepotenzial spricht.
Die Weine von Josef Igler sind authentisch, sehnig und in keiner Phase schwerfällig. Finesse steht vor Wucht, keiner wirkt gekünstelt. *ww*

### BURGENLAND

★★ K €€ SB
**2022 Sauvignon Blanc** + Als Sorte unverkennbar, grünvegetabilische Noten ebenso wie grünblättrige Würze, Stachelbeeren und Johannisbeeren; bringt diese Aromen auch auf dem Gaumen, wobei die Frucht den Ton angibt, angenehme Säure, mittleres Gewicht, selbsterklärend.

★★★ S €€ CR
**2020 Cuvée Classic** + (BF/ZW/SL) Ohne merkliches Holz, einige Facetten, dunkle Frucht ebenso wie rotbeerige Noten, feine Würze; saftig, ausgewogen, passende Gerbstoffe, mittlere Dichte, ehrlich.

★★★ K €€€ BF                          PLV
**2020 Reserve** + (BF) Für diese Preisklasse ungewohnt feingliedrig und elegant, Brombeeren, dunkle Kirschen, zarte Gewürznoten; aromatisches Dacapo, feines Gerbstoffnetz, führt die feine Klinge, da ist nichts Vorlautes oder Anbiederndes.

★★★★ K €€€ CR                         PLV
**2020 Maximus** + (BF/ME/CS) Dunkel getönt, rauchig, Wacholderbeeren, Waldbeeren, Cassis, mit Luft Sandelholz, in keiner Phase laut; schließt ganz präzise an, feiner Tanningrip, gute Länge, Frucht und zarte Gewürznoten klingen nach.

★★★★ K €€€€ BF                        TIPP
**2020 Joe N°1** + (BF) Kräftig, kompakt, dunkelfruchtig-würzig, anfänglich Wildbret, mit Luft Gewürze à la getrocknete Lorbeerblätter und Wacholderbeeren, erdig; Frucht prägnanter, Würze unterlegt, kraftvoll ohne Üppigkeit, zartes Säurespiel, engmaschiges Gerbstoffnetz, Reservern.

### ÖSTERREICH

★★ K €€ SB                             FUN
**White Secco** + Feingliedrig, eigenständig, zart, Maiglöckchen, ein Hauch weiße Johannisbeeren und grünblättrige Würze; auch auf dem Gaumen feingliedrig, trinkanimierend, angenehme Perlage, macht Spaß.

♔ ♔ ♔

Weingut
# Kerschbaum

**Michael Kerschbaum**
7312 Horitschon, Hauptstraße 111
Tel. +43 2610 42392
weingut@kerschbaum.at, www.kerschbaum.at
40 Hektar, W/R 2/98

Paul Kerschbaum hat vor vielen Jahren die Messlatte für Rotwein aus dem Mittelburgenland hoch gelegt. Er hat das von seinem Vater übernommene Weingut zu einem Leitbetrieb gemacht. Seit einigen Jahren führt sein Sohn Michael Regie. Seine Devise: „Wer aufhört, besser sein zu wollen, hat aufgehört, gut zu sein!" Er befasst sich auch mit Weißwein, einem Chardonnay und einem Grünen Veltliner.

Ausgesprochen gut angenommen wurde die rote Cuvée „Opera", eine Melange aus Blaufränkisch und Merlot. Dieser Wein schließt qualitativ und preislich die Lücke zwischen der Basislinie und den Lagenweinen. Mit der aktuellen Ausgabe 2021 dürfte sich dieser Trend fortsetzen, der Wein präsentiert sich wertig und ausgewogen.

Die Familie besitzt Anteile an so renommierten Rieden wie Dürrau, Hochäcker und Kirchholz. Die Lage Dürrau mit ihrem eisenhaltigen Untergrund ist prädestiniert für tiefgründigen Blaufränkisch mit eleganter Struktur und unverkennbaren Bodentönen. Hochäcker kennzeichnet ein Gemisch aus Lehm und Löss, was in feuchten Jahren von großem Vorteil ist. Die hier ausgepflanzten Blaufränkisch-Klone besitzen eine pfeffrige Würze.

Mit dem Jahrgang 2019 hat Michael einen lange gehegten Wunsch in die Tat umgesetzt: Nennenswerte Mengen von Weinen werden auf Lager gelegt, um in einigen Jahren gereifte Rotweine anbieten zu können. Die Nachfrage nach solchen Produkten sei zunehmend.

Der aktuelle Blaufränkisch Ried Hochäcker ist charmant mit Kirschen, getrockneten Cranberries und fast pfeffriger Würze. Ein ausgesprochen gutes Preis-Leistungs-Verhältnis zeichnet die Cuvée Opera aus. Der Blaufränkisch Ried Dürrau ist feingliedrig, da steht Finesse vor Wucht. Beim Impresario gibt der Blaufränkisch den Ton an, er besitzt viel unplakative Frucht und Tiefgang, der Holzeinsatz ist perfekt. *ww*

### BURGENLAND

★★★ **S €€ BF**
**2021 Blaufränkisch** + Klassisch geprägtes Sortenbukett, Brombeeren, Kirschen, feine Würze, einladend; gute Substanz, kühle Frucht, feiner Tanningrip, Würze etwas kräftiger als im Duft, ehrlich und selbsterklärend.

★★★ **S €€€ BF**
**2021 Blaufränkisch Ried Hochäcker** + Charmant, Kirschen, getrocknete Cranberries, pfeffrige Würze; schließt aromatisch nahtlos an, feinkörnige Gerbstoffe, glockenklare Frucht, Holz bleibt sensorisch im Hintergrund, in keiner Phase wuchtig, kühle Frucht und Würze klingen nach.

★★★ **K €€€ CR** **PLV**
**2021 Opera** + (60 BF / ME) Dunkelfruchtig, Blaufränkisch hat die Nase etwas vorn, Waldbeeren, Schwarzkirschen, elegante Würze à la Wacholderbeeren und getrocknete Lorbeerblätter; schließt aromatisch nahtlos an, Säurespiel, Efeu, Prise grünblättrige Würze, voller Leben, gute Substanz, gefühlvoller Holzeinsatz, Tanningrip, kühle Frucht und grünblättrige Aromen im langen Nachhall.

★★★★ **K €€€€ BF** **TIPP**
**2021 Blaufränkisch Ried Dürrau** + Ruhig, feingliedrig, elegante dunkle Frucht, zarte Gewürzaromen, leise Bodentöne; aromatisches Dacapo, Balance, präzise und nobel strukturiert, feinmaschiges Gerbstoffnetz, Säurespiel, Finesse vor Wucht, sehr feiner Blaufränkisch.

★★★★ **K €€€€€ CR** **TIPP**
**2021 Cuvée Impresario** + (BF/ZW/ME/CS) Blaufränkisch gibt den Ton an, Brombeeren, Kirschen, reife Cassisbeeren, noble Holzaromen, tief im Glas Heidelbeeren und frische Zwetschken; Berge von unplakativer Frucht, ausgewogen, Tiefgang, reife Gerbstoffe, perfekter Holzeinsatz, in keiner Phase üppig, lang, Reserven.

♛ ♛ ♛ ♛

Weingut
# K + K Kirnbauer

7301 Deutschkreuz, Rotweinweg 1
Tel. +43 2613 89722, Fax -12
kirnbauer@phantom.at, www.phantom.at
46,5 Hektar, W/R 15/85, 250.000 Flaschen/Jahr

Das Weingut der Familie Kirnbauer, nun bio-zertifiziert, thront weithin sichtbar auf einem Hügel über Deutschkreuz. Große Bekanntheit erlangt hat Walter Kirnbauer mit der Cuvée Phantom. Heutet leitet sein Sohn Markus den weit über die Landesgrenzen hinaus geschätzten Betrieb. Nach wie vor ein Renner ist der reinsortige Cabernet Franc. Sehr gefragt ist auch der Bordeaux-Blend Forever, der erfahrungsgemäß ein paar Jahre Flaschenlagerung braucht. Ich durfte den Jahrgang 2020 verkosten. Dieser vielversprechende Wein wird aber frühestens nächstes Jahr zu haben sein. Syrah und Merlot gibt es nicht mehr sortenrein, diese Weine fließen nun in Phantom bzw. in Forever. Neu ist der Royal Selection Sauvignon Blanc Alte Reben, er wurde 2021 erstmals vinifiziert, vergoren im neuen Barrique und 21 Monate dort gereift. Er kommt 2025 in den Verkauf. Ebenfalls erstmalig vinifiziert wurde der an Portwein erinnernde, gespritete Blaufränkisch „The Forgotten One". Beim Ausbau seiner Rotweine setzt der Betrieb auf kleine Eichenfässer. Die Harmonie von Wein und Holz stehe über allem, erklärt Markus Kirnbauer.

Das Obergeschoss des Betriebsgebäudes wurde einem neuen Verwendungszweck zugeführt. Die großzügigen Räume bieten Platz für 110 Personen und noch einmal so viel auf der Terrasse. Für Hochzeiten ist das „Rooftop 7301" bereits bis 2025 ausgebucht. *ww*

**MITTELBURGENLAND DAC**

★★★★ K €€€€ BF
**2021 Blaufränkisch Gold Reserve** + Eigenständig, feingliedrig, zarte Würze, dunkle Frucht, Sandelholz, schwarze Oliven; aromatisches Dacapo, Frucht dominiert, Würze und Holz unterlegt, feinmaschiges Gerbstoffnetz, Finesse vor Wucht, langer Nachhall.

**BURGENLAND**

★★ S € CW  FUN
**2023 Wilde Wilde White** + (SB/RI/GV) Einladend, viel Frucht, Äpfel, weißes Steinobst, Stachelbeeren, feine Kräuternote; charmant, Berge von Frucht, sanfte Säure, gute Substanz, Trinkfluss.

★★★ S €€€ CH
**2022 Chardonnay Reserve Zwickl** + Sanfter Druck, Gewürze, reife Birnen, Anklänge von Kletzen und Haselnüssen, Grüntee, Orangen; schließt aromatisch an, Struktur, kraftvoll, Schmelz, salzig, Gewürze, Kaffee und Frucht klingen lange nach.

★★★ S € CR  PLV
**2021 K+K Cuvée** + (BF/ZW/CS/ME/SY) Brombeeren, Kirschen, Cranberries, Kirschenkompott, tief im Glas würzig; ausgewogen, feines Säurespiel, zugängliche Gerbstoffe, passende Substanz, Holz im Hintergrund.

★★★ S €€ BF
**2021 7301 Blaufränkisch** + Klassisch Blaufränkisch, Brombeeren, Kirschen, zarte Würze à la Oregano, Holz völlig im Hintergrund; schließt aromatisch an, lebendig, transparent, Säurespiel, Trinkfluss.

★★★ K €€€ ZW
**2021 Zweigelt Girmer Reserve** + Ausgewogen, ruhig, Schwarzkirschen, Hauch Blaubeeren, elegante Holznote, Lebkuchengewürz; schließt aromatisch an, gut integrierte Gerbstoffe, Struktur, Körper, zugänglich mit Ernsthaftigkeit.

★★★★ K €€€€ CR
**2022 Das Phantom** + (BF/ME/CS/CF/SY) Wertig, ausgewogen, feine Melange aus dunkler Frucht, Kakaobohnen, schwarzem Kardamom, Vogelbeeren und Holunder; vielschichtige Aromatik, Tanningrip, belebendes Säurespiel, nie langweilig, null Fett, lange anhaltend.

★★★★ K €€€€€ CF  TIPP
**2021 Konquest** + (CF) Kühl, dezente Dunkelfrucht, schwarzer Kardamom, tief im Glas orientalische Gewürze und Lavendel, harmonisch, edel; schließt nahtlos an, sehnig-kraftvoll, kühl, Tanningrip, Zug, lang.
Österreich

★★★ S €€ CR
**Pink Pearls** + (90 SL / BF) Ernsthaft, rotfruchtig, sympathisch; fruchtbetont, Kirschen, Rhabarber, trinkanimierend, zugänglich.

★★★ K €€ CW  PLV
**Cesario brut** + (SB/CF) Ansprechend, animierend, Limettenzesten, Kräuter, schwarze Johannisbeeren und deren Laub; schließt aromatisch an, lebendig, angenehmes Mousseux, Limetten und weiße Johannisbeeren im Finish und im Nachhall.

★★★ K €€€ BF
**2022 The Forgotten One** + (0,5 l, BF, gespritet) Erinnert an Ruby Port und Tawny Port, nussig, dunkle Kirschen, Marzipan; auch auf dem Gaumen zwischen Ruby und Tawny, zugänglich, Alkohol nicht zu dominieren, Säure, lebendig, sympathische Frucht, gewisse Transparenz, gelungenes Erstlingswerk.

# NOTIZEN

## Rotweine
# Lang

**Andrea und Stefan Lang**
7311 Neckenmarkt, Lange Zeile 11
Tel. +43 2610 42384
office@rotweinelang.at, www.rotweinelang.at
30 Hektar, W/R 0/100

Stefan und Andrea Lang haben ihr Weingut zu einem Leitbetrieb gemacht. Auch ihr Sohn Stefan Andreas, Jahrgang 2000, ist voll eingebunden. Der junge Mann ist für den Keller zuständig, die Linien „Liebe" und „Rosé" hat er weiterentwickelt. Auch im Weingarten sei er der Chef, sagt Andrea. Die Familie Lang hat sich dem Rotwein verschrieben. Leitsorte ist der Blaufränkisch, aber auch mit Cuvées weiß man hier hervorragend umzugehen. Tiefgründige Lehm- und Lössböden bieten ideale Bedingungen für charaktervolle Rotweine, allen voran Blaufränkisch. Das Gerbstoffmanagement ist ein besonderes Anliegen von Stefan & Stefan, penibel drehen sie an den Stellschrauben. Die Basislinie nennt sich „classic". Diese Weine reifen im großen Holz und in mehrfach befüllten Barriques. Darüber wurde die Linie „ECHT LANG" mit einem überzeugenden Preis-Leistungs-Verhältnis eingeschoben. Die Premiumweine sind ausgesprochen feingliedrig, ihnen sind Finesse und Trinkfluss zu attestieren.

Die aktuelle Serie kennzeichnet eine faire Preiskalkulation. Als ungemein charmant empfiehlt sich der Vitikult, sehr elegant ausgefallen ist der L1, ein wenig darüber angesiedelt ist die Cuvée Excelsior. Großartig präsentiert sich der V-MAX. Völlig anders gestrickt ist „Die große Liebe", dieser Merlot erinnert an einen mächtigen Bordeaux.                                                                         *ww*

### MITTELBURGENLAND DAC

★★ S €€ BF
**2022 Blaufränkisch classic** + Klassisch geprägt, Holz sensorisch nicht vorhanden, Kirschen, Brombeeren, markante Würze; ebenso klassisch auf dem Gaumen, präsente Gerbstoffe, passende Substanz.

★★★★ K €€€ BF                                                TIPP
**2021 L1 Blaufränkisch Reserve** + Elegant, wertig, viel dunkle Frucht, Kirschen, Kardamom, Wacholderbeeren, Piment, bisschen rauchig, mit Luft Orangen; schließt nahtlos an, kräftig-sehnig, Tanningrip, Tiefgang, langer Nachhall mit Frucht, Würze und rauchigen Noten.

### BURGENLAND

★★ S €€ CR
**2023 Der Rosé Lang** + Freundlich, rotbeerig, auch Kirschen; saftig, trinkanimierend, angenehme Säure, zugänglich, ohne sich anzubiedern.

★★ S €€ SL
**2022 St. Laurent classic** + Sanft, glockenklare Kirschfrucht; Kirschen geben den Ton an, angenehme Gerbstoffe sorgen für Struktur, Säurespiel für Trinkfluss.

★★★ S €€ SL
**2022 St. Laurent ECHT LANG** + Kirschen, Prise Kakaopulver, Kräuter angedeutet; saftig, Kirschen, dunkle Beeren, gut integrierte Gerbstoffe, lebhaft, kühle Frucht klingt nach.

★★★ S €€ BF                                                  PLV
**2022 Blaufränkisch ECHT LANG** + Rund, einladend, Melange aus reifen Brombeeren und Kirschen, hauchfeine Würze; saftig, ausgewogen, Gerbstoffnetz, lebendig, gute Länge, wertig.

★★★ K €€€ BF
**2022 Blaufränkisch Vitikult** + Herzhafte Frucht, Kirschen, Kirschengelee, ein Hauch dunkle Schokolade; schließt nahtlos an, zugänglich auf sehr ansprechendem Niveau, feine Gerbstoffe, bemerkenswerter Trinkfluss, fairer Preis.

★★★ K €€€ CR
**2022 Fusion One** + (ME/BF) Merlot gibt den Ton an, dunkle Beeren, getrocknete Tomaten, salzige Strähnen, würzig; aromatisches Dacapo, engmaschiges Gerbstoffnetz, Zug, Pikanz, im langen Abgang dunkle Frucht, Würze und Tannine.

★★★★ K €€€€ CR
**2021 Excelsior** + (BF/CS/ME/SY) Ätherisch, vielschichtige Frucht, Cassis, Schwarzkirschen, reife Brombeeren, dunkle Schokolade und Kakaopulver, ausgewogen; schließt nahtlos an, akzentuierte reife Gerbstoffe, lebendig, balanciert und in keiner Phase schwerfällig, langer Nachhall.

★★★★ K €€€€€ BF                                              TIPP
**2020 Lang Grande Reserve V-MAX** + (BF) Ruhig strömend, kündigt Tiefgang und Substanz an, Schwarzkirschen, dunkle Waldbeeren, Heidelbeermus, elegantes Holz, mit viel Luft vergorenes Zuckerrohr; präsentiert sich auch auf dem Gaumen vielschichtig, Frucht, Würze, feines Gerbstoffnetz, Tiefgang, große Länge, bereits gut anzutrinken, super Stoff.

★★★★ K €€€€€€ ME                                             TOP
**2019 Große Liebe Mr. Lover Lover** + (ME) Rauchig, Graphit, erinnert an Bordeaux, Berge von dunkler Frucht, feinkörnige Gewürze, Kakaopulver, grüne Lorbeerblätter; bringt diese vielschichtige Aromatik auch auf dem Gaumen, reife Tannine, Grip, schiebt mächtig an, sehr langer Nachhall, Reserven.

# Weingut
# Pfneisl

**Lisa Kölly-Pfneisl**
7301 Deutschkreutz, Karrnergasse 30-32
Tel. +43 2613 80048
wein@weingut-pfneisl.at, www.weingut-pfneisl.at
23 Hektar, W/R 10/90

„Die Tradition in Ehren halten, Innovationen zulassen, Begeisterung für den Wein leben und die Natur schätzen", so bringt die Familie Pfneisl ihre Philosophie auf den Punkt. In diesem Fall reicht die Tradition mehr als 100 Jahre zurück.

Gerhard Pfneisl ist ein Tüftler, der die Zusammenhänge hinterfragt, analysiert und dann seine Entscheidungen trifft. Sein Keller in der Karrnergasse ist State of the Art. Tochter Lisa Kölly-Pfneisl ist schon vor einigen Jahren in den elterlichen Betrieb eingestiegen. Sie und ihr Vater bilden ein schlagkräftiges Duo, das kompromisslos an der Qualität und an der Eigenständigkeit der Weine arbeitet. Sie legen auch großen Wert auf geringe Histamingehalte; nicht selten liegen diese biogenen Amine unter der Nachweisgrenze.

Das Sortiment ist gegliedert in die Linien Pepper Range, Offspring Series, Monovarietals sowie Blends. Die Basisweine werden im Stahltank ausgebaut, die Lagenweine und die Premium-Cuvées reifen bis zu 36 Monate in kleinen oder großen Eichenfässern. Angebaut werden die in Österreich heimischen Rebsorten Blaufränkisch, Zweigelt und St. Laurent, daneben die internationalen Varietäten Merlot, Shiraz, Cabernet Sauvignon, Cabernet Franc und Pinot Noir sowie die weißen Sorten Viognier, Gelber Muskateller und Grüner Veltliner. Die Spitze bei den Cuvées bilden Platinum, Pentagon, Hexenberg und EGO sum vitis vos palmites, kurz EGO. Dieser Wein mit biblischem Namen wurde 2019 anlässlich der Eröffnung des neuen Betriebsstandortes erstmals präsentiert.

Der Großteil der Weingärten befindet sich innerhalb der Gemarkungen von Deutschkreutz. Der Hexenberg jedoch ist eine Exklusivlage der Familie im rund 18 Kilometer entfernten Kleinmutschen.

Alle heuer vorgestellten Weine sind klar und gut verständlich. Charakter ist dem Shiraz „Maria's Vineyard" zu attestieren. Besonders ans Herz zu legen ist der dunkel getönte und vielschichtige Cabernet Franc „Offspring Black". Den Höhepunkt stellt der Blaufränkisch Reserve Ried Altes Weingebirge dar, ein nobler Wein mit Tiefgang, Präzision und Grip. Der Viognier „V" ist eigenständig und benötigt Luft, um sich vom Holz freizuspielen.                                         *ww*

## MITTELBURGENLAND DAC

**★★★★ K €€€€€ BF** `TIPP`
**2020 Blaufränkisch Reserve Ried Altes Weingebirge** + Nobel, Sandelholz, tiefe Frucht, feingliedrig, elegante Würze; aromatisches Dacapo, auch auf dem Gaumen elegant mit Tiefgang, Alkohol gut eingebaut, feinmaschiges Gerbstoffnetz, Grip, präzise, in keiner Phase ausufernd, im langen Nachhall Heidelbeeren und Preiselbeeren.

## BURGENLAND

**★★ S €€ ZW**
**2023 Zweigelt** + Fruchtbetont, Kirschen, dunkle Beeren, frisch; schließt nahtlos an, feine Säure, unauffälliges Tanningerüst, trinkig bei mittlerer Länge.

**★★ S €€ CR**
**2021 Offspring Red** + (ME/BF) Spontan ansprechend, Merlot gibt den Ton an, dunkle Beeren, Hauch schwarze Oliven, feine Würze; saftig, null Holz, lebhaft, Frucht und Würze, mittelgewichtig, ehrlich.

**★★★ S €€ CR** `PLV`
**2022 Black Pepper** + Dunkel getönt, vielschichtige Fruchtaromen, dezent würzig; ausgewogen, angenehme Gerbstoffe, Struktur, passende Substanz, wertige Anmutung.

**★★★ S €€ BF**
**2021 Blaufränkisch Liz' Churchill** + Freundlich, einladend, feinste Gewürzaromen, zarte Frucht, Sandelholz, anfänglich Fizzers; schließt nahtlos an, angenehme Säure, Frucht dominiert, feinkörnige Gerbstoffe, nie fad, Trinkfluss.

**★★★ K €€€ CS** `PLV`
**2021 Cabernet Sauvignon** + Sorte unverkennbar, reife schwarze Johannisbeeren, Crème de Cassis, dunkel und erdig; Zug, feiner Tanningrip, Substanz, viel dunkle Frucht, hinten rauchig, gute Länge.

**★★★ K €€€ ME**
**2021 Merlot Joe's Playground** + Dunkle Frucht, Zwetschken, Beeren, ein Hauch ätherisch, Preiselbeeren und deren Laub; aromatisches Dacapo, Tanninrückgrat, lebendig dank zarter Säure, kräftig ohne Üppigkeit, gute Länge.

**★★★★ K €€€€ SY**
**2021 Shiraz Maria's Vineyard** + Sanfter Druck, reife Vogelbeeren, Mandeln, tief im Glas Pflaumenmus, Prise Gewürze; unaufdringliche und noble Frucht, feines Tanningerüst, balanciert, lang, trotz des nicht eben geringen Alkohols ein Syrah mit Trinkfluss.

**★★★★ K €€€€ CR**
**2021 Pentagon** + (BF/CS/SY/ME) Profunde und vielschichtige Frucht, dunkel getönt, Prise Kakaopulver, tief im Glas Orangenzesten, grünblättrige Würze und dunkle Schokolade; ausgewogen, Aromen vom Bukett kommen wieder, passende Gerbstoffe, sanfter Druck, gute Länge.

**★★★★ K €€€€ CF** `TIPP`
**2020 Offspring Black** + (CF) Dunkle Würze, rauchig, schwarzer Pfeffer, Paprikapulver, dunkle Beeren, Holunder, tief im Glas Granatäpfel; bringt diese Aromen auch im Geschmack, Tanningrip ohne Aggressivität, strukturiert, im langen Nachhall dunkle Frucht und kaltes Lagerfeuer.

## ÖSTERREICH

**★★ S €€ CW**
**2023 White Pepper** + Pfeffrig, Kräuter, Grapefruits, helles Steinobst; Frucht und Würze, angenehme Säure, lebhaft, mittleres Gewicht, trinkig.

**★★★ K €€€ VI**
**2022 V** + (VI) Dezent rauchig, anfänglich Holz, Gewürze, öffnet sich mit Luft, zeigt dann reife Birnen und Marillen, auch exotische Anklänge, kündigt Kraft an; schließt mit diesen Aromen an, Holz gut eingebaut, Schmelz, Körper, Eiche im langen Abgang. Eigenständig.

## Weingut
# J. u. M. Reumann

**Josef und Maria Reumann**
7301 Deutschkreutz, Neubaugasse 39
Tel. +43 2613 80421, info@weingut-reumann.at
www.weingut-reumann.at
10 Hektar, W/R 4/96

Die Reumanns sind eine besondere Winzerfamilie. Josef – der Chef – ist Kellermeister und Weingärtner. Maria – die Seele, Verkauf und Social Media. Vera – Abschluss als Facharbeiterin für Weinbau und Kellerwirtschaft. Die Zukunft des Betriebes ist gesichert. Hannah – Abschluss Masterstudium Marketing und Sales Management, geboren 1996, das Jahr, in dem der Phoenix geschaffen wurde. Da sind wir gleich beim Thema. Die Rotweincuvée Phoenix ist einer der verlässlichsten Gewächse des Burgenlandes. So auch der 2021er, der noch in den Kinderschuhen steckt, aber seinen Weg gehen wird. Doch von Anfang an. Ein Donauriesling 2022 mit viel Struktur und Tiefgang. Der 2021 Equinox „365" ist einer der hochwertigsten Rotweine für alle Tage. Ein Ortswein Jahrgang 2021 Deutschkreutz aus Blaufränkisch zeigt Klasse und hat noch einiges vor sich. Die großen Weine da wären: 2020 Blaufränkisch Reserve Altes Weingebirge Limited Edition. 2021 vinum sine nomine – der Wein ohne Namen, der sich schon einen Namen gemacht hat. Ich bezeichne diesen Wein immer als den Masseto des Mittelburgenlandes. Dann gibt es noch einen Höhepunkt namens „familux X Vera", ein Blaufränkisch 2021, der wohl in nächster Zeit für Furore sorgen wird. Dass die Rotweine des Hauses zu reifen verstehen, ist dank der kräftigen Tannine gesichert. *as*

### MITTELBURGENLAND DAC

★★★★ K €€€€€€ BF **TIPP**
**2020 Blaufränkisch Reserve Altes Weingebirge Limited Edition** + Schwarze Beeren gepaart mit Kirschen, Schoko, seidiges Tannin, feine Fruchtfülle, bei aller Kraft immer elegant, straff, enorm strukturiert, tiefgründig, ziemliche Länge, der gibt nicht nach.

### BURGENLAND

★★ S €€ ZW
**2022 Zweigelt** + Kirschblüten, Mandeltöne, Schokotouch, elegant und druckvoll, festes Tannin, griffig, herb-trocken, ausdrucksstark, das ist kein Schmeichler, der hat Struktur, Charakter und viel Zukunft.

★★ S €€ BF
**2020 Blaufränkisch** + Ungemein würzig, Brombeeren, bisschen Kaffee, Pflaumen, griffiger Gerbstoff, eher wenig Frucht, ist schon in der ersten Reife, ziemlicher Stoff, gute Säure, momentan etwas ambivalent.

★★ S €€€ BF
**2021 Blaufränkisch Deutschkreutz** + Frische Kräuter, Kakao, Zwetschken, Brombeeren, fruchtig, herb, liegt straff am Gaumen, richtig trocken, Gerbstoffbitterl, ist noch total jung, gute Länge. Beste Perspektiven!

★★ S €€€ CR
**2022 Equinox „365"** + (BF/ME/ZW) Leuchtendes Rubinrot, Kirschen, schwarze Beeren, Teeblätter, Rum-Kokos, elegant und geschliffen, feine Frucht bei prägnantem Tannin, wirkt fast transparent, ja feminin, feste Struktur, ausdrucksstark. Viel Zukunft für mehr als 365 Tage.

★★ S €€€ CR
**2021 Equinox „365"** + (BF/ME/ZW) Ungemein beerig, Kirschen, Teegebäck, bisschen Himbeeren, festes Tannin, irre Substanz, transparentes, fast schwebendes Bukett, geht am Gaumen so richtig auf, trotz seiner Kraft und seines Ausdrucks fast leichtfüßig.

★★★ S €€€€ CR
**2021 Phoenix N° 26** + (BF/ME/CS/SY) Brombeeren, Kirschen, etwas Cassis, schwarzbeerige Intension, Schokonoten, bei allem Tannin verfügt der Wein über eine charmante Frucht, zeigt Eleganz und Noblesse, filigran, strukturiert, feine Klinge.

★★★★ K €€€€€ BF
**2021 Blaufränkisch familux X Vera** + (Ried Satz) Herrlich kühles Aroma, Eleganz pur, feine Frucht, fast subtile Ausprägung, Brombeeren, Kirschen, rotbeerig, voller Transparenz, perfektes Tannin, seidiger Glanz, fast divenhaft. Viel Zukunft.

★★★★★ K €€€€€€ CR **TOP**
**2021 vinum sine nomine** + (ME/CS – Limited Edition) Das Mittelburgenland steht sofort im Mittelpunkt. Erdige Töne, Zwetschken, schwarze Beeren, Schoko, enorme Fülle, volles Tannin, mächtig, kraftvoll, tiefgründig, perfekte Säure, so richtig belastend, gute Balance, druckvoll, geht in die Tiefe. Ein großer Rotwein, bei dem das Ende noch lange nicht vorhersehbar ist. Die nächsten 20 Jahre sind gesichert. Ich bezeichne diesen Wein von der Stilistik her als den Masseto des Burgenlandes.

### ÖSTERREICH

★★ S €€€ DR
**2022 Donauriesling** + Anfangs reduktiv, verschlossen, zögerlich Steinobstaromen freigebend, auch Apfel, teilweiser Eichenfassausbau gibt ihm zusätzliche Struktur, kräftig, Kräuter und Lindenblüten kommen hinzu, Blütenhonig, mit Gerbstoffbitterl abgehend. Knochentrocken, tolle Säure, einige Substanz. Sollte man eigentlich vor dem Genuss belüften.

## Weingut
# Strehn

**Pia Strehn**
7301 Deutschkreutz, Weinbergweg 1
Tel. +43 664 1636570
office@strehn.at, www.strehn.at
50 Hektar, W/R 10/90

Unsere „Queen of Rosé" – Pia Strehn – setzt permanent Maßstäbe in Sachen Rosé. Es sind sechs außergewöhnliche Rosé, welche im Sortiment des Weingutes zu finden sind. Diese sorgen inzwischen international für Furore. Diese Roséweine sind gelebte Liebe.

Es handelt sich um einen Familienbetrieb bereits in 4. Generation. Seit 2012 führen Mama Monika mit ihren 3 Kindern Pia, Andy und Patrick den Betrieb. Pia ist dabei die intellektuelle Ader dieses Verbundes. Dic licbe PIA hat mit ihren Rose Weinen eine geschmackliche Revolution eingeleitet. Sie hat den Rose - nicht nur - in Österreich in lichte Höhen geführt. Diese Weine sind mittlerweile auf den Weinkarten der Gourmetlokale von London und New York gelistet.

Inzwischen heißt es „ Bühne frei " für Pia Strehn. Der 2023 Rose Blaufränkisch spielt die als „Festspiele Edition" die rosarote Hauptrolle auf der Weinbühne der Salzburger Festspiele. Wein & Kunst gehören zusammen. Dieser wunderbare, zart besaitete Rose mit seiner positiven Ausstrahlung adelt diese Festspiele. Vinaria gratuliert herzlichst zu dieser Auszeichnung. **as**

### BURGENLAND

**★★★ S €€ BF**
**2023 Rosé Blaufränkisch** + Hübsches Rosa, zart würzig, feines Bukett, Kirschen, dezente Himbeeren, voller Pikanz, feines Säurespiel, saftig, fast filigran wirkend, dabei mit Charakter, Eleganz und Ausdruck. Ein wunderbarer Rosé, pfiffig, frisch und Klasse zeigend.

**★★★ S €€ CW**
**2023 Weißer Schotter** + (WR/SB/GV/GS) Wiesenkräuter, gelber Apfel, etwas Pfirsich, Zitrus, feinste Frucht, ein ungemein feingliedriger, eleganter Weißwein von fast transparenter Struktur, immer mit Frische, gediegen, gewisse Noblesse, perfekte Säure, komplex und voller Finesse.

**★★★★ K €€€ CH**
**2023 Chardonnay Miss Waikiki** + Gelbfruchtig, würzig, Kräuter, Ananas, Kamille, Ingwer, bisschen Stein- und Kernobst, feine Fruchtnoten, perfekt abgestimmt, salzige Akzente, subtil eingesetztes Holz, ausgewogen, komplex, entwickelt Druck und Länge. Ein feinsinniger, intellektueller Chardonnay. Hier ist eine Könnerin am Werk.

**★★★ K €€€€ CF**
**2021 Cabernet Franc** + Schwarze Farbe, ungemein würzig, festes, straffes Tannin, klebt am Gaumen, passende Säure, enorm tiefgründig, straff, dicht, spannend, total jung. Ein Riesenwein mit irren Zukunftsaussichten. Hier ist alles nur angedeutet. Hier ist alles auf die Zukunft ausgerichtet. Eines ist gewiss – es ist ein großartiger Rotwein.

### ÖSTERREICH

**★★★★ G €€€ CR**                               **TIPP**
**2023 Seerosé** + (BF/CS/ME) Ein subtiler, filigraner, ungemein feiner Rosé, bisschen Himbeeren, frische Kirschen, feine Frucht, elegant, feingliedrig, schwebend, voller Transparenz, immer elegant, zartbesaitet, femininer Ausdruck, ganz feine Klinge. Ein kunstsinniger Rosé. Begeisterung stellt sich ein.

**★★★★ K €€€€ BF**                              **TIPP**
**2023 Rosé Der Elefant im Porzellanladen** + (BF) Rote Farbe, subtiler Holzfassausbau, frische Kirschen, Himbeeren, etwas weißes Nougat, Brotkruste, herzhafte Säure, charakterfest, strukturiert, tiefgründig, salzig, benötigt unbedingt Flaschenreife. Die bekommt der Wein. Wird im Herbst voll erblühen. Das ist Rosé, welcher zu reifen versteht. Gehört unbedingt auf die Tafel. Absolut ernsthaft. Da ist nichts vordergründig. Der repräsentiert internationale Klasse.

# Weingut
# Josef Tesch

**Josef und Carmen Tesch**
7311 Neckenmarkt, Herrengasse 26
Tel. +43 2610 43610
titan@tesch-wein.at, www.tesch-wein.at
27 Hektar, W/R 3/97

Pepi Tesch war hauptberuflich viele Jahre Mastermind im Winzerkeller Neckenmarkt. Nebenher hat er 1979 privat begonnen, Blaufränkisch in kleinem Maßstab zu vinifizieren. Er hat das Familienweingut ausgebaut und mit dem Übertritt in den Ruhestand seinem Sohn Josef Christian übergeben. Beim Ausbau der Weine sieht sich die Familie dem Mittelburgenland verpflichtet und setzt auf Authentizität und höchste Qualität. Die Bodenbeschaffenheit der Weingärten ist vielschichtig – von Verwitterungsschiefer bis zu tiefgründigem Lehmboden. Die erste Geige spielt die Sorte Blaufränkisch mit einem Anteil von 60 %. Die Familie besitzt Anteile an so renommierten Rieden wie Hochberg und Weißer Weg. Am Hochberg stehen die Reben auf Kristallingestein und Glimmerschiefer, was dem Blaufränkisch einen besonderen Charakter verleiht. In der Riede Weißer Weg herrschen Kalkschutt und Muschelkalk vor, sie ist zur Gänze mit Blaufränkisch bestockt. Daneben werden die Lagen Hochäcker, Pollersgraben, Kronberg, Gfanger, Oberläng, Rüsselgrund und Hussy-Neuberg bewirtschaftet. Im Keller garantiert modernste Technik Funktionalität, Effizienz und Sauberkeit. Vergoren wird temperaturkontrolliert in Edelstahltanks und Holzgärständern. Die fertig vergorenen Rotweine reifen in Barriquefässern.

Die Weine der vorgestellten Serie sind herkunftstypisch und zeugen vom Qualitätsanspruch. Vielfach schwingen leise Bodentöne mit, und der Riedencharakter kommt zum Ausdruck. Nie ist das Holz vordergründig, nie sind die Weine üppig. *ww*

## MITTELBURGENLAND DAC

★★★ S €€ BF
**2020 Blaufränkisch Ried Hochberg** + Klassisch auf wertigem Niveau, dunkle Frucht, Würze; schließt aromatisch an, kühl, lebhaft, passende Substanz.

★★★ K €€€ BF
**2019 Blaufränkisch Reserve** + Feingliedrige Melange aus Gewürzen und dunkler Frucht à la Kirschen und Brombeeren; aromatisches und charakteristisches Dacapo, engmaschiges Tanninnetz, Finesse vor Wucht.

## BURGENLAND

★★ S €€ ZW
**2021 Zweigelt Ried Hochberg** + Erinnert an Blaufränkisch, Kirschen, Brombeeren; satte Frucht, feiner Tanningrip, Säurespiel, kraftvoll ohne Fett.

★★★ K €€€ PN
**2021 Pinot Noir Ried Hochäcker** + Zart, Kirschen, Himbeeren, Prise Unterholz; schließt so an, Säurespiel gibt Leben, unaufdringliches Gerbstoffnetz, klar, mittlere Länge.

★★★ S €€ CR — PLV
**2021 Carpo** + (BF/ZW/ME) Angenehm, einladend, dunkle Frucht, frisch, hauchzarte Würze; auch auf dem Gaumen balanciert, klar strukturiert, feine Gerbstoffe, hinten und im Nachhall elegante Gewürznoten.

★★★ K €€€ CR
**2019 Kreos** + (BF/SY/ME/ZW) Eigenständig, dunkle Frucht, Nüsse, leise Bodentöne; viel Frucht, in sich ruhend, zartes Säurerückgrat, ausgewogen, gute Länge.

★★★★ K €€€€ BF
**2021 Blaufränkisch Ried Bergleiten** + Dunkel, tieffruchtig, Schwarzkirschen, Heidelbeeren, Graphit, subtile Würze; schließt nahtlos an, präzise Struktur, nie laut, im langen Nachhall kühle Frucht und bodenständige Aromen.

★★★ K €€€€ ME
**2021 Enya Merlot** + Getrocknete Preiselbeeren, Graphit, Hauch schwarze Oliven; präzise, Tanningrip, sehnig und kraftvoll, langer Nachhall.

★★★ K €€€€€ CS
**2019 Tabea Cabernet Sauvignon** + Satte Frucht, reife Cassisbeeren, bisschen Zwetschken, leise Bodentöne; ausgewogen, reife Gerbstoffe, viel Frucht, gute Länge, sortentypisch.

★★★★ K €€€€€ CR — TIPP
**2021 Jana Paulina** + (CS/ME) Beide Rebsorten gleichberechtigt, dunkle Frucht, bisschen Graphit und Würze; kündigt Kraft an; pointierte Frucht, feinfühliger Holzeinsatz, engmaschiges Gerbstoffnetz, null Fett, kraftvoll, langer Nachhall, Reserven.

★★★★ K €€€€€ CR — TIPP
**2021 Titan** + (BF/ME/CS) Sanfter Druck, gediegen, vielschichtige dunkle Frucht, noble Würze; aromatisches Dacapo, tolle Balance, perfekt eingebundene Gerbstoffe, elegante Holzaromen unterlegt, lang.

★★★★★ K €€€€€€ BF — TOP
**2019 Blaufränkisch Patriot** + Nobel, dunkelfruchtig, tief, zarte Würze à la Wacholderbeeren, auch orientalische Gewürze, Kakaopulver und Orangenzesten angedeutet; aromatisches Dacapo, Tanningrip, straff, null Fett, Ecken und Kanten im positiven Sinn, Schieferboden, lang, Finesse sehr alter Reben, Reserven.

# NOTIZEN

## VINOTHEKEN

### DEUTSCHKREUTZ

**Burgenland Vinothek Glöckl**
7301 Deutschkreutz, Hauptstraße 42
Tel. +43 2613 80200
deutschkreutz@burgenland-vinothek.at
www.burgenland-vinothek.at

**Vinatrium Gebietsvinothek**
7301 Deutschkreutz, Hauptstraße 55
Tel. +43 2613 89768
vinothek@vinatrium.at, www.vinatrium.at

In der Vinothek lagern über 400 Weine von 50 Winzern des Blaufränkischlands.

### NECKENMARKT

**Ortsvinothek Neckenmarkt**
7311 Neckenmarkt, Rathausgasse 1
Tel. +43 2610 42388
www.wbv-neckenmarkt.at

## GASTRONOMIE/NÄCHTIGUNG

### DEUTSCHKREUTZ

**Gager**
7301 Deutschkreutz, Karrnergasse 8
Tel. +43 2613 80385
www.weingut-gager.at

Beim Gager kann man nicht nur gut Weine verkosten, wer den Genuss in der Rotweinregion verlängern will, kann sich auch in einem der fünf farbenfrohen, hellen Zimmer des Weinguts einmieten. Jedes ist individuell eingerichtet und thematisch einem Wein zugeordnet. Im gesamten Weingut wird Grander-Wasser angeboten. Frühstücksbuffet mit regionalen Produkten.

**Heinrich**
7301 Deutschkreutz, Karrnergasse 59
Tel. +43 2613 89615
www.weingut-heinrich.at

Wohnen beim Wein. Silvia Heinrich ist nur eine sympathische Winzerin, man kann in ihrem Weingut auch nett übernachten. Zum Frühstück gibt es Kuchen, Wurst, Käse, guten Kaffee. Weinverkostung im blühenden Innenhof möglich. Auch tagsüber oder am Abend kann man sich nach Lust und Laune an der Espressomaschine und im Weinklimaschrank bedienen. Zum Wohlfühlen.

**Kirchenwirt**
7301 Deutschkreutz, Hauptstraße 53
Tel. +43 2613 80291
www.kirchenwirt-heinrich.at

Modern geschmackvolle Zimmer in frischen Farben. Im Gasthaus sind auch die Einheimischen anzutreffen. Bekannt ist man für das zart gekochtes Rindfleisch, das Cordon bleu und die Kuchen nach Omas Rezepten.

### Das Blaufränkisch
7301 Deutschkreutz, Girmer Straße 45
Tel. +43 2613 80322
www.dasblaufraenkisch.at

Der ehemalige „Schreiner" wurde von den Familien K+K Kirnbauer und Nourani übernommen. Küchenchef Daniel Czigler verbindet die bodenständigen
Gerichte und Zutaten aus der Region mit Kreativität und einem Hauch der Puszta. Die Weinkarte hat natürlich viel Stoff aus dem Familienweingut, aber auch andere gute Flaschen aus der Region.

### Prunner Brot
7301 Deutschkreutz, Hauptstraße 65
Tel. +43 2613 80229
www.prunnerbrot.at

Auf 80 Jahre Geschichte blickt die Bäckerei zurück. Eine Besonderheit sind die Brotmobile: Die rollenden Filialen sind in fast allen Ortschaften der Bezirke Oberpullendorf, Mattersburg, Eisenstadt-Umgebung und Neusiedl unterwegs. Im Sortiment gibt es dunkle Spezialbrotsorten, rustikales sowie ballaststoffreiches Brot.

### Schenk'Haus Strehn
7301 Deutschkreutz, Mittelgasse 9
Tel. +43 2613 89362
www.strehn.at

Bodenständige Buschenschankküche darf man sich trotz 500 Jahre alter Holzdecke und Kalkmauern nicht erwarten. Wer die Winzerfamilie Strehn kennt, weiß, dass man sich Genuss abseits des Mainstreams erwarten darf. Neben Weinbergschnecken, Gazpacho und Delikatessen vom Schaf kamen auch schon Gänse-Maki auf den Teller. Dazu kommen die eigenen Weine – ein Muss ist die hervorragende große Palette an Rosés. Lange vorher reservieren nötig.

### Blaufränkischhof Zistler
7301 Deutschkreutz, Langegasse 21
Tel. +43 2613 89642
www.zistler-rot.com

Seit mehr als 30 Jahren öffnet der Heurigenkeller mit Weinlaube. Gegessen wird burgenländisch: Fleischklassiker (Kümmel- und Surbraten, Geselchtes), Käseplatte mit Emmentaler, Panonius, Edamer, Ei und Topfenaufstrich und eine vegetarischen Rohkostplatte, auch Kraut- und Topfenstrudel. Im ruhigen Innenhof des kleinen Weinguts liegen vier charmante Doppelzimmer und eine kleine Ferienwohnung.

## LOCKENHAUS

### Burghotel Lockenhaus
7442 Lockenhaus
Tel. +43 2616 23940
www.ritterburg.at

Die 1200 erbaute große Burganlage ist sehr gut erhalten. Die Doppelzimmer, Suiten und Appartements bieten einen herrlichen Blick in den Naturpark Geschriebenstein. Bei Voranmeldung wird ein uriges Raubritteressen oder Landsknechtmahl serviert. Aktivmenschen probieren Bogenschießen- und Trommel-Workshops oder das Knappentraining mit verschiedenen Waffen (Axtwurf, Bogenschießen, Rammbock etc.).

## LUTZMANNSBURG

### Thermenhotel Sonnenpark
7361 Lutzmannsburg, Thermengelände 2
Tel. +43 2615 87171-1000
www.sonnentherme.at

Ideal für Kinder. Das moderne Vier-Sterne-Haus ist ganz auf Familien spezialisiert. Die Badelandschaft ist direkt mit der 3000 m2 großen Sonnentherme Lutzmannsburg verbunden. Geräumige Zimmer, mehrere Gastronomiebereiche und angenehmer Wellnessbereich mit Bioschwimmteich und mehreren Saunen. Tipp: die längste Virtual-Reality-Wasserrutsche der Welt mit 212 Metern und die Babysauna. Einfach die VR-Brille aufsetzen und los geht's.

### Thermenhotel Kurz
7361 Lutzmannsburg, Thermengelände 6
Tel. +43 2615 81244
www.kurz.cc

Das Familienhotel ist vor allem für Sportler attraktiv, speziell für Tennisspieler gibt es einige maßgeschneiderte Pakete. Direkter Zugang zur Sonnentherme Lutzmannsburg. Anziehungspunkt für Kinder sind vor allem die Rutschen, die größte davon ist 270 Meter lang.

### Lutschburger Stub'n
7361 Lutzmannsburg, Thermenstraße 24
Mobil +43 660 6568821
www.lutschburger-stubn.at

Uriger Heuriger mit knorrigen Weinstöcken, Holzvertäfelung und angenehmer Terrasse mit Laube. Täglich frisches Brot, Spezialität ist das ein Meter lange belegte Brot. Außer der normalen Speisekarte gibt es auch verschiedene Tagesangebote wie geröstete Leber, burgenländische Krautsuppe oder Gulaschsuppe.

## MATTERSBURG

### La Casita
7210 Mattersburg, Bahnstraße 7a
Mobil +43 660 7578990
www.lacasita.at

Jesus Picallo Gil verzaubert mit den herrlichsten Gerichten vom andalusischen Süden bis zum Norden Spaniens. Im Sommer ist der Gastgarten zwischen Blumen und Palmen ein Traum. Beliebt sind die Tapas-Abende.

## NECKENMARKT

### Gasthof zur Traube
7311 Neckenmarkt, Herrengasse 42
Tel. +43 2610 42256
www.gasthof-zur-traube.at

Der Name sagt es bereits: Die „Traube" ist Gasthaus und gut bestückte Vinothek.

Pannonische Hausmannskost wird kreativ aufgewertet. Vitello tonnato wird uminterpretiert in Sous Vide gegartes Kalb mit Forellencreme samt Kapern, Wiesenkräutern und Leindotteröl, auf die Will-haben-Liste sollte der Zickentaler Moorochse aus dem Südburgenland. Und den Bohnensterz sollte man auch nicht versäumen. Auf der Weinkarte finden sich allein aus Neckenmarkt und Umgebung 100 Positionen. Feines zum Mitnehmen aus der „Kuchlkredenz".

## OBERPULLENDORF

### Gasthof Krail
7350 Oberpullendorf, Hauptstraße 37
Tel. +43 2612 42220, Mobil +43 664 4109139
www.krail.at

Der Weingasthof ist seit einer gefühlten Ewigkeit eine Bank für gutbürgerlicher Küche. Spezialität ist Gegrilltes auf dem heißen Stein, der am Tisch serviert wird. Die Weinkarte enthält 80 Weine aus dem Burgenland und dem restlichen Österreich, Einkaufsmöglichkeit zu Ab-Hof-Preisen. Zimmer im Haus.

## RATTERSDORF

### Gasthof Hutter
7443 Rattersdorf, Hauptstraße 20
Tel. +43 2611 2224
www.gasthof-hutter.at

Seit drei Generationen wird der kleine, feine Familienbetrieb geführt. Alois Hutter versteht sich auf burgenländische Spezialitäten. Die burgenländische Krautsuppe gehört dazu, der gekochte Tafelspitz mit Semmelkren und Suppengemüse oder ein Teller mit gegrilltem Gemüse und Käse aus Hochstraß. Zu den gegrillten Schweinskoteletts wird ein köstlicher, selbst gemachter Krautstrudel serviert. Natürlich ist auch die knusprige Martinigans mit den klassischen Beilagen Rotkraut und Knödel nicht wegzudenken.

## WEPPERSDORF

### Gasthaus Fuchs
7331 Weppersdorf, Hauptstraße 33
Tel. +43 2618 2250
www.gasthaus-fuchs.at

Ein gestandenes Wirtshaus, dementsprechend regional ist auch die Küche. Thomas Fuchs verpackt die Gerichte aber mit einer kreativen Note. Feine Gerichte wie gebackene Blunzen mit Sauerkrautcreme und Kartoffeln oder geschmorte Rehkeule, Weißbrotauflauf, grüner Spargel und Karotte kommen auf den Tisch. Die Weinkarte konzentriert sich auf das Mittelburgenland.

# EISENBERG

Das Südburgenland ist als wahre „Weinidylle" treffend bezeichnet, jedoch ist dieses landschaftlich sehr reizvolle Gebiet nur in Gestalt einiger Enklaven mit Reben bestockt. Die bekanntesten Wein berge befinden sich rund um Deutsch-Schützen sowie am legendären Eisenberg. Hier gedeihen überaus mineralische, kernige und strukturierte Rotweine, und zwar überwiegend aus der heimischen Rebsorte Blaufränkisch. Wichtig ist auch der Zweigelt, weniger Bedeutung haben die französischen Sorten à la Cabernet Sauvignon und Merlot, die meist Eingang in Blends mit Blaufränkisch finden.

Weitere Weingärten finden sich im Hügelland westlich des Pinkatals sowie auf den nach Süden exponierten Hängen des Geschriebensteins. Hier werden traditionell auch weiße Rebsorten kultiviert, wobei den spritzig-schlanken Welschrieslingen, die an die südoststeirischen Gewächse erinnern, die größte Bedeutung zukommt, darüber hinaus werden auch Weißburgunder und Chardonnay angebaut.

Im äußersten Süden des Weinbaugebietes, dort wo die idyllischen, holzgeschnitzten Kellerstöckel der Presshäuser zur Einkehr einladen, wird noch der urwüchsige Uhudler ausgeschenkt. Dabei handelt es sich um einen Sammelbegriff für diverse amerikanische Unterlagsreben. Die Uhudler ergeben teils plakativ rotfruchtige, rassige Sommerweine, die eine eingeschworene Liebhabergemeinde besitzen.

Die typischen Blaufränkisch im Südburgenland werden ab dem Jahrgang 2009 unter der Bezeichnung Eisenberg DAC (Eisenberg DAC Reserve ab dem Jahrgang 2008) vermarktet. Der Alkoholgehalt beträgt mindestens 12,0%, die Reserve-Kategorie beginnt bei 13%. Der Restzucker ist mit 4 g/l limitiert. Der Verkauf der DAC-Weine ist ab dem 1. September des auf die Ernte folgenden Jahres zulässig (Einreichung zur Prüfnummer 1. August), bei den Reserven erst ab dem 1. März des auf die Ernte zweitfolgenden Jahres (Einreichung zur Prüfnummer 1. Februar). Alle anderen Weine führen die Herkunftsbezeichnung „Burgenland".

515 Hektar Weinanbaufläche
Die wichtigsten Rebsorten:
Blaufränkisch, Zweigelt,
Welschriesling

## Weingut
# Groszer Wein

**Markus Bach**
7473 Burg 95
Tel. +43 664 3863777
kanzlei@groszerwein.at
www.groszerwein.at

Mit Markus Bach als Weingutsleiter verfügt das Weingut über einen erfahrenen Experten, der vorbildhaft die Tradition am Eisenberg in Kombination mit zeitgemäßer Innovation in kellertechnischen Belangen beherrscht. Das Sortenspektrum fokussiert sich auf Blaufränkisch, der von den gutseigenen Top-Lagen Saybritz und Szapary stammt, begleitet von der vorzüglichen Weißwein-Enklave des Csaterbergs, von der zwei Sorten-Cuvées erzeugt werden. Die Prämisse ist, charaktervolle Weine auf hohem Qualitätsniveau zu erreichen, und das wird selbstverständlich in biologischer Landwirtschaftsführung umgesetzt. Die riedenrein ausgebauten Blaufränkischen aus der Ried Szapary und Saybritz werden mit der Bezeichnung Reserve geführt. Für diese Premiumlinie wird die offene Vergärung in Holzbottichen angewendet. Die malolaktische Gärung, ebenso die Reifung auf der Feinhefe bis zur Flaschenfüllung erfolgen im Tonneau. Die Blaufränkisch „Einsteiger"-Reserve ist eine Lagen-Cuvée aus der Ried Saybritz mit Zwei-Drittel-Anteil und aus der Ried Szapary, die mit viel Dichte, Balance und einer saftigen Vitalität in der Premiumliga voll überzeugt. Den Höhepunkt bilden die lagenreinen Reserven, die eindrucksvoll die terroirspezifischen Vorzüge aufzeigen. Ried Saybritz ist die saftig-druckvolle Varietät, Szapary verkörpert die ziselierte Fruchttiefe der Blaufränkisch-Stilistik. Beide Varianten zeigen bereits in der Jugend, in welche Höhen sich diese beiden Juwele in der Reife entwickeln werden: Es sind spannungsgeladene Weine in der jeweiligen Terroir-Spezifik mit vollendeter Harmonie aus Fruchttiefe und Balance.

*us*

### EISENBERG DAC

★★★ S €€€ BF  **FUN**
**2022 Blaufränkisch** + Kühles, glockenklares Rotbeerenbukett, Brombeere, Waldbeere, engmaschig, transparente Fruchtaromatik, etwas Graphitwürze, kompakte Gerbstoffe, schöner Trinkfluss in Cool-Climate-Stilistik, modellhaft.

★★★★ S €€€ BF
**2022 Blaufränkisch Reserve** + Feinstes rotbeeriges Bukett, rote Ribisel, aromatisches Fruchtspiel, Waldbeeren, Kornelkirsche, Cassis-Reminiszenz, engmaschig, straff jugendlich, fordernde Mitte, zeigt viel Harmonie, feiner Säurerückhalt, zarte Würze, Blutorange im Nachhall, tolle Länge, großer Wein.

★★★★ S €€€€ BF  **TIPP**
**2022 Blaufränkisch Saybritz Reserve** + Betörende feinwürzige wie rotbeerige Nase, viel Schwarzkirschenaroma, Brombeere, dunkelfruchtige Prägung, saftig, dicht, Havannatabak, stoffige Textur, druckvoll, feine Säurekomponenten, großer Spannungsbogen, feinkörniges Tannin, salzig, großes Potenzial, toll.

★★★★ S €€€€ BF  **TIPP**
**2022 Blaufränkisch Szapary Reserve** + Feinduftige rote Ribiselnase, hellfruchtige Rotbeerigkeit, Weichsel, helle Kirsche, ziseliert, engmaschig, vielschichtige Komponenten, tiefgründig, erdige Noten, balanciert, leichtfüßige Eleganz bis ins lange Finale.

### BURGENLAND

★★★ S €€ GS
**2023 Gemischter Satz** + (WR/RI/CH/PB/FU) Vielfältiges Bukett nach Apfel, Quitte, zart kräuterwürzig, saftige wie mineralische Fruchtaromatik, Granny Smith, Quitte, Steinobst, vital, mineralisch geprägt, feine Gerbstoffstruktur, balanciert, sehr gelungen.

★★ S €€ CR
**2023 Rosé** + (BF/ZW/ME – Direktpressung) Blütenduftige Nase, Orangenzeste, hellfruchtige Erdbeere, Waldbeerenaroma, filigran, animierende Frische, Zitrus im Abgang, solide Interpretation.

★★★ K €€€ CW
**2022 Erdödy** + (WR/CH) Feinwürzige Duftnase, Quitte, heller Tabak, straffe Fruchtaromatik, Steinobst, Exotik à la Maracuja, knackig, feiner Säurehintergrund, strukturgebender Gerbstoff, Limette im Finish, salziger Kick im Nachhall.

# Weingut
# Jalits

**Mathias Jalits**
7512 Badersdorf/Eisenberg, Untere Dorfstraße 16
Tel. +43 664 3303827
office@jalits.at, www.jalits.at
18 Hektar, W/R 20/80

Mathias Jalits ist in den letzten Jahren zu einer fixen Größe am Eisenberg avanciert, dessen Weine inzwischen internationales Renommee genießen. Sein Erfolg fußt auf der soliden Basis seiner Weinbauphilosophie, seinen Weinen jenen Charakter einzuhauchen, die die Bodenständigkeit, also den Atem der Region widerspiegeln. Die Hauptrolle im Weingut spielt die Sorte Blaufränkisch aus den Eisenberger Top-Lagen. Komplementär dazu wird den französischen Sorten große Aufmerksamkeit zuteil, die unisono als Reserve ausgebaut werden. Die geheimen Favorits sind die Blaufränkisch-Varietäten in der Reserve-Kategorie: Ried Szapary verkörpert puristisch das große Terroir vom eisenhaltigen blaugrünen Tonschiefer mit fruchtbetonter Dichte. Komplementär dazu verhält sich die mehr sandig-tonige Ried Fasching mit kraftvoller Fruchtdichte. Die Rolle des Primus inter Pares gebührt der Rieden-Cuvée Diabas, die von ausgewählten Fässern der Rieden Fasching, Saybritz und Reihburg komponiert wird. Das Ergebnis ist ein Wein in vollendeter Struktur und Harmonie mit dunkelbeeriger Fruchtfülle und pompöser Kraft.
Ein besonders gutes Händchen zeigt der Winzer mit den reinsortig ausgebauten Bordeauxsorten. Der aktuelle Cabernet Sauvignon Reserve 2021 strahlt förmlich in vollendeter Struktur und Fruchtklarheit. Merlot Reserve vom selben famosen Jahrgang beeindruckt durch ein substanzvolles Früchte-Würze-Spiel. Last but not least spielt der Pinot Noir zusehends eine bedeutende Rolle im Hause Jalits, der mit hellfruchtiger Rotbeerigkeit in transparenter Fruchtführung exemplarisch aufzeigt, welch Qualitäten der Eisenberg für dieses Burgunder-Juwel bereithält. *us*

## EISENBERG DAC

★★ S €€ BF
**2022 Blaufränkisch Eisenberg** + Feine Kirsch-Weichsel-Nase, saftige, feinfruchtig, Wildkirsche, rote Ribisel, Gewürze, mineralisch, lebendig, Trinkfluss.

★★★★★ K €€€ BF — **TOP**
**2021 Blaufränkisch Ried Szapary Reserve** + Vollreife Aromatik, Brombeere, Kornelkirsche, Tabaknoten, kraftvoll, saftige Dichte, anregender Säurebiss, mineralische Prägung, kernige Mitte, feine Gerbstoffnoten, großes Potenzial.

★★★★★ K €€€ BF
**2021 Blaufränkisch Fasching Reserve** + Intensives Weichsel-Gewürz-Bukett, Wildkirsche, rote Ribisel, etwas Leder, saftig, kraftvoll, vollmundig, dunkle Prägung, viel Tiefe, vital, lang im Finish.

★★★★ K €€€ BF — **TIPP**
**2021 Blaufränkisch Diabas Reserve** + Intensives rotbeeriges Bukett, saftiger wie vollreifer Beerencocktail, dunkelbeerige Fruchtfülle, kräftige Substanz, druckvoll, Graphitnoten, feste Struktur, straff, griffiges Tannin, juvenil, Weltklasse.

## BURGENLAND

★★ S €€ WR
**2023 Welschriesling** + Grüner Apfel, knackige Frische, saftig mit Biss, zarte Mineralität, trinkig.

★★★ K €€€ WR
**2022 Welschriesling Reserve** + Feine Würzenase, Biskuit, viel Nussaromatik, blättrige Noten, Quitte, Gelbfrucht, Zitrus, mineralisch, knackig mit viel Biss.

★★★ K €€€ PB — **FUN**
**2022 Weißburgunder Kalk und Schiefer** + Bukett nach heller Walnuss, saftige Fruchtaromatik, reifer Apfel, Ringlotte, Steinobst, harmonisch, Haselnuss, feine Gerbstoffe, viel Grip, mineralische Frische, lang, toll.

★★★ K €€€ CR
**2021 Cuvée Kontur** + (70 % BF / 17 % CS / ME) Feine Cassisnase, viel rotbeerige Aromatik, Waldbeere, Brombeere, Kräuterwürze, saftige Rotbeerigkeit, druckvoll, engmaschig, kernige Mitte, geradlinig, viel Balance, klingt mit würzigen Noten aus.

★★★★ K €€€€ ME
**2021 Merlot Reserve** + Bukett nach Darjeeling-Tee, Trockenkräuter, Waldbeeren, vollreife Aromatik, Brombeeren, Kräuterwürze, kerniger Biss, rauchige Noten, substanzreich, feste Struktur, feine Bitterschoko, klingt mit feinen Blattnoten aus, Potenzial.

★★★★ K €€€€ CS
**2021 Cabernet Sauvignon Reserve** + Präsente Brombeer-Cassis-Nase, viel Cassisaromatik, Minze, Blutorange, druckvoll, substanzreich, transparente Fruchtführung, feine Tannine, nuanciert bis ins lange Finale.

★★★★ K €€€ PN — **TIPP**
**2021 Pinot Noir Ried Szapary** + Betörender Früchtecocktail in der Nase, Weichsel, Himbeere, helle Kirsche, fein-aromatische Saftigkeit, dicht, Walderdbeere, würzig, mineralisch, feinkörniges Tannin, großartig.

## Weingut Krutzler

**Reinhold Krutzler**
7474 Deutsch-Schützen, Untere Hauptstraße 6
Tel. +43 664 1431983
weingut@krutzler.at, www.krutzler.at
13 Hektar, W/R 5/95

Das Weingut Krutzler gilt als Pionier-Betrieb der österreichischen Rotwein-Szene, deren elegante Blaufränkisch-Varietäten in der Stilistik des „Perwolff" Weltruf genießen. Reinhold Krutzler führt das Weingut in der fünften Generation, sein Sohn Clemens steigt bereits Schritt für Schritt in das Blaufränkisch-Vermächtnis des Familienweinguts ein. Die Krutzler'sche Weinphilosophie ist klar definiert: Es gilt, die Charaktere dieser Rebsorte herauszuarbeiten, deren Eigenständigkeit von den mineralisch geprägten, eisenhaltigen Lehm- und Schieferböden samt Kleinklima bestimmt ist. Grundlage dazu bilden die allerbesten gutseigenen Rieden aus großteils altem, über 30-jährigem Rebbestand in Deutsch-Schützen und am nahen Eisenberg.

Das Entree bilden die nicht minder hochklassischen Weißweine, der Welschriesling aus der Ried Ratschen und der Gemischte Satz Alte Reben, beide mit Holzfasslagerung und biologischem Säureabbau. Letztere Sorten-Cuvée stammt aus der Ried Hummelgraben (tiefgründiger Lehmboden) und zeigt mit druckvoller Mineralität und Fruchtdichte das ganz große Potenzial für weiße Terroirweine am Eisenberg.

Die klassischen Blaufränkisch DAC sind die Schnittstelle zur Reserve-Premiumlinie. Beide zeigen zu ihrer fruchtwürzigen Tiefgründigkeit viel Kraft und Eleganz. Blaufränkisch 2022 ist eine Lagen-Cuvée mit viel maskuliner Struktur, die „Spätfüllung" 2019 reift mit längerer Maischestandzeit im großen Holzfass fast vier Jahre heran und ist, mit viel dunkelfruchtiger Substanz ausgestattet, hervorragend in der Gastronomie einsetzbar. Die aus den Eisenberger und Deutsch-Schützener Lagen konstituierende Blaufränkisch Eisenberg Reserve präsentiert sich im juvenilen Stadium als rot-blauer Beerenmix mit viel Dichte und Würze mit garantiertem Reifepotenzial.

Die Trias der Blaufränkisch-Premiumlinie im Hause Krutzler bilden „Ried Weinberg", „Alter Weingarten" und „Perwolff", der seit dem Jahrgang 2012 reinsortig ausgebaut wird. Mit viel Blaufränkisch-Aromatik und feinsten Gewürznoten ist die Ried Weinberg 2019 der Inbegriff der Eisenberg-Eleganz. Blaufränkisch Alter Weingarten ist ein Klassiker aus dem Hause Krutzler und stammt aus einer Altanlage in der Ried Weinberg, der mit einem geringen Zweigelt-Anteil einen Touch Geschmeidigkeit einbringt. Das renommierte Flaggschiff des Hauses ist der Perwolff, der als Lagen-Cuvée von Deutsch-Schützener Top-Lagen und mit 40%igen Anteil aus den Eisenberger Top-Rieden Fasching, Saybritz und Reihburg ausgebaut wird. Saft und Kraft zeichnen diesen komplexen Blaufränkisch aus, der wie alle Top-Weine des Hauses Krutzler im Jungstadium das kräftige Tanningerüst des Blaufränkisch aufzeigt und der mit zunehmender Flaschenreife zur Perfektion aus fruchtig-würziger Aromatik samt feiner Mineralik findet.

Last but not least verfügt das Weingut Krutzler mit dem reinsortigen Merlot über ein weiteres Aushängeschild. Seit der Ersternte 1997 ist dieser dem Geheimtipp-Status entwachsen und hat sich mit viel saftigem und fruchtdichtem Terroir-Feeling als Eisenberger Juwel etabliert. Merlot kommt zu zwei Drittel von Deutsch-Schützener Lagen sowie vom Eisenberg und wird im Barrique mit einem geringen Anteil von Tonneau ausgebaut.

*us*

### EISENBERG DAC

★★★ K €€€ BF
**2022 Blaufränkisch** + Dunkelfruchtige Würzenase, präsente Rotbeerigkeit, dicht, glockenklar, mittelgewichtig, delikat, gewisse Fülle, perfekt strukturiert, balanciert, gediegen in guter Länge.

★★★ K €€€ BF
**2019 Blaufränkisch Spätfüllung** + Feine Veilchenfrucht mit zarter Würze, etwas Unterholz, viel dunkelfruchtige Präsenz, Brombeere, Waldbeere, komplementäre Würzigkeit, Graphitnoten, kraftvoll, vital mit viel Biss, substanzreich, gute Länge.

★★★★ K €€€€ BF
**2021 Blaufränkisch Eisenberg Reserve** + Betörende Fruchtnase, Waldbeere, Pflaume, feine Würzenoten, engmaschig, vitale, feine Würze, tiefgründig mit eleganten Komponenten, Potenzial.

★★★★ K €€€€€ BF **TIPP**
**2019 Blaufränkisch Ried Weinberg** + Betörende rotbeerige Fruchtnase, rote Ribisel, Kornelkirsche, druckvoll mit saftiger Mitte, engmaschig, Melange von Kirsche, Waldbeeren, Heidelbeere, glockenklar, geschmeidige Eleganz, lang und viel Potenzial, beeindruckende Terroir-Interpretation.

### BURGENLAND

★★★ K €€€€ GS
**2022 Gemischter Satz Alte Reben** + Kräuterwürze in der Nase, kühle Aromatik, helle Walnüsse, Zitronenzeste, Quitte, Steinobst, etwas Exotik, viel Extrakt, lebhaft mit mineralischer Prägung, strukturierter Gerbstoff, toller Spannungsbogen, rauchig im Nachhall.

★★ S €€ ZW
**2023 Blauer Zweigelt** + Weichselbukett mit dezenter Würze, knackige Frische, etwas Mandel, hellfruchtig, vital, zartherbes Finale, sehr animierend.

★★★ S €€ BF **FUN**
**2023 Blaufränkisch** + Würzebetonte Nase, Graphit, straff-stringente Fruchtführung, Weichsel, helle Kirsche, engmaschig, delikate Säure, animierender Gerbstoff, glockenklar, Cool-Climate-Stilistik.

★★★★★ K €€€€€ BF **TOP**
**2022 Alter Weingarten** + (90 % BF / ZW) Bukett nach roten Früchten, prägnante Fruchtführung mit viel Frische, Blaubeerenmelange aus Brombeere, Waldbeeren, Himbeere, ausdrucksstark, engmaschig, perfekt strukturiert, delikater Grip, Finesse, viel Balance, lang im Finish.

★★★★★ K €€€€€€ ME **TOP**
**2022 Merlot** + Betörende teeblättrige Nase, Tomatenblatt, Tabaknoten, Veilchen, Nougat, feines Fruchtspiel mit viel Brombeere, Waldbeere, reichhaltig, klar strukturiert, perfekte Holzeinbindung, viel Biss, gute Länge.

★★★★★ K €€€€€€ BF **TOP**
**2022 Perwolff** + (BF) Helle Tabaknase, Veilchen, knackiges Fruchtspiel, Kornelkirsche, Brombeere, druckvoll, verbindet Dichte mit Eleganz, engmaschig, kraftvolle Textur, vital, beeindruckende Länge, enormes Potenzial, zeitlos schön.

# NOTIZEN

## Weingut
# Arkadenhof Mandl-Brunner

**Helga & Erhard Brunner**
7471 Rechnitz, Lindengasse 7
Tel. +43 664 9161059, office@arkadenhofmandl.at
www.arkadenhofmandl.at
10 Hektar, W/R 80/20

Ein solider Weinhof mit Buschenschank ist das Anwesen von Erhard und Helga Brunner. Deren Sohn Martin Brunner hat, wie die Mutter, die Klosterneuburger Weinbauschule absolviert. Derzeit widmet er sich in Krems dem Bachelorstudium „International Wine Business", darüber hinaus ist er schon gestaltend im Betrieb aktiv. Die jüngste Innovation, den herrlich erfrischenden Welschriesling Pet Nat, hat er ersonnen. Grundsätzlich liegt im Betrieb der Fokus auf den Weißweinen, wobei der Welschriesling definitiv den Ton angibt. *jw*

### EISENBERG DAC

**★★★★ K €€€ BF** — TIPP
**2019 Blaufränkisch Reserve** + Satte Dunkelfrucht, reichlich Würze, etwas Kakao und Powidl, auch Blutorange klingt an, saftig, kühle Ader, belebender Charakter mit vitalem Säurebogen, feingliedriger Körper, erstaunliche Äquilibristik im Zusammenspiel gegensätzlicher Komponenten, langer würziger Abgang mit einer passend zarten Vanillenote im Finish, ein terroirbetonter Rechnitzer.

### BURGENLAND

**★★ S €€ WR**
**2023 Welschriesling Urgestein** + Einladende hellfruchtige Nase, Pfirsich, grüner Apfel und weißer Pfeffer, hintennach auch zart nach Stachelbeeren, erfrischend und trinkvergnüglich, mineralische Ader, saftig, verabschiedet sich mit einer feinen Limettennote.

**★★★ S €€ SB** — FUN
**2023 Sauvignon Blanc Rechnitz** + Einladende Sauvignon-Nase, Stachelbeeren, grüner Apfel, typisch grasig, dazu eine erquickliche Paprikanote, saftig, salzig-pikant, langer vitaler Säurebogen, ein guter Speisenbegleiter und absolut erfrischender Wein mit feiner Zitrusnote im Abgang, der Sommer kann kommen.

**★★★ S €€ GM**
**2023 Gelber Muskateller Rechnitz** + Herrliches Muskatellerbukett nach Rosenblüten und Kräutern, auch Flieder tritt hinzu, hintennach Litschis und Stachelbeeren, saftig und wohlstrukturiert, feiner Säurebogen, guter Abgang mit Anklängen von jungen Nüssen.

**★★ S €€ CH**
**2023 Chardonnay Rechnitz** + Beginnt dezent nussig und mit Kräuterwürze, am Gaumen einige Fülle, haftet gut an, tritt für einen Klassiker erstaunlich druckvoll auf, zeigt einige Länge.

**★★★ S €€ PB** — PLV
**2023 Weißburgunder Rechnitz** + Feines dezentes Bukett, gelbfruchtige Akzente, nussige Nuancen, auch Apfel und Pfirsich klingen zart an, alles recht fein und keinesfalls überbordend, wohltuend und bekömmlich, sehr gute Balance, elegant und erfrischend, feine Zitrusnote im Abgang, bravouröses Trinkvergnügen.

**★★★ K €€€ WR**
**2022 Welschriesling Terra Rechnitz Ried Schiller** + Verführerische gelbfruchtige Nase, Weingartenpfirsich und Apfel, hintennach ein Pfefferl, dezente Kräuterwürze, etwas brotig, ausgesprochen saftig und frisch, gute Textur, sehr süffig, balanciert, eleganter Abgang mit einer Grapefruitnote im Finish.

**★★★ €€€ WR** — FUN
**2023 Welschriesling Pet Nat** + Hellfruchtiges Bukett nach Weingartenpfirsich, traubige Anmutung, auch zart nach Ananas, Birne, Grapefruit und grünem Apfel, einschmeichelnd vielschichtiges Fruchtspiel mit belebendem Charakter, einige Gaumenfülle, gute Perlage, erfrischend-fruchtiger Abgang, macht Lust auf mehr.

**★★★★ K €€€ CH**
**2022 Chardonnay Terra Rechnitz Ried Grenzgarten** + Im Bukett Anklänge von Ringlotten, feiner Honigton, kräuterwürzig, Muskatnuss und Thymian, hintennach eine edle nussige Bitternote, überaus saftig, balanciert und mineralisch, beachtlicher Tiefgang, bekömmlicher Charakter, gute Substanz, alles in allem ein sublimer und individualistischer Sortenvertreter, guter Abgang mit Anklängen von Zitrusgras im Finish.

**★★ S €€ ZW**
**2022 Zweigelt Rechnitz** + Ausgereifte Kirschfrucht und Lakritze, auch pfeffrig, salzig-pikant, abgerundet und samtig, balanciert und süffig, verabschiedet sich mit Anklängen von Vanille und einer zarten Nougatnote.

**★★★ S €€ BF**
**2022 Blaufränkisch Rechnitz** + Dunkelfruchtige Nase, Brombeere und Ringlotte, dezent ledrige Einsprengsel, würzebetont, mineralischer Charakter, erfrischend und zupackend, vital und saftig, gute Substanz, alles in allem ein guter Klassiker mit reichlichem Trinkfluss und ein herrlicher Speisenbegleiter.

♛ ♛ ♛ ♛

## Weingut
# schiefer.pur

**Uwe Hans Schiefer**
7503 Welgersdorf, Angerstraße 14
Tel. +43 664 5219047, office@weinbau-schiefer.at
www.weinbau-schiefer.at
15 Hektar, W/R 20/80

Uwe Schiefer ist ein Garant für authentische Terroir-Interpretationen in seidig-mineralischer Stilistik mit Weltformat. Seine Weine sind geprägt vom allgegenwärtigen Schieferboden und offenbaren jene unverkennbare Stilistik und Bekömmlichkeit in Vollendung, die im Einklang mit naturnahem Weinbau und seiner minimalinvasiven Ausbauweise steht. Das schiefer.pur Weinsortiment ist vielfältig und umspannt die Klassiklinie ebenso wie die hochgepriesenen Premiumweine in Weiß samt der maischevergorenen Sorten-Cuvée „m" und den Varietäten in Rot. Die klassische Linie Welschriesling Weißer Schiefer enthält neuerlich wie der Premiumpartner „s" einen geringfügigen Anteil von Weißburgunder. Beide Varianten präsentieren sich in feinziselierter Struktur mit viel Mineralik, wobei der Premium „s" mit engmaschiger Dichte in perfekter Struktur erneut eine Benchmark für diese Sorte in Österreich darstellt. Die Basis für den in gebrauchten Barriques ausgebauten Schiefer „s" bildet eine 30-jährige Altanlage der Ried Hummelgraben (toniger Lehm), die unterhalb an die Ried Saybritz anschließt. Der Riesling Vom blauen Schiefer (Nordostlage) ist nach Frostschäden vergangener Jahre wieder verfügbar und zeigt das Zukunftspotenzial dieser rekultivierten Sorte, die in früheren Zeiten am Eisenberg angebaut wurde.
Die klassische Rotweinlinie widmet sich erwartungsgemäß der Sorte Blaufränkisch. Mit dunkelfruchtiger Frische und Trinkfluss zeigt sich der im traditionellen Lagerfass ausgebaute „Vom blauen Schiefer". Der Vorgänger-Jahrgang ist leider dem Hagelunwetter von 2020 zum Opfer gefallen.

Die rote Premiumlinie vom Eisenberg ist im aktuellen Sortiment auf Blaufränkisch Ried Königsberg und Ried Reihburg fokussiert. Für die filigrane Blaufränkisch-Variante Ried Szapary und den reinsortig ausgebauten Merlot vom Eisenberg ist eine längere Reifephase vorgesehen. Blaufränkisch Ried Königsberg gilt aufgrund der kalkigen Schiefereinlagerungen (dolomitischer Kalkstein) als einer der feinziseliertesten Schiefer-Interpretationen am Eisenberg. Fordernde Fruchtdichte mit einem großen Spannungsbogen zeichnen diesen Wein aus dem Jahrhundert-Jahrgang 2021 aus. Vom selben Jahr stammt ein weiterer Top-Blaufränkisch, dessen Arrivage alljährlich mit großem Interesse erwartet wird und inzwischen Kultstatus besitzt: Blaufränkisch Ried Reihburg. Dieser wird hier kurz als Monument von dunkelfruchtiger Tiefgründigkeit in kraftvoller Dichte charakterisiert, der in die Kategorie Uwe Schiefer best ever fällt. Das komplementäre Meisterstück dazu bildet der aus Schiefers Besitzungen im Mittelburgenland stammende Blaufränkisch Lutzmannsburg V.V. (Vieilles Vignes), der die saftige und fruchtcharmante Seite des Blaufränkisch verkörpert.
Welch großartiges Potenzial der Eisenberg für Pinot Noir eröffnet, hat Uwe Schiefer bereits in mehreren Jahrgängen eindrucksvoll unter Beweis gestellt. Dieser wird als Lagen-Cuvée von den kalkhaltigen Rieden Königsberg und Hannersberg zum Teil aus Stockkulturerziehung ausgebaut. Dieses Pinot-Juwel präsentiert sich im feinsten Fruchtspiel mit Eleganz, Balance in floraler Stilistik, der in der Liga der besten Pinots der Welt mitspielt.

*us*

## BURGENLAND

★★★ S €€ CW  **FUN**
**2023 Weißer Schiefer** + (WR/PB) Feines Bukett nach grünem Apfel, helle Nüsse, knackig, frisch, druckvoll, feinstes Finessespiel, Apfel, Quitte, vibrierende Mitte, zarter Fruchtschmelz im Finale, sehr mineralisch.

★★★ K €€€€ CW  **TIPP**
**2022 Weißer Schiefer „s"** + (90 % WR / PB) Feinziseliertes Bukett nach Steinobst, Bergamotte, blättrige Noten, weiße Nüsse, kompakt mit transparenter Fruchttiefe, viel Quitte, Apfel, Limettenzeste, mineralisch geprägte Finesse, toller Spannungsbogen, druckvoll in perfekter Struktur, engmaschig, cremiges Finale, viel Potenzial, Chapeau!

★★★ K €€€ RI  **FUN**
**2023 Rheinriesling Vom blauen Schiefer** + Weißer-Pfirsich-Nase, kompakte Fruchtaromatik, transparent, Weingartenpfirsich, feine kristalline Säure, elegant, tolle Säure-Frucht-Balance, fein eingebundener, strukturgebender Gerbstoff, sehr bekömmlich, gute Länge.

★★★ K €€€ BF
**2020 Blaufränkisch Vom blauen Schiefer** + Glockenklare Fruchtnase, vollfruchtiger Mix aus Waldbeeren, Heidelbeere, präzise Fruchtführung, fein ziseliert, schiefrige Verve, elegant, perfekt strukturiert, lang im Finale.

★★★★★ K €€€€€€ BF  **TOP**
**2021 Blaufränkisch Alter Weingarten Ried Königsberg** + Feinduftige Kirschnase, pointierte rotbeerige Fruchtaromatik, Waldbeere, helle Kirsche im Hintergrund, schwarze Oliven, kompakt, vielschichtig, dunkelfruchtige Anklänge, etwas Bitterschokolade, viel Fruchtbiss, samtige Mitte, vitale Säure, tolle Sorteninterpretation, enormes Potenzial, lang im Finish.

★★★★ K €€€€€ BF  **TIPP**
**2019 Blaufränkisch Lutzmannsburg V.V.** + Präsente Kirsche-Schoko-Nase, etwas Tabak, vollreif, rotbeerige Fruchtmelange, Himbeere, Waldbeere, druckvoll, zeigt zugleich viel Finesse, Graphitnoten, dunkelfruchtige Prägung, feinkörniges Tannin, engmaschig, betörende Fruchtfülle bei eleganter Anmutung, ganz lang, ein Bravourstück par excellence.

★★★★★ K €€€€€€ BF  **TOP**
**2021 Blaufränkisch Ried Reihburg** + Feine Fruchtnase, Kirsche, Brombeere, Hauch von Maulbeere, herrliche Saftigkeit, Waldbeeren, Heidelbeere, schwarze Oliven, mineralische Prägung mit viel Verve, druckvoll, großzügig, toller Spannungsbogen, alles aus einem Guss, pointiert, ein monumentaler Wein mit enormem Potenzial, großartige Lageninterpretation, modellhaft!

★★★★ K €€€€€ PN
**2022 Pinot Noir** + Feinstes Duftspiel nach heller Kirsche, Himbeere, pointierte Wildkirschenaromatik, Weichsel, fein ziseliert, florale Stilistik, engmaschig, dicht, alles in perfekter Balance, tiefgründig, viel Finesse, lang im Finish, groß.

♛ ♛ ♛
## Weine
# Thom Wachter

**Thomas Wachter**
7474 Eisenberg, Winzerweg 1
Tel. +43 664 4622843
office@thomwachter.at
www.thomwachter.at

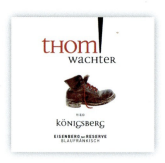

Thomas, alias Thom, Wachter beherrscht den Goût du Terroir von den vielfältigen Bodenstrukturen am Eisenberg meisterlich für sein auf Blaufränkisch fokussiertes Sortiment. Vorrangig werden Altanlagen bewirtschaftet, einerseits von den Top-Rieden am Eisenberg (Saybritz, Szapary, Königsberg), andererseits ergänzt vom Terroir am Deutsch-Schützener Berg – die Ried Ratschen (Nordost-Hanglage mit tonigem Boden und sandiger Lehmauflage) und Ried Weinberg, eine nach Südosten exponierte kühlere Lage mit tiefgründigen Lehmböden. Letztere Riede besitzt zudem den höchsten Eisenanteil im Weinbaugebiet. „Deshalb sind unsere Blaufränkischen aus dem Südburgenland so speziell im Geschmack, die Weine offenbaren, was der Boden hergibt", sagt der Lagen-Spezialist in voller Bescheidenheit.
Im Jahre 2015 startete Thom in seiner Heimat die Winzerkarriere. Inzwischen ist er stolzer Besitzer eines eigenen Betriebes mit weiteren Hektar Weingartenfläche in Pacht. Der älteste bestehende Weingarten des Eisenbergs, der 1936 in der Ried Szapary gepflanzt wurde, ist zugleich die Perle des Weingutes und wird als „Alter Garten" bezeichnet und auch separat vinifiziert.
Das Blaufränkisch-Sortiment zeichnet sich unisono durch ein kompaktes Fruchtbild mit viel Sorten- und Terroir-Spezifität aus, das sich in Summe durch ein harmonisches Gesamtbild mit viel mineralischer Verve präsentiert. Die Vinifikation ist traditionell im besten Sinne des Wortes. Sie erfolgt in offener Vergärung im Tonneau (500 Liter), die nach dem Abpressen des Mostes mit den identen Chargen wieder befüllt werden, und in der sich die Fassreifung vollzieht. Beeindruckend im aktuellen Portfolio zeigen sich Blaufränkisch Alter Garten mit viel harmonischer Fruchtfülle und der Blaufränkisch Ried Königsberg, der mit einem höheren Kalkanteil in geradliniger Finesse strahlt. *us*

### EISENBERG DAC

★★★ K €€€€ BF
**2020 Blaufränkisch Ried Ratschen Reserve** + Würzig unterlegtes, rotbeeriges Entree, Wildkirsche, Brombeere, feinwürzig, kompakt, mittlere Länge.

★★★★ K €€€€ BF
**2020 Blaufränkisch Ried Weinberg Reserve** + Rotbeeriger Fruchtmix, Waldbeere, Sauerkirsche, pointiert, saftige wie kompakte Mitte, feinkörniges Tannin, strömt ruhig, delikat, würzig, zeigt viel Frische, lang im Finish.

★★★ K €€€€ BF
**2021 Blaufränkisch Ried Saybritz** + Sattes rotbeeriges Fruchtspiel, vollmundig, dicht, feine Pfefferwürze, viel Extrakt, geradlinige Stilistik, ruhende Mitte, sehr gelungen.

★★★ K €€€€ BF
**2020 Blaufränkisch Ried Saybritz** + Würziges Bukett, strömt ruhig mit feiner rotbeeriger Aromatik, würzig umrahmt, transparente Fruchtführung, harmonische Anmutung, mittlere Länge.

★★★★ K €€€€ BF                                    TOP
**2021 Blaufränkisch Ried Saybritz Alter Garten** + Feinduftige Nase nach Wildkirsche, saftig, druckvoll, kernige Mitte, ziseliert, elegante Anmutung, glockenklar, harmonisch, klingt lang aus.

★★★★ K €€€€ BF
**2021 Blaufränkisch Ried Szapary** + Verführerisches Bukett nach Waldbeere, helle Kirsche, sehr saftig, Heidelbeere, druckvoll, tiefgründig, feinkörnige Gerbstoffe, viel Harmonie bis ins lange Finale.

★★★★★ K €€€€ BF                                   TOP
**2021 Blaufränkisch Ried Königsberg** + Würzige Waldbeerenaromatik, druckvoll, griffige Fruchtführung in linearer Stilistik, engmaschig, kleinbeerige Dichte, toller Spannungsbogen, würzig bis in lange Finale, großes Potenzial.

## Weinbau
# Weber

**Martina Weber**
7474 Deutsch-Schützen, Winzerstraße 23
Tel. +43 664 7874219
mail@weinweber.at, www.weinweber.at
5 Hektar, W/R 8/92, 15.000 Flaschen/Jahr

Das von Martina Weber geleitete Weingut wird als Familienbetrieb bewirtschaftet, Vater Alfred Weber ist als Allrounder mit von der Partie. Weinreisende werden in einem heimeligen Verkostungsstüberl empfangen und umsorgt. Schon seit Längerem ist der Betrieb energieautark. Mehrfach wurde in den vergangenen Jahren das Sortiment erweitert. Sämtliche Premiumweine werden behutsam in 500-Liter-Gebinden geschult, bei der Vinifizierung wird stets nach Gebietstypizität gestrebt. Der Blaufränkisch Ratschen ist seit dem 2019er-Jahrgang zum Premiumwein aufgewertet, neu im Sortiment ist ein reinsortiger Cabernet Sauvignon – ein überaus interessanter Individualist. Grundsolide ist man im Betrieb mit den Blaufränkischen aufgestellt, die allesamt das Terroir spüren lassen. Unter ihnen ragt im Klassiksegment ein Vertreter mit der gewitzten Bezeichnung Laut Leise und im Premiumsegment der probate Centauros heraus. Höhepunkt des aktuellen Sortiments ist die verführerische, hochelegante Cuvée Vinea, bei welcher der Holzeinsatz gegenüber den früheren Jahren wesentlich zurückgenommen wurde. Das Weingut hat zuletzt eine bemerkenswerte Entwicklung durchgemacht. *jw*

### EISENBERG

★★★ K €€€€ BF
**2021 Ried Ratschen Blaufränkisch Reserve** + Dunkelfruchtiges Bukett, hintennach ledrige Einsprengsel und Anklänge von Lakritze, im Geschmacksbild Heidelbeere und Pfefferwürze, auch eine Vanille-Nougat-Note lugt hervor, Blutorange und Granatapfel, saftig, samtig, einige Gaumenfülle, mineralisch geprägt, langer Abgang mit einer Zitrusnote sowie Nougat im Nachhall.

★★★★ K €€€ BF
**2021 Blaufränkisch Reserve Centauros Deutsch-Schützen** + Feine Nase nach Waldbeeren und Veilchen, Brombeeren und Morellen, schwarzer Pfeffer, feinkörnig, einige Gaumenfülle, haftet gut an, sehr saftig, dabei einiger Druck, ausgesprochen balanciert, vital und vergnüglich, feierlicher Charakter, noble Zurückhaltung im Gesamteindruck, ausgesprochen delikat im Nachhall.

### BURGENLAND

★★ S € WR
**2023 Welschriesling** + Einnehmende gelbfruchtige Nase, Apfel, Pfirsich und Hawai-Ananas, leicht brotig, salzig und knackig, im Abgang dezent nach Stachelbeere.

★★ S € BF
**2022 Blaufränkisch Anfang** + Verführerische dunkelfruchtige Kirschnase, hintennach ein Pfefferl, Weichseln und Brombeeren, trinkfreudiger Charakter, feine Bitternote im kirschfruchtigen Abgang, ein gelungener Klassiker.

★★★ S €€ BF                                              PLV
**2022 Blaufränkisch Laut Leise** + Einladendes Bukett mit Anklängen von Heidelbeeren und Cassis, schwarzer Pfeffer, saftig und süffig auf sehr gutem Niveau, gute Stoffigkeit, feines Granulat, charakterisiert von nobler Kargheit und feiner Mineralik, wohlstrukturiert, authentischer Abgang mit einem Hauch von Blutorange.

★★★★ K €€€ CS
**2020 Cabernet Sauvignon Drachenblut** + Einnehmende Nase nach Waldbeeren und Wiesenkräutern, ein Hauch Marzipan und Vanille, schwarze Oliven, samtige Tannine, langer vitaler Säurebogen, einige Stoffigkeit, druckvoll und zugleich leichtfüßig, ein interessanter Individualist mit gutem Abgang von einiger Länge.

★★★★★ K €€€ CR                                        TOP
**2021 Cuvée Vinea** + (CS/BF/ME) Feine, tiefgründige Nase, bestechende Fruchtanklänge nach Cassis, reichlich Würze, betont saftig, stoffig-dicht, mineralisch und hochelegant, gute Tanninstütze, verführerischer Charakter, balanciert, belebender Säurebogen, sehr guter Trinkfluss, kräftige Statur, klingt anhaltend mit einer gewitzten Marzipananmutung aus.

### ÖSTERREICH

★★ S €€ BF                                               FUN
**2023 Isamar Frizzante** + (Rosé) Leuchtendes Lachsrosa mit Silberreflexen, zarte, einnehmende Nase nach Erdbeeren und Himbeeren, am Gaumen prächtiger Fruchtmix mit Erdbeeren im Vordergrund, dezent kräutrig, feines Gaumenspiel, zart cremig, überaus süffig mit animierendem Säurespiel, saftig, gute Textur.

★★★ S €€€ WR
**2021 Adaxl Welsch** + Einladendes Bukett nach Pfirsich, etwas Pfeffer, dahinter Banane und etwas Marille sowie ein Honigton, druckvoll und saftig, einige Gaumenfülle, ordentliche Statur, animierend, klingt mit einer Honignote im Finish aus.

## VINOTHEKEN

### EISENBERG

**Ortsvinothek Eisenberg**
7474 Eisenberg, Am Naturpark 1
Mobil +43 664 4344224
www.vinothek.eisenberg.at

### MOSCHENDORF

**Gebietsvinothek Südburgenland**
im Weinmuseum Moschendorf
7540 Moschendorf, Weinmuseum 1
Tel. +43 3324 63182
www.weinidylle.at

## GASTRONOMIE/NÄCHTIGUNG

### BAD TATZMANNSDORF

**Reiter's Supreme Hotel**
7431 Bad Tatzmannsdorf, Am Golfplatz 1
Tel. +43 3353 8841
www.reiters-reserve.at

Luxuriöses Fünf-Sterne-Wellness-Resort mit der größte Hoteltherme Europas (8.000 m²). In der Küche wird niveauvoll gekocht, vieles dreht sich dabei um das Fleisch von eigenen Mangalitzaschweinen, Schafen, Rindern und Wasserbüffeln. Im Shop gibt es ausgesuchte regionale Spezialitäten wie Honig, Schnäpse, selbstgemachte Marmeladen oder Kernöl. Sehr gute Weinkarte mit Fokus auf das Südburgenland.

**Gasthaus Treiber**
7431 Bad Tatzmannsdorf
Jormannsdorfer Straße 52
Tel. +43 3353 8271
www.burgenlandurlaub.at

Herbert Treiber, der sein Handwerk bei Kochikone Werner Matt verfeinerte, versteht sich auf Österreich-Klassiker wie Backhendl, Krautfleckerln, hausgemachte Nudeln, Fischgerichte und knusprig-saftige Spareribs, aber auch Pizza, Chicken Wings, Ripperln oder gebackene Calamari werden serviert. Ist ihm das Jagdglück treu, setzt der Hausherr auch Wildgerichte
auf die Karte. Eigene Vinothek, dort gibt es auch Weine aus eigenem Anbau.

## BILDEIN

### Weinarchiv
7521 Bildein, Florianigasse 1
Mobil +43 664 2809287 (Wolfgang Lechner)
www.bildein.at/kultur-und-freizeit/weinarchiv

Das Weinarchiv in Bildein ist keine Vinothek wie jede andere. Hier wird in lockerer Atmosphäre geplaudert, Wein verkostet und natürlich auch verkauft. Über Jahre hinweg werden hier die besten Jahrgänge der Regionswinzer gelagert. Im historischen Gewölbe werden stimmungsvolle Weinverkostungen durchgeführt.

## DEUTSCH SCHÜTZEN

### Ratschen
7474 Deutsch Schützen 254
Mobil +43 664 4180705
office@ratschen.at, www.ratschen.at

Der Rundumblick auf die Weinberge des Südburgenlandes ist formidabel. Das Ambiente mit stilvoller Holz- und Glasarchitektur ist gelungen, niveauvolle regionale Küche mit internationalen Ausflügen ist das Credo. Zur Auswahl stehen Menüs über vier bis acht Gänge. Entenleber mit Kirschen, Pistazien und Brioche ist ein Gedicht, die Jakobsmuschel mit Karotte, Hühnerhaut und Safran-Velouté ebenso gckonnt. Das Weinangebot bietet ein Best of Südburgenland und weit darüber hinaus.

### Wohnothek
7474 Deutsch Schützen, Ratschen 254a
Mobil +43 664 4180705
www.wachter-wiesler.at/home-wohnothek

Die moderne Interpretation des Kellerstöckls mit lichtdurchfluteten, nach Holz duftenden Würfeln. Traumhafte Lage in den Weinbergen umgeben von Bäumen und Wiesen, Heizung und Stromversorgung arbeiten nach ökologischen Gesichtspunkten. 25 loftartige Holzbungalows umfasst die Anlage, zur Entspannung warten ein Wellnessbereich mit Sauna, Dampfbad und Außenpool, außerdem ein Frühstücksrestaurant, das am Nachmittag als Café/Bistro geführt wird.

## DEUTSCH TSCHANTSCHENDORF

### Walits-Guttmann
7535 Deutsch Tschantschendorf 27
Tel. +43 3327 2285
www.walits-guttmann.at

Typisch burgenländischer Gasthof abseits der touristischen Trampelpfade. Die Einheimischen sind Stammkunden, Auswärtigen sei das Haus auch ans Herz gelegt. Herta Walits-Guttmann lebt für ihre pannonische Küche. Legendär sind ihre Grammelpogatscherln, vor allem, wenn duftend frisch aus dem Ofen kommen. Auch sonst überzeugen die bodenständigen Gerichte: Wildgerichte wie Hirschbraten in Lebkuchensauce mit Kürbisspätzle, Pannonisches wie Reindlrostbraten in Uhudlersauce oder Szomlauer Nockerln. Natürlich stehen die traditionellen Gerichte der Oma im Rampenlicht: Krautstrudel, gesalzenen Topfenstrudel, Ripperln mit Paradeiskraut. Dazu passen gute Weine aus den Rieden zwischen dem Blaufränkischland und der Südsteiermark.

## EISENBERG

### Hotel Das Eisenberg
8383 Eisenberg an der Raab, Mitterberg 32–34
Tel. +43 3329 48833-0
www.daseisenberg.at

Moderne Vier-Sterne-Zimmer im Haupthaus, das Landhaus ist ein liebevoll restauriertes Bauernhaus, der Romantikstadl mit viel Holz bietet Gemütlichkeit. Die Lage im Naturareal mit Uhudlerweingarten und Weingartenpavillons garantiert Ruhe. Das Restaurant konzentriert sich auf regionale Küche, der Keller lagert Qualitätsweine aus dem Burgenland, der Steiermark, Slowenien und Ungarn.

### Weinlofts Eisenberg
7474 Eisenberg/Weinberg, Bergstraße
Mobil +43 664 2015012
www.weinlofts.at

Kellerstöckl neu interpretiert. In den drei Weinlofts von Martina Fank und Ronald Kantauer schaut man vom Designerkamin über die pannonische Tiefebene. Das Weinloft II wurde im Gegensatz zu den anderen neu gebaut: mit Sichtbeton, Birkenvertäfelungen und freistehender Doppelbadewanne. Das Weinloft III ist ein 80-jähriges, revitalisiertes Kellerstöckl. Wie alle Weinlofts hat es einen Kamin, Klimaanlage und Terrasse sowie eine voll ausgestattete Küche. Auf Wunsch gibt es für alle drei Weinlofts einen Frühstückskorb (vorwiegend) mit Bioprodukten.

### Meixner Kellerstöckl
7474 Eisenberg an der Pinka
Obere Kellergasse 34 und Hummergraben
Mobil +43 664 8412162
www.meixner-kellerstoeckl.at

Seit 2015 steht ein Ensemble aus größerem (Weinblick I mit 145 m2) und kleinerem Kellerstöckl (Weinblick II) am Eisenberg. Geräumig und geschmackvoll eingerichtet, das größere mit einer tollen Terrasse. Unten breitet sich der Talboden der Pinka aus, auf der anderen Seite liegt Ungarn. Zwei Ferienwohnungen liegen im Hummergraben.

## GROSSPETERSDORF

### Hotel GIP
7503 Großpetersdorf, Ungarnstraße 10
Tel. +43 3362 30088
www.hotel-gip.at

Modernes, helles Hotel. Gratiszugang zum Freibad und zur Tennisanlage des TC Großpetersdorf.

## KÖNIGSDORF

### Am Mahrbach
7563 Königsdorf, Apfelstraße 4
Mobil +43 660 5536549
www.am-mahrbach.at

Zuletzt hat Philipp Kroboth am Gut Mariendol drei Hauben erkocht, jetzt betreibt er gemeinsam mit seiner Partnerin Cathrin Maric eine Landwirtschaft mit Hühnern, Ziegen, Bienen. Auf die Teller kommt, was der Hof und benachbarte Lieferanten gerade hergeben. Da können auch Bauch vom Mangalitzaschwein oder gegrillter Rieddeckel vom Wagyu-Rind dabei sein, beides aus nächster Umgebung. Angeboten wird zwar nur ein Menü, aber auf die Qualität kann man sich bei Philipp Kroboth verlassen.

## MINIHOF-LIEBAU

### Landhofmühle
8384 Minihof-Liebau, Windisch-Minihof 48
Tel. +43 3329 2814
www.landhofmuehle.at

Paradies im Paradies, die Landhofmühle liegt mitten im Naturpark Raab. Mit romantischem Teich, hübschem Garten, liebevoll zubereitetem Frühstück. Man genießt ein Buch aus der Bibliothek, beim Sonnenuntergang genießt man ein Glas Wein unterm Kastanienbaum. Die Ruhe ist herrlich, nur Vogelgezwitscher ist zu hören. Zimmer mit geölten Lärchendielenböden und Massivholzmöbeln. Auch Fasten- und Yoga-Urlaub sind beliebt.

## HAGENSDORF

### Schwabenhof
7522 Hagensdorf 22
Tel. +43 3324 7333
www.schwabenhof.at

Sympathisches, familiäres Hotel in einem ehemaligen Gemischtwarenladen aus dem Jahr 1938. Gemütliche Zimmer mit moderner oder rustikaler Einrichtung. Gefrühstückt wird im Wintergarten, es gibt auch einen japanischen Garten und einen Außenpool. Das Restaurant ist bekannt für seine burgenländischen Strudelvariationen und seine Moorochsen-Gerichte. Feines Angebot an burgenländischen Weinen, die in einem denkmalgeschützten Weinkeller lagern.

## HARMISCH

### Gasthaus Csencsits
7512 Harmisch, Harmisch 13
Tel. +43 3366 77220
www.gasthaus-csencsits.at

Harmisch hatten früher wenige am Radar, die Navis auch nicht, Jürgen Csencsits hat das geändert. Seine Küche ist eng mit der Region verbunden, so bodenständig, dass auch die Einheimischen kommen, gehoben, aber nicht abgehoben – das gefällt auch den Feinschmeckern. Aus seinem Holzofen duftet es öfter nach Kalbsstelze oder Bildeiner Lammschulter, sogar die Bratapfeltorte wird dort zubereitet. In den Menüs kommen auch Gänge wie Entenleber, Kakao, Pfirsich und Brioche. Großes Sortiment regionaler Spitzenweine, auch einige internationale Glanzlichter sind dabei.

## HEILIGENBRUNN

### Krutzler
7522 Heiligenbrunn 16
Tel. +43 3324 7241, 7240
www.hotel-krutzler.at

Im Restaurant wird eine tadellose österreichisch-ungarische Fusionsküche gepflegt.
Neben traditionellen Gerichten wie Eiernockerl oder Baounlsterz werden rund ums Jahr auch die saisonalen Spezialitäten serviert: zum Beispiel Spargel im Frühling, das Martinigansl im Herbst und das Kletzenbrot im Winter. Dauerbrenner sind außerdem Jiddische Entenleber, Rote-Rüben-Suppe mit Krennockerln oder gebackene Blutwurst vom Hof Kroboth. Sympathische Zimmer, Pluspunkt ist das Hallenbad.

## JENNERSDORF

### Wein & Specereien Csuk
8380 Jennersdorf, Hauptstraße 2
Mobil +43 664 4324532

Liebevoll geführte Weinbar mit Delikatessengeschäft. Die Weinauswahl ist mit 150 Positionen groß, die Jahrgänge reichen bis 20 Jahre zurück. Zur Weinverkostung werden kleine Happen gereicht: verschiedene Salamis, Prosciutto aus Italien, 20 verschiedene Käse aus Frankreich.

## KOHFIDISCH

### Kellerstöckl Isabell
7512 Kohfidisch, Klein Csater
Mobil +43 664 5437855
www.kellerstoeckl-isabell.at

Ausrasten statt ausrasten. Der Csaterberg, wo das Kellerstöckl steht, ist dafür ideal – und Hasen, Füchse und internetfreie Zone helfen dabei. Eine Architektin und ein Netzwerktechniker restaurierten dieses kleine Weinkellergebäude aus den späten 60er-Jahren mit ökologischen Baustoffen wie Holz, Hanf und Lehm. In der Küche warten der traditionelle Holzofen und auf der Terrasse der Griller auf den Einsatz.

## MARKT ALLHAU

### Bullinarium
7411 Markt Allhau, Gemeindestraße 30
Tel. +43 3356 22212
www.bullinarium.com

Das Bullinarium ist eine Art Direktvermarktung von Hallers Bull Beef direkt im Ort Markt Allhau, wo in einer Kreislauf-Landwirtschaft die jungen Bullen auf natürliche Weise heranwachsen. Beef Tatar, gratinierter Markknochen mit Misosauce und Rinderbackerln sind Klassiker, für Hungrige gibt es T-Bone- und Porterhouse-Steak mit über einem Kilo.

## OBERDORF

### KOI – Kulinarik am Teich
Familie Dirnbeck
7501 Oberdorf, Teichwald 1
Mobil +43 676 4605745
www.koi-kulinarik.at

Aus einer Fischimbisshütte wurde ein beliebtes Fischrestaurant, das weit über das Südburgenland bekannt und beliebt wurde. Neben heimischen Fischen darf auch Meeresgetier auf den Teller. Aus dieser Mischung entstehen Gänge wie Fischsulz mit Stegersbacher Flusskrebsen und Dillschaum oder Miesmuscheln im Rieslingsud. Saisonales wie Steckerlfisch, südburgenländische Weidegans oder Wildwochen runden das Ganze ab.

## PINKAFELD

### Esssalon
7423 Pinkafeld, Hauptplatz 15
Mobil +43 699 11953953
www.esssalon.at

Würde man hier nicht vermuten – Adi Karner kocht am Abend engagiert mediterran und asiatisch auf. Beispiele? Lauwarmer Calamarisalat, Thai-Curry-Suppe mit Waller und Shiitake, Risotto nero mit gebratenen Calamari oder rosa Hüferl-Teriyaki. Weine gibt es aus den Bereichen Orange, Slowenien und Südburgenland.

### Weinstube Familienbetrieb Szemes
7423 Pinkafeld, Hauptstraße 33
Tel. +43 3357 42305
www.szemes.net

Philip Szemes ist ein äußerst engagierter Gastronom. Einiges produziert er selbst: Er räuchert selbst, fermentiert, stellt eigenes Öl her, Köstlichkeiten wie Jus, Suppe oder Ragout in Gläsern und acht Gins. Hausmannskost mit pannonischem Einschlag ist eine Stärke, Halászlé oder Somloer Nockerln sind eine Freude. 4- bis 8-gängige Genießermenüs sind fein, dazu drei Getränkebegleitungen (Best of the Best, Autofahrer, alkoholfreie Begleitung). Die hauseigene Vinothek ist gut mit einem Best of Burgenland und ein bisserl mehr bestückt. Auch Whisky und Rum findet man.

# VULKANLAND STEIERMARK

Das „Vulkanland Steiermark" ist aus dem Weinbaugebiet Süd-Oststeiermark hervorgegangen. Es stellt kein geschlossenes Anbaugebiet dar, vielmehr gibt es hier eine Reihe von Weinbauinseln, die für österreichische Begriffe relativ weit voneinander entfernt sind und auch in puncto Bodenbeschaffenheit und Kleinklima wenig miteinander zu tun haben. Insbesondere im Dreiländereck rund um Klöch und Straden, wo steile Kogel vulkanischen Ursprungs aus dem Weinland herausragen, konnten sich einige Betriebe mit fruchttiefem Sauvignon Blanc, Morillon und Traminer profilieren. Regelmäßig können hier auch Kreszenzen mit sehr hohem Mostgewicht gewonnen werden, und auch der österreichische Trend zum Rotwein ist in dieser kleinklimatisch begünstigten Ecke deutlich zu bemerken, wobei sich der Zweigelt als Leitsorte herauskristallisiert hat. Der würzig-aromatische Traminer, für den es speziell in Klöch eine eigene Markengemeinschaft gibt, hat – begünstigt durch einige sonnige Herbste – eine wahre Renaissance erlebt.

In der eigentlichen Oststeiermark, etwa am Ringkogel bei Hartberg oder in den weiteren Zentren um Gleisdorf und Fürstenfeld, werden deutlich härtere Weißweintypen gekeltert, wie animierende Welschrieslinge, saftige Weißburgunder und rassige Sauvignons. Unmittelbar an der Thermenlinie, nahe den boomenden Heilbädern, gewinnen die Rotwein-Rebsorten immer stärker an Bedeutung, wobei der vorherrschende Zweigelt durch Komplementärsorten wie Blauburgunder und Syrah ergänzt wurde.

Im Jahr 2018 wurden DAC-Regelungen eingeführt. Im Fokus steht die Herkunft, also eine Klassifizierung in Gebietswein, Ortswein und Riedenwein. Es dürfen nur folgende Rebsorten verwendet werden: Welschriesling, Weißburgunder, Morillon, Grauburgunder, Riesling, Gelber Muskateller, Sauvignon Blanc, Traminer und Verschnitte daraus. Bei Gebietswein darf die Prüfnummer ab dem 15. Jänner des auf die Ernte folgenden Jahres beantragt werden, für Welschriesling ab dem 1. Dezember des Erntejahres. Für Orts- und Riedenweine darf der Antrag auf die Prüfnummer ab dem 1. April des Jahres nach der Ernte gestellt werden. Frühestens jeweils 18 Monate später dürfen Weine mit der Zusatzbezeichnung „Reserve" verkauft werden.

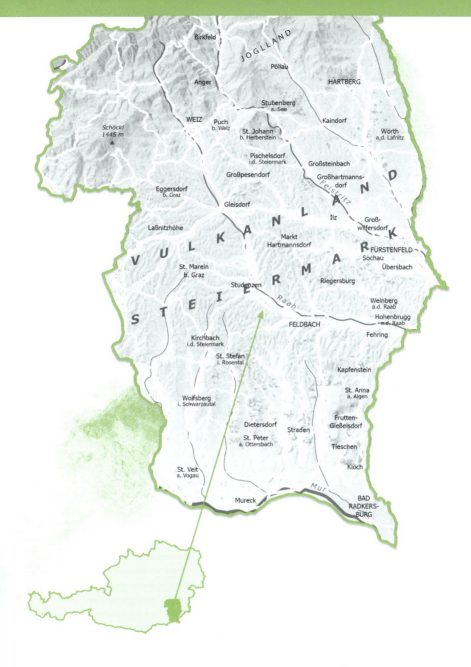

1.655 Hektar Weinanbaufläche
Die wichtigsten Rebsorten: Welschriesling,
Weißburgunder, Sauvignon Blanc, Traminer

# Weingut
# Frauwallner Straden

8345 Straden, Karbach 7
Tel. +43 3473 7137
weingut@frauwallner.com, www.frauwallner.com
30 Hektar, W/R 95/5

„2023 hat grundsätzlich sehr gut funktioniert, wir konnten einen sehr guten, saftigen Jahrgang einbringen mit präziser Frucht und eher kühlerer Aromatik. Die Weine sind ein bisschen leichter, typisch steirisch halt, und das ist gut so", resümiert Walter Frauwallner. Das Herausarbeiten der Jahrgangsunterschiede ist ihm sehr wichtig, „jeder Wein muss seinen eigenständigen Charakter bewahren." Aus dem großen Sortiment stand eine Auswahl der Jahre 2017 bis 2023 zur genüsslichen Verkostung. Die Gebietsweine sollen Lust auf die Steiermark machen. Sie kommen aus dem Stahl, sind frisch, fruchtig, facettenreich. Weißburgunder, Muskateller und Sauvignon sind Weine, die bei allem Spaß sehr sortenaffin und schon mit einigem Anspruch auftreten. Mit ihnen hat man für wenig Geld schon viel Freude im Glas und bekommt einen ersten animierenden Eindruck von Herkunft und Handschrift des Winzers. Die Steigerung dazu sind die Stradener Ortsweine, die mit noch mehr Ausdruck den Übergang zu den Riedenweinen bereiten. 1STK-Lage ist die kalkige Ried Stradener Rosenberg. Der Graububurgunder, da ist sich Walter sicher, „wird lange funktionieren", er hat mehr Schub als der 2023er, trotz viel Substanz und sehr guter Länge ist noch nicht alles am rechten Platz. Auch der Sauvignon braucht bei sehr gutem Ansatz noch etwas Zeit, mit seinem tropischen Fruchtcharme bereitet er schon einiges Vergnügen, beide Weine kommen aus dem Stahl. Beim Traminer hingegen – halb Gelber Traminer, halb Gewürztraminer gemeinsam verarbeitet – wird zur Unterstützung und für Komplexität gerne auch mit etwas Holz gearbeitet, ca. 40 % waren es diesmal, was im Endergebnis aber kaum zum Tragen kommt. Ried Buch ist die Große STK-Lage, die Reben stehen auf Basalt. Hier kommen 500-Liter-Fässer zum Einsatz, das Holz soll den Wein unterstützen, keineswegs dominieren, ist aber natürlich spürbar. Weißburgunder und Morillon Ried Buch sind zwei kraftvolle Weine, die Jahrgang und Lage sehr gut präsentieren. Eher dunkel in der Aromatik der Weißburgunder, mit helleren Aromen Richtung Steinobst und reifen Agrumen der Morillon, bei dem ein Alzerl mehr Säure den jugendlichen Charakter unterstreicht. Beim Sauvignon kam ein kleiner Teil in den Tank, „um zu sehen, wohin die Reise geht", bewährt hat sich dann doch der „Weg übers Holz". Der Wein zeigt schon ersten Trinkgenuss, Gerbstoff und Basalt arbeiten noch ein wenig dagegen. Die Spitze im trockenen Bereich erklimmt der Privat. Er wurde maischevergoren, bis das Maximum an Positivem rausgeholt wurde, und bevor die Gerbstoffe kamen, wurde behutsam abgepresst. Wer nun glaubt, dass mehr Sauvignon nicht mehr geht, wird mit der TBA-Essenz eines Besseren belehrt. Das Jahr 2017 hat ihm ca. 9000 Flaschen Süßwein beschert, verteilt auf sieben verschiedene TBAs. Auf verlässlich hohem Niveau wird hier auch der Blaue Wildbacher als Rotwein gepflegt. *db*

## VULKANLAND

**★★★ S €€ PB**
**2023 Weißburgunder** + Duftig, frische und trockene Kräuter, Walnussblätter; herrliche Fülle, etwas fruchtsüß, ruhig fließend, gute Länge, belebende Säure, bisschen ernsthaft, trotzdem ein Vergnügen.

**★★★ S €€€€ PG**
**2022 Grauburgunder Ried Stradener Rosenberg 1STK** + Strahlendes Kupfer, Krokant, karamellisierte Früchte, tief, saftig, fokussiert; kräftiger Einstand, pikant, fast pfeffrig, recht mineralisch, bisschen fruchtsüß, gute Länge.

**★★★ S €€€€ PB** FUN
**2021 Weißburgunder Ried Buch GSTK** + Einladende Fruchtvielfalt, griffiges Holz, Trockenobst, Karamell, ein paar Kokosraspeln, Eibischteig, exotische Früchte; feste Säure treibt viel Frucht über den Gaumen, Pfirsich in allen Variationen, sehr gute Länge, jugendlich.

**★★★★ S €€€€€ CH** TIPP
**2021 Morillon Ried Buch GSTK** + Weicher, vielleicht einen Hauch süßer als Weißburgunder, zieht sich zurück, tief, dicht mit weitem Fruchtbogen von Steinobst, reifen Agrumen bis exotischer Vielfalt; griffig, süße Frucht, Stein- und Kernobst, leicht röstig, sehr lang, straff, Potenzial.

**★★★ S €€ GM** FUN
**2023 Gelber Muskateller** + Macis, frisch geknackte Muskatnuss, pfeffrig, Thymian, Bohnenkraut; seidig fließend, elegant und feinsinnig, immer präsent, nie vordergründig, Himbeerbrause, animierende Länge, Blutorange, Bergamotte im Ausklang, fruchtsüß mit mineralischem Grip.

**★★★ S €€ SB**
**2023 Sauvignon Blanc** + Grüne Paprika, eingelegte Pfefferoni, Abrieb von Zitronen und Limetten, helle Fruchtaromen, roter Pfeffer; bleibt auf der hellen Linie, weiße Ribisel, Stachelbeere, bisschen rauchig im Abgang, Steinobst, beschwingtes Vergnügen.

**★★★ S €€€€ SB**
**2022 Sauvignon Blanc Stradener Rosenberg 1STK** + Ruhig, pfeffrig, kalkig-spröde, Tomatenstauden, Pfirsichsorbet; stabiler mineralischer Unterbau, knusprig, bleibt auf der intensiv steinobstigen Linie, freundlich, einladend, tropischer Fruchtcharme, sehr gute Länge mit leichter Unwucht.

**★★★★ S €€€€€ SB**
**2021 Sauvignon Blanc Ried Buch GSTK** + Fein dosierte Holzunterstützung lässt der Frucht viel Platz, gelbfruchtig, angenehme Zitrus- und Kräuterfrische; geht elegant weiter, dunkle Aromatik, schwarzer Pfeffer, Cassis, sehr guter Ansatz, Zeit.

**★★★★★ S €€€€€ SB** TOP
**2019 Sauvignon Blanc Straden Privat** + Intensiv Feuerstein, kühl, eine Idee von geröstetem Holz, Orangenzesten, gegrillte Paprika, bleibt steinig mit vielen dunklen Noten; straff, trocken, Mokka, Cassis, knusprig mineralisch, leicht salzig-scharf, äußerst vielschichtig, mit 13 % leichtgängig, immer straff, immer elegant, alles richtig gemacht, grandios.

**★★★ S €€€€ GT**
**2022 Traminer Ried Stradener Rosenberg** + Scharf akzentuiert, spritzige, feingliedrige Frucht, rosenduftig, Eibischteig, Mandarine, Marille, Litschis; seidig, wohldosierte Säure, gute Fruchttiefe, angenehmer Wein.

**★★★★★ S €€€€€ SB** TOP
**2017 Sauvignon Blanc TBA Essenz Ried Stradener Rosenberg** + (5 %, RZ 301 g, Säure 8,6 g) Hat fünf Jahre „immer ein bissl dahingeknistert", ein Füllhorn an Aromen, zarte Botrytisnoten, dann frisches Steinobst, Bananen-Vanille-Kuchen, weiße und rote Ribisel, Marshmallows; hochsommerlich mit vielen frischen Früchten, die Ribisel bleiben hell, Mango, Maracuja, eine Stange Rhabarber, cremig, schon recht gute Balance, hängt sich endlos ein, etwas Senfsaat, herrlich.

## STEIERMARK

**★★★ K €€€ BW**
**2019 Blauer Wildbacher** + Blutorangenzesten, gemahlener schwarzer Pfeffer, Teer, dunkelbeerig, Fruchtsüße baut sich langsam auf, zart ledrig; fest zupackende Gerbstoffe, überraschend moderat wirkende Säure, braucht Luft, Graphit, straff, Weichselfrucht, kerniger Charme, hat noch Zeit.

# Weingut
# Frühwirth

**Fritz Frühwirth**
8493 Klöch, Deutsch Haseldorf 46
Tel. +43 3475 2338, Fax -4
weingut@fruehwirth.at, www.fruehwirth.at
15 Hektar, W/R 85/15

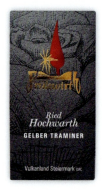

„2023 war über den Sommer hinweg herausfordernd, ab August wurden wir mit einem wunderschönen Herbst belohnt, der uns ausdrucksvolle, klare Weine mit guter Säurestilistik bei den Gebiets- und Ortsweinen gebracht hat. Die charakterstarken Lagenweine reifen noch in den Fässern, und auch auf tolle Rotweine dürfen wir uns freuen", begeistert sich Fritz Frühwirth.

Der Verkostungsreigen beginnt mit Burgundern aus drei Jahrgängen. Der aktuelle Gebietswein erfreut mit viel Frucht für wenig Geld. Vom Hochwarth kommt ein großartiger Wein, den man noch lange bei der Entwicklung begleiten kann, ein Strong Buy! Der im Vorjahr schon gelaufene Klöch Morillon bleibt seinem weiten Fruchtangebot treu, der Koasasteffl bietet anspruchsvolles Vergnügen. Die Qual der Wahl ist bei den Sauvignons eine nur flüchtige, man nehme den Sauvignon Gebietswein für gleich und alle Tage, den Kratzer für später.

Der Gelbe Traminer Klöch ist erstmals trocken, und das soll auch so bleiben. Die Auslese vom Vorjahr bleibt ein gemütlicher, pfeffrig-aromatischer Wein mit viel Sortenflair, den Gelben Traminer Hochwarth, Top-Wein vom Vorjahr, sollte man sich nicht entgehen lassen. Neu im Sortiment, aber nur vorübergehend, sind die Alten Reben vom Welschriesling. Die Spätlese von 40 Jahre alten Reben auf Basalt wurde im kleinen Holz mit etwas Maischestandzeit und anschließend fast zwei Jahre auf der Vollhefe ausgebaut. Ein starkes Zeichen für eine andere Art von Welschriesling. Der Blütenmuskateller ist deutlich ruhiger geworden mit gutem Fluss, und die Eruption aus dem roten Segment erfreut mit fruchtverspieltem Fluss. *db*

## VULKANLAND DAC

★★★★ S €€€ PB  **TIPP**
**2021 Ried Hochwarth Weißburgunder** + Heller, würziger Holzeindruck, Trockenfrucht; geschmeidig, viel Stoff, strukturiert, dann pikante Schärfe vom Basalt, passende Säure, frucht- und holzsüß, lange anhaltend.

★★★ S €€ CH
**2022 Klöch Morillon** + Saftiges, reifes Obst, Trockenfrucht, Marille; kräftiger Auftritt, Geleefrüchte, markante Säure, burgundisch, Zesten, helles Kernobst, knackiger Pfirsich, süffig mit gutem Fundament.

★★★★ K €€€€ CH  **TIPP**
**2022 Ried Rosenberg Morillon Koasasteffl Erste Lage Eruption** + Frische, vom Holz zart geküsste Frucht, reife Zitrusnoten, weiches Kern- und Steinobst; kernig, leicht fruchtsüß, vielschichtig, über Säure und Basalt gute Spannung, fruchtfreundliche Länge.

★★★ S €€ SB  **FUN**
**2023 Sauvignon Blanc** + Herrlich frisch, fruchtig, würzig, belebende grüne Aspekte; Fruchtfülle mit pointierter Säure, süße Pfirsichnoten gesellen sich dazu, knackig, resch, vielschichtig.

★★★ S €€€ SB  **TIPP**
**2023 Sauvignon Blanc Ried Kratzer** + Hübsche, tiefgehende Aromatik, dunkle Beeren, auch Holunderblüte; rassig, salzig-griffig, mineralisch, kraftvoll, grünwürziges, belebendes Finale.

★★★ S €€€ TR
**2023 Klöch Gelber Traminer** + Zesten von Blutorange und Grapefruit, Pikanz von Bohnenkraut und Thymian, verhalten rosenduftig; erfrischende Säure, Frucht kommt mit Luft, gelbschalig, trocken.

★★★ S €€€ GT
**2022 Klöch Gewürztraminer Extrem Auslese lieblich** + (35 g) Ein Obstkorb an Aromen, mit etwas CO2 recht frisch am Gaumen, Restzucker ist gut eingebunden, hübsche Exotik, braucht Luft, sehr gute Länge, Süße-Säure-Spiel.

★★★★ S €€€€ TR
**2021 Ried Hochwarth Gelber Traminer** + Viel Traminer, viel Herkunft, gezielt gesetztes Holz, lässt der Frucht Raum, viel Kraft, Wein für viele Gelegenheiten, super Stoff, tolle Entwicklung.

## STEIERMARK

★★★ S €€€ WR
**2021 Alte Reben Welschriesling Hommage 1976** + Bisschen frucht- und holzsüß, leicht nussig, Herbstlaub, Honigwürze, pfeffrig; griffig von Holz und Basalt, Dörrobst, pikante Säure, spannend.

★★ S €€ BM
**2023 Blütenmuskateller** + Knarzige, knorrige Frucht, typisch; Frucht von etwas Zucker umspielt, pikante Säure, kontrast- und aromenreich, zart gerbstoffig, gute Länge, geradlinig im Finale, guter Fluss.

★★★ S €€€ CR
**2020 Eruption Rot** + (ZW/ME) Auf gut portioniertes Holz gesetzte dunkle Beeren, dunkle Zesten, Mokkanoten, Tabak, süße Trockenobstaromen; Säure und Gerbstoffe machen schlank, Röstnoten, salzig-mineralisch, feste Substanz, ordentliche Länge.

# Weingut
# Gollenz

**Alois Gollenz**
8355 Tieschen, Laasen 2
Tel. +43 3475 2519
info@dergollenz.at
www.dergollenz.at

„2023 war durch die häufigen starken Regenfälle herausfordernd und sehr arbeitsintensiv. Ab Mitte August wendete sich das Blatt, und mit dem langen Herbst konnten wir in einer kompakten Lese einen sehr guten Jahrgang mit optimalen Gradationen einbringen", so blickt Kerstin Gollenz auf das vergangene Jahr zurück. Eigentlich müssten wir ja noch länger zurückblicken, denn sie entlassen ihre Weine gerne mit einer gewissen Flaschenreife in die Obhut ihrer Kunden. Die Lagenweine 2022 sind grad frisch gefüllt, aktuell sind 2020 und 2021 im Verkauf. Auch die Weine selbst nehmen sich zurück, zeichnen sich durch ein selbstbewusstes Understatement aus. Sehr umsichtig wird mit Holz, oft groß, nicht immer neu, gearbeitet, sodass in den meisten Fällen nur eine vage Erinnerung bleibt. Spontan vergoren bleiben die Weine lange auf der Vollhefe und werden so spät wie möglich gefüllt. Primärfruchtige oder vordergründige Weine sind nicht ihre Intention, wichtig sind Jahrgang und vor allem die Herkunft von unterschiedlichen Böden, die Urmeer und Vulkane vor Millionen von Jahren hinterlassen haben. „Diese Weine lassen sich wunderbar mit einer Vielzahl an Speisen kombinieren", weiß die ausgebildete Sommelière zu berichten. Überraschungsgäste der diesjährigen Verkostung waren zwei Sekte aus dem Jahr 2019. Von der Lese der Trauben bis zum Degorgieren wird alles im Haus erledigt. Mit dem Blauen Muskateller kultivieren sie eine uralte Rarität; da die Trauben Beeren unterschiedlicher Reife tragen, eignet sie sich besonders zur Versektung. Beide Sekte haben mindestens 30 Monate Hefelagerung hinter sich, der Muskateller kommt aus dem Stahl, sein Gegenstück, DER GOLLENZ, verbrachte zehn Monate im großen Holz. *db*

## VULKANLAND

**★★★ D €€€€ PB**
**2021 Weißburgunder Ried Preguckenberg** + Salz und Pfeffer, ein Hauch von Holz, sehr straff, engmaschig, Salzzitronen, Geleefrüchte, braucht Luft, elegant, vielversprechend; Vanille, zarte Röstnoten, geschliffene Gerbstoffe, ein zurückhaltender und doch imponierender Wein, gute Länge, braucht Luft. Großteils Lehm, oberes Drittel Ausläufer des Urmeers mit kleiner Menge Sand und Kalk, Südostlage, mit 15 bis 25 Jahren die ältesten Reben.

**★★★★ D €€€€ CH** TIPP
**2021 Chardonnay Ried Königsberg** + Trockenblumen, reifes und auch getrocknetes Steinobst, ein paar Zesten, eine Idee von Holz; gut eingebundene Säure, Holz nur als zart griffige Begleitung, helle Zitrusnoten, etwas fruchtsüß, rassige Erscheinung, elegant, lang, burgundisch.

**★★ D €€€€ RI**
**2021 Riesling Ried Klöchberg Erste Lage Eruption** + Straff, knackiger Pfirsich, ein Prise Pfeffer, etwas Rosenduft; griffig, fordernd, steinig, starke Darstellung der Herkunft, kernige Statur, passende Säure, mit Luft kommt etwas Fruchtsüße dazu, spannender, etwas ernster Vertreter.

**★★ S €€€ SB**
**2022 Sauvignon Blanc Tieschen** + Dunkle, ruhige Eröffnung, gelbes Obst, Pfirsichsorbet, zischig, Brennnessel, Minze, Melisse; fester Grip, dunkle Frucht, etwas spröder Charme, gute Spannung, mittelgewichtig, stark bodengeprägt, spartanisch.

**★★ D €€€€ SB**
**2021 Sauvignon Blanc Ried Preguckenberg** + Röstig, kreidig, mehr Würze- als Sortencharakter; kräftige Säure, dennoch geschmeidige Fülle, Sorte angedeutet, engmaschig, animierend, sehr eleganter, puristischer, pikanter Wein, bewusst als vielseitiger Speisenbegleiter vinifiziert.

## ÖSTERREICH

**★★ D €€€€ BM** FUN
**2019 Viarum Brut – Rosé Sekt** + (Blauer Muskateller) Zart messingfarben, ganz feines Muskatellerbukett; trocken, dennoch geschmeidig, festes Mousseux, dezente Aromatik, gewisse Fülle, ein Hauch Rosenduft, mit Luft wird die Tonalität tiefer, Muskatnuss, Macis, Pfeffer, reich strukturiert, gute Fülle, Pfirsich, fruchtsüß, solide Länge.

**★★★ D €€€€ CW** TIPP
**2019 DER GOLLENZ Burgunder Sekt Extra Brut** + (CH/PB/PN) Sehr feines Bukett, zitrusduftig, gelbfruchtig, etwas Tropenfrucht; resches Mousseux, grüne und gelbe Äpfel, Zitronenschale, bisschen fruchtsüß, dann kernig, kantig, fast kompromisslos, zurückhaltend und doch vielschichtig, ein paar exotische Nuancen, sommerlich frisch, stahlig, straff, belohnt den aufmerksamen Genießer, die Meeresfrüchte warten schon.

## Weingut
# Krispel

**Stefan Krispel**
8345 Straden, Neusetz 29
Tel. +43 3473 7862
office@krispel.at
www.krispel.at

„2023 war feucht-fröhlich, der goldene Herbst hat uns qualitativ gerettet", fasst Stefan Krispel den ersten bio-zertifizierten Jahrgang knapp zusammen. Vater Toni, Stefan und viele andere haben in Neusetz einen Genuss-Hotspot installiert. Beide sorgen dafür, dass Wein und Schwein zusammenfinden. Am besten man mietet sich im Vorfeld schon in eines der sieben Gästezimmer ein, dann schläft man auch gut. Die Basis aller Lagen ist der Basalt, der Rosenberg hat außerdem den höchsten Kalkanteil in der Hangmitte, der Neusetzberg mit bis zu fünf Metern hat die dickste Schicht Basaltverwitterungsboden auf kalkigem Untergrund, am Hochstrandl ist der Tonanteil höher und die Rotlehmauflage geringer. Die Gebietsweine zeigen das Vulkanland voller Frucht und Lebendigkeit. Ab den Gebietsweinen kommt großes Holz zum Einsatz. Die Lagenweine müssen ihre Herkunft transportieren, mustergültig dargeboten in einem breiten Sortiment von Burgundern und aromatischen Sorten. *db*

### VULKANLAND

★★★ S €€ PB · **PLV**
**2023 Weißburgunder** + Frischer Einstieg, Apfel, bisschen tropisch, grüne Walnüsse; gelungener Kontrast zwischen cremigem Körper und belebender Säure, griffiges Finale, angenehm süffig.

★★★ D €€€€€ PB
**2020 Weißburgunder Ried Neusetzberg Alte Reben Erste Lage Eruption** + Dunkle Frucht, erste Reife, getrocknete Morcheln, Zesten, Kräuter, öffnet sich schnell, Holz schon gut eingewirkt; frische Säure, braucht Luft, starkes Mittelstück, Gerbstoffstütze, strahlender, straffer, attraktiver Typ.

★★★ D €€€€€ PB
**2020 Weißburgunder Stradener Rosenberg Erste Lage Eruption** + Zitrus, Vanille, getrocknete Kräuter, Mango, helle Holznoten, zarte Süße; eng fokussiert, Pfirsicheis, kleiner Zuckerrest wird von Säure, Gerbstoff und Stein gebändigt, Pfirsich- und Apfelschale, lebendig, anhaltend.

★★★ S €€€ CH
**2022 Chardonnay Straden** + Vanille, Topfengolatsche, Waldmeister, Himbeere, kräuterduftig; Trockenfrucht, pikante Säure, vielfältig einsetzbar, knuspriger, fester Kern, viel Herkunft, guter Zug.

★★★ S €€€ PG · **FUN**
**2022 Grauburgunder Straden** + Zitruspush, Zesten, Hauch von Holz, Zitronen-Nusscreme, anschmiegsamer Einstieg, dann kernige Säure, etwas Gerbstoff, viel Fruchtcharme, beschwingt anspruchsvoll.

★★★★ D €€€€€ PG
**2020 Grauburgunder Ried Hochstrandl Alte Reben Große Lage Eruption** + Geröstete Nüsse, Marshmallows, Trockenfrüchte, Fruchtchips, Vanille; griffige Säure, bleibt auf der Dörrobstschiene, sehr mineralisch, zitrusfrisch, jugendlich beschwingt.

★★★ S €€ GM · **FUN**
**2023 Gelber Muskateller** + Prägnant, Holunderblüten, frische Agrumen, einladend; peppige Säure, straffe Statur, helle bis rote Beeren, mineralisch straff, gute Substanz und Länge.

★★★ S €€ SB · **FUN**
**2023 Sauvignon Blanc** + Pikant, verlockender Aromenmix, Cassis, fruchtsüß hinterlegt, geröstete Paprika; gute Statur, kühle Facetten, zieht konsequent durch, herrlich erfrischende Pfirsichnoten, stimmig mit guter Länge, viel Wein.

★★★★ D €€€€ SB · **TIPP**
**2021 Sauvignon Blanc Ried Neusetzberg Erste Lage Eruption** + Piment, Sternanis, Kardamom, Pfeffer geröstet, Zitrusnoten, auch Zesten, weiße Ribisel; pikante Säure, Zitronenpfeffer, streng, viel Lage, weniger Frucht, salzig-mineralisch, individuell.

★★★★ D €€€€€ SB
**2020 Sauvignon Blanc Ried Hochstrandl Alte Reben Große Lage Eruption** + Eingelegte gegrillte Pfefferoni, Kräuter frisch und getrocknet, Stachelbeeren, weiße Ribisel, gepfefferter Pfirsichmus; Mango, Pfirsich, Salztrone, bröseltrocken, straff, fast sehnig, konzentrierte, elegante Sauvignon-Aromatik, geht über Tage auf, recht gute Länge.

★★★★ D €€€€€ SB · **TIPP**
**2018 Sauvignon Blanc Ried Hochstrandl Alte Reben Große Lage Eruption** + Pfeffrig, Cassisröster, dazwischen frische, grüne Noten, konzentrierte, dunkle Aromatik; fruchtsüß, Steinobst von der Schale zum Stein, tropische Tupfen, präsentes Holz unterstreicht die konzentrierte Fruchtdarbietung, sehr elegant, keine Spur von Alter, pikant im Nachklang, macht Spaß.

### STEIERMARK

★★★ D €€€€ CW · **TIPP**
**2020 Brut Reserve** + (Burgunder-Cuvée) Peppig zitrusfrisch, duftig, Pfirsich, Mostbirne, Salzzitrone; mineralisch straff, etwas fruchtsüß, klebt sich an den Gaumen, zarte Adstringenz, kesse Säure, gute Fülle, steinig-pfeffriger Vulkan im leeren Glas.

## Weingut
# Müller Klöch

**Stefan Müller**
8493 Klöch 51
Tel. +43 3475 7160
mail@weingut-mueller.at, www.weingut-mueller.at
17 Hektar, W/R 90/10, 80.000 Flaschen/Jahr

„2023 ist für uns ein großer Jahrgang, auch wenn es lange Zeit gar nicht danach ausgeschaut hat. Letztlich hatten wir 20 % weniger Ertrag bei 20 % mehr Arbeit, aber das Ergebnis ist wirklich eine Freude." Stefan Müller führt seit zehn Jahren fort, was sein Vater vor über 50 Jahren in Klöch begonnen hat. Aus Basalt, Tuff, roter Erde und den passenden Rebsorten kreieren sie Jahr für Jahr eine Vielzahl an tollen Weinen. Die Burgunder gefallen mit einer verführerischen Aromen- und Geschmacksvielfalt, wie alle Weine transportieren sie ihre Herkunft souverän auf Nase und Gaumen. Breit gefächert ist das aromatische Segment von einer trockenen Scheurebe bis zu, wenn es das Jahr zulässt, Prädikatsweinen vom Traminer. „Mit dem Riesling Gebietswein haben wir uns schon einen Namen gemacht", berichtet Stefan stolz. Beim Riesling Seindl, spontan vergoren wie alle Lagenweine, kam nach ein paar Jahren wieder einmal großes Holz zum Einsatz, was dem fast würzigen Wein sehr gut steht. Muskateller und Sauvignon machen für wenig Geld sehr viel Spaß, Sauvignon Seindl, der Top-Wein des letzten Jahres, ist immer noch ein Traum. Traminer wird es 2023 nur zwei geben, einen ersten Einblick gestattet der gut aufgelegte Gewürztraminer Klöch. Der Gelbe Traminer vom Seindl gefällt mit seinem orientalischen Fruchtflair, der gemütliche Gewürztraminer Hochwarth punktet mit starkem Ausdruck von Sorte und Herkunft.   *db*

### VULKANLAND DAC

**★★★ S €€ PB** — FUN
**2023 Weißburgunder** + Intensiv duftig, fast aromatisch, Birne, Apfel, getrocknete Kräuter; füllt den Gaumen aus, lebendig, vollgepackt mit Frucht und Herkunft.

**★★★★ D €€€ PB** — TIPP
**2021 Weißburgunder Ried Seindl Erste Lage Eruption Klöch** + Kraftvoll, geschliffen, elegant, deutlicher Holzeintrag, Nussmix, helles Fruchtspektrum, Birne, getrocknete Ananas, Mango, Marille, pfeffrig; belebende Säure, steinig, im Ausklang Apfel-Birnen-Kompott.

**★★★ S €€ CH**
**2023 Chardonnay** + Reiche, reife Frucht, frisch, zart röstig, helle Blüten, Frühlingswiese, Zitronenpfeffer, auch Mandarine und Grapefruit; herzhaft zupackend, vitale Länge, pikantes Finish.

**★★★ S €€ RI** — PLV
**2023 Riesling** + Feinduftig, straff, geeister Pfirsich, elegant; viel Herkunft, belebendes Süße-Säure-Spiel, pfeffrige Pikanz, Steinobst, Pfingstrose, Herkunft und Sorte wachsen an der Luft zusammen, pikante Aromatik im Ausklang, ätherisch-minziger Nachhall, spannend.

**★★★★ D €€€ RI**
**2022 Riesling Ried Seindl Erste Lage Eruption Klöch** + Elegante, enggepackte, tiefgehende Frucht, Rosenduft, Sommerwiese, Mandarine, Steinobst; fest, straff, gute Süße-Säure-Balance, igelt sich ein, übrig bleibt der Seindl in seiner Pracht, mit viel Luft kommt die Frucht zurück, steiniger, fordernder, fast spartanischer Wein, braucht Aufmerksamkeit.

**★★★ S €€ GM**
**2023 Gelber Muskateller** + Salzzitrone, Bergamotte, Limette, bunte Pfeffermischung, mundwässernd; knackige, fast freche Säure, sehr gute Substanz, zeigt die Vielfalt der Sorte, fruchtsüß, pfeffrig im Finish, für 11,5 % viel Wein.

**★★★ S €€ SB**
**2023 Sauvignon Blanc** + Grüner Pfeffer, fleischige Paprika, Brennnessel, Holunder- und Johannisbeerblätter; animierend fruchtsüßer Beginn, herzhafte Säure, geröstete Paprika, Steinobst, Pfirsichkern, große Spannung, auch ein wenig fruchtsüß im Finish.

**★★★★ S €€€ SB** — TIPP
**2021 Sauvignon Blanc Ried Seindl Erste Lage Eruption** + Immer noch präsente Fruchtvielfalt, Holz hat sich zurückgezogen, dafür hat die Komplexität zugenommen.

**★★★ D €€€ TR**
**2021 Gelber Traminer Ried Seindl Erste Lage Eruption** + Türkischer Honig, Mandeln, Trockenfrüchte, Datteln, Mango, auch grünwürzige Noten, Bohnenkraut; Nüsse in Honig mit Kräutern, lebendige Säure, pfeffrig, dezent süßer Nachhall.

**★★★★ S €€€ GT** — TIPP
**2023 Gewürztraminer Klöch halbtrocken (12)** + Graphit, streng, fast stachelig, Karamell, Litschis; Sorte gut dargestellt, Restzucker steht in spannendem Kontrast zu Strenge, Herkunft, Säure und etwas Gerbstoff, kompakt, geschmeidige Länge.

**★★★★ S €€€ GT**
**2021 Gewürztraminer Ried Hochwarth Große Lage Eruption** + Gediegen, fast kecke Säure, unterstützt von etwas Holz und viel Hochwarth, feinschmelzend, Tropenfrüchte, würzig, pikant, engmaschig.

♛ ♛ ♛

## Weinhof
# Platzer

**Robert Platzer**
8355 Tieschen, Pichla 25
Tel. +43 3475 2331
platzer@weinhof-platzer.at, www.weinhof-platzer.at
36 Hektar, W/R 80/20

„2023 ist ein richtig toller, klassischer Jahrgang, reich aufgestellt mit fideler Lebendigkeit, so wie die Steirer sein sollen", freut sich Robert Platzer über den neuen Jahrgang. Gut aufgestellt ist man in Sachen Burgunder, von denen sich der heuer etwas filigraner wirkende Weißburgunder schon in bester Form präsentiert. Der klassische Grauburgunder braucht noch etwas Anlauf, während der barocke Klöchberg Privat schon in höchsten Tönen von Herkunft, Jahrgang und Können des Winzers kündet. Der noch zurückhaltende Chardonnay Privat braucht ebenfalls noch Zeit zur Entfaltung, die man trefflich mit dem sommerlich fröhlichen Brut überbrücken kann. Immer wieder ein Genuss ist der ungemein vielschichtige Welschriesling, der auch als Taste im Zusammenspiel mit dem Sauvignon viele Gelegenheiten vergnüglich begleiten wird. Der Muskateller überzeugt mit prägnanter Sortendarstellung, prägnant ist auch das Stichwort beim Sauvignon Tieschen, einem Wein, der fordernd, kantig und steinig sein Sortenprofil aus der kalkigen Herkunft schält, kein Schmeichler im Gegensatz zum fast schon gemütlich wirkenden Privat. Die fruchtfreundliche Cuvée Königsrot gefällt als ein unbeschwertes, trotzdem anspruchsvolles Trinkvergnügen für alle Tage. *db*

### VULKANLAND DAC

★★★ S €€ WR  **FUN**
**2023 Ried Aunberg Welschriesling** + Zitrusfrisch, Limette, zarte Aromatik, Marille, Pfirsich, dezent pfeffrig; feiner, vielschichtiger Fruchtschmelz, reizvolles Spiel aus Frucht, Säure und Herkunft.

★★★ S €€ RI
**2023 Riesling** + Typisch, reifes Steinobst, Gesteinsmehl, Lorbeerblatt, bisschen pfeffrig; kleinem Zuckerrest steht passende Säure gegenüber, knusprig, steinig, verlockender Fruchtglanz, steht sehr gut da.

★★★★ S €€ PB  **TIPP**
**2023 Weißburgunder Klassik** + Efeu, grüne Walnuss, herzhaft, straff, geht schnell in die Tiefe; griffig, buntes Obst-Potpourri, bringt die animierende Nase mit Schwung auf den Gaumen, rote Äpfel, Steinobst, steiniger Unterbau, anspruchsvoll.

★★★ S €€ PG
**2023 Grauburgunder** + Bunter Kernobstmix, Brioche, Noten von Grapefruit und Bitterorangen; eng geschnürter, stoffiger Wein, herzhafte Säure, fruchtige Bitternoten auf steiniger Substanz, sehr guter Ansatz.

★★★★ S €€€ PG  **TIPP**
**2022 Ried Klöchberg Grauburgunder Privat** + Brioche, Holz- und Fruchtsüße schwingen mit, leicht gepfeffert; Holz, Säure und Boden haben den Wein fest im Griff, kleiner Zuckerrest, feine Röstnoten, charaktervolles Spiel zwischen Anspruch und Gelassenheit, sehr gute, von reifem Steinobst umspülte Länge.

★★★ S €€€ CH
**2022 Ried Aunberg Chardonnay Privat** + Geschliffenes, zurückhaltendes Holz, Karamell, Dörrobst, Bratapfel, Pfefferkörner, zarte Röstnoten; straff, von etwas Gerbstoff und auch Aunberg im Zaum gehalten, getrocknete Früchte, Kandis, Pfirsichmus im Abgang.

★★★ S €€ GM
**2023 Gelber Muskateller Klassik** + Typisch, muskatig, pfeffrig; weicher Einstieg, dann knusprig-steiniger Biss, hinter dem sich die Sorte ausbreitet, engmaschiges Finale, geeister Pfirsich, gewisse Ernsthaftigkeit, Potenzial.

★★★ S €€ SB  **FUN**
**2023 Sauvignon Blanc Tieschen** + Forsch, steinig, treffliche Sortenpräsenz, Cassis, Paprika, Fruchtsüße, aber kein Schmeichler; weicher Auftakt, dann viel Kalk, passende Säure, griffig mit viel dazwischen gefädelter Frucht, pikant.

★★★★ S €€€ SB
**2022 Ried Aunberg Sauvignon Blanc Privat** + Helles, leicht süßes Holz, freundlich mit Anspruch, Sorte liegt auf fruchtsüßer Substanz dahinter, gelber Paprika, Ananas, Salzzitrone; anfangs reich, reif, ruhig fließend, dunkle Aromatik, dann markanter Zugriff von Säure, Gerbstoff und Herkunft.

### STEIERMARK

★★★ S €€ CW
**2023 Taste of Styria** + (WR/SB) Blumenwiese, getrocknete Kräuter, fein aromatisch, Stachelbeere, grüner Paprika, animierend; das kalkige Terroir sorgt für Grip, Welsch für Pfiff, Cassis wird deutlicher, traubig, Spaß mit Substanz, kleiner Zuckerrest steht dem Wein unglaublich gut.

★★★★ S €€€ CR
**2022 Cuvée Königsrot** + (ZW/SL) Zart röstig, Beeren und Blätter von Cassis und Holunder, Weichselfrucht; dezenter Holzeinsatz lässt der Frucht viel Raum, fester Kern, fruchtsüß, griffig.

## Weinhof
# Seyfried Wein.Atelier

**Maria Seyfried**
8200 Gleisdorf, Kaltenbrunn 11
Tel. +43 664 3338508, kontakt@weinhof-seyfried.at
www.weinhof-seyfried.at
8 Hektar, W/R 90/10

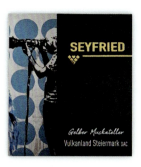

Elisabeth und Franz Seyfried haben 1986 die ersten Reben gepflanzt und so die gemischte Landwirtschaft sukzessive in einen Weinhof übergeführt. Ihre Tochter Maria hat den Betrieb 2010 übernommen. Sie hat ihren eigenen Stil entwickelt und eigene Ideen umgesetzt. So wurde im Jahr 2019 aus dem Weinhof das Wein.Atelier, „ein Ort, wo Wein und Kunst, Kreativität und Geschmack, Schaffen und Genießen, die schönen Dinge des Lebens erlebbar werden". Der Fokus der Winzerin ist auf charakterstarke, langlebige und ehrliche Weine gerichtet, die ihre Herkunft zeigen. „Weintrends sind mir nicht wichtig", begründet sie ihre Linie. Zeit spielt eine wichtige Rolle, jene Zeit, die der Wein für seine Entwicklung benötigt. Auf dem Weingut wird naturnahe gearbeitet. Die Lese erfolgt ausschließlich händisch, den Weingarten sieht die Familie als Werkstatt unter freiem Himmel. Die Ried Hohenberg mit ihrem kalkfreien, sauren Boden wurde bereits 1406 urkundlich erwähnt.

Das Sortiment gliedert sich in Regions- und Gebietsweine, die zur Gänze in Edelstahltanks ausgebaut werden, darüber sind die Orts- und Riedenweine angesiedelt, die Spitze bildet die Linie Selection M. Großer Beliebtheit erfreut sich auch die ausgezeichnete Buschenschank, wo man die Weine des Hauses in entspannter Atmosphäre genießen kann. *ww*

### VULKANLAND DAC

★★ S €€ GM
**2023 Gelber Muskateller** + Unverkennbare Sortenaromatik ohne Vordergründigkeit, freundlich, Holunderblüten, Muskatblüten, gelbfruchtige Anklänge, Zitrus; schließt nahtlos an, angenehme Säure, animierend.

★★★ S €€ SB
**2023 Sauvignon Blanc** + Klassisch, grünfruchtig à la Karambole und Galiamelonen, Stachelbeeren, Minze angedeutet, Gartenkräuter, grünblättrige Noten; bringt diese Aromen auch im Geschmack, Säurerückgrat, saftig, mittleres Gewicht, im Finish auch etwas Zitrus.

★★★ S €€ SB
**2022 Sauvignon Blanc Oststeiermark** + Eigenständig, anfänglich nussig, knackige Cassisbeeren, grünblättrige Würze, Paprika, Anklänge von Fenchelsaat; aromatisches Dacapo, macht Druck, Schmelz, passende Säure, lang, klassische Anmutung auf wertigem Niveau.

★★★★ S €€ SB    TIPP
**2021 Sauvignon Blanc Oststeiermark** + Vielschichtig, Frucht und Würze, einladend, sanfter Druck, Anklänge von Marillen und gelben Tropenfrüchten; schließt mit dieser vielschichtigen Aromatik nahtlos an, Fruchtschmelz, Substanz, hauchzarte Gewürzaromen klingen lange nach.

★★★ S €€ CH
**2022 Morillon Oststeiermark** + Freundlich, sortenaffine Aromatik, gelbe Kriecherl, geriebene Haselnüsse, leise Bodentöne; schließt nahtlos an, sanftes Säurespiel, in keiner Phase üppig, sympathische Prise Gerbstoffe für die Struktur, ehrlicher und bekömmlicher Wein.

★★★ S €€ PB    PLV
**2021 Weißburgunder Alte Reben** + Elegante Holznote, feingliedrig, Walnüsse, subtile Frucht; schließt aromatisch an, zartes Säurenetz, Holz noch recht präsent, filigrane Struktur, langer Nachhall mit Gewürznoten vom Holz, welches mit viel Luft an Dominanz verliert.

★★★★ S €€€ CH    TIPP
**2021 Morillon Ried Hohenberg** + Lässt Substanz erwarten, kompakt, Quitten, Birnen, Anklänge von Dörrobst, elegante Prise Gewürze; aromatisches Dacapo, angenehme Säure, kraftvoll ohne Schwere, Schmelz, im langen Nachhall Frucht- und Gewürzaromen.

★★★ S €€€€ SB
**2021 Sauvignon Blanc Ried Hohenberg** + Absolut eigenständig, erinnert anfänglich an Madeira, zeigt dann Trockenfrüchte und Würze, sanfter Druck; Gewürze, Dörrobst, Schmelz, Kraft, monumental, kompakt, Holz klingt lange nach und tritt mit viel Luft in den Hintergrund.

## VINOTHEKEN

### PREDING

**Weinkultur Ernst**
8160 Preding, Moarweg 23
Tel. +43 3172 38272
www.weinkulturernst.at

### KLÖCH

**Vinothek im Weinbaumuseum Klöch**
8493 Klöch 191
Tel. +43 3475 2097
www.kloecherweine.at

### ST. ANNA AM AIGEN

**Gesamtsteirische Vinothek**
8354 St. Anna am Aigen, Marktstraße 6
Tel. +43 3158 2801
www.vinothek-steiermark.net

## GASTRONOMIE/NÄCHTIGUNG

### BAD GLEICHENBERG

**Delikaterie**
8344 Bad Gleichenberg,
Kaiser-Franz-Josef-Straße 5/2
Tel. +43 3159 44606
www.delikaterie.at

Modernes Interieur, die Küche konzentriert sich aber ganz auf die österreichischen Ikonen. Wadlgulasch, Schweinsbraten, Wiener Schnitzel, Cordon bleu oder Rindsroulade gelingen fein. Neben den Klassikern gibt es auch saisonale Höhepunkte, im Frühling zum Beispiel Spargel und Bärlauch. Alles mit Tradition und Passion auf den Tisch gebracht.

**Lounge 81**
8344 Bad Gleichenberg, Steinbach 81a
Mobil +43 664 3848978
www.lounge81.at

Bildhauer und Holzschnitzer Thomas Rauch hat es sich im Erdgeschoß heimisch gemacht, Christina Luger in ihrer Schauküche im ersten Stock. Immer mehr regionale Produkte von teils kleinen Betrieben finden den Weg in die Küche. In neuen Hochbeeten werden Pflanzenraritäten gepflegt, genauso wie frische Kräuter und Salate. Wichtig ist Christina Luger das „nose-to-tail"-Konzept. Von ganzen Fischen zum Beispiel werden die Haut und die Gräten genauso verwendet wie die Filets. Möglichst viel wird selbst produziert, etwa das lockere Sauerteigbrot. Oft spürt man die Liebe zur asiatischen Küche, saisonale Gerichte werden mit exotischen Gewürzen verfeinert. Vom Schafkäse-Wan-Tan über pikanten Germknödel, Ceviche vom Saibling bis zum steirischen Sushi, Turopolje-Schweinebraten oder Filetsteak vom Weiderind.

**Die Wilden Schwestern**
8344 Bad Gleichenberg, Bernreither Straße 45
Mobil +43 664 4116221
www.wildeschwestern.at

In der Genusswerkstatt der Schwestern Elisabeth Gindl und Roswitha Fauster entstehen Produkte wie Kräutersalze, Suppenmischungen, Pestos und Chutneys oder Limonaden wie „Wildes Cola" oder „Wild Green" mit Brennnessel, Gundelrebe und Schafgarbe. Tipp: Die Familie betreibt gleich in der Nähe das Gleichenberger Kellerstüberl – köstliche Kulinarikadresse für genussvolle Jausen.

## BAD RADKERSBURG

**Das Altstadthaus**
8490 Bad Radkersburg, Hauptplatz 19
Tel. +43 3476 20271
www.das-altstadthaus.at

Nach längerer Pause hat das Altstadthaus wieder geöffnet, allerdings nur Freitag und Samstag (10 bis 22 Uhr). Mediterranes Ambiente vermittelt Urlaubsflair, und die Speisekarte passt da genau ins Bild, bietet sie doch Gradeser Fischküche vom Feinsten. Kostproben? Tagliatelle mit Scampi Busara-Art, Fritto misto oder Wolfsbarsch in der Salzkruste. Im dazugehörigen Laden kann man Weine und andere Köstlichkeiten kaufen.

## BUCH BEI HARTBERG

**Wirtshaus Friedrich**
8274 Buch bei Hartberg, Geiseldorf 22
Tel. +43 3333 2210
www.wirtshaus-friedrich.at

Sympathische Gastgeber aus Leidenschaft, dazu die feine Omaküche, die in den holzgetäfelten Stuben mit Kachelofen sicher so gut schmeckt wie eh und je. Besonderen Wert legt man hier auf die Herkunft der Produkte, alte Getreide-, Obst- oder Gemüsesorten werden gepflegt. Wir freuen uns über mariniertes Kalbszüngerl, kräftige Rindsuppe, Strudelvariationen, Knödlgröstl oder Medaillons in Kürbiskernkruste. Übernachten kann man im netten Winzerhaus oder Troadkasten.

## EDELSBACH

**Krenn 49**
8332 Edelsbach 49
Mobil +43 664 9146401
www.krenn49.at

Ein Buschenschank-Tipp, den man am liebsten für sich behalten würde. Auf den Tisch kommen Jausentapas, Klassiker, frisches Sauerteigbrot von Mama Helga oder frische hausgebackene Focaccia. Zum süßen Abschluss gibt es eine feine Auswahl aus der Mehlspeiskuchl der Winzerin. Dazu passen die eigenen Naturweine.

## EICHKÖGL

**Vom Hügel**
8322 Eichkögl, Erbersdorf 1
Mobil +43 676 852010100
www.vomhuegel.at

Sie lieben Blumen? Wild, pur, nachhaltig, selbst gepflückt? Dann ist dieser wunderbare Ort genau richtig. Margrit de Colle ist Österreichs erste Bioblumenbäuerin, in ihrem Blumenparadies findet man neben Blumen sehr schöne Accessoires und ein wunderbares Café mit veganem Angebot (Frühstück, Brunch, warme Gerichte) – outdoor und im Glashaus.

## FEHRING

**Lilli**
8350 Fehring, Hauptplatz 9
Mobil +43 677 64249233
lilli-fehring.at

In der Saziani Stub'n in Straden kochte Walter Triebl zuletzt auf Dreihaubenniveau, mit dem Lilli hat er sich nun bestens eingelebt. Ständig wird aber an der Weiterentwicklung gearbeitet. Walter Triebl zeigt, wie gut klassische Küche ist, wenn sie von einem Könner liebevoll behandelt wird. Zu schmecken bei Kalbsrahmbeuschel mit Topfen-Tramezzin-Knödel oder geschmortem Kalbsschulterscherzel. Wer Lust auf mehr hat, probiert das Fine-Dining-Menü. Die Karte mit den passenden Weinen wird kontinuierlich vergrößert.

**Walhalla Genusskulisse**
8350 Fehring, Pertlstein 30
Mobil +43 664 4292056
www.walhalla-genusskulisse.at

Kleine, feine Manufaktur: handgebrautes Kreativbier und vielfältige Genussprodukte, geführte Bierverkostungen mit Genussjause und individuelle Feste mit kulinarischer Begleitung. Tipp: das Picknick in der Streuobstwiese und das wöchentlich wechselnde Marktfrühstück beim Fehringer Samstagsmarkt.

## FELDBACH

**Pfeilers**
Bürger-Stüberl Hotel
8330 Feldbach, Bürgergasse 26
Tel. +43 3152 2403
www.hotel-seminar-restaurant.at

Gelungene Mischung aus Tradition und Design in den Zimmern, im Restaurant schmeckt man die Kochleidenschaft. Auf der Karte: klassisch Steirisches, Saisonales, gesunde Vollwertküche, gluten- und laktosefreie Gerichte. Säfte und Weine aus der Region.

## HARTBERG

**Pusswald**
8230 Hartberg, Grazer Straße 18
Tel. +43 3332 62584
www.restaurant-pusswald.at

Die vielseitige Küche ist auf zwei Säulen aufgebaut: steirisch und mediterran, auch Steaks sind zu haben. Jetzt neu: Dienstag ist wieder geöffnet, Köstliches vom Steirerhuhn „Gourmet" ist das Tagesmotto. Mittwoch ist Adria-Tag, Freitag und Samstag „Wine & Dine". Große Weinkarte, schöne moderne Zimmer.

**Alter Gerichtshof**
8230 Hartberg, Herrengasse 4
Tel. +43 3332 63356
www.hotel-altergerichtshof.at

Früher ein Meierhof des Hartberger Schlosses, im heutigen Hotel verbinden sich zeitgemäßer Komfort und der Charme eines historischen, denkmalgeschützten Gebäudes. Sehr persönlich, sehr charmant und individuell im Landhausstil mit warmen Farben und geschmackvollen Möbeln eingerichtet, dazu ein großer Hofgarten mitten in der Altstadt.

**Retter-Kneissl**
8230 Hartberg, Löffelbach 7
Tel. +43 3332 63186
www.retter-kneissl.at

Moderner Buschenschank, der nach der Slow-Food-Philosophie lebt. „Da rockt das Wollschwein", wie es der Chef formuliert, aus den hauseigenen „Wollis" werden Speck und verschiedene Schinkenvarianten hergestellt, Wachteleier aus eigener Haltung. Die Weine steuert der aufstrebende Junior bei.

## HATZENDORF

**Malerwinkl**
8361 Hatzendorf 152
Tel. +43 3155 2253
www.malerwinkl.com

Ein Kunsthotel mit viel Flair. Peter Troissinger verbindet heimische Aromen mit viel Einfallsreichtum, auch mediterrane Ausflüge dürfen sein. Viel Können, federleicht mit Tiefgang präsentiert. Seine Schwester Anna ist eine kompetente Weinbegleiterin. In der „Eat + Art Vinothek" gibt es neben steirischen und regionalen Spitzenweinen vieles zum Mit-nach-Hause-nehmen, u.a. Peter Troissingers Würzsauce aus Süßlupinen, eine Art steirische Sojasauce.

## ILZ

**Gasthaus Haberl**
8262 Ilz, Walkersdorf 23
Tel. +43 3385 260
www.finks-haberl.at

Hans Peter Finks Wirtshauskultur kombiniert mit kreativen Ideen und Fink's Delikatessen genießt man in gemütlichem Ambiente. Mit viel Liebe und in reiner Handarbeit wird nach traditionellen Rezepten gekocht. Diplomsommelier Mario Haberl rundet dazu jedes Gericht mit dem passenden Wein ab. Mittags bilden einfache Gerichte aus der Wirtshausküche den Schwerpunkt, abends wird zusätzlich zum À-la-carte-Angebot ein mehrgängiges Fine-Dining-Menü angeboten.

## KAPFENSTEIN

**Schloss Kapfenstein – Hotel und Restaurant**
8353 Kapfenstein 1
Tel. +43 3157 30030-0
www.schloss-kapfenstein.at

Burghotel mit 16 individuellen Zimmern. In vierter Generation bewirtschaftet die Familie Winkler-Hermaden die Ländereien, in den Weingärten werden 21 Rebsorten nach biologisch-organischer Wirtschaftsweise kultiviert. Der samtig-rote Zweigelt Olivin ist eines der Flaggschiffe. Im Restaurant verwöhnt Martin Winkler-Hermaden mit Gerichten auf gehobenem Niveau, mit allerbesten Produkten versteht sich von selbst. Auch wertvolle Getreide- und Gemüsesorten fließen ein. Der Küchenchef steht für eine steirische Linie, leicht und kreativ. Durch das ganze Jahr führt der kulinarische Kalender: Vegetarisches und Fisch, das beliebte Weingarten-Picknick oder Lamm. Krainer Steinschafe werden übrigens selbst gezüchtet. Nicht nur Weine werden als Essensbegleiter serviert, spannend zu den Gerichten schmecken auch hausgemachte Säfte.

## KLÖCH

**Hotel und Restaurant Klöcherhof**
8493 Klöch 4
Tel. +43 3475 2206-0
www.kloecherhof.at

Heimeliges Restaurant mit gepflegter, bodenständiger Küche. Die Stärken sind die einfachen Genüsse, das fängt beim Biokartoffelsalat oder bei den Käferbohnen an. Beliebt sind das Martini-Ganserl und Wildspezialitäten. Im modernen Hotel mit kleinem Wellnessbereich wohnt es sich im Herzen des Traminerdorfes besonders nett.

**Schöne Aussichten**
8493 Klöch, Gruisla 10
Tel. +43 3475 7545
www.schoeneaussichten.at

Maria, die Schwester von Traminerwinzer Stefan Müller, führt den stimmungsvollen Hof als Frühstückspension. Der Arkadengang ist prächtig, im Garten blühen Rosen und andere bunte Blumen, vom Swimmingpool aus sieht man weit über die sanften Wellen des Vulkanlands. Das Café lockt mit köstlichen Mehlspeisen und Torten.

**Weingut & Buschenschank Frühwirth**
8493 Klöch, Deutsch-Haseldorf 46
Tel. +43 3475 2338
www.fruehwirth.at

Buschenschankpionier in der Traminerregion. Auf der Weinbergterrasse ist man den Weinreben ganz nahe, in der Stube sorgt der Kachelofen für wohnliche Stimmung. Spezialitäten wie geräucherte Forelle, Klöcher Vulkanjause und verschiedene Käsesorten auch Rohmilchkäse stehen zur Auswahl. Sehr gute hauseigene Weine, darunter komplexe Traminer.

## PIRCHING AM TRAUBENBERG

**Berggasthof Fink**
8081 Pirching am Traubenberg, Edelstauden 19
Tel. +43 3134 2314
www.berggasthof-fink.at

Gutbürgerliches Haus in wärmendem Gelb, drinnen ist das Ambiente fast schon italienisch. Klassiker wie Cordon bleu oder Backhendl sind knusprig, kräftig die Rindsuppe mit Lungenstrudel. Highlights sind das Fischbüffet und die Wildbretwochen. Auch die mediterranen Gerichte gelingen: schwarze Tortelloni mit Räucherlachs und Frischkäse oder Vitello tonnato sous vide gegart. Recht ausführliche Weinkarte.

## PÖLLAUBERG BEI HARTBERG

**Berggasthof König**
8225 Pöllauberg 5
Tel. +43 3335 2311
www.berggasthof-koenig.at

In der wunderschönen Gaststube mit Kachelofen und einer Holzbalkendecke aus dem Jahre 1628 kann man sich von der herzlichen Familie König verwöhnen lassen. Küchenchef Manfred Geier merkt man den Spaß beim Kochen an, wenn er Klassiker wie Rieslingbeuscherl, hausgemachte Frühlingsrolle oder knusprige Erdäpfelwurst nach Omas Rezept zubereitet. Besonders sämig gelingen geschmorte Rinderwangerl in Rotweinsauce. Vieles dreht sich in der Region auch um die Pöllauer Hirschbirne, darum kommen Hirschbirn-Martini, Pöllauberger Mostsuppe mit Hirschbirnknöderln oder Hirschbirn-Parfait auf den Tisch. Großartig ist Matthias Königs Engagement für den Weinkeller, auch sehr gute Franzosen lagern dort.

**Retter**
8225 Pöllauberg, Oberneuberg 88
Tel. +43 3335 2690
www.retter.at

Eingebettet in die Genussregion Hirschbirne im Naturpark Pöllauer Tal steht der prachtvolle Vorzeigebetrieb, der am Puls der Zeit ist und mit seinen Naturgärten und Obstanlagen für Innovation sorgt. Stolz ist man u.a. auf das Biomasseheizwerk und die Regenwasseranlage. Bio-Brot und Gebäck für das Hotel werden selbst gebacken, die Bio-Früchte zu feinem Bio-Eis, Destillaten und Marmeladen veredelt. Die hochwertigen Zimmer strahlen große Harmonie aus, auch das Wellnessangebot und ein riesiger Outdoorpool begeistern. Mehr denn je verfolgt Familie Retter den Nachhaltigkeitsgedanken, so werden wandernde Bio-Weidelämmer verarbeitet. Die Küche zaubert beste steirische Spezialitäten, die schmecken und dem Körper guttun.

## PÖLLAU

**Haider**
8225 Pöllau, Ortenhoferstraße 73
Tel. +43 3335 2353
www.restaurant-haider.at

Frisch und anders. In dritter Generation führen Hortencia und Manuel Koller das kleine Restaurant Haider. Aus der Küche schicken sie steirische Klassiker, kombiniert mit internationalen Ideen. Immer wieder blitzen vor allem brasilianische Aromen durch. Recht schräg, aber harmoniert. Sieht alles sehr hübsch aus.

## RIEGERSBURG

**Genusshotel Riegersburg**
8333 Riegersburg, Starzenberg 144
Tel. +43 3153 20020
www.hotel-riegersburg.at

Als Hersteller von feinen Bränden und Essigen hat Alois Gölles eine Marke geschaffen. Dass sein Genusshotel denselben Anspruch hat wie die Produkte, ist selbstverständlich. Eingebettet in die Weingärten ist das elegant-moderne Genusshotel. Einer der Anziehungspunkte ist der ganzjährig benützbare Infinitypool. Taucht man in das Wasser ein, hat man das Gefühl, auf die Riegersburg zuzuschwimmen. Ein Hauptaugenmerk liegt auf der Kulinarik: kreativ-klassisch mit den Produkten aus der Region. Das Starzenberger Dry-aged-Steak wird im Haus mindestens 30 Tage gereift, der Starzenberger Käse wird sogar 18 Monate lang mit altem Apfelbrand und Apfelessig verfeinert.

**LÖ(KE)**
8333 Riegersburg, Lödersdorf 38
Mobil +43 676 4237849
www.loeke.at

Ferdinand Bauernhofer tingelte durch die Spitzengastronomie der Welt: Shanghai, Barcelona, Portugal, Japan, Irland und Neuseeland stehen auf seiner Liste. Bis er in Lödersdorf bei Riegersburg landete. Dort bespielt er seine Schauküche und Kochschule, vor allem mit Produkten aus seinem Garten und aus der Umgebung. Sympathisch.

**Wippl's Hofbergstubn**
8333 Riegersburg, Hofberg 67
Tel. +43 3153 20060
www.hofbergstubn.at

Von der gemütlichen Stube schaut man auf die imposante Riegersburg. Liebgewordene Klassiker sind die Flecksuppe und Omas saure Suppe mit Frühstückstommerl, der Bauernschmaus und die Ripperln. Eine herrlich herzhafte Spezialität ist auch die gebratene Erdäpfelwurst mit Speck-Kraut-Salat und Kümmelsafterl. Martin Wippel sorgt als Winzer für die Weinbegleitung, anschauen sollte man sich den Schauweinkeller. Noch ein Tipp, falls der Kühlschrank gähnend leer sein sollte. Dann nimmt man sich den frischen, selbst gemachten Hofbergstubn-Genuss mit nach Hause. Nach dem Besuch im Lokal oder im Onlineshop: Flecksuppe, vegetarische Bolognese, Kürbissuppe oder Rindswadelgulasch im Glas.

**Fromagerie zu Riegersburg**
8333 Riegersburg, Bergl 2
Mobil +43 660 2521811
www.thecheeseartist.at

Kreativität trifft Geschmack. Bernhard Grubers Spezialität sind Rohmilchkäse, die er zu extravaganten Eigenkreationen reifen lässt. Blauschimmelkäse aus Kuhrohmilch wird mit Uhudlergelee überzogen und mit entkeimtem Heu bedeckt. Natürlich verwendet Bernhard Gruber auch gerne regionale Zutaten, etwa Zotterkuvertüre und Gölles-Schokolikör für den Kuhmilch-Roquefort.

**Das Meister**
8333 Riegersburg, Hofberg 58
Tel. +43 3153 8613
www.das-meister.com

Das elegante Hotel wurde mit nachhaltiger Architektur umgestaltet. Geheizt wird mit eigenen Hackschnitzeln, alles ist mit Steinwolle isoliert, in den 16 Zimmern wurde für Böden und Möbel nur Echtholz verwendet. Der weitläufige Wintergarten mit bodentiefen Fenstern holt die Weingärten herein. Zum Frühstück gibt es beste regionale Produkte. Oder man schenkt sich ein Glas vom hauseigenen Sekt ein, der nach der Champagnermethode hergestellt wird.

## ST. ANNA AM AIGEN

**Weinhof Scharl**
8354 St. Anna am Aigen, Plesch 1
Tel. +43 3158 2314
www.weinhof-scharl.at

Nette Menschen und gute Weine waren schon immer das Rezept eines erfolgreichen Buschenschanks, und so ist es auch beim Scharl. Gustoteller, Vulkanjause, hausgemachtes Bauerngeselchtes und Schafkäse bilden nur eine kleine Auswahl der Köstlichkeiten. Gemütliche Winzerzimmer. Die Winzerzimmer (Plesch 45, 0664 429 39 79) gleich in der Nähe liegen an einem besonderen Platz. Die Aussicht auf die Weinberge und St. Anna sind konkurrenzlos, sehr große, praktisch neue Zimmer, ganz sympathische Hausleute.

## STRADEN

### Greißlerei De Merin
8345 Straden 5
Tel. +43 3473 75957
www.demerin.at

Rund vierzig bäuerliche Produzenten aus der Region Straden liefern Schinken, Speck, Säfte, Liköre, Brände, Aufstriche, Chutneys, Senf etc. Auch ausgewählte regionale Weine werden angeboten.

### Saziani Stub'n
8345 Straden 42
Tel. +43 3473 8651
www.neumeister.cc

Christoph Mandl steht neu am Herd. Die letzten 12 Jahre kochte er im Taubenkobel, zuletzt als Küchenchef. Seine Vergangenheit zitiert er auch gerne: Die Taube kommt als Parfait, mit Vogelbeere, klassischer Schaumrolle und Roter Rübe, die geschmort, aufgeschnitten und getrocknet wurde. Das Herz ging uns beim nächsten Gang besonders auf. Hier war Hecht der Hauptdarsteller, herausfordernd, aber optimal, um ihn roh zu essen, dazu gab es Vogerlsalat und geflämmte Zitronen, Orangen und Limetten. Sehr leicht, mit zarter Konsistenz durch den Fisch und die Salatblätter, die Zitrusaromen brachten richtig Pep. Und so ging es weiter. Insgesamt eine gekonnte, hochintelligente Küche. Nächstes Jahr ist geplant, dass er mit Ruth Heusch, seiner Partnerin und angehenden Sommelière, das Restaurant übernimmt und sich die Neumeisters zurückziehen.

### Krispels Genusstheater
8345 Hof bei Straden, Neusetz 29
Tel. +43 3473 7862
www.krispel.at

Die Wollschweinspezialitäten stehen im Mittelpunkt, wirklich saumäßig gut. Neu ist das Restaurant Genusstheater. Dort betört Küchenchef Daniel Weißer die Sinne der Gäste. Er zaubert am Block aus Basalt eine Küche mit regionalen Köstlichkeiten, lässt jedoch Geschmackskompositionen aus aller Welt zu. Dazu die hervorragenden Weine von Stefan Krispel, der heuer einen neuen großen Weinkeller eröffnete. Schöne Zimmer.

### Bulldog-Wirt
8345 Hof bei Straden, Hof 2
Tel. +43 3473 8267
www.bulldogwirt.at

Schon schräg, diese Sammlung: Von alten landwirtschaftlichen Werkzeugen bis hin zu Traktoren ist hier alles dabei. Gute, herzhafte Küche mit Spezialitäten wie Klachelsuppe mit Sterznockerln, hausgemachte Breinwurst auf Grammel-Sauerkraut, Weinbeuschel mit Kräuterknödeln, Steaks oder Sterzpudding.

## TRAUTMANNSDORF

**Steira Wirt**
8343 Trautmannsdorf 6
Tel. +43 3159 4106
www.steirawirt.at

Wer bei Richard Rauch zu Gast ist, hat Glückseligkeit auf seiner Seite. Rauch hat sich in den letzten Jahren so ziemlich alle Ehren verdient, die in einem jungen Leben möglich sind. Der Kochkreative zieht alle Register, das beginnt schon mit den unzähligen kleinen Küchengrüßen. Zwei Linien werden geboten: gehobene Wirtshausküche mit neu interpretierten österreichischen Klassikern voller Geschmack. Und eine gehobene, die vor Kreativität und Mut zum Risiko nur so sprüht. Abgerundet wird das Paket durch die hübschen Zimmer, den Greißlerladen und die Kochkurse.

## UNTERLAMM

**Weingarten-Resort Unterlamm Loipersdorf**
8352 Unterlamm 177
Mobil +43 676 3565651
www.weinurlaub.at

Fesche 40-Quadratmeter-Häuser in moderner Holzoptik in den Weingärten. Große Glasfronten und Sonnenterrasse, Infrarotkabine und Klimaanlage.

## WALTRA

**Gourmetheuriger Edelbauer**
8354 Waltra 21
Mobil +43 664 3933638
edelbauer-gourmetheuriger.at

Der Name ist Programm: Die Gerichte bewegen sich abseits des Brettljausenmainstreams. So viel wie möglich kommt aus dem eigenen Garten und aus der Umgebung. Sehr fesch wird jeder Teller hergerichtet.

# Das Standardwerk

## HERAUSGEGEBEN VON VINARIA – ÖSTERREICHS ZEITSCHRIFT FÜR WEINKULTUR

- 272 Seiten geballtes Wein-Know-how
- zahlreiche Info-Grafiken
- perfekter Begleiter für Weinliebhaber, die mehr wissen wollen
- nachschlagen, schmökern, diskutieren
- Autor Wolfgang Wachter – Weinwissen-Redakteur von Vinaria

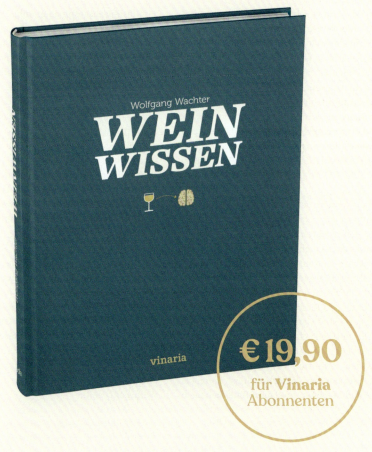

**€ 19,90**
für **Vinaria** Abonnenten

### BESTELLUNG

**Wolfgang Wachter WEINWISSEN**
Verlag LWmedia | 272 Seiten
Versandkostenfrei in Österreich

ISBN 978-3-9504163-5-0
+43 2732 82000-10 | office@lwmedia.at
Onlineshop: www.vinaria.at

# SÜDSTEIERMARK

Das österreichische Weinwunder hat hier seinen Ursprung gehabt. Nach der Krise Mitte der 1980er-Jahre hat eine gut ausgebildete Generation ehrgeiziger junger Winzer in den führenden Betrieben das Ruder herumgerissen und mit trockenen, sehr fruchtbetonten Weinen die österreichischen Weinliebhaber überzeugt. Daneben wurde das Vorurteil der angeblich so kurzen Lagerfähigkeit der südsteirischen Weißweine durch spät gelesenen Sauvignon Blanc und Morillon, ausgebaut zum Teil in Barriques, zum Teil im großen Holzfass, widerlegt. Eine schwarz-weiß malende Differenzierung zwischen Weinen der Steirischen Klassik, die im Stahltank ausgebaut werden, und den in neuen oder gebrauchten Holzfässern ausgebauten Weinen ist nicht mehr angebracht, ist doch der schmeckbare Holzanteil in den letzten Jahren merklich zurückgegangen. Der Herkunftsgedanke setzt sich zusehends durch in Gestalt von Gebiets-, Orts- und Riedenweinen. Die wichtigsten Weinbauorte sind Gamlitz, Ratsch, Berghausen, Spielfeld und Leutschach sowie im Sausal Kitzeck und Sankt Nikolai.

Bei den Rebsorten dominieren Sauvignon Blanc, Muskateller, Welschriesling, Weißburgunder und Morillon, im Sausal fühlt sich auch der Riesling ausgesprochen wohl. Die Böden sind vielschichtig. Sie reichen von Sand und Schiefer über Schotter und Konglomerate bis zu Mergel und Kalkstein. Der Opok, ein verfestigtes, nicht sehr grobkörniges Sedimentgestein, ist typisch für die Gegend um Leutschach, Gamlitz und Spielfeld. Kristalline Untergründe findet man vor allem im Sausal. Feuchtwarmes, mediterranes Klima bestimmt den langen Vegetationsverlauf, kühle Nächte fördern die Entwicklung einer frischen und tiefen Aromatik.

Im Jahr 2018 wurden DAC-Regelungen eingeführt. Im Fokus steht die Herkunft, also eine Klassifizierung in Gebietswein, Ortswein und Riedenwein. Nur die folgenden Rebsorten sind zugelassen: Welschriesling, Weißburgunder, Morillon, Grauburgunder, Riesling, Gelber Muskateller, Sauvignon Blanc, Traminer sowie Verschnitte daraus. Gebietsweine dürfen ab dem 1. März des die Ernte folgenden Jahres verkauft werden (Welschriesling ab dem 1. Dezember des Erntejahres), Ortsweine und Riedenweine ab dem 1. Mai, Reserven jeweils 18 Monate später. Der Gehalt an unvergorenem Zucker darf maximal 4 g/l betragen, Riesling und Traminer müssen trocken im Sinne des Weinrechts sein.

2.800 Hektar Weinanbaufläche
Die wichtigsten Rebsorten:
Welschriesling, Sauvignon Blanc,
Muskateller, Weißburgunder, Morillon

♕ ♕ ♕

## Weingut
# Adam-Lieleg

Florian Adam-Lieleg
8463 Leutschach an der Weinstraße, Kranach 78
Tel. +43 650 7406175
weingut@adam-lieleg.at, www.adam-lieleg.at
15 Hektar, W/R 90/10

Seit 1893 wird dieses Weingut als Familienbetrieb geführt. Drei Generationen arbeiten zurzeit unter der Führung von Florian und Mathias Lieleg. Man bewirtschaftet beste Lagen wie die Ried Oberer Kranachberg. Diese befindet sich zwischen Gamlitz und Eichberg. Die Ried Gottscheber ist eine Monopollage der Familie. Seit 1740 ist Gottscheber der Vulgoname. So lange befinden sich auch schon Reben auf dieser Lage. Die Ried Czamillonberg ist eine der ältesten und bedeutendsten Lagen der Südsteiermark, Hangneigung bis zu 92 %. Die Ried Wurzenberg Kapelle ist eine Leutschacher Lage in Kesselform. Auf dem Gipfel dieser Riede befindet sich die Christophorus Kapelle. Der Hauptanteil der Reben wächst am Eichberg und in Leutschach, vom Schotter und Opok geprägt. Die Weine sind Südsteiermark pur, geprägt vom Terroir, hier regiert der Boden im Verbund mit der Rebsorte.

Meine subjektive Bestenliste: 2022 Muskateller Ried Czamillonberg, 2022 und 2021 Sauvignon Blanc Ried Oberer Kranachberg, 2021 Morillon Ried Wurzenberg Kapelle. Der Mund blieb mir vor Staunen offen beim 2022 Sauvignon Blanc Ried Gottscheber – ein großartiger Wein.  *as*

### SÜDSTEIERMARK DAC

★★ S €€ GM
2023 **Gelber Muskateller** + Zart nach Holunder, Zitronenmelisse, ein Hauch von Rosen, knackig, frische Säure, kühl, schön trocken, klare Strukturen, ernsthafte Statur.

★★ S €€ SB  SALON24  FUN
2023 **Sauvignon Blanc** + Stachelbeeren, Brennnesseln, grüner Paprika hüpft förmlich aus dem Glas, Zitrus, frisch, herzhaft, lebendig, Holundertöne, perfekte Säure.

★★★ S €€€ GM
2023 **Gelber Muskateller Eichberg** + Holunderblüten, Zitrus, Pfirsich, Rosen, elegant, perfekte Säure, feingliedrig, zeigt Finesse, gediegen und feinfruchtig, gute Länge.

★★★ S €€€ SB
2023 **Sauvignon Blanc Eichberg** + Kräuter, elegant fruchtig, feines Bukett, ein Hauch Cassis und gelber Paprika, niemals laut, immer gediegen, noble Gestik.

★★★ S €€€ GM
2022 **Muskateller Ried Oberer Kranachberg** + Dunkle Tönung, rauchig, da steckt einiges Mineral drinnen, Kräuter, Gewürznoten, ganz zart holundrig, eng, pikant, steinig, wunderbar trocken, entwickelt sich.

★★★ S €€€ CH
2022 **Morillon Eichberg** + Kühles, taufrisches Bukett, saftiger Apfel, frisch mit passender Säure, typisch steirisch, knackig, schlanke Struktur, doch eng am Gaumen. Herzhafter Ortswein voller Trinklust.

★★★ K €€€ PB
2022 **Weißburgunder Ried Gottscheber/Eichberg-Monopol** + Holzunterlegt, Kräuter und Gewürze, kühle Noten, Kaffee, feste Struktur, gutes Volumen, volle Frucht, nussig, zeigt viele Facetten.

★★★ S €€€ SB
2022 **Sauvignon Blanc Ried Oberer Kranachberg** + Kühl, Apfelnoten, zartes Bukett, ausgeprägte Sortenaromatik, Cassis, weißes Nougat, noble Zurückhaltung, Honigmelone, saftige Frucht, Säurebiss, kernige Struktur, zeigt Finesse, einiger Tiefgang.

★★★★ K €€€ GM  TIPP
2022 **Muskateller Ried Czamillonberg** + Holunder, Apfelblüten, Zitrusgelee, ist der fein, elegant, fruchtig, voller Finesse, feines Säurespiel, auch salzig, leichtfüßig, feminine Stilistik, feinste Würze. Herrlicher Muskateller aus einer tollen Lage.

★★★★ K €€€ SB  TIPP
2022 **Sauvignon Blanc Ried Gottscheber/Eichberg-Monopol** + Schwarze Johannisbeeren, Kaffee, Teeblätter, kompakt, rauchig, würzig, vollmundig, harmonisch, gelbe Früchte, dezent Vanille, zeigt bei aller Kraft immer Finesse, voluminös mit Eleganz, reichhaltig, enorme Länge. Top Sauvignon Blanc.

★★★★ K €€€ CH
2021 **Morillon Ried Wurzenberg Kapelle** + Teegebäck, Anis, Vanille, Kaffee, präsentes Holz, etwas spitze Säure, stoffig, mineralisch, salzig, total jung, klebt am Gaumen, enorme Substanz, Stoff für viele Jahre.

★★★ K €€€ WR
2021 **Welschriesling Ried Gottscheber** + Zitrusnoten, frische Kräuter, Kamille, Ananas, mineralisch, reifer Apfel, gute Säure, super Säure, eng und dicht, hintergründig, salzig, sehr ernsthaft.

★★★★ K €€€ SB  TIPP
2021 **Sauvignon Blanc Ried Oberer Kranachberg/Eichberg privat** + Strahlt enorme Mineralität aus, salzige Noten, ungemein fest, tolle Säure, immer kühl, spannend, dezentes Cassis, Pfirsichnoten, zart rauchig, strukturiert, tief, langatmig, subtiler Holzeinsatz, passende Säure. Ein Langstreckenläufer.

# Weingut
# Dietrich vlg. Tischler

**Franz und Martin Dietrich**
8462 Gamlitz, Sernau 13
Tel. +43 664 5039323
info@weingut-dietrich.at, www.weingut-dietrich.at
13,5 Hektar, W/R 90/10, 50.000 Flaschen/Jahr

Das Weingut Dietrich in Gamlitz ist ein Familienbetrieb in vierter Generation. Geführt wird es von der „jungen Generation", den Brüdern Franz-Harald und Martin Dietrich. Beide sind Absolventen der Weinbauschule Silberberg. Franz-Harald ist zudem ausgebildeter Weinbau- und Kellermeister; ab Beginn der Erntezeit findet man ihn praktisch nur im Weinkeller. Martin hat in Krems den Lehrgang für Weinmarketing absolviert und ist auch geprüfter Sommelier. Ihm kommt die Funktion als Bindeglied zwischen Wein und Weinliebhabern zu. Ihre Eltern Franz und Claudia werken tatkräftig im Hintergrund mit. Völlig entspannt lassen sich die Weine in der angeschlossenen Buschenschank verkosten.

Arbeiten im Einklang mit der Natur ist den beiden Regisseuren wichtig. Der Einsatz von Pflanzenschutzmitteln wird auf ein Minimum reduziert, Herbizide kommen nicht zum Einsatz, gedüngt wird ausschließlich organisch, und auf gesunde Lebensräume für Insekten wird geachtet. Die Familie verfügt über Anteile an den Rieden Sernauberg und Jägerberg, beide geprägt vom Gamlitzer Schlier, d. h. Mergel mit Geröll, Sand und Blattfossilien. Auch in der Riede Hoch Sernau werden Weingärten bewirtschaftet; dort herrschen Sand und Schotter vor.

Die vorgestellte Serie zeichnet sich durch Feinheit aus, da ist nichts Grobes oder Üppiges; das gilt auch für den Traminer und den Grauen Burgunder aus der Ried Sernauberg. Primus ist der eigenständige und ungemein feingliedrige, trinkanimierende Sauvignon Blanc Ried Jägerberg. *ww*

## SÜDSTEIERMARK DAC

★★★ S €€€ CH
**2022 Morillon Gamlitz** + Ruhig, sortenaffin, Haselnüsse, Birnen und knackiges helles Steinobst; zeigt diese Aromen auch im Geschmack, angenehme Säure, passende Substanz, im Nachhall frische Birnen.

★★★ S €€€ SB   **PLV**
**2022 Sauvignon Blanc Gamlitz** + Ungewöhnlich feingliedrig, erinnert an sandige Böden, grünfruchtige Elemente und zarteste Würze verwoben; schließt nahtlos an, feines Säurenetz, fast leichtfüßig, bemerkenswerter Trinkfluss, im Finish wieder bodenständmige Noten.

★★★ S €€€ WR
**2021 Welschriesling Ried Hoch Sernau** + Kompakt, kernig, Boskop-Äpfel, steinige Anmutung; saftige Frucht, reife Äpfel, kraftvoll, angenehme Säure, im Abgang Prise Gerbstoffe für die Struktur.

★★★ S €€€ PB   **PLV**
**2021 Weißburgunder Ried Sernauberg** + Dezent, leise Bodentöne, helle Frucht, frische Haselnüsse, tief im Glas floral; saftig, charmant,, ruhig strömend, Schmelz, gute Länge, elegant.

★★★ S €€€ CH
**2022 Morillon Ried Sernauberg** + Zart, leise Sortenaromatik erinnert an frische Marillen und Haselnüsse; schließt aromatisch und charakterlich an, feingliedrig, ausgewogen, mittelgewichtig, im Nachhall Bodentöne und Marillen.

★★★ S €€€ PG
**2022 Grauer Burgunder Ried Sernauberg** + Charmante und erfrischende Sortenaromatik, rotbackige Birnen, Äpfel, fein gehalten; bringt diese Aromen auch im Geschmack, zusätzlich Cerealien, zartes Säurespiel, gute Länge, Trinkfluss.

★★★ S €€€ SB
**2022 Sauvignon Blanc Ried Sernauberg** + Angenehm unplakativ, klassische Prägung auf wertigem Niveau, feinkörnige Gewürze, grünfruchtig à la Karambole, Stachelbeeren; charmant, distinguiert, ausgewogen, viel Frucht, Schmelz, in keiner Phase laut oder üppig, zugängliche Säure, gute Länge, trinkanimierend.

★★★★ S €€€ SB   **TIPP**
**2022 Sauvignon Blanc Ried Jägerberg** + Interessant, eigenständig, Propolis, steinig, Wiesenblumen, Stachelbeeren, Galiamelonen, grünblättrige Würze, fein angelegt; aromatisches Dacapo, klare Struktur, ausgewogen, elegant, Trinkfluss, nie schwer, Boden kommt durch, im Nachhall Pfirsiche.

★★★ S €€€ TR
**2022 Traminer Ried Sernauberg** + Auf elegante Art sortentypisch, Rosen, Rosenholz, Litschi, tief im Glas rosa Grapefruits; schließt aromatisch nahtlos an, null Fett, trinkanimierend, langer Nachhall mit floralen und fruchtigen Noten.

♛ ♛ ♛

Weingut
# Dreisiebner Stammhaus

**Hannes Dreisiebner**
8461 Gamlitz, Sulztal an der Weinstraße 35
Tel. +43 3453 2590
stammhaus@dreisiebner.com, www.dreisiebner.com
17 Hektar, W/R 95/5, 100.000 Flaschen/Jahr

Hannes Dreisiebner stellt eher ungewöhnliche Ansprüche an seine Weine. Alltäglich sollen sie sein und doch rar und hochwertig. „Die leichten Weine sollen in der Jugend schon fröhlich sein, aber trotzdem ein paar Jahre reifen können. Die Riedenweine sollen lagerfähig sein, dennoch dürfen sie schon in ihrer Jugend angenehm schmecken." Blendwerk ist seinen Weinen fremd.

Die Familie bewirtschaftet mit dem Zoppelberg, eine der ältesten eingetragenen Rieden der Steiermark, und der Ried Hochsulz zwei renommierte Lagen. Erstere begünstigt kühle und knackige Weine, jene aus Hochsulz sind vom Boden aus Muschelkalk geprägt. Das Produktportfolio ist in Gebietsweine, Ortsweine und Riedenweine gegliedert. Die heuer vorgestellte Serie ist überzeugend. Ausgesprochen eigenständig mit hohem Wiedererkennungswert ist der Ried Hochsulz M, ein steinig anmutender Wein mit großen Reserven. Die Trauben wurden nicht gequetscht, eine Woche lief die Gärung in den intakten Beeren ab, dann im gebrauchten 500-Liter-Fass aus Vogeseneiche. Der Wein blieb zwei Jahre ohne Schwefel auf der groben Hefe.

Dem Weingut angeschlossen sind ein Buschenschank und ein kleines Hotel, das 2021 umgebaut wurde. Gemeinsam mit der Diplom-Sommelière Evelyn Merc betreibt Hannes Dreisiebner die Klapotetz Weinbar in der Landeshauptstadt Graz, wo die Gäste neben vielen anderen Weinen natürlich auch die Kreszenzen des Stammhauses ordern können. *ww*

## SÜDSTEIERMARK DAC

★★ S €€ WR
**2023 Welschriesling** + Ruhig, reife Äpfel, Apfelblüten; apfelfruchtig, angenehme Säure, passende Substanz.

★★ S €€ PB
**2023 Weißburgunder** + Freundlich, dezent, Pfirsiche, Marillen, Birnen; saftige und animierende Frucht, sanfte Säure, mittleres Gewicht.

★★ S €€ GM
**2023 Gelber Muskateller** + Unaufdringlich sortenaffin, getrocknete Holunderblüten, Anklänge von Zitrus, Muskatblüten; schließt nahtlos an, feines Säurespiel, ausgewogen, zugänglich, Frucht und Holunder klingen nach.

★★★ S €€ SB
**2023 Sauvignon Blanc** + Dezent, klassisch geprägt, Stachelbeeren, Johannisbeeren, Prise grünblättrige Würze; bringt diese Aromen auch im Geschmack, hinten auch grünvegetabilische Aromen, selbsterklärend.

★★★ S €€€ RI
**2022 Riesling Ried Zoppelberg** + Blüten, Lindenblüten, Zitrus, Pfirsiche; fruchtbetont, einige Facetten, angenehme Säure, mittlere Länge.

★★★ S €€€ GM                                    FUN
**2022 Gelber Muskateller Ried Hochsulz** + Ernsthaft, feingliedrig, leise Bodentöne, hauchzarte Frucht à la Grapefruits, Blüten und Kräuter; schließt aromatisch an, Holunderblüten, feines Säurenetz, präzise strukturiert.

★★★ S €€€ SB
**2022 Sauvignon Blanc Ried Zoppelberg** + Klassisch auf wertigem Niveau, grünblättrige Würze, Johannisbeeren, grünfruchtige Anklänge; aromatisches Dacapo, elegant, Feinheit vor Wucht.

★★★★ S €€€ SB
**2022 Sauvignon Blanc Ried Hochsulz** + Nobler Sortenausdruck, feinkörnige Gewürze, kühle Frucht; saftig, Fruchtschmelz, präzise, vielschichtig, Zug und Trinkfluss, langer Nachhall.

★★★★ S €€€€ SB                                  TIPP
**2020 Sauvignon Blanc Ried Hochsulz Alte Reben** + Fokussiert, kündigt Kraft an, Gewürze à la Fenchelsaat und Senfkörner, merkliche Bodentöne; würzig, kraftvoll, Schmelz, Tiefgang, zugängliche Säure, große Länge, im Nachhall Frucht und Gewürze.

★★★★ S €€€€ CH
**2020 Chardonnay Ried Hochsulz Alte Reben** + Zarte Gewürznoten, leise Bodentöne, Birnen, Orangen angedeutet; saftig, schiebt an, Fruchtschmelz, zugänglich, perfekter Holzeinsatz, null Fett, bemerkenswerte Länge, Reserven.

★★★★ S €€€€ TR                                  TIPP
**2020 Gelber Traminer Ried Hochsulz Seven Sense** + Elegantes Sortenbukett, Anklänge von Litschi und Lachsrosen, mit Luft kalkig, Grapefruits, hauchzarte Gewürze à la Anis; großer Aromenbogen, unerhört fein, voller Leben, zartes Säurenetz, langer Nachhall, großer Stoff.

★★★★ S €€€€ SB                                  TIPP
**Ried Hochsulz M** + (SB) Steinig-kalkig, eigenständig, feinkörnige Gewürze, Primärfrucht völlig im Hintergrund; druckvoll, fast mächtig, Tiefgang, Gewürzpotpourri, große Länge, im Nachhall steinig und würzig, braucht sehr viel Luft, zeitlos, Zukunft.

## Weingut
# Erzherzog Johann Weine

GF Ing. Peter Stelzl
8461 Ehrenhausen, Gamlitzer Straße 103
Tel. +43 3453 2423, Fax -6
office@erzherzog.com, www.erzherzog.com
200 Hektar, W/R 92/8, 1.350.000 Flaschen/Jahr

Erzherzog Johann Weine ist uns in den letzten Jahren bei Blindverkostungen immer wieder mit bemerkenswerten Weinen aufgefallen. In Ehrenhausen kümmert sich ein Team von 14 Mitarbeitern um die Geschicke dieses bedeutenden Betriebes, der einzigen Winzervereinigung der Steiermark. Gegründet wurde sie im Jahr 1916, in den Jahren 2013 und 2014 wurden die Betriebsgebäude erneuert. Die Trauben aus insgesamt 600 verschiedenen Weingärten werden von 200 Partnern geliefert. Geschäftsführer ist Peter Stelzl, als Kellermeister ist Sieghard Kugel schon fast eine Institution, er hat diese wichtige Funktion seit 1988 inne. Wofür das Weingut steht, kann man mit folgenden sieben Begriffen kurz und prägnant zusammenfassen: Fairness, Beständigkeit, Steiermark, Charakter, Qualitätswille, prägend und Winzervereinigung.

Mit dem Jahrgang 2018 wurde die Qualitätspyramide nach den DAC-Regeln eingeführt, nämlich Gebietsweine Südsteiermark, Weststeiermark und Vulkanland Steiermark, darüber die Ortsweine. An der Spitze stehen die Weine aus zahlreichen Rieden wie Pössnitzberg, Saziani, Königsberg oder Grassnitzberg. Je nach Sorte und Herkunft werden die Weine in Edelstahltanks bzw. in großen oder kleinen Eichenholzfässern ausgebaut.

Die heuer vorgestellte Serie lässt eine klare Handschrift erkennen, keiner der Weine ist üppig, es gilt Feinheit vor Wucht. Die Lagencharakteristika wurden präzise herausgearbeitet, der Holzeinsatz ist gefühlvoll. *ww*

### SÜDSTEIERMARK DAC

**★★★ S €€ SB** — PLV
**2023 Sauvignon Blanc** + Einladend, Blumenwiese, Stachelbeeren, Galiamelonen; schließt aromatisch an, feines Säurespiel, klare Frucht, Trinkspaß fernab der Oberflächlichkeit.

**★★★ K €€€ PB**
**2022 Weißburgunder Ried Grassnitzberg** + Noble Gewürznote, nussig, frisch, Steinobst und Birnen; aromatisches Dacapo, lagentypische Kühle, feinkörnige Säure, gute Länge, Trinkfluss.

**★★★ K €€€ SB**
**2021 Leutschach Sauvignon Blanc** + Feingliedrig, Stachelbeeren, Prise Kräuter, leise Bodentöne; Fruchtschmelz, passende Substanz, sanfte Säure, im Abgang auch Zitrus und grünblättrige Würze.

**★★★★ K €€€€ SB** — TIPP
**2021 Sauvignon Blanc Ried Pössnitzberg** + Sanfter Druck, tiefe Frucht, feine Würze; schließt nahtlos an, kraftvoll, Schmelz, ausgewogen, zugängliche Säure, hinten frische Weingartenpfirsiche, Opokboden kommt durch, lang.

### VULKANLAND STEIERMARK DAC

**★★ S €€ PB**
**2023 Weißburgunder** + Sortentypisch, zart, Haselnüsse, Birnen, Marillen; schließt aromatisch an, frisch, saftig, animierendes Säurespiel, mittelgewichtig.

**★★ S €€ GM**
**2023 Gelber Muskateller** + Erfreulich unplakativ, Holunder, Kräuter, Muskatnuss, gelbfruchtig; fast rassig, leichtfüßig, wieder Kräuter, im Finish knackige Frucht.

**★★★ K €€€ TR**
**2021 Klöch Traminer** + Sorte klar, Litschi, Rosen, Kokosraspel, Milchschokolade; schließt nahtlos an, überraschend lebendig, gute Länge, animierend.

**★★★ K €€€ PG**
**2021 Straden Grauburgunder** + Sanfter Druck, steinige Bodentöne, rotbackige Birnen, Hauch Cerealien; fast leichtfüßig, Spiel, klare Frucht, null Fett, Säurerückgrat, Struktur.

**★★★ K €€€ PB**
**2021 Ried Saziani Weißburgunder** + Elegantes Holz, Gewürze, reife Birnen, Prise geröstete Haselnüsse, glockenklar; schließt nahtlos an, lebhaft, feingliedrig, null Fett, wertig, Reserven.

**★★★★ K €€€€ CH** — TIPP
**2021 Ried Königsberg Chardonnay** + Dunkel getönt, fokussiert, Kletzen, reife Birnen, Orangenzesten, noble Würze; schließt aromatisch an, hinten Hauch Malz, kraftvoll, im langen Nachhall Frucht, Gewürze und Bodentöne.

### STEIERMARK

**★★★ K €€€€ PN**
**2019 Pinot Noir Reserve** + Kühl, Himbeeren, Kirschen, Unterholz, Steinpilze angedeutet; saftig, Tanningrip, Säurespiel gibt Leben, kühle Frucht klingt lange nach.

**★★★ K €€€ BW**
**2019 Blauer Wildbacher Reserve** + Dunkelfruchtig, reife Stachelbeeren, Zwetschken, Brombeeren, feine Würze, kühl; aromatisches Dacapo, engmaschiges Gerbstoffnetz, für diese Varietät ungewohnt fein, gute Länge, jung.

## Weingut
# Felberjörgl

8442 Kitzeck, Höch 47
Tel. +43 3456 3189
info@felberjoergl.at
www.felberjoergl.at

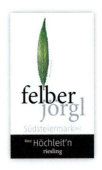

Das Weingut Felberjörgl ist ein reiner Familienbetrieb, gegründet bereits im 14. Jahrhundert von Bayern namens Felber, die in den Diensten des Salzburger Erzbistums standen. Heute zeichnet Hans Peter Temmel als Kellermeister für den Wein verantwortlich. Großen Wert legt er auf schmeckbare Herkunft und naturnahe Bewirtschaftung. Die heuer vorgestellte Serie zeigt, dass er die Charakteristika des Sausals und seiner Rieden präzise herausgearbeitet hat.

Die Böden der Weingärten sind aus kristallinem Gestein entstanden, Schiefer ist vorherrschend. Ausgeprägte Temperaturdifferenzen zwischen Tag und Nacht kommen der Aromatik und der Frische zugute. Klar definierte Herkunft hat für die Familie Priorität. Die Rieden Kreuzegg und Zwickl liegen direkt beim Hof auf 550 m Seehöhe, Kreuzegg ist tiefgründig mit viel Humus, die Weine von hier muten warm an. Zu den höchsten Lagen des Sausals zählt die bis knapp 630 m reichende Ried Höchleit'n mit kargem Schieferboden. Der Riesling vom terrassierten Teilstück wird oft erst im November gelesen. „Es ist uns sehr wichtig, die Trauben länger am Rebstock belassen zu können, um die physiologische Reife richtig auszunutzen", beschreibt Hans Peter Temmel die Vorteile dieser Seehöhe. Die Ried Schrotter ist sehr steil und teilweise terrassiert. Karger Boden kennzeichnet auch die Ried Mosergut, wo hauptsächlich Traminer und Gelber Muskateller stehen. Abgerundet wird das Portfolio durch edelsüße Prädikate, Rotweine, Frizzante, Spezialitäten wie einen Traminer aus Maischegärung, Fruchtsäfte und Edelbrände.

Dem Weingut angeschlossen ist eine stilvolle Buschenschank in einem sehenswerten Biedermeierhaus. *ww*

## SÜDSTEIERMARK DAC

★★★ S €€ GM
**2023 Gelber Muskateller Klassik** + Kündigt Substanz an, sortentypisch, Holunderblüten, Zitrusfrüchte, Prise Muskat; Gaumen bestätigt das Bukett, vergleichsweise kräftig, angenehme Säure, kompakt, wertig.

★★★ S €€ SB
**2023 Sauvignon Blanc Klassik** + Klassisch, freundlich, Johannisbeeren und deren Laub, Stachelbeeren; bringt diesen Aromenmix auch im Geschmack, zugängliche Säure, passende Länge.

★★★ S €€€ RI
**2022 Riesling Ried Höchleit'n** + Sorte unverkennbar, knackige Weingartenpfirsiche, Bodentöne; schließt aromatisch an, feines Säurerückgrat, fast leichtfüßig, Zug, hinten auch Zitrus, sehr jung.

★★★★ K €€€€ RI  **TIPP**
**2019 Riesling Reserve Ried Höchleit'n** + Gediegen, Pfirsiche, Limettenzesten, Bodentöne; schließt aromatisch an, passende Substanz integriert die Säure, vom kargen Schieferboden geprägt, langer Nachhall.

★★★ S €€ CH  **PLV**
**2023 Morillon Kitzeck-Sausal** + Sorte unverkennbar, Marillen, Birnen, Haselnüsse, freundlich, kühl; schließt so an, kristalliner Boden zu erkennen, saftig, Säurenetz, Trinkfluss bei mittlerer Länge.

★★★ S €€€ SB
**2022 Sauvignon Blanc Ried Kreuzegg** + Nobel, feinkörnig à la Fenchelsaat, Senfkörner und Anis, sanfter Druck; schließt aromatisch an, Frucht präsenter als im Bukett, feines Säurerückgrat, lebendig, würzebetonter Nachhall, gute Länge.

★★★★ S €€€ SB  **TIPP**
**2020 Sauvignon Blanc Reserve Ried Höchleit'n** + Druckvoll, elegantes Holz, feinkörnige Gewürzaromen, Frucht eingewoben; aromatisches Dacapo, präzise strukturiert, Schmelz, Würze, nie schwerfällig, perfekter Holzeinsatz, Spiel und Länge, Reserven, elegant.

★★★★ S €€€ PG
**2020 Grauburgunder Reserve Ried Schrotter** + Ruhig, sanfter Druck, ansprechende Melange aus Frucht, Würze und bodenständigen Aromen; schließt nahtlos an, Substanz ohne Üppigkeit, gute Säure, dezentes Holz, balanciert, langer Nachhall mit zarten Gewürzaromen und reifer Frucht neben etwas Dörrobst.

## STEIERMARK

★★★ S €€€ TR
**2021 Traminer Auslese** + (0,5 l) Dezent, sortentypisch, süße Früchte à la Litschi und Feigen, Kräuter, rote Rosen; schließt aromatisch an, unaufdringliche Süße, Restzucker von Säure austariert, einige Substanz, die Aromen vom Bukett klingen lange nach.

# Familienweingut
# Oberer Germuth

**Stefan Germuth**
8463 Leutschach, Glanzer Kellerstraße 34
Tel. +43 3454 6734
wein@oberergermuth.com, www.oberergermuth.com
7 Hektar, W/R 90/10, 45.000 Flaschen/Jahr

Vor rund 20 Jahren haben Herbert und Heidi Germuth die kleine Lopic-Keusche in das Weingut Oberer Germuth umgebaut. 2001 wurde ein Gästehaus errichtet, im Zuge des Kellerneubaus kam 2006 auch ein Buschenschank dazu. Für die Weine verantwortlich zeichnet das Vater-Sohn-Gespann Herbert und Stefan. Der junge Mann ist Absolvent der Weinbauschule Silberberg, er schloss den Lehrgang für Weinmanagement in Krems ab und praktizierte bei internationalen Top-Weingütern. Oberer Germuth gehört zur Gruppe der SIEME Weingüter.

Das Sortiment gliedert sich nach den Vorgaben der DAC-Regeln in die Gebietsweine „Speer", die Ortsweine „Speerspitze" und die Riedenweine bzw. Reserven „Goldspeer". Die Lagenweine werden spontan vergoren und mindestens ein Jahr in 500-Liter-Holzfässern ausgebaut.

Die Familie verfügt über zwei völlig unterschiedliche Rieden. Kaltenegg ist eine steile, südorientierte Kessellage, deren Boden überwiegend aus Opok und sandigem Lehm besteht. Die Weingärten in der ebenfalls steilen Ried Oberglanz sind nach Südwesten ausgerichtet. Die Bodenstruktur ist signifikant anders als in der Ried Kaltenegg. Oberglanz liegt auf einer Bank aus Schotter und etwas Sand, darunter finden sich Konglomerate.

Die vorgestellten Weine der Basislinie und die Ortsweine präsentieren sich feingliedrig und trinkanimierend ohne jegliche Üppigkeit, bei Letzteren ist der Boden zu erkennen. Die Riedenweine sind druckvoll, aber nie schwerfällig. Sowohl Morillon als auch Gelber Muskateller und Sauvignon Blanc sind uneingeschränkt zu empfehlen. *ww*

### SÜDSTEIERMARK DAC

**★★★ S €€ WR**
**2023 Welschriesling** + Ungewohnt fein, Äpfel, zarteste Anklänge von Mandarinen; charmant, feingliedrig, angenehme Säure, Trinkfluss.

**★★ S €€ RI**
**2023 Rheinriesling** + Dezent, helles Steinobst, Äpfel; auch am Gaumen so, glockenklare Frucht bis in den Nachhall hinein, fast filigran, zartes Säurenetz.

**★★ S €€ PB**
**2023 Weißburgunder** + Ausgesprochen zartes Bukett, Birnen, Hauch frische Haselnüsse; schließt so an, elegant, unaufdringlich, mittelgewichtig.

**★★★ S €€€ GM**                                    PLV
**2022 Gelber Muskateller Leutschach** + Ernsthaft, leise Bodentöne, Frucht, Blüten und Kräuter innig verwoben; aromatisches Dacapo, fein strukturiert, ausgewogen, gute Länge, wertig.

**★★★★ K €€€€ GM**                                  TIPP
**2021 Gelber Muskateller Ried Oberglanz** + Gediegen, dunkle Blüten, steiniger Boden kommt durch, reife Marillen, Hauch Orangen; druckvoll, kompakt, Aromen vom Bukett kommen wieder, lang, hauchzarte Gewürznoten im Nachhall, Reserven.

**★★★ S €€ CH**
**2022 Morillon Leutschach** + Wertige Anmutung, ruhig, sortentypisch, geröstete Haselnüsse, Birnen und Marillen; schließt nahtlos an, ausgewogen, null Fett, gute Länge, lebendig, Boden und ein Hauch Nougat im Abgang und im Nachhall.

**★★★ S €€ PG**
**2022 Grauburgunder Leutschach** + Feingliedrig und frisch, nussige Akzente, zarte Frucht; bar jeder Üppigkeit, Säurespiel, trinkanimierend, sympathische Prise Gerbstoffe, mittlere Länge.

**★★★ S €€ SB**
**2023 Sauvignon Blanc** + Sorte klar, grünfruchtige Elemente, Stachelbeeren, Cassislaub; animierend, Aromen vom Bukett kommen wieder, feiner Säuregrip, fruchtig-würzig im Nachhall.

**★★★ S €€€ SB**                                    PLV
**2022 Sauvignon Blanc Leutschach SIEME** + Klassisch auf wertigem Niveau, feingliedrig, Frucht gibt den Ton an, Prise frische Pfefferoni und grünblättrige Würze unterlegt; schließt nahtlos an, feines Säurenetz, zarter Schmelz, gute Länge.

**★★★ K €€€€ SB**                                   TIPP
**2020 Sauvignon Blanc Ried Kaltenegg** + Kündigt Substanz an, Senfkörner, reife Stachelbeeren, exotischer Touch à la Mango und Orangen; breiter Aromenbogen auch im Geschmack, zusätzlich feinkörnige Gewürze, behutsamer Holzeinsatz, druckvoll, langer Nachhall, Reserven.

**★★★★ K €€€€ CH**
**2020 Morillon Ried Kaltenegg** + Sanfter Druck, Gewürze, satte Frucht, Boden blitzt durch; schließt nahtlos an, Säurerückgrat, hochgradig lebendig, Tiefgang, kraftvoll-sehnig, elegantes Holz klingt lange nach, noch jung.

♛ ♛

## Weingut
# Gutjahr

**Michael Gutjahr**
8442 Kitzeck im Sausal, Neurath 33
Tel. +43 3456 3152
office@weingut-gutjahr.at, www.weingut-gutjahr.at
4 Hektar, W/Rosé 95/5

Im Jahr 2012 übernahm Michael Gutjahr das Weingut von seinen Eltern Waltraud und Josef. Der junge Mann absolvierte die Weinbauschule Silberberg. Danach zog es ihn nach Südafrika. „In Paarl durfte ich für ein halbes Jahr miterleben, wie die große Weinwelt funktioniert", erzählt er. Wieder daheim, ließ er sich zum Meister in Weinbau und Kellerwirtschaft ausbilden, als Draufgabe zum Sommelier. Bis 2017 gab es nur klassische Weine, keine Lagen- bzw. Ortsweine. Heute firmiert der Großteil des Sortiments unter der Herkunft Südsteiermark DAC. Seine Betriebsphilosophie umreißt der Winzer knapp und einleuchtend: „Ich lege sehr großen Wert auf Handarbeit und Qualität. Die Weine sollen animierend sein und Spaß machen."

Die Ried Mitterberg liegt direkt beim Weingut, eine nach Südosten exponierte Muschelkalklage auf rund 420 m Seehöhe mit 40 Jahre alten Rebstöcken. Die sehr karge Ried Gaisriegl ist geprägt von rotem Schiefer, sie begünstigt feingliedrige Frucht und Terroir, die Trauben reifen vergleichsweise spät.

Michael Gutjahr lässt den Weinen Zeit. Zum Zeitpunkt der Verkostungen für unseren Guide waren lediglich die neuen Gebietsweine gefüllt, alles andere kommt im Sommer beziehungsweise vor der Lese im Herbst in den Verkauf.

Die heuer vorgestellten DAC-Weine sind freundlich und charmant, keiner ist vorlaut oder plakativ. Die Preise sind fair kalkuliert. In einer ganz eigenen Liga spielt der Naturalwein „Orange" aus der Rebsorte Welschriesling; er ist als solcher unzweifelhaft zu erkennen und Freunden dieser Stilistik sehr zu empfehlen. *ww*

### SÜDSTEIERMARK DAC

★★ S €€ WR
**2023 Welschriesling Südsteiermark** + Spontan einnehmend, freundlich, sonnig, reife gelbe Äpfel, tief im Glas Mandarinen; bringt diese Aromen auch im Geschmack, sanfter Schmelz, feines Säurespiel, mittleres Gewicht, charmanter Sortenvertreter.

★★ S €€ PB
**2023 Weißburgunder Südsteiermark** + Sortentypisch, Birnen, Marillen, Haselnüsse, freundlich; frisch, lebhaft, mittlere Länge, fruchtiger Nachhall.

★★ S €€ GM
**2023 Gelber Muskateller Südsteiermark** + Ruhig, angenehm unplakativ, Grapefruits, Anklänge von Holunderblüten, Kräuter, ein Hauch Muskatnuss; aromatisches Dacapo, feines Säurespiel, zugänglich, zart strukturiert, Trinkfluss, selbsterklärend.

★★★ S €€ SB  **PLV**
**2023 Sauvignon Blanc Südsteiermark** + Freundlich, Stachelbeeren, weiße Johannisbeeren, Prise Cassislaub, grünvegetabilische Noten angedeutet; präsentiert sich auch auf dem Gaumen so, Säurespiel ohne Aggressivität, erfrischend, mittleres Gewicht, Stachelbeeren klingen nach.

★★★ K €€€ RI
**2022 Riesling Kitzeck-Sausal** + Feingliedrig, Weingartenpfirsiche, leise Bodentöne, ganz dezent auch ätherische Noten; viel Sorte, präzise, Säurerückgrat, frisch, kristalliner Boden zu erkennen, im Nachhall auch frisch geernteten Mandeln.

### ÖSTERREICH

★★★ K €€€ WR  **TIPP**
**2018 Orange** + (WR) Orange bis kupferfarben; sanfter Druck, Kaki, Lageräpfel, Apfelmus, moderate Maischetöne; bringt diese Aromen auch im Geschmack, dazu Quitten, merkliche Gerbstoffe, knochentrocken, kompakt, ernsthaft, langer Nachhall, fernab von Gefälligkeit. Seriöser Orange Wine, der Anhängern dieser Machart zu empfehlen ist.

# Weingut
# Hirschmugl – Domaene am Seggauberg

**Toni & Astrid Hirschmugl**
8430 Leibnitz, Am Plöckelberg 6
Tel. +43 3452 86300, +43 664 88228870
info@hirschmugl-domaene.at, www.hirschmugl-domaene.at
20 Hektar, W/R 90/10, 40.000 Flaschen/Jahr

Auf der Domaene am Seggauberg wird im Einklang mit der Natur gearbeitet. Am 28. April 2007 haben Anton und Astrid Hirschmugl ihre ersten Rebstöcke gepflanzt, und zwar die Sorten Cabernet Blanc, Muscaris und Cabertin. Das war damals der erste PiWi-Weingarten in der Steiermark. Die Weingärten erstrecken sich vom Sausal über den Seggauberg und den Kreuzberg in Eichberg-Trautenburg bis zur Ried Obegg in Spielfeld.
Kellermeister Alexander Scherübl ist ein Querdenker. Wein ist für ihn ein Gesamtkunstwerk. „Es ist Demut und Liebe, Leidenschaft und Hingabe, ständige Aufmerksamkeit und Sorgfalt um Boden, Rebstock und Traube." Die Basisweine firmieren unter der Bezeichnung „Linie Trinkvergnügen", die im Holz erzogenen Terroirweine kommen als „Linie Nobilis" in den Verkauf, daneben gibt es für besondere Ausbauformen die Kategorie „Spezialitäten". Die Spitze bildet die limitierte „Linie Aurum", deren Weine mehrere Jahre in Holzfässern lagern. Die Serie präsentiert sich klar und wertig. Absolut eigenständig ist der 2018er Chardonnay Aurum, gleichsam zeitloser, großer Stoff.
Ein eleganter Festsaal, eine Gartenanlage und der historische Gewölbekeller bieten ein exklusives Ambiente für Seminare, Hochzeiten und andere Feiern, übernachten kann man in vier stilvollen Appartements. *ww*

## SÜDSTEIERMARK DAC

★★ S €€€ PB
**2023 Weißburgunder Südsteiermark** + Sortentypisch, frische Haselnüsse, alte Birnensorten; sanft, passende Substanz, in sich ruhend, hinten Mandeln, traditionell im besten Sinne.

★★★ S €€€ CH
**2021 Chardonnay Ried Rettenberg** + Sanfter Druck, reife Birnen, Hauch Physalis und Haselnüsse; schließt aromatisch an, markant nussig, hauchzarte Würze, feines Säurerückgrat, kraftvoll.

★★★★ G €€€€ CH — **TIPP**
**2021 Chardonnay Nobilis Ried Rettenberg** + Zarte Gewürzaromen, subtile Frucht, helles Steinobst und Clementinen; auch auf dem Gaumen elegant, eng gewobenes Säurenetz, lebendig, perfekter Holzeinsatz, fruchtbetonter Nachhall.

★★★ S €€€ SB — **PLV**
**2023 Sauvignon Blanc Terroir³** + Sanft, helle Beeren, Kräuterwürze, grünblättrige Noten und Karambole innig verwoben; schließt nahtlos an, Frucht dominiert, zugängliche Säure, mittlere Länge.

★★★★ G €€€€ SB
**2023 Sauvignon Blanc Ried Wiesberg** + Feingliedrig, Johannisbeeren, Pfirsiche, subtile Kräuternote; elegant, ausgewogen, viele Facetten, Frucht dominiert, gute Länge, Trinkfluss, im Nachhall auch grüner Paprika.

★★★★ S €€€€ TR
**2021 Traminer Nobilis Ried Rettenberg** + Sorte unverkennbar, Rosen, Rosenholz, Litschi, Hauch Zitrus; elegant, unplakativ, zugängliches Säurespiel, Prise Kräuter klingen lange nach.

### STEIERMARK

★★★ G €€€ MS
**2022 Muscaris** + Freundlich, Mandarinen, Blüten, Prise Kräuter; saftig, animierender Mix aus Frucht und Kräutern, angenehme Säure, Mandarinenschalen klingen nach.

★★★★ G €€€€€ CH — **TIPP**
**2018 Chardonnay Aurum** + Distinguiert, kündigt Kraft an, Dörrobst à la Marillen, Kletzen und Feigen, Cerealien, subtile Würze; aromatisches Dacapo, Prise Zitrus, Säurerückgrat gibt Halt, trotz der merklichen Substanz sehnig und lebendig, Holz gut absorbiert, lang, gleichsam zeitlos.

★★★★ K €€€€ CR
**Decto Rosso Rosé Brut Sekt g.U. Reserve** + (50 % ZW / SL, degorgiert 07/2023) Elegant, rotbeerig, Kirschen; schließt nahtlos an, dazu Prise Zitrus, lebendig, feiner Mousseux, zarteste Hefenoten.

### ÖSTERREICH

★★★ S €€€ CB
**2022 Cabernet Blanc** + Sanft, Karambole, Galiamelonen, Prise Gartenkräuter, Hauch frische Mandeln; bringt diese Aromen auch im Geschmack, angenehme Säure, Prise Gerbstoffe gibt Struktur, kräuterwürziger Nachhall.

★★★ S €€€€ CB
**2018 Cabernet Blanc nobilis** + Sanfter Druck, zarte Gewürzaromen, gelbe Frucht, Zitronenzesten; vielschichtig, Schmelz, gelbe Pflaumen am Kern, sanfte Säure, fruchtbetont und subtil würzig im langen Nachhall.

## Weingut
# Domaines Kilger

**Toni & Astrid Hirschmugl**
8462 Gamlitz, Eckberger Weinstraße 32
Tel. +43 3453 2363 11
wein@domaines-kilger.com
www.domaines-kilger.com

Hans Kilger, Unternehmer aus München, gründete die Domaines Kilger mit Sitz im südsteirischen Gamlitz. Unter dem Titel „Genusswelten" werden Trauben aus der Weststeiermark und aus der Südsteiermark verarbeitet. Aus der Blauen Wildbacherrebe werden Rosé- und Schaumweine gekeltert, aus dem Lesegut der Südsteiermark Orts- und Riedenweine. Die für Domaines Kilger wichtigste Lage in der Südsteiermark ist die Ried Kranachberg, wo 30 Jahre alte Reben eigenständigen, eleganten Sauvignon Blanc ermöglichen. Gerade mit diesen Weinen hat man sich rasch einen guten Namen gemacht.

Die Nachfolge von Walter Polz als Kellermeister hat Jani Rojs angetreten. „Ich stehe mit größter Leidenschaft und Freude hinter jedem Tropfen", verleiht er seiner Begeisterung Ausdruck. Sein Fokus liegt auf Herkunft, seine Produkte sollen pur und unverfälscht verarbeitet werden, um das Beste aus dem Lesegut herauszuholen.

Die aktuelle Serie wirkt gelassen und in sich ruhend, dahinter ist eine klare Handschrift zu erkennen. Ungewöhnlich wertig präsentieren sich die drei Ortsweine, die letztes Jahr bereits vorgestellt wurden und noch im Verkauf sind. Elegant ist die Reserve vom Chardonnay Ried Kranachberg Obere Kapelle, dicht und ohne jegliche Schwere. Primus ist heuer der Sauvignon Blanc Reserve Ried Kranachberg Obere Kapelle, ein nobler Wein mit bemerkenswerter Frische und unbeschwertem Trinkfluss.

Das Schloss Gamlitz ist Teil der „Genusswelten". Es ist prädestiniert für Hochzeiten und Feiern in stilvollem Rahmen, das Schlossrestaurant bietet auch Weinverkostungen an.  *ww*

## SÜDSTEIERMARK DAC

★★★ S €€€ CH
**2021 Chardonnay Leutschach** + Feingliedrig, satte Frucht, Birnen, Haselnüsse, auch Tropenfrüchte; kompakt, feines Säurespiel, für diese Liga ungewohnt kraftvoll, im langen Nachhall Bodentöne.

★★★★ S €€€ CH   **TIPP**
**2021 Chardonnay Gamlitz** + Kündigt Kraft an, gelassen, vielschichtig, Schwarztee, helles Steinobst, dezent exotischer Touch, Dörrfrüchte; schließt mit dieser abwechslungsreichen Aromatik nahtlos an, saftig, kraftvoll, balanciert, lang, sandiger Boden zu erkennen, ungewöhnlich wertiger Ortswein.

★★★★ K €€€€ CH
**2021 Chardonnay Reserve Ried Kranachberg Obere Kapelle** + Nobles Holz, sanfter Druck, feine Gewürzaromen, Bodentöne, Dörrobst à la Kletzen und Marillen angedeutet; zeigt diese Aromen auch im Geschmack, angenehmes Säurespiel, dicht ohne Schwere, Frucht und Würze sowie bodenständige Noten fein verwoben und lange nachklingend.

★★★ S €€€ SB
**2021 Sauvignon Blanc Gamlitz** + Ernsthaft, leise Bodentöne, zarte Gewürzaromen nach Anis und Fenchel, helle Frucht à la Stachelbeeren blitzt durch; schließt aromatisch an, Frucht präsenter als im Bukett, zarte Würze unterlegt, unaufdringliches Säurespiel, lebendig, passende Substanz.

★★★★ K €€€€ SB
**2021 Sauvignon Blanc Ried Kranachberg Sonnenhang** + Freundliche Frucht, sanft, reife Marillen, Anklänge von Mangos und Maracuja, kündigt Substanz an; saftig, Aromatik vom Bukett kommt wieder, feines Säurerückgrat gibt Leben und Struktur, fokussiert, gute Länge, Trinkfluss, hauchzarte Würze und viel Frucht im Nachhall.

★★★★ K €€€€€ SB   **TIPP**
**2021 Sauvignon Blanc Reserve Ried Kranachberg Obere Kapelle** + Nobel, feingliedrig, feinkörnige Gewürze, Karambole, knackige Johannisbeeren und deren Laub angedeutet; aromatisches Dacapo, feingliedrige Struktur, Kraft ohne Üppigkeit, bemerkenswerter Trinkfluss, lang, wie aus einem Guss.

## Weingut
# Kodolitsch

8430 Leibnitz, Kodolitschweg 9
Tel. +43 664 1880182
weingut@kodolitsch.at, www.kodolitsch.at
18 Hektar, W/R 100/0

Christa und Nikolaus Kodolitsch haben den traditionsreichen Familienbetrieb mit großem Engagement zu einem modernen Weingut transformiert. Die Verpflichtung des damals noch sehr jungen Mario Weber als Kellermeister hat sich als Glücksgriff erwiesen. Die Formkurve zeigt stetig nach oben. Das Geheimnis seines Erfolges sei ziemlich trivial, sagt er ganz gelassen. „Im Keller tun wir fast nichts, wir greifen kaum ein, lassen die Weine einfach in Ruhe." Die Grundlage großer Gewächse sei der Weingarten. Das Weingut verfügt mit dem Rosengarten über eine von kalkhaltigem Lehm geprägte Monopolriede direkt vor dem Haus, während der Kogelberg im Sausal einen kargen Untergrund aus rotem und blauem Schiefer aufweist. Ab dem Jahrgang 2021 gibt es einen Sauvignon Blanc aus der sehr steilen Monopollage Schiefer-Terrassen; der Boden besteht aus rotem Schiefer.
Die heurige Serie zeichnet sich durch Feinheit aus. Die Lagencharakteristika wurden präzise herausgearbeitet und in der Vinifikation berücksichtigt. So spendierte Mario Weber dem Sauvignon Blanc aus dem kalkigen Rosengarten deutlich mehr Holz als seinen Pendants von den Schieferböden. Auch da gibt es markante Unterschiede: Der Sauvignon Blanc Alte Reben Ried Kogelberg wirkt gesetzter und ruhiger als sein sehr lebhafter Bruder aus der Ried Schiefer-Terrassen. Vornehm auf das Wesentliche konzentriert und in seiner Art fast puristisch ist der Chardonnay Alte Reben Ried Kogelberg. *ww*

### SÜDSTEIERMARK DAC

★★★ S €€€ SB
**2022 Sauvignon Blanc Kitzeck-Sausal** + Grüner Paprika, bisschen Buchsbaum, knackige Johannisbeeren, grünblättrige Würze; feines Säurespiel, fruchtsüße Strähne, passende Substanz, Herkunft definiert.

★★★ K €€€ RI
**2022 Riesling Blanc Kitzeck-Sausal** + Unverkennbar, gerade reif gewordene Weingartenpfirsiche, tief im Glas Physalis; schließt nahtlos an, angenehme Säure, passende Substanz, selbsterklärend.

★★★ K €€€€ PB
**2022 Weißburgunder Ried Rosengarten Monopol** + Ungewöhnlich fein, Hauch weißer Pfeffer, weiße Blüten, Birnen, Pfirsiche; bringt diese Aromen eng verwoben auch im Geschmack, zartes Säurerückgrat, strukturiert mit einer winzigen Prise Gerbstoffe, Boden kommt durch, nicht alltäglich.

★★★★ K €€€€€ PB  TIPP
**2021 Weißburgunder Alte Reben Ried Rosengarten Monopol** + Nobel, vielschichtig ohne Vordergründigkeit, zarte Frucht, feinkörnige Gewürze, leise Bodentöne; Frucht kommt akzentuierter, feingliedrig strukturiert, null Fett, gute Länge, eigenständig.

★★★ K €€€€ GM
**2022 Gelber Muskateller Ried Rosengarten Monopol** + Ernsthaft, kompakt, sanfter Druck, getrocknete Kräuter und Holunderblüten, dunkelfloral, Hauch Grapefruits; schließt aromatisch und strukturell an, feine Bodentöne, im Finish auch etwas Zitrus.

★★★★ K €€€€€ SB
**2022 Sauvignon Blanc Ried Rosengarten Monopol** + Feinkörnige Würze, zarte Frucht, elegant; aromatisches Dacapo, Frucht präsenter als im Duft, feinmaschig, Trinkfluss, kalkiger Boden kommt durch, lang.

★★★★ K €€€€€€ SB  TIPP
**2021 Sauvignon Blanc Alte Reben Ried Kogelberg** + Elegante Gewürznoten, Holz kein Thema, Schieferboden, Nektarinen, frischer Koriander; schließt aromatisch nahtlos an, präzise, angenehme Säure, auf das Wesentliche konzentriert, etwas Understatement.

★★★★ K €€€€€€ SB  TIPP
**2021 Sauvignon Blanc Ried Schiefer-Terrassen Monopol** + Vielschichtig, feingliedrig, Schieferboden, gelbe Kriecherln, elegante Würze; schließt aromatisch nahtlos an, frisch, engmaschig, Boden unverkennbar, Leben, Spiel und Länge, feinfühliger Holzeinsatz, Punktlandung.

★★★★★ K €€€€€€ SB  TOP
**2021 Sauvignon Blanc T.M.S. Ried Rosengarten Monopol** + Kündet Druck an, Fenchelsaat, Senfkörner, kühle Frucht unterlegt, fokussiert; aromatisches Dacapo, perfekt integrierte Säure, Kraft, Würze und ein Hauch strukturgebende Gerbstoffe im langen Abgang, großartig.

★★★★ K €€€€€ CH  TIPP
**2021 Chardonnay Alte Reben Ried Kogelberg** + Steinig, vielschichtig, feine Gewürzaromen, dezente Frucht, fokussiert; saftig, präzise, bar jeder Üppigkeit, puristisch in positivem Sinn, lang, Schieferboden im Nachhall.

★★★★ K €€€€€€ CH
**2021 Chardonnay Alte Reben Ried Rosengarten Monopol** + Ruhig strömend, zart nach Marillen, Birnen und Physalis, Hauch Rosen und Gewürze; elegante Textur, Frucht und Holz verwoben, im langen Nachhall zarte Gewürzaromen.

## Weingut
# Koller – Kitzeck

**Andreas Aldrian**
8442 Kitzeck, Greith 11
Tel. +43 3456 3563
koller@weingut-koller.at, www.weingut-koller.at
5 Hektar, W/R 85/15, 35.000 Flaschen/Jahr

Das Weingut Koller der Familie Aldrian liegt bei Kitzeck hoch oben an der Sausaler Weinstraße. Der Ausblick über die Hügel ist atemberaubend. Die Böden der steilen Weinrieden bestehen aus verwittertem Schiefer. Angebaut werden Welschriesling, Müller-Thurgau, Sämling 88, Traminer, Muscaris, Morillon, Weißburgunder, Klevner, Sauvignon Blanc, Gelber Muskateller, Blauer Wildbacher, Zweigelt, Blaufränkisch und St. Laurent. Gelesen wird möglichst spät. Die Kellertechnik ist State of the Art.

Mit dem Jahrgang 2023 ist die Familie sehr zufrieden. Säure, Frucht und Extrakt sind ausgewogen, mineralische Komponenten erzählen vom Boden, in dem die Reben wurzeln.

Zum Weingut gehört eine Buschenschank mit urigem Sitzgarten und prachtvollem Fernblick bis zu den Slowenischen Karawanken. Außerdem gibt es zwei Ferienwohnungen.

Die heuer vorgestellte Serie ist einladend und fruchtbetont, das Preis-Leistungs-Verhältnis ist bemerkenswert gut. Der Sämling könnte auch als Riesling durchgehen. Der Blaufränkisch ist in dieser Preisklasse eine veritable Überraschung, er punktet mit glockenklarer Frucht, Frische, kühlem Touch, einem feinen Gerbstoffnetz und rauchigen Holzaromen. Das würde man aus dieser Region nicht unbedingt erwarten. *ww*

### SÜDSTEIERMARK DAC

★★★ S €€ GM
**2023 Gelber Muskateller** + Ruhig, sortentypisch, Kräuter, Holunderblüten, Zitrusfrüchte und Marillen, Prise Muskat; schließt aromatisch an, süffig, einige Substanz, offen und einladend.

★★★ S €€ SB
**2023 Sauvignon Blanc Schiefer** + Nomen est omen, Schieferboden kommt durch, feingliedrig, weiße Ribisel, Stachelbeeren, Prise grünblättrige Würze; bringt diese Aromatik auch im Geschmack, feines Säurespiel, lebhaft, strukturiert, Trinkfluss, gute Länge.

### STEIRERLAND

★★★ S € SÄ
**2023 Sämling 88 Blattspiel** + Weingartenpfirsiche, rieslinghaft; präsentiert sich auch auf dem Gaumen so, Schmelz, sanft, reife Weingartenpfirsiche bis in den Nachhall hinein.

★★★ S € PB
**2023 Weißburgunder Klassik Blattspiel** + Sortenaffin nach Haselnüssen und Birnen, tief im Glas Walnüsse und Gewürze; schließt aromatisch an, belebendes Säurespiel, passende Substanz, ausgewogen, Prise Gerbstoff gibt Halt, eigenständig.

★★★ S €€ CH    **PLV**
**2023 Morillon Chardonnay Blattspiel** + Nussige Akzente, Hauch Trockenfrüchte à la Kletzen und Marillen, elegante Prise Gewürze; Schmelz, stoffig, Zug, in keiner Phase langweilig, langer Nachhall.

★★★ S € PB
**2023 Klevner Blattspiel** + Sortentypisch, frische Haselnüsse, weißfleischige Birnen, Kräuter angedeutet; viel Frucht, saftig, glockenklar, Säurespiel, fruchtbetonter Nachhall, macht Spaß, fernab der Oberflächlichkeit.

★★★ S €€ GM
**2023 Gelber Muskateller Blattspiel** + Markant nach frisch geriebener Muskatnuss, helles Steinobst und helle Blüten unterlegt; Frucht im Geschmack präsent, mundfüllend, Schmelz, hinten auch Orangenzesten, hoher Wiedererkennungswert, eigenständige Interpretation.

★★★ S €€ SB
**2023 Sauvignon Blanc Blattspiel** + Einladend, sanfte Frucht, gelbe Kriecherln; fruchtbetont auch im Geschmack, Schmelz, im Finish bisschen Kräuter.

★★★ S €€ GS
**2023 Alt-Steirischer Mischsatz Blattspiel** + Vielschichtig, Birnen, Marillen, Kräuter à la Wermut, grüne Äpfel; aromatisches Dacapo, feines Säurenetz, null Fett, Fruchtschmelz, trinkanimierend bei guter Länge.

★★★ S € SL
**2021 St. Laurent** + Sortentypische Aromatik nach Sauerkirschen, Johannisbeeren und Kräutern, kühl; schließt aromatisch nahtlos an, feines Gerbstoffnetz, transparent, Säurespiel, fast beschwingt.

★★★★ S € BF    **TIPP**
**2020 Blaufränkisch Barrique Hochegg** + Einladende Frucht, dezent rauchig, Gewürzbukett, Himbeeren, Preiselbeeren, Kirschen, Zwetschken, kühler Touch; vielschichtige Aromatik, elegantes Gerbstoffnetz, Säurespiel, fokussiert, pinothafte Feinheit, fruchtig-würzig im langen Nachhall, super Trinkfluss, super Preis.

## Weingut
# Kollerhof am Eichberg

**Harald & Birgit Lieleg**
8463 Leutschach, Eichberg-Trautenburg 39
Tel. +43 3454 439
weinbau@kollerhof.com, www.kollerhof.com
13 Hektar, W/R 90/10

Im zarten Alter von 19 Jahren hat Harald Lieleg das Traditionsweingut am Eichberg bei Leutschach 1999 von seinen Eltern übernommen. Seit 1728 ist es im Besitz der Familie, gegründet wurde es 1495. Angeschlossen sind moderne Gästezimmer samt Naturpool und eine gemütliche Buschenschank.
Der Winzer hat längst seinen eigenen Stil gefunden. Der Schwerpunkt liegt bei den DAC-Weinen. Auf dem Kollerhof werden auch pilzwiderstandsfähige Rebsorten angebaut, derzeit sind es fünf. Abgerundet wird das Angebot von Amphorenweinen, süßen Prädikaten, Rotwein, Edelbränden und naturbelassenen Säften.
Das Weingut verfügt über Kessellagen und extreme Steilhänge, der Untergrund besteht aus dem kalkarmen, kargen Eichberger Konglomerat. Der kühle Wind von der Koralpe fördert die Aromatik. Die Ried Steinkogl wurde bereits im Josephinischen Kataster von 1788/89 als dem Hof zugehörig erwähnt – nebst zwei weiteren Gehöften. Aus Platzgründen können wir nur einen repräsentativen Auszug aus der umfangreichen Produktpalette vorstellen.
Harald Lieleg hat mit der heuer vorgestellten Serie erneut bewiesen, dass er mit Gelbem Muskateller hervorragend umzugehen weiß. Genauso trittsicher ist er bei Sauvignon Blanc. Die PiWi-Sorten sind einladend, wobei insbesondere der Souvigier Gris „Bahnbrechend" mit Kraft, Frucht und gutem Holzeinsatz überzeugt, er ist neu im Sortiment. **ww**

### SÜDSTEIERMARK DAC

**★★★ S €€ SB** — PLV
**2023 Sauvignon Blanc** + Animierend, Stachelbeeren, Johannisbeeren, grünblättrige Würze; schließt nahtlos an, super saftig, selbsterklärend.

**★★ S €€ GM**
**2023 Gelber Muskateller** + Freundlich, frische und getrocknete Holunderblüten, Grapefruits, Zitronenzesten, Prise Muskat; bringt diese Aromen auch im Geschmack, angenehme Säure, trocken, zugänglich.

**★★★ S €€ GM** — PLV
**2022 Gelber Muskateller Eichberg** + Ernsthaft, dunkel getönt, leise Bodentöne; Blüten, Kräuter, fast steinig, Prise Gerbstoffe, feste Struktur, wertig.

**★★★ S €€ CH**
**2022 Morillon Eichberg** + Zart, dezent, Anklänge von Marillen und Birnen, tief im Glas Cashewnüsse; feines Säurerückgrat, nie schwer, frische Frucht, mittleres Gewicht.

**★★★ S €€€ SB**
**2022 Sauvignon Blanc Eichberg** + Steinige Bodentöne, feine Aromen à la Paprika, Cassislaub, Kräuter und Johannisbeeren ineinander verwoben; aromatisches Dacapo, feingliedrig, Säurespiel, würziger Nachhall.

**★★★ S €€€ SB** — TIPP
**2022 Sauvignon Blanc Ried Steinkogl** + Spontan ansprechend, exotisch, reife Maracuja, Hauch grünblättrige Würze, Stachelbeeren; fruchtbetont, Zug, Säurenetz, im Finish und im langen Nachhall Passionsfrucht.

**★★★ S €€€ PG**
**2022 Grauburgunder Ried Steinkogl** + Dezent, Himbeeren, bisschen Kirschen und Birnen; feine Frucht, zartes Säurerückgrat, lebendig, keinerlei Schwere, Trinkfluss.

**★★★★ K €€€ CH**
**2020 Chardonnay Reserve Ried Steinkogl** + Ruhig, dezente Früchte à la Mandarinen und Birnen, hauchzarte Würze, elegant und unplakativ; bringt diese Aromen auch im Geschmack, feines Säurenetz, feinfühliger Holzeinsatz, Fruchtaromen und eine Prise Gewürze klingen nach.

**★★★★ K €€€ GM** — TIPP
**2021 Gelber Muskateller Reserve Ried Steinkogl** + Gediegen, getrocknete Holunderblüten, Muskatnuss, rosa Grapefruits, Prise Gartenkräuter; vielschichtige Aromatik auch im Geschmack, Substanz, kompakt, präzise, lang, wie aus einem Guss.

### STEIERMARK

**★★ S €€ MS**
**2023 Muscaris** + Freundlich, Wiesenblumen, reife Marillen, Mandarinen, Hauch Zitrus; schließt mit diesen Aromen an, lebhaft, leichtfüßig, trinkanimierend.

**★★★ S €€€ SG**
**2022 Bahnbrechend Souvigier Gris** + Sanfter Druck, feinkörnige Würze, reife rote Birnen, exotischer Touch; schließt nahtlos an, feines Säurenetz gibt Struktur und Trinkfluss, von Holzaromen untermalt, gute Länge, saftige Frucht und Gewürze à la Nelken im langen Nachhall.

## Weingut
# Kratzer

**Michael Kratzer**
8451 Heimschuh, Am Kittenberg 11
Tel. +43 3452 86205
info@weingut-kratzer.at, www.weingut-kratzer.at
4,2 Hektar, W/R 90/10

Im Jahr 1951 gründeten Josef und Resi Kratzer ihr damals winzig kleines Weingut am Kittenberg. Sie zeigten wahren Pioniergeist, denn eine fahrzeugtaugliche Zufahrt zum Hof musste erst gebaut werden, Strom- und Wasserleitungen gab es auch noch nicht. 1958 wurde die Buschenschank eröffnet. Herbert Kratzer übernahm im Jahr 1983 den elterlichen Betrieb, mittlerweile auf ein Hektar angewachsen. Seit 2015 ist sein Sohn Michael, Silberberg-Absolvent, für den Betrieb verantwortlich.

Rund die Hälfte der Weingärten ist direkt beim Weingut situiert, die anderen am Innerberg und am Kogelberg. Der Boden des Kittenbergs besteht aus phyllitischem, blättrigem Tonschiefer mit Grünschieferlagen, im mittleren und nordwestlichen Teil der Ried ist das Gefüge von Kalksteinen überlagert. Diese Geologie fördert im Zusammenwirken mit dem vorhandenen Mikroklima kühle Weine. Im Untergrund der Ried Kogelberg dominieren roter und blauer Schiefer, die Weine sind würzig und muten oft steinig an.

Die Klassikweine werden überwiegend im Stahltank ausgebaut, die Riedenweine zum Teil in Eichenfässern. Der Mittelbau nennt sich Selektion. Daneben gibt es noch Rosé und Rotwein sowie Frizzante und Wermut. Die heuer vorgestellte Serie ist feingliedrig. Die beiden Reserven bilden die Spitze. Die Preise sind fair kalkuliert.

Die urgemütliche Buschenschank mit Kachelofen ist praktisch ganzjährig geöffnet. Sie bietet 80 Personen Platz und wird gerne für Hochzeiten, Geburtstage oder Firmenfeiern gebucht. *ww*

## SÜDSTEIERMARK DAC

★★ S €€ PB
**2023 Weißburgunder** + Dezente Sortenaromatik, weiße Früchte, frische Haselnüsse; schließt aromatisch an, angenehme Säure, verspielt, Trinkfluss.

★★ S €€ CH
**2023 Morillon** + Sanfter Druck, Birnen, Marillen, Walnüsse angedeutet; Frucht, Prise Gerbstoffe und Säure geben präzise Konturen, mittlere Länge.

★★ S €€ GM
**2023 Gelber Muskateller** + Einladend, weiße Blumen, gelbe Zitrusfrüchte; angenehm unplakativ auch auf dem Gaumen, betont nach Holunderblüten mit einem Hauch Muskatnuss, zugängliche Säure, sonniger Typ.

★★★ S €€ SB
**2023 Sauvignon Blanc** + Grünblättrig à la Buchsbaum und Brennnesseln, etwas grüner Spargel sowie Stachelbeeren und weiße Johannisbeeren; schließt aromatisch an, Frucht präsent, angenehme Säure, zarter Schmelz, Trinkfluss.

★★★ S €€ PB  PLV
**2020 Weißburgunder Ried Innerberg** + Spielt die leisen Töne, fein verwobene Aromatik, hauchzarte Gewürznoten, Birnen, gelbe Pflaumen, Kletzen und Nougat angedeutet; aromatisches Dacapo, feingliedrig, klare Struktur, balanciert, hinten bisschen Holz, im langen Nachhall auch Malz und Karamell.

★★★★ S €€ CH
**2021 Morillon Reserve Ried Kittenberg** + Kompakt, leise Bodentöne, Orangenzesten, Blutorangen, Birnen, Prise orientalische Gewürze; bringt diese Aromatik auch im Geschmack, feinmaschiges Säurenetz, verspielt, fokussiert, nie schwer, voller Leben, Finesse vor Wucht.

★★★ S €€ SB
**2021 Sauvignon Blanc Ried Kittenberg** + Klassische Prägung auf wertigem Niveau, Fenchelsaat, Kräuter, Cassis und Cassislaub; schließt nahtlos an, angenehme Säure, passende Substanz, Aromen vom Bukett klingen nach.

★★★★ S €€€€ SB  TIPP
**2021 Sauvignon Blanc Reserve Ried Kittenberg** + Gediegen, feinkörnige Gewürze à la Senfkörner und Fenchelsaat, zarte Frucht blitzt durch; auch auf dem Gaumen elegant und vielschichtig, balanciert, viel Sorte, feinfühliger Holzeinsatz, gewürzbetont im langen Nachhall, vom kristallinen Boden geprägt.

## STEIERMARK

★★★ S €€€ SB
**2022 Sauvignon Blanc Selektion** + Markant, klassische Prägung, grünvegetabilisch à la Paprika, grünblättrige Aromen, sanfter Druck; betont kräuterwürzig, knackige schwarze Johannisbeeren unterlegt, im langen Nachhall grünblättrige Noten, klassisch auf gehobenem Niveau.

★★★ S €€€ RI
**2021 Riesling Selektion** + (halbtrocken) Sorte unverkennbar, charmant, sanft, Pfirsiche, Marillen, Prise Würze; schließt nahtlos an, Zucker sensorisch perfekt integriert und von Säure austariert, gute Substanz.

♛ ♛ ♛

# Weingut
## Matthias List

Matthias List
8481 Siebing 17
Tel. +43 650 5349606
office@listwein.at, www.listwein.at
6 Hektar, W/R 90/10, 25.000 Flaschen/Jahr

Das Weingut kann auf eine lange Tradition zurückblicken. Man schrieb das Jahr 1789, als Johann List Weingärten am Grassnitzberg erworben hatte, die noch heute das wirtschaftliche Rückgrat bilden. Nun wacht mit Matthias List die siebte Generation über dieses Erbe. Weinmachen sei ein Handwerk, sagt der bescheidene junge Winzer. Man müsse aber der Natur aufmerksam zuhören und das konservieren, was sie uns schenkt. Sein Rezept für gute Weine fasst er so zusammen: „Möglichst wenig Eingriffe im Keller, nicht zu überreif, der Boden soll sprechen!" Und das tut er. Der stark kalkhaltige Boden des Grassnitzberges bildet sich in den Riedenweinen des Hauses ab. Am oberen Ende dieser renommierten Riede steht ein idyllisches Ferienhaus mit phantastischer Aussicht in Tuchfühlung mit den Weingärten.

Die heuer vorgestellte Serie zeigt wiederum die Handschrift des Winzers. Vordergründigkeit ist seinen Weinen fremd. Ausgesprochen eigenständig präsentiert sich der Gelbe Muskateller Ried Grassnitzberg, ein stoffiger Wein mit kalkigen Bodentönen. Primus ist der Sauvignon Blanc Privat Ried Grassnitzberg, Jahrgang 2021, ein rieslinghafter Wein mit Feinheit, Balance und Präzision. Der Morillon Ried Grassnitzberg 2020 und der Sauvignon Blanc Ried Grassnitzberg 2021 wurden letztes Jahr schon beschrieben, sie sind noch im Verkauf.

*ww*

### SÜDSTEIERMARK DAC

★★ S €€ WR
**2023 Welschriesling** + Freundlich, sortentypisch nach Äpfeln; schließt nahtlos an, belebendes Säurespiel, grüne Äpfel im Nachhall.

★★ S €€ PB
**2023 Weißburgunder** + Einladend, frische Haselnüsse, Birnen, tief im Glas Marillen; saftige Frucht, moderate Säure, lebendig, mittlere Länge.

★★ S €€ GM
**2023 Muskateller** + Dezenter Sortenausdruck, Grapefruits, Kräuter, ein Hauch Muskatblüten; bringt diese Aromatik auch im Geschmack, zusätzlich Prise Holunderblüten, trocken, animierend, angenehm unplakativ.

★★★ S €€ SB   **PLV**
**2023 Sauvignon Blanc** + Sorte unverkennbar, grüner Paprika, grünblättrige Würze, knackige Cassisbeeren; aromatisches Dacapo, Frucht dominiert, Würze unterlegt, angenehme Säure, Trinkfluss, Substanz.

★★★ S €€€ GM
**2020 Muskateller Ried Grassnitzberg** + Eigenständig, kündigt Substanz an, dunkle Blüten, Malz, reife und getrocknete Marillen, kalkige Bodentöne; aromatisches Dacapo, auch zarte Zitrusnoten, kompakt, für diese Varietät recht stoffig, im Nachhall Grapefruits, Kräuter und Blüten.

★★★ S €€€ SB   **PLV**
**2021 Sauvignon Blanc Ried Grassnitzberg** + Gewürze, getrocknete Kräuter, kalkig, Stachelbeeren und Johannisbeeren blitzen durch; sanfter Schmelz, Frucht, Würze unterlegt, zugängliche Säure, Substanz, Grapefruitzesten und leise Bodentöne im Nachhall.

★★★★ S €€€ SB   **TIPP**
**2021 Sauvignon Blanc Privat Ried Grassnitzberg** + Sanfter Druck, Gewürze, Stachelbeeren, Cassis, mit Luft Pfirsiche, auch exotischer Touch, einladend; charmante Frucht gibt den Ton an, elegante und feinkörnige Gewürze bis in den langen Nachhall hinein, feines Säurenetz, kalkig, präzise Struktur, Balance, toller Stoff.

★★★ S €€ CH
**2022 Morillon Ehrenhausen** + Einladend, frisch, sortenaffin, Marillen, Pfirsiche, Prise Haselnüsse, tief im Glas Birnen, leise Bodentöne; schließt aromatisch an, feingliedrig, zarte Säure, passende Substanz.

★★★★ S €€€€ CH   **TIPP**
**2020 Morillon Ried Grassnitzberg** + Sanfter Druck, feine Gewürze, Birnen, Dörrfrüchte angedeutet; saftig, feingliedrig, elegantes Säurenetz, kalkiger Boden kommt durch, Einlegegewürze und frische Frucht im Abgang und im Nachhall, Feinheit vor Wucht.

### STEIERMARK

★★ S €€ SÄ
**2023 Scheurebe** + Rieslinghaft, helles Steinobst, Johannisbeeren, Rhabarber; animierende Frucht, zugängliche Säure, mittleres Gewicht, Trinkvergnügen.

★★★ S €€ ZW
**2023 Rosé** + (ZW) Charmant, rotfruchtig, Johannisbeeren, Stachelbeeren, Kirschen, Hauch Zuckerwatte; süffig, viel Frucht, zartester Tanninschleier, Terrassenwein.

★★★ S €€€ ZW
**2021 Der Listige Rote** + (ZW) Eigenständig, Graphit, Kirschen, Prise grüner Pfeffer; Frucht gibt den Ton an, Würze unterlegt, feiner Tanningrip, kühl, gute Länge.

# NOTIZEN

# Weingut
# Wolfgang Maitz

**Wolfgang Maitz**
8461 Ehrenhausen an der Weinstraße, Ratsch 45
Tel. +43 3453 2153
weingut@maitz.co.at, www.maitz.co.at
10 Hektar, W/R 95/5

Wolfgang Maitz kommt mit seinen Weinen jetzt noch später in den Verkauf. „Wir geben ihnen jene Zeit, die sie zu ihrer Entfaltung brauchen. Die Qualität in den Weingärten stellen wir mittels kleiner Erträge sicher. Durch die naturnahe und nachhaltige Bewirtschaftung gibt es nun tendenziell weniger Alkohol." Seit April 2024 ist nun ein Teil des im letzten Jahr schon vorgestellten Sortiments erhältlich. Die Gelassenheit des Winzers überträgt sich auf seine Weine, die gesetzt und ruhig wirken. Sie sind als subtil mit noblem Charakter zu umschreiben, sie bringen ihre Herkunft klar zum Ausdruck. Mitunter steht die Lage über der Sorte. Zum Teil werden schon die Gebietsweine in großen Holzfässern ausgebaut, ab der Kategorie Ortswein sind Eichengebinde obligatorisch. Der Betrieb von Wolfgang Maitz verfügt über renommierte Rieden und gehört zu den Steirischen Terroir & Klassik Weingütern, kurz STK.

Bekannt und beliebt ist auch das angeschlossene, haubendekorierte Wirtshaus. Stilvolle Gästezimmer und Suiten laden zu längerem Verweilen in der bezaubernden Südsteiermark ein. *ww*

## SÜDSTEIERMARK DAC

★★ S €€ GM
**2023 Gelber Muskateller Gebietswein** + Unplakativ, Anklänge von Zitrus und Holunderblüten, Kräuter; schließt nahtlos an, angenehme Säure, vergleichsweise stoffig, trocken.

★★ S €€ PB
**2023 Weißburgunder Gebietswein** + Feine Melange aus Birnen, Haselnüssen und Kräutern; auch im Geschmack so, fein strukturiert, mittelgewichtig, fruchtiger Nachhall.

★★ S €€ SB **PLV**
**2023 Sauvignon Blanc Gebietswein** + Auf dezente Art sortentypisch, Stachelbeeren, rote Johannisbeeren, Cassislaub; schließt aromatisch an, zusätzlich Cassis, getrockneter Paprika, mittlere Länge, wertig.

★★★ S €€€ SB
**2021 Ehrenhausen Sauvignon Blanc** + Ruhig, Anklänge von frischen Pfefferoni, Stachelbeeren und Rhabarber; präsentiert sich auch auf dem Gaumen so, Säurenetz, lebhaft, gute Substanz.

★★★ S €€€ PB
**2021 Ehrenhausen Weißburgunder** + Dunkel getönt, rauchig, kalkig-steinig, Frucht unterlegt; Birnen, Weingartenpfirsiche, Substanz, gut integrierte Säure, lang, wertig.

★★★ S €€€ CH
**2021 Ehrenhausen Morillon** + Kühl, leise Bodentöne, feingliedrig, helles Steinobst und Nüsse; aromatisches Dacapo, Zug, lebhaft, subtil, gute Länge.

★★★ S €€€€ WR **TIPP**
**2021 STK Ried Sulz Welschriesling** + Ernsthaft, kompakt, Boskop-Äpfel, Grapefruits, auch nussig, Kalkmergel kommt durch; dunkle Aromatik auch im Geschmack, Struktur, kraftvoll, gute Länge, im Finish wieder Bodentöne. Beachtlich.

★★★ S €€€€ GM **TIPP**
**2021 ISTK Ried Krois Gelber Muskateller** + Präzise, Zitronenverbene, Zitronenzesten, Lavendel, Grüntee, Muskatblüten; dicht, ernsthaft, vielschichtig, hinten kühle Frucht und Kräuterwürze. Reserven.

★★★ S €€€€€ CH
**2021 ISTK Ried Schusterberg Morillon** + Elegant, kühler Touch, gelbe Kriecherln, zarteste Gewürznote, Croissants, bisschen Vanille; vielschichtig auch im Geschmack, Tiefgang, lebhaft, zartes Säurenetz, null Fett.

★★★★ S €€€€€ TR **TOP**
**2021 ISTK Ried Krois Gewürz Traminer** + Kühl, Lage vor Sorte, Frucht à la Litschi und Kräuter eng verwoben; elegant, präzise, druckvoll ohne Üppigkeit, feines Säurerückgrat, kühle Frucht, im langen Nachhall Gewürze, spannend, absolut eigenständig.

★★★★ S €€€€€ SB
**2021 ISTK Ried Schusterberg Sauvignon Blanc** + Feingliedrig, klassische Anmutung auf hohem Niveau, subtil, leise Bodentöne; Fokus, zarte Frucht, Kräuter und bodenstämmige Noten innig verwoben, fernab von Üppigkeit, gute Länge, Trinkfluss.

★★★★ S €€€€€ SB **TIPP**
**2020 GSTK Ried Hochstermetzberg Sauvignon Blanc** + In sich ruhend, vielschichtig, dunkel, nobel, warm getönt, Boden kommt durch; schließt aromatisch und bodenstämmige Noten an, Frucht präsenter als im Duft, balanciert, nie vordergründig, sehr langer Nachhall, Reserven.

★★★ S €€€€€ RI
**2020 GSTK Ried Hochstermetzberg Riesling** + Lindenblüten, Hauch Zitronenzesten, Lavendel; aromatisches Dacapo, stoffig, angenehme Säure, Gewürzstreusel.

## Weingut
# Muster.Gamlitz

**Reinhard MUSTER – DOMAINE ANNO 1196**
8462 Gamlitz, Grubtal 14, Tel. +43 3453 2300
weingut@muster-gamlitz.at, www.muster-gamlitz.at
office@1196.at, www.1196.at
104 Hektar, W/Rosé 97/3

Bereits als junger Mann durfte Reinhard Muster die Verantwortung für den Keller des elterlichen Weinguts im Ortsteil Grubtal bei Gamlitz übernehmen, bald auch für den gesamten Betrieb. Weil der aus allen Nähten platzt, wurde eine neue, großzügige Produktionsstätte gebaut, wo ab dem kommenden Jahrgang nach dem neuesten Stand der Technik gearbeitet werden kann. Der bedächtige Winzer freut sich über den großzügigen Platz, technisch möchte er seine Weine jedoch nicht machen. Sie sollen auch in Zukunft so ruhig und gelassen sein wie er selbst. Er spricht von kontrollierter Schlampigkeit und meint damit Freiräume, die man dem Wein geben müsse. Darunter ist keinesfalls Zufälligkeit zu verstehen, denn jeder Schritt ist gut überlegt.

Mit dem Jahrgang 2023 hat er sein Sortiment weiter umgestellt. Die Basis nennt sich jetzt „Styria", die Herkunft ist Steiermark, ein Teil der Trauben kommt von östlich der Mur. Diese Weine kennzeichnet ein attraktives Preis-Leistungs-Verhältnis, das er so begründet: „In die Basislinie muss wieder hochwertiges Lesegut einfließen, so wie früher bei der Klassik. Die Kunden sollen auch im Einstiegssegment gute Qualität für ihr Geld erhalten." Es gibt ein neues Flaschendesign in einem Retro-Grün und neue Etiketten.

Wichtig ist ihm sein Team, in dem ein amikaler und wertschätzender Umgang gepflegt wird. Den Fokus richtet er primär auf die Weingärten, denn dort liege das größte Potenzial, sagt er. Richtig bekannt geworden ist er mit seinen Flaggschiffen aus der Monopollage Grubthal. Den Weinen aus dieser Top-Riede kann man bedenkenlos Terroir attestieren. Den Chardonnay und den Sauvignon Blanc aus dem Jahr 2020 haben wir letztes Jahr vorgestellt. Beide Weine kamen mit etwas Verspätung in den Verkauf und sind nun zu haben. Die längere Lagerung hat ihnen sichtlich gutgetan.

Im Jahr 2016 wurden in der markant von der Koralpe beeinflussten Ried Possruck Hardegg am Remschnigg in 550 m Seehöhe neun Hektar mit Sauvignon Blanc, Chardonnay, Gelbem Muskateller und Welschriesling bepflanzt.

Naturnahes Arbeiten ist Reinhard Muster sehr wichtig. So zum Beispiel minimiert er beim Pflanzenschutz die Ausbringung von Kupfer. Mehr als 500 Gramm pro Hektar und Jahr sollen es nicht sein, was für diese Klimazone sehr wenig ist. *ww*

## SÜDSTEIERMARK DAC

**★★★★ K €€€€€€ CH** — TIPP
**2020 Chardonnay Ried Grubthal** + Vielschichtig, zarte Gewürznoten ebenso wie Birnen, Kletzen und Bodentöne, rauchig; aromatisches Dacapo, vergleichsweise straff, Zug, Boden kommt im Geschmack noch deutlicher, im Abgang und im Nachhall salzige Strähne, daneben Orangenzesten, Kumquats und Gewürze, beste Perspektiven.

**★★★★★ K €€€€€€ SB** — TOP
**2020 Sauvignon Blanc Ried Grubthal** + Markant würzig, nobel, Fenchelsaat, Senfkörner, kühle Anmutung; würzig, eng, kühl, höchst präzise und lebendig, Säurespiel, schon jetzt ausgewogen, völliger Verzicht auf Üppigkeit, lang, im Finish kommen neben den Gewürzen vom Bukett auch Anklänge von Piment und Sternanis sowie Bodentöne durch.

## STEIERMARK

**★★ S € WR** — PLV
**2023 Welschriesling Retro** + Sanft, Apfelblüten, alte Apfelsorten; schließt so an, lebhaft, nomen est omen, glockenklar.

**★★ S €€ PB**
**2023 Weißburgunder Styria** + Sanfter Druck, sortentypisch auf eine ruhige Art, Birnen; frisch, feiner Säuregrip, knochentrocken, sympathische Prise Gerbstoffe, Kräuter, mittleres Gewicht.

**★★★ S €€ SB**
**2023 Sauvignon Blanc Styria** + Klassische Aromatik, grüner Paprika, Stachelbeeren, Johannisbeeren, braucht etwas Luft und wird dann leiser; auf dem Gaumen dominiert die Frucht, grünvegetabilische Noten und etwas grünblättrige Würze unterlegt, mittleres Gewicht, selbsterklärend.

**★★ S €€ GM**
**2023 Gelber Muskateller Styria** + Unverkennbares Sortenbukett, Muskatnuss, dunkle Blüten, Jasmintee, zarte Frucht; schließt aromatisch an, Frucht präsenter als im Duft, angenehme Säure, lebhaft, dezent.

**★★★ S €€ PG**
**2023 Grauburgunder Styria** + Ruhig strömend, dezente Sortenaromatik, zarte Gewürzaromen; bemerkenswerte Frische, Säurespiel, gute Struktur, in keiner Phase üppig, trinkig.

**★★★ S €€€ CH** — PLV
**2022 Chardonnay Illyr** + Höchst eigenständig, alte Birnensorten, ein Hauch Äpfel, mit Luft Orangen, Mangos und Walnüsse; bringt diese Aromatik auch im Geschmack, straff, Zug, Säurerückgrat, gute Länge, im Nachhall hauchzarte Gewürznoten.

**★★★ S €€€ PB**
**2021 Weißburgunder Illyr** + Feingliedrig, elegant, reife Frucht, auch exotisch à la Bananenchips, Hauch Malz; schließt aromatisch an, lebendig, Säurespiel, spannend, lang.

**★★★ G €€ SB**
**2022 Sauvignon Blanc Illyr** + Kühl, anfänglich fast steinige Noten, dann grünfruchtig à la Galiamelone und Karambole, später auch nussig; präsentiert sich auch im Geschmack so, Spannung, Frische, gute Länge, grünfruchtiger Nachhall.

**★★★ G €€€ PG**
**2021 Grauburgunder Illyr** + Ruhig, leise Bodentöne, erdig, Erdnüsse, Kumquats, Aranzini; schließt so an, null Fett, Säurerückgrat, hinten Trockenfrüchte, gute Länge, eigenständig.

**★★★★ G €€€ GM** — TIPP
**2022 Gelber Muskateller Illyr** + (RZ 21 g/l) Präzise, Zitronenmelisse, Zitronenverbene, Minze, Prise Kräuter und Holunderblüten; aromatisches Dacapo, einladend, Restzucker gibt Trinkfluss und Schmelz, passende Säure, ungewöhnlicher Sortenvertreter.

## Weingut
# OberGuess

**Christian Krampl**
8463 Leutschach, Schlossberg 9
Tel. +43 664 4380838
office@oberguess.com, www.oberguess.com
8,5 Hektar

Solitär und exponiert in vitikultureller Höhenlage auf 600 Meter Seehöhe, ganz nahe der slowenischen Grenze gelegen, präsentiert sich das bereits 1495 erstmals urkundlich erwähnte Gut oberGuess als Schmuckstück in einer pittoresken Landschaft. Über Jahrhunderte wurde der Viereckhof als landwirtschaftlicher Vollerwerbsbetrieb geführt, ab 1990 wurde der Fokus verstärkt auf Weinbau und Direktvermarktung gesetzt. Im Zuge der 2010 begonnenen umfassenden Revitalisierung und Umstrukturierung wurde das ehemalige Stall- und Wirtschaftsgebäude zu einer bildhübschen Buschenschank samt Verkostungs- und Verkaufsräumlichkeiten und einer Kunst- und Bildergalerie adaptiert. Mittlerweile gibt es auch eine ebenso schmucke wie geräumige Ferienwohnung.
Am Hof leben und werken heute drei Generationen der Familie Krampl: Betriebsleiter und Wein-Mastermind ist seit vielen Jahren Christian Krampl, der von seiner Lebenspartnerin Birgit und den zwei gemeinsamen Kindern Simon und Klara Lucia sowie seinen Eltern Walpurga und Friedrich unterstützt wird.
Aktuell werden rund 6,5 Hektar Rebfläche bewirtschaftet, die sich auf zwei Rieden in luftiger Lage zwischen 550 und 600 Meter Seehöhe aufteilen. In der Ried Schlossberg gibt es karge, kalkfreie Verwitterungsböden aus Sandstein und kristallinem Schiefer, in der Ried Am Walts befinden sich im oberen Hangbereich aufgewitterte Kalkmergel und Sandstein, im unteren Hangbereich kommen Sedimente aus verwittertem Sandstein, Schiefer sowie Konglomerate vor. Demnächst wird die Ertragsfläche aufgestockt, wurden doch jüngst 2 Hektar Steillagen mit Kleinterrassen erworben und neu ausgepflanzt.Sortenmäßig dominiert Sauvignon, dazu gibt es Chardonnay und ein wenig Muskateller. 2020 erfolgte die Umstellung auf biologisch-organische Bewirtschaftung der Weingärten. Späte Handlese und schonende Traubenverarbeitung sind selbstverständlich, bei der Weinwerdung vertraut man auf Spontangärung, viel Hefekontakt und Lagerung im Holzfass. Die Weine sind durchwegs echte Charakterköpfe – sie verbinden Kraft und Eleganz mit Tiefe und sind ihrer ausgeprägten Würze und markanten Konturen wegen mehr Rohdiamanten als geschliffene Brillanten. *psch*

### SÜDSTEIERMARK

★★★ K €€ GM
**2022 Gelber Muskateller Ried Schlossberg** + Leicht rauchig mit Wachsnoten, Fülle, etwas dunkle Würze, viel Kräuter, Zitrus, Traubenzucker; griffig, zartherbe Struktur, pointiert, viel Biss, straff, mittellang.

★★★ K €€ SB
**2022 Sauvignon Blanc Ried Schlossberg** + Pikant, helle Würze, ganz jung, leicht süße Ananas, Grapefruits, Kräuter, zarte Schotentöne; kernig, elegant, feine Linien, klirrend frisch, asketisch, viel Biss, lebhaft, filigran, packend, knochentrocken, mittleres Finish.

★★★★ K €€ SB   **TOP**
**2022 Sauvignon Blanc Ried Am Walts** + Rauchig und voll, dunkle Schoten, gewürzige Noten, kandierte Melonen, samtig, ein Hauch von Zimt, tolle Fülle; kraftvoll, kernig, messerscharf, ordentlich Extrakt, straff, tolle Gerbstoffstruktur, viel Spannung, kandierte Grapefruits im Abgang, sehr lang.

★★★★ K €€ SB   **TOP**
**2021 Sauvignon Blanc Reserve Ried Am Walts** + Rauchig, Wachs, fast ölig-schotige Anklänge, Olivenbrot, dunkle Blüten, Orangenzesten, tolle Fülle, ausgereift; mittelkräftiger Schmelz, pikant, ungemein saftig, wunderbarer Trinkfluss, viel Biss, spritzig und vital, mittellang, sehr präzise.

★★★★ K €€ SB   **TIPP**
**2022 Sauvignon Blanc „S" Ried Am Walts** + (halbtrocken) Beachtliche Fülle, Zuckerwatte, kandierte Beeren und Trauben, Weingartenpfirsich, Tiefe und Volumen; herrlich saftig, fruchtsüß, geht über vor Karambolfrucht und Ananas, sehr pikant, lebhaft, knackig, zisellierte Länge.

★★★★ K €€€€€€ CH
**2021 Chardonnay Privat** + Cremig-samtige Fülle, etwas Dörrfruchtbrot, bisschen Marille, zeigt die dunkle Würze des Bodens, Pergament; schmelzig, viel Dichte, saftig, Orangengelee, viel Frucht, mittellang.

★★★★ K €€€€€€ CH
**2021 Chardonnay Stockkultur** + Rauchig, dabei kühl, kandierte Früchte, Biskuit, exotisch, Ananas, etwas Papaya, würzig-mineralisch; saftig mit viel Frische, mittelkräftig, feine Linien, dabei vollmundig, zartherb, intensive Zitrusaromen à la Pomelos, lebhaft, präzise, sehr lang.

## Weingut
# Pichler-Schober

8505 St. Nikolai im Sausal, Mitteregg 26
Tel. +43 3456 3471
weingut@pichler-schober.at, www.pichler-schober.at
18 Hektar, W/R 95/5

Das Weingut Pichler-Schober ist ein Publikumsmagnet. Bei schönem Wetter findet man im Buschenschank ohne Reservierung kaum Platz. Das ist einerseits der tollen Aussicht geschuldet, andererseits der Qualität und dem Preis-Leistungs-Verhältnis der Weine. Regie führt Sabine Pichler, unterstützt von ihren Kindern Anna Maria und Johannes sowie Kellermeister Martin Schröcker. Die beiden jungen Männer arbeiten Hand in Hand. Seit letztem Jahr ist auch Anna Maria Weinbau- und Kellermeisterin.
Eingeschlagen haben das Winzerhaus und das „Weinquartier", wo sich in direktem Kontakt zur Natur nach dem Motto „ankommen – kosten – genießen" erholsamer Urlaub machen lässt, kleiner Wellnessbereich und Außenpool inklusive.
Die heuer vorgestellten 2023er-Weine zeigen sich durch die Bank knackig und quicklebendig. Der ganzen Serie gemeinsam ist die schmeckbare Herkunft, geprägt von den kristallinen Böden des Sausals. Da ist nichts Schweres oder Üppiges. Primus ist heuer der Morillon Ried Nebenegg aus dem Jahr 2021, feingliedrig und balanciert bei präziser Struktur. Auch der Sauvignon Blanc aus dieser Lage wusste zu überzeugen. *ww*

### SÜDSTEIERMARK DAC

★★ S €€ PB
**2023 Weißburgunder** + Frische Haselnüsse, grüne Äpfel, sanft; saftige Frucht gibt den Ton an, nussig unterlegt, quicklebendig, mittelgewichtig.

★★ S €€ CH
**2023 Morillon** + Für diese Liga unerwartet feingliedrig, zarte Frucht, nussig; präsentiert sich auch im Geschmack so, feines Säurerückgrat, lebhaft, fruchtiger Nachhall mit etwas Haselnüssen.

★★★ S €€€ RI
**2022 Riesling Kitzeck Sausal** + Hauchzart nach Lindenblüten, florale Anklänge, kühle Frucht, leise Bodentöne; aromatisches Dacapo, feine Säure, hinten auch etwas Zitrus, Trinkfluss, leichtfüßig.

★★ S €€ SB
**2023 Sauvignon Blanc** + Dezent, feingliedrig, grünfruchtige Elemente, frische Kräuter, zart grünvegetabilisch; schließt aromatisch an, feiner Gebietswein.

★★★ S €€€ SB    PLV
**2022 Sauvignon Blanc Kitzeck-Sausal „SIEME"** + Angenehm dezent, getrocknete Kräuter, Ribisel, helles Steinobst, öffnet sich mit Luft; Weingartenpfirsiche kommen deutlich, Kräuterwürze unterlegt, zugängliche Säure, ausgewogen, Sausal zu erkennen.

★★★★ S €€€ SB    TIPP
**2021 Sauvignon Blanc Ried Nebenegg** + Gediegen, ruhig, Kräuter, Cassis, Hauch Fenchelsaat und Cerealien; schließt aromatisch an, sanfter Druck, im Abgang und im Nachhall feine Würze, Zitrus und bodenständige Töne.

★★★ S €€ PG
**2022 Grauburgunder** + Bukett lässt grazilen Sortenvertreter erwarten, alte Birnensorten, Hauch Malz; lebhaft, null Fett, angenehme Säure, zarte Frucht, im Finish Prise Gerbstoffe.

★★★★ S €€€ CH    TIPP
**2021 Morillon Ried Nebenegg** + Nobler Sortenausdruck, feinkörnige Gewürze, tief im Glas reife Birnen und Nüsse; Zug und Spiel, feines Säurerückgrat gibt Konturen, kristalliner Boden kommt durch, null Fett, gute Länge, beste Perspektiven.

★★★ S €€€ PG
**2021 Grauburgunder Ried Nebenegg** + Sanfter Druck, nussig, rotfruchtig, erfreulich unplakativ; für diese Sorte ausgesprochen feingliedrig und strukturiert, da ist nichts Üppiges, gute Länge, Reserven.

### WESTSTEIERMARK DAC

★★ S €€ BW
**2023 Schilcher** + Sortentypisch, Stachelbeeren, bisschen Cassis und Johannisbeerlaub; sortenaffin, knackig ohne Aggressivität, im Abgang und im Nachhall dunkelbeerig mit grünblättriger Würze.

### STEIERMARK

★★ S €€ SÄ
**2023 Sämling 88** + (halbtrocken) Knackige Marillen und Pfirsiche, Prise Kräuter, Hauch von Äpfeln; betont fruchtig, Zucker gut eingebunden, unkompliziert.

★★ S €€ MS
**2023 Muscaris** + Erinnert an Muskateller, reife Mandarinen, Holunderblüten, Kräuter, sonnengereifte Zitronen; auch im Geschmack so, belebendes Säurespiel, trinkanimierende Schlankheit, Limetten und Kräuter im Nachhall.

★★★ S €€ GM
**2023 Gelber Muskateller** + (halbtrocken) Ernsthaft, getrocknete Holunder- und Muskatblüten, zarte Frucht; auf dem Gaumen ist die Frucht merklich präsenter, unauffälliger Restzucker gibt Trinkfluss, zugängliche Säure, Kräuter und Mandarinen klingen nach.

♛♛♛

# Weingut
# Polz

**Erich Polz jun.**
8472 Straß in Steiermark, Am Grassnitzberg 39
Tel. +43 3453 2301
weingut@weingutpolz.at, www.weingutpolz.at
70 Hektar, W/R 90/10

Im Jahr 1912 legte Johann Polz den Grundstein für das Weingut am Grassnitzberg. Heute lenkt die vierte Generation den renommierten Betrieb. Der Sohn des Gründers, Reinhold Polz, stellte ab 1957 in der bis dahin gemischten Landwirtschaft den Wein in den Mittelpunkt. Zwei seiner Söhne, nämlich Erich und Walter, setzten neue Maßstäbe und machten Polz zu einem Leitbetrieb. 2011 wurde Christoph, der Sohn von Erich, die Verantwortung für den Keller übertragen. Seit 2020 liegt die Gesamtleitung nun in den Händen von Erich jun. Um nachfolgenden Generationen buchstäblich den Boden zu bereiten, ist die Umstellung der Weingärten auf biologisch-organische Bewirtschaftung in Arbeit. Im Zuge der kürzlich erfolgten Riedenabgrenzung wurden historische oder geografische Zusatzbezeichnungen aufgenommen.

Der bedächtig agierende Christoph Polz legt großen Wert darauf, die Herkunft seiner Weine erkennbar zu machen. Um das Profil der Rieden vom Sausal mit ihrem kristallinen Untergrund zu schärfen, erzieht er diese Weine ausschließlich im Stahltank. Für die anderen Lagen bevorzugt er den Ausbau im Holz. Gerne experimentiert er auch mit alten Rebstöcken, die in einer kleinen, extrem kalkhaltigen Parzelle auf dem Hochgrassnitzberg stehen.

Die Weine der heuer vorgestellten Serie scheinen in sich zu ruhen. Als Primus hat sich der Sauvignon Blanc Hochgrassnitzberg gezeigt, ein balancierter und kräftiger Wein, der die Riedencharakteristika auf noble Weise zum Ausdruck bringt.

*ww*

## SÜDSTEIERMARK DAC

★★★ S €€€ SB
**2023 Südsteiermark Sauvignon Blanc** + Klassisches Sortenbukett, leicht exotischer Touch, frisch, Kräuter; schließt so an, auch grüne Äpfel, lebhaft, Säurespiel ohne Aggressivität, mittleres Gewicht, Trinkfluss.

★★★★ S €€€€€ SB
**2021 Ried Theresienhöhe Therese 1STK Sauvignon Blanc** + Dezent, feingliedrig, einladend nach reifen Pfirsichen, exotische Anklänge, Schieferboden deutlich; schließt so an, feine Klinge, balanciert, Boden noch deutlicher als im Bukett, gut integrierte Säure, Länge und Zug, angenehme Würze im Nachhall.

★★★★ S €€€€€ SB TIPP
**2022 Ried Theresienhöhe Therese 1STK Sauvignon Blanc** + Präzise, druckvoll, Paprika, Prise Paprikapulver, subtile Frucht; schließt aromatisch an, Frucht präsenter als im Bukett, Zitrus und Steinobst hinten, Säure gibt Konturen, kräftig, Trinkvergnügen fernab der Oberflächlichkeit.

★★★ S €€€€ CH
**2022 Ried Theresienhöhe Morillon** + Frisch, grüne Birnen, Senfsaat, Kräuter, Stangensellerie, ungewohnt würzig, Pfirsiche angedeutet; schließt aromatisch an, hinten auch Sesam und grüne Äpfel, einige Substanz, gesetzt, ernsthaft.

★★★★ CH
**2022 Ried Grassnitzberg Licht 1STK Morillon** + Vielschichtig, Karambole, Kiwis, Marillen, traubig, feinkörnige Würze, sanfter Druck; Frucht gibt den Ton an, elegante Gewürznoten unterlegt, stoffig, Boden kommt durch, balanciert, Länge und Trinkfluss.

★★★★★ K €€€€€ SB  TOP
**2021 Ried Hochgrassnitzberg GSTK Sauvignon Blanc** + Kompakt, kalkig, Wurzelgemüse, Liebstöckel, Kräuter, alles sehr dezent und fein ineinander verwoben, nobel; aromatisches Dacapo, Frucht präsent, kraftvoll, viel Boden, super Balance, maghrebinische Gewürze und Litschi im langen Nachhall.

★★★ K €€€€€€ CH  TIPP
**2021 Ried Obegg Aeon GSTK Morillon** + Birnen, Marillen, sanft und frisch zugleich, nobel, kompakt ohne Schwere, kalkig, tief im Glas Anklänge von Malz; cremig, bisschen Karamell, zugängliche Säure, stoffig, gute Länge.

★★★ K €€€€ WR
**2022 Ried Grassnitzberg Licht Welschriesling** + Betont nach Boskop-Äpfeln, Piment, Nelken, weißer Pfeffer, frisch, eigenständig, tief im Glas Apfelmus; vielschichtig auch auf dem Gaumen, ernsthaft, stoffig, hinten Limetten angedeutet, gute Säure, wertiger Sortenvertreter.

# Polzblitz

**Erich Polz jun.**
8472 Straß in Steiermark, Am Grassnitzberg 39
Tel. +43 3453 2301
yeah@polzblitz.at, www.polzblitz.at
W/R 100/0

Seit dem Jahr 2020 führt Erich Polz jun. in nunmehr vierter Generation das Traditionsweingut Polz am Grassnitzberg. Schon Jahre vorher, nämlich seit 2011, hatte sein Bruder Christoph die Verantwortung als Weinmacher inne. Er war sich des Vermächtnisses bewusst, entwickelte aber behutsam seine eigene Handschrift. Erich Polz lancierte mit #polzblitz eine neue Marke für neue Märkte. Dieses Projekt hat gleichsam aus dem Stand heraus reüssiert, es hat innerhalb kurzer Zeit wie der sprichwörtliche Blitz eingeschlagen. Die Linie ist jugendlich frech im Auftreten, aber ernsthaft bezüglich Qualität. „Sie soll ein niederschwelliger Eintritt in die Welt von Polz sein, mit nicht zu wenig Frucht, großer Leichtigkeit, einer Idee Humor und durchaus mit Niveau", so Erich Polz im O-Ton. „Eine Weinlinie für jeden Tag, jeden Abend, jede Nacht." Es gibt die insgesamt fünf Weißweine „#polzblitz aus der Erich Polz Selection" im Lebensmitteleinzelhandel, in ausgesuchten Gasthöfen, lässigen Bistros und legeren Restaurants. Erich und Christoph Polz produzieren sie mit derselben Leidenschaft und dem gleich hohen Qualitätsanspruch wie die Weine des Stammbetriebes.

Alle vier heuer vorgestellten Weine sind auf der feinen Linie, lebhaft und trinkanimierend, die Sorten sind selbsterklärend. Und sie sind brieftaschenfreundlich kalkuliert. *ww*

### SÜDSTEIERMARK DAC

★★★ S €€ WR
**2023 Welschriesling** + Sortentypisches und sanftes Bukett nach reifen gelben Äpfeln; betont apfelfruchtig auch auf dem Gaumen, Schmelz, passende Substanz, angenehme Säure, lebendig.

★★★ S €€ GM
**2023 Gelber Muskateller** + Sortentypisch auf eine ernsthafte Art, wohltuend unplakativ, süße Frucht, Karamell angedeutet, gerade erblühender Holunderstrauch, fein; präsentiert sich auch auf dem Gaumen so, Karamell deutlicher, freundliche Frucht, passendes Gewicht, hoher Wiedererkennungswert.

★★ S €€ CH
**2023 Chardonnay** + Frisch und sortenaffin, knackige Birnen, frisch geriebene Haselnüsse; saftige Frucht, etwas Zitrus, Säurerückgrat, Zug, voller Leben.

★★ S €€ SB   FUN
**2023 Sauvignon Blanc** + Einladend, dezent, reife Stachelbeeren, grünfruchtige Elemente à la Karambole und Galiamelonen, hauchzarte Würze; aromatisches Dacapo, angenehme Säure, feingliedrig, passende Substanz, selbsterklärend.

# Weingut
# Pongratz

**Markus Pongratz**
8462 Kranachberg 73
Tel. +43 676 3379652
info@weingut-pongratz.at
www.weingut-pongratz.at

Markus Pongratz und seine Frau Sabine haben das Familienweingut im Jahr 2008 übernommen. Schon früh fiel der junge Winzer durch die feine Linie seiner Weine auf. Die Bodenbeschaffenheit und die Lage seiner Rieden begünstigen diese Stilistik. Die Ried Hochberg weist einen sandig-lehmigen, leicht kalkhaltigen und von Schotter durchzogenen Boden auf. Der sandige Schotter der Lage Kranachberg ist wasserdurchlässig, er enthält salzige Minerale, die man in den Weinen schmecken kann.

Die Basisweine firmieren unter der Bezeichnung „classic", sie präsentieren sich 2023 knackig südsteirisch. Bei den Riedenweinen macht sich das Terroir bemerkbar. Eine Klasse für sich sind die Premiumweine „Schwalbenhimmel", alle drei aus der Ried Hochberg, alle drei uneingeschränkt zu empfehlen. Sie stellen die Quintessenz der Handschrift von Markus Pongratz dar. Sie liegen zwei Jahre auf der Feinhefe in neuen Barriques, auf eine Bâtonnage wird bewusst verzichtet. Ihnen ist Reserve-Charakter zu attestieren. *ww*

## SÜDSTEIERMARK DAC

★★ S €€ PB
**2023 Weißburgunder classic** + Äpfel, Prise Walnüsse, Nektarinen, Birnen; Säurerückgrat, knackige Frucht, beschwingt, trinkig.

★★★ S €€ CH
**2023 Morillon classic** + Dezent, Marillen, Birnen, Haselnüsse; zart, Säurenetz, kühle Frucht, mittleres Gewicht, Trinkfluss.

★★★ S €€ PG
**2023 Grauburgunder Schwalbenflug** + Frisch, klar, Birnen, Hauch Nüsse und Marillen; lebhaft, fruchtbetont, Säurespiel, einladend, mittleres Gewicht.

★★ S €€ GM
**2023 Gelber Muskateller classic** + Unplakativ, Holunderblüten, Kräuter, Prise Zitrus und helles Steinobst; schließt aromatisch an, animierend, leichtfüßig, im Abgang etwas Muskatnuss.

★★★ S €€ SB
**2023 Sauvignon Blanc classic** + Freundlich, Sorte klar, grünvegetabilisch, grünblättrig, Stachelbeeren, Cassis; aromatisches Dacapo, feingliedrig, lebhaft, selbsterklärend.

★★★ S €€€ GM
**2022 Gelber Muskateller Ried Kranachberg Sonnleiten** + Gediegen, Grapefruits, Holunder, Zitronenmelisse, Muskatblüten; präzise, angenehme Säure, Substanz, animierende Frucht, ausgewogen.

★★★ S €€€ CH  **PLV**
**2022 Chardonnay Ried Kranachberg Sonnleiten** + Sorte unverkennbar, Birnen, Weingartenpfirsiche, dezente Bodentöne; bringt diese Aromen auch im Geschmack, Säurespiel, lebhaft, keinerlei Schwere, im Nachhall steiniger Boden zu erkennen.

★★★ S €€€ SB
**2022 Sauvignon Blanc Ried Kranachberg Sonnleiten** + Klassisch auf wertigem Niveau, Gewürze à la Anis und Fenchel, Kräuter, grünvegetabilische Anklänge; Frucht im Geschmack präsenter, Würze unterlegt, salziges Finale, steiniger Boden kommt durch.

★★★★ S €€€ SB
**2022 Sauvignon Blanc Ried Hochberg** + Leise Bodentöne, Fenchelsaat, Senfkörner, Prise Cassislaub, Johannisbeeren; schließt nahtlos an, feingliedrig, Säurenetz, lebhaft, null Fett, Trinkfluss.

★★★★ K €€€€€ SB  **TIPP**
**2021 Schwalbenhimmel Sauvignon Blanc Ried Hochberg** + Elegant, Stachelbeeren, zarte Würze und Bodentöne; aromatisches Dacapo, feingliedrig strukturiert, präzise, Finesse vor Wucht, fast Understatement, gute Länge, nobel.

★★★★ K €€€€€ CH  **TIPP**
**2021 Schwalbenhimmel Chardonnay Ried Hochberg** + Elegantes Holz, Gewürze, dezente Frucht, tief im Glas Physalis, Grapefruits und Malz, alles fein verwoben, schließt aromatisch nahtlos an, feinkörnige Säure, fokussiert, Spiel und Zug, nie schwer, Holz im langen Abgang, Reserven.

★★★★ K €€€€€ PG  **TIPP**
**2021 Schwalbenhimmel Grauburgunder Ried Hochberg** + Ruhig, Holz integriert, Birnen, rote Zitrusfrüchte, bisschen Physalis; vielschichtig auch im Geschmack, präzise, in sich ruhend, ungewöhnlich frisch, sehnig-kraftvoll, persistent, beachtliche Länge, im Nachhall unaufdringliche Eichenaromen, Potenzial.

## STEIERMARK

★★ S €€ CW
**2023 Steirischer Mischsatz** + Fruchtbetont, Äpfel, bisschen Kräuter; schließt so an, knackige Säure, trinkig.

★★ S €€ ZW
**2023 Schwalben Rosé** + (ZW) Freundlich, Kirschen, Ribiselgelee; schließt nahtlos an, feines Säurespiel, beschwingt, macht Spaß.

# Weingut Potzinger

**Stefan Potzinger**
8424 Gabersdorf 12
Tel. +43 664 5216444
potzinger@potzinger.at, www.potzinger.at
20 Hektar, W/R 90/10

Das Weingut wurde 1860 von Joseph List gegründet, der in Ratsch Weingärten samt zugehörigem Haus kaufte. Heute verfügt Stefan Potzinger sowohl an der Südsteirischen Weinstraße als auch im Sausal über Rieden mit so klingenden Namen wie Sulz, Oberglanzberg, Czamillonberg, Wielitsch Kapelle, Hochsteinriegel Pfarrweingarten, Kittenberg oder Oberburgstall, um nur einige zu nennen. Die Böden sind grundverschieden – Opok und stark kalkhaltige Böden aus urzeitlichen Korallenriffen an der Weinstraße, kristalliner Untergrund wie Schiefer im Sausal. Das bietet ideale Voraussetzungen für abwechslungsreiche Weine mit dem Anspruch auf Terroir. Stefan Potzinger minimiert die Eingriffe im Keller, die Qualität entstehe draußen in den Weingärten, sagt er. „Gewachsen, nicht gemacht."

Die heuer verkostete Basislinie „Tradition" wirkt gelassen und traditionell im besten Sinn. Bei den Lagen-Sauvignons kommen die unterschiedlichen Böden und kleinklimatischen Bedingungen zur Geltung, ob Schiefer oder Opok. Die erste Geige spielt hier der „Joseph" Ried Sulz. Der letztes Jahr als Fassprobe verkostete Weißburgunder Ried Kittenberg hat sich positiv weiterentwickelt. Nobel und elegant präsentiert sich der Morillon Wielitsch Kapelle.

*ww*

## SÜDSTEIERMARK DAC

★★ S €€ PB
**2023 Weißburgunder Tradition** + Dezent nussig, Kernobst, hauchzarte Kräuternote; schließt nahtlos an, angenehme Säure, passende Substanz, im Finish ein wenig Zitrus.

★★ S €€ GM
**2023 Gelber Muskateller Tradition** + Ruhig, gediegen, unplakativ, Anklänge von Holunderblüten, Grapefruits und Kräutern; auf dem Gaumen betont zitrusfruchtig, trocken, animierendes Säurespiel.

★★★ S €€€ SB  **PLV**
**2023 Sauvignon Blanc Tradition** + Klassisch, grüner Paprika, grünblättrige Würze à la Buchsbaum, knackige Johannisbeeren und Stachelbeeren; aromatisches Dacapo bis in den Abgang hinein, herzhaft, zugänglich, angenehme Säure, gute Länge.

★★★★ S €€€ SB
**2022 Sauvignon Blanc Ried Steinriegel** + Feinkörnige Gewürze, Fenchelsaat, bisschen Dille, Senfkörner, kristalliner Boden; feingliedrig, elegant, Gewürze, helle Frucht unterlegt, super Trinkfluss, wie aus einem Guss.

★★★ S €€€ SB
**2022 Sauvignon Blanc Ried Czamillonberg** + Opokboden zu erkennen, dunkle Würze, Frucht blitzt durch; sanfter Fruchtschmelz, einige Substanz, Gewürze à la Fenchelsaat, zugänglich, ausgewogen, im langen Abgang wieder Bodentöne.

★★★★ S €€€€€ SB  **TOP**
**2022 Sauvignon Blanc Ried Sulz „Joseph"** + Druckvoll, fokussiert, Gewürze, dunkle Bodentöne, Frucht angedeutet; aromatisches Dacapo, hinten auch würzige Holznoten, zartes Säurespiel, Substanz ohne Üppigkeit, Gewürze klingen lange nach.

★★★★ S €€€ PB  **TIPP**
**2022 Weißburgunder Ried Kittenberg** + Feingliedrig, steinig, noble helle Frucht, freundlich; präsentiert sich auch auf dem Gaumen so, Fruchtschmelz, elegant, fast verspielt, trinkanimierend bei guter Länge, vom Schieferboden geprägt.

★★★ S €€€ CH  **TIPP**
**2022 Morillon Ried Wielitsch Kapelle Ehrenhausen** + Elegantes Sortenbukett, Birnen, Marillen, ein Hauch Kletzen und Nüsse; ebenso feingliedrig auf dem Gaumen, zartes Säurerückgrat, Aromen vom Bukett kommen wieder, zusätzlich zarte Holznoten, lang, Finesse vor Wucht.

## STEIERMARK

★★★ S €€€ PG
**2022 Grauburgunder Grace** + Freundlich, Kletzen, Birnen, Malz; schließt nahtlos an, Fruchtschmelz, sanfte Säure, mundfüllend, Aromen vom Bukett klingen nach.

★★★ S €€ CW
**2023 Altsteirischer Mischsatz Alte Reben** + Vielschichtig, Äpfel, grüne Nüsse, Kräuter, Haselnüsse und helles Steinobst angedeutet; schließt nahtlos an, angenehmes Säurespiel, ausgewogen, zugänglich, gute Substanz, apfelfruchtiger Nachhall.

## Weingut
# Primus

**Christian & Thomas Polz**
8472 Graßnitzberg, Am Graßnitzberg 15
Tel. +43 664 8706479
weingut@primus.cc
www.primus.cc

Das Weingut wird von den Brüdern Christian und Thomas Polz geführt. Nach dem frühen Tod ihres Vaters Primus Polz übernahmen sie 1998 den Betrieb, damals gerade einmal 18 und 23 Jahre alt. Thomas ist als Weinbaumeister für die Weingärten und das Marketing zuständig. Bei der Vinifizierung arbeiten die beiden Hand in Hand. Ihr Fokus ist auf Qualität gerichtet, größer werden wollen sie nicht. „So wie unsere Weine, sind auch wir selbst tief in unserer Region verwurzelt. Wir möchten diese Bodenständigkeit, diesen erdigen und handwerklichen Charakter in unsere Weine transferieren." Mittlerweile verfügen sie auch über hervorragende Rieden auf der slowenischen Seite des Hochgrassnitzberges und auf jener der Ried Zieregg. Da heißen die Weinberge Kresnica und Ciringa. Die Böden bestehen überwiegend aus Muschelkalk und Opok. In ihren steirischen Rieden herrscht ebenfalls Kalk vor. Der Grassnitzberg ist geprägt von lehmigen Sanden mit Muschelkalk, die Anteile an der Ried Zieregg, die sich seit 1913 in Familienbesitz befinden, haben einen sandig-lehmigen Untergrund mit Muschel- und Korallenkalk.

Das Sortiment erfuhr eine Erweiterung um die Naturalweinlinie „Terra", unfiltriert und unbehandelt. Es sind moderate Natural Wines, die Konsumenten an diese Art der Vinifikation heranführen können. *ww*

### SÜDSTEIERMARK DAC

★★ S €€ GM
**2023 Gelber Muskateller Südsteiermark** + Sorte klar, unaufdringlich, gelbe Früchte, Zitrus, Holunder- und Muskatblüten; saftig, fruchtbetont, Kräuter und Holunder, feines Säurenetz.

★★ S €€ SB
**2023 Sauvignon Blanc Südsteiermark** + Klassisch, grünvegetabilisch, Hauch Buchsbaum, charmant nach Stachelbeeren, Johannisbeeren und Rhabarber; schließt nahtlos an, Frucht gibt den Ton an, feine Sortenwürze unterlegt.

★★★ S €€€ SB — PLV
**2022 Sauvignon Blanc Ehrenhausen** + Nobler Sortenausdruck, leise Bodentöne, feinkörnige Würze, zarte Frucht; auch auf dem Gaumen so, Frucht stärker betont, feingliedrig, mittleres Gewicht, wertig.

★★★ S €€€ CH
**2021 Chardonnay Ried Grassnitzberg** + Sanft, feingliedrig, einladend, elegante Gewürznoten, zartest nach Birnen, Haselnüssen und Mandarinenzesten; saftig, klar und fein strukturiert, vom kalkigen Boden geprägt, null Fett, lang, Reserven.

★★★ S €€€ CH — TIPP
**2020 Chardonnay Ried Zieregg** + Kraftvoll, kompakt, kalkig, Anklänge von Birnen, Kletzen und Haselnüssen, Gewürze unterlegt; schließt nahtlos an, kühl, lebendig, bar jeder Üppigkeit, feinfühliger Holzeinsatz, Frucht klingt lange nach, noch fast embryonal.

★★★ K €€€ SB
**2021 Sauvignon Blanc Ried Grassnitzberg Stein** + Ausgesprochen feingliedrig, dunkle Würze à la Kümmel, getrocknete Kräuter, Fenchelsaat, Frucht angedeutet, leise Bodentöne; zartes Säurerückgrat, kühle Frucht und Würze innig verwoben, Eleganz, Understatement.

★★★★ S €€€ SB
**2020 Sauvignon Blanc Ried Zieregg** + Sanfter Druck, getrocknete Wildkräuter, Disteln, Fenchelsaat, Primärfrucht im Hintergrund; aromatisches Dacapo, viele Facetten, druckvoll ohne Üppigkeit, Kalkboden im Finish und im langen Nachhall.

### STEIRERLAND

★★★ K €€€ WR
**2022 Welschriesling TERRA** + Kompakt, moderater Naturalweinton, Lageräpfel, getrocknete Apfelspalten; frisch, lebhaft, feines Säurenetz, Aromen vom Bukett kommen wieder, einige Substanz, völlig eigenständige Sorteninterpretation.

★★★ K €€€ CH
**2022 Chardonnay TERRA** + Sorte klar, Anklänge von Kletzen, nussig, moderate Maischetöne; gibt sich auf dem Gaumen noch dezenter, feines Säurespiel, hinten sympathische Gerbstoffe und kühle Frucht, gelungen.

★★★★ K €€€€ SB — TIPP
**2021 Sauvignon Blanc TERRA „Z"** + (Reserve) Sorte steht mit vielschichtiger Würze und einem Hauch roter Zitrusfrüchte im Vordergrund, kündigt Substanz an; zugängliche Säure, animierend, Aromen vom Bukett kommen wieder, kraftvoll ohne Schwere, lang, ausgesprochen dezenter Natural Wine.

## Weingut
# Riegelnegg Olwitschhof

**Roland Riegelnegg**
8462 Gamlitz, Steinbach 62
Tel. +43 3454 6263
weingut@riegelnegg.at, www.riegelnegg.at
14 Hektar, W/R 90/10

Auf dem Weingut Riegelnegg Olwitschhof arbeiten zwei Generationen Hand in Hand. Die Formkurve zeigt stetig nach oben. Im Jahr 2017 hat Roland gemeinsam mit seiner Frau Martina den Betrieb von seinen Eltern übernommen. Im Jahr 2021 wurde er mit dem 2018er Ried Sernauberg „Exzellenz" Weltmeister in der Kategorie „oaked" beim Concours Mondial du Sauvignon. Der junge Weinmacher über sich selbst: „Meine Leidenschaft ist der Ausbau von Weißweinen in Holzfässern, vorzugsweise Sauvignon und Chardonnay."
Für den Sauvignon Blanc Ried Sernauberg „Exzellenz" werden physiologisch hochreife Trauben verwendet, er wird 22 Monate in gebrauchten Holzfässern mit 300 Litern Inhalt auf der Vollhefe ausgebaut. Die steile Ried Sernauberg weist zum Teil merklich unterschiedliche Parzellen auf. Die Beschaffenheit des Untergrundes reicht von Sand über Lehm bis hin zu Muschelkalk. Großes Ansehen genießen die Parzellen mit blauem Opok, ein verfestigter Lehm mit hohem Tonanteil und niedrigem Kalkgehalt. Die Vegetationsperiode ist lang, die Nächte sind kühl. Das sorgt für eine ausgeprägte Aromatik. Die Familie besitzt auch Anteile an der renommierten Ried Welles, eine Kessellage auf 520 m Seehöhe, deren Boden aus kargem, felsigem Schotterkonglomerat mit einer humosen Deckschicht besteht.
Üppige Weine sucht man hier vergebens. Die heuer vorgestellten Lagenweine sind vom Boden geprägt und muten steinig an. Primus der Serie ist der elegante und großartige Sauvignon Blanc Ried Sernauberg „Exzellenz". *ww*

### SÜDSTEIERMARK DAC

**★★ S €€ PB**
**2023 Weißburgunder** + Birnen, Nektarine, nussige Akzente; schließt aromatisch an, angenehme Säure, mittleres Gewicht, trinkanimierend.

**★★★ S €€€ GM**
**2023 Gelber Muskateller Gamlitz** + Sonniger Typ, Sorte unverkennbar, floral à la Holunderblüten und gelben Blüten, Grapefruits, bisschen Pfirsiche, Prise Kräuter; auch auf dem Gaumen so, zugängliche Säure, Grapefruits bis in den Nachhall hinein, trocken, ernsthaft.

**★★★ S €€€ SB**
**2023 Sauvignon Blanc Tradition** + Nomen est omen, wie früher, sanfte Melange aus Stachelbeeren, Johannisbeeren und grünblättriger Würze; schließt aromatisch und charakterlich an, Frucht präsent, Schmelz, sanfte Säure, gute Substanz, ehrlich und fernab von Oberflächlichkeit.

**★★★ S €€€ SB**
**2022 Sauvignon Blanc Gamlitz** + Auf eine feine Art klassisch geprägt, grünvegetabilische Aromen, Stachelbeeren, gerade reif gewordene Cassisbeeren und deren Laub; aromatisches Dacapo, sanfter Druck, gute Länge, Frucht und zarte Würze klingen nach.

**★★★ K €€€€ SB**
**2022 Sauvignon Blanc Ried Sernauberg** + Elegante Würze, steinige Bodentöne, Fenchelsaat, frische Frucht à la Karambole und Stachelbeeren; bringt diese Aromen auch auf dem Gaumen, Frucht gibt den Ton an, im Finish und im Nachhall feinkörnige Würze.

**★★★★ K €€€€€ SB** **TOP**
**2021 Sauvignon Blanc Ried Sernauberg „Exzellenz"** + Nobles Bukett, viele Facetten, subtil nach Gewürzen, dezent rauchig, dunkelbeerig, kündigt Substanz an; schließt aromatisch nahtlos an, kraftvoll, Fruchtschmelz, Tiefgang, balanciert, elegante Bodentöne und feinkörnige Würze im Abgang und im langen Nachhall, toller Stoff mit Reserven.

**★★★★ K €€€ CH** **TIPP**
**2022 Chardonnay Ried Sernauberg** + Gediegen, ruhig strömend, leise Bodentöne, Birnen, ein Hauch Kletzen und getrocknete Feigen, Prise Orangenzesten, hauchzarte Gewürzaromen; schließt aromatisch an, feines Säurenetz, voller Leben, präzise strukturiert, im langen, würzigen Nachhall bodenständige Aromen.

# Weingut
# Erwin Sabathi

**Erwin Sabathi**
8463 Leutschach an der Weinstraße, Pössnitz 48
Tel. +43 3454 265
weingut@sabathi.com, www.sabathi.com
54 Hektar, W/R/Süß 96/3/1

Erwin Sabathi verfügt über eine Reihe renommierter Rieden, die sich hinsichtlich Klima und Bodenverhältnisse zum Teil stark unterscheiden. Den Pössnitzberg zeichnet ein extrem hoher Anteil an pflanzenverfügbarem Kalk aus, er liegt bei 23 bis 24 %. Hier liefern sowohl Sauvignon Blanc als auch Chardonnay besondere und eigenständige Qualitäten. Für solche Böden hat der Winzer auf spezielle Unterlagsreben aus Frankreich gesetzt, wie sie auch in Burgund verwendet werden. Poharnig und Saffran sind Monopollagen des Weingutes. Von der Ried Poharnig kommt ein kühler, feingliedriger Sauvignon Blanc. Die tonhaltige Ried Saffran ist benannt nach Hans Saffran, dem Vorbesitzer des Weinguts. Von der Ried Kapelle gibt es auch die Ausfertigung Kapelle I. Diese Differenzierung ist notwendig, weil die Parzellen nicht direkt aneinandergrenzen.

Der Winzer legt größten Wert auf Weine, die von ihrer Herkunft erzählen. Die biologische Bewirtschaftung helfe dabei sehr. Um große Gewächse machen zu können, müssen sich Boden und Rebstock im Gleichgewicht befinden, skizziert er die Stoßrichtung bei der Bewirtschaftung seiner Weingärten. Auch bei den Korken setzen die Sabathis auf Bio. Sie werden von einer kleinen Firma in Portugal produziert, jeder einzelne wird sensorisch beurteilt und freigegeben. Auf dem Weingut werden weder Reinzuchthefen noch Enzyme eingesetzt, auf Klärschönung wird verzichtet, filtriert wird sanft.

Das Angebot gliedert sich in Gebietsweine, Ortsweine Leutschach und Riedenweine. „Die Orts- und Riedenweine sollen anspruchsvoll sein, die Gebietsweine verständlich", erklärt Erwin Sabathi seine Marschrichtung. Die für Ortswein vorgesehenen Parzellen eines Weingartens werden in einem einzigen Durchgang gelesen, analog wird bei Riedenweinen vorgegangen. Daraus resultiert eine bemerkenswerte Frische. Sauvignon Blanc wird ausschließlich im neutralen Holz ausgebaut, schmeckbare Eiche ist nur beim Chardonnay ein Thema. Für alle Lagen wird das gleiche Holz verwendet, um so den Riedencharakter zu schärfen und nicht durch unterschiedliche Hölzer zu verwässern.

Als Symbol für den Betrieb und als integrierter Bestandteil der Etiketten wurde ein Wappen kreiert und gestiftet. Um optimale Lagerbedingungen für den Raritätenkeller zu schaffen, wurde er tief in den Hang hineingebaut. So sind die Flaschen bei praktisch konstanter Luftfeuchtigkeit vor Licht, Schall und wechselnden Temperaturen geschützt. Aus nachvollziehbaren Gründen ist dieser Bereich nicht für die Öffentlichkeit zugänglich. Einen virtuellen Rundgang jedoch bietet die Homepage des Weingutes.

Die STK-Winzer haben ein Klimaprojekt mit vielen Messstationen in den unterschiedlichsten Weingärten gestartet. Die nahezu unüberschaubare Fülle an Daten soll Auskunft über den erwarteten Zeitpunkt des Austriebs, über die Gefahr von Trockenstress, Frühjahrsfrost und Peronospora sowie andere wichtige Indikatoren im Weinbau liefern. Für dieses Projekt konnte GeoSphere Austria gewonnen werden, koordiniert wird es von Erwin Sabathi. *ww*

## SÜDSTEIERMARK DAC

**★★★ S €€€ GM**
**2022 Gelber Muskateller Krepskogel** + Klar definierte Sorte, Blüten, Holunderblüten, Anklänge von Grapefruits, Prise Muskatnuss, unplakativ; schließt aromatisch nahtlos an, knochentrocken, fein gehalten, im Finish animierende Säure.

**★★★ S €€€ SB** `PLV`
**2023 Sauvignon Blanc Südsteiermark** + Unverkennbar, frische Kräuter, Anklänge von grünem Paprika, grünfruchtige Elemente à la Galiamelonen, grüne Oliven; bringt diese Aromatik auch im Geschmack, wobei die Frucht etwas dominanter ist, lebhaft, im Finish und im Abgang wieder Kräuter und Anklänge von Zitrus.

**★★★ S €€€ SB**
**2022 Leutschach Sauvignon Blanc** + Ruhig strömend, Frucht gibt den Ton an, gelbes Steinobst, kleine Prise Kräuter, tief im Glas auch Mandarinen; charmant, Fruchtschmelz, gute Substanz, im Nachhall wieder Kräuter.

**★★★ S €€€ CH**
**2022 Leutschach Chardonnay** + Eigenständig, Anklänge von alten Birnensorten, fein gehalten; schließt aromatisch nahtlos an, saftig, feines Säurenetz, gute Länge, Trinkfluss, selbsterklärend.

**★★★ S €€€ SB**
**2022 ISTK Ried Poharnig Sauvignon Blanc** + Lagentypisch kühl, feingliedrig, klassische Prägung auf wertigem Niveau, Frucht und feine Würze; im Geschmack dezente Gewürzaromen à la Fenchel, zarte Frucht, Boden schwingt mit, vibrierend, Trinkanimo.

**★★★★ K €€€€ CH**
**2021 Ried Saffran Chardonnay** + Elegante Melange aus Frucht à la Birnen, Würze und leisen Bodentönen, öffnet mit Luft und gibt zusätzliche Facetten preis wie eine subtile Minzenote; präsentiert sich auch im Geschmack so, fein, kühl, in keiner Phase aufdringlich, ausgewogen, passende Substanz.

**★★★★ K €€€€€ CH**
**2021 GSTK Ried Pössnitzberg Chardonnay** + Betont kalkig-kreidig, warm getönt, feine Frucht erinnert an Birnen und etwas Kletzen; diese Aromen finden sich auch auf dem Gaumen, ergänzt durch Orangenzesten im Finale, frisch, feingliedrig strukturiert, Zug, Frucht und Boden im langen Nachhall. Herkunft klar.

**★★★★★ K €€€€€€ CH** `TOP`
**2021 GSTK Ried Pössnitzberg Alte Reben Chardonnay** + Kühl, eigenständig, elegant, zarte Frucht – von hellem Steinobst über Orangenzesten bis zu alten Birnensorten; schließt aromatisch und charakterlich nahtlos an, Tiefgang von den alten Reben, hinten und im sehr langen Nachhall markante Bodentöne, Salzigkeit und feinkörnige Würze. Burgundische Anmutung.

**★★★★ K €€€€€€ SB**
**2021 GSTK Ried Pössnitzberg Sauvignon Blanc** + Kalkig, frisch gemörserte Senfkörner, Fenchelsaat, tief im Glas grünfruchtige Elemente à la Karambole; frisch, Tiefgang, viel kühle Frucht, Pikanz, kraftvoll, lang, besticht mit Lebendigkeit.

**★★★★ K €€€€€€ SB** `TIPP`
**2021 GSTK Ried Pössnitzberg Alte Reben Sauvignon Blanc** + Kühl, gleicht im Aromenprofil seinem Bruder aus dieser Riede, aber noch mehr Facetten, Gewürze, Bodentöne, grünfruchtig; feingliedrig, elegant, fernab von Üppigkeit, auch im Geschmack kühle Note, lang.

**★★★★ K €€€€€€ SB** `TIPP`
**2021 GSTK Ried Pössnitzberger Kapelle Sauvignon Blanc** + Ausgesprochen feingliedrig, sanfter Druck, Minze, After Eight, Boden kommt durch; vielschichtige Aromatik auch auf dem Gaumen, feines Säurerückgrat, Finesse vor Wucht, im langen Nachhall auch zarte Frucht. Große Reserven.

**★★★★★ K €€€€€€ CH** `TOP`
**2021 GSTK Ried Pössnitzberger Kapelle I Chardonnay** + Warm, Orangenzesten, viel Kalk, präzise und fokussiert, tief im Glas feine Gewürzaromen; aromatisches Dacapo, präzise Struktur, fest, fernab jeglicher Üppigkeit, im Finale und im langen Nachhall markant salzige Bodentöne, präsentiert sich noch sehr jung mit großem Potenzial.

## Bischöflicher Weinkeller
# Schloss Seggau

**Ursula Lechenauer**
8430 Leibnitz, Seggauberg 1
Tel. +43 3452 82435-0
schloss@seggau.com, www.seggau.com
8 Hektar, W/R 95/5

Der Weinbaubetrieb von Schloss Seggau wird von der Landwirtschaftlichen Fachschule für Obst- und Weinbau Silberberg bewirtschaftet, von der Pflege der Rebanlagen bis zur Vinifizierung der Trauben. Im Bischöflichen Weinkeller Schloss Seggau hat Ursula Lechenauer das Sagen, sie ist organisatorisch für alles verantwortlich, was mit Wein zu tun hat. Die Partnerschaft sei sehr gedeihlich, sagt sie, weil sie eigene Ideen einbringen kann. Außerdem sind die Entfernungen kurz, vom Schlossareal kann man direkt auf das Landesweingut Silberberg hinübersehen. Die Etiketten wurden von der steirischen Künstlerin Renate Krammer entworfen; sie sollen an die Hügellandschaft der Südsteiermark erinnern.
Schloss Seggau verfügt über ausgezeichnete Rieden im Sausal. Die Böden aus kristallinem Verwitterungsgestein drücken den Weinen ihren unverkennbaren Stempel auf. Die hoch gelegene und steile Ried Einöd zum Beispiel war bereits im Mittelalter sehr geschätzt. Der karge Boden aus schwarzem Schiefer, durchsetzt mit Quarzsteinen, begünstigt in Verbindung mit hoher Sonneneinstrahlung feine und zugängliche Weine.
Von den heuer vorgestellten Weinen ist keiner plakativ, Trinkfluss steht im Vordergrund, Üppigkeit ist der ganzen Serie fremd. Ausgesprochen zugänglich sind der eigenständige Steirische Mischsatz und der charmante Seggauer Messwein. Ungewöhnlich ist der Grauburgunder Ried Einöd, der von einer belebenden Säure getragen wird und sowohl Boden als auch das Mikroklima erkennen lässt.
Das Schloss selbst hat sich einen guten Namen für Kongresse, Seminare und Hochzeiten gemacht. Ein eigenes Hotel gehört dazu. Das weitläufige Gelände schließt im Norden mit dem über 300 Jahre alten Bischöflichen Weinkeller ab, der zu den ältesten und größten in Europa zählt. *ww*

### SÜDSTEIERMARK DAC

★★ S €€ WR
**2023 Welschriesling** + Reife gelbe Äpfel, getragen; apfelfruchtig auch im Geschmack, angenehme Säure, lebendig, im Abgang Zitrus.

★★ S €€ PB
**2023 Weißburgunder** + Ernsthaft, Birnen, Prise geriebene Haselnüsse; unplakativ auch im Geschmack, Frucht, bisschen Kräuter, Hauch Gerbstoffe hinten.

★★ S €€€ GM
**2023 Gelber Muskateller** + Angenehm dezent, Sorte klar, sonnengereifte Zitronen, bisschen Grapefruits, Holunderblüten, Prise Muskatnuss; schließt aromatisch an, Säurespiel, trocken, Aperitif.

★★★ S €€€ SB
**2023 Sauvignon Blanc** + Dezent, freundlich, Anklänge von Johannisbeeren und gelben Stachelbeeren, zarte Kräuternote; zu diesen Aromen gesellt sich auf dem Gaumen grüner Paprika, die Frucht kommt deutlicher, passende Substanz, unaufdringliche Säure.

★★★ S €€€ RI
**2022 Riesling Kitzeck-Sausal** + Fein, Schieferboden zu erkennen, Blüten, knackige Pfirsiche; helles Steinobst, trinkanimierende Säure, mittleres Gewicht, leise Bodentöne im Nachhall.

★★★ K €€€€ PG    **TIPP**
**2022 Grauburgunder Ried Einöd** + Dezente Kupferfarbe; auf eine unaufdringliche Weise sortentypisch, rotbackige Birnen, ein Hauch Kletzen und rote Zitrusfrüchte, Prise Malz; aromatisches Dacapo, für diese Varietät ungemein lebendig, bar jeder Üppigkeit, passende Substanz, Gerbstoffe im Finish sorgen für zusätzliche Konturen, vom Boden geprägt.

### STEIERMARK

★★★ S €€ GS    **PLV**
**2023 Steirischer Mischsatz** + Ausgewogenes Bukett, bunte Aromatik, Äpfel, Pfirsiche, Hauch Mandarinen, zarte Würze, bisschen Malz; breiter Aromenbogen auch auf dem Gaumen, Fruchtschmelz, zugängliche Säure, im Finish auch Zitrus, eigenständig.

★★★ S €€ CW
**2023 Messwein** + Ansprechend, vielschichtige Fruchtaromen, auch exotischer Touch à la Litschi; schließt nahtlos an, saftig, animierendes Säurespiel, ausgewogen, beschwingt, Trinkfluss.

♛ ♛ ♛

# Weingut
# Schmölzer

**Gustav Schneeberger**
8444 St. Andrä-Höch, Sausal 72
Tel. +43 3185 8247, Fax -18
info@weingut-schmoelzer.at
www.weingut-schmoelzer.at

Gustav Schneeberger legt seinen Fokus auf feingliedrige und vielschichtige Weine, denen Vordergründigkeit und Schwere fremd sind. Seine hochgelegenen Rieden und die kristallinen, überwiegend kalkfreien Böden kommen diesen Intentionen sehr entgegen. „Wir arbeiten stetig daran, besser zu werden", erklärt er die nach oben zeigende Formkurve seines Weingutes. Der qualitätsbewusste Winzer hat sich durch charakterstarke Muskateller, aber auch durch eine breite Palette an Sauvignon Blancs und eigenständigen Weinen aus der Burgunderfamilie einen Namen gemacht. In guten Jahren gibt es aus der Ried Gaisriegl einen bemerkenswerten Riesling, allerdings in einer mehr als überschaubaren Menge. Der 2023er Sauvignon Blanc aus diesem Weinberg besitzt vielversprechende Anlagen, für eine endgültige Beurteilung ist es noch etwas zu früh. Die um ein Jahr ältere Reserve aus der Ried Gaisriegl glänzt mit Feinheit und Vielschichtigkeit, hier kommt der Schieferboden unmissverständlich zum Ausdruck. Der im Holz ausgebaute Chardonnay „Emma" ist auch in seiner vierten Ausgabe uneingeschränkt zu empfehlen.
Ausgebaut werden die Weine im Stahltank, im großen Holzfass, teilweise auch in Barriques. Sie lassen sich völlig entspannt in der hauseigenen Buschenschank verkosten, traumhafte Aussicht inklusive. *ww*

## SÜDSTEIERMARK DAC

★★ S €€ CH
**2023 Morillon classic** + Frisch, kühle Frucht, helles Steinobst, bisschen Birnen, Haselnüsse; saftig, belebende Säure, mittlere Länge, herkunftstypisch.

★★★ S €€€ CH
**2023 Morillon Ried Hederer** + Feingliedrig, subtile Frucht, leise Bodentöne, nussige Akzente; schließt nahtlos an, zartes Säurerückgrat gibt Struktur, quicklebendig, von der Höhenlage und dem kristallinen Boden geprägt.

★★★ S €€ SB   PLV
**2023 Sauvignon Blanc classic** + Unplakativ klassisch, Stachelbeeren, weiße Johannisbeeren, Prise grünblättrige Würze; zeigt diese Aromen auch im Geschmack, feingliedrig, mittleres Gewicht, preiswert.

★★★★ S €€€€€ RI
**2023 Rheinriesling Ried Gaisriegl** + (1,5 Liter) Sanfter Druck, Weingartenpfirsiche, Marillen, Prise Limetten, leise Bodentöne und subtile Würze; schließt mit diesen Aromen an, zugängliche Säure gibt Leben, Schmelz, einige Substanz, fruchtbetonter Nachhall.

★★★ S €€€ GM
**2023 Gelber Muskateller Ried Gaisriegl** + Tiefes Sortenbukett, getrocknete Holunderblüten, Grapefruits, Kardamom, Prise Muskatnuss; schließt nahtlos an, elegant, angenehme Säure, Schieferboden kommt durch.

★★★ S €€€ GM
**2023 Gelber Muskateller Ried Grillbauer** + Ruhig, unplakativ, Bodentöne, feine Melange aus Holunderblüten, Zitrus und Muskatblüten; aromatisches Dacapo, unaufgeregt, in sich ruhend, gute Substanz.

★★★★ S €€€ SB   TIPP
**2022 Sauvignon Blanc Ried Gaisriegl Reserve** + Noble und vielschichtige Gewürzaromen, subtile helle Frucht, leise Bodentöne; aromatisches Dacapo, elegant, Understatement, bemerkenswerte Feinheit, vom Schieferboden geprägt, spielt die leisen Töne.

★★★★ S €€€ PG
**2023 Grauburgunder Ried Gaisriegl** + Elegantes Sortenbukett, gelbe und rote Birnen, Hauch Malz und Cerealien; fruchtbetont, auch rote Zitrusfrüchte, feingliedrig, ungewöhnlicher Trinkfluss, viele Facetten, ausgewogen, Säurespiel und eine Prise Gerbstoffe geben Struktur. So überzeugt diese Sorte.

★★★★ S €€€€€ CH   TIPP
**2022 Emma IV** + (CH) Feinste Gewürzaromen, Anklänge von Orangen und Orangenzesten, Birnen, Kletzen, alles sehr subtil; aromatisches Dacapo, höchst feingliedrig, perfekter Holzeinsatz, Herkunft von kristallinen Böden zu erkennen, dezente Frucht und eine Prise Gewürze im langen Nachhall.

## STEIERMARK

★★★ S €€€ TR
**2021 Gelber Traminer Auslese** + Gelbfruchtig, exotischer Touch, tief im Glas hochreife Äpfel und feine Würze; quicklebendig, ganzer Fruchtkorb, elegantes Säurespiel, unaufdringliche Süße, im Nachhall süße Zitrusfrüchte und eine Prise Kräuterwürze, punktet mit Trinkfluss.

# Weingut
# Johann Schneeberger

Johann Schneeberger
8451 Heimschuh, Pernitschstraße 31
Tel. +43 3452 83934, Fax -4, office@weingut-schneeberger.at
www.weingut-schneeberger.at
110 Hektar, W/R 80/20

Das Weingut hat eine lange Tradition. Seit 1870 wird die „Reschleiten" von der Familie Schneeberger bewirtschaftet. In den 1980er-Jahren begann Johann Schneeberger, die kleine Landwirtschaft Stück für Stück zu erweitern. Es wurde in Weingärten, Keller und Technik investiert, der Kundenstamm wuchs. Qualität stand immer an erster Stelle. Generationenübergreifende Zusammenarbeit wird hier großgeschrieben, ebenso die Wertschätzung der Natur. Die Weine tragen die Handschrift von Johann Schneeberger jun., sein Fokus liegt auf klaren und gebietstypischen Weinen. „Mir geht es darum, in meinen Weinen die Herkunft zu schmecken. Den Boden, das Klima und auch meine eigenen Wurzeln." Familienoberhaupt Johann sen. ist Weinbauer von ganzem Herzen. Seine Frau Heide ist für die Verwaltung und für den Buschenschank zuständig, unterstützt von ihren Töchtern Margret und Martina sowie Schwiegertochter Sarina. Die Schwiegersöhne Walter und Roman komplettieren das schlagkräftige Familienteam.
Prägend sind die Schiefer- und Muschelkalkböden, auf denen die Reben das Weingutes Schneeberger wachsen, sowie das Mikroklima des Sausals. Der Betrieb ist in der glücklichen Lage, Anteile an so renommierten Rieden wie Hochbrudersegg oder Flamberg zu besitzen.
Die heurige Serie präsentiert sich feingliedrig. Die Herkunft kommt klar zum Ausdruck, die Preisgestaltung ist fair. *ww*

## SÜDSTEIERMARK DAC

★★ S € **WR**
**2023 Welschriesling** + Einladend, reintönig nach grünen Äpfeln à la Granny Smith; schließt nahtlos an, feines Säurespiel, animierend, urtypisch steirisch.

★★ S €€ SB **PLV**
**2023 Sauvignon Blanc Südsteiermark** + Angenehm unaufdringlich, grünblättrig, weiße Johannisbeeren, Paprika; auch auf dem Gaumen so, Frucht präsent, bekömmliche Säure, mittelgewichtig, Trinkfluss.

★★ S €€ **RI**
**2022 Riesling Kitzeck-Sausal** + Feingliedrig, Herkunft zu erkennen, helles Steinobst und florale Noten; saftig, leichtfüßig, elegante Schlankheit, vom kristallinen Boden geprägt.

★★ S €€ **GM**
**2022 Muskateller Kitzeck-Sausal** + Sorte unverkennbar, getrocknete Holunderblüten, Muskatnuss, tief im Glas Kräuter und ein Hauch Grapefruits; bringt diese Aromatik auch im Geschmack, angenehmes Säurespiel, trocken, trinkanimierend, Holunder, herbe Grapefruits und Kräuter klingen nach. Ernsthaft.

★★★ S €€ **SB**
**2022 Sauvignon Blanc Kitzeck-Sausal** + Auf eine dezente Art sortentypisch, weiße und rote Johannisbeeren, zarte grünblättrige Würze; saftig, einnehmende Frucht, zugänglich, mittlere Länge.

★★★ S €€€ **PB**
**2021 Weißburgunder Ried Kreuzegg** + Ernsthaft, feingliedrig, leise und würzige Töne vom Schieferboden, zarte Frucht; geht auf dem Gaumen mehr aus sich heraus, merklich Frucht präsenter, angenehme Säure, null Fett, mittlere Länge.

★★★ S €€€ **PB**
**2020 Weißburgunder Ried Kreuzegg** + Kompakt, dunkle Bodentöne, dezent fruchtig-würzig; schließt aromatisch an, angenehme Säure, passende Substanz, gute Länge, würzige Akzente und alte Birnensorten im Nachhall, Ausbau im neutralen Holz zu erkennen.

★★★ S €€€ **CH**
**2021 Chardonnay Ried Flamberg** + Sanfter Druck, kalkig-kreidig, feinkörnige Gewürze, ernsthafte Frucht; zeigt im Geschmack das Holz etwas deutlicher, in keiner Phase üppig, kraftvoll, gute Länge, hinten Orangenzesten und bodenständige Noten.

★★★ S €€€ **CH**
**2020 Chardonnay Ried Flamberg** + Distinguiert, dunkle Würze, kompakt; aromatisches Dacapo, Säurenetz, bar jeder Üppigkeit, erst im Nachhall macht sich das Holz bemerkbar. Braucht etwas Luft.

★★★ S €€€ **SB** **PLV**
**2022 Sauvignon Blanc Ried Kittenberg** + Angenehm unplakativ, freundliche Frucht, Stachelbeeren, Anklänge von gelben Birnen und hellem Steinobst, elegante Würze; schließt aromatisch nahtlos an, zartes Säurerückgrat gibt Leben und Struktur, Trinkfluss, in keiner Phase vordergründig.

★★★ S €€€ **SB** **TIPP**
**2022 Sauvignon Blanc Ried Hochbrudersegg** + Nobler Auftritt, feinkörnige Gewürze à la Fenchelsaat und Senfkörner, tief im Glas zarte Frucht; saftig, lebendig, vielschichtig, feines Säurenetz, präzise Textur, fast verspielt, salzig im Finale, Schieferboden klingt nach.

# Weingut
# Schwarz

**Werner Schwarz**
8442 Kitzeck, Greith 35
Tel. +43 3456 3064, Fax -27452
wein@schwarz-kitzeck.at, www.schwarz-kitzeck.at
9 Hektar

Das Weingut der Familie Schwarz liegt in Kitzeck hoch oben auf einem Hügel des Sausals, dem Annaberg. Verantwortlich für den Betrieb ist Werner Schwarz, unterstützt von seinem Vater Johann, der die Weichen bereits vor Jahren in Richtung Qualität und Herkunft gestellt hat. Die Weingärten sind steil, der Untergrund besteht zum Großteil aus verwittertem Schiefer, was typisch für das Sausal ist. Diese Geologie, die Topografie und die mikroklimatischen Bedingungen mit ihren ausgeprägten Temperaturunterschieden zwischen Tag und Nacht begünstigen Feingliedrigkeit und Finesse.
Die wichtigsten Lagen sind die Rieden Wunsum und Koregg. Der Großteil der Weine entspricht dem DAC-Reglement, also Gebietsweine, Ortsweine Kitzeck-Sausal und Riedenweine. In besonders guten Jahren werden auch Reserven gekeltert. Abgerundet wird das Portfolio durch die Cuvée Schwarz Weiß, einen Rosé und einen Muskateller-Frizzante.
Die heuer vorgestellten Gebietsweine sind sortentypisch, lebhaft und ausgewogen. Für die Rebsorte Grauburgunder ungewöhnlich trinkanimierend sind die Ortsweine Kitzeck-Sausal. Die beiden Sauvignon Blancs von der Ried Wunsum sind vom Schieferboden geprägt und feingliedrig, die Reserve mutet noch immer jung an, sie besitzt Reserven und zeigt Finesse, das ist nobler Sauvignon. Die fruchtbetonte Cuvée Schwarz Weiß ist einladend und bereitet Trinkspaß. *ww*

## SÜDSTEIERMARK DAC

★★ S €€ WR
**2023 Welschriesling** + Zarte Apfelfrucht, Prise Kräuter und Apfelblüten; einladend, feines Säurerückgrat, lebhaft, ausgewogen.

★★★ S €€ PB
**2023 Weißburgunder** + Haselnüsse, frische Frucht à la Äpfel und Birnen; animierend, fruchtbetont, feines Säurespiel, passende Substanz, Sorte klar definiert.

★★ S €€ GM
**2023 Gelber Muskateller** + Zitrus, Zitronenzesten, Holunderblüten, Hauch Muskatnuss; schließt fruchtbetont an, mit Holunder untermalt, animierend, knochentrocken.

★★★ S €€ SB
**2023 Sauvignon Blanc** + Buchsbaum, Hauch grüne Paprikaschoten, knackige Cassisbeeren; präsente und kühle Frucht, Säurerückgrat, Zug, klassische Stilistik.

★★★ S €€€ PG
**2022 Grauburgunder Kitzeck-Sausal** + Frisch, filigrane Frucht, Äpfel, Birnen, Propolis, Karambole, nussig; vielschichtige Aromatik auch im Geschmack, belebendes Säurespiel, für diese Varietät ausgesprochen trinkanimierend, gute Länge.

★★★ S €€€ PG  **PLV**
**2021 Grauburgunder Kitzeck-Sausal** + Gelassen, in sich ruhend, leise Bodentöne, zarte Frucht, Anklänge von Cashews; schließt so an, jugendlich,, zartes Säurenetz, einige Substanz, im Finish kommt der Boden wieder durch.

★★★★ S €€€ SB
**2022 Sauvignon Blanc Ried Wunsum** + Klassische Prägung auf wertigem Niveau, feine Gewürznoten à la Fenchelsaat dominieren, grünblättrige Noten und Cassis unterlegt, leise Bodentöne; aromatisches Dacapo, feingliedrig, zartes Säurenetz, gute Länge, Trinkfluss, vom Schieferboden geprägt.

★★★★ S €€€€ SB  **TIPP**
**2019 Sauvignon Blanc Reserve Ried Wunsum** + Steinige Anmutung, kompakt, frisch gemörserte Senfkörner und Fenchel; gediegen, Frucht deutlicher als im Bukett, auch das Holz ist präsenter, feines Säurespiel, Finesse, gewürzbetonter langer Nachhall, Reserven.

## STEIERMARK

★★ S €€ CW  **FUN**
**2023 Schwarz Weiß** + (MT/MS) Zarte Frucht, helles Steinobst, Prise Zitrus, Anklänge von Holunderblüten; saftig und einladend auch auf dem Gaumen, feines Säurespiel.

★★ S €€ ZW
**2023 Schwarz Rosé** + (ZW) Kirschen, rote Johannisbeeren, Prise Kräuterwürze; betont rotfruchtig, angenehme Säure, Tannine nur angedeutet, trinkig.

★★ S €€ GM
**2021 Muskateller Frizzante** + Einladend, Wiesenblumen, Zitronenmelisse, Zitrus, grüne Gartenkräuter; schließt aromatisch an, hinten auch Fizzers, unkompliziert, schäumendes Sommervergnügen.

# NOTIZEN

## Landesweingut
# Silberberg

8430 Leibnitz, Silberberg 1
Tel. +43 3452 82339 45
weinkeller.lfssilberberg@stmk.gv.at, www.silberberg.at
28 Hektar, W/R 95/5

Silberberg ist Landesweingut und Kaderschmiede für den Winzernachwuchs zugleich. Die Verantwortung für den Wein tragen der Önologe Karl Menhart, Kellermeister und Verwalter Josef Auer, Kellermeister Andreas Lobe und Weinbaumanager Gernot Lorenz. Im Keller und in den Weingärten wird am Puls der Zeit gearbeitet. Auf kleinen Flächen wurden die pilzwiderstandsfähigen Rebsorten Muscaris, Souvignier Gris und Cabernet Jura ausgepflanzt. Aktuell läuft ein internationales Projekt namens Life Vine Adapt zur Adaptierung des Weinbaus im Klimawandel und für Nachhaltigkeit. Silberberg verfügt über ein beachtliches Portfolio an Rieden mit unterschiedlichsten Bodenbeschaffenheiten – von reinen Sedimentböden bis zu Schiefer. Entsprechend abwechslungsreich ist das sensorische Profil der Weine. Ausschließlich biologisch bewirtschaftet werden die Weingärten am Schlossberg in Leutschach.
Die heuer vorgestellte Serie ist bemerkenswert. Die Ortsweine bringen die jeweiligen Böden nachvollziehbar zur Geltung. Wer den Unterschied zwischen kristallinen Schieferböden und kalkhaltigen Sedimentuntergründen verkosten will, ist hier an der richtigen Adresse. Sehr gut entwickelt hat sich der letztes Jahr bereits vorgestellte Weißburgunder Ried Steinriegel-Seminar. *ww*

### SÜDSTEIERMARK DAC

★★★ K €€€ WR
**2022 Welschriesling Ried Trebien Kitzeck-Sausal** + Ruhig, sanfter Druck, reife Äpfel, hauchfeine Würze und Marillen; fruchtbetont, Substanz, im Finish steinig, individueller Sortenvertreter.

★★★ S €€€ RI **FUN**
**2022 Riesling Kitzeck-Sausal** + Knackige Pfirsiche, Schieferboden zu erkennen, feingliedrig; saftig, fein strukturiert, zartes Säurerückgrat, vom Untergrund geprägt.

★★★ S €€€ GM
**2022 Gelber Muskateller Kitzeck-Sausal** + Dezentes Sortenbukett, leise Bodentöne, Blüten, Anklänge von weißem Steinobst; schließt nahtlos an, fast filigran, leichtfüßig, nie vordergründig, Herkunft klar definiert.

★★★ S €€€ PG
**2021 Grauburgunder Leutschach** + Druckvoll, rotbackige Birnen, Hauch Malz und Cerealien, tief im Glas Ovomaltine-Riegel; auch auf dem Gaumen so, kalkig, Trinkfluss bei guter Substanz.

★★★ S €€€ SB
**2022 Sauvignon Blanc Kitzeck-Sausal** + Herkunft von kristallinen Böden zu erkennen, knackige Stachelbeeren, Karambole, grünblättrige Würze; feingliedrig auch auf dem Gaumen, frische Frucht, subtile Würze, mittelgewichtig.

★★★ S €€€ SB
**2022 Sauvignon Blanc Leutschach** + Sanfter Druck, gelbe Frucht und Würze à la Senfkörner; Grapefruits, Cassis und Cassislaub, angenehme Säure, Substanz, Bodentöne im Nachhall.

★★★ G €€€ SB
**2022 Sauvignon Blanc Ried Steinbruch** + Klassische Prägung auf anspruchsvollem Niveau, grünvegetabilische Noten, gerade reif gewordene Cassisbeeren, leiser Hauch Brennnesseln und Buchsbaum; aromatisches Dacapo, angenehme Säure, Fruchtschmelz, zugänglich bei guter Länge.

★★★★ K €€€€ SB
**2021 Sauvignon Blanc Ried Meletin** + Druckvoll, kalkig, Senfkörner, subtil nach Sesam, reife Frucht blitzt durch; schließt kraftvoll an, Fruchtschmelz, zugängliches Säurespiel, lang, Bodentöne und zarteste Würze im Nachhall.

★★★★ K €€€€€ SB **TIPP**
**2019 Sauvignon B.O.S. Ried Annaberg** + Dunkle Würze, kündigt Kraft an, Primärfrucht völlig im Hintergrund, elegantes Holz; kraftvoll, monolithisch, Schmelz, vielschichtige Würze, holzstämmige Aromen à la Gewürznelken klingen lange nach. Reserven.

★★★ S €€€ PB
**2022 Weißburgunder Ried Annaberg Kitzeck-Sausal** + Dezent, feingliedrig, elegante helle Frucht, Haselnüsse angedeutet; knackiges helles Steinobst, zartes Säurespiel, feine Struktur, mittleres Gewicht, braucht etwas Luft.

★★★★ K €€€€€ PB **TIPP**
**2021 Weißburgunder Ried Steinriegel-Seminar** + Distinguiert, kraftvoll, vielschichtige Frucht, von Orangen über Birnen und Pfirsiche bis zu grünen Oliven, zarteste Gewürzaromen; aromatisches Dacapo, sanfte Säure, Kraft, Schmelz, Balance, im langen Nachhall feinkörnige Gewürze.

★★★★ K €€€€ CH **TIPP**
**2022 Chardonnay Ried Trebien** + Sandelholz, filigrane Frucht, elegante Holzaromen; feine Klinge, zartes Säurerückgrat, Frucht und Gewürzaromen innig verwoben, langer, würziger Nachhall, vom Schieferboden geprägt.

# Weingut
# Skoff Original – Walter Skoff

**Walter Skoff**
8462 Gamlitz, Eckberg 16
Tel. +43 3453 4243, Fax -17
office@skoffioriginal.com, www.skoffioriginal.com
60 Hektar, W/R 95/5

Walter Skoff hat das kleine Weingut seiner Eltern zu einem Leitbetrieb der Südsteiermark ausgebaut. Schon früh hat er sich national und über die Landesgrenzen hinaus einen Namen für Sauvignon Blanc gemacht. Mittlerweile verfügt er über ein beachtliches Portfolio an unterschiedlichen Lagen, was für Abwechslung im umfangreichen Angebot an Weinen sorgt.

Vor einigen Jahren hat er eine Biolinie etabliert, aus rechtlichen Gründen müssen diese Weine strikt getrennt produziert werden, und sie haben eigene Etiketten. Die Flaschenausstattung und die Kartons entsprechen den Kriterien der Nachhaltigkeit. Die konventionelle Produktlinie ist nach der DAC-Herkunftspyramide gegliedert, deren Spitze aus den Riedenweinen von unterschiedlichen Böden besteht. Extrem kalkhaltiger Untergrund ist ebenso vertreten wie völlig kalkfreier Schotter, Konglomerat oder sandiger Opok. Eine gewisse Sonderstellung genießt der „Royal", den es als Sauvignon Blanc und als Chardonnay gibt, jeweils als Positivselektion aus renommierten Lagen.

Die heuer verkostete Serie präsentiert sich sorten- und herkunftstypisch, von den Gebietsweinen über die Ortsweine bis zu den Gewächsen aus den einzelnen Rieden. Keiner der Weine ist wuchtig, vielmehr scheint der Winzer zunehmend Wert auf Feinheit, Nuancen und Terroirausdruck zu legen. Der Linie „BIO" ist Eigenständigkeit zu attestieren, die Weine heben sich sensorisch klar von ihren konventionell vinifizierten Brüdern ab.

*ww*

## SÜDSTEIERMARK DAC

★★ S €€€ GM
**2023 Gelber Muskateller** + Unverkennbar, Holunderblüten, Kräuter, Muskatblüten, subtil nach Sandelholz, bisschen Steinobst; einnehmend, bunter Aromenmix kommt wieder, angenehmes Säurespiel, Trinkfluss.

★★★ S €€€ GM
**2023 Gelber Muskateller Eichberg** + Feingliedrig, steinig-schottriger Boden kommt durch, floral, sonnig, Hauch Zitrus und Kräuter; schließt aromatisch nahtlos an, feine Textur, passende Substanz, im mittellangen Abgang Kräuter und Holunderblüten.

★★★ S €€€ GM
**2022 Gelber Muskateller Ried Hohenegg** + Kühl und eigenständig, frische Minze, dezent floral à la Holunderblüten, angenehm zurückhaltend; sortenaffin auch im Geschmack, fast filigran, Kräuter und ein Hauch Zitrus klingen nach. Nobel.

★★ S €€ PB
**2023 Weißburgunder Südsteiermark** + Einladend, Kaiserbirnen, frische Haselnüsse, fein; aromatisches Dacapo, zugängliche Säure, zarte Textur mit einem sympathischen Hauch Gerbstoff, mittleres Gewicht, steirisch, macht Spaß.

★★★ S €€€ PB
**2023 BIO Weißburgunder Südsteiermark** + Riecht bekömmlich, Anklänge von dunklen Blüten, gerösteten Haselnüssen und Birnen; sanft und vielschichtig, schon jetzt präzise, eigenständig.

★★ S €€ CH
**2023 Morillon Südsteiermark** + Sortenaffin nach knackigen Marillen, Haselnüssen und etwas roten Zitrusfrüchten; saftig, die Aromen vom Bukett kommen wieder, entwickelt Zug, feines Säurerückgrat, passende Substanz, als Sorte selbsterklärend.

★★★ S €€€ SB
**2023 Sauvignon Blanc Südsteiermark** + Kühl, grüner Paprika, ein Hauch grüner Spargel und Erbsenschoten, Galiamelonen, knackige Cassisbeeren; saftig, unaufdringlich sortentypisch, feine Säure, im mittellangen Abgang grünfruchtig und würzig.

★★★ S €€€ SB
**2023 BIO Sauvignon Blanc Südsteiermark** + Dezenter Auftritt, vegetabilisch à la Paprika und Pfefferoni, Prise grünblättrige Noten, grünfruchtig; schließt aromatisch und hinsichtlich seines dezenten Charakters nahtlos an, wertiger Gebietswein.

★★★ S €€€ SB
**2023 Sauvignon Blanc Gamlitz** + Eigenständig, frische Mandeln, Kräuter, grüne Äpfel, rosa Grapefruits tief im Glas; im Geschmack gibt die Frucht den Ton an, einige Facetten, passende Substanz, zugängliche Säure, im Nachhall Kräuter, Grapefruits und etwas Cassis.

★★★ S €€€ SB
**2023 Sauvignon Blanc Eichberg** + Ruhig, dezent, leise Bodentöne, erfrischend grünfruchtig, Prise Kräuter; saftig, vielschichtige Fruchtaromen, einladend, fein strukturiert, ein wenig Understatement, mittleres Gewicht, Trinkfluss.

★★★ S €€€ SB                                          **PLV**
**2023 Sauvignon Blanc Ehrenhausen** + Bodenständige Noten, feingliedrig, subtile Anklänge von Kreuzkümmel, nie vorlaut, dezente Frucht, wertig; zeigt im Geschmack mehr Frucht, feine Würze unterlegt, im Finish und im Nachhall Bodentöne, bemerkenswerter Ortswein.

★★★ S €€€ SB
**2021 Sauvignon Blanc Ried Grassnitzberg** + Kühl, würzig, Kümmel, ein Hauch eingelegte Pfefferoni, grüner Paprika, Frucht angedeutet; vielschichtige Aromatik auch im Geschmack, Frucht artikuliert sich deutlicher, Bodentöne, einige Substanz, bereits balanciert.

★★★★ K €€€€ SB                                        **TIPP**
**2021 BIO Sauvignon Blanc Ried Obegg-Stani** + Sanfter Druck, kalkige Anmutung, Gewürze à la Fenchelsaat und Kümmel, ein Hauch Sesam; aromatisches Dacapo, balanciert, feiner Schmelz, wiederum kalkige Bodentöne, wirkt bekömmlich, im langen Nachhall auch Mandeln und Mandarinenzesten.

★★★ S €€€€ SB
**2022 Sauvignon Blanc Ried Hochsulz** + Feingliedrig, verspielt, sonniger Typ, florale Noten ebenso wie zarte Frucht; schließt fruchtbetont an, elegante Textur, mittleres Gewicht, im Abgang und im Nachhall grünfruchtige Akzente und leise Bodentöne.

★★★★ S €€€€ SB
**2021 Sauvignon Blanc Ried Kranachberg** + Kühl, klar konturiert, lässt steinigen Untergrund erkennen, knackige Cassisbeeren, grünblättrige Würze; schließt aromatisch nahtlos an, einladend, Trinkanimo, kühler Sortencharakter, klassische Prägung auf anspruchsvollem Niveau.

★★★★ K €€€€ SB                                        **TIPP**
**2022 Sauvignon Blanc Ried Oberkranachberg** + Ausgesprochen feingliedrig, zarte Würze verwoben mit hellem Steinobst à la Kriecherln, Dille angedeutet; aromatisches Dacapo, elegante Struktur, null Schwere, fast schwebend, lang mit Frucht, Würze und Bodentönen, ein Sir.

★★★★★ S €€€€ SB                                       **TOP**
**2021 Sauvignon Blanc Ried Obegg** + Druckvoll, kalkig-kreidig, nussige Akzente ebenso wie dunkle Blüten und Kräuter, ganz dezentes Holz; superfein, ein Hauch Eiche, süße Frucht, bereits jetzt große Balance, lang, vielschichtige Aromen klingen nach. Großer Stoff.

**STEIERMARK**

★★★★ K €€€€€ SB                                       **TIPP**
**2021 Royal Sauvignon Blanc** + Feinkörnige Würze, heller Tabak, subtil nach getrockneten Feigen und Datteln, Primärfrucht völlig im Hintergrund, mit Luft getrocknete Kräuter; diese vielschichtige Aromatik kommt auch im Geschmack, zugänglich und einladend, präzise, stoffig ohne Schwere, lang, war noch nie so feingliedrig und elegant.

♛ ♛ ♛ ♛

## Domäne Kranachberg
# Peter Skoff

8462 Gamlitz, Kranachberg 50 – Sauvignonweg
Tel. +43 3454 6104
weingut@peter-skoff.at, www.peter-skoff.at
30 Hektar, W/R 99/1, 150.000 Flaschen/Jahr

Die Anfänge der Domäne Kranachberg gehen auf das Jahr 1833 zurück. Die Weingärten sind steil, vergleichsweise hoch gelegen und erfordern viel Handarbeit. Im Zuge der kürzlich erfolgten Riedenabgrenzung wurden historische oder geografische Zusatzbezeichnungen aufgenommen, um das Riedenprofil zu schärfen. Auf alte Reben legt die Familie Skoff großen Wert. Man ist dazu übergegangen, die Riedenweine später als bisher in den Verkauf zu geben. Interessierte Kunden können mit einer großen Jahrgangstiefe bedient werden, insbesondere ab Hof.

„2023 war schwierig, es gab extrem viel Regen, der Pflanzenschutz war insbesondere in den Bioflächen aufwendig. Der September war schön, die Ernte etwas kleiner, die Säure sehr gut", umreißt Markus Skoff den Jahrgang. *ww*

### SÜDSTEIERMARK DAC

★★ S €€ WR
**2023 Welschriesling** + Kompakt, grüne Äpfel, Hauch Kräuter und grüne Nüsse, ernsthaft; saftig, viel Frucht, belebendes Säurespiel, trinkig.

★★★ S €€ SB
**2023 Sauvignon Blanc Klassik** + Angenehm unplakativ, weiße Johannisbeeren, Nektarinen angedeutet, grünblättrige Würze; saftig, animierend, vergleichsweise kühle Frucht, zugängliche Säure, im Nachhall auch grüne Bananen.

★★★ S €€€ CH
**2023 Morillon Gamlitz** + Feingliedrig, Sandboden kommt durch, helles Steinobst, traubig; saftig, fokussiert, viel Frucht, feines Säurenetz, super Trinkfluss.

★★★ S €€€ SB
**2023 Sauvignon Blanc Gamlitz** + Frucht dominiert, Kiwis, Galiamelonen, Stachelbeeren, grünblättrige Würze; aromatisches Dacapo, Herkunft erkennbar, gute Struktur, klassisch auf wertigem Niveau.

★★★ S €€€ PG   TIPP
**2023 Graubugunder Alte Reben** + Gediegen, alte Birnensorten, Cerealien, Nüsse, Kakao, vielschichtig; bringt diese Aromen auch im Geschmack, für diese Varietät überraschend lebendig, null Fett, Schmelz, balanciert, lang, dezente Würze, Trinkfluss.

★★★ S €€€ TR
**2023 Gewürztraminer Gamlitz** + Unverkennbar, Rosen, Rosenholz, Litschi; schließt aromatisch nahtlos an, trocken, exotische Frucht, gute Säure, einige Substanz, lang, Frucht und Kräuter klingen nach.

★★★★ S €€€ CH
**2020 Gut Kaspar Morillon Bio Ried Kranachberg Leitn** + Sorte klar, zugänglich, Birnen, Nüsse, Prise Gewürze, Biskuit und exotische Früchte; vielschichtig, kompakt, Bodentöne, Substanz, hinten auch Orangen, gute Länge.

★★★★ S €€€ SB
**2022 Gut Kaspar Sauvignon Blanc Gamlitz** + Feinkörnige Würze à la Fenchel, zarte Frucht à la Karambole und Kumquats; schließt nahtlos an, lebendig, feines Säurespiel, Frucht bis in den langen Abgang hinein, Trinkanimo.

★★★★ S €€€ SB   TIPP
**2022 Sauvignon Blanc Ried Hoch Kranachberg** + Tief, sortenaffin, Fenchelsaat, Minze angedeutet, steiniger Boden zu erkennen; vielschichtig, in keiner Phase üppig, Zug, präzise Struktur, Aromen vom Bukett kommen wieder, im Finish frische Frucht, im langen Nachhall Gewürze und Bodentöne.

★★★★ S €€€ SB
**2022 Sauvignon Blanc Finum Ried Kranachkogl** + Ruhig, würzig, noble Frucht à la Cassis, kündigt Kraft an; auch im Geschmack Würze und Frucht innig verwoben, feines Säurenetz, Zug, Substanz, kühl, lang, reif.

★★★ S €€€ GM   FUN
**2021 Gelber Muskateller Ried Kranachberg (Leitn)** + Eigenständig, Anis, dunkle Blüten, Bitterorangen, Bodentöne; aromatisches Dacapo, gebündelt, straff, Substanz, null Fett, lang, Bodentöne klingen nach. Wiedererkennungswert.

★★★★ S €€€€ SB   TIPP
**2020 Sauvignon Blanc Ried Kranachberg Rottriegl** + Nobles Holz, tiefe Frucht à la reife Stachelbeeren, kündigt Substanz an; schließt nahtlos an, kraftvoll, frisch, Fruchtschmelz, Gewürze im Finish und im langen Nachhall, Reserven.

★★★ K €€€€ SB
**2021 Bio Sauvignon Blanc Natural Ried Kranachberg Leitn** + Interzelluläre Gärung erkennbar, druckvoll, Stachelbeeren, Gewürze, ruhig strömend; schließt nahtlos an, lebhaft trotz der merklichen Kraft, moderater Naturalwein.

## Weingut
# spitzyPeitler

**Ing. Johannes Peitler**
8463 Leutschach an der Weinstraße, Schlossberg 127
Tel. +43 3454 6644-0
wein@spitzypeitler.at, www.spitzypeitler.at
6 Hektar

Das Weingut der Familie Peitler liegt etwas abgeschieden und idyllisch auf einem Hügel bei Leutschach, umgeben von Weingärten und Wald. Vater Johannes, Klosterneuburg-Absolvent und danach Kellermeister im Weingut Tscheppe, und sein Sohn Jeremias arbeiten Hand in Hand. Der Junior besuchte die Fachschule in Silberberg und vinifizierte 2020 seine ersten Weine, die Trauben und Fässer spendierte der Senior. Der Sauvignon Blanc und der Grauburgunder von der Ried Schmiernberg sowie der Chardonnay Ried Toderberg tragen seine Handschrift – „wine powered by Jeremias". Johannes Peitler ist ein Tüftler, der im Interesse der Nachhaltigkeit schon früh „solare Kühlung" eingeführt hat.

Alle Reben stehen auf Opok, dem Kalkmergelboden mit sandigen Einschlüssen. Sie bringen vergleichsweise kühle Weine hervor. Die Riede Schmiernberg, in ihrem Zentrum eine südlich ausgerichtete und steile Kessellage, ist mit Sauvignon Blanc, Muskateller und Grauburgunder bestockt. Letzterer wurde schon 1967 gepflanzt, seine knorrigen Stämme liefern nur mehr minimalen Ertrag.

Die vorgestellten Weine zeichnen sich durch Klarheit und Präzision aus. Die Böden kommen insbesondere bei den Riedenweinen durch, prägen aber auch die Ortsweine. Als ungewöhnlich lebendiger und feiner Sortenvertreter ist der Grauburgunder Ried Schmiernberg zu bezeichnen. Von den beiden Sauvignons aus dieser Lage hat der vielschichtige und kühle 2021er die Nase vorn.

Wer im Urlaub Ruhe und Gemütlichkeit sucht, kann in einem der Gästezimmer herrlich entspannen. *ww*

### SÜDSTEIERMARK DAC

★★ S €€ WR
**2023 Welschriesling** + Zarter Apfelduft; herzhaft fruchtig, belebendes Säurespiel, trinkig.

★★ S €€ GM
**2023 Gelber Muskateller** + Auf dezente Art sortenaffin, Holunderblüten, gelbe Zitrusfrüchte, Kräuter; schließt aromatisch an, hinten ein Hauch Muskatblüten, feines Säurenetz, animierend.

★★★ S €€ SB                                PLV
**2023 Sauvignon Blanc** + Unverkennbar, Stachelbeeren, Cassislaub, Hauch Paprika; schließt nahtlos an, fruchtbetont, zarte Würze unterlegt, beschwingt, nie schwer, macht Spaß.

★★ S €€ PB
**2022 Weißburgunder Leutschach** + Zart, frische Birnen, Haselnüsse, tief im Glas weiße Blüten und Äpfel; feine Klinge, zartes Säurerückgrat, lebhaft, viel Frucht, mittleres Gewicht.

★★★ S €€€ SB
**2022 Sauvignon Blanc Leutschach** + Sorte unverkennbar, Buchsbaum, grüner Paprika, Cassislaub, Stachelbeeren, Anklänge von weißen Johannisbeeren; im Geschmack dominiert die helle Frucht, grünblättrige Würze klingt nach.

★★★ G €€€€ CH
**2021 Chardonnay Ried Toderberg** + Einladende Melange aus sortentypischer Frucht und feinen Gewürznoten von Holz, Bourbonvanille, dezent nussig, ruhig strömend, wertiger Eindruck; schließt mit vielfältigen Fruchtaromen an, feinfühliger Holzeinsatz, präzise strukturiert, sehnig, im langen Nachhall kommt der Boden durch.

★★★★ G €€€€ PG                              TIPP
**2021 Grauburgunder Ried Schmiernberg** + Einladend, angenehm unplakativ, rotbackige Birnen, Anklänge von getrockneten Marillen, kandierter Ananas und Nüssen, Prise Zigarrentabak; ganzer Fruchtkorb, belebendes Säurespiel, in keiner Phase schwer oder langweilig, fast pikant, ganz dezentes Holz, gute Länge.

★★★★ G €€€€ SB                              TIPP
**2021 Sauvignon Blanc Ried Schmiernberg** + Elegant, sanfter Druck, reifes Lesegut zu erkennen, Fenchel- und Senfsaat, Dille, Stachelbeeren, Anklänge von Cassis, gelbem Paprika und Cassislaub; aromatisches Dacapo, präzise, lebhaft, bar jeder Üppigkeit, druckvoll, elegant, im langen Nachhall zarteste Gewürze à la Nelken sowie leise Bodentöne. Reserven.

★★★★ G €€€€ SB
**2020 Sauvignon Blanc Ried Schmiernberg** + Ruhig strömend, gediegen, kündigt Kraft an, viel Würze, Primärfrucht im Hintergrund, mit Luft traminerhafte Aromen; schließt aromatisch an, in sich ruhend, zugängliche Säure, gute Länge.

♛♛♛

## Weingut
# Bernd Stelzl

**Bernd Stelzl**
8463 Leutschach an der Weinstraße, Schlossberg 119
Tel. +43 3454 340
weingut@berndstelzl.at
www.berndstelzl.at

Bernd Stelzl ist stolz auf sein Handwerk und seine Weine, die von Herkunft und Boden erzählen. Er legt Wert auf ehrliche, geradlinige, vielschichtige, tiefgründige und nachhaltige Weine, die sich durch Lagerfähigkeit auszeichnen. Schon 18 Jahrgänge hat er eigenverantwortlich vinifiziert. Der wichtigste Weingarten ist eine Monopollage, die Ried Hiritschberg, perfekt nach Südosten ausgerichtet und von kalkhaltigen Opokböden geprägt. Auf den derzeit dort liegenden vier Hektar Rebflächen wachsen die besten Sauvignon-Blanc-Reben und Burgundersorten des Betriebes. Zwei weitere Rieden kommen in den nächsten Jahren dazu. Seinen Weinstil beschreibt er als traditionsverbunden auf moderne Weise. Den Weinen gesteht Bernd Stelzl jene Zeit zu, die sie brauchen. Er rechnet in Wintern. Die Gebietsweine kommen nach einem Winter in den Verkauf, die Ortsweine nach zwei, Riedenweine nach drei Wintern.

Die heuer vorgestellte Serie präsentiert sich feingliedrig und trinkanimierend. Der Welschriesling erinnert mit seiner südsteirischen Rasse an früher, was die Intention des Winzers ist. Den Kalkmergel mit sandigen Einschlüssen kann man in den beiden Ortsweinen Leutschach erkennen. Die Riedenweine sind kräftig und sehnig, Üppigkeit ist ihnen fremd. Gewissermaßen Understatement repräsentiert der Weißburgunder Ried Hiritschberg. Als Primus outet sich der Chardonnay Ried Hiritsch Hube. Beide Weine wurden letztes Jahr vorgestellt, mit „TOP" geadelt und sind noch im Verkauf. Auch der Sauvignon Blanc Ried Hiritschberg ist noch zu haben. *ww*

### SÜDSTEIERMARK DAC

**★★ S €€ PB**
**2023 Weißer Burgunder** + Zart, filigran, Rhabarber, knackige Marillen; saftig, feines Säurerückgrat, lebendig, mittleres Gewicht, Frucht und ein Hauch Gerbstoffe im Abgang.

**★★ S €€ GM**
**2023 Gelber Muskateller** + Kompakt, Sorte klar, getrocknete Holunderblüten, grüne Gartenkräuter, Grapefruits; schließt aromatisch nahtlos an, lebhaft, Holunderblüten, im Abgang Grapefruits und Prise Muskatnuss, vergleichsweise lang.

**★★ S €€ SB**
**2023 Sauvignon Blanc** + Angenehm unplakativ, grünblättrige Würze, Pfefferoni, Ribisel, Stachelbeeren; trinkanimierende Melange aus Frucht und Würze, angenehmes Säurespiel, nie fett, im Abgang auch Einlegegewürze und Grapefruits.

**★★★ S €€€ SB**
**2022 Sauvignon Blanc Leutschach** + Ausgesprochen feingliedrig, Boden zu erkennen, zarte Frucht; feinkörnige Würze und helle Frucht innig verwoben, zartes Säurenetz, Grapefruits und grünvegetabilische Noten im Nachhall.

**★★★ K €€€€€ SB**     **TIPP**
**2021 Sauvignon Blanc Ried Hiritschberg** + Einlegegewürze, Senfkörner, Fenchelsaat, Hauch von Johannisbeeren und grünem Spargel, alles fein angelegt; schließt aromatisch und charakterlich an, feine Klinge, vom kargen Boden geprägt, elegant, hauchzarte Gewürznoten und Mandeln im Nachhall.

**★★★ S €€€ CH**
**2022 Chardonnay Leutschach** + Frisch, feingliedrig, zarte Frucht, Prise Haselnüsse; ruhig strömend, elegante Struktur, Zug und Spannung, Säurespiel, frisch, im Finish Zitrus.

**★★★★★ K €€€€€ PB**     **TOP**
**2021 Weißer Burgunder Ried Hiritschberg** + Elegant, sortenaffin, reife Marillen, Birnen, hauchzarte Gewürzaromen, Hauch Orangenzesten, einladend; aromatisches Dacapo, feingliedrig, zartes Säurerückgrat, Finesse, balanciert, sympathische Gerbstoffe geben Struktur, langer Nachhall mit Gewürznoten und Bodentönen, toller Stoff.

**★★★★★ K €€€€€ CH**     **TOP**
**2021 Chardonnay Ried Hiritsch Hube** + Dunkle Aromatik, kalkig, kühle Frucht, elegante Würze; schließt aromatisch nahtlos an, präzise, Tiefgang, fernab jeglicher Üppigkeit, kraftvoll-sehnig, gekonnter Holzeinsatz, im langen Nachhall bodenständige Aromen und Gewürze.

### STEIERMARK

**★★ S €€ WR**
**2023 Welschriesling** + Frisch, Kläräpfel, helle Blüten; saftig, animierendes Säurespiel, Äpfel, rassig südsteirisch wie einst.

**★★ S €€ SÄ**
**2023 Scheurebe** + Dezent, Anklänge von weißen Johannisbeeren, Nektarinen und Birnen, hauchzarte Würze; Frucht im Geschmack präsent, feines Säurespiel, leichtfüßig, trinkanimierend.

♛ ♛ ♛

## Familienweingut
# Trabos

**Familie Trabos**
8462 Gamlitz, Kranachberg 30
Tel. +43 3454 430, Fax +43 3454 6830
weingut@trabos.at, www.trabos.at
11 Hektar, W/R 90/10, 70.000 Flaschen/Jahr

Das Weingut Trabos ist idyllisch an einem steilen Hang des Kranachberges gelegen. In der warmen Jahreszeit ist der kinderfreundliche Buschenschank ein wahrer Publikumsmagnet; das Angebot ist auf der Homepage abzurufen.
Die ganze Familie zieht an einem Strang, eine generationenübergreifende Erfolgsgeschichte sozusagen. Großer Wert wird auf schmeckbare Herkunft der Weine gelegt. Die Basis des Sortiments stellen die Gebietsweine Südsteiermark dar, darüber sind die Ortsweine Gamlitz angesiedelt. Die Spitze der Pyramide bilden die Riedenweine Kranachberg. Der sandige Schotterboden sorgt für Trinkanimo, eine gewisse Kühle, feine Struktur und salzige Noten.
Die heuer vorgestellten Weißweine sind fein gehalten, ab der Kategorie Ortsweine macht sich der Boden klar bemerkbar. Ausgesprochen druckvoll präsentiert sich der Sauvignon Blanc von der Ried Kranachberg. Bei den Gelben Muskatellern ist die Bandbreite groß – vom beschwingten Gebietswein über den ernsthaften Ortswein bis zum eleganten Ried Kranachberg. *ww*

### SÜDSTEIERMARK DAC

★★ S € WR
**2023 Welschriesling Klassik** + Beschwingt, apfelduftig, einladend; saftig, grüne Äpfel und Kraräpfel, belebendes Säurespiel.

★★ S € PB
**2023 Weißburgunder Klassik** + Sortentypisch, freundlich, frische Haselnüsse, Äpfel, auch Nektarinen; fruchtbetont, quicklebendig, hinten ein wenig Zitrus, mittleres Gewicht.

★★ S €€ GM                                          FUN
**2023 Gelber Muskateller Klassik** + Sorte unverkennbar, Holunder- und Muskatblüten, helle Frucht unterlegt; Frucht gibt den Ton an, Holunderblüten, angenehme Säure, im Abgang Prise Muskatnuss und Zitrus.

★★★ S €€€ GM
**2022 Gelber Muskateller Anna Gamlitz** + Ruhig, ernsthaft, Boden kommt durch, getrocknete Holunderblüten, Grapefruits angedeutet; zeigt die Frucht auf dem Gaumen deutlicher, kompakt, Zug, merkliche Bodentöne, gute Länge, im Finish und im Nachhall Grapefruits und Holunderblüten.

★★ S €€€ CH
**2022 Morillon Gamlitz** + Ruhig, sortentypisch, Boden erkennbar, geriebene Haselnüsse, Birnen und Marillen; schließt aromatisch an, kompakt, Säurespiel, lebhaft, passende Substanz, im Nachhall etwas Zitrus.

★★ S €€ SB
**2023 Sauvignon Blanc Klassik** + Sortentypisch ohne Lautheit, knackige Johannisbeeren, Stachelbeeren, grünblättrige Würze, grünfruchtige Akzente; schließt nahtlos an, angenehme Säure, Paprika im Nachhall.

★★★ S €€€ SB
**2022 Sauvignon Blanc Luis Gamlitz** + Vielschichtig, fein gehalten, schwarze Johannisbeeren, Cassislaub, leise Bodentöne; schließt aromatisch an, zartes Säurenetz, viel Frucht, sympathische Prise Gerbstoffe, schwarze Johannisbeeren und grünblättrige Würze klingen nach.

★★★ S €€€ GM                                          FUN
**2022 Gelber Muskateller Ried Kranachberg** + Wertiges Sortenbukett, Holunderblüten, Kräuter, gelbfruchtige Noten, alles fein angelegt; schließt nahtlos an, sanfter Fruchtschmelz, zugängliche Säure, noble Struktur, gute Länge, harmonisch.

★★★ S €€€ PB
**2021 Weißburgunder Ried Kranachberg** + Einladend, feingliedrig, Prise Haselnüsse, zart nach hellem Steinobst; aromatisches Dacapo, feines Säurenetz, gelassen, ausgewogen, gute Länge.

★★★★ S €€€ CH                                       TIPP
**2022 Morillon Ried Kranachberg** + Eigenständig, präzise, nussig, frische Frucht à la Birnen; schließt mit diesen Aromen an, grüne Kräuter unterlegt, zartes Säurerückgrat, fokussiert, voller Leben, trinkanimierend.

★★★★ S €€€€ SB                                      TIPP
**2020 Sauvignon Blanc Ried Kranachberg** + Markant, sanfter Druck, Einlegegewürze, Tropenfrüchte à la Mangos und Maracuja; aromatisches Dacapo, feines Säurespiel, kraftvoll, Würze eingestreut, Boden kommt durch, langer Nachhall.

### STEIERMARK

★★★ S €€ CR
**2021 Josef** + (ZW/ME/RÖ) Sympathisch, dunkle Frucht, Schwarzkirschen, orientalische Gewürze; schließt aromatisch an, kühler Touch, gute Tanninstruktur, gefühlvoller Holzeinsatz, lang.

### ÖSTERREICH

★★★ K €€€ GM
**Gelber Muskateller Sekt** + (extratrocken) Animierend, feiner Sortenausdruck, Zitrus, knackige Nektarinen, Holunder- und Muskatblüten; schließt aromatisch an, kräftige Perlage, in keiner Phase plakativ, Trinkfluss.

# NOTIZEN

## Weingut
# Tschermonegg

8463 Leutschach an der Weinstraße, Glanz 50
Tel. +43 3454 326, Fax -50
weingut@tschermonegg.at, www.tschermonegg.at
33 Hektar

Erwin Tschermonegg und sein Sohn Franz Josef arbeiten Hand in Hand. Der ruhige und bedächtige Junior hat sich als Kellermeister schon bestens bewährt. Er hat Umstellungen vorgenommen, die sich als absolut positiv erwiesen haben. Die heuer vorgestellte Serie ist stimmig und homogen, die Weine sind feingliedrig und spannend. Dazu beigetragen haben sowohl Weichenstellungen im Keller als auch bezüglich des Lesezeitpunktes. Besonders bemerkbar macht sich das beim Grauburgunder Leutschach und beim Traminer Trio. Die Zurücknahme des Holzes, die sich in den letzten Jahren beim Sauvignon Blanc Oberglanzberg abgezeichnet hat, wurde fortgesetzt, was dem Aushängeschild des Betriebes noch mehr Präzision verleiht. Im Sinne der Nachhaltigkeit werden die Lagenweine mit hochwertigen Naturkorken verschlossen.

Die Weine lassen sich in entspannter Atmosphäre im Buschenschank verkosten, und modern eingerichtete Zimmer laden zum längeren Verweilen ein.                                                           ww

### SÜDSTEIERMARK DAC

★★ €€ WR
**2023 Welschriesling** + Ungewöhnlich zart, Apfelblüten, Äpfel, Mandarinen angedeutet; auch auf dem Gaumen so, feines Säurespiel, steirisch auf dezente Art.

★★★ S €€€ SB
**2023 Sauvignon Blanc Südsteiermark** + Sorte unverkennbar, Stachelbeeren, Cassislaub, Rhabarber, Hauch grüner Paprika; bringt diese Aromen auch im Geschmack, feines Säurespiel, glockenklar, präzise.

★★★ S €€ PB                                                           PLV
**2023 Weißburgunder** + Sorte unverkennbar, knackige Birnen, Prise Haselnüsse; fruchtbetont, Zug, lebhaft, mittleres Gewicht.

★★ S €€ GM
**2023 Gelber Muskateller Südsteiermark** + Angenehm unplakativ, Grapefruits, Holunderblüten, Muskatblüten; im Geschmack zusätzlich Kräuter, lebhaft, knochentrocken, Aperitif.

★★★ S €€ CH
**2023 Morillon Leutschach** + Sanfter Druck, reife Birnen, geriebene Haselnüsse, knackige Marillen angedeutet; lebhaft, Säurespiel, null Fett, Zug, im Nachhall frische Marillen und Zitrus.

★★★ S €€€ PG
**2023 Grauburgunder Leutschach** + Sortentypisch, rotbackige Birnen, Ananas, Hauch Karamell, nie laut; schließt nahtlos an, Säurespiel, zugänglich, frei von Üppigkeit, trinkig, Prise Gerbstoff für die Struktur.

★★★ S €€€ GM
**2023 Gelber Muskateller Gamlitz** + Ernsthaft, sanfter Druck, gelbfruchtig, Grapefruits, Holunderblüten, Prise Muskatnuss; schließt aromatisch und charakterlich an, kompakt, gute Struktur, passende Substanz, gute Länge.

★★★ S €€€ SB                                                         PLV
**2023 Sauvignon Blanc Gamlitz** + Klassisch auf wertigem Niveau, grüner Paprika, schwarze Johannisbeeren, grünfruchtig à la Kiwis; aromatisches Dacapo, kraftvoll-sehnig, leise Bodentöne, viel Frucht im langen Nachhall.

★★★★ S €€€ TR                                                       TIPP
**2023 Traminer Trio Leutschach** + Elegant, Rosen, sonnengereifte Zitronen, Tropenfrüchte; auch im Geschmack so, feingliedrig, knochentrocken, Säurespiel, nie wuchtig, lang.

★★★★ K €€€€ SB
**2022 Sauvignon Blanc Ried Lubekogel** + Klassische Prägung auf hohem Niveau, fein, Stachelbeeren, Cassis, Prise Cassislaub; aromatisches Dacapo, feingliedrig, zarte Säurenetz, im langen Nachhall auch eine Prise grüner Paprika.

★★★★ K €€€€ SB                                                       TIPP
**2021 Sauvignon Blanc Ried Oberglanzberg** + Feinkörnige Gewürze, Senfkörner, Fenchelsaat, Prise getrocknete Kräuter, Frucht angedeutet; vielschichtige Aromatik auch im Geschmack, reife Cassisbeeren, Finesse vor Wucht, Holz sensorisch kein Thema, lang, elegant.

★★★ K €€€€ CH
**2022 Morillon Ried Oberglanzberg** + Klarer Sortenausdruck, frisch, Birnen, helles Steinobst, Prise Gewürze; schließt nahtlos an, bar jeder Üppigkeit, zugängliche Säure, kraftvoll, balanciert, lang, im Finish und im Nachhall feine Gewürznoten.

### STEIERMARK

★★ S €€€ RM
**2023 Roter Muskateller** + Rote Blüten, Holunderblüten, Hauch rosa Grapefruits, fein angelegt; Zug, rosa Grapefruits dominieren, feine Kräuternoten unterlegt, Trinkfluss.

### ÖSTERREICH

★★★ S €€ Cabernet Blanc
**2023 Cabernet Blanc** + Ansprechend, sauvignonesk, Karambole, Galiamelonen, Johannisbeeren, grünblättrige Würze; aromatisches Dacapo, höchst lebendig, Säurerückgrat, mittleres Gewicht, glockenklar.

## Weingut
# Wohlmuth

**Gerhard und Marion Wohlmuth**
8441 Kitzeck im Sausal, Fresing 24
Tel. +43 3456 2103, Fax +43 3456 2121
wein@wohlmuth.at, www.wohlmuth.at
57 Hektar, W/R 90/10, 280.000 Flaschen/Jahr

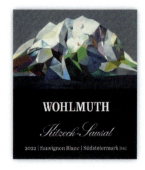

Gerhard Wohlmuth hat mit den aktuellen Jahrgängen einige bedeutende Änderungen im Sortiment vorgenommen. So wurde zwischen den Gebietsweinen aus der Südsteiermark und den aus Sausaler Lagen stammenden Gebietsweinen namens „Schiefer" für vier Rebsorten eine neue Kategorie unter der Bezeichnung „Phyllit" eingezogen, von denen speziell die beiden schwebend leichten und taufrischen Exemplare aus Sauvignon und Muskateller begeistert haben. Unter der Ortsbezeichnung Kitzeck-Sausal werden dann nur mehr die beiden Leitsorten Sauvignon Blanc und Riesling angeboten, die dann mindestens ein Jahr auf der Hefe in großen Holzfässern reifen dürfen. Auch werden die Erscheinungstermine einiger Lagenweine weiter nach hinten verschoben, weshalb beispielsweise der Sauvignon Blanc Steinriegl oder der Riesling Dr. Wunsch erst im nächsten Jahr abgebildet werden können.
Apropos Riesling: Als vorläufigen Ersatz gibt es dafür wieder einen restsüßen „Dr. Wu" im Stil eines traditionellen deutschen Kabinett. Großartig gelungen ist wieder einmal der hochelegante, unnachahmlich präzise strukturierte Edelschuh-Riesling. Von den zahlreichen Sauvignon-Varianten sticht vorläufig der rotbeerige Hochsteinriegl 2022 hervor, zumal der ebenso feinsinnige Edelschuh nach 18 Monaten Reifung auf der Hefe einfach noch seine Zeit braucht. Aber auch der bereits erwähnte knusprige Phyllit und die Spätfüllung vom Ortswein Kitzeck-Sausal werden Liebhaber dieser Rebsorte entzücken. Der Grauburgunder tritt diesmal ebenfalls in Gestalt eines schwungvollen Phyllit und des ganz ruhig strömenden Riedenweines Gola auf. Aus dem Quartett der Morillons bilden die beiden Lagenweine die qualitative Spitze, wobei derzeit schwer zu entscheiden ist, ob man dem eher puristischen 2022er Gola oder dem mit fruchtigen Aromen nur so prunkenden 2021er vom Sausaler Schlössl den Vorzug gibt. Für den abschließenden, absoluten Höhepunkt sorgt dann ein anderer 2021er, nämlich die unter der schlichten Bezeichnung „Ried Edelschuh Fassreserve" laufende, wahrhaft fulminante Cuvée aus Morillon, Sauvignon und Riesling, die nur in den allerbesten Jahren erzeugt wird und mittlerweile ganze 30 Monate auf der Hefe reifen darf. *vs*

---

### SÜDSTEIERMARK DAC

★★ S €€ GM
**2023 Gelber Muskateller** + Charakteristische Würze nach Zimt und Muskatnuss, spritzig, blitzblank und hellfruchtig, schlank, doch kompakt, unkomplizierter, sofort ansprechender Sommerwein.

★★★ S €€€ GM
**2023 Gelber Muskateller Schiefer** + Vibrierende Frische, zuerst kommt die Schieferwürze zur Geltung und dann erst der dezente Sortenton, Akazienblüten und Grapefruit, messerscharf definiert und glasklar, zurückgenommen und fein liniert, sehr individuelle Muskateller-Variante.

★★★★ S €€€ GM
**2023 Gelber Muskateller Phyllit** + Noch eine Spur reduktiv und hefig, verströmt die kühle Eleganz der Schieferlagen, Mandarine, Bergamotte und sogar rotbeerige Einsprengsel, feinkörnig und vielfältig – ein Muskateller-Typ, dem man noch ein wenig Flaschenreife gönnen sollte.

★★★ S €€ SB
**2023 Sauvignon Blanc** + Erfrischend und spritzig, klar wie lebhaft, nach Melisse und Ribiseln, extrem jugendlich, legt im Glas zu und gewinnt an Tiefgang, dunkle Würze und viel Biss.

★★★ S €€€ SB
**2023 Sauvignon Blanc Schiefer** + Kühler Hauch zu Beginn, frisch, apart und noch ein bisschen verhalten, dezente Aromen von Melisse und Johannisbeeren, geschliffen wie zupackend, schlanke Mitte, verspielt und einladend, guter Biss.

★★★★ S €€€ SB  TIPP
**2023 Sauvignon Blanc Phyllit** + Subtile, zartgliedrige Nase eigener Prägung, überrascht sofort mit seinem rotbeerigen Fruchtspiel, das offenbar den hoch gelegenen, kargen Schieferrieden zu verdanken ist, schlanke Eleganz, sehr apart und zupackend, voll Elan, macht gleich Lust auf den nächsten Schluck.

★★★ S €€€ SB
**2022 Sauvignon Blanc Kitzeck-Sausal Spätfüllung** + Nach Salbei und Kamille, ruhig strömend und zurückhaltend, geht rasch auf und wird offener und charmanter, etwas Stachelbeere und rosa Grapefruit, subtil und fein gezeichnet, cremig und geschmeidig, erst im Abgang auch Rasse andeutend.

★★★★★ K €€€€€ SB  TOP
**2022 Sauvignon Blanc Ried Hochsteinriegl** + Ruhige, vornehme Nase, in der sich gelbe und rote Fruchtaromen aneinanderreihen, feingliedrig, rund und präzise definiert, dunkle Stachelbeeren und Cassis, noble Ausstrahlung und viel Finesse, perfekte Balance, große Reserven.

★★★★ K €€€€€€ SB
**2022 Sauvignon Blanc Ried Edelschuh** + 14 Stunden Maischestandzeit und 18 Monate Hefelagerung ergeben naturgemäß einen etwas anderen Weinstil als den bisher gewohnten: vorerst zurückhaltend, Blütenhonig und weißer Spargel im vornehmen Bukett, hefige Herznote, dicht und mollig, sanft strömend, am Gaumen etwas Mango und Tarocco-Orange, legt nach längerer Öffnung deutlich zu.

★★★ S €€€ RI
**2023 Riesling Phyllit** + Bergamotte und Limette im diesmal ganz hellfruchtigen Bukett, glockenklar und saftig, kühle Eleganz und viel Esprit, kompromisslos und ziseliert, zartbitterer Abgang.

★★★★ K €€€€€ RI  TOP
**2022 Ried Edelschuh Riesling** + Intensives, konzentriertes Duftspiel nach Passionsfrucht, Limette und weißem Pfirsich, offenbart viele Schichten und betont bei aller Dichte vor allem die Eleganz, subtile Schiefernote, sprüht förmlich vor Temperament, bildschöner, vornehmer Riesling, den so nur eine Kitzecker Top-Lage hervorbringen kann.

★★★★ K €€€€ RI
**2023 Riesling „Dr. Wu…K"** + Zunächst Duft nach Rosenblüten, in die sich bald ein Hauch von Litschi und Wassermelone mengt, traubige Delikatesse im Stil einer Moselaner Riesling-Auslese, schlanke Eleganz, zart hefige Untertöne, apart und verspielt, relativ moderate Süße, somit auch noch als etwas anderer Aperitif einsetzbar.

★★★ S €€€ PG
**2023 Grauburgunder Phyllit** + Verspielt und subtil, feine Himbeer- und Ribiselanklänge, springlebendig, schlank und blitzsauber, griffig und nuanciert, feinnerviges Finale, guter Trinkfluss.

★★★★ K €€€€ PG  TIPP
**2022 Grauburgunder Ried Gola** + Brauner Zucker und Karamell in der sogleich einladenden, dezenten Nase, rund und saftig, schöne Balance, Kletzenbirnen und eine Andeutung rotbeeriger Aromen, elegantes Understatement, lang anhaltend und vielversprechend.

★★★ S €€€ CH
**2022 Morillon Kalk & Schiefer** + Beginnt mit gelbfruchtigem Spiel, Physalis und Navel-Orange, feine Würze und leichte Kaffeenote, die beiden Bodentypen halten einander die Waage, auch genügend Spannkraft bei eher schlanker Struktur.

★★★★ K €€€€ CH
**2022 Morillon Ried Gola** + Rotbeeriges Flair und Agrumen kommen Hand in Hand, feingliedrig und entgegenkommend, kühle Eleganz, verkörpert auch den Purismus der „nackten" Lage sehr gut, ausgereift und eng verwoben, adäquate Säurenetz und gute Länge.

★★★★ K €€€€ CH
**2021 Morillon Ried Sausaler Schlössl** + Hauchfeines Entree mit Himbeeren und gesponnenem Zucker, geht sofort in die Tiefe und wird multidimensional, enorme Dichte und dennoch von der Eleganz geprägt, am Gaumen etwas Ananas und Yuzu, nimmt immer mehr Fahrt auf und bleibt auch „ewig" haften – der Modellfall eines Morillons, an der Grenze zur Höchstwertung.

★★★★ K €€€€€€ CW  TIPP
**2021 Ried Edelschuh Fassreserve** + (CH/SB/RI) Diese Selektion aus uralten Rebstöcken wird nur in besonderen Jahren produziert: Was für ein schwungvoller Reigen heller Fruchtaromen, Anklänge von Ananas, Melone und Stachelbeere offenbart viele Schichten, wobei keine Rebsorte dominiert, engmaschig und finessenreich, cremiger Schmelz sowie perfekte Balance, Potenzial für viele Jahre.

## VINOTHEKEN

### VOGAU

**Vinofaktur Südsteirisches Genussregal Vogau**
8461 Vogau, An der Mur 13
Tel. +43 3453 40677-320
www.genussregal.at

## GASTRONOMIE/NÄCHTIGUNG

### BERGHAUSEN

**Magnothek**
8461 Berghausen, Zieregg 3
Tel. +43 3453 22122
www.magnothek.at

Berauschender Ausblick von der Terrasse. Die Stube mit den alten Steinwänden wurde mit modernen Holzelementen aufgefrischt. Die Küche zeigt sich bodenständig gut mit Klassikern wie Backhendl und knusprigem Schweinsbauch. Im verglasten Schaukeller sammelte Hausherr und Winzer Manfred Tement seine größten Schätze von der Magnum- bis zur 18-Liter-Flasche.

**Winzarei**
8461 Berghausen, Zieregg 4–5
Tel. +43 3453 4101
www.winzarei.at

Winzerzimmer als Schmuckstücke. Manfred Tement hat nicht nur eine gute Hand für Wein, sondern auch ein Gespür für stilvolle Inneneinrichtung. Ehemalige Winzerhäuser wurden umgeben von Weingärten und blühenden Wiesen zu zeitgemäßen Zimmern umgebaut. Steinwände, edle Holzböden und Möbel, Design und moderne Kunst verstehen sich miteinander.

### ECKBERG

**Weinrefugium Brolli**
8462 Eckberg, Eckberg 107
Tel. +43 3453 4212
www.weinrefugium.at

Die idyllische Natur vermittelt das Gefühl von Freiheit und Harmonie, Übernachten bietet sich also an. Aufgetischt wird jede Menge Regionales – etwa Winzerteller und Backhendl. Dem gebeizten Seesaibling verleihen Rote-Bete-Creme und Dill den letzten Schliff. Zum Dessert schmeckt Schokobrownie mit Milcheis.

# EHRENHAUSEN

### Steinberghof – Weingut Firmenich
8461 Ehrenhausen, Wielitsch 62
Tel. +43 3453 2435
www.firmenich.at

Überall hängen im über 200 Jahre alten Presshaus Kunstwerke von Dieter Firmenich. Die Buschenschankjause ist vom Feinsten, zu den Klassikern zählen Leberparfait, Mangalitzaspeck und Kürbiskernpesto auf hausgemachtem Brot oder der „Freche Sterz" mit Sauerrahm und Grammeln. Ausgezeichnet ist der hauseigene „STIN – Styrian Gin".

### Loisium Wine & Spa Resort
8461 Ehrenhausen, Am Schlossberg 1a
Tel. +43 3453 28800
www.loisium-suedsteiermark.at

Imposant und futuristisch – so präsentiert sich das Vier-Stern-Superior-Designhotel. Besonders begehrt sind die Weingartenblick-Suiten und das Loisium Wine Spa inklusive ganzjährig beheiztem Außenpool. Gut gehen lässt man es sich auch im 1400 m² großen Wine-Spa-Wellnessbereich. Beeindruckende Lage mit einer Fernsicht über die südsteirischen Hügel bis auf die Koralm. Gut sortierte Vinothek.

### Lilli & Jojo – Das kleine Wirtshaus
8461 Ehrenhausen, Sulztal 22
Tel. +43 3453 2310
www.lilliundjojo.at

Der ehemalige Koch des Jahres, Joachim Gradwohl, und Lilli Kollar führen nun das liebevoll dekorierte Juwel. Der Blick von der lauschigen Weinlaube in die steilen Weinlagen ist atemberaubend, ein Erlebnis ist auch die Küche. Im Fokus ist eine gehobene Regionalküche mit biologischen Zutaten und aus artgerechter Zucht. Das Gasthaus ist stimmungsvoll, erst recht die Weingartenblicke. Nur Menüs ab drei Gängen.

### Die Weinbank
8461 Ehrenhausen, Hauptstraße 44
Tel. +43 3453 22291
www.dieweinbank.at

Gerhard Fuchs ist ein Erneuerer steirischer Kreativküche. Der Vierhaubenmann hatte aber auch immer ein Herz für die bodenständige Wirtshausküche. Da kommen gefüllte Paprika auf den Tisch, saftiges Reisfleisch oder ein krosses Bratl vom Freilandschwein mit Sauerkraut und Knödel. Sommelier Christian Zach verfügt über einen beachtlichen Weinkeller mit Naturweinen. Die Kritiker der Star Wine List kürten jüngst die Weinkarte zur besten Österreichs. Weit über 4000 Positionen, viel Regionales, Natural Wines – auch internationale, Entdeckungen, Geheimtipps, junge Winzer und große Flaschenformate, Tiefe und Breite. Besonders breites Angebot an Weinen der Winzerfamilie Tement, den Eigentümern der Liegenschaft, oft in gereifter oder eigens gefüllter Form.

## FRESING

### Wutte
8441 Fresing 34
Mobil +43 664 1822027
www.weingut-wutte.at

Mut zur Moderne. Der Buschenschank zeigt sich markant mit Spitzdach in Grau-Weiß, hoch wie ein Kirchturm. Von vorne wurde die Fassade bis zum Giebel verglast. Sehr gut: Schweinsbrüstl, warme Selchwurst, Kardinalschnitte. Sympathische Wirtspaar.

## GABERSDORF

### Pures Leben
8424 Gabersdorf, Neudorf an der Mur 105
Tel. +43 3452 74102
www.puresleben.at

Erwachen zwischen Rebstöcken, Frühstück unterm Apfelbaum und Pools mit Weinbergblick in den Häusern. Pures Leben vermittelt dieses Lebensgefühl in südsteirischen Stadln, Weinstöckeln und Winzerhäuser, die zu exklusiven Landhäusern im Designstil umgebaut wurden. Regionale Produkte zum Frühstück. Mehrere Standorte zur Auswahl.

## GAMLITZ

### Domaines Kilger Jaglhof
8462 Gamlitz, Sernau 25
Tel. +43 3454 6675
www.jaglhof.at

Der 360-Grad-Blick über das südsteirische Weinland ist sensationell, das Anwesen wurde auf Hochglanz gebracht. Aus der Küche kommen Österreich-Klassiker, viele mit Fleisch von eigenen Tieren. Zum Beispiel Roastbeef vom Bison oder Schweinebauch vom hochwertigen Bio-La-Bonca-Hof. Der Weinkeller ist durchaus beachtlich.

### Fräulein Leni
8462 Gamlitz, Kranach 3
Tel. +43 3453 20800
www.fraeulein-leni.com

Die Buschenschank Erika in Gamlitz war eine Legende, an ihrer Stelle steht nun ein würdiger Nachfolger: das Hotel Fräulein Leni in bekannter Traumlage in den Weinbergen und großartigem Ausblick. Denise und Michael Pachleitner stehen dahinter, sie bauten das Genussrefugium auf, benannt nach ihrer Tochter Leni. Im Boutiquehotel beginnt man den Tag mit einem Langschläferfrühstück – auf einer Etagere sind viele Genüsse aus der Umgebung versammelt, es gibt auch selbst gemachte Smoothies und Kaffee aus der French Press. Dann geht es zum Yoga, in die Sauna, zur Massage oder in den Infinitypool.

**Logis 125**
8462 Gamlitz, Grubtal 125
Mobil +43 664 5258532
www.logis125.at

Hannes Sabathis Schwester betreibt dieses feine Boutiquehotel. Der ortstypische langgestreckte Bau wurde außen mit schwarzen Eternit-Tafeln verkleidet, die Innenräume bilden mit weiß gekalkten Platten den freundlichen Kontrast. Neu ist der Hofladen mit Weinen aus der Umgebung und Produkten aus eigener Erzeugung: Fruchtsäfte, Kernöl, Edelbrände, Marmeladen, Knabberkerne, Selbstgebackenes.

**Sattlerhof – Hannes Sattler**
8462 Gamlitz, Sernau 2
Tel. +43 3453 4454-0
www.sattlerhof.at

Seit einer gefühlten Ewigkeit ein Wohlfühlort. Weingut, Genießerhotel, Wirtshausküche und gehobenes Restaurant unter einem Dach. Tochter Anna Sattler kehrte nach Stationen in Dreisternerestaurants mit ihrem Lebenspartner, dem französischen Spitzensommelier Thomas Ferrand, zurück und übernahm die Führung des Restaurants. Annas Bruder Markus, ebenfalls in der Sternegastronomie aktiv, sorgt in der Küche für zwei Linien: Wirtshausklassiker, aber auch eine regional inspirierte Küche mit internationalem Esprit.
Ausführliche Weinkarte, natürlich große Jahrgangstiefe bei den Weinen des eigenen Weinguts.

**Hotel Wurzenberg**
8462 Gamlitz, Fötschach 102
Mobil +43 664 1008061
www.wurzenberg.at

Beeindruckende Lage an einem der höchsten Punkte der Südsteiermark. Der moderne, transparente Holzbau lässt Natur und Zimmer nahtlos ineinander übergehen. Das Spektakuläre ist hier das Unspektakuläre: Bienen, Blumenwiesen und Berge mit Weinreben lassen jeden seine Mitte wiederfinden. In schicken Lodges betrachtet man durch große Glasfronten das Weinland, besser als fernsehen. In der Mispellodge 270° ist der Rundumblick – wie der Name schon sagt – besonders umfassend.

## GLEINSTÄTTEN

**Der Literwirt**
8443 Gleinstätten, Goldes 1
Tel. +43 3457 2255
www.derliterwirt.at

Wirtshausküche in modernem Gewand. Tradition und Innovation verschmelzen zur sympathischen Fusion. Bodenständiges gibt es genauso wie Mediterranes und Kreatives. Die Teller sind eine Augenweide.

## HEIMSCHUH IM SULMTAL

**Gasthaus Koschak Wirt & Weinbauer**
8451 Heimschuh, Nestelberg 43
Tel. +43 3456 2401
www.koschak.at

Ein Bilderbuchgasthaus. Gemüse, Kräuter und Hühner kommen aus der eigenen Landwirtschaft. Köstlich sind das Smoked Tatar vom Zebu mit Dirndln oder der Königsberger Kapaun (drei Tage vorher bestellen). Anklänge an Slowenien bietet die süße Topfenpoganze. Hausherr Martin macht die dazu passenden Weine.

**Schneeberger**
8451 Heimschuh, Pernitschstraße 31
Tel. +43 3452 83934
www.weingut-schneeberger.at

Für die Akzente in der Küche sorgt Margret Reinprecht, die schon seit vielen Jahren mit ihren preisgekrönten veredelten Schinken auf sich aufmerksam macht. Das Fleisch dazu stammt aus eigener Freilandschweinezucht. Am besten, man bestellt quer Beet: Chutneys, Aufstriche, Eingelegtes, geräucherter Fisch, Hirschrohschinken, Ziegenkäse, mariniertes Huhn, Kuchen – frisch gemacht und mit liebevollen Details arrangiert. Die Palette der hauseigenen Weine reicht vom leichtfüßigen Rosé-Sekt bis zu vielschichtigen Lagenweinen.

## KAINDORF AN DER SULM

**Hotel-Restaurant Staribacher**
8430 Kaindorf an der Sulm, Grottenhof 5
Tel. +43 3452 82550
www.staribacher.at

4-Sterne-Hotel mit großem Wellnessbereich. Das Restaurant bringt die Klassiker wie Backhendl oder Zwiebelrostbraten, versteht sich aber auch auf Gehobenes wie Sous Vide gegarte Scheibe vom Rind mit Rotweinjus, Spargel, Süßkartoffelpüree und Shiitake-Pilzen oder Kernöl-Panna Cotta mit Cassis-Eis.

## KITZECK IM SAUSAL

**Weinhof Kappel**
8442 Kitzeck, Steinriegel 25
Tel. +43 3456 2407
www.weinhof-kappel.at

Seit Generationen macht der „Kappel", was er gut kann – seine Gäste verwöhnen mit guter Regionalküche in zeitgemäßer, verfeinerter Form und eigenem Wein. Monatlich gibt es auch ein Genießermenü mit den Produkten der Saison. Noch mehr als bisher konzentriert man sich auf die besten regionalen Produkte. Zu empfehlen ist eine Übernachtung mit Pool und Relaxen im Wellnessbereich. Da kommt man in den Genuss eines herrlichen Traubenkernölpeelings.

**Steirerland**
8442 Kitzeck, Höch 10
Tel. +43 3456 2328
www.steirerland.co.at

Heile-Welt-Sucher lieben den Blick ins Sausal. Dazu servieren die Geschwister Stelzer in der Küche (Ruth) und im Service (Maria) seit Jahren ein ausgezeichnetes Slow-Food-Programm. Hier gibt es noch Köstlichkeiten wie Krautfleckerln, steirisches Misthäuferl (Sterz, geschnetzeltes Hühnerbrüstl, Schwammerlsauce) und Lammstelze mit Rahmpolenta und Bohnengemüse. Butterweich das Schulterscherzerl mit Semmelkren. Sommelière Maria Stelzer betreut die gut sortierte Vinothek mit einer umfassenden Sammlung Sausaler Winzer. Zwölf nach Feng-Shui eingerichtete Gästezimmer.

**Buschenschank Reiterer**
8442 Kitzeck, Einöd 10
Tel. +43 3456 2537
www.kitzecker-reiterer.at

Die Tattooträger Reinmund und Beate Reiterer stellen Traditionen lustvoll auf den Kopf. Im ersten Stock gibt es eine Lounge mit Ledersofas. Auf der Karte haben sie Bachkrebse in Avocado-Salsa, in Zweigelt marinierte Mangalitza-Salami und Carpaccio mit hauchdünnem, leicht geräucherten Sausaler Biorind, dazu Asmonte, Nusskrokant, Walnuss- und Kernöl. Göttliche Kernöleierspeis. Stilvolle Zimmer mit natürlichen Materialien wie Nussholz oder Schiefer.

**Malli**
8442 Kitzeck, Einöd 38
Tel. +43 3456 3159
weingut-malli.at

Der Wein kommt zum Teil von der steilsten Riede Österreichs gleich vor dem Haus. Die Jause ist ganz besonders. Das meiste wird in Eigenregie produziert, vom Schinken, saftigen Karree, Würsten und Speck bis hin zu Aufstrichen. Dazu schmeckt das frische Hausbrot.

**Schauer**
8442 Kitzeck, Greith 21
Tel. +43 3456 3521
www.weingut-schauer.com

Buschenschank-Flair in seiner allerschönsten Form mit üppig blühendem Garten und behaglichen Stuben mit viel Holz, alten Holztramen und Kachelofen. Schinken und Würste vom Wild, Schwein und Rind kommen aus der Gegend, Pasteten, Verhackerts und Aufstriche sind selbst gemacht. Die Weine zählen zu den besten im Sausal.

## LEIBNITZ

**Der Hans**
8430 Leibnitz, Grazer Gasse 7
Tel. +43 3452 823730
www.derhans.at

Das urig-moderne Lokal mit schönem Steingewölbe ist Treffpunkt für Steakfans. Bestes Fleisch aus Österreich und Argentinien dominiert die Karte, zelebriert werden die Genussmomente mit tollen Beilagen wie getrüffelter Cremespinat. Das Serviceteam ist 1a, besonders interessant ist die Weinbegleitung.

**Kogel 3**
8430 Leibnitz, Kogelbergstraße 62
Tel. +43 3452 74935
www.kogel3.com

Traumhafte Aussicht auf Weinreben, kuschelige Lounge-Ecken und Designerleuchten. Gekocht wird lustvoll verfeinert-regional. Ein Muss sind die Kuchen und Torten von Hausherrin Beatrix Drennig. Im beeindruckenden Weinkeller lagern zahlreiche Besonderheiten, großteils Steirerweine mit ansehnlicher Jahrgangstiefe.

**Schlosskeller Südsteiermark**
8430 Leibnitz, Seggaubergstraße 5
Tel. +43 3452 744 99
www.schlosskellersuedsteiermark.at

Markus Rath übersiedelte vom Längsee zurück in seine steirische Heimat. Und auch dort verbindet er gekonnt Beuschel, Backhenderl, Grammelknödel, Gulasch und Kreationen mit neuen Ideen. Spezialitäten sind die hauseigene Schweinerei oder der Braten am Sonntag. Großartiger Blick von der Terrasse ins Weinland.

## LEUTSCHACH

**Der neue Jägerwirt**
8463 Leutschach, Fötschach 17
Tel. +43 3454 270
gasthaus-jaegerwirt.at

Ein Bilderbuchlandgasthaus mit Kachelofen und Geweihen als Deko. Die Küche spricht eine verfeinert bodenständige Sprache. Die Höhepunkte sind Beuschel, Backhendl, Tafelspitz, Wild spielt eine Hauptrolle. Zu den Klassikern zählen Hirschragout mit Dörrzwetschken und die hausgemachte Wildbratwurst.

**Kreuzwirt**
8463 Leutschach, Pössnitz 168
Tel. +43 3454 205
www.poessnitzberg.at

Der moderne Bau passt sich der Gegend perfekt an, lange Glasfronten geben den Blick ins Weinland der Südsteiermark frei. Mit den Produkten bedient man sich bei Lieferanten aus heimischer, ökologischer Landwirtschaft. Inspiriert sind gebrannte Melanzani mit Fenchel und Ofentomate, Paprikaschaumsuppe mit Räucherforellenpraline, ebenso ganz ohne Fleisch kommt der Sellerie in Sesamkruste mit Quinoa aus. Klassiker wie Backhendl, Kalbshaxe oder Rostbraten im Ganzen gibt's natürlich auch.

**Liepert's Kulinarium**
8463 Leutschach, Arnfelser Straße 2
Mobil +43 664 1418116
www.lieperts.at

Im gemütlich-rustikalen Gastraum mit Wandtäfelung kann man sich mit feinen Ideen überraschen lassen. Die Gerichte kommen ungezwungen kreativ-regional mit feinem Handwerk daher. Dabei ist die Herkunft der Zutaten immens wichtig, der Fokus liegt auf Nachhaltigkeit. Der Keller ist eine echte Schatzkiste.

**Sabathihof**
8463 Leutschach, Rebenweg 142
Tel. +43 3454 495
www.sabathihof.com

Den Wellnessbereich mit Swimmingpool in den Weinbergen möchten wir am liebsten gar nicht verlassen, die Terrasse und die Laube mit fantastischem Ausblick sind die reizvolle Alternative. Ausgezeichnete steirische Küche, die Rotwild aus dem eigenen Gehege und Kräuter aus dem Hausgarten verwendet.

### Weingut Tschermonegg

8463 Leutsachch, Glanz 50
Tel. +43 3454 3260
www.tschermonegg.at

Das behutsam renovierte Winzerhaus liegt am höchsten Punkt der Südsteirischen Weinstraße mit prächtigem Panorama. Zum Weingut gehört ein uriger Buschenschank mit alter Baumpresse. Zu den hauseigenen Weinen werden steirische Schmankerln, Käsevariationen mit Bärlauchpesto oder die exzellenten Mehlspeisen serviert. Gemütliche Gästezimmer.

## PISTORF

### Schneiderannerl

8443 Pistorf, Sausal 27
Tel. +43 3457 2581
www.schneiderannerl.at

Romantiker sind begeistert. Mitten in den Weingärten, ein von Glyzinien umranktes Holzhaus, gemütliche Stuben mit offenem Kamin. Die Fleischspezialitäten werden selbst gemacht: luftgetrocknetes Lendbratl, Osso Collo, Kübelfleisch (in Verhackert eingelegtes Fleisch), die Hausspezialität ist das rotweingereifte Schweinsfischerl.

## RATSCH

### Maitz

8461 Ratsch 45
Tel. +43 3453 2153
www.maitz.co.at

Schöne Wohlfühlzimmer warten auf den Gast, die Suiten tragen klingende Namen wie „Weitblick" und „Freiraum". Im Wirtshaus werden Spezialitäten der Region oder Gerichte mit mediterranem Akzent serviert. Dazu reicht man Gebiets-, Orts- und Riedenweine aus dem eigenen Weingut sowie ausgesuchte Gewächse von Kollegen aus ganz Europa. Wein und Küche gehen eine innige Verbindung ein. Ein Signature Dish ist der steirische „Thunfisch" – gebeiztes Filet vom Duroc-Schwein mit Balsamlinsen, Wachtelei und Liebstöcklschaum.

### Buschenschank Kögl

8461 Ratsch 59
Tel. +43 3453 4314
www.weingut-koegl.com

Die Gegend könnte idyllischer nicht sein, von der Terrasse mit alter Linde ist die Aussicht gleich noch einmal so schön. Im 300 Jahre alten, liebevoll restaurierten Buschenschank von Bio-Winzerin Tamara Kögl finden sich sowohl altbewährte Buschenschank-Klassiker wie auch vegetarische und vegane Schmankerl.

## ST. ANDRÄ IM SAUSAL

**Harald Irka Pfarrhof**
8444 St. Andrä im Sausal 1
Mobil +43 660 3944628
www.ampfarrhof.com

Vier-Hauben-Koch Harald Irka kennt man für seine Vielseitigkeit. Jetzt hat er seine kulinarische Spannweite noch erweitert – und holt das Meer mit seiner neuen Kulinariklinie Ostrea in die Südsteiermark. Bei der Qualität gibt es – typisch Irka – keine Kompromisse, zubereitet werden ausschließlich absolute Topprodukte: nicht nur Mittelmeerfisch, sondern absolute Topware der besten Fischer der Welt. Kaisergranat und Seeigel von den Färöer-Inseln, handgetauchte Jakobsmuscheln aus Norwegen, Bluefin-Thunfisch aus nachhaltiger Meereszucht in Spanien oder Wildfangsteinbutt aus der Bretagne. Wie immer versteht es Irka, mit Konsistenzen und Aromen gekonnt zu spielen. Zum Beispiel beim Balfego-Thunfisch-Tatar mit fermentierten Misokarotten, Limetten-Ponzu-Vinaigrette und knusprigen Algen mit Sesam – süß und salzig, kross und zart, das passt bestens zusammen. Ostrea ist immer am Mittwoch und Donnerstag geöffnet, das Gourmetmenü gibt es ab immer am Freitag, Samstag und Sonntag.

## ST. NIKOLAI IM SAUSAL

**Weingartenhotel Harkamp**
8505 St. Nikolai im Sausal, Flamberg 46
Tel. +43 3185 2280
www.harkamp.at

Designweingartenhotel in einer Traumlage auf der Riede Oberburgstall. Hausherr Heinz Harkamp ist ein Meister niveauvoller Herzhaftigkeit und verbindet Weltoffenheit mit regionalen Produkten. Klassiker sind Flamberger Weinsuppe mit Zimtbrot, das legendäre Backhendl und das erfrischende Weingelee. Dazu gibt es die Weine von Harkamps Bruder Hannes. Hotelzimmer mit Weingartenblick.

## ST. VEIT IM VOGAU

**Gasthaus Restaurant Thaller**
8423 St. Veit im Vogau 44
Tel. +43 3453 2508
www.gasthaus-thaller.at

Bodenständiges aus der Region – neu interpretiert. Norbert Thaller beherrscht diese Kunst hervorragend. Sein Gasthaus liegt in einem üppig blühenden Park, Kräuter, Gemüse und Fisch wachsen hier ganz natürlich. Abends kommt große Oper auf den Tisch: Weidehendl, roter Curry und Kohlrabi oder Maibock, Haselnuss und Schwarzbeer. Beeindruckender Weinkeller.

## STRASS

### Gasthof Sauer
8472 Straß in der Steiermark, Hauptstraße 93
Tel. +43 3453 2310
www.gasthof-sauer.at

Vieles ist neu bei Thomas Ranninger. Nach Jahren am Grottenhof in Leibnitz, erfüllte er sich jetzt seinen Traum eines Eigentums mit dem Gasthof Sauer in Straß. Typisch steirisch geht es zu, gebackene Blutwurst, Backhenderl, Cordon bleu, Wiener Schnitzel oder Käsespätzle stehen auf der Karte. Am Schluss schmecken Eispalatschinken.

## SULZTAL

### Dreisiebner
8461 Sulztal 44
Tel. +43 3453 2809
www.weinidylle-dreisiebner.at

Komfortable Winzerzimmer in den Weinbergen, Tipp: das sonnendurchflutete Giebelzimmer mit großer Fensterfront. Tipp: das Weingartenhaus mit alten Weinstöcken als Fassade. Im Buschenschank serviert man Brot, Würste, Schinken, Verhackert aus Eigenproduktion, gute, hauseigene Weine.

### Fischwirt im Urmeer
8461 Sulztal an der Weinstraße 18
Tel. +43 3453 21149
www.fischwirt.co.at

Feine Fischvorspeisen wie das Lachsforellensashimi, ganze Fische im Almbutterschmalz gebraten oder gebackener Karpfen – der Name ist Programm. Fischalternativen sind Almbullensteak oder Sulmtaler Knusperhühnerschnitzel. Das herzliche Service sorgt für die richtige Weinauswahl. Wunderbarer Platz, Weingartenblick.

### Winkel Art Hotel
8461 Sulztal 13
Mobil +43 664 1878047
www.winkelhotel.at

Mitten in den Weinbergen, mit Gartenanlage, Seerosenteich und Pool. Man hat die Wahl, wo man den Tag verbringen will: in der Lounge mit offenem Kamin, auf der Sonnenterrasse, im Garten oder im Weingartenpool. Hochwertiges Frühstück.

# WESTSTEIERMARK

Den Ruf der Weststeiermark begründet hat zweifellos der Schilcher, ein überaus charaktervoller, von rassiger Säure geprägter Rosé aus der Rebsorte Blauer Wildbacher, eine der urwüchsigsten autochthonen Sorten in Österreichs Weingärten. Der Begriff Schilcher kommt von Schillern, also den Facetten dieses von Pink bis Dunkelrosa changierenden Weines, wobei die Farbkraft von der Maischestandzeit abhängig ist. Die früher betonten Unterschiede zwischen Stainzer Schilcher und den dunkleren Deutschlandsberger Typen sowie die Differenzierungen der verschiedenen Schilcher-Spielarten sind mittlerweile längst obsolet geworden.

Das typische, an Cassis, Walderdbeeren oder Himbeeren erinnernde Bukett, begleitet von Noten nach Brennnesseln, Johannisbeerblättern und Paprika, entwickelt der Blaue Wildbacher in seiner schillernden Ausprägung allerdings nur in seiner Urheimat Weststeiermark. Den Blauen Wildbacher auf einen rassigen Rosé zu beschränken, wäre zu kurz gegriffen. In besonders reifen Jahrgängen werden aus Wildbacher teils auch restsüße Spät- und Auslesen, ganz vereinzelt auch Eisweine und sogar Trockenbeerenauslesen oder Strohweine gekeltert.

Eine relativ neue Ausbauweise manifestiert sich in kraftvollen, tanninbetonten Rotweinen, die zum Teil in Barriques ausgebaut werden. Eine gewisse Bedeutung erreicht haben auch die schäumenden Schilcher in Gestalt von Frizzante und Schilchersekt.

Die führenden Betriebe der Weststeiermark setzen selbstverständlich nicht mehr nur auf den Blauen Wildbacher in all seinen Spielarten, sondern versuchen sich – bestärkt durch die günstigen klimatischen Voraussetzungen der letzten Jahre – mit aromatischen Weißweinen wie Sauvignon Blanc und Gelbem Muskateller, die aus dieser Herkunft, entsprechenden Ausbau vorausgesetzt, sehr erfrischende und rassige Weine mit einem frühlingshaft anmutenden Fruchtspektrum ergeben können.

Im Jahr 2018 wurden DAC-Regelungen eingeführt. Im Fokus steht die Herkunft, also eine Klassifizierung in Gebietswein, Ortswein und Riedenwein. Nur die folgenden Rebsorten sind zugelassen: Blauer Wildbacher (ausgebaut als Schilcher), Welschriesling, Weißburgunder, Morillon, Grauburgunder, Riesling, Gelber Muskateller, Sauvignon Blanc, Traminer und Verschnitte daraus. Gebietsweine dürfen ab dem 1. März des die Ernte folgenden Jahres verkauft werden (Schilcher ab dem 1. Dezember des Erntejahres), Ortsweine und Riedenweine ab dem 1. Mai (Schilcher ab 1. Februar), Reserven jeweils 18 Monate (Schilcher 12 Monate) später. Der Gehalt an unvergorenem Zucker darf maximal 4 g/l betragen, Riesling und Traminer müssen trocken im Sinne des Weinrechts sein.

658 Hektar Weinanbaufläche
Die wichtigsten Rebsorten: Blauer Wildbacher,
Sauvignon Blanc, Weißburgunder

♛ ♛ ♛

## Schilcherweingut
# Friedrich

**Christian Friedrich**
8511 St. Stefan ob Stainz, Langegg 18
Tel. +43 3463 81252, info@friedrich-schilcher.at
www.friedrich-schilcher.at
8 + 2 Hektar, W/R 0/100

Die Begeisterung der Familie Friedrich für die Rebsorte Blauer Wildbacher ist ungebrochen; im Portfolio finden sich 17 Weine aus dieser einen Rebsorte, von zwei gleichgepressten Weißen über Frizzante und Sekt bis zu Süßweinen und – wenn die Witterungsbedingungen passen – auch anspruchsvollen Rotwein. Der Schwerpunkt liegt selbstverständlich bei den Schilchern. Der Schilcher „Silence" wird durch den Rosé Fatale ersetzt. Die Idee dazu hatte Sophie, Tochter des Hauses. Der Wein ist unfiltriert und ungeschwefelt, hat einen biologischen Säureabbau durchlaufen, die hochreifen Trauben stammen aus der Ried Pirkhofberg.

„Das Wein- und Witterungsjahr 2023 war sehr fordernd", erzählt Christian Friedrich. „Wir hatten sehr feuchte Bedingungen vom Frühjahr bis zum Spätsommer, der Pilzdruck war heftig. Durch enormen Einsatz konnte gesundes Traubengut in den Keller gebracht werden. Der goldene Herbst hat uns belohnt und entschädigt, durch das längere Zuwarten bei der Lese konnten ansprechende Gradationen erreicht werden. Auch quantitativ sind wir sehr zufrieden."

Die Schilcher aus den einzelnen Rieden haben jeweils ihren eigenen Charakter, jenem aus der Ried Langegg ist Feinheit zu attestieren, Kirchberg ist ungemein lebendig, Pirkhofberg mutet klassisch an. Eine völlig eigenständige und bemerkenswerte Sorteninterpretation ist mit dem Rosé Fatale gelungen, das hat mit herkömmlichem und gewohntem Schilcher nichts zu tun. *ww*

### WESTSTEIERMARK DAC

★★★ S €€ BW
**2023 Schilcher Klassik** + Einladend, Kirschen, Stachelbeeren, tief im Glas Erdbeeren, Prise Würze; vielschichtige Frucht, zugänglich, Gerbstoffe lediglich angedeutet, passende Substanz.

★★★ S €€ BW
**2023 Stainzer Schilcher** + Ruhig strömend, sanft, sortenaffin, Kirschen, reife Stachelbeeren; lebhaft, zartes Gerbstoffnetz, viel Frucht, im Finish und im Nachhall grünblättrige Würze.

★★★ S €€ BW
**2023 Schilcher Ried Pirkhofberg** + Klassische Anmutung auf wertigem Niveau, grünblättrige Noten und Frucht gleichberechtigt; auch auf dem Gaumen so, Fruchtschmelz, reife Stachelbeeren, gute Substanz, zugänglich.

★★★ S €€ BW                                            TIPP
**2023 Schilcher Ried Kirchberg** + Frisch, Johannisbeeren, Rhabarber, Stachelbeeren angedeutet; feingliedrig, präzise, viel Frucht, bemerkenswerter Trinkfluss, angenehme Säure, beschwingt, saftige Frucht und grünblättrige Noten klingen nach.

★★★ S €€ BW                                            TIPP
**2023 Schilcher Ried Langegg** + Elegant, feingliedrig, einladend, blaue Pflaumen, Erdbeeren, Stachelbeeren; schließt aromatisch und charakterlich nahtlos an, feine Klinge, ausgewogen, zartes Säurenetz, Hauch Gerbstoffe, zeitgemäße Interpretation.

### STEIERMARK

★★ S €€ BW
**2023 Pius Schilcher** + Rote Johannisbeeren, Ribiselgelee, Stachelbeeren; zupackend, viel kühle rote Frucht, klassische Stilistik modern interpretiert.

★★★ S €€ BW
**2032 Sopran** + (BW weissgepresst) Grapefruits, Stachelbeeren, Prise Cassislaub; schließt aromatisch an, voller Leben, Säurespiel, Grapefruits im Nachhall.

★★★ S €€ BW                                            FUN
**2023 Mezzosopran** + (BW weissgepresst, halbtrocken) Erinnert an Schilcher, Stachelbeeren, grünblättrige Würze, Rhabarber; bringt diese Aromen auch im Geschmack, trinkanimierende Restsüße ohne Aufdringlichkeit, Säurespiel gibt Leben, knackige Pfirsiche klingen nach.

★★★ S €€ BW
**2023 Prima Donna** + (Schilcher halbtrocken) Einladend, dunkle Stachelbeeren, Kirschen, Erdbeeren, feine Kräuternoten; viel Frucht, trinkanimierende und schmeichelnde Restsüße wird von belebender Säure austariert.

### STEIRERLAND

★★★★ K €€€ BW                                         TIPP
**2022 Rosé Fatale** + (BW) Eigenständig, sanfter Druck, dunkle Frucht à la getrocknete Erdbeeren, hochreife Cassisbeeren und Kaki, dunkle Blüten erinnern an Alpenrosen; sanft, druckvoll, Aromen vom Bukett kommen wieder, lang, in keiner Phase langweilig, feine Gerbstoffe, bemerkenswerte Sorteninterpretation.

★★★ S €€ BW
**2023 Schilcher Liebelei** + (0,5 l, süß) Charmant, Erdbeeren, Pflaumen, Hauch Stachelbeeren, Restzucker von Säure austariert, gar nicht überladen, viel Frucht, Prise Gerbstoffe gibt zusätzlichen Halt, Trinkspaß.

## Weingut
# Jauk-Wieser

**Lisa-Maria Jauk-Wieser & Dr. Norbert Heß**
8530 Deutschlandsberg, Schlossweg 51
Tel. +43 676 5840100, weingut@jauk-wieser.at
www.weingut-jauk-wieser.at
3,5 Hektar, W/R 60/40, 20.000 Flaschen/Jahr

Das kleine, feine Weingut verfügt über Weingärten in Burgegg, also direkt am Fuße der Burg Deutschlandsberg, und in Wildbachberg. Wenig überraschend spielt der Schilcher die Hauptrolle, aber auch Welschriesling, Weißburgunder, Sauvignon Blanc und Muskateller werden mit der gleichen Sorgfalt kultiviert. Frizzante rundet das Angebot ab.

Die Ried Burgegg ist eine nach Süden bis Südosten ausgerichtete, steile Lage mit überwiegend aus Gneis bestehendem Untergrund. Hier hat die Familie Blauen Wildbacher, Welschriesling, Weißburgunder, Sauvignon Blanc und Muskateller ausgepflanzt. Die Ried Wildbachberg ist nach Süden exponiert, die Hitze der Sonne tagsüber und die Kühle der Nacht prägen neben dem tiefgründigen, nährstoffreichen und ausreichend mit Wasser versorgten Boden den Charakter von Schilcher, Weißburgunder und Sauvignon Blanc.

Die Weingärten sind fest in Frauenhand. Um die Reben kümmert sich Hausherrin Monika gemeinsam mit ihrer Tochter Lisa-Maria, Silberberg-Absolventin. Im Keller hat der Quereinsteiger und Autodidakt Norbert Heß das Sagen.

Es gibt einen Buschenschank, vom Gastgarten blickt man in die Hügel des Schilcherlandes. Wer will, kann in einem der sieben Winzerzimmer übernachten, Wohlfühlflair und tolles Panorama inklusive.

Feingliedrig präsentieren sich heuer der trinkanimierende Welschriesling und die Ortsweine. Als richtiger Charmeur empfiehlt sich der Sauvignon Blanc Klassik. Alle drei Schilcher besitzen ihren eigenen Charakter, jener von der Ried Burgegg ist ausgesprochen elegant und mit tiefer Frucht ausgestattet. Der Muskateller und sein schäumender Bruder sind angenehm dezent ausgefallen. *ww*

### WESTSTEIERMARK DAC

★★ S €€ BW
**2023 Schilcher Klassik** + Einladend, sortentypisch, Gartenerdbeeren, Stachelbeeren, rote Ribisel; schließt nahtlos an, belebendes Säurespiel ohne Aggressivität, Gerbstoffe nur zu erahnen, Fruchtaromen klingen nach.

★★ S €€ BW
**2023 Schilcher Deutschlandsberg** + Sanfter Druck, leise Bodentöne, dunkle Stachelbeeren, Hauch Cassislaub; saftig, feiner Säuregrip, kühle Frucht, mittleres Gewicht, Trinkfluss.

★★★ S €€ BW **TIPP**
**2023 Schilcher Ried Burgegg** + Gediegen, klare Frucht à la Stachelbeeren, merkliche Bodentöne, feingliedrig; elegant und fruchttief, balanciert, gute Länge, zarter Gerbstoffschleier. Kultiviert.

★★ S €€ PB
**2023 Weißburgunder „Privat"** + Ruhig, nussig, Birnen und Pfirsiche; viel Frucht auch im Geschmack, Schmelz, zugänglich, ausgewogen, selbsterklärend.

★★★ S €€ PB **PLV**
**2023 Weißburgunder Deutschlandsberg** + Feingliedrig, präzise, Karambole, weißfleischige Birnen; schließt aromatisch und charakterlich an, zartes Säurerückgrat, nie laut, Frucht klingt lange nach.

★★★ S €€ SB
**2023 Sauvignon Blanc Klassik** + Unverkennbar, Cassisbeeren und deren Laub, Buchsbaum, Paprika, Stachelbeeren; saftig, Frucht gibt den Ton an, angenehme Säure, gute Substanz, Charmeur.

★★★ S €€ SB **PLV**
**2023 Sauvignon Blanc Deutschlandsberg** + Feingliedrig, klassisch auf wertigem Niveau, leise Bodentöne, zarte Frucht, exotischer Touch à la Maracuja; bringt diese vielschichtige Aromatik auch im Geschmack, feines Säurenetz, in dieser Liga ungewohnt elegant.

### STEIERMARK

★★ S €€ WR **FUN**
**2023 Welschriesling** + Freundlich, frische Äpfel, Apfelblüten; glockenklare Apfelfrucht, angenehme Säure, beschwingt, Trinkvergnügen.

★★ S €€ GM
**2023 Muskateller** + Unplakativ, zart, Kräuter, Grapefruits und weiße Johannisbeeren; schließt fruchtbetont an, in keiner Phase laut, angenehme Säure, leichtfüßig.

### ÖSTERREICH

★★ S €€ GM
**Muskateller proCCante** + Dezent, sonnengereifte Zitronen, zarteste Anklänge von frischen Holunderblüten und Nektarinen; kräftige Perlage, helle Frucht, hauchzarte Kräuternote, trinkanimierend.

# Weingut
# Langmann Lex

**Stefan Langmann**
8511 St. Stefan ob Stainz, Langegg 23
Tel. +43 3463 6100, office@weingut-langmann.at
www.weingut-langmann.at
35 Hektar, W/R 35/65

Die Familie Langmann baut seit 1746 Wein an. Mit dem Schilcher habe die Weststeiermark eine weltweite Alleinstellung, ist Stefan Langmann überzeugt. „Es ist wichtig, seine Qualität bis ins Extrem auszureizen, um die Aufmerksamkeit der internationalen Weinliebhaber auf unser Gebiet zu ziehen." Mit dem Jahrgang 2022 hat seine Tochter Verena Verantwortung im Keller übernommen, der Schilcher Ried Edla z. B. ist das etwas andere Produkt der jungen Weinmacherin. Die Lagenweine der aktuellen Serie bringen die Böden der Rieden klar zum Ausdruck. Die Schilcher liegen nun kürzer auf der Maische, dafür wesentlich länger auf der Feinhefe, sie scheinen in sich zu ruhen, höhere Reifegrade der Trauben werden angestrebt. Der Sauvignon Blanc Ried Greisdorf Himmelreich ist wiederum der Primus unter den Sauvignons.

Schaumwein entwickelt sich immer mehr zum Schwerpunkt des Betriebes, die Versektung erfolgt zur Gänze auf dem Hof, selbst der Frizzante durchläuft eine zweite Gärung. Die von uns zum besten Schaumwein der Steiermark gekürte 2018er Große Reserve Stainz ist noch im Verkauf.  *ww*

## WESTSTEIERMARK DAC

★★★ S €€ WR          FUN
**2023 Welschriesling** + Eigenständig, Äpfel, Minze, frisch; schließt nahtlos an, Fruchtschmelz, angenehme Säure, Trinkspaß.

★★★ K €€€€ PB
**2022 Weißburgunder Ried Greisdorf** + Seriös, charmant, Birnen, Nüsse, Hauch Malz; präzise, einige Substanz, belebendes Säurespiel, im Finish auch Kräuter.

★★★ K €€€ SB
**2022 Sauvignon Blanc Ried Greisdorf** + Klassisch auf wertigem Niveau, grünfruchtig, Kräuterwürze, tief im Glas Physalis; elegant, nie schwer, Säurenetz, Trinkfluss, Bodentöne im Nachhall.

★★★★ K €€€€ SB          TIPP
**2021 Sauvignon Blanc Ried Greisdorf Himmelreich** + Gediegen, elegant, Gewürze, getrocknetes Walnusslaub, gelbe Frucht; vielschichtig, würzig, fruchtig, Schmelz, kraftvoll ohne Üppigkeit, langer Nachhall, Schiefer und Gneis erkennbar.

★★★ K €€€ RI
**2022 Riesling Ried Hochgrail** + Feingliedrig, zartfruchtig, Pfirsiche, Äpfel, Physalis, Clementinen; schließt nahtlos an, Säurespiel, feine Klinge, vom kristallinen Boden geprägt.

★★ S €€ BW
**2023 Schilcher Stainz** + Unplakative und vielschichtige Frucht, Granatäpfel, rotbeerig, tief im Glas grüne Bananen; Frucht gibt den Ton an, angenehm, lebhaft, sortenaffin.

★★★ S €€ BW
**2023 Schilcher Ried Langegg** + Sanft, rote Johannisbeeren, grünblättrige Würze, knackige Vogelbeeren; schließt nahtlos an, ausgewogen, belebende Säure ohne Aggressivität, fein, Gerbstoffschleier, Trinkfluss.

★★★ S €€€ BW
**2023 Schilcher Ried Hochgrail** + Zart, Ribisel, grünblättrige Würze, knackige Stachelbeeren, ruhig strömend; schließt aromatisch und charakterlich nahtlos an, feinmaschiges Säurenetz, Tannine nur angedeutet, ausgewogen, karger Boden, salzig im Abgang.

★★★★ K €€€€ BW  **TIPP**
**2022 Schilcher Ried Edla** + Wie ernsthafter Rosé, rotbeerig, sanfter Druck, sonniger Typ; lebendig, gute Substanz, hauchzarte Tannine und Würze, in sich ruhend.

★★★★ K €€€€ BW  **TIPP**
**2022 Schilcher Ried Hochgrail Sonnenhang** + Freundlich einladend, sortentypisch, Stachelbeeren, dunkles Steinobst, feine Gewürze; elegante Struktur, feingliedrig, zartes Säurerückgrat, Holz perfekt integriert, nobler Rosé, zeitgemäße Sorteninterpretation, wirkt völlig ungekünstelt.

## SÜDSTEIERMARK DAC

★★ S €€ GM
**2023 Gelber Muskateller** + Sanft, unplakativ, sonnengereifte Zitronen, Holunderblüten, Prise Muskat; schließt perfekt an, angenehme Säure, passende Substanz, nie langweilig.

## STEIERMARK

★★★ K €€€ BW
**Schilcher Sekt g.U.** + (brut) Sorte unverkennbar, Stachelbeeren, Walderdbeeren, Hauch Blaubeeren, zarteste Würze; schließt aromatisch an, grünblättrige Noten und frisch geerntete Mandeln im Finish, trinkanimierend.

★★★ K €€€ GM
**Muskateller Sekt g.U.** + (brut) Elegant, unplakativ, Marillen, Hauch Minze und Blüten, zarteste Hefenote; präsentiert sich auch im Geschmack so, samtiger Mousseux, viel Frucht, im Nachhall auch Kräuter und Holunderblüten.

★★★★ K €€€€ BW
**Brut Rosé Reserve g.U.** + (BW) Elegante, dunkle Hefenoten, rotbeerige Frucht, Stachelbeeren zu erahnen; auf dem Gaumen Rebsorte zu erkennen, samtige Perlage, leichtfüßig, elegant.

★★★★ K €€€€ CW  **TIPP**
**2017 Langegg Große Reserve g.U.** + Zarte Hefe- und Autolysetöne, Pfirsiche, Grapefruits angedeutet; aromatisches Dacapo, Säurespiel, hochgradig lebendig, feiner Mousseux, champagnerartig, toller Schaumstoff.

## ÖSTERREICH

★★★ S €€ BW
**Schilcher Frizzante** + Charmant, Himbeeren, Stachelbeeren, Ribiselgelee; schließt nahtlos an, ungewöhnlich feine Perlage, zugänglich, nie anbiedernd.

★★★ KK €€€ MT
**Pet Nat MTH** + Freundliche Hefenote, frisch, Äpfel, winzige Prise Muskatnuss; kräftige und samtige Perlage, Grapefruits, trocken, animierend, angenehme Säure.

# Weingut
# Christian Reiterer

**Christian Reiterer**
8551 Wies, Lamberg 11
Tel. +43 3465 3950, Fax -6
info@weingut-reiterer.com, www.weingut-reiterer.com
80 Hektar, W/R 20/80

Das Weingut von Christian Reiterer geht auf das 17. Jahrhundert zurück. Schon als er es von seinen Eltern übernommen hat, faszinierte ihn die Blaue Wildbacherrebe. Deshalb beschloss er, sich nach Lehr- und Wanderjahren auf französischen und italienischen Weingütern intensiv um diese Varietät zu kümmern. Auch deren Eignung als Grundwein für Sekt hat er schon früh erkannt. Seine Weingärten, von denen manche auch in der Südsteiermark liegen, unterscheiden sich sowohl hinsichtlich Bodenzusammensetzung als auch Mikroklima. Lamberg und Engelweingarten sind Monopollagen. „Der Lamberg ist das Herzstück unseres Weingutes", sagt Christian Reiterer. Die Lage ist süd- bis südwestorientiert und nach Süden hin offen, wodurch kühle Winde abziehen können. Hier wurzeln die Reben in Opok. Der Engelweingarten hingegen ist eine sehr karge Riede, deren Boden wie Katzensilber glitzert. Wegen der kühlen Winde von der Koralpe reifen die Trauben sehr spät. Beide Rieden schätzt der Winzer sehr. Aus den Trauben der ältesten Rebstöcke vinifiziert er bemerkenswerte Schilcher. Das Portfolio umfasst auch Weißweine. Bei den Schilchern legt Christian Reiterer Wert auf eine zeitgemäße Interpretation, die der Zugänglichkeit und den Sortenspezifika gleichermaßen Rechnung trägt. *ww*

### ★★★ S €€ CH
**2023 Chardonnay Eibiswald** + Zum Verkostungszeitpunkt recht verschlossen, nussige Akzente und helle Frucht zu erkennen; zeigt auf dem Gaumen deutlich mehr saftige Frucht, Säurespiel, Zug, gute Länge.

### ★★ S €€ PG
**2023 Grauer Burgunder** + Dezente Sortenaromatik à la Birnen, Cerealien und ein Hauch Malz; für diese Varietät ungewohnt lebhaft, Säurenetz, kühle Frucht, null Fett, passende Substanz.

### ★★★ S €€ BW
**2023 Schilcher Klassik** + Dunkle Stachelbeeren, Himbeeren, Erdbeeren, Prise grünblättrige Würze; schließt nahtlos an, feine Pikanz, Säuregrip ohne Aggressivität, klassisch auf eine zugängliche Art.

### ★★★ S €€ BW
**2023 Schilcher Ried Lamberg** + Sanfter Druck, erdige Bodentöne, reife Stachelbeeren, bisschen Cassis und Zwetschken; bringt diese Aromen auch im Geschmack, kompakt, Körper, passende Säure, feine Tannine, ausgewogen.

### ★★★ S €€€ BW
**2023 Schilcher Ried Engelweingarten Alte Reben** + Gediegen, fast monolithisch, so gar nicht vorlaut; Stachelbeeren, Cassis, Substanz, gute Säure, in keiner Phase ausufernd, lang, feiner Tanningrip, im Abgang und im Nachhall dunkle Frucht und Würze.

### ★★★ S €€€ BW — TIPP
**2023 Schilcher Ried Lamberg Alte Reben** + Einnehmend, feingliedrig, elegante rotbeerige Frucht, Johannisbeeren, Stachelbeeren, leise Bodentöne; aromatisches Dacapo, Sorte klar, feines Säurenetz, agil, zarter Gerbstoffschleier, Rosé mit Finesse.

## STEIERMARK

### ★★★★ K €€€ BW — TIPP
**Rosé Schilcher Sekt g.U. Reserve Engelweingarten Alte Reben** + (brut) Elegante Melange aus rotbeerigen Aromen, Stachelbeeren und Hefetönen; trocken, bringt die Aromen vom Bukett wieder, frisch, hochfein, Zug, Trinkfluss, samtige Perlage, champagnerhafte Art.

## ÖSTERREICH

### ★★ S €€ BW — FUN
**Schilcher Frizzante** + Einladend, blaue Pflaumen, Erdbeeren, Stachelbeeren; schließt nahtlos an, trinkanimierender Restzucker, angenehme Perlage, macht Spaß.

### ★★★ K €€€ BW
**Rosé Schilcher Sekt extra dry** + Frisch, Ribisel, Hauch Erdbeeren und Stachelbeeren, etwas Rhabarber; viel unaufdringliche Frucht, angenehmer Mousseux, fein gehalten, zugänglich, Trinkvergnügen auf gehobenem Niveau.

## WESTSTEIERMARK DAC

### ★★★ S €€ SB — PLV
**2023 Sauvignon Blanc** + Klassisch geprägt, Stachelbeeren, weiße Johannisbeeren, grünblättrige Würze, tief im Glas Cassis; saftig, fruchtbetont, angenehme Säure, zarter Schmelz, trinkanimierend und selbsterklärend.

### ★★★ K €€€ SB
**2023 Sauvignon Blanc Ried Lamberg** + Feingliedrig, rote und weiße Johannisbeeren, zarteste Kräuterwürze, leise Bodentöne; charmant, feines Säurerückgrat, Würze etwas präsenter als im Duft, im Nachhall auch Stachelbeeren.

**NOTIZEN**

# VINOTHEKEN

## GRAZ

**Schaeffer's Selektion feiner Weine**
8010 Graz, Kaiser-Josef-Platz 6
Mobil +43 664 4502553
www.schaeffers.at

**Vinothek bei der Oper, Karl Lamprecht**
8010 Graz, Tummelplatz 1
Tel. +43 316 828234
vinothekgraz.com

# GASTRONOMIE/NÄCHTIGUNG

## DEUTSCHLANDSBERG

**Burghotel und Restaurant Deutschlandsberg**
8530 Deutschlandsberg, Burgplatz 1
Tel. +43 3462 5656-0
www.burghotel-dl.at

Als ob einer auf die Stopp-Taste gedrückt hätte. Im Wappensaal fühlt man sich in alte Zeiten zurückversetzt, Karl Kollmann ist mit seiner Küche im Heute verankert. Er schwört auf Regionalküche, macht das aber nicht zum Dogma, vor allem mediterrane Elemente fließen immer wieder ein. Der Weinkeller im historischen Gewölbe hat viel Stoff aus der Steiermark, auch Deutschland und Frankreich kommen zu Wort. Schöne Zimmer.

**Bio-Hotel Koralpenblick**
8530 Deutschlandsberg, Trahütten, Rostock 15
Tel. +43 3461 210
www.koralpenblick.at

Ein Ausflug zum Runterkommen. Rundherum nur Wiesen, Wälder und sanfte Bergkuppen. Die Natur ist Familie Smolana viel wert, daher setzt sie auf 100% biologische Lebensmittel. Der eigene Biobauernhof, vor allem die Rinder, liefern einen großen Teil der Grundlagen. Wir genießen herzhafte, ehrliche Hausmannskost mit kräftiger Rindsuppe, Tafelspitz und zartem Rindschnitzel in Kürbispanier. Dazu passt hauseigener Most oder Apfelsaft. Supernettes Service.

**Theresas eine ART-Gasthaus**
8530 Deutschlandsberg, Kirchengasse 2
Tel. +43 3462 39182

Bodega, Weinbar und Gasthaus. Die Accessoires reichen vom alten Filmplakat bis zum Kaiser-Franz-Josef-Porträt. Gerhart Poprask kocht nach dem Prinzip „Limited Edition" („Wenn's aus is, is aus"). Auf einer schwarzen Schiefertafel steht, was es täglich gibt. Wie jedes Mal ist man versucht, einfach alles zu probieren. Flecksuppe, Calamari und Filetsteaks sind und bleiben beliebte Klassiker. Ein Hochgenuss die Artischockenböden mit Wildhasenragout gefüllt und gratiniert. Schönes Weinangebot, gut gebucht sind die Menüs mit Bordeaux-Flaschen als Begleitung.

## EIBISWALD

### Gasthof Safran
8552 Eibiswald, Aichberg 83
Tel. +43 3466 42310
www.gasthof-safran.at

Der Name ist nicht Programm. Orientalische Aromen darf man sich nicht erwarten, im bürgerlichen Gasthaus geht es weststeirisch im besten Sinn zu. Frische Ideen haben dennoch Platz, etwa wenn gebratener Sobother Saibling auf Avocadosalat mit Blattspinat serviert wird. Die Weinkarte bietet eine repräsentative Auswahl an steirischen Weinen. Wunderbare Sonnenterrasse mit Blumengarten, schöne Zimmer im Haus.

## GROSS ST. FLORIAN

### Landhaus Oswald
8522 Groß St. Florian, Unterbergla 15
Tel. +43 3464 2270
www.landhaus-oswald.at

Ein Familienbetrieb, wie man ihn sich vorstellt. Rustikale und moderne Elemente geben sich hier die Hand. Klassisch sind Braten und Filetspitzen mit Schupfnudeln. Ins Gourmetmenü (nur samstags und sonntags auf Vorbestellung) von Wolfgang Edler und seiner Tochter Nina mischen sich mediterrane und asiatische Einflüsse.

## HOLLENEGG

### Zum Gregorhans'l
8541 Hollenegg, Kruckenberg 19
Tel. +43 3462 2610
www.alpengasthaus.com

Ein gestandenes Wirtshaus, das von einem engagierten deutsch-vorarlbergerischen Team geführt wird. Mit viel Liebe und heimischen Produkten werden Wirtshausgerichte abseits der kulinarischen Trampelpfade gekocht. Tipp: das legendäre Hendl-Buffet jeden Freitagabend von Juli bis Ende September.

## LIGIST

### Wörgötter
8563 Ligist, Marktplatz 40
Tel. +43 3143 2279
www.wörgötter.at

Mit seinem Vater erfindet Florian Wörgötter (früher im Le Ciel und in der Coburg) das Landgasthaus neu. Zusammen fusionieren sie Wirtshausküche mit modernen und asiatischen Einflüssen. Schon klar, Zwiebelrostbraten muss weiterhin sein, austoben kann sich der ehemalige „Junge Wilde" bei den Überraschungsmenüs.

## ST. JOSEF

### Beim Broadmoar
8503 St. Josef, Oisnitz 36
Mobil +43 664 2382860
www.beimbroadmoar.at

Johann Schmuck hat sich bestens im neuen Heim eingelebt. Weinpresse, Holztramen und Designelemente vertragen sich gut. Das Fine-Dining-Menü bringt raffinierte Augenweiden mit wunderbaren Kombis: zum Beispiel pochiertes Wachtelei, Selleriecreme, Kartoffelschaum, geriebenes Ziegenjoghurt. Hervorragendes Service durch Joachim Retz, der Sommelier hat immer wieder Überraschungen von kleinen, feinen Weingütern parat.

## STAINZ

### Die Mühle
Rathausplatz 2, 8510 Stainz
Mobil +43 664 2382860
www.muehle-stainz.at

Johann Schmuck zog ins Broadmoar in St. Josef um, die Mühle betreibt er aber auch noch. Max Grandtner und Florian Veit setzen eine vibrierende Fusionsküche mit Vorliebe zu asiatischen Aromen um. Besonders gefiel uns der gebratene Spargel mit Stundenei, Tamago-Eirolle und Schwarzteesud. Schöne, sehr persönlich zusammengestellte Weinkarte.

### Rauch-Hof
8510 Stainz, Wald 21
Tel. +43 3463 2882
www.rauch-hof.at

Karin und Willi Rauch surfen von einem Saisonhöhepunkt zum nächsten. Im Frühjahr ernten sie auf ihren Feldern Spargel, einen Teil der Ernte spart sich Willi Rauch für seinen Spargelgeist auf. Im Sommer geht es weiter mit den Kürbinarischen Wochen. Im Herbst bringt der Oberförster des Grafen von Meran feinstes Wildbret. Forellen wachsen in den eigenen Teichen, in der Speisekarte im Stil eines Schulhefts findet man sie als Forellentatar mit Limetten-Ingwer-Chilli-Gelee oder Forellen im Speckmantel mit Schilchersauce. Naturbadeteich, Liege- und Spielwiesen, verträumter Garten, Tennisplätze und Romantikzimmer.

### Herrgotthö
8511 St. Stefan/Stainz, Kirchberg 63a
Tel. +43 3463 32720
dasguteleben.herrgott.at

Den HerrgottHof gibt es seit dem 17. Jahrhundert, heute bewirtschaftet ihn Christian als Demeterweinbetrieb. Mit seinen Brüdern Benjamin und Alexander ging er einen Schritt weiter und eröffnete einen lässig gestylten Buschenschank abseits des Mainstreams. Da kommen Gänge wie Popkorn-Maisfalafel, Maiscreme und Sterz.

**Buschenschank Klug vulgo Voltl**
8511 St. Stefan, Steinreib
Tel. +43 3463 6464
www.klug-voltl.at

Man sitzt auf einem Bergrücken mit wunderschönem Rundblick über die Weststeiermark. Auf den Tisch kommen bäuerliche Produkte aus eigener Erzeugung wie Schinken, Hauswürstl, Mehlspeisen, Fruchtsäfte und verschiedene Edelbrände. Auch einen Streichelzoo für die Kleinsten gibt es.

**Buschenschank Langmann**
8511 St. Stefan/Stainz, Langegg 23
Tel. +43 3463 6100
www.l-l.at

Auf der genialen Panoramaterrasse schmecken neben den hauseigenen guten Schilchern Forellen-mousse, Kübelfleisch, Brettljause, Schafkäse und Strauben. Schöne Winzerzimmer mit Panoramablick über das Weinland.

**Weingasthof Jagawirt**
8511 St. Stefan, Sommereben am Reinischkogel 2
Tel. +43 3143 8105
www.jagawirt.at

Man hat das Gefühl, durch ein Schöner-Wohnen-Magazin zu spazieren. Wandvertäfelung, Kachelofen, Großmuttervorhänge und Holzdecke schaffen Behaglichkeit. Im großen Freigehege leben mehrere Schweine, die Basis für die eigene Fleischerei und Küche sind. Auch Säfte und Gemüse kommen aus eigener Produktion. Rund um geglücktes Slow-Food-Idyll.

**Wassermann**
8511 St. Stefan/Stainz, Sommereben 8
Tel. +43 3143 8113
www.wassermann-wirt.at

Auf dem Reinischkogel inmitten grüner Natur legt die Familie Wassermann großen Wert auf Regionalität. Das hübsche Anwesen mit viel Holz, Blumenschmuck und schönem Gastgarten ist ein kleines Paradies für sich. Damwild und Rothirsche stammen aus eigener Zucht. Der Hausherr kümmert sich um das Wohl der Gäste, in der Küche kreieren Mutter und Sohn herzhafte Gerichte mit Bodenhaftung, wie etwa das Carpaccio vom Rothirsch. Auch die Desserts sind fein.

**Buschenschank Weber**
8511 St. Stefan ob Stainz, Lestein 73
Mobil +43 664 736526 95
weingutweber.at

Ein Schmuckkästchen mit romantischer Holzfassade, gepflegtem Innenhof mit Blumenschmuck, einer Terrasse mit weitem Blick ins Land und neuer Buschenschank, die alt und einen Schuss Design harmonisch vereint. Täglich frisches Brot, Kreatives wie Hendlsulz oder Vitello tonnato mit Forellen-Kernöl-Creme.

# BERGLAND

Wein wird in Österreich nicht nur in den Weinbauregionen Weinland (Niederösterreich, Burgenland, Wien) und Steirerland (Steiermark) angebaut, sondern auch in allen anderen Bundesländern, die in der Weinbauregion Bergland zusammengefasst sind.

### Vorarlberg

Mit rund 5 Hektar Weinanbaufläche entfällt ein kleiner Teil des bunt gemischten Bergland-Konglomerats auf Vorarlberger Rieden, wo der Weinbau einstmals große Bedeutung besaß. Heute beschränkt er sich im Wesentlichen auf die steilen Röthner Lagen rund um den Viktorsberg und auf Rankweil, die eine tadellose Exposition nach Süden aufweisen. Einige kleinere Einsprengsel von Weinfluren befinden sich noch in Göfis, Frastanz, Rankweil, Bludesch, Feldkirch, Klaus und Bregenz. Sofern die regelmäßig auftretenden, herbstlichen Föhnperioden für eine gute Ausreifung des Traubengutes sorgen, können durchaus feingliedrige und fruchtbetonte Blauburgunder gekeltert werden; auch die weiße Burgunderfamilie bringt mit Weißburgunder, Grauburgunder und Chardonnay immer wieder ordentliche Weinqualitäten hervor. Der ebenfalls angebaute Riesling fällt in Vorarlberg animierend aus.

### Kärnten

Der Weinbau in Kärnten befindet sich seit Jahren im Aufschwung – binnen relativ kurzer Zeit stieg die Rebfläche auf aktuell gemeldete 125 Hektar an. Die Zentren des Kärntner Weinbaus liegen im Bezirk St. Veit mit dem Längsee und dem Gebiet um die Burg Hochosterwitz, im Lavanttal, im Bereich von Feldkirchen und rund um die Stadt Klagenfurt. 2013 wurden erstmals drei Kärntner Weine im Salon Österreich Wein ausgezeichnet.

### Oberösterreich

In Oberösterreich werden rund 82 Hektar auf sonnigen Standorten des Donautales, des Machlandes, des Linzer Gaumberges, am Rande des Eferdinger Beckens, im oberösterreichischen Zentralraum, im hügeligen Innviertel, in luftigen Lagen des Mühlviertels und im Süden des Salzkammergutes bewirtschaftet. Es dominieren die Rebsorten Grüner Veltliner, Chardonnay, Zweigelt und Roesler.

### Andere

Schon immer Weinbau in bescheidenem Ausmaß gab es in Nordtirol. Aktuell sind 14 ha Anbaufläche gemeldet. Relativ neu im Bergland-Reigen ist Salzburg mit 0,26 ha.

*225 Hektar Weinanbaufläche*
*Die wichtigsten Rebsorten:*
*Unterschiedlich je nach Bundesland*

## Weingut
# Chesa Druschauna

**Gert Markowski**
6811 Göfis, Hofnerstraße 19a
Tel. +43 664 3850230
gert.markowski@gmail.com, www.druschauna.at
0,8 Hektar, W/R 40/60, 3.000 Flaschen/Jahr

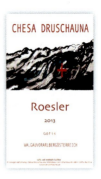

Gert Markowski ist Obmann des Vereins der Weinbautreibenden in Vorarlberg. Sein kleines Weingut führt er im Nebenerwerb. Die Umstellung auf biologische Bewirtschaftung ist abgeschlossen, der Betrieb ist seit dem Jahrgang 2023 bio-zertifiziert.

Im Weingarten war es 2023 richtig herausfordernd, erzählt Gert Markowski. Es gab kritische Trockenperioden, die sich ausgesprochen negativ auf den Ertrag ausgewirkt haben. Die Ernte war 20 bis 30 % geringer als in durchschnittlichen Jahren. Die Qualität hingegen war sehr gut, die Zuckergradationen waren ungewöhnlich hoch. Die Blaufränkisch-Reben stellten kurz vor der Verfärbung der Beeren die Versorgung der Trauben ein, sie sind am Stock verschrumpelt, was einen kompletten Ernteausfall zur Folge hatte. Es dürfte sich um eine Stressreaktion gehandelt haben.

Die heuer vorgestellte Serie ist die beste bisher. Der Chardonnay aus dem Jahrgang 2022 wurde zur Gänze in einem neuen Barrique ausgebaut. Der Roesler aus 2020 hat immer noch Ecken und Kanten, im Bukett erinnert er an einen Lagrein. Uneingeschränkt zu empfehlen ist der Pinot Noir aus 2022, dieser kühle Wein könnte ohne Weiteres aus dem benachbarten Graubünden stammen.

Im Frühjahr 2022 wurde im Ortsteil Agasella auf einer steilen Südostlage ein neuer Weingarten mit Weißburgunder, Chardonnay und etwas Muskat-Ottonel angelegt, die Fläche beträgt rund 0,25 Hektar. Der Muskat-Ottonel ist als Partner in wohldosierter Menge für eine Cuvée vorgesehen, diese Rebstöcke stehen am Hangfuß. Auf die erste Ernte darf man gespannt sein. *ww*

### VORARLBERG

★★★ K €€€ CH  **TIPP**
**2022 Chardonnay** + Dicht, kompakt, nussig à la Cashews, dunkle Tönung, Gewürzaromen vom neuen Holz; Ananas, Anklänge von Trockenfrüchten; saftig, entwickelt Zug, gute Säure, stoffig, sehnig, Zitrus, angenehmer Holzeinsatz, im langen Nachhall feine Gewürznoten, Reserven.

★★★ K €€€ PN  **TIPP**
**2022 Pinot Noir** + Wertige Anmutung, Himbeeren, dunkle Kirschen, subtil nach Weihrauch und Harz, Gewürznoten; sortenaffin, feines Gerbstoffnetz, Säurespiel, gute Substanz, lebendig, spannend, Cool-Climate-Pinot, könnte auch aus Graubünden stammen.

★★★ K €€€ BF
**2022 Blaufränkisch** + Glockenklar, fruchtbetont, Kirschen, reife Brombeeren, kühle Kräuterwürze unterlegt; saftig, Säurespiel, viel Frucht, angenehme Tannine, Struktur, in keiner Phase fad, Trinkfluss bei guter Länge, Holz sensorisch kein Thema

★★★ K €€€ RÖ
**2020 Roesler** + Betont dunkelfruchtig, Lakritze, erinnert an Lagrein, ein Hauch grünblättrig, Prise Gewürze, dunkle Schokolade; markanter Säuregrip, Schwarzkirschen, gutes Gerbstoffgerüst, enormer Zug, das Holz ist perfekt integriert und kommt erst im Nachhall etwas deutlicher, Ecken und Kanten.

### ÖSTERREICH

★★ S €€ PN
**2022 Frizzante Pinot Noir** + Helles Rosa, Rebsorte unverkennbar, rotbeerig, Himbeerschlag; viel Sorte auch auf dem Gaumen, animierendes Säurespiel, angenehme Perlage, süffig und unkompliziert, Terrassenwein.

# Weinhof
# vlg. Ritter

**Sabine David**
9470 St. Paul, Loschental 8
Tel. +43 680 3027100
wein@vulgoritter.at, www.vulgoritter.at
1,3 Hektar, W/R 80/20, 10.000 Flaschen/Jahr

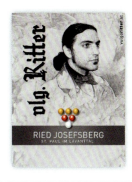

Sabine David und ihr Mann, der auch Craftbeer braut, haben ihr Weingut im Jahr 2010 gegründet. Im klimatisch begünstigten Lavanttal bauen sie Wein im Nebenerwerb an. Das Sortiment ist mittlerweile beachtlich angewachsen. Zunächst wurde in der Ried Steinbruch im Norden von Wolfsberg in mühevoller Handarbeit ein Weingarten angelegt. Zwei Jahre später übersiedelte der damals noch winzige Betrieb in den Bauernhof „vlg. Ritter", ehemalige Streuobstwiesen wurden terrassiert, weitere Reben wurden ausgepflanzt. Die Ried Steinbruch ist eine nach Süden ausgerichtete, kalkhaltige Kessellage. Die Vegetationsperiode beginnt sehr früh, die Trauben werden reif und aromatisch. Die Lage Josefsberg liegt in der Nähe von St. Paul im Lavanttal auf 450 m Seehöhe. Wegen der Steilheit wurde das Gelände terrassiert. Der Boden aus kristallinem Gestein begünstigt vielschichtige und feingliedrige Weine. Mit den ältesten Reben bestockt ist die Ried Weinberg, eine lehmige Lage. In etwa sechs Jahren dürfte der PiWi-Weingarten, welcher heuer angelegt wird, die ersten Weine liefern.
Seit 2023 werden die Weine in die USA exportiert, die Familie David kooperiert mit Archetyp Alpine Wines.
Gästen steht eine Ferienwohnung am Hof zur Verfügung, und im Sommer gibt es ein buntes Programm an Veranstaltungen, vom Hoffest über Floßfahrten mit Weinbegleitung bis zu Sommerabenden am Weinhof; die Termine finden sich auf der Homepage. *ww*

## KÄRNTEN

**★★ S €€€ CH**
**2023 Chardonnay Ried Josefsberg** + Reintönig, sortentypisch, Zitronenbirnen, feingliedrig; fruchtbetont, belebendes Säurespiel, beschwingt und trinkanimierend, Birnen im Nachhall.

**★★ S €€€ CH**
**2023 Chardonnay Ried Steinbruch** + Sanfter Druck, kalkig, kompakt, zarte Frucht; Frucht auf dem Gaumen präsenter, angenehme Säure, keinerlei Üppigkeit, im Nachhall Pfirsiche und Zitrus.

**★★★ K €€€€ CH**
**2022 Chardonnay Reserve** + Ernsthaft, feine Gewürznoten, Dörrobst à la Kletzen, reife Birnen; aromatisches Dacapo, sehnig-kraftvoll, leise Bodentöne, im Nachhall unaufdringliches Holz.

**★★★ K €€€€ CH** **TIPP**
**2021 Chardonnay Reserve** + Gediegen, dunkle Würze, Dörrfrüchte à la Feigen und Kletzen, nussige Akzente; würzebetont, Zitrus, lebendig, Säurespiel, feine Holzaromen klingen lange nach.

**★★ S €€€ GM**
**2023 Gelber Muskateller Ried Josefsberg** + Sorte unverkennbar, eigenständig, unplakativ, Minze, gelbe Früchte, Zitrus, Blüten; schließt aromatisch an, Kräuter dominieren, Wermut bis in den Abgang hinein, angenehme Säure, hoher Wiedererkennungswert.

**★★ S €€€ SB**
**2023 Sauvignon Blanc Ried Josefsberg** + Klassische Prägung, grüner Paprika, grünblättrige Würze, Karambole; schließt nahtlos an, Säurerückgrat, Trinkfluss, Aromen vom Bukett im Nachhall.

**★★ S €€€ SB**
**2023 Sauvignon Blanc Ried Steinbruch** + Feingliedrig, wertig, zarte Würze, filigrane Frucht, tief im Glas süße gelbe Blüten; schließt aromatisch und charakterlich an, Finesse vor Wucht, Potenzial.

**★★ S €€€ CR** **FUN**
**2023 Rosa Mantis** + (PN/BB/ZW) Einladend, rotbeerig, Kirschen; saftig, fruchtbetont, angenehme Säure, unkompliziert, Trinkspaß.

**★★★ K €€€€ PN** **TIPP**
**2022 Pinot Noir Ried Josefsberg** + Reife Himbeeren und Kirschen, Anklänge von grünen Lorbeerblättern, zart rauchig; bringt diese Aromen auch im Geschmack, präzise, Tanningrip, feines Säurespiel, Lorbeerblätter und Minze im langen Nachhall, Cool-Climate-Pinot.

**★★★ K €€€ CR**
**2022 Cuvée Granat** + Herzhaft nach Kirschen und Blaubeeren, zarter Würzeschleier; schließt aromatisch an, feines Gerbstoffnetz, Prise schwarzer Pfeffer, kühler Touch, lebendig, gute Länge.

## ÖSTERREICH

**★★★ K €€€€ CW**
**Wermut** + Ansprechend, reintönig, Kräuter à la Wermut, Minze und Zitronenmelisse, Zitronenzesten, dunkle Gewürzaromen; vielschichtig auch im Geschmack, auf eine angenehme Art herb, animierend, langer Nachhall mit Zitrus und dunkler Würze à la Black Cardamom.

# VINOTHEKEN/ OBERÖSTERREICH

## LINZ

**Haschka Weinbar**
4020 Linz, Klosterstraße 3
Tel. +43 732 776673
bar@haschka.bar
www.haschka.bar

**Weinhof Schenkenfelder**
4020 Linz, Pollheimerstraße 20
Tel. +43 732 670711
weinhof@schenkenfelder.at
www.schenkenfelder.at

**Schenki's Vinothek**
4020 Linz, Landstraße 12
Tel. +43 732 795444
vinothek@schenkenfelder.at
www.schenkenfelder.at

## LICHTENBERG

**Weinhaus Wakolbinger**
4040 Linz/Lichtenberg, Am Holzpoldlgut 14
weinhaus@wakolbinger.at
wakolbinger.at

## LUFTENBERG

**Die Weinhandlung**
4225 Luftenberg, Oberfeldstraße 2
Mobil +43 660 900 77 04
hannes@dieweinhandlung.at
office@dieweinhandlung.at
www.dieweinhandlung.at

## LAAKIRCHEN

**Wagners Weinshop**
4664 Laakirchen, Weinstraße 31
Tel. +43 7613 440440
vinothek@wagnerweb.at
www.wagners-weinshop.com

## ASCHACH

**Vinothek Rathmair**
4082 Aschach an der Donau, Grünauerstraße 20
Mobil +43 676 7073964
albert@rathmair.com

# VINOTHEKEN/ VORARLBERG

## BLUDENZ

**Weinpunkt**
6700 Bludenz, Rathausgasse 12
Mobil +43 680 3134466
info@weinpunkt.at
www.weinpunkt.at

## BREGENZ

**Weindepot Weinzeit –
Bioorganische Winzerweine**
Groß- und Einzelhandel
6900 Bregenz, Mariahilferstraße 29
Tel. +43 5574 48354
office@weinzeit.at
www.weinzeit.at

## DORNBIRN

**Vinothek Bruvino**
6850 Dornbirn, Bahnhofstraße 8
Mobil +43 699 10072993
vinothek@bruvino.at
www.bruvino.at

## FELDKIRCH

**Rauch Gastronomie**
6800 Feldkirch, Marktgasse 9–11
Mobil +43 650 5139683
info@rauchgastronomie.at
www.rauchgastronomie.at

## LAUTERACH

**Pfanner & Gutmann Vinothek**
6923 Lauterach, Alte Landstraße 10
Vinothek: Lerchenauerstraße 9
Tel. +43 5574 6720 170
vinothek@pfanner.com
pfanner-destillate.com/de/vinothek/

## RÖTHIS

**Vinothek Peter Stöger**
6832 Röthis, Rautenastraße 59/61
Mobil +43 664 3404035
info@stoegerwein.at
www.stoegerwein.at

## SCHRUNS

**Vinothek Jenny**
6780 Schruns, Dorfstraße 12
Tel. +43 5556 72881
office@vinothek-jenny.at
www.vinothek-jenny.at

## SCHOPPERNAU

**Vinothek Franz Michl**
6886 Schoppernau, Unterdorf 2a
www.franzmichl.at

vinaria
# WEISSWEIN
## REBSORTENKUNDE

# Chardonnay (Morillon)

Alle Rebenfotos: ÖWM / Oberleithner

In der Steiermark ist diese Sorte schon seit mehr als 120 Jahren unter der Bezeichnung Morillon verbreitet. Charakteristisch für einen im Stahltank ausgebauten Chardonnay sind Aromen von Äpfeln über Zitrusnoten bis zu tropischen Früchten. Bei der Erziehung im Holz gesellt sich für die meist extraktreichen Weine eine röstige Note hinzu, die an Gewürze, Mokka, Karamell, Vanille oder Dörrobst erinnern kann.

## Frühroter Veltliner (Malvasier)

Diese Sorte, die wenig Primärfrucht besitzt, hat bei eher niedrigem Extraktgehalt eine sehr milde Säure, weshalb sie in erster Linie für Primeur- bzw. Sommerweine herangezogen wird.

# Furmint

Der Furmint wurde schon vor Jahrhunderten in und um Rust für die Kelterung des berühmten Ausbruchs herangezogen. In jüngster Zeit hat er eine gewisse Renaissance erfahren, wobei seine Eignung für hochgradige Dessertweine unumstritten ist. Trockener Weißwein aus dieser Sorte ist oft sehr dezent mit einer relativ herben Note am Gaumen.

# Grauburgunder (Ruländer, Pinot Gris)

Diese Sorte ergibt charakteristische Weine, wenn eine Traubenreife von mindestens 19 °KMW erreicht wird. In den besten Jahren und aus den besten Herkünften – etwa Südsteiermark, Thermenregion und dem nördlichen Burgenland – können zart-würzige Exemplare von großer Substanz und geschliffenem Ausdruck entstehen. Wichtig für Trinkfluss und Lebhaftigkeit ist ein angemessener Säurerückhalt. Die Sorte eignet sich für den holzbetonten Ausbau ebenso wie für den Verschnitt mit den anderen weißen Burgundersorten oder für hochklassige Dessertweine.

# Grüner Veltliner

Über die österreichische und in erster Linie niederösterreichische Leitsorte wurde schon so gut wie alles gesagt. Charakteristisch ist die Würze der Weine, die sich bei jeder Reifestufe zeigt. Die Bandbreite des Grünen Veltliners ist beachtlich und auch insofern verständlich, als er als leichter Sommerwein ebenso seine Meriten hat wie in Gestalt phänomenaler trockener Premiumweine mit großer Strahlkraft und Lagerfähigkeit; auch Eisweine aus dieser Varietät können sehr sortenspezifisch ausfallen. Zu den positiven Eigenschaften des Veltliners gehört auch, dass er auf vielen verschiedenen Böden sein Profil behält.

# Gelber Muskateller

Diese kapriziöse Bukettsorte hat ihren Siegeszug in der Steiermark begonnen, aber auch in Niederösterreich bringt sie überaus ansprechende Ergebnisse. Obwohl sie anfällig für Fäulnis ist und auch starke Jahrgangsschwankungen zeigt, wird sie als Aperitif oder trockener Essensbegleiter ihres betörend aromatischen Duftes wegen geschätzt. Bei eher niedrigem Extraktgehalt ist die Säure oft knackig bis rassig. Ganz exzellent können Prädikatsweine aus dieser Rebsorte ausfallen, da sie zumeist über ein gutes Säurerückgrat verfügen.

# Muskat-Ottonel

Pannonischer als diese etwas in die Breite gehende, meist wenig säurebetonte Rarität kann kaum ein Wein sein. Ausgezeichnet können die hochgradigen Dessertweine aus dieser Sorte geraten, aber auch die trockenen Muskat-Ottonel sind in den letzten Jahren positiv in Erscheinung getreten.

# Neuburger

Ehemals in Spitz sowie in und um Gumpoldskirchen verbreitet, zählt der Neuburger heute zu den rückläufigen Sorten; die Speisetrauben sind übrigens von unnachahmlicher Güte. Bei sorgfältiger Vinifikation erbringt er dezent nach grünen Nüssen und Dörrobst duftende, kraftvolle, wenn auch etwas neutrale Weine, die jahrzehntelang reifen können. Eine besondere Rarität stellen die seltenen hohen Prädikatsweine aus dieser Rebsorte dar.

# Riesling (Rheinriesling, Weißer Riesling)

Obschon mit nur 4,1% der Anbaufläche mengenmäßig kein Schwergewicht, ist Riesling für einige der interessantesten und elegantesten österreichischen Weißweine verantwortlich. Speziell auf den Urgesteinslagen der Wachau, des Kremstals, des Kamptals und anderer österreichischer Gebiete können grandiose Weine voll Komplexität und Finesse entstehen. Typisch sind Fruchtanklänge an Steinobst, aber auch an Stachelbeeren, Cassis, Kernobst und Rosenblüten. Von den Muschelkalkböden in und um Wien kommen ebenfalls hochwertige Rieslinge, welche mit ihren kreidigen Noten dieses Terroir hervorkehren.

# Rivaner (Müller-Thurgau)

Einst fälschlich als Kreuzung von Riesling und Sylvaner angesehen und auch in Österreich weit verbreitet, ist diese Rebsorte ohne nennenswerte Eigenschaften in einem wohlverdienten Rückzugsgefecht begriffen. Allerdings gibt es neben einfachen Tafelweinen teils sehr gute Prädikatsweine aus dieser Rebsorte.

# Roter Veltliner

Die einstige Leitsorte des Wagram hat – nachdem sie nicht zuletzt ihrer Fäulnisanfälligkeit wegen fast ausgestorben war – in den letzten Jahren eine deutliche Renaissance erfahren. Das Primärbukett ist im Jugendstadium zaghaft bis bescheiden, mit etwas Lagerung zeigen die Weine gelbfruchtige Nuancen und brotige Komponenten. Substanzreiche Rote Veltliner können unglaublich lange halten, ohne ihr inneres Gefüge wesentlich zu verändern – sie nähern sich dann im Ausdruck großen weißen Burgundern.

# Rotgipfler

Die führende Spezialität der Thermenregion lässt jüngst immer mehr aufhorchen. Sie hat ein eher dezentes Bukett, das an Äpfel, Honigmelonen und Kräuter erinnern kann. Bei hohem Extraktgehalt besitzt sie eine meist adäquate Säurestruktur und eignet sich sowohl für den Ausbau im Stahltank als auch für die Reifung im Holzfass; allerdings benötigt der Rotgipfler eine Zuckerreife, die einen natürlichen Alkoholgehalt von 13% ergibt, um wirklich charaktervolle, lagerfähige Weine hervorzubringen. Sehr gut harmoniert die Sorte auch mit dem Zierfandler, der traditionelle Blend nennt sich Spätrot-Rotgipfler.

# Sauvignon Blanc

Dass diese Sorte in der südlichen Steiermark einst von Erzherzog Johann eingeführt wurde, ist Legende. Von dort hat sie allerdings ihren Siegeszug in alle anderen Weinbaugebiete Österreichs angetreten. In der klassischen Ausprägung duften die Weine nach Spargel, Brennnesseln, Paprika, Holunderblüten, diversen Schoten, Cassis, frisch gemähtem Heu und vielem mehr und punkten mit Trinkfluss. Mit hoher Reife des Lesegutes entwickeln die Weine Kraft, das Bukett erinnert an exotische Früchte und Gewürze. Der Holzeinsatz wurde in den letzten Jahren merklich zurückgenommen. Heute zählen die österreichischen Sauvignons, vor allem jene aus der Steiermark, zusammen mit Vertretern von der Loire und aus Neuseeland zu den besten der Welt.

## Sämling 88 (Scheurebe)

Einst als leichter Riesling-Ersatz geortet, hat sich diese etwas aromatische Rebsorte im trockenen bis halbtrockenen Bereich erst in den letzten Jahren durchsetzen können und geht mitunter als des Sauvignons kleiner Bruder durch. Darüber hinaus liefert sie speziell im Seewinkel den Grundstoff für hervorragende, hochgradige Süßweine, die dann punkto Fruchtintensität und Klasse den besten Rieslingen und Muskatellern um nichts nachstehen.

# Grüner Sylvaner (Sylvaner)

Früher durchaus populär, hat diese Rebsorte auch von der Renaissance der Raritäten kaum profitieren können. Im Bukett zeichnet sie sich durch eine seltsam ledrige Komponente aus, die ein wenig an Williamsbirne erinnert; sie ist meist relativ geschmacksneutral.

# Traminer

In Österreich wird zwischen drei Traminer-Spielarten unterschieden: Beim rötlich gefärbten Roten Traminer ist die kokosflockenartige Würze am stärksten ausgeprägt; der Gewürztraminer zeichnet sich eher durch honigartige Noten und würzige Aromen aus. Am feinsten ist der kräuterwürzige Gelbe Traminer, der sich für den trockenen Ausbau am besten eignet. Wirklich interessant sind Traminer erst ab einer hohen Traubenreife. Bestechend sind Traminer mit Restzucker, und zwar nicht nur hochgradige Dessertweine, sondern auch liebliche Spätlesen und Auslesen. Die Haltbarkeit der besten Traminer ist legendär.

## Weißburgunder (Pinot Blanc)

Eine in so gut wie allen österreichischen Anbaugebieten beheimatete, traditionsreiche Rebsorte, die in der Jugend Anklänge an grüne Nüsse und Zitrusfrüchte verströmt, die mit etwas Flaschenreife Richtung Walnuss, Haselnuss und Weißbrot tendieren. Erfolgreich sind die relativ schlank gehaltenen, steirischen Exponenten, die jung genossen werden sollten. Kräftige, trocken ausgebaute Weißburgunder ab einem natürlichen Alkoholgehalt von rund 13% können sehr vielschichtig und lagerfähig sein, dennoch sind sie etwas aus der Mode gekommen. Diese Weine eignen sich auch für den moderat holzbetonten Ausbau.

# Welschriesling

Nicht nur in der Steiermark, auch in vielen anderen Weinbaugebieten Österreichs nimmt der Welschriesling als Sommerwein eine unangefochtene Spitzenstellung ein, die ihm erst seit einigen Jahren die leichteren Veltliner-Varianten ein wenig streitig machen. In der schlank-spritzigen Variante, deren Buketteindrücke den Bogen von frisch gemähtem Gras über Granny Smith und Pfirsiche bis zu diversen Küchenkräutern spannen, gefällt er trocken am besten. Hervorragend ist die Eignung des Welschrieslings zur Erzeugung vielschichtiger, lagerfähiger Dessertweine.

# Zierfandler (Spätrot)

Eine regionale Spezialität der Thermenregion, die große Anforderungen an den Winzer stellt, weil sie an einer Rebe Trauben und auf einer Traube Beeren unterschiedlichster Reife hervorbringt. Am besten schmeckt sie als mächtiger, trockener Wein oder mit ein bisschen Restzucker ausgebaut. Das eher verhaltene Primärbukett kann mit Flaschenreife zu Riesling-artiger Finesse mutieren. Charakteristisch sind der hohe Extrakt sowie die rassige Säurestruktur. Bei entsprechend hoher Reife können Zierfandler jahrzehntelang reifen, auch als Cuvée mit Rotgipfler. Legendär sind ferner die Eleganz, die Rasse und die Standfestigkeit der besten Zierfandler-Süßweine.

## Blütenmuskateller

## Donauriesling

# vinaria
# ROTWEIN
## REBSORTENKUNDE

# Blauburger

Diese österreichische Neuzüchtung mit den Elternteilen Blaufränkisch und Blauer Portugieser, die sich nie so recht durchgesetzt hat, ergibt meist einen Rotwein ohne besondere Eigenschaften, dessen tiefe Farbe und samtiges Tannin am besten zu Cuvées mit ausdrucksstärkeren Sorten à la Zweigelt oder Blaufränkisch genützt wird.

# Blauburgunder (Pinot Noir, Spätburgunder)

Da ihn die Zisterzienser praktisch in allen ihren Weingärten angepflanzt haben, kann der Pinot Noir auch in Österreich auf eine lange Tradition zurückblicken. Dennoch ist er lange Zeit das Stiefkind der österreichischen Rotweinlandschaft geblieben. Mittlerweile hat der Pinot Noir aber auch hierzulande seine verdiente Wertschätzung erfahren und befindet sich in so gut wie allen nennenswerten Rotweingegenden im Vormarsch. Ausgesprochen ansprechende Ergebnisse haben in den letzten Jahren Pinots aus der Thermenregion, aus Carnuntum, vereinzelt aus dem Weinviertel und dem Kamptal sowie vom Leithagebirge und vom Westufer des Neusiedler Sees geliefert.

# Blauer Portugieser

Einstmals war der Blaue Portugieser geradezu ein Synonym für den Rotwein der südlichen Südbahn, wo noch heute sein Schwerpunkt liegt, abgesehen vom nördlichen Weinviertel. Diese intensiv nach Blumen duftende, moderat saure Rebsorte ist auf dem Rückzug. Ihre manchmal ausdrucksarme Art und der bescheidene Tanningehalt liegen nicht im Trend der Zeit. Dennoch kann aus einem sehr guten Weinjahr vereinzelt bei geringen Erträgen ein Portugieser mit einiger Standfestigkeit gewonnen werden, der ein bisschen gekühlt als Sommer-Rotwein à la Beaujolais durchaus Spaß macht.

# Blauer Wildbacher

Aus dieser weststeirischen Spezialität wird hauptsächlich ein animierender, fruchtiger Roséwein gemacht: der Schilcher. Sein unnachahmliches Bukett erinnert mit Cassis, Johannisbeerlaub oder Stachelbeeren entfernt an Sauvignon Blanc. Die stilistische Ausrichtung reicht vom traditionell etwas säurebetonteren Typus bis zu relativ sanft anmutenden Gewächsen. Auch die Bandbreite der Sorte ist in den letzten Jahren gewachsen und reicht von süßen Varianten über Frizzante und Sekt bis zu echten Rotweinen, denen bei ausreichender Substanz eine Erziehung im Holz durchaus gut steht. Blauer Wildbacher hat als Rotwein sowohl reinsortig als auch in Cuvées mit bekannteren Rebsorten seine Meriten.

# Blaufränkisch

Die altösterreichische Rebsorte Blaufränkisch ist wohl die wichtigste rote Varietät des Burgenlands und wohl auch die wertvollste Rotweinsorte hierzulande. Das Bukett ist unverkennbar eigenständig mit reichen Fruchtnuancen, die von Herzkirschen über Waldbeeren, Weichseln und Zwetschken reichen können, gepaart mit feiner Würze. Mit längerer Flaschenreife wechseln viele hochwertige Blaufränkische zu einem fast Pinot-artigen Geschmacksbild über. Auf den schweren Böden des Mittelburgenlands kann der Blaufränkische schon ab einem Mostgewicht von rund 17° KMW durchaus achtbare Ergebnisse liefern, während dies anderswo erst ab etwa 19° KMW möglich ist. Der Blaufränkisch eignet sich für den holzbetonten Ausbau ebenso wie für den Verschnitt mit Zweigelt, Merlot oder Cabernet; in solchen Cuvées gibt er meist den Ton an. Hervorragende Blaufränkischweine gedeihen im ganzen Burgenland, vor allem an den Abhängen des Leithagebirges sowie im Mittel- und Südburgenland.

# Cabernet Sauvignon

Mit zunehmendem Alter der Rebstöcke und bei entsprechender Traubenreife hat sich die Qualität der österreichischen Cabernets deutlich gesteigert. Die gelungenen Vertreter zeigen vornehme Aromen nach Cassis, Zedernholz, Tabak, Mokka oder Milchschokolade. Bei hoher Reife sind auch in Österreich, und dies wohl am ehesten im nördlichen Burgenland und in der Thermenregion, profilierte Cabernets möglich. Allerdings ist der reinsortige Cabernet im Rückzug begriffen; meist wird einer Cuvée mit Merlot bzw. Blaufränkisch der Vorzug gegeben, was in der Regel zu besseren Resultaten führt.

# Merlot

Anfangs bloß als weitere Varietät aus dem Bordelais angesehen und weniger beachtet, hat der Merlot in Österreich nun deutlich an Prestige gewonnen. Bei entsprechender Ertragsbeschränkung und hoher Reife glänzt er mit einem feinen, unverkennbaren Bukett nach Efeu, schwarzen Oliven, geröstetem Kaffee und Waldbeeren. Reinsortiger Merlot kann, speziell in der Thermenregion, in den nordburgenländischen Weinbaugebieten und im Mittelburgenland, hervorragende und eigenständige Weine erbringen. Seine Eignung zu Cuvées mit Cabernet, Blaufränkisch und Zweigelt ist unbestritten. Bei dieser Sorte sind in Österreich noch beachtliche Steigerungen zu erwarten.

# Roesler

Eine interspezifische rote Neuzüchtung aus Klosterneuburg, bei der Pilzresistenz ein Züchtungsziel war. Bei tiefer Farbgebung und robustem Körper sowie angemessenen Tanninen ergibt Roesler fruchtbetonte und saftige Weine, die auch über ein gewisses Profil verfügen. Ihre wichtigste Rolle dürfte diese Rebsorte als Verschnittpartner für rote Cuvées spielen.

# St. Laurent

In den 1950er-Jahren fast ausgestorben, hat diese Rebsorte endlich die wohlverdiente Renaissance erfahren. Genetisch, ampelographisch und sensorisch weist sie Ähnlichkeiten mit dem Pinot Noir auf. Sie ist im Weingarten sehr anspruchsvoll und bildet nicht allzu viel Zucker, weshalb ein natürlicher Alkoholgrad von 13% kaum übertroffen wird. Das bildet die Grundlage für elegante Weine. St. Laurent verbindet auf unnachahmliche Weise Feinheit, Eleganz und Rasse eines sehr guten Pinot mit einer tiefen Frucht, meist nach Weichseln und Brombeeren, und besitzt genau jene Tanninstruktur, die Lagerweine benötigen. Die besten St. Laurents eignen sich hervorragend für moderat holzbetonten Ausbau sowie für die Verwendung in Cuvées mit Pinot Noir oder Blaufränkisch. Seine Vorzüge bringt St. Laurent allerdings reinsortig am besten zur Geltung. Die Urheimat des St. Laurent dürfte die Thermenregion sein.

# Syrah (Shiraz)

Als dritte französische Rebsorte hat der von der nördlichen Rhône stammende Syrah den Weg zu uns gefunden. In hinreichend warmen Weinjahren kann Syrah einen an kalten Rauch, Teer, Schwarztee, Leder sowie dunkle Beeren erinnernden Aromenmix zeigen. Am Gaumen präsentiert sich meist ein kraftvoller, tanninreicher Wein, der holzbetonten Ausbau problemlos verkraftet.

## Zweigelt (Blauer Zweigelt, Rotburger)

Ohne Zweifel handelt es sich beim Zweigelt um jene europäische Rotweinzüchtung – aus den Elternteilen Blaufränkisch und St. Laurent –, die mit Abstand den größten Erfolg erzielt hat und bei sinnvoller Ertragsbeschränkung sowohl reinsortig als auch im Verein mit Rebsorten wie Blaufränkisch, St. Laurent, Cabernet oder Merlot sehr gute Ergebnisse liefern kann. Auf das rotbeerige Bukett, das an Zwetschken, Herzkirschen und Rumtopf erinnert, folgen meist eine eher milde Säurestruktur und ein mittlerer Tanningehalt, wobei viele Zweigelt-Varianten eher an den Vater Blaufränkisch als an die Mutter St. Laurent erinnern. Hervorragende, reinsortige Zweigelt-Exemplare können über viele Jahre ohne Qualitätsverlust reifen. Das Qualitätspotenzial der Rebsorte ist sicher noch nicht völlig ausgelotet.

# GLOSSAR

## Pilzwiderstandsfähige Rebsorten

Der Großteil der heutigen pilzwiderstandsfähigen Rebsorten, kurz PiWis, basiert auf französischen Hybriden, das heißt, Kreuzungen von Amerikanerreben mit europäischen Edelreben. Die sukzessive Ausdünnung von nicht europäischem Erbgut hat zwar die geschmacklichen Eigenschaften verbessert, aber die Mehltauresistenz hat gelitten. Folglich sind die neuen PiWis auf Pflanzenschutz angewiesen.

Es gibt sie als rote Varietäten ebenso wie als weiße Trauben. **Bronner** beispielsweise erinnert an Weiß- und Grauburgunder, **Cabernet Blanc** an Sauvignon Blanc, **Johanniter** hat sensorische Gemeinsamkeiten mit Riesling und Grauburgunder, **Muscaris** kann seine Verwandtschaft mit Muskateller und Muskat-Ottonel nicht verleugnen. Beim **Donauriesling** herrschen sensorisch starke Parallelen zum Riesling. **Souvignier Gris** gibt dichte, gelbe Weine mit betonter Frucht und moderater Säure. Der **Blütenmuskateller** hat sensorische Ähnlichkeiten mit dem originalen Muskateller, allerdings sind ihm dessen kapriziöse Eigenschaften weitgehend unbekannt. **Cabernet Jura** enthält zu einem maßgeblichen Teil Gene des Cabernet Sauvignon und liefert kräftige, dunkle und vollmundige Rotweine. **Regent** ist eine seit 1967 bekannte rote Rebsorte, die zu den bedeutendsten pilzwiderstandsfähigen Reben weltweit gehört; sie liefert farbintensive, kräftige Rotweine.

---

**Abgang** Die anhaltende Empfindung der Geschmacks- und Aromastoffe nach dem Hinunterschlucken eines Weines. Je nachhaltiger und ausdrucksstärker, desto besser ist in der Regel die Weinqualität. Das Maß für eine Sekunde Abgang ist 1 „Caudalie" (lateinisch cauda = Schweif). 20 Caudalies sind gut, 50 grandios.

**Abgebaut** Wein, der den Höhepunkt seiner Entwicklung schon deutlich schmeckbar hinter sich hat.

**Aceton** Ein stechender Geruch, der an Nagellackentferner erinnert. Im Grunde ein Weinfehler, in geringem Ausmaß je nach persönlicher Empfindlichkeit mehr oder weniger tolerabel.

**Adstringierend** Ein Merkmal bestimmter Gerbstoffe, hinterlässt ein trockenes, zusammenziehendes oder raues Gefühl im Mund. Kann appetitanregend wirken.

**Alkoholisch** Bezeichnet den Eindruck, dass ein Wein sensorisch überproportional viel Alkohol enthält. Der Begriff bezieht sich nur auf die relative Wirkung des Alkohols im Verhältnis zum Körper bzw. Extrakt eines Weines.

**Alt** Bezeichnet einen (meist oxidierten) Wein, der seinen Reifehöhepunkt überschritten hat.

**Animalisch** Bezeichnung für Aromen, besonders in Rotweinen, die an Tiere und Tierisches erinnern, wie Schweiß, Fell, Moschus, Pferdestall, Fleisch, Blut.

**Aromahefen** Hefen, die kurzlebige und intensive Aromen bilden, die mitunter sogar die Sortenaromatik überdecken.

**Aromasorte** Alle Rebsorten sind mehr oder weniger aromatisch. Diejenigen unter ihnen, bei denen die Aromatik besonders ausgeprägt ist, werden so genannt. Im Regelfall meint man damit die Muskatfamilie (Gelber Muskateller und Muskat-Ottonel), Riesling, Sauvignon Blanc und Traminer, aber auch Scheurebe (Sämling 88) und Müller-Thurgau (Rivaner) zählt man dazu.

**Aromatisch** Ein duft- oder geschmacksintensiver Wein; vor allem die sogenannten Aromasorten wie Riesling, Sauvignon Blanc, Traminer, Sämling, Syrah oder Zinfandel präsentieren sich so.

**Ausgewogen** Der Wein enthält alle wünschenswerten Elemente (Säure, Alkohol, Geschmacksstoffe etc.) in gut abgestimmtem und erfreulichem Verhältnis.

**Balance** *Siehe Ausgewogen.*

**Barrique** Bezeichnung für ein kleines Eichenfass. Die Bezeichnung ist auf Bordeaux zurückzuführen, wo Barriques als Ausbau- und Lagerfässer mit 225 Liter Inhalt verwendet werden; abweichende Volumina sind möglich. Das typische Aroma von Barrique-Weinen erinnert an Vanille, Zimt und Nüsse sowie Toast und Rauch, wenn das Fass getoastet wurde. Zu viel überdeckt die Frucht und maskiert die Rebsorte.

**Biologischer** Säureabbau Siehe Malolaktische Gärung.

**Biowein** Ein Wein, dessen Trauben nachweislich in organisch-biologischer oder biologisch-dynamischer Bewirtschaftungsweise gewonnen wurden. Der Nachweis wird durch Mitgliedschaft in einem zugelassenen Bioverband und Kontrolle durch diesen geführt („Zertifizierung").

**Biss** Der erste, meist durch betonte Frucht, Säure oder Tannin ausgelöste Eindruck, den ein Wein auf der Zunge macht. Er sollte positiv sein, braucht aber nicht unbedingt übermäßig kräftig auszufallen. Fehlt der Biss ganz, wirkt ein Wein schwächlich oder flach.

**Blumig** Weist auf Anklänge von Blumen im Duft oder Geschmack eines Weines hin. Gelegentlich ist von Rosen, Veilchen etc. die Rede. Oft auch als floral bezeichnet.

**Böckser** Unangenehmer Geruch, der oft an faule Eier erinnert. Zählt zu den unerwünschten Reduktionsaromen und wird von Hefen aus Aminosäuren und Schwefelverbindungen gebildet.

**Botrytis cinerea** Eine Schimmelpilzart. Bei unreifen Trauben bewirkt der Pilz Sauerfäule, bei reifen Trauben Edelfäule. Er durchlöchert die Beerenhäute, sodass ein Teil des Wassers verdunstet und der Extrakt – die festen Inhaltsstoffe, vor allem Zucker – konzentriert wird. Notwendig für die Erzeugung von Beerenauslesen, Ausbrüchen und Trockenbeerenauslesen.

**Brandig Siehe Alkoholisch.**

**Brett** Kurzform für Brettanomyces, eine Hefeart, die animalische Aromen – etwa in Richtung Pferdeschweiß – verursacht.

**Brut, Herb** Schaumweine mit max. 12 g/l Zuckerrest (Dosage).

**Brut Nature** Schaumweine ohne bis minimale Dosage (0 bis 3 g/l).

**Bukett/Bouquet** Die Gesamtheit aller Geruchseindrücke eines Weines. Wird bestimmt durch die Rebsorte, die Art der Weinbereitung und bei älteren Weinen durch die Flaschenreife.

**Burgundergruppe** Damit sind im engeren Sinn Weißer, Grauer und Blauer Burgunder (Pinot Blanc, Gris und Noir) gemeint; oft wird auch von einer erweiterten Burgunder-Gruppe gesprochen, in diesem Fall zählt man in Weiß die aromatisch eher neutralen Sorten Chardonnay und Neuburger dazu; in Rot meint man dann Pinot Noir und St. Laurent.

**Charmant** Bezieht sich meist auf einen eleganten, ansprechenden Wein mit Charisma. Selten etwas herablassend gemeint – z.B. wenn es sich um Wein handelt, der eindrucksvollere Qualitäten haben sollte.

**Cremig** Ein sanfter, dichter Wein (meist Weißwein) mit hohem Extrakt und nicht allzu viel Säure, der den Gaumen „eincremt".

**DAC Districtus Austriae Controllatus** (Österreichische kontrollierte Herkunftsbezeichnung) für gebietstypische Weine, die nach entsprechender Prüfung zur staatlichen Prüfnummer diese Bezeichnung tragen dürfen. Existiert derzeit für alle Weinbaugebiete des Burgenlandes, der Steiermark, für Wien und für Niederösterreich mit Ausnahme der Thermenregion, also für 17 der 18 spezifischen Wienbaugebiete.

**Demi-Sec, Halbtrocken** Schaumweine mit einer Dosage von 33 bis 50 g/l.

**Dicht** Ein körper- und extraktreicher Wein mit engmaschiger Struktur, mit einem dicht gewebten Stoff vergleichbar.

**Dosage** Die Einstellung des gewünschten Restzuckergehalts (in g/l gemessen) bei Schaum- und Perlweinen.

**Doux, Süß** Schaumweine mit einer Dosage von über 50 g/l.

**Dry, Sec, Trocken** Schaumweine mit einer Dosage zwischen 17 und 32 g/l.

**Dünn** Ein wässriger Wein mit schwachem Körper, wenig Extrakt und Aroma.

**Dumpf** Muffiger Geruch, oft aufgrund von Verschlussfehlern oder mangelnder Hygiene im Keller beziehungsweise bei der Abfüllung.

**Eckig** Kantiger, unausgeglichener Wein, oft mit hohem Gerbstoff, grüner Säure und (zu) wenig Körper. Kann aber bei jungen Weinen positiv gemeint sein, wenn man davon ausgeht, dass sich Ecken und Kanten mit der Reifung abschleifen und harmonisieren werden.

**Eichenholz** Das am meisten verwendete Holz zur Herstellung von Fässern für Weinlagerung und Reifung. Siehe auch Barrique.

**Elegant** Auf eine unaufdringliche Art hochgradig ausgewogener Wein, dessen Proportionen (Gehalt, Geschmack, Aroma, Struktur) ebenso wie seine Nachhaltigkeit und Konsistenz überzeugen und im Gleichgewicht stehen.

**Erdig** Wird entweder für Weine gebraucht, die stark mineralisch duften, oder für solche, die eine Note nach frisch aufgerissener Erde (meist Rotweine) aufweisen. Überwiegend positiv gemeint.

**Erste** Lage Lageneinstufung des Vereins der „Österreichischen Traditionsweingüter" ohne offiziellen Charakter.

**Essigstich** Geruch nach Weinessig, Folge einer Weinkrankheit, hervorgerufen durch Essigbakterien.

**Extra Brut, Extra herb** Schaumweine mit maximal 6 g/l Dosage.

**Extrakt** Gesamtheit aller im Wein gelösten Inhaltsstoffe. Üblicherweise gilt: je mehr, desto besser. Weine mit zu viel Extrakt werden allerdings hart; hier wurden den Traubenschalen und -kernen zu viele Extraktstoffe entzogen.

**Federspiel** Wachauer Weißweinkategorie mit 11,5 bis 12,5% Alkohol (Etikettenangabe).

**Fest** Eine Geschmacksvielfalt, die Gaumen und Zunge stark durch kräftige Säure oder Herbheit beeindruckt und ein Gefühl von jugendlicher Kraft vermittelt, sodass man sicher ist, dass dieser Wein im Alter sanftere Nuancen annehmen wird.

**Fett** Ein Wein, dessen Geschmack und Konsistenz den Mund ganz ausfüllen. Meist ein alkoholreicher, schwerer Wein.

**Feurig** Kraftvolle, alkoholstarke Weine mit rundem Körper und samtigem Tannin, die den Eindruck von Wärme und Temperament vermitteln.

**Finesse** Wein von großer Delikatesse und Feinheit, von besonderer Klasse.

**Firn** Alterston im Bukett infolge fortgeschrittener Reife. – Siehe auch Oxidation.

**Fleisch** Stoffige, dichte Weine mit sehr viel Substanz und Frucht.

**Flüchtig** Hat zwei Bedeutungen: einerseits nur kurzer Geschmackseindruck. Meist aber als Kurzform für „flüchtige Säure merklich" verwendet, was ein Synonym für den beginnenden Essigstich ist.

**Frizzante** Wörtlich „spritzig", in Italien weinrechtlich das Synonym von Perlwein.
*Siehe auch Perlwein.*

**Fruchtig** Ein viel gebrauchter Ausdruck, der die Fruchtigkeit eines aus guten, reifen Trauben gewonnenen Weins bezeichnet. Ein fruchtiges Aroma ist nicht dasselbe wie ein blumiges. Hilfreich sind Versuche herauszuspüren, welche Frucht sich im Duft oder Geschmack eines Weins befindet, z.B. Grapefruit, Zitronen, Pflaumen, Marillen. Man sollte allerdings nicht ganze Aromawolken dieser Früchte, sondern nur zarte Anklänge erwarten.

**Füllig** Weine mit viel Extrakt, Alkohol und Körper, die den Mund ausfüllen.

**Gefällig** Ein Wein, an dem man Gefallen findet, ohne dass er Gemüt und Geist zu sehr in Anspruch nimmt. Er trinkt sich angenehm, braucht keine lange Reifezeit und bleibt als erfreuliches Getränk und nichts weiter sonst in Erinnerung.

**Gehaltvoll** Bezieht sich auf den Geschmack insgesamt und auf den Alkoholgehalt, Extrakt, Körper und vor allem Glyzerin. Manchmal verbirgt sich hinter diesem Wort das Gegenteil von Eleganz, nämlich Überfülle. Meist wird es positiv gebraucht.

**Gerbstoff** Die Gesamtheit der Polyphenole in einem Wein wird als Gerbstoffe oder Tannine bezeichnet (die Bezeichnung „Gerbsäure" ist chemisch nicht korrekt, da es sich nicht um Säuren handelt). Gerbstoffe sind in hohem Maß in den Stielen, Kernen und Traubenschalen enthalten. Je länger der Most also auf den eingemaischten Beeren bleibt, desto höher wird der Gerbstoffgehalt des Weines. Auch der Ausbau in neuen Holzfässern erhöht den Gerbstoffgehalt.

**Geschmeidig** Sanft, rund und anschmiegsam – wird meist auf junge Rotweine angewandt. Eher lebhafter als nur „gefälliger" Wein, wobei sich gute Qualität eigentlich von selbst versteht.

**Gespriteter Wein** Wein, dem im Zuge seiner Herstellung Alkohol zugesetzt wurde. Sherry, Port und Madeira sind die bekanntesten. Auch unter der Bezeichnung „fortified wine" bekannt. Weinrechtlich in Österreich „Likörwein".

**Glasverschluss** Eine Entwicklung von ALCOA Deutschland in Bad Kreuznach unter dem Markennamen Vino-Lok. Der Glastöpsel hat einen Dichtungsring aus lebensmittelechtem PVDC, der dafür sorgt, dass der Stöpsel in der (eigens für den Glastöpsel hergestellten) Flasche einrastet. Eine Kapsel sorgt für Schutz. Dem Vorteil der besseren Akzeptanz beim Publikum steht der Nachteil der unbekannten Langzeitdichtigkeit gegenüber. Allerdings haben sich die ältesten damit verschlossenen Weine – heimische Weiße aus dem Jahrgang 2003 – bis jetzt tadellos gehalten.

**Glatt** Ein anspruchsloser Wein mit wenig Charakter, oft flach und mit wenig Struktur.

**Gleichgewicht** *Siehe Ausgewogen.*

**Grasig** Einerseits: Grünlicher, unreifer Geschmack, der von zu früh geernteten Trauben oder zu starker Pressung stammt. Andererseits: als sortentypisches Aroma für jene Sauvignon Blancs verwendet, die nach Kräutern, Gras oder Brennnesseln riechen.

**Großlage** In Österreich in der Praxis kaum gebräuchliche, gesetzlich festgelegte Bezeichnung für kleinere Einheiten innerhalb eines Weinbaugebiets, in Deutschland wegen der Verwechslungsmöglichkeit mit Einzellagen ganz besonders im Schussfeld der Kritik. Mit der Umbenennung des Donaulands in Wagram wurde die neue Großlage Klosterneuburg eingeführt (in der Praxis aber kaum benützt). Die bekannteste Großlage ist der Wiener Nussberg.

**Grün** Synonym für unreife Noten.

**Halbtrocken** Weine bis max. 18 g/l, wenn die Gesamtsäure nicht mehr als 10 g/l niedriger ist.

**Harmonie** *Siehe Ausgewogen.*

**Hart** Meist junger Wein mit hohem, abweisendem Gerbstoffgehalt. Oft findet ein solcher Wein auch nach längerer Reife nie wirklich seine Harmonie.

**Herb** Wird für durchgegorene Rotweine mit viel Tannin (und Säure) verwendet.

**Honigartig** Duft und Aroma, die vor allem bei edelfaulen Weinen auftreten, oft aber in geringem Maße und in ansprechender Weise auch bei anderen reifen Weinen eines guten Jahrgangs.

**Kabinett** Trockener, unaufgebesserter Wein mit 17° KMW Mindestmostgewicht, maximal 12,9% Alkohol.

**Kantig** *Siehe Eckig.*

**Kernig** Wein mit knackig-kräftiger Säure (weiß) oder ebensolchem Tannin (rot), der mit der Reife milder wird.

**Kompakt** Dicht verwobener Gesamteindruck.

**Konzentration** Hat zwei völlig verschiedene Bedeutungen. Zum einen die hohe Dichte der geschmacklichen und aromatischen Eindrücke im Wein. Zum anderen ist Konzentration ein Verfahren, das dem Most (erlaubt) oder Wein (verboten) Wasser entzieht. Das Gerät dazu heißt Konzentrator, das Verfahren entweder Umkehrosmose oder Vakuumdestillation.

**Korkgeschmack** Ein muffiger Beigeschmack, bei starker Ausprägung wie dumpfer, alter Kork, der von chemischen Abbauverbindungen wie Trichloranisol und Bromphenolen stammt. Ebendiese Substanzen können im Ausnahmefall auch in schlecht oder falsch gereinigten Kellern entstehen und unabhängig vom Verschluss einen „Korkgeschmack" verursachen. Dieser Fehlton kann von kaum merklich bis aufdringlich sein, ist aber stets inakzeptabel.

**Körper** Ein körperreicher Wein verfügt über hohen Extrakt, viel Substanz und Stoff sowie einen hohen Alkoholgehalt. Siehe auch „Gehaltvoll" und „Voll". Auch in diesem Sinn verwendet: Körper im Sinne von Bau oder Struktur eines Weines.

**Kräftig** Sind fest gebaute Weine mit viel Stoff, Volumen und Alkohol.

**Kurz** Nach dem Schlucken rasch verklingender Geschmack.
*Siehe auch Abgang.*

**Lage** Auch Weinberglage genannt. *Siehe Ried(e).*

**Lang** Bedeutet, dass der Geschmack eines Weines nach dem Schlucken länger anhält.
*Siehe auch Abgang.*

**Lebendig** Frische, spritzige Weine mit Rasse.

**Leicht** Mit relativ wenig Alkohol und Körper. Eine sehr willkommene Qualität in Weinen, zu denen sie passt – nicht aber bei Rotweinen, die mehr Intensität und Schwere verlangen.

**Lieblich** Wein mit maximal 45 g/l unvergorenem Restzucker.

**Mächtig** Schwerer, körper- und alkoholreicher Wein.

**Madeirisiert** Wenn ein Wein so stark oxidiert ist, dass er ähnlich wie ein Madeira schmeckt und riecht. Ein schwerer Fehler, wenn nicht beabsichtigt.

**Malolaktische** Gärung Auch Biologischer Säureabbau oder Milchsäuregärung genannt. Chemischer Vorgang, bei dem Milchsäurebakterien die spitz und sauer schmeckende Äpfelsäure in die mildere Milchsäure umbauen. Wird vor allem bei Rotweinen und Barrique-ausgebauten Weißweinen durchgeführt.

**Matt** Müder Wein ohne Frische.

**Mild** Wein mit wenig Säure, manchmal restsüß.

**Mollig** Gehaltvolle Weine mit weichen Rundungen, die meist vom hohen Extrakt- oder Restzuckergehalt stammen.

**Muffig** *Siehe Dumpf.*

**Muskulös** Stabil und robust gebaute Weine mit Biss und kräftiger Struktur, oft kraftvoller Alkohol.

**Nachhall/Nachgeschmack** *Siehe Abgang.*

**Nase** *Siehe Bukett.*

**Nervig** Mit prägnanter, aber sympathischer Säure, gepaart mit Lebendigkeit und Rasse.

**Neutral** Entweder ein Wein mit schwachem, aromatischem Ausdruck oder aus einer eher neutralen Sorte, wie etwa Welschriesling.

**Nuanciert** Vielschichtige Weine, die dezent aufeinander abgestimmte, vielfältige Aromen zeigen.

**Ölig** Weine mit hohem Glyzeringehalt, fließen ölig ins Glas und auf den Gaumen.

**Orange** Wine Maischevergorener Weißwein, der oft herstellungsbedingt eine orange Farbe aufweist.

**Oxidation** Wenn ein Wein oxidiert ist, erinnert er in Geruch oder Geschmack an langsam vor sich hin bräunende Apfelschalen (die unter dem Sauerstoffeinfluss ebenfalls oxidieren). Bei sehr alten Weinen akzeptabel, bei jungen nicht (Fassproben ausgenommen). Siehe auch Firn und Madeirisiert.

**Perlwein** „Halb schäumender Wein" Weine mit einem $CO_2$-Überdruck von maximal 2,5 bar, entstanden durch zweite Gärung (siehe Schaumwein) oder durch $CO_2$-Zusatz (in letzterem Fall muss das auf dem Etikett vermerkt sein). Die Geschmacksangaben trocken (Restzuckergehalt zwischen 0 und 35 g/l), halbtrocken (zwischen 35 und 50 g/l) sowie mild (mehr als 50 g/l) sind zulässig, aber nicht vorgeschrieben.

**Pfeffrig** Sortentypisches Aroma des Grünen Veltliners, vor allem im leichteren Bereich. Erinnert an Pfefferoni, Paprika und Pfeffer.

**Pikant** Frische, feinwürzige oder mit feiner Säure versehene Weine.

**PIWI** Das Kürzel für pilzwiderstandsfähige Rebsorten. Diese Sorten zeichnen sich durch eine bessere Widerstandsfähigkeit gegen Pilzkrankheiten aus.

**Premium** Bezeichnung für österreichischen Qualitätswein mit Jahrgangsangabe mit mindestens 13% Alkohol (Etikett).

**Rassig** Eleganter, nerviger Wein mit straffer Säure.

**Reduktiv** Durch Vermeidung von Oxidation gekelterte und ausgebaute Weine zeigen vor allem im Jungweinstadium klare, aber noch nicht vollständig entwickelte Aromen. Diese werden als reduktiv angesprochen, der Weinstil kann generell als reduktiv wahrgenommen werden.

**Reichhaltig** Nicht unbedingt süß, jedoch einen Eindruck von opulenter Fülle vermittelnd. Reintönig sauber im Bukett und auf dem Gaumen. Klares Aromabild.

**Reinzuchthefen** In der Natur vorkommende selektionierte und vermehrte Hefestämme.
*Siehe auch Aromahefen und Spontangärung.*

**Resch** Wird für durchgegorene Weißweine ohne merklichen Restzucker und mit hoher Säure (meist Äpfelsäure) gebraucht.

**Reserve** Zusatzbezeichnung für Qualitätswein oder Sekt g.U.. Der Begriff „Reserve" darf nur für Qualitätsweine ab einem Mindestalkohol von 13 % verwendet werden.

**Ried(e)** Bezeichnung für eine bestimmte Weinbergslage.

**Robust** Herzhaft, fest und kräftig, mit jungem Tannin, mit Tendenz zu rustikalen Aromen.

**Rund** Harmonisch und voll.

**Saftig** Im Sinne von Saft und Kraft, mit einer Substanz so recht zum Kauen.

**Samtig** Weiche, ausgeglichene, dennoch kräftige Rotweine ohne dominierendes Tannin, in denen sich süßes Glyzerin, hoher Extrakt und reife Säure zu einem schmeichelnden Gesamtbild vereinen.

**Säure** Für Laien oft ein negativ besetzter Begriff, wird meist als „zu scharf" verstanden. Doch verschiedene Säuren sind für die Qualität und die Haltbarkeit eines Weins (insbesondere eines weißen) unentbehrlich; sie geben ihm auch seine erfrischende Kraft. Bei der malolaktischen Gärung wird die pikante Äpfelsäure in mildere Milchsäure umgewandelt, dadurch bekommt der unmittelbare Biss des Weins einen milderen, komplexeren Geschmack. Unerwünscht ist die Essigsäure, die man als flüchtige Säure bezeichnet. Enthält ein Wein zu viel davon, beginnt bald sein Abstieg.

**Schaumwein** Ein schäumender Wein, dessen $CO_2$-Gehalt durch eine zweite alkoholische Gärung in Drucktank (Méthode Charmat) oder Flasche (Méthode traditionelle) oder durch Zusatz von $CO_2$ entstanden ist (Letzteres ist auf dem Etikett anzugeben). Der Mindestdruck beträgt drei Bar, in der Praxis sind es fünf bis sechs Bar. Schaumweine müssen eine Süßebezeichnung tragen: Siehe Brut, Extra Dry, Dry, Demi-Sec, Doux. Die Grenzen wurden 2009 neu festgelegt, neu ist eine Toleranz von ±3 g/l bei jeder Süßestufe.

**Schlank** Ein dünner Geschmackseindruck, der sich auf den ganzen Wein beziehen, aber auch nur zu Beginn oder Abgang desselben auftreten kann. Bei frischen, spritzigen Weinen in Ordnung, ist das Attribut „schlank" bei kraftvolleren Weinen beziehungsweise Premium-Gewächsen negativ zu sehen.

**Schlicht** Einfacher Wein, wenn auch oft nicht ohne Charme.

**Schmalzig** *Siehe Fett.*

**Schmelz** Taktiler Eindruck eines Weins auf dem Gaumen, dessen cremige Textur mit einem Hauch von Glanz einhergeht.

**Schraubverschluss** Der meistverwendete Verschluss in Österreich. Jahrzehntelange positive Erfahrungen mit Schraubverschlüssen bei Weiß- wie Rotwein gibt es aus Frankreich und Australien. Dem steht nur der Nachteil gegenüber, dass der Wein füllfertig sein und die Dosierung der Schwefelbeigabe genau abgestimmt werden muss, da es sonst zu Reduktionsnoten kommen kann.

**Sekt** Ein schäumender Wein, dessen CO2-Gehalt durch eine zweite alkoholische Gärung in Drucktank (Méthode Charmat) oder Flasche (Méthode traditionelle) entstanden ist. *Siehe Schaumwein.*

**Smaragd** Trockene Wachauer Weißweinkategorie von 12,5% (Etikettenangabe) aufwärts, oft aber 13% und mehr.

**Sommerwein** Synonym für leichtgewichtige, jugendlich zu trinkende Weine, die auch bei warmem Wetter Freude bereiten.

**Spontangärung** Der Verzicht auf den Einsatz von Reinzuchthefen, im (oft berechtigten) Vertrauen, dass die im Weingarten und Keller natürlich vorkommenden Hefen einen Most vielleicht langsamer, aber im Endeffekt ebenso gut vergären können wie Reinzuchthefen. Anhänger der Spontangärung erwarten sich damit spannendere, weniger gleichförmige Weine.

**Spritzig** Leicht und meist angenehm säuerlich-frisch, oft durch einen gewissen Gehalt an Kohlensäure unterstützt.

**Steinfeder** Trockene Wachauer Weißweine mit maximal 11,5% Alkohol (Etikettenangabe).

**Stilvoll** Ausdrucksvoll und eigenständig bei hoher Eleganz.

**STK** Abkürzung für „Steirische Terroir- und Klassikweingüter", eine privatrechtliche Vereinigung steirischer Topwinzer. Diese haben ihre Lagen in „Erste" und „Große STK-Lagen" klassifiziert (ohne offiziellen Charakter).

**Stoffig** Wein mit Körper und Substanz, also Extrakt.

**Süffig** Trinkanimierender Wein.

**Sulfite** Salze der schwefeligen Säure, umgangssprachlich „Schwefel" genannt, die zur Haltbarmachung des Weins unumgänglich sind.

**Süß** Weine mit mehr als 45 g/l unvergorenem Restzucker.

**Tannin** *Siehe Gerbstoff.*

**Terrassenwein** *Siehe Sommerwein.*

**Terroir** Umfassender Begriff, der das Zusammenspiel von Boden, Rebe und Kleinklima beschreibt, die im Wein zum Ausdruck kommen sollen.

**Tief(gang)** Ein so beschriebener Wein will aufmerksam genossen sein. An ihm ist mehr, als der erste Eindruck verrät; sein Geschmack entfaltet sich auf der Zunge zu ungeahnten Dimensionen. (Tiefe Farbe bedeutet dagegen nur dunkle Farbe.) Alle wirklich feinen Weine haben Tiefe.

**Trocken** Weine mit unvergorenem Restzucker bis 4g/l oder bis max. 9 g/l, wenn die Gesamtsäure nicht mehr als 2 g/l niedriger ist. Beispiel: Ein Wein mit 8 g/l Zucker muss mindestens 6 g/l Säure haben, um als trocken deklariert zu werden.

**Unharmonisch** Das Gegenteil von „harmonisch".

**Verschlossen** Wein, der (noch) wenig von sich preisgibt, oft betrifft dies junge Weine, manchmal phasenweise auch reifere Gewächse.

**Voll** Manchmal auch durch „körperreich" wiederzugeben: Ein Wein mit „weiniger" Fülle, d. h. Alkohol und Extrakt (alle Geschmacksstoffe) in vollmundigem Zusammenwirken.

**Weich** Sanftes, anschmiegsames Tannin und reichhaltiger, runder Körper, niedrige Säure.

**Wuchtig** Sehr kraftvolle Weine mit Substanz und Dichte.

**Würzig** In der Nase und/oder auf dem Gaumen ausgeprägte Gewürzaromen wie Muskat, Zimt, Koriander, Kümmel, Anis etc.

**Zart** Delikat, filigran und dezent.

# HERKUNFT

Die österreichische Weinbaupolitik und die Österreich Wein Marketing GmbH (ÖWM) haben eine Doppelstrategie ausgearbeitet, die einerseits Raum für Innovation lässt, andererseits aber einige gebietstypische Herkunftsweine als Archetypen der österreichischen Weinstile propagiert.

Da gibt es zunächst den generischen Qualitätswein, bei dem es sich um 40 zugelassene Qualitätsweinrebsorten handelt. Diese können aus neun generischen Weinbaugebieten, die mit den Bundesländernamen bezeichnet werden, oder aus spezifischen Weinbaugebieten stammen. Die bedeutendsten generischen Weinbaugebiete sind Niederösterreich, Burgenland, Steiermark und Wien. In der Weinbauregion Bergland befinden sich fünf weitere Weinbaugebiete (Kärnten, Oberösterreich, Salzburg, Tirol und Vorarlberg).

Die zweite Schiene nennt sich spezifischer Qualitätswein, die Grundlage der DAC-Regelwerke. Zurzeit umfasst Österreich folgende spezifische Weinbaugebiete: acht im generischen Weinbaugebiet Niederösterreich (Wachau, Kremstal, Kamptal, Traisental, Wagram, Weinviertel, Carnuntum, Thermenregion), sechs im Burgenland (Neusiedlersee, Leithaberg, Rosalia, Rust, Mittelburgenland, Eisenberg) und drei im generischen Weinbaugebiet Steiermark (Vulkanland Steiermark, Südsteiermark, Weststeiermark). Wien ist ein Sonderfall, da die Hauptstadt gleichzeitig als generisches und spezifisches Weinbaugebiet firmiert.

Alle spezifischen Weinbaugebiete arbeiten an einer Profilierung mit herkunftstypischen Terroir-Weinen. Zuerst werden Fokussorten und gebietstypische Weinstile definiert, bevor das Gebiet beim Landwirtschaftsminister einen DAC-Status beantragen kann, der per Verordnung Gesetzeskraft erlangt. Als Zugpferde agieren meist nur wenige Fokussorten.

Wenn ein Gebiet zur Ansicht kommt, dass sein Fokus klar ist und nur eine oder wenige Sorten für das Gebiet sprechen sollen, kann das Regionale Weinkomitee über das Nationale Weinkomitee den Status eines DAC-Gebiets mit einem oder wenigen herkunftstypischen DAC-Weinen beantragen. Aktuell verfügt Österreich über 18 spezifische DAC-Weinbaugebiete, die jeweils per Verordnung in den Gesetzesrang erhoben wurden. Das betreffende Gebiet darf seine herkunftstypischen Weine mit dem Namen des Gebiets und dem Zusatz DAC (= Districtus Austriae Controllatus) bezeichnen. Alle anderen Qualitätsweine tragen als Herkunftsbezeichnung den Namen des Bundeslandes, in dem das DAC-Gebiet liegt.

Die Bezeichnung Weinviertel DAC gilt für Grünen Veltliner als Klassik, Reserve und Große Reserve. Die kontrollierten Herkünfte Kamptal DAC, Kremstal DAC und Traisental DAC weisen sehr ähnliche Regelungen auf: In allen drei DAC-Gebieten sind Grüner Veltliner und Riesling zugelassen, und es gibt sie ebenfalls in den zwei Kategorien Klassik und Reserve. Zudem besteht hier ein hierarchisches System aus Gebietswein, Ortswein und Riedenwein. Das DAC-Reglement der Wachau basiert auf einer Herkunftspyramide mit Gebietsweinen, Ortsweinen und Riedenweinen. Für letzteres sind nur Riesling und Grüner Veltliner zugelassen, für Ortsweine insgesamt neun Varietäten, für Gebietsweine 17. Ähnlich aufgebaut ist das Regelwerk Wagram DAC. Mit dem Jahrgang 2023 wird die Thermenregion als letzte der klassischen Herkünfte der DAC-Familie beitreten.

Vielfältig gestaltet sich das DAC-Angebot Leithaberg. Der weiße Leithaberg DAC darf aus den Sorten Weißburgunder, Chardonnay, Neuburger oder Grüner Veltliner gekeltert werden. Zugelassen sind auch Cuvées aus diesen Sorten. Für den roten Leithaberg DAC ist Blaufränkisch vorgesehen, bis zum Jahr 2020 war ein Anteil von maximal 15% Zweigelt, St. Laurent oder Pinot Noir möglich. Der weltweit bekannte Ruster Ausbruch hat ebenfalls DAC-Status. Rosalia fährt zweigleisig: Rosalia DAC mit Blaufränkisch und Zweigelt, für Rosalia DAC Rosé sind eine oder mehrere rote Qualitätsweinsorten zugelassen. Eisenberg DAC steht für Blaufränkisch, und zwar Klassik und Reserve.

Seit dem Jahrgang 2019 gibt es für die Rebsorten Chardonnay, Weißburgunder, Grüner Veltliner, Zweigelt und Blaufränkisch die Bezeichnung Carnuntum DAC, auch rote und weiße Cuvées, die mindestens zu 2/3 aus diesen Varietäten bestehen, sind zulässig.

Für Wien ist es einfach: Es gibt den Wiener Gemischten Satz DAC für Gemischten Satz und Gemischten Satz mit Lagen. Wie allgemein gilt auch hier, dass nun der Lagenbezeichnung das Wort „Ried" voranzustellen ist.

Im Mittelburgenland steht Blaufränkisch im Zentrum, wobei das DAC-System drei Kategorien umfasst (DAC, DAC mit Angabe einer Riede sowie DAC Reserve). Neusiedlersee DAC gibt es in zwei Stufen, nämlich „Neusiedlersee DAC" für trockenen Zweigelt und alle fruchtsüßen weißen Qualitätsweinrebsorten (Restzucker mindestens 45 g/l) und „Neusiedlersee DAC Reserve" (Zweigelt trocken und edelsüße weiße Qualitätsweinrebsorten mit ebenfalls mindestens 45 g/l Restzucker).

Die steirischen DAC-Gebiete treten als Trio auf und betreffen alle Herkünfte des Bundeslandes – Vulkanland Steiermark DAC, Südsteiermark DAC und Weststeiermark DAC. Das Herkunftssystem ist dreistufig (Gebietswein, Ortswein und Riedenwein) und das Sortenspektrum wesentlich breiter angelegt als bei den anderen DAC-Gebieten, ausgenommen Wachau: Zugelassen sind je nach Stufe Welschriesling, Weißburgunder, Morillon, Grauburgunder, Riesling, Gelber Muskateller, Sauvignon Blanc, Traminer und Schilcher (nur Weststeiermark) sowie Cuvées aus diesen Sorten. •

# WEINGESETZ

## Die wichtigsten Grenzwerte und Regulierungen für ausgewählte Weinkategorien

### Landwein, Qualitätswein
- ausschließlich Qualitätsrebsorten
- Wein muss eine der Bezeichnung entsprechende und typische Eigenart aufweisen
- bestimmte Mindestsäure und Mindestmostgewicht, zulässiger Höchstertrag

### Landwein
- Weintrauben aus einer Weinbauregion; diese muss auch auf dem Etikett angegeben sein
- Mostgewicht der Trauben mind. 14° KMW

### Qualitätswein
Hierfür darf die Bezeichnung „Qualitätswein" verwendet werden:
- Weintrauben ausschließlich aus einem einzigen Weinbaugebiet; die Herstellung erfolgte in der Weinbauregion des betreffenden Weinbaugebietes oder in daran angrenzenden Weinbauregionen; die Herkunft aus Österreich muss auf dem Etikett angegeben sein
- Mostgewicht mind. 15° KMW
- Traubenmost darf aufgebessert werden, bis max. 13,5 % bei Weißweinen und max. 14,5 % bei Rotweinen
- Wein muss staatliche Prüfnummer haben
- Alkoholgehalt des Weines mind. 9 %, bei Prädikatswein mind. 5 %

### Kabinett
(zusätzlich oder abweichend von Qualitätswein):
- Mostgewicht mind. 17° KMW
- Lesegut und Wein darf nicht aufgebessert sein
- Gehalt an unvergorenem Zucker max. 9 g/l
- Gesamtalkoholgehalt (Alkoholgehalt inklusive unvergorenem Zucker) max. 12,9 % Vol.
- Wein muss im Inland abgefüllt worden sein

### Prädikatswein
(bzw. Qualitätswein besonderer Reife und Leseart): Prädikatsweine (Spätlese bis TBA) dürfen nicht aufgebessert werden; Herkunft: Weinbaugebiet. Spätlesen und Auslesen dürfen ab dem 1. Jänner nach der Lese zur staatlichen Prüfnummer eingereicht werden, die anderen Prädikate ab dem 1. Mai.

### Prädikatsweinstufen
***Spätlese:*** Wein aus Trauben, die nach der allgemeinen Lese der Sorte im vollreifen Zustand geerntet worden sind, Mostgewicht mind. 19° KMW.

***Auslese:*** Wein aus ausschließlich sorgfältig ausgelesenen Trauben (alle nicht vollreifen, fehlerhaften oder kranken Beeren müssen ausgesondert worden sein); Mostgewicht mind. 21° KMW.

***Beerenauslese (BA):*** Wein aus überreifen und edelfaulen Trauben; Mostgewicht mind. 25° KMW.

***Eiswein:*** Mostgewicht mind. 25° KMW. Die Trauben sind bei Lese und Kelterung gefroren (dadurch sind Inhaltsstoffe sehr konzentriert; Eis bleibt im ausgepressten Trester zurück).

***Strohwein oder Schilfwein:*** Der Wein wird aus Beeren gewonnen, die mindestens drei Monate auf Stroh oder Schilf gelagert bzw. an Schnüren aufgehängt waren; Mostgewicht mind. 25° KMW.

***Trockenbeerenauslese (TBA):*** Wein aus größtenteils edelfaulen, weitgehend eingeschrumpften Beeren; Mostgewicht mind. 30° KMW. Für Trockenbeerenauslesen aus der Freistadt Rust darf auch der Begriff „Ausbruch" verwendet werden bzw. ist die Verkehrsbezeichnung „Ausbruch" exklusiv nur im Zusammenhang mit der geografischen Angabe „Rust" zulässig.

# INDEX

## A

Alzinger, Unterloiben — 30
Paul Achs, Gols — 422
Werner Achs, Gols — 423
Adam-Lieleg, Kranach — 580
Aichinger, Schönberg am Kamp — 105
Aigner, Krems an der Donau — 152
Allram, Straß im Straßertale — 106
Alphart, Traiskirchen — 362
Am Berg, Langenlois — 108
AmSee Pirker-Preisinger, Gols — 424
Kurt Angerer, Lengenfeld — 109
Martin & Anna Arndorfer, Straß im Straßertale — 110
Artner, Höflein — 256
Atzberg, Spitz — 32
Familie Auer, Tattendorf — 363
Michael & Carina Auer, Höflein — 257
Leo Aumann, Tribuswinkel — 364

## B

Barbach, Perchtoldsdorf — 366
Christoph Bauer, Jetzelsdorf — 280
Familie Bauer, Großriedenthal — 214
Florian Bauer, Feuersbrunn — 215
Bäuerl-Loiben, Oberloiben — 33
Michael Bauer, Mitterstockstall — 216
Norbert Bauer, Jetzelsdorf — 281
Stefan Bauer, Königsbrunn — 217
Domäne Baumgartner, Untermarkersdorf — 282
Erich Bayer, St. Michael — 34
Heribert Bayer, Neckenmarkt — 514
Benedikt, Kirchberg am Wagram-Mallon — 218
Berger, Gedersdorf — 153
Bernreiter, Wien — 401
Joe Beyer, Roseldorf — 283
Blaha, Röschitz — 284
Blauensteiner, Gösing am Wagram — 219
Brandl, Zöbing — 111
Braunstein, Purbach am Neusiedlersee — 464
Breitenfelder, Kleinriedenthal — 285
Bründlmayer, Langenlois — 112
Buchegger, Droß — 154

## C

Domäne Roland Chan, Wösendorf — 35

**Chesa Druschauna,** Göfis 648
**Christ,** Wien 402
**Cobenzl,** Wien 405

# D

**Hannes Dachauer,** Tattendorf 367
**Zur Dankbarkeit,**
Podersdorf am See 425
**Alfred Markus Deim,**
Schönberg am Kamp 114
**Gerhard Deim,**
Schönberg am Kamp 115
**Deutsch,** Hagenbrunn 286
**Dietrich vlg. Tischler,**
Gamlitz-Sernau 581
**Tom Dockner,** Theyern 196
**Domäne Wachau,** Dürnstein 36
**Dombi-Weiss,**
Podersdorf am See 426
**Christoph Donabaum,** Spitz 39
**Johann Donabaum,** Spitz 40
**Sighardt Donabaum,** Spitz 42
**Dreisiebner Stammhaus,**
Sulztal 582
**Drexler-Leeb,** Perchtoldsdorf 368
**Dürnberg,** Falkenstein 287

# E

**Ebner-Ebenauer,** Poysdorf 288
**Ecker – Eckhof,**
Mitterstockstall 221
**Ecker,** Grafenberg 290
**Eder,** Gedersdorf 155
**Eder Wachau,** Mauternbach 43
**Edlinger,** Palt 157
**Edlmoser,** Wien 406
**Alexander Egermann,** Illmitz 427
**Josef Ehmoser,** Tiefenthal 222
**Ehn,** Engelmannsbrunn 224
**Eichberger,** Eibesbrunn 291
**Eichenwald Weine,**
Horitschon 515
**Eichinger,**
Straß im Straßertale 116
**Willi Eminger,** Niedersulz 292
**Engelbrecht,**
Etsdorf am Kamp 117
**Erber,** Oberwölbling 197
**Bernhard Ernst,**
Deutschkreutz 516
**Harald Ernst,**
Großwiesendorf 225
**Erzherzog Johann Weine,**
Ehrenhausen 583
**Esterházy,**
Trausdorf an der Wulka 465
**Etl Wine & Spirits,** Halbturn 428
**Ettl,** Podersdorf am See 429

# F

**Feiler-Artinger,** Rust 466
**Fein,** Hagenbrunn 293
**Felberjörgl,**
Kitzeck im Sausal 584

| | |
|---|---|
| **Rudolf Fidesser,** Platt | 294 |
| **Fiedler – Grenzhof,** Mörbisch am See | 467 |
| **Hermann Fink,** Großhöflein | 468 |
| **Fink & Kotzian,** Eggenburg-Gauderndorf | 295 |
| **Christian Fischer,** Sooß | 369 |
| **Josef Fischer,** Rossatz | 44 |
| **Forstreiter,** Krems-Hollenburg | 158 |
| **Förthof,** Krems an der Donau | 160 |
| **Frank,** Herrnbaumgarten | 296 |
| **Frauwallner Straden,** Karbach | 560 |
| **Friedrich,** St. Stefan on Stainz-Langegg | 636 |
| **Josef Fritz,** Zaußenberg | 226 |
| **Rudolf Fritz,** Thallern | 161 |
| **Frotzler,** Schrattenthal | 297 |
| **Frühwirth,** Klöch | 562 |
| **Fuhrgassl-Huber,** Wien | 408 |

## G

| | |
|---|---|
| **Gager,** Deutschkreutz | 517 |
| **Gaitzenauer,** Wöllersdorf | 371 |
| **Gallhofer,** Rührsdorf | 45 |
| **Simon Gattinger,** Unterloiben | 46 |
| **Johannes Gebeshuber,** Gumpoldskirchen | 372 |
| **Oberer Germuth,** Leutschach | 585 |
| **Gesellmann,** Deutschkreutz | 518 |
| **Giefing,** Rust | 469 |
| **Gilg,** Hagenbrunn | 299 |

| | |
|---|---|
| **Johann Gisperg,** Teesdorf | 374 |
| **Glatzer,** Göttlesbrunn | 258 |
| **Gollenz,** Tieschen | 563 |
| **Gottschuly-Grassl,** Höflein | 259 |
| **Graben-Gritsch,** Vießling | 47 |
| **Graf Hardegg,** Großkadolz | 300 |
| **Philipp Grassl,** Göttlesbrunn | 260 |
| **Greil,** Unterstockstall | 228 |
| **Grill,** Fels am Wagram | 229 |
| **FJ Gritsch,** Spitz | 48 |
| **Roman Gritsch,** Spitz | 50 |
| **Wolfgang & Sylvia Groll,** Schiltern-Reith | 118 |
| **Groszer Wein,** Burg | 542 |
| **Gruber,** Röschitz | 302 |
| **Gschweicher,** Röschitz | 303 |
| **Gutjahr,** Kitzeck im Sausal-Neurath | 586 |

## H

| | |
|---|---|
| **Hagen,** Krems an der Donau | 162 |
| **Hagn,** Mailberg | 305 |
| **Haiden,** Oggau | 470 |
| **Haiderer,** Unterbergern | 51 |
| **Haider,** Illmitz | 430 |
| **Haimel | PIWIDA,** Traismauer | 198 |
| **Haimerl,** Gobelsburg | 119 |
| **Hajszan Neumann,** Wien | 409 |
| **Dieter & Yvonne Hareter,** Weiden am See | 431 |

| | |
|---|---|
| **Toni Hartl,** Reisenberg | 471 |
| **Heggenberger,** Tattendorf | 376 |
| **Gernot & Heike Heinrich,** Gols | 432 |
| **Silvia Heinrich,** Deutschkreutz | 520 |
| **Hiedler,** Langenlois | 120 |
| **Leo Hillinger,** Jois | 472 |
| **Hindler,** Schrattenthal | 306 |
| **Hirschmugl – Domaene am Seggauberg,** Leibnitz | 587 |
| **Hirtl,** Poysdorf | 307 |
| **Franz Hirtzberger,** Spitz | 52 |
| **Mathias Hirtzberger,** Wösendorf | 54 |
| **Hofbauer-Schmidt,** Hohenwarth | 308 |
| **HuM Hofer,** Auersthal | 309 |
| **Hofstätter,** Spitz -Quitten | 56 |
| **Högl,** Spitz-Vießling | 57 |
| **Johannes Holzer,** Engabrunn | 123 |
| **Honsig,** Platt | 310 |
| **Markus Huber,** Reichersdorf | 199 |
| **Hugl-Wimmer,** Poysdorf | 311 |
| **Hutter,** Mautern an der Donau | 58 |

## I

| | |
|---|---|
| **Iby Rotweingut,** Horitschon | 522 |
| **Iby-Lehrner,** Horitschon | 523 |
| **Hans Igler,** Deutschkreutz | 524 |
| **Josef Igler,** Deutschkreutz | 525 |
| **Markus Iro,** Gols | 435 |

## J

| | |
|---|---|
| **Leo Jahner,** Wildungsmauer | 263 |
| **Jalits,** Badersdorf | 543 |
| **Josef Jamek,** Joching | 59 |
| **Jassek,** Ragelsdorf | 312 |
| **Jatschka,** Stetten | 313 |
| **Jauk-Wieser,** Deutschlandsberg | 637 |
| **Jordan,** Pulkau | 314 |
| **Juris,** Gols | 436 |
| **Jurtschitsch,** Langenlois | 124 |

## K

| | |
|---|---|
| **Winzerschlössl Kaiser,** Eisenstadt | 473 |
| **Kemetner,** Etsdorf | 126 |
| **Keringer,** Mönchhof | 438 |
| **Kerschbaum,** Horitschon | 526 |
| **Domaines Kilger,** Gamlitz | 588 |
| **Kirchknopf,** Eisenstadt | 474 |
| **K + K Kirnbauer,** Deutschkreutz | 527 |
| **Julius Klein,** Pernersdorf | 315 |
| **Klosterkeller Siegendorf,** Siegendorf | 475 |
| **Emmerich Knoll,** Unterloiben | 60 |
| **Knötzl,** Tattendorf | 377 |
| **Kodolitsch,** Leibnitz | 589 |
| **Kölbl,** Röschitz | 316 |
| **Kolkmann,** Fels am Wagram | 230 |
| **Kollerhof am Eichberg,** Leutschach | 591 |

| | |
|---|---|
| **Koller – Kitzeck,** Kitzeck | 590 |
| **Kollwentz,** Großhöflein | 476 |
| **Kramer,** Falkenstein | 317 |
| **Kratzer,** Heimschuh | 592 |
| **Krispel,** Neusetz | 564 |
| **Kroiss,** Wien | 410 |
| **Krug,** Gumpoldskirchen | 378 |
| **Krutzler,** Deutsch-Schützen | 544 |

# L

| | |
|---|---|
| **Lagler,** Spitz | 62 |
| **Lahrnsteig,** Mitterarnsdorf | 63 |
| **Langmann Lex,** St. Stefan ob Stainz-Langegg | 638 |
| **Rotweine Lang,** Neckenmarkt | 529 |
| **Leberl,** Großhöflein | 478 |
| **Leindl,** Zöbing | 127 |
| **Leitner,** Gols | 439 |
| **Leth,** Fels am Wagram | 231 |
| **Hofkellerei des Fürsten von Liechtenstein,** Wilfersdorf | 318 |
| **Liegenfeld,** Donnerskirchen | 479 |
| **Matthias List,** Siebing | 593 |
| **Gerhard J. Lobner,** Mannersdorf an der March | 319 |
| **Loimer,** Langenlois | 128 |

# M

| | |
|---|---|
| **Machalek,** Pernersdorf | 320 |
| **Erich Machherndl,** Wösendorf | 64 |
| **Christian Madl,** Schrattenberg | 321 |
| **MAD,** Oggau | 480 |
| **Maglock-Nagel,** Straß im Straßertale | 130 |
| **Maier,** Krems-Angern | 163 |
| **Wolfgang Maitz,** Ratsch | 595 |
| **Schlossweingut Souveräner Malteser-Ritter-Orden,** Mailberg | 322 |
| **Arkadenhof Mandl-Brunner,** Rechnitz | 547 |
| **Mang Hermenegild,** Weißenkirchen | 65 |
| **Gerhard Markowitsch,** Göttlesbrunn | 264 |
| **Lukas Markowitsch,** Göttlesbrunn | 266 |
| **Meinrad Markowitsch,** Göttlesbrunn | 267 |
| **Mayer am Pfarrplatz,** Wien | 411 |
| **fm MAYER.Vitikultur,** Wien | 412 |
| **Mayer,** Spitz-Gut am Steg | 66 |
| **M. Mayer,** Königsbrunn am Wagram | 232 |
| **Vorspannhof Mayr,** Droß | 164 |
| **Mehofer – Neudeggerhof,** Neudegg | 233 |
| **Roland Minkowitsch,** Mannersdorf | 323 |
| **Hans Moser,** Eisenstadt | 481 |
| **Hermann Moser,** Rohrendorf | 165 |
| **Lenz Moser,** Rohrendorf | 166 |
| **Andreas Muhr,** Stixneusiedl | 268 |
| **Müller Klöch,** Klöch | 565 |

| | |
|---|---|
| **Müller,** Krustetten | 167 |
| **Johannes Münzenrieder,** Apetlon | 440 |
| **PMC Münzenrieder,** Apetlon | 441 |
| **Muster.Gamlitz,** Gamlitz-Grubthal | 596 |

# N

| | |
|---|---|
| **Alex Nebenführ,** Mitterretzbach | 324 |
| **Franz & Christine Netzl,** Göttlesbrunn | 269 |
| **Ludwig Neumayer,** Inzersdorf ob der Traisen | 200 |
| **Neunteufl,** Viendorf | 325 |
| **Neustifter,** Poysdorf | 326 |
| **Niegl,** Brunn am Gebirge | 379 |
| **Nigl,** Senftenberg | 168 |
| **Nikolaihof Wachau,** Mautern an der Donau | 67 |
| **Nimmervoll,** Engelmannsbrunn | 235 |
| **Anita & Hans Nittnaus,** Gols | 482 |
| **Anton Nothnagl,** Spitz-Radlbach | 68 |

# O

| | |
|---|---|
| **OberGuess,** Leutschach | 598 |
| **Oberschil,** Hagenbrunn | 327 |
| **Barbara Öhlzelt,** Zöbing | 131 |
| **Oppelmayer,** Göttlesbrunn | 270 |
| **Andreas Ott,** Hagenbrunn | 328 |
| **Bernhard Ott,** Neufang | 236 |

# P

| | |
|---|---|
| **Parzer,** Oberfucha | 171 |
| **Martin Pasler,** Jois | 485 |
| **PAX,** Wösendorf | 69 |
| **Pferschy-Seper,** Mödling | 381 |
| **Pfneisl,** Deutschkreutz | 530 |
| **Franz Pichler,** Wösendorf | 71 |
| **Rudi Pichler,** Wösendorf | 72 |
| **Pichler-Krutzler,** Oberloiben | 74 |
| **Pichler-Schober,** St. Nikolai im Sausal | 599 |
| **Gerhard Pimpel,** Göttlesbrunn | 271 |
| **Pitnauer,** Göttlesbrunn | 272 |
| **Platzer,** Tieschen | 566 |
| **Pleil,** Wolkersdorf | 329 |
| **Pöckl,** Mönchhof | 442 |
| **Pollerhof,** Röschitz | 330 |
| **Polzblitz,** Am Grassnitzberg | 601 |
| **Polz,** Am Grassnitzberg | 600 |
| **Pomaßl,** Weißenkirchen | 77 |
| **Pongratz,** Gamlitz-Kranachberg | 602 |
| **Potzinger,** Gabersdorf | 603 |
| **Prager,** Weißenkirchen | 78 |
| **Wine by S. Pratsch,** Hohenruppersdorf | 331 |
| **Prechtl,** Zellerndorf | 332 |

Helmut Preisinger, Gols 443
Preiß, Theyern 202
Prieler, Schützen am Gebirge 486
Primus, Am Graßnitzberg 604
Familie Proidl, Senftenberg 172
Pröll, Radlbrunn 333

# R

Rabl, Langenlois 133
Christian Rainprecht,
Oggau 488
Redl, Wien 174
Reinberger, Grafenwörth 238
Reinfeld,
Schützen am Gebirge 489
Familie Reinisch, Tattendorf 382
Christian Reiterer, Wies 640
J. u. M. Reumann,
Deutschkreutz 532
Riegelnegg Olwitschhof,
Gamlitz 605
Ritter, St. Paul 649
Rixinger, Spitz-Gut am Steg 80
Leo Rögner, Großengersdorf 334
Josef Rosenberger,
Rohrendorf 175
Rotes Haus, Wien 413

# S

Erwin Sabathi, Pössnitz 606
Josef Salomon, Falkenstein 335
Salzl Seewinkelhof, Illmitz 444
Erich Sattler, Tadten 445
Franz Sauerstingl,
Fels am Wagram 239
Schaller vom See,
Podersdorf am See 446
schiefer.pur, Welgersdorf 548
Franz Schindler,
Mörbisch am See 490
Schindler, Mörbisch am See 491
Familie Schlager, Sooß 384
Schloss Dürnstein, Dürnstein 81
Schloss Gobelsburg,
Gobelsburg 134
Schloss Seggau,
Leibnitz-Seegauberg 608
Schmelz, Joching 82
Andreas Schmid, Gobelsburg 136
Schmölzer, St. Andrä-Höch 609
Johann Schneeberger,
Heimschuh 610
Georg Schneider, Tattendorf 385
Schreiner, Rust 493
Heidi Schröck & Söhne, Rust 494
Schüller, Pillersdorf 336
Familie Schuster,
Großriedenthal 240
Schwarzböck, Hagenbrunn 338
Familie Schwarz,
Schrattenberg 337
Michael Schwarz, Andau 447
Werner Schwarz, Kitzeck 611

| | |
|---|---|
| **Schwertführer „35"**, Sooß | 386 |
| **Schwertführer 47er**, Sooß | 387 |
| **Die Schwertführerinnen**, Sooß | 388 |
| **Seiler**, Rust | 496 |
| **Setzer**, Hohenwarth | 339 |
| **Seyfried Wein.Atelier**, Gleisdorf | 567 |
| **Siedler Alex**, Reichersdorf | 203 |
| **Sigl**, Rossatz | 84 |
| **Silberberg**, Leibnitz | 613 |
| **Skoff Original – Walter Skoff**, Eckberg | 614 |
| **Peter Skoff**, Gamlitz-Kranachberg | 616 |
| **Soellner**, Gösing am Wagram | 241 |
| **Sommer**, Donnerskirchen | 497 |
| **spitzyPeitler**, Leutschach-Schlossberg | 617 |
| **Stadlmann**, Traiskirchen | 389 |
| **Steiner**, Langenlois | 137 |
| **Steininger**, Langenlois | 138 |
| **Steinschaden**, Schiltern | 141 |
| **Bernd Stelzl**, Leutschach-Schlossberg | 618 |
| **Paul Stierschneider**, Oberloiben | 85 |
| **Stift Klosterneuburg**, Klosterneuburg | 242 |
| **Stift**, Röschitz | 340 |
| **Strawanzer Donabaum**, Spitz | 86 |
| **Strehn**, Deutschkreutz | 533 |
| **Studeny**, Obermarkersdorf | 341 |
| **Sutter**, Hohenwarth | 342 |

# T

| | |
|---|---|
| **Taferner**, Göttlesbrunn | 273 |
| **Tanzer**, Thallern | 176 |
| **Taubenschuss**, Poysdorf | 343 |
| **Tegernseerhof**, Unterloiben | 87 |
| **Tesch**, Neckenmarkt | 534 |
| **Freigut Thallern**, Gumpoldskirchen | 370 |
| **Topf**, Straß im Straßertale | 142 |
| **Trabos**, Gamlitz | 619 |
| **Ernst Triebaumer**, Rust | 498 |
| **G + R Triebaumer**, Rust | 500 |
| **Tschermonegg**, Leutschach | 621 |
| **Hans Tschida – Angerhof**, Illmitz | 448 |

# U

| | |
|---|---|
| **Peter Uhler**, Wien | 415 |
| **Ulzer**, Seebarn am Wagram | 243 |
| **Umathum**, Frauenkirchen | 450 |

**Petra Unger,**
Furth bei Göttweig 177
**Urbanihof – Paschinger,**
Fels am Wagram 244

# W

**Waberer,** Mistelbach 344
**Thom Wachter,** Eisenberg 550
**Wagentristl,** Großhöflein 502
**Waldschütz,** Elsarn 144
**Waltner,** Engelmannsbrunn 245
**®Walzer,** Krems/Gneixendorf 178
**Wandraschek,**
Krems an der Donau 179
**Weber,** Deutsch-Schützen 551
**Jonny Wegleitner,** Apetlon 452
**Weinwurm,** Dobermannsdorf 345
**Wenzel,** Rust 503
**Wess,** Krems an der Donau 180
**Weszeli,** Langenlois 145
**Wieninger,** Wien 416
**Wimmer-Czerny,**
Fels am Wagram 246
**Niki Windisch,**
Großengersdorf 346
**Winzer Krems – Sandgrube 13,**
Krems an der Donau 181

**Rudi Woditschka,**
Herrnbaumgarten 347
**Wohlmuth,** Kitzeck-Fresing 622
**Leo & Dagmar Wunderer,**
Oberfellabrunn 348

# Z

**Zederbauer,** Palt 182
**Zeger,** Aggsbach Dorf 183
**Paul Zimmermann,**
Radlbrunn 349
**Ziß,** Röschitz 350
**Zull,** Schrattenthal 351
**Zuschmann – Schöfmann,**
Martinsdorf 352